LA LITTÉRATURE FRANÇAISE

CONTEMPORAINE,

1827 — 1849;

CONTINUATION DE LA

FRANCE LITTÉRAIRE.

DICTIONNAIRE BIBLIOGRAPHIQUE

RENFERMANT :

1° Par ordre alphabétique de noms d'auteurs,
l'indication chronologique des ouvrages français et étrangers publiés en France,
et de celle des ouvrages français publiés à l'étranger;
2° Une table des livres anonymes et polyonymes;
3° Une table générale méthodique,

Accompagné de Biographies et de Notes historiques et littéraires,

PAR

M. FÉLIX BOURQUELOT,

PROFESSEUR-ADJOINT A L'ÉCOLE DES CHARTES.

TOME SIXIÈME.

PARIS,

DELAROQUE AINÉ, LIBRAIRE,

QUAI VOLTAIRE, 21.

1857

LA
LITTÉRATURE FRANÇAISE
CONTEMPORAINE.

LA LITTÉRATURE FRANÇAISE CONTEMPORAINE.

1827—1849.

P

PFEFFEL [Théophile-Conrad], poëte allemand ; né en 1736 à Colmar, mort dans cette ville en 1809. [Voy. la *France littér.*, t. VII. p. 114.] — Fables et poésies choisies, traduites en vers français, et précédées d'une Notice biographique par *Paul Lehr*. Strasbourg, Silbermann, Dérivaux, 1840, gr. in-8 avec portrait, grav. et lith. [15 fr.].

PFEFFINGER. — Fortification nouvelle, ou Recueil de différentes manières de fortifier en Europe. Nouvelle édition. La Haye, 1840, in-8 ; 1845, in-8 [7 fr.].

PFEIL. — Avec MM. *J. Burger*, *Rohlwes* et *Ruffing* : Cours complet d'agriculture pratique (1836, gr. in-8). Voy. BURGER [Jean].

PFISTER [J.-C.], docteur en philosophie, membre de plusieurs sociétés savantes. — Histoire d'Allemagne, depuis les temps les plus reculés jusqu'à nos jours, d'après les sources, avec 2 cartes ethnographiques. Traduite de l'allemand par M. *Paquis*. Paris, Janet et Cotelle, Beauvais, 1835-38, 11 vol. in-8.

PHALARY [Lemolt]. Voy. LEMOLT PHALARY.

PHARAON [Joanny]. Voy. JOANNY-PHARAON.

PHÈDRE [Julius Phædrus], fabuliste latin, qui vécut sous Auguste, Tibère, Caligula et Claude.
— OEuvres complètes, traduites par M. *Fleutelot*. Paris, Dubochet, 1839, gr. in-8.

Le même volume renferme les « OEuvres complètes » d'HORACE, de JUVÉNAL, de PERSE, etc.

— Fables, traduites en vers français, avec le texte en regard, par *Boyer-Nioche*. IIe édition. Paris, Belin-Mandar, 1843, in-8 [5 fr.].
— Fabulas de Fedro, en latin y castellano. Paris, impr. de Pillet aîné, 1842, in-18, et Rosa, 1844, in-18.

En regard du texte latin est une traduction espagnole en prose.

TOME VI.

PARIS. — TYPOGRAPHIE DE FIRMIN DIDOT FRÈRES, FILS ET C⁰, RUE JACOB, 56.

— Fables, traduites par *E. Panckoucke*. Paris, Panckoucke, 1839, in-8.

Parmi les nombreuses éditions classiques revues, corrigées et accompagnées de *sommaires* et de *notes*, qui ont paru pendant ces derniers temps, les plus importantes ont été annotées par MM. ACHAINTRE, ALBRECHT, J.-A. AMAR, BERGER DE XIVREY, BIAGIOLI, A. DE CHEVALLET, DESBILLONS, N.-A. DUBOIS, DUBNER, FLEUTELOT, GENOUILLE, LALLEMANT, D. MARIE, MORANT, V. PARISOT, QUICHERAT, Amédée SCRIBE, TISSOT, VÉRIEN, etc., et publiées par F. Didot, Hachette, Delalain, Poilleux, Mme veuve Maire-Nyon, Lecoffre, Dezobry, Magdeleine et comp., Ébrard, etc.

PHELIP [H.]., médecin à Nîmes, secrétaire de l'Académie du Gard. [Voy. la *France littér.*, t. VII, p. 122.] — Notice, ou Aperçu analytique des travaux les plus remarquables de l'Académie royale du Gard, depuis 1812 jusqu'en 1822. Nîmes, impr. de Durand-Belle, 2 vol. in-8.

La première année de la collection a paru en l'an XIII (1804-1805).

PHELIPPE-BEAULIEUX. — Fragments d'une traduction inédite de l'italien d'*Hippolyte Pindemonte*. Nantes, impr. de Mme veuve Mellinet, 1844, in-8 de 16 pag.

M. Phelippe-Beaulieux a traduit de l'italien : « Dissertation sur les jardins anglais et sur l'invention réclamée par l'Italie, » par M. Hippolyte PINDEMONTE [1842, in-8 de 40 pag.] ; — et « les Quatre Parties du jour, » par *le même* [1844, in-8].

PHILIBERT [Alfred], poëte, auteur dramatique.

1. — Avec M. *Duperron* : Mainfroy le maudit ; drame en cinq actes, à grand spectacle. Paris, Gallet, Tresse, Vert, 1841, in-8 [30 c.].

Les auteurs se sont cachés sous le pseudonyme : Philippe de BRÉJOT.

2. — Inania ! premières poésies. Paris, Dufart, 1840, in-18 [2 fr. 50 c.].

3. — Un Secret de femme ; drame-vaudeville en trois actes. Paris, impr. de Mme Delacombe, 1842, in-8 de 22 pag.

4. — Les Étincelles ; nouvelles poésies. Paris, impr. de Crapelet, 1842, in-18.

5. — Rouges, bleus et blancs, ou les Représentants du peuple devant les électeurs ; satire politique. Paris, Martinon, 1849, in-8 de 24 pag. [1 fr.].

PHILIDOR, pseudonyme. Voy. DANICAN [And.].

PHILIPON [Charles].

1. — Aux prolétaires. Paris, impr. d'Auffray, 1838, in-4 de 2 pag.

Opuscule suivi d'une *Explication* (signée ALTAROCHE) *du dessin* qui est au verso, intitulé : *Ici on fait la barbe et la queue proprement*.

2. — Physiologie du flâneur. Paris, Aubert, Lavigne, 1842, in-32 [1 fr.].

La première édition, publiée en 1841, porte le nom de M. L. HUART.

3. — Avec M. *Louis Huart* : Parodie du Juif errant ; complainte constitutionnelle en dix parties. Paris, Aubert, 1844-45, in-12.

M. Ch. Philipon, fondateur du « Charivari, » a travaillé aux « Cent et un Robert Macaire ; » au « Musée pour rire ; » à l' « Almanach prophétique ; » au « Journal pour rire, » etc.
Il a dirigé les dessins de la « Galerie de la presse, de la littérature et des beaux-arts, » par MM. RAOUL et L. HUART.

PHILIPON DE LA MADELAINE [V.]. [Voy. la *France littér.*, t. VII, p. 126.]

1. — Le Pontificat de Grégoire VII. XIe siècle. Paris, Ponce Lebas, 1837, 2 vol. in-8 [15 fr.].

On lit sur la couverture : *le Pontificat de Grégoire VII, XIe siècle, roman épique*, etc. Dans la *Préface*, l'auteur dit que son ouvrage n'est *ni un poëme, ni un roman, ni une histoire*.

2. — Notice sur la vie de M. de Broé (Jacques-Nicolas), conseiller à la Cour de cassation. Paris, impr. de Lange-Lévy, 1840, in-8 de 32 pag.

A la suite de la Notice est la liste dressée par M. JACQUEMART des ouvrages de M. de Broé.

3. — La Mythologie illustrée, contenant les morceaux les plus célèbres, en prose et en vers, des écrivains anciens et modernes, sur les dieux de la Grèce, de Rome, de l'Inde, de la Scandinavie, de l'Amérique, etc. Paris, Mallet et comp., 1842, in-18 angl. orné de 120 vign. et de 25 grav. [6 fr.].

4. — L'Orléanais, histoire des ducs et du duché d'Orléans, comprenant l'histoire et la description de la Beauce, du pays Chartrain, du Blésois, du Vendômois, du Gâtinais, du Perche, et de ce qui constituait l'ancienne généralité d'Orléans. Paris, Mallet et comp., 1844-45, gr. in-8, illustré par MM. Baron, Français, Nanteuil et Rouargue [12 fr. 50 c.].

5. — Manuel épistolaire à l'usage de la jeunesse, etc. XVIe édit., corrigée

et augmentée d'une Notice sur la vie de l'auteur. Paris, Ferra, 1849, in-18.

M. Philipon de la Madelaine a donné: *Notice* sur J.-B. LOUVET de Couvray, auteur de l' « Histoire du chevalier de Faublas » [1842, 2 vol. in-8] ; — *Notice, Annotations* et *Complément* à : « Histoire complète et costumes des ordres monastiques, religieux et militaires, et des congrégations séculières des deux sexes [1838, 7 vol., gr. in-8] ; — *Notice biographique et littéraire* sur Silvio PELLICO et ses ouvrages, dans l'édition de « Mes Prisons, suivi des Devoirs des hommes, » trad. par le comte MESSEY [1843-44, gr. in-8 et in-12].

Il a fait précéder d'un *Essai historique et critique* sur FÉNELON et ses ouvrages : « Aventures de Télémaque, suivies des Aventures d'Aristonoüs » [1840, gr. in-8].

Il a traduit de l'ARIOSTE : « Roland furieux » [1842-44, gr. in-8] ; — et du TASSE : « Jérusalem délivrée » [1844, gr. in-8].

PHILIPPAR [Franç. Aken], professeur d'agriculture à l'École normale de Versailles, directeur du jardin des plantes et du musée agronomique de cette ville, professeur d'horticulture, de botanique appliquée et d'art forestier à l'Institut de Grignon, secrétaire général de la Société d'horticulture de Seine-et-Oise, dont il est un des fondateurs, membre d'un grand nombre de sociétés horticoles, agricoles, etc., en France et à l'étranger ; né d'un père français et d'une mère allemande, en 1801, à Peuving, en Autriche. [Voy. la *Statistique des gens de lettres et des savants*, par GUYOT DE FÈRE, et la *France litt.*, t. VII, p. 127.]

1. — Catalogue des végétaux ligneux et des végétaux herbacés cultivés dans le jardin d'étude de l'Institution royale agronomique de Grignon. Année 1837, in-8 [3 fr.]. — *Paris, Huzard.*

2. — Voyage agronomique en Angleterre. In-8 avec 20 pl.

3. — Traité organographique et physiologico-agricole sur la carie, le charbon, l'ergot, la rouille et autres maladies du même genre qui ravagent les céréales. In-8 avec 9 pl.

4. — Avec M. *Colin* : Mémoire sur la renouée des teinturiers (polygonum tinctorium), considérée comme plante indigofère. Paris, Bouchard-Huzard, 1839, in-8 de 76 pag. avec 1 pl. [2 fr.].

Extrait des « Annales de l'agriculture française, » juin et juillet.

5. — Notice sur quelques outils, instruments et machines employés en culture. Paris, 1840, in-8 avec fig. [75 c.].

6. — Notice sur le madi ou madia oléifère (madia sativa), considéré comme plante oléagineuse, 1840, in-8 avec fig. [75 c.].

Extrait des « Annales de l'agriculture française. »

7. — Programme raisonné du cours de culture professé à l'École normale de Versailles ; suivi de l'Exposé des éléments d'études agronomiques, et de la Description du jardin d'instruction de l'école. Versailles, Dufaure, 1840, in-8 avec 16 pl.

8. — Influence de la culture en général et de certains procédés de culture en particulier sur les végétaux, relativement à la production. Paris, impr. de Bouchard-Huzard, 1841, in-8 de 24 pag.

9. — Études forestières considérées sous le rapport de l'amélioration des bois et des forêts en France. Paris, Mme veuve Bouchard-Huzard, 1843, in-8 avec 8 pl. [6 fr.].

Extrait des « Annales de l'agriculture française, » 1842 et 1843.

10. — Catalogue méthodique des végétaux cultivés dans le jardin des plantes de la ville de Versailles. Versailles, impr. de Montalant-Bougleux, 1841, in-8 avec un tableau.

— Autre édition. Versailles, impr. de Montalant-Bougleux, 1841, in-8 avec 1 tableau et 4 pl., dont un *fac-simile* de Lenostre.

11. — Notice descriptive, culturale et économique sur deux plantes tuberculeuses : l'ulluco (*ullucus tuberosus*), Loz., et le boussingaultie (*boussingaultia basseloïdes*), Humb. et Kunth. Paris, impr. de Mme Bouchard-Huzard, 1849, in-8 de 40 pag. avec 2 pl.

On doit encore à M. Fr. Philippar : *Mémoire sur l'agave d'Amérique* [Annales de la Société d'horticulture de Paris]; — *Mémoire organographique et physiologique sur les champignons* [Ann. de la Soc. des sciences nat. de Seine-et-Oise]; — *Mémoire sur l'agronomie, importance de sa prospérité en France, et méthode proposée pour son enseignement* [Mém. de la Soc. d'agriculture de Seine-et-Oise]; — *Notice sur l'instruction culturale en France, et sur l'utilité des écoles primaires à cet égard* [Mém. de la Soc. d'agriculture de Seine-et-Oise]; — *Mémoire sur la culture et l'exploitation de l'oseraie* [Mém. de la Soc. d'agriculture de Seine-et-Oise]; — *Notice sur le jardin d'étude et de production de Grignon* [Annales de Grignon]; — *Mémoire sur le chauffage des serres*; — *Notice sur la coupe des taillis*; — *Expériences sur la carie des grains* [le Cultivateur]; — *Notice sur les ruches* [journal la

Propriété]; — *Mémoires et Rapports sur les mûriers et l'éducation des vers à soie*; — *Mémoires et Notices sur plusieurs plantes économiques*, dans divers recueils.

PHILIPPE, surnommé BLANC. — Voyage d'un petit enfant de la Suisse à Paris, ou Étrennes sentimentales pour l'an v de la république française et les suivantes. Paris, Desenne et Maret, an v (1797), in-8.

PHILIPPE [Eugène], auteur dramatique, plus connu sous le pseudonyme *Adolphe Dennery* ou *d'Ennery*. Voy. DENNERY.

PHILIPPE, nom commun à quatre auteurs dramatiques : *Bourguet (Adolphe)*; *Delavillenié*, ancien acteur de la Porte-Saint-Martin; *Dumanoir*; *Roustan*, ancien acteur du Vaudeville.

PHILIPPE, docteur en médecine à Nîmes, secrétaire de l'Académie du Gard. — Aperçu des travaux les plus remarquables de l'Académie du Gard, depuis 1812 jusqu'en 1822. 1822, in-8.

PHILIPPE [Matthieu BRAUSSI, connu en religion sous le nom de frère], supérieur général des frères de la Doctrine chrétienne, né en 1792.

Le frère Philippe, dont il a été beaucoup parlé il y a quelques années, à propos de son procès avec la ville de Paris, et de ses circulaires dans la scandaleuse affaire Combettes [1847], a publié, avec M. Louis CONSTANTIN, précédent supérieur des frères de la Doctrine chrétienne, un grand nombre d'ouvrages élémentaires à l'usage des écoles dirigées par les membres de son institut. Ils ont paru avec l'indication : par L. C. et P. F. B., et ont eu plusieurs éditions. On peut citer, entre autres : *Traité des devoirs du chrétien envers Dieu*, supprimé à plusieurs reprises par la commission d'instruction primaire, mais réimprimé malgré cela et toujours employé; *Histoire de France*, précédée de l'*Histoire sainte*, également interdite en 1837, réimprimée en 1842, etc. Chaque fois que ces livres se sont présentés devant la commission, elle les a signalés comme renfermant des exagérations absurdes, des erreurs grossières, des récits niais, de fortes tendances ultramontaines et des manifestations en faveur des idées légitimistes. Mais rien n'a pu vaincre la résistance de la congrégation. [Voy. des articles du *Constitutionnel* (12 juillet 1841 et 12 juillet 1847).]

PHILIPPE [Achille], bandagiste à Paris. — Quelques Réflexions sur les divers appareils employés au traitement des difformités de la taille. Paris, Philippe, 1839, in-8 de 64 pag. avec 1 pl. représentant le *corset-lit* [2 fr.].

Sous le nom de Philippe VALÉRIUS.
MM. A. Philippe (sous le même pseudonyme),
A. BOBLET et E. DUROUCHOU jeune ont signé : Relation exacte de ce qui s'est passé le 14 février 1831 au service funèbre célébré pour le repos de l'âme de S. A. R. Mgr le duc de Berri, dans l'église Saint-Germain l'Auxerrois (Paris, impr. de Dentu, 1831, in-8 de 4 pag.].

Citons encore : le Sens commun de *Jacques Maillotin*, à propos des élections générales de la république française [1848, in-8]; — la Guillotine (sous le nom : *un vieux jacobin*) [1848, in-fol.].

PHILIPPE. — Le Nouveau Guide du fondeur de suif. Paris, imp. de Proux, 1842, in-8 de 48 pag. avec 2 pl.

PHILIPPE [Henri]. — Des Rapports de l'art de l'opticien avec l'ophthalmologie. Montpellier, impr. de Boehm, 1843, in-8 de 40 pag.

PHILIPPE. — Histoire philosophique, politique et religieuse de la barbe chez les principaux peuples de la terre, depuis les temps les plus reculés jusqu'à nos jours. Reims, impr. d'Assy; Paris, Martinon, 1845, in-12 avec une vign. [2 fr.].

Citons encore : Essai historique sur Caqué, ancien chirurgien en chef de l'Hôtel-Dieu de Reims [1843, in-8. — Jean-Baptiste Caqué, né à Machault (Ardennes) le 9 octobre 1720, est mort le 16 septembre 1787]; — Considérations géologiques sur les ossements fossiles trouvés dans la cendrière de Cormicy (Marne), et sur les animaux antédiluviens [1844, in-8].

PHILIPPE [Adolphe]. — Lucretia. Hambourg, R. Rittler, 1844, in-8 de 80 pag.

C'est une traduction du français en allemand de «Lucrèce,» tragédie, par M. PONSARD.

PHILIPPON [Fr.], architecte. — Marché de comestibles et foire perpétuelle Saint-Laurent. Paris, impr. de Dezauche, 1835, in-4 de 8 pag.

PHILIPPON DE LA MADELAINE. Voy. PHILIPON.

PHILIPPS [sir Richard], auteur, sous divers pseudonymes, et, entre autres, sous celui de CLARK, de plusieurs ouvrages élémentaires, qui presque tous ont été traduits en français. [Voy. la *France litt.*, t. VII, p. 128.]

On lui attribue, sous le pseudonyme William MAVOR : «le Buffon des écoles» (trad. de l'anglais par J.-B.-J. BRETON) [Paris, Mme veuve Gueffier, 1802, 1807, 2 vol. in-12 avec 103 fig.]; et «the English Spelling-Book» [la 460e édition a été publiée en 1846, in-12].

PHILLIPS [Ch.], de Liége, docteur en médecine, élève du docteur Dieffenbach.

1. — Du Strabisme. Paris, impr. de Béthune, 1840, in-8 [2 fr.].

2. — Amputations dans la continuité des membres. Paris, 1838, avec 16 pl. représentant les articulations des membres [7 fr.].

3. — Du Bégaiement et du strabisme, nouvelles recherches. Paris, impr. de Béthune, 1841, in-8 de 68 pag.

4. — De la Ténotomie sous-cutanée, ou des Opérations qui se pratiquent pour la guérison des pieds-bots, du torticolis, de la contracture de la main et des doigts, des fausses ankyloses angulaires du genou, du strabisme, de la myopie, du bégaiement, etc. Paris, 1841, in-8 avec 12 pl. [6 fr. 50 c.].

M. Ch. Phillips a publié : « la Chirurgie, » de DIEFFENBACH [1840, in-8].

PHILOCHE [François]. — David; mystère en cinq actes. Tours, Aigre; Paris, Furne, 1840, in-8 [3 fr.].

PHILOMNESTE [G.-B.], pseudonyme. Voy. PEIGNOT [Gabriel].

PHILORADIX [Aristophane], dont le véritable nom est GAUTIER [Aubin], docteur en médecine. — L'Anti-Lucrèce, ou Critique raisonnée de *Lucrèce*, tragédie en cinq actes et en vers, de M. *Ponsard*. Paris, Tresse, Masgana, Vilette, 1844, in-8 [2 fr. 50 c.].

PHILOSTRATE, sophiste, qui vivait à Rome du temps de l'empereur Sévère, vers l'an 200 de J.-C.

— Philostrati Epistolæ, quas ad codices recensuit et notis *Olearii* suisque instruxit *J.-F. Boissonade*. Paris et Leipsick, Brockhaus et Avenarius, 1842, in-8 [6 fr.].

— Philostratorum et Callistrati opera, recognovit *Antonius Westermann*. Eunapii vitæ sophistarum, iterum edidit *Jo. Fr. Boissonade*. Himerii sophistæ declamationes, accurate, excusso codice optimo et unico, XXII declamationum emendavit *Fr. Dübner*. Paris, F. Didot, 1849, gr. in-8.

Scriptorum græcorum bibliotheca.

PHULPIN [A.]. — Notes archéologiques sur les fouilles faites et les monuments découverts sur la montagne du Châtelet, située près de Fontaine (Haute-Marne). Neufchâteau, impr. de Mongeot; Paris, Dolin, 1842, in-8.

PIAT [L.-Ch.], mort vers 1833. [Voy. la *France litt.*, t. VII, p. 131.]

1. — Le Premier Livre des écoles, ou Introduction méthodique et facile à la lecture du français. Nouvelle édit., in-12 [60 c.]. — *Paris, L. Colas.*

— Le même, avec l'Appendice, destiné à diriger l'instituteur. In-12 [1 fr. 25 c.].

2. — Le Second Livre des écoles chrétiennes, contenant un Abrégé de l'histoire de l'Ancien et du Nouveau Testament, et un Précis élémentaire de la morale évangélique. XIe édition. Caen, Manoury aîné, 1847, in-18 [75 c.]. — *Paris, L. Colas.*

PIAUD [Pierre-Emmanuel], conservateur de la bibliothèque du port de Rochefort; né à la Rochelle en 1758, mort en 1839. [Voy. la *Biogr. univ.*, *Suppl.*]

M. P.-E. Piaud a concouru à la rédaction des deux premiers volumes du « Catalogue général de la Bibliothèque de la marine. »

PIAULT [Urbain-Firmin], chef d'escadron en retraite.

1. — Des Éléments, de leurs effets dans l'univers : recherches physiques, météorologiques, sur les éléments, leurs mouvements, les différents phénomènes qu'ils opèrent. Nouvelle édition. Paris, Treuttel et Würtz, 1838, in-8.

— De l'Existence des éléments de la matière, de ses effets, de l'univers, des animaux et des plantes. Recherches physiques, météorologiques, sur les éléments, la matière, leurs mouvements, les différents phénomènes qu'ils opèrent. Paris, Treuttel et Würtz, 1841, in-8 [8 fr.].

D'autres exemplaires portent pour titre : *de l'Existence générale, de celle de l'homme en société et de ses fins, ou Aperçus géologiques, ontologiques, théologiques et politiques.* Nouvelle édition.

— De l'Existence universelle, de celle de l'homme en société et de ses fins, etc. IIe édition. Paris, impr. de F. Didot, 1847, in-8.

2. — Pensées diverses éparses. Paris, Treuttel et Würtz, 1844, in-12.

Citons encore : Projet de constitution présenté à la Convention nationale en l'an III; — Esprit des sociétés nationales; — Pétition à MM. les députés des départements [1845, in-4].

PIC [François-Antoine], conseiller à la Cour royale de Lyon, membre de la Société littéraire de cette ville; né à Saint-Laurent-lès-Mâcon le 17 janvier 1791, mort à Lyon le 3 janvier 1837. [Voy. la *Biogr. univ.*, *Suppl.*, et la *France littér.*, t. VII, p. 132.] — Sur l'Emplacement où fut livrée la bataille entre Sévère et Albin. Lyon, 1835, in-8.

PIC [Humbert]. — Deux Cœurs de femmes. Paris, Souverain, 1843, 2 vol. in-8 [15 fr.].

PIC [B.-Ulysse], publiciste. — Physiologie du Lectourois et de la Lectouroise. Auch, impr. de Portes, 1842, in-18 de 54 pag. [1 fr. 50 c.].

Citons encore: Lettre à M. HAURÉAU sur sa brochure intitulée : « Manuel du clergé, ou Examen du livre de Mgr Bouvier, sur le sixième précepte du Décalogue » [1844, in-8]; — les Guêpes du Maine [1844, in-16]; — Discours au banquet d'Autun [1847, in-8.—La couverture porte aussi: Lettres à plusieurs journaux; Opinion de M. de Lamartine; Lettre de M. de Lamartine; M. Duvergier de Hauranne à vol d'oiseau]; — Don Raphaël, ou la Confession, esquisse dramatique [1847, in-8] ; — Lettre du citoyen Ulysse Pic aux délégués du comité démocratique de la Nièvre [1849, in-8. — Candidature en remplacement de M. Félix Pyat]; — Illusions bonapartistes [1849, in-12.—Lettre à un Nivernais].
M. Ulysse Pic a fait précéder d'une *Préface* : Défense de Charles Cellier, candidat à l'Assemblée nationale, ancien notaire, condamné politique en Cour d'assises, janvier 1838 » [1848, in-8. — En vers, sous le titre : *Ma Défense*].— Il a été rédacteur en chef de « l'Union libérale de la Nièvre. »

PICARD [le docteur J.-B.-R.]. — La Vérité sur la nature et les preuves démonstratives de l'existence et de l'immatérialité de l'âme, au moyen de l'explication précise des phénomènes de la vie. Argenteuil, impr. de Marc-Aurel, 1842, in-8 de 92 pag.

PICARD [Louis-Benoît], auteur dramatique; né à Paris le 19 juillet 1769, mort dans cette ville le 31 déc. 1828. [Voy. la *France litt.*, t. VII, p. 133.]

1. — Le Conteur, ou les Deux Postes; comédie en trois actes et en prose. Paris, Barba, Delloye, Bezou, 1837, in-8 de 36 pag.

La première édition est de 1800.

2. — Les Deux Philibert; comédie en trois actes et en prose. Paris, Barba, Delloye, Bezou, 1837, in-8 de 32 pag.

La première édition est de 1810.

3. — Avec MM. *Wafflard* et *Fulgence* : les Deux Ménages; comédie en trois actes et en prose. Paris, Barba, Delloye, Bezou, 1837, in-8 de 20 pag.

La première édition est de 1822.

4. — Avec M. *Radet :* la Maison en loterie; comédie en un acte, mêlée de couplets. Paris, Barba, Delloye, Bezou, 1837, in-8 de 20 pag.

La première édition est de 1825.

5. — Le Gil Blas de la révolution, ou les Confessions de Laurent Giffard. Paris, Werdet, 1839-40, 3 vol. in-18.

La première édition est de 1824.
On a publié en outre de nouveau les pièces suivantes de Picard, composées en collaboration avec M. MAZÈRES : l'Enfant trouvé [1837, in-8];—le Landaw, ou l'Hospitalité [1837, in-8]; — les Trois Quartiers [1839, in-8]. Voy. MAZÈRES.—C'est à tort que, dans la « France littéraire, » *Bertrand et Raton, ou l'Intrigant et sa dupe*, a été classée parmi les pièces imprimées dans les œuvres de Picard.

PICARD. — Manuel complet d'archéologie. Paris, Roret, 1831, 3 vol. in-18.

PICARD [Casimir], docteur en médecine, naturaliste et archéologue, fondateur de la Société linnéenne du nord de la France ; né à Amiens le 16 décembre 1806, mort à Abbeville le 13 mars 1841. [Voy. une Notice biographique, dans les *Mémoires de la Société d'émulation d'Abbeville*, 1841-43, p. 449 et suiv.] — Histoire naturelle. Etude sur les géraniées qui croissent spontanément dans les départements de la Somme et du Pas-de-Calais. Boulogne. impr. de Leroy-Mabille, 1838, in-8 de 48 pag.

On doit en outre à M. C. Picard : Observations sur le genre *Sonchus* ; — Notice sur le genre *Robertium*, géraniées, genre créé par l'auteur, et divers autres *Mémoires* relatifs à l'histoire naturelle, dans les « Mémoires de la Société linnéenne du nord de la France. » — On trouve encore de lui des *articles* sur divers sujets dans les « Mémoires de la Société d'émulation d'Abbeville. »

PICARD [l'abbé]. — L'Agriculture raisonnée, ou Manuel complet et spécial du cultivateur dans les Deux-Sèvres et départements de l'Ouest. Niort, Robin, 1844, in-12 [2 fr. 50 c.].

PICARD, grammairien.
— Avec MM. *Meissas* et *Michelot :* Manuel de grammaire; Grammaire française; Tableaux de grammaire; Exercices de grammaire ; et Corrigé des exercices de grammaire. Voy. MEISSAS.

— Avec M. *Balthazard Fournier* : Nouveaux Exercices de mémoire, gradués selon l'âge des élèves, avec des notes, etc. (1840, 2 vol. gr. in-18) ; — Principes généraux de versification française (1840, in-18). Voy. FOURNIER.

PICARD [J.-L.-A.]. — Les Égarements du génie. A l'abbé de la Mennais. Périgueux, imp. de Dupont, 1845, in-8 de 48 pag.

Épître en vers.

PICARD [P.]. — Abrégé des principes de la musique. IIe édit. Rennes, impr. lith. de Landais, 1846, in-8 obl. [60 c.].

La première édition est de 1835 [Paris, impr. de Duverger, in-12 oblong].

PICARD [H.]. — Une Parole au peuple. Arras, impr. de Degeorge, 1837, in-8 de 16 pag.

En vers.

PICARD [Léon], auteur dramatique, pseudonyme. Voy. BAYARD [Antoine].

PICARD [Félix], né à Paris le 13 janvier 1813.

1. — Avec M. *Adolphe Poujol* : Jenny, ou le Dernier des Stuarts ; comédie historique en un acte, mêlée de chants. Paris, Pesron, 1838, in-18 [50 c.].

2. — Avec M. *Adolphe Poujol* : Marguerite ; comédie en un acte, mêlée de chants. Paris, Appert, 1839, in-18 de 36 pag.

PICARD [Charles], de Montauban. — L'Ombre de Napoléon, pour la France, au monde démocratique ou constitutionnel, contre les rois absolus de l'Europe, en guerre contre Méhémet-Ali. Toulouse, impr. de Lagarrigue, 1840, in-8 de 32 pag.

PICARD, curé de Saint-Godard de Rouen. — Sur la mort de Son Altesse Éminentissime Mgr le cardinal prince de Croy, archevêque de Rouen. Rouen, impr. de Péron, 1844, in-8 de 8 pag.

En vers.

M. l'abbé Picard a revu et retouché : « Instruction de la jeunesse en la piété chrétienne, tirée de l'Écriture sainte et des saints Pères, » par M. Charles GOBINET [Rouen, Mégard, 1849, in-12].

PICARD [J.]. — Guide des banquiers, capitalistes, rentiers et chefs de comptabilité. Solution des intérêts composés et des annuités, etc. IIe édition. Paris, Bachelier, Joubert, 1846, in-8 [3 fr.].

La première édition est de 1845.

PICARD DE SAINT-ADON [l'abbé François], prêtre du diocèse de Rhodez, docteur de Sorbonne, doyen du chapitre royal de Sainte-Croix et de la chrétienté d'Étampes, né à Saint-Cosme en Rouergue dans le dernier siècle. [Voy. la *France littér.*, t. VII, p. 137.] — Vérités sensibles de la religion. Maximes d'un philosophe chrétien. Gémissements d'un solitaire sur les désordres de la plupart des chrétiens. Paris, Butard, 1768, in-12.

Sous le nom : *un Philosophe chrétien*.

PICAROGNI [J.-A.]. — L'Homme sous l'empire de la religion chrétienne. Paris, Amyot, 1843, in-8 [3 fr. 50 c.].

PICART. — Traité de sténographie, rendue facile au moyen de signes mobiles. Épernay, impr. de Warin-Thierry, 1835, in-8 de 104 pag.

PICART [Julien]. — Épigrammes. Nantes, impr. de Mellinet, 1841, in-32.

Contient 90 épigrammes.

PICART DE GAVILLE [Eugène]. Voy. GAVILLE.

PICCOLOS [N.]. — Quelques Observations sur le texte de Babrius. Paris, F. Didot, 1845, in-8 de 24 pag.

M. Piccolos a donné, dans le journal grec « l'Espérance, » un article sur M. Fauriel [Athènes, 28 août 1844].

PICHARD [Auguste], philologue, membre de la Société asiatique, secrétaire particulier de M. Thiers, sous-chef de bureau des secours généraux au ministère de l'intérieur ; né à Paris le 1er avril 1815, mort le 1er octobre 1838. [Voy. la *Biogr. univ., Suppl.*]

1. — Légendes et traditions populaires ; trad. de l'allemand. Paris, 1832, in-8.

2. — Essai sur la poésie latine. Paris, 1832, in-18.

3. — L'Hacendilla. Contes psychologiques, dédiés à Mme Fourcault de Pavant. Paris, Dumont, 1832, in-8 [7 fr. 50 c.].

Ce volume, composé de 4 contes traduits de l'anglais, a été publié sous le pseudonyme d'Hippolyte DALICARE.

4. — Le Chasseur des spectres et sa fa-

mille; trad. de l'anglais de *Banim*. Paris, 1833, 2 vol. in-8.

5. — Le Livre de la bonne doctrine; trad. de l'hébreu. Paris, Impr. royale, 1837, in-8.

6. — Description générale de la Chine; trad. de l'anglais de *Davis*, revue et augmentée d'un Appendice par *Bazin*. Paris, 1837, 2 vol. in-8 avec fig.

7. — Le Livre d'Hénoch sur l'amitié; traduit de l'hébreu et accompagné de notes relatives aux antiquités, à l'histoire, aux mœurs, aux coutumes, à la langue ainsi qu'à la littérature des israélites anciens et modernes. Paris, Dondey-Dupré, 1838, in-8.

8. — L'Orientaliste, cours de langue hébraïque. Paris, 1838, 14 livraisons in-4.

M. Aug. Pichard a publié : le Dict de Robert le Dyable; analyse de ce poème d'après un manuscrit de la Biblioth. du roi, suivie de nombreux extraits du texte, et de notes philologiques et historiques.—Il a travaillé au « Journal de Paris; » au « Constitutionnel, » etc. — Il a laissé manuscrits : le roman de Salomon, trad. de l'hébreu; — les Contes de Sindebar, trad. de l'hébreu; — les Fables de Bidpaï, trad. d'après la version hébraïque; — Choix de réflexions morales et de sentences, extraites et trad. de divers auteurs hébreux.

PICHARD [Fr.-Louis], docteur en médecine, ancien chirurgien militaire, administrateur du bureau de bienfaisance du 7e arrondissement. [Voy. la *France littér*., t. VII, p. 139.]

1. — Histoire abrégée de quelques affections qui peuvent occasionner la mort subite; indication des premiers secours à donner aux personnes qui en sont atteintes. IIe édition. Paris, Baillière, 1843, in-8 de 100 pag. avec un tableau [2 fr.].

La première édition est de 1838.

2. — Maladies des femmes. Des Abus de la cautérisation et de la résection du col dans les maladies de la matrice Paris, G. Baillière, 1846, in-8 avec un tableau [4 fr.].

— Maladies des femmes. Traitement rationnel et pratique des ulcérations du col de la matrice. Paris, G. Baillière, 1847, avec 8 pl. représentant 27 fig. dont 25 col. [6 fr.].

— Maladies des femmes. Des Ulcérations et des ulcères du col de la matrice, et de leur traitement. Paris, G. Baillière, 1848, in-8 avec 8 pl. et 1 tableau [6 fr.].

M. Quérard avance [Supercheries littéraires, III, 470] que cet ouvrage est de M. Claude LA CHAISE.

On doit en outre à M. Pichard : *Dangers des inhumations précipitées après une bataille* [Journ. des sciences militaires, t. XIX]. Il a rédigé pendant plusieurs années les comptes rendus administratifs et moraux des travaux du bureau de bienfaisance du 7e arrondissement, qui ont tous été imprimés.

PICHAT [Michel], né à Vienne (Isère) en 1786, mort le 24 janvier 1828. [Voy. la *France littér*., t. VII, p. 139.] — Avec M. *Gary* : Eudore et Cymodocée, tragédie en cinq actes (et en vers). Paris, Barba, 1824, in-8.

Réimprimée dans la même année.

Citons encore : Aux mânes de Mazet. [Imp. dans le recueil littér. intitulé la « Muse française » (publié par Victor HUGO), 1823, in-8, t. I, p. 65 à 76].

PICHAT [Laurent].—Avec M. *Henri Chevreau* : les Voyageuses, etc. (1844, in-8). Voy. CHEVREAU.

PICHAT. — Pratique des semailles à la volée. Paris, Mme Bouchard-Huzard, 1845, in-8 de 112 pag.

PICHAULT DE LA MARTINIÈRE [A.]. Voy. la *France littér*., t. VII, p. 140.]

1. — Théorie générale de canalisation appliquée aux provinces d'entre Loire et Garonne, et à la jonction de la Charente et de la Gironde à la Loire, à la Seine et au Rhin. Limoges, Marmignon ; Paris, Carilian-Gœury, 1837, in-4 avec 1 pl. [3 fr.].

2. — Du Tarif des bestiaux étrangers, à leur introduction en France. Limoges, Chapoulaud, 1841, brochure in-8.

PICHLER [Caroline de GREINIER, dame], romancière, née à Vienne en Autriche le 7 septembre 1769, morte dans la même ville le 9 juillet 1843. [Voy. la *Biograph. univ., Suppl.*, et la *France littér.*, t. VII, p. 140.] — Avec M. *Abbema* [Nic. Chatelain] : Guido Reni et Quintin Metsys, ou Revers et Prospérité. Paris, Cherbuliez, 1838, in-12. [4 fr. 50 c.].

Le « Novellenkranz Samlung, » etc., choix des meilleurs contes et nouvelles, à l'usage des personnes qui veulent se fortifier dans l'étude de l'allemand, etc. [Paris, Baudry, 1840, in-8, 4 fr.], contient des morceaux de Mme C. Pichler.

PICHON [l'abbé Thomas-Jean], né au Mans en 1731, mort le 18 novembre 1812. [Voy. la *France littér*., t. VII,

p. 141.]—Journal historique du sacre et couronnement de Louis XVI, roi de France. Paris, Vente, 1776, gr. in-8.

Extrait de : Sacre et couronnement de Louis XVI, roi de France et de Navarre, à Reims le 11 juin 1775, précédé de Recherches sur le sacre des rois de France, depuis Clovis jusqu'à Louis XV, par Nic. GOBET. [Paris, Vente, 1775, in-4.]

PICHON. — A Messieurs les membres de la Chambre des députés. Paris, impr. de Mme Dondey-Dupré, 1842, in-fol. de 4 pag.

Pour la suppression, au moins dans l'intérieur de la Chambre, des qualifications de ducs, marquis, etc.

PICHON [Jules]. — Les Cyprès de l'Iran; suivis d'un Épisode sur les chevaliers de Rhodes. Paris, Royer, 1844, in-16 [2 fr. 50 c.].

PICHON [Jérôme], auditeur au conseil d'État, ancien membre de la Société des antiquaires de France, président de la Société des bibliophiles français, né à Paris le 3 décembre 1812.

1. — La Chasse du cerf, en rime françoise (publié d'après un ms. de la Bibliothèque royale, par M. Jérôme Pichon). Paris, Techener, 1840, petit in-8 de 40 pag. sur pap. vél. [8 fr.].

Tiré à 50 exemplaires.

2. — Histoire d'un braconnier, ou Mémoires de la vie de *Labruyère*, auteur des *Ruses du braconnage*. Paris, Techener, 1844, in-8.

Anonyme. Extrait du « Bulletin du bibliophile. »

3. — L'Apparition de Jehan de Meun ou le songe du Prieur de Salon, par *Honoré Donet*. Paris, Silvestre, 1845, in-4.

4. — Le Ménagier domestique, Traité de morale et d'Économie domestique, composé vers 1393, par *un bourgeois de Paris*. Paris, Techener 1846, 2 vol. in-8.

5. — Notices biographiques et littéraires sur la vie et les ouvrages de Jean Vauquelin de la Fresnaye, et Nicolas Vauquelin des Yveteaux, gentilshommes et poëtes normands. Paris, Techener, 1846, in-8.

Extrait du « Bulletin du bibliophile. » Tiré à 100 exemplaires.

6. — Mémoire pour servir à l'histoire du village et de l'ancienne seigneurie de Medan, près Poissy. Paris, Techener, 1849, in-8.

Anonyme.

M. Jérôme Pichon a donné, sous le pseudonyme Claude GAUCHET, une *Introduction*, une *Notice sur l'abbé Lebeuf*, le *Catalogue* de tous ses écrits, et des *Notes* au « Recueil de dissertations sur différents sujets d'histoire et de littérature, » par l'abbé Jean LEBEUF [1843, 2 vol. in-12].

PICHOT [Amédée], docteur en médecine, romancier, historien et traducteur, né à Arles en 1796. [Voy. la *France littér.*, t. VII, p. 142.]

1. — Monsieur de l'Étincelle, ou Arles et Paris, roman de la vie moderne. Paris, Ch. Gosselin, 1837, 2 vol. in-8 [15 fr.].

2. — Les Beautés de lord Byron. Galerie de quinze tableaux tirés de ses œuvres, accompagnée d'un texte traduit par Amédée Pichot. Paris, Aubert, 1838, in-4 avec 15 grav. [15 fr.].

3. — Galerie des personnages de Shakspeare reproduits dans les principales scènes de ses pièces, avec une analyse succincte de chacune des pièces de Shakspeare, par Amédée Pichot; précédée d'une Notice biographique de Shakspeare, par *Old Nick* [*Forgues*]. Paris, Baudry, Stassin et Xavier, 1843, in-8 avec 80 grav. et 1 portrait [22 fr.].

4. — Histoire de Charles-Édouard, dernier prince de la maison de Stuart; précédée d'une Histoire de la rivalité de l'Angleterre et de l'Écosse. IVe édition. Paris, Amyot, 1846, 2 vol. in-8 [15 fr.].

5. — Sir Charles Bell. Paris, impr. de Mme Dondey-Dupré, 1846, in-8 de 48 pag.

Sir Charles Bell, né en 1774, est mort le 27 mai 1842.

6. — Dernier Roi d'Arles. Épisode des grandes chroniques arlésiennes, contenant les légendes du lion, du cheval et de la tarasque, etc.; précédé d'un Essai historique sur la ville d'Arles, depuis son origine jusqu'à ce jour. Paris, Amyot, 1848, in-12.

7. — Note pour un Supplément aux Provinciales de Pascal. Paris, Amyot, 1848, in-8 de 8 pag.

Citons encore : *les Chiens de Walter Scott*, [Paris-Londres, keepsake français, 1838]; — *Henri VIII* [les Femmes de Shakspeare], etc.

M. Amédée Pichot a fait précéder d'une Vie de Shakspeare et de Lamb le «Mémorial de Shakspeare, contes shakspeariens, » par LAMB [1841, 1847, in-8].

Il a traduit de l'anglais : « Histoire de la conquête du Mexique, » par W.-H. PRESCOTT [1846, 3 vol. in-8] ; — « Caleb Williams, ou les Choses comme elles sont, » par W. GODWIN [1846, 3 vol. in-16] ; — « la Bataille de la vie ; la Cloche du tocsin ; Laura Bridgman ; l'Enfant de mon père ; l'Épée brisée ; Nelly, » par Ch. DICKENS [1847, in-18 anglais] ; — « l'Homme au spectre, ou le Pacte, » par Ch. DICKENS [1849, in-18].

On doit à M. A. Pichot la révision des « Mémoires de Mme la comtesse de Pompadour, » composés par M. Scipion MARIN [1830, 2 vol. in-8].

Il a coopéré à la traduction des « Chefs-d'œuvre des théâtres étrangers » [25 vol. in-8].

Directeur de la « Revue britannique, » M. A. Pichot a fait insérer dans cette feuille un grand nombre d'articles, entre autres, le *Journal de son voyage en Irlande et dans le pays de Galles*, publié en 1844 et 1845. — Il a travaillé à la « Revue de Paris » sous plusieurs pseudonymes : PERRIWIG, PICKERWILL, SHERIDAN junior, etc.

Il a collaboré au « Journal des jeunes personnes ; » à la « Revue universelle classique, » publiée par Furne ; au « Supplément au Dictionnaire de la conversation et de la lecture, » etc.

PICKERVILL, pseudonyme. Voyez PICHOT [Amédée].

PICNOT. — Projet concernant la salubrité publique et l'extinction réelle de la mendicité. Paris, Gaultier-Laguionie, 1837, broch. in-8.

PICONIO [R. P. Bernardino a]. Voy. PICQUIGNY [Bernardin].

PICOT [Mlle]. — Vie du P. P.-J. Picot de Clorivière. Sans lieu ni date (Paris, vers 1822, in-18).

PICOT, de Montpellier. [Voyez la *France littér.*, t. VII, p. 144.] — Mémoires de *Lady Hamilton* [*Emma Harte*], ambassadrice d'Angleterre à la cour de Naples, ou choix d'anecdotes curieuses sur cette femme célèbre, tirées des relations anglaises les plus authentiques. Paris, Dentu, 1816, in-8, avec un portrait.

Ouvrage traduit de l'anglais.

PICOT [Adrien]. — Visite dans quelques prisons de France en mai et juin 1836, et Réflexions sur quelques points tendant à la réforme et à l'amélioration des prisons en général. Paris, Cherbuliez, 1837, in-8 de 56 pag. [1 fr. 50 c.].

M. Adrien Picot a traduit de l'allemand : « des Peines et des prisons, » par le prince OscAR, de Suède [1842, in-8].

PICOT, peintre d'histoire, membre de l'Académie des beaux-arts. — Opinion de M. Picot et de M. *Alaux*, peintres, sur la direction des études dans les classes de dessin à l'Académie de Valenciennes. Valenciennes, impr. de Prignet, 1837, in-4 de 8 pag.

PICOT [J.-B.-C.], docteur en droit.

1. — Nécessité et moyens d'établir une réforme dans l'enseignement du clergé. Paris, Comon, 1843, in-8 de 56 pag. [1 fr.].

2. — Colonisation de l'Algérie. Paris, Moquet, 1848, in-8 de 16 pag. [40 c.].

3. — Du Mariage romain, chrétien et français, considéré sous le rapport de l'histoire, de la philosophie, de la religion et des institutions anciennes et modernes. Paris, impr. de Thunot, 1849, in-8 [5 fr. 50 c.].

M. J.-B.-C. Picot a donné une *Introduction historique* au « Commentaire des Institutes, » de JUSTINIEN [1845, in-8].

PICOT [R.-F.], ancien chef d'institution. — Perfectionnement ajouté à l'étude des langues, appliqué aux satires de Perse. Paris, impr. lith. d'Adrien, 1837, in-4 de 12 pag. avec un tableau.

PICOT [Aimé]. — Les Cendres de Napoléon, poésie. Bordeaux, impr. de Ramadié, 1840, in-8 de 16 pag.

Sur la couverture imprimée et au verso du titre, on lit : « Joué par M. Robert Kemp, sur le théâtre des Variétés de Bordeaux, le 12 octobre 1840. »

PICOT [A.], colonel du génie. — Mémoire sur la défense des défilés. Toulon, impr. lith. de Imbert, 1843, in-fol. de 24 pag. avec 2 pl.

PICOT, fabricant. — Guide du consommateur de chocolat et de thé. Belleville, impr. de Galban, 1845, in-8 de 8 pag.

PICQUÉ [J.].

1. — Avec M. *César Lambert* : Éléments de géométrie descriptive. IIIe édition. Paris, Hachette, 1850, in-8 avec 4 pl. [5 fr.].

La première édition est de 1842.

2. — Cours de géométrie descriptive. Paris, L. Hachette, 1843, in-8 avec 12 pl. [3 fr. 75 c.].

PICQUENARD [J.-B.]. [Voy. la *France littér*., t. VII, p. 146.] — Adonis, ou le Bon Nègre. Anecdote coloniale. Nouvelle édition, revue et corrigée. Paris, Corbet aîné, 1836, in-18 avec 2 grav. et 1 frontispice [3 fr.].

La première édition est de 1798.

PICQUET [J.-P.]. [Voy. la *France littér.*, t. VII, p. 146.] — Voyage aux Pyrénées françaises et espagnoles, principalement vers les vallées de Bigorre et d'Aragon. IIIᵉ édition. Paris, Mongie, 1829, in-8.

La première édition est de 1789; la deuxième, de 1828, sous les initiales J. P. P. — ERSCH, dans la « France littéraire, » attribue cet ouvrage à MIRABEAU.

PICQUET [Ch.].

M. Ch. Picquet a rédigé le *Catalogue systématique de cartes de géographie ancienne et moderne*, qui fait partie du « Guide diplomatique, » par M. Ch. de MARTENS [1837, 3 vol. in-8].

Il a fait suivre de *Notes et de renseignements*, et d'*un plan de Paris et de ses faubourgs, contenant tous les changements survenus jusqu'à ce jour*, » la « Physiologie des rues de Paris, » par le bibliophile Jacob [Paul LACROIX], [1842, in-32].

PICQUET [Jean-Baptiste], du Jura. [Voy. la *France litt.*, t. VII, p. 147.] — Saint Vincent de Paule (sic), ou l'Héroïsme de l'humanité; poème lyrique. Nantua, impr. d'Arène, 1844, in-12 [2 fr.].

Citons encore: Martialides, ou les Guêpes de la montagne (pour la correction d'un étranger) [1842, in-4. — En vers]; — un Savoyard au pilori, martialides ou épigrammes de la montagne [1843, in-4. — En vers]; — Bichat et son apothéose, chants lyriques, à l'occasion de l'inauguration de sa statue à Bourg, le 24 août 1843 [1843, in-8].

PICQUIGNY [le P. Bernardin de], né à Pequigny ou Picquigny, près d'Amiens, en 1663, mort à Paris en 1709. [Voy. la *France litt.*, t. VII, p. 147.]

1. — Epistolarum B. Pauli Apostoli triplex expositio. Besançon, Outhenin-Chalandre; Paris, Méquignon junior, Gaume frères, 1838, 1842, 3 vol. in-12 [9 fr.].

2. — La Vraie Manière de sanctifier sa vie par la préparation à la mort; ouvrage destiné à tous les chrétiens, ainsi qu'aux prêtres et aux religieux qui veulent vivre et mourir dans l'esprit de Jésus-Christ. Nouvelle édition, augmentée de nombreuses additions. Paris, A. Leclere, 1839, in-12 [2 fr. 25 c.].

3. — Explication des épîtres de saint Paul, par une analyse qui découvre l'ordre et la liaison du texte; par une paraphrase qui expose, en peu de mots, la pensée de l'Apôtre; par un commentaire, avec des notes pour le dogme, pour la morale et pour les sentiments de piété. Paris, Lacroix-Gauthier, 1838, 2 vol. in-8 [7 fr. 50 c.]; et 4 vol. in-12 [6 fr. 50 c.].

Indiquons encore les éditions suivantes: Besançon, Gauthier, 1837, 2 vol. in-12; Marquiset, 1839, 2 vol. in-12; — *Lyon et Paris*, Périsse frères, 1839-1844, 4 vol. in-12.

PICQUOT [L.]. — Encore un mot sur Napoléon-le-Grand. Paris, imp. de Brasseur aîné, 1821, in-8 de 12 p.

Ouvrage anonyme, réimprimé dans le même mois avec le nom de l'auteur.

PICQUOT [Lamare]. Voy. LAMARE-PICQUOT.

PICTET [Charles], agronome, ministre plénipotentiaire de la république de Genève, né le 22 septembre 1755, à Genève, mort dans cette ville le 28 décembre 1824. [Voy. la *France littér.*, t. VII, p. 149.] — Fragments de lettres de Pictet de Rochemont. Genève, 1840, brochure in-8.

PICTET [Adolphe], major fédéral d'artillerie de la confédération helvétique. [Voy. la *France littér.*, t. VII, p. 150.]

1. — De l'Affinité des langues celtiques avec le sanscrit. Paris, Duprat, in-8 [5 fr.].

Mémoire couronné par l'Institut (Académie royale des inscriptions et belles-lettres). Voy. un compte rendu de cet ouvrage dans « l'Athenæum français. »

2. — Une Course à Chamounix, conte fantastique. Paris, Benjamin Duprat, 1838, in-12 avec 3 vign. [5 fr.].

— Une Course à Chamounix, fantaisie artistique, pour servir de supplément aux « Lettres d'un voyageur. » IIᵉ édit. Paris, B. Duprat, 1840, in-12.

Sous le pseudonyme *N'importe*.

PICTET [J.-P.], né à Genève en 1776. [Voy. la *France littér.*, t. VII, p. 150, et l'article Fr.-J. PICTET.]

PICTET [Fr.-J.], naturaliste suisse, professeur de zoologie et d'anatomie comparée à l'Académie de Genève.

1. — Avec M. *Jean-Pierre Pictet*: Nouvel itinéraire des vallées autour du mont Blanc. Genève, 1818, 1829, in-12.

2. — Recherches pour servir à l'histoire et à l'anatomie des Phryganides.

Genève, 1834, in-4 avec 20 pl. color. [40 fr.].

3. — Description de quelques nouvelles espèces de Névroptères. Genève, 1836, in-4 avec fig. [3 fr.].

4. — Note sur les organes respiratoires des Capricornes. Genève, 1836, in-4 avec fig. [2 fr. 50 c.].

5. — Avec M. *J.-P. Pictet* : Itinéraire de Chamouni, de Sixt, des deux Saint-Bernard et des vallées autour du mont Blanc. Genève, 1840, in-12 [3 fr.].

6. — Avec M. *J.-P. Pictet :* Notice sur les animaux nouveaux ou peu connus du Musée de Genève. Genève, 1841-44, 4 livraisons in-4.

1re et 2e liv.: *Mammifères* [1841-43, in-4 de 40 pag. avec 11 pl., 66 fr.]; — 3e et 4e livr.: *Monographie des rats du Brésil* [1844, in-4 de 42 pag. avec 12 pl., 10 fr.].

7. — Histoire naturelle, générale et particulière des insectes névroptères. Genève, 1841-43, 2 vol, in-8. avec pl.

Première monographie : *Famille des perlides* [1841, 11 livraisons formant 1 vol. in-8 avec 53 pl., 66 fr.] ; — Deuxième monographie : *Famille des éphémérides* [1843, in-8 avec 47 pl. col.].

8. — Traité élémentaire de paléontologie, ou Histoire naturelle des animaux fossiles. Genève, 1844-45, 4 vol. in-8 [40 fr.].

9. — Mémoire sur les ossements trouvés dans les graviers stratifiés des environs de Mategnin, canton de Genève. Genève, 1845, brochure in-8.

10. — Description des mollusques fossiles qui se trouvent dans les grès verts de Genève. Genève, 1847, gr. in-4 de 156 pag. avec 15 pl. lithogr.

Première livraison. *Céphalopodes.*
M. Fr.-J. Pictet a travaillé à la « Bibliothèque universelle de Genève. »

PICTET DE CANDOLLE.

1. — Le lac de Genève, imitation libre de l'allemand (de *Matthisson*). Genève, 1820, brochure in-8.

Anonyme.

2. — Rapport sur le projet de loi présenté par le conseil d'Etat relatif à des constructions pour les tribunaux et à un marché couvert, fait au nom de la commission du conseil représentatif. Genève, 1829, in-8.

PICTET DE SERGY [A.-P.-J.].

1. — Anatole et Jean-Louis, nouvelle républicaine. Genève, 1831, brochure in-8.

Anonyme.

2. — Introduction à l'Histoire de Genève. Genève, 1840, in-8 [2 fr. 50 c.].

3. — Genève, origine et développement de cette république, de ses lois, de ses mœurs et de son industrie. Genève, 1843-47, 2 vol. in-8.

Voy. la « Revue critique des livres nouveaux » [1847, p. 357].

PIDOUX [Charles], seigneur du Chaillou, lieutenant général de la maréchaussée de Civray. — Histoire de Sainte-Radégonde; revue, augmentée et suivie de l'Histoire de Sainte Macrine, par *Grégoire*, de Nisse. Niort, Poitiers et Saintes, Pathouot, 1844, in-12 avec une lithographie.

La première édition de l'*Histoire de sainte Radégonde*, dont Charles Pidoux est le principal auteur, a paru à Poitiers en 1622, in-12.

PIDOUX [H.], docteur en médecine, reçu à Paris en 1835.

1. — Avec M. *A. Trousseau :* Traité de thérapeutique et de matière médicale. IIe édition. Paris, Béchet jeune et Labé, 1845, 2 vol. in-8 [19 fr.].

La première édition est de 1836-37, 3 vol. in-8.

2. — Avec M. *A. Trousseau :* Complément au Traité de thérapeutique et de matière médicale. Paris, Béchet jeune et Labé, 1842, in-8 [2 fr.].

Ce complément renferme : 1° la Table analytique et raisonnée de l'ouvrage; 2° un Mémorial thérapeutique détaillé renvoyant au traité; 3° un Abrégé de l'art de formuler.

PIEL [F.]. — Notice sur le château de Courtallierru (Mayenne). Le Mans, impr. de Richelet, 1843, in-8 de 8 pag.

PIEL [Louis-Alexandre], architecte et religieux dominicain, né le 20 août 1808 à Lisieux, mort à Bosco, en Piémont, le 10 décembre 1841. [Voy. la *Biogr. univ.*, *Supp.*, et une *Notice biographique*, par M. A. TEYSSIER, 1839, in-8]. — L.-A. Piel reliquiæ. Paris, 1843, in-8.

Ce recueil, publié par les soins de M. Teyssier, ami de l'auteur, contient, outre une notice biographique sur Piel : 1° Fragment d'un voyage architectural en Allemagne ; 2° Salon de 1837 ; 3° Revue des nouvelles églises de Paris : la Madeleine ; 4° Déclamation contre l'art païen ; 5° Lettre à M. G. S. Trebutien.
L. A. Piel a fourni des articles à « l'Européen » et à « l'Encyclopédie catholique. »

PIERQUIN de Gembloux [Claude-

Charles], docteur en médecine, inspecteur de l'Académie de Bourges, correspondant de la Société des antiquaires de France, correspondant du ministère de l'instruction publique pour les travaux historiques; né à Bruxelles le 26 mars 1799. [Voy. la *France litt.*, t. VII, p. 153.]

1. — Poëmes et poésies. Bruxelles, 1829, in-8.

2. — Traité de la folie des animaux, de ses rapports avec celle de l'homme et les législations actuelles; précédé d'un Discours sur l'encyclopédie de la folie, et suivi d'un Essai sur l'art de produire la folie à volonté, par Pierquin; revu par *Georges* et *Frédéric Cuvier, Magendie, Schnoell, Mathey, Huzard*, etc. Grenoble, impr. de Baratier; Paris, Béchet jeune, Treuttel et Würtz, Cherbuliez, Mme veuve Huzard, 1839, 2 vol. in-8 [15 fr.].

3. — Histoire monétaire et philologique du Berry. Bourges, 1840, t. Ier, in-4 avec 17 pl. [20 fr.]. — *Paris, Dumoulin.*

4. — Histoire de Jeanne de Valois, duchesse d'Orléans et de Berry, reine de France, fondatrice de l'ordre des Annonciades. Paris, Gaume, Périsse, Poussielgue-Rusand, 1840, in-4 avec 1 portrait et 14 pl. [20 fr.]. — Autre édition. Paris, Debécourt, 1842, in-18 [3 fr. 50 c.].

5. — Histoire littéraire, philologique et bibliographique des patois. Bourges, impr. de Manceron; Paris, Techener, 1841, in-8 [6 fr.].

Le volume est terminé par une Bibliographie patoise.
Reproduit dans l'ouvrage de M. MARY-LAFON: « Histoire politique, religieuse et littéraire du midi de la France » [Paris, Maffre-Capin, 1841-44, 4 vol. in-8], et imprimé à part sous ce titre: *Tableau historique et comparatif de la langue parlée dans le midi de la France, et connue sous le nom de langue romano-provençale* [Paris, René, 1841, in-8 de 56 pag.]. — Autre édition sous ce titre : *Tableau historique et littéraire....* [Paris, Maffre-Capin, 1842, in-18 de 342 pag., 3 fr. 50 c.].

6. — Histoire et antiquités de Gergovia Boiorum chez les Éduens fédérés. Bourges, 1843, in-8 [3 fr. 50 c.]. — *Paris, Dumoulin.*

7. — Pensées et maximes. Paris, 1844, in-8 [5 fr.].

8. — Réflexions médico-politiques sur le système pénitentiaire. Bourges, 1844, in-8 [2 fr. 50 c.]. — *Paris, Dumoulin.*

9. — Idiomologie des animaux, ou Recherches historiques, anatomiques, physiologiques, philologiques et glossologiques sur le langage des bêtes. Bourges, impr. de Manceron, 1844, in-8 [6 fr.].

10. — Flurètas nouvèlètas, précédées d'un Discours patois sur la supériorité littéraire et philologique des patois. IIe édition. Bourges, 1845, in-12 [7 fr.]. — *Paris, Th. Barrois, Dumoulin.*

Poésies en patois de Montpellier, sous le pseudonyme *moussu de Giboux* ou *Gibloux*.

11. — Avec M. *C. Lecointe* : Radicologie de la langue française. Paris, Hachette, 1845, in-8 [1 fr. 25 c.].

On doit encore à M. Pierquin de Gembloux : de l'Influence de la pensée sur la matière animée et réciproquement [2 vol.]; — Biographique des aliénés, ou Clinique mentale [in-8]; — Bibliographie générale de la pensée malade [in-8]; — Æliologie des maladies mentales, etc. [in-8]; — Histoire des Gaulois avant l'invasion romaine; — Lettre à M. Tournot sur différents noms donnés à la rivière Isère [in-8]; — Lettre à M. Raynal sur une inscription grecque trouvée à Marseille; — Lettre à M. de Freulleville sur le tombeau de Deols [Châteauroux, in-8]; — Poésies romanes de saint François d'Assise [trad. en regard, avec des notes, in-4]; — Délassement de l'iatrique [1818, in-18]; — Sur les antiquités du département de l'Hérault [1823, in-8]; — Antiquités de Grenoble [1835, in-8]; — les Livres saints, poëme [1835, in-8]; — Antiquités de Gap [1837, in-8]; — Lettre à M. Laureau de Thory sur le mont Beuvrach [1839, in-8]; — Réflexions physiologiques sur le sommeil des plantes [1839, in-8]; — Lettre à Mgr l'évêque de Nevers sur un musée catholique du Nivernais [1839, in-8]; — Lettre à M. Dupin sur l'histoire de Nevers avant la domination romaine [1839, in-8]; — le Bonnet de la liberté et le coq gaulois, fruits de l'ignorance, Lettre à M. Viennet [1840, in-8]; — la Bible poétique, ou Choix des meilleures traductions en vers des plus beaux passages de la Bible [1840, in-18]; — Histoire de la Châtre [1840, in-8. — Contient le fragment d'un poëme intitulé : *le Prieuré*, poëme en 7 chants, composé vers 1780, par DUBAUD]; — Histoire de la guimbarde [1840, in-8]; — Dissertation sur les Kuba des Bituriges-Kubi [1840, in-8]; — Lettre à M. de la Tremblais sur l'histoire de Lamotte-Feuilly [1840, in-8. — Lamotte-Feuilly est à deux lieues de la Châtre]; — Petit livre pour les petits enfants [1840, in-18 avec 7 lithogr., 1 frontispice et 8 pag. de musique]; — des Patois, de l'utilité de leur étude, et de leur bibliographie [1840, in-8]; — Travaux scientifiques et littéraires [1840, in-4]; — Lettre à M. Bory de Saint-Vincent sur l'unité de l'espèce humaine [1840, in-8]; — Lettre à M. J.-B. Bouillet sur une inscription chrétienne, regardée comme un monogramme du Christ [1840, in-8]; — Lettre à M. Viguier sur le poisson-dieu des premiers chrétiens [1840, in-8]; — Réflexions archéologiques et numismatiques sur le bonnet de la liberté [1840, in-8]; — Notices historiques, archéologiques et philosophiques sur Bourges et le département du Cher, [1840, in-4]; — Paléographie gauloise [1841, in-8]; — Attila, sous le rapport iconographique. Lettre à M. le vicomte de Santarem [1843, in-8]; — Attila défendu contre les iconoclastes Roulez et de Reiffenberg. Lettre à M. Ad. Stoclet [1843, in-8].

M. Pierquin de Gembloux a donné de nombreux articles à « l'Observateur des sciences médicales; » au « Journal du progrès; » à la « Revue médicale de Bruxelles; » aux « Annales médicales de Montpellier; » au « Journal général de médecine; » aux « Nouvelles Annales chimiques de Montpellier; » aux « Mémoires de l'Acad. des sciences, arts et belles-lettres de Dijon; » à la « Biographie universelle, » de MICHAUD, etc.

Il passe pour être l'auteur des chapitres qui concernent *Montpellier*, dans le volume de « l'Ermite en province, » de M. de JOUY [1818 et ann. suiv., 14 vol. in-12], qui contient le *Languedoc*; il a rédigé les *Biographies de l'Aveyron et de la Haute-Garonne*, dans la « Statistique morale de la France. »

PIERRE [J.-Isidore]. — Exercices sur la physique, ou Recueil de questions, de problèmes et d'éclaircissements sur les différentes parties de cette science, avec les solutions. Paris, Bachelier, 1838, in-8 avec 4 pl. [4 fr.].

Citons encore: Recherches sur la dilatation des liquides. Thèse de physique [1845, in-8 avec 1 pl.]; — Note sur une théorie élémentaire des quantités négatives, ou Exposition des principes fondamentaux propres à mettre cette théorie à la portée des personnes qui commencent l'étude des mathématiques [1839, in-8].

PIERRE [l'abbé].

1. — De l'Harmonie dans ses rapports avec le culte religieux. Études abrégées. Metz, Verronnais; Paris, Gaume, 1838, in-8 avec 36 pag. de musique et un frontispice [6 fr. 50 c.].

2. — L'Ange Raphaël, ou Prières de l'enfance. Metz, Verronnais, 1838, in-18.

Cet ouvrage a été adopté pour les Écoles municipales du département de la Moselle.

PIERRE, de Lyon.

1. — La Mort de Danton; drame en trois actes. Lyon, Louis Perrin, 1839, in-8.

2. — La Mort de Mirabeau; drame en cinq actes et en vers. Lyon, Isid. Deleuze, 1841, in-8.

PIERRE [Jean]. Voy. JEAN-PIERRE.

PIERRE [le capitaine].

1. — Histoire des plantes, ou la Botanique mise à la portée de tout le monde. Épernay, impr. de Valentin Légée, 1844, in-12 [5 fr.].

2. — La Botanique. IIe édition, entièrement refondue et enrichie du *Langage de Flore*. Laon, Oyon, 1845, in-18 [4 fr.].

PIERRE. — Problèmes d'arithmétique. Bar-le-Duc, impr. lith. de Rolin, 1844, in-8.

PIERRE-ALBERT, pseudonyme. Voy. PIEYRE [le chevalier L.-A.].

PIERRE-VICTOR. C'est le nom littéraire de Pierre-Victor LEREBOURS; né à Besançon, élève au Conservatoire de musique et à l'École de déclamation, garde d'honneur en 1813, acteur tragique à l'Odéon et au Théâtre-Français sous la restauration, membre de l'Académie de Besançon et de la Société libre des beaux-arts.

1. — Harald, ou les Scandinaves, tragédie en cinq actes; précédée et suivie d'Observations historiques, littéraires et théâtrales. Paris, Barba, 1825, 1826, in-8 avec une gravure et des vignettes.

2. — De l'Égarement de l'opinion publique en France sur la révolution de Belgique, et de la nécessité d'une alliance entre la France et la Hollande, pour résoudre la question belge. Paris et la Haye, 1831, in-8.

3. — Documents pour servir à l'histoire du Théâtre-Français sous la restauration, ou Recueil des écrits publiés de 1815 à 1830 par Pierre-Victor. Paris, Guillaumin, 1834, in-8.

Ce volume contient : Notice sur l'enterrement de Mlle Raucourt; — Lettre à M. Decazes sur mon arrestation; — Idées sur les deux théâtres français et sur l'École de déclamation; — Note contre les sociétaires du Second Théâtre-Français; — Lettre à M. de Lauriston; — Requête au Conseil d'État contre le préfet de la Haute-Garonne; — Mémoire contre le baron Taylor; — Deux Pétitions à la Chambre des députés; — Examen d'un discours de M. Sosthènes de la Rochefoucauld.

4. — Coup d'œil sur les antiquités scandinaves, ou Aperçu général des diverses sortes de monuments archéologiques de la Suède, du Danemark et de la Norwége. Paris, Challamel, 1841, in-8 de 72 pag. [3 fr. 50 c.].

5. — Sur d'anciennes constructions en bois sculpté de l'intérieur de la Norwége. Paris, Challamel, 1842, in-8 de 16 pag. avec 3 pl.

Rapport à la Société libre des beaux-arts.

6. — Observations sur cette question : A quelles causes faut-il attribuer la décadence de la tragédie en France? Besançon, impr. de Sainte-Agathe, 1842, in-8 de 24 pag.

Proposé par le Congrès scientifique de France, en 1840.

PIERREGROSSE [Blégier de]. Voy. BLÉGIER DE PIERREGROSSE.

PIERRES [Adolphe de]. — Tablettes chronologiques de l'histoire du château et de la ville de Loches. Paris, impr. de F. Didot, 1843, in-4 [3 fr.].

PIERRON [Eugène],
1. — Avec M. *A. d'Almbert :* C'est ma chambre; vaudeville en un acte. Paris, Henriot, Tresse, 1841, in-8 [30 c.].
2. — Aline Patin; comédie-vaudeville en trois actes. Paris, Tresse, 1847, in-8 de 32 pag.

On doit aussi à M. Eug. Pierron, en collaboration avec M. D'ALMBERT : Paquerette; et avec M. DAUTREVAUX : Cyprien le vendu [Voy. ces noms].

PIERRON [Alexis], ancien élève de l'École normale.

M. Alexis Pierron, avec M. ZEVORT, a donné une traduction en français de la « Métaphysique, » d'ARISTOTE, accompagnée d'une *Introduction*, d'*Éclaircissements historiques et critiques*, et de *Notes philologiques* [1840-41, 2 vol. in-8]. — On lui doit aussi une traduction nouvelle du « Théâtre » d'ESCHYLE [1841, 1845, in-12]; — des « Pensées » de l'empereur MARC AURÈLE, avec une *Introduction* et des *Notes* [1843, in-12]; — de « Vies des hommes illustres, » de PLUTARQUE, avec une *Notice* et un *Index* [1843, 2 vol. in-12]; — enfin, il a revu et corrigé la traduction par RICARD des « Traités de morale, » de PLUTARQUE [1847, 2 vol. in-12].

PIERROT, de Seilligny [Jules-A.], ancien élève de l'École normale, professeur de rhétorique, puis proviseur du Collège de Louis-le-Grand; mort le 5 février 1845. [Voy. la *France litt.*, t. VII, p. 157.]

1. — De la Satire. Paris, 1812, in-4.

Thèse pour le doctorat ès sciences.

2. — De Existentia et attributis Dei. Paris, 1812, in-4.

Thèse pour le doctorat ès sciences.

3. — Examen littéraire et grammatical des deux dernières traductions de Tacite, par M. *Burnouf* et par M. *C.-L.-F. Panckoucke*. Réponse impartiale à un article colporté dans l'Université. Paris, impr. de Mme veuve Agasse, 1834, in-8 de 132 pag.

Sous le nom : *un membre de l'Université.*

4. — Choix de compositions françaises et latines, ou Narrations, etc. Recueil publié par J. Pierrot de Seilligny. — IIe édition, revue et augmentée par M. *Rinn.* Paris, Hachette, 1846, in-8 [8 fr.].

M. Pierrot a revu en 1829 la version du « Panégyrique de Trajan, » par L. de SACY (1709).

On a attribué à M. Jules Pierrot la traduction de Tacite qui a paru sous le nom de PANCKOUCKE.

Il a été un des collaborateurs du « Journal de l'instruction publique. »

PIERROT fils [Ch.], de Nancy. — Traité de la culture et de la taille du melon, d'après des principes nouveaux, suivi d'Observations sur la construction des couches et sur les grandes serres. Nancy, impr. de Paullet, 1837, in-8 avec 1 pl.

Le faux-titre porte : *Recueil d'observations sur l'horticulture; premier cahier.*

PIERS [Hector-Beaurepaire], bibliothécaire de la ville de Saint-Omer; né dans cette ville le 28 décembre 1793. [Voy. la *France litt.*, t. VII, p. 157.] — Histoire des Flamands du Haut-Pont et de Lyzel. Iles flottantes. Portus-Itius. Histoire des abbayes de Watten et de Clairmarais, etc., etc. Saint-Omer, impr. de Lemaire, 1836, in-8 [3 fr.].

Citons encore : Notice historique sur la bibliothèque publique de la ville de Saint-Omer [1840, in-8]. — Avec un Aperçu sommaire des bibliothèques du Pas-de-Calais; — Catalogue des manuscrits de la bibliothèque de Saint-Omer, concernant l'histoire de France [1841, in-8]; — Petites Histoires des communes de l'arrondissement de Saint-Omer; cantons nord et sud de Saint-Omer [1841, in-8]; — Petites Histoires du canton d'Audruic [1844, in-8]; — Calais et Saint-Omer [1844, in-8]; — Guillaume Cliton à Saint-Omer [in-8]; — Anecdotes anglaises sur la ville de Saint-Omer.

M. Piers a donné des articles d'histoire locale et de bibliographie au « Puits artésien, revue du Pas-de-Calais; » — les *Notices historiques sur les camps de Saint-Omer, les entreprises de Henri IV dans l'Artois, et sur plusieurs autres sujets*, dans les « Annales du département du Pas-de-Calais; » et divers morceaux de littérature dans les journaux des principales villes de ce département.

PIERSON [F.]. [Voy. la *France litt.*, t. VII, p. 157.] — Nouvel Abrégé de l'Histoire sainte. Nancy, impr. d'Hinzelin; Paris, Roret, 1840, in-18.

PIESTRE [Pierre-Étienne], auteur dramatique, plus connu sous le pseudonyme *Eugène Cormon*; né à Lyon le 5 mai 1811.

1. — Avec M. *L. Saint-Amand* [*Amand Lacoste*] : C'est encore du guignon ; vaudeville en trois actes. Paris, Nobis, 1837, in-8 [40 c.].

2. — Avec M. *Cardaillac* : César Birotteau; drame-vaudeville en trois actes. Paris, Michaud, 1838, in-8 [40 c.].

3. — Le Diable à Lyon ; drame mêlé de chant, en cinq actes et six parties ; précédé de la Terrasse de Fourvières, prologue en deux tableaux. Lyon, Nourtier, 1844, in-8 [50 c.].

Cette pièce a été représentée à Lyon sur le théâtre des Célestins.

4. — Avec M. *Dupeuty* : le Canal Saint-Martin ; drame en cinq actes et sept tableaux. Paris, Marchant, 1845, in-8 de 48 pag. [50 c.].

5. — Avec M. *Chabot de Bouin* : Vingt francs par jour. Paris, Marchant, 1846, in-8 [50 c.].

6. — Avec M. *Dennery* : les Compagnons de la mansarde de la cité. Paris, impr. de Mme Dondey-Dupré, 1846, in-8 [50 c.].

7. — Avec M. *Dutertre* : Plus heureux qu'un roi; vaudeville en un acte. Lyon, impr. de Boitel, 1846, in-8 de 16 pag.

8. — Avec MM. *Dennery* et *Romain* [*Chapelain*] : le Roman comique ; vaudeville en trois actes (tiré du roman de *Scarron*). Paris, impr. de Mme Delacombe, 1846, in-8 de 32 pag.

9. — Avec M. *Amand Lacoste* : Philippe II, roi d'Espagne ; drame en cinq actes, imité de *Schiller*, et précédé de *l'Etudiant d'Alcala*, prologue. Paris, Michel Lévi, 1846, in-8 [60 c.].

10. — Avec M. *d'Ennery* [*Ad. Philippe*] : Gastibelza, ou le Fou de Tolède ; drame lyrique en trois actes. Paris, Michel Lévy, 1847, in-18 angl.

11. — Avec MM. *Dupeuty* et *Grangé* : l'Hôtel de la Tête-Noire ; drame en cinq actes et neuf tableaux. Paris, Michel Lévy frères, 1849, in-18 angl. [60 c.].

12. — Avec M. *Saint-Amand* : les Deux Sergents ; opéra-comique en deux actes. Reims, impr. de Maréchal-Gruat, 1849, in-8 de 28 pag. [50 c.].

On doit encore à M. Piestre, en collaboration avec M. BOULÉ : le Bon Ange ; le Prévôt de Paris ; le Passé, ou A tout péché miséricorde ; Paul et Virginie ; — avec M. BROT : les Enfants du fermier ; — avec M. CHABOT DE BOUIN : l'Hospitalité ; le Beau-Père ; le Quinze avant midi ; — avec M. CHAPELLE : l'Anneau de la marquise ; — avec M. DENNERY : l'Idée du mari ; 1814, ou le Pensionnat de Montereau ; l'Homme qui se range ; Femmes et pirates ; la Journée d'une jolie femme ; Marjolaine ; — avec MM. DENNERY et GRANGÉ : Rafaël, ou les Mauvais Conseils ; — avec MM. DESLANDES et DIDIER : les Deux Mères ; — avec M. DUPEUTY : Deux Dames au violon ; le Père Trinquefort ; Paris la nuit ; les Cuisines parisiennes ; les Petits Mystères de Paris ; — avec MM. DUPEUTY et L. SAINT-AMAND : le Trombone du régiment ; — avec M. Eug. GRANGÉ : les Deux Factions ; les Premières Armes du diable ; un Mari qui se dérange ; la Planète ; les Premiers Beaux Jours ; les Canards de l'année ; le Journal d'une grisette ; — avec MM. Eug. GRANGÉ et LEPRÉVOST : les Amours d'une rose ; — avec MM. GRANGÉ et DENNERY : Mademoiselle Agathe ; les Paysans ; — avec MM. E. GRANGÉ et SAINT-AMAND : Rimbaud et comp., ou l'Argent et le travail ; — avec M. F. LABOULLAYE : Monsieur Placide ; les Visites à ma tante ; les Faussaires anglais ; Deux de moins ; un Parent millionnaire ; Corneille et Rotrou ; — avec MM. J.-B.-P. LAFFITTE : Naissance et mariage ; un Serment de femmes ; — avec M. Augustin LAGRANGE : les Honneurs sans profit ; un Aveu ; Flore et Zéphyr ; le Gueux de mer ; le Prisonnier d'une femme ; les Trois Jeannette ; le Mariage en capuchon ; — avec MM. LEFEBVRE et SAINT-AMAND : la Fille du tapissier ; — avec M. Jules de MALLIAN : le Vagabond ; le Réfractaire ; la Femme au salon et le mari à l'atelier ; le Moulin des tilleuls, etc. [Voy. ces noms.]

PIET [F.]. — Mémoires sur la vie et les ouvrages d'*Ed. Richer*, en partie écrits par lui-même, et publiés par F. Piet. Nantes, Mellinet ; Paris, Denn, 1836, in-8.

PIETERS [Ch.], ancien directeur de la Compagnie des Indes orientales. — Analyse des matériaux les plus utiles pour de futures annales de l'imprimerie des Elzevier, avec deux tableaux généalogiques et leurs armes coloriées (sur pap. porcelaine et sur pap. vélin). Gand, C. Annoot Bracckman, 1843, in-8 de VIII et de 46 pag.

Tiré à 50 exemplaires.

PIETON [Félix]. — Une Voix de plus! dithyrambe sur la translation des cendres de Napoléon à Paris. Paris, impr. de Wittersheim, 1840, in-8 de 16 pag.

En vers.

PIÉTRI [l'abbé Constantin de], aumônier de l'armée d'Afrique. [Voy. la *France littér.*, t. VII, p. 159.]

1. — Discours sur une victoire. Nouvelle édition, revue, corrigée et augmentée par l'auteur. Paris, impr. de Pinard, 1836, in-8 de 24 pag.

2. — Réflexions chrétiennes, avec l'ordinaire de la messe, etc. Tours, impr. de Raverot, 1839, in-18.

3. — Essai sur l'existence de Dieu, ou Réfutation du matérialisme par le raisonnement, avec des notes et un recueil de pensées philosophiques. Paris, Debécourt, 1839, in-12 [3 fr.].

4. — De l'Existence de Dieu et de l'immortalité de l'âme, d'après les sciences physiques et morales. Nouvelle édition. Paris, Garnier, 1842, in-8 [4 fr.].

PIETTE [Amédée]. — Essais historiques sur la ville de Vervins. Vervins, Papillon, 1841, in-8 avec une carte.

PIEYRE [le baron Jean], né à Nîmes le 4 février 1755, mort à Paris en 1839. [Voy. la *France litt.*, t. VII, p. 160.]
— Ma Profession religieuse, morale et naturelle, telle que je l'adopte après y avoir pensé toute ma vie. Paris, impr. de Fain, 1839, in-8 de 8 pag.

En vers.
M. Pieyre, qui improvisait avec talent des vers de société, a composé des comédies, des mémoires, des discours académiques, etc., jusqu'en 1830.

PIEYRE [le chevalier L.-A.], fils du précédent. — Impressions d'un touriste en . . . . . et en Allemagne. Paris, Dubochet et comp., 1843, in-8 de 165 pag.

Sous le pseudonyme PIERRE-ALBERT.

PIFERRER [F.].
1. — Tableau de la littérature espagnole depuis le XIIe siècle jusqu'à nos jours, précédé d'une Introduction sur l'origine de la langue espagnole. Toulouse, impr. de Delsol; Paris, Baudry, 1845, in-8 [4 fr. 50 c.].

2. — Anthologie espagnole, ou Choix de morceaux en prose et en vers: suivie d'un Cours de thèmes gradués, par M. *de Neira*. Toulouse, imp. de Chauvin; Paris, Baudry, 1846, in-18 [2 fr. 50 c.].

3. — Avec M. *de Neira* : Nouveau Dictionnaire français-espagnol et espagnol-français. Toulouse, Bon et Privat, 1846, in-32 [3 fr.].

TOME VI.

PIGAULT [V.-L.]. — Almanach, ou Guide des étrangers pour Caen et le département du Calvados. Année bissextile 1844. Caen, Poisson, 1844, in-12.

PIGAULT-LEBRUN [Guillaume-Charles-Antoine], romancier, auteur dramatique; né à Calais le 8 avril 1753, mort à Celle, près Saint-Cloud, le 24 juillet 1835. [Voy. la *Biogr. univ.*, *Suppl.*; *Vie et aventures de Pigault-Lebrun*, publiées par J.-N.-B. (1836, in-8), et la *France litt.*, t. VII, p. 161.]

1. — L'Enfant du carnaval. Paris, Gustave Barba, 1843, in-12 [3 fr. 50 c.].

La première édition est de 1792.

2. — Les Rivaux d'eux-mêmes. Paris, Barba, Bezou, Pollet, 1835, in-8 de 18 pag.

La première édition est de 1798.

3. — Les Barons de Felsheim. Paris, Gustave Barba, 1842, in-12 [3 fr. 50 c.].

La première édition est de 1798-99, 4 vol. in-12.

4. — Angélique et Jeanneton, suivi du Garçon sans souci. Paris, Gustave Barba, 1843, in-12 [3 fr. 50 c.]. — Autre édition, illustrée de 13 vign. de Bertal. Paris, G. Barba, 1849, in-4 [50 c.].

La première édition est de 1799.

5. — Mon Oncle Thomas. Paris, Gustave Barba, 1840, 4 vol. in-12 [6 fr.]. — Autre édit. 1843, in-12 [3 fr. 50 c.].

La première édition est de 1799.
Ce roman a été traduit en espagnol sous ce titre : Mi tio Tomas. Novela escrita en frances por Pigault-Lebrun, y traducida al castellano por un Español. Segunda edicion [Paris, imp. de Pillet ainé, 1836, 3 vol. in-18].

6. — La Folie espagnole. Ve édition. Paris, Gustave Barba, 1837, 4 vol. in-12 [6 fr.]. — Autre édit. Paris, G. Barba, 1849, in-4 avec vignettes [90 c.].

La première édition est de 1801.

7. — Monsieur Botte. Paris, Gustave Barba, 1838, 4 vol. in-12 [6 fr.]. — Autre édit., 1842, in-12 [3 fr. 50 c.].

—Monsieur Botte.—Les Spectacles. Paris, G. Barba, 1849, in-4 avec vign. [90 c.].

La première édition est de 1802.
Don Juan de Escoiquiz a donné de *Monsieur Botte* une traduction espagnole.

8. — Le Citateur. Nouvelle édition. Paris, impr. de Bourgogne, 1836, in-18 avec un portrait [3 fr.].

La première édition est de 1803.

9. — Jérôme. Paris, Gustave Barba, 1840, 4 vol. in-12 [6 fr.].

La première édition est de 1804.

10. — Le Garçon sans souci. Paris, Gustave Barba, 1837, 2 vol. in-12.

Réimprimé à la suite d'*Angélique et Jeanneton*, dans l'édition in-18 anglais [Paris, G. Barba, 1843].
Ce roman a été traduit en espagnol sous ce titre : el Mozo de buen humor, que no pena por nada. Segunda impresion [Paris, impr. de Pillet aîné, 1842, 2 vol. in-18].

11. — Monsieur de Roberville. Paris, Gustave Barba, 1838, 4 vol. in-12 [6 fr.].

La première édition est de 1818.

12. — L'Homme à projets. Paris, Gust. Barba, 1843, in-12 [3 fr. 50 c.].

La première édition est de 1819.

13. — M. Martin, ou l'Observateur. Paris, Gustave Barba, 1838, 2 vol. in-12 [3 fr.].

La première édition est de 1820.

PIGEAIRE [J.], docteur en médecine.

1. — Puissance de l'électricité animale, ou du Magnétisme vital et de ses rapports avec la physique, la physiologie et la médecine. Paris, Dentu, Germer-Baillière, 1839, in-8 [5 fr.].

2. — Méthode hydropathique. Considérations sur le traitement des maladies par la sueur, l'eau froide, l'exercice et le régime. Paris, Germer-Baillière, 1842, in-8 de 56 pag.

3. — Des Avantages de l'hydrothérapie appliquée aux maladies chroniques et aux affections nerveuses. Paris, Baillière, 1847, in-12.

PIGEAU [Eustache-Nicolas], professeur de droit; né à Mont-l'Évêque, près de Senlis, le 16 juillet 1750, mort à Paris le 22 décembre 1818. [Voy. un article nécrologique inséré au *Moniteur* du 1er janvier 1819; la *Biogr. univ.*, *Suppl.*, et la *France littér.*, t. VII, p. 164.]

1. — Procédure civile des tribunaux de France. V^e édition, augmentée de Notes contenant l'indication raisonnée des arrêts rendus par la Cour de cassation et les Cours royales, sur les questions difficiles qu'a fait naître la pratique du Code civil, par *J.-L. Crivelli*. Paris, Cotillon, 1837-38, 2 vol. in-4 [30 fr.].

2. — Introduction à la procédure civile. VIe édition, revue, corrigée et augmentée, d'après la loi sur les ventes judiciaires de biens immeubles, par *F.-F. Poncelet*. Paris, Joubert, 1842, in-18 anglais [3 fr. 50 c.].

M. Busy, ancien notaire à Gérardmer (Vosges), a fait hommage en décembre 1848 à l'Assemblée nationale du *Projet ms. du Code de procédure civile*, par Pigeau. Ce projet, présenté par la commission nommée par le gouvernement, avait paru à Paris en l'an XII, in-4.

PIGEAUX [Ant.-L.-Jules], docteur en médecine; né à Senlis en 1807.

1. — Traité pratique des maladies des vaisseaux, contenant des recherches historiques spéciales. Paris, Labé, Just Rouvier, 1843, in-8 [5 fr.].

2. — Traité pratique des maladies du cœur, contenant des recherches historiques, anatomiques et physiologiques spéciales sur cet organe. Paris, Just Rouvier, 1839, in-8 [7 fr.].

M. Pigeaux est l'auteur d'une Thèse sur le système circulatoire, et d'articles sur les bruits du cœur, les prodromes et les signes de la phthisie, insérés dans les « Archives médicales » et le « Journal du progrès. »

PIGEON [Ch.]. — Un Prolétaire et l'incendie de Villaine. En vers. Clamecy, impr. de Cegretin, 1844, in-8 de 16 p.

L'incendie dont il est ici question, causé par la foudre, éclata en 1844.

PIGEORY [Félix], architecte.

1. — Mémoire relatif à la translation de la bibliothèque Sainte-Geneviève à l'Odéon. Paris, impr. lith. de Janson, 1843, in-fol. de 12 pag.

Dans ce mémoire, M. Pigeory propose de transformer le théâtre de l'Odéon en bibliothèque. Au lieu de quatre années de travaux et de plusieurs millions demandés pour la reconstruction de la bibliothèque Sainte-Geneviève près du Panthéon, l'auteur cherche à prouver qu'il suffirait de six mois de travaux et de 600,000 fr., pour approprier le théâtre à sa nouvelle destination. Ce projet n'a point été adopté; celui que M. Pigeory combattait a triomphé.

2. — Les Monuments de Paris. Histoire de l'architecture civile, politique et religieuse sous le règne de Louis-Philippe. Paris, Hermitte, 1847-48, in-8 avec 1 frontispice et 17 pl.

Citons encore : État de l'architecture moderne. Discours prononcé au congrès scientifique de Venise [1846, in-16]; — Restauration de la cathédrale de Saint-Florentin. Mémoire à M. le ministre de l'Intérieur, etc. [1849, in-4].

PIGNÉ [J.-B.], conservateur du Musée Dupuytren. [Voy. la *France littér.*, t. VII, p. 165.]

MM. J.-B. Pigné et Alph. Bardinet ont publié, sous la direction de M. L.-J. Sanson, les « Leçons sur les maladies des yeux, faites à l'hôpital de la Pitié » par ce médecin (1re partie : *Cataractes*) [1838, in-8].

M. Pigné a traduit de l'allemand le « Traité de chirurgie, » par J. Chelius [1842, 2 vol. in-8]; — et le « Manuel d'accouchements, » par Naegelé [1844, in-12].

La traduction de « la Lithotritie, » Extrait du « Traité de chirurgie, » de M. J. Chelius, avait paru à Paris, chez Germer-Baillière, 1838, in-8 de 32 pag.

M. Pigné a publié les « Annales de l'anatomie et de la physiologie pathologiques » [le premier numéro a paru en juillet 1842, in-8 avec fig. — Prix annuel, 25 fr.].

PIGNEL [Armand]. — Conducteur, ou Guide du voyageur et du colon de Paris à Alger et dans l'Algérie, avec carte itinéraire. Paris, Debécourt, 1836, in-12 avec une carte [3 fr.].

PIGOROFF [Nicolas], docteur en médecine, professeur à l'Académie médico-chirurgicale de Saint-Pétersbourg, chirurgien en chef du second hôpital militaire, et chirurgien consultant de plusieurs autres hôpitaux, chef des travaux anatomiques, membre libre de l'Académie des sciences, conseiller d'État.

1. — Recherches pratiques et physiologiques sur l'éthérisation. Saint-Pétersbourg, impr. franç., 1847, in-8 de 112 pag. avec 1 pl. double représentant 7 fig.

2. — Anatomie pathologique du choléra-morbus. Saint-Pétersbourg, impr. franç., 1849, in-fol. de 18 pag. et 16 pl. lith. col.

3. — Rapport médical d'un voyage au Caucase, contenant la statistique comparative des amputations, des recherches expérimentales sur les blessures d'armes à feu, ainsi que l'exposition détaillée des résultats de l'anesthésiation, obtenus sur le champ de bataille et dans différents hôpitaux de Russie. Saint-Pétersbourg, impr. franç., 1849, gr. in-4 avec un atlas de 4 pl. lith. gr. in-fol.

PIHAN-DELAFOREST [Ange-Augustin-Thomas], d'abord professeur de rhétorique, puis imprimeur-libraire; né à Pontoise en 1791, mort à Paris en novembre 1842. [Voy. la *France littér.*, t. VII, p. 166.] — Abrégé historique de l'église de Notre-Dame de Pontoise, appelée la Santé des malades. VIe édit., suivie d'une Notice inédite sur l'église de Notre-Dame et sur la confrérie aux clercs. Paris, A. Pihan-Delaforest, 1838, in-8 de 152 pag. avec une lith.

Citons encore : Pétition à MM. les président et membres de la Chambre des pairs [1837, in-8. — M. A. Pihan-Delaforest propose un amendement au projet de loi sur la garde nationale adopté récemment par la Chambre des députés]; — Procès de M. le comte Ch. d'Autichamp et de M. l'abbé Legault. Compte rendu par A. Pihan-Delaforest [1838, in-8].

PIHAN-DELAFOREST [Louis]. — Paroles prononcées sur la tombe de M. le curé de Sainte-Valère et de Saint-Pierre. Paris, impr. de Pihan-Delaforest, 1836, in-8 de 4 pag.

PIHOREL [le chevalier L.-E.], docteur en médecine. [Voy. la *France litt.*, t. VII, p. 166.] — Notice sur les serpents à sonnettes et leurs morsures. Troyes, impr. de Sainton, 1835, petit in-12 de 24 pag.

PIIS [F.-G.-A. de], officier d'administration, comptable de 1re classe des hôpitaux militaires.

1. — Manuel du service des salles militaires dans les hospices civils. Paris, Gaultier-Laguionie, 1841, in-12 [2 fr. 50 c.].

2. — Tables chronologiques et alphabétiques des lois, ordonnances, instructions et décisions qui ont été publiées sur le service des hôpitaux militaires. Senlis, impr. de Duriez, 1843, in-12 [1 fr. 25 c.]. — Année 1844, Paris, Dumaine, 1845, in-12 [1 fr. 25 c.].

3. — Formulaire du régime curatif et du régime alimentaire des malades traités dans les hôpitaux militaires et les hôpitaux civils. Paris, Dumaine, 1845, in-8 [4 fr.].

Voici le sommaire du contenu de ce livre : Des visites; — de la tenue des cahiers; — des prescriptions d'aliments et de médicaments; — du régime curatif; — de la distribution des médicaments; — des pansements; — des moyens de prothèse et des bandages permanents; — de la composition du régime alimentaire; — de la livraison des aliments à la dépense; — des pesées de la viande et de sa mise à la marmite; — de la distribution des aliments tant aux malades qu'aux officiers de santé et d'administration et aux infirmiers; — du traitement des militaires malades dans les hôpitaux civils; — résumé de la législation qui régit le service

2.

des salles militaires dans ces établissements hospitaliers.

PIKE [J.-G.], écrivain anglais.

1. — Le Vrai Bonheur du chrétien : avantages d'une éducation chrétienne. Traduit de l'anglais. Toulouse, impr. de Cadaux, 1842, 1844, in-18 [60 c.].

2. — La Seule Chose nécessaire, ou l'Importance de la piété, prouvée par des faits. Traduit librement de l'anglais. Toulouse, impr. de Chauvin ; Paris, Delay, 1845, in-18 [60 c.].

3. — Le Jeune Homme à l'entrée de sa voie, ou Quelques-uns des motifs qu'il a de se convertir à Dieu. Traduit librement de l'anglais. Toulouse, impr. de Chauvin ; Paris, Delay, 1846, in-18 [1 fr.].

PILAT [l'abbé]. [Voy. la *France littér.*; t. VII, p. 169.] — Réflexions d'*un prêtre assermenté* sur l'indécence et l'immoralité des inhumations d'aujourd'hui. Paris, 1796, in-8.

PILAVOINE [Louis-Édouard-Ét.], huissier à Sompuis ; né à Conflans-sur-Seine (Marne), en 1804.

1. — Mes Loisirs, ou Essais de littérature en vers et en prose, avec pensées, maximes, sentences et tableaux divers. Vitry-le-Français, Thiébaut, 1840, in-8.

2. — Pensées, mélanges et poésies. 1er volume. Châlons, Martin fils, 1845, in-12.

Ce 1er volume ne contient pas de poésies.

PILETTE [Égide-Amand-Désiré], docteur en droit, avocat à la cour d'appel de Paris, commissaire général adjoint du gouvernement provisoire de la république dans le département du Nord en 1848 ; né à Saint-Amand (Nord) le 11 juillet 1817. — Les Stigmates. Sans lieu d'impression ni nom d'imprimeur, et sans date (Tournay, Robert, 1835, brochure in-8).

Pamphlet tiré à 60 exemplaires.

M. Désiré Pilette a fondé en 1845, avec M. Louis Blanc, le journal démocratique « les Écoles » (journal mensuel dont il a paru 14 livraisons). Il a dirigé « la Réforme, » et il a travaillé à « la Révolution démocratique et sociale, » et à plusieurs autres feuilles démocratiques.

PILGRIM [lord], pseudonyme sous lequel s'est caché M. Gérard LABRUNIE DE NERVAL. Voy. ce nom.

PILLARD [l'abbé]. — Les Mânes de Pierre le Grand au couronnement d'Alexandre. Moscou, 1801, in-8.

Publié sous l'initiale P***.

PILLARD [Mlle Héloïse]. [Voy. la *France litt.*, t. VII, p. 171.]

1. — Premiers Chants de ma lyre. Paris, impr. de Decourchant, 1839, in-12.

2. — La Vie du bienheureux Pierre Fourier, curé de Mattaincourt, etc. Paris, impr. de Decourchant, 1839, in-12.

3. — Mélanges. Paris, Loss, 1839, in-12 [3 fr.].

En prose.

4. — Élégie sur la mort de Mgr le duc d'Orléans, prince royal. Paris, imp. de Gros, 1842, in-8 de 20 pag.

PILLERSDORFF [le baron François de]. — Coup d'œil rétrospectif sur les événements politiques en Autriche dans les années 1848 et 1849. Traduit de l'allemand. Paris et Vienne, Jasper, Hugel et Manz, 1849, gr. in-8 de 63 p.

PILLET [Fabien], poëte et publiciste, successivement employé dans les bureaux de la Convention, chef de bureau dans les ministères de l'intérieur et de l'instruction publique ; né à Lyon en octobre 1772. [Voy. la *France littér.*, t. VII, p. 172.]

1. — Avec M. *F. Petitot* : une Année du Journal de l'instruction publique. Paris, Gueffier, 1794, in-8.

2. — Vérités à l'ordre du jour, avec cette épigraphe : *Panem et circenses*. Paris, Garnier, 1798, in-18.

Anonyme. Il y a des exemplaires qui portent pour titre : *Étrennes dramatiques à l'usage de ceux qui fréquentent les spectacles*, par un amateur.

3. — Melpomène et Thalie vengées, ou Nouvelle Critique raisonnée tant des différents théâtres de Paris que des pièces qui y ont été représentées pendant le cours de l'année dernière. 2e année. Paris, Marchand, an VII (1799), in-18 de 188 pag. avec une grav.

4. — La Revue des théâtres, ou Suite de *Melpomène et Thalie vengées*, 3e année. Paris, Marchand, an VIII (1800), in-18 de 144 pag.

Anonyme.

5. — Le Refus par amour, comédie en un acte. Paris, Barba, 1809, in-8.

6. — Bigarrures anecdotiques, contes, sornettes, épigrammes, pièces de circonstance, souvenirs, etc. Paris, imp. de Terzuolo, 1838, in-18.

On retrouve dans ce recueil quelques-unes des pièces déjà imprimées dans : « Quelques Vers, dialogues, historiettes, couplets, épigrammes, etc., » publ. par l'auteur en l'an VI (1798), in-12.

7. — Le Robespierre de M. de Lamartine. Lettre d'un septuagénaire à l'auteur de l'*Histoire des Girondins*. Paris, J. Renouard, 1848, in-8 de 48 pag. [1 fr. 25 c.].

PILLET [Léon-François-Raymond], publiciste et auteur dramatique, directeur de l'Académie royale de musique, consul de France à Nice ; né à Paris le 6 décembre 1803. [Voy. *le Biogr. et le Nécrol. réunis*, t. I*er*, p. 37 ; la *Biogr. des hommes du jour*, par M. SARRUT, t. III, 2e part., p. 58, et la *France litt.*, t. VII, p. 173.]

1. — L'Obstiné, ou les Bretons ; comédie-vaudeville en un acte. Paris, Marchant, 1837, in-8.

Sous le pseudonyme de RENAUD.

2. — Avec M. *Regnault* [*J.-C.-A. Potron*] : la Liste de mes maîtresses ; comédie en un acte, mêlée de couplets. Paris, Delloye, Barba, Bezou, 1838, gr. in-8.

3. — Avec M. *Adolphe*** [*Vaunois*] : la Vendetta ; opéra en trois actes, musique de M. Henri de Ruolz, ballets de M. Mazilier, décorations de MM. Philastre et Cambon. Paris, impr. de Duverger, 1839, in-8 de 68 pag.

D'après une nouvelle de M. Prosper MÉRIMÉE, intitulée : « Mœurs de la Corse. — Mateo Falcone, » qui avait été publiée dans la « Revue de Paris » [t. III, 1829].

4. — Avec M. *Regnault* : un Mari du bon temps ; comédie en un acte, mêlée de chant. Paris, Tresse, 1841, gr. in-8.

5. — Avec M. *Regnault* : le Cabaret de la veuve ; vaudeville en un acte. Paris, impr. de Pollet, 1841, in-8 de 8 pag. [30 c.].

6. — Avec M. *Adolphe Vaunois* : la Mazurka, ou les Clarinettes et les marionnettes ; vaudeville en un acte. Paris, Tresse, 1844, in-8 [40 c.].

Citons encore : A Messieurs les membres de la commission des théâtres royaux. De la Situation actuelle des théâtres royaux, et notamment de celle de l'Académie royale de musique [1844, in-4] ; — Lettre du directeur de l'Académie royale de musique (à M. Delécluze), sur *Robert Bruce*, opéra nouveau, mis en musique par Rossini [1846, in-8].

M. Léon Pillet a été rédacteur du « Journal de Paris, » où il soutenait les intérêts de la cause libérale.

PILLET [Victor-Évremont].

M. V.-E. Pillet a traduit de l'anglais : « Recherches et conjectures sur la tapisserie de Bayeux, » par M. BOLTON-CORNEY [1841, in-8].

PILLET [Camille]. — Avec M. *A.-E. Scribe* : le Mauvais Sujet ; comédie-vaudeville en un acte. Paris, Pollet, 1825, in-8 [1 fr. 50 c.] ; et Paris, Baudouin frères, Pollet, 1829, gr. in-32 [1 fr.].

On doit encore à M. C. Pillet, en collaboration avec M. DUMANOIR : une Fille d'Ève ; Discrétion. Voy. DUMANOIR.

PILLET-WILL [le comte Michel-Frédéric], banquier et économiste, membre de l'Académie royale de Turin ; né à Montméliand (Savoie) le 26 août 1781. [Voy. la *France litt.*, t. VII, p. 173.]

1. — De la Dépense et du produit des canaux et des chemins de fer. — De l'Influence des voies de communication sur la prospérité industrielle de la France. Paris, Dufart, 1837, 2 vol. in-4, dont un de 29 pl. [38 fr.].

2. — Observations sur l'indemnité que réclame la Compagnie des quatre canaux, formant le chapitre IV de la 3e partie de l'ouvrage intitulé : *du Produit et de la dépense des canaux*, etc. Paris, impr. de Crapelet, 1837, in-4 de 28 pag.

3. — Mémoire présenté au gouvernement par la Compagnie du chemin de fer de Paris à Orléans. Paris, P. Dupont, 1839, gr. in-8 de 48 pag.

M. Pillet-Will a fondé à l'Académie royale de Turin quatre grands prix de chimie, de physique, de mathématiques et d'astronomie.

PILLEZ aîné. — Guide du commissionnaire et du manufacturier, ou Prix courant des produits des manufactures françaises et étrangères propres à l'exportation, avec indication des escomptes, bonifications, poids, dimensions, rapports de mesures et usages de fabriques. Paris, impr. de Bellemain, 1836, in-8.

PILLON [l'abbé], curé d'Ercuis. — Les Beautés et les grandeurs du saint sacrifice de la messe, contenant, etc. Paris, Gaume frères, 1842, in-12.

PILLON [L.-F.], professeur de calligraphie au collége de Troyes.

1. — Adversité et résignation ; petit drame en trois actes et en trois époques. Joué par les élèves du pensionnat des dames religieuses ursulines de Troyes, à l'occasion de la distribution des prix de l'année 1840. Troyes, Anner-André, 1840, in-18 de 36 pag.

2. — Méthode d'écriture grecque, contenant une théorie pratique et des modèles d'écriture grecque, à l'usage des colléges. Paris, J. Delalain, 1842, 2 parties in-8 [2 fr. 50 c.].

Le cahier de modèles d'écriture grecque se vend séparément [1 fr. 25 c.].

Citons encore : la Vraie Manière d'enseigner l'écriture [1839] ; — l'Art d'écrire de la main gauche, enseigné en quelques leçons à toutes les personnes qui écrivent selon l'usage [1839, demi-in-4 oblong avec 2 pl.] ; — Méthode d'écriture cursive allemande. Première partie. Préceptes [1844, in-8] ; — Exercices de transcription et de lecture sténographiques, d'après les trois premières parties du système d'Hippolyte Prévost [1846, in-8] ; — Traité complet de la taille de la plume, ou Méthode raisonnée au moyen de laquelle on peut apprendre, etc., à tailler les plumes pour exécuter tous les genres d'écriture, etc. [1847, in-8] ; — Sténographie perfectionnée et mise à la portée de toutes les intelligences. Ouvrage divisé en dix-huit leçons [1847, in-4].

PILLON [Anne-Adrien-Firmin], ancien receveur des domaines ; né à Paris le 15 mai 1766, mort à Montrouge le 22 février 1844. Il est aussi connu sous le nom de PILLON-DUCHEMIN, que portent plusieurs de ses ouvrages. [Voy. la *Biogr. univ.*, *Suppl.*, et la *France litt.*, t. VII, p. 173.]

1. — Le Désespoir d'un jeune Péruvien ; poëme. Paris, impr. des Amis-réunis, in-8 de 16 pag.

2. — Les Pourquoi d'un patriote aux constitutionnaires. Paris, 1790, in-8 de 65 pag.

3. — Procès-Verbal rapporté par un receveur du droit d'enregistrement. Paris, an XIII (1805), in-8 de 8 pag., en vers.

4. — Jugement arbitral rendu en dernier ressort, etc. (en vers). Paris, Allut, 1808, in-8 de 12 pag.

5. — Pièce d'architecture tracée pour la loge d'Anacréon, Saint-Jean d'Été 1818 (en vers). Paris, Poulet, 1818, in-8.

6. — Stances élégiaques sur la mort du duc de Berry. Paris, Poulet, 1820, in-8 de 8 pag.

7. — Prédictions de Platon, par M. A. P***. Paris, décembre 1821, in-8.

8. — Réflexions morales et religieuses sur l'Ecclésiaste, par A.-A.-F. P*** D***. Paris, Bricon, 1834, in-18.

9. — Nouveau Théâtre d'éducation à l'usage des demoiselles. Vendôme, imp. de Piche ; Paris, Mme veuve Maire-Nyon, 1836, in-12 [3 fr.].

M. Pillon a inséré divers articles dans les « Actes des apôtres. » Il a laissé à sa mort un grand nombre de manuscrits, parmi lesquels se trouvent plusieurs comédies et vaudevilles, joués au commencement de ce siècle sur les théâtres *Molière*, *du Marais*, et *des Jeunes Élèves* ; différents ouvrages dramatiques en prose et en vers, et un poëme en 8 chants, intitulé : *la Fête de Blincourt*. On trouvera la liste exacte de ses productions théâtrales, imprimées ou manuscrites, dans le « Dictionnaire bibliographique des ouvrages dramatiques, depuis Jodelle jusqu'à nos jours, » que termine en ce moment M. H. DUVAL.

PILLON [Alexandre-Jean-Bapt.-Adrien], fils du précédent, littérateur et helléniste, conservateur adjoint à la Bibliothèque impériale ; né à Amiens le 5 octobre 1792. [V. la *France littér.*, t. VII, p. 174.]

1. — Avec M. L.-A. *Vendel-Veyl* : Dictionnaire grec-français, composé sur le Thesaurus linguæ græcæ de Henri Estienne ; par *J. Planche*. Nouvelle édition, sur un plan absolument nouveau, augmentée de plus de 15,000 articles, d'après les travaux de la critique moderne, et formant un Dictionnaire complet de la langue grecque. Paris, Lenormant, 1838, in-8, et 1842, in-8 [15 fr.].

Une nouvelle édition, revue et considérablement augmentée, est en ce moment sous presse.

2. — Conciones historicæ græcæ. Discours et harangues tirés des historiens grecs, Hérodote, Thucydide, Xénophon, Hérodien. Texte grec, accompagné de sommaires et de notes historiques, critiques et grammaticales. Paris, J. Delalain, 1840, in-12 [4 fr. 50 c.].

Plusieurs éditions ont paru depuis, à part, des discours d'Hérodote et de Thucydide.

3. — Eschyle. Les Sept Chefs, tragédie, expliquée en français suivant la méthode des colléges, par deux traductions, l'une littérale et interlinéaire,

avec la construction du grec dans l'ordre naturel des idées ; l'autre, conforme au génie de la langue française ; précédée du texte pur et accompagnée de notes explicatives, d'après les principes de MM. de Port-Royal, Dumarsais, Beauzée, etc. Paris, J. Delalain, 1840, in-12 [4 fr.].

Le même éditeur a publié séparément le *texte grec avec analyse et notes* [1840, in-12 ; 1 fr. 25 c.], et *grec-français en regard*, avec la traduction de LAPORTE-DUTHEIL, revue par M. Al. Pillon [1840, in-12; 2 fr. 50 c.].

4. — Synonymes grecs recueillis dans les écrivains des différents âges de la littérature grecque, et expliqués d'après les grammairiens, l'étymologie et l'usage, avec des exemples tirés des meilleurs auteurs grecs. Paris, Mme veuve Maire-Nyon, 1847, in-8 [8 fr.].

Cet ouvrage a obtenu en 1847 le prix Volney.

5. — Plaintes de la Bibliothèque nationale au peuple français et à ses représentants; épître en vers. Paris, Techener, 1848, in-8 de 32 pag.

Anonyme.

M. Al. Pillon a revu, corrigé et accompagné de *Notes* ou de *Sommaires*, le texte grec d' « OEdipe roi, » par SOPHOCLE ; — de la « Vie de Thémistocle, » et de la « Vie de Solon, » par PLUTARQUE ; — et d' « Hippolyte, » tragédie d'EURIPIDE.

Il a donné une traduction littérale en regard du texte des livres VI et XXIV de : « l'Iliade, » d'HOMÈRE, dans les « Classiques grecs, avec traduction littérale, » publiés par J. Delalain et Désessarts.

M. Pillon a eu part à la rédaction de plusieurs recueils historiques et littéraires, tels que le « Bulletin, » publié sous la direction du baron de Férussac ; les « Encyclopédies moderne, des gens du monde, et du XIXe siècle ; » l' « Histoire des villes de France, » dirigée par M. A. GUILBERT ; et la « Nouvelle Biographie universelle, » publ. par F. Didot frères.

Depuis longtemps, M. Pillon partage ses loisirs entre la philologie, dans laquelle il s'est fait un nom, et la littérature dramatique, et il a en portefeuille plusieurs tragédies et comédies en vers, dont quelques-unes ont été reçues au Théâtre-Français et à celui de l'Odéon.

PILLON [Louis-Alexandre], journaliste, fils du conservateur adjoint de la Bibliothèque impériale ; né à Paris en 1822. — Toute la vérité sur la journée du 13 juin. Paris, impr. de Mme Lacombe, 1849, in-8 de 32 pag.

Sous le nom : *un soldat de l'ordre.*

M. L.-A. Pillon a rédigé le journal « la Charente-Inférieure, » « le Dix Décembre » et « la Patrie. »

PILLOT [Jean-Jacques], ex-prêtre de l'Église française.

1. — Le Code religieux, ou le Culte chrétien. Paris, Valant, 1837, in-8 de 32 pag.

2. — La Tribune du peuple, recueil philosophique et historique. Paris, imp. de Baudouin, 1838, in-4.

Cet ouvrage périodique est un composé d'extraits empruntés aux « Ruines, » de VOLNEY, et à l' « Origine de tous les cultes, » de DUPUIS, et de Commentaires et de Notices biographiques et critiques. L'auteur fut condamné, pour défaut de cautionnement, à deux mois de prison et à 600 fr. d'amende, et, sur double appel, à six mois de prison et à 800 fr. d'amende. — Arrêté par suite des événements des 12 et 13 mai 1839, M. Pillot fut reconduit à Sainte-Pélagie.

On doit encore à M. J.-J. Pillot : Ni châteaux ni chaumières, ou État de la question sociale en 1840 [1840, in-32] ; la Communauté n'est plus une utopie! conséquences du procès des communistes [1841, in-8].

PILLOT [F.-D.], libraire à Paris. — L'Art d'élever les vers à soie, mis à la portée de tout le monde, et contenant, etc. Paris, Pillot, 1839, in-12 [1 fr. 50 c.].

M. F.-D. Pillot a publié deux éditions des « OEuvres complètes » de BUFFON [1829 et ann. suiv., 42 vol. in-8 ; et 1837 et ann. suiv., 5 vol. gr. in-8 à 2 col. avec 240 pl.].

M. Pillot a mis en ordre, annoté et fait précéder d'une *Notice historique sur l'auteur*, les « OEuvres maçonniques » de N.-C. DES ÉTANGS [1848, in-8].

PILLOY-ANDRÉ, chirurgien-accoucheur. — Avis aux mères de famille sur la conduite qu'il convient de tenir pendant la grossesse, et sur l'éducation physique et morale des enfants. Bordeaux, Deliége aîné, 1836, in-12 de 156 pag.

PILORGERIE [Jules de la]. Voy. LA PILORGERIE.

PILOT [Jean-Joseph-Ant.], né en 1806 à Alexandrie, alors chef-lieu du département de Marengo, d'une famille française du Toulois, en Lorraine, membre de plusieurs sociétés savantes.

1. — Histoire de Grenoble et de ses environs, depuis sa fondation sous le nom de Cularo, jusqu'à nos jours. Grenoble, Baratier frères, 1829, in-8.

2. — Recherches sur les antiquités dauphinoises. Grenoble, Baratier, 1833, 2 vol. in-8 [3 fr.].

3. — Annuaire statistique de la cour royale de Grenoble et du département de l'Isère, pour l'année 1844. Grenoble, Baratier, 1844, in-12.

Ouvrage publié régulièrement chaque année depuis 1840.

Citons encore: Lettre à M. Berriat, maire de Grenoble, sur l'indication des maisons où sont nés Vocanson (sic, d'après les documents recueillis à ce sujet par M. Pilot: un *o* au lieu d'*au*), Mably, Condillac, Mounier et Barnave, à l'effet de mettre une tablette de marbre, avec des lettres d'or, sur la façade de ces maisons [1836]; — Lettre sur l'occupation de Grenoble et du Grésivaudan par une nation païenne, au Xe siècle [1837]; — Notice sur les bustes des anciens dauphins du Viennois, qui sont placés dans le vestibule de la bibliothèque publique de Grenoble [1837]; — Coup d'œil sur le Dauphiné au Xe siècle [1838]; — Rapport fait à la Société des sciences et des arts de Grenoble, le 2 mars 1838, sur les principaux monuments de cette ville et du département [1838]; — Éphémérides du Dauphiné, ou les Principaux Faits de cette province classés par chaque jour de l'année [1839]; — Usages, fêtes et coutumes existant ou ayant existé en Dauphiné [1841, in-8]; — Précis statistique des antiquités du département de l'Isère [Vienne, in-8].

M. J.-J.-A. Pilot a donné plusieurs Notices dans l'« Album du Dauphiné, » et une *Statistique complète du département de l'Isère*, pour « la France. Description géographique, statistique et topographique, » publiée par M. LORIOL [1834, in-8].

PIN [Fortuné], né à Apt le 12 juin 1805. — Messéniennes sur les massacres de la rue Guénégaud. Paris, 1825, in-8 de 8 pag.

Poëme badin.
M. F. Pin a travaillé au « Vert-Vert, revue du monde parisien; » à « la Gastronomie, revue de l'art culinaire ancien et moderne; » au « Messager de Vaucluse; » au « Mercure aptésien; » à la « Revue aptésienne. »

PIN [Elzéar], frère de Fortuné et de Joseph-François; né à Apt le 9 août 1813, représentant du peuple à l'Assemblée nationale (1848).

1. — Poëmes et sonnets. Paris, Gosselin, 1839, in-8 [7 fr. 50 c.].
2. — Projet de ferme régionale et essai d'endiguement de la Durance à Villelaure. Paris, imp. de René, 1848, in-8 de 48 pag.

M. Elzéar Pin a travaillé à la « France littéraire, » de M. Ch. MALO; au « Vert-Vert; » au « Corsaire; » au « Messager de Vaucluse; » à la « Revue aptésienne; » au « Mercure aptésien, » etc.

PIN [Louis]. — Apothéose de Napoléon, poëme. Boulogne-sur-Mer, Griset, 1841, in-8 de 16 pag.

PINA [Jean-François-Calixte de], marquis de *Saint-Didier*, numismate, maire de Grenoble, député du département de l'Isère; né à Grenoble en 1779, mort dans cette ville le 1er août 1842. [Voy. la *France littér.*, t. VII, pag. 175.]
— Monnaies inédites ou peu connues des évêques de Valence et des comtes de Valentinois. Valence, Borel, 1837, in-8 de 8 pag. avec une planche lith.

Extrait, tiré à 12 exemplaires seulement, de la « Revue du Dauphiné » [t. III, p. 58-64]. Cette dissertation avait été d'abord insérée dans la « Revue numismatique française, » de MM. CARTIER et de LA SAUSSAYE [1837, 2e année].

M. le marquis de Pina se proposait de publier une *Histoire numismatique du Dauphiné*.

PINA [Emm. de], fils du marquis J.-F. Calixte. — Souvenir des dernières expéditions russes contre les Circassiens, précédé d'une Esquisse rapide des mœurs. Valence, Borel; Paris, Vaton, 1837, in-8 de x et 84 p.

PINARD [Oscar], avocat à la cour d'appel, ancien procureur de la république à Paris.

1. — Le Barreau. Paris, Pagnerre, 1843, in-8 [6 fr.].

Notices sur des avocats contemporains, dont plusieurs ont paru dans « le Droit. »

2. — L'Histoire à l'audience, 1840-48. Paris, Pagnerre, 1848, in-8 [6 fr.].

M. Pinard a été rédacteur en chef du journal « le Droit; » on lui doit un article sur Louis-M. Lepeletier de Saint-Fargeau [Annuaire de l'Yonne, 1843, p. 247.]

PINARD, greffier du tribunal civil de Vassy. — Précis sur l'histoire de la ville de Vassy et de son arrondissement. Vassy, Lerouge-Prignot, 1849, in-8 de 128 pag.

PINARD [l'abbé C.], curé d'une paroisse du diocèse de Tours. — Bienfaits du catholicisme dans la société. Tours, Mame, 1842 in-8 avec 4 grav. [3 fr. 50 c.]. — IIIe édit. Tours, Mame, 1846, in-12 avec 1 grav. et un *fac-simile*.

2. — Gatienne, ou Courage d'une jeune fille, épisode de la révolution. IIIe édit. Tours, Mame, 1844, in-12 avec 4 grav. [1 fr. 25 c.]. — Paris, Delarue.

La première édition est de 1841; la deuxième, de 1842.

3. — Evangile de la jeunesse, ou Lectures dominicales de Pierre Forest. Recueillies et mises en ordre par M. l'abbé Pinard. Tours, Mame, 1840, in-12.

4. — Le Génie du catholicisme, ou Influence de la religion catholique sur les productions de l'intelligence. Tours, Mame, 1847, in-8 de 4 grav. et 1 front.

5.—Gilbert, ou le Poëte malheureux. IVe édition. Tours, Mame, 1845, in-12 avec 4 grav. [1 fr. 25 c.].

La première édition a été publiée sous l'initiale P... [1840, in-12].

PINARD [l'abbé D.], mort à Beauvais le 10 avril 1854. — Les Flammes de l'amour de Jésus, ou Preuves de l'ardent amour que Jésus-Christ nous a témoigné dans l'œuvre de notre rédemption. VIe édition. Paris, Lecoffre, 1847, in-12 [2 fr. 75 c.].

Citons encore : les Pommes rouges, suivies de l'*Épagneul* et des *Fraises* [1839, in-32]; — Manuel de piété, à l'usage des jeunes gens [1843, in-32]; — Petit Paroissien de la jeunesse, contenant l'office des dimanches et des principales fêtes de l'année, en latin et en français, mis en ordre par l'abbé D. Pinart [1843-1844, in-32]; — Petite Civilité chrétienne de la jeunesse, ou Règles de la politesse et de la bienséance [1844, et IVe édit., 1845, in-18]; — le Mois de Marie, ou le Mois de mai consacré à la mère de Dieu [1846, in-18].

M. l'abbé D. Pinart a publié : « Selecta P. Ovidii Nasonis opera. Morceaux choisis des Métamorphoses, des Fastes, des Élégies et des Héroïdes d'OVIDE; suivis des plus belles Églogues de VIRGILE, avec des sommaires, etc. » [IIe édit. Paris, Périsse, 1844, in-12].

Il a annoté et soigneusement expurgé : le Marchand et le génie, suivi des Trois Calenders; — le *Voyage de Sindbad le marin*, suivi de l'*Histoire du petit bossu*; — *Histoire d'Ali-Baba et des quarante voleurs exterminés par une esclave*; — *Histoire du dormeur éveillé*, suivi d'*Aladin, ou la Lampe merveilleuse*; — les *Aventures du calife Haroun-al-Raschid*, et plusieurs autres contes arabes, extraits des « Mille et une Nuits, » et traduits par GALLAND [Paris, Périsse, 1844, 5 vol. in-12 avec fig.; 6 fr. 25 c.].

PINAUD [Auguste]. — Programme d'un cours élémentaire de physique. IVe édition, revue et augmentée. Toulouse, Delsol. Paris, Hachette, 1846, in-8 avec 8 pl. [6 fr.].

La première édition est de 1839; la deuxième, de 1841, et la troisième, de 1844.

PINAUDEAU. — Nomenclature générale par arrondissement, canton et commune, de tous les villages, hameaux et maisons isolées du département de la Vienne. Poitiers, imp. de Saurin, 1842, in-8.

PINAULT [l'abbé], professeur de physique au séminaire d'Issy, ancien maître de conférences à l'école normale.

1. — Traité élémentaire de physique. IIIe édition, revue et augmentée. Paris, Gaume frères, 2 vol. in-8, avec 11 pl. gravées représentant plus de 400 sujets [10 fr.].

La première édition est de 1835; la deuxième, de 1836.

2. — Traité élémentaire de mathématiques, comprenant l'arithmétique, la géométrie, l'algèbre, etc. IIe édit. Paris, Gaume frères, 1840, in-8 avec 7 pl. [6 fr.].

La première édition est de 1836.

—IIIe édition sous ce titre : *Eléments de mathématiques*, contenant, etc. Paris, Gaume frères, 1846, in-8 avec 6 pl. [4 fr. 50 c.].

3.—Complément de mathématiques, contenant la trigonométrie, etc. IIIe édit. Paris, Gaume frère, 1847, in-8 [6 fr.].

Je crois que c'est par erreur que les mots *IIIe édition* ont été placés sur le titre de ce volume, destiné, dit l'auteur, à compléter la IIIe édit. de ses *Éléments de mathématiques*. [Note de M. BEUCHOT.]

PINCHART [Alexandre], érudit belge, commis aux Archives du royaume de Bruxelles.

M. Pinchart a publié dans le « Bulletin du bibliophile belge : » *Recherches sur l'introduction de l'imprimerie dans quelques villes de la Belgique* [t. III et VI]; — *Bibliothèque et collection de tableaux d'une chanoinesse de Sainte-Waudru, au XVIe siècle* [t. IV]; — *Biographies belges* [t. VII]; — *Sur le testament de Louis Porquin* [t. VIII]; — *De tout et de rien* [t. VIII]; — dans la « Revue de numismatique belge : » *Recherches sur l'histoire et les médailles des académies et des écoles de dessin, de peinture, de sculpture, d'architecture et de gravure, en Belgique*; — dans les « Mémoires couronnés par l'Académie de Belgique » : *Deux Notices sur les antiquités gallo-romaines trouvées dans le Hainaut* [1849-50].

M. A. Pinchart a donné en outre des articles dans « la Belgique communale, » dans le « Bulletin de la commission royale d'histoire, » etc.

PINDARE, poëte grec qui vivait entre les années 520 et 456 av. J.-C. [Voy. une Etude par M. LERMINIER, dans la *Revue des Deux-Mondes* du 1er juin 1834, et la *France littér.*, t. VII, p. 176.]

1. — Traduction complète. Olympiques, Pythiques, Néméennes, Isthmiques, Fragments. Avec discours préliminaire, arguments et notes, par M. *Faustin Colin*. Strasbourg, imp. de Silbermann, 1841, in-8 [6 fr.].—*Paris, Hachette*.

Sous le titre : *Œuvres complètes de Pindare*, on a réimprimé en 1836 des *titres* et *faux-titres* au nom de M. Édouard Garnot, pour l'édition de 1818, intitulée : *Traduction complète des Odes de Pindare, par R. TOURLET, avec le texte de Heyne en regard, et des notes* [Paris, Mme veuve Agasse, 2 vol. in-8].

2. — Olympiques, avec le texte en

regard et des notes, par M. *A.-L. Perrault-Maynand.* Lyon, imp. de Rossary, 1837, in-8.

3. — Pythiques et Isthmiques, avec le texte en regard et des notes, par M. *Al. Perrautt-Maynand.* Lyon, Dumoulin, 1843, in-8 avec 1 pl.

4. — Les Néméennes, traduction nouvelle, avec des notes, des arguments, des études et le texte en regard, par M. *Olry.* Nancy, imp. de Raybois. Paris, F. Didot, Hachette, Treuttel et Wurtz, Delalain, 1840, in-8 [6 fr.].

Les Poésies de Pindare font partie des petits poëmes grecs, édition du Panthéon littér. [Paris, Desrez, 1839, gr. in-8 à 2 col.]. Voy. IBYCUS.

Parmi les éditions classiques des *Olympiques*, des *Pythiques*, des *Isthmiques* et des *Néméennes*, de Pindare, revues, corrigées et accompagnées de sommaires et de notes, les plus importantes ont été annotées par MM. CHAPPUYZI, FIX, GENOUILLE, MAZURE, PERRAULT-MAYNAND, L. de SINNER, SOMMER, etc., et éditées par MM. Delalain, Maire-Nyon, Hachette, etc.

PINDEMONTE [Hippolyte], poëte italien; né à Vérone en 1753, mort en 1829. [Voy. la *France littér.*, t. VII, p. 177.]

1. — Poesie scelte, (1841, in-32). Voy. LEOPARDI [le comte Giacomo].

2. — Dissertation sur les jardins anglais et sur l'invention réclamée par l'Italie. Traduit de l'italien par M. *Phelippe-Beaulieux.* Nantes, imp. de Mellinet, 1842, in-8 de 40 pag.

3. — Les Quatre Parties du jour, poëme; traduction de l'italien par M. *Phelippe-Beaulieux.* Nantes, imp. de Mellinet, 1844, in-8 de 24 pag.

4. — Fragments d'une traduction inédite de l'italien d'Hipp. Pindemonte; par M. *Phelippe-Beaulieux.* Nantes, Mme veuve Mellinet, 1844, in-8 de 16 pag.

PINE [Hippolyte]. — La Résurrection de la Pologne. Lyon, imp. de Boursy fils, 1846, in-8 de 8 pag. — Autre édition. Nancy, imp. de Nicolas, 1848, in-8 de 8 pag.

En vers.

PINEAU DUCLOS [C.]. Voy. DUCLOS.

PINEL [Scipion], fils de l'illustre auteur de la *Nosographie philosophique*, docteur en médecine, médecin honoraire des hospices de Paris, médecin des aliénés de l'hospice de la Vieillesse (femmes), et directeur de l'établissement modèle pour le traitement des maladies mentales, fondé au Port-à-l'Anglais, près Paris, commune de Vitry, et connu sous le nom : *Société Villa-Santa* (1837). [Voy. la *France littér.*, t. VII, pag. 178.]

1. — Recherches sur quelques points de l'aliénation mentale. Paris, 1819, in-4 [2 fr.].

2. — Considérations sur les maladies dites fièvres essentielles. Paris, 1820, in-8 [1 fr.].

4. — Notice sur l'inflammation aiguë de la substance médullaire du rachis. Paris, 1821, in-8 [1 fr. 25 c.].

5. — Recherches d'anatomie et de physiologie pathologique sur les altérations de l'encéphale. Paris, 1821, in-8 [1 fr. 25 c.].

6. — Traité complet du régime sanitaire des aliénés, ou Manuel des établissements qui leur sont consacrés. Paris, Mauprivez, Béchet, 1836, in-4, avec des planches explicatives, exécutées sur le modèle des constructions que l'administration des hôpitaux a fait élever à la Salpêtrière d'après les plans de M. Huvé, architecte [16 fr.].

7. — Traité de Pathologie cérébrale, ou des Maladies du cerveau. Nouvelles recherches sur sa structure, ses fonctions, ses altérations, et sur leur traitement thérapeutique, moral et hygiénique. Paris, Just Rouvier, 1844, in-8 [7 fr.].

MM. Scipion Pinel et JULIA-FONTENELLE passent pour avoir prêté leur plume à M. Bennati, médecin italien distingué, mais qui n'écrivait pas le français avec facilité.

M. S. Pinel a travaillé au tome V des « Mémoires de l'Académie royale de médecine. »

PINEL [J.-P.-Casimir], docteur en médecine; né à Saint-Paul (Tarn) en 1800; ancien interne des hôpitaux de Paris, ancien chirurgien-major de l'armée, directeur d'une maison de santé à Neuilly.

M. Pinel est l'auteur de *Recherches sur l'hérédité des maladies nerveuses et mentales*, et d'un Mémoire adressé à la Chambre des députés, au sujet de la loi sur les aliénés.

PINEL [Louis].

1. — De la Connaissance. Paris, Dentu, 1843, in-8 [5 fr.].

La couverture porte : *Essai de philosophie.*

2. — Essai de philosophie positive.

Paris, Mme veuve Lenormant, 1845, in-8 [3 fr. 50 c.].

PINEL de Golleville [Marie-Joseph], docteur en médecine; né à Sainte-Mère-Eglise en 1811. — Considérations générales sur l'histoire de la médecine et sur le traitement des maladies chroniques et des maladies nerveuses. Paris, Rouvier, 1841, in-8 de 132 pag.

PINET. — Observations sur le débit oratoire, sur la lecture à haute voix, et en général sur la prononciation. Paris, Dauvin et Fontaine, 1845, in-18 de 144 pag.

PINET. — De la Migraine. Paris, Béchet jeune, Delaunay, 1838, in-18 [1 fr. 50 c.].

PINET [J.]. — *Publius Virgilius Maro*, avec un système nouveau d'analyse littéraire, etc., par J. Pinet. Edition augmentée de plus de 3,000 notes, etc., par *un professeur de l'université*. Nevers, Pinet, 1839, in-12 avec un tableau [2 fr. 50 c.].

PINETTE [J.], professeur d'escrime.
1. — École du tirailleur, ou Maniement de la baïonnette appliquée aux exercices et manœuvres de l'infanterie. VIIIe édit. Paris, Dumaine, 1846, in-18 avec 32 fig. — IXe édition sous ce titre: *Théorie de l'escrime à la baïonnette*. Paris, Dumaine, 1848, in-18 avec 16 fig. en taille-douce.

La première édition, publiée en 1832, est intitulée : *l'Escrime appliquée à la baïonnette au bout du fusil* [Paris, imp. de Demonville, in-18 avec 2 pl.].

2. — Précis de la gymnastique moderne, et application de cet art aux déviations de la taille, au développement des forces, etc. Paris, Gaultier-Laguionie, 1842, in-8 de 48 pag. [1 fr. 50 c.].
3. — Réfutation de l'Escrime à la baïonnette, de M. GOMARD. Paris, Dumaine, 1847, in-8 de 48 pag.

PINEUX-DUVAL [Amaury, Alexandre et Henry]. Voy. DUVAL.

PINGEON [Nicolas-André], docteur en médecine, médecin de l'hôpital de Dijon, membre et secrétaire de l'Académie des sciences de cette ville; né à Lamargelle-sous-Léry le 19 avril 1795, mort à Dijon en 1840. [Voy. une notice par M. H. RIPAULT, dans les *Mémoires de l'Académie de Dijon*, 1839-40.]

1. — Essai sur la paralysie. In-4 de 75 pag.
2. — Compte rendu de l'Académie de Dijon, années 1828-1829. Supplément. Extrait d'un Mémoire de M. le docteur Pingeon sur les desmopathies et les myopathies. Dijon, imp. de Frantin, 1830, in-8 de 32 pag.
3. — Précis analytique des travaux de la Société médicale de Dijon, pour l'année 1833. Dijon, Douillier, 1840, in-8. — *Idem* pour l'année 1838. Dijon, Douillier, 1841, in-8.

M. N.-A. Pingeon a donné, dans les « Mémoires de l'Académie de Dijon, » un grand nombre de mémoires, articles, notices biographiques, rapports, de 1831 à 1836, etc., et notamment un long travail intitulé : *Esquisse des progrès réels de la médecine depuis 1800 jusqu'en 1833*.

PINGRENON [F.-S.-J.]. — Quelques remarques et observations relatives aux fractures du crâne. Strasbourg, imp. de Mme veuve Berger, 1844, in-8 de 48 p.

PINHEIRO-FERREIRA [Silvestre], diplomate et ministre portugais, professeur de philosophie à l'université de Coïmbre; né à Lisbonne le 31 décembre 1769. [Voy. la *France littér.*, t. VII, p. 180.]

1. — Projecto de codigo politico para a naçao portugueza. Paris, Rey et Gravier, 1839, in-8 [6 fr.].
2. — Précis d'un cours d'économie politique, suivi d'une bibliographie choisie de l'économie politique, par M. de *Hoffmanns*. Paris, Garnot, 1840, in-12 [3 fr.].
3. — Noçoes elementares de philosophia generale applicada as sciencias moraes e politicas. Ontologia, psycologia, ideologia. Paris, Rey et Gravier, Aillaud, 1840, in-8 [4 fr.].
4. — Précis d'un Cours de philosophie élémentaire. Ontologie.—Psychologie.—Idéologie. Paris, Garnot, 1841, in-12 [3 fr. 50 c.].
5. — Projecto d'associaçao por o melhoramento da sorte das classes industriosas. Paris, Rey et Gravier, Aillaud, 1841, in-8.

Citons encore: Illustrissimo e excellentissimo senhor [1833, in-8. — Premiers mots d'une lettre, datée de Paris, 24 août 1830, adressée à M. Philippe Ferreira de Araujo e Castro]; — du Principe de la non-intervention en général, et particullèrement dans la situation actuelle de la péninsule ibérique [1835, in-8]; — Declaracao dos direitos de deveres de homen e do cidadao [1836, in-8]; — Breves Observaçoes sobre a constituçao politica da monarchia portugueza decretada pelas cortes generaes extraordinarias e constituintes, reunidas em Lisboa no anno de 1821 [1837, in-8].

M. Pinheiro-Ferreira a joint des *Notes* et fait précéder d'un *Discours préliminaire* (trad. en anglais par M. P. SADLER) : « Principles of political economy, » by MAC-CULLOCH, abridged for use of schools [1839, in-12]. — Il a revu et augmenté de notes : « le Droit des gens, » par VATTEL [1836-38, 3 vol. in-8].

PINKERTON [J.], géographe et antiquaire; né à Édimbourg en 1758, mort à Paris en 1826. [Voy. la *France littér.*, t. VII, p. 182.] — Dissertation sur la rareté, les différentes grandeurs et la contrefaçon des médailles antiques, trad. de l'anglais de Pinkerton. Dresde, 1795, in-4.

PINNOCK. Voy. GOLDSMITH.

PINONDEL DE LA BERTOCHE [H.]. — De la Nécessité du boisement des Landes, et d'un meilleur régime forestier dans le département de la Dordogne. Périgueux, imp. de Dupont, 1841, in-4 de 20 pag.

PINOTEAU [le baron A.], sous-préfet. — Réponses à quelques objections sur le régime cellulaire. Paris, imp. de le Normant, 1843, in-8 de 36 pag.

PINTEUX [Pierre-Henri], ancien syndic de la boucherie de Paris; né en 1772, mort à Versailles le 20 juillet 1843. [Voy. la *France littér.*, t. VII, pag. 183.] — Réflexions sur la production et la population des bestiaux en France. IIe édition. Versailles, imp. de Kléfer, 1842, in-8 de 48 pag.

PIOBERT [Guill.], général d'artillerie, ancien professeur du cours d'artillerie à l'École d'artillerie et du génie de Metz, membre de l'Académie des sciences (1840); né à la Guillotière (Rhône) le 29 nov. 1793.

1. — Mémoire sur les effets des poudres de différents procédés de fabrication et sur le mode de chargement à adopter pour les rendre inoffensives dans les bouches à feu. 1830, in-8 [5 fr.].

2. — Programme du Cours d'artillerie de Metz. In-4 [3 fr.].

3. — Cours d'artillerie, résumé des leçons sur le projet des bouches à feu. In-fol. [6 fr.].

4. — Cours d'artillerie de l'École d'application de l'artillerie et du génie, partie théorique rédigée par MM. *Didion et de Saulcy*, capitaines d'artillerie, d'après les cahiers et les leçons du professeur; revue et corrigée par lui. Metz, 1841, in-4 avec 76 fig. intercalées dans le texte, et des tableaux [60 fr.].

On trouve dans cet ouvrage, qui fait suite à la partie élémentaire et pratique, la théorie appliquée à toutes les parties de l'artillerie, et un grand nombre de faits et de considérations sur les effets des projectiles, l'inflammation et la combustion, la force et les effets de la poudre, le mouvement des projectiles dans l'âme des bouches à feu, le recul des pièces, la construction des affûts, des roues et des essieux, le tirage des voitures.

5. — Traité d'artillerie théorique et pratique. *Précis de la partie élémentaire et pratique*. IIe édit. Paris, Bachelier, 1845, in-8 avec 9 pl. [8 fr.].

La première édition est de 1838 [Metz, impr. de Thiel; Paris, Levrault, in-8].

6. — Traité d'artillerie théorique et pratique. *Partie théorique et expérimentale*. Propriétés et effets de la poudre. Paris, Bachelier, 1847, in-8 avec 2 pl. [7 fr.].

7. — Mémoire sur le tirage des voitures et sur les perfectionnements dont les moyens de transports sont susceptibles. Suivi du Rapport sur un mémoire ayant pour titre : *Expériences sur le tirage des voitures, et sur les dégradations qu'elles produisent sur les routes*, présenté par M. *Arthur Morin*. Commissaires : MM. Arago, Poncelet, Coriolis; Piobert, rapporteur. Paris, 1842, in-4 [4 fr.].

8. — Avec M. *L. Tardy* : Expériences sur les roues hydrauliques à axe vertical, et sur l'écoulement de l'eau dans les coursiers et dans les buses de forme pyramidale. Paris, Aug. Mathias, 1845, in-4 avec 4 pl. [4 fr.].

9. — Mémoires sur les poudres de guerre des différents procédés de fabrication, ou Résumés des épreuves comparatives faites sur les poudres à Esquerdes en 1831 et 1832, et à Metz en 1836 et 1837. Paris, Bachelier, 1844, in-8 [5 fr.].

On doit encore à M. G. Piobert : Rapport sur un mémoire ayant pour titre : Théorie des effets de la poudre, déduite des faits et dégagée de toute hypothèse [in-4]; — Sur les moyens de diminuer les dangers des explosions de la poudre [in-4]; — avec M. MORIN : Mémoire concernant les expériences faites à Metz en 1834 sur la pénétration des projectiles dans divers milieux résistants, et sur la rupture des corps par le choc, suivi du Rapport fait sur ces expériences à l'Acad. des sciences de Paris, le 12 octobre 1835 [in-8 avec 10 pl.]; — Note sur la théorie des assolements [1838, in-8]; — avec MM. MORIN et DIDION : Note sur les effets et les lois du choc, de la pénétration et du mouvement des projectiles dans les divers milieux résistants [1838, in-8]; — avec *les mêmes* : Mémoire sur la résistance des corps solides ou mous à la pénétration des projectiles [in-8]; — avec *les mêmes* : Mémoire sur les lois de la résistance de l'air [1842, in-8], etc.

PIOCHE, architecte à Metz. — Le Guide du charpentier et du menuisier des villes et des campagnes, contenant, etc.; précédé de la Force des bois par *E. Debrun*. Metz, imp. de Dembour, 1846, in-4 de 24 pag. avec 12 pl.

PIONIN [Ch.]. — Code de police municipale de la ville de Lyon, ou Recueil des arrêtés, règlements, ordonnances, traités et autres documents concernant la police de cette ville, précédé de considérations législatives sur les règlements de police en général et sur les tribunaux qui doivent en connaître. Lyon, Dumoulin, 1840, in-8.

PIONNIER [L.-S.].
1. — Les Mille et une Veilles, ou Pensées philosophiques. Paris, Ponce Lebas, 1839, 2 vol. in-8 [15 fr.].
2. — Chute de la chicane, ou Moyen d'apprécier et de taxer soi-même les frais des huissiers, avoués, notaires, commissaires-priseurs, agréés, etc. Paris, Prévot, 1841, in-18.

PIONNIER [D.-P. Constant].
1. — Traité théorique et pratique de l'emploi de l'acier et des effets de la trempe, considérés dans leurs relations et dans leurs rapports avec les propriétés de ce métal. Paris, imp. de Bourgogne, 1844, in-8 de 84 pag.
2. — De l'Esprit industriel, en France et en Angleterre. Paris, imp. de Bourgogne, 1844, in-8 de 66 pag.
Extrait de la « Revue scientifique et industrielle. »

PIORRY [Pierre-Adolphe], volontaire en 1814 dans l'artillerie parisienne, reçu docteur en médecine le 12 juin 1816, professeur à la Faculté de médecine de Paris, médecin de l'hospice de la Pitié, membre de l'Académie de médecine; né à Poitiers le 31 décembre 1794. [Voy. la *Biogr. des hommes du jour* par SARRUT et SAINT-EDME, t. I, 1re partie, pag. 204, et la *France littér.*, t. VII, pag. 184.]

1. — Traité de diagnostic et de séméiologie. Paris, Pourchet, Germer-Baillière, 1836-37, 3 vol. in-8 [21 fr.].
2. — Des Habitations et de l'influence de leur disposition sur l'homme, en santé et en maladie, suivi du plan d'un cours d'hygiène. Paris, J.-B. Baillière, 1838, in-8 [3 fr. 50 c.].
3. — Avec M. *D. Lhéritier* : Traité des altérations du sang. Paris, J.-B. Baillière, 1840, in-8 [7 fr.].
Le volume contient dix-neuf dissertations ayant chacune leur pagination.
4. — De l'Hérédité dans les maladies. Paris, J.-B. Baillière, 1840, in-8 [3 fr.].
5. — Traité de médecine pratique et de pathologie iatrique ou médicale : cours professé à la Faculté de médecine de Paris. Paris, Pourchet, 1841 et ann. suiv., 8 vol. in-8.

Citons encore : Dangers de la lecture des livres de médecine pour les gens du monde [Thèse du 12 juin 1816, insérée en partie dans le « Dictionnaire des sciences médicales, à l'art. *Livres*]; — Travaux divers auxquels s'est livré M. Piorry, reçu docteur en médecine le 12 juin 1816 [1831, in-4]; — Tableau indiquant la manière d'examiner et interroger les malades (Clinique médicale de M. Piorry à la Pitié) [1832, in-8]; — Mémoire sur les splénopathies ou maladies de la rate, et sur les fièvres intermittentes [Paris, Baillière, 1844, in-8.—Extrait du VIe volume du « Traité de médecine pratique »].
M. P.-A. Piorry a donné au « Dictionnaire des sciences médicales » des articles sur la physiologie, sur les propriétés vitales, sur la voix, sur les papilles, etc.
On lui doit la découverte de la plessimétrie ou percussion médiate. Il reçut pour cette découverte, qui complète celle d'Avenbrugger et de Laennec, le prix Montyon en 1828.
Il a fourni des articles aux « Mémoires de l'Académie de médecine, » et, notamment, dans le tome VI : *Rapport sur les épidémies qui ont régné en France de 1830 à 1836*.

PIOT [Eugène], ancien membre de la Société des antiquaires de France.
M. Eug. Piot a fait paraître un recueil périodique intitulé : « le Cabinet de l'amateur et de l'antiquaire. »

PIOT [G.-J.-C.], avocat et érudit belge.
1. — Histoire de la ville de Louvain, depuis son origine jusqu'à nos jours. Louvain, 1839, t. Ier, in-8.
2. — Notice sur une trouvaille nu-

nismatique faite à Louvain le 5 août 1840. Gand, Hebbelynck, 1840, in-8.

Extrait du « Messager des sciences historiques de la Belgique. »

3. — Sur les relations diplomatiques de Charles-Quint avec la Perse et la Turquie. Gand, 1843, in-8 [1 fr.].

Extrait du « Messager des sciences historiques de la Belgique. »

4. — Notice historique sur la ville de Léau (Brabant). Gand, 1844, in-8 avec 3 pl. [2 fr.].

Extrait du « Messager des sciences historiques de la Belgique. »

5. — Notice sur un dépôt de monnaies découvert à Grand-Halleux, province de Luxembourg. Bruxelles, Hayez, 1847, in-4 de 70 pag. avec 1 pl.

Extrait des « Mémoires couronnés par l'Académie de Bruxelles. »

6. — De l'Imitation des sceaux des communes sur les monnaies des provinces méridionales et des Pays-Bas et du pays de Liége. Bruxelles, 1848, in-8 de 45 pag. avec pl.

7. — Monnaies frappées par la ville de Ruremonde. Bruxelles, 1849, in-8 de 46 pag. avec 1 pl.

8. — Avec MM. *Chalon* et *C.-P. Serrure*: Revue de la numismatique belge, publiée sous les auspices de la Société numismatique. 4 vol. gr. in-8 avec pl. [48 fr.].

M. G.-J.-C. Piot a fourni des articles nombreux au « Bulletin du bibliophile belge, » et au « Messager des sciences historiques de la Belgique. »

PIRANESI [Jean-Bapt.], graveur romain, mort en 1778, et **PIRANESI** [François], son fils, graveur comme lui et diplomate, né en 1748 à Rome, mort à Paris le 27 janvier 1807. [Voy. la *France littér.*, t. VII, p. 185.] — Œuvres complètes. Paris, F. Didot frères, 1836, 29 vol. in-fol. texte et pl. [2,000 fr.].

Publié en 100 livraisons. Le texte italien est réimprimé intégralement dans cette édition des Œuvres complètes.

Les matières dont ces 29 volumes se composent sont : Tombeaux des Scipions, Panthéon, Magnificences de Rome et de la Grèce, Architecture étrusque, Faits et Trophées consulaires, Champ de Mars, Antiquités d'Albane, Vases et Candélabres, Colonnes Trajane et Antonine, Ruines de Pæstum, Vues et Monuments de Rome antique et moderne, Statues antiques, Théâtre d'Herculanum, Ornements de cheminées, Tableaux et dessins des premiers peintres d'Italie, Sala Borgia et Villa Lanté, Cabinet de Jules II, Villa Altoviti, Antiquités de Pompéia, Choix des costumes antiques, par Villemin, Cirque de Caracalla, Petites Vues de Rome, formant en tout près de 2,000 planches.

PIRANESI [P.], grammairien italien, membre de l'Académie des Arcades de Rome. [Voy. la *France littér.*, t. VII, p. 187.]

M. Piranesi a revu et corrigé [avec M. BRICCOLANI] : « Scelta di commedie, » par GOLDONI [1837, in-12], et les nouvelles éditions de la « Grammaire italienne, » par VERGANI [1841, 1843, 1844, 1845, 1849, in-12].

Il a augmenté de *Récits modernes des plus célèbres historiens italiens* les « Racconti istorici, » par VERGANI [X^e édit., 1841, in-12].

PIROLLE, horticulteur, membre de plusieurs sociétés savantes ; né à Metz en 1773. [Voy. la *France littér.*, t. VII, p. 187.]

1. — Traité spécial et didactique du dahlia, sous tous les rapports qui peuvent intéresser les cultivateurs, les amateurs, les connaisseurs et les curieux de ce beau genre. Paris, Fortin et Masson, 1840, in-12 [2 fr. 50 c.].

2. — Revue des dahlias en 1840, ou Supplément au Traité des dahlias. Paris, Cousin, 1841, in-12 de 144 pag.

3. — Manuel théorique et pratique du jardinier, contenant, etc. ; suivi d'un Dictionnaire des termes de jardinage et de botanique. Nouvelle édition, revue et augmentée par MM. *Boitard* et *Noisette*, illustrée par M. Thiébault. Paris, Alph. Pigoreau, 1847, in-12 [5 fr.].

PIRON [Alexis], poëte et auteur dramatique ; né à Dijon le 9 juillet 1689, mort le 21 janvier 1773. [Voy. la *France littér.*, t. VII, p. 188.]

1. — La Métromanie, comédie en cinq actes et en vers. Paris, Marchant, 1843, in-8 [40 c.].

La première édition est de 1738.

2. — Œuvres choisies. Paris, Hiard, 1835, 2 vol. in-18; Renaud, 1841, in-18; imp. de Moquet, 1842, in-18 [2 fr.].

3. — Œuvres badines et choisies. Paris, imp. de Gaultier-Laguionie, 1837, in-18; imp. de Mévrel, 1838, in-18; imp. de Beaudouin, 1839, in-18; imp. de Lacour, 1844, 1846, in-18; Troyes, Baudot, 1839, in-18.

Citons encore : *Lettre au marquis de Sénas d'Orgeval et à M....* [Revue rétrospective, 2e série, t. IV, p. 464-466]; — *Lettre à sa mère, du 2 avril 1737* [ibid., t. III, p. 485].

Un petit-neveu de Piron a montré à quelques littérateurs et se propose de publier une curieuse pièce de vers inédite de l'auteur de la Métromanie, en tête de laquelle on lit ces mots écrits de la main de Piron : « Pour n'être publiés que cent ans après ma mort. » Ces vers, intitulés : *les Confessions de mon oreiller*, commencent ainsi :

En dépit de l'Académie,
Des jésuites et des cagots.

PIRON [A.], sous-directeur des postes. — Du Service des postes et de la taxation des lettres au moyen d'un timbre. Paris, imp. de Fournier, 1838, in-8 avec 1 pl.

M. Cl. GRASSET a publié en 1839 un *Abrégé* de cet ouvrage [Paris, Lutton, in-4 de 8 pag. avec 1 pl.].

PIRONDI [Syrus]. — De la Tumeur blanche du genou, et de la manière de la guérir spécialement par le muriate de baryte. IIe édition. Paris, Rouvier et Lebouvier, 1836, in-8 [8 fr. 50 c.].

M. Syrus Pirondi a traduit de l'italien : « Théorie de la phlogose, » par J. RASORI [1839, 2 vol. in-8].

PIRONON [Ch.], littérateur belge; né à Ypres.

1. — Laure. Bruxelles, Hen, 1844, in-18.
2. — Dona Violetta. Bruxelles, Hen, 1844, in-18.
3. — Le Livre d'heures. Bruxelles, Méline, 1845, in-18.

M. Pironon a travaillé à la « Revue de Liége. »

PIROTTE [Gaspard], avocat; né à Liége en 1780, mort dans cette ville le 14 janvier 1847. [Voy. le *Discours* prononcé sur sa tombe par Aristide CRALLE (Liége, 1847, in-8 de 7 pag.). — Essai d'une dissertation sur les lois naturelles et sur les droits qui en dérivent. Liége, Bassompierre, 1820, in-8 de 75 pag.

Anonyme.

PIROTTE [Alexandre-Antoine-Valentin], fils du précédent; né à Liége le 12 août 1811.

1. — Un Début. Liége, Leduc, 1840, in-12.
2. — Laurence, ou une Séduction. Liége, A. Jeunehomme, 1841, in-12.
3. — La Suite d'un bal, Liége, A. Jeunehomme, 1841, in-8.

M. Pirotte a travaillé à la « Revue belge. » Il a laissé un drame en quatre actes et en prose : *Amour et patrie*.

PIROUX [Joseph], ancien élève, professeur de l'Institut royal des sourds-muets de Paris, fondateur et directeur de l'Institut des sourds-muets de Nancy, membre de la Société royale des sciences de cette ville; né à Hadigny (Vosges), en 1800. [Voy. la *France littér.*, t. VII, p. 190.]

1. — Organisation, situation et méthode de l'instruction des sourds-muets de Nancy. Paris, Treuttel et Wurtz, 1834, in-4 de 54 pag. [2 fr. 50 c.].
2. — Méthode complète de lecture, préparant à l'étude de l'orthographe et de la bonne prononciation. Nancy, Vidart; Paris, Poilleux, Maire-Nyon, Delalain, in-fol. [3 fr.]. — IVe édition. Nancy, imp. de Thomas; Paris, Debécourt, 1839, in-16.

Citons encore : Arbre généalogique des propriétés, des sentiments, des facultés, des penchants et des opérations de l'âme humaine, considérés par rapport à la liberté morale. [1834, grand tableau in-plano]; — Journée du chrétien, disposée pour l'usage des sourds-muets (en vers) [1837, in-16]; — Petit Catéchisme de Claude Fleury, disposé pour l'usage des sourds-muets [1837, in-16]; — Examen comparatif de toutes les méthodes de lecture [IIe édit., 1838, in-16]; — Maximes tirées de la Bible, et disposées pour l'usage des sourds-muets [en vers. — 1841, in-16]; — Phrases primordiales simples, complexes et composées, à l'usage des sourds-muets [1842, in-16]; — Méthode de dactylologie, de lecture et d'écriture [1846, in-16]; — Tableau destiné à faire connaitre, aimer et servir la république française [1848, in-plano].

M. J. Piroux a rédigé : « l'Ami des sourds-muets, journal de leurs parents et de leurs instituteurs [1839-43, quatre années, in-8].

Il a fourni plusieurs articles aux « Annales de l'éducation des sourds-muets et des aveugles, » par M. Ed. MOREL [1842-44].

PIRQUIN [G.]. — La Corbeille d'Ésope, ou Choix des plus jolies fables françaises, avec des notes, par G. Pirquin. Paris, Terry, 1838, in-18 de 108 pag.

PISANÇON [le marquis de], chevalier de Malte et de Saint-Louis; né à Grenoble, mort dans cette ville en avril 1842. [Voy. la *France littér.*, t. VII, p. 191.] — Histoire sentimentale et statistique de l'Égypte. Grenoble, Baratier, 1839, in-12 de 120 pag.

PISSIS. — Souvenirs et impressions de voyages. Clermont-Ferrand, imp. de Thibaud-Landriot; Paris, Ch. Gosselin, 1836, in-8 de 128 pag.

Voyage en Suisse et en Savoie

PISTOYE [Alphonse C. de]. — Du Conseil d'État, de son organisation, de son autorité, de ses attributions. Paris, Dupont, Dentu, 1845, in-8 de 88 pag.

Citons encore : Question des recensements [1841, in-8]; — Examen des recensements exécutés sous les ordres de MM. les ministres de l'intérieur et des finances [1842, in-8. — Reproduction (avec rétablissement de passages) d'articles insérés dans la « Gazette des tribunaux » des 23, 28 juillet, 2, 3 et 10 août 1841]; — Examen du projet de loi sur le conseil d'État [1849, in-8. — Extrait de la « Revue administrative »]; — de la Destruction des étangs marécageux et insalubres [1849, in-8. — Extrait de l' « École des communes »].

PITAY [J.-B.-G.]. — Le Jardin des racines grecques, mises en vers français. Nouvelle édition, revue et augmentée de plus de 1,500 mots latins et français tirés de la langue grecque, présentant, etc. Paris, Poilleux, 1836, 1839, in-12 [3 fr.].

PITCAIRN [le révérend docteur]. — Paix parfaite, ou Derniers jours de J.-W. Howel; traduit librement de l'anglais. Paris, Delay, 1845, in-32 [50 c.].

PITIOT [A.-F.]. [Voy. la *France littér.*, t. VII, p. 194.]
1. — Grammaire analytique, ou Cours d'orthographe et d'orthologie en vingt leçons chaque, contenant, etc. Lyon, Guyot, 1835, in-12.

La première édition est de 1831.

2. — Manuel de l'enseignement primaire supérieur. Notions de physique en vingt leçons, comprenant, etc. Lyon, Guyot, 1836, in-12.
3. — Cours de géométrie élémentaire, en vingt leçons. Lyon, Guyot, 1837, in-12 de 60 pag.

PITOIS [Christian], neveu du libraire-éditeur Pitois-Levrault, plus connu sous son prénom *Christian* [P.]. Voy. CHRISTIAN.

PITOIS [Mlle Natalie], née en 1795, morte en 1823. — Mélanges religieux. IIIe édition, revue et augmentée. Paris, Adrien Leclère, 1841, in-8 [6 fr.].

La première édition est de 1827, 2 vol. in-12; la deuxième, publiée par M. Ph. GUENEAU DE MUSSY, est de 1834, in-8 avec une Notice.

PITON [E.-Constant], membre de l'Académie de Caen; né à Coutances. [Voy. la *France littér.*, t. VII, p. 194.]
1. — Histoire des empereurs romains, de *Crevier*, abrégée par E.-C. Piton.

Paris, Baudouin, 1836, 2 vol. in-12 avec portraits.
2. — Abrégé de l'Histoire des voyages modernes dans les cinq parties du monde, faisant suite à l'Abrégé de l'histoire des voyages de *Laharpe*. IIIe édition. Paris, Renault, 1838, 2 vol. in-12 avec lith. [6 fr.].

Les deux premières éditions sont de 1836, 2 vol. in-12.

3. — Victoires et conquêtes de Christophe Colomb en Amérique. Limoges, Ardant, 1846, in-12.

Citons encore : le Miel de l'abeille du Parnasse. Extraits des meilleures productions de nos poëtes anciens et modernes, recueillis et classés par ordre didactique, par E.-C. Piton [1836, in-18]; — Honneur et patrie. Couplets chantés au banquet de la 3e compagnie du 2e bataillon de la 11e légion de la garde nationale de Paris, le 8 août 1837 [1837, in-8]; — le Soldat désappointé, couplets patriotiques chantés au milieu des moellons empilés et des terres bouleversées, par un troupier fini, vexé d'être campé indéfiniment dans une boue pacifique, d'où il ne peut se dépêtrer, afin de riposter, pour son compte, au 'soufflet à cinq branches donné à son pays, et recueillis par E.-C. Piton [1841, in-12].

M. E.-C. Piton a traduit de l'allemand, de CAMPE : « Histoire de la découverte de l'Amérique » [Paris, Corbet aîné, 1835-36, 2 vol. in-12 avec 3 grav.].

PITOT [F.]. — Les Colonies françaises. Paris, Charpentier, 1845, in-8 [3 fr.].

PITOU [Louis-Ange], publiciste, libraire à Paris; né à Valainville, près de Châteaudun, en 1769. [Voy. la *France littér.*, t. VII, p. 195.]
1. — Pétition et révélations, avec pièces à l'appui, remises en 1837, 1838 et 1839 aux deux chambres législatives et aux trois pouvoirs réunis. Paris, imp. d'Herhan, 1839, in-8 de 132 pag.
2. — Cause unique et de premier ordre. Paris, imp. d'Herhan, 1839, in-8 de 16 pag.

M. Pitou avait, en 1820, commencé l'impression de : *Une Vie orageuse* et *des Matériaux pour l'histoire*. Il n'a, dit-on, été émis que deux exemplaires de cet ouvrage, qui a eu 3 vol. in-8, l'un destiné au roi Louis XVIII, l'autre au gentilhomme de la chambre. Le 1er volume est sans titre, viij et 78 pages; à la suite se trouve: *Analyse de mes malheurs*, de 108 p., publié en 1816. Le 2e volume a 332 pag. plus les faux-titre et titre. Le 3e volume contient : *Toute la vérité*, avec les faux-titre et titre, etc., in-8 ; *Tableau de ma famille et de ma vie*; l'impression finit à la page 320.

PITOU-DESPREZ [l'abbé Martial]. [Voy. la *France littér.*, t. VII, p. 195.]

— Étrennes coutançaises, recueil normano-britannique annuel, religieux, populaire, historique, statistique et littéraire, concernant le diocèse de Coutances ancien et nouveau. 4e, 5e et 6e années, 1835, 1836 et 1837. Coutances, Tanquerey, 1839, in-18 [2 fr.].

PITOUX. [Voy. la *France littér.*, t. VII, p. 196.]

1. — Nouveau Code épistolaire, contenant des modèles de lettres, de pétitions, des formules, etc. Paris, Renault, 1836, in-12.

2.— Nouveau Guide en affaires, contenant le formulaire et le pétitionnaire, par ordre alphabétique. IIIe édition, revue et augmentée. Paris, Corbet aîné, 1836, in-12.

PITRE-CHEVALIER. Voy. CHEVALIER [Pierre].

PITTAUD DE FORGES [Philippe-Auguste-Alfred], auteur dramatique, plus connu sous le nom de DESFORGES ou DEFORGES. [Voy. ce nom.]

PIVERS. — Formulaire universel et raisonné des actes sous seing privé, ou le Droit civil mis à la portée de tout le monde. 1844, in-8 [7 f. 50 c.].—*Paris, Maison.*

Ouvrage divisé en quatre parties.

PIXÉRÉCOURT [Guilbert de]. [Voy. GUILBERT DE PIXÉRÉCOURT [René-Charles].

PLACE [Ch.]. [Voy. la *France littér.*, t. VII, p. 197.]—Avec M. *J. Florens*: Mémoire sur M. de Talleyrand, sa vie politique et sa vie intime; suivi de la relation authentique de ses derniers moments et d'une appréciation phrénologique sur le crâne de ce personnage célèbre, faite peu d'heures après sa mort. Paris, imp. de Belin, 1838, in-8 avec 2 pl. [4 fr.].

On doit en outre à M. Ch. Place : Nouvelle Chirurgie domestique, contenant, etc. [1839, in-32]; — Nouveau Traité des maladies des femmes et des enfants, de la diarrhée et de la dysenterie [1839, in-32]; — Essai sur la composition musicale : biographie et analyse phrénologique de Chérubini, avec notes et plan cranioscopique [1842, in-8]; — de l'Art dramatique au point de vue de la phrénologie : appréciation de M. Kemble, de Mmes Adélaïde et Fanny Kemble, tragédiens anglais, sur les bustes de M. Dantan jeune [1843, in-8]; — Réforme sociale. Projet de caisse de retraite pour les travailleurs des deux sexes des villes et des campagnes, par une concession du capital au travail, sur l'autorité et la garantie de l'État [1849, in-18].

M. Ch. Place a travaillé à « la Phrénologie. Journal des applications de la physiologie sociale par l'observation exacte » [1837, in-4].

PLACE. — Avec M. *Foucard* : Livre de l'arpenteur-géomètre, guide pratique de l'arpentage et du lever des plans. Suivi de l'Hygiène de l'arpenteur, par M. *A. Saint-Macary*. Paris, Pagnerre, 1838, in-18 avec 3 pl. [2 fr.].

PLAGNAT [J.], de Scélestat (B.-Rhin). —Aux cultivateurs français. Des moyens d'améliorer les terres, et des diverses espèces d'engrais. Strasbourg, imp. de Mme veuve Berger-Levrault, 1845, in-12 de 96 pag.

PLAGNIOL [Mme].

1. — L'Intérieur d'une famille chrétienne. Paris, Gaume frères, 1837, 2 vol. in-18 [1 fr. 60 c.].

Cet ouvrage et ceux dont les titres suivent ont été publiés sous le nom de Mme de *Sainte-Marie.*

2. — Ketty Leinster, ou l'Oubli de soi-même. Paris, Lagny frères, 1838, 2 vol. in-18 [2 fr.].

3. — Répertoire des maîtresses, ou Drames pour les jeunes personnes. Paris, 1850, in-12.

Ce volume renferme les pièces suivantes : le Château de Beaumont; — une Chaumière dans les Alpes; — la Fête d'une mère; — la Correction mutuelle; — un Jour des prix.

On doit encore à Mme Plagniol : Christine, ou la Religion pendant le malheur [1835, in-18]; — Rose et Lucie, ou Candeur et duplicité [1836, et IIe édition, 1842, in-18]; — Pauline, ou Courage et prudence [1837, et IIe édition, 1843, in-18]; — Espérances trompées [1837, in-18]; — Ursule de Montbrun, ou Dieu et ma mère [1837, in-18]; — Gustave et Lucien, ou l'Empire sur soi-même [1838, in-18]; — la Tendresse maternelle [1838, in-18]; — Instruction et éducation [1839, in-18]; — Olympe et Adèle, ou Humilité et orgueil [IIe édit.— 1839, in-18];—Drames et conversations [1839, in-18]; —la Famille de Kendal, ou le Nom sans héritier [1840, in-18]; — Mademoiselle de Monteymart et Caliste Durvois, ou l'Amitié chrétienne [1840, in-18] ; — Drames [1840, in-18]; — les Deux Orphelins, ou Marie pour mère [1840, in-18];—Urbain et Paula [1841, in-18].

PLAISANT [T.], chef de l'atelier d'ajustage à l'École des arts et métiers d'Angers.

1. — Instruction sur la machine à aléser, donnant les moyens de faire varier les vitesses de l'outil, de monter un cylindre pour l'aléser, et donnant la force du moteur qui doit la faire tour-

ner, etc. Angers, imp. de Launay-Gagnot; Paris, Mathias, 1841, in-12 fig. [1 fr. 25 c.].

2. — Instruction sur la machine à diviser et à tailler, donnant les moyens de se servir de la machine, de tailler les différentes roues dentées qui se présentent dans les constructions ; de tailler un compteur d'horloge et de trouver la courbure des dents, etc. ; avec divers problèmes appliqués sur les roues dentées. Angers, imp. de Launay-Gagnot ; Paris, Mathias, 1842, in-12 avec pl. [2 fr. 25 c.].

3. — Instruction sur la machine à fileter, donnant les moyens de se servir de la machine, de calculer les vitesses pour obtenir les roues qui déterminent le pas de vis qu'on nous présente dans les différentes constructions, etc. Angers, imp. de Launay-Gagnot ; Paris, Mathias, 1843, in-12 [2 fr. 25 c.].

4. — Théorie pratique sur les tiroirs des machines à vapeur, donnant les moyens de déterminer, d'après les orifices, les principales dimensions des tiroirs, savoir : tiroirs sans détente, à détente fixe mus par un excentrique circulaire, à détente fixe et variable, mis en mouvement par un excentrique formé de courbes circulaires et paraboliques, etc. Angers, imp. de Launay-Gagnot ; Paris, Mathias, 1843 in-8 [5 fr.].

5. — Notes sur la mécanique, suivies de quelques applications à l'usage des écoles nationales d'arts et métiers. Angers, Barassé; Paris, Mathias, 1849, in-8 avec 4 pl. [5 fr.].

PLANA [Jean], professeur d'astronomie à l'Université de Turin. [Voy. la *France littér.*, t. VII, p. 198.] — Mémoire sur la chaleur des gaz permanents. Turin, 1842, in-4.

PLANARD [François-Antoine-Eugène de], auteur dramatique; né le 4 février 1783 à Milhau (Aveyron), mort à Paris le 13 novembre 1853. [Voy. la *France littér.*, t. VII, p. 198.]

1. — Marie ; opéra-comique en trois actes, musique de Hérold. Paris, Barba, Delloye, Bezou, 1837, in-8 de 20 pag.
La première édition est de 1826.

2. — Avec M. *Scribe* : la Prison d'Édimbourg ; opéra-comique en trois actes. Paris, Barba, Delloye, Bezou 1837, in-8 de 24 pag.
La première édition est de 1833.

3. — Le Pré aux Clercs, opéra-comique en trois actes. Paris, Barba, Bezou. Pollet, 1836, in-8 de 22 pag.
La première édition est de 1833.

4. — Avec M. *Léopold de P**** [*Planard*] : M. Bonhomme, ou la Léthargie, vaudeville en un acte. Paris, Barba, 1836, in-8 [2 fr.].

5. — Avec M. *H. Saint-Georges* : l'Éclair ; opéra-comique en trois actes. Paris, Barba, 1836, in-8 de 68 pag. ; Lyon, Bertaud, 1836, in-8 de 24 pag. ; Paris, Barba, Delloye, Bezou, 1839, in-8 de 20 pag.

6. — La Double Échelle ; opéra-comique en un acte. Paris, Marchant, 1837, in-8 [2 fr.]. — Autre édit. Paris, imp. de Dondey-Dupré, 1837, in-8 de 12 pag.

7. — Avec M. *Saint-Georges* : Guise, ou les États de Blois ; drame lyrique en trois actes. Paris, Barba, 1837, in-8 de 88 pag.

8. — Mina, ou le Ménage à trois ; opéra-comique en trois actes. Paris, imp. de Proux, 1843, in-8 de 64 pag. et in-8 de 28 pag.

9. — Les Deux Bergères ; opéra-comique en un acte. Paris, Bréauté, 1843, in-8 de 24 pag.

10. — Les Deux Gentilshommes, opéra-comique en un acte. Paris, Tresse, 1844, in-8 de 12 pag. [40 c.].

11. — La Cachette ; opéra-comique en trois actes. Paris, imp. de Claye, 1847, in-8 de 60 pag. [1 fr.].

Citons encore, en collaboration avec M. DUPORT : le Perruquier de la régence ; — avec M. GOUBAUX : la Mantille ; — avec MM. LANGE et THÉAULON : les Marais Pontins ; — avec M. LEUVEN : Thérèse ; le Bouquet de l'infante ; le Caquet du couvent, etc. Voy. ces noms.

PLANARD [Léopold de], frère du précédent. — Avec M. *F.-A.-E. Planard* : M. Bonhomme, ou la Léthargie (1836, in-8). Voy. l'article ci-dessus.

PLANAT [J.-P.], de Toulouse. [Voy. la *France littér.*, t. VII, p. 200.] — Don Sanche, comédie-héroïque (en vers) de *P. Corneille*, mise en trois actes. Paris, Moessard, 1833, in-8.

Sous le pseudonyme : MÉGALBE. — Une

deuxième édition, publiée en 1844 sous le titre : *Don Sanche d'Aragon*, porte le véritable nom de l'auteur.

PLANAT DE LA FAYE, chef d'escadron, ancien officier d'ordonnance de Napoléon Bonaparte.

1. — De la Nécessité d'abandonner Alger. Adressé aux deux Chambres législatives. Paris, imp. de Dezauche, 1836, in-4 de 20 pag.

2. — Supplément aux motifs pour l'abandon d'Alger. Ce que c'est que la colonisation. Adressé aux deux Chambres législatives. Paris, imp. de Dezauche, 1836, in-4 de 24 pag.

Citons encore : Mémoire présenté au roi [Note des services et réclamation. — 1839, in-8]; — des Encouragements à donner par l'État aux entreprises de chemins de fer, adressé aux Chambres législatives [1840, in-8].

PLANCHE [Joseph], professeur de rhétorique au collége Bourbon, conservateur honoraire de la bibliothèque de la Sorbonne ; mort à Paris le 21 mars 1853. [Voy. la *France littér.*, t. VII, p. 200.]

1. — Dictionnaire grec-français, composé sur le Thesaurus linguæ græcæ de Henri Estienne ; par J. Planche. Nouvelle édition, sur un plan entièrement nouveau, augmenté de plus de 15,000 articles d'après les travaux de la critique moderne, et formant un Dictionnaire complet de la langue grecque, par *L.-A. Vendel-Heyl* et *Alexandre Pillon*. Paris, le Normant, 1837, 1843, in-8 [14 fr.].

La première édition est de 1817.

2. — Avec MM. *Alexandre* et *Defauconpret* : Dictionnaire français-grec, composé sur le plan des meilleurs dictionnaires français-latins, etc. Nouvelle édit., entièrement refondue et considérablement augmentée. Paris, Hachette, 1846, in-8 [15 fr.].

La première édition est de 1824.

3. — Vocabulaire des latinismes de la langue française, ou des locutions françaises empruntées littéralement de la langue latine. Nouvelle édition. Paris, le Normant, 1839, in-8 [2 fr.].

La première édition est de 1822.

4. — La Politique de *Plutarque*, traduite du grec en français, avec des notes littéraires, historiques et politiques. Paris, le Normant, 1841, 2 vol. in-12 [6 fr.]

5. — Les Carlovingiennes, couplets chantés dans les banquets annuels de la Saint-Charlemagne, au collége royal de Bourbon. Paris, imp. de le Normant, 1847, in-8 de 56 pag.

Sous les initiales J. P. — Une Épître, adressée par l'auteur « à S. M. Louis-Philippe Ier, roi des Français, » est signée J. Planche.

— Dictionnaire du style poétique dans la langue grecque, avec la concordance des trois poésies, grecque, latine et française. Paris, F. Didot, 1849, in-4 [3 fr. 50 c.].

M. J. Planche a publié en outre, avec *analyses, notes* et *sommaires,* des éditions classiques de : saint BASILE LE GRAND, « Homélie adressée aux jeunes gens sur la manière de lire avec fruit les ouvrages des Grecs ; » — DÉMOSTHÈNE, « Discours pour la couronne ; Oratio de libertate Rhodiorum ; les trois Olynthiennes ; les Philippiques ; Pensées et recueil des plus beaux passages de Démosthène ; » — EURIPIDE, « Hécube ; Iphigénie en Aulide ; » — GRÉGOIRE DE NAZIANZE, « Choix de poésies et de lettres ; » — ISOCRATE, « Conseils à Démonique ; » — saint JEAN Chrysostome, « Homélie sur la disgrâce d'Eutrope ; » — LUCIEN, « Choix des dialogues des morts ; » — PLATON, « Apologie de Socrate ; » — PLUTARQUE, « Vie de Cicéron, suivie du parallèle de Cicéron et de Démosthène ; » — SOPHOCLE, « Électre ; Œdipe roi ; Philoctète ; » — THÉOCRITE, « Choix des Idylles ; » — XÉNOPHON, « Cyropédie. »

PLANCHE [Louis-Antoine], chimiste et pharmacien, membre de l'Académie de médecine, l'un des fondateurs de l'établissement des eaux minérales du Gros-Caillou ; né à Paris en 1776, mort le 7 mai 1841. [Voy. la *France littér.*, t. VII, p. 201.] — Recherches pour servir à l'histoire du sagou, et examen de la substance dite sagou de Cayenne, extraite du sagouier de Madagascar. Paris, Baillière, 1837, in-4 de 20 pag.

Extrait des « Mémoires de l'Acad. royale de médecine, » tome VI.

M. Planche a donné de nombreux travaux aux « Mémoires de la Société de pharmacie ; » à ceux « de l'Acad. roy. de médecine ; » au « Bulletin » et au « Journal de pharmacie, » dont il fut l'un des fondateurs ; aux « Annales de chimie. » Voici l'indication des plus importants : *Sur la solubilité des huiles fixes dans l'alcool et les éthers sulfuriques et acétiques ; — Sur la préparation du mercure doux, du carbonate d'ammoniaque, des eaux minérales acidules ; — Sur la racine de colombo ; sur les résines des convolvulus ; sur l'existence du soufre dans les végétaux ; — Sur les diverses sortes de sagou du commerce ; — Sur l'action réciproque de quelques sels ammoniacaux et du surchlorure de mercure,* etc.

PLANCHE [Jean-Baptiste-Gustave], fils de L.-A. Planche, critique; né à Paris le 16 février 1808. [Voy. la *France littér.*, t. VII, p. 201.]

1. — Portraits littéraires. Paris, Werdet, 1836, 2 vol. in-8 [15 fr.].

2. — Portraits littéraires. Paris, Charpentier, 1849, 2 vol. in-12 [7 fr.].

M. Gust. Planche a fait suivre d'une *Appréciation de Manon Lescaut* l' « Histoire de Manon Lescaut et du chevalier des Grieux, » par l'abbé Prévost; et a joint une *Notice* à « Adolphe, » par Benjamin Constant.

Il a donné, dans le « Livre des cent et un : » *la Journée d'un journaliste* [t. VI, p. 133].

Il a fourni à la « Revue des Deux-Mondes » un grand nombre d'articles de critique contemporaine, des portraits littéraires, des études sur les artistes et les beaux-arts, etc. Ces morceaux forment le fond des volumes de 1836 et de 1849.

M. Planche a travaillé à « l'Artiste; » à la « Revue littéraire; » au « Dictionnaire de la conversation et de la lecture, » etc.

PLANCHE [Jules], inspecteur d'académie.

1. — Cours élémentaire de cosmographie. Orléans, imp. de Coignet-Darnault; Paris, Hachette, 1839, in-12 avec 1 pl. [1 fr. 25 c.].

2. — Avec M. *Christian*: Cours de cosmographie. Orléans, imp. de Coignet-Darnault; Paris, Bachelier, Hachette, 1839, in-8 avec 1 pl. [2 fr. 50 c.].

La première édition, publiée en deux semestres, a paru en 1837-38 [in-8 avec pl.].

3. — Cahiers de géométrie élémentaire, pour servir de complément au Traité de Legendre. Orléans, imp. de Coignet-Darnault. 1840, 1er cahier in-8; 1841, 2e cahier in-8; Amiens, imp. de Duval; Paris, Bachelier, Hachette, 1842, 3e cahier in-8; 1844, 4e cahier in-8 [5 fr.].

On doit encore à M. J. Planche : Observations sur les propositions de géométrie en général et sur les problèmes en particulier [in-8]; — Notice sur les deux planètes découvertes en 1845 et en 1846, contenant un Aperçu du travail de M. Leverrier, pour la recherche de celle de 1846, devant servir de complément au Cours de cosmographie de MM. J. Planche et Christian [1847, in-8].

PLANCHER aîné, libraire à Aubenas.

— Le Réducteur des poids et mesures anciens et nouveaux, etc. Valence, imp. de Marc Aurel, 1840, in-12 de 68 pag.

PLANCY [le comte de], ancien préfet. [Voy. la *France littér.*, t. VII, p. 203.] — Notice sur la taille et la culture du melon. Paris, Huzard, 1837, gr. in-8 avec 6 pl. col. [2 fr.].

PLANCY [Collin de]. Voy. Collin de Plancy.

PLANQUETTE [J.].

1. — Science gouvernementale. Caen, Léonce Haulard; Paris, Bernard Neuhaus, 1840, in-8 de 48 pag.

2. — Système financier, ou Système social. — Système de la nature et système scientifique. Caen, impr. de Poisson; Paris, France-Thibaut, 1842, in-8 de 84 pag.

PLANSON-ROYNOT. — Nouveau Traité du solivage des bois en grume, au cinquième et au sixième déduit, et des bois carrés, contenant, etc. Bar-sur-Seine, imp. de Saillart, 1837, in-12 de 24 pag.

PLANTAMOUR [E.], professeur d'astronomie à l'Académie de Genève.

1. — Mémoire sur la comète Mauvais de l'année 1844. Genève, 1848, gr. in-4 de 71 pag.

Extrait des « Mémoires de la Société de physique et d'histoire naturelle de Genève » [t. XI].

2. — Observations astronomiques faites à l'Observatoire de Genève, dans l'année 1845. V^e série avec un supplément. Genève, 1848, gr. in-4 de x, 53 et 71 pag.

Le supplément est composé du *Mémoire sur la comète Mauvais*.

M. Plantamour a publié des articles dans les « Mémoires de la Société de physique et d'histoire naturelle de Genève, » et des *Notices* dans l'« Annuaire météorologique de France. »

PLANTAMOUR [Ph.].

M. Ph. Plantamour a traduit du suédois : « Rapport annuel sur les progrès de la chimie, » par Berzélius [Paris, Fortin, Masson et comp., 1841-50, 9 années, in-8].

PLANTIER [l'abbé], professeur à la Faculté de théologie de Lyon, chanoine honoraire de Paris et de Belley.

1. — Études littéraires sur les poëtes bibliques. Lyon et Paris, Périsse, 1842, in-8 [6 fr.].

2. — Conférences données à Notre-Dame de Paris. Paris, Lecoffre, 1849, in-8 [5 fr.].

Carême de 1847. Des erreurs actuelles sur la religion. — Avent de 1847. De l'Église comme autorité doctrinale.

PLANTIER [J.-H.]. — Nouvelle Sténographie universelle en dix leçons, sans maître. V^e édition. Paris, Billardel, 1846, in-plano.

Les éditions précédentes portent pour titre : *Sténographie universelle, la seule classique, en dix leçons*) et *sans maître, applicable à toutes les langues* [in-8]; — *Nouvelle Sténographie universelle, mise à la portée de l'enfant sachant seulement lire et écrire* [1844, in-fol.].

PLASMAN [L.-C.], vice-président du tribunal de première instance d'Orléans. [Voy. la *France littér.*, t. VII, pag. 205.]

1. — Du Danger de la publication des débats des séances des conseils municipaux. Orléans, imp. de Jacob, 1838, in-8 de 24 pag.

2. — Des Contre-Lettres considérées : 1° dans leurs rapports avec les obligations en général ; 2° avec les lois fiscales encore en vigueur sur cette matière ; 3° avec les règles du contrat de mariage. IIe édit. Orléans, imp. de Jacob, 1839, in-8 [5 fr.].

3. — De l'Honneur dans la monarchie constitutionnelle. Orléans, Gatineau, Pesty, 1842, in-8 de 164 pag.

4. — Code et traité des absents. Orléans, imp. de Jacob; Paris, Delamotte, 1842, 2 vol. in-8 [12 fr.].

Voyez, sur cet ouvrage, le « Bulletin du jurisconsulte » [n° 3, mars 1842, p. 87].

PLASSAN [J.-R.]. — Mémoire à M. le comte de Montalivet, ministre de l'intérieur, sur l'imprimerie et sur la librairie, sur leur état actuel, et sur les moyens à employer pour les replacer au rang qu'elles doivent occuper. Paris, imp. de Terzuolo, 1839, in-4 de 20 pag.

Réimprimé dans la même année.

PLATEAU [Antoine-Ferdinand-Joseph], professeur de physique à l'Université de Gand, membre de l'Académie royale de Belgique, né à Bruxelles le 14 octobre 1801.

1. — Dissertation sur quelques propriétés des impressions produites par la lumière sur l'organe de la vue. Liége, Dessain, 1829, in-4 de 32 pag.

2. — Essai d'une théorie générale comprenant l'ensemble des apparences visuelles qui succèdent à la contemplation des objets colorés, et de celles qui accompagnent cette contemplation : c'est-à-dire la persistance des impressions de la rétine, les couleurs accidentelles, l'irradiation, les effets de la juxtaposition des couleurs, les ombres colorées, etc. Bruxelles, Hayez, 1834, in-4.

Extrait des « Mémoires de l'Académie des sciences et belles-lettres de Bruxelles. »

On doit encore à M. Plateau, dans les « Mémoires de l'Académie royale de Bruxelles : » *Mémoire sur l'irradiation* [t. XI, in-4] ; — *Mémoire sur les phénomènes que présente une masse liquide, libre et soustraite à l'action de la pesanteur* [t. XVI] ; — *Analyse des eaux minérales de Spa, faites sur les lieux pendant l'été 1830* [t. XVII] ; — dans le « Bulletin de l'Académie de Bruxelles : » *Sur un phénomène de vision* [6 décembre 1834]. — Reproduit dans l'« Institut, » numéro du 24 décembre 1834] ; — *Sur un principe de photométrie* [7 février 1835] ; — *Sur un phénomène particulier qui se produit dans les yeux de l'auteur* [7 mars 1835, et dans l' « Institut, » numéro du 29 avril 1835] ; — *Sur l'anorthoscope* [9 janvier 1836] ; — Dans la « Correspondance mathématique et physique, » de M. QUÉTELET : *Sur les sensations produites dans l'œil par les différentes couleurs* [1828, t. IV] ; — *Sur les apparences que présentent deux lignes qui tournent autour d'un point avec un mouvement angulaire uniforme* [t. IV] ; — *de l'Action qu'exerce sur une aiguille aimantée, un barreau aimanté tournant dans un plan parallèlement au-dessous de l'aiguille* [1830, t. VI] ; — *Lettre au rédacteur, relative à différentes expériences d'optique* [t. VI] ; — *Sur un nouveau genre d'illusions d'optique* [1833, t. VI] ; — *Sur un phénomène de couleurs accidentelles* [1834, t. VIII] ; — dans les « Annales de physique et de chimie, » de MM. GAY-LUSSAC et ARAGO : *Lettre adressée à MM. les rédacteurs des Annales de physique et de chimie, sur une illusion d'optique* [nov. 1831] ; — *des Illusions d'optique sur lesquelles se fonde le petit appareil appelé récemment phénakisticope* [juillet 1833] ; — *Sur le phénomène des couleurs accidentelles* [août 1833].

Deux Mémoires de M. Plateau sur la persistance de la rétine et sur les couleurs accidentelles ont été insérés dans le supplément ajouté par M. Quételet à la traduction du « Traité de la lumière, » par sir John HERSCHELL [1833, 3 vol, in-8].

PLATER [le comte Wladislas], mort le 9 mai 1851. [Voy. la *France litt.*, t. VII, p. 205.] — La Grande semaine des Polonais, par *C.-A. Hoffmann*, trad. du polonais en français, par *un Polonais*. Paris, impr. de Dentu, 1831, in-8 de 52 pag.

M. W. Plater est l'auteur d'un ouvrage intitulé : *les Polonais au tribunal de l'Europe*. Il y justifie ses compatriotes des reproches faits à leur insurrection contre la Russie, et il répond aux objections des publicistes allemands, qui présentent les paysans comme étrangers au mouvement national.

PLATON, philosophe grec ; né dans l'île d'Égine l'an 430 avant J.-C., mort l'an 347. [Voy. la *France littér.*, t. VII, pag. 205.]

1. — Œuvres complètes de Platon, traduites du grec en français, accompagnées d'arguments philosophiques et de notes historiques et philologiques,

par *Vict. Cousin.* Paris, Bossange frères, Rey et Gravier, J.-P.-J. Rey, 1825-40, 13 vol. in-8.

Voy., sur ce livre, la « Bibliothèque universelle de Genève, » t. XXIV; un article de M. Jules SIMON dans la « Revue des Deux-Mondes, » n° du 15 décembre 1840; et la « Revue de bibliographie analytique » [1840, p. 418].

— OEuvres de Platon. Nouvelle édition, accompagnée de notes, d'arguments et de tables analytiques; précédées d'une Esquisse de la philosophie de Platon, par M. *Schwalbé*, et d'une Introduction à la République, par M. *Aimé Martin.* Batignolles, imp. d'Hennuyer, 1845, 2 vol. gr. in-8.

Panthéon littéraire.

— Platonis opera ex recensione C. E. Ch. *Schneideri.* Græce et latine, cum scholiis et indicibus. Paris, imp. de F. Didot, 1846, in-8.

Première partie du tome II; la deuxième partie est sous presse. — Le tome Ier n'a pas encore paru.

2. — Gorgias, dialogue de Platon; traduit du grec et commenté par *Fr. Thurot.* Paris, F. Didot, Hachette, 1834, 1839, in-8.

3. — Le Parménide, dialogue de Platon, traduit et expliqué par *J.-A. Schwalbé.* Paris, Brockhaus et Avenarius, 1841, in-8 [7 fr. 50 c.].

4. — L'État, ou la République de Platon. Traduction de *Grou*, revue et corrigée sur le texte grec d'Emm. Bekker. Paris, Lefèvre, Charpentier, 1840, 1842, in-12 [3 fr. 50 c.].

5. — Les Lois de Platon, traduction de *Grou*, revue et corrigée sur le texte grec d'Emm. Bekker. Paris, Lefèvre, Garnier frères, 1842, in-12 [3 fr. 50 c.].

6. — Dialogues biographiques et moraux, traduits et précédés d'une Esquisse sur la philosophie de Platon, par M. *Schwalbé.* Paris, Lefèvre, Charpentier, 1841, 1842, 1846, 2 vol. in-12 [7 fr.].

De nombreuses éditions, *ad usum scholarum*, ont été faites dans ces dernières années. Nous mentionnerons seulement celles de : *le Premier Alcibiade, ou Sur la nature de l'homme, le Second Alcibiade, ou de la Prière; Apologie de Socrate; Criton, ou Devoirs du citoyen; Euthyphron; Gorgias; Ménexène, ou l'Oraison funèbre; Hippias Ier, ou Sur le beau; Phédon, sur l'immortalité de l'âme;* qui ont été annotées par MM. C. LEPRÉVOST, Fl. LÉCLUSE, E. LEFRANC, J.-B. FONTAINE, L. de SINNER, MESNARD, MABLIN, VALTON, VENDEL-HEYL, PLANCHE, MATERNE, REGNIER, MOTTET, DRUON, GENOUILLE, SOMMER, etc., et qui ont eu pour éditeurs MM. Hachette, Delalain, Périsse, Dezobry, E. Magdeleine, Belin-Mandar, Maire-Nyon, etc.

PLATON - POLICHINELLE. Voy. l'abbé MARTINET.

PLATT, de Concarneau. — Dictionnaire critique et raisonné du langage vicieux ou réputé vicieux, ouvrage pouvant servir de complément au Dictionnaire des difficultés de la langue française, par *Lavaux.* Paris, A. André, 1835, in-8 de xij et 464 pag. [6 fr.].

PLATTNER [C.-J.]. — Tableaux des caractères que présentent au chalumeau les alcalis, les terres et les oxydes métalliques, soit seuls, soit avec des réactifs, extraits du Traité des essais au chalumeau, et trad. de l'allemand, par *A. Sobrero.* Paris, 1843, 4 tableaux in-fol., brochés in-4 [2 fr.].

PLAUT. — Tables de comparaison des anciens poids et mesures avec les nouveaux, et des nouveaux avec les anciens; précédées d'un extrait des lois constitutives du nouveau système des mesures, etc.; pour accompagner le tableau intitulé : Nomenclature méthodique des mesures déduites de la terre. Paris, Levasseur, 1835, in-12 de 48 p. [1 fr. 25 c.].

PLAUTE [Marcus-Accius Plautus], poëte comique latin; né à Sarsine (Ombrie), vers 227 ou 224, mort l'an 184 avant l'ère chrétienne. [Voy. la *France littér.*, t. VII, pag. 208.] — Théâtre de Plaute. Traduction nouvelle accompagnée de notes, par *J. Naudet.* Paris, Panckoucke, 1831-33, 9 vol. in-8 [56 f.].

Voy. un Compte rendu dans le « Journal des Débats, » du 20 juin 1831 et du 11 décembre 1833. M. DAUNOU a rendu compte des deux premiers volumes dans le « Journal des savants, » oct. et nov. 1833.

—Théâtre complet des Latins, comprenant Plaute, *Térence* et *Sénèque* le Tragique, avec la traduction en français. Publié sous la direction de M. Nisard. Paris, Dubochet, 1844, gr. in-18 [15 f.].

L'Amphitryon, l'*Asinaire*, *les Captifs*, *le Câble*, sont traduits par ANDRIEUX; *l'Aululaire*, *Casina*, *les Bacchis*, *la Corbeille*, *le Curculion*, *Epidicus*, *le Militaire fanfaron*, *les Trois Écus*, *le Rustre*, *le Revenant*, *Stychus*, *le Persan*, *le Petit Carthaginois*, *Pseudolus*, *le Marchand*, *les Ménechmes*, *les Fragments*, sont traduits par M. FRANÇOIS.

— Théâtre de Plaute. Traduction nouvelle accompagnée de notes, par *J. Naudet*. IIe édition. Paris, Lefèvre, Garnier frères, 1845, 4 vol. in-18.

M. Naudet a inséré dans la « Revue française » (t. IX, p. 288) un article intitulé: *Plaute considéré comme historien des mœurs et des usages du peuple romain;* et dans le « Journal des savants » (1838), des articles sur la classification chronologique des comédies de Plaute, sujet déjà traité par deux philologues allemands, MM. Petersen et Windischmann.

PLAZANET [le baron A.-J.-B. de], colonel du génie. [Voy. la *France littér.*, t. VII, p. 210.] — Manuel du sapeur-pompier pour les villes et les campagnes. Paris, Dumaine, 1842, 1845, et VIe éd., 1848, in-8 avec 4 pl. [1 fr. 50 c.].

Citons encore : Mémoire sur les effets de la force expansive de la poudre dans les mines et dans les armes à feu [brochure in-8 avec pl.].

PLÉ, avocat. — Compagnie Riant. Chemin de fer de Paris à Rouen, au Havre et à Dieppe, par la vallée de la Seine. 5e partie. Priorité des études. Paris, imp. de Moreau, 1837, in-4 de 16 pag.

PLECHÉEF [de], instituteur. — Ma Rapsodie, ou Poésies fugitives. Aux loisirs, aux soins et dépens de l'auteur. 1807, in-8, et IIe édit., 1818, in-8 de 104 pag. plus la table.

Anonyme.

PLÉE [Léon].

1. — Avec MM. *L. Gaudeau, A. Péan* et *H.-G. Cler* : Glossaire français-polyglotte (1845 et ann. suiv., in-4). Voy. GAUDEAU.

2. — Avec M. *F.-G. Heck* : Atlas des familles. La France géographique, industrielle et historique, etc. (1838, in-4, et 1842, pet. in-fol.) Voy. HECK.

3. — Commentaire sur l'Atlas de l'empire ottoman, ou Résumé général de l'histoire et de la géographie physique, politique, statistique et topographique de l'empire ottoman et des provinces turques. Paris, Dufour, 1844, in-fol. [36 fr.].

Texte pour les cartes qui forment l'atlas de l' « Histoire de l'empire ottoman, » par M. de HAMMER.

4. — Le Passé d'un grand peuple, histoire complète de la Pologne, depuis son origine jusqu'au vote du 3 février 1847 ; examen des reproches adressés aux Polonais ; situation respective des puissances européennes depuis le partage définitif ; avenir de la Pologne. Paris, Hermitte, 1847, in-18 [1 f. 50 c.].

5. — Lettre à l'Académie française et à MM. les ministres compétents, sur la situation littéraire et les moyens de l'améliorer ; précédée d'un Avertissement, par le gérant de la Société des auteurs unis [M. *A. Hermitte*]. Sceaux, imp. de Depée, 1848, in-8 de 32 pages [60 c.].

M. Plée a été le rédacteur de « le Bon Conseil, » journal publié après février 1848, et dont quelques numéros seulement ont paru. Il est le secrétaire de la rédaction du journal « le Siècle, » auquel il donne de nombreux articles.

PLÉE [F.]. — Types de chaque famille et des principaux genres de plantes croissant spontanément en France, exposition détaillée et complète de leurs caractères, et de l'embryologie. Paris, imp. de Rignoux, 1844 et ann. suiv., in-4, fig. col.

Dix-huit livraisons sont en vente.

PLENCK [Jean-Jacques], médecin autrichien ; mort en 1807. [Voy. la *France littér.*, t. VII, p. 210.] — Éléments de l'art des accouchements. Lyon, 1789, in-8 [3 fr. 50 c.].

PLESCHTJEIEF [Serge de], officier russe, capitaine de marine et chevalier de l'ordre de Saint-Georges. — Tableau abrégé de l'empire de Russie d'après son état actuel. Traduit d'après les premières éditions, y ajouté (*sic*) les changements survenus du depuis (*sic*), selon la dernière édition de l'année 1793; par M. *B. T.* pour l'usage de ses élèves. Moscou, de l'imp. de l'Université, 1776, in-8.

On a publié une nouvelle édition et « ajouté les changements survenus depuis, » selon la dernière édition de l'année 1797 [Moscou, in-8].

PLIHON [G.], professeur de langue anglaise au collége de Nantes, membre de la Société académique de cette ville. [Voy. la *France littér.*, t. VII, p. 211.]

1 — Nouvelle Grammaire anglaise, raisonnée et méthodique. IIIe édition, revue, etc. Nantes, Suireau, 1843, in-18.

2. — Select english extracts in prose and verse. IIe édition. Nantes, Suireau, 1843, in-12.

Le faux-titre porte : *Cours de langue anglaise, second volume. Cours de versions.*

PLINE [Caius Plinius Secundus], dit Pline l'Ancien ou le naturaliste ; né à Vérone l'an 23, mort l'an 79 après J.-C. [Voy. la *France litt.*, t. VII, pag. 211.]

1. — Historiæ naturalis l. CXXXVII. Paris, Panckoucke, 1836-38, 9 vol. in-8 avec un index historique et géographique.

Fait partie de la « Nova scriptorum latinorum bibliotheca, » colligente J.-P. Charpentier.
L'*Histoire naturelle*, de Pline, a été traduite en français par M. LITTRÉ, dans la « Collection Dubochet, » publ. sous la direction de M. Nisard [1848, gr. in-8].

2. — Histoire des animaux, traduite en français par *Guéroult.* Paris, Lefèvre, Garnier frères, 1845, in-18 [3 fr. 50 c.].

Le texte latin est au bas des pages.

3. — Morceaux extraits de Pline, traduits en français par *Guéroult.* Édition augmentée de sommaires, de notes nouvelles et d'une table des matières. Paris, Lefèvre, Garnier frères, 1845, in-18.

Le texte latin est au bas des pages.

PLINE [Caius Plinius Cæcilius Secundus], dit Pline le Jeune ; né à Côme l'an 61, mort en 115 après J.-C. [Voy. la *France littér.*, t. VII, p. 213.]

1. — Quintilien et Pline le Jeune. OEuvres complètes, avec la traduction en français. Paris, Dubochet, 1842, gr. in-18 [15 fr.].

Collection des auteurs latins, publiée sous la direction de M. Nisard.
Les écrits de Quintilien sont traduits par M. L. BAUDET; les Lettres de Pline, par M. de SACY; le Panégyrique de Trajan, par M. BURNOUF.

2. — C. Plinii Cæcilii Secundi consulis Panegyricus, Nervæ Trajano Augusto dictus : accedunt selectæ ejusdem scriptoris epistolæ, curante *V. Betolaud.* Nova editio. Paris, Hachette, 1841, 1845, in-12 [1 fr. 25 c.].

3. — Choix des Lettres de Pline le Jeune, trad. par M. de *Sacy.* Limoges, Barbou frères, 1844, in-8 [3 fr.].

Sans le texte.

4. — Selectæ C. Plinii Cæcilii Secundi Epistolæ, ad usum scholarum, cum notis, curante *J. Leroy.* Paris, Mme veuve Maire-Nyon, 1847, in-12.

— C. Plinii Secundi Epistolæ selectæ. Édit. nouvelle, collationnée sur les meilleurs textes, et accompagnée de sommaires, de notes, etc., par M. *Demogeot.* Paris, Dezobry, E. Madeleine et comp., 1847, in-12.

— Nouveau Choix des Lettres de Pline le Jeune, collationné sur les meilleurs textes, précédé d'une Notice biographique et de jugements littéraires, et accompagné de sommaires et de notes philologiques et historiques, par *J.-R.-T. Cabaret-Dupaty.* Paris, Delalain, 1847, in-12 [1 fr. 50 c.].

Un assez grand nombre d'éditions *classiques* du *Panégyrique de Trajan*, avec avant-propos, préfaces et notes, ont été publiées dans ces dernières années. Les principaux annotateurs sont MM. H. Ch. [CHEVALLIER], LEFRANC, DUBNER, MEYER, etc.; et les éditeurs, MM. Delalain, Périsse, Maire-Nyon, etc.

PLO Y CAMIN [D. Antonio]. — El Arquitecto practico, civil, militar, y agrimensor. Cuarta impresion. Paris, imp. de Pillet aîné, 1838, in-12.

PLONNIES [Marie de]. — Légendes et traditions de la Belgique, traduites librement du texte allemand, par *Louis Piré.* Cologne, Eisen, 1848, gr. in-16 avec une grav.

PLOOS-VAN-AMSTEL [C.]. Voy. JOSI.

PLOTHO [Charles de], colonel prussien.

1. — Relation prussienne de la bataille de Leipzig .(16, 17, 18 et 19 octobre 1813), traduite de l'allemand par *P. Himly* ; suivie de la relation autrichienne de Lindenau, du combat de Hanau, et accompagnée de notes d'un officier général français, témoin oculaire. Paris, Corréard, 1840, in-8 [6 fr.].

2. — Capitulation de Dantzig, traduite par *P. Himly*, avec observations critiques par le général baron de *Richemont*. Paris, Corréard, 1841, in-8 [2 fr. 75 c.].

PLOUGOULM [Pierre - Ambroise], avocat, ancien procureur général près les cours royales d'Amiens et de Toulouse ; né à Rouen en 1796. [Voy. la *France littér.*, t. VII, p. 216.]. — Événements de Toulouse. Explications de M. Plougoulm. Paris, imp. de Guyot, 1841, in-8 de 40 pag.

M. Plougoulm a traduit de Cicéron : « de la Vieillesse, et de l'Amitié » [1841, in-12].

PLOUVAIN [Pierre-Antoine-Samuel-Joseph], avocat, conseiller à la gouvernance de Douay, juge au tribunal du district de Douay, conseiller à la Cour impériale en 1811 ; né à Douay le 7 septembre 1754, mort le 29 novembre 1832 [Voy. la *Galerie douaisienne* de Dutilhœul, p. 310, et les *Archives du Nord*, 1re série, article de M. Tailliar.].

1. — Avec M. *Six* : Recueil des édits et déclarations, lettres patentes et enregistrées, etc., du parlement de Flandre. Douay, J.-P. Derbaix, 1785 à 1790, 11 vol. in-4.

Le XIIe vol. imprimé fut détruit par les ordres de la Société populaire, en 1792.

2. — Notes historiques sur les offices et les officiers du parlement de Douay. Douay, Deregnaucourt, 1809, in-4.

3. — Notes historiques relatives aux offices et aux officiers de la gouvernance du souverain bailliage de Douay à Orchies. Lille, Marlière, 1810, in-4.

4. — Faits historiques relatifs à la ville de Douai. Douai, imp. de Deregnaucourt, 1810, in-12.

Une seconde édition, corrigée et augmentée de faits inédits, a paru sous ce titre : Éphémérides historiques de la ville de Douai, et biographie douaisienne [1828, in-12. — Anonyme].

5. — Notes historiques relatives aux offices du conseil d'Artois. Douay, Wagrez aîné, 1823, in-4.

6. — Notes ou essais sur les communes composant le ressort de la cour royale de Douay. Douay, Wagrez, 1824, in-12.

7. — Notices statistiques sur les hameaux dépendant des communes des départements du Nord et du Pas-de-Calais. Douay, Wagrez, 1824, in-12.

8. — Souvenirs à l'usage des habitants de Douai, ou Notes pour servir à l'histoire de cette ville jusque et incluse l'année 1821. Douai, Deregnaucourt, 1822, in-12.

Ouvrage anonyme publié en 8 livraisons.

Une continuation de ce travail *depuis le 1er janvier 1822 jusqu'au 30 novembre 1842* a été publiée en 1843 [Douai, imp. de Ceret-Carpentier, in-8].

Citons encore : Tableau général du département du Nord pour l'année 1791 [1791, in-16] ; — Almanach de la Société des Amis de la constitution, séante à Douai pour l'an IV de la liberté [1792, in-18] ; — Etat général du département du Nord, et spécialement de la ville de Douai, son chef-lieu pour 1793, l'an 1er de la République française [1793, in-18] : — Tableau des autorités constituées du département du Nord pour l'an V de la République française, 1796 à 1797 [1797, in-18] ; — Etat général du département du Pas-de-Calais pour l'an IX de la République [1801, in-12] ; — Calendrier de la ville de Douai [1802, in-24] ; — Almanach de la ville de Douai pour l'an 1807 [1807, in-18] ; — Annuaire statistique et historique de l'arrondissement de Douai pour l'an 1808 [1808, in-12] ; — Etrennes aux habitants de Douai pour les années 1809 et 1810 [1809-10, in-12] ; — Calendrier de la ville de Douai pour les années 1811, 1812, 1813, 1814 [1811-14, 4 v. in-12] ; — Calendrier de la cour royale et de la ville de Douai pour les années 1815 à 1832 [17 vol. in-12].

PLUCHE [l'abbé Noël-Antoine], naturaliste ; né en 1688, mort en 1761. [Voy. la *France littér.*, t. VII, p. 217.]
— Beautés du spectacle de la nature ; ouvrage mis au niveau des connaissances actuelles, par *L.-S. Jehan*. Tours, Mame, 1844, in-12 avec 4 gr. [1 fr. 25 c.].

PLUCHONNEAU aîné, de Rochefort. [Voy. la *France littér.*, t. VII, p. 218.]
1. — Voyage autour du monde, sur la corvette *la Salamandre*, raconté à la jeunesse, avec des illustrations par Guérin. In-12 [2 fr. 50 c.].

Citons encore : la Colonne Vendôme. Ode à Napoléon, dédiée à M. le comte Bertrand [1835, in-8] ; — Sainte-Hélène en 1840, ou Statistique raisonnée et historique de cette île depuis sa découverte jusqu'à nos jours [1840, in-8 avec 4 lith. et 1 carte] ; — Physiologie du franc-maçon [1841, in-32] ; — avec M. H. Maillard : Physiologie des nègres dans leur pays [1842, in-32] ; — Ferdinand-Philippe d'Orléans ; sa vie militaire, privée, anecdotique ; sa mort, son convoi funèbre. Dithyrambe [1842, in-8] ; — avec M. H. Maillard : Physiologie du marin [1843, in-18] ; — S. M. Louis-Philippe à Eu, poëme [1843, in-8] ; — Paris aujourd'hui, poëme historique des monuments érigés, achevés ou embellis de la capitale et de ses environs, pendant quatorze années du règne de S. M. Louis-Philippe Ier ; précédé d'une Lettre de M. Eugène Briffault [1844, in-8] ; — avec M. H. Maillard : A Messieurs les députés de France, les chiens reconnaissants [1846, in-8] ; — avec M. H. Maillard : les Parodistes à la Fontaine [1846, in-8] ; — avec M. H. Maillard : le Docteur noir ; parodie-blague en sept tableaux, racontée par un titi blanc aux mariniers de Bercy, à propos d'une chose jugée à la Porte-Saint-Martin [1846, in-8] ; — Deux Mariages de princes, épithalame à S. A. R. Mgr le duc de Montpensier [1846, in-8].

PLUCKET [Pierre-Édouard], de Dunkerque, ancien lieutenant de vaisseau, chevalier de la Légion d'honneur.
— Mémoires. Dunkerque, imp. de Vanderest ; Paris, Roret, 1844, in-18.

PLUMEREY, chef de cuisine de l'ambassade de Russie à Paris. — Art de la cuisine française au XIXe siècle, traité des entrées chaudes, des rôts en gras et en maigre, des entremets de légumes, entremets sucrés et autres, ou 6e, 7e et dernière partie de l'ouvrage de Carême. Paris, Dentu, Tresse, 1843-44, 2 vol. in-8 avec un portrait [16 fr.].

Des exemplaires portent pour titre : *le Principal de la cuisine de Paris, traité des entrées chaudes*, etc.

Cet ouvrage forme les tomes IV et V de « l'Art de la cuisine française au XIXe siècle, » par A. CARÊME [1833 et ann. suiv., 5 vol. in-8].

PLUQUET [l'abbé François-André-Adrien]; né à Bayeux le 14 juin 1716, mort à Paris le 18 septembre 1790. [Voy. la *France littér.*, t. VII, p. 219.]

— Dictionnaire des hérésies, des erreurs et des schismes, ou Mémoires pour servir à l'histoire des égarements de l'esprit humain par rapport à la religion chrétienne. Nouvelle édition, corrigée et augmentée de plusieurs articles, par *V. de Perrodil*. Paris, Royer, 1844, 2 vol. in-18 angl. [7 fr.].

— Dictionnaire des hérésies, des schismes, des auteurs et des livres jansénistes, des ouvrages mis à l'index, des propositions condamnées par l'Église, et des ouvrages condamnés par les tribunaux français, augmenté par M. l'abbé *Claris*. Paris, imp. de Vrayet de Surcy, 1847, t. Ier, gr. in-8.

PLUQUET [Frédéric], pharmacien, archéologue, président du tribunal de commerce de Caen; né à Bayeux le 19 septembre 1781, mort dans cette ville le 3 septembre 1834.]Voy. la *France littér.*, t. VII, p. 220.]

— Notice sur les établissements littéraires et scientifiques de la ville de Bayeux. Bayeux, Groult, 1834, in-8.

M. Fr. Pluquet a donné, dans l'« Annuaire du département de la Manche, » 2e et 3e années, 1830-31, p. 22-28, sous le titre de *Bibliographie du département de la Manche*, la liste des ouvrages publiés sur le département et sur les localités qui en font partie.

PLUTARQUE, biographe et moraliste grec; né à Chéronée, en Béotie, vers le milieu du Ier siècle de l'ère chrétienne, mort dans un âge avancé. [Voy. la *France littér.*, t. VII, p. 221.]

1. — Vies des hommes illustres de Plutarque, traduites du grec par *D. Ricard*; ornées de plans, bas-reliefs, cartes et portraits d'après l'antique. Paris, E. et F.-Aug. Dubois, 1827 et ann. suiv., 15 vol. gr. in-8, publiés en 28 parties [13,000 fr. environ].

Division de l'ouvrage :
TOME I, 1re *partie* : Vie de Plutarque; — 2e *partie* : Thésée, Romulus; — TOME II, 1re *partie* : Lycurgue, Numa; — 2e *partie* et TOME III, 1re *partie* : Solon, Publicola; — 2e *partie* : Thémistocle, Camille; — TOME IV, 1re *partie* : Périclès, Fabius Maximus; — 2e *partie* et TOME V, 1re *partie* : Alcibiade, Coriolan; — 2e *partie* : Paul Émile, Timoléon; — TOME VI, 1re *partie* : Pélopidas, Marcellus; — 2e *partie* : Aristide, Caton; — TOME VII, 1re *partie* : Philopœmen, Flaminius; —2e *partie* : Pyrrhus, Marius; — TOME VIII, 1re *partie* : Lysandre, Sylla; 2e *partie* : Cimon, Lucullus; — TOME IX, 1re *partie* : Alexandre; — 2e *partie* : César; — TOME X, 1re *partie* : Nicias, Crassus; — 2e *partie* : Sertorius, Eumène (Artaxercès); — TOME XI, 1re *partie* : Agésilas, Pompée; — 2e *partie* et TOME XII, 1re *partie* : Phocion, Caton d'Utique; — TOME XII, 2e *partie* : Démosthène, Cicéron; — TOME XIII, 1re *partie* : Agis et Cléomène, T. et C. Gracchus; — 2e *partie* : Dion, Brutus; — TOME XIV, 1re *partie* : Demetrius, Marc-Antoine; — 2e *partie* : Aratus; — TOME XV, 1re *partie* : Galba; — 2e *partie* : Othon. — *Table*.

— Les Vies des hommes illustres, traduites en français par *Ricard*. Paris, Lefèvre, 1835, F. Didot, 1839, 2 vol. gr. in-8 [20 fr.].

— Les Vies des hommes illustres, traduites en français par *Ricard*. Édit. demi-compacte, ornée de 20 portraits gravés sur acier, d'après l'antique. Paris, Lefèvre, Furne, 1838, 3 vol. in-8.

— Les Vies des hommes illustres, traduites en français, précédées de la Vie de Plutarque, par *Ricard*. Paris, Didier, Lefèvre, 1843, 2 vol. in-12 [7 fr.].

— Vies des hommes illustres, traduction nouvelle par *Alexis Pierron*; précédées d'une Notice sur Plutarque, par le traducteur, et suivies d'un index. Paris, Charpentier, 1843-45, 4 vol. in-12 [14 fr.].

— ΠΛΟΥΤΑΡΧΟΥ Βιοι. Plutarchi vitæ, secundum codices parisinos, recognovit *Theod. Doehner*. Paris, F. Didot frères, 1848, 2 vol. gr. in-8 [30 f.].

2. — Plutarchi Chæronensis scripta moralia. Græce et latine. Paris, Firmin Didot, Béthune et Duckett, 1839-42, 2 vol. gr. in-8 [30 f.].

La pagination continue au IIe volume.

— OEuvres morales, traduites du grec par *Ricard*. Nouvelle édition, re-

vue et corrigée. Paris, Didier, Lefèvre, 1844, 5 vol. in-12 [17 fr. 50 c.].
Édition publiée par les soins de M. Aimé MARTIN, avec table alphabétique.

— Traités de morale. Traduction de Ricard, revue et corrigée par M. *Alexis Pierron*. Paris, Charpentier, 1847, 2 v. in-12 [7 fr.].

— Nouveaux extraits des OEuvres morales de Plutarque, avec des notes philologiques et critiques, par Fl. *Lécluse*. Traduction de *Ricard*, revue par l'éditeur. Paris, J. Delalain, 1838, 1841, 1847, in-12.

— Beautés des OEuvres morales de Plutarque, ou Recueil de morceaux choisis, contenant les plus belles réflexions de ce philosophe. Paris, Belin-Leprieur, 1835, 2 vol. in-12 [6 fr.].

3. — La Politique, traduite du grec en français, avec des notes littéraires et politiques, par *J. Planche*. Paris, Mme veuve Lenormant, 1841, 2 vol. in-12 [6 fr.].

4. — Sur les Délais de la justice divine dans la punition des coupables. Ouvrage nouvellement traduit, avec des additions et des notes, par le comte *J. de Maistre*; suivi de la traduction du même traité, par *Amyot*, sous ce titre : Pourquoi la justice divine diffère la punition des maléfices. Lyon, Lesne; Paris, Poussielgue-Rusand, 1844, in-8 [1 fr. 50 c.]. — Aut. édit. Lyon, Pelagaud, 1839, 1845, in-8.

5. — Consolations de Plutarque à sa femme sur la mort de sa fille. Traduction d'Amyot. Paris, Delalain, 1846, in-12 [60 c.].

Quant aux nombreuses éditions *ad usum scholarum*, publiées dans ces dernières années, nous mentionnerons seulement le titre des ouvrages : de *l'Amitié fraternelle*; de *l'Éducation des enfants*; de *la Fortune d'Alexandre*; de *la Lecture des poëtes*; sur *la Manière d'écouter*; sur *les Moyens de connaître les progrès qu'on fait dans la vertu*; du *Trop parler*; *Vie d'Alexandre*; *Vie de César*; *Vie de Cicéron*; *Vie de Démosthène*; *Vie de Marius*; *Vie de Périclès*; *Vie de Pompée*; *Vie de Pyrrhus*; *Vie de Sertorius*; *Vie de Solon*; *Vie de Sylla*; *Vie de Thémistocle*; les noms des principaux annotateurs : MM. C. AUBERT, BÉTOLAUD, BELÈSE, DAROLLES, DELAISTRE, DELTOUR, DRUON, DUBNER, J. GEOFFROY, Ch. GALUSKI, GENOUILLE, GRATET-DUPLESSIS, GRÉGOIRE, HAMEL, Fl. LÉCLUSE, LEFRANC, LEGENTY, MARIE, MATERNE, MILLER, A. MOTTET, A. PILLON, L. PASSERAT, PLANCHE, REGNIER, SAUCIÉ, L. de SINNER, SOMMER, VENDEL-HEYL, etc.; et ceux des éditeurs, à *Paris*: MM. Boulet, Delalain, Dezobry, F. Didot, Hachette, Belin-Mandar, Lecoffre, Maire-Nyon; et à *Toulouse*, Delsol.

POCCI [le comte F.]. — Avec M. *J. de Hefner et autres* : Costumes du moyen âge chrétien (1840 et ann. suiv., in-4). Voy. HEFNER.

POCHET-DASSIN [Marcellin].
1. — Païda, ou la Rage en amour. Paris, Challamel, 1841, in-8 [7 fr.].
2. — Le Sauvage de la montagne. Paris, le comptoir des imprimeurs-unis, 1845, 2 vol. in-8 [15 fr.].
3. — Le Chasseur noir. Paris, le comptoir des imprimeurs-unis, 1845, in-8 [7 fr. 50 c.].
4. — Nahour. Paris, le comptoir des imprimeurs-unis, 1845, in-8 [7 f. 50 c.].

POCHINET. — Avec M. *J.-C. Mongin* : Annuaire ecclésiastique et historique du diocèse de Langres (1838-39, 2 vol. in-8). Voy. MONGIN.

PODCZASZYNSKI. — Avec MM. *Lelewel et autres* : Tableau de la Pologne ancienne et moderne (1830, 2 vol. in-8). Voy. LELEWEL.

PODESTA [S.]. — Cours théorique et pratique de langue italienne. Rouen, imp. de Mégard, 1837, in-8 [4 fr. 50 c.].

PODEVIN [C.]. — Chemins de fer du nord de la France, ligne de Paris à Londres. Examen des systèmes de tracé, l'un circulaire et l'autre intérieur. Nouvelle direction sur Calais et sur Boulogne. Paris, imp. de Proux, 1843, in-8 de 64 pag. avec une pl.

POELITZ.
M. Poelitz a publié les « Leçons de métaphysique, » de KANT [1843, in-8].

POETEVIN [Franc.-Louis]. [Voy. la *France littér.*, t. VII, p. 332.] — Dictionnaire suisse-français-allemand, etc. Bâle, 1754, 2 vol. in-4.

POEVILLIRIO [don], ex-bachelier de Salamanque, anagramme de *Olivier Poli*, Napolitain. [Voy. ce nom.]

POGGI [le chevalier G.]; né à Piozzano, dans le Plaisantin, le 20 août 1761, mort le 19 février 1842. — Frammenti d'un poema intitolato : *Della natura delle cose* ; opera postuma. Paris, imp. de Mme Delacombe, 1843, in-8.

POIGNANT [Adolphe].
1. — Caen en 1786, première chro-

nique normande, suivie de fragments d'un livre de fables. II⁰ édition. Paris, Debécourt, 1841, in-8 [5 fr.].

La première édition est de 1840, in-8.

2. — Le Rhin et les provinces rhénanes. Paris, Sagnier et Bray. 1845, in-8 [5 fr.].

POILLEUX [Antony].
1. — Le Duché de Valois pendant les XV⁰ et XVI⁰ siècles. Soissons, Mme Lamy, 1843, in-8 [7 fr. 50 c.]. — Paris, Dumoulin.

2. — Éléments de la grammaire latine, à l'usage des colléges, par Lhomond. Nouvelle édition entièrement revue et corrigée avec soin, augmentée d'un numéro d'ordre pour chaque règle, pouvant servir de questionnaire. Paris, A. Poilleux, 1847, in-12.

Sous le nom : *un professeur de l'Université*.

POILLON [Louis]. — Les Dernières Pensées d'un jeune malade. Lille, Lefort; Paris, Olivier Fulgence, 1842, in-8 [4 fr.].

POILROUX [Jacques-Barthélemy], docteur en médecine, membre de plusieurs sociétés savantes; né à Castellane en 1799. [Voy. la *France littér.*, t. VII, p. 233.] — Manuel de médecine légale criminelle, à l'usage des médecins et des magistrats chargés de poursuivre ou d'instruire les procédures criminelles. II⁰ édition. Paris, 1837, in-8 [7 fr.].

POINSOT [Louis], géomètre, membre de l'Académie des sciences, professeur à l'École polytechnique, inspecteur général des études; né à Paris le 3 janvier 1777. [Voy. la *France littér*, t. VII, p. 236.]

1. — Éléments de statique, adoptés pour l'instruction publique, suivis de quatre Mémoires : sur la composition des moments et des aires; sur le plan invariable du système du monde; sur la théorie générale de l'équilibre et du mouvement des systèmes, et sur une théorie nouvelle de la rotation des corps. IX⁰ édit., revue et augmentée. Paris, Bachelier, 1848, in-8 avec pl. [6 fr. 50 c.].

La première édition est de 1804.

2. — Réflexions sur les principes fondamentaux de la théorie des nombres. Paris, Bachelier, 1845, in-4 [8 fr.].

POINTE [J.-P.], professeur à l'école de médecine de Lyon. [Voy. la *France littér.*, t. VII, p. 237.]

1. — Histoire topographique et médicale du grand Hôtel-Dieu de Lyon, dans laquelle sont traitées la plupart des questions qui se rattachent à l'organisation des hôpitaux en général. Lyon, Savy; Paris, J.-B. Baillière, 1842, in-8 avec 3 pl. et un portr. [7 f. 50 c.].

2. — Loisirs médicaux et littéraires, recueil d'éloges historiques, relations médicales de voyages, annotations diverses, etc., documents pour servir à l'histoire de Lyon. Lyon, Savy jeune; Paris, J.-B. Baillière, 1844, in-8 avec un tableau [7 fr.].

3. — Hygiène des colléges, comprenant l'histoire médicale du collège royal de Lyon. Lyon, Savy; Paris, J.-B. Baillière, 1846, in-12 [4 fr. 50 c.].

Citons encore : Relation médicale d'un voyage de Lyon à Alger; — Fragment pour servir à l'histoire de Lyon pendant les événements du mois d'avril 1834 [1836, in-8]; — Éloge historique de Charles-Bernardin-Gabriel Maléchard, chef d'escadron d'artillerie [1838, in-8.— Le commandant Maléchard, né à Sainte-Foy-lès-Lyon le 24 octobre 1792, mort le 2 novembre 1837 à M'jez-Ammar, a laissé sur l'art militaire quelques manuscrits qui sont déposés à la bibliothèque de Lyon]; — Notice historique sur H.-J. Pointe, docteur en médecine [1839, in-8. — Honoré-Joseph Pointe, né à Grasse le 24 décembre 1738, mort le 29 septembre 1797]; — Notice sur Legendre-Hérald [1840, in-8. — M. Jean Legendre-Hérald est né à Montpellier le 3 janvier 1795]; — Notice sur l'hôpital de Guy à Londres, et sur l'hospice départemental d'aliénés d'Auxerre (Yonne) [1842, in-8]; — Notice biographique sur Jean-Baptiste Lanoix [1846, in-8]; — Traitement médical des douleurs produites par les calculs vésicaux efficacité des extraits combinés d'opium et de belladone dans ce traitement [1849, in-8. — Extrait de «l'Union médicale»].

M. J.-P. Pointe a publié en 1839 une *Monographie de la grippe*, et quelques articles dans la «Gazette médicale.»

POIRE, de Dunkerque. — Éloge historique de Jean Bart, suivi de Recherches sur la ville de Dunkerque. Paris, Arthus Bertrand, 1807, in-4 [2 fr.].

POIREL, ingénieur en chef des ponts et chaussées, chargé des travaux du port d'Alger. — Mémoire sur les travaux à la mer, comprenant l'historique des ouvrages exécutés au port d'Alger, et l'exposé complet et détaillé d'un système de fondation à la mer, au moyen de blocs de béton. Paris, Carilian-Gœury, 1841, in-4 avec un atlas in-4 de 4 pag. de texte et 18 pl. [20 f.].

Voy., sur cet ouvrage, un article de M. Saint-Marc GIRARDIN dans le « Journal des Débats, » du 18 juin 1842.

M. Poirel a travaillé aux « Annales des ponts et chaussées. »

POIREL [Jacq.-Franc.], avocat général à la cour de Nancy, membre du conseil général de la Meurthe. — De la Réforme des prisons et de la déportation. Paris, Hingray, 1846, in-8 de 72 pag.

Citons encore : Projet de réductions dans la magistrature (1833, in-8); — de l'Emploi de quelques moyens de colonisation à Alger (1836, in-8); — de l'Occupation et de la colonisation militaire, agricole et pénale d'Alger (1837, in-8); — de la Déportation et de la colonisation pénale de l'Algérie (1844, in-8).

POIROT [Achille]. Voy. BLOUET [Abel].

POIRRÉ, sous-chef au ministère de la marine.

— Avec M. *Bajot* : Annales maritimes et coloniales, recueil de lois et ordonnances royales, règlements et décisions ministérielles, mémoires, observations et notices particulières, contenant tout ce qui peut intéresser la marine et les colonies sous les rapports militaires, administratifs, judiciaires, nautiques, consulaires et commerciaux; publié avec l'approbation du ministre de la marine et des colonies. Paris, F. Didot, Bachelier, 1846-47, trois séries composées de 104 vol. in-8.

La partie des Lois et ordonnances commence en 1809, et fait suite au Recueil des lois relatives à la marine, qui remonte à 1789.
A dater du 1er janvier 1848, les *Annales maritimes et coloniales* ont été remplacées, pour la partie officielle, par le « Bulletin officiel de la marine, » au prix courant de 9 fr.
Les Tables des 76 premiers volumes des *Annales maritimes et coloniales* forment trois volumes [*Partie officielle* : Lois et ordonnances depuis l'origine jusques et y compris 1841 (1844, 1 vol. in-8); — *Partie non officielle* : Sciences et arts, depuis l'origine jusques et y compris 1841 (1845-47, 2 vol. in-8)].

POIRRIER [C.].

1. — Leçons élémentaires de mathématiques, comprenant arithmétique, algèbre, géométrie, etc. IIIe édition. Paris, Lecoffre, 1849, deux parties in-8, avec pl.

La première édition est de 1840 (Paris, Périsse, 2 parties in-8); la deuxième, de 1847 [Paris, Lecoffre, 2 parties in-8].

2. — Avec M. *Victor Baume* : Leçons élémentaires de physique, rédigées d'après le nouveau programme universitaire et accompagnées de notions pratiques sur la chimie. IVe édition. Paris, Lecoffre, 1847, in-12 avec pl. [2 fr. 50 c.].

La première édition est de 1839.

POIRSON [Charles-Gaspard], plus connu sous le nom de *Delestre-Poirson*, auteur dramatique, ancien directeur du Gymnase; né à Paris le 22 août 1790. [Voy. la *France littér.*, t. VII, p. 241.]

1. — Avec M. *Richard* [*Richard Fabert*] : le Dénoûment en l'air, ou Expérience du vol; folie en un acte. Paris, Fages, 1812, in-8 [1 fr. 25 c.].

2. — Avec MM. *Scribe* et *Duveyrier ainé* : Koulikan, ou les Tartares; mélodrame en trois actes, etc. Paris, Barba, 1813, in-8.

Sous le pseudonyme de Amédée de SAINT-MARC.

3. — Avec M. *Scribe* : l'Auberge, ou les Brigands sans le savoir; comédie-vaudeville. IIe édit. Paris, Houdaille, Pollet, 1830, in-32 [1 fr.].

La première édition est de 1813.

4. — Avec M. *Scribe* : une Nuit de la garde nationale; tableau-vaudeville en un acte. Paris, Bezou ainé, André, 1829, gr. in-32 [1 fr.].

La première édition est de 1815.

5. — Avec *le même*. : le Comte Ory, anecdote du XIe siècle. Paris, Baudouin, Pollet, 1828, gr. in-32 [1 fr.]. — Autre édit. Paris, Tresse, 1845, in-8.

La première édition est de 1816.

6. — Avec M. *Scribe* : le Nouveau Pourceaugnac; folie-vaudeville en un acte. Paris, Baudouin, Pollet, 1828, gr. in-32 [1 fr.].—Autre édition. Paris, les mêmes, 1830, in-32 [1 fr.], — Autre édit. Paris, Barba, Delloye, Bezou, 1837, in-8 de 16 pag.

Cette dernière édition fait partie de la « France dramatique au XIXe siècle. » La première édition, sous le titre de : *Encore un Pourceaugnac*, est de 1817.

7. — Avec M. *Scribe* : Une Visite à Bedlam; comédie en un acte mêlée de vaudevilles. Paris, Baudouin, 1828, in-18 [1 fr.]. — Autre édition. Paris, Pollet, Houdaille, 1829 [1 fr.].

La première édition est de 1818.

8. — Avec MM. *Scribe* et *Alphonse :* le Mystificateur, comédie-vaudeville en un acte. Paris, Bezou aîné, André, 1829, 1830, gr. in-32 [1 fr.].

La première édition est de 1820.
On doit encore à M. Delestre-Poirson, en collaboration de MM. DUPIN et SCRIBE : le Prince Charmant ; les Montagnes russes ; — avec M. DUVEYRIER : le Commis-voyageur ; — avec MM. DUVEYRIER et SCRIBE : le Parrain ; — avec MM. CHAPEAU et VARIN : le Jeune Homme à marier ; — avec M. CHAPELLE ; l'Embarras du choix. Voy. ces noms.
M. D.-Poirson est l'un des signataires de : « À MM. les membres de la Chambre des députés. Observations sur le projet de loi concernant les théâtres » [1835, in-4].

POIRSON [Auguste], ancien professeur d'histoire, proviseur du collège Charlemagne. [Voy. la *France litt.*, t. VII, p. 242.]

1. — Avec M. *Cayx :* Précis de l'histoire ancienne. Paris, Louis Colas, Hachette, Mme veuve Maire-Nyon, 1845, in-8 [6 fr. 50 c.].

La première édition est de 1827. — Voyez un compte rendu de cet ouvrage dans le « Journal des Débats, » du 14 décembre 1831.

2. — Avec M. *Lapie :* Nouvel Atlas classique de géographie, à l'usage des collèges royaux et des institutions de l'Université ; enrichi d'un Traité complet de géographie universelle, et d'une description de chaque État en particulier, par MM. *Sarret* et *Depping.* Paris, Bazouge-Pigoreau, 1838, in-fol. [10 f.].

3. — Précis de l'Histoire de France, pendant les temps modernes. Paris, Louis Colas, 1841, in-8 [2 fr. 50 c.].

De 1461 à 1589, mort de Henri III.
M. Ch. CAYX est l'auteur de la première partie, comprenant l'*Histoire de France au moyen âge* [Paris, L. Colas, 1841, in-8].
On doit encore à M. Aug. Poirson : Philologie. Examen de l'ouvrage portant pour titre : « Nouveau Choix des poésies originales des troubadours, » par M. RAYNOUARD, etc. Tome II, contenant le « Lexique roman » [1836, in-8. — Extrait du « Journal général de l'instruction publique »] ; — États généraux de 1614, considérés sous le point de vue politique et littéraire [1837, in-8. — Extrait du « Journal général de l'instruction publique »] ; — Carte générale de l'empire de Russie [2 feuilles].
M. Aug. Poirson a donné, dans la « Revue française, » en 1838 : *les Commencements de la peinture en France ;* et, dans la « Revue des Deux-Mondes, » en 1839, un *article* sur l'« Histoire de France sous Louis XIII, » par M. BAZIN.

POISEUILLE [J.-L.-M.], docteur en médecine, professeur de physique expérimentale et lauréat de l'Institut, membre de l'Académie de médecine ; né à Paris en 1799.

1. — Recherches sur la force du cœur aortique. 1828, in-4, fig. [2 fr.].

2. — Recherches sur le cours du sang dans les veines. 1831.

Mémoire couronné par l'Institut.

3. — Recherches sur les causes du mouvement du sang dans les vaisseaux capillaires. Paris, Imp. royale, 1839, in-4 de 80 pag. avec 6 pl. [9 fr.].

M. Poiseuille est en outre l'auteur d'un *Mémoire sur la force statique du cœur et sur l'action des artères,* couronné en 1819 par l'Acad. des sciences, et de plusieurs travaux lus à l'Acad. de médecine. Il a travaillé au « Dictionnaire de médecine usuelle, » publié par Didier.

POISLE - DESGRANGES. [Voy. la *France litt.*, t. VII, p. 242.] — Le Petit Botaniste, ou Descriptions de plusieurs plantes. Paris, Violet, 1837, in-18 de 36 pag.

Citons encore : Conseils à mon fils, aspirant surnuméraire [en vers. — 1840, in-8] ; — Récit succinct d'une exploration sur le littoral d'Algérie, suivi de l'immortelle Défense de Mazagran [en prose mêlée de quelques vers. — 1840, in-8].

POISSON [Simon-Denis], mathématicien, professeur de mécanique, membre de l'Académie des sciences, membre du conseil royal d'instruction publique, pair de France ; né à Pithiviers le 21 juin 1781, mort à Sceaux le 25 avril 1840. [Voy. *Notice sur Poisson* (Orléans, Durand, 1840, in-8) ; un article de M. LIBRI dans la *Revue des Deux-Mondes* du 1er août 1840 ; les Discours prononcés sur sa tombe par MM. Arago, Coriolis, Pontécoulant et le ministre de l'instruction publique, dans le *Journal des Débats* du 2 mai 1840, la *Biogr. univ., Suppl.*, et la *France littér.*, t. VII, p. 244.]

1. — Théorie mathématique de la chaleur. Paris, Bachelier, 1835, in-4 avec 1 pl. [25 fr.].

— Théorie mathématique de la chaleur. Mémoires et notes formant un supplément à l'ouvrage publié sous ce titre. Paris, Bachelier, 1837, in-4 [7 f.].

Une analyse de cet ouvrage, faite par l'auteur, a été publiée dans les « Annales de physique et de chimie, » et tirée à part, in-8.

2. — Recherches sur la probabilité des jugements en matière criminelle et en matière civile, précédées des règles

générales du calcul des probabilités. Paris, Bachelier, 1837, in-4 [25 fr.].

3. — Formules relatives aux effets du tir d'un canon sur les différentes parties de son affût, et règles pour calculer la grandeur et la durée du recul. IIe édit. Paris, Bachelier, 1838, in-8 avec 1 pl. [3 fr.].

4. — Mémoire sur la probabilité du tir à la cible. Brochure in-8 [4 fr.].

5. — Recherches sur le mouvement des projectiles dans l'air, en ayant égard à leur figure, à leur rotation, et à l'influence du mouvement diurne de la terre. Paris, Bachelier, 1839, in-4 [15 fr.].

M. Poisson a donné, 1° dans le « Journal de l'École polytechnique : *Mémoire sur les équations générales de l'équilibre et du mouvement des corps solides*, etc. [20e cahier]; — *Mémoire sur le mouvement des projectiles dans l'air, en ayant égard à la rotation de la terre* [26e cahier]; — *Mémoire sur les mouvements des projectiles dans l'air, en ayant égard à leur rotation* [26e cahier]; — *Second Mémoire sur le mouvement des projectiles dans l'air, en ayant égard à leur rotation* [27e cahier]; — *Mémoire sur la déviation de la boussole produite par le fer des vaisseaux* [1838], etc.; — 2° dans les « Mémoires de l'Académie des sciences : » *Mémoire sur l'attraction d'un ellipsoïde homogène* [t. XIII, 1835]; — *Mémoire sur le mouvement d'un corps solide* [t. XIV, 1838]; — 3° dans la « Connaissance des temps : » *Sur une nouvelle manière d'exprimer les coordonnées des planètes dans le mouvement elliptique* [1825]; — 4° dans le « Journal des savants : » *Discours prononcé sur la tombe de J.-L.-N. Hachette* [février 1834], etc.

POISSON [l'abbé], prêtre du diocèse de Chartres; né en 1757, mort à Orléans au mois de janvier 1846.

1. — Essai sur les causes du succès du protestantisme au XVIe siècle. Paris, imp. de Vrayet de Surcy, 1839, in-8 de 112 pag.

2. — Explication des évangiles des dimanches et fêtes. Paris, imp. de Vrayet de Surcy, 1840, 2 vol. in-18.

POISSON [H.-T.].

1. — Feux follets; poésies. Paris, Mme Louis, 1837, 2 vol. in-18 avec 4 pl. [15 fr.].

Dans le tome Ier est une comédie en trois actes et en vers, intitulée : *Haine aux Français*.

2. — Un Regard; roman. Paris, Bazouge-Pigoreau fils, 1838, in-8 [7 fr. 50 c.].

Publié sous le pseudonyme de Ch. de WARVILLE.

POISSON jeune [Eugène], peintre en lettres et eu décors à Poitiers. — Album à l'usage des peintres, ou Choix de vingt genres de lettres pour spécimens d'enseignes. Poitiers, imp. lith de Pichot, 1839, in-4.

POISSONNIER [Alfred]. — Souvenirs d'Afrique (province de Constantine). Poitiers, Saurin, 1843, in-8 [4 f.].

On doit encore à M. Alfred Poissonnier : Observations générales sur la colonie d'Afrique; causes d'instabilité; résultats à obtenir par le système du général Bugeaud [1843, in-8]; — *Gérard le tueur de lions. Biographie racontée par lui-même et écrite par Alfred Poissonnier* [1847, in-8]; — *Biographie du général Négrier* [1848, in-8].

POITEAU [A.], botaniste, ancien jardinier en chef du château de Fontainebleau, des pépinières de Versailles, etc., membre de plusieurs sociétés savantes; né à Amblecy, près Soissons, en 1766. [Voy. la *France littér.*, t. VII, p. 246.]

1. — Rapport à la Société d'horticulture de Paris, sur la culture de la patate, par une commission composée de MM. Vilmorin, Soulange-Bodin, Jacques, et Poiteau, rapporteur. Paris, imp. de Mme Huzard, 1835, in-8 de 96 pag. avec 1 pl. [2 fr.].

2. — Théorie Van Mons, ou Notice historique sur les moyens qu'emploie M. Van Mons pour obtenir d'excellents fruits de semis. Paris, imp. de Mme Huzard, 1835, in-8 de 68 pag. avec 2 pl. [1 fr. 75 c.].

3. — Pomologie française. Recueil des plus beaux fruits cultivés en France. Ouvrage orné de magnifiques gravures, avec un texte descriptif et usuel, rédigé par A. Poiteau. Paris, Levrault, 1838 et ann. suiv., 431 livr. petit in-fol.

4. — Avec M. *Audot* : Figures pour l'Almanach du bon jardinier, représentant en 85 planches plus de 750 objets. XIIe édition. Paris, Audot, 1844, in-12 fig. noires [6 fr.]; fig. col. [15 fr.].

5. — Cours d'horticulture. Paris, Mme Bouchard-Huzard, 1847 et ann. suiv., 2 vol. in-8 [10 fr.].

6. — Notice nécrologique sur M. Jamain. Paris, imp. de Mme Bouchard-Huzard, 1848, in-8 de 4 pag.

Extrait des « Annales de la Société centrale d'horticulture de Paris » [vol. XXXIX].

M. Poiteau, rédacteur en chef du « Bon Jardinier, » a travaillé à cet almanach depuis 1825. Il est l'un des collaborateurs de « l'Horticulteur universel » [1839, gr. in-8].

POITEVIN [Prosper], ancien professeur de littérature au collége Rollin.

1. — Ali-Pacha et Vasiliki, poëme, dédié à M. R.-Q. Monvoisin. Paris, Alex. Mesnier, 1833, in-8 de 70 pag.

2. — Étude méthodique et raisonnée des homonymes français, ou exercices comparés sur tous les mots qui, sous une même prononciation, ont une orthographe différente. Paris, Hachette, 1835, 1841, 1846-47, 2 vol. in-12 [3 fr. 50 c.].

Tome 1er : *Exercices* ; — tome II : *Corrigé des exercices.*

3. — OEuvres complètes de *Casimir Delavigne.* Deux notices. Examens critiques sur *Don Juan d'Autriche, une Famille au temps de Luther.* Paris, Delloye et Lecou, 1836, in-8.

4. — Illustrations poétiques et littéraires de la France, recueil de morceaux extraits des auteurs les plus célèbres du XIXe siècle, accompagné de notices biographiques, et de la liste des principaux ouvrages de chaque écrivain. Paris, Delloye et Lecou, 1837, 2 vol. gr. in-18.

Prose et poésie.

5. — Choix de petits drames en prose et en vers, recueillis et arrangés pour les distributions des prix et les fêtes de famille. Paris, Hachette, 1841, 4 vol. in-18.

On vend séparément : *Récits et monologues* [1 vol., 1 fr. 25 c.] ; — *Scènes et dialogues* [1 vol., 1 fr. 25 c.] ; — *Petites Pièces morales* [1 vol., 2 fr. 50 c.] ; — *Comédies et proverbes* [1 vol., 2 fr. 50 c.].

6. — Une Nuit chez Putiphar, étude biblique. Paris, Tresse, Breteau et Pichery, 1841, in-18 [75 c.]

En trois scènes. — Une deuxième édition a été publiée dans la même année.

7. — Le Mari malgré lui ; comédie en un acte et en prose. Paris, Tresse, 1842, in-8 de 16 pag. [40 c.].

8. — L'Une pour l'autre ; comédie en un acte, en prose. Paris, Tresse, 1842, in-8 de 16 pag.

9. — Petits poëtes français depuis Malherbe jusqu'à nos jours, avec des Notices biographiques et littéraires sur chacun d'eux. Paris, Desrez, 1838-39, 2 vol. gr. in-8.

Collection du *Panthéon littéraire.*
Une autre édition, en 2 vol. in-4, a été publiée en 1845 [Paris, F. Didot, frères].

10. — Cours théorique et pratique de la langue française, à l'usage des colléges, des écoles normales et des gens du monde. Paris, F. Didot, Dezobry, Lecoffre, 1842-49, in-12.

Ouvrage adopté par l'Université.

Ire année : Grammaire du premier âge, avec exercices en regard [des modèles de devoirs, placés à la suite des *Exercices sur la grammaire du premier âge*, ont pour but de tenir lieu de *corrigé*] ; — IIe année : Grammaire élémentaire, avec exercices et *corrigé;* traité d'analyse grammaticale, et *corrigé;* Traité de la conjugaison, et *corrigé;* Exercices sur la conjugaison, et *corrigé;* Cours gradué des dictées, et *corrigé;* — IIIe année : Grammaire complète, et *corrigé;* Syntaxe théorique et pratique, et *corrigé;* Traité d'analyse logique, et *corrigé;* Traité des participes, et *corrigé;* Cours complet des dictées, et *corrigé.*

Citons aussi *le Premier livre de l'enfance. Epellation, lecture et récitation* [1848, in-12].

11. — Revue générale et comparée des concours classiques. Recueil des meilleures compositions des élèves des colléges et des établissements d'instruction secondaire. Paris, F. Didot, 1846, in-8 [2 fr. 50 c.].

12. — Au Petit bonheur ; comédie en un acte et en prose. Paris, Tresse, 1847, in-8 de 16 pag. [60 c.].

13. — Lettres de M. Chapsal. Paris, Comon et comp., 1847, 4 brochures in-8.

1re Lettre: *des associations en général* [in-8 de 16 pages] ; — 2e Lettre : *de la grammaire de MM. Noël et Chapsal* [in-8 de 40 pages] ; — *la Vérité, rien que la vérité, petite note historique* [in-8 de 43 pages] ; — *Lettre à tous : Examen de la simple réponse de M. Chapsal* [in-8 de 116 pages].

14. — Procès en concurrence. M. Poitevin contre M. Chapsal. Note succincte pour M. Poitevin. Paris, imp. de Claye, 1842, in-4 de 8 pag.

On doit encore à M. Prosper Poitevin : Ma première épître, en réponse à la XXXIXe épître de M. Viennet [sous le pseudonyme de Prosper ANDALE] ; — A Victor Hugo, un de ses grands admirateurs d'autrefois, réponse à la pièce des « Voix intérieures » intitulée : *Sunt lacrymæ rerum* [1837, in-8] ; — Hommage à Casimir Delavigne [1845, in-8] ; — Candidature d'Auriol, profession de foi politique [juin 1848, in-8] ; — les Saltimbanques, pochade politique, journal hebdomadaire [3 numéros. — Juin 1848] ; — le Paysan du Danube, journal politique et littéraire [5 numéros. — Juillet 1848] ; — Réponse au représentant Proudhon, par un de ses disciples. Dieu [juillet 1848, 2 pages in-folio] ; — Fleurs cueillies sur la montagne et dans la plaine. — Epigrammes politiques [4 livraisons. — 1849] ; — M. P. Poitevin a donné une édition de l'« Art poétique » de BOILEAU, avec des *commentaires historiques et littéraires* [Paris, Hachette, 1838, in-18], et une

Notice biographique et littéraire sur Lesage, mise en tête de ses « OEuvres » [1838, in-8 ; et tirée à part, in-8 de 8 pages].

Il a publié un article intitulé : *la Toilette*, dans la « Belle assemblée » [1834, in-8], et deux notices : *Mademoiselle de Lafayette ; Madame de Montespan* ; dans le « Livre de beauté » [1834, in-8]

POITEVIN [P.-E.]. — Histoire topographique et physique de Château-Landon. Paris, Delaunay ; Fontainebleau, Carré Soubiran, 1836, in-8 de 108 pag.

POITEVIN [P.-A.], ancien architecte du département de la Gironde.

— Hommage aux beaux-arts. Résumé de l'histoire des arts, depuis leur origine jusqu'à Louis XIV. Bordeaux, Lafargue, 1843, in-8 de 20 pag.

— Résumé de l'histoire des arts, depuis leur origine jusqu'à l'époque actuelle. Nouvelle édition, augmentée de la 3e partie. Bordeaux, Faye, 1846, in-8 de 56 pag.

POITEVIN [P.-L.]. — Fortification. Notions sur le défilement. Paris, Corréard, 1845, in-fol. avec 5 pl. [10 fr.].

POITEVIN DE MAUREILLAN [Jacq.-Théodore-Hyacinthe], ancien officier adjoint au corps du génie, chef de bureau au ministère de l'intérieur, chevalier de la Légion d'honneur, membre de la Société libre des sciences et belles-lettres de Montpellier ; né à Montpellier le 19 octobre 1773, mort à Paris le 21 avril 1850.

1. — Tables de rapport entre les mesures républicaines et les mesures anciennes le plus généralement employées en France, pour convertir réciproquement les unes dans les autres et déterminer les prix qui en dépendent ; avec des explications propres à faciliter ces opérations ; imprimées par ordre du comité d'instruction publique. Paris, imp. de la République, 5e jour complémentaire an III, in-8 de 16 pag.

Anonyme.

2. — Tables de comparaison entre les mesures anciennes et celles qui les remplacent dans le nouveau système métrique, avec leur explication et leur usage ; nouvelle édition, rendue conforme à la détermination définitive du mètre et du kilogramme et à la nomenclature fixée par l'arrêté des consuls du 13 brumaire an IX ; publiée par ordre du ministre de l'intérieur. Paris, imp. de la République, an IX, in-8 de 18 pag.

Anonyme.

M. Poitevin de Maureillan a publié, dans le « Bulletin de la Société libre des sciences et belles-lettres de Montpellier, » t. II, n° 16 : *Réflexions sur quelques étymologies languedociennes qui dérivent directement du grec* [an XIV (1805)].

POITOU [E.]. — Histoire de la découverte de l'Amérique, traduite de l'allemand de *Campe*. Paris, imp. de Mme Huzard, 1836, 2 vol. in-12 avec 4 grav. et 2 frontisp. [6 fr.].

POITRAT [Valentin].

1. — Tenue des livres autodidactique, conforme à la loi (article 8 du Code de commerce). Ve édition. Paris, Boucher-Lemaître, Paul Dupont, 1843, in-8 [10 fr.].

La première édition est de 1836.

2. — Tenue des livres autodidactique abrégée, conforme à la loi (liv. 1er, titre 2, art. 8 du Code de commerce). *Méthode*. IIe édition. Paris, imp. de Dupont, 1845, in-8 [3 fr.].

La première édition est de 1844.

Citons encore : Nouvelle Tenue des livres autodidactique, d'après les prescriptions de la loi [1839, in-plano] ; — Calculateur commercial [1843, in-plano] ; — Résumé de la comptabilité générale des administrations financières [1845, in-plano].

POIVET [F.]. — Exposé du système métrique légal des poids et mesures, et tableaux de conversion des mesures usuelles en mesures légales, avec la concordance des prix pour chaque espèce de mesure. Le Mans, imp. de Monnoyer, 1889, in-8 de 80 pag.

POLAIN [Louis], docteur en philosophie et ès lettres, conservateur des archives de la province de Liége, professeur de littérature française et d'histoire politique moderne à l'École de commerce de Liége ; né à Liége en 1808. [Voy. le *Dictionnaire des hommes de lettres de la Belgique*, p. 155.]

1. — De la Souveraineté indivise des évêques de Liége et des États généraux sur la ville de Maestricht. Liége, 1831, in-8 [1 fr. 50 c.].

2. — Collection de chroniques originales relatives à l'histoire de Liége. N° 1. *La Mutinerie des Rivageois*, par

Guillaume de Meef, dit de *Champion*. XVIe siècle. Liége, 1837, in-8 [3 fr.].

3. — Massacre des magistrats de Louvain, 1379. Liége, 1838, in-8.

Sous le nom : Léon VAN DER VUYLEN.

4. — Mélanges historiques et littéraires. Liége, 1840, in-18 [2 fr. 50 c.].

5. — Recherches historiques sur la vie et les ouvrages de Jean des Prez, dit d'Outremeuse, chroniqueur liégeois du XIVe siècle. Liége, 1840, in-18 [2 f. 50 c.].

6. — Récits historiques sur l'ancien pays de Liége. IIIe édit. Bruxelles, 1842, in-8 [5 fr.].

L'édition de 1837, in-12, a pour titre : *Esquisses historiques de l'ancien pays de Liége*.

7. — Liége pittoresque, ou Description historique de cette ville et de ses monuments. Bruxelles, 1842, in-8 [5 f.].

8. — Henri de Dinant. Histoire de la révolution communale de Liége au XIIIe siècle, 1252, 1257. Liége, imp. de F. Oudart, 1843, in-8.

9. — Histoire de l'ancien pays de Liége. Liége, Ledoux, 1844-48, 2 vol. gr. in-8.

On doit en outre à M. L. Polain : la Violette (hôtel de ville) [in-8]; — Notice sur Fr. dom Maur d'Antine; — les Seize Chambres de la cité de Liége [in-8] ; — les Derniers Grignoux, ou le Règlement de 1684 [1836, in-8] ; — Assassinat de Charles le Bon [1837, in-8] ; — Notice sur Godefroy de Bouillon [1838, in-8]; — Idriël et Notger, ou le Châtelain de Chèvremont [1839, in-8]; — Aynechon et Falloz, ou le Duel de la place Verte [1840, in-8] ; — A toutes les gloires de l'ancien pays de Liége. Souvenir [1842, in-8]; — Hommage de la Revue belge à la mémoire du docteur Bovy [1841, in-8].

M. L. Polain a donné des articles à la « Revue belge, » au « Messager des arts et des sciences, » etc.

POLAK [Th.], — Avec M. *A. Humbert* : Frère et mari (1841, in-8). Voy. HUMBERT.

POLETIKA [Pierre], diplomate et sénateur russe, ministre plénipotentiaire de Russie aux Etats-Unis. — Aperçu de la situation intérieure des Etats-Unis d'Amérique, et de leurs rapports politiques avec l'Europe. Londres, J. Booth, 1826, in-8.

Sous le nom : *un Russe*.

Le « Journal de Saint-Pétersbourg, » rédigé en français, contient des fragments de cet ouvrage [1825]. — Le « Télégraphe de Moscou » en a donné une traduction russe [1827]. — Il a paru une traduction russe du *chapitre* relatif à la société aux Etats-Unis, dans la « Gazette littéraire » [1830, t. II, nos 45 et 46].

Un compte rendu de l'Aperçu de la situation des Etats-Unis, a été publié dans la « Revue encyclopédique » [1826, t. XXX, p. 704].

POLEY [L.], orientaliste.

M. L. Poley a traduit du sanskrit en français : « Kathaka - Oupanichat. Extrait du *Yadjour-Veda* » [Paris, Th. Barrois fils, Heideloff, Dondey-Dupré, Merklein, 1835-37, in-4] ; et « Oupanichats, théologie des Vedas » [Paris, Arthus Bertrand, 1838, in-4].

POLGE [l'abbé], professeur de dogme à la Faculté de théologie d'Aix.

1. — Les Destinées du christianisme. Aix, Massie ; Paris, Parent-Desbarres, 1838, in-8 [6 fr.].

2. — De la Réforme et du catholicisme : aux hommes de bonne foi. Montpellier, impr. de Carnaud fils ; Paris, Parent-Desbarres, 1842, in-8 [6 fr.].

POLI [Joachim-Marie-Olivier], de Naples.

1. — Le Portefeuille littéraire et politique, ou Recueil inédit de pièces historiques, voyages, petits romans, nouvelles, souvenirs, pensées détachées, définitions, etc. Paris, comptoir des imprimeurs-unis, 1842-48, 2 vol. in-8 [10 fr.].

Sous l'anagramme : dou POEVILLIRIO, ex-bachelier de Salamanque.

2. — Une Planète en jugement, ou Condamnation du globe de la terre à être pour jamais anéanti. Procès comme tant d'autres procès. Extrait du journal le *Messager de l'Olympe*. Paris, imp. d'Henry, 1842, in-8 de 56 pag.

Sous le même anagramme.

3. — Les Gémissements de Koniecpolski, ou les Derniers soupirs de la liberté polonaise. Paris, Girard, Bohaire, 1842, in-8 [4 fr. 50 c.].

En prose.

POLI [J. de]. — Quelques Observations sur la Corse, au point de vue cultural. Châtillon-sur-Seine, Cornillac, 1844, in-8 de 36 pag.

POLICHINELLE [Platon]. Voy. MARTINET [l'abbé].

POLIGNAC [le cardinal Melchior de] ; né au Puy en Velay le 11 octobre 1661, mort à Paris le 20 novembre 1741. [Voy. la *France littér.*, t. VII, p. 249.]

— Anti-Lucrèce, ou De Dieu et de la

nature. Traduction libre en vers français du poëme latin du cardinal de Polignac. Texte en regard, par *F. B. P. D. M.* Chant 1er. Nancy, impr. de Mme veuve Hissette, 1835, in-8 de 32 pag.

Le traducteur paraît ne pas avoir eu connaissance de « l'Anti-Lucrèce, en vers français, avec le neuvième et dernier chant ajouté à l'original » par JEANTY-LAURANS, et de « la traduction, en vers latins, du neuvième chant, » par M. l'abbé MANCIN, Auch, 1813, in-8, volume non annoncé, il est vrai, dans le « Journal de la librairie, » parce qu'il ne parvint pas dans les bureaux de la Direction de l'imprimerie et de la librairie, sans doute à cause des événements politiques du temps. (Note de M. BEUCHOT.)

POLIGNAC [le duc Armand-Jules-Marie-Héraclius de], président du conseil des ministres de Charles X en 1830, l'un des signataires des ordonnances de juillet, condamné par la Cour des pairs et détenu pendant plusieurs années au château de Ham ; né à Paris en 1771, mort dans cette ville le 2 mars 1847. [Voy. la *France litt.*, t. VII, p. 250.]

1. — Études historiques, politiques et morales sur l'état de la société européenne vers le milieu du XIXe siècle. Paris, Dentu, Garnier, 1844, in-8 [6 fr.].

2. — Réponse à mes adversaires, pour servir de suite au premier volume de l'ouvrage intitulé : *Études historiques, politiques et morales*, etc. Paris, Dentu, 1845, in-8 de 84 pag.

POLIGNAC [Héraclius de], colonel du 25e léger.

M. H. de Polignac a traduit du russe : « Essai sur la guerre des partisans, » par le général Denis DAWIDOFF (1841, in-8). Voy. DAWIDOFF.

POLIGNY D'AUGICOURT [le comte]. Voy. AUGICOURT [le comte J.-H.-P. Poligny d'].

POLINIÈRE [A.-P. Isidore], médecin de l'hospice de la Charité, professeur à l'École de médecine, membre de l'Académie de Lyon. [Voy. la *France littér.*, t. VII, p. 251.].

1. — Compte rendu des travaux de l'Académie royale des sciences, belles-lettres et arts de Lyon, pendant l'année 1836, lu dans la séance publique du 29 décembre 1836. Lyon, imp. de Perrin, 1837, in-8.

2 et 3. — Avec M. *J.-B.* Monfalcon : Hygiène de la ville de Lyon (1845,

in-8) ; — Traité de la salubrité dans les grandes villes (1846, in-8). Voy. MONFALCON.

Citons encore : Thèse sur la puberté (1816) ; — Sur l'Éducation considérée dans ses rapports avec la médecine (Discours de réception à l'Académie de Lyon) ; — Notice sur les salles d'asile pour l'enfance de la ville de Lyon (in-8) ; — Rapport fait à l'Académie royale des sciences, belles-lettres et arts de Lyon, sur les honneurs à rendre à la mémoire du major général Claude Martin (1840, in-8) ; — divers *Rapports* à l'Académie de Lyon, etc.

POLLET [Bertholon de]. Voy. BERTHOLON DE POLLET [Denis].

POLLET [C.-F.-H.]. — Leçons de physique. Amiens, impr. de Lenoël-Herouart, 1844, 2 vol. in-8 avec un atlas in-4 de 26 pl.

POLLIN [J.-B.], né à Grenoble, mort à la Tronche, près de cette ville, le 22 octobre 1807. Il a laissé : *le Citoyen des Alpes* ; *le Hameau d'Agnelas*, et un *Recueil d'idylles*. [Voy. dans l'*Histoire de Grenoble*, de PILOT : *Hommes célèbres qui sont nés à Grenoble ou dans les environs, ou qui y ont habité*.]

POLONCEAU [Antoine-Remi], né à Reims le 7 octobre 1778. Sorti de l'École polytechnique, et nommé ingénieur des ponts et chaussées, M. Polonceau concourut aux travaux de la route du Simplon, et fut chargé de transporter au couvent du grand Saint-Bernard le mausolée du général Desaix. De retour en France, il fit exécuter la route de Lautaret, dans l'Isère, et percer celle des Échelles. Le gouvernement l'éleva en 1813 au grade d'ingénieur en chef, et il remplit successivement ces fonctions dans le département du Mont-Blanc, puis dans le département de Seine-et-Oise. En 1830, il fut fait inspecteur divisionnaire des ponts et chaussées. C'est à lui qu'on doit l'introduction en France du perfectionnement des routes à la Mac-Adam, la création de l'institut agricole de Grignon, l'invention et la construction à Paris (1832) du beau pont qui lie le Louvre à la rue des Saints-Pères. Il mourut le 29 décembre 1847 à Roche-Doubs, où il s'était retiré depuis quelques années. [Voy. la *France littér.*, t. VII, p. 253.]

1. — Notice sur le nouveau système

de ponts en fonte suivi dans la construction du pont du Carrousel ; description de ce pont dans tous ses détails, exemples comparés de divers projets, etc., etc. Paris, Carilian-Gœury et Dalmont, 1839, in-4 avec un atlas de 16 pl. in-fol. [22 fr.].

2. — Notice sur les vestiges d'un ancien chemin de communication entre l'Italie et les Gaules. Paris, 1841, in-4.

Extrait du IIe volume de la « Revue de l'architecture et des travaux publics. »

3. — Considérations générales sur les causes des ravages produits par les rivières à pentes rapides et par les torrents, particulièrement par les rivières de la Loue et du Doubs, et sur les meilleurs moyens à employer pour y remédier. Paris, Mathias, 1844, in-4 [4 fr.].

4. — Projets de régularisation et d'endiguement de la Loue et du Doubs dans le département du Jura. Paris, Mathias, 1844, in-4 [4 fr.].

5. — Notice sur l'amélioration des routes en empierrements par l'emploi des matières d'agrégation et au moyen de la compression par des cylindres d'un grand diamètre et d'un grand poids, et sur les conséquences de ces perfectionnements sur la police du roulage, suivie d'une instruction sur les dimensions des cylindres compresseurs, sur leur construction, sur leur chargement et sur leur emploi pour l'exécution et pour l'entretien des chaussées et des accotements des routes royales et départementales, pour les chemins vicinaux et pour le roulage des champs et des prés. Paris, Mathias, 1844, in-4 avec pl. [7 fr.].

6. — Des Eaux relativement à l'agriculture. Traité pratique, etc. Paris, Mathias, 1846, in-12 avec 4 pl. [3 fr.].

On doit en outre à M. A.-R. Polonceau : Chemin de fer de Paris à Versailles. A MM. les membres du conseil municipal et aux habitants de la ville de Versailles [1836, in-4] ; — avec M. Bélanger : Compagnie Riant. Chemin de fer de Paris à Rouen, au Havre et à Dieppe, par la vallée de la Seine [1837, in-4] ; — Note sur la compression des chaussées en empierrements par des cylindres de grand diamètre [1844, in-4] ; — Note sur la récolte des foins [1845, in-8 avec une grav.] ; — Note sur les débordements des fleuves et des rivières [1847, in-8 avec 1 pl.].

M. A.-R. Polonceau a donné au « Journal des Débats, » en 1837, deux articles sur les travaux publics et concessions. Il a travaillé au « Recueil de la Société polytechnique, » dirigé par M. de Moléon.

POLONCEAU [Camille], ingénieur. — Avec M. *Aug. Perdonnet* : Portefeuille de l'ingénieur des chemins de fer (1843, 3 vol. in-8). Voy. Perdonnet.

POLONIUS [Jean], pseudonyme. Voy. Labenski.

POLTORATZKY [Serge], bibliographe russe; né à Moscou le 4 février 1793. — Le Comte Théodore Rostopchine, 1765-1826. Notice littéraire et biographique sur ses ouvrages. 1854, in-8 de 64 pag.

On doit en outre à M. S. Poltoratzky : Lettre au rédacteur du « Télégraphe de Moscou, » sur quelques articles bibliographiques et critiques, relatifs à la littérature russe [Moscou, imp. de Semen, 1828, in-8 de 30 p.; anonyme] ; — Bibliothèque voltairienne [Bruxelles, A. Vandale, 1847, in-8. — Extrait du Bullet. du bibliophile belge] ; — Archives bibliographiques et littéraires. Anonymes et pseudonymes français [Bulletin du bibliophile belge, 1848] ; — Bibliographie des journaux et recueils périodiques publ. en langue française [ibid.] ; — Bibliothèque russe-française, ou la Russie et la France historiques et littéraires. Michel Lermontof ; les deux Chouvalof ; théâtre russe [Bulletin du bibliophile belge. 1849, et Diction. dramatique de Laporte, 1851].

M. Poltoratzky a publié comme éditeur : Lettre de Voltaire (1745), relative à son Histoire de Pierre Ier, adressée au comte d'Alion, ministre de France en Russie, avec des notes bibliographiques [Paris, imp. de Lange-Lévy, 1839, in-8 de 11 pag. — Tiré à 150 exemplaires. — Extrait du journal « le Temps, » no du 14 avril 1839. La lettre de Voltaire, publiée pour la première fois en 1807 dans un journal russe, « le Courrier de l'Europe, » avait été omise dans les édit. de Voltaire] ; — Mémoires du comte Rostopchine, écrits en dix minutes [Paris, imp. de Lange-Lévy, 1839, in-12. — Extrait du « Temps, » 16 avril 1839. — Et reproduit dans la *notice sur Rostopchine*, par M. S. Poltoratzky] ; — Lettre de l'Ermite de Russie (Pierre Konsakof) à celui de la Guyane (Jouy), avec des notes [Paris, Maulde, 1848, in-8. — Extr. des « Supercheries littéraires dévoilées, » t. II] ; — Ferney-Voltaire, ch. XCII de « l'Ermite en province. » Rectifications du « Journal des Débats, » avec des notes [Paris, Maulde, 1848, in-8. — Extr. du même ouvrage] ; — Essai sur la littérature russe (par le prince Bellosselsky ou Staehlin). Nouv. édit. [Saint-Pétersbourg, 1851, in-8. — Extr. de la « Revue étrangère, » 1851, t. LXXX] ; — Projets d'un dictionnaire bibliographique universel et d'une encyclopédie bibliographique, par MM. Cadet de Gassicourt, Gab. Peignot, etc. [Saint-Pétersbourg, in-8. — Extr. de la « Revue étrangère, » 1852, t. LXXXI].

M. S. Poltoratzky a donné des articles à la « Revue encyclopédique ; » à l' « Athenæum français ; » au « Bulletin du Nord, » journal français rédigé à Moscou ; à « l'Illustration de Saint-Pétersbourg ; » aux journaux russes « le Fils de la patrie, » les « Feuilles littéraires, » le

« Télégraphe de Moscou. » La plupart de ses articles sont signés *P. S., de Moscou*, ou *un bibliophile russe*. Il prépare, porte une notice à laquelle nous avons emprunté les détails précédents, un *Dictionnaire bibliographique des auteurs russes et des auteurs étrangers qui ont écrit sur la Russie*.

POLVEREL [François].— Coup d'œil impartial sur Saint-Domingue, ou Notions sur les événements qui ont eu lieu dans cette île depuis le commencement de la révolution jusqu'à la proclamation de la liberté générale ; suivies d'un Aperçu sur la situation de cette île, etc. An III, in-8 de 70 pag.

POLY [Chrestien de]. Voy. CHRESTIEN DE POLY.

POLYBE, historien grec ; né à Mégalopolis, en Arcadie, vers l'an 205, mort vers l'an 123 avant J. C. [Voy. la *France littér.*, t. VII, p. 253.]

1. — Histoire générale. Traduction nouvelle, plus complète que les précédentes, précédée d'une Notice, accompagnée de Notes et suivie d'un Index, par M. *Félix Bouchot*. Paris, Charpentier, 1847, 3 vol. in-12 [10 fr. 50 c.].

2.— Ouvrages historiques de Polybe, *Hérodien et Zozime*, avec Notices biographiques, par *J.-A.-C. Buchon*. Paris, Desrez, 1836, 1838, 1842, gr. in-8 [10 fr.].

Panthéon littéraire.

3. — Polybii historiarum reliquiæ, græce et latine, cum indicibus. Paris, F. Didot, Béthune et Duckett, 1839, 2 parties gr. in-8 [20 fr.].

POMMET [F.-C.] — Considérations sur le parti royaliste et sa situation présente dans les provinces. Lyon, impr. de Rey, 1844, in-8 de 116 pag.

POMMEZ [F.-Jules], avocat, docteur en droit. — Quelques Considérations de la liberté de l'enseignement. Bordeaux, impr. de P. Faye, 1844, in-8 de 32 pag.

POMMIER [Amédée], poëte, s'intitulant le *Métromane*. [Voy. la *France littér.*, t. VII, p. 257.]

1. — La République, ou le Livre de sang. IIe édition. Paris, Delaunay, Dentu, 1837, in-8 [5 fr.].

Poésies.

2. — Océanides et fantaisies. Paris, Dolin, 1839, in-8 [5 fr.].

Poésies.

3. — Crâneries et dettes du cœur. Paris, Dolin, 1842, in-8 [5 fr.].

Poésies.

4. — Colères. Paris, Dolin, 1844, in-8 [2 fr.].

Poésies.

Dans ce volume, l'auteur dépasse de beaucoup, en fait d'indignation satirique, non pas seulement le pacifique Boileau, mais Juvénal, Gilbert et Barthélemy. Les satires de M. Pommier sont intitulées : *Athéisme*, *Égoïsme*, *Charlatanisme*, *Immoralité*, etc. Il ne voit partout que dégradation physique et morale ; à l'entendre, la France

N'est qu'une pépinière
De canuts sans vigueur et sans moelle épinière ;
Les Français que l'État mande sous ses drapeaux
Ont moins l'air aujourd'hui d'hommes que de crapauds.

Citons encore : les Assassins [Paris, Delaunay, 1837, in-8. — En vers].

M. Amédée Pommier a donné, dans le « Livre des cent et un : » *Charlatans, jongleurs, phénomènes vivants*, etc. [t. II, p. 195] ; — *les Fêtes publiques à Paris* [t. IV, p. 95] ; — *les Musées en plein vent* [t. VIII, p. 109].

On lui doit, avec M. J.-F. de CALONNE, une nouvelle édition de CORNELIUS NEPOS, pour la « Bibliothèque latine-française, » publiée par Panckoucke [1835, in-8].

POMMIER, maire de Belleville. — Mémoire au roi, tendant à revendiquer, au nom de la commune de Belleville, et dans l'intérêt des autres communes du département de la Seine, le droit de participer, avec les bureaux de bienfaisance de Paris, à la répartition des lits de vieillards et d'indigents dans les hospices. Belleville, impr. de Galban, 1843, in-4 de 16 pag.

POMMIER [A.], membre de la Société centrale d'agriculture, directeur de *l'Echo agricole*.

1. — Le Chemin de fer de Lyon et la Compagnie du chemin de fer d'Orléans. Considérations présentées à M. le ministre des travaux publics, au nom des principales communes des cantons de Brie et de Tournan (Seine-et-Marne). Paris, impr. de Bureau, 1845, in-8 de 48 pag.

2. — Le Chemin de fer de Lyon et la Compagnie du chemin de fer d'Orléans. Considérations nouvelles présentées à M. le ministre des travaux publics. Paris, impr. de Bureau, 1845, in-8 de 40 pag.

Citons encore : Société nationale et centrale d'agriculture. Commission chargée d'examiner les moyens d'étendre et de développer la production agricole. Rapport sur un projet d'organisation d'une banque de crédit foncier [1848, in-8. — Extrait des « Mémoires de la Société nationale et centrale d'agriculture »] ; — avec M. PAYEN : Rapport à la Société nationale et centrale d'agriculture sur les exploitations agricoles et manufacturières de M. Decrombecque, agriculteur à Lens (Pas-de-Calais) [1849, in-8. — Extrait du « Bulletin des sciences de la Société nationale et centrale d'agriculture »] ; — Projet d'instruction sur les propriétés et l'emploi du sel dans l'agriculture, par une commission composée de MM. Héricart de Thury, Chevreul, Barthélemy, Yvart, Delafond, Pommier, Becquerel, Milne-Edwards et Payen, rapporteur [1849, in-8. — Extrait du « Bulletin des séances de la Société nationale et centrale d'agriculture »].

M. Pommier a travaillé au « Dictionnaire du commerce et des marchandises. »

POMMIER-LACOMBE [Ad.]. [Voy. la *France littér.*, t. VII, p. 257.] — De Quelques Intérêts moraux et matériels des campagnes. Paris, Mme Huzard, J. Renouard, 1844, in-8 de 72 pag.

M. Ad. Pommier-Lacombe est l'auteur de la *Notice* mise en tête des « Esquisses poétiques du département de l'Ain, » par M. Gabriel de MOYRIA [1841, in-8].

POMPÉE [Philibert], instituteur communal et membre du comité central d'instruction primaire de Paris.

1. — Rapport historique sur les écoles primaires de la ville de Paris, depuis leur origine jusqu'à la loi du 28 juin 1833. Précédé d'un coup d'œil sur l'état de l'instruction primaire en France avant 1789. Paris, Chamerot, Hachette, 1839, in-8 [4 fr. 50 c.].

2. — Dessin linéaire. Album des écoles. In-8 oblong avec 66 pl. gravées [5 fr.].

Division de l'ouvrage. Tracé et division des lignes droites [3 pl.]; —Angles et lignes brisées [9 pl.]; — Triangles, quadrilatères, polygones irréguliers [9 pl.]; — Circonférence, cercles et polygones réguliers ; —Développement et tracé des solides [9 pl.]; — Tracé géométrique des lignes droites et courbes [9 pl.] ; — Tracé géométrique des surfaces planes [9 pl.]; — Tangentes, raccordements, courbes diverses [9 pl.].

Le même ouvrage a paru sous le titre : *Cours complet de dessin linéaire*, avec et sans instruments [22 tabl. in-fol., 4 fr.].

POMPERY [Édouard de], écrivain fouriériste.

1. — Le Docteur de Tombouctou. Nouveaux Essais de science sociale et de philosophie. Paris, Ébrard, 1837, in-8 [7 fr. 50 c.].

2. — Théorie de l'association et de l'unité universelle de C. Fourier ; introduction religieuse et philosophique. Paris, Capelle, 1841, in-8 [6 fr. 50 c.].

On doit encore à M. Ed. de Pompery : Lettre à G. Sand, sur sa polémique avec M. Lerminier,
à l'occasion de M. de la Mennais [1838, in-8]; — Despotisme du socialisme [1849, in-16].

Il a donné une IIe édition, revue et augmentée, de l'Exposition de la science sociale constituée par C. Fourier [1840, in-12].

POMPIGNAN [Lefranc de]. Voy. LEFRANC DE POMPIGNAN.

PONCE-NOLLET. Voy. NOLLET.

PONCE [Nicolas], graveur, correspondant de l'Institut, membre de plusieurs sociétés savantes; né à Paris le 12 mars 1746, mort en 1831. [Voy. la *France littér.*, t. VII, p. 259.]

1. — Collection des tableaux et arabesques antiques trouvés à Rome, dans les thermes de Titus, avec un avant-propos et un texte explicatif, par M. Ponce; suivis des arabesques antiques des bains de Livie et de la ville Adrienne, avec les plafonds de la Ville-Madame, d'après les dessins de Raphaël. Nouvelle édition. Paris, Bance aîné, 1838, in-fol. avec 60 pl. [40 fr.].

2. — Arabesques antiques des bains de Livie et de la ville Adrienne, avec les plafonds de la Ville-Madame, peints d'après les dessins de Raphaël et gravés par les soins de M. Ponce. Nouvelle édition. Paris, Bance aîné, 1838, in-fol. avec 15 pl. [15 fr.].

PONCELET [François - Frédéric], professeur à la Faculté de droit de Paris; né à Mouzay (Meuse) le 10 août 1790, mort le 24 mars 1843. [Voy. la *France littér.*, t. VII, p. 261.] — Cours d'histoire du droit romain fait à la Faculté de droit. 1843, in-8 [7 fr.].

M. F.-F. Poncelet a revu et fait précéder d'un *Précis de l'histoire du droit civil* les diverses éditions du « Commentaire sur le Code civil, » par J.-M. BOILEUX.

Il a revu également l' « Introduction à la procédure.civile, » par PIGEAU; et les « Motifs et conférences du Code civil, » par M. FAVARD DE LANGLADE.

PONCELET [l'abbé J.].

M. l'abbé J. Poncelet a traduit de l'allemand, de DROSTE DE VISCHERING : « Élévations de l'âme vers Dieu » [1839, in-12]; et « Nouveau Manuel du chrétien » [1839, in-18].

PONCELET [J.-V.], général du génie, membre de l'Académie des sciences (1834), ancien professeur de mécanique à Metz, ancien directeur de l'École polytechnique; né à Metz le 1er juillet 1788. [Voy. la *France littér.*, t. VII, p. 262.]

1. — Du Frottement des engrenages. In-fol. [5 fr.].

2. — Théorie des effets mécaniques de la turbine Fourneyron. Paris, Bachelier, 1838, brochure in-4.

3. — Introduction à la mécanique industrielle, physique ou expérimentale. IIe édition, entièrement corrigée, etc. Metz, Mme Thiel; Paris, Carilian-Gœury, 1840, in-8 avec pl. [7 fr.].

4. — Mémoire sur la stabilité des revêtements et de leur fondation. Paris, impr. de Bachelier, 1840, in-8 avec 5 pl.

Extrait du « Mémorial de l'officier du génie. »

5. — Rapport et mémoire sur le nouveau système d'écluse à flotteur de M. D. Girard. Paris, Bachelier, 1845, in-4 avec 1 pl. [6 fr.].

MM. Poncelet, Dupin et Navier ont rédigé le *Rapport* fait à l'Académie des sciences sur un « Mémoire de MM. Piobert et Morin, concernant les expériences faites à Metz en 1834, sur la pénétration des projectiles dans divers milieux résistants, etc. [1835, in-8 avec 10 pl.].

M. Poncelet a travaillé aux « Annales des ponts et chaussées » et au « Mémorial de l'officier du génie. »

PONCET. — Réponse communiste-icarienne à la Tribune lyonnaise. La Guillotière, impr. de Bajat, 1845, in-12 de 24 pag.

En vers et prose. Signé : Poncet, secrétaire-rédacteur, et de trois autres personnes.

PONCET DE BERMOND [Hippolyte], petit-neveu de Vauvenargues. — La Garde royale pendant les événements du 26 juillet au 5 août 1830; avec cette épigraphe : *Fais ce que dois, advienne que pourra.* IIe édition. Paris, G.-A. Dentu, 1830, in-8 de xij et 119 pag.

PONCHELLE [D.].
1. — Extraits de *Quinte-Curce*, ou Choix de morceaux intéressants tirés de cet auteur, et liés entre eux par des analyses, avec des notes explicatives, géographiques, critiques, etc. Paris, Mme veuve Maire-Nyon, 1839, in-12 de 144 pag.

2. — Commentaires de *César*. Choix des morceaux les plus intéressants de la guerre des Gaules, liés entre eux par des analyses, avec des notes, etc. Lyon et Paris, Périsse, 1841, in-12.

PONCHON [F.]. [Voy. la *France litt.*, t. VII, p. 266.]

1. — L'Agonie du genre humain. Lyon, Pélagaud; Paris, Poussielgue-Rusand, 1838, in-8 [6 fr.].

En prose.

2. — De la Dombes agricole, de ses étangs et des novateurs. Lyon, impr. de Pélagaud, 1839, in-8 de 48 pag.

3. — Les Réformateurs de la Dombes agricole aux prises avec eux-mêmes. Lyon, impr. de Pélagaud, 1839, in-8 de 66 pag.

4. — De la Nécessité absolue d'une réforme. Lyon, Pélagaud; Paris, Maison, 1841, in-8 de 84 pag. [2 fr.].

PONCIÉ [Laroche]. Voy. LAROCHE-PONCIÉ.

PONCY [Charles], poëte, ouvrier maçon de Toulon.
1. — Poésies. Toulon, impr. de Baume, 1840, in-8 de 16 pag.

Cinq pièces de vers de M. Ch. Poncy, précédées d'un Rapport fait à la Société des sciences de Toulon.

2. — Marines, poésies; précédées d'une Notice, par M. *Ortolan*. Paris, Lavigne, 1842, in-12 avec une grav. [3 fr. 50 c.].

3. — Le Chantier; poésies nouvelles. Paris, Perrotin, 1844, in-12 [3 fr. 50 c.].

4. — Toulon, faible revue d'une ville forte; suivie d'une Réponse, en vers, par *Méry*. Toulon, Monge, 1845, in-8 de 24 pag.

En vers.

5. — OEuvres. *Marines. Le Chantier;* accompagnées d'une Notice sur l'auteur, par M. *Ortolan*, et d'une Préface, par *George Sand*. Paris, impr. de Vrayet de Surcy, 1846, in-8 [5 fr.].

Des vers de M. Poncy ont été insérés dans le recueil intitulé : « Poésies des ouvriers, » publ. par M. Enfantin, et dans la « Revue indépendante. »

PONELLE [Edme], professeur de belles-lettres; né à Auxerre vers 1800. [Voy. la *France litt.*, t. VII, p. 267.]

1. — Nouveau Manuel d'histoire générale, contenant les principaux faits de l'histoire ancienne, du moyen âge et moderne. Paris, Mansut fils, 1840, in-18 [2 fr.].

2. — Nouveau Manuel complet des aspirants au baccalauréat ès lettres, contenant les réponses à toutes les questions qui font l'ensemble de l'exa-

men, d'après le programme du 14 juillet 1840. VIe édition. Paris, Mansut, 1840, in-18 [5 fr.].

4. — Nouveau Compendium à l'usage des aspirants au baccalauréat ès lettres, contenant, etc. Paris, Langlois et Leclercq, 1841, in-18 [3 fr. 50 c.].

PONGERVILLE [Jean-Baptiste-Antoine-Aimé SANSON de], membre de l'Académie française, conservateur à la Bibliothèque nationale, officier de la Légion d'honneur; né à Abbeville le 3 mars 1782. M. de Pongerville s'est principalement fait connaître par son poëme *de la Nature des choses*, traduit de Lucrèce, qui a obtenu un succès durable. Une grande entente du texte latin, des tournures délicates, une versification à la fois facile et élevée, assurent au traducteur de Lucrèce et d'Ovide un rang distingué parmi les écrivains dont s'honore la littérature contemporaine. [Voy. la *Biogr. de la Somme*; la *Biographie des hommes du jour*, de SARRUT et SAINT-EDME, et la *France litt.*, t. VII, p. 268.] — La Mythologie des enfants. Paris, Eymery, 1836, in-18 [80 c.]. — Autre édition, 1843.

Citons encore : *Épitre sur l'indépendance littéraire* [1838]; — *Épitre au menuisier de Fontainebleau* [1839]; — *Épitre à une femme poète* [1840]; — *Sur la folie* [1846]; — *A Ingres* [1849]; — *Sur la peine capitale* [1849]; — *la Tempête*, dans les « Femmes de Shakspeare. »
M. de Pongerville a traduit : « les Noces de Thétis et de Pélée, » poëme, par CATULLE; — « de la Nature des choses, » poëme, par LUCRÈCE, qui a eu plusieurs éditions depuis 1823; — le même ouvrage, en prose (2 éditions); — l'Énéide de Virgile [en prose, avec une Notice sur Virgile. — 1846]; — « le Paradis perdu, » par MILTON. [Voy. ces noms.]
Il a enrichi d'une *Notice sur Milton, son époque et ses ouvrages* : « Essais sur Milton et sur l'imagination, » par ADDISON.
Il a fait précéder d'un *Avant-Propos* la nouvelle édition des « Pensées, » de la princesse Constance de SALM [1846, in-8].
La traduction de « l'Énéide, » de VIRGILE, a paru chez Lefèvre [1846, 1850, in-12].
M. de Pongerville a travaillé à la « Revue encyclopédique; » au « Musée des familles; » au « Dictionnaire de la conversation; » à l' « Encyclopédie des gens du monde; » à « l'Étoile de la jeunesse, » et à la « Biographie universelle. »

PONROY [Arthur], né à Issoudun en 1816.

1. — Formes et couleurs. Paris, Lavigne, 1842, in-12 [3 fr. 50 c.].

Poésies. Le volume est dédié à M. Jean-Sylvain Ponroy, père de l'auteur.
Il a paru dans la même année : « Critique littéraire d'un poète français, » par un Anglais [Paris, impr. de Béthune, in-8 de 28 pag.], qui passe pour un examen des écrits de M. Ponroy par lui-même.

2. — Le Vieux Consul; tragédie en cinq actes. Paris, Marchant, 1844, in-8 [50 c.].

Citons encore : avec M. ARMAND : la Recluse; drame en trois actes [joué sur le théâtre du Luxembourg en mars 1836. — M. Arthur Ponroy s'est caché sous le pseudonyme Paul MACHET]; — Pamphlet littéraire [contenant trois morceaux en prose et un en vers. — 1841, in-12]; — Ménippée, satire hebdomadaire [le premier numéro a paru le 1er novembre 1842, in-8]; — les Orateurs nouveaux traités en Atrides. Humble épitre à M. Jules Janin [1848, in-8]; — le Maréchal Bugeaud. Récit des champs, des camps et de la tribune [1849, in-18].

PONS [Ange-Thomas-Zénon], inspecteur de l'Académie de Marseille, membre de plusieurs sociétés savantes; né à Toulon le 5 novembre 1789, mort le 27 janvier 1836. [Voy. la *France litt.*, t. VII, p. 270.] — Numismatique. Opuscules posthumes de M. Z. Pons, recueillis et publiés par M. *Charles Giraud*, et précédés d'une Notice biographique. Aix, Aubin; Paris, Debure frères, 1836, in-8.

PONS [Pierre], plus connu sous le nom de *Pons-Lambert*, traducteur assermenté près le Tribunal de commerce de Paris; né à Marseille vers 1800. [Voy. la *France litt.*, t. VII, p. 270.] — Les Euphémismes du duel. Paris, L. Maison, 1846, in-8 de 50 pag.

PONS de l'Hérault (André), comte de l'empire, au titre de comte de Rio, par décret du 12 juin 1815; né à Cette en 1772. Capitaine dans la marine marchande à l'âge de vingt ans, commandant, en 1792. l'artillerie du petit port de Bandols, où il arracha, au péril de sa vie, trente-deux victimes à l'échafaud; chef d'état-major à la division navale de l'armée d'Italie, et commandant la flottille du lac de Garda, employé supérieur à la grande chancellerie de la Légion d'honneur, et administrateur général des mines de l'île d'Elbe, M. Pons porta dans ces fonctions diverses les talents, les qualités et les vertus qui en ont fait un des hommes les plus recommandables de son époque. En 1815, il organisa le retour de Napoléon de l'île d'Elbe en France, et administra, comme préfet, la ville de Lyon avec une sagesse et une vigueur dont le souvenir n'est pas encore effacé. L'exil fut sa récompense. Après la révolution de juillet 1830, M. Pons fut appelé à la préfecture du Jura; en 1848, il fut fait conseiller d'État; le 2 décembre lui imposa le repos. Il est mort à Paris le 3 mars 1853. Dans sa longue carrière, M. Pons a rendu à la liberté le culte le plus sincère et le plus constant; il l'aimait d'un amour convaincu et passionné. Guidé par une foi puissante dans sa religion politique, par les inspirations d'une conscience pure, par un sentiment élevé du juste et du vrai, il parlait, il écrivait, il agissait avec simplicité, avec énergie, avec noblesse. Il a été un des derniers représentants de cette glorieuse époque révolutionnaire dont il avait conservé les plus hautes traditions, et qu'il faisait honorer et respecter en lui. (Voyez, sur cet homme de bien, l'article qui le concerne dans la *Biogr. des hommes du jour*, de SAINT-EDME et SARRUT; une IIIe édition de cette Notice, continuée jusqu'en 1848, et publiée à cette époque; les Discours prononcés sur sa tombe, dans *le Siècle*, du 7 avril 1853, et la *France litt.*, t. VII, p. 271.]

1. — Pons à Barras. An VI, in-8.

C'est une lettre adressée au Directoire le 16 prairial an VI. Une IIe édition de ce pamphlet, qui eut un grand retentissement, fut attribuée aux ambassadeurs de Prusse et d'Espagne. Il a été en grande partie reproduit dans la Notice de M. Sarrut.

2. — Éloge funèbre du général de brigade Guillaume, décédé à Brescia le 20 ventôse (an VII), et inhumé le 21. Trente (en Tyrol), in-4 de 8 pag.

Cet écrit, imprimé et distribué par ordre du général Championnet, fut traduit et publié en italien.

3. — Éloge funèbre de l'honorable Monsieur Macarel, président de la section d'administration au conseil d'État, prononcé sur sa tombe, le 26 mars 1851. Paris, impr. de Blondeau, 1851, in-8 de 8 pag.

4. — De la Puissance suprême et du pouvoir souverain (extrait d'un ouvrage inédit). Paris, impr. de Blondeau, 1848, in-8 de 14 pag.

On doit encore à M. Pons de l'Hérault: Tableau adressé au Directoire, le 14 messidor an V (1797), de la situation politique du midi de la France; — Mémoire sur les causes de la décadence de la marine militaire, composé à la demande de M. de Lacépède, et présenté par ce savant à Napoléon; — Rapport à l'empereur sur l'armement d'une flottille expéditionnaire, pendant l'exil de Napoléon à l'île d'Elbe; — Lettres à Marie-Louise, à l'empereur d'Autriche, au prince régent d'Angleterre, pour être admis à Sainte-Hélène auprès de Napoléon; — Lettre au sujet de la souscription nationale ouverte pour acheter une maison à M. Laffitte; — Protestation rédigée à Florence au sujet de l'épée de François Ier; — Mon Pays, ode [Cette, Izar fils, 1846, in-8 de 4 pag.; morceau moitié patois, moitié français]; — Chant religieux, dédié à ses amis les pêcheurs de Port-en-Bessin, en témoignage d'affection, par Pons de l'Hérault, conseiller d'État [Bayeux, imp. de Le Caplain, in-8]; — Éloge funèbre du général Lamarque; — Nécessité de l'abolition de la peine de mort; — du Droit différentiel; — Discours; dans un écrit intitulé: « M. Pons de l'Hérault à Bandol, narration historique, » publiée par les Bandolais [1845]; — des Proclamations et lettres, pendant l'administration de M. Pons à Lyon et à Lons-le-Saulnier.

M. Pons a laissé en manuscrit de nombreux et importants travaux: une Histoire du séjour de Napoléon Bonaparte à l'île d'Elbe; — une comédie en cinq actes et en vers; — des poésies; — des biographies de Masséna et de Lamarque, etc.

M. A. Pons a travaillé au « Dictionnaire de la conversation et de la lecture. »

Lors du débarquement de l'empereur au golfe Juan, un employé avait fait des couplets de circonstance, dont Napoléon n'était pas content, parce qu'ils attaquaient les Bourbons; M. Pons, sur la prière de l'empereur, en improvisa d'autres, dont voici un couplet:

Il est temps de finir cette longue querelle
Entre le vice et la vertu;
Que la vertu toujours nous trouve dignes d'elle,
Et le vice sera vaincu.
Si par nous le monstre succombe,
Défenseurs de l'humanité,
Nous aurons acquis sur sa tombe
Nos droits à l'immortalité.

PONS [C.], docteur ès lettres. — Histoire de la guerre de Trente ans. Marseille, Masvert; Paris, Hachette, 1839, in-8, avec une carte et un portrait [3 fr. 50 c.].

M. C. Pons a traduit en vers français: « Philoctète » [1836, in-8]; et « Électre » [1841, in-8], par SOPHOCLE.

PONS [l'abbé]. — Notice sur la vie de Jean-Jacques Bonnafoux, prêtre, chanoine titulaire de la cathédrale de Marseille, etc., né à Barcelonette (Basses-Alpes) le 10 avril 1761, décédé à Marseille le 10 octobre 1841. Marseille, impr. d'Olive, 1842, in-8 de 72 pag.

PONS [Philippe-Laurent], dit Pons de Verdun, membre de la Convention nationale et du conseil des Cinq-Cents, avocat général à la Cour de cassation; né à Verdun en 1749, mort à Paris le 7 mai 1844. [Voy. le journal le *Droit* du 18 mai 1844 et la *France litt.*, t. VII, p. 269.] — Le Filleul et le parrain ou la Question physiologique. Hommage aux femmes. A Mme E. E. T. avant son départ. Réflexion. Paris, imp. de Pollet, 1836, in-8 de 8 pag.

Quatre pièces de vers.
Pons de Verdun publia en 1800 : Portrait du général Suwarow ; Dialogue sur le congrès de Rastadt; Duel entre un royaliste et un anarchiste; et quelques Vers sur les parfumeurs, lus au Portique républicain, le 6 brumaire an VIII [Paris, Dabier, an VIII].
Pons de Verdun avait eu le projet de publier une Bibliothèque des livres singuliers en théologie, droit, sciences et arts, littérature, histoire. La *Bibliothèque des livres singuliers en droit* se trouve aux pages 246 et 335 des « Questions illustres, » par J.-M. DUFOUR [1813, in-12].
— Plusieurs articles des « Questions illustres » (p. 104, 116, 141 et 187) ont été tirés sur des exemples faisant partie de la bibliothèque de Pons de Verdun, et probablement sortent de sa plume.
Étant un jour au conseil des Cinq-Cents, pendant qu'on discutait sur les malversations reprochées à Poisson de La Chabeaussière, dans l'administration de l'Opéra, en 1797, Pons de Verdun composa et fit circuler la pièce suivante :

Sous ses ordres, quand l'Opéra
De faillir essuya la honte,
Habilement il s'en tira
En évitant de rendre compte.
N'ayant volé qu'un peu d'argent,
Il n'eut qu'un peu d'ignominie ;
Petit poisson deviendra grand,
Pourvu que Dieu lui prête vie.

La « Biographie universelle » (article LA CHABEAUSSIÈRE) ne rapporte que les deux derniers vers, en ajoutant que le tribunal, chargé de prononcer sur l'accusation portée contre La Chabeaussière, l'acquitta.

PONS [Louis de], de la société de Jésus. — Compendium meditationum de præcipuis fidei nostræ mysteriis. Lyon, Périsse, 1832, 1840, 2 vol. in-12.

PONS DE LA CHATAIGNERAYE. Voy. LA CHATAIGNERAYE.

PONSARD [François], poëte dramatique; né à Vienne le 1er juin 1814.
1. — Lucrèce; tragédie en cinq actes et en vers. Paris, Furne, 1843, Ire et IIe édit., in-8 [4 fr.]; et IIIe et IVe édit., in-18 [2 fr.].

Couronné par l'Académie française.
Cette tragédie a été traduite en allemand par M. Adolphe PHILIPPI (Hambourg, R. Rittler, 1844, in-8 de 80 pag.].
On a publié, à l'occasion de cette tragédie : « Lucrèce Collatin, ou la Vertu mal récompensée, » complainte, par M. Arch. EYRAUD [1844, in-8];—« l'Anti-Lucrèce, ou Critique raisonnée de Lucrèce, tragédie en cinq actes et en vers, de M. Ponsard, » par M. Philoradix (Aubin GAUTIER) [1844, in-8], etc.

2. — Agnès de Méranie, tragédie en cinq actes et en vers, IIe édition. Paris, Furne, 1847, in-18 [2 fr.].

La première édition est de la même année.
M. F. Ponsard a traduit en vers français: « Manfred, » poëme dramatique en trois actes, par BYRON [1837, in-18]. — Il a fourni des articles et des vers à la *Revue* fondée à Vienne en 1837 par M. M. TIMON, imprimeur.

PONSONNAILLE [l'abbé F.-Cécile]. — Le Livre des fidèles. Aurillac, Ferary, 1841, in-12.

PONSORT [le baron de].
1. — Traité sur la culture de l'œillet flamand. Paris, impr. de Fain, 1841, in-8 de 64 pag. avec 1 pl.
2. — Monographie du genre œillet, et principalement de l'œillet flamand. IIe édition. Paris, Cousin, 1844, in-18 avec 1 pl. [2 fr. 50 c.].
3. — Traité sur la culture de la pensée. Paris, Cousin, 1845, in-18 [1 fr. 50 c.].
4. — Justification des sœurs hospitalières de Saint-Joseph d'Avignon. Paris, impr. de Guiraudet, 1846, in-8 de 116 pag.

PONSOT [B.], docteur en droit. [Voy. la *France littér.*, tom. VII, pag. 272.] — Traité du cautionnement civil et commercial. Troyes, impr. de Cardon, 1844, in-8 [7 fr. 50 c.].

PONT [Paul], avocat à la cour d'appel, président du tribunal civil de Corbeil. — Avec M. *A. Rodière*: Traité du contrat de mariage et des droits respectifs des époux, relativement à leurs biens. Ouvrage contenant en outre l'examen du droit d'enregistrement dans ses rapports avec les conventions matrimoniales. Paris, Cotillon, 1847, t. Ier, in-8.

M. Paul Pont a fourni des articles à la « Revue de législation et de jurisprudence, » publiée sous la direction de M. Wolowski, et à la « Revue du droit français et étranger. »

PONT [Barthélemy], lieutenant au 40e de ligne, rédacteur en chef du *Haro* de Caen. — Essai abrégé sur les éléments d'histoire militaire de France. Caen, impr. de Pagny, 1839, in-18.

Citons encore : *le Prophète Vintras et Charles-Guillaume Naündorff, duc de Normandie* [imprimé dans « le Haro, » n°s 1, 3, 6, 8, 10 décembre 1842].

PONTANIER. — Dissertation sur les avantages de l'allaitement maternel. Paris, an X, in-8 [1 fr. 25 c.].

PONTAVICE DE HEUSSEY [Hyacinthe]. — Nuits rêveuses, poésie. Paris, Souverain, 1840, in-18 [3 fr.].

PONTAYMERI (A. de), seigneur de Foucheran au XVIe siècle. — La cité du Montélimar ou les trois prinses d'icelle, composées et rédigées en sept livres. Fontainebleau, impr. lith. de Lechalat, 1845, in-8 de 160 pag.

« Notices sur l'auteur et Notes, » par M. LA BOISSIÈRE.

Le poëme de Pontaymeri a été imprimé en 1591, in-8, et cette date a été inscrite sur la réimpression lithographique de 1845.

PONTCHARTRAIN [de]. Voy. Maurice ALHOY.

PONTÉCOULANT [le vicomte Ad. de]. [Voy. la *France littér.*, t. VII, p. 274.]

1. — L'Espagne en 1837. Paris, impr. de Belin, 1837, in-8 de 32 pag.

2. — Organographie, ou Analyse des travaux de la facture instrumentale admise aux expositions de la France et de la Belgique des produits de l'industrie. Paris, impr. de Lange-Lévy, 1839, in-8.

3. — Histoire des instruments de musique, d'après les anciens écrivains et les monuments de l'antiquité. Paris, Just Teissier, 1841, in-8.

PONTÉCOULANT [Gustave de], ancien élève de l'École polytechnique, colonel d'état-major, membre de la Société royale de Londres, des académies des sciences de Paris, de Berlin, de Palerme, etc. [Voy. la *France littér.*, t. VII, pag. 274.]

1. — Théorie analytique du système du monde. Paris, Bachelier, t. IV, 1843-46, in-8.

Les trois premiers volumes ont été publiés en 1829-35, in-8, et non pas in-4, comme l'indique la « France littéraire, » avec supplément aux deux premiers volumes.

2. — Notice sur la comète de Halley et son retour, suivie d'un éphéméride calculé par M. A. Bouvard, membre de l'Institut. Paris, Bachelier, 1835, in-8 de 32 pag. [2 fr.].

3. — Mémoire sur l'inviolabilité du grand axe de l'orbe lunaire. Paris, Bachelier, 1837, in-8 de 50 pag.

4. — Lettre à M. Encke, astronome, secrétaire perpétuel de l'Académie des sciences de Berlin, en réponse à la lettre de M. Arago à M. de Humboldt. Paris, imp. de Fain, 1840, in-8 de 72 p.

Cet opuscule contient aussi une lettre à « la Presse, » datée du 12 mai. Une autre lettre insérée dans « la Presse » du 10 mai. Celle de M. Arago à M. de Humboldt, écrite à l'occasion d'un article du « Journal des Débats, » du 4 avril, a été publiée dans la même année.

5. — Traité élémentaire de physique céleste, ou Précis d'astronomie théorique et pratique, servant d'introduction à l'étude de cette science, ouvrage destiné aux personnes peu versées dans l'étude des sciences mathématiques qui désirent acquérir, sans leur secours, des notions exactes sur la constitution de l'univers. Paris, Carilian-Gœury, 1840, 2 vol. in-8 avec pl. [10 fr.].

PONTET [D.], employé au ministère du commerce et de l'agriculture.

1. — Pontet's Travelling interpreter, ou l'Interprète du voyageur, en anglais et en français, contenant des choix de phrases les plus usitées en voyage, suivis de dialogues sur les principaux édifices de la ville de Paris. 1 vol. in-18 [2 fr. 25 c.].

2. — Stud Book français. Registre des chevaux de pur sang nés ou importés en France. Publié par ordre du ministre de l'agriculture et du commerce. IIIe volume. Paris, Dupont, 1844, in-8.

M. Pontet est l'auteur, seul ou en société, de plusieurs pièces de théâtre qui ont été représentées. — Il a travaillé au « Dictionnaire anglais-français et français-anglais, » de BONIFACE.

PONTGIBAUD [le comte César de].

1. — Mosaïque, poésies. Clermont-Ferrand, Perol, 1844, in-8. Nouvelle édition. Paris, Goujon et Milon, Dentu, 1846, in-12.

2. — L'Eglise du Sacré-Cœur à Moulins. Paris, impr. d'Adrien Leclère, 1846, in-8 de 4 pag.

PONTIER [l'abbé]. — Éloge funèbre de messire Jean-Joseph Allemand, prêtre, directeur de l'OEuvre de la jeunesse, prononcé le 13 juillet 1836, à la cérémonie de la déposition de son cœur dans le monument érigé dans la chapelle de l'OEuvre. Marseille, impr. d'Olive, 1836, in-8 de 32 pag.

J.-J. Allemand, né à Marseille le 27 décembre 1772, est mort le 10 avril 1836.

PONTMARTIN [Armand de].

1. — Napoléon Potard. Paris, impr. de Proux, 1845, in-8 de 136 pag.

Extrait de « la Mode. »

2. — Contes et rêveries d'un planteur de chour. Paris, impr. de Proux, 1845, in-8 [7 fr.].

3. — Mémoires d'un notaire. Paris, Gabriel Roux et Cassanet, 1848-49, 3 vol. in-8 [15 fr.].

M. Armand de Pontmartin a fourni des articles à « la Mode; » à la « Revue contemporaine; » à « l'Opinion publique, » et à la « Revue des Deux-Mondes. »

PONTON D'AMECOURT [L.-M.]. — Quelques Mots sur l'état de la justice en Algérie, depuis 1834 jusqu'à ce jour, et sur la nécessité d'y apporter des modifications essentielles, suivis d'un projet d'organisation judiciaire. Nanci, impr. de Paullet, 1842, in-8 de 116 pag.

POOLE [G.-A.]. — Histoire de la vie et des temps de saint Cyprien, évêque de Carthage et martyr. Ouvrage traduit de l'anglais de G.-A. Poole, accompagné de la biographie du saint, par le diacre *Pontius*, et d'une dissertation préliminaire, par *François-Zénon Collombet*. Lyon et Paris, Périsse, 1842, in-8 [6 fr.].

POPP [Juste]. — Avec M. *Théodore Bulau* : l'Architecture du moyen âge à Ratisbonne (1839, in-4). Voy. BULAU.

POPPLETON [G.-H.], professeur de langue anglaise. [Voy. la *France littér.*, t. VII, pag. 279.] — Guide pratique pour traduire du français en bon anglais, au moyen d'une traduction interlinéaire, des idiotismes et des mots difficiles. VII° édition, revue, corrigée et augmentée d'un précis de syntaxe anglaise raisonnée, avec plus de 1,200 renvois du texte aux règles, etc., par *P.-O. Marieval*. Paris, Cotelle, 1843, in-12 [3 fr.].

M. Poppleton a considérablement augmenté les dernières éditions de : « Éléments de la langue anglaise, » par SIRET. (Voy. ce nom.)

POPYS DE CASTRES [l'abbé].

1. — Réflexions sur le projet de loi relatif à l'enseignement secondaire. Paris, Delloye, Delaunay, 1841, in-8 de 16 pag.

2. — Le Génie du prêtre. Paris, Debécourt, 1842, in-8 [6 fr. 50 c.].

POQUELIN [Jean-Baptiste], dit MOLIÈRE. Voy. ce nom.

POQUET [l'abbé Alexandre-Eusèbe],

curé de Nogentel, correspondant du comité historique des arts et monuments, directeur de l'institution des sourds-muets de Saint-Médard-lès-Soissons, chanoine honoraire de Soissons.

1. — Histoire de Château-Thierry. Château-Thierry, Laurent; Paris, J.-B. Dumoulin, Pougin, 1839-40, 2 vol. in-8, avec fig. et plans [15 fr.].

Cette Histoire de Château-Thierry passe pour être un abrégé et, en beaucoup d'endroits, une copie textuelle des *Mémoires pour servir à l'histoire de Château-Thierry*, rédigés par l'abbé Hébert, curé de Lucy-le-Bocage, et restés manuscrits. Il existe de ces mémoires trois copies, dont la dernière a été terminée en 1806. L'abbé Poquet s'est, dit-on, servi de celle qui se trouve au presbytère de Saint Crépin, et que l'on pouvait croire unique.

2. — Notice historique et archéologique sur le bourg et l'abbaye de Chézy-sur-Marne (Aisne). Chézy, 1844, in-8 de 50 pag. [2 fr. 25 c.]. — Paris, Dumoulin.

On doit encore à M. l'abbé A.-E. Poquet : Notice historique et descriptive sur l'église abbatiale d'Essomes, près Château-Thierry [1842, in-8]; — Notice sur l'abbaye royale de Notre-Dame de Soissons [1846, in-4. — Publication du Comité archéologique de Soissons]; — avec M. DARAS : Cérémonial du sacre de Mgr l'évêque de Soissons, précédé d'une Notice historique et descriptive de la cathédrale et d'une Biographie de ses évêques [1848, in-12]; — Pèlerinage à l'ancienne abbaye de Saint-Médard-lès-Soissons [II° édit. 1849, in-8. — Extrait des « Annales de l'Institut des sourds-muets de Saint-Médard »].

PORCHAT-BRESSENEL [J.-J.], poëte, né à Crête, près de Genève, le 20 mai 1800, professeur de littérature latine à l'Académie de Lausanne. [Voy. la *France littéraire*, t. VII, p. 279.]

1. — Glanures d'Ésope, recueil de fables. II° édition. Lausanne, Marc Ducloux ; Paris et Genève, Ab. Cherbuliez et Cie, 1837; et III° édition. Paris, Belin-Mandar, 1840, in-8 [6 fr.]. IV° édition, 1 vol. in-12.

La première édition, publiée sous le titre : *Recueil de fables*, est de 1826, in-18.

2. — Quand est-ce que l'influence des Grecs sur la littérature latine a commencé à se faire sentir, et comment cette influence s'est-elle exercée ? Lausanne, 1832, brochure in-4.

3. — Poésies vaudoises. Lausanne, Geo. Rouiller, 1832, in-12.

Sous le pseudonyme VALAMONT.

4. — La Mission de Jeanne d'Arc; drame en cinq journées, en vers. Paris, Dubochet, 1844, in-18 [2 fr.].

On a publié en 1844 : Étude sur les drames consacrés à Jeanne d'Arc par SCHILLER, L. D'AVRIGNY, A. SOUMET, et spécialement sur la Mission de Jeanne d'Arc, par J.-J. Porchat [Lyon, impr. de Marle aîné, in-8 de 20 pag.].

5. — Le Fablier des écoles, ou Choix de fables des fabulistes français, avec une explication morale et des notes, etc. Paris, Dezobry, E. Magdeleine et Cie, 1848, 2 parties in-18.

La première partie renferme : *Fables choisies de la Fontaine*; la deuxième : *Fables choisies de Florian et autres fabulistes français.*
Citons encore : Théodie. Recueil de chants à plusieurs voix sur l'histoire sainte, dans l'ordre même des livres sacrés [1846, in-8];—Trois Mois sous la neige. Journal d'un jeune habitant du Jura. Ouvrage destiné à servir de lecture courante dans les écoles primaires [1849, in-18. —Ouvrage couronné par l'Académie française].
M. J.-J. Porchat (sous le pseudonyme VALAMONT) a donné une traduction en vers français des « Poésies » de TIBULLE [1830, in-8]; et une traduction en vers français, avec le texte en regard, de « l'Art poétique, » d'HORACE [1842, in-8].
On doit encore à M. J.-J. Porchat : Winkelried, drame en cinq actes [in-12];—les Colons du rivage, ou Industrie et probité [in-18]; — la Ferme de Prilly [in-18]; — la Sagesse du hameau, entretiens d'un aïeul et de ses petits-enfants sur la famille, l'autorité paternelle, le travail, la propriété, les riches et les pauvres [in-18]; — la Vie et la mort de Jeanne d'Arc, racontée à la jeunesse [in-18 avec 2 lithogr.]; — la Vie de saint Louis, racontée à la jeunesse [in-18 avec 1 portrait de saint Louis].
M. J.-J. Porchat est l'un des principaux auteurs de : « Album de la Suisse romande » [1842 et ann. suiv., in-4].

PORET, vicomte de BLOSSEVILLE. Voy. BLOSSEVILLE [Bénigne-Ernest].

PORET [Pierre-Jacques-Hector], né à Paris en 1798. [Voy. la *France littér*., t. VII, p. 281.]

1. — Examen littéraire des Douze Césars de Suétone. Paris, 1819, in-4.

Thèse pour le doctorat ès lettres.

2. — De animæ Immortalitate. Paris, 1819, in-4.

Thèse pour le doctorat ès-lettres.

PORET [A.].

M. A. Poret a traduit de l'allemand, sur la IIIe édition : « Manuel de philosophie, » par A.-H. MATTHIÆ [1837, in-8].

PORNIN [A.-F.]. [Voy. la *France littér*., t. VII, p. 281.]

1. — Les Délices de la jeunesse chrétienne, ou recueil de morceaux peu connus sur des sujets religieux. Paris, Jeanthon, 1835, 2 vol. in-8.

Un volume contient la *prose et poésie latine*; l'autre, la *prose et poésie française.*

2. — L'Europe historique, ou Résumé de l'histoire des peuples qui l'habitent, avec des notions sur les États d'un ordre inférieur. Paris, Maire-Nyon, 1838, 2 vol. in-12 [4 fr. 50 c.].

Le tome Ier comprend : *Histoire de France*; — le tome II : *Résumé des histoires d'Angleterre, d'Allemagne, d'Espagne, de Prusse, d'Italie*, etc.

PORNIN [Raymond]. — Avec M. Léonce Rabillon : Pont-Levoy, son abbaye, son école, album précédé d'une introduction, par M. *Laurentie*. Tours, impr. de Pornin, 1844, in-4 de 4 pag. avec 20 pl. et 1 frontispice.

POROSE [Louis]. — Nouveau Secrétaire d'amour, contenant, etc., avec un traité sur l'art d'être heureux en ménage, etc. Montbéliard, Deckherr, 1837, 1840, 1842, 1843, 1849, in-18.

PORRÉE [le P. Charles], jésuite, professeur de rhétorique; né à Vendes, près de Caen, en 1675, mort le 11 janvier 1741. [Voy. une Notice sur les deux Porrée, par M. *Aleaume*, et la *France littér.*, t VII, p. 280.]

1. — Exempla amoris. Paris, Barbou, 1717, in-12 de 14 pag.

En vers.

2. — In laudem Ludovici XV argumenta poetica. Paris, Barbou, 1717, in-12 de 24 pag.

PORRET. — Les Casse-cou, aventures et mésaventures, catastrophes grotesques, malheurs, anecdotes, caractères à mourir de rire, scènes, épisodes, mystifications. à s'en tenir les côtes, caricatures en action, misères et tribulations drôlatiques, avec de goguenardes et burlesques illustrations. Paris, impr. de Mme Huzard, 1838, in-32 avec 18 vign. [3 fr. 50 c.].

Quelques morceaux sont en scènes.

PORSOZ [J.]. — Introduction à l'étude de la chimie moléculaire. Strasbourg, Derivaux; Paris, Mathias, Lagny frères, Beaujouan et Jourdan, 1839, in-8, avec 9 tableaux et 1 pl. [12 fr.].

PORTAL [Pierre-Barthélemy d'AL-

BARÈDES, baron] grand croix de la Légion d'honneur, pair de France, ministre de la marine et des colonies et ministre d'État sous les rois Louis XVIII et Charles X; né à Albarèdes, près Montauban, le 31 octobre 1765, mort à Bordeaux en 1845.

1. — Mémoire du conseil de commerce de Bordeaux, adressé au premier consul, sur la question de savoir s'il convient ou ne convient pas à la France de faire un traité de commerce avec l'Angleterre, 28 floréal an X. Bordeaux, impr. de Suwerinck, 1843, in-8 de 52 pag.

2. — Mémoires. Paris, Amyot, 1846, in-8 [1 fr. 50 c.].

Les *Mémoires personnels* de ce ministre se réduisent à 91 pag. Les *Mémoires politiques* et les *Mémoires sur la marine*, qui intéressent les hommes spéciaux, sont plus considérables.

PORTAL [l'abbé]. — Abrégé de l'histoire de l'Église, sur le plan de Lhomond, enrichi de notes explicatives. Paris, Vaton, 1830, in-18 [1 fr.].

Publié sous le nom : *un prêtre de Saint-Thomas d'Aquin*.

PORTAL [Pierre-Paul-Frédéric], maître des requêtes; né à Bordeaux le 5 novembre 1804, d'une famille protestante dont le nom est célèbre dans les guerres de religion.

1. — Des Couleurs symboliques dans l'antiquité, le moyen âge et les temps modernes. Paris, Treuttel et Würtz, 1837, in-8 [6 fr.].

L'Introduction de cet ouvrage a été traduite dans la revue anglaise « the Intellectual Repository. »

2. — Les Symboles des Égyptiens, comparés à ceux des Hébreux. Paris, Mme veuve Dondey-Dupré, 1840, in-8 [7 fr. 50 c.].

PORTALIS [le comte Jean-Etienne-Marie], président du conseil des Anciens, conseiller d'État, un des rédacteurs du Code civil, ministre des cultes, membre de l'Institut; né à Beausset (Bouches-du-Rhône) le 1er avril 1745, mort à Paris le 25 août 1807. [Voy. la *France littér.*, t. VII, p. 285.]

1. — Avec MM. *Lucien Bonaparte* et *Siméon* : Code religieux et recueil complet des discours et rapports sur l'organisation des cultes, suivi du concordat passé entre le gouvernement français et S. S. Pie VII, ainsi que des bulles et brefs y relatifs. Saintes, an X, in-8 de 106 pag.

2. — Discours, rapports et travaux inédits sur le Code civil, par J. Portalis, publiés et précédés d'une introduction, par M. le vicomte *Frédéric Portalis*. Paris, Joubert, 1844, in-8 [8 fr.].

3. — Discours, rapports et travaux inédits sur le concordat de 1801 (26 messidor an IX), les articles organiques publiés en même temps que ce concordat (loi du 15 germinal an X, 8 avril 1802), et sur diverses questions de droit public concernant la liberté des cultes, etc., etc., par J.-E.-M. Portalis, mis en ordre, publiés et précédés d'une introduction, par le vicomte *Frédéric Portalis*. Paris, Joubert, 1845, in-8 [9 fr.].

Un Rapport de M. Portalis a été imprimé en tête du « Manuel du droit public ecclésiastique français, » par M. A.-M.-J.-J. DUPIN.

PORTALIS [le comte Joseph-Marie], né à Aix le 19 février 1778, fils du précédent, conseiller d'État, deux fois ministre des cultes, ministre des affaires étrangères, pair de France, membre de l'Académie des sciences morales et politiques. [Voy. la *Biogr. des hommes du jour* et la *France littér.*, t. VII, p. 286.]

1. — Code civil du royaume de Sardaigne, précédé d'un travail comparatif avec la législation française. Rennes, impr. de Vatar; Paris, Joubert, 1844, in-8 en deux parties [16 fr.].

IXe livraison de la « Collection des lois civiles et criminelles des États modernes, » publiée sous la direction de M. V. FOUCHER.

2. — Éloge de M. le baron Mounier. Paris, impr. de Crapelet, 1844, in-8 de 52 pag.

PORTALIS [le vicomte Frédéric], député; né à Paris en 1803. [Voy. la *Biographie des hommes du jour*, et la *France littér.*, t. VII, p. 286.]

M. le vicomte F. Portalis a publié et fait précéder d'une *Introduction* les « Discours, rapports et travaux inédits sur le Code civil » [1844, in-8]; et les « Discours, rapports et travaux inédits sur le concordat de 1801 » [26 messidor an IX) [1845, in-8], par M. J.-E.-M. PORTALIS.

PORTALIS [Auguste], vice-président du tribunal de la Seine, conseiller à la cour d'appel de Paris, membre de la

Chambre des députés, membre des assemblées législatives après 1848, né à la Ciotat le 17 mars 1801, mort en 1855.

1. — Essai sur la vie et l'administration du duc de Gaëte, ministre des finances sous l'Empire. Paris, impr. de Duverger, 1842, in-8 de 116 pag. avec un portrait.

2. — La Liberté de conscience et le statut religieux. Paris, Thorel, 1847, in-8 [7 fr. 50 c.].

M. Auguste Portalis est auteur d'un Mémoire en faveur de la liberté des cultes, couronné par la Société de la morale chrétienne.
Citons encore : Conversion de la rente [1838, in-8] ; — Illégalité et iniquité du mode de recensement général ordonné par le ministre des finances [1841, in-12].

PORTALLIER [Claude-Joseph], chanoine honoraire de la cathédrale de Belley, puis directeur du noviciat des sœurs hospitalières de Saint-Joseph à Bourg; né à Meximieux le 19 mars 1788, mort le 22 juillet 1831.

M. C. J. Portallier a publié un *Mois de Marie* et un *Manuel des cérémonies lyonnaises*. Il a aussi donné une nouvelle édition de l'*Histoire de l'église de Brou*.

PORTE. — Almanach centenaire, depuis 1671 jusqu'en 1772, avec des explications très-claires. 1772, in-fol. plano.

PORTE [J.-B.-F.-F.], correspond. de la commission des travaux de l'histoire de France; né à Aix en 1790. [Voy. la *France littér.*, t. VII, p. 286.] — Des moyens de propager le goût de la musique en France. IIe édition. Aix, Martin, 1838, in-8 [3 fr.].

Mémoire couronné par la Société philharmonique du Calvados.
Citons encore : Notice historique sur la petite église de Sainte-Anne et sur la partie de la montagne de Gouiron où cette église est située [in-8 de 64 pag.] ; — Notice historique et critique sur quelques artistes provençaux ou qui fleurirent en Provence [in-8 de 48 pag.] ; — Notice sur Laurent Faucher, peintre de portraits [in-8 de 31 pag.] ; — Statistique de la ville de Berre et de son terroir [in-8 de 156 p.].
M. Porte a donné, dans le tome IV des « Mémoires de l'Académie des sciences d'Aix : » *Recherches historiques sur les fêtes de la Tarasque*.

PORTE [Adolphe].[Voy. la *France littér.*; t. VII, p. 287.]

1. — A Eugène Sue, Apologie des *Mystères de Paris*. Paris, impr. de Guiraudet, 1844, in-8 de 32 pag. [1 fr.].

En vers.

2. — Droit au travail, marche des socialistes. Paris, Durand, 1849, in-4 de 2 pag.

Six couplets avec refrain.
Citons encore : Éloge de M. de Brisis, député de la Drôme [1837, in-8].

PORTELETTE [Constant].

1. — Dialogues philosophiques. Les Sophistes grecs. Étude historique. Paris, au comptoir des imprimeurs-unis, 1845, in-12 [3 fr. 50 c.].

2. — Histoire dialoguée de la philosophie. Origine de la philosophie. Dialogue 1er. Thalès et Pythagore. Besançon, Déis, 1845, in-8 de 112 pag.

On doit aussi à M. C. Portelette : Françoise, ou les Deux Vivandières [1848, in-8. — 23 couplets] ; — Délire de Radetzki [1848, in-8. — En vers] ; — la Mort de l'archevêque de Paris [1848, in-8. — En vers].

PORTER [J.-R.], chef du bureau de statistique commerciale à Londres. — Progrès de la Grande-Bretagne, sous le rapport de la population et de la production, traduit de l'anglais et accompagné de notes et tableaux présentant les progrès analogues pour la France; par *Ph. Chemin-Dupontès*, précédé d'une préface par M. *Michel Chevalier*. Paris, Ch. Gosselin, 1837, in-8 [8 fr.].

PORTEUS [Beilby], évêque de Londres. — Douze Propositions, ou sommaire des principales preuves qui servent à établir l'authenticité ainsi que la divine origine de la révélation chrétienne ; traduit de l'anglais. Paris, Treuttel et Würtz, 1845, in-32.

PORTHMANN [Jules-Louis-Melchior], né en 1791, mort le 29 février 1820. [Voy. la *France littér.*, t. VII, p. 288.] — Éloge historique de l'imprimerie, augmenté d'une réfutation des deux ouvrages : Conspectus originum typographicarum (1761), et Origines typographicæ (1766), de M. *Meerman*. Paris, A. Porthmann, 1836, in-8 de 68 pag. [2 fr. 50 c.].

Troisième édition. Les deux premières sont de 1811.

PORTIER.

1. — Avec M. *Marprez* : Exercices sur l'orthographe (1839, in-12). Voy. MARPREZ.

2. — Avec M. *Ch. Martin* : Leçons graduées de lectures manuscrites, etc. (1837, 1838, 1841, 1843, in-12). Voy. MARTIN.

PORTRET [Octave], avocat. — Odes d'*Anacréon*, et autres poésies, traduites par Octave Portret, suivies de la traduction d'Anacréon, par *Remi Belleau*. Rouen, impr. de Lefèvre ; Paris, Durand, 1839, in-16.

POSSELLIER [A.-J.-J.], dit GOMARD. — La Théorie de l'escrime, enseignée par une méthode simple, basée sur l'observation de la nature ; précédée d'une introduction dans laquelle sont résumés, par ordre de dates, tous les principaux ouvrages sur l'escrime qui ont paru jusqu'à ce jour, etc. Paris, Dumaine, 1845, in-8 avec 20 pl. [7 fr.].

POSSIEN [H.].
1. — Avec M. *Chantrel* : Les Vêpres siciliennes, ou Histoire de l'Italie au XIIIe siècle. Paris, Debécourt, 1843, in-8 [6 fr.].
2. — Avec M. *Chantrel* : Lucien. Dialogues des morts, avec les temps primitifs des verbes irréguliers en regard, et notes. Paris, Mme veuve Maire-Nyon, 1843, in-12.

POSSON [L. de], colonel d'infanterie en retraite.
1. — De la Navigation transatlantique par la vapeur, examinée sous le point de vue commercial. Mémoire lu à la Société maritime dans les séances des 2 et 23 février, 9 et 23 mars 1843. Paris, impr. de Bourgogne, 1843, in-8 de 88 pag.
Extrait de la « Revue scientifique, industrielle. »
2. — Avec MM. *de Jouffroy* et *Germain Sarrut* : Mémoire à consulter sur les chemins de fer en général (1844, in-4). Voy. JOUFFROY.

POSTELS [Alexandre]. Voy. LUTKÉ [Frédéric].

POTEL [J.-L.], de Dieppe. — Méthode classique de sténographie, ou l'Art d'écrire en caractères abréviatifs. Paris, P. Dupont, 1842, in-8 [5 fr.].

POTERLET jeune. [Voy. la *France littér.*, t. VII, pag. 291.] — Le Paradis des sages, rêveries philosophiques sur le monde intellectuel. Paris, Delaunay, 1826, in-8 de 312 pag.
Sous les initiales P. J.

POTERLET [H.-H.-B.]. — Notice historique et statistique des rues et places de la ville et des faubourgs d'Épernay, présentée au conseil municipal de cette ville, en exécution d'une délibération du 10 mai 1836. Épernay, Warin-Thierry, 1838, in-8, avec une vue d'Épernay à l'époque du siége de cette ville par Henri IV, en 1592.

POTHERAT DE THOU.
1. — Recherches sur l'origine de l'impôt en France. Paris, Levrault, 1838, in-8 [6 fr.].
2. — De la Politique d'Aristote. Paris, Pitois, 1842, in-8 de 56 pag.

POTHIER [Robert-Joseph], jurisconsulte ; né à Orléans le 9 janvier 1699, mort le 2 mars 1772. [Voy. la *France littér.*, t. VII, p. 291.] — OEuvres annotées et mises en corrélation avec le Code civil et la législation actuelle, par M. *Bugnet*. Paris, Videcoq, Cosse et Delamotte, 1845-48, 10 vol. in-8 [80 fr.].

POTIER [Charles], artiste et auteur dramatique, fils de l'acteur comique du même nom. [Voy. la *France littér.*, t. VII, p. 295.]
1. — Avec M. *Hipp. Rimbaut* : l'Ami et l'amant, ou la Confiance du mari ; comédie-vaudeville en un acte. Paris, Gallet, Tresse, Vert, 1840, in-8 [30 c.].
2. — Tic, tac ! tic, tac ! ou les Nouveaux mariés ; folie-vaudeville en un acte. Paris, impr. de Baudouin, 1843, in-8 de 12 pag.
3. — Avec M. *Édouard Brisebarre* : A la belle étoile ; vaudeville en un acte. Paris, Beck, Tresse, 1845, in-8 [30 c.].
4. — Le Retour du conscrit ; vaudeville en un acte. Paris, Beck, Tresse, 1846, in-8 [40 c.].
5. — Avec M. *Édouard Brisebarre* : le Mal du pays ; drame-vaudeville en trois parties. Paris, Beck, Tresse, 1846, in-8 [50 c.].
6. — Avec M. *Édouard Brisebarre* : Bal et bastringue ; vaudeville en trois actes. Paris, Beck, Tresse, 1847, in-8 [50 c.].
7. — Avec M. *Édouard Brisebarre* : Sans dot ! comédie-vaudeville en un acte. Paris, Beck, Tresse, 1847, in-8 [50 c.].

8. — Avec M. *Edouard Brisebarre* : l'Été de la Saint-Martin, comédie en un acte, mêlée de couplets. Paris, Beck, Tresse, 1848, in-8 [50 c.].

9. — Avec M. *N. Fournier* : Élevés ensemble ; comédie-vaudeville en un acte. Paris, Beck, Tresse, 1849, in-8 [50 c.].

10. — Avec M. *Édouard Brisebarre:* le Voyage de Nanette ; drame-vaudeville en trois actes et quatre tableaux. Paris, Beck, Tresse, 1849, in-8 [50 c.].

11. — Avec MM. *Édouard Brisebarre et Commerson* : les Fredaines de Troussard, vaudeville en un acte. Paris, Beck, Tresse, 1849, in-8 [50 c.].

On doit encore à M. Ch. Potier, en collaboration avec A. BÉRAUD : le Maître à tous ; — avec M. BOULÉ : la Fille du bourreau ; Fanchette ; Parce que, ou la suite de *Pourquoi* ; — avec M. BOULÉ et Ch. DESNOYERS : le Facteur ; — avec M. DELAPORTE : Estelle et Némorin ; — avec M. DESNOYERS : le Marchand d'habits ; — avec M. DUTERTRE : Léon, Georges et Marie ; — avec M. D. GAUTIER : la Sœur de l'ivrogne ; — avec M. GUÉNÉE : le Bijoutier de Nuremberg ; — avec M. NYON : les Deux Joseph ; — avec MM. NYON et Éd. BRISEBARRE : Adrienne de Carotteville. Voy. ces noms.

M. Potier a rédigé, avec M. A. LETORZEC, les « Mémoires de Potier, ancien acteur du théâtre des Variétés, » dont le commencement seul a paru en feuilletons.

POTIER [A.-J.]. — Livret historique des peintures, sculptures, dessins et estampes du musée de Valenciennes. Valenciennes, impr. de Prignet, 1841, in-12.

POTIER [Melchior]. [Voy. la *France littér.*, t. VII, p. 295.] — Miscellanées poétiques, ou Poésies diverses, suivies de Jugurtha à Rome, tragédie. Paris, Potier et Nozeran, Dentu, 1842, in-18.

POTIEZ [Valery-Louis-Victor], conservateur du musée de Douai, membre de la Société d'agriculture, sciences et arts du département du Nord et de plusieurs autres sociétés savantes; né à Douai en 1806. — Avec M. *Michaud* : Galerie des mollusques, etc. (1838-45, 2 vol. gr. in-8). Voy. MICHAUD.

POTIN [N.-R.] de la Mairie; né à Gournay.

1. — Recherches historiques sur la ville de Gournay (en Bray). Gournay, Folloppe; Paris, Dumoulin, 1843, 2 vol. in-8 avec 2 cartes [10 fr.].

2. — Supplément aux Recherches historiques sur la ville de Gournay en Bray. Gournay, Mᵐᵉ veuve Folloppe, 1844, in-8 [5 fr.].

Ce supplément a été publié sous les initiales N. R. P.

POTONIÉ [D.], commissionnaire en marchandises, président du comité chino-parisien. — Notice à MM. les fabricants sur l'importation des articles de Paris en tout pays, et spécialement en Chine. Paris, Guillaumin, 1845, in-8 de 24 pag.

Citons encore : Note sur l'organisation facultative des débouchés de l'industrie parisienne. Abouchement direct du producteur et du consommateur [1848, in-8] ; — Notice à MM. les membres de la commission d'exportation, sur l'organisation facultative des débouchés de l'industrie parisienne [1848, in-8].

POTRON, notaire honoraire à Paris, ancien syndic de la compagnie. — Histoire numismatique du Châtelet et du notariat de Paris, du IXᵉ au XIXᵉ siècle, offerte à la compagnie des notaires. Paris, impr. de Bruneau, 1842, in-8 de 12 pag.

Cette numismatique contient 400 médailles, argent et bronze, qui ont été renfermées dans la bibliothèque des notaires, par les soins de la compagnie. [Voy. « le Moniteur » du 15 mai 1842.]

POTRON [J.-C.-A.], auteur dramatique.

1. — Avec M. *Alphonse [Robert-Alphonse Gautier]* : la Fin d'un bal ; comédie en un acte, mêlée de couplets. Paris, Bezou, 1832, in-8 [1 fr. 50 c.].

2. — Avec M. *J.-F.-A. Bayard* : le Tyran d'une femme ; comédie en un acte, mêlée de chant. Paris, Henriot, Tresse, 1841, in-8 [30 c.].

3. — Avec M. *J.-F.-A. Bayard* : le Magasin de la graine de lin ; vaudeville en un acte. Paris, Ch. Tresse, 1842, in-8.

4. — Avec M. *J.-F.-A. Bayard* : Mᵐᵉ de Cérigny ; comédie-vaudeville en un acte. Paris, Tresse, 1845, in-8 [60 c.].

5. — Avec M. *Bayard* : Une Voix ; opéra-comique en un acte, musique de M. Ernest Boulanger. Paris, Beck, Tresse, 1845, in-8 [50 c.].

6. — Une Confidence, comédie en un acte. Paris, Beck, Tresse, 1845, in-8 [60 c.].

Nous connaissons encore de M. Potron, en collaboration avec MM. BAYARD et Alphonse [GAUTIER] : le Poltron ; — avec M. Léon [LAYA ou PILLET] : la Liste de mes maîtresses ; un

Mari du bon temps; — avec M. Léon PILLET: le Cabaret de la veuve. [Voy. ces noms.]

M. Potron s'est souvent caché sous le pseudonyme REGNAULT.

POT-SEURAT, architecte.—Détail des prix de tous les ouvrages de bâtiment, à l'usage des ingénieurs, architectes, entrepreneurs et propriétaires. 1826, 2 vol. in-8 [20 fr.]. — *Paris, Carilian-Gœury.*

POTTER [Louis-Joseph-Antoine de], historien, écrivain politique, ancien membre du gouvernement provisoire de Belgique, après la révolution de 1831; né à Bruges le 26 avril 1786. [Voy. la *France littér.*, t. VII, p. 297.]

1. — Histoire philosophique, politique et critique du christianisme et des églises chrétiennes, depuis Jésus jusqu'au XIXᵉ siècle. Paris, Leclaire, Berthemy, 1836-37, 8 vol. in-8 [48 fr.].

2. — Lettres à Léopold, roi des Belges (1832 à 1836). Paris, impr. de Mᵉ Delacombe, 1839, in-8 de 32 pag.

Contient trois lettres, dont la première est du 5 février 1832, les deux autres de 1839.

3. — Révolution belge de 1828 à 1839. Souvenirs personnels avec des pièces à l'appui. Paris, Chlendowski, 1839, 2 vol. in-18 anglais [6 fr.].

4. — Études sociales. Paris, Chlendowski, 2 vol. in-18 anglais [6 fr.].

POTTIER [André], conservateur de la bibliothèque de Rouen; né à Rouen en 1812. [Voy. la *France littér.*, t. VII, p. 299.]

— Revue rétrospective normande. Briefve chronique de l'abbaye de Saint-Wandrille, et aussi d'aucunes punissions données par la justice divine aux molesteurs de moignes de cest monastère, et semblablement aux malfaicteurs, robeurs, pilleurs et détenteurs des biens et choses dudit monastère, et de ses membres et deppendances. Publié pour la première fois d'après le cartulaire de Saint-Wandrille de Marcoussis, mˢ du XVIᵉ siècle de la bibliothèque de Rouen. Rouen, E. Legrand, 1837, in-8 de 16 pag.

Publication de la « Revue de Rouen. »

— Revue rétrospective normande. Documents inédits pour servir à l'histoire de Rouen et de la Normandie. Rouen, N. Périaux, 1842, in-8 avec 2 pl. et un fac-simile [12 fr.]. — *Paris, Dumoulin.*

Contient 14 pièces ayant une pagination séparée. Quelques-unes de ces pièces sont en caractères gothiques.

En voici les titres:
I. Chronique abrégée du roi Richard Cœur-de-Lion [1841. — Réimpression gothique]; — II. Chronique rimée des XIIIᵉ et XIVᵉ siècles (en vers) [1837. — Réimpression gothique]; — III. Siége de Rouen par le roi Charles VII, en 1449 [1841]; —IV. Briefve Chronique de l'abbaye de Saint-Wandrille [1837]; — V. Histoire du précieux sang de N. S. J. C., conservé en l'abbaye de Sainte-Trinité de Fécamp [1838]; — VI. Réforme introduite dans l'abbaye de Fécamp [1839]; — VII. Troubles excités par les calvinistes à Rouen, de 1537 à 1582 [1837]; — VIII-IX. Journal d'un bourgeois de Rouen, de 1545 à 1564; — Passage de Jacques II par la ville de Rouen [1837]; — X. Funérailles de M. de Feugerolles, conseiller au parlement de Normandie, en 1704 [1837]; — XI. Cérémonial de l'installation et des funérailles de d'Aubigné, archevêque de Rouen [1837]; —XII. L'Oison bridé, redevance singulière imposée aux moines de Saint-Ouen [1837]; — XIII. Lettres patentes en faveur de la famille Lallemant, imprimeurs à Rouen [1837]; — XIV. Établissement dans la ville de Rouen des fabricants d'étoffe et de soie, en 1531 [1838].

M. A. Pottier a classé chronologiquement et fait suivre d'un texte historique et descriptif les « Monuments français inédits, » par M. A. VILLEMIN [1839, 2 vol. in-8].

La rédaction de la XVIIIᵉ livraison de « l'OEuvre » de Jean GOUJON [1827-44, gr. in-8] est due en grande partie à M. A. Pottier.

Il a fourni des articles à la « Revue de Rouen » et au « Journal des savants de Normandie. »

POTTIER [H.].

M. H. Pottier a traduit en français, avec le texte en regard et des notes: « Iphigénie à Aulis, » par EURIPIDE [1836, 1837, in-12].

POTTIER-GRUSON.

1. — Partie double perfectionnée simplifiant le système du journal grand-livre. Tenue des livres, renfermant, etc. Paris, impr. de Guiraudet, 1845, in-8.

2. — Manuel de la banque, du commerce, de l'industrie et du capitaliste. Paris, Cosse et Delamotte, 1846, in-8 [7 fr.].

Citons encore: Méthode d'arithmétique apprise sans maître [1846, in-12]; — Il est de l'intérêt de tous, pour les élections, de lire la solution de ce qu'on appelle l'organisation du travail, en opposition au projet du citoyen Louis Blanc, et de voter pour son auteur [1848, in-8]; — Société centrale et nationale de prévoyance. Projet et discours servant d'introduction au projet intitulé: *l'Avenir des travailleurs* [1849, in-8].

POTTIN.

M. Pottin a traduit en français: « le Songe de Scipion, » par CICÉRON [1844, in-12].

POTTON [F.-F.-Ariste], médecin en chef de l'hospice de l'Antiquaille de Lyon. — De la Prostitution et de ses conséquences dans les grandes villes, dans la ville de Lyon en particulier, de son influence sur la santé, le bien-être, les habitudes de travail de la population; des moyens d'y remédier. Lyon, Savy, 1841, in-8 [6 fr.].

Ouvrage couronné en 1841 par la Société de médecine de Lyon.

Citons encore : Notice sur Ennemond Eynard, docteur en médecine, membre de l'Académie des sciences, arts et belles-lettres de Lyon [1837, in-8. — Publication de la « Revue du Lyonnais »]; — Notes historiques sur le séjour de Jean-Jacques Rousseau à Bourgoin, durant les années 1768, 1769 et 1770 [1844, in-8]; — de l'Hospice de l'Antiquaille, des vices de son organisation présente [1846, in-8]; — avec M. J. EXBRAYAT : Plan et projet d'un hospice d'aliénés pour le département du Rhône [1847, in-8].

POUCHET [Félix-Archimède], docteur en médecine, professeur de zoologie au muséum d'histoire naturelle de Rouen. [Voy. la *France littér.*, t. VII, p. 301.]

1. — Traité élémentaire de botanique appliquée, contenant la description de toutes les familles végétales, et celle des genres cultivés ou offrant des plantes remarquables par leurs propriétés ou par leur histoire. Rouen, Legrand, 1831-36, 2 vol. in-8 [14 fr.].

2. — Zoologie classique, ou Histoire naturelle du règne animal. IIe édition, considérablement augmentée. Paris, Roret, 1841, 2 vol. in-8 avec un atlas de 44 pl. et 5 tableaux gravés sur acier [26 fr.]; et fig. col. [46 fr.].

La première édition est de 1832.

3. — Table pour la revivification des noyés. Rouen, impr. de Lefèvre, 1840, in-8 de 16 pag. avec une pl.

4. — Recherches sur l'anatomie et la physiologie des mollusques. Paris, Roret, 1842, in-4, fig.

5. — Théorie positive de la fécondation des mammifères, basée sur l'observation de toute la série animale. Paris, Roret, 1842, in-8 [5 fr.].

M. F.-A. Pouchet est l'un des signataires de la lettre adressée à M. le maire de Rouen, pour la *création d'une faculté des sciences à Rouen* [1847, in-4].

POUDRA [Ch.-F.].

1. — Sténographie des sténographies. Paris, impr. de Dupont, 1841, in-12 de 24 pag. avec 1 pl.

2. — Dictionnaire complet des locutions vicieuses usitées dans toutes les classes de la société, rectifiées d'après les dernières décisions de l'Académie. Paris, imp. de Pollet, 1838, in-16.

POUGEARD [F.].

1. — De l'Amélioration du régime hypothécaire en France. Bordeaux, Faye, 1842, in-8 de 72 pag.

2. — Du Régime hypothécaire considéré comme institution politique et sociale. Bordeaux, impr. de Lavigne, 1843, in-8 de 32 pag.

POUGET [François-Aimé], docteur en théologie, prêtre de l'Oratoire; né à Montpellier le 28 août 1666, mort à Paris le 24 avril 1723. [Voy. la *France littér.*, t. VII, p. 303.] — Institutiones catholicæ in modum catecheseos, in quibus quidquid ad religionis historiam et Ecclesiæ dogmata, mores, sacramenta, preces, usus et cæremonias pertinet, totum id brevi compendio ex sacris fontibus Scripturæ et traditionis explanatur; ex gallico idiomate in latinum sermonem translatæ; adjectis singulis e Scriptura et traditione petitis probationibus et testimoniis. Editio nova, cum emendationibus et appendice. Avignon, Séguin, 1837, 12 vol. in-8 [36 fr.].

M. F.-A. de ESCARTEN Y CARREBA a publié : « Catecismo de la doctrina cristiana, o Compendio del catecismo grande del P. F.-Amado Pouget, » traducido al castellano [Paris, Rosa, 1840, in-18].

POUGET [l'abbé].

1. — Vie de Mlle de Lamourous, dite la bonne mère, fondatrice et première supérieure de la maison de Miséricorde de Bordeaux. Lyon et Paris, Périsse, 1843, 1844, in-12 avec un portrait [2 fr. 20 c.].

Marie-Thérèse-Charlotte de Lamourous, née à Barsac le 1er novembre 1754, est morte le 12 octobre 1836.

2. — Histoire des principaux sanctuaires de la mère de Dieu. Lyon et Paris, Périsse, 1847, 4 vol. in-12.

M. l'abbé Pouget a traduit en français : Catéchisme, ou Explication de la doctrine chrétienne, à l'usage de la congrégation des écoles pies d'Espagne. Composé par le R. P. CAJETAN, de Saint-Jean-Baptiste [Montauban, Forestié, 1837, in-18].

POUGET [Édouard]. — Avec M. *Ménétrier* : Caliban. Paris, Denain, 1838, 2 vol. in-8.

Par deux ermites de Ménilmontant, rentrés dans le monde.

POUGET. — Avec M. *Valat* : Plan d'organisation hygiénique et médicale pour les collèges royaux. Bordeaux, impr. de Faye, 1839, in-8 de 24 pag.

POUGNY, huissier de la Chambre des députés. — Avec MM. *Gervais* et *Desporte*, également huissiers de la Chambre : Plan figuratif de la Chambre des députés. Paris, 1842, 1843, 1844, 1846, 1847, 1848, in-plano.

POUILLET [Claude-Servais-M.-M.-R.], ancien professeur de physique du duc d'Orléans, ancien directeur du Conservatoire des arts et métiers, membre de l'Académie des sciences; né à Cusance (Doubs), le 16 février 1790. [Voy. la *France littér.*, t. VII, pag. 385.] — Éléments de physique expérimentale et de météorologie, ouvrage adopté par le conseil royal de l'instruction publique, pour l'enseignement de la physique dans les établissements de l'Université. V^e édition. Paris, Béchet jeune, 1847, 2 vol. in-8 avec 2 tableaux et 40 pl. [17 fr.].

On doit encore à M. Pouillet, avec M. BIOT : Recherches sur les *diffractions de la lumière* [avril 1816. — Imp. dans le « Nouveau Bulletin des sciences »] ; — Mémoire sur la chaleur solaire, sur les pouvoirs rayonnants et absorbants de l'air atmosphérique [1838, in-4] ; — Note sur le météore de Malaunay [1845, in-4] ; — le Conservatoire des arts et métiers pendant la journée du 13 juin 1849, avec un plan qui explique l'entrée, le séjour et la sortie des représentants et de ceux qui les accompagnaient [1849, in-8].

POUJOL, docteur en médecine. — Œuvres de médecine pratique, avec une notice sur la vie et les travaux de l'auteur, et des additions par *F.-G. Boisseau*. Paris, 1823, 4 vol. in-8.

POUJOL [Amédée]. [Voy. la *France litt.*, t. VII.] — Souvenirs historiques et politiques, précédés d'une préface ; par *N. B.* 1833, in-18 de 144 pag.

POUJOL, président de chambre à la cour royale de Colmar.

1. — Traité des donations entre-vifs et des testaments, ou Commentaire du titre II du livre III du Code civil. Paris, Nève, 1836, 2 vol. in-8 [18 fr.].

2. — Traité des successions, ou Commentaire du titre Ier du livre III du Code civil. Colmar, Reiffinger ; Paris, Videcoq, 1837-38, 2 vol. in-8 [14 fr.].

3. — Traité des obligations, ou Commentaire du titre III du livre III du Code civil. Colmar, Kaeppelin ; Paris, Delamotte, 1846-47, 2 vol. in-8 [16 fr.].

POUJOL [Adolphe], auteur dramatique. [Voy. la *France littér.*, t. VII, p. 305.]

1. — Avec MM. *Carmouche* et *Boirie* : les Deux Forçats, ou la Meunière du Puy-de-Dôme ; mélodrame en 3 actes. Paris, Pollet, 1822, in-8 [1 fr. 25 c.].

2. — Avec MM. *Ch. Hubert* [et *Boirie*] : le Collier de fer ; mélodrame en 3 actes. Paris, Quoy, 1827, in-8 [1 fr. 50 c.].

3. — Avec M. *Arthaud* : le Cimetière d'Ivry, ou le Cadavre (1833, 2 vol. in-8). Voy. ARTHAUD.

4. — Avec M. *Alexandre-Marie Maréchalle* : Mon Bonnet de nuit ; vaudeville en un acte (en prose). Paris, J.-B. Barba, 1833, in-8.

Sous l'initiale P.

5. — Avec M. *P. Tournemine* : l'Enfant de giberne ; drame mêlé de chants en quatre actes (épisode de la guerre d'Autriche, 1809). Paris, Delloye, 1839, in-8 de 32 pag.

6. — Avec M. *Maréchalle* : A Minuit ; drame en trois actes. Paris, Ch. Tresse, Delloye, Bezou, 1839, in-8.

7. — Le Château de Verneuil ; drame en cinq actes. Paris, Marchant, 1840, in-8 de 36 pag. [50 c.].

Citons encore de M. Poujol, en collaboration avec M. BAUDOUIN : l'Homme gris ; — avec MM. BAUDOUIN et BOIRIE : le Courrier de Naples ; — avec MM. BAUDOUIN, CARMOUCHE et [BOIRIE] i Parga, ou le Brûlot ; — avec MM. BAUDOUIN et L. G. : le Collier de la reine ; — avec MM. BAUDOUIN et ANATOLE : Zazezizozu ; — avec MM. COGNIARD frères et MAILLARD : Micaela, ou Princesse et favorite ; — avec MM. NEUVILLE [DUBOURG] et MAILLARD : un Service d'ami, etc. Voy. ces noms.

POUJOL [Adolphe], auteur dramatique, fils du précédent ; né à Paris le 7 juillet 1811.

1. — Épître à Victor Hugo. Paris, Marchant, 1833, in-8.

2. — Avec M. *Baudouin d'Aubigny* : la Visite domiciliaire. Paris, Marchant, 1833, in-8.

3. — La Conquête des airs. Paris, Marchant, 1834, in-8.

4. — Avec M. *Charles Masson* : les Quatre Mendiants, comédie-vaudeville en un acte. Paris, Bréauté, 1836, in-18 de 54 pag.

5. — Avec M. *H. Duffand* : le Bal masqué ou une Éducation particulière; comédie-vaudeville en deux actes. Paris, Bréauté, 1837, in-8.

6. — Avec M. *H. Duffand* : la Fiancée de douze ans, ou Tout pour mon père! ma mère! comédie en deux actes, mêlée de couplets. Paris, Pesron, 1837, in-8.

7. — Avec M. *Henry Duffand* : Laurent le paresseux ; drame villageois en deux actes mêlé de couplets. Pesron, 1837, in-8.

8. — Avec M. *Félix Picard* : Jenny, ou le Dernier des Stuarts ; drame en un acte, mêlé de chants. Paris, Is. Pesron, 1838, in-18.

9. — Avec M. *H. Duffand* : La plus aimable; comédie en un acte, mêlée de chants. Paris, Bréauté, 1838, in-8 de 18 pag.

10. — Avec M. *Adrien* [*Lelioux*] : la Comédie en famille ; comédie-vaudeville en un acte. Paris, Bréauté, 1838, in-8.

11. — Avec M. *Adrien* [*Lelioux*] : la Reine des rameaux ; comédie-vaudeville en un acte. Paris, Pesron, 1838, in-18 [50 c.].

12. — Avec M. *Félix Picard* : Marguerite; comédie en un acte, mêlée de chant. Paris, Appert, 1839, in-18.

13. — Le Fils du pêcheur; drame en un acte, mêlé de chants. Paris, Appert, 1839, in-18.

14. — Les Deux Anges; dialogue fantastique en trois parties, précédé d'un prologue. Paris, impr. d'Appert, 1839, in-18.

15. — Avec M. *P. Tournemine* : la Pâtissière de Darmstadt; vaudeville en deux actes, tiré des nouveaux contes allemands d'*Auguste Lafontaine*. Paris, Michaud, 1840, in-8 de 18 pages.

16. — Avec M. *Édouard Scheidig* : le Voyage autour de ma chambre ; monologue-vaudeville. Paris, Is. Pesron, 1841, in-18.

17. — Avec M. *Édouard Scheidig* : Marie, ou J'ai quinze ans; comédie en un acte, mêlée de chants. Paris, Pesron, 1841, in-18 [50 c.].

Cette pièce est aussi intitulée : *Marie l'ouvrière*.

18. — Avec M. *Édouard Scheidig* : les Suites d'une faute, ou les Jeunes Lions; comédie-vaudeville en un acte. Paris, Pesron, 1842, in-18 [50 c.].

19. — Avec M. *Henry Duffand* : Un Premier pas dans le monde; comédie en trois actes, mêlée de chants. Paris, Bréauté, 1842, in-18 [60 c.].

20. — Avec M. *Th. Barrière* : Jeanne de Naples, ou la Reine fantôme; épisode de l'histoire de Naples (1348), en un acte, mêlé de chants. Paris, Pesron, 1842, in-18.

21. — Avec M. *Édouard Scheidig* : les Deux Roses ; épisode de l'histoire d'Angleterre (1462), en deux actes, mêlé de chant. Paris, Bréauté, 1842, in-18 [60 c.].

22. — Avec M. *Édouard Scheidig* : Une Fille de la Légion d'honneur; épisode historique de 1812, pièce en deux actes, mêlée de chants. Paris, Bréauté, 1843, in-18 [60 c.].

23. — Monsieur Jean, comédie en un acte, mêlée de chants. Paris, Bréauté, 1844, in-8.

24. — Avec M. *Edouard Scheidig* : le Dix décembre ; comédie historique en un acte, mêlée de chant. Paris, impr. de Mme Dondey-Dupré, 1849, in-18.

POUJOULAT [Baptistin], ancien représentant du peuple aux Assemblées constituante et législative de 1848 et 1849.

1, 2, 3. — Avec M. *Michaud* : Correspondance d'Orient (1833-35, 7 vol. in-8); — Notice sur Jeanne d'Arc (1837, in-8); — Histoire des Croisades (1840-48, 6 vol. in-8). Voy. MICHAUD.

4. — La Bédouine. Paris, Pougin, Ducollet, 1835, 2 vol. in-18 [7 fr.]; — IIIe édition, revue, corrigée et augmentée par M. *Michaud*. Paris, 1840, 2 vol. in-12 [3 fr. 50 c.].

Ouvrage couronné par l'Académie française en 1836.

5. — Avec M. *Michaud* : Nouvelle Collection de mémoires pour servir à l'histoire de France, depuis le XIIIe siècle jusqu'au XVIIIe ; précédés de notices pour caractériser chaque auteur des mémoires et son époque, suivis de l'analyse des documents historiques qui s'y rapportent. Paris, Renouard, F. Didot, 1836 et ann. suiv., 33 vol. gr. in-8 [150 fr.].

6. — Toscane et Rome, correspon-

dance d'Italie. Paris, Dezobry, Magdeleine et Cie, 1839, in-8 [7 fr. 50 c.].

7. — Voyage à Constantinople, dans l'Asie Mineure, en Mésopotamie, à Palmyre, en Syrie, en Palestine et en Egypte, faisant suite à la *Correspondance d'Orient*. Paris, Ducollet, 1840-41, 2 vol. in-8 [15 fr.]; — *au rabais* [6 fr.]

Voyez, sur cet ouvrage, un compte rendu de M. JAMET, dans « le Moniteur » du 9 février 1841.

8. — Histoire de Jérusalem, tableau religieux et philosophique, comprenant, etc. Paris, Hivert, 1841-42, 2 vol. in-8 avec pl. et cartes [15 fr.].

La première partie contient : *Depuis Moïse jusqu'à Jésus-Christ inclusivement;* — la deuxième: *Depuis l'établissement du Christianisme jusqu'à nos jours*. Cet ouvrage a obtenu de l'Académie une récompense de 4,000 francs.

9. — Élias : petit voyage en Orient. Paris, Mme veuve Louis Janet, 1842, in-16 avec 7 lith. [3 fr.].

10. — Religion, histoire, poésie. Tours, Mame, 1843, in-8 [3 fr. 50 c.].

11. — Histoire de saint Augustin, sa vie, ses œuvres, son siècle, influence de son génie. Paris, J. Labitte, 1844, 3 vol. in-8 [21 fr.].

12. — Études africaines, récits et pensées d'un voyageur. Paris, Comon, Hivert, 1846, 2 vol. in-8 [15 fr.].

13. — Histoire de la Révolution française. Tours, Mame, 1848, 2 vol. in-8, avec 8 grav. [7 fr.].

14. — Récits et souvenirs d'un voyage en Orient. Tours, Mame, 1848, in-12 avec une grav.

15. — La Droite et sa mission. Paris, impr. de Proux, 1849, gr. in-32.

M. Poujoulat est l'auteur de la *Notice sur la vie de Michaud*, mise en tête de l' « Histoire des croisades. »
Il a fait précéder d'une *Préface* : « Notice sur la vie de Mgr Mathéo NAKAR, archevêque au mont Liban, écrite par lui-même en langue syriaque. » Traduction revue par M. Alphonse BAUME [Paris, Sagnier et Bray, 1849, in-8 de 48 pag.].
Il a donné des articles dans la « Revue des Deux-Mondes, » notamment : *Lettre à M. Michaud sur Argos et Mycènes* [1832]; — *Gaza, lettre sur la Palestine* [1834]; — *Visite à Lattaquié* [1835], etc., et divers morceaux dans « le Quotidienne, » entre autres, dans celle du 31 oct. 1837, un compte rendu de « la Vierge, histoire de la mère de Dieu et de son culte, » par l'abbé ORSINI [1844-45, 2 vol. gr. in-8]. — Il a travaillé au « Musée des familles, » et à : « les Sensitives. Album des salons. »

Citons aussi : *Beaucoup de bruit pour rien*, dans « les Femmes de Shakspeare. »

POULAILLER [Ch.]. — Guide du marinier de Paris à Rouen. Mantes, Borde, 1843, in-16 [2 fr. 50 c.].

POULAIN [N.], pasteur protestant. — Société havraise d'études diverses. Résumé analytique des travaux de la quatrième année. Le Havre, Morlent, 1838, in-8 de 88 pag.

POULAIN [Jules], ancien constructeur de machines, filateur et tisserand à Paris.
1. — Un Épisode de l'insurrection de Pologne (1830 à 1832). Paris, A. Dupont, 1839, in-8 [7 fr. 50 c.].
2. — Les Pervenches, poésies. Paris, impr. de Delahodde, 1846, in-8.

Citons encore : Quatre Lettres à M. Louis Blanc, président de la commission du Luxembourg [1848, 4 brochures in-8].

POULAIN DE BOSSAY [Prosper-Auguste], ancien proviseur du collége Saint-Louis, ancien recteur de l'Académie d'Orléans, etc. [Voy. la *France litt.*, t. VII, p. 306.]
1. — Nouvel abrégé de géographie. XIVe édition. Paris, Mme veuve Maire-Nyon, 1848, in-18 [75 c.].
2. — Petite Géographie de la France. Paris, Mme veuve Maire-Nyon, 1838, in-18 [75 c.].
3. — Atlas élémentaire de géographie moderne. Paris, Mme veuve Maire-Nyon, 1 vol. in-4 composé de neuf cartes col. [3 fr. 50 c.].
4. — Histoire de France, à l'usage des écoles primaires. Paris, Mme veuve Maire-Nyon, 1842; et IIe édition, 1845, in-18 [75 c.].

POULALION [Pierre-Paul], de Montbazin (Hérault). — Le Poëte boiteux, ouvrage inédit. Montpellier, impr. de Mme veuve Ricard, 1841, in-8 de 72 pag.

POULARD [Thomas-Just], ancien évêque constitutionnel de Saône-et-Loire ; né à Dieppe en 1754, mort à Paris le 9 mars 1833, en *vrai constitutionnel*, selon les expressions de son testament. Poulard a travaillé avec l'abbé *Grégoire*, dont il était l'ami, à divers écrits composés par ce dernier pour la défense de ses opinions politiques et religieuses, notamment aux *Éphémérides religieuses, pour servir* à *l'histoire ecclésiastique de la fin du* XVIIIe *et du commencement du* XIXe *siècle.* On lui attribue un ouvrage intitulé *de l'Etat actuel de la religion en France.* [Voy. la *Biogr. univ., Suppl.*, et la *France littér.*, t. VII, p. 306.]

POULET-MALASSIS [Auguste], élève de l'École des chartes. — Avec M. *Léon de la Sicotière et autres* : le Département de l'Orne, archéologique et pittoresque. Alençon, impr. de Poulet-Malassis; Paris, Derache, Dumoulin, 1845 et ann. suiv., in-fol. orné de lithogr.

M. A. Poulet-Malassis a rédigé « le Faubourien, journal de la canaille. »

POULLAIN [A.], avocat à la cour d'appel de Rouen.

1. — Nouveau Code de la chasse, ou Commentaire raisonné de la loi du 3 mai 1844, sur la police de la chasse. Rouen, impr. de Rivoire; Paris, Delhomme, 1844, in-18 [1 fr.].

2. — Du Projet de décret sur la réforme des monts de piété. Rouen, impr. de Rivoire, 1849, in-8 de 24 pag.

POULLE [Emmanuel], avocat, député du Var, premier président à la cour d'appel d'Aix ; né à Montauroux, près Draguignan, en 1793.

1. — Alger et le conseil général du Var. Paris, impr. d'Henry, 1838, in-8 de 80 pag.

2. — Considérations générales sur la régence d'Alger. Paris, Krabbe, 1840, in-8.

POULLET [l'abbé Emmanuel], supérieur de la maison de Saint-Vincent à Senlis, chanoine honoraire de Beauvais, licencié ès lettres et docteur ès sciences de la faculté de Paris, archéologue, naturaliste et voyageur; mort en 1846 à l'âge de trente-sept ans, au retour d'un voyage d'exploration scientifique en Afrique. — Discours sur les avantages moraux de l'étude des sciences naturelles. Paris, Debécourt, 1837, in-8 de 32 pag. [75 c.].

Citons encore : Lettre à M. Thiers à l'occasion de son rapport sur le projet de loi relatif à l'instruction secondaire, suivie d'un discours intitulé : *du Cœur et de sa part dans l'éducation* [1844, in-18]; — Répartition de l'enseignement secondaire par classes [1845, in-plano]; — Lettres sur les études des petits séminaires, adressées à Mgr l'évêque de Beauvais. Première lettre. *Des Professeurs* [1845, in-12]; —
Deuxième lettre. *Des Objets de l'enseignement* [1845, in-12].

POUMARÈDE.

1. — Avec M. *F.-O. Henry* : Analyse chimique des eaux minérales ferro-manganésiennes de Cransac (Aveyron) (1840, in-8). Voy. HENRY.

2. — Manuel agricole et domestique des termes qui s'appliquent aux choses usuelles. Toulouse, Paya, 1841, 2 vol. in-18.

POUMEAU [J.-A.]. — Aperçu sur la cause probable des fièvres d'accès et de la dysenterie aiguë dans la circonscription des Antilles ; suivi d'une nouvelle méthode de traiter la seconde de ces affections. Paris, impr. lith. de Houbloup, 1837, in-fol.

POUMEAU DE LAFFOREST [L.].

1. — Traité élémentaire d'arithmétique, à l'usage des écoles primaires. Paris, Bachelier, 1842, in-12 [1 fr. 25 c.].

2. — Histoires morales et instructives, ou Livre de lecture, à l'usage des écoles primaires. IIIe édition. Périgueux, Faure, 1844, in-12 [2 fr.].

POUMET [Benjamin], chef de bataillon d'artillerie; né à Gien (Loiret) en 1785, mort du choléra le 6 juillet 1832. [Voy. la *France littér.*, t. VII, pag. 312.] — Moyen d'utiliser l'ouvrage de M. Poisson, intitulé : Formules relatives aux effets du tir du canon. Paris, Anselin et Pochard, 1826, in-8 [2 fr.].

M. Poumet a laissé inédite et imparfaite une *Collection des principaux affûts de l'artillerie ancienne et nouvelle, à laquelle on eût pu reconnaître les gués praticables à l'artillerie, évaluer les poids que doivent supporter les bacs, ponts volants, déterminer l'emplacement, fixer l'armement*, etc.

POUMET, docteur en médecine de la Faculté de Paris. — Mémoire sur la ventilation dans les hôpitaux. 1844, in-8 [2 fr.]. — *Paris, J.-B. Baillière*.

POUPARD [Vincent], curé de Sancerre, député du clergé aux états généraux en 1789; né à Levroux en 1729 ou 1730, et mort en 1796. — Histoire de Sancerre. IIe édition, copie fidèle de celle de 1777, augmentée d'une notice sur l'auteur. Bourges, Just Bernard, 1838, in-8 avec 1 lithog.

La première édition est de 1777, in-12 [Paris, Berton].

POUPELIER [l'abbé].

1. — Manuel du Saint-Rosaire. IVe

édition. Troyes, Anner-André, 1842, in-18.

<small>La première édition est de 1839.</small>

2. — Vie de sainte Philomène, suivie de neuvaines, etc. Troyes, Anner-André, 1841, in-32.

3. — Le Dernier Jour de la vie, ou Manuel de l'association de Saint-Joseph, pour la bonne mort. Troyes, Anner-André, 1843, in-12.

POUPIN [Théodore].
1. — Esquisses phrénologiques et physiognomoniques, ou Psychologie des contemporains les plus célèbres, selon les systèmes de Gall, Spurzheim, de la Chambre, Porta et J.-G. Lavater, avec notes bibliographiques, remarques historiques, etc., etc. Paris, Trinquart, 1836, 2 vol. in-8 avec un portrait [12 fr.].

2. — Caractères phrénologiques et physiognomoniques des contemporains les plus célèbres, selon les systèmes de Gall, Spurzheim, Lavater, etc.; avec des remarques bibliographiques, historiques, physiologiques et littéraires, et 37 portraits d'illustration contemporaine, tels que Léopold Robert, Henrion de Pansey, Gall, Casimir Périer, etc. Paris, Germer-Baillière, 1837, in-8 avec 40 lith. [10 fr.].

3. — Instruction primaire. Des succès, des abus, des améliorations et des besoins de l'enseignement mutuel gratuit. Paris, Chamerot, 1839, in-4 de 34 pag.

POUPOT DE PAMPROU, professeur à l'école de Sorèze, aumônier protestant au collège de cette ville et pasteur suffragant. [Voy. la *France littér.*, t. VII, p. 314.]

1. — Saint Paul et le méthodisme, ou Épître de saint Paul aux Romains, traduite et commentée par M. Poupot. Paris, Cherbuliez, 1840, in-8 de 144 p.

2. — De l'Avenir du protestantisme en France. Lettre à M. le ministre de l'instruction publique, faisant suite à la brochure : *Saint Paul et le méthodisme*. Paris, Cherbuliez, 1840, in-8 de 104 pag. [1 fr. 25 c.].

3. — La Religion de plus ou la religion de moins. Lettre à MM. les membres protestants de la Chambre des pairs et de la Chambre des députés.

Paris, Cherbuliez, 1841, in-8 [1 fr. 25 c.].

4. — Ithiel, ou la Sagesse aux deux bouts de la Folie, et la Folie au juste milieu. Paris, Cherbuliez, 1838, 2 vol. in-8 [15 fr.].

<small>Citons encore : Lettre à M. l'abbé Guyon [1838, in-8]; — Réponse à la seconde lettre de M. l'abbé Guyon à M. Tronchin, ou Seconde Lettre à M. l'abbé Guyon [1838, in-8]; — Lettre à M. l'abbé Auber, ou Réponse à trois articles sur Calvin, insérés dans le « Journal de la Vienne » (20, 22 et 24 avril 1841) [1842, in-8]; — Justification personnelle. Lettre à M. Guizot, ministre des affaires étrangères [1843, in-8]; — Question protestante en France, en 1842. Lettre à M. Casimir, docteur-médecin ; avec une Note en réponse à M. Juillerat [1843, in-8].</small>

<small>M. le pasteur Poupot a rédigé, avec la coopération de quelques pasteurs protestants du Poitou : « l'Observateur évangélique, journal religieux et philosophique de l'Ouest » [le premier numéro en a été publié en janvier 1837, in-8).</small>

<small>Il a remporté en 1832 le premier prix proposé par la Société de la morale chrétienne, en faveur de la meilleure réfutation des doctrines saint-simoniennes.</small>

POUQUEVILLE [François-Charles-Hugues-Laurent], consul de France à Janina, puis à Patras, membre de l'Académie des inscriptions et belles-lettres; né à Merlerault le 4 novembre 1770, mort le 20 décembre 1838. [Voy. la *France littér.*, t. VII, p. 314.]

<small>On a attribué à Pouqueville, dans la « France littéraire, » de M. Quérard : *Mémoire sur la vie et la puissance d'Ali-Pacha, vizir de Janina* [1820, in-8]; et *Notice sur la fin tragique d'Ali-Tébélen, vizir de Janina* [1822, in-8]. Ces ouvrages ne sont pas de Pouqueville; le premier est de feu Julien BESSIÈRES, son ami; l'auteur du second est resté inconnu.</small>

<small>Pouqueville a laissé en manuscrit : *Trois Mémoires sur l'Illyrie* ; — un *Mémoire sur les colonies valaques établies dans les montagnes de la Grèce, depuis Fienne jusque dans la Morée.*</small>

POURMARIN, professeur au collège Louis-le-Grand.

1. — Avec M. *Lawereyns* : Tableau synoptique de la conjugaison régulière grecque. Paris, M'me veuve Maire-Nyon, 1846, in-plano [60 c.].

2. — Cornelii Nepotis opera quæ supersunt; nouvelle édition d'après les meilleurs textes, précédée d'une vie de l'auteur, avec sommaires et notes en français; par M. *Pourmarin*. Paris, Dezobry, 1842, in-12 [90 c.].

POURRET DES GAUDS [A.]. [Voy. la *France littér.*, t. VII, p. 315.] — Le Commandeur d'Argental, épisodes du XVIe siècle. Paris, Pitrat, 1841, in-8 [7 fr. 50 c.].

POUSCHKIN [Alexandre], poëte russe; né à Saint-Pétersbourg en 1784, mort le 12 février 1837. [Voy. une notice sur cet écrivain dans la *Revue des Deux-Mondes* du 1ᵉʳ octobre 1847 et la *France littéraire*, t. VIII, p. 316.] — OEuvres choisies, traduites par *Dupont*. 1847, 2 vol. in-8.

La *Dame de pique*; conte d'Alexandre Pouschkin, traduit par M. Prosper Mérimée, a été publié dans la « Revue des Deux-Mondes, » t. III de 1849.

Il existe une traduction allemande des poésies de Pouschkin, par R. Lippert [Leipzig, 1840, 2 vol. in-8].

POUSSET [P.]. [Voy. la *France litt.*, t. VII, p. 316.] — Le Mois sanctifié par la méditation de quelques vérités importantes. VIIIᵉ édition, revue par l'auteur. Lyon et Paris, Périsse, 1844, in-18.

POUSSIELGUE [J.-B.-E.], ancien administrateur général des finances de l'Egypte. [Voy. la *France litt.*, t. VII, p. 316.] — Lettre accompagnée de pièces justificatives, à M. Thiers, auteur de l'*Histoire du Consulat et de l'Empire*. Paris, Pissin, 1845, in-8 de 56 pag.

M. Poussielgue a rédigé la partie qui concerne les finances dans l' « Histoire scientifique et militaire de l'expédition française en Egypte. »

POUSSIN [Guillaume Tell], ex-major au corps du génie américain, ministre plénipotentiaire de la république française auprès du gouvernement des États-Unis. [Voy. la *France littér.*, t. VII, p. 317.]

1. — Chemins de fer américains; historique de leur construction, prix de revient et de produit, mode d'administration adopté, résumé de la législation qui les régit, faisant suite aux *Travaux d'améliorations intérieures*, etc. Paris, Carilian-Gœury, 1836, in-4 avec 1 pl. et 8 cartes [13 fr.].

2. — Examen comparatif de la question des chemins de fer en 1839 en France et à l'étranger, et de l'intervention du gouvernement dans la direction et l'exécution des travaux. Paris, Mathias (Augustin), 1839, in-8 [3 fr. 50 c.].

3. — Notice sur les chemins de fer anglais, ou Résumé analytique des principaux renseignements contenus dans les publications officielles du parlement en 1839, et traitant de l'organisation financière des compagnies, etc. Paris, 1840, in-8 [3 fr.].

Suite de l'ouvrage précédent.

4. — Considérations sur le principe démocratique qui régit l'Union américaine, et de la possibilité de son application à d'autres États. Paris, Ch. Gosselin, 1841, in-8 avec une carte [7 fr. 50 c.].

5. — De la Puissance américaine. Origine, institutions, esprit politique, ressources militaires, agricoles, commerciales et industrielles des États-Unis. Paris, Coquebert, 1843, 2 vol. in-8 avec une carte [16 fr.]; — IIIᵉ édit. Paris, Guillaumin, 1848, 2 vol. in-8 [15 fr.].

6. — La Belgique et les Belges depuis 1830. Paris, Coquebert, 1845, in-8 [8 fr.].

M. G.-T. Poussin a donné des articles aux « Annales des ponts et chaussées; » à la « France départementale; » à l' « Annuaire des voyages et de la géographie, » notamment, en 1844 : *Description du territoire de l'Oregon*; au « National, » etc.

POUY [Pierre-Armand], instituteur communal à Fleurance (Gers).

1. — Leçons de calcul décimal, d'écriture et d'orthographe, par de nouveaux procédés. Auch, imprimerie de Roger, 1836, in-8 de 48 pag. avec un tableau.

2. — Méthode de lecture élémentaire en partie double et sans épellation. Auch, impr. de Foix, 1845, 10 tableaux in-fol.

3. — Physiologie de la vertu, ou les Flèches morales. Exclamations poétiques!!! Panorama universel. Stances. Auch, impr. de Portes, 1849, in-8 de 48 pag.

POUYER [Émile-Félix], auteur dramatique, employé au ministère de la marine; né à Livourne (grand-duché de Toscane) en 1809.

— La Veille du mariage; comédie en un acte et en vers, mêlée de chant. Paris, Beck, Tresse, 1844, in-8 de 12 pag. [40 c.].

Sous le pseudonyme : Émile Vernisy.

On a cru à tort que M. E.-F. Pouyer est l'auteur d'un *Discours* sur l'enseignement mutuel [Paris, Mansut, 1841, in-8]; d'un drame intitulé: *Le Courage et la force* [Paris, Paul

Masgana, 1839, in-12], et de plusieurs autres écrits publiés sous le nom : Alexandre de SAINT-ALBIN. Ces ouvrages sont de M. Alexandre-Denis HUOT, employé à la bibliothèque de l'Hôtel-de-Ville.

POUZOLZ [Elie]. — Politique et morale. Paris, impr. de Vinchon, 1842, in-8.

POUZOT [l'abbé].

M. l'abbé Pouzot a revu, avec M. SARION : « Lettres inédites du P. SURIN » (Paris, Mellier, 1845, in-12].

POWERSCOURT [la vicomtesse Théodosia-A.]. — La Sympathie chrétienne, ou Lettres et écrits de la vicomtesse Powerscourt. Traduites librement de l'anglais. Paris, Delay, 1845, in-18 [2 fr. 50 c.].

POYENAR [P.]. — Avec MM. *G. Hill* et *F. Aaron* : Dictionnaire français-valaque. Boucarest, 1840, 2 vol. in-8.

POYNTER [Guillaume], évêque catholique; né à Petersfield, dans le comté de Hamp, en Angleterre, mort en Angleterre en 1827. — Le Christianisme, ou Preuves et caractères de la religion chrétienne, trad. par M. *Taillefer*. Paris, 1828, in-12.

Cette traduction a été réimprimée dans le tome XIII des « Démonstrations évangéliques, » publiées par l'abbé MIGNE, au Petit-Montrouge [1843, in-4].

POZZO [le comte Ferdinand dal], mort le 29 décembre 1843. [Voy. la *France littér.*, t. VII, p. 320.] — Observations sur la nouvelle organisation judiciaire établie dans les États de S. M. le roi de Sardaigne, par l'édit du 27 septembre 1822. Londres, 1823, in-8 [3 fr.]. — Paris, *Cherbuliez.*

Citons encore : Parere nella lite vertente tra la famiglia San Marzanno e la marchesa Caraglio, nata Capre [1829, in-4.—Daté de Londres, 6 novembre 1829]; — Lettere ad un suo amico [1837, in-8]; — Insigne Mensonge de M. J.-B. MAROCHETTI, dans un livre qu'il vient de publier, ayant pour titre : « l'Italie, ce qu'elle doit faire pour figurer enfin parmi les nations indépendantes et libres, etc. » [1837, in-8].

PRADEL [le comte de]. [Voy. la *France littér.*, t. VII, p. 321.] — De la Royauté au XIXe siècle, étude de l'histoire contemporaine. Paris, Ad. Leclère, 1841, in-8 [7 fr. 50 c.].

PRADEL. — De la Perception des droits sur les boissons, ou Aperçu sommaire de quelques modifications à apporter aux lois qui régissent les contributions indirectes sur les liquides. Poissy, impr. d'Olivier Fulgence, 1846, in-8 de 24 pag.

PRADEL [Eugène COURTRAY DE], poëte, connu par son talent d'improvisation. On avait cru jusqu'à lui la faculté d'improviser presque exclusivement réservée aux Italiens. M. Eug. de Pradel a improvisé en vers français un nombre considérable de *tragédies*, de *bouts-rimés*, de *couplets de chansons*, etc., sur des sujets, des mots ou des refrains donnés à l'instant par ses auditeurs; on y rencontre des traits heureux, des scènes habilement conduites et une facilité de versification vraiment surprenante. [Voy. la *France littér.*, t. VII, p. 321.]

1. — Visite à Béranger, et séance d'improvisation dans sa maisonnette de Fontainebleau. Paris, Barba, 1836, in-8 de 88 pag. [2 fr.].

2. — Poésies. Chartres, Labalte, 1840, in-8 de 32 pag.

Contient 3 pièces de vers.

3. — Improvisation en vers français. Montpellier, Martel aîné, 1843, in-8 de 40 pag.

On trouve dans cette brochure *Boabdil, ou les Derniers Moments de Grenade*, tragédie en trois actes.

Citons encore : Sainte Germaine, tragédie improvisée à Bar-sur-Aube, le 6 avril 1838, dans une soirée publique [1838, in-8]; — Eugène de Pradel. Improvisations recueillies dans les soirées publiques et particulières données par M. Eugène de Pradel, à Langres, en mars 1838 [1838, in-8]; — Adieux à la ville du Mans, couplets composés et chantés par M. E. de Pradel [1839, in-8]; — les Trois Soldats, conte en vers [1843, in-8]; — la Demoiselle de Paris et la fille du Pollet, vaudeville en un acte, composé en deux heures un quart, sur un sujet donné en séance publique, et représenté le lendemain, 13 septembre 1849, par MM. les artistes sous la direction de M. Raquette [1849, in-8;— Théâtre de Dieppe]; — Adieu Provins ! couplets chantés dans la dernière soirée d'improvisation donnée au théâtre de Provins, le 8 juillet 1838 [1838, in-8]; — Fragments des tragédies de *Cinq-Mars* et d'*Attila*, dans « le Constitutionnel » du 8 juillet 1838; — Diverses Pièces de vers dans le « Journal de Seine-et-Marne » [21 juillet 1838]; « le Propagateur de l'Aube » [20 et 21 avril 1838]; la « Feuille d'annonces de Sens » [23 juin 1838]; et dans : « Eugène de Pradel dans cette ville, » prospectus signé : HEURPÉ.

M. Eug. de Pradel est l'auteur d'une *Notice* sur les « Brises nocturnes, » poésies de Théod. MICHEL [1841, in-8]; d'un *Cours inédit d'improvisation*, joint à : « Action oratoire, ou

Traité théorique et pratique de la déclamation pour la chaire et le barreau, » par l'abbé Thibout [Liége, Lardinois, 1847, in-8]; de: « la Parole improvisée, cours et leçons d'improvisation en prose [Prospectus. — Paris, impr. de Wittersheim, in-8].

Il a donné, dans le « Livre des cent et un » [t. XII, p. 187]: *Histoire d'un pavé.* — Il a travaillé au « Dictionnaire de la conversation et de la lecture. »

PRADES [l'abbé Jean-Martin de], théologien, lecteur du roi de Prusse; né à Castel-Sarrazin vers 1720, mort en 1782. [Voy. la *France littér.*, t. VII, p. 323.]

La *Certitude historique*, de l'abbé de Prades, a été imprimée à la suite de: « Introduction à la philosophie, » par S'Gravesande [1841, in-12].

PRADEVILLE [Hippol. Louis de].— Ode sur la pipe, composée par *le sultan Mahmoud*, à l'occasion de l'infidélité d'une de ses esclaves; trad. du turc. Vevey, 1830, brochure in-8.

Opuscule composé en français par le prétendu traducteur.

PRADIER [César], lieutenant de vaisseau. — De l'Influence de la marine et du commerce sur la civilisation des Arabes en Algérie. Paris, impr. de Proux, 1848, in-8 de 8 pag.

PRADT [Dominique Dufour de], député aux états généraux, ambassadeur à Varsovie, archevêque de Malines, chancelier de la Légion d'honneur; né à Allanches le 23 avril 1759, mort en 1837. [Voy. la *France littér.*, t. VII, p. 325.]

1. — De la Réforme anglaise et de ses suites probables. Paris, Roret, 1837, in-8 [5 fr.].

2. — Question de l'Orient, sous ses rapports généraux et particuliers. Clermont-Ferrand, imp. de Veysset; Paris, Roret, 1837, in-8 [5 fr.].

On doit encore à M. l'abbé de Pradt: la Suite du congrès de Carlsbad [1820, in-8]; — Procès complet de M. de Pradt [1820, in-8]; — Sur l'ordre constitutionnel et ses progrès en France; — Régicide et régicide [1830, in-8].

PRANARD [Charles].

1.—Retour des cendres de Napoléon, poésie. Paris, impr. d'Appert, 1840, in-8 de 8 pag.

En vers.

2. — Sedan pittoresque, ou Topographie, statistique, géographie, histoire et biographie de l'arrondissement de Sedan. Sedan, impr. de Suhaux, 1842, in-8 avec 1 carte [4 fr.].—*Paris, Dumoulin.*

3. — Les Ardennaises, romances et chansons. Rocroi, impr. de Cochard, 1845, in-12.

PRANIEWICZ [l'abbé Thomas].[Voy. la *France littér.*, t. VII, p. 330.] — Remarques sur la Pologne, en prose et en vers, avec vignettes, musique et accompagnement de piano. Paris, impr. de Baudouin, 1835, t. II, gr. in-8.

Le texte polonais a en regard une traduction en vers pour les pièces en vers, en prose pour les pièces en prose. — Le tome Ier est de 1833.

On doit aussi à M. l'abbé Praniewicz: Pratique du mois de Marie, qui est le mois de mai consacré à la gloire de la mère de Dieu, en vers, avec vignettes, musique et accompagnement de piano [1838, in-8]; — Promotion au vicariat du chœur métropolitain, en vers, avec vignettes, musique et accompagnement de piano [1839, in-8]; — Association de bienfaisance des dames polonaises, en vers, avec vignettes, musique et accompagnement de piano [1839, in-8];—Réception de Sa Grandeur monseigneur Affre à l'archevêché de Paris, en vers, avec vignettes, musique et accompagnement de piano [1840, in-8. — Ces quatre brochures sont en vers polonais, avec une traduction française en regard]; — Conférence, ou Traité de la confirmation, tenue en présence du clergé réuni, dans la paroisse de Saint-Thomas d'Aquin [1843, in-8].

PRAROND [Ernest], né à Abbeville le 14 mai 1821.

1 et 2.—Avec M. *Gust. Levavasseur:* Vers (1843, in-18). — Dix Mois de révolution (1849, in-32). Voy. Levavasseur.

3. — Fables. Paris, V. Magen, 1847, in-18 avec grav. à l'eau forte.

4. — Contes. Paris, Michel Lévy, 1849, in-18.

5. — Une Révolution chez les Macaquas, fables politiques. Paris, Michel Lévy, 1849, in-18.

6. — Les Voyages d'Arlequin. Paris. Michel Lévy, 1849, in-18.

M. Prarond a donné des articles dans « l'Artiste, » « la Revue contemporaine, » « le Journal d'Abbeville, » « le Pilote de la Somme, » les « Mémoires de la Société d'émulation d'Abbeville. »

PRAT [A.-J.-B.]. — Histoire de la nation française. Paris, Migeon, 1841, in-plano.

PRAT [l'abbé J.-M.], de la Compagnie de Jésus.

1.—Histoire de saint Irénée, second évêque de Lyon, docteur de l'Église et martyr. Lyon et Paris, Périsse, 1843, in-8 [6 fr.].

2. — Histoire de l'éclectisme alexandrin, considéré dans sa lutte avec le christianisme. Lyon et Paris, Périsse, 1843, 2 vol. in-8 [9 fr.].

3. — Essai historique sur la destruction des ordres religieux en France au XVIIIe siècle. Paris, Poussielgue-Rusand, 1845, in-8 [7 fr. 50 c.].

4. — Histoire de S. Jean de Matha et de S. Félix de Valois, fondateurs de l'ordre de la très-sainte Trinité, pour la rédemption des captifs. Paris, Poussielgue-Rusand, 1846, in-12 avec 1 portrait [2 fr.].

5. — Histoire de l'Église gallicane, continuée par le P. J.-M. Prat. T. XIX. De l'an 1559 à l'an 1563. Lyon et Paris, Périsse, 1847, in-4 [12 fr.].

Ce volume fait suite au travail des PP. Longueval, Fontenay, Brumoy et Berthier, qui a été publié à Paris, de 1730 à 1749, 18 volumes de leur *Histoire de l'Église gallicane* [ann. 150-1559].

PRAT [Henri].
1. — Pierre l'Ermite et la première croisade. Paris, impr. de Pommeret, 1840, in-8 [7 fr. 50 c.].

Dédié à M. Guizot.

2. — Enseignement maternel, cours complet d'études. Paris, imp. de Gros, 1841, in-12.

3. — Études historiques. Moyen âge. Paris, F. Didot, 1847, in-12 [4 fr.].

4. — Études littéraires. Moyen âge. Paris, impr. de F. Didot, 1847, in-12 [4 fr.].

M. Henri Prat a été rédacteur en chef du « Mémorial catholique, » journal mensuel [le premier numéro a paru en juin 1841, in-8].

PRAT [D. Marcolino].

M. Prat a publié : « l'Espagne constitutionnelle, » par GUIDO, comte d'ORTASINI (1840, in-8). Voy. GUIDO.

PRAT DE LAMARTINE [Alphonse]. Voy. LAMARTINE.

PRATT [Josias]. — Mémoires du révérend *Richard Cécil*, recteur de Besley. Traduits de l'anglais, d'après la Xe édition. Toulouse, impr. de Froment, 1838, in-12 de 84 pag.

Richard CÉCIL, né à Londres en novembre 1748, est mort en 1820.

PRATVIEL [L.], d'Albi. — La Pinsonnade, ou la Croix d'honneur, poëme héroï-comique en quatre chants, avec des notes à la fin. Toulouse, impr. de Dieulafoy, 1842, in-8 de 88 pag.

PRATZ [Rosin de]. Voy. ROSIN DE PRATZ.

PRAVAZ [le docteur Ch.-G.]. [Voy. la *France littér.*, t. VII, p. 331.] — Traité théorique et pratique des luxations congéniales du fémur, suivi d'un Appendice sur la prophylaxie des luxations spontanées. Lyon, Guilbert et Dorez; Paris, J.-B. Baillière, 1847, in-4 avec 10 pl. [20 fr.].

Citons encore : Mémoire sur l'application de la gymnastique au traitement des maladies lymphatiques et nerveuses et au redressement des difformités [1837, in-8]; — Mémoire sur l'emploi du bain d'air comprimé, associé à la gymnastique dans le traitement du rachitisme, des affections strumeuses et des surdités catarrhales, suivi d'un Rapport approuvé par la Société de médecine de Lyon [1840, in-12]; — Deuxième Mémoire sur l'emploi du bain d'air comprimé dans le traitement du rachitisme, des affections strumeuses, spasmodiques et des surdités catarrhales [1841, in-8]; — de l'Influence de la respiration sur la santé et la vigueur de l'homme [1842, in-8]; — Mémoire sur la réalité de l'art orthopédique et ses relations nécessaires avec l'organoplastie [1844, in-8 avec 5 pl.].

M. le docteur Pravaz a fourni des articles aux « Mémoires de l'Académie de médecine, » et à la seconde édition du « Dictionnaire de médecine. »

PRÉAUX-LOCRÉ, colonel d'artillerie.
1. — Instructions sur le canonnage à bord, d'après la désignation des cours de théorie et de pratique qui doivent être faits aux quartiers-maîtres, chefs de pièces, chargeurs et matelots-canonniers. (Règlement du 14 juin 1837.) Paris, Nobis, 1838, in-8, et IIe édit., Paris, Leneveu, 1839, in-8 avec 5 pl. [3 fr. 50 c.].

2. — Manuel de l'artificier pour la fabrication des étoupilles fulminantes. In-8 avec pl. [3 fr. 50 c.]. — *Paris, Leneveu.*

Citons encore : Exercice des deux bords, extrait du Manuel de M. le colonel Préaux [1841, in-plano]; — Exercice des bouches à feu à bord des vaisseaux [5 tableaux in-folio]; — Mémoire sur la défense et l'armement des côtes, suivi d'une Instruction du ministre de la guerre sur les tours modèles [in-8 avec pl.]; — Réflexions sur la colonisation du territoire d'Alger [in-8 avec cartes et plans]; — Mémoire sur l'Algérie, dédié aux Chambres, à la Société maritime de Paris et à la flotte [1846, in-8]; — de l'Algérie. Urgence de réunir cette conquête d'outre-mer aux colonies administrées par la marine, ou son adjonction définitive à la métropole, en formant trois départements compris dans une division militaire, et jouissant des mêmes avantages constitutionnels que l'île de Corse, pour les lois et la représentation nationale [1847, in-8] ; — Balistique. Considérations générales sur la nécessité de transformer les armes à silex en armes à percussion [1848, in-8].

PRÉCORBIN [de].

1, 2, 3. — Avec M. *Legris* : Nouveaux Moulins à vent employés avec tous les autres moteurs plus dispendieux, servant à comprimer l'air pour avoir des forces fixes et portatives, propres à remplacer les chevaux dans tous leurs travaux, etc. (1840, in-8) ; — Explication de la planche intitulée : Premier Mémoire sur l'électro-magnétisme, etc. (1841, in-8) ; — Moyen de produire le fer, etc., à moitié du prix actuel, etc. (1841-42, 3 parties in-8). Voy. LEGRIS.

On doit encore à M. de Précorbin : la Correspondance socialiste [le premier numéro a paru en 1844, in-8].

PRÉDAVAL [le comte de], du corps royal des ingénieurs de Vérone.

1. — Nouveau Traité de balistique. Paris, Gérard, Dentu, 1837, in-8 de 20 pag. avec 1 pl. [1 fr.].

2. — La Prigionia del popolo ebreo in Egitto ed il passaggio del mar Rosso, stanze. Paris, imp. de Mme Delacombe, 1841, in-32.

PREGNON [l'abbé].

1. — Évidence du christianisme, ou Traité de la religion chrétienne. Paris, impr. de Vrayet de Surcy, 1841, in-8 [6 fr.].

2. — Discours ou Conférences dogmatiques. IIe édition. Paris, Sagnier et Bray, 1849, 2 vol. in-8]12 fr.].

PREISSER [Joseph-Frédéric], professeur de chimie et de physique industrielle au collége de Rouen, professeur de chimie, de physique et de mécanique à l'École normale, membre de l'Académie de Rouen, du conseil de salubrité de la même ville, de la Société de pharmacie de Paris, de la Société de chimie médicale de Paris, de la Société industrielle d'Angers et de la Société des sciences de l'Eure. — Avec M. *J. Girardin* : Essai chimique et technologique sur le polygonum tinctorium (1840 , in-8). Voy. J. GIRARDIN.

Ce mémoire a remporté un prix de 400 fr. à la Société de pharmacie de Paris.

Citons encore : Notice sur la dilatation des huiles [1839, in-8] ; — Voyage industriel en Angleterre, en Irlande et en Écosse [tiré à 100.

— 1840, in-8] ; — avec MM. DAINEZ, GIRARDIN et POUCHET : Création d'une faculté des sciences à Rouen · 15 juillet 1847. — 1847, in-4] ; — Voyage scientifique et industriel dans le Tyrol et en Italie ; — Mémoire sur la teinture en rouge au moyen du chaga ver ; — Notice sur les couperoses du commerce.

PREISWERK [S.]. — Grammaire hébraïque, précédée d'un Précis historique sur la langue hébraïque. Genève, 1838, in-8 [8 fr.].

PREL, ancien domaniste. — Brachygraphie, art d'écrire par abréviation sans aucun nouveau signe. Caen, Chalopin fils ; Paris, Dondey-Dupré père et fils, 1825, in-8 de 74 pag. avec trois tableaux.

Signé : P. R. E. L.

PRÉMARAY [Jules REGNAULT DE]. Voy. REGNAULT DE PRÉMARAY [Jules].

PRÉMORD [l'abbé], ancien chanoine de Saint-Honoré et chanoine honoraire de Paris, vicaire général de Strasbourg. [Voy. la *France litt.*, t. VII, p. 333.]

1. — Règles de la vie chrétienne, d'après les livres saints et les auteurs catholiques les plus approuvés, ou Lettres spirituelles à une dame anglaise protestante convertie à la foi catholique, etc.; traduites de l'anglais sur la IIe édition, par l'abbé *C.-J. Busson*. Paris, Gaume frères, 1838 ; et IIe édit., 1848, 3 vol. in-12 [8 fr.].

Ce livre, écrit en anglais, fut imprimé à Londres en 1834, et réimprimé dans la même ville en 1836.

2. — Lettres spirituelles à une dame anglaise née protestante et convertie à la foi catholique, faisant suite aux *Règles de la vie chrétienne*. Traduites de l'anglais sur la IIe édition, par l'abbé *C.-J. Busson*. Paris, Gaume frères, 1841, in-12 [2 fr. 50 c.].

PRENDEVILLE [James].

Il a donné une édition de MILTON'S « Paradise lost, » with copious notes, explanatory and critical, etc., and partly original, also a memoir of his life, by James Prendeville (Paris, Baudry, Stassin et Xavier, Amyot, Truchy, 1840, in-8, 5 fr. — Collection of ancient and modern british authors).

PRÉO [de].

1. — Les Héros de la Vendée, ou Biographie des principaux chefs vendéens. Tours, Mame, 1841, in-8 [3 fr.].

Notices sur huit chefs vendéens.

2. — Les Youlofi, histoire d'un prêtre et d'un militaire français chez des nègres d'Afrique. Lille, Lefort, 1844 ; et II⁰ édit., 1846, in-12 avec une grav.

PRESCOTT [William-Henri], historien anglais, membre correspondant de l'Institut de France (Acad. des sciences morales et politiques).

1. — History of the conquest of Mexico, with a preliminary view of the ancient mexican civilisation and the life of the conqueror Hernando Cortes. Paris, Baudry, Galignani, Stassin et Xavier, Amyot, 1843, 3 vol. in-8 avec une carte [15 fr.].

— Histoire de la conquête du Mexique, avec un tableau préliminaire de l'ancienne civilisation mexicaine, et la vie de Fernand Cortès; publiée en français par *Amédée Pichot*. Paris, F. Didot, 1846, 3 vol. in-8 [18 fr.].

2. — History of the conquest of Peru, with a preliminary view of the civilisation of the Incas. Paris, Baudry, Galignani, 1847, 3 vol. in-8 [15 fr.].

PRESCOTT [Vernes]. Voy. VERNES-PRESCOTT.

PRESSENCÉ [Edmond de], pasteur protestant, publiciste, secrétaire de la Société des traités religieux de Paris.

1. — Avec M. *Léon Pilatte* : le Synode réformé de 1848; par deux témoins. Histoire critique. Paris, impr. de Ducloux, 1848, in-8 de 72 pag.

2. — Conférences sur le christianisme dans son application aux questions sociales. Paris, Ladrange, 1849, in-8 [4 fr.].

Citons encore : Humiliez-vous!... I, Pierre, v. 6, Sermon prêché à propos des événements de juin à l'église Taitbout [1848, in-8]; — Appel à l'opinion [1848 in-8].

M. Edmond de Pressencé a été collaborateur au « Semeur » et aux « Almanachs des bons conseils, » publiés par la Société des traités religieux de Paris.

PRESSY [Partz de]. Voy. PARTZ DE PRESSY [F.-J.-G. de].

PRESTAT [Eugène], substitut du procureur du roi. — Du Vol et des circonstances atténuantes, ou Essai sur la statistique criminelle. Paris, Delaunay, 1840, in-8 de 24 pag.

MM. Eugène Prestat et PETIT DE COUPRAY ont dirigé : Annuaire Chaix. Annuaire officiel des chemins de fer, publié sous le patronage de M. Edmond Teisserenc, député [1847-48, in-16].

PRETOT [E.-M.]. — Annuaire de la typographie parisienne, contenant, etc. Paris, impr. de Guyot, Krabbe, 1844, 1845, 1846, 1847, in-18.

Les deux dernières années ont pour titre : *Annuaire de la typographie parisienne et départementale.*

PRÉVAL [le vicomte Claude-Antoine-Hippolyte de], lieutenant-général d'état-major, conseiller d'État ; né à Salins le 6 novembre 1776, mort le 19 janvier 1853. [Voy. PASCALLET, IVᵉ vol., t. II, 1843, et la *France littér.*, t. VII, p. 334.]

1. — Sur le projet de constituer les régiments de cavalerie à quatre escadrons mobiles et un escadron de dépôt. Paris, Anselin et Gaultier-Laguionie, 1839, in-8 de 32 pag. [2 fr. 50 c.].

Extrait du « Spectateur militaire. »

2. — Mémoires sur l'avancement militaire et sur les matières qui s'y rapportent. Paris, Corréard, Anselin et G. Laguionie, 1842, in-8 [9 fr.].

Cet ouvrage contient : Divers Modes d'avancement sous l'ancienne monarchie, la république et l'empire; — Suites des désastres de 1815; — des Premières Dispositions relatives à l'avancement, après la paix de 1814; — Changements opérés en 1815; — Organisation d'une nouvelle maison militaire du roi. Projet présenté par MM. les commandants des anciennes compagnies [juillet 1815] ;—Réponse [31 juillet 1815]; — Formation d'une garde royale; — Projet d'ordonnance du ministre maréchal Saint-Cyr [7 août 1815]; — Observations venues de la chancellerie russe contre ce projet [août 1815]; — Réponse [18 août 1815]; — Note du duc de Wellington [août 1815]; — Réponse [25 août 1815]; — Résumé; — Bases pour un projet de loi sur la hiérarchie et sur l'avancement militaire [1817]; — de l'Avancement militaire [Mémoire publié en 1824]; — Note faisant suite au Mémoire publié en 1824 [20 avril 1826]; — Lettre du ministre baron de Damas [16 mai 1826]; — Réponse à M. de Damas [21 mars 1826]; — de la Constatation des actions d'éclat à la guerre [1827]; — sur les Écoles militaires de Saint-Cyr et de la Flèche. Note préliminaire. Rapport au roi [10 nov. 1830]; — de la Loi du 14 avril 1832 sur l'avancement; — Note concernant l'ancienneté dont les droits étaient acquis en vertu de la loi de 1818 [21 avril 1832]; — sur la Candidature des sous-officiers pour le grade de sous-lieutenant [Lettre au ministre, du 7 septembre 1833]; — Réponse du ministre [19 septembre 1833]; — de l'Avancement et de la position des sous-officiers [décembre 1834]; — de la Cassation des sous-officiers [20 décembre 1834]; — Renouvellement des tableaux d'avancement [19 octobre 1834]; — Mode de nomination aux emplois d'officier supérieur dans la cavalerie [1835]; — sur la Question de savoir si une loi est nécessaire pour régler la promotion au grade de capitaine des lieutenants adjudants-majors, des lieutenants comptables et des lieutenants d'instruction [1837] ; — sur la Question de savoir si un officier peut renoncer à son avancement par ancienneté [1839] ; — de l'Enrôlement volontaire [1841] ; — du Rang des armes entre elles [juin 1837] ; — Discours à la Chambre des pairs sur la loi de l'état-major général [14 juin 1838 et 15 juillet 1839] ; — Texte de la loi du 4 août 1839 sur l'état-major général de l'armée de terre. Explications sur les principales dispositions de cette loi et de celle concernant l'état-major général de la marine. Texte de cette dernière loi, en date du 17 juin 1841.

3. — De l'Organisation et de l'état actuel de la cavalerie, par le général Préval, faisant suite aux Observations qu'il a publiées en 1839. Paris, Anselin et Gaultier-Laguionie, 1840, in-8 de 120 pag.

4. — Observations sur l'administration des corps. Nouvelle édition, annotée. Paris, Corréard, 1841, in-8 [2 fr. 75 c.].

5. — Sur l'Organisation de la cavalerie. Nouvelles observations. Paris, impr. de Bourgogne, 1842, in-8 de 48 pag.

6. — Sur le Recrutement et sur le remplacement. Rapports, projets, discussions législatives depuis 1843, etc. Paris, Corréard, 1848, in-8 [7 fr. 50 c.].

7. — Sur le Nouveau Projet de loi relatif à l'organisation de l'armée. Premières Observations. Paris, Corréard, 1849, in-8 de 28 pag.

Reproduction des observations insérées les 16, 20 et 24 avril, dans le journal « l'Assemblée nationale. »

Citons encore : Mémoire sur la campagne de 1800 en Italie ; — Projet de règlement du service pour les armées françaises, etc. Nouv. édition, dégagée de ce qui était particulier aux grandes armées impériales [Paris, 1827. — C'est cette édition qui a été convertie en ordonnance royale, le 3 mai 1832] ; — Règlement provisoire pour le service intérieur des corps [1816. — Exécuté par ordre du ministre de la guerre, de 1816 à 1818, et converti en ordonnance royale le 13 mai 1818, ordonnance renouvelée avec quelques modifications le 2 nov. 1833] ; — Réponse aux observations de M. le général Girardin sur l'organisation de la cavalerie [1828] ; — du Comité de l'infanterie et de la cavalerie [Spectateur militaire, févr. 1833] ; — Défense de quelques dispositions consacrées dans le nouveau règlement du service intérieur [id., févr. 1834] ; — du Rapport général journalier [id., août 1840] ; — sur les Retraites d'office [id., nov. 1842] ; — des Généraux et officiers supérieurs [id., septembre 1843].

M. le général Préval a donné divers autres articles au « Journal des sciences militaires ; »— Mémoire sur le commandement en chef des troupes [Paris, Corréard, 1851].

On peut ajouter à la liste des ouvrages du général Préval les mémoires militaires et politiques qu'il a adressés depuis 1801 au gouvernement, aux princes et aux ministres, et de nombreux travaux particuliers restés inédits.

PRÉVAULT [H.]. [Voy. la *France litt.*, t. VII, p. 335.]

1. — Vertus et bienfaits des missionnaires, ou Histoire abrégée des missions de l'Amérique, par *P. Bourgoing* (abrégée par M. *Brun-Lavainne*). Lille, Lefort, 1827, 2 parties in-18.

2. — Vie de Louis XVI, suivie de Notices intéressantes sur les augustes victimes du Temple. VIe édition. Lille, Lefort, 1844, in-18 avec une pl. [60 c.].

La première édition est de 1827.

3. — La Famille heureuse, ou Contraste du bonheur d'une vie paisible et chrétienne avec le trouble et les agitations du monde. Lille, Lefort, 1828, 2 parties in-18.

Ouvrage anonyme.

4. — Les Princesses de France, modèles de vertu et de piété. IVe édition. Lille, Lefort, 1844, in-18.

La première édition est de 1828.

5. — Modèles de grandeur d'âme, ou Détails intéressants sur la vie et la mort du duc de Berry. Lille, Lefort, 1828, in-18.

Ouvrage anonyme. Quatre éditions ont été publiées dans la même année.

6. — Vie de saint Louis, roi de France. Lille, Lefort, 1840, et VIe édit., 1847, in-18 avec une lith.

La première édition est de 1829.

7. — Suite funeste de la lecture des mauvais livres. Lille, Lefort, 1829, 2 parties in-18.

Ouvrage anonyme.

8. — Les Héros vendéens, ou Bonchamp, Cathelineau, Charette, Lescure, la Rochejaquelein et leurs compagnons d'armes, modèles de dévouement et de fidélité au roi. Lille, Lefort, 1829, 2 parties in-18.

Ouvrage anonyme.]

9. — Bonheur d'une famille chrétienne, ou Esquisses sur quelques travers de la société et sur quelques moyens de trouver la félicité dès ce monde. Lille, Lefort, 1832, 2 parties in-18.

Ouvrage anonyme.

10. — Histoire de Godefroi de Bouillon, suivie de l'Histoire des croisades jusqu'à la mort de saint Louis. IIIe édition. Lille, Lefort, 1849, in-12 avec une vignette.

La première édition est de 1833; la deuxième, de 1842.

11. — Voyage sur la mer du monde. Lille, Lefort, 1834, 2 parties in-18.

Ouvrage anonyme.

12. — Le Petit Savoyard. Lille, Lefort, 1836, in-18.

Ouvrage anonyme.

13. — Traité de la tenue des livres. Lille, Lefort; Paris, Maire-Nyon, 1836, in-18.

14. — Robert, ou le Superstitieux éclairé. Lille, Lefort, 1836, in-18.

Ouvrage anonyme.

15. — Le Retour en Savoie. Lille, Lefort, 1838, in-18.

Ouvrage anonyme.

16. — Nouvel Abrégé de l'histoire de France, suivi du Tableau des mœurs et coutumes des Français sous les trois races. Lille, Lefort, 1839, 1844, 1849, in-18 avec une carte.

La quatrième édition, de 1844, porte pour titre : *Abrégé de l'histoire de France...*, et la cinquième, de 1849, est intitulée : *Histoire de France*, etc.

PRÉVOST [Pierre], successivement professeur de belles-lettres, de philosophie et de physique à l'Académie de Genève, correspondant de l'Institut de France; né à Genève le 3 mars 1751, mort en avril 1839. [Voy. une Notice sur lui, par M. A.-P. de Candolle, dans la *Bibliothèque universelle de Genève*, et la *France littér.*, t. VII, p. 337.]

M. P. Prévost a traduit d'Euripide : « Hécube, » tragédie [édition classique, souvent réimprimée, entre autres : Paris, Delalain, 1840, 1846, in-12].

Voy. aussi Malthus.

PRÉVOST [Mlle Ogier]. — Éléonore de Cressy. Genève, 1823, 2 vol. in-12 [4 fr.].

PRÉVOST [Hippolyte], sténographe. [Voy. la *France littér.*, t. VII, p. 341.]

1. — Nouveau Manuel complet de sténographie. Nouvelle édition. Paris. Roret, 1843, in-18 avec 2 pl. [1 fr. 75 c.].

2. — Organisation de la sténographie de l'Assemblée nationale. Paris, impr. de F. Didot, 1848, in-8 de 16 pag.

Extrait du « Constitutionnel » du 19 juin 1848.

MM. Hipp. Prévost et Aug. Grosselin ont dirigé la publication de : « le Sténographe des tribunaux, recueil de documents judiciaires, » dont la première livraison a été publiée en 1844 [Paris, impr. d'Henry, in-8].

PRÉVOST, curé de la paroisse Saint-Nicaise, à Rouen. — Le Livre de tout le monde, ou Dialogues sur les commandements de Dieu ; ouvrage qui pourra servir dans les catéchismes de persévérance, etc. Saint-Cloud, imp. de Belin-Mandar; Rouen, Fleury aîné, 1841, in-12 [3 fr.].

PRÉVOST [J.-Joseph].

1. — L'Irlande au XIXe siècle ; précédée d'une Introduction, par M. le baron *Taylor*. Paris, Curmer, 1843, in-4 avec grav. sur acier [40 fr.].

2. — L'Irlande et ses antiquités. In-4 avec 64 grav. d'après W.-H. Bartlett [50 fr.].

3. — Un Tour en Irlande ; paysages, antiquités, scènes de mœurs, coutumes, traditions, légendes, biographies, etc. Paris, Amyot, 1846, in-8 [7 fr. 50 c.].

M. J.-J. Prévost a travaillé à la « Revue britannique. »

PRÉVOST [Constant], professeur de géologie à la Faculté des sciences, membre de l'Académie des sciences ; né à Paris le 4 juin 1787. [Voy. la *France litt.*, t. VII, p. 340.]

1. — Avec M. *Eugène Bassano* : Traité élémentaire de géographie physique (1836, in-18). Voy. Bassano.

2. — Les Continents actuels ont-ils été à plusieurs reprises submergés par la mer? Paris, impr. de Tillard, 1842, in-8.

Documents pour l'histoire des terrains tertiaires.

3. — Coupe des terrains tertiaires du bassin de Paris. In-plano [2 fr.]. — *Paris, Langlois et Leclercq.*

M. Constant Prévost a fourni des articles à la « Revue des Deux-Mondes ; » à l' « Encyclopédie des gens du monde ; » au « Dictionnaire d'histoire naturelle, » dirigé par M. d'Orbigny, etc.

PRÉVOST [Pilate]. — Table chronologique et analytique des archives de la mairie de Douai, depuis le XIe siècle jusqu'au XVIIIe, d'après les travaux de feu M. Guilmet. Douai, Obez, 1843, in-8.

PRÉVOST [L.]. — Hégel. Exposition de sa doctrine, avec une table analytique des matières. Toulouse, impr. de Labouisse-Rochefort, 1845, in-8.
Thèse pour le doctorat.

PRÉVOST [A.]. [Voy. la *France litt.*, t. VII, p. 341.]
1. — Caisse d'épargne et de prévoyance de Paris, rue Croix-des-Petits-Champs, etc. Tables d'intérêts à trois et trois quarts pour cent. Paris, impr. d'Henry, 1841, in-8 de 128 pag.
2. — Observations sur la statistique des caisses d'épargne, et analyse de la statistique de la caisse d'épargne de Paris, pendant les années 1841, 1842 et 1843. Paris, impr. de Dupont, 1849, in-8 de 24 pag.

PRÉVOST [Florent], chef des travaux zoologiques du Muséum et naturaliste. — Les Pigeons, par Mme *Knip*. Paris, Garnery, Bellizard-Dufour et comp., 1839, 2 vol. in-fol. jésus.
Le texte du premier volume est dû à M. TEMMINCK ; celui du deuxième, à M. F. Prévost.
Cet ouvrage doit être publié en 37 livraisons. Le tome 1er (IIe édition) a 22 livraisons ; le IIe en aura 15 (la 12e est en vente).
M. Fl. Prévost a travaillé à la IVe partie du « Voyage en Abyssinie, » par M. Th. LEFEBVRE [1845-50, 6 vol. in-8]. Il en a rédigé la *Zoologie*.

PRÉVOST D'EXILES [l'abbé Antoine-François], né à Hesdin en 1697, mort à Chantilly le 23 novembre 1763. [Voy. des détails sur sa vie dans la *Revue rétrospective*, t. V, 2e série, p. 410-12 ; les *Portraits littéraires*, par M. Gustave PLANCHE, et la *France littér.*, t. VII, p. 341.]
1. — Histoire de Manon Lescaut et du chevalier des Grieux. Édition illustrée par Tony Johannot, précédée d'une Notice historique et biographique sur l'auteur, par *Jules Janin*. Paris, Bourdin, 1838-39, gr. in-8 avec titre et frontispice en couleur [10 fr.].
— Histoire de Manon Lescaut et du chevalier des Grieux. Nouvelle édition, précédée d'une Notice sur la vie et les ouvrages de Prévost, par M. *Sainte-Beuve* ; suivie d'une Appréciation de Manon Lescaut, par M. *Gustave Planche*. Paris, Charpentier, 1839, 1844, 1846, in-12 [3 fr. 50 c.].

TOME VI.

— Histoire de Manon Lescaut et du chevalier des Grieux. Paris, Baudouin, 1845, 2 vol. in-18 avec 2 grav.
— Histoire de Manon Lescaut et du chevalier des Grieux. Paris, Paulin, 1846, in-16 [1 fr.].
— Manon Lescaut. Paris, G. Havard, 1848, in-4 [40 c.].
Les Romans illustrés.

2. — Suite de l'Histoire de Manon Lescaut, attribuée à l'abbé Prévost. Paris, Sartorius, 1847, in-18.
Cet écrit, publié il y a quelques années dans la « Revue de Paris, » avait été imprimé en 1760 à Amsterdam, par Marc-Michel Rey, l'année du dernier voyage en Hollande de l'abbé Prévost. Quelques personnes pensent qu'il est plutôt de LACLOS, l'auteur des « Liaisons dangereuses, » que de Prévost. — A cette édition sont joints des fragments de MM. SAINTE-BEUVE et J. JANIN sur *Manon Lescaut*, et un morceau de M. A. HOUSSAYE : « Manon Lescaut a-t-elle existé ? »
La traduction de l'abbé Prévost du roman de RICHARDSON, « Clarisse Harlove, » a été plusieurs fois réimprimée dans ces dernières années. Voy. RICHARDSON.

PRÉVOST-WENZEL. — L'Art de fabriquer les fleurs artificielles en papier, à l'usage des gens du monde, contenant des recettes claires, simples et de l'exécution la plus facile pour faire toutes sortes de fleurs. Paris, impr. de Dupuy, 1837 ; et IIIe édit., imp. de Mme Huzard, 1838, in-12 avec 14 pl.

PREVOSTINI [J.]. — Manuel du commerçant. La Tenue des livres en partie simple et en partie double, mise à la portée de tout le monde. Paris, Desloges, 1842, in-12 ; — IIe édit., 1845, in-18 ; — 1847, in-8.

PRÉVOT [F.]. — Cours pratique de l'art épistolaire, à l'usage des dames étrangères, ou Méthode facile pour se familiariser avec le style des lettres et la conversation française. Berlin, H. Schultze, 1845, in-8 de xvj et 176 pag.

PRICHARD [James-Cowles], ethnographe, docteur en médecine, membre de la Société royale de Londres, correspondant de l'Institut de France, etc. ; né le 11 février 1786 à Ross (Herefordshire), mort le 4 décembre 1848. — Histoire naturelle de l'homme, comprenant des recherches sur l'influence des agents physiques et moraux considérés comme causes des variétés qui distinguent entre elles les différentes races humaines; traduit de l'anglais par le docteur F. Roulin. Paris, J.-B. Baillière, 1843, 2 vol. in-8 avec 40 pl. grav. et col., et 90 vign. en bois intercalées dans le texte [20 fr.].

Il a été rendu compte de cet ouvrage important dans les « Nouvelles Annales des voyages » [t. XCIX], et dans la «Bibliothèque universelle de Genève » [juin 1843].

PRIEGER [le docteur J.-E.-P.], conseiller sanitaire intime du roi de Prusse. — Observations pratiques sur les eaux minérales de Kreuznach, et particulièrement sur la source dite d'Élisabeth, remarquable par la quantité d'iode et de brôme qu'elle contient. Francfort-sur-le-Mein, Jügel, 1847, in-8 de VIII et 91 pag.

PRIESSNITZ [le docteur], inventeur du système de traitement dit traitement hydrosudopathique; né en 1799, mort au mois de décembre 1851. — Manuel d'hydrosudopathie, ou Traitement des maladies par l'eau froide, la sueur, l'exercice et le régime, suivant la méthode employée à Graefenberg, par le docteur Bigel. Paris, 1840, in-18 [4 fr.].

PRIEUR [A.]. — L'Indispensable du débitant de boissons. Lille, Bronner-Bauwens; Péronne, Croizet; Paris, Pélissonnier, 1841, in-12 de 120 pag.

PRIEUR [A.]. — Voyage de Paris à Jérusalem, avec des Notices historiques. Montdidier, impr. de Radenez, 1844, in-18 de 36 pag.

PRIEUR [Frédéric], professeur au collège de Charlemagne, auteur dramatique. — Avec M. *A. Dubois*: Concours généraux de l'Université. Devoirs donnés aux élèves des collèges de Paris et de Versailles, années 1827 à 1840 compris. Textes et corrigés, suivis de copies couronnées. Paris, J. Delalain, 3 vol. in-8 [22 fr.].

M. Fréd. Prieur a publié, avec M. LEROY: Collection de classiques latins, à l'usage des classes élémentaires et de grammaire, etc. [Paris, Mme veuve Maire-Nyon, in-12 ou gr. in-18]. Pour le détail des ouvrages contenus dans cette collection, voyez LEROY.

On doit à M. Prieur des éditions classiques, avec *sommaires* et *notes*, de : « Agamemnon, » d'ESCHYLE, et des « Olynthiennes, » de DÉMOSTHÈNE.

Nous connaissons encore de M. Frédéric Prieur, en collaboration avec M. BAUDOUIN: les Deux Sergents; — avec MM. BERRIER et LÉ-VESQUE : l'Ouvrière; — avec MM. COGNIARD et POUJOL : Micaëla, ou Princesse et favorite; — avec MM. POUJOL et NEUVILLE [DUBOURG] : un Service d'ami; — avec M. LAJARIETTE [A. LETORZEC] : Allons à la Chaumière; —avec M. LUBIZE : Fils aîné de veuve; — avec MM. LUBIZE et SALVAT : Deux Tambours. Voy. ces noms.

Presque toutes ces pièces ont été publiées sous le pseudonyme F. MAILLARD.

PRIEUR DE SOMBREUIL [D.].

1. — Le Tour du monde, ou Relations intéressantes des plus célèbres voyageurs modernes dans les contrées les plus curieuses ou les moins connues des cinq parties du globe. Paris, Maumus, 1838, in-12 [3 fr. 50 c.].

2. — Les Petits Voyageurs en Suisse. Paris, Maumus, 1840, in-12 avec une gravure, un frontispice et une carte [2 fr. 50 c.].

3. — Les Petits Voyageurs dans l'Inde. Paris, Maumus, 1840, in-12 avec 2 grav. [2 fr. 50 c.].

4. — Les Petits Voyageurs en Russie. Paris, Maumus, 1841, in-12 avec une gravure et une carte.

5. — Les Petits Voyageurs en Turquie. Paris, Maumus, 1842, 1844, in-12 avec une carte.

6. — Les Petits Voyageurs en Chine et au Japon. Paris, Maumus, 1842, 1844, in-12 avec 4 grav.

7. — Les Petits Voyageurs en Perse et en Arabie. Paris, Maumus, 1842, 1844, in-12 avec une carte et deux vignettes.

PRIMARD [Édouard]. [Voy. la *France littér.*, t. VII, p. 347.]

1. — Les Nuits d'un chartreux. Paris, Roux, Désessarts, 1836, in-8 [7 fr. 50 c.].

2. — Le Christ de fer. Paris, Richard Bell, 1837, in-8 [3 fr. 50 c.].

On doit aussi à M. Ed. Primard : *Chroniques dauphinoises*, imprimées dans « l'Essor » [1833-34]; —*Illusion et réalité*, dans la « France départementale » [t. Ier, 1834, p. 177-80]; — *la Forêt de Chambaran* [ibid., p. 320-24].

PRINCE. — Remarques sur la pneumonie bovine et sur quelques points d'hygiène. Lyon, impr. de Nigon, 1846, in-8 de 56 pag.

PRINGUEZ [N.-P.].

1. — Manuel du secrétaire de la mairie. Amiens, impr. de Caron-Vitet, 1843, in-18.

2. — Le Propagateur de l'instruction populaire, ou l'Almanach des écoliers

et du peuple. 3ᵉ année. Amiens, Caron-Vitet, 1843, in-16 avec une table [50 c.].

PRINSEP [H.-T.], employé du gouvernement anglais dans le Bengale. — Origine et progrès de la puissance des Sikhs dans le Penjad, et Histoire du maha-radja Randjit-Singh, suivis de détails sur l'état actuel, la religion, les lois, les mœurs et les coutumes des Sikhs, d'après le manuscrit du capitaine Williams Murray, agent du gouvernement anglais à Ambala, et divers écrits ; traduit par *Xavier Raymond.* Paris, Arth. Bertrand, 1836, in-8 avec 2 portraits et une carte [8 fr.].

PRINSTERER [Groen Van]. Voy. GROEN VAN PRINSTERER.

PRIOU [Jean-Baptiste-Égalité], docteur en médecine à Nantes, membre de plusieurs sociétés savantes ; né à Nantes le 28 novembre 1792. [Voy. la *France littér.*, t. VII, p. 248.]

1. — De l'Empyème, ou des Divers Epanchements dans la poitrine. Paris, 1817, in-4.

Thèse inaugurale du 28 août 1817.

2. — Guide médical des mères de famille. Nantes, Busseuil ; Paris, Desforges, 1836, in-8 de 120 p.

Citons encore : Notice historique sur M. Haentjins, négociant, membre de la Société royale académique du département de la Loire-Inférieure, lue le 3 mars 1836 [1836, in-8. — M. Haentjins, né à Nantes en 1790, est mort le 3 janvier 1836 à Paris] ; — Notice historique sur François-Joseph-Victor Broussais [1841, in-8. — Né le 17 décembre 1772, mort à Paris le 17 novembre 1838] ; — Notice sur Théoph. Malo de Latour-d'Auvergne Corret, premier grenadier des armées de la république [1843, in-8] ; — Notice sur le général Cambronne, à l'occasion de l'inauguration de sa statue sur le cours Napoléon, à Nantes [1848, in-4].

M. le docteur Priou a donné, dans les « Mémoires de la Soc. acad. de Nantes, » des *Rapports* sur les travaux de la section de médecine, et des *Notices biographiques.*

Il a travaillé au « Dictionnaire de la conversation et de la lecture. »

On doit aussi à M. J.-B.-E. Priou : *Mémoire sur l'hydropisie du thorax et sur l'hydropéricarde* [Ce mémoire a obtenu la médaille d'or décernée par la Société de médecine, chirurgie et pharmacie du département de l'Orne en 1820] ; — *Mémoire* (inédit) *sur le goître* [couronné d'une médaille d'or par la Société des sciences médicales de la Moselle, au concours de 1822] ; — *Observations et recherches sur l'emploi du feu* [Journal général de la Société de médecine de Paris, cahier de juillet 1821] ; — *Mémoire sur la petite vérole, la varicelle et la vaccine, tendant à détruire les préjugés qu'on* oppose à la découverte de Jenner [ibid., cahier de mars 1826. — Ce mémoire a obtenu la médaille d'or décernée par la Soc. de médecine de Bordeaux] ; — *Réflexions sur la rétroversion de l'utérus* [ibid., cahier de décembre 1826] ; — *Mémoire sur les plaies pénétrantes de la poitrine* [Mémoires de l'Académie de médecine, t. II. — L'Académie de médecine a décerné à ce mémoire une médaille d'or de 400 fr., dans sa séance du 28 février 1828] ; — *Mémoire sur l'ibis noir* [Annales de la Soc. acad. du département de la Loire-Inférieure] ; — *Observation sur une gastro-entérite grave, méconnue, exaspérée par les stimulants, et guérie par le traitement antiphlogistique* [Album des provinces, t. Iᵉʳ, 1829, in-8, p. 14-20] ; — *État des écoles primaires à Nantes et dans le département de la Loire-Inférieure, tendant à détruire des erreurs de M. Ch. Dupin dans son ouvrage intitulé* : « Forces productives et commerciales de la France » [ibid., t. Iᵉʳ] ; — *Réflexions critiques sur un Mémoire de sir Everard Home sur les fonctions du cerveau et dans lequel il soutient que le cerveau ne participe pas à la sensation* [Journal de la section de médecine de la Soc. acad. de Nantes] ; — *Lettre sur les tourbières* [Lycée armoricain].

PRIOUX [Stanislas].

1. — Histoire de Braine et de ses environs. Paris, Dolin, Dumoulin, 1844-45, in-8 avec fig. et blasons [7 fr. 50 c.].

2. — Grégoire de Tours au concile de Braine. Paris, Sagnier et Bray, 1847, in-8 de 44 pag.

PRISCIEN.

— Poésies de Priscien. La Périégèse, les poids et mesures. Eloge d'Anastase. Traduites pour la première fois en français, par *E.-F. Corpet.* Paris, Panckoucke, 1845, in-8.

L'Éloge d'Anastase a été publié pour la première fois par M. ENDLICHER, en 1828, avec une nouvelle édition des *Poids et mesures*, augmentée de 46 vers.

— Priscien, poëme sur les poids et mesures. Traduit par M. *E.-F. Corpet*, annoté par MM. *E. Bary* et *Corpet.* Paris, impr. de Panckoucke, 1845, in-8 de 32 pag.

Pendant très-longtemps, on n'avait que 162 vers du poëme de Priscien. L'édition qu'en donne M. Endlicher en 1828 (à la suite d'un poëme inédit du même auteur) en a 208, ainsi que l'édition de M. Corpet, qui fait partie de la 2ᵉ série de la « Bibliothèque latine-française. »

PRIVAT [Esprit]. [Voy. la *France littér.*, t. VII, p. 349.] — Les Deux Sentiers. Paris, Garnot, 1839, in-8 [7 fr. 50 c.].

M. Esprit Privat a fourni des articles au « Courrier de Marseille. »

PRIVAT [L.-A.], ministre du saint Evangile. — Le Monde. Le Règne. Développement de deux articles du symbole : Il viendra de là pour juger les vivants et les morts, et la résurrection de la chair, avec un appendice sur la délivrance d'Israël. Toulouse, impr. de Chauvin, 1849, in-18 de 96 pag.

PRIVITERA [J.]. — La Langue anglaise mise à la portée de tout le monde. Paris, imp. de Fournier, 1845, in-8 de 80 pag.

PROESAMLÉ [Jean-Frédéric], commissaire du gouvernement près le tribunal correctionnel de l'arrondissement de Strasbourg.

1. — Coup d'œil politique et moral sur la révolution française. Strasbourg, Bock, an IX (1801), in-8 de 32 pag.
Dédié à Bonaparte, premier consul de la république française.

2. — Les Prêtres insermentés de la France deviennent hommes, citoyens et républicains. Strasbourg, Bock, s. d. (1801), in-8 de 15 pag.
Dédié à l'an IX de la république française. — Une deuxième édition a été publiée dans la même année.

3. — Sur la religion du Christ et sur celle des prêtres. Essais pour le sens commun. IIIe édit. Strasbourg, Bock, an IX (1801), in-8 de 56 pag.

4. — Réponse de l'ex-commissaire Proesamlé à l'avis fraternel d'un ex-chanoine anonyme, se disant ministre du culte catholique à Strasbourg. Strasbourg, Bock, an IX (1801), in-8 de 8 pag.
Cet opuscule, qui sert de complément à la brochure précédente, y est ordinairement joint.

PROISY. — État des finances de Saint-Domingue, contenant le résumé des recettes et dépenses de toutes les caisses publiques depuis le 1er janvier 1789 jusqu'au 31 décembre de la même année. Au Port-au-Prince, 1790, in-4.

PROJEAN [C.-P.]. — Méthode complète d'ophicléide pour l'accompagnement du plain-chant. Lyon, Pélagaud, Dubois et Projean, 1845, in-4 avec 1 pl. [5 fr.].

PROMPSAULT [Jean-Henri-Romain], aumônier des Quinze-Vingts, connu par l'énergie de sa résistance aux empiétements de l'ultramontanisme ; né à Montélimart le 2 avril 1798.

[Voy. la *Biogr. du clergé contemporain*, et la *France littér.*, t. VII, p. 352.]

1. — Un Mot sur la partie du rapport de M. de Rambuteau qui est relative à l'hospice royal des Quinze-Vingts aveugles. Paris, 1832, in-8.

2. — Lettre à M. Crapelet pour servir d'appendice au discours sur les publications littéraires du moyen âge, et de réponse à sa brochure intitulée : *Villonie littéraire de l'abbé Prompsault*. Paris, Ébrard, 1835, in-8 de 36 pag.

3. — Traité de ponctuation et de lecture. Paris, Jeanthon, Ebrard, 1837, in-18 [1 fr.].

4. — Grammaire latine. Traité des lettres, de l'orthographe et de l'accentuation. Paris, Gustave Martin, 1844, 3 vol. in-8 [15 fr.].
La couverture porte : *Grammaire raisonnée de la langue latine*.
Le prospectus était intitulé : *Grammaire générale et raisonnée de la langue latine* [Sceaux, impr. de Dépée, 1844, in-8 de 16 pag.].

5. — Prosodie latine sur le plan de celle de l'abbé Lechevalier. Paris, Gustave Martin, Mme veuve Maire-Nyon, 1845, in-12 [1 fr. 25 c.].
M. l'abbé Prompsault a traduit : « le Code de la vie spirituelle ; » « le Consolateur des âmes timorées ; » « le Miroir spirituel, » par Louis de BLOIS ; — « le Livre de la vie religieuse, » par Thomas A KEMPIS ; — « de la Charité, ou Explication de la loi de Dieu, » par saint THOMAS D'AQUIN ; — « Allons au ciel ! » « Principes et règles de la vie chrétienne, » par le cardinal BONA ; — « Motifs qui m'ont déterminé à préférer la religion catholique romaine aux religions protestantes » [1838, in-18].
Citons encore : Consultation pour l'abbé R...., curé de S..., diocèse de Bl... [1849, in-8].
MM. l'abbé Prompsault et de MÉRY DE MONT-FERRAND ont dirigé le « Bulletin de censure, tables mensuelles et critiques de tous les produits de la librairie, » publié par une société d'ecclésiastiques et d'hommes de lettres [1843, in-8].
M. l'abbé Prompsault a fait paraître en 1839 le prospectus (in-8 de 16 pag.) d'un *Dictionnaire universel de la langue latine, avec des explications en français*, dont rien encore n'a été publié.
M. l'abbé Prompsault possède, dit-on, en manuscrit : *Glossaire de la langue française, comprenant tous les mots qui ont été en usage depuis le XIIe siècle, époque où la langue française a été écrite, jusqu'au XVIIe, époque où elle a été fixée ; — Histoire de la langue et de la poésie françaises ; — Introduction à la philosophie ; — Lectures pastorales ; — Biographie sainte ; — Histoire de la maison des Quinze-Vingts*, etc.

PRONT [D.-M.-P.], professeur au collége Charlemagne. [Voy. la *France* *littér.*, t. VII, p. 352.] — Comparatifs et superlatifs de la langue latine, etc. IIe édition. Paris, Mme veuve Maire-Nyon, 1837, in-12 [1 fr. 50 c.].

MM. Pront et CHAINE ont annoté le « De Viris illustribus urbis Romæ, » par LHOMOND. [Voy. ce nom.]

PRONY [le baron Gaspard-Clair-François-Marie RICHE DE], inspecteur général des ponts et chaussées, membre de l'Académie des sciences, pair de France; né à Chamlet (Rhône) le 22 juillet 1755, mort en 1840. [Voy. le *Biogr. et le nécrologe*, 1836; une Notice biographique, par M. TARBÉ DE VAUXCLAIRS, dans les *Annales des ponts et chaussées*, XVIII, p. 374, et la *France littér.*, t. VII, p. 353.]

1. — Recueil de cinq tables pour faciliter et abréger les calculs des formules relatives au mouvement des eaux, pour présenter les résultats de 167 expériences employées pour établir ces formules, etc. 1825, in-4 avec 1 pl.

2. — Note sur les moyens de perfectionner le compas de réduction, en donnant à son usage plus d'étendue et de précision. 1835, in-8 [1 fr.].

3. — Mémoire sur un moyen de convertir les mouvements circulaires continus en mouvements rectilignes alternatifs, dont les allées et venues soient d'une grandeur arbitraire. IIIe édition. Paris, Bachelier, 1839, in-4 avec 2 pl. [3 fr.].

M. le baron de Prony est auteur, avec MM. LACROIX et Ch. DUPIN, de divers *Rapports* faits à l'Académie des sciences en 1828, « sur « l'Essai général de navigation intérieure de la France, » par M. BRISSON [1828, in-18]; — avec MM. NAVIER et GIRARD : d'un *Rapport* sur un Mémoire de MM. Poncelet et Lesbros et les expériences faites à Metz en 1827 et 1828 pour déterminer le coefficient de contraction de la veine fluide [1832, in-8]; — avec MM. CORDIER, ARAGO et DULONG : d'un *Rapport* sur un mémoire relatif aux appareils producteurs de vapeur [1832, in-8]; — et d'un *Rapport* fait à l'Acad. des sciences sur les « Principes de mélodie et d'harmonie déduits de la théorie des vibrations, » par M. le baron BLEIN [1838, in-8].

On lui doit une *Notice sur Cl.-L.-M.-H. Navier* [1837, in-8].

Il a fourni un assez grand nombre d'articles aux « Annales des ponts et chaussées. »

PROPERCE [Sextus-Aurelius Propertius], poëte élégiaque latin; né à Mévania, dans l'Ombrie, vers l'an 52 avant J. C., mort vers l'an 12 avant J. C. [Voy. la *France littér.*, t. VII, p. 356.]

Les OEuvres de Properce, traduites en français par M. DENNE-BARON, font partie du volume qui renferme les « OEuvres complètes » d'HORACE, de JUVÉNAL, etc., publiées sous la direction de M. Nisard [Paris, Dubochet, 1839, gr. in-8].

PROPIAC [Girard de]. Voy. GIRARD DE PROPIAC [le chevalier Cath.-J.-Ferd.].

PROSPER, l'un des pseudonymes de M. LEPOITEVIN SAINT-ALME [Auguste]. Voy. ce nom.

PROSPERI [Gioachino]. — La Corsica e i miei viaggi in quell'isola. Lettere. Bastia, impr. de Fabiani, 1844, in-8.

PROTOT [C.].

1. — Stéréotomie, ou Art du trait, contenant les éléments de géométrie, etc., etc. Troyes, imp. de Cardon, 1838, in-8 avec 32 pl. [10 fr.].

2. — Cours spécial d'architecture, ou Leçons particulières de géométrie descriptive, comprenant, etc. Troyes, imp. de Cardon, 1838, in-8 avec 16 pl. [5 fr.].

PROU [Émile-Charles], avocat à la cour d'appel d'Angers. — Nouvelles et chroniques. Angers, Launay-Gagnot; Paris, Schwartz et Gagnot, 1836, in-18 avec 1 lith. [2 fr.].

Citons encore : Mémoire à consulter à propos de la succession de Mlle de la Terrandière [1847, in-8].

M. E.-Ch. Prou est l'auteur, sous le pseudonyme BONVOISIN, d'une *Épître à Malvoisine* (Fr. GRILLE) [Angers, 1838].

PROUDHON [Jean-Baptiste-Victor], doyen de la Faculté de droit de Dijon, membre de l'Acad. des sciences, arts et belles-lettres de cette ville, correspondant de l'Acad. des sciences morales et politiques pour la section de législation; né le 1er février 1758 à Chamas (canton de Vercel, arrondissement de Beaume-les-Dames), mort à Dijon le 20 novembre 1838. [Voy. des Éloges par M. Firmin LAGIER (1839, in-8) et par M. LORAIN (1839, in-8); un article de M. Ch. PAULMIER, dans la *Gazette des tribunaux*, du 14 janvier 1839, et la *France littér.*, t. VII, p. 359.]

1. — Traité des droits d'usufruit, d'usage, d'habitation et de superficie. Dijon, V. Lagier, 1836, 8 vol. in-8, y compris les tables analytiques.

Les trois derniers volumes, qui traitent des *Droits d'usage, servitudes réelles, du droit de superficie et de jouissance des biens communaux et des établissements publics*, ont été annotés, augmentés et mis en harmonie avec le Code forestier, par M. CURASSON.

2. — Traité du domaine de propriété, ou de la Distinction des biens considérés principalement par rapport au domaine privé. Dijon, Lagier, 1839, 3 vol. in-8 [24 fr.].

3. — Traité du domaine public, ou de la Distinction des biens considérés principalement par rapport au domaine public. IIe édition, revue, mise en ordre avec la législation actuelle, etc., par M. *Victor Dumay*. Dijon, Lagier, 1843-46, 4 vol. en cinq parties [37 fr. 50 c.].

4. — Traité sur l'état des personnes et sur le titre préliminaire du Code civil. IIIe édition, considérablement augmentée par M. *Valette*. Dijon, V. Lagier; Paris, Joubert, 1842-43, 2 vol. in-8 [16 fr.].

PROUDHON [Pierre-Joseph], avocat, publiciste, représentant du peuple à l'Assemblée constituante et à l'Assemblée législative (1848-1851); né à Besançon le 15 janvier 1809.

1. — De la Célébration du dimanche, considérée sous les rapports de l'hygiène publique, de la morale, des relations de famille et de cité; — IIe édit. Paris, Prévot, 1841, in-32; — IIIe édition. Paris, Garnier frères, 1848, in-12.

Sujet proposé par l'Académie de Besançon. La première édition est intitulée : *de l'Utilité de la célébration du dimanche, considérée sous les rapports de l'hygiène publique, de la morale, des relations de famille et de cité* [Besançon, Biptot, 1840, in-12].

2. — Qu'est-ce que la propriété ? ou Recherches sur le principe du droit et du gouvernement. *Premier Mémoire*. Nouvelles édit. Paris, Garnier frères, 1848, 1849, in-12 [2 fr. 50 c.].

La première édition est de 1840 [Paris, Brocard, in-12]; — la deuxième, de 1841, in-12.

Cette brochure a été traduite en allemand par M. F. MEYER [Bern, Jenni sohn, 1845, in-12].

— Qu'est-ce que la propriété ? *Deuxième Mémoire*. Lettre à M. Blanqui, professeur d'économie politique au Conservatoire des arts et métiers, sur la propriété. IIe édition. Paris, Garnier frères, 1848, in-12.

La première édition est de 1841 [Paris, Prévot, in-18].

3. — Avertissement aux propriétaires, ou Lettre à M. Considerant, rédacteur de *la Phalange*, sur une défense de la propriété. *Troisième mémoire*. Besançon, impr. de Proudhon; Paris, Prévot, 1842, in-12; — IIe édition. Paris, Garnier frères, 1848, in-18 anglais [1 fr.].

On peut consulter les *critiques suivantes*: « Compte rendu des trois mémoires sur la propriété (*la Propriété est un vol; Lettre à M. Blanqui*; et *Avertissement aux propriétaires*), » dans le « Journal des économistes » [t. VI, p. 190 et suiv.]; — « la Propriété est un vol. Lettre au citoyen Proudhon sur son principe concernant la propriété, » par J. GIRAUD-D'HUBERT [1848, in-fol.]; — « l'Opposé du misérable principe de Proudhon, » par J.-B.-H. MUNIER [1848, in-fol.]; — « la Propriété est-elle le vol? » par M.-J.-A. MATTABON [1848, in-12]; — « la Propriété est-elle le vol, » par M. A. MOREL [1848, in-12]; — « la Propriété, c'est le vol, » par l'auteur de « Caboulot » [1848, in-12]; — « la Propriété, c'est le vol, » par MM. CLAIRVILLE [NICOLAIE] et J. CORDIER [Math. TENAILLE DE VAULABELLE] [1848, in-8], etc.

4. — De la Création de l'ordre dans l'humanité, ou Principes d'organisation politique. Paris, Prévot, 1843, in-12 [4 fr.]; — IIe édition. Paris, Garnier frères, 1848, in-18 anglais.

Voy. un compte rendu de cet ouvrage dans le « Journal des économistes » [t. VI (1843), p. 290 et suiv.].

5. — De la Concurrence entre les chemins de fer et les voies navigables. Batignolles, impr. d'Hennuyer, 1845, in-8 de 52 pag.; — IIe édition. Paris, Garnier frères, 1848, in-12 [1 fr.].

Publié d'abord dans le « Journal des économistes » [t. XI (1845), p. 57 et suiv.]. La réimpression est précédée d'un *Avertissement*.

6. — Système des contradictions économiques, ou Philosophie de la misère. Paris, Guillaumin, 1846, 2 vol. in-8 [15 fr.]; — IIe édit. Paris, Garnier frères, 1849, 2 vol. in-18 anglais [7 fr.].

Voy. un Compte rendu, par M. MOLINARI, dans le « Journal des économistes » [t. XVIII, p. 383 et suiv.].

M. Karl MARX a publié une critique de cet ouvrage sous ce titre : « Misère de la philosophie. Réponse à la Philosophie de la misère, de M. Proudhon » [Bruxelles, Vogler, 1847, in-8].

7. — Solution du problème social. Paris, Pilhes, Guillaumin, 1848, in-8.

La première livraison [22 mars 1848] contient le premier chapitre, intitulé : *la Révolution de 1848*; la seconde [26 mars 1848] contient le deuxième chapitre, intitulé : *la Démocratie*. Cet ouvrage, qui devait fournir 20 à 22 livraisons, paraît n'avoir pas été continué.

8. — Idées révolutionnaires, avec une Préface, par *Alfred Darimon*. Paris, Garnier frères, 1849, in-12 [2 fr.].

9. — Organisation du crédit et de la circulation, et solution du problème social sans impôt, sans emprunt, etc. Paris, Pilhes, Guillaumin, 1848, in-8; — IIe et IIIe édit. Paris, Garnier frères, 1848, 1849, in-12.

La couverture porte : Idées révolutionnaires, avec une « Préface, » par M. Alfred DARIMON.

10. — Les Confessions d'un révolutionnaire, pour servir à l'histoire de la révolution de février. Paris, impr. de Boulé, 1849, in-4, et Garnier frères, 1849, in-12 [2 fr. 50 c.].

Citons encore : Explications présentées au ministère public sur le droit de propriété [1842, in-12]; — Lettre du citoyen P.-J. Proudhon à un de ses amis de Besançon [1848, in-4]; — Discours prononcé à l'Assemblée nationale, dans sa séance du 31 juillet, en réponse au Rapport du citoyen Thiers, sur la proposition relative à l'impôt sur le revenu [1848, in-4]. — Extrait du «Moniteur»]; — le Droit au travail et le droit de propriété [1848, in-4 et in-12]; — Proposition relative à l'impôt sur le revenu, présentée le 11 juillet 1848; suivie du Discours prononcé à l'Assemblée nationale le 31 juillet 1848 [1848, in-12]; — Résumé de la question sociale. Banque d'échange [1848, in-12]; — Banque du peuple, suivie du Rapport de la commission des délégués du Luxembourg [1849, in-12]; — Banque du peuple. Déclaration. Acte de société [1849, in-4]; — Démonstration du socialisme théorique et pratique, pour servir d'instruction aux souscripteurs et adhérents à la Banque du peuple [1849, in-4. — Feuilleton du journal «le Peuple»]; — le Miserere, ou la Pénitence d'un roi. Lettre au R. P. Lacordaire sur le carême de 1845 [1849, in-4. — Cet opuscule a paru dans le tome XIX, livraison de mars 1845, de la «Revue indépendante»]; — Réponse de M. Proudhon à M. Considerant, et Réplique [1849, in-fol. — Supplément à la «Démocratie» du lundi 19 janvier]; — les Malthusiens [1849, in-8]; — Actes de la révolution. Résistance. Louis Blanc et Pierre Leroux; précédé de : Qu'est-ce que le gouvernement? Qu'est-ce que Dieu? [1849, in-16].

L'*Essai de grammaire générale*, de P.-J. Proudhon, a été imprimé dans la nouvelle édition des «Éléments primitifs des langues,» par BERCIER [Besançon, Lambert et comp., 1837, in-8]. — M. Proudhon a adressé à l'Institut un travail sur les *lois générales du langage*, pour le concours du prix Volney, qui a obtenu une médaille d'honneur.

On lui doit plusieurs articles dans l' « Encyclopédie catholique, » *Apostasie, Apostat*, etc.

M. P.-J. Proudhon a rédigé « le Représentant du peuple » [1848, in-fol. — Ce journal a été suspendu pendant l'état de siège du mois de juin 1848]; « le Peuple; » « la Voix du peuple, » et le « Journal du peuple » [ce dernier a cessé de paraître en décembre 1851].

Il a travaillé à l' « Almanach des associations ouvrières, pour 1850 » [1849, in-18].

Voy., sur les écrits de M. P.-J. Proudhon, un article par M. L. DE LAVERGNE, dans la « Revue des Deux-Mondes, » du 15 juin 1848.

PROUST [Joachim], directeur de la fabrication des poudres et salpêtres du département de Maine-et-Loire, pharmacien; né à Angers en 1753, mort dans cette ville en 1821.

1. — Le Triomphe de la philosophie, ou la Réception de Voltaire et de J.-J. Rousseau aux Champs-Elysées. Angers, Pavie, 1789, in-8.

Avec cette épigraphe : Qui a bâti nos villes, vêtu ces peuples, desséché ces marais? C'est le commerce, le commerce.... RAYNAL.

2. — Mort aux tyrans. Liberté. Egalité. Paix aux chaumières. Simplicité, célérité, sûreté dans les moyens. Joachim Proust, agent pour le salpêtre, au président de la Société populaire d'Angers. Salut et fraternité. — Avis de la livraison de salpêtre. — Réquisition d'hommes pour la fabrication des salpêtres et poudres de la république. Fructidor an II.

3. — Service révolutionnaire des poudres et salpêtres. Angers, le 29 vendémiaire an VIII.

4. — Apothéose d'Arlequin vivant, mascarade astronomico-comique, par des comédiens ruinés. Angers, Jahyer, an X (1802), in-8.

5. — Recueil de Mémoires relatifs à la poudre à canon, Paris, Bachelier, 1815, in-4 [18 fr.].

Extrait du «Journal de physique,» de 1810 à 1814.

PROUST [F.-N.], avocat, conseiller de préfecture, secrétaire général du département des Deux-Sèvres.

1. — Épître au roi. Paris, Barba; Niort, Morisset, 1835, in-8 de 16 pag. [1 fr.].

2. — Les Cendres de Napoléon. Paris, Delloye, 1840, in-8 de 16 pag. [50 c.].

En vers.

PROUVY [L.-J. de], s'intitulant *général major, pensionné honorablement, au louable service de la maison d'Autriche ;* né à Namur en 1744, mort en son château d'Evrehailles, près de Dinant. — Relation de la courte campagne de 1815 en Brabant méridional. Dinant, impr. de Rosolani, 1827, petit in-8 de 27 pag.

" Daté de : Évrehailles, près de Dinant sur Meuse, deuxième arrondissement de la province de Namur, au royaume des Pays-Bas, le 18 juin 1827, à douze ans de l'action.

Voy., sur ce livre, une Notice analytique, signée J. B., dans le « Bulletin du bibliophile belge » [t. III, p. 126-132].

PROUZET [l'abbé], de la Lozère.
1. — Annales pour servir à l'histoire du Gévaudan et des provinces circonvoisines. *Premier Essai.* Saint-Flour, Viallefont; Paris, Dupont, 1843, in-8.
— *Deuxième Essai.* Clermont-Ferrand, Thibaud-Landriot, 1845, in-8 [5 fr.].
2. — Histoire du Gévaudan, ou Suite aux *Annales* de cette province, etc. Montauban, Forestié fils ; Mende, Pecoul, 1846, 2 vol. in-8 [10 fr.].

PROVANA DE COLLEGNO [le chev.]. [Voy. la *France littér.*, t. VII, p. 359.] — Les Consolations de la religion dans la perte des personnes qui nous sont chères. VIIIe édition. Paris, Ad. Leclère, 1841, in-18 avec une grav. [1 fr. 50 c.].

PROVENCE. — Le Cuisinier. Manuel économique, contenant la cuisine dans toutes ses parties, les soins à donner à la cave et aux vins, etc., etc. Paris, Babeuf, 1836, in-8 [4 fr.].

PROVOST, artiste dramatique, sociétaire du Théâtre-Français. — Avec M. *Saint-Yves* [*Edouard Déaddé*] : l'Amour d'une reine, ou une Nuit à l'hôtel Saint-Paul; drame en trois actes. Paris, Michaud, 1837, in-8 [40 c.].

Sous le nom : *Raymond*.

PROVOST [P.-R.-G.]. [Voy. la *France littér.*, t. VII, p. 360.] — Almanach judiciaire pour le ressort de la cour royale de Rouen. Année 1839. Caen, Bonneserre, 1839, in-32.

PROYART [l'abbé Liévain-Bonaventure], chanoine d'Arras, conseiller du prince de Hohenlohe-Bartenstein; né vers 1743, mort à Arras le 22 mars 1808. [Voy. la *France littér.*, t. VII, p. 360.]
1. — L'Écolier vertueux, ou Vie édifiante d'un écolier de l'Université de Paris. Nouv. édit. Lille, Lefort, 1834, in-18; Lyon et Paris, Périsse, 1843, in-18.
2. — Vie de M. d'Orléans de Lamotte, évêque d'Amiens. Paris, Saintin,
1838, in-12; Limoges, Ardant, 1841, in-12; Lyon et Paris, Périsse, 1844, in-12 avec un portrait; Lille, Lefort, 1849, in-12 avec un portrait.
3. — Vie de Madame Louise de France, religieuse carmélite, fille de Louis XV. Nouvelle édition, revue et corrigée. Tours, Mame, 1838, in-12; — Nouv. édit., Lyon et Paris, Périsse, 1838, 1844, 2 vol. in-12.

Mme Campan rapporte dans ses « Mémoires, » ch. Ier, que ce fut Louis XVI qui lui apprit la mort de Mme Louise. « Ma tante Louise, lui dit-il, votre ancienne maîtresse, vient de mourir à Saint-Denis : j'en reçois à l'instant la nouvelle. Sa piété, sa résignation, ont été admirables; cependant le délire de ma bonne tante lui avait rappelé qu'elle était princesse, car ses dernières paroles ont été : *Au paradis, vite, vite, au grand galop!* Sans doute, ajoute Mme Campan, qu'elle croyait encore donner des ordres à son écuyer. »

4. — Vie de Marie Leckzinska, princesse de Pologne, reine de France. Lille, Lefort, 1842, in-12 avec un portrait.
5. — Vie du Dauphin, père de Louis XVI. Limoges, Ardant, 1846, in-12 avec une grav. et un frontispice.
6. — Histoire de l'Église jusqu'au concordat de Pie VII. Éditions de 1846 et 1849, in-12. Voy. LHOMOND.
7. — Notices historiques. Arras, impr. de Degeorge, 1847, in-8.

Ouvrage couronné par l'Académie d'Arras, dans sa séance publique du 20 mai 1846. La couverture porte : *Sur les établissements de bienfaisance anciens et modernes de la ville d'Arras et de sa banlieue*.

8. — Le Modèle des jeunes gens, dans la vie édifiante, de Claude le Peletier de Sousi, étudiant en philosophie en l'Université de Paris. Nouvelle édition. Limoges, Barbou, 1849, in-12 avec une grav.

On a publié aussi : Histoire de Stanislas Ier, roi de Pologne, duc de Lorraine et de Bar; extraite de M. l'abbé Proyart, etc. [Lille, impr. de Lefort, 1838, in-12].

PRUCHE. — Avec M. *James :* Voyage au pays du bonheur (1844, in-8). Voy. JAMES.

PRUDENCE [Durand], avocat. Voy. DURAND PRUDENCE.

PRUD'HOMME [François]. [Voy. la *France litt.*, t. VII, p. 364.]
1. — L'Agent de change. Du titre et de la charge. Paris, impr. de Bureau, 1841, in-8 de 32 pag.

2. — Le Secrétaire général, contenant des modèles de pétitions, etc. XLI° édit. Paris, Moronval, 1841, in-18 avec une grav. [3 fr.].

PRUDHOMME [Joseph], pseudonyme. — Encyclopédie pittoresque du calembour, d'après MM. Dupin, Sauzet, Soult, Thiers, Guizot, Duchâtel, etc., recueillie et mise en désordre par Joseph Prudhomme. Paris, Levasseur, Aubert, Lavigne, Laisné, 1841, in-32.

Il a paru, sous le même pseudonyme : *Traité complet sur la maladie des chiens*, mis à la suite de : « le Chasseur rustique, » par Adolphe d'HOUDETOT [1847, in-8].

PRUNEAU [C.-A.]. — Réforme postale. Paris, imp. de Wittersheim, 1847, in-4 de 22 pag.

Distribué le 18 mars 1847 à la Chambre des députés.

PRUNELLE [C.-F.-V.-G.], docteur en médecine, professeur à la Faculté de Montpellier, maire de Lyon, membre de la Chambre des députés, correspondant de l'Académie des sciences ; mort en 1854. [Voy. la *France litt.*, t. VII, p. 365.]
1. — Éloge funèbre de L. Deneux. 1814, brochure in-4.
2. — De la Nécessité de l'enseignement scientifique de l'agriculture. 1827, brochure in-8.

PRUNET [Michel].
1. — Abrégé de la grammaire française, accompagné de la méthode que doit suivre le maître pour l'enseigner à ses élèves. Paris, impr. de F. Didot, 1838, in-12.
2. — Abrégé de la grammaire française, d'après un plan nouveau et suivant une méthode simple et facile. Auxonne, Saunié ; Paris, Hachette, 1839, in-12.

Partie du maître [Paris, les mêmes, 1839, in-12].

PRUNIÈRES [J.-H.].
1. — Petit Traité élémentaire des sciences. Lyon, Guyot, 1836, in-12.
2. — Petit Recueil de prières. Lyon, Guyot, 1837, in-18 de 72 pag.

PRUS [René], docteur en médecine, membre de l'Académie de médecine, médecin de la Salpétrière, et secrétaire général de la Société de médecine. [Voy. la *France littér.*, t. VII, p 367.]

1. — Rapport lu le 20 mars 1839 au conseil général des hôpitaux et hospices civils de la ville de Paris, par la commission nommée dans l'assemblée générale des médecins, chirurgiens et pharmaciens des hôpitaux, convoquée le 25 janvier 1838, en exécution de l'article 18 du règlement sur le service de santé. Paris, impr. de Cosson, 1839, in-4.
2. — Rapport à l'Académie royale de médecine sur la peste et les quarantaines, fait au nom d'une commission ; accompagné de pièces et documents, et suivi de la discussion dans le sein de l'Académie. Paris, J.-B. Baillière, 1846, 1re et 2e parties en un seul volume in-8 [9 fr.].

La 3e et dernière partie a été annoncée comme devant se composer de la Discussion dans le sein de l'Académie, et être délivrée *gratis* aux acquéreurs de la 1re et de la 2e partie.
— Les tomes VIII et X des « Mémoires de l'Académie de médecine » renferment des *Mémoires* du docteur Prus.

PRUS [C.].
1. — Mémoire sur la jonction de la Vienne à la Maine, par la vallée de l'Authion. Angers, impr. de Cosnier, 1843, in-4 avec une carte.
2. — Tables relatives au tracé des courbes de raccordement. Angers, Cornilleau, 1846, in-8.

PUAUX [N.-A.-F.], ministre du saint Évangile.
1. — Conférences religieuses d'Angers. Angers, impr. de Cornilleau, 1845, in-8 de 88 pag.
2. — L'Anatomie du papisme et la réforme évangélique à Angers ; lettres angevines. Paris, Delay, 1845, in-8, et 1846, in-12.

PUBLIUS SYRUS, poëte latin ; né en Syrie environ un siècle, et mort 41 ans avant J. C. [Voy. la *France littér.*, t. VII, p. 369, et t. IX, p. 305.] — Sentences de Publius Syrus. Traduction nouvelle, par M. *Jules Chenu*. Paris, Panckoucke, 1836, in-8.

Bibliothèque latine-française. Le texte est en regard.

Les Œuvres de Publius Syrus ont été traduites par M. Théophile BAUDEMENT, pour la Collection des classiques latins, publiée sous la direction de M. Nisard [Paris, J.-J. Dubochet, 1839, in-8].

PUBLIUS VICTOR. — Des Régions de la ville de Rome. Traduit pour la première fois en français, par M. *Louis Baudet*. Paris, Panckoucke, 1843, in-8 de 60 pag.

PUCKLER-MUSKAU [le prince], voyageur et écrivain allemand; né le 30 octobre 1785. Le prince Puckler-Muskau a publié une partie de ses ouvrages sous le pseudonyme de *Semilasso*. [Voy. la *France littér.*, t. VII, p. 369.]

1. — Chroniques, lettres et journal de voyages, extraits des papiers d'un défunt. Paris, Fournier jeune, 1835 et ann. suiv., 5 vol. in-8.

La première partie, *Europe*, forme 2 vol.; la deuxième, *Afrique*, 3 vol.

2. — Lettres posthumes (d'un défunt) sur l'Angleterre, l'Irlande, la France, la Hollande et l'Allemagne, trad. par M. *J. Cohen*. Paris, Fournier, 1838, 2 vol. in-8.

3. — Entre l'Europe et l'Asie. Traduit de l'allemand par M. *Cohen*, Paris, Werdet, Leclère, 1840, 2 vol. in-8 [15 fr.].

Le nouvel acquéreur, M. Depotter, a annoncé cet ouvrage sous le titre : *Voyage en Europe et en Asie.*

4. — Aperçu sur la plantation des parcs en général, joint à une description détaillée du parc de Muskau. Traduit de l'allemand. Stuttgart, 1847 et ann. suiv., gr. in-fol. obl. avec 44 vues lith. et 4 plans.

PUECH [Jules-J.-J.], professeur agrégé de l'Université; né à Paris en 1801.

M. J.-J.-J. Puech a traduit d'ESCHYLE, en vers français, avec le texte en regard : « les Choéphores, » tragédie [Paris, Hachette, 1838, in-8]; et « Prométhée enchaîné, » tragédie [Paris, F. Didot, Hachette, 1838, in-8].

PUECH fils [Hippolyte], s'intitulant *élève de la nature*, *l'homme à la barbe*, de Saint-Hippolyte (Gard). — Le Barde sur le mont Atlas, ou Quelques Épisodes de la gloire française en Afrique. Nîmes, impr. de Mme veuve Gaude, 1844, in-8 de 56 pag. [1 fr.].

En vers, suivi de notes.

Citons encore : le Charivari cévenol, contenant les Lunettes, ou le Choix d'un député, etc. (1840, in-8); — Sainte-Hélène, ou les Cendres de Napoléon (1841, in 8. — En prose]; — l'Empire et sa chute; 25 ans, ou les Bourbons; 1830 et le tombeau des Invalides (1842, in 8. — En vers]; — un Incendie; — un Désastre; — la Mort du duc d'Orléans; — le Rêve de Henri V en exil; — Rêveries de Louis Bonaparte au château de Ham; — Cauchemar d'un républicain au mont Saint-Michel (1843, in-8. — Poésies].

PUEL [J.-A.-Aimé], docteur en médecine. [Voy. la *France littér.*, t. VII, p. 370.]

1. — Manuel réglementaire à l'usage des officiers de santé des hôpitaux militaires et des corps de troupes. Paris, 1837, in-8 [6 fr.].

Cet ouvrage contient : 1° un résumé des dispositions réglementaires qui régissent le service des officiers de santé; 2° l'indication des cas où ils sont appelés par la loi ou les règlements à se prononcer comme experts et comme juges spéciaux; 3° le texte des lois et ordonnances sur la matière, des règles et des modèles pour la rédaction des certificats et rapports relatifs à tous les cas prévus, suivis du formulaire à l'usage des hôpitaux militaires.

2. — Avec M. *F.-C. Maillot* : Aide-mémoire médico-légal de l'officier de santé de l'armée de terre, etc. (1842, in-8). Voy. MAILLOT.

PUERARI [Ferd.]. — De la Rente perpétuelle constituée à prix d'argent. Genève, 1844, brochure in-8.

Thèse.

PUFFENEY [E.]. — Conseils pour faire une phrase, ou Etude des éléments de la phrase française. Paris, Dezobry, E. Magdeleine, 1847, in-12.

PUGET [Bouis du]. Voy. BOUIS DU PUGET.

PUGET. — Observations sur la structure des yeux de divers insectes, et sur la trompe des papillons. Lyon, 1706, pet. in-8 av. fig.

Anonyme.

PUGET [Louis], substitut du procureur du roi à Paris.

M. L. Puget a traduit en français : « les Métamorphoses » d'OVIDE; les « Œuvres » de MAXIMIEN; les « Œuvres » de GALLUS; les « Églogues » de CALPURNIUS [Collection des auteurs latins, publiée sous la direction de M. Nisard. 1839 et ann. suiv., gr. in-8].

PUGET [Mlle R. du].

1. — Bibliothèque de la jeunesse. Paris, impr. de le Normant, 1830-38, 47 vol. in-32.

2. — Petits Contes pour les enfants de trois à sept ans. Traduits de l'allemand, de l'anglais et du hollandais, etc. Paris, impr. de le Normant, 1836, in-32.

3. — Le Plutarque des hommes de guerre étrangers. Paris, imp. de Lambert, 1844, in-8.

La première livraison, contenant *Wallenstein, le duc de Friedland*, a paru en 1844.

Mlle du Puget a publié : « Bibliothèque étrangère, ou Choix d'ouvrages remarquables » (histoire, poésie, théâtre, romans, etc.), traduits de diverses langues, dont nous citerons, entre autres : *les Eddas*, trad. de l'ancien idiome scandinave [in-8]; — « OEuvres » d'Isaïe TEGNER, traduites du suédois [in-8] ; — « les Cousins, » par Mme la baronne de KNORRING, trad. du suédois [1844, 1847, in-8] ; — « Nouveaux Tableaux de la vie privée. Les Filles du président, » par Mlle Frederica BREMER [1847, in-8]; — « OEuvres » de FRYXELL, traduites du suédois. *Histoire de Gustave-Adolphe II* [1847, 2 vol. in-8], etc.

PUGIN [René]. [Voy. la *France littér.*, t. VII, p. 372.] — Petite Rhétorique à l'usage de la jeunesse des deux sexes, Paris, Ducrocq, 1837, in-12 de 120 pag.

PUIBUSQUE [le vicomte M.-L.-G. de], prisonnier en Russie avec l'aîné de ses fils, Louis de Puibusque, sous-intendant militaire en retraite, mort le 18 août 1841. [Voy. la *France littér.*, t. VII, p. 372.]

1. — Les Prisonniers français en Russie. Mémoires et souvenirs de M. le marquis de *Sérang*, maréchal de camp, recueillis et publiés par M. Puibusque. Paris, Arthus Bertrand, 1836, 2 vol. in-8 [15 fr.].

2. — Souvenirs d'un invalide (pendant le dernier demi-siècle). Paris, Dentu, 1841, 2 vol. in-8 [15 fr.].

C'est un complément des *Lettres sur la guerre de Russie*, publ. en 1817.

Citons encore : des Haras et de la production des chevaux en 1838 [1839, in-8]; — de la Cavalerie dans ses rapports avec la production des chevaux [1840, in-8].

PUIBUSQUE [Adolphe-Louis de], né à Paris le 7 mars 1801. [Voy. la *France littér.*, t. VII, p. 372.]

1. — Avec M. *C. Leber* : Code municipal annoté, contenant, etc. (1839, in-8). Voy. LEBER.

2. — Dictionnaire municipal, ou Nouveau Manuel des maires, contenant, par ordre alphabétique, le résumé méthodique de toutes les lois, ordonnances, instructions et circulaires ministérielles, etc. — IIe édition. Paris, P. Dupont, 1840, 2 parties en 1 vol. in-8. — IIIe édition. Paris, Dupont, 1843-44, 2 vol. in-8 [9 fr.].

La première édition, intitulée : *Dictionnaire municipal, ou Manuel analytique et complet d'administration communale, contenant*, etc., est de 1838 (Paris, P. Dupont, 2 parties en 1 vol. in-8).

3. — Histoire comparée des littératures espagnole et française. Paris, Dentu, 1843, 2 vol. in-8 [15 fr.].

Cet ouvrage a remporté, en 1842, le prix proposé par l'Académie française. La question était : « Déterminer l'influence de la littérature espagnole sur la littérature française au commencement du XVIIe siècle. »

Voyez un compte rendu de ce livre, dans la « Revue britannique » [janvier 1844, p. 249].

On doit encore à M. A. de Puibusque des *Morceaux de poésie*, présentés à l'Académie des jeux Floraux ; des *Nouvelles*, dans la « Revue du Midi ; » *Alain Chartier*, dans le « Plutarque français ; » et des *Articles* dans le « Journal des jeunes personnes, » et dans le « Recueil des actes de l'Académie de Bordeaux. »

PUIGGARI [Pedro], ex-principal du collège de Perpignan, membre de la Société des Pyrénées-Orientales et de l'Académie des sciences de Toulouse. [Voy. la *France littér.*, t. VII, p. 372.]

1. — Notice sur la ville d'Elne. Perpignan, impr. d'Alzine, 1836, in-8 de 32 pag.

2. — Catalogue biographique des évêques d'Elne, rédigé d'après les plus exactes recherches qui aient été faites jusqu'à ce jour. Perpignan, Alzine, 1842, in-8 de 144 pag. avec 6 portraits.

3. — Leçons de langue espagnole. Nouvelle édition. Perpignan, Alzine, 1843, in-8.

4. — Archéologie locale. Notices sur l'ancienne abbaye de Saint-Martin de Canigo, tirées de documents authentiques, et particulièrement d'un inventaire des titres de cette abbaye, dressé en 1586, par le visiteur apostolique don *Jean d'Agullana*. Perpignan, impr. d'Alzine, 1848, in-8 de 64 pag.

M. P. Puiggari a augmenté et, en grande partie, refondu : « el Novisimo Chantreau, o Arte de hablar bien frances, gramatica compuesta » por D. Pedro Nicolas CHANTREAU [Perpignan, Alzine, 1841, in-8].

La « Statistique du département des Pyrénées-Orientales, » par M. DU MÈGE, renferme des *Fragments* d'un *Essai sur les étymologies phéniciennes du Roussillon*, par M. P. Puiggari.

Il a publié trois *Odes* latines dans le « Journal de Perpignan, » et un grand nombre d'articles d'archéologie dans divers journaux.

PUILLE [D.], d'Amiens. — Cours d'algèbre élémentaire théorique et pratique, contenant les principes du calcul algébrique jusqu'aux équations du second degré, et plus de cinq cents exercices et problèmes gradués et variés. Paris, Dezobry, E. Magdeleine, 1849, in-8.

PUILLON BOBLAYE [L.], capitaine

d'état-major, mort en 1843. — Expédition scientifique de Morée. Recherches géographiques sur les ruines de la Morée. Paris, Levrault, 1835, gr. in-4 avec une carte de la Morée et des Cyclades [20 fr.].

Cet ouvrage fait suite aux travaux de la commission scientifique de Morée.

PUISSANT [Louis], mathématicien, membre de l'Académie des sciences; né à la Ferme de la Gastellerie le 12 septembre 1769, mort en janvier 1843. [Voy. la *France littér.*, t. VII, p. 374.]

1. — Nouvelle Détermination de la distance méridienne de Montjouy à Formentera, dévoilant l'inexactitude de celle dont il est fait mention dans la base du système métrique. Paris, Bachelier, 1836, 1838, in-4 [3 fr.].

2. — Nouvelles Comparaisons des mesures géodésiques et astronomiques de France, et conséquences qui en résultent relativement à la figure de la terre. Paris, impr. de Maulde, 1839, in-4 [5 fr.].

Extrait du tome II de la Nouvelle Description géométrique de la France, par M. Puissant.

3. — Traité de géodésie, ou Exposition des méthodes trigonométriques et astronomiques applicables à la mesure de la terre et à la construction du canevas des cartes topographiques. IIIe édition. Paris, Bachelier, 1842, 2 vol. in-4 avec pl. [40 fr.].

4. — Avec MM. *Allaize*, *Billy* et *Boudrot* : Cours de mathématiques, rédigé pour l'usage des écoles militaires. Nouvelles éditions. Paris, Anselin, 1843, 1847, in-8 avec 13 pl. [7 fr. 50 c.].

M. Puissant a donné plusieurs articles dans le « Dictionnaire des sciences mathématiques pures et appliquées, » par A. S. de MONTFERRIER [1840, gr. in-8].

PUISSANT [Jules]. — Épine et rose; comédie en deux actes. Paris, impr. de Marc-Aurel, 1845, in-8 de 60 pag.

En prose.

PUJADE [J.-J.-V.], docteur en médecine, correspondant de la Société des Pyrénées-Orientales.

1. — Histoire rapide de la grippe de 1837, dans la vallée du Tech, et description d'une affection fébrile, réputée épidémique, qui a régné à Fort-les-Bains, de 1822 jusqu'en 1836, suivie de quelques vues générales sur divers points d'hygiène publique et militaire. Perpignan, impr. d'Alzine, 1838, in-8 de 68 pag.

2. — Notice sur les nouveaux thermes d'Amélie-les-Bains, anciennement bains d'Arles. Perpignan, impr. de Mlle Tastu, 1843, in-8 de 40 pag. avec 1 pl.

3. — Reboisement des terrains en pente. Mémoire de M. Pujade. Perpignan, impr. de Mlle Tastu, 1849, in-4 de 4 pag.

M. Pujade a inséré quelques Notices dans le « Bulletin de la Société des Pyrénées-Orientales. »

PUJOL [Alboize de]. Voy. ALBOIZE DE PUJOL [Édouard].

PUJOL [G.-M.-A.], professeur à la Faculté des lettres de Toulouse; mort dans cette ville en 1843. [Voy. la *France littér.*, t. VII, p. 375.]

1. — Selecti Psalmi Davidici ad usum candidatorum rhetorices. Psaumes choisis à l'usage des élèves de rhétorique, avec un commentaire grammatical et littéraire, et les imitations de J. Racine et de J.-B. Rousseau, précédés d'un Essai sur les Psaumes, tiré de Bossuet et de la Harpe. In-12 [2 fr.]. — *Paris, Belin-Mandar.*

2. — Le Fénelon du jeune âge, ou Choix des plus beaux morceaux qui se trouvent dans les divers ouvrages de Fénelon. In-12 [2 fr.].

3. — Études sur l'éloquence sacrée, contenant les chefs-d'œuvre d'éloquence des Pères latins, avec des analyses et des observations critiques et littéraires. In-8 [3 fr.].

PUJOL [Édouard], lieutenant de marine.

1. — Napoléon, de la vallée du tombeau au dôme des Invalides. Paris, Delloye, Brioude, 1841, in-8 avec une lith. [7 fr. 50 c.].

2. — Entre deux lames : vie maritime du jour. Paris, Berquet et Pétion, 1842, 2 vol. in-8 [15 fr.].

3. — Derrière le grand mât. Paris, 3 vol. in-8 [22 fr. 50 c.].

PUJOL [A.].

1. — OEuvres choisies de *Napoléon*, mises en ordre et précédées d'une étude littéraire, par A. Pujol. Paris, Belin-

Leprieur, 1843, in-12 avec un portrait [3 fr. 50 c.].

Contient la *Lettre à M. Matteo Buttafuoco* et des *Bulletins* depuis 1793 jusqu'en 1815.

2. — Avec M. J.-L. Belin : Histoire civile, morale et monumentale de Paris depuis les temps les plus reculés jusqu'à nos jours. Paris, Belin-Leprieur, 1843, in-12 [3 fr. 50 c.].

PUJOL DE MONTRY [Alexandre-Denis-Joseph de], baron de LA GRAVE ; né à Valenciennes le 22 décembre 1737, mort dans cette ville le 30 août 1816. [Voy. une Notice, par MM. A.-N. LEROY et Arthur DINAUX, dans les *Petites Affiches de Valenciennes* (tirée à part en 1827, in-8), et la *France litt.*, t. VII, p. 375.] — Statuts et règlements de l'Académie de peinture et de sculpture de la ville de Valenciennes. Valenciennes, J.-B. Henry, 1785, in-8 de 22 pag. — IIe édit. 1785, in-8 de 31 p.

Citons encore : Discours prononcé à l'assemblée de la Commune, le 11 avril 1788, pour l'élection des députés aux états-généraux [1788, in-4] ; — les Anciens et les premiers administrateurs de l'Académie de peinture de la ville de Valenciennes, aux citoyens de la même ville [1790, in-4] ; — Lettre à MM. les magistrats, suivie de plusieurs autres pièces [1790, in-4].

M. Pujol de Montry a fait don à M. Duhin aîné, de Valenciennes, de son manuscrit intitulé : *Manuel d'un homme de bien* [Mons, 1802-07, 5 vol. in-4]. — Il a aussi laissé en manuscrit : *les Trois Émigrés à Mons, ou la Rencontre imprévue*, anecdote française de la fin de 1802 [in-4 de 63 pag.].

PUNBONER [Lucien], docteur en médecine. — Un peu de médecine théorique et pratique. Rochechouart, impr. de Barret, 1849, in-12 de 144 pag.

PUPET [J.], de Lyon. — Vérité, justice, légalité. Mes croyances religieuses, ou Maximes de la religion solaire, suivies d'un Essai de corporation d'ouvriers. IIe édition. Lyon, impr. de Boitel, 1845, in-8 de 152 pag.

La première édition est de la même année.

PURTON COOPER. Voy FÉNELON [Bertrand DE SALIGNAC DE LAMOTHE].

PUSSY [Fouqueau de]. Voy. FOUQUEAU DE PUSSY [Mme J.-J.].

PUTÉGNAT [Jean-Dominique-Ernest], de Lunéville, docteur en médecine et en chirurgie, membre de l'Académie de Nancy, de la Société d'émulation des Vosges, et d'un grand nombre de sociétés médicales françaises et étrangères. — Pathologie interne du système respiratoire, ou Traité théorique et pratique des maladies internes du larynx, de la trachée-artère, des bronches et de leurs glandes, du poumon, du thymus et de la plèvre. Lunéville, Titercher ; Paris, Crochard, 1839, 2 vol. in-8 [12 fr.].

Citons encore : Thèse sur le diagnostic des maladies du poumon [1833] ; — Thèse sur l'introduction de l'air dans les veines pendant les opérations. [1834] ; — Recherches physiologiques et thérapeutiques sur l'introduction de l'air dans les veines pendant les opérations [mémoire présenté à la Société de médecine de Marseille, en 1836] ; — Mémoire sur la gastralgie [1838] ; — Mémoire sur la nature et le traitement de la fièvre typhoïde.

On doit aussi à M. Putégnat : *Nouvelles Recherches sur le mode de propagation de la fièvre typhoïde* [Gazette médicale de Paris, 1838] ; — *Mémoire sur l'empyème* [Annales des sciences médicales de Bruxelles, 1838] ; — *Observation d'opération césarienne abdominale* [Gazette des hôpitaux de Paris, 1840] ; — *Réflexions sur l'hémiplégie faciale* [idem] ; — *Mémoire sur le traitement des blessures des artères de l'avant-bras* [Mémoires de la Société chirurgicale de Bruges, 1840] ; — *Étiologie de la fièvre typhoïde* [mémoire adressé à l'Acad. de médecine], etc.

PUTHOD DE MAISON-ROUGE [François-Marie], né à Mâcon en 1757, mort en avril 1820. [Voy. la *France littér.*, t. VII, p. 378.] — Le Vrai Patriote (Paris). 1789, in-8.

Publié sous le pseudonyme : ALDEPHE.

PUTON [le baron Marc-Antoine-Joseph-Frédéric], colonel d'état-major en retraite, né à Remiremont le 18 septembre 1779.

1. — De la Religion dans ses rapports avec la civilisation en France ; avec un petit mot sur les Marianites, à Sion (Meurthe). Mirecourt, impr. de Humbert, 1837, in-8 de 32 pag.

2. — Un Mot sur les écoles normales primaires. Mirecourt, impr. de Humbert, 1849, in-4 de 8 pag.

PUTON [Ernest], membre de la Société d'émulation des Vosges et de la Société géologique de France. — Des Métamorphoses et des modifications survenues dans certaines roches des Vosges. Metz, impr. de Lamort ; Paris, J.-B. Baillière, 1838, in-8 de 60 pag.

Extrait des Mémoires de la 6e session du Congrès scientifique de France.

PUVIS [Marc-Ant.], agronome, membre de la Chambre des députés, membre de la Société d'agriculture de l'Ain, président de la Société d'émulation; né en 1776, mort à Paris le 30 juillet 1851. [Voy. la *France littér.*, t. VII, p. 379.]

1. — De l'Emploi de la chaux en agriculture. Paris, Mme Huzard, 1836, in-8.

2. — Des Différents Moyens d'amender le sol. Paris, Mme Huzard, 1837, in-8 [2 fr. 50 c.].

3. — De la Dégénération et de l'extinction des variétés de végétaux propagés par les greffes, boutures, tubercules, etc., et de la création des variétés nouvelles par les croisements et les semis. Bourg, Bottier; Paris, Mme Huzard, 1837, in-8 [1 fr. 25 c.].

4. — Avec M. *Chevrier-Corcelles* [*Mar.-L.-Fél.*] : Observations sur les principales questions qui doivent faire partie du code rural (1837, in-8). Voy. CHEVRIER-CORCELLES.

5. — Lettres sur l'éducation des vers à soie. Paris, Mme Huzard, 1838, in-8 [3 fr. 50 c.].

6. — Des Étangs, de leur construction, de leur produit et de leur desséchement. Paris, Mme Bouchard-Huzard, 1844, in-8.

Citons encore : de la Houille et des droits à son entrée [1838, in-8] ; — des Divers Moyens de renouveler la vigne, et des amendements et engrais qui lui conviennent [1838, in-8] ; — Visite à Feuillasse, par M. Puvis, et Notes communiquées par M. Perrault de Jotemps fils sur quelques expériences faites à Feuillasse [1839, in-8] ; — Notice sur l'hiver de 1838 et ses effets [1838, in-8] ; — Notice sur l'état ancien, les révolutions physiques et les monuments des divers âges du département de l'Ain [1839, in-8] ; — de l'Association des récoltes légumières et de leur succession [1839, in-8] ; — du Remplacement de l'avoine par le seigle cuit dans l'alimentation des chevaux [1839, in-8] ; — de l'Irrigation des prés en pente par rigoles horizontales, et des prés en plaine ou marécageux par l'endossement ou division du sol en planches bombées [1839, in-8] ; — Dissertation sur l'église de Brou, sur les noms de ses architectes et sur ceux des auteurs des mausolées des ducs et duchesses de Savoie [1840, in-8] ; — de l'Art séricole au printemps de 1840 [1840, in-8] ; — du Dessèchement des étangs [1839, in-8] ; — Plantation des terrains en pente [1840, in-8] ; — Extrait des notes d'un voyage agronomique [1840, in-8] ; — Chambres consultatives d'agriculture [1841, in-8. — Proposition d'en établir] ; — des Chenilles en agriculture [1841, in-8] ; — Nouvelles Considérations sur l'abaissement des droits à l'entrée des bestiaux étrangers, suivies des Observations adressées au conseil municipal de Lyon sur la perception des droits d'octroi au poids ou par tête [1841, in-8] ; — des Engrais animaux, de leur nécessité et de leur valeur en agriculture [1842, in-8] ; — Notice sur l'École d'agriculture et l'exploitation rurale de la Saulsaye-en-Dombes (Ain) [1842, in-8] ; — de la Nécessité d'un ministère spécial pour l'agriculture [1842, in-8] ; — de l'Effet des gelées de printemps sur les végétaux, et particulièrement de celles des 12, 13, 14 avril 1843, comparées à celles des années précédentes [1843, in-8] ; — des Avantages de l'irrigation, de l'étendue qu'on peut lui donner en France, et des mesures légales nécessaires pour la faciliter [1844, in-8] ; — Sujets divers d'horticulture [1844, in-8] ; — de l'Endiguement des fleuves, des rivières et des torrents [1845, in-8] ; — de l'Endiguement de la Saône [1846, in-8] ; — des Dispositions légales nécessaires pour faciliter les irrigations [1846, in-8] ; — Notice sur la maladie de la pomme de terre [1846, in-8] ; — de l'Importance et de la nécessité des semis pour l'amélioration et le renouvellement des variétés cultivées [1848, in-8] ; — de la Culture de la vigne et de la fabrication du vin [1848, in-8] ; — Mise à fruit des arbres par la greffe Luiset [1849, in-8] ; — de la Méthode d'irrigation des prés des Vosges [1849, in-18].

PUYBONNIEUX [J.-B.], avocat à la cour d'appel, professeur et bibliothécaire-archiviste à l'institut des sourds-muets de Paris, etc.

1. — La Parole enseignée aux sourds-muets sans le secours de l'oreille. Paris, Kugelmann, 1843, in-12 [3 fr. 50 c.].

2. — Mutisme et surdité, ou Influence de la surdité native sur les facultés physiques, intellectuelles et morales. Paris, J.-B. Baillière, 1846, in-8 [6 fr.].

3. — Droits des sourds-muets à l'assistance publique. Paris, Baillière, 1849, in-8 de 48 pag.

PUYBUSQUE. Voy. PUIBUSQUE.

PUYCOUSIN [Édouard de]. [Voy. la *France littér.*, t. VII, p. 379.] — Technicographie instantanée, ou l'Orthographe des quarante mille mots de la langue française enseignée en six heures de leçons. Lyon, Pélagaud, Lesne et Crozet, 1836, in-8 de 88 pag. avec un tableau.

La première édition est de 1829.

PUYDEBAT, docteur en médecine de la Faculté de Bordeaux. — Essai sur les rétrécissements de l'urètre. 1839, brochure in-8.

PUYLAURENS [Guillaume de]. Voy. GUILLAUME DE PUYLAURENS.

PUYMAIGRE [le comte Théodore de].

1. — Aquarelles. Metz, Leduc, Gerson-Lévy, 1842, in-8.

Mélanges en prose.

2. — Jeanne d'Arc ; tragédie. Metz,

impr. de Dembour; Paris, Debécourt, 1843, in-8 [4 fr.].

3. — Poëtes et romanciers de la Lorraine. Metz, Pallez; Paris, Rousseau, Techener, 1848, in-12 [6 fr.].

Ce volume renferme des Notices sur Gilbert, Saint-Lambert, Mme de Graffigny, Palissot, Tressan, Pierre Gringoire, le maréchal de Bassompierre, etc., etc.
On doit en outre à M. Th. de Puymaigre : Gilbert. Essai sur la satire avant Gilbert [1838, in-8]; — Saint-Lambert [1840, in-8. — Extrait de la « Revue d'Austrasie »]; — Dante Alighieri. Esquisse biographique et critique [1845, in-8. — Extrait de la « Revue de Metz »]; — Examen de l'ouvrage de Jean BODIN, intitulé : « Traité de la démonomanie contre les sorciers » [1840, in-8. — Extrait de la « Revue d'Austrasie »].

PUYNODE [Gustave du]. Voy. DU-PUYNODE.

PUYRAVEAU [Audry de]. Voy. AUDRY DE PUYRAVEAU.

PUYSÉGUR [le marquis de]. — De l'Action divine sur les événements humains. Leçons tirées de l'histoire, pour servir d'introduction à l'étude de l'état social du XIXe siècle. Paris, Dentu, 1840, in-8 [7 fr.].

PUYSÉGUR [le comte Victor de], représentant du Tarn à l'Assemblée constituante de 1848; né à Rabastens en 1811, mort en décembre 1851. — Politique de la France en Orient (1849). Paris, Garnier frères, 1849, in-18 de 36 pag.

M. V. de Puységur a fourni un assez grand nombre d'articles à la « Gazette de France. »

PUYSÉGUR, professeur. — Désastres de la Pointe-à-Pitre. Nantes, impr. de Mellinet, 1843, in-8 de 8 pag.

En vers.

PUYVALLÉE [Bengy]. Voy. BENGY-PUYVALLÉE [Claude-Austregésile de].

PY, médecin à Narbonne.

1. — Examen des modifications hygiéniques dont paraît susceptible l'état actuel de la salubrité publique dans le troisième arrondissement de l'Aude. Narbonne, impr. de Sounié, 1836, in-4 de 24 pag.

2. — Pensées philosophiques sur les cimetières, considérés sous le rapport de leur influence sur l'état sanitaire des populations, avec l'indication d'un moyen sûr pour empêcher la putréfaction des cadavres humains. Narbonne, impr. de Sounié, 1836, in-4 de 20 pag.

PYAT [Félix], auteur dramatique, orateur et écrivain politique, commissaire général dans le département du Cher après la révolution de février 1848, membre de l'Assemblée nationale; né à Vierzon le 4 octobre 1810. [Voy. la *France littér.*, t. VII, p. 381.]

1. — Avec M. *Théo* [*Théodose Burette*] : une Révolution d'autrefois, ou les Romains chez eux; pièce historique en trois actes et en prose (Odéon, 1er mars 1832). Paris, Henriot, Mifliez, Tresse, 1840, in-8 [40 c.].

La première édition est de 1832.

2. — Avec M. *Auguste Luchet* : Ango; drame en cinq actes, six tableaux, avec un épilogue. Paris, Henriot, Tresse, 1840, in-8 [50 c.].

La première édition est de 1835.

3. — Avec M. *Auguste Luchet* : le Brigand et le philosophe; drame en cinq actions, avec un prologue en deux parties. Paris, Henriot, Tresse, 1841, in-8 [50 c.].

La première édition est de 1834.

4. — Les Deux Serruriers; drame en cinq actes. Paris, impr. de Mme Delacombe, 1841, in-8 de 32 pag. [60 c.].

Quatre éditions ont été publiées dans la même année.

5. — Cédric le Norwégien; drame héroïque en cinq actes (Odéon, 26 févr. 1842). Paris, Beck, Tresse, 1842, in-8 [60 c.].

6. — Marie-Joseph Chénier et le prince des critiques. Paris, Leriche, 1844, in-8 de 16 pag.

Extrait du journal « la Réforme, » du 4 janvier, à l'occasion du Feuilleton du « Journal des Débats » du 18 décembre, sur le « Tibère, » de CHÉNIER.
Ce pamphlet, l'un des plus violents qu'ait produits la polémique littéraire, se termine par ces mots : « Vous vous approchez pour le châtier (il s'agit de M. Jules Janin); vous le saisissez au corps, et vous ne sentez rien battre dans sa poitrine, rien, ni à droite, ni à gauche, d'aucun côté, sous aucune des deux mamelles; c'est un infirme aussi, un estropié, un incurable, cent fois plus à plaindre que l'autre...; il lui manque le cœur. »
M. Jules Janin a porté plainte en police correctionnelle contre les attaques de M. Félix Pyat. Il a publié en outre un mémoire intitulé: « A M. Félix Pyat : réponse du prince des critiques » [Paris, 1844, in-12 de 16 pag.]. — Cette querelle a donné lieu à d'autres publications, parmi lesquelles nous indiquerons : 1° « la Vérité à tous, à propos d'un prince et d'un tribun, » satire [Paris, 1844, in-8 de 16 pag. — Le prince et le tribun y sont assez vertement tancés]; —

2° « Pierrot racontant au public la querelle de MM. J. J., Félix Pyat et un peu Alexandre Dumas » [Paris, 1844, in-18 de 16 pag.] ; — 3° Tribunal correctionnel de la Seine. Audience du 7 février. Procès en diffamation. M. J. Janin contre M. F. Pyat : condamnation, incidents, protestations et réflexions de plusieurs avocats à ce sujet [Paris, Gazel, 1844, in-8 de 8 pag.]; — 4° M. Jules Janin jugé par lui-même. Pourvoi en cassation de M. Félix Pyat [1844, in-8].

7. — Avec M. *Eugène Sue* : Mathilde ; drame en cinq actes, tiré des *Mémoires d'une jeune femme*. IIe édition. Paris, Tresse, 1845, in-8 de 36 pag.

La première édition est de 1842.

8. — Diogène ; drame en cinq actes, précédé d'un prologue. Paris, Pagnerre, Tresse, 1846, in-8 et in-12 [1 fr. 50 c.].

9. — Le Chiffonnier de Paris ; drame en cinq actes et un prologue (12 tableaux). Paris, Michel Lévy, 1847, in-18 [1 fr.].

Citons encore : Notice littéraire sur Rouget de l'Isle et la Marseillaise [1840, 1848, in-8] ; — Fragment d'une biographie du citoyen Bocage [1848, in-8. — Publié dans la « Revue de Paris, » en septembre 1835, et dans le « Moniteur universel, » n^{os} des 25 et 26 février 1848] ; — Assemblée nationale. Séance du 7 août 1848. Discours en faveur de la liberté de la presse [1848, in-8] ; — la Présidence de la république. Discours prononcé à l'Assemblée nationale le 5 septembre 1848 [1848, in-16. — Extrait du « Moniteur »] ; — le Droit au travail. Discours prononcé à l'Assemblée nationale, séance du 2 novembre 1848 [1848, in-8 et in-fol.] ; — Au droit au travail. Toast prononcé au banquet des écoles [1848, in-fol.] ; — Cadeau du travailleur, journal du peuple, aux électeurs de la campagne [1849, in-12] ;—Discours de Félix Pyat aux paysans [1849, in-12] ; — Lettre aux électeurs de la Seine, du Cher et de la Nièvre [1849, in-32].

M. Félix Pyat a publié, dans « le Livre des cent et un : » *un Café de vaudevillistes* en 1831 [t. V, p. 209] ; — *le Théâtre-Français* [t. X, p. 359] ;—et sous le pseudonyme Jules MAYRET : *les Filles d'actrices* [t. VIII, p. 131] ;—*la Nouvelle Prison pour dettes* [t. XV, p. 333] ;— dans les « Cent et une nouvelles nouvelles des cent et un : » *les Deux Martyrs* [t. 1er, p. 249] ; —dans « les Français peints par eux-mêmes ; » *le Solognot* [Province, t. II, p. 231] ; — *le Berruyer* [id., t. II, p. 325].

On attribue à M. Félix Pyat l'épisode des *Filles de Séjan*, dans le « Barnave, » de M. J. JANIN [1831, 4 vol. in-12].

M. Félix Pyat a travaillé au « National ; » au « Peuple ; » à la « Revue des Deux-Mondes ; » à la « Revue de Paris ; » à la « Revue britannique ; » à « l'Artiste ; » à la « Revue du progrès, » à laquelle il a donné une *Notice sur Hégésippe Moreau ;* à « l'Élite, » livre des salons ; » aux « Scènes de la vie privée et publique des animaux, » etc.

Il a publié : Almanach républicain démocratique, pour 1848, 1849 et 1850.

PYM [le révérend W.-W.]. — Le Second Avénement de Christ. Un mot d'avertissement aux chrétiens des derniers temps. Traduit de l'anglais. Paris, Delay, 1843, in-8 de 116 pag.

PYOT [J.-J.-R.], médecin à Lons-le-Saulnier, membre de la Société d'émulation du Jura. [Voy. la *France littér.*, t. VII, p. 381.]

1. — Tablettes jurassiennes, ou Histoire abrégée des ducs et comtes palatins de Bourgogne, suivie de la Topographie statistique, industrielle et agricole des trente-deux cantons du Jura. Dôle, Prudont, 1836, in-18 avec une carte.

2. — Dictionnaire général des communes, hameaux, etc., du département du Jura. 1838 [2 fr. 50 c.]. — *Paris, Dumoulin.*

3. — Statistique générale du Jura. Recherches et documents préparatoires, exposés conformément au programme donné par l'Institut de France, d'après les ordres du ministre de l'intérieur. Lons-le-Saulnier, impr. de Courbet, 1838, in-8 [6 fr.].

PYRLA [P.]. — Mémoire sur l'hydrorloge. Paris, impr. de F. Didot, 1845, in-12 de 36 pag.

Texte grec, et traduction française à la suite.

PYROLLE [E.]. — Éléments de géométrie. Paris, impr. de Bourgogne, 1841, 2 vol. in-18.

Q

QUABECK [Goupy de]. Voy. GOUPY DE QUABECK [Ch.].

QUADRI [J.-B.], médecin à Naples. —Monographie de la double dépression destinée à détruire la cataracte. Méthode inventée et pratiquée en 1838 par J.-B. Quadri, dans sa clinique royale de Naples; précédée du Discours prononcé par l'auteur à l'Académie royale de médecine de Paris, le 27 décembre 1842. Paris, impr. de Ducessois, 1843, in-8 de 32 pag. avec 1 pl.

QUADRI [Antoine], secrétaire du gouvernement autrichien, membre de l'Athénée vénitien et de l'Académie des sciences de Turin. [Voy. la *France littér.*, t. VII, p. 383.]

1. — Manuel du voyageur en Italie, comprenant, etc. (*pour Venise*). Paris, Audin, 1835, in-18 [7 fr.].

2. — Huit Jours à Venise. VIᵉ édit. de l'ouvrage, et la IIIᵉ en français. Venise, Bazzarini, 1840, in-18 avec des plans et des grav.

C'est la 1ʳᵉ partie de l'ouvrage; la 2ᵉ contient un *Précis de l'histoire de Venise*.

M. A. Quadri a publié en outre: Memoria di economia politica [1819]; — Storia della statistica [1824]; — Prospetto statistico delle provincie venete [1826]; —Atlante statistico [1827]; — Quattro giorni a Venezia [1827]; — Il gran canale di Venezia [1828]; — le Dieci epoche della storia d'Italia [1826-27]; — la Piazza di San-Marco di Venezia [1831]; — Abrégé de l'histoire de la république de Venise [1831]; —

Descrizione del tempio dei SS. Geo. et Paolo [1835].

QUADRUPANI [le R. P. Carlos José], religieux barnabite.

1. — Instructions pour éclairer les âmes pieuses dans leurs doutes, et pour les rassurer dans leurs craintes. Traduites de l'italien par le chevalier *Chambon de Mesilliac*. Vᵉ édition. Paris, Vaton, 1841, in-32 [1 fr.].

La première édition est de 1836, in-32.

2.—Instructions pour vivre chrétiennement dans le monde. Traduites de l'italien, faisant suite aux *Instructions pour éclairer les âmes pieuses*. VIIIᵉ édition, augmentée de Lectures spirituelles, etc., par M. l'abbé *L..... D*. Paris, Vaton, 1849-50, in-32.

La première édition est de 1838.

3. — Enseignements pratiques et moraux pour tranquilliser dans leurs doutes les âmes timorées. Traduit de l'italien, par *F.-Z. Collombet*. Lyon et Paris, Périsse, 1842, in-32 [60 c.].

Le même ouvrage a été traduit en portugais, sous ce titre: Instrucçoes para tranquillizar as almas timoratas em suas duvidas e viver christiamente no mundo. Extrahidas principalmente de S. Francisco de Sales pelo R. P. Carlos Jose Quadrupani [Paris, impr. de Pommeret, 1847, in-18].

QUANTIN [Joseph]. [Voy. la *France littér.*, t. VII, p. 383.] — Dictionnaire maçonnique, ou Recueil d'esquisses de toutes les parties de l'édifice connu sous le nom de maçonnerie. Paris, Brianchon, 1825, in-12 [3 fr. 50 c.].

QUANTIN [BERTIN, dit]. Voy. BERTIN, dit QUANTIN.

QUANTIN, [Maximilien] archiviste du département de l'Yonne.

1. — Notice historique sur la construction de la cathédrale de Sens. Auxerre, impr. de Gallot-Fournier, 1842, in-8 de 60 pag.

2. — Dictionnaire raisonné de diplomatique chrétienne, contenant les notions nécessaires pour l'intelligence des anciens monuments manuscrits, avec un grand nombre de *fac-simile*, par Quantin ; suivi d'un Rapport au roi sur les archives départementales, et des Éléments de critique, ou Recherches des différentes causes de l'altération des textes latins, par l'abbé *Morel*. Publié par l'abbé *Migne*. Paris, impr. de Vrayet de Surcy, 1847, in-8 [8 fr.].

Fait partie de l'« Encyclopédie catholique. »
M. Quantin a donné des articles dans le « Bulletin de la Société des sciences historiques et naturelles de l'Yonne; » dans les « Annuaires de ce département, et dans les « Mémoires de la Société archéologique de Sens. »
Il a dirigé, avec M. BADIN : « la Géographie départementale de la France, » comprenant, etc. [Paris, Dubochet, 1847 et ann. suiv., format in-12].
On lui doit, avec M. CHALLE, la *Continuation jusqu'à nos jours, avec additions, nouvelles preuves et annotations*, du « Mémoire concernant l'histoire civile et ecclésiastique d'Auxerre et de son diocèse, » par l'abbé LEBEUF [1848 et ann. suiv., 4 vol. in-8].

QUARRÉ [Antoinette], lingère; née à Dijon en 1813, morte dans cette ville le 25 novembre 1847. [Voy. un article nécrologique dans *l'Illustration* du 11 novembre 1847.] — Poésies, Paris, Ledoyen, 1843, in-8 [5 fr.].

Mlle A. Quarré a laissé un grand nombre de poésies inédites. M. A. de Lamartine lui a dédié un de ses Recueillements poétiques.

QUARTIN-DILLON. — Voyage en Abyssinie (1845-50, 6 vol. in-8). Voy. LEFEBVRE [Théophile].

QUATREBARBES [le comte de], membre de la Chambre des députés (1847).

1. — Une Commune vendéenne sous la Terreur. Angers, Launay-Gagnot; Paris, Dentu, 1837, in-12 [2 fr. 25 c.].

Une troisième édition, corrigée et augmentée, a été publiée en 1838 sous ce titre : une *Paroisse vendéenne sous la terreur*, dédiée à S. A. R. madame la duchesse de Berry [Lyon, Périsse, 1838, in-12].

2. — Discours et opinions. Angers, impr. de Cosnier, 1849, in-8 de 116 p.

Citons encore : Réflexions sur la canalisation de la Sarthe [1839, in-8. — L'auteur se prononce contre le projet de canalisation]; — Réponse à la Lettre de M. l'abbé Bernier, vicaire général du diocèse d'Angers, sur le Journalisme religieux et l'Union de l'Ouest [1845, in-12].
M. de Quatrebarbes a publié, en y insérant une *Biographie* et des *Notices* : « OEuvres complètes » du roi RENÉ [Angers, impr. de Cosnier, 1844-45, 4 vol. in-4 avec fig. [60 fr.].
Il est l'auteur de l'*Avant-propos* mis en tête des « Chroniques d'Anjou et du Maine, » par J. de BOURDIGNÉ [1842, 2 vol. gr. in-8].

QUATREBARBES [Hyacinthe de].

1. — Du Remplacement militaire. Laval, impr. de Godbert, 1848, in-8 de 12 pag.

2. — Conseil général de la Mayenne. Session de 1848. — Développement d'une proposition de M. Hyacinthe de Quatrebarbes, sur la liberté d'enseignement. Laval, impr. de Godbert, 1849, in-8.

QUATREFAGES [J.-F.-L.-Armand de], docteur ès sciences et en médecine, membre de l'Académie des sciences. [Voy. la *France littér*., t. VII, p. 384.] — Considérations sur les caractères zoologiques des rongeurs, et sur leur dentition en particulier. Paris, impr. de Fain, 1840, in-4 de 52 pag.

Des exemplaires sont intitulés : *Thèse sur les caractères*, etc. Ils ont de plus que les autres l'approbation du doyen de la Faculté des sciences et de l'inspecteur de l'Académie de Paris.
M. de Quatrefages est auteur, avec M. MILNE EDWARDS, des *Annélides* (in-8 avec atlas de 30 pl.), qui font partie de : « le Règne animal, distribué d'après son organisation, pour servir de base à l'histoire naturelle des animaux, et d'introduction à l'Anatomie comparée, par Georges CUVIER [Paris, Victor Masson, 1849, 11 vol. et 11 atlas].
On doit aussi à M. de Quatrefages : *Sur un nouveau mode de décrépitation et sur les pierres qui produisent ce phénomène* [Annales des mines, 1842, t. Ier, 4e série).
Il a travaillé aux « Annales des sciences naturelles; » aux « Mémoires de l'Académie de Toulouse; » au « Dictionnaire universel d'histoire naturelle, » publié par M. Ch. d'ORBIGNY. — Il a donné, dans la « Revue des Deux-Mondes, » des récits de voyages de recherches d'histoire naturelle, sous le titre de *Souvenirs d'un naturaliste*, et différents articles scientifiques [1842 et ann. suiv.].

QUATREMÈRE [Étienne-Marc], orientaliste, professeur d'hébreu et de persan au collège de France, membre de l'Académie des inscriptions et belles-lettres; né à Paris le 12 juillet 1782. [Voy. la *France littér.*, t. VII, p. 384.]

1. — Mémoire sur quelques inscriptions puniques. Paris, Impr. royale, 1828, in-8 de 19 pages.

Extrait du « Nouveau Journal asiatique. »

2. — Notice d'un manuscrit arabe de la Bibliothèque du roi (n° 580), contenant la description de l'Afrique. Paris, Impr. royale, 1831, in-4 de 230 pag.

3. — Mémoire historique sur la vie d'Abd'-Allah-ben-Zobaïr. Paris, Impr. royale, 1832, in-8 de 180 pag.

Extrait du « Nouveau Journal asiatique. »

4. — Histoire des Mongols de la Perse, écrite en persan par *Rachild-Eldin*. Publiée, traduite en français, accompagnée de notes et d'un mémoire sur la vie et les ouvrages de l'auteur, par M. Quatremère. Paris, Imp. royale, 1836, in-fol.

Tome Ier de la « Collection orientale. Manuscrits inédits de la Bibliothèque royale, traduits et publiés par ordre du roi. » — Voy. un compte rendu de cet ouvrage dans le « Journal des Débats » du 15 juin 1842. — Le *texte persan*, à l'usage des élèves de l'École spéciale des langues orientales vivantes, a été publié à part, sous le titre : Extrait de *l'Histoire des Mongols, de Rachild-Eldin*, publiée par M. Quatremère [Paris, impr. de F. Didot, 1844, in-8 de 40 p.].

5. — Histoire des sultans mamloucks de l'Égypte, écrite en arabe, par *Takin Eddin Ahmed-Makrizi*. Traduite en français et accompagnée de notes philologiques, historiques, géographiques, par M. Quatremère. Paris, B. Duprat, 1837 et ann. suiv., 2 vol. in-4, publiés en 4 parties [54 fr.].

L'ouvrage est imprimé pour le comité des traductions orientales.

6. — Chrestomathie en turk oriental, contenant plusieurs ouvrages de l'émir *Ali-Schir*, des extraits des Mémoires du sultan *Baber*, du Traité de Miradj, du Tezkiret el Avlia et du Bakhtiar-Nameh, publiés, accompagnés d'une traduction française, d'un Mémoire sur la vie d'Ali-Schir, et de Notes grammaticales, philologiques et autres, par M. Quatremère. Paris, impr. de F. Didot, 1842, in-8 de 120 pag.

M. Ét. Quatremère a revu, corrigé et annoté, avec M. GLAIRE : les « OEuvres complètes » de Flavius JOSÈPHE (1485 et ann. suiv., 3 vol. gr. in-4].

On doit à M. Ét. Quatremère un Discours prononcé sur la tombe de l'abbé de Bélencourt, et un autre Discours, prononcé, au nom du collège de France, sur la tombe de A.-J. Letronne [1849, in-4]. — Il a donné de nombreux articles dans le « Journal des savants, » entre autres, sur l' « Histoire des Sassanides, » par MIRKHOND [1847]; sur les *Découvertes faites à Ninive;* sur les *Villes des rives de la mer Morte*, etc.

Il a travaillé aux « Annales de la philosophie chrétienne. »

QUATREMÈRE DE QUINCY [Antoine-Chrysostome], membre de l'Assemblée législative et du conseil des Cinq-Cents, membre de l'Académie des inscriptions, secrétaire perpétuel de l'Académie des beaux-arts; né à Paris, le 28 octobre 1755, mort en 1850. [Voy. la *France littér.*, t. VII, p. 385.]

1. — Recueil de dissertations archéologiques. Paris, Ad. Leclère, 1836, in-8 avec 7 pl. [10 fr.].

2. — Essai sur l'idéal dans ses applications pratiques aux œuvres de l'imitation propre des arts du dessin. Paris, Ad. Leclère, Bourgeois-Maze, 1837, in-8.

3. — Suite du Recueil de notices historiques lues dans les séances publiques de l'Académie royale des beaux-arts à l'Institut. Paris, Ad. Leclère, Bourgeois-Maze, 1837, in-8.

M. Quatremère de Quincy a travaillé aux « Souvenirs du vieux Paris » [1835, in-fol.].

QUEIREL, de la Bastidonne [Joseph]. — Agiographie sur l'Évangile, ou Essai, en vers, sur la vie de N. S. Jésus-Christ. Apt, impr. de Jean, 1839, in-12 de 48 pag.

QUENARD.

1. — Le Fumier de ferme élevé à sa plus haute puissance de fertilisation et n'étant plus insalubre, ou du Moyen de concentrer dans les fumiers les principes volatils qui s'en évaporent pendant leur préparation, et jusqu'à ce qu'ils soient enfouis. Paris, Dusacq, Charpentier, 1847, in-8 [3 fr.].

2. — Conseils pratiques aux agriculteurs, ou Considérations sur les doses, le mode d'emploi et les effets du sel; suivis du Programme du concours pour lequel sont fondés des prix de 3,000 et 2,000 francs. Paris, Mme Bouchard-Huzard, Charpentier, 1848, in-8 [1 fr. 25 c.].

QUENIN [D.-J.], docteur en médecine. [Voy. la *France littér.*, t. VII,

p. 390.] — Manuel élémentaire d'agriculture, à l'usage des élèves des écoles primaires des départements du Midi. Avignon, imp. de Jacquet, 1839, in-12.

QUENOT [H.], docteur en médecine, médecin adjoint à l'hôpital du Gros-Caillou et à la prison des Madelonnettes.

1. — Entretiens sur les animaux venimeux et sur les végétaux nuisibles. Strasbourg, Levrault; Paris, Pitois-Levrault, 1837, 1840, in-18 avec 1 tableau et 4 pl. [90 c.].

Maître Pierre, ou le Savant de village. — Bibliothèque d'instruction populaire.

2. — Entretiens sur les procédés des arts physico-chimiques. Paris, Langlois et Leclercq, 1840, in-18 [60 c.].

Fait partie de la même collection.

M. H. Quenot a traduit, avec M. A. WAHU : « Aphorismes, » d'HIPPOCRATE [1843, in-18].

Il a rédigé, avec M. A. WAHU : le « Répertoire du progrès médical, ou Résumé mensuel des principaux mémoires qui paraissent dans les journaux de médecine, de chirurgie et de pharmacie français et étrangers » [le premier numéro de ce recueil a paru en févr. 1842, in-8].

QUENTIN [Auguste-François], membre de la commission des patentes de Paris, et ancien receveur des finances, impliqué dans l'affaire du 15 mai 1848. — Proposition de rejet du projet de loi sur les patentes, ou Exposition de principes en matière d'impôts, adressée aux chambres législatives. Paris, impr. de Vassal, 1844, in-8 de 64 pag.

Citons encore : Nouveaux Motifs de rejet du projet de loi sur les patentes, transmis à MM. les députés, et adressés à tous les signataires de la résolution du 28 juin 1843, et autres contribuables [1844, in-4] ; — Nouvel Examen de la loi sur les patentes, transmis à MM. les pairs de France [1844, in-8] ; — Pétition à MM. les membres de la chambre des députés sur le projet de loi de finances de 1845 (recettes et dépenses) et sur l'impôt en général [1844, in-8] ; — Pétition adressée à MM. les présidents et membres des conseils généraux du royaume [1844, in-8. — La pétition est datée du 20 août 1844] ; — Pétition à MM. les membres de la chambre des députés [1845, in-8. — Sur l'administration de Paris.]

M. A.-F. Quentin a donné des articles de finance dans « la Réforme, » « le National » et « le Siècle. »

QUENTIN [Eugène]. — La Mort du duc de Clarence; essai dramatique en une partie. Paris, impr. de Dondey-Dupré, 1838, in-8 de 8 pag.

En vers et en cinq scènes.

QUENTIN [l'abbé], vicaire de Notre-Dame de la Couture. — L'Année de la première communion. Ouvrage dédié aux enfants des deux sexes. Le Mans, Adolphe Lanier; Paris, Debécourt, 1840, in-18 [1 fr. 25 c.].

QUENTIN, archiviste du département de l'Yonne. Voy. QUANTIN.

QUÉRARD [Jean-Marie], bibliographe; né à Rennes le 25 décembre 1797. M. Quérard, qui, depuis de longues années, s'occupe de bibliographie avec une persévérance des plus louables, a rendu par ses publications, et surtout par celle de la *France littéraire*, de notables services à la littérature. Son livre est un répertoire extrêmement utile pour les bibliothécaires, pour les biographes et pour toutes les personnes qui étudient l'histoire littéraire dans les temps modernes. [Voy. *Notice des travaux bibliographiques de M. J.-M. Quérard, avec les jugements portés par les critiques* (1851, in-8)].

1. — La France littéraire, ou Dictionnaire bibliographique des savants, historiens et gens de lettres de la France, ainsi que des littérateurs étrangers qui ont écrit en français, plus particulièrement pendant les XVIIIe et XIXe siècles. Paris, F. Didot frères, 1826-42, 10 vol. in-8 à 2 col.

De nombreux comptes rendus de cet ouvrage ont paru dans le « Bulletin du bibliophile, » « la Quotidienne, » le « Bulletin universel, » le « Journal des savants, » « le Globe, » la « Revue encyclopédique, » etc.

2. — Bibliographie voltairienne; précédée d'une introduction intitulée : *de l'Influence de Voltaire sur la société au XVIIIe siècle*, par M. *Aubert de Vitry*. Paris, impr. de F. Didot, 1842, gr. in-8 de XXXV et 184 pages à 2 colonnes.

Extrait, sauf l'Introduction, du tome X de la « France littéraire. »

3. — La Littérature française contemporaine, 1827-1849. Continuation de la *France littéraire*, contenant, etc. Paris, Daguin frères, 1839-44, t. Ier et t. II, pag. 1 à 282 (A — BONAPARTE). 2 vol. in-8 à 2 col. (1).

(1) Quelques explications sont dues au public au sujet de cet ouvrage. D'après un traité conclu, le 18 janvier 1840, entre MM. Daguin frères et M. Quérard, ce dernier avait été chargé de la ré-

4. — Dictionnaire des ouvrages polyonymes et anonymes de la littérature française, 1700-1850. Publié sous les auspices d'un bibliophile étranger (M. *Serge Poltoratzky*, de Moscou, etc.). Paris, l'auteur, 1846-47, in-8 à 2 col.
Livraisons 1 à 3. A—ALMANACH.

5. — Auteurs déguisés de la littérature française au XIX° siècle. Essai bibliographique pour servir de supplément aux recherches d'*A.-A. Barbier* sur les ouvrages pseudonymes. Paris, impr. de Gratiot, 1845, in-8 de 84 pag.

6. — Supercheries littéraires dévoi-

daction de la *Littérature française contemporaine*, qui devait former trois volumes in-8, et être achevée en trois années. En 1843, *onze livraisons* (moins d'un volume et demi) avaient paru, et l'on était arrivé aux lettres BON; de sorte qu'en continuant sur les mêmes bases, l'ouvrage complet aurait occupé *vingt* volumes environ, et aurait été achevé seulement au bout d'une vingtaine d'années. Pour faire cesser cet état de choses désastreux, MM. Daguin s'adressèrent aux tribunaux; ils se plaignirent de l'*étendue exagérée donnée aux biographies*, de la *reproduction textuelle de passages nombreux de la* FRANCE LITTÉRAIRE, et de la *reproduction d'articles critiques empruntés à des journaux ou revues*. Ils firent valoir divers autres griefs, et ils obtinrent une sentence arbitrale, en date du 7 juin 1844, qui, conformément aux termes du traité du 18 janvier, les autorisait à faire continuer la *Littérature française contemporaine* par tels collaborateurs qu'ils aviseraient. La 12° livraison parut avec les noms de MM. Ch. LOUANDRE et Félix BOURQUELOT.

Depuis ce moment, M. Quérard a pris à tâche de dénigrer le livre qui se poursuivait sans lui, les hommes qui avaient accepté la mission de le mener à fin, et l'éditeur qui y consacrait ses soins et ses capitaux. La *Littérature française contemporaine* ne porte aucune trace des sentiments d'indignation que ces attaques passionnées ont dû faire naître; ceux qui l'ont rédigée n'ont pas voulu qu'un ouvrage, exécuté sérieusement pour un public sérieux, servît d'arène à une polémique irritante; ils ont tenu à lui conserver son caractère purement littéraire et bibliographique. Mais à une hostilité persévérante, à des injures et à des calomnies, les auteurs et l'éditeur ont répondu, selon leur droit et leur devoir : d'une part, ils ont exposé la vérité par la voie de la presse; de l'autre, ils ont demandé réparation aux tribunaux. Il serait de peu d'intérêt de rappeler ici l'historique d'une lutte pénible; il suffira de renvoyer à une lettre d'*explications*, écrite par M. Quérard, qui a paru dans le « Feuilleton du Journal de la librairie, » du 25 juillet 1846, et de faire savoir à tous : 1° que, le 16 décembre 1846, M. Quérard a été condamné par le tribunal de police correctionnelle, comme coupable de diffamation envers M. Félix Daguin; 2° que, le 14 avril 1848, le même tribunal a rendu contre M. Quérard un jugement ainsi conçu :

« Attendu qu'il résulte de l'instruction et des débats que Quérard a publié en 1847 un ouvrage
« intitulé les « Supercheries littéraires dévoilées, » dans lequel, tome II, page 82, se trouve une note
« renfermant ces mots : « Florus, historien de la fin du premier siècle de l'ère chrétienne, appartenait à la « Littérature française contemporaine, » d'après les vues de l'*honnête* éditeur de ce
« livre; »

« Attendu qu'il résulte des circonstances de la cause, notamment du rapprochement de la phrase
« ci-dessus avec celle qui précède, que, pour ces mots, l'*honnête éditeur*, lesquels, ainsi que Qué-
« rard le reconnaît lui-même, s'appliquaient à Daguin, Quérard a eu l'intention d'imputer à
« celui-ci un acte de mauvaise foi; qu'il a commis ainsi le délit d'injure publique, prévu par l'arti-
« cle 19 de la loi du 17 mai 1819;

« Attendu que Quérard, en commettant ce délit, a causé à Daguin un préjudice qui peut être
« apprécié par le tribunal, d'après les documents de la cause, et pour lequel l'insertion ci-après
« ordonnée constituera une réparation suffisante;

« Le tribunal condamne Quérard à trente francs d'amende;

« Dit qu'il sera tenu de faire imprimer, sur la PREMIÈRE FEUILLE de la première livraison
« qui doit paraître du susdit ouvrage, l'extrait du présent jugement, contenant ses motifs et ses
« dispositifs;

« Déboute Daguin du surplus de ses conclusions. »
De tels documents n'ont pas besoin de commentaire!

FÉLIX DAGUIN.

Paris, le 30 juin 1855.

lées. Galerie des auteurs apocryphes, supposés, déguisés, plagiaires, et des éditeurs infidèles de la littérature française, pendant les quatre derniers siècles, ensemble les industriels et les lettrés qui se sont anoblis à notre époque; avec une introduction intitulée : *des Supercheries littéraires anciennes et modernes*, plus particulièrement en France. Paris, impr. de Maulde et Renou, 1846 et ann. suiv., 4 vol. in-8.

Les premières livraisons portaient pour titre : les *Auteurs apocryphes, supposés, déguisés, plagiaires, et les éditeurs infidèles*, etc.
L'ouvrage avait été promis en *un* volume, publié en 8 livraisons.
Il a paru à part : Ferney-Voltaire. Chapitre XCII de l'Ermite en province, de Jouy. Rectifications du « Journal des Débats, » avec des notes, par un bibliophile russe, M. S. POLTORATZKY [1848, in-8]; — Bibliographie lamennaisienne. Notice bibliographique des ouvrages de M. de Lamennais, de leurs réfutations, de leurs apologies, et des biographies de cet écrivain [1849, in-8].

7. — Omissions et bévues du livre intitulé : *la Littérature française contemporaine*, par MM. Ch. Louandre et F. Bourquelot, ou Correctif de cet ouvrage. Paris, l'auteur, 1848, in-8 de XX et 33 pag. à 2 col. avec 2 autographes.

Voyez, à ce sujet, la lettre du 26 mai 1848, que M. Félix Daguin a publiée sous ce titre : « Réponse aux calomnies que M. Quérard a dirigées contre moi dans son dernier pamphlet, intitulé : *Omissions et bévues*, etc.

M. Quérard a rédigé « le Bibliologue, journal du commerce et des intérêts de la typographie et de la librairie en France » [1833, in-8. — 10 numéros seulement ont paru]. — Il a publié le recueil intitulé : « le Bibliothécaire, archives d'histoire littéraire, de biographie, de bibliologie et de bibliographie, rédigé par MM. *Mécène* et *Photius*, avec la collaboration de plusieurs biographes, critiques et bibliographes connus » [1844, in-8. — Quelques numéros seulement ont paru]; — et le « Moniteur de la librairie, mémorial universel des publications françaises et étrangères, anciennes et modernes » [1842-44, 3 années ou vol. in-8].

QUERCY. — Les Maximes de la religion chrétienne en opposition avec la morale corruptrice des jésuites ; inutilité du monachisme. Paris, Mme Lacombe, 1844, in-8 de 144 pag.

QUERELLES [le comte Alexandre de]. [Voy. la *France littér.*, t. VII, p. 392.]

1. — Madame la duchesse de Berri. Paris, Dentu, G. Warée, 1832, in-8 de XVI et 363 pag. [8 fr.].

Publié sous le nom de L.-G. MAGNANT.

2. — L'École des députés; comédie en cinq actes et en vers. Paris, Dentu et Barba, 1838, in-8 [7 fr. 50 c.].

Dédiée à M. Berryer, membre de la chambre des députés.

3. — Le Misanthrope politique; comédie en cinq actes et en vers. IIe édit., revue et corrigée le 14 juillet 1845. Paris, Dentu, 1846, in-8 [6 fr.].

La première édition est de 1835.

4. — Le Nouveau Tartufe, ou l'Homme du jour; comédie en cinq actes et en vers. Paris, Dentu, 1846, in-8 [6 fr.].

QUERRET, ancien professeur de mathématiques, ancien membre résidant de la Société académique de Nantes; né à Saint-Mâlo en 1783, mort le 8 décembre 1839. [Voy. une *Notice*, par M. MACÉ (1840, in-8), et la *France littér.*, t. VII, p. 392.]

1. — Leçons de géométrie.

2. — Leçons élémentaires de géométrie à trois dimensions, faisant suite aux *Leçons de géométrie*. Lyon, impr. de Perrin, 1845, in-12 avec 2 pl.

3. — Leçons élémentaires d'arithmétique pratique. XIe édit. Vannes, impr. de Lamarzelle, 1849, in-12.

4. — Exercices sur les leçons élémentaires d'arithmétique de M. Querret. Vannes, Lamarzelle, 1849, in-12.

Souvent réimprimé.

QUERRET [H.].

1. — De l'Amélioration des prairies naturelles dans l'arrondissement de Morlaix. Morlaix, impr. de Guilbert, 1841, in-12 de 36 pag. — Autre édit. Brest, Leblois, 1845, in-8 de 36 pag.

2. — Catéchisme agricole à l'usage de la jeunesse bretonne, suivi d'une Comptabilité agricole. Guingamp, imp. de Jollivet, 1846, in-18 avec 1 tableau.

QUESLIN [Amédée]. — Le Daguerréotype rendu facile, par A. Queslin; suivi d'une Notice sur la reproduction de la dorure des épreuves par la galvanoplastie. Paris, Méquignon-Marvis, 1843, in-8 de 72 pag. avec 1 pl. [2 fr.].

QUESNAY [Fr.], médecin, économiste, secrétaire perpétuel de l'Acad. de chirurgie, médecin ordinaire du roi; né à Merei, en Normandie, au mois de juin 1694, mort le 14 décembre 1774.

[Voy. la *France litt.*, t. VII, p. 392.]—
Les OEuvres d'économie politique de Quesnay ont été réimprimées dans la « Collection des principaux économistes, » publ. par M. Eug. DAIRE [1843 et ann. suiv., in-8].

QUESNÉ [Jacques-Salbigoton], né à Pavilly le 1er janvier 1778. [Voy. la *France littér.*, t. VII, p. 394.]

1. — La Goëlette sous-marine et le grand boa d'Afrique. Paris, Mme Goullet, 1839, in-8 de 80 pag. [1 fr. 50 c.].

2. — Supplément indispensable aux éditions des OEuvres de J.-J. Rousseau. Particularités inédites. IIe édition. Paris, Ledoyen, 1844, in-8 de 32 pag.

Anecdotes concernant Rousseau, Thérèse Levasseur et quelques autres personnes.
La première édition est de la même année.

QUESNEL [le P.]. Voy. MABILLON.

QUESNET [Eug.]. — Avec M. *A. de Santeul* : France et Russie. Avantages d'une alliance entre ces deux nations. Paris, Delloye, Garnier frères, 1843, in-8 [2 fr. 50 c.].

QUESNEVILLE [le docteur], chimiste, manufacturier.

M. Quesneville a dirigé la « Revue scientifique et industrielle des faits les plus utiles et les plus curieux observés dans la médecine, l'hygiène, la physique, la chimie, la pharmacie, l'économie rurale et domestique, l'industrie nationale et étrangère » [Paris, L. Colas, 1840-49, 30 vol. in-8. — La 2e série, commencée en avril 1844, a pour titre : *Revue scientifique et industrielle, ou Travaux des savants et des manufacturiers de la France, de l'Allemagne et de l'Angleterre. Journal spécialement consacré à la physique, à la chimie, à la pharmacie et à l'industrie.*

Il a publié un recueil mensuel intitulé : *Secrets des arts. Recettes et formules anciennes, nouvelles et inédites, dans les sciences, l'industrie, la pharmacie, l'économie rurale et domestique* [1849, 2 vol. in-8. — Ce recueil est la reproduction d'articles détachés de la « Revue scientifique et industrielle, » et d'autres journaux français et étrangers].

QUEST [C.-M.], cultivateur, propagateur du système de Fourier. [Voy. la *France littér.*, t. VII, p. 399.] — Première Lettre sur l'eurythmie ou la décuple production, comme moyen de satisfaire et de concilier tout le monde. Paris, impr. de Guyot, 1838, in-8 de 12 pag. — Deuxième Lettre. *Les Phalanstériens et les artichauts.* In-8 de 16 pag. — Troisième Lettre. *Les Melons et le nouveau fronton de Sainte-Geneviève.* In-8 de 16 pag. — Quatrième Lettre. *Suite des melons. Le Nouveau Fronton de Sainte-Geneviève.* In-8 de 16 pag. — Cinquième Lettre. *Les Reines et les enfants trouvés.* In-8 de 16 pag.

La première lettre est adressée *à MM. les conseillers généraux de département;* la seconde, *à M. Émile de Girardin;* la troisième, *à mes vieux frères d'armes et à mes camarades de la garde nationale;* la quatrième, *à tous les partis;* la cinquième, *à S. A. R. Madame la duchesse d'Orléans.*

QUET [l'abbé P.]. — Oraison funèbre de messire Joseph Pagès, curé de Sommières, ancien religieux capucin, dit Père Antoine. Nîmes, imp. de Mme Gaude, 1845, in-8 de 32 pag.

Né à Laval-Saint-Roman, diocèse d'Uzès, au milieu du XVIIIe siècle, mort en août 1846

QUÉTELET [Lambert-Adolphe-Jacques], directeur de l'Observatoire de Bruxelles, secrétaire perpétuel de l'Académie royale des sciences et belles-lettres de Bruxelles, correspondant de l'Institut de France; né à Gand le 22 février 1796. [Voy. la *France littér.*, t. VII, p. 400.]

1. — Éléments d'astronomie. IIIe édition. Paris, Hachette, 1847, in-12 avec 2 pl. [3 fr. 50 c.].

La première édition a paru en 1826, sous ce titre : *Astronomie élémentaire* [Paris, Malher et comp., in-12].

2. — De l'Influence des saisons sur la mortalité aux différents âges. Bruxelles, 1838, in-4 avec 4 pl. [3 fr.].

3. — Lettres à S. A. R. le duc régnant de Saxe-Cobourg et Gotha, sur la théorie des probabilités, appliquée aux sciences morales et politiques. Bruxelles, 1846, gr. in-8.

4. — Du Système social et des lois qui le régissent. Paris, Guillaumin, 1848, in-8 [7 fr. 50 c.].

Citons encore : Sur la possibilité de mesurer l'influence des causes qui modifient les éléments sociaux [1832, in-8]; — Notes extraites d'un voyage fait en Angleterre aux mois de juin et de juillet [1833, in-8]; — Notice historique sur J.-B. Van Mons [1834, in-12, et dans l' « Annuaire de l'Académie royale des sciences de Bruxelles »]; — avec M. BELPAIRE : Rapport sur les observations faites en 1835 en différents points des côtes de la Belgique [1838, in-4]; — Sur la longitude et la latitude de l'Observatoire de Bruxelles [1836, 1839, 2 brochures in-4]; — Sur l'état du magnétisme terrestre à Bruxelles (1827-39) [1839, in-4]; — Sur la répartition du contingent des communes dans les levées de la milice; — Sur le recensement de la population de Bruxelles en 1842.

M. Quételet a traduit de l'anglais, avec M. P.-F. VERHULST : « Traité de la lumière, » par HENSCHEL [1829-33, 2 vol. in-8].

Il a travaillé aux « Annales des ponts et

chaussées ; » aux « Annales de chimie et de physique; » à l' « Encyclopédie du XIXᵉ siècle; » à la « Revue de Genève ; » au « Journal des connaissances utiles; » à l' « Annuaire d'économie politique; » à l'« Annuaire météorologique de la France. » Il a donné de nombreux travaux dans les « Mémoires, les Annuaires et les bulletins de l'Académie royale de Belgique, » dans l' « Annuaire et les Annales de l'Observatoire de Bruxelles, » etc.

QUETIN.
1. — Guide en Espagne et en Portugal, comprenant, etc. ; revu par *Richard.* Paris, Maison, 1841, in-18 avec 1 plan et 1 tableau [8 fr.].

2. — Avec M. *Richard :* Guide classique du voyageur en France et en Belgique. XXIIIᵉ édition. Paris, Maison, 1849, in-12 à 2 col. avec fig. [7 fr. 50 c.].

Ce volume contient : le tableau des routes, des relais, avec leur distance; la description des localités ; l'indication des auberges, bains, moyens de transport ; une carte routière ; le tableau itinéraire et postal des distances ; un tableau comparatif des monnaies, etc.

3. — Avec M. *Richard :* Nouveaux Dialogues familiers et progressifs français-anglais. Paris, Maison, 1842, in-32 [3 fr.].

4. — Tableau itinéraire et postal, indiquant les distances en myriamètres et kilomètres entre tous les chefs-lieux des départements. Paris, Maison, 1842, in-plano.

5. — Avec M. *Richard :* Guide pittoresque et artistique du voyageur, du géologue et de l'homme du monde aux Pyrénées, itinéraire pédestre des montagnes, contenant la description des routes de Paris aux Pyrénées, de Bagnères-de-Bigorre, de Luchon, Saint-Sauveur, Cauteretz, des thermes des Hautes et Basses-Pyrénées, des Pyrénées-Orientales; le plan de courses dans les vallées ; les frais de séjour ; les hôtels, et toutes les indications nécessaires pour visiter les montagnes. IIIᵉ édition. Paris, Maison, 1844, in-12 avec 2 cartes routières.

6. — Guide en Orient. Itinéraire scientifique, artistique et pittoresque. Paris, Maison, 1844, in-12 avec une carte routière du bassin de la Méditerranée [10 fr. 50 c.].

Ce guide comprend : 1° la description des rives de la Méditerranée, depuis Marseille jusqu'à Malte, Nice, Gênes, Livourne, Rome, Naples, Palerme; 2° une notice détaillée sur les îles de Corse, de Sardaigne, de Sicile et de Malte ; 3° une visite à tous les lieux célèbres de la Grèce ; 4° un voyage à travers l'Égypte ; 5° l'itinéraire de la terre sainte, de la Syrie, de l'Asie Mineure, de la Turquie d'Europe ; 6° une description complète de Constantinople, et l'itinéraire de cette ville à Vienne par le Danube; 7° la description de l'Algérie, avec le tableau complet de la navigation à vapeur sur la Méditerranée, et des renseignements officiels sur les frais de route et de séjour, sur les monnaies, etc.

7. — Guide du voyageur en Algérie. Itinéraire du savant, de l'artiste, de l'homme du monde et du colon dans cette contrée. Paris, Maison, 1844, in-12 avec une carte de l'Algérie [3 fr. 50 c.]. — IIᵉ édit. Paris, Maison, 1846, in-18 [5 fr.].

Cet ouvrage indique : 1° les diverses voies de communication entre Paris et l'Algérie; 2° le service général des bateaux à vapeur, les jours de départ et d'arrivée, ainsi que le prix des places ; 3° le tableau comparé des monnaies ; 4° l'histoire, jusqu'à nos jours ; 5° la population et l'origine des peuples ; 6° les mœurs, coutumes et usages ; 7° la situation, l'étendue et l'aspect du pays ; 8° la division politique; 9° les produits du sol ; 10° la description des villes et des grands centres de population ; 11° un annuaire algérien, contenant divers renseignements utiles aux voyageurs et aux colons.

8. — Avec M. *Richard :* Manuel complet du voyageur en Allemagne, contenant : 1° des Dialogues allemands-français, etc., enrichi de longues notices sur Berlin, Vienne, Pétersbourg..., avec l'indication de tous les bains d'Allemagne. Ouvrage original fait sur les lieux. Paris, Maison, 1848, in-18 avec une carte routière [9 fr.].

M. Quetin a traduit du Hand-book, de MURRAY, avec un grand nombre de *notes et documents nouveaux sur les montagnes des Grisons*, le « Manuel du voyageur en Suisse et dans les Alpes de la Savoie et du Piémont » [1849, in-18].

On lui doit aussi, avec M. RICHARD : Planisphère historique, chronologique, statistique et géographique de la France, donnant, par un seul mouvement de rotation, le tableau des rois de France, des batailles, des combats, des événements mémorables, des institutions, des découvertes, des mœurs, des habitudes, des grands hommes de chaque règne [Paris, Maison, 5 fr.]; — Panorama des montagnes, donnant, par un seul mouvement de rotation, les hauteurs des villes principales du globe, des montagnes, des chutes d'eau, cascades [Paris, Maison, 5 fr.]; — Horloge géosphérique, carton géographique enseignant, par un simple mouvement de rotation, à trouver l'heure relative de chaque endroit du globe, la distance relative de ses divers points, leur latitude et longitude.

QUEULIN [J.-E.].
1. — L'Inventaire perpétuel, tenue des livres en partie double; suivi du *Journal des petits commerçants.* Paris, impr. de Beaulé, 1840, in-8 avec 2 tableaux.

2. — Aux victimes de la Saône et du Rhône, stances dithyrambiques. Paris, impr. de Proux, 1840, in-8 de 8 pag.

QUEVEDO DE VILLEGAS [don Francisco], littérateur espagnol; né en 1570, mort en 1645. [Voy. une Notice de M. Ch. de Mazade, dans la *Revue des Deux-Mondes* (15 janv. 1845), et la *France litt.*, t. VII, p. 401.]

1. — Histoire de don Pablo de Ségovie, surnommé l'aventurier Buscon; traduite de l'espagnol et annotée par *A. Germond de Lavigne*; précédée d'une Lettre de M. *Charles Nodier*. Paris, Ch. Warée, 1842, in-8 avec des vign. [3 fr.].

On doit regretter que, dans sa traduction, M. Germond de Lavigne ait intercalé des passages empruntés à d'autres ouvrages de Quevedo, ainsi qu'une histoire extraite de Salar Barbadillo; qu'il ait opéré des changements et suppressions, et ajouté un dénoûment de son invention [Ficknor, *History of spanish literature*, t. II, p. 269].

2. — Obras escogidas, con notas y una noticia de su vida y escritos, por don *Eugenio de Ochoa*. Paris, Baudry, Stassin et Xavier, 1842, in-8 [10 fr.].

Ce volume contient : *En prosa:* Obras serias de varios géneros; Obras jocosas; El sueño de las calaveras; El Alguacil alguacilado; Las zahurdas de Pluton; El Mundo por dedentro; El gran Tacaño, etc., etc. — *En poesia :* Las nuevas Musas, etc.
Une traduction du *Recueil des visions*, de Quevedo, se trouve dans le tome II des « Spanish novelists, » de Roscoë [1832]. Voy. ce qui est dit dans la « Revue britannique, » novembre 1838, d'après le « Foreign quarterly review. »

QUEVENNE [T.-A.], pharmacien en chef de l'hospice de la Charité. — Mémoire sur le lait. Paris, Chevallier, Baillière, 1841, in-8 [2 fr. 50 c.].

Extrait des « Annales d'hygiène publique, » etc.
Citons encore : Étude microscopique et chimique du ferment, suivie d'expériences sur la fermentation alcoolique [1838, in-8]; — Instruction pour l'usage du lacto-densimètre, suivie d'une Notice sur le lait [1841, in-8 avec 2 tableaux].

QUEVY [P.], d'Ouge. — Méthode nouvelle de comptabilité commerciale et spéciale des marchés à terme ou à livrer, appliquée au commerce des grains et farines, à la meunerie, à la boulangerie et à la bourse, contenant, etc. Paris, impr. de Bouchard-Huzard, 1843, in-8 [5 fr.].

QUEYRAS, de Laroche [F.].

1. — Géographie des géographies, ou Nouveau Cours de géographie ancienne et de géographie moderne comparées, et pour la première fois mises en regard, avec un Traité de cosmographie. Paris, Debécourt, Jeanthon, 1837, in-12 [4 fr. 50 c.].

2. — Arithmétique simplifiée, élémentaire et complète, théorique et pratique, générale et commerciale. Notions de géométrie et arpentage, etc. Paris, Poussielgue-Rusand, 1838, in-12 [3 fr.].

— Autre édition, sous ce titre : Arithmétique populaire, générale et commerciale, pratique et raisonnée. Paris, Ébrard, 1841, in-12 [1 fr. 50 c.].

Sous le nom Eurysaq.

3. — Méthode classique de tenue de livres, ou Nouveau Traité simplifié et complet de la tenue des livres en partie simple, double et mixte. Paris, Poussielgue-Rusand, 1839, in-12.

— IIIe édition, sous ce titre: Méthode simplifiée de la tenue des livres. Paris, E. Belin, 1848, in-18 avec un tableau [1 fr.].

4. — Nouvelle Grammaire française élémentaire et complète, selon les principes de l'Académie, contenant des méthodes et des parties entièrement nouvelles, des exercices gradués d'analyse, un précis de la philosophie des langues, une théorie de la conjugaison qui offre en quelques pages la lexicographie de tous les verbes français, tant réguliers qu'irréguliers, etc. Lyon, Pélagaud et Lesne, 1839, in-12 [1 fr. 50 c.].

5. — Petite Géographie élémentaire méthodique, selon les principes de Balbi et la méthode de Gaultier. Paris, Belin-Mandar, 1839, in-18 avec une pl. [60 c.].

6. — Avec M. *Maritan :* Nouveau Cours de géographie moderne (1839, in-12); — Géographie ancienne et du moyen âge (1848, in-12). Voy. Maritan.

M. Queyras a donné une traduction des « Œuvres complètes » du cardinal Pacca [1845, 2 vol. in-8]. Voy. Pacca.

QUEZAC [W.].

1. — Nouveau Cours abrégé de mythologie, rédigé sur les leçons d'un ancien professeur. Lille, Blocquel-Castiaux; Paris, Delarue, 1837, in-18 [1 fr.].

2. — Henri-Benjamin d'Eichenfels, ou les Bienfaits de la Providence; his-

toire imitée de l'allemand du chanoine Schmidt; suivi du Ver luisant, conte. Lille, Blocquel-Castiaux; Paris, Delarue, 1837, in-18.

3. — Les OEufs de Pâques; conte pour les enfants, imité de l'allemand du chanoine Schmidt. Lille, Blocquel-Castiaux; Paris, Delarue, 1837, in-18 [75 c.].

QUIBEL [Anthelme-Marie]. [Voy. la *France littér.*, t. VII, p. 402.]

1. — Inspiration d'un fidèle. Lyon, Sauvignet, Rivoire; Paris, Albanel, 1834, in-8.

2. — Analyse des merveilles de la création, d'après Linnée, Buffon, Bernardin de Saint-Pierre, Sturm, C. Bonnet, Pluche, Cuvier, Lacépède, Chateaubriand, etc. Lyon, Pélagaud, Lesne et Crozet, 1836, in-12 [1 fr. 20 c.].

QUICHERAT [Julien-Étienne-Jos.], archiviste paléographe, professeur à l'École des chartes, membre de la Société des antiquaires de France; né à Paris le 15 octobre 1814.

1. — Fragment inédit d'un versificateur latin ancien sur les figures de rhétorique. Paris, impr. de Schneider et Langrand, 1839, in-8 de 32 pag.

Extrait du premier vol. de la « Bibliothèque de l'École des chartes. »

2. — Procès de condamnation et de réhabilitation de Jeanne d'Arc, dite la Pucelle. Publiés pour la première fois d'après les manuscrits de la Bibliothèque royale, suivis de tous les documents historiques qu'on a pu réunir, et accompagnés de notes et d'éclaircissements, par Jules Quicherat. Paris, Jules Renouard, 1841-49, 5 vol. gr. in-8 [36 fr.].

Collection de la « Société de l'histoire de France. »
Le V° volume contient les dissertations accessoires.

3. — Thomas Basin, sa vie et ses écrits. Paris, impr. de Didot, 1842, in-8 de 64 pag.

Extrait du tome III de la « Bibliothèque de l'École des chartes. »

4. — Vie de Rodrigue de Villandrando, capitaine de compagnie sous Charles VII. Paris, impr. de Didot, 1845, in-8 de 91 pages.

Extrait de la « Bibliothèque de l'École des chartes, t, VI. »

5. — Sur la porte de l'hôtel Clisson, servant actuellement d'entrée à l'École nationale des chartes. Paris, Leleux, 1848, in-8 de 12 pag. avec fig.

Extrait de la « Revue archéologique, » t. IV.

6. — Notice sur plusieurs registres de l'œuvre de la cathédrale de Troyes. Paris, impr. de Duverger, 1848, in-8 de 44 pag.

Extrait du XIX° volume des « Mémoires de la Société royale des antiquaires de France. »

7. — Aperçus nouveaux sur l'histoire de Jeanne d'Arc. Paris, Jules Renouard, 1850, in-8 de 158 pag.

M. J. Quicherat a donné dans la « Biblioth. de l'École des chartes, » outre les mémoires cités plus haut : *Lettres de rémission en faveur des enfants de Rob. Estienne* [t. I°°]; — *Fragments inédits de littérature latine* [t. II]; — *Recherches sur le chroniqueur Jean Castel* [t. III]; — *Fragments de Georges Chastellain* [t. IV]; — *Notice sur Hercule Géraud* [t. V];— *Invocation à l'Éternel par Tibérianus* [t. VI]; — *Histoire de Jeanne d'Arc, d'après une chronique du XV° siècle* [t. VII]; — *Titres concernant Raymond du Temple* [t. VIII]; — *Chronique liégeoise; Henri Baude* [t. X]; — *Solution des problèmes proposés par Chosroès* [t. XIV]; — *Documents sur la construction de Saint-Ouen de Rouen* [t. XIII], et de nombreux articles de bibliographie ; — dans les « Mémoires de la Société des antiquaires de France : » *du Lieu de la bataille entre Labiénus et les Parisiens* [t. XXI] ; — dans la « Revue de l'Anjou: » *Notre-Dame de Behuard*; — dans la « Revue archéologique : » *Album de Villard de Honnecourt, architecte du XIII° siècle* [VI° année, 1849]; — dans le « Plutarque français : » *Étienne Marcel*; — dans les « Mémoires de la Société archéologique d'Orléans : » *du Lieu où mourut Henri I°°, avec l'histoire de Vitry-aux-Loges*.

QUICHERAT [Louis], frère du précédent, ancien professeur de rhétorique, conservateur à la Bibliothèque Sainte-Geneviève; né à Paris en 1799.[Voy. la *France littér.*, t. VII, p. 402.]

1. — Traité de versification latine, à l'usage des classes supérieures. XII° éd. Paris, Hachette, 1848, in-12.

La première édition est de 1826.

2. — Tableaux de musique, ou Exercices gradués pour servir d'introduction à l'étude des instruments et du solfége, et adaptés aux différentes méthodes d'enseignement. Paris, Hachette, 1835, et II° édit., 1846, in-fol.

3. — Manuel des tableaux de musique. Paris, Hachette, 1835, et II° édit., 1846, in-12.

4. — Thesaurus poeticus linguæ latinæ, ou Dictionnaire prosodique et

poétique de la langue latine, contenant tous les mots employés par les poëtes dont les œuvres nous sont parvenues, et ceux qui se trouvent dans les fragments et dans les inscriptions. Paris, Hachette, 1836, 1838, 1840, 1842, 1846, 1849, in-8 [8 fr.].

Voy. des comptes rendus de cet ouvrage, par M. NAUDET, dans le « Journal des savants, » d'octobre 1836, et par M. FILON, dans le « Moniteur, » du 21 novembre 1836.

5. — Traité élémentaire de musique, contenant 180 exemples imprimés dans le texte par les procédés de M. E. Duverger. IIe édition. Paris, Hachette, 1837, in-12 [1 fr. 50 c.].

6. — Petit Traité de versification française. Paris, Hachette, 1838, in-12 [1 fr. 50 c.].

— Traité de versification française, où sont exposées les variations successives des règles de notre poésie, et les fonctions de l'accent tonique dans le vers français. IIe édition. Paris, Hachette, 1849-50, in-8 [7 fr. 60 c.].

La première édition [in-12] est de 1838.

7. — Avec M. *H. Sonnet* : Polymnie, recueil classique de morceaux de chant extraits des plus célèbres compositeurs français et étrangers ; avec accompagnement de piano *ad libitum*, à l'usage des colléges, maisons d'éducation et écoles primaires des deux sexes. Paris, Hachette, 1839, 12 cahiers in-4, composés chacun de 32 pages.

N. 1, 2 et 3 : *Solos.* — N. 4, 5 et 6 : *Duos.* — N. 7, 8 et 9 : *Trios et chœurs à trois voix.* — N. 10, 11 et 12 : *Quatuors et chœurs à quatre voix.*

8. — Nouvelle Prosodie latine. VIIIe édition. Paris, Hachette, 1850, in-12 [1 fr.].

La première édition est de 1839.

9. — Avec M. *Daveluy* : Dictionnaire latin-français, rédigé sur un nouveau plan, où sont coordonnés, révisés et complétés les travaux de Robert Estienne, de Gessner, de Scheller, de Forcellini et de Freund, et contenant plus de 1,500 mots qu'on ne trouve dans aucun lexique publié jusqu'à ce jour. Paris, Hachette, 1844, 1845, 1847, in-8 [8 fr.].

Voy. un article de M. PATIN, dans le « Journal des savants, » de février 1845.

10. — Avec MM. *Sonnet* et *Delafosse* : Notions de physique et de chimie. Leçons d'histoire naturelle et principes raisonnés de la musique. Paris, Hachette, 1846, gr. in-8 avec 12 pl. et 16 pag. de musique [6 fr.].

On vend séparément : *Notions de physique et de chimie*, par M. SONNET [in-8 avec pl., 2 fr. 25 c.] ; — *Leçons d'histoire naturelle*, par M. DELAFOSSE [in-8, 3 fr.] ; — *Principes raisonnés de la musique*, par M. QUICHERAT [in-8, 2 fr. 25 c.].

11. — Vocabulaire des noms géographiques, mythologiques et historiques de la langue latine. Paris, Hachette, 1846, in-8 [2 fr. 50 c.].

Latin-français.

12. — Premiers Exercices de traduction grecque, extraits des auteurs classiques. IIe édition. Paris, Hachette, 1849, in-18 [1 fr. 25 c.].

La première édition est de 1848.

Citons encore : Notice sur P.-A.-V. de Lanneau, fondateur et chef de l'institution de Sainte-Barbe [1830, in-8] ; — Obsèques d'Adolphe Nourrit. Discours prononcé sur sa tombe, par M. L. Quicherat, son ami, comme lui ancien élève de Sainte-Barbe. 11 mai M.D.CCC.XXXIX [1839, in-8] ; — Lettre à M. J.-L. Burnouf sur l'impératif latin [1641, in-8].

M. L. Quicherat a revu et annoté les dernières éditions de la « Prosodie latine, » par LECHEVALIER [1834-48, in-12].

Il a revu et annoté un grand nombre d'éditions *ad usum scholarum*, des ouvrages de CICÉRON, CORNELIUS NEPOS, DÉMOSTHÈNE, HOMÈRE, HORACE, ISOCRATE, LUCIEN, OVIDE, PERSE, PHÈDRE, QUINTE-CURCE, SOPHOCLE, TÉRENCE, VIRGILE, XÉNOPHON.

M. L. Quicherat a publié de nombreux articles de philologie dans la « Revue de l'instruction publique » [publ. par Hachette].

QUILHET [Ch.], ingénieur civil, ancien élève de l'École polytechnique. [Voy. la *France littér.*, t. VII, p. 402.]

M. Quilhet a traduit de l'anglais : « Expériences sur la force transversale et les propriétés du fer malléable, relativement à son emploi pour barres de railways, etc., par BARLOW [1838, in-8 avec pl.].

QUILLET [Mme Marie-Caroline].

1. — Poésies. Pont-l'Évêque, impr. de Dauge, 1844, in-8 de 80 pag.

2. — Églantine solitaire. Pont-l'Évêque, Quetel ; Paris, Amyot, 1848, gr. in-8 [5 fr.].

QUINAULT [Marie-Anne], dite Mlle Quinault l'aînée, actrice de la Comédie-Française, de 1715 à 1722. Elle fut, dit-on, épousée par le duc de Nivernois, et mourut centenaire en 1793.

— *Mémoires.* Paris, Allardin, 1836, 2 vol. in-8 [15 fr.].

QUINCY [J.-R.]. — *Comptable général, ou Livre de raison, nouveau système théorique et pratique de comptabilité en écritures double et simple.* Nouvelle édition mobile perpétuelle, revue, etc. Paris, impr. de Panckoucke, 1839-40, 2 vol. gr. in-8.

QUINCY [de].
1. — Avec M. *Tisseron* : *Notice sur M. le comte de Salvandy, de l'Académie française*, etc. Paris, impr. de Bailly, 1845, in-8 de 76 pag.
2. — *Monsieur Fabvier, lieutenant général, représentant du peuple (Meurthe), ancien pair de France*, etc. Paris, impr. de Mme Lacombe, 1849, in-8 de 16 pag.

Notice signée : de Quincy et R***, ancien philhellène.

QUINCY [Boisson]. Voy. BOISSON-QUINCY.

QUINET [Edgar], professeur à la Faculté des lettres de Lyon, professeur au collège de France, représentant du peuple en 1848 et 1849; né à Bourg (Ain) en 1803. [Voy. les *Portraits littéraires*, de M. Gust. PLANCHE, et la *France littér.*, t. VII, p. 405.]
1. — *Prométhée.* Paris, Bonnaire, 1838, in-8 [7 fr. 50 c.].

En trois parties et en vers. Les personnages sont : Prométhée, Hésione, des chœurs de cyclopes, etc.
M. Ch. MAGNIN a donné une analyse de cet ouvrage dans la « Revue des Deux-Mondes, » du 15 mai 1838.

2. — *Allemagne et Italie. Philosophie et poésie.* Paris, Desforges, 1839, 1846, 2 vol. in-8 [15 fr.].
3. — *Le Génie des religions.* Paris, Charpentier, 1842, in-8 [7 fr. 50 c.].

En prose.

4. — *Ahasvérus.* Nouvelle édition, précédée d'une Notice, par M. *Ch. Magnin.* Paris, impr. de Ducessois, 1843, in-12 [3 fr. 50 c.].

« C'est l'histoire du monde, de Dieu dans le monde, et enfin du doute dans le monde. Le monde naît, il pense, il croit, il doute, il meurt ; voilà tout ce livre. »

5. — Avec M. *J. Michelet* : *des Jésuites* (1843, in-8, et VIIe édit., 1845, gr. in-18). Voy. MICHELET.
6. — *L'Ultramontanisme, ou l'Église romaine et la société moderne.* IIIe édit. Paris, Hachette, Paulin, 1844, in-12 [2 fr.].

La première édition est de 1844, in-12, et la deuxième édition a été publiée dans la même année, in-8.
M. LERMINIER a donné une analyse de cet ouvrage dans la « Revue des Deux-Mondes, » du 1er août 1844.

7. — *Mes Vacances en Espagne. Littérature, mœurs, institutions.* Paris, Comon et comp., 1845-46, in-8.

Ouvrage publié en 13 livraisons ; la dernière a été délivrée *gratis*.

8. — *Le Christianisme et la révolution française.* Paris, Comon, 1845, et IIe édit., 1846, in-8 [7 fr. 50 c.].

Cours de M. E. Quinet au collège de France.

9. — *Les Révolutions d'Italie.* Paris, Chamerot, 1848, in-8 [3 fr.].

Ire partie, imprimée avant la révolution de février 1848.
On doit encore à M. Edgar Quinet : *De indicæ poesis antiquissimæ natura et indole; commentatio litteraria* [1839, in-8]; — 1815 et 1840 [1840, in-8, et IIe édit., augmentée d'une préface, 1840, in-18. — En prose]; — *Avertissement au pays* [1841, Ire édit., in-32, et IIe édit., in-12]; — *Cours de littérature de l'Europe méridionale. Discours d'ouverture* [1842, gr. in-8]; — *A Messieurs les députés* [1843, in-4. — A propos de l'annonce de l'ajournement de la fabrication d'un papier timbré de sûreté]; — *de la Renaissance dans l'Europe méridionale. Discours prononcé le 21 décembre 1842* [1843, gr. in-8]; — *de la Liberté de discussion en matière religieuse.*] *Discours prononcé au collège de France, le 10 mai 1843* [1843, in-8]; — *Réponse à quelques observations de Mgr l'archevêque de Paris* [1843, in-8] ; — *la France et la sainte alliance en Portugal. 1847* [1847, in-18]; — *la République. Discours au collège de France* [1848, in-8] ; — *la Croisade autrichienne, française, napolitaine, espagnole, contre la république romaine* [1849, Ire à V^e édit., in-18].
M. Edgar Quinet a publié, dans la « Revue des Deux-Mondes, » des études *sur l'épopée, la poésie épique en général, l'épopée des Bohêmes, des Grecs, des Latins, des Français, des Indiens* [1834-1840]; — des études *sur l'Allemagne, sur l'art dans ce pays, sur Henri Heine, sur la Vie de Jésus de Strauss* [1832-1842]; — des *récits de voyage en Italie* [15 juillet 1836] ; — *au champ de Waterloo* [1er octobre 1836] ; — des *poésies et des morceaux divers de littérature et de philosophie* [1831, 1832, 1834, 1837, 1838, 1839, 1841, 1842 et 1843].
Il a travaillé à l'« Almanach républicain démocratique, » pour les années 1849 et 1850 [in-18].
On doit encore à M. Ed. Quinet une *Introduction* précédant la traduction des « Idées sur la philosophie de l'histoire de l'humanité, » par HERDER [1834, 3 vol. in-8]; — une *Lettre* adressée au traducteur (M. *J. Trullard*) de « la Religion dans les limites de la raison, » par KANT [1841, in-8] ; — une *Lettre* relative aux « Mystères de l'inquisition et autres sociétés

secrètes d'Espagne, » par M. V. de FÉRÉAL, et insérée dans cet ouvrage [1844. gr. in-8].

Quelques morceaux de « Barnave, » par M. J. JANIN, passent pour avoir été écrits par M. Ed. Quinet.

QUINGERY [de], ancien employé à l'administration de la vénerie et des chasses de Charles X. [Voy. la *France littér.*, t. VII, p. 406.] — Des Faisanderies particulières, ou Nouvelle Instruction pratique sur l'art d'élever les faisans de la manière usitée en Bohême. Traduit de l'allemand, enrichi de notes par *un faisandier des chasses de S. M. le roi Charles X*. Paris, Huzard, 1837, in-8 de 64 pag. et 5 pl.

QUINTANA [don Manoel Jose], littérateur espagnol. [Voy. la *France littér.*, t. VII, p. 406.]

1. — Vidas de Españoles celebres. Paris, Baudry, Stassin et Xavier, Amyot, 1845, in-8 [10 fr.].

Coleccion de los mejores autores españoles.

— Vies des Espagnols célèbres. Traduites de l'espagnol par M. *Laffon Saint-Marc*. Le Cid. Castelnaudary, Labadie, 1843, in-8 de 64 pag. [1 fr.].

2. — La Vie du Cid. Traduite de l'espagnol par *O. P.*, avec notes du traducteur. Rouen, F. Baudry, 1837, gr. in-8.

3. — Poesias. Nueva edicion. Paris, impr. de Pillet aîné, 1837, in-18 [2 fr. 25 c.].

4. — Tesoro del Parnaso español, poesias selectas castellanas desde el tiempo de Juan de Mena hasta nuestros dias, recogidas y ordenadas por don M.-J. Quintana. Nueva edicion, aumentada y corregida. Paris, Baudry, 1838, gr. in-8 à 2 col. avec 1 portrait [10 fr.].

Coleccion de los mejores autores españoles.

Le même éditeur a publié en 1840, comme suite et complément de cet ouvrage : « Tesoro de los poemas españoles epicos, sagrados y burlescos, » que contiene integra la « Araucaña » de D. Alonzo de ERCILLA, la Coleccion titulada la « Musa epica » de D.-M.-J. QUINTANA, « la Mosquea » de J. VILLAVICIOSA, etc., etc., precedido de una introduccion en que se da una noticia de todos los poemas españoles, por D. E. OCHOA [in-8 à 2 col., avec le portrait de Ercilla, 10 fr.].

5. — Teatro escogido desde Calderon de la Barca hasta nuestros dias, o las mejores piezas dramaticas de *Tirso de Molina......, Quintana....,* con biografias y examenes criticos que preceden à cada pieza, por D. *Eugenio de Ochoa*. Paris, Baudry, 1838, 2 vol. in-8 à 2 col. avec portrait [20 fr.].

QUINTE-CURCE [Quintus Curtius Rufus], historien latin, qui paraît avoir vécu au IIe siècle de l'ère chrétienne. [Voy. la *France littér.*, t. II, p. 356.]

— Œuvres complètes de Quinte-Curce, publiées et traduites avec celles de *Cornelius Nepos, Justin, Valère Maxime,* et *Julius Obsequens,* dans la collection de M. Nisard. Paris, Dubochet, 1841, gr. in-8 [15 fr.].

La traduction de Quinte-Curce est de VAUGELAS, et celle des *Suppléments de Freinshemius* est de DURYER.

— Quinti Curtii Rufi de rebus gestis Alexandri Magni libri superstites, cum *Freinshemii* supplementis : suis variorumque notis illustravit *A. Huguet*. Paris, Panckoucke, 1834, 2 vol. in-8 [8 fr.].

Nova scriptorum latinorum bibliotheca ad optimas editiones recensita, et colligente J.-P. CHARPENTIER.

— Histoire d'Alexandre le Grand. Traduction nouvelle, par MM. *Jules Pierrot* et *Alphonse Trognon*. Paris, Panckoucke, 1828-34, 3 vol. in-8 [14 fr.].

Bibliothèque latine-française.

— Histoire d'Alexandre le Grand; latin-français en regard. Traduction de M. *Beauzée*, de l'Académie française. Nouvelle édition, revue et corrigée par *Fl.-Lécluse*. Paris, J. Delalain, 1841, 2 vol. in-12 [6 fr.].

La traduction française a été tirée à part [Paris, J. Delalain, 1840, in-12, 3 fr.].

Quant aux nombreuses éditions *ad usum scholarum,* nous mentionnerons seulement les annotateurs : MM. BRIÈRE, DURNER, FLEURY-LÉCLUSE, FRÉMONT, Paul LONGUEVILLE, PESSONNEAUX, René PUGIN, L. QUICHERAT, Émile RUELLE; et les éditeurs : MM. Delalain, Dezobry et Magdeleine, Hachette, Périsse, Maire-Nyon, Lecoffre.

QUINTILIEN [Marcus Fabius QUINTILIANUS], rhéteur latin; né vers l'an 42, mort vers l'an 117 de l'ère chrétienne. [Voy. la *France littér.*, t. VII, p. 406.]

— Quintilien et *Pline le jeune.* Œuvres complètes, avec la traduction en français, publiées sous la direction de M. Nisard, etc. Paris, Dubochet, 1842, gr. in-8 [15 fr.].

Les *Institutions oratoires* de Quintilien sont traduites par M. Louis BAUDET; les « Lettres » de PLINE, par de SACY; et les « Panégyriques, » par BURNOUF.

— Instituiçoes oratorias de M.-F. Quintiliano escolhidas dos seus XII livros, traduzidas em linguagem, e illustradas com notas criticas, historicas e rhetoricas, para uso dos que aprendem; ajunto se no fim as peças originaes de eloquencia, citadas por Quintiliano no corpo d'estas instituiçoes por *Jeronymo Soares Barboza*. Segunda ediçao, correcta e emendada. Paris, Aillaud, 1836, 2 vol. in-8 [15 fr.].

QUINTON [A.], avocat à Orléans. — Éléments de droit romain, ou Institutes de l'empereur Justinien, expliquées par elles-mêmes, par le Digeste, le Code et les Novelles, et par les meilleurs commentateurs anciens et modernes. Paris, Durand, Cotillon, 1836-39, 2 vol. in-8 [15 fr.].

L'explication en français suit chaque article latin.

QUINTON-DUPIN, de la Guyane française. — Du Système des colonies, Nantes, impr. de Mellinet, 1837, in-8 de 32 pag.

QUINTUS CURTIUS RUFUS. Voy. QUINTE-CURCE.

QUIQUET [P.-J.].
1. — Programme d'un cours d'instruction primaire, élémentaire et supérieure, divisé par leçons, d'après les ouvrages classiques adoptés par le conseil royal, mis en ordre et publié par P.-F. Quiquet. Dunkerque, impr. de Drouillard, 1839, in-8 de 112 pag.
2. — Problèmes d'arithmétique usuelle. Dunkerque, impr. de Vanderest, 1844, in-12 de 96 pag.

QUIROS [Diego Narciso HERRANZ y]. — Elementos de gramatica castellana. Avignon, Séguin aîné, 1838, in-18 de 108 pag.

QUITARD [P.-M.], président de la Société de linguistique et de la Société grammaticale de Paris.
1.— Avec M. *Ch. Martin :* la Morale en action (1838, 1839, 1841, 1844, in-12). Voy. MARTIN.
2. — Dictionnaire étymologique, historique et anecdotique des proverbes et des locutions proverbiales de la langue française en rapport avec des proverbes et des locutions proverbiales des autres langues. Paris, P. Bertrand, 1842. in-8 [8 fr.].

QUITARD, ancien militaire. — Du Désarmement des Arabes, considéré comme l'unique moyen de soumettre, de coloniser et de civiliser l'Algérie. Paris, Lavigne, 1841, in-8 de 24 pag.

QUOD [l'abbé Jules]. — Grammaire grecque, ou Exposition analytique et complète des éléments de la langue grecque, avec syntaxe, suivie d'un Traité entièrement neuf sur la formation des mots. Toulouse, impr. de Paya, 1839, in-8 de 140 pag.

QUOY [Jean-René-Constant], naturaliste, médecin de la marine à Rochefort, premier médecin en chef de la marine à Toulon (1848), inspecteur général du service de santé de la marine.

M. Quoy a rédigé, avec M. GAIMARD, la partie zoologique du « Voyage autour du monde, » de FREYCINET [1824-44], et du « Voyage de la corvette *l'Astrolabe*, » par J. DUMONT D'URVILLE [1832].
Il a donné, dans la « Revue des Deux-Mondes : » *un Naufrage aux îles Malouines* [1831, t. I, II, IIe édit.].

R

RAB [Ed.]. Voy. RABUTEAUX.

RABAN [Louis-François], romancier, pamphlétaire, etc. [Voy. la *France littér.*, t. VII, p. 409.]

1. — Histoire des invasions et des expéditions militaires en Espagne, depuis les Phéniciens jusqu'à nos jours. Ouvrage donnant un aperçu géographique et statistique de la Péninsule, avec l'origine, les mœurs et le caractère de ses habitants. Paris, Ponthieu, 1823, in-18 [3 fr.].

Sous le nom : BOISSY.

2. — Le Plutarque des artisans. Galerie des hommes nés dans les rangs de la classe inférieure de la société, et devenus célèbres par leur génie, leurs talents et leurs vertus. Paris, impr. de Mme Huzard, 1836, in-12 avec 4 grav. [3 fr.].

3. — OEuvres complètes. Paris, Pougin, Souverain, Ollivier, Schwartz et Gagnot, Poulton, 1836, 2 vol. in-8.

Tome Ier : *le Conscrit;* — tome II : *la Vie d'une jolie femme.*

4, 5. — Avec M. P. *Mars* : les Cuisinières (1837, 2 vol. in-12) ; — Blaise l'éveillé (1839, 3 vol. in-12). Voy. MARS.

6. — Robert Macaire. Mémoires et souvenirs. Paris, Mareschal et Girard, 1838, 2 vol. in-8 [15 fr.].

ROBERT MACAIRE est un des pseudonymes de Raban. Ces mémoires ont été réimprimés sous le titre : Chevalier d'industrie (Paris, 4 vol. in-12).

7. — Le Pâtissier de Châteauroux. Paris, Poulton de l'Épée, Carré, 1838, in-8 avec une lith. [7 fr. 50 c.].

8. — Les Pauvres Amours, ou Gentillesse des grands seigneurs. Paris, Alex. Cadeau, 1838, 2 vol. in-8.

Cet ouvrage, au dire de M. Quérard, est de M. Anatole BERGER, et a paru d'abord sous le titre de : *les Deux Commandeurs,* avec le nom anagramme d'Anatole GERBER.

9. — La Patrouille grise. Nouvelle édition. Paris, Pougin, Schwartz et Gagnot, Corbet aîné, 1838, 4 vol. in-12 avec 2 grav. [6 fr.].

10. — Le Valet du diable. Paris, Pougin, Legrand et Descaurietz, Schwartz et Gagnot, 1838, 4 vol. in-12 avec 4 vign. [12 fr.].

11. — Le Comte Ory. Nouvelle édition. Paris, Corbet aîné, Pougin, Schwartz et Gagnot, 1838, 3 vol. in-12 [5 fr.].

12. — La Vie d'un garçon. Paris, Labot et Lelong, 1838, 2 vol. in-12.

13. — Conversion d'un mauvais sujet. Paris, Berquet et Pétion, 1839, 4 vol. in-12 [12 fr.].

14. — Les Mystères du Palais-Royal. Paris, Baudouin, Leclère, 1845, 2 vol. in-8 [15 fr.].

Sous le nom : sir Paul ROBERT.

15. — Causes célèbres politiques, depuis le XVIe siècle jusqu'à nos jours. Paris, Gonet, 1846, in-8 avec 4 grav. [5 fr.].

Sous le nom : Paul ROBERT.

16. — Vérité sur la maison Rothschild. Paris, Maistrasse, 1846, in-8 de 16 pag. [25 c.].

Sous le pseudonyme : sir Paul ROBERT.

17. — OEuvres complètes. Les Confessions de Pied-de-Fer (les Mystères du Palais-Royal). Paris, imp. de Gros, 1846, 2 vol. in-16.

18. — L'Arbitre des jeux, accompagné de petits poëmes historiques. Paris, Gonet, 1847, in-32.

Attribué à M. MÉRY. Une pièce de vers, placée en tête, est le seul morceau qui soit de cet écrivain.

19. — Les Amours secrètes, ou les Fourberies d'une jolie femme. Paris, Vialat, 1849, 2 vol. in-18.

Citons encore : la Fille d'amour, ou les Péchés mignons d'une jolie femme [1839, 1841, in-18]; — Dix Ans de la vie d'une femme [1839, 1843, 1849, in-18 avec une grav.]; — Vie, voyages et aventures de l'amiral Dumont d'Urville, contenant, etc.; terminés par la description du monument qui va être érigé à sa mémoire dans sa ville natale [1844, in-18 avec 1 pl. — Sous le pseudonyme de BARINS]; — Victoires, conquêtes et revers d'une jolie femme [1845, in-18 avec une grav.]; — Histoire privée, politique et militaire d'Abd-el-Kader, depuis sa naissance jusqu'à sa soumission et son arrivée en France [1848, in-18]; — les Aventures d'une grande dame [1848, in-18 avec 1 pl.]; — Manuel de savoir-vivre, ou l'Art de se conduire selon les convenances et les usages du monde [1849, in-18].

On doit en outre à M. Raban : une Courtisane [dans « la Patrie, » 1846. — Sous le pseud. de sir Paul ROBERT]. Il a publié, sous le même pseudonyme, des feuilletons qui ont été imprimés dans « le Cabinet de lecture, » « l'Artiste, » la « Gazette de la jeunesse, » « Gazette des femmes, » « la France musicale, » « l'Audience, » « la Chaire catholique, » etc.

M. Raban est indiqué par M. Quérard comme ayant rédigé les ouvrages suivants, qui ont été attribués à M. H. RAISSON : Histoire de la guerre d'Espagne en 1823 [Paris, J.-P. Roret, 1827, in-18]; — Histoire populaire de la révolution française [Paris, J. Lefèvre, 1830, 8 vol. in-18 avec 16 grav.]; — Histoire populaire de la révolution de 1830 [Paris, J. Lefèvre, 1830, in-18]; — Vie et aventures de Pigault-Lebrun, publiées par J.-N. B. (BARBA) [Paris, G. Barba, 1836, in-8].

Enfin, M. Raban a déclaré ne pas être de lui les *treize* romans suivants, qui avaient paru sous son nom : « les Deux Eugène, ou Dix-sept Pères pour un enfant, roman critique et moral » [Paris, Locard et Davi, 1819, 3 vol. in-12]; —« le Chevalier villageois, ouvrage philosophique, comique et moral » [Paris, Delarue, 1821, 2 vol. in-18]; — « la Femme jésuite, histoire véritable écrite par une victime du jésuitisme » [Paris, 1826, in-32]; — « les Jumeaux de Paris » [Paris, Dabo jeune, 1827, 3 vol. in-12]; — « l'Orpheline de 93 » [Paris, Thoisnier-Desplaces, 1827, 3 vol. in-12]; — « Bonnard, ou le Fils du sergent » (par M. Étienne COLLET) [Paris, Vimont, Lecointe et Pougin, 1832, 4 vol. in-12]; — « la Jeunesse d'un grand-vicaire » [Paris, Thoisnier-Desplaces, 1832, 1 vol. in-12]; —« Mon Compère Matthieu » [Paris, Thoisnier-Desplaces, 1832, 4 vol. in-12]; — « le Sacristain » [Paris, Renault, 1832, 4 vol. in-12]; — « Albert Jacquenard, ou les Deux Années de révolution » [Paris, Masson et Yonet, 1833, 3 vol. in-12]; — Jules le Rouge, ou le Clerc d'huissier » [Paris, Thoisnier-Desplaces, 1833, 4 vol. in-12]; — « la Vie d'un soldat » (par M. GOUJARD) [Paris, Lecointe et Pougin, Corbet, 1833, 4 vol. in-12]; —« l'Obligeant » [Paris, Lachapelle, 1834, 3 vol. in-12].

RABANIS [J.], professeur d'histoire, doyen de la Faculté des lettres, membre de l'Académie des sciences, arts et belles-lettres de Bordeaux, président de la commission des monuments historiques du département de la Gironde, membre résidant du comité de l'histoire, établi près le ministère de l'instruction publique.

1. — Histoire de Bordeaux. Tome Ier. Première livraison. Bordeaux, Laplace, 1837, in-8.

2. — Saint-Paulin de Nole, études historiques et littéraires. Bordeaux, impr. de Coudert, 1841, in-8 de 92 p.

3. — Recherches sur les dendrophores et sur les corporations romaines en général, pour servir à l'explication d'un bas-relief trouvé à Bordeaux. Bordeaux, impr. de Faye, 1841, in-8 de 66 pag. avec 1 pl.

4. — Lettre à M. Victor Cousin, pair de France, ancien ministre de l'instruction publique, sur l'enseignement historique. Bordeaux, impr. de Faye, 1842, in-8 de 48 pag.

On doit à M. Rabanis, avec M. Léonce de LAMOTHE : Rapports et comptes rendus adressés au préfet de la Gironde sur les travaux de la commission des travaux historiques de ce département [1844 et années suiv., in-8].

M. J. Rabanis a donné de nombreux mémoires dans les « Actes de l'Académie de Bordeaux. »

RABASSE. — Manuel portatif des commissaires de police, contenant sommairement, et par ordre alphabétique des matières, les dispositions des lois et ordonnances, etc., concernant la police administrative et la police judiciaire, suivi de modèles d'actes. 1837, in-12 [3 fr.].

RABASTENS [Léon de].

1. — Avec M. *A. Grout* : les Deux Chemises ; comédie en un acte et en vers. Paris, impr. de Claye, 1848, in-8 de 16 pag. [60 c.].

2. — Avec M. *Marc Constantin* : le Héros imaginaire, ou l'Amour par la fenêtre ; comédie en un acte, en vers. Paris, impr. de Claye, 1849, in-8 de 16 pag.

RABAUT [Paul], pasteur de l'Église réformée de Nîmes ; né à Bédarieux en 1711, mort le 25 septembre 1795. [Voy. la *France littér.*, t. VII, p. 411.]
— Précis du Catéchisme d'Ostervald. Nouvelle édition, revue et augmentée par un pasteur de l'Église réformée. Valence, Marc-Aurel, 1835, in-12 de 96 pag.
—Autre édition. Texte nouvellement revu et mis en ordre pour accompagner le Précis annoté. Paris, impr. de Gratiot, 1849, in-12 de 48 pag.

RABAUT SAINT-ÉTIENNE [Jean-Paul], député aux états généraux, aux Assemblées nationale et législative et à la Convention ; né à Nîmes en avril 1743, mort le 6 décembre 1793. [Voy. la *France littér.*, t. VII, p. 412.] — Le Vieux Cévénol, ou Anecdotes de la vie d'Ambroise Borély, mort à Londres, âgé de 103 ans, 7 mois et 4 jours. Nouvelle édition. Paris, Delay, 1845, in-18.

RABBE [Alphonse], historien et écrivain politique ; né à Riez (Basses-Alpes) en 1786, mort à Paris le 1ᵉʳ janvier 1830. [Voy. la *Biogr. univ. et portative des contemporains*, la *Biogr. univ., Suppl.*, et la *France littér.*, t. VII, p. 414.] — Album d'un pessimiste. Variétés littéraires, politiques, morales et philosophiques. OEuvres posthumes d'Alphonse Rabbe. Précédées d'une pièce de vers de *Victor Hugo*, et d'une Notice, par *L.-F. l'Héritier*. Publ. par le neveu de l'auteur. Paris, Dumont, 1836, 2 vol. in-8 [15 fr.].

Le même éditeur a fait imprimer la même année de nouveaux *faux titres et titres*, auxquels on a joint une *Notice* qui est extraite de la « Biographie universelle des contemporains. » Les exemplaires du dépôt contenaient la Notice par L.-F. LHÉRITIER.

Citons encore : de l'Utilité des journaux politiques dans les départements (Marseille, 1819).

M. Rabbe a concouru, avec MM. VIEILH DE BOISJOLIN et de SAINTE-PREUVE, à la publication de la « Biographie universelle et portative des contemporains » [5 vol. in 8, dont les couvertures portent la date de 1839].

M. Alph. Rabbe est l'auteur de l'*Introduction historique* des « Mémoires sur la Grèce, » par M. REYBAUD ; — de l'*Introduction* à l'« His-

TOME VI.

toire du Bas-Empire, » par M. Aimé MILLET ; — de la *Notice d'Angélica Kauffmann*, dans la « Galerie des contemporains, » etc.

Il a été rédacteur du « Phocéen, » de « l'Album, » du « Courrier français, » etc.

RABELAIS [François], écrivain satirique et philosophe sceptique, moine, docteur en médecine de la Faculté de Montpellier, chanoine de Saint-Maur-des-Fossés, curé de Meudon ; né à Chinon vers 1483, mort vers 1553. [Voy. la *France littér.*, t. VII, p. 44.] —OEuvres. Nouvelle édition, augmentée de plusieurs extraits des Chroniques admirables du puissant roi Gargantua, ainsi que d'un grand nombre de variantes et de deux chapitres inédits du Vᵉ livre, d'après un manuscrit inédit de la Bibliothèque du roi, et accompagnée de Notes explicatives et d'une Notice historique contenant les documents originaux relatifs à la vie de Rabelais, par (*Paul Lacroix*) *L. Jacob*. Paris, Charpentier, 1840, 1849, in-12 [3 fr. 50 c.].

M. GERFAUX a publié, sous l'anastrophe *Xuafreg* : « le Gargantua de la jeunesse, tiré des OEuvres de Rabelais, revu avec soin sur les éditions les plus authentiques, » etc. [Paris, Maugars, 1845, in-12 avec 4 grav.].

On peut voir, sur la « Découverte d'un 5ᵉ livre de Pantagruel, » par M. Paul LACROIX, le « Moniteur » du 14 mars 1847.

On trouve, dans les « Mém. de l'Acad. royale de Metz » [26ᵉ année, 1844-1845, p. 75-82], un article de M. Émile BEGIN, intitulé : *Rabelais à Metz*, qui ajoute quelques faits positifs, dit l'auteur, aux *incerta* philologiques qui concernent cet écrivain.

RABET-PETITJEAN [G.]. — Nouvelle Méthode pour enseigner la parole aux sourds-muets, guérir du bégayement les personnes qui en sont affectées, et apprendre à lire rapidement aux entendants, etc. Paris, impr. de Hauquelin, 1844, in-8 de 64 pag.

RABEYROLLE [l'abbé], vicaire général. — Vie de saint Privat, martyr, premier évêque et patron du Gévaudan, diocèse de Mende. IIᵉ édit. Toulouse, Chapelle, 1848, in-18.

RABILLON [Léonce].—Avec M. *Raymond Pornin* : Pont-Levoy, son abbaye, etc. (1844, in-4). Voy. PORNIN.

RABIN [A.-V.].—Corrigé des Études sur la langue française, contenant la solution de toutes les difficultés d'orthographe, de ponctuation, de langage et de style, que présente notre langue. Paris, Aug. Delalain, 1832, in-12 [3 fr.].

RABION [l'abbé], professeur au petit séminaire de Tours. — Fleurs de la poésie française, présentant, dans un ordre chronologique, les morceaux les plus remarquables de la poésie française, avec une Notice sur chaque poëte. Tours, Mame, 1841, in-8 avec 2 grav. [3 fr. 50 c.].

M. Rabion a traduit du latin : « Manuel des chrétiens, ou Sentiments pieux d'une âme » [IIe édition. Tours, Mame, 1847, in-32].

Il a donné des mémoires archéologiques dans les « Mémoires de la Société archéologique de Touraine. »

RABOISSON [l'abbé]. — Petit Traité d'histoire naturelle, à l'usage des élèves des séminaires. Paris, impr. de Fournier, 1839, in-8 ; — 2e *partie*. Ussel, impr. de Faure, 1840, in-8.

RABOU [Charles], romancier et publiciste. [Voy. la *France littér*., t. VII, p. 419.]

1. — Louison d'Arquin. Paris, Dumont, 1840, in-8 [7 fr. 50 c.].

2. — Le Pauvre de Montlhéry. Paris, Dumont, 1842, in-8 [7 fr. 50 c.].

3. — Le Capitaine Lambert. Paris, Dumont, 1843, 2 vol. in-8 [15 fr.].

4. — La Reine d'un jour. Paris, Souverain, 1845, 3 vol. in-8 [22 fr. 50 c.].

5. — L'Allée des Veuves. Paris, Recoules, 1846, 3 vol. in-8 [22 fr. 50 c.].

M. Rabou a donné des feuilletons au « Constitutionnel, » entre autres : *les Grands Danseurs du roi.*

RABUSSON [A.].

1. — De la Défense générale du royaume dans ses rapports avec les moyens de défense de Paris. Paris, Corréard, 1843, in-8 [6 fr.].

2. — Mémoire au roi. Paris, impr. de Brière, 1844, petit in-fol. de 4 pag.

5 avril 1844. Distribué à la chambre des députés le 8 avril. Le même jour, a été distribuée à la chambre une autre Pétition à MM. les membres de la chambre des députés, relativement à la ville de Paris, et ayant pour objet de demander : 1° que l'on rende aux besoins de l'extension qu'éprouve la population de Paris l'espace occupé par le Carrousel, les jardins des Tuileries et des Champs-Élysées, l'esplanade des Invalides et celle du Champ-de-Mars ; 2° que, par suite de ces dispositions, on transporte la résidence du gouvernement sur la rive gauche de la Seine ; 3° qu'il soit créé un ministre de la Seine ; 4° qu'une loi réunisse le département de Seine-et-Oise à celui de la Seine ; 5° qu'une loi constitue un conseil général du nouveau département de la Seine, qui soit distinct du conseil municipal de la ville de Paris ; 6° qu'une loi fasse, aux intérêts généraux de la ville de Paris, une part dans la représentation du conseil municipal. Signé : A. Rabusson, 15 mars 1844.

Citons encore : Travaux d'utilité publique, travaux des Arcis [1836, in-fol.] ; — avec M. A. DEMEUNYNCK : du Déplacement de la population dans la ville de Paris, et de l'abandon, par elle, de la rive gauche de la Seine. Que Paris se déplace, qu'il y a nécessité d'y remédier, qu'il y a possibilité de le faire [1838, in-fol.] ; — de l'Ensemble des travaux qui peuvent prévenir le déplacement de la ville, et de leur urgence [1838, in-fol.] ; — Lettre à M. Arago, membre du conseil municipal [1838, in-fol.] ; — Suite aux réflexions sur le déplacement [1838, in-fol.] ; — d'une Combinaison financière pour réduire l'intérêt de la dette [1838, in-8] ; — Éclaircissements historiques sur la ville de Paris, à propos du vote du conseil municipal, qui prescrit l'étude du mouvement de déplacement qui se fait dans la population [1839, in-fol.] ; — de la Réalité du changement qui se prépare dans l'assiette de Paris [1840, in-fol.] ; — Si le mouvement de déplacement auquel est livrée la population de Paris est contraire aux intérêts de sa défense? Si l'enceinte fortifiée suffira pour l'arrêter? [1841, in-fol.] ; — de l'Agrandissement de l'enceinte des fortifications de Paris dans l'est, considéré dans ses rapports avec la défense de la ville et avec la défense générale du royaume [1841, in-fol., et 1842, in-8] ; — de Quelques Réflexions sur la conduite à tenir par la rive gauche, à l'occasion du déplacement de la population [1844, in-8] ; — Séance de l'Hôtel-de-Ville de Paris, du 26 mai 1845. Développements historiques sur l'origine de la rue Française, publiés tels qu'ils ont été sténographiés dans cette séance [1845, in-8] ; — Défense des intérêts de la rive gauche. A MM. les électeurs du 11e arrondissement [1846, in-4] ; — la Rive gauche menacée de devenir ville de province [1846, in-fol.].

RABUTÉ [P.-L.-C.]. [Voy. la *France littér*., t. VII, p. 419.] — Tarif général du poids spécifique des métaux : du fer, du cuivre, du plomb, de l'étain et du zinc, employés en grand dans l'architecture et la mécanique. IIe édition, conforme à la Ire. Paris, Bachelier, 1841, in-8 [5 fr.].

RABUTEAUX [Aug.-Phil.-Édouard], né à Paris le 13 février 1814.

M. A. Rabuteaux est auteur, sous le pseudonyme Th. JUMIÈCES, d'une *Biographie du duc Doudeauville*, dans un recueil intitulé « la Renommée ; » et, sous celui d'Éd. RAB, d'une *Dissertation philosophique*, imprimée dans le IVe vol. de la « Revue de la province et de Paris. » Il a aussi écrit dans ce dernier recueil, sous le pseudonyme Édouard LASSÈNE. Sous le même pseudonyme, il a donné : *le Jésuite*, dans « les Français peints par eux-mêmes. » M. Rabuteaux a été rédacteur en chef du « Journal de la jeunesse. » Il a publié les *Corporations d'arts et métiers,* dans « le Moyen âge et la renaissance. » Il a travaillé au « Moniteur des architectes » et à la « France départementale, » à laquelle il a donné un travail important *sur le travail des enfants dans les manufactures.* Il a pris part à la rédaction de la « Connaissance des styles, » par M. Anatole DAUVERGNE.

RABUTIN [François de], gentilhomme de la compagnie du duc de Nevers, gouverneur de Noyers, en Bourgogne, au XVIe siècle. — Commentaires des dernières guerres en la Gaule Belgique, entre Henri second, très chrestien roy de France, et Charles Ve, empereur, et Philippes, son fils, roy d'Espagne.

Imprimé dans la Collection des Mémoires de MM. Michaud et Poujoulat [1848, gr. in-8].

RABUTIN [Bussy]. Voy. BUSSY-RABUTIN.

RABY [Jean-Agaton]. — Évaluation comparée du revenu national et de la production. Paris, Rey, 1841, in-8 de 44 pag.

RACAN [Honorat de BEUIL, marquis de], poëte français; né en 1589, mort en février 1670. [Voy. la *France litt.,* t. VII, p. 419.] — OEuvres choisies (1849, in-8). Voy. MALHERBE.

RACHILD-ELDIN, historien persan.
1. — Description de la Chine sous le règne de la dynastie mongole, trad. du persan par *Klaproth*, et accompagnée de notes. Paris, Impr. royale, 1833, in-8.

Collection orientale.

2. — Histoire des Mongols de la Perse, écrite en persan par Rachild-Eldin, publiée, traduite en français, accompagnée de notes, par M. *Quatremère.* Paris, Impr. royale, 1836, in-fol.

Le tome Ier seul a paru.

Voy. des extraits de l'*Histoire des Mongols,* de RACHILD-ELDIN, des commentaires et des remarques sur ces extraits, par MM. KLAPROTH et de HAMMER, dans le « Journal asiatique » [2e série, t. IX, XI et XIV].

M. QUATREMÈRE a publié un Extrait de l'*Histoire des Mongols* (texte persan), à l'usage des élèves de l'École royale et spéciale des langues orientales vivantes [Paris, impr. de F. Didot, 1844, in-8 de 40 pag.].

RACIBORSKI [A.], docteur en médecine et ex-chef de clinique de la Faculté de médecine de Paris. [Voy. la *France littér.,* t. VII, p. 419.]
1. — Précis pratique et raisonné du diagnostic, contenant l'inspection, la mensuration, la palpation, la dépression, la percussion, l'auscultation, l'odoration, la gustation, les réactifs chimiques, l'interrogation des malades, la description des maladies de la peau, de la bouche, de la gorge, des parties génitales, des altérations du sang, des affections du système nerveux, de l'appareil circulatoire, respiratoire, digestif, urinaire, etc. Paris, G. Baillière, 1837, gr. in-18 [7 fr.].

2. — Histoire des découvertes relatives au système veineux, envisagée sous le rapport anatomique, physiologique, pathologique et thérapeutique, depuis Morgagni jusqu'à nos jours. Paris, J.-B. Baillière, 1841, in-8 [3 fr.].

Mémoire couronné par l'Académie de médecine.

3. — Études physiologiques sur la menstruation et les époques de rut. Paris, impr. de Cosson, 1843, in-4 de 2 pag.

4. — De la Puberté et de l'âge critique chez la femme, au point de vue psychologique, hygiénique et médical, et de la perte périodique chez la femme et les mammifères (d'après un ouvrage couronné par l'Académie de médecine). Paris, J.-B. Baillière, 1843, in-12 [6 fr.].

Citons encore : *Essai sur les tumeurs ou concrétions stercorales,* thèse inaugurale.

Le tome IX des « Mémoires de l'Académie de médecine » contient un mémoire de M. Raciborski, intitulé : *Histoire des découvertes relatives au système veineux, sous le rapport anatomique, physiologique, pathologique et thérapeutique* [216 pag.].

M. Raciborski a rédigé, avec M. HENROZ : « l'Écho de la littérature médicale française et étrangère, etc. Bulletin bibliographique contenant, etc. » [Le premier numéro, in-8, a paru en 1841]. — Il a remporté plusieurs prix à l'Académie de médecine pour des travaux de physiologie et de thérapeutique.

RACINE [Jean], né à la Ferté-Milon le 21 décembre 1639, mort le 22 avril 1699. [Voy. la *France littér.,* t. VII, p. 419.]
1. — OEuvres complètes de J. Racine, avec une Notice sur sa vie, par M. *L.-S. Auger,* de l'Académie française. Paris. Lefèvre, 1827, 2 vol. in-8 [14 fr.]; — 1838, 2 vol. in-8 [6 fr. 50 c.).

— Les mêmes, précédées de Mémoires sur sa vie, par *Louis Racine.* Paris, Furne, 1843, gr. in-8 avec 12 vign. et 1 portrait [11 fr.].

— Les mêmes. Nouvelle édition, avec les notes de tous les commentateurs

(Ve édition, publiée par M. *L.-Aimé Martin*, avec les additions nouvelles). Paris, Lefèvre, Furne, 1843-44, 6 vol. in-8 avec 13 grav. [42 fr.].

On peut joindre à cette édition les intermèdes en musique d'*Esther* et d'*Athalie*, par MOREAU; la musique des *Cantiques spirituels*, par MOREAU et LAMBERT [Paris, Furne, in-8 gravé, 5 fr.].

— Les mêmes. Paris, Gennequin, 1846, in-8 [6 fr.].

— OEuvres de J. Racine, précédées d'une Notice sur sa vie et ses ouvrages. Paris, Charpentier, 1840, in-12 [3 fr. 50 c.].

Ne contient que 9 des tragédies, la comédie et les poésies.

— OEuvres de J. Racine et de P. et T. Corneille. Nouvelle édition. Paris, Eugène et Victor Penaud, 1847, in-8 [10 fr.].

Edition à deux colonnes, formant la prime accordée *gratis* aux 2,000 premiers souscripteurs aux publications des éditeurs. Autres éditions : *Paris*, Lecointe, 1837, 4 vol. in-18; — Hiard, 1839, 4 vol. in-18; — Locquin, 1842, 4 vol. in-18; — Fortin, Masson, 1842, 4 vol. in-18; — Labbé, 1844, 1847, 4 vol. in-16 et in-32. — *Angers*, Lesourd, 1836, 4 vol. in-18.

2. — Théâtre complet. Paris, F. Didot, Ch. Gosselin, 1841, in-12 avec un portrait [3 fr.].

— Théâtre complet, précédé d'une Notice, par M. *Auger*. Paris, F. Didot, 1841, in-18 avec un portrait [2 fr.].

— OEuvres dramatiques. Paris, Lefèvre, 1844, in-18 [2 fr. 50 c.].

— OEuvres dramatiques, avec les notes de tous les commentateurs; publiées par M. *L.-Aimé Martin*. VIe édition. Paris, Lefèvre, 2 vol. in-18 [5 fr.].

Contiennent les 12 pièces de Racine et les Commentaires.

3. — Chefs-d'œuvre dramatiques de J. Racine, précédés d'une Notice historique et littéraire, par *E.-L. Frémont*. Édition classique. Paris, J. Delalain, 1837, in-18 [1 fr. 80 c.].

Contient : *Britannicus, Iphigénie, Esther, Athalie*.

— Chefs-d'œuvre de Racine. Limoges, Ardant, 1840, 6 vol. in-18 [4 fr. 20 c.].

— OEuvres choisies. Édition épurée. Paris, Lehuby, 1845, in-12 avec 20 dessins [6 fr.].

Bibliothèque littéraire de la jeunesse.

4. — Alexandre; tragédie en cinq actes et en vers. Paris, Berlandier, 1838, in-8 de 16 pag.

5. — Andromaque; tragédie. Edition classique, avec une Introduction et des Notes, par M. *Th. Trouillet*. Paris, Delalain, 1847, in-18 [40 c.].

Indiquons encore les éditions suivantes : *Paris*, Berlandier, 1838, in-8; — Prévot, 1838, in-16; — Marchant, 1839, in-8.

6. — Athalie; tragédie tirée de l'Écriture sainte. Édition classique, avec Introduction et Notes littéraires, par *Paul Longueville*. Paris, J. Delalain, 1836, 1843, 1845, 1848, 1849, in-18 [50 c.].

Citons aussi les éditions suivantes : *Paris*, Berlandier, 1838, in-8; — Marchant, 1839, in-8; — Dezobry, E. Magdeleine et comp., 1841, 1843, in-18; — Hachette, 1841, 1844, 1845, 1847, in-18; — René, 1841, in-18 [dans le volume intitulé : « OEuvres dramatiques, sujets sacrés »]; — Belin-Mandar, 1845, in-18; — Lecoffre, 1846, in-18. — *Lille*, impr. de Lefort, 1849, in-18. — *Lyon*, Pélagaud, 1848, in-18 [à la suite de « la Religion, » poème, par L. RACINE].

7. — Bajazet; tragédie en cinq actes et en vers. Paris, Berlandier, 1838, in-8.

8. — Bérénice; tragédie en cinq actes et en vers. Paris, Berlandier, 1838, in-8.

9. — Britannicus; tragédie. Édition classique, avec Notice littéraire et Remarques, par M. *Geoffroy*. Paris, J. Delalain, 1836, 1842, in-18 [50 c.].

Autres éditions : *Paris*, Marchant, 1840, in-8; — Dezobry, E. Magdeleine, 1841, in-18; — Mme veuve Maire-Nyon, 1841, in-18; — Hachette, 1841, 1843, in-18.

10. — Esther; tragédie tirée de l'Écriture sainte. Édition classique, avec une Introduction et des Notes, par M. *Th. Trouillet*. Paris, Delalain, 1836, 1843, 1845, 1849, in-18.

Autres éditions : *Paris*, Dezobry, E. Magdeleine, 1841, 1843, in-18; — Hachette, 1841, 1843, 1846, 1847, in-18; — Belin-Mandar, 1844, in-18; — Lecoffre, 1846, in-18; — *Lille*, Lefort, 1849, in-18; — *Lyon*, Pélagaud, 1848, in-18 [à la suite de « la Religion, » poème, par L. RACINE].

11. — Iphigénie; tragédie. Édition classique, avec une Introduction et des Notes, par M. *P. Longueville*. Paris, Delalain, 1847, in-18; — Autre édit. : Paris, Marchant, 1844, in-8.

12. — Mithridate; tragédie en cinq actes. Paris, Prevot, 1842, in-18.

13. — Phèdre; tragédie en cinq actes. Paris, Marchant, 1839, in-8 [40 c.];

— Autre édition. Paris, Piaud, 1844, in-18.

<small>La tragédie de *Phèdre* a été traduite en vers blancs portugais par M. Homem de Magalaes.</small>

14. — Les Plaideurs; comédie en trois actes et en vers. Paris, Marchant, 1839, in-8.

RACINE [Louis], fils du précédent; né à Paris le 2 novembre 1692, mort le 22 janvier 1763. [Voy. la *France litt.*, t. VII, p. 426.]

1. — La Religion; poëme. Édition classique, avec Notes littéraires et historiques, par M. *Geoffroy*. Paris, J. Delalain, 1842, in-18 [75 c.]; — Nouvelle édition, à laquelle on a ajouté les tragédies d'*Esther* et d'*Athalie*, par *Racine* père. Lyon, Pélagaud, 1848, in-18.

<small>Citons encore les éditions suivantes : Lyon, Périsse, 1843, in-18; — Lesne, 1843, in-18; — Paris, Lecoffre, 1848, in-18.</small>

— La Religion, suivi de *la Grâce*, poëmes. Dijon, impr. de Mme veuve Brugnot, 1836, in-12; — Paris, Saintin et Thomine, 1838, in-18; — Limoges, Ardant, 1840, in-18 avec une grav.

<small>Voyez, sur le poème de *la Grâce*, les détails que donne la « Revue rétrospective » [t. VIII, 2e série, p. 418].</small>

2. — Recueil de poésies sacrées. Lyon, Périsse, 1833, 1841, in-18.

<small>Les pièces ne sont pas toutes de Louis Racine, qui n'en est pas non plus le collecteur.</small>

RACLE [le docteur], ancien interne des hôpitaux. — Mémoire sur le choléra sporadique symptomatique. Paris, impr. de Dupont, 1849, in-8 de 12 pag.

<small>Extrait de la « Revue médico-chirurgicale de Paris. »</small>

RACZYNSKI [le comte Édouard], né le 2 avril 1786, mort par un suicide à Santomysl le 22 janvier 1845.

1. — Voyage à Constantinople, fragment d'un voyage en Orient, publié en polonais par le comte Raczynski, trad. par *Tailliar*. Saint-Pol, impr. de Thomas, 1843, in-8 de 28 pag.

2. — Le Médaillier de Pologne, ou Collection de médailles ayant rapport à l'histoire de ce pays, depuis les plus anciennes jusqu'à celles qui ont été frappées sous le règne du roi Jean III (1513-1596), par le comte E. Raczynski. Traduit du polonais, avec le texte en regard. Breslau, Friedlander, 1838, 2 vol. in-4 et atlas [50 fr.].

RACZYNSKI [le comte Athanase].

1. — Histoire de l'art moderne en Allemagne. Paris, Renouard, 1836-41, 3 vol. in-4 avec 3 atlas [300 fr.]; — sur pap. de Chine [370 fr.].

<small>Le tome Ier contient : *Dusseldorf et les pays du Rhin. Excursion à Paris.* — Tome II : *Munich, Stuttgard, Nuremberg, Augsbourg, Ratisbonne, Carlsruhe, Prague, Vienne, Excursion en Italie.* — Tome III : *Berlin, Dresde, Hambourg, Mecklembourg, Weimar, Halberstadt, Gottingue, Excursions en Hollande, Belgique, Angleterre, Suisse, Pologne, Russie, Suède, Danemark, États-Unis.*

Le même éditeur a publié séparément : *Dictionnaire d'artistes*, pour servir à l'*Histoire de l'art moderne en Allemagne*, précédé d'un résumé de cet ouvrage, et suivi d'une table des matières et de la table des gravures qui se trouvent dans le texte et dans les atlas, et d'un errata général pour les trois volumes [gr. in-8, 4 fr.].</small>

2. — Les Arts en Portugal. Lettres adressées à la Société artistique et scientifique de Berlin, et accompagnées de documents. Paris, Renouard, 1846, in-8 [9 fr.].

3. — Dictionnaire historico-artistique du Portugal, pour faire suite à l'ouvrage ayant pour titre : *les Arts en Portugal*, etc. Paris, Jules Renouard, 1847, in-8 [6 fr.].

RADCLIFFE [Anne Ward, dame], romancière anglaise, morte le 7 février 1823. [Voy. la *France littér.*, t. VII, p. 430.] — Les Mystères d'Udolphe; traduit de l'anglais sur la IIIe édition, par *Victorine de Chastenay de Lenty*. Paris, Pougin, 1840, 6 vol. in-12 [12 fr.]; — Autre édit. Paris, Havard, 1849, in-4.

RADEL [Louis-Charles-François Petit-]. Voy. Petit-Radel.

RADET [Jean-Baptiste], auteur dramatique; né à Dijon le 21 janvier 1751, mort à Paris en 1830. [Voy. la *France litt.*, t. VII, p. 431.]

1. — Avec *Picard* : la Maison en loterie; comédie en un acte, mêlée de couplets. Paris, Barba, Delloye, Bezou, 1837, in-8 de 20 pag.

<small>La première édition est de 1825.</small>

2. — Honorine, ou la Femme difficile à vivre; comédie en trois actes et en prose, mêlée de vaudevilles. Paris,

Barba, Delloye, Bezou, 1837, in-8 de 28 pag.

La première édition est de 1797.

3. — Avec MM. *Barré* et *Desfontaines* : les Deux Edmond ; comédie en deux actes et en prose. Paris, Barba, Delloye, Bezou, 1838, in-8.

La première édition est de 1811.

RADIGUEL [Ad.]. [Voy. la *France littér.*, t. VII, p. 433.]

1. — Le Parfait Lecteur français, ou la Lecture régularisée et ramenée à la simplicité de celle d'un alphabet philosophique, et enseignant la bonne prononciation. Paris, Portier, 1836, in-12 de 112 pag.

2. — Syllabaire du parfait lecteur français. Paris, Pitois-Levrault, 1840, in-12 de 24 pag.

3. — Le Formulaire général des verbes français, donnant, etc. IIe édit. Paris, Mme veuve Maire-Nyon, 1842, in-8 de 64 pag. [1 fr. 50 c.].

RADIGUEL [A.-H.-J.-M.].—A l'Europe : appel en faveur de deux orphelins et de l'Espagne, leur royaume, comme aussi en faveur du principe de la souveraineté du peuple, justement appliqué par un gouvernement loyal et honnête ; et à l'appui du Tableau raisonné de l'histoire politique de l'Espagne, depuis l'origine de la monarchie jusqu'au 1er janvier 1842. Paris, Ledoyen, 1842, in-8 [2 fr. 50 c.].

RADON-STERNE [R.-P.]. — Un Mari complet ; vaudeville en un acte, par Radon-Sterne et *Civilis*. — Tout vient avec le temps ; bergerie en un acte, par Radon-Sterne. Abbeville, impr. de Jeunet, 1845, in-8 de 32 pag.

RADONVILLIERS [J.-B. Richard de]. — Du Véritable Gouvernement constitutionnel et du droit des peuples. Paris, Pilout, 1844, in-12 [25 c.].

RADOUAN [Jacques]. [Voy. la *France litt.*, t. VII, p. 433.] — Avec M. *Auguste Radouan* : Nouveau Manuel complet pour gouverner les abeilles et en retirer grand profit. IVe édit. Paris, Roret, 1840, 2 vol. in-18 avec 8 pl. [6 fr.].

RADOUAN [Auguste], fils du précédent. — Avec M. *Jacques Radouan* :

Nouveau Manuel complet pour gouverner les abeilles (1840, 2 vol. in-18). Voy. l'article ci-dessus.

RADOWITZ [J. de]. — Costumes du moyen âge chrétien (1840 et ann. suiv., 36 livr. in-4). Voy. HEFNER [J. de].

RADU [Jules].

1. — Méthodes élémentaires. La lecture, l'écriture, le calcul et l'orthographe. Paris, impr. de Guyot, 1841, in-8 avec 5 tableaux.

La deuxième édition porte pour titre : Instruction élémentaire. Ouvrage dédié à l'armée. La lecture, l'écriture, le calcul, l'orthographe, méthode suivie d'un Abrégé sur les lois militaires, les devoirs du soldat, etc. [Paris, impr. de Guyot, 1843, in-8] ; — la troisième : Instruction élémentaire. Ouvrage dédié au peuple. La lecture, l'écriture, le calcul, l'orthographe, l'histoire de France [Brest, impr. de Proux, 1844, in-8] ; —enfin, la quatrième édition est divisée en deux parties : la première ; *Religion, lecture, écriture,* etc. ; la deuxième : *Géographie chronologique des rois de France, calcul, tenue des livres* [Bordeaux, impr. de Faye, 1844, 2 parties in-8].

2. — Éducation religieuse. Instruction élémentaire. Extinction du paupérisme. Religion. Lecture. Ecriture. Calcul. Orthographe. Dictionnaire français. Agriculture. Géographie. Histoire. Bordeaux, impr. de Faye, 1845, in-8.

M. J. Radu a été rédacteur en chef de : « Feuilleton de la fraternité universelle, organe de la vérité sous la protection des travailleurs, » etc. [1848, in-8].

On doit encore à M. Radu : Extinction du paupérisme : commune de la nouvelle Jérusalem. Discours prononcé à la séance du conseil d'administration, réuni en assemblée générale le 15 janvier 1841 [1848, in-8].

RAEPSAET [Jean-Joseph], conseiller d'Etat, membre de l'Institut des Pays-Bas ; mort le 19 février 1832. [Voy. la *France littér.*, t. VII, p. 434.] —OEuvres complètes. Gand, 1838, 5 vol. in-8 [30 fr.].

RAFFENEAU DE LILE, inspecteur général des ponts et chaussées, mort en avril 1843.

1. — Observations sur la question du port d'Alger. Paris, impr. de Gros, 1842, in-4 de 24 pag.

2. — Extrait d'un rapport sur les projets d'amélioration et d'agrandissement du port de Cette. Paris, 1841, in-8 avec pl. [1 fr. 50 c.].

M. Raffeneau de Lile a travaillé aux « Annales des ponts et chaussées, »

RAFFENEL [Anne]. — Voyage dans l'Afrique occidentale, comprenant l'exploration du Sénégal, depuis Saint-Louis jusqu'à la Falémé, au delà de Bakel; de la Falémé, depuis son embouchure jusqu'à Sansanding; des mines d'or de Kéniéba, dans le Bambouk; des pays de Galam, Bondou et Woolli; et de la Gambie, depuis Baracounda jusqu'à l'Océan; exécuté en 1843 et 1844, par une commission composée de MM. Huard-Bessinières, Jamin, Raffenel, Peyre-Ferry et Pottin-Patterson; rédigé et mis en ordre par A. Raffenel. Paris, A. Bertrand, 1846, in-8 et atlas in-4, fig. col. [20 fr.].

RAFFRAY [l'abbé X.], de Saint-Brieuc.

1. — Aperçu sur le culte catholique. Saint-Brieuc, Prudhomme, 1843, in-18.
— IIe édition sous ce titre : Beautés du culte catholique. Saint-Brieuc, Guyon; Paris, Sagnier et Bray, 1845, 2 vol. in-18 [3 fr.].

2. — Les Adieux du prêtre. Vannes, Lamarzelle. Paris, Debécourt, 1844, 2 vol. in-12 [3 fr.].

Sous le nom : *Un curé de province.*

RAFFY [Casimir]. — Gaches et ses mémoires. Toulouse, imp. de Froment, 1845, in-8 de 40 pag.

Jacques Gaches, protestant, né en 1553, mort en 1612, a laissé un récit, en quatre parties, des événements survenus dans le pays castrais, de 1560 à 1610. Voy. la « Biographie universelle, Suppl., » et la « Bibliothèque historique de la France, » n° 37793.

RAFFY [J.-A.].

M. J.-A. Raffy a traduit en vers français les « Odes » d'HORACE [1844, in-12].

RAGHELINI DE SIO. — La Maçonnerie considérée comme le résultat des religions égyptienne, juive et chrétienne. Paris, Aillaud, 1842, 3 vol. in-8 et atlas [24 fr.].

Sous les initiales R. de S.

RAGON [F.], ancien professeur d'histoire, inspecteur de l'Académie de Paris. [Voy. la *France littér.*, t. VII, p. 436.]

1. — Précis élémentaire de l'histoire de France, à l'usage des établissements d'instruction primaire et secondaire. X^e édition. Paris, Louis Colas, 1847, in-18.

La première édition est de 1835.

2. — Histoire de France. IIIe édit., augmentée d'un questionnaire, etc. Paris, Louis Colas, 1844, in-12.

3. — Précis de l'histoire sainte, à l'usage des écoles primaires. Paris, Colas, 1840, 1843, et IIIe édition, 1847, in-18.

4. — Abrégé de l'histoire générale des temps modernes, depuis la prise de Constantinople par les Turcs (1453) jusqu'à la mort de Louis XIV (1715). IVe édition. Paris, Colas, Hachette, 2 vol. in-8 [14 fr.].

5. — Histoire générale du XVIIIe siècle. Ouvrage faisant suite à l'*Abrégé de l'histoire générale des temps modernes*. Paris, Louis Colas, Hachette, 1836, in-8; et IVe édition, 1840, in-8 [7 fr.].

6. — Histoire générale des temps modernes. Paris, L. Colas, L. Hachette, 1846, 3 vol. in-8 [21 fr.].

7. — Précis de l'histoire moderne. Paris, L. Colas, 1846, in-12 [3 fr.].

8. — Cours philosophique et interprétatif des initiations anciennes et modernes. IIe édition. Nanci, M. Guérard, 1843, in-8 [4 fr.].

Le même éditeur a fait dans la même année un tirage à part de cet ouvrage, sous ce titre : *Édition sacrée, à l'usage des loges et des maçons seulement* [in-8].
La première édition a été publiée en 1841 [Paris, Berlandier, in-8, 7 fr. 50 c.].

9. — Essai de poésies bibliques, précédé d'une Notice sur la littérature biblique en France depuis le milieu du XVIe siècle jusqu'à nos jours. Batignolles, impr. d'Hennuyer, 1849, in-12.

M. F. Ragon a traduit en vers : « les Lusiades, » poème de CAMOENS [1842, 1849, in-8].

RAGONOT-GODEFROY, horticulteur.

1. — Traité de la culture des œillets, suivi d'une nouvelle classification, applicable aux genres Rosier, Dahlia, Chrysanthème, Pensée; et à tous ceux qui sont nombreux en variétés. IIe édition. Paris, Audot, 1844, in-12, fig. [1 fr. 25 c.].

La première édition est de 1841.
Suivant M. Quérard, *Ragonnot* (sic) -*Godefroid* serait un pseudonyme sous lequel se cacherait M. Pierre BOITARD.

2. — Petit Guide-Manuel du jardinier-fleuriste, ou l'Art de cultiver les fleurs. Paris, Gayet, 1842, in-18.

3. — Petit Guide-Manuel du jardinier-potager et fruitier, faisant suite au *Jardinier-Fleuriste*. Paris, Gayet, 1842, in-18.

4. — La Pensée, la violette, l'auricule ou oreille d'ours, la primevère : histoire et culture. Paris, Audot, 1844, in-12, avec 4 pl. [2 fr.].

RAGOT DE GRANDVAL. Voy. GRANDVAL [Nic. RAGOT DE].

RAGUENAUD [Louis].
1. — Guide du propriétaire, ou Traité complet sur l'agriculture. Angoulême, Bachelier, 1844, in-8 [3 fr.].
2. — Le Vigneron charentais, ou l'Art de cultiver la vigne et d'en soigner les produits. Angoulême, Grobot fils, 1847, in-12.

RAGUENEAU DE LA CHAINAYE [Armand-Henri], né à Paris le 18 janvier 1777. [Voy. la *France littér.*, t. VII, p. 436.]
1. — Avec M. *Henrion*: Amours de Manon la ravaudeuse et de Michel Zéphir. Paris, sans date (vers 1806), in-18, avec le portrait de Brunet.

Sous le nom : ANAGRAMME D'AUNEUR.

2. — Petit Almanach des spectacles, années 1800 à 1810. Paris, Mme Huet-Masson, 1800-11, 10 vol. in-32.

Sous le nom : ANAGRAMME D'AUNEUR.

3. — Des Calembours comme s'il en pleuvait. Paris, Mme Cavanagh, vers 1800, in-18, fig. — XVIe édition, augmentée de 60 articles nouveaux. Paris, Lelong, Delaunay, 1820, in-18.

Sous le nom : ANAGRAMME D'AUNEUR.

4. — Le Quaterne; vaudeville en un acte et en prose. Paris, Fages, an IX (1801), in-8.

Sous le nom de ARMAND.

RAGUENET [l'abbé François], mort en 1722. [Voy. la *France littér.*, t. VII, p. 438.] — Histoire du vicomte de Turenne. Tours, Mame, 1837, in-12 ; Lille, Lefort, 1839, in-12 ; Tours, Pornin, 1846, in-12, avec 1 portrait.

RAGUET [Condi]. Voy. CONDI-RAGUET.

RAGUSE [le duc de]. Voy. MARMONT.

RAGUT [C.]. — Statistique du département de Saône-et-Loire, publiée sous les auspices du conseil général de ce département et de la Société d'agriculture, sciences et belles-lettres de Mâcon. Mâcon, imp. de Dejussieu, 1838, 2 vol. in-4, avec une carte et une pl. [15 fr.].

RAIBAUD [B.-L.]. [Voy. la *France littér.*, t. VII, p. 439.] — Matières d'or et d'argent. Suite du *Traité de la garantie*, contenant, etc. Marseille, imp. d'Olive ; Paris, Hivert, 1838, in-8, avec 11 pl. [5 fr.].

RAIBAUD-L'ANGE [E.]. — Études sur l'homme et sur son entière régénération sociale par la solution complète du problème social de l'organisation du travail, le débrouillement du chaos législatif, gouvernemental, etc. IIe édition, revue, corrigée et complétée. Paris, imp. de Delcambre, 1845, in-8 [7 fr. 50 c.].

RAICHLEN [Léonard]. Voy. FLOTTES [l'abbé J.-B.-M.].

RAIMBAULT [P.]. — Mon Premier Livre, ou la plus simple méthode pour apprendre à lire. Cholet, Lainé, 1842, in-12 de 48 pages.

La *Partie du maître* a été publiée en 1844 [Cholet, Lainé, in-12 de 24 pag.].

RAIMBAULT [D.] — Avec M. *J.-H. Normand*: la Calligraphie spécialement appliquée à la tenue des livres. Paris, imp. lith. de Roncelet, 1844, in-4 oblong de 28 pag.

RAIMBAULT [Hippolyte]. Voy. RIMBAULT.

RAIMBERT, de Paris, trouvère du XIIe siècle. — La Chevalerie. Ogier de Danemarche. Poëme du XIIe siècle, publié pour la première fois d'après le manuscrit de Marmoutier et le manuscrit 2729 de la Bibliothèque du roi. Paris, Techener, 1842, in-4.

Tiré à 99 exemplaires de ce format. La Préface est signée J. BARROIS.

— Autre édit.: Paris, Techener, 1842, 2 vol. in-12 [16 fr.].

La Préface est signée J. BARROIS. Ces deux volumes sont les tomes VIII et IX des « Romans des douze pairs de France. »

RAIMOND. — Épître à ma pipe. Paris, imp. lith. d'Auguet, 1840, in-8 de 8 pag.

En vers.

RAIMONT [F.-H.]. — Guide des ouvriers. Paris, imp. de Thomassin, 1839, in-32.

Livre de calcul des prix des journées, des mesures, et table de multiplication.

RAINARD, professeur à l'École vétérinaire de Lyon. [Voy. la *France littér.*, t. VII, p. 440.]

1. — Traité de pathologie et de thérapeutique générales vétérinaires. Lyon, Savy; Paris, Bouchard-Huzard, 1839-40; 2 vol in-8 [9 fr. 50 c.].

2. — Traité complet de la parturition des principales femelles domestiques, suivi d'un Traité des maladies propres aux femelles et aux jeunes animaux. Paris, Mme Bouchard-Huzard, 1845, 2 vol. in-8 avec 5 pl. [14 fr.].

Citons encore : Éloge de M. Huzard, prononcé le 29 août 1839, à la distribution des prix de l'École vétérinaire de Lyon [1839, in-8].

RAINCELIN DE SERGY.

1. — Véritable Physiologie de l'Assemblée nationale constituante, ou les Hommes et leurs œuvres, contenant le nombre des suffrages obtenus par les représentants, leurs antécédents et leur profession de foi. Paris, impr. de Lacrampe, 1848-49, 2 vol. in-16.

2. — Biographie de S. A. R. madame la princesse Adélaïde d'Orléans, suivie d'une pièce de vers à S. M. Louis-Philippe, et publiée dans le second volume des Notabilités contemporaines. Paris, impr. de Bailly, 1848, in-8 de 16 pag.

RAINGUEL [L.]. [Voy. la *France litt.*, t. VII, p. 441.]

1. — Description historique et pittoresque de Luxeuil et ses environs, pour servir de guide aux personnes qui viennent y prendre les eaux. Paris, Pougin, 1837, in-18 [1 fr.].

2. — Précis de l'histoire de France, depuis Pharamond jusqu'à Louis-Philippe. Paris, Pesron, 1842, in-12 [2 fr.].

RAISIN [J.-J. P.]. — Tableau général. Formulaire des actes commerciaux. Paris, imp. lith. de Repussard, 1843, in-plano.

RAISSON [Horace-Napoléon], littérateur; né à Paris le 24 août 1798, mort le 9 juin 1854. [Voy. la *France littér.*, t. VII, p. 441.]

1. — Cuisine naturelle ou l'Art d'apprêter d'une manière simple, économique et facile toute espèce de mets, viandes, légumes, poissons, pâtisseries, conserves, fruits, boissons, cinq cents recettes rédigées et classées dans l'ordre alphabétique; suivies de la cuisine des malades et des convalescents. Paris, imp. de Jules Didot (sans date), in-8 de 16 pag. à 2 col.

Sous le pseudonyme : A.-B. de PÉRIGORD.

2. — Amours secrètes des Bourbons, depuis le mariage de Marie-Antoinette jusqu'à la chute de Charles X, par la comtesse de C... Paris, Jules Lefèvre, 1830, 2 vol. in-12 avec 2 grav. lith. [4 fr.].

3. — Histoire de Napoléon, empereur des Français. Paris, Mme Huzard, 1836, in-12 avec 10 grav. [3 fr.].

4. — Code galant, ou Art de conter fleurette. Nouvelle édition. Paris, Ollivier, Delaunay, 1837, in-18 avec une grav. [3 fr. 50 c.].

5. — Nouveau Manuel des jeux et amusements de société. Paris, imp. de Baudoin, 1837, in-18 avec une grav. [1 fr. 50 c.].

6. — Nouveau Manuel de la politesse, du bon ton et des manières de la bonne compagnie. Coulommiers, impr. de Brodard, 1838, in-18 avec une grav. [1 fr. 50 c.].

7. — Nouveau Manuel de cosmétique, ou l'Art de s'embellir et de remédier à tous les accidents capables d'altérer la beauté et la pureté des formes chez les deux sexes. Paris, impr. d'Urtubie, 1838, in-18.

8. — La Chronique du Palais-de-Justice, contenant l'histoire des anciens avocats et le récit des trépas tragiques, tirés des archives de la Sainte-Chapelle, des olim et des registres du parlement. Paris, Bourmancé, 1838, 2 vol. in-8 [15 fr.].

9. — Les Comtes de Paris. Paris, impr. de Mme Porthmann, 1838, in-8 de 42 pag.

En prose. Publié le 22 août, quarante-huit heures avant la naissance du nouveau comte de Paris.

10. — Histoire de la police de Paris, 1697-1844. Paris, A. Levavasseur, 1843, in-8.

11. — De la Police de Paris. Nécessité de réorganiser son personnel et moraliser son action. Paris, impr. de Boulé, 1848, in-8 de 24 pag.

12. — Une Sombre Histoire. Paris, Cadot, 1845, 2 vol. in-8.

Sous le pseudonyme MORTONVAL. C'est par erreur que nous avons attribué ce roman à A.-F. GUESDON.

13. — Souvenirs de *J.-N. Barba*. Paris, Ledoyen et Giret, 1846, in-8 de 292 pag., avec le portrait de l'auteur et celui de Pigault-Lebrun [6 fr.].

On a attribué à M. Horace Raisson : *Histoire de la guerre d'Espagne en 1823* [1827, in-18] ; — *Histoire populaire de la révolution française* [1830, 8 vol. in-18] ; — *Histoire de la révolution de 1830* [1830, in-18] ; — *Vie et aventures de Pigault-Lebrun* [1836, in-8]. Ces ouvrages sont indiqués par M. Quérard comme ayant été rédigés par M. L.-F. RABAN.

RAMADGE. — Traité sur la nature et le traitement de la consomption pulmonaire ; traduit de l'anglais. Bruxelles, 1837, in-8 avec 6 pl. col. [4 fr. 50 c.].

RAMAUGÉ, docteur en médecine de la Faculté de Paris. — Observations pratiques sur la guérison, sans emploi de l'instrument tranchant, des affections squirreuses et cancéreuses au sein et des ulcères de la matrice. Paris, impr. de Pecquereau, 1842, in-12 de 120 pag.

Une deuxième édition, de même format, a été publiée dans la même année.

RAMAUGÉ [J.-J. Anatole].
1. — Considérations générales sur le mouvement religieux qui s'opère à l'époque actuelle. Paris, Debécourt, 1840, in-8 de 24 pag.

2. — Discours sur la religion chrétienne considérée dans ses rapports avec les merveilles de la création et avec les découvertes récentes de l'astronomie. Traduit de l'anglais. Paris, Debécourt, 1842, in-8 de 40 pag.

RAMBAUD [Étienne]. — Traité élémentaire d'anatomie générale, descriptive et physiologique. Paris, Germer-Baillière, 1842, in-8 [6 fr.].

RAMBOT [Gustave]. — De la Richesse publique, de la richesse individuelle et des besoins moraux dans les sociétés modernes. Paris, Labitte, 1846, in-8 [7 fr.].

RAMBOUR [L.-Ch.]. — Grammaire nationale, ou Cours pratique d'orthographe et d'orthologie françaises, en 80 leçons. IIe édition. Amiens, Ledieu, 1839, in-12 [1 fr. 75 c.].

RAMBUR [P.].
1. — Avec MM. *Boisduval* et *Graslin* : Collection iconographique et historique des chenilles, etc. (1832 et ann. suiv., in-8). Voy. BOISDUVAL [J.-A.].

2. — Faune entomologique de l'Andalousie. Paris, Arthus Bertrand, 1838, 2 vol. in-8.

3. — Histoire naturelle des insectes : *Névroptères*. Paris, Roret, Pourrat, 1842, in-8, plus un cahier, in-8 de 8 p. avec 12. pl. fig. noires [9 fr. 50 c.] ; — fig. col. [12 fr. 50 c.].

Suites à Buffon.

RAMBURES [de]. — Sténographie musicale, ou Méthode simplifiée pour l'enseignement, la lecture et l'écriture de la musique et du plain-chant. Abbeville, impr. de Paillart ; Paris, Hachette, 1842, in-8 avec 6 grands tableaux [5 fr.].

RAMBUTEAU [le comte de], préfet de la Seine, pair de France.
1. — Rapport présenté au conseil municipal de la ville de Paris, le 26 décembre 1834. Paris, impr. de Vinchon, 1835, in-4.

2. — Compte rendu de l'administration du département de la Seine et de la ville de Paris, pendant l'année 1836. Paris, impr. de Vinchon, 1837, in-4 avec 17 tableaux.

RAME [le docteur]. — Essai historique et médical sur Lodève. Lodève, Grillières, 1841, in-8 de 112 pag.

RAMÉ [Pascal], de Dieppe. — Ode à Duquesne. Dieppe, impr. de Dellévoye, 1844, in-8 de 32 pag. [1 fr.].

M. Pascal Ramé a traduit en vers français, avec M. Orby HUNTER : « OEuvres » de lord BYRON [1845, in-8].

RAMÉ [Alfred], membre de la Société archéologique de Bretagne. — Fragments sur l'histoire monétaire de la Bretagne. Brochure in-8 de 28 pag. avec 1 pl. gr.

RAMEAU [E.]. — Avec M. *L. Binel* : Aperçu sur la culture et la colonisation de l'Algérie, suivi d'un plan d'établissement agricole. Paris, Th. Barrois, 1844, in-8 [2 fr. 50 c.].

Un autre tirage a eu lieu dans la même année ; il contient les lettres adressées aux auteurs sur leur ouvrage.

RAMEAUX. — Des Températures végétales. Strasbourg, impr. de Silbermann, 1843, in-8 de 24 pag.

RAMÉE [Daniel], architecte.
1. — Le Moyen âge monumental et archéologique (Introduction générale). Paris, Hauser, 1843, in-fol. [25 fr.].
2. — Manuel de l'histoire générale de l'architecture chez tous les peuples, et particulièrement de l'architecture en France au moyen âge. Paris, Paulin, 1843, 2 vol. in-12, fig.
3. — Monographie de l'église Notre-Dame de Noyon, par M. *L. Vitet*. Plans, coupes, élévations et détails, par Daniel Ramée. Paris, Impr royale, 1845, in-4 avec un atlas in-fol. de 23 pl. [50 fr.].

Collection de documents inédits sur l'histoire de France, publiés par ordre du roi et par les soins du ministre de l'instruction publique. 3e série. Archéologie.

4. — Histoire de l'architecture en France depuis les Romains jusqu'au XVIe siècle, avec l'exposition de ses principes généraux. Paris, Franck, 1845, in-12.

RAMEY [J.-C.].
1. — Traité élémentaire de la taille des arbres. Bordeaux, Chaumas-Gayet, 1846, in-12 de 88 pag. avec 5 pl.
2. — Manuel d'horticulture et d'agriculture pour le département de la Gironde, suivi d'un Recueil de quelques articles spéciaux d'agriculture. Bordeaux, Chaumas-Gayet, 1849, in-12 de 124 pag.

RAMEZE [G.].
M. G. Rameze a traduit du latin, de Valentinus BARRUCHIUS : l' «Histoire de Palanus, comte de Lyon » [Lyon, 1833, in-8].

RAMON DE LA SAGRA [D.]. Voy. LA SAGRA.

RAMON-FERNANDEZ. — Gouvernement espagnol, avec la théorie des lois qui existent entre Dieu et l'homme. Bordeaux, Chaumas-Gayet ; Paris, Schwartz et Gagnot, 1842, in-8 de 16 pag.

RAMON [l'abbé J.-A.].
M. l'abbé J.-A. Ramon a traduit de l'allemand et augmenté de notes explicatives : « du Choix d'une profession industrielle, » par F.-C. HILLARDT [1845, gr. in-18].

RAMON, ancien chef d'institution. — Notice nécrologique sur M. Opoix.

Provins, imp. de Lebeau, 1841, in-8 de 12 pag.

Voy. plus haut l'article Christophe Opoix.

RAMOND DE CARBONNIÈRES [le baron L.-F.-E.], député à l'Assemblée législative, membre de l'Institut ; né à Strasbourg le 4 janvier 1753, mort à Paris le 4 mai 1827. [Voy. la *France littér.*, t. VII, p. 447.] — OEuvres complètes. Paris, impr. de Plon, 1847, in-8.

La première livraison, publiée en 1847, contient les *Observations barométriques*.

RAMOND DE LA CROISETTE.
1. — Loi sur l'expropriation pour cause d'utilité publique, accompagnée d'un commentaire et d'un parallèle avec la loi de 1833, et suivie du tarif de la procédure et d'un résumé de la jurisprudence jusqu'à ce jour. Paris, impr. de Gratiot, 1841, in-8 de 64 pag. [1 fr. 50 c.].

A été publié dans la « Revue parlementaire. »

2. — Commentaire historique et pratique sur les ventes de biens immeubles. Paris, impr. de Gratiot, 1841, in-8 de 40 pag. [75 c.].

RAMONDIN [Dehillotte]. Voy. DEHILLOTTE-RAMONDIN.

RAMPAL [Marius], ancien négociant et préfet de la Loire-Inférieure.
1. — Impôt du sel. Nouveaux renseignements sur la question. Paris, impr. de Gratiot, 1846, in-8 de 16 pag.
2. — Question des sucres. Procédé Melsens. Lettre à M. le ministre de l'agriculture et du commerce. Paris, imp. de Chaix, 1849, in-8 de 16 pag.

RANCÉ [le R. P. Armand-Jean LE BOUTHILLIER DE]. Voy. LE BOUTHILLIER DE RANCÉ.

RANDOUX [E.], artiste du théâtre de l'Odéon. — Des Vices de prononciation et du grasseyement en particulier. Paris, Blosse, Tresse, Michel Lévy, 1846, in-8 de 32 pag.

RANG [Sander], naturaliste hollandais ; né à Utrecht vers 1784. [Voy. la *France littér.*, t. VII, p. 451.] — Avec M. J.-F. Denis : Fondation de la régence d'Alger, histoire de Barberousse (1837, 2 vol. in-8). Voy. DENIS.

RANKE [Léopold], historien allemand, professeur à l'université de Berlin.

1. — Histoire de la papauté pendant les XVIe et XVIIe siècles; traduite de l'allemand par *J.-B. Haiber*, publiée et précédée d'une introduction, par M. *Alexandre de Saint-Chéron*. Paris, Debécourt, 1838, 4 vol. in-8 [28 fr.].
— IIe édition, corrigée et considérablement augmentée d'après la IIe édition allemande. Paris, Sagnier et Bray, 1848, 3 vol. in-8 [20 fr.].

Voy., sur cet ouvrage, un article de M. LERMINIER dans la « Revue des Deux-Mondes, » du 1er avril 1838.

2. — Histoire des Osmanlis et de la monarchie espagnole pendant les XVIe et XVIIe siècles. Traduite de l'allemand et accompagnée de notes, par M. *J.-B. Haiber*. Paris, Debécourt, 1839, in-8 [7 fr. 50 c.].
— L'Espagne sous Charles V, Philippe II et Philippe III, ou les Osmanlis et la monarchie espagnole pendant les XVIe et XVIIe siècl. Trad. de l'allemand et accomp. de notes, par *J.-B. Haiber*. Paris, 1845, in-8 [6 fr.].

Voy. un compte rendu dans la « Biblioth. de l'École des chartes, » t. VI, p. 476.

RANKIN [Elisabeth]. [Voy. la *France littér.*, t. VII, p. 452.] — Hélène, ou l'Empire sur soi-même; ouvrage traduit de l'anglais, par Mlle *Desbrosses*. IIe édition, corrigée. Paris, Lehuby, 1841, in-18, fig.

RANQUE [Hugues-Félix], médecin en chef de l'Hôtel-Dieu d'Orléans, professeur de clinique et d'anatomie, vice-président de la Société des sciences, membre libre de l'Académie de médecine. [Voy. la *France littér.*, t. VII, p. 452.] — Nouvelle Méthode de traitement des fièvres continues désignées sous les noms de fièvres essentielles, fièvres graves, typhoïdes, etc., basée sur une nouvelle appréciation des phénomènes pyrétiques, et indiquée par une séméiologie nouvelle. Orléans, imp. de Danicourt-Huet; Paris, J.-B. Baillière, 1843, in-8 de 104 pag. avec 1 pl. col. [2 fr. 50 c.].

RANSAN DE BORDIEUX [S.]. — Analyse chimique appliquée à la médecine en général, et, en particulier, aux maladies chroniques. Paris, impr. de Bénard, 1849, in-4 de 16 pag.

RANSONNET, chanoine de Saint-Pierre de Liége. — Anecdote prophétique de *Matthieu Laensberg*, traduite fidèlement du gaulois par *un Liégeois*, pour résister aux fureurs posthumes du « Journal Encyclopédique » contre Liége. Liége, veuve Barnabé, 1759, in-12.

RANVILLE [Guernon]. Voy. GUERNON-RANVILLE.

RAOUL, auteur dramatique. Voy. CHAPAIS.

RAOUL [Maximilien], pseudonyme. Voy. LETELLIER [Ch.-M.].

RAOUL – ROCHETTE. Voy. ROCHETTE.

RAOUL [E.]. — Choix de plantes de la Nouvelle-Zélande, recueillies et décrites par M. E. Raoul. Paris, Fortin-Masson, 1846, in-fol. avec 30 pl.

RAOUX [Adrien-Philippe], né à Ath (Hainaut) le 30 nov. 1758, mort dans son château de Rives le 29 août 1839. [Voy. la *Biogr. univ., Suppl.*]

Nous connaissons de M. Raoux : Supplément au Mémoire sur l'origine du nom de Belge [1831]; — Mémoire sur le rapport et la conformité des anciennes coutumes et chartes du Hainaut avec l'ancien droit romain [1833]; — Mémoire sur la terre salique, etc. [1837].

RAOUX [Édouard]. — De la Destinée de l'homme, d'après les lois de sa nature. Paris, imp. de Marc-Aurel, 1845, in-8 [5 fr.].

RAPET [J.-J.]. — De l'Influence de la suppression des tours dans les hospices d'enfants trouvés sur le nombre des infanticides. Paris, Guillaumin, 1846, in-8 de 24 pag.

Mémoire lu à l'Académie des sciences morales et politiques, dans la séance du 11 octobre 1845.

RAPHAËL [le docteur Léon]. — Traité de médecine pratique éclairée par des recherches physiologiques sur le mécanisme intime des actes nutritifs et sécrétoires et sur le principe vital. Provins, impr. de Lebeau, 1849, in-12.

Première partie.

RAPONI [M.-I.]. — Recueil de pierres antiques. Rome, 1786, in-fol.

RAPOU [T.], docteur en médecine à Lyon. [Voy. la *France littér.*, t. VII, p. 456.]

1. — Notice sur les bains et douches de vapeur et d'eaux minérales et sur l'établissement balnéo-fumigatoire situé à Lyon, quai de l'Archevêché. Lyon, imp. de Louis Perrin, 1828, in-8 de 32 pag.

2. — Préceptes hygiéniques et régime à suivre pendant le traitement homœopathique des maladies aiguës et chroniques, avec une instruction pour les malades sur la manière de consulter leur médecin éloigné et de correspondre avec lui. Paris, J.-B. Baillière, 1836, in-8 de 32 pag. — IVe édit. Lyon, Savy; Paris, J.-B. Baillière, 1844, in-8.

RAPOU fils [Auguste], docteur en médecine.

1. — Histoire de la doctrine médicale homœopathique, ou son état actuel, etc. Paris, J.-B. Baillière, 1846-47, 2 vol. in-8 [15 fr.].

2. — De l'Ancienne et de la Nouvelle Médecine. Premier chapitre de l'*Histoire de la doctrine médicale homœopathique*. Lyon, imp. de Dumoulin, 1847, in-8 de 96 pag.

Citons encore : Quelques Mots sur l'homœopathie au congrès de Lyon [1841, in-8] ; — Compte rendu du quatorzième congrès homœopathique tenu à Leipzig le 10 août 1842 [1842, in-8] ; — Ce que c'est que l'homœopathie, pour servir de réponse aux allégations inconsidérées de ses détracteurs [1844, in-8].

RAPP. Voy. BULOS.

RAQUILLIER [le capitaine], réfugié polonais. — Stratégie militaire pour l'infanterie et la cavalerie. Tours, imp. de Lecesne, 1843, in-8 de 16 pag. avec 4 pl.

RAQUIN [l'abbé].

1. — Double Année pastorale, ou Évangiles suivis de deux instructions pour chaque dimanche et chaque fête de l'année. Lyon, Pélagaud, 1837-38, 4 vol. in-12 [11 fr.].

2. — Instructions pastorales sur les épîtres des dimanches et fêtes de l'année et de chaque jour de carême. Paris, Poussielgue, 1842, 2 vol. in-12 [5 fr.].

RASCHILD-ELDIN. Voy. RACHILD-ELDIN.

RASORI [G.], médecin italien, professeur, secrétaire du ministre de l'intérieur de la république cisalpine ; né à Parme en 1766, mort en 1837. [Voy. la *France littér.*, t. VII, p. 456.] — Théorie de la phlogose, traduite de l'italien par *Syrus Pirondi*. Marseille, imp. de Senès ; Paris, J.-B. Baillière, 1839, 2 vol. in-8 [12 fr.].

RASPAIL [François-Vincent], chimiste, botaniste, écrivain politique, représentant du peuple à l'Assemblée constituante de 1848 ; né à Carpentras le 5 pluviôse an II (29 janvier 1794). M. Raspail, après avoir combattu en juillet 1830 et avoir reçu une blessure à la prise de la caserne de Babylone, devint, sous le règne de Louis-Philippe, un des coryphées du parti républicain. En butte à de nombreuses poursuites, entre autres lors du fameux procès d'avril 1835, mis en prison, ruiné, il resta fidèle et ardent dans ses convictions. Nommé représentant du peuple en 1848, il a été condamné comme ayant pris part à l'affaire du 15 mai. Ses beaux travaux de chimie organique, ses luttes avec M. Orfila dans les questions d'empoisonnement, et spécialement dans le procès Lafarge, le désintéressement et le courage de sa conduite politique, ont signalé et fait connaître son nom. [Voy. les *Biographies des accusés d'avril, de leurs défenseurs*, etc. (Paris, 1835, IIe éd.); la *Biographie du citoyen F.-V. Raspail* (1848, in-8 et in-fol.); la *Biographie de F.-V. Raspail*, par Charles MARCHAL (1848, in-8); *la République au donjon de Vincennes*; la *Biographie d'Albert, Barbès, Raspail* (1849, in-8); et la *France littér.*, t. VII, p. 456.]

1. — Nouveau Système de physiologie végétale et botanique, fondé sur les méthodes d'observations développées dans le Nouveau Système de chimie organique. Paris, J.-B. Baillière, 1837, 2 vol. in-8 avec un atlas de 60 pl., fig. noires [30 fr.]; fig. col. [50 fr.].

2. — Cours d'agriculture et d'économie rurale. Paris, Hachette, 1837-41, 5 parties in-18 avec pl. [3 fr. 75 c.].

Chaque partie se vend séparément : *Labourage* [1 fr. 25 c.]; — *Jardinage* [75 c.]; — *Horticulture* [75 c.]; — *Arbres et arbustes* [75 c.]; — *Economie rurale* [75 c.].

Cet ouvrage a donné lieu à un procès avec M. Hachette, éditeur du *Cours élémentaire d'économie rurale*, de M. Raspail. — Le tribunal de première instance défendit à M. Raspail de faire annoncer et paraître le *Manuel*, en tant qu'il serait la reproduction totale ou partielle du *Cours élémentaire*, sous peine de voir saisir par M. Hachette tous les exemplaires qui seraient mis en vente. Sur appel, la cour infirma la décision des premiers juges, seulement en ce qu'ils avaient prématurément fait défense à M. Raspail de publier son nouveau livre ; mais elle déclara que M. Hachette avait la propriété pleine et entière du *Cours élémentaire*, et, en conséquence, elle interdit à M. Raspail d'en faire aucune édition, ou de le reproduire sous quelque forme que ce fût, réservant pour ce cas à M. Hachette tous ses droits.

3. — Nouveau Système de chimie organique, fondé sur de nouvelles méthodes d'observation ; précédé d'un Traité complet sur l'art d'observer et de manipuler en grand et en petit dans le laboratoire et sur le porte-objet du microscope. IIe édit., entièrement refondue. Paris, J.-B. Baillière, 1838, 3 vol. in-8 avec un atlas in-4 de 20 pl. [30 fr.].

Cet ouvrage se compose de quatre parties principales : 1° *Manipulation*, ou *Chimie expérimentale*, divisée en deux sections : manipulation en grand ; manipulation en petit ; — 2° *Chimie descriptive*, divisée en deux sections : substances organisatrices, organisantes, organiques ; description de leurs caractères, usages et valeur ; — 3° *Théorie*, ou *Chimie conjecturale*, renfermant la théorie de l'organisation déduite de la chimie et de l'anatomie ; — 4° *Analogie*, ou *Chimie générale* ; étude de l'atome en lui-même, plus un atlas représentant les ustensiles, instruments, organes, détails microscopiques, figures mathématiques, etc.

4. — De la Pologne sur les bords de la Vistule et dans l'émigration. Paris, imp. de Bourgogne, 1839, in-8 [2 fr. 50 c.].

5. — Réforme pénitentiaire. Lettres sur les prisons de Paris. Paris, Tamisey et Champion, 1839, 2 vol. in-8 [15 fr.].

6. — Reproduction des 601e et 602e planches, qui manquent habituellement aux champignons de Bulliard, suivie de la Table de la 13e année de l'atlas, qui n'avait jamais été publiée avant ce jour ; et précédée d'une Notice iconographique et bibliographique sur les œuvres de Bulliard. Paris, Meilhac, 1840, pet. in-fol. avec 2 pl. [10 fr.].

7. — Histoire naturelle des ammonites, suivie de la description des espèces fossiles (des Basses-Alpes de Provence, de Vaucluse et des Cévennes). Paris, Meilhac, 1842, in-8 avec 4 pl. [12 fr.].

Tiré à 100 exemplaires.

8. — Manuel annuaire de la santé ou médecine et pharmacie domestiques, contenant tous les renseignements théoriques et pratiques nécessaires pour savoir préparer et employer soi-même les médicaments, se préserver ou se guérir ainsi, promptement et à peu de frais, de la plupart des maladies curables, et se procurer un soulagement presque équivalent à la santé, dans les maladies incurables ou chroniques. IIIe édit., revue et augmentée. Paris, imp. de Schneider, 1849, in-18 [1 fr. 25 c.].

Chaque édition a eu un assez grand nombre de *tirages*.
Le camphre, employé sous diverses formes, est la panacée universelle que M. Raspail recommande dans cet ouvrage.

9. — Médecin des familles, ou méthode hygiénique et curative par les cigarettes de camphre, les camphatières hygiéniquées, l'eau sédative, etc. VIe édition. Paris, Collas, 1844, in-32 ; 1845, in-18.

10. — Histoire naturelle de la santé et de la maladie chez les végétaux et chez les animaux en général, et en particulier chez l'homme ; suivie du formulaire pour une nouvelle méthode de traitement hygiénique et curatif. IIe édition. Paris, imp. de Schneider, 1846, 3 vol. in-8, fig. noires [25 fr.] ; fig. col. [35 fr.].

La première édition est de 1843 ; il en existe un deuxième tirage, publié en 1845.

Citons encore : Procès des 27 ou de la Société des droits de l'homme et des élèves de l'École polytechnique. Discours de Raspail et plaidoiries des avocats, suivis du réquisitoire du procureur général contre les avocats Dupont, Pinard et Michel, de leur défense et de l'arrêt d'interdiction [Paris, Rion, 1834, in-8] ; — Mémoire présenté à la section criminelle de la cour de cassation, par F.-V. Raspail, à l'appui du pourvoi formé par lui contre l'arrêt de la cour royale (chambre d'appel), qui, amendant le jugement rendu par le tribunal de police correctionnelle, a condamné l'appelant à deux ans de prison, comme coupable d'outrages envers le sieur Zangiacomi, juge d'instruction, se disant dans l'exercice de ses fonctions [1835, in-8] ; — Discours prononcé sur la tombe de Ludwig Boerne, le 15 février 1837 [1837, in-4] ; — Cigarettes de camphre et camphatières hygiéniques contre une foule de maux lents à guérir, etc. IIe édition [1839, in-32] ; — Rapport d'expertise légale, rédigé à la requête de la défense, relativement à une accusation d'empoisonnement portée devant la cour d'assises d'Albi (Tarn), contre les nommés Rigal et Marie-Anne Basseguy [1840, in-8] ; — un Dernier Mot pour Marie Lafarge, suivi de Lettres, par MM. Raspail, Paillet, Lachaud et Marie

Capelle. Complément au procès [1840, in-8]; — Accusation d'empoisonnement par l'arsenic. Mémoire à consulter à l'appui du pourvoi en cassation de dame Marie Capelle, veuve Lafarge, sur les moyens de nullité que présente l'expertise chimique, dans le cours de la procédure qui vient de se terminer par l'arrêt de la cour d'assises de la Corrèze, du 19 septembre 1840. Rédigé à la requête de la défense [1840, in-8]; — Réponse à l'Avis donné par MM. Pelletier, Payen et Gaultier de Claubry, relativement au procédé de dorure pour lequel M. Elkington a pris un brevet le 15 décembre 1836 [1841, in-8]; — Pharmacie portative et de voyage, pour la méthode de traitement publiée dans l'Histoire naturelle de la santé et de la maladie [1843, in-18]; — Procès et défense de F.-V. Raspail, poursuivi le 19 mai 1846, en exercice illégal de la médecine, devant la 8e chambre (police correctionnelle), à la requête du ministère public, et sur la dénonciation formelle des sieurs Fouquier, médecin du roi, et Orfila, doyen de la Faculté de médecine de Paris, agissant comme vice-président et président d'une association anonyme de médecins [1846, in-8]; — Réplique de F.-V. Raspail au sieur Léon Duval, avocat de la liste civile [1846, in-8]; — les Prisonniers de Vincennes devant la haute cour de Bourges. Notification de l'acte d'accusation et des nombreuses pièces de la procédure. Lettres des citoyens Barbès, Raspail, Blanqui, Huber, Villain et Napoléon Chancel, avec des détails intéressants sur l'intérieur du donjon de Vincennes [1849, in-fol.]; — Procès et défense du citoyen F.-V. Raspail devant la haute cour de justice séant à Bourges, du 5 mars au 5 avril 1849 [1849, in-4].

M. F.-V. Raspail a fait suivre d'un *Examen critique des procédés et des résultats de l'analyse des corps organisés*, le « Manuel pour l'analyse des substances organiques, » par J. LIEBIG [1838, in-8].

Il a fondé la « Revue élémentaire de médecine et pharmacie domestiques, ainsi que des sciences accessoires et usuelles mises à la portée de tout le monde » [La première livraison, in-8, a paru le 15 juin 1847].

Il a travaillé au « Bulletin universel des sciences et de l'industrie; » au « Journal des connaissances utiles; » à l'« Almanach de la France démocratique » [années 1845, 1846]; à « l'Ami du peuple en 1848. An Ier de la république reconquise; » à « la Lunette de Doullens. Almanach démocratique et progressif de l'Ami du peuple » [1848, 1849]; — à l'« Almanach républicain démocratique » [1848, 1849], etc.

RASPAIL [Benjamin], fils de François-Vincent, membre de l'Assemblée législative; né le 16 août 1823. — Citoyen rédacteur du *Courrier français*..... Paris, impr. de Schneider, 1848, in-8 de 2 pag.

Sur l'arrestation de son père.

RASPAIL [Eugène], neveu de François-Vincent. — Observations sur un nouveau genre de saurien fossile, le neustosaurus Gigondarum, N.; avec quelques notes géologiques sur la commune de Gigondas. Carpentras, imp.

de Devillario; Paris, Meilhac, 1842, in-8 de 60 pag. avec 1 pl.

RASTOIN-BRÉMOND [Édouard]. [Voy. la *France littér.*, t. VII, p. 459.] — Contes de *Boccace*. Traduction nouvelle, précédée d'une Notice sur la vie et les ouvrages de cet écrivain. Paris, Camuzeaux, 1838-39, 1842, 2 vol. in-8 avec 20 grav.

RASTOUL [Alphonse-Simon], imprimeur, professeur d'histoire au collège royal d'Avignon; né à Avignon le 12 sept. 1800. [Voy. la *France littér.*, t. VII, p. 459.]

1. — Pétrarque Paris, Blaisot, Ch. Gosselin, 1836, in-8 [7 fr. 50 c.].

2. — Chronique de Vaucluse. 2e série. Le Christ d'ivoire ou la Rançon. Paris, Ch. Gosselin, in-8, fig. [7 f. 50 c.].

M. A. Rastoul est l'un des auteurs des « Soirées à la campagne, livre des châteaux » [1836, in-12]. — Il a fondé, avec M. V.-J.-E.-H. MARTIN, « la France provinciale. »

Il a rédigé pendant plusieurs années « l'Écho de Vaucluse. » Il a donné quelques articles à « la Presse. »

RASTOUL [Antoine].

M. Antoine Rastoul a mis en vers « l'Avare, » comédie en cinq actes, de MOLIÈRE [1836, in-8].

RATHAIL [J. de]. — De l'Existence d'une épopée franke, à propos de la découverte d'un chant populaire mérovingien. Paris, Frank, 1848, in-8 [4 fr. 50 c.].

RATHERY [B.-E.-J.], conservateur à la Bibliothèque du Louvre.

1. — Études historiques sur les institutions judiciaires de la Normandie. Paris, Delamotte, 1839, gr. in-8 de 32 pag.

Extrait de la « Revue française. »

2. — Recherches sur l'histoire du droit de succession des femmes. Paris, imp. de Cosson, 1844, in-8 de 96 pag.

3. — Histoire des états généraux de France, suivie d'un examen comparatif de ces assemblées et des parlements d'Angleterre, ainsi que des causes qui les ont empêchées de devenir, comme ceux-ci, une institution régulière. Paris, Cosse et Delamotte, 1844-45, in-8 [1 fr. 50].

Voy. sur cet ouvrage, couronné par l'Académie française, un compte rendu dans « le Moniteur » des 2, 3, 6 et 8 septembre 1844 et du 19 août 1845.

M. Rathery a donné des articles au « Moniteur. »

RATIER [Félix-Séverin], docteur en médecine de la Faculté de Paris; né à Paris en 1797. [Voy. la *France littér.*, t. VII, p. 459.] — Avec *F.-O. Henry* : Pharmacopée française (1827, in-8). Voy. HENRY.

Indiquons en outre : Quelles sont les mesures de police médicale les plus propres à arrêter la propagation de la maladie vénérienne [1836, in-8]. — Lettre aux médecins français sur la nécessité de spécialiser de bonne heure les études des jeunes gens qui doivent devenir médecins [1838, in-8]; — Lettre sur la syphilis, ou Vues nouvelles sur la nature et le traitement de la maladie vénérienne [1845, in-8].

M. F. Ratier a travaillé à l' « Encyclopédie des gens du monde » et au « Dictionnaire de médecine et de chirurgie pratiques. »

RATIER [Victor], auteur dramatique. [Voy. la *France littér.*, t. VII, p. 460.]

1. — Avec MM. *Léon de Villiers* [*Ed.-Léon Delalain*] et *Saint-Yves* [*Déaddé*] : Rose et Colas (1838, in-8). Voy. DÉADDÉ.

2. — Les Chiffonniers et les Balayeurs, tragédie burlesque en un acte et en vers. Paris, Foullon, Barba, 1840, in-18 de 16 pag.

Sous le pseud. de Victor BENOIT.

Cette pièce a été jointe, sans réimpression, au tome 1er du « Théâtre burlesque, choix de tragédies et de comédies facétieuses » [IIIe édit., publiée en 1840. Paris, Langlois].

RATIER. — Essai sur l'industrie séricicole, ou Observations sur la culture du mûrier, l'éducation des vers à soie et la filature dans le département de Seine-et-Marne. Paris, imp. de Bruneau, 1844, in-8 de 64 pag. avec 1 pl.

RATISBONNE [l'abbé J.-L.-Théodore], aumônier de l'œuvre de Notre-Dame de Sion, chanoine honoraire de Strasbourg et de Bordeaux, chevalier de l'ordre pontifical de Saint-Sylvestre. [Voy. la *France littér.*, t. VII, p. 460.]

1. — Grammaire raisonnée de la langue allemande, contenant, etc. Strasbourg, Mme Ve Berger-Levrault; Paris, P. Bertrand, 1847, in-12 avec un modèle d'écriture.

Allemand-français.

2. — Histoire de saint Bernard. Paris, Périsse, 1841, 2 vol. in-12; et IIe édit., 1843, 2 vol. in-8 avec un portrait.

Cette histoire a été traduite en italien, en allemand et en anglais.

RATISBONNE [Marie-Alphonse], israélite converti et devenu prêtre catholique.

1. — Lettre de M. Marie-Alphonse Ratisbonne à M. Desgenettes, curé de Notre-Dame des Victoires, à Paris. Lyon, imp. de L. Lesne, 1842, in-8 de 36 pag.

2. — Elévations sur les litanies de la très-sainte Vierge. Paris, Camus, 1847, in-8.

Plusieurs écrits ont été publiés sur la conversion de M. Ratisbonne, entre autres : « Vie et conversion miraculeuse, » par Marie-Charles V. [1843, in-18]; — « le Comte de la Ferronnays et Marie-Alphonse Ratisbonne » [1843, in-12]; — « l'Enfant de Marie. Un frère de plus » [1842, in-32, in-18]; — « Conversion. Relation authentique, » par M. Th. de BUSSIÈRES [1842, 1844, in-18]; — « Relation authentique » [1842, in-18].

RATON DE SAINTE-BARBE. Voy. AUBURTIN [J.-V.-D.].

RATTIER [S.], avocat, professeur de philosophie à l'École de Pont-le-Voy.

1. — De la Condition et de l'influence des femmes sous l'empire et la restauration. Paris, Thiériot et Belin, 1822, in-18.

Cet ouvrage forme le IVe vol. d'une édition « des Femmes, » par le vicomte de SÉGUR [1822, 4 vol. in-18]. Il a été réimprimé plusieurs fois à la suite de celui de Ségur.

2. — Cours complet de philosophie, mis en rapport avec le programme universitaire et ramené aux principes du catholicisme. Paris, Gaume, 1844-45, 4 vol. in-12 [14 fr.].

3. — Manuel élémentaire de philosophie, ou Abrégé du cours complet de philosophie, publié par M. Rattier. Paris, Gaume, 1844-45, in-12 [2 fr. 50 c.].

RATYÉ [Mme Caroline]. — De l'Influence de la scène sur les mœurs en France. Mémoire couronné par l'Athénée des arts, le 17 mai 1835. Paris, Mme Cardinal, 1836, in-8 de 24 pag. [1 fr. 50 c.].

RATZEBURG. — Nouveau Manuel complet du destructeur des animaux nuisibles. Paris, Roret, 1846, in-18 avec 8 pl. et 4 tableaux.

Ce volume contient *les Hylophthires et leurs*

ennemis; traduit par M. le comte de Corberon. Nouvelle édition, etc., publiée par M. le docteur Boisduval.

RAU [Ch.-H.], conseiller intime du grand-duc de Parme, professeur à l'Université d'Heidelberg et professeur suppléant à la Faculté de droit de Strasbourg. — Traité d'économie politique. Traduit de l'allemand sur la IIIe édition, par *F. de Kemmeter.* Paris, Joubert, 1836, 1840, in-8 [8 fr.].

M. C. Rau a revu, avec M. C. Aubry : « Cours de droit civil français, » par M. C.-Z. Zachariæ [1839-47, 5 vol. in-8].

RAU [G.-L.], docteur en médecine. — Nouvel Organe de la médecine spécifique, ou Exposition de la méthode homœopathique dans son état actuel. Paris, Baillière, 1839, in-8 [7 fr. 50 c.].

RAUBER. — Introduction pour les Allemands à l'étude de la langue française. Metz, Gerson-Lévy, 1846, in-12 de 60 pag.

RAUCOU [Bazin de]. Voy. Bazin-de Raucou.

RAUCOURT, artiste du théâtre de la Porte-Saint-Martin. — Chansons et poésies de Raucourt, précédées de la Biographie de l'auteur. Paris, Vieillot, 1849, in-12 de 48 pag. avec un portrait [50 c.].

RAUDOT, membre du conseil général de l'Yonne et de l'Assemblée législative en 1849.

1. — La France avant la révolution, son état politique et social en 1787, à l'ouverture de l'assemblée des notables, et son histoire depuis cette époque jusqu'aux états généraux. Avallon, Herlobig, 1841, in-8 [7 fr.]. — IIe édition, revue, etc. Avallon, Herlobig; Paris, Paulin, 1847, in-8 [7 fr.].

2. — De la Décadence de la France. Paris, Amyot, 1849, in-8 [2 fr. 50 c.].

Une deuxième édition, augmentée, a paru dans la même année.
Citons encore: Mémoire sur la navigation de l'Yonne et de la Cure [1844, in-8]; — Notice sur les fontaines d'Avallon [1849, in-8].

RAUGÉ. — Application des principes de la tenue des livres à parties doubles, et développements sur la manière de tenir les écritures, contenant entre autres choses le journal simulé et le grand-livre pour le roulement d'un haut-fourneau et des usines, balance d'inventaire, comptes courants portant intérêt, etc., etc. Nanci, Vincent, 1838, in-4 [4 fr.].

RAULIN [Vincent], professeur de géologie à la Faculté des sciences de Bordeaux.

M. V. Raulin a travaillé à « Patria, la France ancienne et moderne » [1846, petit in-8].

RAULL. — Télémaque espagnol-français, traduit par M. Raull, précédé d'un entretien sur la méthode naturelle, et sur l'étude de la langue espagnole, approuvé par M. J. Jacotot. Lyon, Louis Babeuf, 1830, in-12 de 138 pag. [2 fr. 25 c.].

Le texte est en regard. Ce volume contient les trois premiers livres.

RAUMER [Frédéric-Louis-Georges de], professeur à l'Université de Berlin. [Voy. la *France littér.*, t. VII, p. 463.]

1. — L'Angleterre en 1835. Lettres écrites à ses amis en Allemagne. Traduit de l'allemand par *Jean Cohen.* Paris, Fournier, 1836, 2 vol. in-8 [15 fr.].

2. — La Chute de la Pologne. Traduit de l'allemand par *Ch. Forster.* Paris, Guiraudet et Jouaust, 1837, in-8 [2 fr. 50 c.].

RAUTER, professeur de procédure civile et de législation criminelle à la Faculté de Strasbourg, ancien bâtonnier de l'ordre des avocats de cette ville, député du Bas-Rhin. [Voy. la *France litt.*, t. VII, p. 465.] — Traité théorique et pratique du droit criminel français, ou Cours de législation criminelle. Paris, Hingray, 1836, 2 vol. in-8 [15 fr.].

M. Rauter a travaillé à la « Revue de droit français et étranger », et à la « Revue de législation et de jurisprudence. »

RAUZET. — Avec M. *Lubize*: La Barbe de Jupiter; vaudeville [1837, in-8]. Voy. Lubize.

RAVAILHE [Louis].

1. — Essai sur les lois providentielles et leurs rapports avec nos lois civiles, politiques et religieuses. Toulouse, Bon et Privat, 1840, in-12 de 144 pag.

2. — Arbre encyclopédique, ou Classification méthodique des connaissances humaines. Toulouse, imp. lith. de Constantin, 1840.

RAVAISSON [G.-Félix], ancien professeur de philosophie à la Faculté des lettres de Rennes, inspecteur général des bibliothèques, membre de l'Académie des inscriptions et belles-lettres ; né à Namur le 23 octobre 1813.

1. — Essai sur la Métaphysique d'Aristote. Paris, Joubert, 1837-46, 2 vol. in-8 [18 fr.].

Ouvrage couronné par l'Institut (Académie des sciences morales et politiques).

Voy., sur cet ouvrage, une analyse par M. LERMINIER, dans la « Revue des Deux-Mondes » [1er mai 1846].

2. — De l'Habitude. Paris, imp. de Fournier, 1838, in-8 de 48 pag. [2 fr.].

3. — Rapports au ministre de l'instruction publique sur les bibliothèques des départements de l'Ouest, suivis des pièces inédites. Paris, Joubert, 1841, in-8 [7 fr. 50 c.].

M. Ravaisson a revu, pour le « Catalogue général des bibliothèques publiques des départements, » publié par M. LIBRI [1849, in-4], le *Catalogue des manuscrits d'Albi, de Laon, de la bibliothèque du séminaire d'Autun, et des deux bibliothèques de la ville et de la Faculté de médecine de Montpellier.*

RAVEAUD [J.-M.].

1. — Traité spécial des règles de l'orthographe, basé sur une nouvelle classification des mots du discours, en trois espèces seulement au lieu de dix. Paris, Dumoulin, 1846, in-12 [1 fr. 50 c.].

2. — Avec M. *B. Lunel* : Nouveau Manuel de l'institutrice, etc. (1847, in-12). Voy. LUNEL.

RAVENEL [Jules], conservateur à la Bibliothèque impériale, membre du comité historique au ministère de l'instruction publique et du conseil de la Société de l'histoire de France ; né à Paris. [Voy. la *France littér.*, t. VII, p. 465.]

1. Lettres du cardinal Mazarin à la reine, à la princesse Palatine, etc., écrites pendant sa retraite hors de France, en 1651 et 1652 ; avec notes et explications, par M. Ravenel. Paris, Jules Renouard, 1836, in-8 [9 fr.] ; sur pap. coll. de Hollande, cart. [45 fr.].

Publié par la Société de l'histoire de France.

2. — Collection des principaux mémoires particuliers, brochures, notices ou pamphlets relatifs à la révolution française, collationnés sur les textes originaux, mis en ordre et publiés, avec notes et éclaircissements, par J. Ravenel. Paris, Durand, 1839, in-8.

3. — Mémoires de Mme *Roland*. Nouvelle édition, revue sur les textes originaux, avec notes et éclaircissements, par J. Ravenel, et précédée d'une notice historique. Paris, Durand, 1841, 2 vol. in-8 [7 fr.].

Le Catalogue de la Bibliothèque impériale, *Histoire de France*, porte (t. 1er, p. 182) : Édition faussement attribuée à M. Jules Ravenel.

4. — Lettres de Mlle *Aïssé* à Mme Calandrini. V^e édition, revue et annotée par M. J. Ravenel, avec une Notice par M. *Sainte-Beuve*. Paris, Gerdès. Lecou, 1846, in-18 avec deux portraits.

On a tiré 50 exemplaires sur papier de Hollande, avec portraits sur papier de Chine.

M. J. Ravenel a fourni au « Journal de la librairie » un assez grand nombre d'articles biographiques et bibliographiques, entre autres : *Beffara* [Louis-François] ; — *Derubigny-Berteval* [Jean-Antoine] ; — *Destutt de Tracy* [Antoine-Louis-Claude] ; — *Dufresne de Saint-Léon* [Louis-César-Alexandre] ; — *Pougens* [M.-C.-J. de] ; — *Raymond* [Henri] ; — *Roujoux* [Prudence-Guillaume], etc.

RAVENEL [l'abbé], curé de Boureuilles (Meuse). — Cours d'instruction élémentaire. Sainte-Menehould, Poignée-Darnauld, 1840, 3 parties in-12.

Première Partie : *Leçons de grammaire française, Grammaire, Analyse* ; — Deuxième Partie : *Leçons d'arithmétique* ; — Troisième Partie : *Leçons sur l'art d'écrire les lettres familières.*

RAVENSBERG [Étienne-Charles de].

1. — Jérusalem, tableau de l'histoire et des vicissitudes de cette ville célèbre, depuis son origine la plus reculée jusqu'à nos jours. Lille, Lefort ; Paris, Ad. Leclère, 1844, 2 vol. in-18 avec une lith.

2. — Saint-Pierre de Rome et le Vatican. Lille, Lefort, 1847, in-12.

RAVENSTEIN [Mme Adèle de]. — Émerance, ou Chronique du temps de Charles Martel. Chartres, Garnier, 1847, in-8.

RAVICHIO DE PERETSDORF [le baron Maurice-Joseph-Didier], général piémontais ; né à Turin (Piémont) en 1767, mort en janvier 1844. [Voy. la *France littér.*, t. VII, p. 466.]

1. — Notice sur le camp d'instruction des troupes sardes, établi à Cirié

en 1838. Paris, Leneveu, 1839, in-8 de 32 pag. avec 2 plans.

Extrait du « Spectateur militaire. »

2. — Supplément à la troisième édition de « la Petite Guerre, » par *Decker*; traduit de l'allemand par le général Ravichio de Peretsdorf. Paris, Corréard, 1840, in-8 [2 fr. 75 c.].

3. — Tactique de l'artillerie à cheval, dans ses rapports avec les grandes masses de cavalerie, d'après le général Monhaupt, de l'artillerie prussienne. Traduit de l'allemand par Ravichio de Peretsdorf. Paris, Corréard, 1840, in-8 avec 8 pl. [3 fr. 75 c.].

4. — L'Artillerie à cheval dans les combats de cavalerie. Opinion d'un officier de l'artillerie prussienne. Traduit de l'allemand par le général Ravichio de Peretsdorf. Paris, Corréard, 1840, in-8 avec 3 pl. [2 fr. 75 c.].

5. — Documents relatifs à l'organisation de l'académie royale militaire de Turin. Traduits de l'italien par M. Ravichio de Peretsdorf. Paris, Corréard, 1843, in-8 [7 fr. 50 c.].

M. le général Ravichio de Peretsdorf a traduit de l'allemand : « Instruction pratique sur l'emploi des différents projectiles, » par DECKER [1837, in-8]; — avec le capitaine SIMONIN : « Batailles et principaux combats de la guerre de Sept ans, considérés principalement sous le rapport de l'emploi de l'artillerie avec les autres armes, » par DECKER [1839-40, in-8]; — « Esquisse générale d'une nouvelle organisation de l'artillerie, » par de BREITHAUPT [1837, in-8]; — « Leçons sur la théorie de l'artillerie, » par de BREITHAUPT [1842, in-8].

RAVIER [P.]. — Manuel pratique et théorique de la tenue des livres, précédé d'un Essai sur le droit commercial dans ses rapports avec la comptabilité, et suivi : 1° du calcul de l'escompte sur les marchandises et de l'intérêt de l'argent; 2° d'un Dictionnaire des mots les plus usités dans la comptabilité commerciale. Lyon, imp. de Marle aîné; Paris, Johanneau, 1843, 1845, in-4 [5 fr.].

RAVIER [Jules], de Montbard.—Les Trois Sœurs d'amitié, églogue. Paris, impr. d'Henry, 1846, in-8 de 64 pag.

RAVIGNAN [le R. P. de], ancien magistrat, membre de la compagnie de Jésus, prédicateur célèbre. [Voy. une notice dans le t. II de la *Biographie populaire du clergé contemporain*.]

1. — Oraison funèbre de Mgr. Hyacinthe-Louis de Quélen, archevêque de Paris, prononcée en l'église métropolitaine de Paris, le 26 février 1840. Paris, Poussielgue-Rusand, Adr. Leclère, 1840, in-8 de 48 p. [1 fr. 50 c.].

2. — De l'Existence et de l'institut des jésuites; par le R. P. de Ravignan. Mémoire de M. Vatimesnil sur les associations religieuses non autorisées. V^e édit., augmentée d'une préface Paris, Poussielgue-Rusand, 1845, in-12.

La première édition est de 1844, in-8.

3. — Conférences du R. P. de Ravignan, prêchées à l'église métropolitaine Saint-Etienne de Toulouse dans le cours de l'Avent de 1844, et résumées dans la *Gazette du Languedoc*. Toulouse, imp. de Dieulafoy, 1845, in-8 de 116 pag.

RAVIGNÉ père [J.-P.].

1. — Le Père détrompé ; drame en deux actes et en vers, à l'usage des établissements d'instruction publique. Limoux, imp. de Boute, 1837, in-8 de 48 pag.

2. — Élévation d'Abdolonyme au trône de Sidon. Limoux, imp. de Boute, 1839, in-8 de 16 pag.

En vers libres.

RAVINET [Antoine-Louis-Théodore]; né à Mantes le 15 mars 1791. [Voy. la *France littér.*, t. VII, p. 466.] — Code des ponts et chaussées et des mines, ou Collection complète des lois, arrêtés, etc. IIe édit. Paris, Carilian-Gœury et V. Dalmont, 1847, 4 vol. in-8 [35 fr.].

La couverture porte : *Annales des ponts et chaussées. Introduction aux lois, ordonnances, etc. Code,* etc.

RAVOISIÉ [Amable], architecte.

1.—Expédition scientifique de Morée, ordonnée en 1832 par le gouvernement français (1832 et ann. suiv., 3 vol. in-fol.). Voy. BLOUET [G.-Abel].

2. — Exploration scientifique de l'Algérie pendant les années 1840, 1841, 1842. Publié par ordre du gouvernement et avec le concours d'une commission académique. Beaux-arts, architecture, sculpture. Paris, imp. de F. Didot, 1846 et ann. suiv., 35 livraisons qui formeront 3 vol in-fol.

Trente et une livraisons sont en vente.

M. A. Ravoisié a travaillé au « Complément du Dictionnaire de l'Académie française. »

RAVON, vérificateur au bureau central des poids et mesures.

1. — Nouveau Manuel complet pour la fabrication des poids et mesures, contenant en général tout ce qui concerne les arts du balancier et du potier d'étain, et seulement ce qui est relatif à la fabrication des poids et mesures dans les arts du fondeur, du ferblantier, du boisselier. Paris, Roret, 1842, in-8, fig. [3 fr.].

2. — Manuel des candidats à l'emploi de vérificateur des poids et mesures, où se trouvent exposées avec le plus grand soin toutes les questions dont la solution est exigée pour l'admission à l'emploi de vérificateur. Paris, Carilian-Gœury, 1841-43, 2 parties en 1 vol. in-8 [5 fr.].

RAVON [P.].

1. — Petit Manuel du négociant d'eau-de-vie, liquoriste, marchand de vin et distillateur. Paris, imp. de Mme Dondey-Dupré, 1842, in-12, et 1845, in 18 [75 c.].

2. — Barême décimal pour le commerce des liquides. Paris, imp. de Mme Dondey-Dupré, 1843, in-12 de 24 pag.

RAWLE [William]. Voy: JEFFERSON [Thomas].

RAXIS DE FLASSAN. Voy. FLASSAN [le comte Gaëtan de RAXIS DE].

RAY [Jules].

1. — Catalogue de la Faune de l'Aube, ou Liste méthodique des animaux vivants et fossiles, etc., qui se rencontrent dans cette partie de la Champagne. Paris, Roret, 1843, in-12 [2 fr. 50 c.].

2. — Avec M. *Henri Drouet :* Description d'une nouvelle espèce d'anodonte. Paris, imp. de Sapia, 1849, in-8 de 8 pag.

Extrait de la « Revue et Magasin de zoologie. »

RAYBAUD DE FAVAS, ancien magistrat. [Voy. la *France littér.*, t. VII, p. 468.] — De l'Église catholique, de son épiscopat et de son indépendance. Draguignan, Michel; Paris, Camus, 1844, in-8 de 100 pag. [1 fr. 25 c.].

RAYBAUD-L'ANGE, agriculteur.

1. — Notice sur les oliviers frappés de la gelée, et le moyen de conserver le plus grand nombre de ceux que le froid n'a pas entièrement détruits. Paris, 1823, in-12 [1 fr.].

2. — Traité de morale sociale et d'instruction politique, à l'usage de tous les peuples et de toutes les religions. Paris, Comon, 1848, in-18.

RAYBOIS [Ch.].

1. — Avec M. *Maurice Thomas :* Exercices grammaticaux tirés des meilleurs auteurs, adaptés à toutes les grammaires françaises élémentaires, et spécialement aux éléments de la grammaire française de *Lhomond*. Nanci, Thomas, 1836, in-12. — Les mêmes, avec des numéros de renvoi aux règles de l'*Abrégé de la grammaire française* de MM. *Noël et Chapsal*, etc. Nanci, Thomas, 1836, in-12.

2. — Corrigé des exercices grammaticaux tirés des meilleurs auteurs. Nanci, Grimblot, 1838, in-12.

Citons encore : la Vie de sainte Jeanne-Françoise de Chantal. Extraite des différentes Vies de la sainte [1838, in-32]; —Tobie, ou la Sainte Famille. Récit tiré des différentes histoires du peuple de Dieu, par Berruyer et autres [1838, in-32]; — la Vie de saint François de Sales, évêque et prince de Genève. Extraite des différentes Vies du saint prélat [1838, in-32]; — Vie de saint François-Xavier, apôtre des Indes et du Japon. Extraite des différentes Vies du saint [1838, in-32]; — Ruth, ou la Piété filiale récompensée. Récit tiré des différentes histoires du peuple de Dieu, par Berruyer et autres [1838, in-32]; — Almanach de la cour royale de Nanci [1839, in-12]; — avec M. MICHEL : Annuaire statistique et administratif du département de la Meurthe [1839, in-12].

RAYBOIS [Mme Estelle].

Mme Estelle Raybois a traduit de l'allemand : « la Colombe; le Serin; les OEufs de Pâques; la Veille de Noël; Sept Nouveaux Contes pour les enfants; le Petit Mouton; Henri d'Eichenfelds; Cent Petits Contes pour les enfants; Cent Nouveaux Petits Contes pour les enfants; le Ver luisant; la Croix de bois; la Guirlande de houblon, » par le chanoine SCHMID [1838-49, in-32].

Une édition illustrée des « OEuvres » du chanoine SCHMID, avec la traduction de Mme E. Raybois, a été publiée en 1842 [Nanci, Raybois, gr. in-8 à 2 col.].

RAYER [Pierre-François-Olive], docteur en médecine de la Faculté de Paris, ancien médecin consultant du roi, membre de l'Institut; né à Saint-Sylvain (Calvados) le 8 mars 1793. [Voy. la *France littér.*, t. VII. p. 468.]

1. — De la Morve et du farcin chez l'homme. Paris, Baillière, 1837, in-4 avec 2 pl. [9 fr.].

Cet ouvrage, qui avait d'abord paru dans le

tome VI des « Mémoires de l'Académie royale de médecine, » a été traduit en allemand par C. SCHWABE [Weimar, 1839].

2. — Traité des maladies des reins, et des altérations de la sécrétion urinaire, étudiées en elles-mêmes et dans leurs rapports avec les maladies des uretères, de la vessie, de la prostate, de l'urètre, etc. Paris, J.-B. Baillière, 1837-41, 3 vol. in-8 et atlas in-fol de 60 pl. [216 fr.].

L'atlas représentant l'*Anatomie pathologique des reins*, de la vessie, de la prostate, des uretères, de l'urètre, etc., a été publié en 12 livraisons contenant chacune 5 planches gr. in-folio, gravées et coloriées d'après nature, avec un texte descriptif. Cet ouvrage est ainsi divisé : 1. Néphrite simple, rhumatismale, par poison morbide [pl. 1, 2, 3, 4, 5]; — 2. Néphrite albumineuse (maladies de Bright) [pl. 6, 7, 8, 9, 10]; — 3. Pyélite (inflammation du bassinet et des calices) [pl. 11, 12, 13, 14, 15]; — 4. Pyélo-Néphrite, Péri-Néphrite, Fistules rénales [pl. 16, 17, 18, 19, 20]; — 5. Hydronéphrose, Kystes urinaires [pl. 21, 22, 23, 24, 25]; — 6. Kystes séreux, Kystes acéphalocystiques, Vers [pl. 26, 27, 28, 29, 30]; — 7. Anémie, Hyperémie, Atrophie, Hypertrophie des reins et de la vessie [pl. 31, 32, 33, 34, 35]; — 8. Hypertrophie, Vices de conformation des reins et des uretères [pl. 36, 37, 38, 39, 40]; — 9. Tubercules, Mélanose des reins [pl. 41, 42, 43, 44, 45]; — 10. Cancer des reins, Maladies des veines rénales [pl. 46, 47, 48, 49, 50]; — 11. Maladies des tissus élémentaires des reins et de leurs conduits excréteurs [pl. 51, 52, 53, 54, 55]; — 12. Maladies des capsules surrénales [pl. 56, 57, 58, 59, 60].

Cet ouvrage a été traduit en allemand par C. KRUPP [Leipzig, in-8].

Le *Traité théorique et pratique des maladies de la peau* [1re édition, Paris, 1826-27, 2 vol. in-8] a été traduit en italien par G. FANTONETTI [Milan, 1830]; et en anglais, par W. DICKINSON [Londres, 1833, in-8]. — La IIe édition (Paris, 1835, 3 vol. in-8 et atlas) a été traduite en anglais par WILLIS [Londres, 1835, in-8]; et en allemand, par H. STANNIUS [Berlin, 1838].

Indiquons encore de M. Rayer, dans le « Nouveau Journal de médecine : » *Cas de delirium tremens* [1819, t. IV]; — *Mémoire sur les inflammations non virulentes de la membrane muqueuse des organes de la génération chez les enfants* [1821, t. X]; — *Mémoire sur l'ossification morbide, considérée comme une terminaison des phlegmasies* [1823, t. Ier]; — dans les « Archives générales de médecine : » *Sur l'ossification morbide du périoste des os longs et des insertions fibreuses des muscles, à la suite de l'amputation des membres* [1823, t. III]; — *Observations sur les maladies de l'appendice sus-sphénoïdal du cerveau* [1823, t. III]; — *Cas mortel d'entérite et de péritonite déterminé par un diverticule de l'iléon* [1824]; — *Observations sur les hémorrhagies veineuses du foie qui surviennent à la suite de l'hépatite ulcéreuse* [1824]; — *Note sur le nombre proportionnel des maladies dans les différents mois de l'année, calculé pour Paris d'après les admissions faites par le bureau central des hôpitaux civils pendant dix années* (1812-21) [1824, t. IV]; — *Sur un moyen économique de conserver les sangsues après leur application, et de les rendre propres à un nouvel usage, en les employant à la reproduction* [t. VII]; — *Observations cliniques* [1828, t. XVII]; — *Recherches anatomiques sur le choléra* [1832, t. XXVIII]; — dans la « Gazette médicale: » *Études sur l'épidémie du choléra de 1832. Des Maladies consécutives du choléra* [1832]; — *Examen des expériences de M. Hermann sur le sang cholérique et non cholérique* [1832]; — *Note sur une épizootie de poissons* [1832]; — *Examen comparatif de l'air expiré par des hommes sains et cholériques, sous le rapport de l'oxygène absorbé* [1832]; — *Étude du sang, sous le rapport de son aptitude à se combiner avec l'oxygène de l'air* [1832]; — dans « l'Expérience: » *Recherches anatomico-pathologiques sur les capsules surrénales* [1837, t. Ier]; — *Recherches sur une espèce particulière d'hématurie endémique à l'Île de France et dans quelques régions tropicales* [1838, t. Ier]; — *Revue critique des principales observations faites en Europe sur les urines albumino-graisseuses, diabétiques, laiteuses, huileuses, etc.* [1838, t. Ier]; — *Considérations sur la transmission de la morve du cheval à l'homme* [1838, t. II]; — *Sur la maladie aphtheuse (cocotte des nourrisseurs)* [1839]; — dans les « Mémoires de l'Académie des sciences : » avec M. BRESCHET, *de la Morve chez l'homme, les solipèdes et quelques autres mammifères* [1840]; — *Fragment d'une étude comparative de la phthisie chez l'homme et les animaux* [1842]; — dans le « Bulletin de l'Académie des sciences : » *Sur l'application du calcul à la médecine* [t. Ier]; — dans le « Dictionnaire de médecine et de chirurgie pratique: » *Aconit;* — *Antimoine;* — *Arsenic;* — *Description des maladies de la peau;* — *Érysipèle;* — *Éléphantiasis;* — *Prurigo;* — *Psoriasis*, etc.; — *Articles de pathologie;* — *Hydropisie*, etc., etc.

RAYMOND. — Observations sur l'origine et les progrès du préjugé des colons blancs contre les hommes de couleur : sur les inconvénients de le perpétuer; la nécessité, la facilité de le détruire; sur le projet du comité colonial, etc. Paris, Belin, 1791, in-8 de 96 pag.

RAYMOND [Georges-Marie], professeur d'histoire et de géographie, de mathématiques, puis directeur à l'école centrale du département du Mont-Blanc; né à Chambéry en 1769, mort le 24 avril 1839. [Voy. la *Biogr. univ., suppl.*]

1. — Lettre sur l'établissement d'éducation d'Yverdun, fondé et dirigé par Pestalozzi. Genève, 1814, in-8 [1 fr. 50 c.].

2. — L'Ermite de Saint-Saturnin, recueil d'articles de mœurs et critiques. Chambéry, 1833, 2 vol.

Citons encore : *Observations sur le principe philosophique de M. de la Mennais touchant le fondement de la certitude* [Mémoires de la Société royale académique de Savoie, in-8].

G.-M. Raymond a fourni un assez grand nombre d'articles à la « Biographie universelle; » au « Magasin encyclopédique, » de Millin; aux « Annales de mathématiques, » de Gergonne; au « Journal de Savoie, » qu'il a fondé et dirigé, etc.

RAYMOND [Henry], ancien professeur de l'Université; né à Conches (Eure) le 11 septembre 1764, mort à Charonne, près Paris, le 18 janvier 1837. [Voy. la *France littér.*, t. VII, p. 472.]

1. — Lettre sur quelques antiquités d'Allemagne peu connues en France. A M. Vauquelin, membre de l'Institut. Paris, N. Maze et Bonn, E. Weber, 1824, in-8 de 72 pag.

2. — Première Lettre sur les antiquités de la Normandie. *Lillebonne*, A M. Davois de Kinkerville, en son château du Ménil, sous Lillebonne. Paris, N. Maze, 1826, in-8 de 99 pag.

M. Quérard attribue à M. H. Raymond une *Lettre à un ancien magistrat* de Beauvais, au sujet d'un monument découvert dans cette ville, vers la fin de 1820, en face de la caserne de cavalerie [Paris, impr. de Rougeron, 1821, in-4 de 2 pages]. Je suis porté à croire que c'est une erreur. D'abord, le « Journal de la librairie » de 1821, dans lequel cette *Lettre* est annoncée sous le n° 2573, mentionne le nom de l'auteur sans lui donner aucun prénom ; en second lieu, H. Raymond, au verso du faux-titre de sa *Première Lettre sur les antiquités de la Normandie*, rappelle qu'il est auteur d'une *Première* (sic) *Lettre sur quelques antiquités d'Allemagne*, sans parler de la *Lettre à un ancien magistrat*; enfin, lors de la vente, faite après le décès de H. Raymond, il n'a été trouvé parmi ses livres aucun exemplaire de ce dernier ouvrage, tandis qu'il en a été vendu plusieurs des deux premiers. [Note de M. Ravenel, insérée dans le « Journal de la librairie » de 1838.]

RAYMOND. — Avec M. *Guérin-Méneville* et Mme *S. Lamouroux* : Iconographie des mammifères (1828, gr. in-8). Voy. Guérin-Méneville.

RAYMOND [Jean-Michel], professeur à l'École normale, lors de sa création, répétiteur de chimie à l'École polytechnique, professeur de chimie appliquée à la teinture, inventeur de la couleur dite *bleu Raymond*; né à Saint-Vallier (Drôme) le 24 mars 1766, mort dans cette ville le 6 mai 1837.

1. — Souvenirs d'un oisif, 1816.
2. — Essai sur le jeu.

M. J.-M. Raymond a donné, dans les « Annales de chimie, » des articles sur un procédé nouveau pour se procurer promptement et à peu de frais une plus grande quantité de gaz phosphoré.

RAYMOND [Provost].

1. — Avec M. *Saint-Yves* [*Déaddé*]: l'Amour d'une reine, ou Une Nuit à l'hôtel Saint-Paul ; drame en trois actes (1837, in-8). Voy. Déaddé.

2. — Lucette, ou Une Chaumière allemande; comédie-vaudeville en un acte. Paris, Michaud, 1836, in-8 [20 c.].

Musée dramatique.

3. — Avec MM. *Cogniard :* la Fille de l'air (1837, in-8). Voy. Cogniard.

RAYMOND [Bernard], grand maître de l'ordre du Temple. — Ordre du Temple. Lettre du G. M. à M. le chevalier Jules de Chab...., imprimée par ordre de S. A. le prince délégué, pour être envoyée à tous les membres de l'ordre. Paris, impr. de Chassaignon, 1837, in-4 de 8 pag.

Datée de: Aux Pyrénées, le 5 octobre 1837.

Citons encore : Ordre du Temple. A la plus grande gloire de Dieu. Bernard Raymond, par la grâce de Dieu et le suffrage des Frères, grand maître de l'ordre du Temple et patriarche, à tous ceux qui ces présentes verront [1838, in-4]; — Ordre du Temple. Grand convent magistral pour la commémoration du martyre, et la cérémonie funèbre en l'honneur du G. M. Bernard Raymond. Procès-verbal de la séance du 8 juin, de l'an de N. S. J. le C. [1838, in-18].

RAYMOND [V.].

1. — Manuel des baigneurs, précédé de l'*Histoire des bains chez les peuples anciens et modernes*, etc.; suivi du *Traité de la natation*. IIe édition. Paris, Desloges, 1841, in-12 [1 fr. 50 c.].

La première édition est de 1840.

2. — Études hygiéniques sur la santé, la beauté et le bonheur des femmes. Paris, Desloges, 1841, in-18 [3 fr.].

RAYMOND [F.]. — Dictionnaire français, augmenté d'environ vingt mille mots de plus qu'aucun dictionnaire de ce format, relatif aux sciences, aux arts, aux métiers, etc. IXe édition. Paris, Hingray, 1849, in-32 [1 fr. 50 c.].

M. F. Raymond a donné une nouvelle édition, revue et corrigée, des « Œuvres complètes de Berquin, avec une Notice, par M. Bouilly [Paris, Masson et Yonnet, 1833, 10 vol. in-12].

RAYMOND. — Calendrier perpétuel et historique. Souvenirs et dates des morts célèbres. 1re année. Paris, impr. de Baudouin, 1842, in-16 [25 c.].

RAYMOND [Xavier], attaché à l'ambassade de Chine.

1. — Afghanistan. Paris, F. Didot, 1843, in-8 [80 c.].

Fait partie de « l'Univers pittoresque. »

2. — Avec M. *A. Dubois de Jancigny* : Inde. Paris, F. Didot, 1845, in-8 avec grav. [6 fr.].

Fait partie de « l'Univers pittoresque. »
M. Xavier Raymond a traduit de l'anglais : « Origine et progrès de la puissance des Sikhs dans le Penjab, » etc., par H.-T. PRINSEP [1836, in-8] ; — «La Turquie, ses ressources, son organisation municipale, son commerce, » par P. URQUHART [1836, 2 vol. in-8] ; — « la Campagne de Chine, » par lord JOCELYN [1841, in-18] ; — « Seconde Campagne de Chine, » par MACKENZIE [1842, in-18].
Il a donné des articles au « Journal des Débats » et à la « Revue britannique. »

RAYMOND [Émile]. — Une Nuit de Noël, ou les Fils d'Amaury. Paris, Charpentier, 1845, in-8.

RAYMOND [l'abbé], chanoine de Mende, vicaire général de Châlons, et membre de plusieurs académies.

1. — Entretiens du frère ermite du mont Liban avec un jeune Français, arrivé dans la solitude, sur la philosophie moderne, le prêt à usure et les plaisirs impurs ou libertinage. Avignon, imp. de Rastoul, 1836, in-8.

2. — Poésies diverses du solitaire du mont Ventoux. Avignon, imp. de Rastoul, 1836, in-8.

3. — Du Catholicisme dans les sociétés modernes, considéré dans ses rapports avec les besoins du XIXᵉ siècle. Paris, Debécourt, 1842, in-8 [6 fr. 50 c.].

On doit encore à M. l'abbé Raymond : Manuel offert à l'armée française, sur tous les devoirs du soldat [1844, in-24] ; — Mémoire soumis au sérieux examen de l'épiscopat, sur la situation actuelle du clergé de France [1846, in-4] ; — Mémoire adressé à l'Assemblée nationale [1848, in-8. — Association nationale agricole et industrielle en faveur des ouvriers, des travailleurs, et créée pour l'extinction de la mendicité sur tous les points de la France] ; — Association nationale agricole en faveur des enfants trouvés [1849, in-4].

RAYMOND [Michel], pseudonyme. Voy. R. BRUCKER et M. MASSON.

RAYMOND DU DORÉ. — Poésies d'un proscrit. Paris, Ebrard, 1837, in-18 [5 fr.].

RAYMONDI [Joseph].

1. — Essai de simplification musicographique, avec un précis analytique des principaux systèmes de notation musicale proposés depuis le XIXᵉ siècle. Paris, Bernard Latte, 1843, in-8 avec 2 pl. [2 fr. 50 c.].

2. — Nouveau Système de notation musicale, suivi du Rapport fait au congrès scientifique de France sur le premier essai de simplification musicographique. Paris, imp. de Brière, 1846, in-8 de 100 pag. avec 3 pl. [5 fr.].

3. — Fantaisies morales, ou Sentiments, vices et vertus. Paris, Amyot, Paulin, 1846-47, in-8.

RAYNAL, officier d'état-major. — De la Domination française en Afrique, et des principales questions que fait naître l'occupation de ce pays, 1832, in-8.

Ouvrage anonyme. — Voy. le « Journal des Débats » du 25 mai 1832.

RAYNAL [Louis], premier avocat général et recteur de l'Académie universitaire à Bourges, correspondant du minist. de l'instruction publique pour les travaux historiques.

1. — Avec M. *Ad. Michel* : Annuaire du Berry (1840 et ann. suiv., in-18). Voy. MICHEL [Adolphe].

Parmi les morceaux que M. Raynal a publiés dans ce recueil, on peut citer : une *Notice historique sur l'ancien hôtel de ville de Bourges* (aujourd'hui petit collège) ; — une *Note sur le château de Bois-sir-Amé*, etc. C'est aussi sous la direction de M. Louis Raynal que l'*Annuaire du Berry* a reproduit les documents historiques suivants : « l'Histoire du Berry, abrégée dans l'Eloge panégyrique de la ville de Bourges, » par le Père Philippe LABBE ; — « Lettres inédites des rois de France, depuis Charles VII jusqu'à Louis XV, presque toutes écrites aux habitants de Bourges ; » — « Relations du siège de Sancerre, en 1573, » par Jean de LA JESSÉE et Jean de LÉRY, suivies de diverses pièces historiques relatives à la même ville.

2. — Histoire du Berry depuis les temps les plus anciens jusqu'en 1789. Bourges, imp. de Vermeil ; Paris, Dumoulin, 1844-47, 4 vol. in-8 avec 5 cartes et plans et 45 planches de blasons et sceaux [40 fr.].

Ouvrage publié en huit livraisons, et divisé ainsi :
TOME Iᵉʳ. Notions préliminaires ; — Essai de géographie historique sur le Berry ; — Période gauloise et gallo-romaine ; — Période barbare et gallo-franque ; — Commencements de la féodalité en Berry. — TOME II. Acquisitions des rois de France en Berry ; progrès de l'autorité royale ; premières guerres anglaises ; — Depuis la mort de Philippe-Auguste jusqu'au traité de Bretigny ; — le Duc Jean. — TOME III. Charles VII ; Louis XI ; Charles VIII ; — Louis XII

et la duchesse Jeanne; François I‍er et la première duchesse Marguerite; — l'Université et la coutume. — Tome IV. La Seconde Duchesse Marguerite; — Guerres de religion; — Triomphe de l'autorité monarchique; affaiblissement des franchises provinciales; — Fin de l'ancienne monarchie; — Élections aux états-généraux de 1789; — Conclusion; — Table alphabétique.

RAYNAL. [Paul].;Voy. JOUBERT [Joseph].

RAYNARD [Jos.], directeur de l'école vétérinaire de Lyon. — Traité de pathologie et de thérapeutique générales vétérinaires. 1839-40, 2 vol. in-8.

RAYNAUD. — Avec MM. *Chevalier et Cauchois-Lemaire* : Bibliothèque historique, ou Recueil de matériaux pour servir à l'histoire du temps. Paris, 1817-1820, 14 vol. in-8.

RAYNAUD. [Voy. la *France littér.*, t. VII, p. 476.]
1. — Manuel littéraire, ou Cours de littérature française en forme de dictionnaire; VIII‍e édition. Paris, Delaunay, 1838, in-12 [2 fr. 50 c.].
2. — Manuel du Style, en 40 leçons, à l'usage des maisons d'éducation, des jeunes littérateurs et des gens du monde. Edition augmentée d'un résumé des études parlementaires sur les orateurs de la chambre des députés, par *Timon* [*Cormenin*]. Vic, imp. de Marcel; Paris, Roret, 1838, in-8 [6 fr. 75 c.].

Citons encore : Tableau des verbes irréguliers de la langue française [VI‍e édit. — 1838, in-plano]; — le Miroir de Paris, ou la Vérité, rien que la vérité, toujours la vérité. Micromégas braquant sa lunette sur Paris [1846, 1848, in-fol. — En vers. *Micromégas* est, comme on sait, le titre d'un des romans de Voltaire].

RAYNAUD [Louis-Zéphirin]. — Académie des Jeux Floraux. Elegie qui a concouru pour le prix. Toulouse, impr. de Froment, 1837, in-8 de 8 pag.

RAYNAUD [J.-B.].
1. — Le Magnanier infaillible, ou Traité de l'éducation des vers à soie, et de l'art pratique de cultiver le mûrier, comprenant les moyens d'assainir et de rendre féconds les appartements dans lesquels il existe une sorte d'antipathie stérilisante pour l'insecte. 1838, in-8 [2 fr. 50 c.]. — *Paris, Maison*.
2. — Des Vers à soie, et de leur éducation selon la pratique des Cévennes; suivi d'un Précis sur les divers produits de la soie, et sur la manière de tirer les fantaisies et les filoselles, avec des notions sur la fabrique des bas de Gange, et des notes par *Giraud*. In-12 [3 fr.]. — *Paris, Renard*.

RAYNAUD [J.-M.], prêtre, chanoine honoraire d'Aire.
1. — Le Prêtre d'après les Pères. Toulouse, Delsol, 1842, 12 vol. in-8 [50 fr.].

Cet ouvrage est ainsi divisé : 1‍re *série*. Saint Bernard [3 vol.]; — 2‍e *série*. Saint Grégoire le Grand [2 vol.]; — 3‍e *série*. Saint Jean Chrysostome, saint Grégoire de Nazianze et saint Éphrem [2 vol.]; — 4‍e *série*. Saint Prosper [1 vol.]; — 5‍e *série*. Saint Ambroise, saint Pierre Damien, et saint Jérôme [1 vol.]; — 6‍e *série*. Pierre de Blois [3 vol.].

2. — Marie modèle, Station du mois de mai; ou Exercices spirituels dédiés à la très-sainte Vierge. Toulouse, imp. de Mautaubin, 1843, 2 vol. in-12 [4 fr. 70 c.].

M. J.-M. Raynaud a publié : « le Livre des jeunes gens, ou le Défenseur de la raison, » par J. COURTADE [1843, in-8].

RAYNAUD. — Arithmétique des adultes. Paris, Hachette, 1844, in-12 [2 fr.].

On doit aussi à M. Raynaud, avec M. V. LARROQUE : Arithmétique pratique [1843, in-18]; et Arithmétique théorique et pratique [1844, in-12].

RAYNEVAL [Gérard de]. Voy. GÉRARD DE RAYNEVAL [Joseph-Mathias].

RAYNOUARD [François-Juste-Marie], législateur, membre de l'Académie française, né à Brignolles le 17 septembre 1761, mort le 27 octobre 1836. [Voy. une Notice biographique par M. LEROUX DE LINCY, dans le *Moniteur* du 22 novembre 1836; un Article sur sa vie et ses œuvres, par M. Ch. LABITTE, dans la *Revue des Deux-Mondes* du 1‍er février 1837; la *Biographie des hommes du jour*; la *Biogr. univ.*, *suppl.*, et la *France littér.*, t. VII, p. 477.]
1. — Rapport, par le secrétaire perpétuel de l'Académie française, à la commission formée pour préparer le jugement du concours au prix proposé sur ce sujet : « De la charité considérée dans son principe, dans ses applications, et dans son influence sur les mœurs et sur l'économie sociale. Paris, F. Didot, 1832, in-4 de 128 pages.

2. — Des Formes positives de la versification des trouvères dans leurs épo-

pées romanesques. Paris, 1833, brochure in-8.

Extrait du « Journal des savants. »

3. — Influence de la langue romane. Paris, 1835, in-8.

4. — Lexique roman, ou Dictionnaire de la langue des troubadours, comparée avec les autres langues de l'Europe latine, précédé de nouvelles recherches historiques et philosophiques, d'un résumé de la grammaire romane, d'un nouveau choix de poésies originales des troubadours, et d'extraits de poëmes divers. Paris, Silvestre, 1838-44, 6 vol. in-8 [90 fr.] ; — pap. vélin [135 fr.].

Le IIe, publié en 1836 par Raynouard, était intitulé : *Nouveau Choix des poésies des troubadours*, et contenait le commencement du Lexique ; le Ier vol., publié après la mort de l'auteur, renferme l'introduction et des poésies originales.

D'après un avis, signé Just Paquet, le titre que porte ce volume est celui que Raynouard avait adopté définitivement pour l'ouvrage.

RAYON [P.]. — Manuel des candidats à l'emploi de vérificateur des poids et mesures. Paris, Carilian-Gœury, 1841, in-8 avec 3 pl. [3 fr. 75 c.].

RÉ [le chevalier Filippo], professeur d'agriculture à l'université de Bologne. [Voy. la *France littér.*, t. VII, p. 479.]

1. — Quelques Fragments de l'essai sur les engrais et les autres substances qui servent en Italie pour l'amélioration des terres, et sur la manière de les employer. Traduit de l'italien par M. *Phelippe Beaulieux*. Nantes, impr. de Mme veuve Camille Mellinet, 1846, in-8 de 60 pag.

2. — Établissement et conservation des prairies dans le royaume lombard-vénitien, d'après les *Nouveaux Éléments d'agriculture* de Filippo Ré ; traduit par *Phelippe Beaulieux*. Paris, impr. de Crapelet, 1849, in-8 de 36 pag.

Fragment de l'ouvrage de Philippe Ré, l. VI, ch. I, 2, 4.

RÉAL.

1. — Avec MM. de *Sallo* et *Sozzi* : Recueil de mémoires et dissertations qui établissent que la maison de Bourbon doit s'appeler la maison de France. Amsterdam et Paris, Musier, 1769, in-12.

2. — Additions au Recueil des mémoires concernant le nom patronymique de la maison de France. Paris, 1770, in-12.

M. Réal a enrichi de notes : « Conduite des princes de la maison de Bourbon durant la révolution, l'émigration et le consulat, » par Barère de Vieuzac [1834, in-8].

RÉAL [le comte Pierre-François], homme d'État, né à Chatou, près Paris, vers 1765. D'abord procureur au Châtelet, Réal fut successivement procureur de la commune, accusateur public près le tribunal révolutionnaire, et historiographe de la république. Il fut sous la Convention et le Directoire défenseur officieux des membres du comité révolutionnaire de Nantes, de Babeuf et de ses complices, commissaire près le département de Paris, conseiller d'État après le 18 brumaire, attaché au ministère de la police générale, et préfet de police dans les cent-jours. Réal, qui avait pris part aux plus grands événements de son époque et avait concouru à la rédaction du *Code civil*, fut banni sous la restauration, rentra en France en 1818, et mourut à Paris en mai 1834. [Voy. la *Biogr. univ.*, supp., le *Biographe* et le *Nécrologe réunis*, t. XI, p. 116, et la *France littér.*, t. VII, p. 480.]

— Indiscrétions. 1798-1830. Souvenirs anecdotiques et politiques, tirés du portefeuille d'*un fonctionnaire de l'empire* ; mis en ordre par *Musnier-Desclozeaux*. Paris, Dufey, 1835, 2 vol. in-8 [15 fr.].

Le comte Réal a fait insérer dans la « Revue de Paris » [t. XII, 1830] une *Lettre* sur les articles publiés dans ce journal, intitulés : « Statistique des journaux de province en Angleterre. »

REAL [Corte]. Voy. Corte-Real [Hieronimo].

RÉAU [O.]. — Nouveau Traité d'élocution ; le mécanisme du langage, ou l'Art de rendre ses pensées. Bordeaux. Faye, 1843, in-12 [3 fr.].

RÉAUME [E.-J.].—Avec M. *Gerson-Hesse* : Récits et Episodes de l'Histoire de France (1841, in-8). Voy. Hesse.

RÉAUME [l'abbé], curé de Mitry. — Le Guide du jeune prêtre dans une partie de sa vie privée et dans ses différents rapports avec le monde. Paris, Sirou, 1844, in-12 [2 fr.].

REBECQUE [Anne-Marie-Louise-Constant de], dame DESTOURNELLE, directrice de la poste aux lettres à la Flèche, sœur de *Benjamin Constant*, née à Brevans, près de Dôle, en 1792.

1. — Alphonse et Mathilde. 1819, 2 vol. in-12.

Sous les initiales L. D. E.

2. — Pascaline. 1821, 2 vol. in-12.

Sous les mêmes initiales.

3 — Les Deux Femmes. 1835, 2 vol. in-8.

REBECQUE [Constant]. Voy. CONSTANT-REBECQUE [Henri-Benjamin de], connu sous le nom de *Benjamin Constant.*

REBEL. — Avec M. *Juge :* Traité théorique et pratique de la législation et de la jurisprudence des chemins de fer, où sont expliqués les droits et les obligations des compagnies, des actionnaires et du public. Paris, Cosse et Delamotte, 1846, in-8 [7 fr. 50 c.].

REBIÈRE [Julien]. [Voy. la *France littér.*, t. VII, p. 482.]

1. — Anniversaire du martyre de Jean le Précurseur. Discours prononcé le 26 juin 1834, à l'église des chrétiens primitifs. Paris, impr. de Carpentier-Méricourt, 1834, in-8 de 16 pages.

Dédié au grand maître des Templiers.

2. — Avec M. *Adolphe Bréant :* Notice historique, statistique et biographique sur Saint-Germain-en-Laye, précédée de l'itinéraire par le chemin de fer, suivie de l'historique des chemins de fer, et de notes sur le service de Paris à Saint-Germain et stations intermédiaires. Paris, Bocquet jeune, 1838, in-18 de 144 pages.

3. — Avec M. *Ad. Bréant :* Itinéraire de Paris à Saint-Cloud par le chemin de fer de la rive droite. Paris, Augueux, 1839, in-18 de 36 pages.

REBITTÉ [D.]. — Guillaume Budé, restaurateur des études grecques en France. Essai historique. Paris, Joubert, 1846, in-8.

REBOUL [Henri], minéralogiste, né à Pézenas au milieu du XVIIIe siècle, mort dans cette ville, à l'âge de 76 ans. [Voy. la *France littér.*, t. VII, p. 483.]

— Essai d'analyse politique sur la révolution française et la chambre de 1830. Pézenas, Robert, 1831, in-8.

M. H. Reboul est l'auteur de plusieurs Mémoires sur la géologie et le nivellement des Pyrénées. — On lui doit des articles dans les « Annales des sciences naturelles, » dans le « Bulletin de la Société de géographie, » et dans les « Mémoires de la Société géologique de France. »

REBOUL [Jean], poëte, boulanger, né à Nîmes le 3 janvier 1796, membre de l'Assemblée nationale (1848). [Voy. une *Étude biographique et littéraire* par M. COLLOMBET (1839, in-8), et la *Galerie de la presse*, 2e série.]

1. — Poésies ; précédées d'une préface, par M. *Alexandre Dumas*, et d'une Lettre à l'éditeur, par M. *Alphonse de Lamartine.* Paris, Ch. Gosselin, 1836, 1837, in-8 [7 fr. 50 c.] et in-18 [4 fr. 50 c.].

— Poésies ; précédées d'une notice biographique et littéraire. Paris, Delloye, Garnier frères, 1840, 1842, in-18 avec un portrait [1 fr. 75 c.].

— Poésies nouvelles et inédites. Paris, Charpentier, 1846, in-12 [3 fr. 50 c.].

2. — Le dernier jour, poëme en 10 chants ; accompagné de notes, et suivi d'une lamentation à la ville de Nîmes. Paris, Delloye, Garnier frères, 1839, in-8, et 1841, 1842, in-18.

Citons encore : Audition. L'Ange et l'Enfant. Paroles de Reboul, musique de Chrétien Urban. Chanté par Mme Dorus-Gras à la Société des Enfants d'Apollon [1836, in-4. — Cette pièce de vers a été traduite en polonais par Antoni LABUNSKI, sous ce titre : « Aniol i dziocie » (1836, in-4)) ; — la Parole humaine, épître à M. Berryer [1839, in-8 et in-4. — Extrait de « la Quotidienne » du 25 janvier 1839. Cette épître a été composée à l'occasion du discours prononcé par M. Berryer dans la discussion de l'adresse, le 16 janvier 1839] ; — Sur la mort de l'archevêque de Paris. Dédié à M. Sibour, son successeur [1848, in-8. — En vers].

On doit aussi à M. J. Reboul une *Lettre* précédant les « Chants du soir, » par J. PAUTET [1838, 1841, in-8] ; et une *Épître inédite* mise en tête de : « le Tasse à Sorrente, » par M. J. CANONGE [1839, in-8].

Il a publié des pièces de vers dans les « Annales de la littérature et des arts ; » dans les « Mémoires de l'Académie du Gard ; » dans « la Paix des deux mondes, » et dans divers journaux, notamment : *Réponse à une Harmonie que lui avait adressée M. de Lamartine ; Ode aux poëtes chrétiens*, etc.

REBOUL [l'abbé Augustin]. — Pratique de société à l'usage des confréries érigées en faveur des âmes du purgatoire. Paris, Mme Delaguette, 1839, in-18.

REBOUL. — Code universitaire de l'étudiant en droit, ou Exposition méthodique des règlements en vigueur dans les facultés de droit. Paris, Videcoq, 1845, in-18 [4 fr.].

REBOUL [Annet-]. Voy. ANNET-REBOUL [Jacques].

REBOULLEAU DE THOIRES [E.-F.]. — Nouveau Manuel complet de la peinture sur verre, sur porcelaine et sur émail. Paris, Roret, 1843, in-18 avec 1 pl. [2 fr. 50 c.].

REBOUT [A.-E.], professeur adjoint à l'école gratuite de mathématiques et de dessin en faveur des métiers relatifs aux arts. — Avec M. *L.-M. Normand* : Manuel de géométrie, d'arpentage et de nivellement (1841, in-8); — Études d'ombres et de lavis (1845, in-fol.). Voy. NORMAND.

RÉCAMIER [le docteur], médecin des hôpitaux de Paris. — Recherches pratiques sur la conduite à tenir dans le choléra algide ou asiatique. Paris, Labé, 1849, in-8 [75 c.]. — IIe édition augmentée d'observations pratiques et de quelques réflexions philosophiques sur la cause du choléra algide. Paris, Labé, 1849, in-8 [1 fr. 75 c.].

RÉCAMIER [J.]. — De la souveraineté temporelle du pape. Paris, impr. de René, 1848, in-8 de 16 pages.

Extrait du »Correspondant,» numéro du 31 décembre 1848.

RECEVEUR [l'abbé J.-F.], professeur à la faculté de théologie de Paris. [Voy. la *France littér.*, t. VII, p. 484.]

1. — Introduction à la théologie. Besançon, Outhenin-Chalandre, 1839, in-8 [6 fr. 50 c.].

2. — Histoire de l'Église, depuis son établissement jusqu'au pontificat de Grégoire XVI, contenant l'exposition suivie et détaillée de tous les faits importants, avec les réflexions et éclaircissements nécessaires pour en faciliter l'intelligence. Paris, Méquignon junior, 1840-47, 8 vol. in-8 [36 fr.] et 8 vol. in-12 [24 fr.].

3. — Institutionum philosophicarum Elementa. In-12 [2 fr.].

RECH, professeur à la faculté de médecine de Montpellier. — Avec M.

J. Dubreuil : Rapport sur le choléra-morbus (1836, in-8). Voy. DUBREUIL.

RECOULES. — Avec MM. *Th. d'Estocquois* et *Rouquayrol* : Tableau de conversion en mesures métriques des anciens poids et mesures du département de l'Aveyron (1841, in-8). Voy. ESTOCQUOIS [Th. d'].

RECULLÉ [l'abbé]. [Voy. la *France littér.*, t. VII, p. 486.] — Notes historiques, dogmatiques et morales. Paris, impr. de Béthune, 1836, in-8.

RECY [C.-M.-Hubert]. — Télétatodidaxie, ou Télégraphe électrique. Lons-le-Saulnier, imp. de Gauthier; Paris, Lacroix, 1838, in-8 de 40 pag. avec une pl. [2 fr.].

REDARÈS [J.-M.-M.], de Saint-Remy. [Voy. la *France littér.*, t. VII, p. 486.]

1. — Traité raisonné sur l'éducation du chat domestique, précédé, etc. Nouv. édit. Paris, Bourayne, 1835, in-12 de 114 pag. [1 fr. 50 c.].

Sous le pseudonyme RATON, ancien chanoine.

2. — De l'influence de la franc-maçonnerie sur l'esprit des nations. La Croix-Rousse, impr. de Lépagnez, 1845, in-8 de 160 pag.

Citons encore : Épître à la reine [1838, in-8]; — du Principe religieux, considéré comme la base de l'éducation des peuples [1837, in-8]; — Épître au roi [1843, in-8]; — de la Liberté de l'enseignement. Lettre à un prince du saint-empire [1844, in-8]; — les Inégalités de la nature, considérées comme causes de l'inégalité des fortunes. Quels sont, dans l'ordre politique, les devoirs mutuels des riches et des pauvres? Discours prononcé à la resp∴ l∴ Mars et les arts [1848, in-8]; — Épître au peuple [1849, in-8]; — Défense de Ch. Schmith, un de ses f∴ en maç∴ [1849, in-8. — Projet de défense qui était destiné à être présenté à la haute cour de Versailles].

REDAREZ SAINT-REMY [Jules-Henri]. — Odes d'*Anacréon*, nouvelle traduction en vers. Paris, Daubrée, Thomassin, 1839, in-18 [4 fr.].

On doit aussi à M. Redarez' Saint-Remy : Ode sur la prise de Constantine (ancienne Cirte) [1838, in-8]; — A Louis Napoléon Bonaparte, président de la république française [1849, in-8. — Deux odes]; — Ode sur l'exposition de l'industrie nationale [1849, in-8].

REDEN [de]. — Législation des chemins de fer en Allemagne; traduit de l'allemand, avec une introduction et des notes par *Prosper Tourneux*. Paris,

Mathias (Augustin), 1845, in-8, avec une pl. [7 fr. 50 c.].

REDERN [le comte Sigismond-Ehreneich], né à Berlin (Prusse), mort à Paris en 1841.

1. — De l'Influence de la forme du gouvernement sur les nations, ou Fragment historique et politique. Bruxelles, de Mat, 1817, in-8.

Sous les initiales L. C. D. R.

2. — Abrégé historique de la grande émigration des peuples barbares, et des émigrations principales arrivées dans l'ancien monde depuis cette époque. Bruxelles, P.-G. de Mat, 1817, in-8 de 112 pag.

Sous les mêmes initiales.

REDET [Xavier-Louis], ancien élève de l'École des chartes, archiviste du département de la Vienne, membre de la Société des antiquaires de l'Ouest. — Table des manuscrits de *D. Fonteneau* conservés à la bibliothèque de Poitiers. 1839.

M. Redet a inséré plusieurs notices dans les « Mémoires de la Société des antiquaires de l'Ouest, » dans la « Bibliothèque de l'Ecole des chartes, » etc.

REDHOUSE [James-W.]. — Grammaire raisonnée de la langue ottomane, suivie d'un Appendice contenant l'analyse d'un morceau de composition ottomane où sont démontrées les différentes règles auxquelles les mots sont assujettis. Paris, Gide, 1846, in-8 [22 fr.].

REDIER [Jean].
1. — Les Rats de l'abbaye de Saint-Denis ; conte en vers. Paris, impr. de Maulde, 1840, in-12 de 12 pag.
2. — Récompenses nationales de l'exposition de l'industrie en 1849. Discours en vers. Paris, impr. de Bonaventure, 1849, in-12 de 8 pag.

REDIER [J.-J.]. — Notice historique sur l'horlogerie, suivie des moyens de reconnaître une bonne montre et de conduire et régler soi-même les montres et les pendules. Paris, Ébrard, 1844, in-18 de 72 pag.

REDIER [Ch.]. — Avec M. *Edmond Desnoyers* : Talma en congé (1842, in-8). Voy. DESNOYERS.

REDING [Charles de].
M. Ch. de Reding a traduit en allemand :

« Aperçus philosophiques et moraux sur la création de l'univers, sur celle de l'homme et des autres êtres créés, » par M. L.-A. NORBERT-AUBINEAU [1842, in-4 de 24 pag.].

REDON DE LA CHAPELLE [le marquis Maxime de], plus connu sous le nom de *Maxime de Redon*. [Voy. la *France littér.*, t. VII, p. 485.] — Ruy-Brac, tourte en cinq boulettes, avec assaisonnement de gros sel, de vers et de couplets. Paris, Barba, Delloye, Bezou, 1839, in-8 de 20 pag.

REECH, ingénieur de la marine.
1. — Mémoire sur les machines à vapeur et leur application à la navigation, présenté à l'Académie royale des sciences, pour le concours du prix à décerner en exécution d'une ordonnance royale du 13 novembre 1834. Paris, Arthus-Bertrand, 1844, in-4 avec un atlas gr. in-fol. [30 fr.].
2. — Rapport à l'appui du projet des machines du brandon dressé en exécution d'une dépêche du 6 août 1842. Paris, Arthus-Bertrand, 1844, in-4 avec pl. [15 fr.].

REED [Andrew].
1. — Charles Lefèvre, épisode de la vie d'un jeune homme, avec une Préface, par M. *L. Bonnet*. Traduit de l'anglais sur la VIIIe édition. Paris, Risler, 1838, 2 vol. in-12 [5 fr.].
2. — Onze années de la vie d'un enfant, histoire authentique ; traduit de l'anglais. In-18 [1 fr. 50 c.].
3. — Souvenirs de Marthe, écrits par son frère, le rév. André Reed. Traduit de l'anglais. Toulouse, Delhorbe, 1849, in-18.

REESS-LESTIENNE [C.-F.]. [Voy. la *France littér.*, t. VII, p. 490.] — Avec M. *Tremery* : Nouveau Manuel complet pour la correspondance commerciale, contenant, etc. Nouvelle édition. Bar-sur-Seine, impr. de Saillard ; Paris, Roret, 1840, in-18 [2 fr. 50 c.].

REEVE [Henri], esq.
M. H. Reeve a traduit en anglais : « Washington, » par M. GUIZOT [Paris, Baudry, 1840, in-18 et in-24].

RÉFAHA [le cheyk].
Le cheyk Réfaha a traduit en vers arabes : « la Lyre brisée, » par AGOUB [1827, in-8].

REFAY DE LUSIGNAN. Voy. LACE-

NAIRE [Pierre-François Gaillard, dit].

REGARD [J.-B.]. [Voy. la *France littér.*, t. VII, p. 491.] — Tarif pour la réduction des bois ronds et équarris en décistères ou solives métriques. Arbois, impr. de Javel, 1840, in-12 de 48 pag.

REGIS [Dessalle-]. Voy. Dessalle-Regis.

REGLEY [le chevalier].
1. — Histoire naturelle des insectes et des reptiles. Limoges, Barbou, 1847, in-12 avec une vignette.
2. — Histoire naturelle des mammifères. Limoges, Barbou, 1847, in-12 avec une grav.
3. — Histoire naturelle des oiseaux. Limoges, Barbou, 1847, in-12 avec une grav.

REGLEY, membre de la Légion d'honneur et de la Société archéologique d'Avranches, directeur de la maison centrale. — Le Guide des visiteurs du mont Saint-Michel et du mont Tombelaine. Avranches, impr. lith. de Flamand, 1849, in-8 de 56 pag. avec 2 pl.

REGNARD [Jean-François], auteur dramatique; né à Paris le 8 février 1665, mort à Grillon, près Dourdan, le 3 ou 4 septembre 1709. [Voy. la *France litt.*, t. VII, pag. 494.]
1. — OEuvres, suivies des OEuvres choisies de *Destouches*. Paris, Ledentu, 1836, in-8, avec un portrait [11 fr.].
— OEuvres. Limoges, Ardant, 1841, 1847, 4 vol. in-18 [2 fr. 80 c.].
2. — Théâtre de Regnard; suivi de ses Voyages en Laponie, en Pologne, etc., et de la Provençale. Paris, F. Didot, 1843, in-12 avec un portrait [3 fr.].
Contient sept pièces de théâtre et un fragment seulement de *Démocrite*.
3. — Les Folies amoureuses; comédie en trois actes et en vers. Paris, Marchant, 1844, in-8 de 16 pag. [40 c.].

Regnard avait laissé inachevée une comédie en un acte et en vers, intitulée : *le Bailli d'Asnières*; M. Ch. Maurice l'a terminée et fait représenter au théâtre de la Porte-Saint-Martin [15 mars 1823].

REGNARD [Nestor], avocat, membre de l'Assemblée nationale (1848); né à Valenciennes le 12 avril 1805.

1. — Examen du droit des seigneurs hauts justiciers de Hainaut sur les mines de charbon, avant et depuis la réunion d'une partie de cette province à la France. Valenciennes, imp. de Prignet, 1844, in-8.
2. — Examen du périmètre de la concession de Condé et du Vieux-Condé, d'après l'arrêt du conseil du 14 octobre 1749, suivi d'une dissertation sur la nature des mainfermes du Hainaut. Paris, F. Didot, 1845, in-8 avec une carte.

REGNARD [Charles].
1. — Rêves et fantaisies ; poésies. Paris, Leriche, 1845, in-8 de 16 pag.
2. — Le Suffrage universel. Louis Napoléon proclamé président de la république française. Paris, imp. de Chassaignon, 1849, in-fol.

REGNARD [Mme]. — Henri et Marie, ou les Deux Orphelins. V^e édition. Tours, Mame, 1848, in-18 avec une vignette.

REGNARD DE GIRONCOURT. Voy. Gironcourt [Henri-Antoine Regnard de].

REGNAULD DE PRÉBOIS [Mme Adèle].
1. — Trèfle à quatre feuilles. Paris, Desessart, 1839, in-8 [7 fr. 50 c.].
Quatre pièces dramatiques en prose.
2. — Avec M. *Laurencin* [*Chapelle*]: Une femme charmante (1840, in-8). Voy. Chapelle.
3. — Amour et dévouement. Paris, Baudry, 1842, in-8 [7 fr. 50 c.].
4. — Évelyne; drame en deux actes. Paris, Beck, Tresse, 1849, in-8 de 16 p. [50 c.].

REGNAULD-DUPRAT. Voy. Regnault-Duprat.

REGNAULT [Élias], avocat à la cour d'appel de Paris. [Voy. la *France littér.*, t. VII, pag. 499.]
1. — Lettre d'un ancien sénateur à Timon. La presse et le parlement. Paris, Pagnerre, 1838, in-18 de 80 pag. [50 c.].
2. — Procès de M. F. Lamennais devant la cour d'assises, à l'occasion d'un écrit intitulé : le Pays et le gouvernement, relation complète, contenant, etc., suivi d'une Notice biographique et

littéraire sur M. F. Lamennais. Paris, Pagnerre, 1841, in-8 [1 fr.].

3. — Histoire criminelle du gouvernement anglais, depuis les premiers massacres de l'Irlande jusqu'à l'empoisonnement des Chinois. Paris, Pagnerre, 1841, in-8 [7 fr. 50 c.].

Ouvrage publié et complet, en 28 livraisons à 25 c.

4. — Procès de O'Connell et de ses coaccusés, précédé d'un aperçu historique sur l'Union, la question du rappel, O'Connell, les meetings, et sur les principaux faits qui ont motivé la poursuite des Repealers. Paris, Pagnerre, 1843, 1844, in-8 avec 5 grav. sur bois. [1 fr. 50 c.].

5. — Histoire de l'Irlande, depuis son origine jusqu'en 1845, suivie, etc. Paris, Pagnerre, 1846, in-32.

Nouveaux résumés.

6. — Histoire d'Angleterre, depuis son origine jusqu'en 1845; suivie de notices biographiques sur ses grands hommes. Paris, Pagnerre, 1846, 2 vol. in-32.

Nouveaux résumés.

7. — Histoire de Napoléon. Paris, Perrotin, Pagnerre, 1846-47, 4 vol. gr. in-18 [12 fr.].

Publiée en 40 livraisons à 30 c.

On doit à M. E. Regnault une traduction française des morceaux suivants des « OEuvres complètes » de SÉNÈQUE le Philosophe : *de la Colère; Consolation à Helvia; Consolation à Polybe; Consolation à Marcia; de la Providence; des Bienfaits; de la Constance du sage; de la Brièveté de la vie; du Repos et de la retraite du sage; de la Tranquillité de l'âme; de la Clémence; de la Vie heureuse*, pour la Collection des auteurs latins, publiée sous la direction de M. Nisard [Paris, Dubochet, 1838, gr. in-8].

M. Élias Regnault a traduit de l'anglais: « Catéchisme de la réforme électorale, » par Jérémie BENTHAM [1839, in-32]; — « Sophismes parlementaires, » par *le même*, traduction qu'il a fait précéder d'une *Lettre à M. Garnier-Pagès sur l'esprit de nos assemblées délibérantes* [1840, in-8]; — « la Grèce pittoresque et historique, » par Ch. WORDSWORTH [1839-40, gr. in-8].

Il a donné, dans « les Français peints par eux-mêmes : » *la Chanoinesse* [t. 1er, p. 193]; — *le Maître de pension* [t. II, p. 153]; — *l'Éditeur* [t. IV, p. 322], etc.

REGNAULT, auteur dramatique, pseudonyme. Voy. POTRON [J.-C.-A.].

REGNAULT [Théodore]. avocat à la cour d'appel de Paris, juge de paix suppléant, etc. [Voy. la *France littér.*, t. VII, pag. 499.] — Examen du projet de loi sur les brevets d'invention, adopté par la chambre des pairs, et soumis à la chambre des députés. Paris, M. Th. Regnault, Delamotte, Bouchard-Huzard, 1843, in-8 de 116 pag.

Citons encore : Discussion préliminaire du projet de loi sur les brevets d'invention, de perfectionnement et d'importation, soumis par M. Martin (du Nord), ministre des travaux publics, etc., aux délibérations des conseils généraux de l'agriculture, du commerce et des manufactures, dans leur session ouverte le 12 décembre 1837 et close le 10 janvier 1838. Par une réunion d'industriels inventeurs, convoqués et présidés par M. Théodore Regnault [1839, in-8]; — Pétition sur l'inconstitutionnalité de la présentation à la chambre des pairs du projet de loi des brevets d'invention, avant qu'il ait été voté par la chambre des députés [1844, in-4]; — Supplément à la pétition en date du 27 mars 1844, sur l'inconstitutionnalité de la présentation à la chambre des pairs du projet de loi des brevets d'invention, avant qu'il ait été voté par la chambre des députés [1844, in-4]; — Dernier Mot sur le payement de la taxe des brevets d'invention par annuités [1844, in-4]; — Pétition à la chambre des députés, sur la disposition de l'art. 18 devenu l'art. 19 du projet [1844, in-4. — Sur les brevets d'invention].

REGNAULT [E.]. — Précis descriptif et pratique sur les eaux minéro-thermales, et les eaux minérales de Bourbon-l'Archambault (Allier). Moulins, Desrosiers, 1842, in-8 avec grav.

REGNAULT [Émile].

M. Émile Regnault a mis en ordre les « OEuvres complètes » d'Horace de SAINT-AUBIN [BALZAC] [Paris, Souverain, 1836-40, 16 vol. in-8].

REGNAULT [E.-E.], professeur à l'École forestière de Nancy. Voy. REGNEAULT.

REGNAULT [H.-Vict.], ingénieur au corps des mines, professeur à l'École polytechnique, membre de l'Académie des sciences; né à Aix-la-Chapelle le 21 juillet 1810.

1. — Traité de géométrie pratique, comprenant les opérations graphiques et de nombreuses applications aux travaux d'art et de construction. Paris, Bachelier, 1842, in-8 avec 11 pl. [5 fr.].

2. — Études sur l'hygrométrie. Paris, Bachelier, 1845, in-8 de 132 pag. avec 1 pl.

3. — Relation des expériences entreprises par ordre de M. le ministre des travaux publics, et sur la proposition de la commission centrale des machines à vapeur, pour déterminer les princi-

pales lois physiques et les données numériques qui entrent dans le calcul des machines à vapeur. Paris, F. Didot, 1847, in-4 avec 7 pl. in-fol.

Première partie.

4. — Cours élémentaire de chimie, à l'usage des facultés, des établissements d'enseignement, des écoles normales et des écoles industrielles. Paris, Langlois et Leclercq, Victor Masson, 1847-49, 2 vol. in-8 en quatre parties [20 fr.].

Une traduction espagnole a été publiée par le colonel don Gregorio VERDU, sous ce titre : « Curso elemental de quimica, para el uso de las universidades, colegios y escuelas especiales » [1849, vol. in-12].

5. — Avec M. *J. Reiset* : Recherches chimiques sur la respiration des animaux, des diverses classes. Paris, Bachelier, 1849, in-4.

Extrait des Annales de chimie et de physique [3e série, t. XXVI].

M. V. Regnault a travaillé au « Complément du Dictionnaire de l'Académie française. »

REGNAULT [P.-A.], prêtre du diocèse de Metz. — Arsenal du catholique, ou Preuves philosophiques du catholicisme, suivies de réponses aux principales objections des incrédules. Metz, imp. de Lamort; Paris, Gaume frères, 1842, 2 vol. in-8 [8 fr.].

REGNAULT [J.-J.]. — Enseignement primaire supérieur. Précis élémentaire de géographie mathématique. Paris, Langlois et Leclercq, 1844, in-12 de 132 pag.

REGNAULT [A.] — La Duchesse de Praslin. Poëme élégiaque. Paris, imp. de F. Didot, 1847, in-8 de 16 pag.

REGNAULT [Jules], dit JULES DE PRÉMARAY, auteur dramatique et publiciste.

1. — Les Cendres de Napoléon, ode à Mgr. le prince de Joinville. Paris, Charpentier, 1840, in-8 de 16 pag.

Sous le nom : Jules REGNAULT.

2. — Le Docteur Robin; comédie-vaudev. en un acte. Paris, Ch. Tresse, 1842, in-8 de 16 pag.

3. — La Marquise de Rantzau, ou la Nouvelle Mariée, comédie en trois actes, mêlée de couplets. Paris, Ch. Tresse, 1843, in-8 de 28 pag.

4. — Bertrand l'horloger, ou le Père Job, comédie-vaudeville en deux actes. Paris, Tresse, 1843, in-8 de 28 pag.

5. — Les Deux Favorites, ou l'Anneau du roi; comédie-vaudeville en deux actes. Paris, Ch. Tresse, 1843, in-8.

6. — Julienne. Souvenir du 11 juillet 1843. Paris, Tresse, 1843, in-8 de 32 p. [1 fr.].

Pièce de vers, précédée de quelques mots sur Mlle Julienne, actrice du Gymnase.

7. — Manon, ou un Épisode de la Fronde, comédie-vaudeville en deux actes. Paris, Ch. Tresse, 1843, in-8 de 24 pag.

8. — Part à deux, comédie en un acte, mêlée de chants. Paris, Gallet, 1844, in-8 [30 c.].

9. — Le Tailleur de la place Royale, drame en trois actes, précédé d'un prologue. Paris, Tresse, 1844, in-8 [50 c.].

Le Prologue est intitulé : *la Taverne du Pas de la mule.*

10. — Une Femme laide; comédie en deux actes, mêlée de chant. Paris, Tresse, 1846, in-8.

11. — La Comtesse de Moranges; drame-vaudeville en trois actes. Paris, Beck, Tresse, 1846, in-8 [60 c.].

12. — Avec M. *Varner* : le Chevalier de Saint-Remy, drame en cinq actes. Paris, Tresse, 1847, in-8 [60 c.].

13. — Le Drapeau de la république. Chanson dédiée au peuple français. Paris, imp. de Delanchy, 1848, in-8 de 8 pag.

Quatre couplets.

REGNAULT-DUPRAT.

1. — Stances à Mgr. le comte de la Bourdonnaye, à l'occasion de la Saint-Charles de 1829, suivies des Stances à l'occasion de la fête de la Saint-Charles 1826. Paris, imp. de Decourchant, 1829, in-8 de 16 pag.

2. — Translation des reliques de saint Vincent de Paul, le dimanche 25 avril 1830. Publié à l'occasion du centième anniversaire de sa canonisation. Paris, Dentu, 1838, in-8 [1 fr.].

Cet opuscule en vers est précédé d'une épître dédicatoire à Mgr. Henri-Charles-Ferdinand-Marie-Dieudonné d'Artois.

REGNAULT-WARIN [Jean-Baptiste-Joseph-Innocent-Philadelphe], auteur dramatique, poëte, historien, romancier et publiciste; né à Bar-le-Duc le

25 décembre 1775, mort au commencement de novembre 1844. [Voy. le *Journal des Débats* du 8 novembre 1844, la *Biogr. univ.*, *suppl.*, et la *France littér.*, t. VII, pag. 501.]
— Les Carbonari, ou le Livre de sang. Paris, Barba, 1820, 2 vol. in-12.

Sous les initiales W* R* [J.-B.-J.-I.-Ph.].
M. Regnault-Warin a publié des romans, des brochures, etc., sous le pseudonyme SAINT-EDME. — Il a travaillé à la rédaction de « la Bouche de fer, » du « Contemplateur » et du « Temps. »

REGNEAULT [E.-E.], professeur de mathématiques à l'École forestière de Nancy.
1. — De l'Interpolation appliquée à l'expression de la marche de la végétation dans les grandes masses de forêts. Nancy, Thomas, 1839, in-8, avec un tableau.
2. — Traité de topographie et de géodésie forestières. Nancy, Troup, 1844, in-8 avec 8 pl. [10 fr.].
3. — Leçons de mécanique, comprenant les premiers éléments de la science des machines et leur application aux scieries, etc. Nancy, 1844, in-8.

REGNELLER [le professeur G.-D.]. — Traité complet de l'obésité et de la maigreur, de leurs causes et de leur guérison. XI° édition. Paris, Bohaire, Gosselin, Ledoyen, 1839, in-8 [7 fr.].

REGNET [l'abbé]. — Exposition analytique et raisonnée de la doctrine chrétienne. Paris, Périsse, 1838; et II° édition, Paris, Lecoffre, 1846, in-12.

RÉGNIER [Mathurin], poëte satirique; né à Chartres le 21 décembre 1573, mort à Rouen le 22 octobre 1613. [Voy. la *France litt.*, t. VII, p. 503.]
— OEuvres choisies de *Régnier*, *Malherbe*, *Racan*, etc. (1849, in-8). Voy. MALHERBE.

REGNIER, sieur de LA PLANCHE, gentilhomme parisien, écrivain du XVI° siècle.
— Histoire de l'estat de France, tant de la république que de la religion, sous le règne de François II; publiée par M. Éd. Mennechet. Paris, Techener, 1836-37, 2 vol. pet. in-8.

On a tiré quelques exemplaires format petit in-folio papier vélin collé.
L'Histoire de l'estat de France a été réimprimée dans le « Panthéon littéraire. » Les premières éditions sont de 1574 et 1576.

RÉGNIER aîné, professeur à l'École supérieure de la ville de Paris, etc. [Voy. la *France litt.*, t. VII, p. 504.]
— Méthode générale d'écriture, contenant soixante modèles gradués, etc., XI° édition. Paris, Colas, 1848, in-fol. oblong.

La première édition est de 1842 [in-8 de 80 pag.].
Cette *Méthode* sert d'introduction aux *Deux cents Modèles d'écriture*, faits sur les textes du comité central d'instruction primaire de la ville de Paris, composés de préceptes de morale, d'hygiène, de grammaire, et divisés en cinq corps d'écriture, anglaise, cursive et ronde.
On doit aussi à M. Régnier aîné *le Livre des compositions*, en écriture anglaise expédiée [gr. in-4 de 14 modèles]; et un *transparent* gravé, indiquant la hauteur et la pente des lettres pour les trois corps d'écriture.

RÉGNIER jeune. — Méthode complète d'écriture en 12 planches demi-jésus, de 6 modèles chacune, contenant etc. Paris, Dezobry, E. Magdeleine, 1843, in-8 oblong avec 72 pl. [3 fr. 60 c.].

RÉGNIER [P.-F.]. [Voy. la *France litt.*, t. VII, p. 505.] — Hommage aux invalides. Poëme en trois chants. Paris, Hénée, 1837, in-8 de 28 pag.

Citons encore : Vers adressés à Mme la princesse Hélène de Mecklembourg-Schwerin, le jour de son mariage avec Mgr le prince royal duc d'Orléans, à Fontainebleau, le 30 mai 1837 [1837, in-4]; — Pensées nobles et expressives de S. A. R. Mme la duchesse d'Orléans, en réponse aux félicitations qui lui ont été adressées par les autorités françaises à son entrée en France, et à Paris, le 4 juin 1837 [1837, in-4. — En vers].

RÉGNIER [J.]. — Le Robinson chrétien. Paris, Pesron, 1838 in-8 [6 fr.].

II° volume de la collection : « le Vœu des familles, ou une Digue aux mauvais romans. »

RÉGNIER [Ad.], professeur au collége Saint-Louis, maître de conférences à l'École normale, professeur de rhétorique au collége Charlemagne, précepteur du comte de Paris, membre de l'Académie des inscriptions et belles-lettres.
1. — Avec M. *Pl. Lebas* : Cours complet de langue allemande (1830-33, 7 vol. in-12); — Cours de versions grecques (1834, in-12); — Cours de thèmes grecs (1834, 1843), in-12; — Chrestomathie polyglotte (1835, in-8). Voy. LEBAS.
2. — Avec M. *Lebas* : Conciones Græcæ : Choix de Discours tirés des historiens grecs. Nouvelle édition, pu-

bliée avec des additions et des notes. Paris, Hachette, 1841, in-12 [4 fr. 50 c.].

On vend séparément : Discours d'Hérodote [1 fr. 50 c.] ; — Discours de Thucydide [2 fr.] ; — Discours de Xénophon [2 fr.].

3. — Traité de la formation et de la composition des mots dans la langue grecque. Paris, Hachette, 1840, in-8 [2 fr.], et in-12 [1 fr. 75 c.].

4. — Dictionnaire étymologique des mots français tirés du grec. Paris, Hachette, 1843, in-12 [3 fr.].

On trouve en tête de ce volume le *Traité de la formation des mots dans la langue grecque*, paginé en chiffres romains [1843, in-12]. Chaque ouvrage peut être acheté séparément.

5 — Théâtre classique, contenant le Cid, Cinna, Polyeucte, Britannicus, Esther, Athalie, Mérope et le Misanthrope, nouvelle édition publiée par *un professeur de l'Académie de Paris*. Paris, Hachette, 1841, gr. in-18 anglais [2 fr. 50 c.].

MM. Régnier et Lebas ont publié avec des *explications grammaticales, historiques et géographiques* : « Guillaume Tell, » drame en cinq actes [1840, in-8, et 1846, in-18] ; « Marie Stuart, » tragédie en cinq actes, par SCHILLER [1847, in-18] ; « Iphigénie en Tauride, » drame en cinq actes, par GOETHE [1843, in-18].

On lui doit des éditions des « Fables » de FÉNELON, avec un *Extrait de l'histoire de Fénelon, et des notes mythologiques, historiques et géographiques* [1849, in-18] ; et des « Morceaux choisis » du même auteur [1849, in-18].

Il a augmenté, 1° d'un *Traité de la formation des mots grecs*, 2° d'un *grand nombre de racines nouvelles et des principaux dérivés*, 3° d'un *Nouveau Dictionnaire des mots français tirés du grec*, le « Jardin des racines grecques, » par LANCELOT [1840, 1846, 1848, in-12].

Il a revu pour le français : le « Nouveau Dictionnaire des langues allemande et française, » par SCHUSTER [1843, 2 vol. in-18].

M. Ad. Régnier a annoté : LUCRÈCE, « de Rerum natura libri sex » [Paris, Panckoucke, 1835, in-8].

On lui doit de nombreuses éditions *ad usum scholarum* avec *notes* et *variantes*, de J. CÉSAR, CICÉRON, DÉMOSTHÈNE, ESCHYLE, EURIPIDE, JUSTIN, PLATON, PLUTARQUE, SOPHOCLE et XÉNOPHON.

Il a travaillé au « Complément du Dictionnaire de l'Académie française. »

RÉGNIER [Joseph]. — Chroniques d'Ensidlen, Notre-Dame des Ermites ; d'après d'Achery, l'anonyme de Raichenau (Bernon), Baronius, Bernard Bez, Bettschart, les Bollandistes, D. Calmet, Haller, D. Mabillon, Joachim Muller, etc., etc. ; divers manuscrits, bulles et brefs, diplômes et cartulaires, chroniques, légendes, nécrologes, etc. Besançon, impr. de Gauthier frères, 1837, in-8 [5 fr.].

Citons encore : Tableau de la ville éternelle, supplément à tous les voyages d'Italie [1838, in-8] ; — Résumé de la question suisse. Mémoire sur l'opportunité d'une intervention étrangère [1841, in-8] ; — Voyage à la sainte robe de Trèves [1846, in-12].

RÉGNIER [Jacomy-]. — Voy. JACOMY-RÉGNIER.

RÉGNIER [Auguste], peintre de paysage. [Voy. la *France littér.*, t. VII, p. 505.] — Paris pittoresque : promenades dans les rues de Paris (1837-40, in-8). Voy. NODIER.

RÉGNIER, évêque d'Angoulême. — Instruction sur la nécessité de pratiquer la religion, et sur la sanctification du dimanche. Angoulême, impr. de Lefraise ; Paris, Sagnier et Bray, 1844, in-18 de 72 pag.

RÉGNIER, docteur en médecine, médecin du bureau de bienfaisance du 2e arrondissement de Paris.

M. Régnier a traduit de l'allemand : « Traité du dessin géométrique, ou Exposition complète de l'art du dessin linéaire, de la construction des ombres et du lavis, » par M. BURG [IIe édit. Paris, Corréard, 1847, in-4 avec un atlas in-4 de plus de 30 pl.].

RÉGNIER DE LA BRIÈRE. [Voy. la *France litt.*, t. VII. p. 505.] — l'Honnête Corsaire ou la Femme vendue ; comédie (en prose). Paris, 1782, in-8.

Sous les initiales R. D. L. B.

RÉGNIER D'ESTOURBET [Hippolyte], littérateur ; né à Langres en 1804, mort à Paris le 23 septembre 1832. [Voy. la *Biogr. univ., suppl.*, et la *France littér.*, t. VII, pag. 506.]

1. — Renaud de Montlosier, accusateur, ou les Jésuites et le parti jaloux. Paris, Bricon, 1827, in-8 de 52 pag.

Sous le nom : *un Bourgeois de Paris*.

2. — Avec M. *Ch. Dupeuty* : Napoléon ou Schœnbrun et Sainte-Hélène ; drame historique en neuf tableaux. Paris, Tresse, 1848, in-8 de 32 pag. à 2 col.

La première édition est de 1830.

M. Régnier a donné dans le « Livre des cent et un » [t. VI, p. III] : *les Demoiselles à marier*.

REGNON [le marquis H. de], membre du conseil général de la Loire-Inférieure. [Voy. la *France littér.*, t. VII, p. 506.]

1. — Appel à l'épiscopat français pour la tenue d'un concile national. Angers, Cosnier ; Paris, Hivert, 1843, in-8 [6 fr.].

M. de Regnon a publié dans la même année

une brochure (in-8 de 40 pag.) intitulée : *Observations sur la lettre adressée par S. E. Mgr. le cardinal de Bonald, archevêque de Lyon, à M. le recteur de l'Académie de Lyon, en date du 11 octobre 1843*, dont la pagination fait suite à l'*Appel à l'épiscopat français*.

2. — Rome ou Paris, liberté ou servitude ; choisissez ! Lettre à Mgr l'évêque de Montpellier, contre le gallicanisme developpé dans sa pastorale du 1er mai 1845. Paris, impr. de Sirou, 1845, in-8 de 112 pag.

3. — Les Catholiques de France au tribunal du pape Pie IX. Lyon, Guyot père et fils ; Paris, Mellier frères, 1847, in-8 [6 fr.].

4. — Du Schisme gallican, ou lettre à Son Éminence le cardinal de Bonald, au sujet des articles organiques. Nantes, imp. de Galimard, 1848, in-8 [1 fr. 50 c.].

Avec des documents officiels et les textes du concordat et des articles organiques, entremêlés de commentaires critiques.
On doit encore à M. de Regnon : Documents pour servir à l'histoire de l'Église catholique en France et en Irlande [1845, in-8] ; — Humble supplique adressée à Mgr. l'évêque de Chartres, au nom des pères de famille constitutionnels [1846, in-8] ; — Documents historiques au sujet de la liberté de l'Église en France. Protestation contre l'enseignement universitaire, contre les rapports de l'Église avec l'État, et contre la violation de la Charte par les évêques [1846, in-8] ; — Lettre à M. de Montalembert sur l'urgente nécessité d'unir tous les catholiques de France, en se ralliant sur le terrain neutre de la Charte [1846, in-8] ; — Demande d'un concile national à l'épiscopat français, à l'effet d'assurer la liberté de l'Église catholique et la liberté d'enseignement [1848, in-12] ; — Instruction démocratique pour la tenue prochaine des conseils généraux [1849, in-12] ; — Mémoire adressé à M. de Falloux, au sujet de la liberté d'enseignement [1849, in-12] ; — Question électorale au sujet de l'administration du pays par le pays [1849, in-12] ; — Adresse à l'épiscopat français au sujet du projet de loi de M. de Falloux sur l'enseignement primaire et secondaire [1849, in-8].

REGNOUF-DEVAINS. — Avec M. *A. Boin* : Observation sur la patente des médecins (1824, in-8). Voy. BOIN.

REGREB. — Dialogue entre M. Jaiquemar, sai fanne et son gaçon, trito soneu de l'églisê Notre-Daime de Dijon au seujet dei incendie qui son airivai cé jor darni, etc. Dijon, Benoist, 1846, in-12 de 24 pag.

En vers bourguignons.

RÉGUENEL [Mme la comtesse]. — Maria. Paris, Olivier Fulgence, 1840, in-12 [2 fr. 25 c.].

M. Quérard (*Apoc.*, IV, p. 56) dit que c'est un pseud. de Mme de BOTHEREL.

REIBELL, ingénieur en chef des ponts et chaussées, directeur des travaux maritimes.

M. Reibell a refondu le «Programme, ou Résumé des leçons d'un cours de construction, par SGANZIN [1839-41, 3 vol. in-4 avec un atlas de 180 pl. in-fol.], de manière à y réunir tous les faits nouvellement acquis, et l'a complété par des chapitres fort étendus sur les chemins de fer, sur les ponts fixes en fer, sur les ponts suspendus, etc.

Il a donné quelques articles aux « Annales des ponts et chaussées. »

REIBER-FLORIAN [l'abbé]. — Traité abrégé d'arithmétique. Épinal, Faguier, Thirion-Jouve, 1833, in-8 avec un tableau ; — IIe édit. Besançon, Gauthier, 1835, in-8 avec 2 tableaux.

REID [Thomas], métaphysicien anglais, professeur de philosophie morale à Glasgow ; né à Strachan (comté de Kincardine) en 1710, mort en 1796. [Voy. la *France littér.*, t. VII, p. 509.]

— Sur l'Étude des facultés de l'âme. Philosophie de Thomas Reid, extraite de ses ouvrages, avec une vie de l'auteur et un essai sur la philosophie écossaise ; par l'abbé *P.-H. Mabire*. Paris, Périsse frères, 1844, 2 vol. in-12 formant deux séries [7 fr.].

Première série : *Essais sur les facultés intellectuelles de l'homme.* — Seconde série : *Essais sur les facultés actives de l'homme*, suivis de la Vie de Thomas Reid, et d'un Essai sur la philosophie écossaise, par M. l'abbé MABIRE.
Cette édition reproduit les deux grands ouvrages de Reid sur les *facultés intellectuelles*, et sur les *facultés actives* de l'esprit humain, sauf la polémique contre Locke, Berkeley et Hume. La traduction est de M. Théod. JOUFFROY.

REIFF [le chevalier Ph.]. [Voy. la *France litt.*, t. VII, pag. 509.] — Dictionnaire russe-français, dans lequel les mots russes sont classés par familles, ou Dictionnaire étymologique de la langue russe. Saint-Pétersbourg, 1835 ; 2 vol. in-8 [30 fr.]. — *Paris, Maison*.

REIFFENBERG [le baron Frédéric-Auguste-Ferdinand-Thomas de], professeur de philosophie à l'université de Louvain, et d'histoire à celle de Liége, conservateur de la bibliothèque royale de Bruxelles, correspondant de l'Institut de France, membre de l'Académie de Belgique et d'un grand nombre d'autres académies et sociétés savantes, secrétaire de la commission royale d'histoire de la Belgique ; né à Mons le 14 novembre 1795, mort à Bruxelles le 18 avril 1850. [Voy. une notice de M. X. HEUSCHLING, dans le *Bulletin du bibliophile belge*, le *Dictionnaire des hommes de lettres de Belgique*, p. 166, et la *France littér.*, t. VII, p. 509.]

1. — Nouveaux Souvenirs. d'Allemagne, Pèlerinage à Munich. Bruxelles, 1843, 2 vol. in-12 [7 fr.].

2. — Monuments pour servir à l'histoire des provinces de Namur, de Hainaut et de Luxembourg. Tom. Ier. Bruxelles, Hayez, 1844, in-4 avec 23 pl. [16 fr.].

3. — Les Loges de Raphaël et de Joseph de Meulemeester. Bruxelles, 1845, in-8 de 22 pag.

4. — Études sur les loges de Raphaël, par le baron de Reiffenberg, d'après les gravures de J.-C. de Meulemeester. Bruxelles, Périchon, 1845, in-4 [5 fr.].

M. Edmond de BUSSCHER, l'un des secrétaires de la Société royale des beaux-arts et de littérature de Gand, a réclamé la paternité de cet ouvrage, dont il avait, a-t-il dit, imprudemment confié le manuscrit à l'éditeur, M. A. Lacrosse. Voy. « Organe des Flandres, » 13 novembre 1846, et « Études des études de M. le baron de Reiffenberg, sur Raphaël, » par M. de BUSCHER, 1846, in-8.

5. — Annuaire de la Bibliothèque royale de Belgique, pour 1844. Bruxelles, Muquardt, 1844, in-18 avec 1 pl.

C'est la quatrième année de cet Annuaire. La première est de 1840.

L'*Annuaire de la Bibliothèque royale de Belgique* pour 1844 est divisé en quatre sections : 1° Coup d'œil sur la Bibliothèque royale ; 2° Notices et extraits des manuscrits de la Bibliothèque royale ; 3° Mémoire pour l'histoire des lettres et des sciences, des arts et des mœurs en Belgique ; 4° Mélanges bibliologiques.

On doit en outre à M. de Reiffenberg : Charles-Quint, considéré comme renommée populaire [in-8] ; — des Légendes poétiques relatives aux invasions des Huns dans les Gaules, et du poëme de Waltharius [in 8] ; — Notice sur J.-F. Foppens ; — une Existence de grand seigneur au XVIe siècle [in-8 de 27 pag.] ; — Adresse à M. de Montalembert, à propos des Mémoires du duc Charles de CROY, mort en 1612 ; — Extraits de divers manuscrits relatifs à la Belgique [in-8] ; — Notices et extraits des manuscrits de la Bibliothèque royale [4 brochures in-8] ; — Paléographie, Histoire littéraire, suite des Notices, et extraits de la Bibliothèque royale, etc [Bruxelles, 5 cahiers in-8] ; — Walther ou la Première expédition d'Attila dans les Gaules [Bruxelles, 1838, in-12] ; — l'Honneur national, à propos des vingt-quatre articles [1839, in-8]. —Sous le nom : un Luxembourgeois de la partie, cédée] ; — Éloge de Jean Desroches [Bruxelles, 1843, in-12] ; — Notice sur le marquis de Fortia d'Urban [Bruxelles, 1844, in-12] ; — Bibliothèque de M. G. Libri [1849, in-8].

M. de Reiffenberg a donné : — dans les « Mémoires de la Société d'émulation de Cambrai : » *Mémoire sur Jean Molinet, historien et poëte,* XIVe rec., 1832-33] ; — dans le « Bulletin bibliographique de la Belgique : » *Notice sur El. Hénaux* [1re année] ; — dans l'« Annuaire de l'Académie de Bruxelles » pour 1841 ; *Éloge de P.-C.-F. Daunou* ; — dans le recueil intitulé « Allemagne et Pays-Bas ; » Malines, —dans la « Biographie univ., suppl., » l'article *G.-J. Gérard*, etc.

M. de Reiffenberg a publié : Monuments pour servir à l'histoire des provinces de Hainaut, de Namur et de Luxembourg [8 vol. in-4] ; — « Mémoires de Jacques DU CLERCQ sur le règne de Philippe le Bon » [1835, 4 vol. in-8] ; *Notices* accompagnant la « Chronique métrique, » de G. CHASTELLAIN et J. MOLINET [Bruxelles, 1836, in-8] ; — Historia Brabantiæ diplomatica de P.-A Thym [Bruxelles, Muquardt, 1845, in-8] ; — Chronique rimée de Philippe MOUSKES [Bruxelles, 1836-1838, 2 vol. in-4].

M. de Reiffenberg a publié aussi, avec MM. SERRURE, JACQUEMYNS et autres : « Messager des sciences et des arts de la Belgique » [Gand, 1833-38, 6 vol. in-8].

Il a aussi travaillé au « Musée des familles ; » au « Dictionnaire de la conversation, » où il a donné notamment : *Notice biographique sur Laensberg.*

M. de Reiffenberg a dirigé la publication du « Bulletin du bibliophile belge, » mis au jour par la librairie Vandale, avec la collaboration de MM. R. CHALON, T. de JONGHE, A.-B. SCHAYES, H. SERRURE et P. VANDER MEERSCH [Bruxelles, Vandale, 1844 et ann. suiv., in-8]. — Le directeur a rédigé entièrement le premier numéro, qui contient : 1° un *Avertissement* ; — 2° deux chapitres préliminaires : *l'Amour des livres*, la *Curiosité savante* ; — 3° *Histoire des livres imprimés et manuscrits : Rutger Velpius, imprimeur à Mons* ; — 4° le *Lecteur monastique* (en vers latins) ; — 5° *Encore un manuscrit de la Bibliothèque royale : Séjour de madame du Chastelet et de Voltaire à Bruxelles* ; — *les Esclaves de Marie*, confrérie religieuse dont la marquise du Chastelet fut prévôte, en 1741 ; — 6° une *Charte de Charles-Quint*, avec *illustrations* ; — 7° *Histoire des bibliophiles* ; — 8° *Notice biographique sur le marquis Fortia d'Urban* ; — 9° *Étienne Hénaux*, poète belge, mort le 13 novembre 1843.

Il a inséré, entre autres, dans ce journal : *Données statistiques pour l'histoire de l'imprimerie. Premier établissement de la typographie dans les diverses localités de la Belgique* ; — « Essai sur l'imprimerie d'Anvers, » par Fr.-Jos. MOLS, ouvrage posthume publié par M. de Reiffenberg ; — *Livrets singuliers*, article du *Paulus Studens*, pseud. de P.-S. Victor HÉNAUX [t. Ier, p. 311] ; — *Nodierana* [t. II, p. 410], article sur *Thomas à Kempis* ; — *A propos de Jacques Lesueur*, etc.

Les ouvrages suivants, que M. de Reiffenberg a mis sous son nom : *Mémoire sur les sires de Kuyck ou de Cuyck*, publié dans le tome VI des « Mémoires de l'Académie de Bruxelles » [1830] ; — *Chronologie historique des comtes de Salm-Reifferschied*, impr. dans les « Nouvelles Annales historiques des Pays-Bas » [1829-32] ; *Mémoire sur les comtes de Louvain jusqu'à Godefroi le Barbu* [ibid., 1829-32] ; — *Supplément à l'Art de vérifier les dates*, etc., ou *Mémoires sur quelques anciens fiefs de la Belgique* [Nouv. Mém. de l'Acad. de Bruxelles, t. VIII] ; — *Comtes de Durbuy et de la Roche* ; — *Comtes de Dalhem* ; — *Codex diplomaticus dalemensis*; *Comtes de Duras* ; — *Comtes de*

Montaigu et de Clermont; — *Codex diplomaticus pour la seigneurie de Fauquemont;* ont été *empruntés* aux manuscrits de Simon-Pierre ERNST, curé d'Afsden, et du P. Nep. STEPHANI, collaborateur de ce dernier. Les manuscrits de S. P. [ERNST ont été publiés par M. Ed. LAVALLEYE, membre de l'Académie de Bruxelles, qui a fait paraître une déclaration de M. de Reiffenberg, constatant son plagiat [Liége, 19 oct. 1836]. Les Monuments pour servir à l'histoire des provinces de Namur, de Hainaut et de Luxembourg, contiennent aussi des parties copiées, sans indication, dans d'autres écrits [Voy. une polémique à ce sujet avec M. Ad. BORGNET, sous le nom de *Pimpurniaux*]; et les Loges de Raphaël, comme on l'a vu, ont été pillées à M. BUSSCHER. Les Prolégomènes de l'édition de la Chron. de Phil. Mouskes sont l'œuvre du curé ERNST.

REIGNEFORT. Voy. LABICHE DE REIGNEFORT [Pierre-Grégoire].

REIGNY [C. de]. — La Bourse de Paris, nouveau guide du capitaliste, contenant, etc. Paris, Debure, 1846, in-32 [1 fr. 25 c.].

REIMERS [Henri de]. — L'Académie impériale des beaux-arts de Saint-Pétersbourg, depuis son origine jusqu'au règne d'Alexandre 1er en 1807. Saint-Pétersbourg, 1807, in-8 [3 fr.].

Anonyme.

REIMES ou **REMI [Philippe de]**, nom du célèbre jurisconsulte *Philippe de Beaumanoir.* — Roman de la Manekine, publié par *Francisque Michel*. Paris, imp. de Maulde, 1840, in-4.

Imprimé pour le Bannatyne Club.

REIMS [H.-J. de].

M. H.-J. de Reims a publié et augmenté de Notes le mémoire intitulé : « Le Portus Itius revendiqué pour le Calaisis, » par MOREL-DISQUE [1844, in-8].

REINAUD [Joseph-Toussaint], orientaliste, conservateur à la bibliothèque impériale, professeur d'arabe à l'école des langues orientales, membre de l'Académie des inscriptions et belles-lettres, président de la Société asiatique; né à Lambesc le 4 décembre 1795. [Voy. la *France littér.*, t. VII, pag. 513.]

1. — Monuments arabes, persans et turcs, du cabinet de M. le duc de Blacas et d'autres cabinets, considérés et décrits d'après leurs rapports avec les croyances, les mœurs et l'histoire des nations musulmanes. Paris, 1828, 2 vol. in-8, avec planch.

2. — Rapport sur le voyage dans l'Arabie Pétrée de MM. Léon de Laborde et Linant. Paris, Imp. roy., 1835, brochure in-8.

Extrait du Journal asiatique.

3. — Notice historique et littéraire sur M. le baron Silvestre de Sacy, lue à la séance générale de la Société asiatique, le 25 juin 1838, IIe édition, revue et corrigée. Paris, Mme veuve Dondey-Dupré, 1838, in-8 de 92 pag. [2 fr.].

Imprimée d'abord dans le « Journal asiatique, » en 1838.

4. — Fragments arabes et persans inédits, relatifs à l'Inde antérieurement au XIe siècle de l'ère chrétienne, recueillis par M. Reinaud. Paris, Impr. royale, 1845, in-8.

Extrait du Journal asiatique.
Les Fragments sont suivis de leur traduction.

5. — Avec M. de *Slane* : Texte arabe de la géographie d'*Aboulfeda*. Paris, Duprat, 1840, in-4.

6. — Relation des voyages faits par les Arabes et les Persans dans l'Inde et la Chine, dans le IXe siècle, texte arabe imprimé en 1811 par les soins de feu Langlès, publié avec corrections et additions, et accompagné d'une traduction française et d'éclaircissements. Paris, Franck, 1846, 2 vol in-18 [8 fr.].

Les deux tiers du deuxième volume sont en arabe.

Voy. un compte rendu de cet ouvrage dans le « Journal des savants » [sept. 1846, p. 513; nov. 1846, p. 677; déc. 1846, p. 733.].

7. — Avec M. Ild. *Favé* : Histoire de l'artillerie (1845, in-8). Voy. FAVÉ.

8. — Avec M. *Favé*: du Feu grégeois, des feux de guerre et des origines de la poudre à canon. Paris, Dumaine, 1845, in-8.

Cette publication a donné lieu à une discussion avec M. L. LALANNE, qui a publié dans la « Biblioth. de l'École des chartes : » « Controverse à propos du feu grégeois » [t. VIII, p. 338]. — M. Reinaud a publié une *Réponse* aux objections de M. Lalanne [*id.*, p. 427] ; — Note de M. Lalanne [*id.*, p. 440]; — Note de M. Reinaud [p. 533].

9. — Géographie d'*Aboulfeda*, traduction française avec une introduction sur la géographie des arabes. Paris, 1848, 2 vol. in-4.

M. Reinaud a inséré dans le tome Ier deux dissertations d'un autre auteur, *Sur la navigation des Arabes dans les mers des Indes par les moussons*, et *Sur un instrument d'astronomie nautique employé par les Arabes*.

10. — Mémoire sur l'Inde, d'après les historiens arabes, persans et chinois

antérieurs au XIe siècle de l'ère chrétienne. Paris, 1849, in-4 avec 1 carte.

Extr. du t. XVIII des « Mém. de l'Acad. des Inscriptions. »

On doit aussi à M. Reinaud : les Notices et Traductions des manuscrits orientaux de la bibliothèque de Montpellier [1849, in-4. — Catalogue général des manuscrits des bibliothèques publiques des départements].

M. Reinaud a travaillé à l' « Encyclopédie des gens du monde. » Il a fourni de nombreux rapports, articles et notes au «Journal de la Société asiatique, » etc.

Il a fourni, avec M. DEREMBOURG, des *Notes* à la nouvelle édition des « Séances de HARIRI, » de M. Silvestre de SACY. Voy. HARIRI.

M. Reinaud est chargé par l'Acad. des inscriptions de publier le Recueil des historiens orientaux des croisades, recueil dont la première idée appartient aux bénédictins de Saint-Maur.

REINAUD. — Minéralogie des gens du monde, ou Notions générales sur les minéraux les plus utiles à la société. Paris, Moutardier, 1836, gr. in-18.

REINHARD [Franz-Wolkmar], moraliste, prédicateur, et théologien protestant; né dans le duché de Gulzbach en 1753, mort en 1812. [Voy. la *France littér.*, t. VII. pag. 514.] — Essai sur le plan formé par le fondateur de la religion chrétienne pour le bonheur du genre humain; traduit de l'allemand par *J.-L.-A. Dumas.* Nouvelle édition. Valence, Marc-Aurel, 1842, in-12 [3 fr.].

REINRAG [Paulus], pseudonyme. Voy. GARNIER [Paul-Aimé].

REINVILLIER [Aristide]. — Notice sur les eaux thermales de Saxon, canton du Valais (Suisse); avec l'analyse chimique par *Pyrame Morin,* de Genève. Paris, impr. d'Appert, 1846, in-12 de 36 pages.

REIS [Paul-Henri-Louis], docteur en médecine; né à Paris le 20 février 1801. [Voy. la *France littér.*, t. VII, p. 514.]

1. — Manuel de l'allaitement, ou Conseils aux jeunes femmes sur les différentes manières de nourrir leurs enfants. Paris, Gaillot, 1843, in-8 de 136 pag.

2. — Notice historique et pratique sur le choléra-morbus, et particulièrement sur l'épidémie de 1849. Indication des moyens de s'en préserver, de le reconnaître aisément, et de s'en rendre maître en l'absence du médecin. Paris, imp. de Lange Lévy, 1849, in-8 de 24 pag.

On doit à M. Reis une thèse sur la fièvre dite essentielle inflammatoire, et des articles dans les journaux de médecine.

REISET [J.].

1.—Avec MM. *Hoefer, Millon* et *Nicklès* : Annuaire de chimie (1845, 1846, 1848, 1849, in-8). Voy. HOEFER.

2. — Avec M. *Regnault* : Recherches chimiques sur la respiration des animaux des diverses classes. Paris, Bachelier, 1849, in-4 avec 2 pl.

Ext. des « Annales de chimie et de physique. »

REISET [Frédéric], conservateur des dessins au musée du Louvre. — Courtes réflexions sur une décision de l'Assemblée nationale, concernant les dessins du Louvre. Paris, imp. de Guyot, 1849, in-8 de 40 pag.

Écrit daté du 16 décembre 1848.

REITER. — Avec M. *Abel* : Représentation de cent arbres des forêts d'Allemagne. Stuttgard, 1805, in-4.

REITHMAYER [F.-X.].

M. Reithmayer a publié : « la Patrologie, ou Histoire littéraire des trois premiers siècles de l'Église chrétienne, » par J.-A. MOEHLER [Paris, Debécourt, 1841, 3 vol. in-8].

REIZET [Mme la baronne Adèle de]. [Voy. la *France littér.*, t. VII, p. 514.] — Émérance, ou Chronique du temps de Charles Martel. Chartres, Garnier, 1847, in-8 de 160 pag.

Sous le pseudonyme : Mme Adèle de RAVENSTEIN.

A paru d'abord en feuilleton dans le «Journal de Chartres. »

RELLEZ [Van]. — Aventures et confidences, roman historique. Paris, Ch. Gosselin, 1829, 2 vol. in-12.

REMACLE [Bernard-Benoît], membre de l'Académie du Gard. — Des Hospices d'enfants trouvés, en Europe, et principalement en France, depuis leur origine jusqu'à nos jours. Paris, Treuttel et Würtz, 1838, in-8 avec un tableau et des *Documents statistiques officiels* formant atlas in-4 [10 fr.].

Ouvrage couronné par l'Académie du Gard, par la Société académique des sciences et belles-lettres de Mâcon, et par la Société des établissements charitables de Paris.

M. Remacle a donné des travaux littéraires et d'utilité publique dans les « Mémoires de l'Académie du Gard. »

REMACLE [Laurent], instituteur à Liége; né à Verviers. — Voyage de Verviers à Liége, tant à pied qu'en diligence, par *Ignorantin Simplinet*, avec des notes critiques, historiques et philosophiques par *Dominique Mirlifique* (autre masque de M. Remacle). Verviers, Charles, 1821, in-12.

REMI [J.]. — Science de la langue française, contenant, etc. IIe édition. Paris, Belin-Mandar, 1840, in-12 [3 fr. 50 c.].

REMI. — Arlequin mort et vivant; pantomime en deux tableaux. Paris, imp. de Bénard, 1847, in-8 de 8 pag.

RÉMOND [le général], ancien député. — Principes de stratégie élémentaire et de progrès. Paris, Dumaine et G. Laguionie, 1846, in-8 avec une carte [7 fr. 50 c.].

Citons encore : de la Défense de Paris, tant sous les rapports de la fortification que sous ceux de la stratégie et de la tactique [1840, in-8 avec un plan]; — Nouveau Modèle de fusil de guerre, permettant de quadrupler et de sextupler les feux [1842, in-8 avec une pl.]; — des Chemins de fer au point de vue de la défense du pays, et particulièrement de la zone de l'ouest, ayant pour limites la Manche, la Loire, la Seine et le méridien de Paris [1845, in-8].

RÉMOND [Jules]. — Polichinelle; farce en trois actes, pour amuser les grands et les petits enfants. Paris, Delarue, 1838, in-16.

REMPP. — Mémoire sur la production de l'or et de l'argent, considérée dans ses fluctuations, traduit de MM. *Rempp*, avec un avant-propos de M. *Michel Chevalier*. Paris, Guillaumin, 1848, in-8 de 40 pag.

Extrait du « Journal des économistes. »

RÉMUSAT [l'abbé Hyacinthe-Marie,] prêtre et chanoine de l'église cathédrale de Marseille. [Voy. la *France littér.*, t. VII, p. 518.]
— Le Livre de toutes les prophéties et prédictions. Passé, présent, avenir. IVe édition, considérablement augmentée, et suivie d'une lettre sur la proximité de la fin du monde, par M. le chanoine Rémusat, et de la prière de Pie IX. Paris, Maison, 1849, in-18 [1 fr. 75 c.].

La *Lettre d'un chanoine* (M. Rémusat) *à un de ses amis sur la proximité de la fin du monde* a été réimprimée dans l'ouvrage intitulé : « des Prédictions modernes, et, en particulier, de la prophétie dite d'Orval » [Avignon, Séguin aîné, 1840, in-12].

RÉMUSAT [Claire-Élisabeth-Jeanne GRAVIER DE VERGENNES, dame], née le 5 janv. 1780, morte à Paris le 16 déc. 1821. [Voy. un article de M. SAINTE-BEUVE dans la *Revue des Deux Mondes* du 15 juin 1842, et la *France litt.*, t. VII, pag. 518.] — De l'Éducation des femmes, avec une préface, par M. *Ch. de Rémusat*. Paris, Charpentier, 1842, in-12 [3 fr. 50 c.].

RÉMUSAT [Ch.-Fr.-M. de], ancien député, ancien ministre de l'intérieur, membre de l'Académie française, membre des assemblées constituante et législative après 1848; né à Paris le 14 mars 1797. [Voy. un article de M. SAINTE-BEUVE dans la *Revue des Deux-Mondes* du 1er octobre 1847, et la *France litt.*, t. VII, p. 518.]

1. — Du Paupérisme et de la charité légale. Lettre adressée à MM. les préfets du royaume; suivie d'observations de M. *A. de Candolle*, sur un traité de la bienfaisance publique. Paris, Jules Renouard, 1840, in-18 [60 c.].

2. — Essais de philosophie. Paris, Ladrange, 1842, 2 vol. in-8 [15 fr.].

Voy. une analyse de cet ouvrage, par M. J. SIMON, dans la « Revue des Deux-Mondes » du 1er mai 1842.

3. — Abélard. Paris, Ladrange, 1845, 2 vol. in-8 [15 fr.].

Une analyse de cet ouvrage, par M. J. SIMON, a paru dans la « Revue des Deux-Mondes » du 1er janvier 1846.

4. — De la Philosophie allemande. Rapport à l'Académie des sciences morales et politiques, précédé d'une Introduction sur les doctrines de Kant, de Fichte, de Schelling et de Hegel. Paris, Ladrange, 1845, in-8 [6 fr.].

5. — Passé et présent. Mélanges. Paris, Ladrange, 1847, 2 vol. in-12 [7 fr.].

Voy. un compte rendu de ce livre, par M. N. MARTIN, dans le « Moniteur » du 21 juin 1847.

M. Ch. de Rémusat a fait précéder d'une *Préface* : « de l'Éducation des femmes, » par Mme de RÉMUSAT [1842, in-12].

On lui doit plusieurs *articles* dans la « Revue des Deux-Mondes, » notamment sur : « Vie, correspondance et écrits de Washington, » par GUIZOT [1er janvier 1840] ; — Lettres de Louis XVIII à M. le comte de Saint-Priest » [1er juillet 1847].

Il a publié dans les « Annales maritimes : » une *Notice sur la vie, les travaux et les services de M. le comte J. Caffarelli*, ancien préfet maritime, datée de Lafitte (Haute-Garonne), 10 octobre 1845 [1845, t. III, p. 645].

Il a donné, dans le « Journal des Débats » du 29 octobre 1837, une *Notice sur Casimir Périer*, reproduite dans : « Opinions et discours » de C. PÉRIER [1838, 4 vol. in-8).

On trouve dans le « Constitutionnel, » du 5 novembre 1814, un remarquable article de M. de Rémusat, intitulé : *de l'État actuel de la littérature en France.*

M. Ch. de Rémusat a travaillé au « Dictionnaire de la conversation et de la lecture, » au « Globe, » etc.

RÉMUSAT [Jean-Pierre-Abel], orientaliste, membre de l'Institut, professeur au Collège de France; né à Paris le 5 septembre 1788, mort dans cette ville le 3 juin 1832. [Voy. la *France littér.*, t. VII, p. 518.]

1. — Observations sur l'Histoire des Mongols orientaux de Sanang Setsen. Paris, Imp. roy., 1832, in-8.

2. — Mélanges posthumes d'histoire et de littérature orientales ; publiés sous les auspices du ministère de l'instruction publique. Paris, Impr. royale, 1843, in-8.

L'éditeur est M. FÉLIX LAJARD.

3. — Des Changements que peuvent éprouver deux langues, par mélange du peuple vaincu et du peuple vainqueur. Paris, imp. de Gratiot, 1844, in-8 de 8 pag.

Extrait abrégé du discours préliminaire des *Recherches sur les langues tartares* (dont le tome 1er et unique a paru en 1820).

M. Abel Rémusat a publié dans la « Revue des Deux-Mondes: » *Voyage dans la Tartarie, l'Afghanistan et l'Inde, exécuté au IVe siècle par plusieurs Samanéens de la Chine* [1832, t. VJ.

Il a fourni des notes à : « Relation des quatre voyages entrepris par Christophe Colomb pour la découverte du nouveau monde, de 1492 à 1504 [1828, 3 vol. in-8]. »

RÉMUSAT.

Il a traduit, avec M. E. PELLISSIER : l'« Histoire de l'Afrique, » de MOHAMMED BEN ABI-EL RAINI EL-KAÏROUANI [1845, in-8].

REMY [Alexandre].

1. — Anna, avec une préface de l'auteur des *Mémoires de la mort*. Paris, Bazouge-Pigoreau, 1839, in-8 [7 fr. 50 c.].

2. — L'Aigle et la Colombe, précédé d'une dissertation littéraire adressée à l'auteur par M. le vicomte d'*Arlincourt*. Paris, Lachappelle, 1840, et Cadot, 1849, 2 vol. in-8 [15 fr.].

Citons encore: Études sur Jésus-Christ [1841, in-8]; — la Rose mystique [1844, in-18]; — la Crèche de Bethléem [1845, in-18]; — les Femmes devant la guillotine [1848, in-32]; — Dieu le veut !... Procès de MM. d'Arlincourt, Jeanne et Garnier. Plaidoiries de MM. Fontaine (d'Orléans) et Auguste Johannet [1848, in-18].

REMY [J.-F.], professeur de littérature.

1. — Science de la langue française, suivie d'une table alphabétique générale des matières. Paris, Belin-Mandar, 1839, et IIIe édit. Dusillion, 1842, in-12 [3 fr. 50 c.].

2. — Dictionnaire des onze cents locutions prépositives, conjonctives, adverbiales, et d'autres façons de parler, qui ne se trouvent classées par ordre alphabétique dans aucun dictionnaire français ; expliquées par 9,000 exemples puisés aux sources les plus pures, et suivies d'une table alphabétique générale des matières. Paris, Belin-Mandar, Mme veuve Nyon, 1839, in-12 [2 fr.].

3. — Exercices français, sur un plan tout nouveau. Paris, imp. de Bruneau, 1840, in-12.

4. — Science des conjugaisons, précédée d'un traité sur les modes, les temps et les participes, contenant, etc. Paris, Hachette, 1842. et IIe édit., Dusillion, 1843, in-12 [2 fr.].

5. — Abrégé de la science des conjugaisons, précédé des Éléments de la grammaire française de Lhomond, contenant, etc. Paris, L. Hachette, 1843, in-12 [2 fr.].

6. — Le Savant commerçant, et le capitaliste universel. Paris, Bruneau, 1842, in-12 [2 fr.].

7. — Méthode de français sur un plan tout nouveau. IIe édition, perfectionnée et augmentée, etc. Paris, Mme veuve Maire-Nyon, 1844, 3 vol. in-12 [6 fr.].

REMY [Eugène-J.], officier d'infanterie. — Biographie du colonel de Montagnac. Paris, imp. de Cosson, 1847, in-12.

REMY [Jules]. — Analecta Boliviana, seu nova genera et species plantarum in Bolivia crescentium. Paris, imp. de Martinet, 1847, in-8, fig.

REMY [le docteur]. — De la Vie et de la mort. Considérations philosophiques sur la vie de la terre et des êtres qui en dépendent; en particulier de la vie et de la mort de l'homme et de son avenir, comprenant la géogénie, concordant avec l'interprétation du 1er chapitre de la Genèse; la géologie, l'histoire naturelle philosophique, la vie humaine particulière et sociale. Paris, imp. de Ducessois, 1847, in-8 [7 fr. 50 c.].

RENALDI [le rév. chanoine], de Turin. — Obsèques célébrées par la congrégation des prêtres théologiques au Corpus Domini, chanoines de la très-sainte Trinité, à l'honorée mémoire du prêtre théologien D. Joseph Cottolingo, etc. Éloge historique; traduit de l'italien par un légiste savoisien. Lyon, imp. de Périsse, 1843, in-8 de 64 pag.

RENARD [Honoré]. — Les Trois premiers Grades uniformes de la mac∴ (Paris), 1778, pet. in-8.

Sous l'anagramme : NÉRARD-HERONO [le F.].

RENARD [M.-H.]
1. — De l'Ode. 1823, in-4.
Thèse pour le doctorat ès lettres.

2. — De argumentatione. 1823, in-4.
Thèse pour le doctorat ès lettres.

RENARD [Émile], avocat à la cour d'appel de Paris. [Voy la *France littér.*, t. VII, p. 523.]
1. — Recueil des lois municipales, contenant, etc., avec notes et commentaires d'après la discussion des chambres, la jurisprudence des tribunaux et les instructions ministérielles. Paris, Dupont, 1840, in-8 [9 fr.].
2. — Histoire de la restauration, suivie d'un Précis de la révolution de Juillet. Paris, Allouard, 1842, in-8 [6 fr.].
3. — Les Étudiants à Paris, scènes contemporaines; IIe édition. Paris, Allouard, 1842, in-8 [3 fr. 50 c.].
La première édition est de 1836.
4. — De l'Invasion des députés dans l'administration, et particulièrement dans l'admission aux emplois publics. Paris, imp. de Dupont, 1844, in-8 de 40 pag.

RENARD [Athanase], docteur en médecine de la faculté de Paris, député de la Haute-Marne. [Voy. la *France littér.*, t. VII, pag. 524.]
1. — Études littéraires et dramatiques. Paris, Guyot, 1842, in-8.
Contient deux tragédies : les *Pélopides* et les *Vêpres siciliennes*.
Citons encore : de la Situation parlementaire actuelle [1838, in-8]; — de l'Esprit de parti considéré dans ses rapports avec le mouvement de la dernière législature. A MM. les électeurs de l'arrondissement de Bourbonne [1839, in-8]; — le Gouvernement parlementaire étudié dans les sessions de 1839 à 1842. A MM. les électeurs du collége de Bourbonne [1841-42, 2 parties in-8].

RENARD [J.-A.]. — Histoire naturelle chimique et médicale du lichen d'Islande, contenant les préparations pharmaceutiques et économiques de cette plante, considérée comme aliment et comme médicament. Paris, Crochard, 1836, in-8 de 80 pag. avec 1 pl.

RENARD, ancien professeur au collége Bourbon. — Constantine. Ode à l'armée, aux jeunes princes. Paris, Delaunay, Saint-Jorre, 1838, in-8 de 16 p.

Sous le pseudonyme : ÉRIVANNE [Charles].

RENARD [P.-M.-J.]. — Avec M. *L. Ronjon* : les Grelots de la folie : chansonnier de 1838. Paris, le Normant, Dufey, 1838, in-18.
Une deuxième édition a été publiée dans la même année.

RENARD [l'abbé J.-F.].
1. — Méditations politico-philosophiques d'un vrai citoyen. Lyon, Pélagaud, 1841, in-12.
2. — Bouquets à Marie pour le mois de mai. Lyon, Guyot; Paris, Mellier, 1845, in-18.

RENARD [F.-A.], architecte.
1. — Vignole centésimal, ou les règles des cinq ordres d'architecture de J. Barrozio de Vignole, établie sur une division du module en harmonie avec le système actuel des mesures, suivi du tracé des moulures, et de la manière de mettre très-promptement un ordre en proportion dans un espace donné quelconque, sans le secours du module; à l'aide des divisions mêmes du mètre. Paris, Mathias, 1842, gr. in-8 avec 34 pl. [8 fr.].
2. — Architecture décimale. Parallèle des ordres d'architecture et de leurs principales applications suivant Palladio, Scamozzi, Serlio, Vignole, Philibert Delorme et Perrault, établi sur une division du module en harmonie avec le système décimal. Paris, Ladrange, 1845, in-fol., fig.

RENARD [Ch.], de Caen. — Dumouriez et les marguilliers de Cherbourg. Lettres inédites et autographes, publiées par Ch. Renard. Caen, Rupalley; Paris, France Thibaut, 1843, in-8 de 16 pag.

Ces lettres sont de 1778 et 1779.

RENARD [B.]. — Histoire politique et militaire de la Belgique. Première étude. Origines nationales; première partie. Bruxelles, Stienon, 1847, grand in-8 avec pl. [4 fr.].

RENARD-COLLARDIN, de Liége. — Lettre d'*Eustache le franc* à Mgr. C.-R.-.A. van Bommel, pour la plus grande utilité du saint-siége, pour la mortification et le châtiment du clergé wallon, etc. IIIe édit. Liége, 1838, pet. in-8 [1 fr.].

RENAUD [E.]. Voy. Bourla [A.].

RENAUD [Ernest], auteur dramatique.

1. — Avec M. *Ménissier* : Un Mois après la noce, ou le Mariage par intérêt; comédie-vaudeville en un acte. Paris, Duvernois, 1822, in-8 [1 fr. 50 c.].

Sous le nom *Ernest R****.

2. — Avec MM. *Saint-Ange*, *Martin* et *Ménissier* : les Trois Trilby (1823, in-8); — l'Antichambre d'un médecin (1823, in-8). Voy. Martin.

3. — Avec MM. *Saint-Léon* et *Ménissier* : le Précepteur dans l'embarras; comédie-vaudeville en un acte. Paris, Pollet, 1823, in-8 [50 c.].

Sous le nom : *Ernest*.

4. — Avec M. *Ménissier* : la Maison incendiée, ou les Enfants du charbonnier ; mélodrame anecdotique en un acte. Paris, Quoy, 1823, in-8 [75 c.].

Sous le nom : *Ernest*.

5. — Avec MM. *Ménissier* et *A**** : le Passe-port; comédie-vaudeville en un acte. Paris, Mme Huet, 1824, in-8 [1 fr.].

Sous le nom : *Ern. R****.

6. — Avec M. *Jouslin de la Salle* : le Tambour et la musette; tableau-vaudeville en un acte. Paris, Bezou, 1826, in-8 [1 fr. 50 c.].

Sous le nom : *Ernest*.

RENAUD, pseudonyme. Voy. Pillet [Léon].

RENAUD [Eug.]. — Avec M. *Devaux* : Monsieur de la Rocambolle (1838, in-8). Voy. Devaux.

RENAUD [L.].

M. L. Renaud a traduit du grec, avec un *Supplément* et des *Notes* : « Traité des signes, des causes et de la cure des maladies aiguës et chroniques, » par Arétée [1834, in-8].

RENAUD [l'abbé]. — Les Fleurs de l'éloquence, ou recueil en prose des plus beaux morceaux de la littérature française, depuis Joinville jusqu'à nos jours. IIe édition. Tours, Mame, 1843, in-8 [3 fr.].

« Molière, y dit-on, page 37, est le plus parfait auteur comique dont les ouvrages nous sont connus; mais la morale est trop souvent blessée dans ses pièces, et son théâtre peut être considéré comme une école de vices et de mauvaises mœurs. »

La première édition est de 1841, in-8.

RENAUD [Hippolyte], ancien élève de l'École polytechnique. — Solidarité. Vue synthétique sur la doctrine de Ch. Fourier. IIe édition. Besançon, imp. de Sainte-Agathe, 1845, in-8 [3 fr.]; et IIIe édit. Paris, imp. de Paul Renouard, 1846, in-18 [1 fr. 25 c.].

La première édition a paru en 1842.

Voici la division de ce livre : Ire partie. De la raison et de la science. — De Dieu et du mal. — De l'homme, de ses facultés et de ses penchants. — Organisation de la commune. — Dispositions matérielles, — Dispositions passionnelles. — Conséquence de ces dispositions. — Éducation. — Répartition des bénéfices. — Propriété. — Ordre et liberté. — *Intermède.* Distinction essentielle entre les deux parties de l'ouvrage. — IIe *partie.* Organisation de la société. — Hiérarchie. — Équilibre atmosphérique. — Équilibre de population. — Mœurs et coutumes. — Cosmogonie. — Analogie universelle.

RENAUD fils [H.]. — Méthode pour suppléer aux instruments dans les opérations de géométrie pratique. Paris, imp. de Bénard, 1847, in-4 de 8 pag. avec 1 pl.

RENAUD D'ALLEN. Voy. Grammont [Mme de].

RENAUD DE ROUVRAY.

1. — Histoire de sainte Clotilde, reine de France. Paris, imp. de Vrayet de Surcy, 1840, in-32 avec une pl.

2. — Histoire de sainte Élisabeth, reine de Portugal. Paris, imp. de Vrayet de Surcy, 1841, in-32 avec une grav.

3. — Histoire de sainte Catherine de Sienne. Paris, imp. de Vrayet de Surcy, 1842, in-22, avec une grav.

RENAUD DE VILBACH. — Des Courbes de chemins de fer, Paris, imp. de Locquin, 1840, in-8 de 48 pag.

RENAUDIN [L. F. E.]. — Considérations sur les formes de l'aliénation mentale, observées dans l'asile départemental d'aliénés de Stephansfeld, pendant les années 1836, 1837, 1838, 1839. Strasbourg, Derivaux; Paris, Baillière, 1841, in-8 [2 fr. 50 c.].

On doit à M. L.-F.-E. Renaudin six *Rapports sur le service des aliénés* (département de la Meuse). Exercices 1842 à 1847 [Bar-le-Duc, impr. de Rolin, 1843-48, 6 brochures in-8].

RENAUDIN [H.]. — Avec M. *E. Henriquet* : Géographie historique, statistique et administrative du département de la Meuse, etc. (1839, in-12). Voy. HENRIQUET.

RENAUDOT [l'abbé Eusèbe], membre de l'Académie française; né à Paris le 20 juillet 1646, mort dans cette ville le 1er septembre 1720. [Voy. la *France littér.*, t. VII, p. 526.] — Perpétuité de la foi de l'Église catholique sur l'eucharistie, etc. Ouvrage contenant des morceaux de *Nicole, Arnaud, le P. Paris*, etc.; publié par M. l'abbé *M.* [Migne], (1841, 4 vol. in-8). Voy. PARIS.

RENAULT [E.], directeur de l'école d'Alfort, professeur de clinique et de médecine opératoire. [Voy. la *France littér.*, t. VII, p. 529.]

1. — Gangrène traumatique. Mémoire et observations cliniques sur une de ses causes les plus fréquentes dans les animaux domestiques. Paris, Béchet jeune et Labé, 1840, in-8 [2 fr. 50 c.].

2. — Quelques Considérations à l'appui du projet de loi présenté à la Chambre des pairs, sur un changement dans la position des vétérinaires militaires. Paris, imp. de Locquin, 1842, in-8 de 48 pag.

On doit à M. E. Renault une Notice biographique sur J.-B. Huzard [1839, in-18].
Il a travaillé au « Recueil de médecine vétérinaire pratique. »

RENAULT, auteur dramatique, pseudonyme. Voy. POTRON [J.-C.-A.].

RENAULT [Melle Pauline]. — Les Vengeances du duc d'Alcantara. Paris, Pougin, Corbet, Schwartz et Gagnot, Poulton, Krabbe, 1836, 2 vol. in-8 [15 fr.].

RENAUX [l'abbé]. — Pratique des sentiments de pénitence et d'eucharistie. Nancy, Raybois, 1844, in-18 de 54 pag.

RENDU [Ambroise], ancien élève de l'Ecole polytechnique, docteur en droit, maître des requêtes au conseil d'État, conseiller et trésorier de l'Université, commandeur de la Légion d'honneur, etc. [Voy. la *France littér.*, t. VII, p. 530.]

1. — Code universitaire, ou Lois, statuts et règlements de l'Université royale de France, mis en ordre par M. Rendu. IIIe édition. Paris, Hachette, 1846, in-8 [15 fr.].

La première édition est de 1827.

2. — Traité de morale à l'usage des écoles primaires. IIIe édition. Paris, Hachette, 1842, in-12 [1 fr. 50 c.].

La première édition est de 1834, in-18.

3. — Petit Traité de morale religieuse, à l'usage des écoles primaires. Extrait d'un ouvrage publié sous le titre *Traité de morale*. IIIe édit. Paris, Hachette, 1845, in-18.

La première édition est de 1834.
Il existe une édition avec la traduction italienne en regard [Bastia, impr. de Batini, 1843, in-12].

4. — Considérations sur les écoles normales primaires de France. IIe édit. Paris, Delalain, 1849, in-8 [1 fr. 50 c.].

La première édition est de 1838 [Paris, P. Dupont, in-8].

5. — De l'Association en général, et spécialement de l'association charitable des frères des écoles chrétiennes. IIe édition. Paris, Têtu, 1845, in-8 avec un tableau.

La première édition, publiée en 1839, est intitulée : un Mot sur les frères des écoles chrétiennes [Paris, impr. de Gratiot, in-8 de 16 p.].

6. — De l'Instruction secondaire, et spécialement des écoles secondaires ecclésiastiques. Paris, Delalain, Langlois et Leclercq, 2 vol. in-8 [7 fr.].

7. — Robinson dans son île, ou Abrégé des aventures de Robinson. Paris, Hachette, 1845, 1849, in-18 [50 c.].

8. — Traité de la responsabilité des communes, ou commentaire de la loi du 10 vendémiaire an IV. Paris, Édouard Têtu et Cie, Cosse et N. Delamotte, Paul Dupont et Cie, 1847, in-8 de 128 pag.

Citons encore : des Images dans les écoles [1839, in-8];—Quelques Réflexions sur les dons et legs faits à des établissements publics [1847, in-8]; — Lettre à un instituteur primaire sur les droits et les devoirs du citoyen [1848, in-18]; — de l'Université de France et de sa juridiction disciplinaire [1847, in-12]; — la Vérité sur le décret du 17 mars 1808, mal attaqué, mal défendu [1849, in-12].

RENDU [Victor], fils de M. Ambroise Rendu, inspecteur de l'agriculture. [Voy. la *France littér.*, t. VII, p. 531.]

1. — Botanique, ou Histoire naturelle des plantes. Paris, Angé, 1838, in-12 avec 4 pl. [2 fr. 50 c.].

2. — Zoologie descriptive, ou Histoire naturelle des animaux appliquée à l'agriculture. Paris, Angé, 1838, 2 vol. in-12 [6 fr. 50 c.].

3. — La Providence révélée par ses moindres ouvrages, ou Tableau des mœurs des insectes. Paris, Angé, 1838, in-12 avec 14 pl. [4 fr.].

Ouvrage adopté par le conseil royal de l'instruction publique pour les écoles primaires et les écoles normales primaires.

4. — Traité pratique des abeilles, à l'usage des cultivateurs et des écoles primaires. Paris, J. Angé, 1838, in-12 [2 fr. 50 c.].

5. — Manuel d'agriculture. Paris, Angé, 1838, in-12 avec 1 pl. [1 fr.].

Ouvrage couronné par la Société royale et centrale d'agriculture.
Une autre édition, publiée en 1844, est intitulée : *Nouveau Manuel élémentaire d'agriculture* [Paris, Roret, in-18].

6. — Avec M. *Ambroise Rendu* : Nouveau Spectacle de la nature, ou Dieu et ses œuvres. Paris, Pitois-Levrault, 1839, 10 vol. gr. in-18 [10 fr.].

Botanique, 1 vol.; — Géologie, 1 vol.; — l'Homme, 1 vol.; — Insectes, 1 vol.; — Mollusques, 1 vol.; — Oiseaux, 1 vol.; — Reptiles et poissons, 1 vol.; — Astronomie, 1 vol.; — Mammifères, 1 vol.; — Physique, 1 vol. — Chaque volume se vend séparément.

7. — Lectures choisies, à l'usage des écoles primaires. Versailles, Dufaure; Paris, Bar, 1840, in-18.

8. — Agriculture du département du Nord. Paris, Bouchard-Huzard, 1840, in-8 [5 fr.].

9. — The Juvenile instructor, ou Cours de versions graduées, à l'usage des personnes qui veulent apprendre la langue anglaise. In-12 [3 fr.].

10. — New Lessons of english literature. Nouvelles Leçons de littérature anglaise, recueillies par M. Rendu. IIe édition. Paris, L. Hachette, 1843, in-12 [4 fr.].

11. — Maître Pierre, ou le Savant de village. Notions d'agriculture, 1re et 2e parties. Paris, Langlois et Leclerc, 1846, 2 vol. in-18.

M. V. Rendu a traduit de l'allemand et annoté : « Assolements et culture des plantes de l'Alsace, » par J.-N. SCHWERZ [1839, in-8]; — « Agriculture du royaume lombardo-vénitien, » par J. BURGER [1842, in-8]; — et de l'italien : « de la Fabrication du fromage, » par le docteur F. GERA, de Conegliano [1843, in-8].
Il a annoté : « Assolements, jachère et succession des cultures, » par feu V. YVART [1842, in-4, et 3 vol. in-18].

RENDU fils [Ambroise].

1. — Avec M. *Victor Rendu* : Nouveau Spectacle de la nature, ou Dieu et ses œuvres (1839, 10 vol. gr. in-18). Voy. RENDU [Victor].

2. — Cours de Pédagogie, ou Principes d'éducation publique. Paris, Langlois et Leclercq, 1845, in-12 [1 fr. 40 c.].

La première édition est de 1841, in-12.

3. — Exercices gradués pour la lecture courante des manuscrits. Recueil divisé en cinq parties, renfermant, etc. Paris, Têtu, 1847, in-8 de 4 pag. plus 160 pages autographiées [1 fr. 50 c.].

Citons encore : Modèles de leçons pour les salles d'asile, ouvrage traduit de l'anglais [in-12]; — Histoires saintes, racontées aux petits enfants des salles d'asile [2 vol. in-12].
Le « Cours d'histoire et de géographie, rédigé pour l'usage des collèges et des aspirants au baccalauréat ès lettres, » par MM. Félix ANSART et A. Rendu fils, contient de ce dernier : *Histoire ancienne*; *Histoire romaine*; *Histoire du moyen âge*; *Histoire moderne*, qui ont eu un assez grand nombre d'éditions depuis 1839 [Paris, Maire-Nyon, Têtu, format in-12].

RENDU [Abel].

1. — Des Maîtres d'étude et de l'importance de leurs fonctions. In-8 [1 fr. 50 c.].

2. — Menton, Roquebrune et Monaco (ex-principauté d'Italie). Histoire, administration et description de ce pays. Paris, Comon, 1848, in-12 [2 fr.].

RENDU [le doct. Alph.]. — Remarques sur l'épidémie de choléra de 1849. Compiègne, imp. d'Escuyer, 1849, in-8 de 16 pag.

RENDU, évêque d'Annecy. — Aperçus géologiques sur la vallée de Chambéry. Chambéry, 1836, in-8.

M. Rendu a travaillé au « Dictionnaire de la conversation et de la lecture. »

RENÉ d'Anjou, roi de Sicile, né en 1408, mort en 1480. — OEuvres complètes, avec une Biographie et des Notes, par M. le comte de *Quatrebarbes*, et un grand nombre de dessins et ornements, d'après les tableaux et manuscrits originaux, par M. Hawke. Angers, impr. de Cosnier, 1844-45, 2 vol. in-4 avec 50 pl. [40 fr.].

Le Tome Ier contient une Biographie du roi René; les Statuts de l'ordre du Croissant, déjà publiés par les héraldistes; les Testaments de René et de Jeanne de Laval, sa seconde femme; et quelques Comptes de dépenses; — le Tome II : Le Livre des tournois, composé et illustré par le prince [publié déjà par M. Champollion]; le Pas d'armes de la bergère [déjà publié par M. Crapelet]; Regnaud et Jeanneton [René et Jeanne], d'après un manuscrit unique et inédit de la bibliothèque de Saint-Pétersbourg; — le Tome III : la Conquête de la douce mercy, avec une introduction, des notices, quelques rondeaux; — le Tome IV : le Mortifiement de vaine plaisance; l'Abusé en court.

RENÉ PÉRIN. Voy. PÉRIN [René].

RENÉE [Amédée], ancien membre de la Société des antiquaires de France.

1. — Heures de poésie. Paris, Delloye, Labitte, 1841, in-18 [3 fr. 50 c.].

2. — Tableau des services de guerre des princes issus de Robert le Fort, duc de France, chef de la dynastie capétienne. Paris, J. Dumaine, 1843, in-plano (15 fr].

Le « Moniteur universel » du lundi 15 mai 1843, » et le « Moniteur de l'armée, » ont rendu compte de cette publication.

3. — Les Princes militaires de la maison de France, contenant les états de services et les biographies de près de 300 princes, l'histoire généalogique et héraldique des diverses branches de la dynastie capétienne depuis Robert le Fort jusqu'à la révolution française. Paris, Amyot, 1848, in-8, avec plus de 250 écussons gravés sur bois et imprimés dans le texte [15 fr.].

M. A. Renée a traduit, revu, corrigé, annoté et fait précéder d'une *Notice sur la vie et les ouvrages de l'auteur* : « Lettres de lord Chesterfield à son fils Philippe STANHOPE [1842, 2 vol. in-12].

Il est l'auteur du tome XXX de : « Histoire des Français, » par J.-C.-L. SIMONDE DE SISMONDI; *continuée depuis l'avènement de Louis XVI jusqu'à la convocation des états généraux de 1789* [Paris, Treuttel et Würtz, 1844, in-8].

On lui doit : *les Bonaparte littérateurs*, dans la « Revue de Paris » du 11 octobre 1840.

Il a travaillé à l' « Encyclopédie des gens du monde. »

RENESSE-BREIDBACH [le comte de]. [Voy. la *France litt.*, t. VII, page 531.] — Mes loisirs, amusements numismatiques. Anvers, 1835, 3 vol. in-8 [15 fr.].

RÉNIER [Léon], sous-bibliothécaire à la Sorbonne, membre de la Société des antiquaires de France, membre du comité de la langue, des arts et de l'histoire, près le ministère de l'instruction publique.

M. L. Rénier a traduit en français, revu et annoté les ouvrages suivants, *ad usum scholarum* : « Iliade et Odyssée, » d'HOMÈRE; — « Éloge de Démosthène, » par LUCIEN; — « OEdipe à Colone, » par SOPHOCLE; — « Idylles choisies, » de THÉOCRITE; — « Expédition de Cyrus (Anabase), » par XÉNOPHON.

On lui doit une traduction en français, avec le texte grec, revu et annoté, des « OEuvres » de THÉOCRITE [Paris, Hachette, 1847, in-12].

M. Léon Rénier a pris part à la rédaction de « la France, » par M. LE BAS [dans « l'Univers pittoresque, » 1839 et ann. suiv., 14 vol. in-8 avec fig.].

Il a travaillé à la « Biographie portative universelle » [1844, in-12]; — il a dirigé la « Revue de philologie, de littérature et d'histoire anciennes » [1844, gr. in-8], et la IIIe édition refondue de l' « Encyclopédie moderne, » par COURTIN [1844 et ann. suiv., 25 vol. in-8 à 2 col. et 3 vol. de pl.], à laquelle il a fourni de nombreux articles.—Il a aussi donné plusieurs morceaux dans les « Mémoires de la Société des antiquaires de France » et dans les « Annuaires » de cette compagnie, entre autres, un texte de la Géographie de Ptolémée, qui regarde la Gaule, dans l' « Annuaire » de 1848, et une édition des Itinéraires romains de la Gaule (1850), qui a été tirée à part [Paris, Crapelet, 1850, in-18].

RENIER [F. A.]. — Conversion des poids et mesures de l'ancien système en système métrique décimal. Nantes, Jacobi, 1840, in-18 [30 c.].

RENNEVILLE [Sophie de Senneterre, dame de], née en 1772, morte à Paris e 15 octobre 1822. [Voy. la *France littér.*, t. VII, p. 533.]

1. Le Petit Charbonnier de la forêt Noire, suivi de *Didier*, ou *le Bonhomme Patience*, et d'*Edwige et Antony*, ou *la Meilleure des leçons*. VIe édition. Paris, Ledentu, 1835, in-18 avec 4 grav.

La première édition est de 1811.

2. — Contes à ma petite fille et à mon petit garçon pour les amuser, etc. XVe édition, augmentée du *Prince Adolphe*, par Mme W. Paris, Languiné, 1847, in-12.

La première édition est de 1812.

3. — Conversations d'une petite fille

avec sa poupée, suivies de l'*Histoire de la poupée*. V⁰ édition. Paris, Ledentu, 1837, in-18, avec 3 grav. [1 fr. 50 c.].

La première édition est de 1813.

4. — Les Leçons de l'amour maternel, ou la Récompense du travail. Contes. IVe édition. Paris, Denn, 1835, in-18.

La première édition est de 1816.

5. — Tableau de l'enfance, ou Revue des défauts et des qualités des enfants. Anecdotes recueillies dans la société. IVe édition. Paris, Lavigne, 1837, in-18 avec 3 grav.

La première édition est de 1817.

6. — Contes pour les enfants de cinq à six ans. Xe édition. Paris, Lehuby, 1838, in-18 avec 5 grav. [1 fr. 25 c.].

La première édition est de 1820, in-18.

7. — Nouvelle Mythologie du jeune âge. Limoges et Paris, Ardant, 1847, in-12 avec 4 vign.

La première édition, publiée en 1821, est intitulée : *Nouvelle Mythologie des demoiselles*.

8. — Charles et Eugénie, ou la Bénédiction paternelle. IVe édition. Paris, Lavigne, 1837, in-12 avec une grav. [3 fr.].

La première édition est de 1821.

9. — Les Caprices de l'enfance, ou Étrennes aux petits enfants. Composés de contes et historiettes. Paris, Désirée Eymery, 1839, in-12 avec 32 gravures [3 fr.].

La première édition est de 1821.

10. — Éléonore, ou la Médisante. Contes moraux et instructifs. Paris, Lavigne, 1834, in-18 avec 3 grav.

11. — Les Coutumes gauloises. IIIe édition. Paris, Lavigne, 1834, in-12 avec 4 grav. [3 fr. 50 c.].

12. — René, ou l'Élève reconnaissant. Paris, Lavigne, 1836; et Limoges, Barbou, 1844, in-32 avec une grav.

13. — Le Livre du second âge. Xe édition. Paris, Lavigne, 1836, in-12 avec 4 grav. [3 fr.].

14. — Historiettes à mon petit garçon et à ma petite fille. Paris, Lavigne, 1836, avec 11 grav. et un frontispice [3 fr.].

15. — Justin, ou le Petit Auvergnat, suivi de quelques contes. Paris, Lavigne, 1837, in-18 avec 4 grav.

16. — Lise, ou les Avantages d'un joli caractère, suivie de petites historiettes racontées à mes petites nièces. Paris, Lavigne, 1837, in-18 avec 3 grav.

17. — Antony, ou la Conscience, suivi de petites historiettes morales et instructives. Paris, Lavigne, 1838, in-18.

Plusieurs ouvrages de Mme de Renneville ont été traduits en espagnol,: Savinianito, o historia de un joven huerfano [Paris, impr. de Decourchant, 1828, in-18]; — Cuentecitos a mi nino y a mi nina [Paris, impr. de Pillet ainé, 1837, in-18]; — la Hada benefica, buena amiga de los ninos [Paris, impr. de Pillet ainé, 1837, in-18]; — et en portugais : Contos a meos meninos [Paris, impr. de Pillet ainé, 1837, in-18]; — Cypriano, ou Historia d'um menino orphao [Paris, impr. de Beaulé, 1839, in-18]; — O Recreios d'Eugenia [Paris, impr. de Pillet ainé, 1840, in-18].

RENNEVILLE [Perrot de]. Voy. PERROT DE RENNEVILLE.

RENNEVILLE, auteur dramatique. Voy. LURIEU [Gab. de].

RENON [l'abbé], vicaire de Notre-Dame-d'Espérance à Montbrison, correspondant des comités historiques.

1. — Chronique de Notre-Dame d'Espérance de Montbrison. In-8 de 592 p. avec dessins.

2. — La Diana au point de vue historique et héraldique. Montbrison, Lafond, 1844, in-8 de 27 p. et atlas, in-fol. de 48 feuilles col. à la main. [30 fr.].

Cette monographie contient la description et les dessins des 48 écussons que Jean Ier, comte de Forez, fit répéter trente-six fois dans la décoration de la voûte ogivale de la magnifique salle appelée Diana, qui existe encore dans l'ancien cloître, vis-à-vis de l'abside de N.-D. d'Espérance de Montbrison. Ces peintures datent de 1300.

RENOU [E.], membre de la commission académique nommée pour l'*Exploration scientifique de l'Algérie*, et qui a exercé cette mission *pendant les années* 1840, 1841, 1842.

M. E. Renou est l'auteur de la *Notice géographique sur une partie de l'Afrique septentrionale*, qui accompagne les « Recherches sur la géographie et le commerce de l'Algérie méridionale, » par CARETTE [1845, in-8 avec fig.]; et de la *Description géographique de l'empire du Maroc*, jointe aux « Voyages dans le sud de l'Algérie et des États barbaresques de l'ouest et de l'est, » par EL-AIACHI-MOULA-AHMED, traduits par M. A. BERBRUGGER [1846, in-8 avec fig.].

Ces deux ouvrages font partie de la publication intitulée : « Exploration scientifique de l'Algérie pendant les années 1840, 1841, 1842 » [Paris, Fortin-Masson et comp., Langlois et Leclercq, 1845 et ann. suiv., format gr. in-8].

RENOU [F.]. Exposé de la méthode suivie pour la triangulation du département de la Sarthe. Le Mans, imp. de Monnoyer, 1836, in-4 de 8 pag. avec 1 pl. [1 fr. 50 c.].

Tiré à 125.

RENOUARD [Antoine-Augustin], libraire, maire d'un des arrondissements de Paris, après 1830; né à Paris en 1766. [Voy. la *France littér.*, t. VII, p. 535.]

1. — Alde l'ancien, *Aldus Pius Romanus*, et Henri Estienne, *Henricus Stephanus secundus*. Paris, J. Renouard, 1838, in-8 de 16 pag.

2. — Annales de l'imprimerie des Estienne, ou Histoire de la famille des Estienne et de ses éditions. IIe édition, corrigée et augmentée. Paris, J. Renouard, 1843, in-4 [32 fr.].

La première édition, publiée en deux parties in-8, est de 1837-38 [13 fr.].

Voy. un compte rendu de cet ouvrage, par M. Ch. MAGNIN, dans la « Revue des Deux-Mondes » [janvier et mars 1841].

RENOUARD [Augustin-Charles], ancien élève de l'École normale, conseiller à la cour de cassation, conseiller d'État, député; né à Paris en 1794. [Voy. la *France littér.*, t. VII, p. 538.]

1. — Sur le style des prophètes hébreux. 1814, in-4.

Thèse pour le doctorat ès-lettres.

2. — De Identitate personali, 1814, in-4.

Thèse pour le doctorat ès lettres.

3. — Traité des brevets d'invention. Édition entièrement nouvelle. Paris, Guillaumin, 1844, in-8 [7 fr. 50 c.].

La première édition est de 1825.
Cet ouvrage contient : *Première partie* : Théorie de la législation sur les inventions industrielles; — Histoire de cette législation; — Anciennes corporations d'arts et métiers en France; — Règlements et priviléges de fabrication et condition des inventeurs dans l'ancien droit français; — Législation anglaise sur les inventions industrielles avant les lois françaises de 1791; — Droit français sur les brevets d'invention, de 1791 à 1844; — Loi du 5 juillet 1844 et Notice sur les travaux et discussions qui l'ont préparée; — Législations étrangères; — Bibliographie française et statistique. — *Seconde partie* : Principes généraux de la législation et division de la seconde partie; — Droits résultant des brevets; — Objets des brevets; — Sujets des brevets; — Formes des brevets, leur transmissions, leur publication; — Durée des brevets; — Actions en nullité et en déchéance; — Actions en contrefaçon.

4. — Aide-toi, le ciel t'aidera. Il faut semer pour recueillir. — Aux électeurs et aux éligibles. Paris, imp. d'Aug. Barthélemy, 1827, in-8 de 16 pag.

5. — Traité des droits des auteurs dans la littérature, les sciences et les beaux-arts. Paris, Renouard, 1838-39, 2 vol. in-8 [15 fr.].

Voy. un compte rendu de cet ouvrage dans la « Gazette des tribunaux » du 10 avril 1840.

6. — Traité des faillites et banqueroutes. IIe édition, revue et augmentée d'une *Table analytique* des matières. Paris. Guillaumin, 1844, 2 vol. in-8 [15 fr.].

La première édition est de 1842.

M. A.-Ch. Renouard a travaillé au « Journal des économistes. »

RENOUARD [Félix].

1. — Des Chemins de fer, considérés comme moyens de défense du territoire français. Orné d'une carte de France. Explication du projet. Paris, imp. de Guiraudet, 1837, in-8 de 56 pag. avec une carte.

Publié sous le nom : *le marquis de Sainte-Croix*.

2. — De la Fabrication du sucre aux colonies françaises et des améliorations à y apporter. Paris, Mathias, 1843, in-8 de 100 pag. [2 fr. 50 c.].

Sous le nom : *le marquis de Sainte-Croix, propriétaire à la Martinique*.

RENOUARD [le docteur P.-V.]. — Histoire de la médecine, depuis son origine jusqu'au XIXe siècle. Paris, J.-B. Baillière, 1846, 2 vol. in-8 [12 fr.].

RENOUARD DE BUSSIÈRES [le baron Th.]. [Voy. la *France littér.*, t. VII, p. 538.] — Voyage en Sicile. Paris, 1837, in-8 [7 fr. 50 c.].

M. de Bussières a donné, dans la « Revue des Deux-Mondes : » *Lettres sur la Sicile; — Sélinonte* [15 nov. 1835. — 15 févr. 1836].

RENOULT [Jean-Baptiste], cordelier et prédicateur catholique, puis ministre protestant (XVIIe et XVIIIe siècles). [Voy. la *France litt.*, t. VII, p. 540.] — Histoire des variations de l'Église gallicane, en forme de lettres écrites à M. de *Meaux*, pour servir de réponse, par voie de récrimination, à son livre des *Variations des protestants*. Nouvelle édition, publiée par les soins de

C.-L. Trivier. Paris, Delay, 1847, in-12 [1 fr. 75 c.].

La première édition est de 1703.

RENOULT [Dominique], ancien notaire. [Voy. la *France littér.*, t. VII, p. 540.]

1. — De l'Usage des lieux, spécialement pour les locations verbales des maisons et des biens ruraux, suivi du modèle d'un bail de ferme et de moulin. Rambouillet, Raynal; Paris, Pissin, 1836, in-4 de 72 pag.

2. — Avec M. *Besnard* : Note sur le revenu du domaine de Rambouillet (1837, in-4). Voy. BESNARD.

RENOULT [Marie-Joséphine-Eugénie], née à Marseille le 21 décembre 1805, morte le 21 janvier 1829. — Eugénie. Vie et lettres d'une orpheline, morte à l'âge de vingt-trois ans. Paris, Ad. Leclère, 1839, 2 vol. in-18 [2 fr. 25 c.].

RENOUVIER [Jules], inspecteur divisionnaire des monuments historiques, membre de la Société archéologique de Montpellier, correspondant de la Société des antiquaires de France, et correspondant du ministère de l'instruction publique pour les travaux historiques, commissaire du gouvernement dans le département de l'Hérault (1848), représentant du peuple à l'Assemblée nationale; né à Montpellier en 1804. [Voy. la *France littér.*, t. VII, p. 540.]

1. — Essai de classification des églises d'Auvergne. Caen, impr. d'Hardel, 1838, in-8 de 28 pag.

2. — Monuments de quelques anciens diocèses du bas Languedoc, expliqués, dans leur histoire et leur architecture, par J. Renouvier. dessinés d'après nature et lithographiés par J.-B. Laurens. Montpellier, Mme veuve Picot, Castel, Sevalle, Virenque; Paris, Techener, 1835 et ann. suiv., in-4 avec lith.

Les morceaux suivants forment des parties détachées de l'ouvrage : *Histoire, antiquités et architectonique de l'abbaye de Valmagne* [1835, in-4 de 16 pag. avec 8 lith.]; — *Histoire, antiquités et architectonique de l'église de Maguelonne* [1836, in-4 avec 6 lith.]; — *Histoire, antiquités et architectonique de l'abbaye de Saint-Guillem-du-Désert* [1837, in-4 avec 15 pl.]; — *le Vignogoul. Saint-Félix de Montseau* [1838, in-4 avec 7 lith.]; — *Histoire, antiquités et architectonique de l'église de Lodève* [1839, in-4], etc.

La première livraison, publiée en 1835, avait pour titre : *Monuments des anciens diocèses de Maguelonne, Montpellier, Béziers, Agde, Saint-Pons et Lodève.*

3. — Notes sur les monuments gothiques de quelques villes d'Italie. Pise, Florence, Rome, Naples (août, septembre et octobre 1839). Caen, Hardel, 1841, in-8.

4. — Avec M. *Ad. Ricard* : des Maîtres de pierre et des autres artistes gothiques de Montpellier. Montpellier et Paris, Dumoulin, 1844, in-4 avec fig. [7 fr.].

Voici les divisions de l'ouvrage : Corps de métiers; ouvriers de la commune clôture; maîtres de pierre; fustiers; peintres, imagiers; verriers, vitriers, etc.; argentiers; senhers (fondeurs de cloches); maîtres d'horloges; serrhliers (serruriers); organistes. A ces divisions se rapportent un grand nombre de documents inédits, où l'on trouve des renseignements curieux sur les statuts des ouvriers et des artistes, les différents ouvrages qu'ils ont été chargés d'exécuter, le prix de la matière et de la main-d'œuvre à diverses époques, etc. Le volume est terminé par un vocabulaire des termes d'art employés dans les documents.

M. Renouvier a donné des articles aux publications de la Société archéologique de Montpellier.

RENOUVIER [Charles], ancien élève de l'École polytechnique.

1. — Manuel de philosophie moderne. Paris, Paulin, 1842, in-12 [3 fr. 50 c.].

2. — Manuel de philosophie ancienne. Paris, Paulin, 1844, 2 vol. in-12 [7 fr.].

3. — Manuel républicain de l'homme et du citoyen. Paris, Pagnerre, 1848, in-18 [20 c.].

RENOUX [Clément].

1. — Les Verges de fer ; satire politique. Prospectus - spécimen. Paris, impr. de Bajat, 1841, in-8 de 8 pag.

En vers.

2. — La Guizotaille, ou le Triomphe de la corruption. Paris, imp. de René, 1847, in-8 de 16 pag.

En vers.

RENUCCI [Francesco-Ottavio]. [Voy. la *France littér.*, t. VII, p. 541.]

— Novelle storiche corse, rivedute, corrette ed accresciute di sei novelle inedite. IIIe edizione. Bastia, impr. de Fabiani, 1838, in-12.

— Nouvelles corses, traduites de l'italien par *A. Filippi* (de Bastia); précédées d'une Introduction, par *A. Aumétayer*. Paris, Hachette, 1841, in-18.

RENWICK. Voy. HODGE.

RENZI [A.], professeur de langue et de littérature italiennes. [Voy. la *France littér.*, t. VII, p. 541.]

1. — A Sua Santità B. P. Paris, imp. de Pollet, 1839, in-4 de 4 pag.

En vers.

2. — Le Polyglotte improvisé, ou l'Art d'écrire les langues sans les apprendre. Dictionnaire italien-français-anglais, français-anglais-italien, anglais-italien-français, avec 3,000 verbes conjugués. Langue des signes. Paris, Baudry, 1840, in-12 [10 fr.].

M. A. Renzi a entièrement refondu et corrigé la nouvelle édition du « Dictionnaire général italien-français et français-italien, » par BUTTURA [1845-46, 2 tomes en 1 vol. gr. in-8].

REPÉCAUD, colonel du génie, membre de l'Académie d'Arras.

1. — Mémoire sur l'emploi de la pression atmosphérique sur les chemins à rails. Arras, impr. de Degeorge, 1845, in-8 de 76 pag.

2. — Observations sur l'insalubrité des habitations de la classe ouvrière, et proposition de construire des bâtiments spéciaux pour y loger des familles d'ouvriers, par M. le colonel Repécaud. Rapport sur cette proposition, fait à l'Académie d'Arras, au nom d'une commission, par M. *A. d'Héricourt*. Arras, impr. de Degeorge, 1849, in-8 de 40 pag.

3. — Napoléon à Ligny et le maréchal Ney à Quatre-Bras. Notice historique et critique. Arras, impr. de Degeorge, 1849, in-8 de 48 pag.

REPLAT [J.]. — Esquisse du comté de Savoie au XIe siècle. Grenoble, impr. de Prudhomme; Paris, Legrand et Bergounioux, 1836, in-8 [4 fr.].

REQUIN [Achille-Pierre], médecin des hôpitaux de Paris; né à Lyon en 1803. [Voy. la *France littér.*, t. VII, p. 542.]

1. — Notice médicale sur Naples. 1833, brochure in-8 [1 fr. 25 c.].

2. — Hygiène de l'étudiant et du médecin. Paris, impr. de Locquin, 1838, in-4 de 72 pag.

Thèse de concours pour la chaire d'hygiène, ouvert le 3 novembre 1837 à la Faculté de médecine de Paris.

3. — Des Purgatifs et de leurs principales applications. 1839, in-8 [2 fr.].

Thèse pour le concours de matière médicale.

4. — Des Prodromes dans les maladies. 1840, in-8 [1 fr. 50 c.].

Thèse de concours pour la chaire de pathologie interne.

5. — Éléments de pathologie médicale. Paris, G. Baillière, 1843-45, 2 vol. in-8 [16 fr.].

MM. les docteurs Requin, GENEST et SESTIER ont recueilli et publié, sous les yeux de l'auteur : « Leçons de clinique médicale, faites à l'Hôtel-Dieu de Paris, » par CHOMEL [1834-40, 3 vol. in-8]. — On doit encore à M. Requin une thèse intitulée : *Quelques Propositions de philosophie médicale*. Il a professé à l'Athénée, et comme suppléant à l'École de médecine de Paris.

RESBECQ [Fontaine de]. Voy. FONTAINE DE RESBECQ [Adolphe-Charles-Théodose de].

RESCHASTELET [Ad.], anagramme de TESTE [Charles].

RESIE [le comte de].

1. — Examen critique des Mémoires de Fléchier. Paris, 1844, in-8.

M. GONOD a publié : Réponse à l'*Examen critique des Mémoires de Fléchier*, par le comte de *Resie*. Clermont-Ferrand, impr. de Thibaud-Landriot; Paris, Porquet. 1845, in-8 de 48 pag.

2. — Lettre à M. le professeur Gonod, sur sa Réponse à l'Examen critique des Mémoires attribués à Fléchier. Paris, Perrodil, 1845, in-8 de 80 pag. avec 3 *fac-simile*.

3. — Un Mot à M. le professeur Gonod, sur l'édition des Mémoires de Fléchier, et sur sa brochure en réponse à l'Examen critique. Clermont-Ferrand, impr. de Perol, 1845, in-18.

Sous le nom : *un éthophile*.

4. — Du Catholicisme et de l'enseignement universitaire. Ouvrage contenant l'examen du livre de M. Michelet contre la confession, et la réfutation de celui de M. Aimé Martin sur l'éducation des mères de famille; couronné par l'Académie française. Paris, Lecoffre, 1846, in-18 de 108 pag.

RESIMONT [Charles de], docteur en médecine de la Faculté de Paris, membre de la Société d'histoire naturelle de la Moselle, correspondant de la Société médicale d'émulation de Lyon. — Le Magnétisme animal, considéré comme moyen thérapeutique; son application au traitement de deux cas remarquables de névropathie. Metz, impr. de Collignon; Paris, G. Baillière, 1843, in-8 [5 fr.].

RESSÉGUIER [le comte Jules de], ancien officier, ancien maître des requêtes au conseil d'État, membre de l'Académie des jeux Floraux; né à Toulouse en 1789. [Voy. la *France littér.*, t. VII, p. 542.] — Les Prismes poétiques. Paris, Allardin, 1838, in-8 [8 fr.].

M. Jules de Rességuier a donné, dans « le Livre des cent et un » [t. XV, p. 305] : *Tours et tourelles;* et dans « les Femmes de Shakspeare : » *le Marchand de Venise.*

Il a travaillé au texte de la « Galerie d'Orléans » [Paris, Mothe, in-fol.]; aux « Français peints par eux-mêmes; » au « Journal des jeunes personnes, » etc.

Il a été l'un des fondateurs de « la Muse française, moniteur officiel de l'école romantique. »

RESSÉGUIER [Albert de].

M. A. de Rességuier a traduit de l'allemand : « Affaires de Cologne. Athanase, » par P.-Jos. GOERRES [Paris, Debécourt, 1838, in-8].

RESTALEC [du]. Voy. DU RESTALEC [D.].

RÉTIF DE LA BRETONNE [L.].
1. — Le Chroniqueur populaire. Épisode de l'armée d'Italie. Vaugirard, Delacour, 1845, in-8.
2. — Le Barde de la grande famille. Paris, René, 1847, in-18.

Vers et chansons.

Citons encore : le Vade-mecum maçonnique, extrait des statuts, rituels et règlements de l'ordre au rit écossais; esquisse historique sur la maçonnerie. Discours d'initiation, poésies, etc. [1840, in-12];—Suite du Vade-mecum maçonnique. 2e *Degré* [1841, in-12]; — 3e *Degré* [1841, in-12]; — l'Universaliste, chant maçonnique [1843, in-8]; — l'Inauguration au temple maçonnique, le 24 juin 1843 [1843, in-8. — En vers]; — la Liberté de 1848 [1848, in-8.— 4 couplets).

RETS DE SERVIÈS [le comte Emile]. — Examen et réfutation de la péréquation foncière adoptée par le conseil général du Gard, session de 1845. Alais, impr. de Veirun, 1846, in-8 de 80 pag.

Demande d'une nouvelle répartition de l'impôt dans le département du Gard.

RETZ [Jean-François-Paul de Gondy, cardinal de], né à Montmirail en octobre 1614, mort à Paris le 24 août 1679. [Voy. la *France littér.*, t. VII, p. 548.]

1. — Mémoires. Édition collationnée sur les manuscrits authentiques de la Bibliothèque royale (avec les fragments restitués), augmentée de lettres inédites et de *fac-simile*, et publiée avec l'autorisation de M. le ministre de l'instruction publique. Paris, Heuguet, 1842, 2 vol. in-12 [7 fr. 50 c.].

La Notice est signée : GÉRUZEZ.

2. — La Conspiration de Fiesque. Paris, F. Didot, 1846, in-12 [3 fr.].

Le même volume contient, sous le titre : *Petits Chefs-d'œuvre historiques :* « la Conspiration de Walstein, » par SARRAZIN ; « Relation des campagnes de Rocroy et de Fribourg, » par Henri de BESSÉ; « Histoire de la révolution de Russie, en 1762, » par RULHIÈRES ; « Précis de l'histoire des Maures en Espagne, » par FLORIAN, précédé d'une Introduction et de Notes historiques, par Antoine de LATOUR.

REULLE [Hubert-Toussaint-Joseph BARBIER de], conseiller à la cour royale de Dijon; né dans cette ville le 13 février 1755, mort le 13 janvier 1834.

M. Reulle est l'auteur de divers discours insérés dans les « Mémoires de l'Académie de Dijon, » entre autres, d'un Discours sur l'histoire de la philosophie [1836].

REUME [Auguste de], ou A. DEREUME, bibliographe belge, ancien capitaine d'artillerie; né à Mons.

1. — Recherches historiques, généalogiques et bibliographiques sur les Elzevier. Bruxelles, Wahlen et comp., 1847, gr. in-8 de 119 pag. avec portrait, armoiries, etc.

Cet ouvrage passe pour être en partie la traduction d'un livre hollandais de M. W.-J.-C. RAMMELMAN-ELZEVIER. M. de Reume a publié en outre, dans le « Bulletin et Annal. de l'Acad. d'archéologie de Belgique » [1846] : *Recherches historiques sur Louis Elzevier et sur ses six fils;* et, dans le « Bulletin du bibliophile belge : » *Généalogie de la famille Elzevier.*

2. — Variétés bibliographiques et littéraires. Bruxelles, Dewasme, 1847, gr. in-8 de 204 pag. avec des planches.

Tiré à 100 exemplaires.

3. — Notices sur les imprimeurs belges. Bruxelles, C. Muquardt, 1848-49, in-4 de 42 pag. [75 c.].

Tiré à 25 exemplaires.

4. — Notes sur quelques imprimeurs belges. Bruxelles, Muquardt, 1849, in-8 de 2 pag. avec 1 pl.

5. — Biographie belge. Notices sur A. Mathieu de Mons, M. Gyseleurs-Thys, Louis Schoonen. Bruxelles, 1849, 3 livr. in-8.

5. — Souvenirs d'Allemagne. Biographie de E.-A. Schaab. Bruxelles, C. Muquardt, 1849, in-8 de 8 pag.

M. de Reume a donné plusieurs articles de bibliographie dans le « Bulletin du bibliophile belge. »

REVEILHAC, missionnaire, de Saint-Flour. — Le Bonheur des familles et de la société. Paris, impr. de Brière, 1844, in-8.

REVEILLÉ-PARISE [J.-H.], docteur en médecine de la Faculté de Paris, membre de l'Académie de médecine; mort à Paris le 27 septembre 1852. [Voy. la *France littér.*, t. VII, p. 551.]

1. — Physiologie et hygiène des hommes livrés aux travaux de l'esprit, ou Recherches sur le physique et le moral, les habitudes, les maladies et le régime des gens de lettres, artistes, savants, hommes d'État, jurisconsultes, administrateurs, etc. IIIe édition, revue et corrigée. Paris, Dentu, 1839, 2 vol. in-8 [15 fr.].

La première édition est de 1834; la deuxième, de 1837. Cet ouvrage a obtenu en 1835 le prix Montyon de 1,500 fr.

2. — Guide pratique des goutteux et des rhumatisants, ou Recherches sur les meilleures méthodes de traitement curatives et préservatives des maladies dont ils sont atteints. Paris, Dentu, 1837, in-8 [5 fr.].

3. — Une Saison aux eaux minérales d'Enghien, considérations hygiéniques et médicales sur cet établissement. Paris, Dentu, Baillière, 1842, in-18 avec 5 lith. [3 fr.].

4. — Études de l'homme dans l'état de santé et dans l'état de maladie. Paris, Dentu, 1844, 2 vol. in-8 [15 fr.].

5. — Hygiène oculaire, ou Conseils aux personnes dont les yeux sont faibles et d'une grande sensibilité, avec de nouvelles considérations sur la cause de la myopie ou vue basse. IIIe édition. Paris, Méquignon-Marvis, 1845, in-18 de 136 pag.

La première édition est de 1816.

6. — De l'Ostéophite costal pleurétique, ou Recherches sur une altération particulière des côtes dans la pleurésie. Lille, impr. de Danel, 1849, in-8 de 60 pag.

Extrait des « Mémoires de la Société des sciences, de l'agriculture et des arts de Lille. »

M. Reveillé-Parise a publié une nouvelle édition, augmentée de lettres inédites, précédée d'une *Notice biographique, accompagnée de remarques scientifiques, historiques et littéraires*, des « Lettres » de Guy PATIN [Paris, J.-B. Baillière, 1846, 3 vol. in-8].

Il a donné une *Notice nécrologique sur J.-B.-F. Léveillé*, en tête de son « Mémoire sur la folie des ivrognes ou sur le délire tremblant » [1832, in-8]; — une *Notice biographique sur A.-P. Demours*, dans la « Gazette médicale » [5 novembre 1836]; une *Notice biographique sur Larrey*, dans « le Moniteur » [18 janvier 1843], etc.

Il a fourni des articles aux « Mémoires de l'Académie de médecine. »

REVEL [Max. de]. Voy. REVELLIÈRE [Victor-Maxime].

REVEL [T.-F.-N.]. [Voy. la *France littér.*, t. VII, p. 552.] — Notice sur Hippolyte Bisson, enseigne de vaisseau. VIIe édition. Paris, impr. de Wittersheim, 1848, in-8 de 16 pag.

REVELLIÈRE [Victor-Maxime], neveu de L.-M. Revellière-Lepeaux, auteur dramatique, directeur du Théâtre Historique.

1. — Avec M. *Bayard* : Léonce, ou un Propos de jeune homme (1838, in-8). Voy. BAYARD.

Sous le nom : Victor DOUCET.

2. — Avec M. *Roche* : le Chevalier Kerkaradec; comédie-vaudeville en un acte. Paris, Henriot, Tresse, 1840, in-8 [30 c.].

3. — Avec M. *J. Numa Armand* [*Armand Jaulard*] : les Petits Mystères du jardin Mabille dévoilés. Paris, impr. de Mme Delacombe, 1844, in-32.

Sous le nom abrégé : Max. REVEL.

M. V.-M. Revellière est auteur, sous le nom de *Max. de Revel*, de beaucoup de nouvelles et de morceaux de littérature imprimés dans les journaux.

REVERCHON [Émile], avocat, maître des requêtes au conseil d'État.

1. — Des Autorisations de plaider nécessaires aux communes et établissements publics. Paris, Guyot et Scribe, 1841, in-8 [7 fr. 50 c.].

L'auteur a développé dans ce volume le travail qu'il avait été chargé de faire par M. Vivien, président du conseil d'État, sur l'*Autorisation de plaider à obtenir par les communes*.

2. — Notice sur M. Martin (du Nord). Paris, Guyot et Scribe, 1849, in-8 avec un portrait.

Nicolas-Ferdinand-Marie-Louis-Joseph Martin, né à Douai le 30 juillet 1790, ancien garde des sceaux, est mort le 12 mars 1847, au château de Lormois.

REVERCHON [Marc-Emile].
1. — L'An mil huit cent quarante-huit; poëme historique en douze chants. Paris, impr. de Schneider, 1848, in-8.
2. — Essai de littérature. Paris, Garnier frères, 1849, gr. in-16.

Lettres, préface en prose et en vers; L'An mil huit-cent quarante-huit; Fragments.

REVERCHON [Mme Célestine]. — Le Comte Frédéric, ou l'Exilé polonais. Paris, Souverain, 1844, 3 vol. in-8 [22 fr. 50 c.].

REVERSEAUX [Guéau de]. Voy. GUÉAU DE REVERSEAUX.

REVEYRON [P.]. — Appréciation des principes qui ont dirigé et des faits qui ont accompagné le mouvement républicain des volontaires savoyards, aux mois de mars et d'avril 1848. Lyon, impr. de Boitel, 1848, in-8 de 92 pag.

REVILLA [D. Jose de la]. Voy. SOLIS [D. Ant. de].

REVILLE [A.], vérificateur des douanes au Havre. [Voy. la *France littér.*, t. VII, p. 556.]
1. — Guide pratique des poids et mesures et du système décimal. Ingouville, Lepetit ; Paris, Renard, 1839, in-12 avec 1 pl.
2. — Nouveau Livre de cubage, ou Tables métriques de deux en deux centimètres, indiquant en mètres cubes l'encombrement à bord des navires des caisses et futailles de toutes dimensions, avec des tables de conversion en tonneaux français, anglais ou américains. Le Havre, 1840, gr. in-8 [12 fr.]. — Paris, Renard.
3. — Tarif commercial des douanes françaises, précédé des traités de commerce, des tarifs des grains, des droits accessoires, d'un tableau des tares et des marchandises jouissant de la prime, et d'une grande quantité de notes explicatives. IIe édition. Le Havre, Lemale, 1840, in-4 [15 fr.].
4. — Avec M. *Morin* : Guide du commerce sur la place du Havre (1841, in-8). Voy. MORIN.

REVILLE, ministre du saint Évangile, pasteur à Dieppe. — Discours sur l'autorité religieuse et morale des protestants, prononcé dans la séance annuelle de la Société biblique de Paris, le 20 avril 1836. Paris, Cherbuliez, 1836, in-8 de 28 pag. [1 fr. 50 c.].

On doit encore à M. Reville : Discours sur la prédestination [in-8] ; — Lettre à l'archevêque de Dublin [in-8] ; — le Vieux Pasteur de campagne, ou la Prudence chrétienne aux prises avec le méthodisme [1842, in-12] ; — Pierre le Diacre [1845, in-12] ; — la Veuve du vieux pasteur [in-12].

Il a traduit de l'anglais : « Introduction à l'histoire du culte, » par le docteur WHATELY [1849, in-8].

REVILLON [Louis]. — La Boucle de cheveux, épisode du XIVe siècle. Paris, Prevot, 1840, 2 vol. in-8 [11 fr. 50 c.].

REVILLOUT [Victor]. — Recherches sur les propriétés physiques, chimiques et médicinales des eaux de Luxeuil (Haute-Saône). Vesoul, impr. de Suchaux ; Paris, Béchet jeune, 1838, in-8. [2 fr. 50 c.].

REVOIL [Bénédict]. — Histoire et recherches succinctes sur l'origine des ports d'armes, et de la nécessité d'en diminuer le nombre. Paris, impr. de Proux, 1839, in-8 de 8 pages.

REVOIL [Mlle Louise], femme COLET. Voy. ce nom.

REVOL-ANISSON, ancien procureur du roi à Grenoble. — La Religion prouvée autant par la seule raison que par l'Écriture. Grenoble, Robin aîné, 1842, 3 vol. in-8.

REVOLAT [E.-B.], docteur en médecine. [Voy. la *France littéraire*, t. VII, p. 556.]
1. — Considérations sur l'hôpital des aliénés de Bordeaux. Bordeaux, impr. de Gazay, 1838, in-8 de 50 pag.
2. — Aperçu statistique et nosographique de l'asile des aliénés de Bordeaux. Bordeaux, Ch. Lawalle, 1846, in-4 de 44 pag.

REY [Joseph], conseiller à la cour d'appel de Grenoble ; né en 1799. [Voy. la *France littér.*, t. VII, p. 558.]
1. — Des Institutions judiciaires de l'Angleterre comparées avec celles de la France et de quelques autres États anciens et modernes. IIe édition entièrement refondue. 1839, 2 vol. in-8 [12 fr.].

Obligé de fuir sa patrie à l'époque de la restauration, l'auteur a profité de son séjour forcé dans la Grande-Bretagne pour étudier la législation du pays, qui est, comme on sait, fort compliquée, sous le rapport du droit public et du droit privé.

Une deuxième édition a permis à M. Rey de revoir entièrement son premier travail et de le mettre en harmonie avec les changements survenus dans ces dernières années.

La première édition est de 1826, 2 vol. in-8.

2. — Des Bases de l'ordre social. Angers, Lesourd ; Paris, Videcoq, 1837, 2 vol. in-8 [15 fr.].

3. — La Philosophie de tous les âges. Grenoble, Prudhomme, 1837, in-12.

4. — Histoire de la conspiration de Grenoble en 1816, avec un *fac-simile* des dernières lignes écrites par Didier au moment de sa condamnation à mort. Grenoble, Baruel, 1847, in-8, avec un *fac-simile*.

5. — Avec M. *J.-A. Barré :* Traité d'éducation physique, intellectuelle et morale, suivi d'essais de cours sur les diverses branches de l'enseignement du premier et du second degré. Grenoble, Prudhomme ; Paris, Delloye, 1841, in-8, avec 3 pl. [6 fr.].

On doit aussi à M. J. Rey : Statistique des prisons de Maine-et-Loire ; — Profession de foi électorale [1849, in-8].

M. Rey a travaillé au « Producteur. »

REY [Joseph-Auguste]. — Théorie et pratique de la science sociale, ou Exposé des principes de morale, d'économie publique, et de politique et application à l'état actuel de la société de moyens généraux, immédiats et successifs d'améliorer la condition des travailleurs et même des propriétaires. Grenoble, Prudhomme, 1842, 3 vol. in-8 [13 fr.]. — En 1848, *Paris, Delahays* [3 fr. 75 c.].

REY [Charles], membre de l'Académie du Gard. [Voy. la *France littér.*, t. VII, p. 559.]

1. — La Typocratiade, poëme. Nîmes, impr. de Durand-Belle, 1843, in-8 de 88 pag.

En 4 livres.

2. — De la Refonte des monnaies de cuivre et de billon, d'après le projet de loi présenté à la chambre des députés et discuté, etc. Nîmes, impr. de Ballivet, 1844, in-8 de 144 pag.

3. — OEuvres dramatiques. Nîmes, impr. de Durand-Belle. Paris, Allouard, 1847, in-8 [4 fr.].

Ce volume contient : *l'École des soubrettes*, comédie en cinq actes et en vers ; — *l'Homme timide*, comédie en un acte et en vers ; — *le Bourgeois anobli*, comédie en cinq actes et en vers.

4. — La Néomanie, ou la Manie des projets, comédie en cinq actes et en vers. Nîmes, impr. de Durand-Belle, 1849, in-8 de 96 pag.

Citons encore : Adresse d'un candidat aux électeurs de la France [1831] ; — Biographie de quelques futurs grands hommes [1834] ; — Deux Épîtres, à MM. V. Hugo et Viennet ; — Projet d'une école d'agriculture pratique pour les départements de l'Est [1840, in-8].

M. Rey a composé plusieurs autres ouvrages, qui sont encore inédits : une *traduction* en prose du « Théâtre » d'ALFIERI, avec examen critique ; plusieurs comédies en vers, etc.

REY, professeur de dessin à Lyon, membre de l'Académie de cette ville.

1. — Le Guide des étrangers à Vienne (Isère). 1819, in-12.

2. — Cours de géométrie élémentaire. 1834, in-4.

3. — Nouvelle Collection d'études de dessin. In-fol.

REY. — Origine de la boussole et des cartes à jouer. Paris, 1836, brochure in-8.

REY [William].

1. — Les Quatre Sources de la Reuss au Saint-Gothard. Paris, impr. de Pihan-Delaforest, 1836, in-8 de 64 pag., avec 1 carte.

Extrait des « Nouvelles Annales des voyages. »

2. — Souvenirs d'un voyage au Maroc. Paris, impr. de Guyot, 1845, in-8, avec 1 vign.

3. — Autriche, Hongrie et Turquie, 1839, 1848. Paris, Joel Cherbuliez, 1849, in-12 [3 fr. 50 c.].

Quelques-uns des chapitres de ces voyages ont paru, comme morceaux détachés, dans la « Bibliothèque universelle de Genève, » n°s de novembre et décembre 1848, février et mai 1849.

REY. — Enseignement de la lecture par l'écriture. Paris, Maire-Nyon, Mme Huzard, 1837, in-8 de 58 pag. [1 fr. 50 c.].

REY [Jean], et non Joseph, comme on l'a avancé dans la *France littéraire*, fabricant de châles, membre du conseil général des manufactures, membre de la Société des antiquaires de France et de plusieurs autres sociétés savantes et littéraires; né à Montpellier le 19 mai 1773, mort à Paris le 23 juillet 1849. [Voy. une Notice par M. CARTIER dans l'*Annuaire de la Société des antiquaires de France pour 1850*, et la *France littér.*; t. VII, p. 559.]

1. — Histoire de la captivité de François Ier. Paris, Techener, Delloye, 1837, in-8 [7 fr.].

2. — Histoire du drapeau, des couleurs et des insignes de la monarchie française, précédée de l'Histoire des enseignes militaires chez les anciens. Paris, Techener, 1837, 2 vol. in-8, et atlas de 24 pag. [18 fr.].

Cet ouvrage a obtenu la première mention honorable à l'Institut royal de France.

On doit encore à M. Rey : Dissertation sur l'emploi du vinaigre à la guerre, comme agent de destruction et comme moyen de défense [Paris, impr. d'Huzard-Courcier, 1829, in-8]. — M. Rey a donné, dans les « Mémoires de la Société des antiquaires de France : » *Dissertation sur Bérénice* [*Nouv. série*, t. Ier, p. 235] ; — *Dissertation sur Régulus* [*Id.*, t. II, p. 104]; — *Rapports* sur l'ouvrage de M. MAUDUIT, intitulé : « Découvertes dans la Troade » [*Id.*, t. V, p. 177, et t. VII, p. 1] ; — *Mémoire sur la montagne du grand Saint-Bernard* [*Id.*, t. VI, p. 71, et t. VIII, p. 9]. — Il a travaillé au « Dictionnaire du commerce et des marchandises. »

Il a laissé plusieurs ouvrages manuscrits : les Femmes vertueuses ; Pélagie ; Traduction en vers du livre de Job ; Hist. de la montagne et de l'hospice Saint-Bernard ; les Villes illustrées par leurs grands hommes ; Dictionnaire des inventions, etc.

REY.
1. — Des Compagnies d'assurances pour le remplacement militaire, et les remplaçants. Paris, Anselin et Gaultier-Laguionie, Techener, 1839, in-8 [3 fr.].

2. — De la loi sur le recrutement de l'armée. (Projet lu à la Chambre des députés le 21 janvier 1841.) Paris, impr. de Delanchy, 1841, in-8 de 24 pag.

REY. — Histoire du vandalisme en France depuis le XVIe siècle ; plan de l'ouvrage. Caen, 1839.

REY [A.].
1. — Le Jugement dernier, poëme. Paris, impr. de Boulé, 1839, in-8 de 32 pag. [2 fr.].

2. — Réimpression de l'ancien *Moniteur*, depuis la réunion des états généraux jusqu'au consulat, mai 1789, novembre 1799, avec des notes explicatives. Table rédigée et collationnée par M. A. Rey. Paris, impr. de René, 1845, 2 vol. gr. in-8 [25 fr.].

REY [P.]. — Traité sur le chanvre du Piémont de la grande espèce (*cannabis gigantea*), sa culture, son rouissage et ses produits. Grenoble, Baratier, 1840, in-12 de 128 pag. [1 fr. 50 c.]. — Paris, Roret.

REY [Et.], directeur du Musée et professeur de dessin à Vienne. [Voy. la *France littér.*, t. VII, pag. 560.]

1. — Dissertation sur la peinture encaustique. Lyon, 1840, in-8.

2. — Construction d'un édifice d'utilité publique en face de l'hôtel de ville de Lyon. Paris, 1842, in-4.

REY [Mme Anaïs de].
1. — Stances sur le baptême du comte de Paris. Paris, impr. d'Appert, 1841, in-8 de 8 pag.

2. — Ode sur la mort de S. A. R. Mgr le duc d'Orléans, prince royal. Paris, impr. d'Appert, 1842, in-8 de 8 pag.

REY [B.], membre de l'Université. — Panorama du christianisme, à l'usage de la jeunesse, dédié à Mgr de Trélissac, évêque de Montauban. Montauban, impr. de Forestié, 1843, in-18 [5 fr.].

REY. — Le Puits artésien de Grenelle, IVe édition. Paris, Augustin Mathias, 1845, in-8 de 48 pag.

La première édition, publiée en 1843, est extraite de la « Revue de province. »

REY. — La plus Grande Affaire du Monde, ou sa moralité, son honneur, sa félicité, sa joie pure, et son encore plus pure liberté et prospérité, etc., contre le riénisme qu'amènent l'erreur et le sophisme, ou la fausseté, qui, grâce à Dieu, n'a qu'un temps. Paris, impr. d'Appert, 1844, in-8 de 16 pag.

La couverture porte : *Reproches des ans 89, VIII, 1814 et 1830, qui ont régénéré le monde, aux invisibles corps, qui, pour eux et devant eux, l'ont réduit à rien.*

REY [Édouard]. — Réponse aux vers de Mme Émile de Girardin, intitulés : *24 juin* — *24 novembre*. Paris, impr. de Schneider, 1848, in-8 de 8 pag.

Les vers de Mme Delphine GAY DE GIRARDIN ont été insérés dans le feuilleton du journal « la Presse, » 28 novembre 1848.

REY [F.]. — Le Pape et mon voisin Rocher. Écrit de circonstance. Paris, impr. de Ducloux, 1849, in-12.

REY. — Avec MM. *Lecoq, Tisserant* et *Tabourin* : Dictionnaire général de médecine et de chirurgie vétérinaire et des sciences qui s'y rattachent, etc. Lyon, Savy; Paris, Labé, 1849, in-8 [12 fr.].

REY DE MORANDE [A.-J.].
1. — De la Facilité et des avantages de l'introduction en France de la culture du coton, du café, et, notamment, de la canne à sucre, ainsi que de plusieurs autres plantes des tropiques. Paris, Mme Huzard, 1830, in-8 de 87 pag.

Sous le nom de : *un propriétaire qui a habité pendant douze ans les Antilles.*

2. — Examen critique de *Cosmos,* de *Humboldt,* avec l'exposé d'un nouveau système basé sur une loi unique, et donnant l'explication physique et rationnelle des principes newtoniens. Paris, impr. de Mme Bouchard-Huzard, 1846, in-8 de 40 pag. [1 fr. 25 c.].

REY DE JOUGLA, docteur en médecine, s'intitulant *médecin de la Société de sauvetage,* auteur de plusieurs ouvrages scientifiques, membre correspondant de plusieurs sociétés savantes, professeur d'opérations, de maladies de la peau, dartres, scrofules, etc. etc. M. Rey *guérit par la chimie;* il appelle sa manière de traiter les malades : *médecine chimique.* — Guérisons radicales obtenues aux consultations gratuites de la médecine chimique. Paris, impr. de Baudouin, 1842, in-12 avec un portrait [2 fr.].

La pagination recommence maintes fois.

REY-DUSSEUIL [Antoine-François-Marius], né à Marseille le 12 juillet 1800, mort le 3 mai 1850. [Voy. la *France littér.*, t. VII, p. 561.] — Estrella. Paris, Ch. Gosselin, 1843, in-8 [7 fr. 50 c.].

M. Rey-Dusseuil est l'auteur de la *Préface* mise en tête de : « Une Réaction, » par M. Amédée Cochut [1832, 2 vol. in-8].

REYBAUD [M.-Roch-Louis], membre de la Chambre des députés, représentant du peuple en 1848, membre de l'Académie des sciences morales et politiques; né à Marseille le 15 août 1799. [Voy. la *France littér.*, t. VII, p. 562.]

1. — Études sur les réformateurs ou socialistes modernes. La société et le socialisme. Les communistes. Les chartistes. Les utilitaires. Les humanitaires. VIe édition, précédée du Rapport de M. *Jay,* et de celui de M. *Villemain.* Paris, Guillaumin, 1847, 2 vol. in-18 [7 fr.].

La première édition est de 1840-43, 2 vol. in-8. — Cet ouvrage a obtenu en 1841 le grand prix Montyon décerné par l'Académie française. Il contient des généralités sur la science de l'organisation; l'histoire des sociétés au point de vue moral, religieux et industriel; l'exposé des origines et de la filiation des utopies sociales, dans l'ordre des théories et dans l'ordre des faits; l'esquisse de la vie et des doctrines de Saint-Simon et des saint-simoniens, de Ch. Fourier et de son école, de Robert Owen; enfin, le résumé de ces trois systèmes, des vues pratiques sur les points de contact qu'ils peuvent avoir avec nos sociétés et des conclusions générales.

2. — La Polynésie et les îles Marquises. Voyages et marines, accompagnés d'un voyage en Abyssinie et d'un coup d'œil sur la canalisation de l'isthme de Panama. Paris, Guillaumin, 1843, in-8 [7 fr. 50 c.].

Cet ouvrage avait paru en partie dans la « Revue des Deux-Mondes. »

3. — Jérôme Paturot à la recherche d'une position sociale. Édition illustrée par J. Grandville. Paris, J.-J. Dubochet et comp., 1845-46, gr. in-8 avec fig.

La première édition est de 1843, 3 vol. in-8. Citons aussi les éditions publiées par l'éditeur Paulin [Paris, 1844, 1845, in-12, et 1846, 2 vol. in-16].

4. — César Falempin, ou les Idoles d'argile. Paris, Michel Lévy, 1845, 2 vol. in-8 [15 fr.].

5. — Le Dernier des commis voyageurs. Paris, Michel Lévy, 1845, 2 vol. in-8 [15 fr.].

6. — Le Coq du clocher. Paris, Michel Lévy, 1846, 2 vol. in-8 [15 fr.].

Publié dans « le National, » de juin et août 1845.

7. — Édouard Mongeron. Paris, Michel Lévy, 1846-47, 5 vol. in-8.

Publié d'abord dans « le Constitutionnel » en 1846.

8. — Avec M. *Fr. Lacroix* : Géo-

graphie. Introduction. Découvertes maritimes et continentales. Paris, J.-J. Dubochet et Lechevalier, 1847, in-8 de 16 pag.

Fait partie de : « Instruction pour le peuple. Cent traités sur les connaissances les plus indispensables. »

9. — Jérôme Paturot à la recherche de la meilleure des républiques. Paris, Michel Lévy, 1848, 4 vol. in-18 anglais. — Nouvelle édition, entièrement revue et corrigée. Paris, Michel Lévy, 1848, gr. in-8 avec 30 dessins de Tony Johannot.

On doit à M. Louis Reybaud : une *Préface* aux « Poésies genevoises, » par M. CHAPONNIÈRE [1830, 3 vol. in-18] ; — une *Notice* précédant les « Œuvres poétiques, » par MM. BARTHÉLEMY et MÉRY [1831, 4 vol. in-16] ; — une *Vie de Daniel de Foé*, et des *Notices historiques sur le matelot Selkirk et sur saint Hyacinthe*, dans les « Aventures de Robinson Crusoé, » par de FOÉ [1835, 2 vol. in-8] ; — et un *Avant-propos* à « Bluettes et boutades, » par J. PETIT-SENN [1846, in-12].

Il a donné dans la « Revue des Deux-Mondes : » *Socialistes modernes. Les saint-simoniens ; Ch. Fourier ; Robert Owen ; des Idées et des sectes communistes ; la Société et le socialisme* [1836-43] ; — *Voyageurs et géographes modernes ; A. Balbi ; Histoire et colonisation de la Nouvelle-Zélande ; Expédition de l'Artémise ; — de l'Astrolabe et de la Zélée ; — de la Vénus ; — l'Abyssinie méridionale* [1839-1843] ; — *M. Rossi* [15 août 1844] ; — *Avenir de notre marine* [1er mai 1840] ; — *la Flotte française en 1841* [15 oct. 1841] ; — la « Note sur l'état des forces navales de la France, » par le prince de JOINVILLE [15 juin 1844], etc. ; — dans les « Cent et une nouvelles nouvelles des cent et un : » *un Bal à bord du Majestic* [t. 1er, p. 357].

M. L. Reybaud a travaillé à « l'Indépendant des Bouches-du-Rhône ; » au « Voleur politique ; » à « la Révolution de 1830 ; » à « la Tribune, » et au « National, » sous le pseudonyme de Léon DUROCHER.

Il a fourni des articles à la « Gazette des enfants ; » à « l'Etoile de la jeunesse ; » à la « Galerie des femmes de Walter Scott ; » au « Navigateur, revue maritime ; » au « Dictionnaire de la conversation et de la lecture ; » au « Dictionnaire du commerce et des marchandises ; » au « Journal des économistes, » etc.

REYBAUD [Mlle Henriette ARNAUD, dame Charles].

1. — Avec M. Fr. d'*Antonelle* : Élys de Sault (1834, 2 vol. in-8). Voy. ANTONELLE.

2. — Les Aventures d'un renégat écrites sous sa dictée. Paris, Ladvocat, 1836, 2 vol. in-8 [15 fr.].

Traduit en espagnol sous ce titre : « Aventuras de un renegado español, relacion verdadera, dictada por el mismo, por D. Francisco-Xavier MAETZU [Paris, Rosa, 1836, 4 vol. in-12].

3. — Pierre. Paris, Ladvocat, 1836, 2 vol. in-8 [15 fr.].

Traduit en espagnol par don Fr.-X. MAETZU [Paris, Rosa, 1836, 4 vol. in-12].

4. — Le Château de Saint-Germain. Paris, Ladvocat, 1836, 2 vol. in-8 [15 fr.].

5. — Deux à deux. Paris, Ladvocat, 1837, 2 vol. in-8 [15 fr.].

6. — Espagnoles et Françaises. Paris, Ladvocat, 1837, 2 vol. in-8 [15 fr.].

7. — Mézélie. Paris, Ladvocat, 1839, 2 vol. in-8 [15 fr.].

8. — Valdepeyras. Paris, Dumont, 1839, 2 vol. in-8 [15 fr.].

9. — Thérésa. Paris, Olivier Cassanet, Pastori, 1840, in-8 [7 fr. 50 c.].

Tome Ier de : « Romans du cœur. » Le tome II contient un roman de M. Auguste ARNOULD : « la Mère folle » [Paris, les mêmes, 1840, in-8].

10. — Georges. Fabiana. Paris, Dumont, 1840, 2 vol. in-8 [15 fr.].

Fabiana commence à la page 61 du tome II.

11. — Gabrielle et Lucie. Paris, Dumont, 1842, 2 vol. in-8 [15 fr.].

12. — Le Moine de Chaalis. Paris, Dumont, 1843, 2 vol. in-8 [15 fr.].

13. — Mademoiselle de Chazeuil. Paris, Dumont, 1844, in-8 [7 fr. 50 c.].

14. — Rose. Paris, Dumont, 1844, in-8 [7 fr. 50 c.].

15. — Géraldine. Paris, Michel Lévy, Pétion, 1844, 2 vol. in-8 [15 fr.].

16. — Sans dot. Paris, Michel Lévy, 1845, 2 vol. in-8 [15 fr.].

17. — Les Deux Marguerites. Sèvres, impr. de Cerf, 1845, 2 vol. in-8.

18. — Les Anciens Couvents de Paris. Le Cadet de Colobrières. Paris. Michel Lévy, 1848, 2 vol. in-8 [15 fr.].

Presque tous les ouvrages de Mme Ch. Reybaud ont été publiés sous le nom H. ARNAUD.

Mme Ch. Reybaud a donné, dans la « Revue des Deux-Mondes : » *Marie d'Énambuc* [1840] ; — *l'Oblat* [1842] ; — *Misé Brun* [1843] ; — *les Anciens Couvents de Paris ; Trois Récits ; le Cadet de Colobrières ; Félise ; Clémentine* [1845-48] ; — dans « le National : » *Hélène* [1849, in-fol.].

Elle a travaillé au « Journal des connaissances utiles. »

REYBAUD [Pierre-Camille], né à Carpentras le 12 ventôse an XIII. [Voy. BARJAVEL, *Bio-bibliographie vauclusienne*.] — A. S. A. R. Monseigneur le duc d'Orléans. Lacrymæ rerum ; poésies. Paris, Ébrard, 1838, in-8 de 16 p.

En vers.

M. Reybaud est en outre l'auteur d'un poëme sur la conquête d'Alger ; d'une Épître au duc d'Orléans, à l'occasion de la naissance du comte de Paris ; d'un drame (inédit), *l'Horloge des morts*, et de poésies patoises qui ont paru dans le « Messager de Vaucluse » et dans « le Tambourinaïré. »

M. P.-C. Reybaud a rédigé, avec M. C.-J.-H. Dupuy : le Prospectus d'une revue néo-latine (non publiée) [1837, in-8].

REYBERT [A.-M.]. — Daguerréotype des reines ; histoire universelle de tous les peuples civilisés. Paris, Mme Lepaige, 1840, in-8 de 80 pag.

Ce cahier contient l'Introduction et l'Histoire de France.

Citons encore : Moyen d'empêcher tout débarquement sur les côtes de France et d'Angleterre et d'utiliser les vaisseaux de ligne, ou Réponse à la Note de M. le prince de Joinville sur les forces navales de la France [1845, in-8] ; — Bluettes badines [1845, in-8] ; — Effets de la concession du chemin de fer du Nord faite à M. le baron de Rothschild et autres banquiers [1845, in-8].

REYMON. — Nouveau Manuel de l'art de bâtir. Partie de la maçonnerie, contenant, etc. ; rédigé d'après Bullet et les ouvrages les plus modernes publiés sur ces matières. Coulommiers, impr. de Brodard, 1838, in-18 de 216 pag.

REYMOND, ancien maire d'Issoire, membre de l'Académie de Clermont. [Voy. la *France littér.*, t. VII, p. 565.]

1. — La Druidesse, ou la Fée de Royat ; poëme. In-8 avec grav.

2. — La Fête patronale d'Issoire ; poëme. Clermont, 1836, in-8.

3. — Le Barbu ; conte historique. Clermont-Ferrand, impr. de Veysset, 1839, in-8 de 16 pag.

En vers.

REYMOND DE MÉNARS [R.].

1. — Les Poëtes au chemin de la gloire. Versailles, imp. de Kléfer, 1841, in-8 de 8 pag.

En vers.

2. — Le Faubourg Saint-Antoine, du 23 au 27 juin 1848. Paris, impr. de Bonaventure, 1848, in-8 de 16 pag.

REYMONENQ [Eusèbe]. — Fables, contes et historiettes en vers provençaux. Toulon, Baume, 1836, in-8 de 80 pag. [1 fr.].

REYNAL. — Un Mot sur les causes de la mortalité des chevaux dans la cavalerie française. Paris, imp. de Locquin, 1842, in-8 de 36 pages.

REYNARD, ingénieur des ponts et chaussées. — Tracé des routes et des chemins de fer. Essai d'une méthode qui pourrait être employée pour déterminer l'influence des pentes. Paris, Carilian-Gœury, 1841, in-8 avec pl. [2 fr.].

REYNARD [J.]. — Abanture de Margoutille et Pieroutet, arribada a la feyre de mars 1840. Bordeaux, impr. de Mons, 1840, in-8 de 16 pag.

REYNAUD [le baron Antoine-André-Louis], mathématicien, professeur à l'Ecole polytechnique, né à Paris le 12 septembre 1777, mort le 24 février 1844. [Voy. la *France littér.*, t. VII, p. 567.]

1. — Eléments d'algèbre. X^e édition. Paris, Bachelier, 1838, in-8 [5 fr.].

La première édition est de 1808.

2. — Traité élémentaire de mathématiques et de physique, suivi de notions sur la chimie et l'astronomie, à l'usage des élèves qui se préparent aux examens pour le baccalauréat ès lettres. IIIe édition, revue et augmentée de notes et additions sur la chimie. Paris, Bachelier, 1836-39, et 1845, 2 vol. in-8 avec pl. [14 fr. 50 c.].

La première édition est de 1824.

Le tome Ier, contenant *l'arithmétique, l'algèbre, la géométrie rectiligne et sphérique*, se vend séparément.

3. — Théorèmes et problèmes de géométrie, suivis de la théorie des plans et des préliminaires de la géométrie descriptive, comprenant la partie exigée pour l'admission à l'Ecole polytechnique. X^e édition. Paris, Bachelier, 1838, in-8 avec 21 pl. [5 fr.].

La première édition est de 1833.

4. — Notes sur l'arithmétique. XXe édition. Paris, Bachelier, 1839, in-8 [2 fr.].

5. — Arithmétique à l'usage des élèves qui se destinent à l'Ecole polytechnique et à l'Ecole militaire. XXIIIe édit., suivie d'une table des logarithmes des nombres entiers, de un à dix mille. Paris, Bachelier, 1842, in-8 [5 fr.].

6. — Traité d'arithmétique, à l'usage des élèves qui se destinent à l'École polytechnique, à la marine, à l'École militaire de Saint-Cyr et à l'École forestière. XXIVe édit. Paris, Bachelier, 1846, in-8 avec 1 pl. [5 fr.].

Ouvrage adopté par l'Université.

On doit à M. Reynaud les trois ouvrages suivants : *l'Arithmétique, avec des notes fort étendues* [XX° édit., 1839, in-8]; — *la Géométrie, suivie des théorèmes et problèmes de géométrie* [X° édit., 1845, in-8 avec 27 pl.] ; — *l'Algèbre, et application de cette science à l'arithmétique et à la géométrie* [VII° édit., avec des notes, 1834, in-8], qui font partie du « Cours complet de mathématiques à l'usage de la marine, etc., » par BEZOUT, et qui se vendent séparément.

M. Reynaud a fait précéder d'une *Instruction*, etc., les « Tables de logarithmes, » par de LALANDE, étendues à sept décimales, par M. MARIE (tirages de 1839 à 1846, in-16].

REYNAUD [J.-E.], substitut du procureur général à la cour royale de Montpellier. [Voy. la *France littér.*, t. VII, p. 568.]

1. — Traité de la péremption d'instance en matière civile ; revu par M. *Dalloz*. Paris, Cotillon, 1837, in-8 [7 fr.].

REYNAUD [François-Dominique de], comte de MONTLOSIER. Voy. ce dernier nom.

REYNAUD [Jean], ancien élève de l'Ecole polytechnique, ingénieur des mines ; né à Lyon en 1806. [Voy. la *France litt.*, t. VII, p. 568.]

1. — Minéralogie des gens du monde, ou notions générales sur les minéraux les plus utiles à la société. 1836, in-18 [4 fr.].

2. — Discours sur la condition physique de la terre. Paris, imp. de Bourgogne, 1840, in-8 de 116 pag.

Extrait de l' « Encyclopédie nouvelle. »

3. — Considérations sur l'esprit de la Gaule. Paris, Martinet, 1847, in-8.

Formant l'article *Druidisme* de l' « Encyclopédie nouvelle. »

M. J. Reynaud a dirigé, avec M. P. LEROUX : « Encyclopédie nouvelle, ou Dictionnaire philosophique, scientifique, littéraire et industriel, offrant le tableau des connaissances humaines au XIX° siècle, » par une société de savants et de littérateurs [1836 et ann. suiv.]. — Les deux premiers volumes ont été publiés sous le titre : *Encyclopédie pittoresque* ; mais on a refait des frontispices portant le nouveau titre.

M. Jean Reynaud a donné des articles à « l'Organisateur » et au « Globe. » — Il a travaillé aux « Prédications saint-simoniennes » [1832, 2 vol.], auxquelles il a donné 3 prédications. — Il a fourni des articles aux « Missions de province : » *de la Société saint-simonienne ; Cérémonie du 27 novembre*, etc.

Il a travaillé à la « Revue encyclopédique ; » à la « Revue nouvelle ; » et à l' « Almanach républicain » pour 1848, etc.

REYNAUD [le docteur]. — Traité pratique des maladies vénériennes. Toulon, Monge ; Paris, Labé, 1845, in-8 [7 fr. 50 c.].

M. le docteur Reynaud a travaillé au « Journal hebdomadaire de médecine, » et a donné des articles aux « Mémoires de l'Académie de médecine. »

REYNAUD [l'abbé Joseph], prêtre du diocèse de Grenoble, curé de Goncelin.

1. — Grammaire méthodique et complète selon les règles de l'Académie et les écrivains les plus distingués. Paris, Hachette, 1846, in-12 [1 fr. 50 c.].

2. — Méditations spéculatives et pratiques ou dogmatiques et morales pour tous les jours de l'année, précédées de la vie du saint le plus remarquable, etc. Grenoble, Baratier, 1846, 3 vol. in-12 [16 fr.].

REYNAUD [Charles], poëte ; né en 1820, mort au mois d'août 1853. [Voy. l'*Athenæum*, du 3 septembre 1853 et du 1er avril 1854.] — D'Athènes à Baalbek (1840). Paris, Furne, 1846, in-12 [3 fr. 50 c.].

M. Ch. Reynaud a travaillé à la « Revue des Deux-Mondes. »

REYNIER [J.-B.].

1. — Les Villageois intrépides. Poëme, précédé de trois épîtres adressées au curé, sujet du poëme. Grenoble, impr. de Prudhomme; Gap, Beraud, 1837, in-18 de 108 pag.

Les trois épîtres sont adressées à M. Génant, curé d'Urtis.

On lit dans la préface : « Un jour, pendant que le prêtre célébrait la messe, la tempête menaçant de ravager la récolte, les paroissiens sonnèrent vite les cloches, afin de faire disperser les nuages horriblement chargés de pluie et de grêle : le curé leur imposa silence ; mais les paroissiens sonnèrent malgré lui, et disputèrent leur droit avec chaleur contre le curé, qui, de dépit, abandonna la messe et l'église, et s'en fut chez lui. » Tel est le sujet du poëme.

REYNIÈRE.

On a réuni ses poésies avec celles de HENKART et de BASSANGE, sous le titre de : *Loisirs de trois années* [Liège, 1822, 2 vol. pet. in-8]. Voy. HENKART [P.-J.].

REYNIÈRE [Grimod de la]. Voy. GRIMOD DE LA REYNIÈRE [Alexandre Balthazard-Laurent].

REYNIES [Paul de]. — Lettre à M. Moquin-Tandon sur quelques mollusques terrestres et fluviatiles. Toulouse, imp. de Douladoure, 1844, in-8 de 8 pag. avec 1 pl.

REYNOLDS [G.-W.-Mac-Arthur]. [Voy. la *France littér.*, t. VII, p. 571.]

— Le Jeune imposteur, traduit de l'anglais par *A.-J.-B. Defauconpret*. Paris, Renduel, 1836, 2 vol. in-8 [15 fr.].

REYNOLDS [Thomas]. — The life of Thomas Reynolds, esq. Paris, imp. de Smith, 1839, 2 vol. in-8, avec un portrait [30 fr.].

L'auteur est le fils de Th. Reynolds.

REYRE [l'abbé Joseph], né à Eyguières le 25 avril 1735, mort à Avignon le 14 février 1812. [Voy. la *France littér.*, t. VII, p. 572.]

1. — L'École des jeunes demoiselles, ou Lettres d'une mère vertueuse à sa fille. Lyon et Paris, 1836, 1838, 1844, 2 vol. in-12 [2 fr.]. — Autres édit., Limoges, Barbou, 1846-1849, in-12 avec 1 grav.

2. — Anecdotes chrétiennes, ou Recueil de traits d'histoire choisis pour l'éducation de la jeunesse et l'instruction de tous les fidèles. Nouvelle édition, augmentée d'une notice sur l'auteur. Le Mans, Gallienne, 1849, in-12.

Citons aussi les éditions suivantes : Lyon, Périsse, 1836, in-12; — Paris, Saintin, 1837, in-12; — Tours, Mame, 1837, 1843, in-12; — Limoges, Martial Ardant, 1841, 1848, in-12.

3. — Le Mentor des enfants et des adolescents, ou Maximes, traits d'histoire et fables nouvelles en vers. Mirecourt, imp. de Mme veuve Fricadel-Dubiez, 1837, in-12; — Carpentras, Devillario, 1841, in-12; — Besançon, Bintot, 1843, in-12; — Limoges, Barbou, 1846, in-12.

La première édition est de 1802.

4. — Le Nouveau Mentor des enfants et des adolescents, ou Maximes, traits d'histoire et fables nouvelles en vers. Limoges, Ardant fils, 1836, in-12 avec 6 gravures [3 fr.]; — Nanci, Grimblot, 1844, in-12; — Paris et Limoges, Ardant, 1847, in-12 avec 1 grav.

La première édition est de 1824.

5. — Le Fabuliste des enfants et des adolescents, ou Fables nouvelles; suivi du Temple de l'honneur. Lyon, Pélagaud, 1836, in-12; — Lyon, Périsse, 1839, 1844, in-12 avec 8 grav.

La première édition est de 1803.

6. — Année pastorale, ou Prônes nouveaux en forme d'homélies, contenant une explication courte et familière de l'évangile de tous les dimanches de l'année, de celui de tous les jours de carême, et des instructions courtes et familières sur les principales fêtes de l'année. Paris, Méquignon junior, 3 vol. in-12 [4 fr. 50 c.]; — Lyon, Périsse, 1835, 1839, 1844, 2 vol. in-12 [3 fr.]; et 1846, in-12.

REYSSIER, de Villefranche (Rhône). — Destruction des pyrales, des chenilles et de toute espèce d'insectes. Villefranche, imp. de Mme veuve Pinet, 1844, in-8 de 12 pag. [50 c.].

RHÉAL [Sébastien GAYET DE CESENA, dit], né à Gênes.

1. — Les Chants du Psalmiste. IIe édition. Odes, hymnes et poëmes; précédés d'une Introduction par M. *Ballanche*. Paris, Delloye, 1841, 2 vol. in-8 [12 fr.].

L'Introduction est un fragment inédit de 48 lignes.
La première édition est de 1839 [Paris, Delloye, in-8, 7 fr. 50 c.].

2. — Les Divines Féeries de l'Orient et du Nord, légendes, ballades, gazals, romances, myriologues, petits poëmes indiens, arabes, persans, serviens, turcs, moresques, celtes, scandinaves; traditions pittoresques, mythologiques et populaires des deux mondes. IIe édition. Paris, Fournier, 1842, in-8 avec des illustrations de Mme Rhéal et A. Fragonard [16 fr.]; — en 1848, *Picard* [5 fr.].

La première édition est de 1842 [Paris, Lavigne, Aubert, gr. in-8].

On doit encore à M. Séb. Rhéal : les Funérailles de Napoléon [Paris, Delloye, 1840, in-8]; — Chants nationaux et prophétiques, suivis d'une Réponse à la « Marseillaise de la paix, » de M. de LAMARTINE [1841, in-32]; — Exposition du tableau de la Sulamite, refusé par le jury de peinture 1832, tous les jours, quai Malaquais, n° 7 [1842, in-8]; — la Tribune indépendante. Un salut à Molière pour l'anniversaire de sa mort. Prophéties d'un fou. Hymne à la mémoire de Gilbert, d'André Chénier, d'Hégésippe Moreau, d'Aloysius Bertrand et de Louis Berthaud, etc. [1844, in-12]; — le Triomphe de la charité [1844, in-8]; — le Martyre des religieuses polonaises, avec des Notices explicatives. Relation fidèle et complète des horribles événements de Lithuanie [1846, in-12]; —A Messieurs les membres des deux Chambres législatives. Notice explicite sur l'impérieuse urgence d'une réglementation fixe et de la publicité de l'emploi des fonds votés à l'encouragement des sciences et des lettres, avec le tableau sommaire des graves abus subsistant depuis 1830 dans l'état discrétionnaire de ces crédits, d'après les seuls rapports officiels [1847, in-8]; — Documents historiques (1847). Dernière année du ministère Guizot, — Suppression d'une indemnité littéraire pour un mémoire aux Chambres. — Interdiction du libre droit de procédure par une circulaire officielle. — Trafic des fonds d'encouragement. — Pièces qui accompagnaient la pétition de M. Rhéal, déposée, le 17 janvier 1848, par M. Léon de Malleville à l'ancienne Chambre des députés, pour la réglementation et la publicité des emplois des fonds votés à l'encouragement des sciences et des lettres [1848, in-8]; — Principaux Articles des divers organes de la presse, contenant l'historique des actes illégaux commis par M. le ministre de l'instruction publique ou par ses agents envers le pétitionnaire, M. Sébastien Rhéal (août 1847) [1848, in-8]; — Nouveaux Documents historiques. République française (15 août 1848) [1848, in-8]; — la Poule au pot, ou le Secret de finir la guerre sociale, par un bourgeois des mansardes [1849, in-16, et II° édit., in-18].

M. Séb. Rhéal a recueilli et publié, avec une *Notice biographique et littéraire*, les « OEuvres posthumes » d'Eugène ORRIT [1845, in-12].

Il a traduit les « OEuvres » de DANTE, illustrées d'après les 108 compositions de J. Flaxman [1843 et ann. suiv., 3 vol. gr. in-8].

Une pièce de vers de M. Séb. Rhéal a été insérée dans le « Supplément à la Biographie de Garnier-Pagès » [Paris, Pilout, 1841, in-8 de 8 pag.].

RHÉVILLE [Alfred de]. [Voy. la *France littér.*, t. VIII, p. 5.]

1. — La France illustrée par ses grands hommes. Traits d'héroïsme et de dévouement, paroles et actions remarquables, recueillis et présentés dans l'ordre chronologique, etc. Paris, imp. de Rignoux et Baudouin, 1836, 2 vol. in-12 avec 4 grav. [6 fr.].

2. — Nouveau manuel de chronologie universelle, depuis le commencement du monde jusqu'en 1837; revu par M. de Rhéville. Blois, impr. de Dezairs, 1838, in-18 avec 1 grav. [1 fr. 50 c.].

La couverture imprimée porte : *Nouveau Manuel de chronologie, ou les Événements historiques, par ordre de date, depuis le commencement du monde jusqu'à nos jours,* par M. DESCOTTEZ, auteur du « Manuel de littérature moderne. »

Malgré l'annonce du titre, l'ouvrage s'arrête à la déchéance de Charles X (1830).

M. de Rhéville a traduit les « Métamorphoses » d'OVIDE [1836, 2 vol. in-12].

RHÉVILLE [Alexandre]. — Histoire de la révolution française, du consulat et de l'empire, suivie d'un Précis de la restauration et de l'établissement du gouvernement de 1830. Paris, Renaud, 1842, in-8 avec des gravures.

RHODES [J.-B.], vétérinaire.

1. — Le Conservateur de la santé, ou l'Art de prévenir, sans remèdes ni dépenses, les maladies des chevaux, mulets, bœufs, moutons, porcs et de tous les autres animaux domestiques, ainsi que des personnes. Bagnères, Dossun, 1838, in-8.

2. — Les Étangs du bas Armagnac, sur l'air : Un castel d'antique structure, etc.; suivis de la Céphalite ou fièvre endémique de ce même Armagnac. Condom, imp. de Dupouy jeune, 1843, in-8 de 48 pag.

L'article sur la *Céphalite* est en prose.

RHODES [Cléobule de], professeur de philosophie. — Lettres politiques dédiées aux jeunes gens. Avignon, imp. d'Offray, 1848, in-8 de 64 pag.

Neuf lettres.

R'HOONE [lord], pseudonyme sous lequel H. de Balzac a publié *l'Héritière de Birague, Jean-Louis, Clotilde de Lusignan.* Voy. BALZAC [Honoré].

RIAMBOURG [Jean-Baptiste-Claude de], président de chambre à la cour royale de Dijon, né dans cette ville le 24 janvier 1776, mort le 16 avril 1837. [Voy. une notice lue par M. J. FOISSET à l'Académie de Dijon et imprimée dans les Mémoires de cette académie (partie littéraire de 1835), et la *France littér.*, t. VIII, p. 5.]

— OEuvres philosophiques, publiées par M. *Th. Foisset*, juge à Beaune, et M. l'abbé *Foisset*, ancien supérieur de séminaire. Paris, Sagnier et Bray, 1838, 3 vol. in-8 [15 fr.].

— OEuvres très-complètes, nouvelle édition, augmentée d'un ouvrage sur les mystères, très-important mais inédit, du célèbre président, revu, augmenté et annoté par M. *Th. Foisset*, publié par M. l'abbé *Migne.* Petit-Montrouge, imp. de Migne, 1849-50, gr. in-8 [7 fr.].

M. de Riambourg a donné, dans les « Mémoires de l'Académie de Dijon, » en 1825, un *Essai sur le beau et sur le goût;* et, en 1826 et 1829, des *Fragments* sur cette question : « Faut-il s'étonner qu'il y ait des mystères dans la religion ? »

RIANCEY [Henri-Léon CAMUSAT de], né à Paris en 1816, avocat à la cour d'appel de Paris, secrétaire du comité électoral pour la défense de la liberté religieuse.

1. — Avec M. *Ch. de Riancey* : Histoire du monde depuis la création jusqu'à nos jours. Paris, imp. de Dupont, 1838-41, 4 vol. in-8 [20 fr.].

Le Ier volume s'étend jusqu'à la mort d'Alexandre; le IIe, jusqu'au triomphe de Constantin; le IIIe, jusqu'au Xe siècle; le IVe, jusqu'au temps présent.

2. — Avec M. *Ch. de Riancey* : Histoire résumée du moyen âge. Paris, Poussielgue-Rusand, 1841, in-18 [1 fr. 50 c.].

3. — Histoire critique et législative de l'instruction publique et de la liberté d'enseignement en France, depuis les temps les plus reculés jusqu'à nos jours. Paris, Sagnier et Bray, 1844, 2 vol. in-8 [10 fr.].

4. — Compte rendu des élections de 1846, avec des pièces justificatives contenant les professions de foi, déclarations ou engagements des candidats et des députés en faveur de la liberté religieuse. Paris, Lecoffre, 1846, in-12.

Publié par le comité électoral pour la défense de la liberté religieuse.

M. H. de Riancey est l'un des signataires de quelques brochures et circulaires publiées par ce même comité (1847-49, in-12 et in-4).

Citons encore : Lettre à M. Dupin, sur l' « Éloge d'Étienne Pasquier » [1843, deux éditions in-8]; — la Loi et les jésuites [1845, deux éditions in-8]; — les Religieuses (basiliennes de Pologne et la diplomatie russe [1846, in-12. — Extrait du « Correspondant, » du 10 mai, avec additions); — Monseigneur Affre, archevêque de Paris. Esquisse biographique [1848, in-18 avec 1 portrait et 2 lithogr.]; — Discours prononcé à l'institution de Notre-Dame de Sainte-Croix, dans la séance académique du 13 avril 1849 [1849, in-8].

M. H. de Riancey a traduit : « Lettre encyclique aux évêques d'Egypte et de Syrie, et Premier Discours contre les ariens, » par saint ATHANASE, faisant partie du IIIe vol. des « Chefs-d'œuvre des Pères de l'Église » [1838, in-8].

Il a fourni des articles à « l'Université catholique » et au « Correspondant, » entre autres : *Mémoire pour servir à l'histoire d'une forêt* (forêt de Frétoy).

RIANCEY [Charles-Louis de], membre de l'Assemblée législative de 1849; né à Paris le 19 octobre 1819.

1. 2. — Avec M. *H. de Riancey* : Histoire du monde depuis la création jusqu'à nos jours (1838-41, 4 vol. in-8) ; — Histoire résumée du moyen âge (1841, in-18). Voy. RIANCEY (Henri).

On doit encore à M. Ch. de Riancey : du Jésuitisme, ou du Mouvement religieux à notre époque [1843, in-18]; — Action électorale. Du droit électoral, de ses conditions, de ses garanties [1845, in-12]; — de la Situation religieuse de l'Algérie. Mémoires de Mgr l'évêque démissionnaire d'Alger [1846, in-12]; — du Renouvellement des pétitions en faveur de la liberté d'enseignement, de leur nécessité et de leur efficacité [1847, in-12. — Ces trois dernières brochures ont été publiées par le comité électoral pour la défense de la liberté religieuse].

M. Ch. de Riancey a été l'un des principaux rédacteurs, avant 1848, du journal « l'Union. » Il est aussi l'un des rédacteurs du « Correspondant » et de « l'Ami de la religion. »

RIANCOURT [le comte de]. — Défense de Dantzik, en 1813. Paris, imp. de F. Didot, 1845, in-8 de 60 pag.

RIAUX [Francis], ancien élève de l'École normale, professeur de philosophie à la faculté de Rennes.

1. — Essai sur Parménide d'Elée, suivi du texte et de la traduction des fragments. Rennes, imp. de Marteville; Paris, Joubert, 1840, in-8.

Le texte grec est en regard de la traduction française de Parménide.

2. — Notice sur Montesquieu. Paris, imp. de Panckoucke, 1849, in-8 de 20 pag.

Extrait du « Dictionnaire des sciences philosophiques. »

M. F. Riaux a revu, corrigé et fait précéder d'une *Introduction*, la traduction de « Œuvres » de BACON [Paris, Charpentier, 1842, 2 vol. in-12].

Il a publié : « les Niebelungen, ou les Bourguignons chez Attila, roi des Huns, » poëme traduit de l'ancien idiome teuton, par Mme Ch. MOREAU DE LA MELTIÈRE [1837, 2 vol. in-8].

Il a travaillé au journal « le Siècle. »

RIBADEAU DU MAINE [Mme] — Fra Stephen, ou une Vocation. Paris, Lehuby, 1846, in-12 [1 fr. 50 c.].

RIBADENEIRA [le R. P. Pédro de], jésuite, hagiographe, l'un des compagnons de Saint-Ignace; né à Tolède en 1527, mort en 1611. [Voy. la *France littér.*, t. VIII, p. 6.]

1. — Vie de saint Ignace, fondateur de la compagnie de Jésus; traduite du latin par Mlle *Evelina de Tressan;* précédée d'une Introduction par M. de B***. Paris, Toulouse, 1844, in-12 [2 fr.].

2. — Meditaciones del glorioso doctor de la Iglesia san Agustin. Traducidas del latin. Paris, imp. de Pillet aîné, 1846, in-18.

3. — Soliloquios y manual del glorioso doctor de la Iglesia san Agustin. Trad. del latin. Paris, imp. de Pillet, 1846, in-18.

RIBARD [Louis-Clément], du Vigan (Gard). — Thèse historique sur la révocation de l'édit de Nantes. Montauban, imp. de Forestié, 1847, in-8 de 44 pag.

RIBAULT DE LA CHAPELLE [J.].—

Histoire de Vercingétorix, publiée par *J.-B. Peigue*, avec une notice sur l'auteur et sur ses écrits. Clermont-Ferrand, Thibaud-Landriot, 1834, in-8 de 28 pag.

RIBAUT [C.].

M. C. Ribaut a revu et corrigé la IIIe édition du « Dictionnaire portatif de la langue française, » par LAVEAUX [1842, in-16].

RIBBING [le comte Adolphe de], auteur dramatique, plus connu sous le pseudonyme *Adolphe de Leuven*. Voy. LEUVEN.

RIBEIRO SARAIVA [Antonio]. — Actes des décisions des trois États du royaume de Portugal, assemblés en cortès dans la ville de Lisbonne, rédigés le 11 juillet 1828, fidèlement traduits de l'édition authentique portugaise. Paris, Delaforêt, 1828, in-8 de 88 pag.

RIBES [Fr.], médecin en chef de l'hôtel des Invalides, membre de l'Académie de médecine; né à Bagnères de Bigorre en 1774 ou 1775, mort à Paris le 21 février 1845. [Voy. la *France littér.*, t. VIII, p. 7.] — Mémoires et observations d'anatomie, de physiologie, de pathologie et de chirurgie. Paris, J.-B. Baillière, 1841-44, 3 vol. in-8 avec 9 pl. [22 fr. 50 c.].

Citons encore : avec MM. Antoine DUBOIS *et autres* : Rapport sur une pièce d'anatomie artificielle du docteur Auzoux [1831, in-8].
M. Ribes a donné de nombreux mémoires et articles dans les « Mémoires de la Société médicale d'émulation; » dans les « Bulletins de la Faculté de médecine de Paris; » dans les « Archives de médecine; » dans l' « Encyclopédie méthodique ; » dans la « Revue et Gazette médicales ; » dans le « Journal de physiologie, » de M. MAGENDIE; dans le « Journal » de LEROUX et CORVISART, etc.

RIBES [F.], docteur en médecine, professeur à la Faculté de Montpellier. [Voy. la *France littér.*, t. VIII, p. 7.] — Discours sur la vie de la femme, prononcé à l'ouverture du cours d'hygiène de la Faculté de médecine de Montpellier. Montpellier, Seval, 1836, in-8.

On doit aussi à M. Ribes : Hygiène. Premier et deuxième enseignements faits à l'ouverture des leçons d'hygiène de la Faculté de médecine de Montpellier [1838, 2 brochures in-8].

RIBES [A.], avocat. — Étude sur la commune. A MM. les représentants de l'Assemblée nationale. Paris, René, 1848, in-8 de 48 pag. [50 c.].

RIBIÉ [César], comédien, directeur de théâtres et auteur dramatique, né vers 1755. [Voy. la *Biogr. univ.*, suppl., et la *France littér.*, t. VIII, p. 8.] — Avec M. *Martainville* : le Pied de mouton, mélodrame-féerie comique, en trois actes, à grand spectacle. Nouvelle édition, avec des changements. Lyon, Chambet; Paris, Barba, 1839, in-8 [50 c.].

Une autre édition, publiée dans la même année, in-8 de 20 pag., fait partie de la « France dramatique au XIXe siècle. »
La première édition est de 1807.

RIBIER [l'abbé César], né à Lyon en 1762, mort dans cette ville le 14 mai 1826. [Voy. la *Biogr. univ.*, suppl., et la *France littér.*, t. VIII, p. 9.] — Le Paradis sur la terre, ou le Chrétien dans le ciel par ses actions. VIe édition. Lyon, Guyot, 1842, in-18 [1 fr. 50 c.].

RIBIÈRE [l'abbé]. — Recueil de poésies patoises et françaises. Limoges, Blondel, 1841, in-12 [1 fr.].

La première satire d'HORACE est traduite en vers patois.

RIBOT [A.]. — Mi Deportacion, trobas maritimas y americanas. Marseille, imp. de Mossy, 1839, in-18 de 144 pag.

Poésies.

RIBOUD [Thomas-Philibert], législateur, magistrat, archéologue; né à Bourg en 1755, mort le 6 août 1835. [Voy. la *Biogr. univ.*, suppl., et la *France littér.*, t. VIII, p. 9.] — Notice sur Théodore Brossard de Montanai, agriculteur, homme de lettres et magistrat à Bourg dans le XVIe siècle. Bourg, Bottier, an V (1797), in-8 de 8 pag.

Sous les initiales T. R.

RIBOURT. — Avec M. *Loriol* : Géographie mathématique, physique et politique, etc. (1836, in-18). Voy. LORIOL.

RIBOUT [E.]. — Épisode de la campagne de Russie, nouvelle historique. Senlis, imp. de Duriez, 1845, in-18 de 192 pag.

RIBOUTTÉ [François-Louis], auteur dramatique; né à Lyon en 1770, mort à Paris en 1834. [Voy. la *Biogr. univ.*, suppl., et la *France littér.*, t. VIII, p. 9.] — L'Assemblée de famille; comédie en cinq actes et en vers. Paris, Barba, Bezou, Pollet, 1835, in-8 de 28 p.

La première édition est de 1808.

RICARD [l'abbé]. Voy. PLUTARQUE.

RICARD [Aug.], romancier. [Voy. la *France littér.*, t. VIII, p. 12.]

1. — Maison de cinq étages, ou le Terme d'avril. Paris, Baudouin, 1835, 4 vol. in-12 [12 fr.].

2. — Études populaires. Pierre Giroux le Parisien. Paris, Baudouin, Pougin, Corbet, Legrand, Schwartz et Gagnot, 1837, 2 vol. in-8 [15 fr.]., et 1842, 4 vol. in-12 [12 fr.].

3. — Épître à M. Jacques Laffitte. Paris, imp. de Baudouin, 1838, in-8 de 16 pag.

4. — La Chaussée d'Antin : esquisses contemporaines. Le Marquis de Sainte-Suzanne. Paris, Lachapelle, 1838, 2 vol. in-8 [15 fr.], et 4 vol. in-12.

5. — Ni l'un, ni l'autre. Roman de mœurs. Paris, Lachapelle, 1838, 2 vol. in-8 [15 fr.], et 4 vol. in-12.

6. — La Vierge Marie. Paris, Lachapelle, 1838, 2 vol. in-8 [15 fr.].

7. — Avec M. *Maximilien Perrin:* les Vieux Péchés (1839, 2 vol. in-8). Voy. PERRIN.

8. — Le Viveur. Paris, G. Barba, 1839, 2 vol. in-8 [15 fr.], et 1841, 4 vol. in-12 [6 fr.]. — Autre édit. illustrée de 25 vignettes par Bertall. 1849, in-4 [90 c.].

9. — Ma Petite Sœur. Paris, Lachapelle, 1839, 2 vol. in-8 [15 fr.], et 4 vol. in-12.

10. — Avec M. le baron de *Bilderbeck :* Jadis et aujourd'hui (1839, 2 vol. in-8). Voy. BILDERBECK.

11. — J'ai du bon tabac dans ma tabatière. Paris, Gustave Barba, 1840, 2 vol. in-8 [15 fr.], et 1841, 4 vol. in-12 [6 fr.].

12. — Le Tapageur. Paris, Gustave Barba, 1841, 2 vol. in-8 [15 fr.], et 1842, 4 vol. in-12 [6 fr.].

13. — Le Brigand de la Loire. Paris, L. de Potter, 1844, 2 vol. in-8 [15 fr.].

14. — La Lisette de Béranger. Histoire véritable de ses amours; ses plaisirs, ses aventures, sa dévotion, son pèlerinage, sa vertu et ses succès dans le monde, etc. Paris, Renault, 1846, in-18.

15. — Frétillon de Béranger; sa naissance, etc., racontées pour la première fois. Paris, Renault, 1846, in-18.

16. — Le Carême de ma tante. — Le Carnaval de mon père. Paris, G. Barba, 1849, in-4.

Romans populaires illustrés.

La première édition a paru en 1836, sous le titre : *Mes grands parents* [Paris, Pougin, Corbet, 4 vol. in-12. — Le tome IV contient : *les Étrennes de mon oncle*, publié en 1833, in-12].

M. A. Ricard, collaborateur de M. Marie AYCARD, a écrit avec lui un grand nombre d'ouvrages anonymes.

Il a fourni des articles à : « les Français peints par eux-mêmes, » entre autres : *le Garçon de café, le Champenois.*

RICARD, professeur de philosophie au collège de Toulon, membre de la Société des sciences de cette ville.

M. Ricard a donné, dans le « Bulletin de la Société des sciences de Toulon : » *Etudes sur l'éloquence de la chaire* [1833]; — Fragments traduits de SCHILLER [1833]; — Tableau des mœurs de l'empire romain [1834]; — Discours sur l'histoire universelle, trad. de SCHILLER [1835], et divers travaux archéologiques.

RICARD [F.]. — Anselme et Célestine, ou Souffrance et charité. Lyon, Périsse, 1840, 2 vol. in-12.

RICARD [Adolphe], pseudonyme de Gustave SANDRÉ.

RICARD [J.-J.-A.].

1. — Traité théorique et pratique du magnétisme animal, ou Méthode facile pour apprendre à magnétiser. Paris, Germer-Baillière, 1840, in-8 [6 fr.].

2. — Physiologie et hygiène du magnétiseur, régime diététique du magnétisé. Mémoires et aphorismes de Mesmer, avec des notes par J.-J.-A. Ricard. Paris, Germer-Baillière, 1843, in-12 [3 fr. 50 c.].

3. — Lettres d'un magnétiseur. Paris, imp. de Delanchy, 1843, in-18 de 180 pag.

La « Revue de Paris » a rendu compte de cet ouvrage [1844, p. 211].

4. — Vade-mecum du magnétiseur. Bordeaux, imp. de Mons, 1848, in-18 de 180 pag.

Citons encore : le Magnétiseur véridique, almanach révélateur pour 1846 [1845, in-16]; — Almanach populaire du magnétiseur praticien, pour 1846 [Ire, IIe et IIIe édit., 1845, in-18]; — Esquisse de l'histoire du magnétisme humain, depuis Mesmer jusqu'à 1848 [1848, in-18].

RICARD [A.], membre de la Société archéologique de Montpellier, correspondant de la Société des antiquaires de France. — Avec M. *J. Renouvier:* Des maîtres de pierre et des autres artistes gothiques de Montpellier. Paris, Dumoulin, 1844, in-4, fig. [7 fr.].

RICARD [D.]. — Sur l'utilité de l'établissement des maisons de jeux de hasard. Paris, imp. de Cordier, 1846, in-8 de 20 pag.

RICARD DE MONTFERRAND [A.], conseiller d'État, architecte à Saint-Pétersbourg. — Eglise cathédrale de Saint-Isaac. Description architecturale, pittoresque et historique de ce grand monument. Paris, imp. lith. de Thierry frères. Saint-Pétersbourg et Paris, Bellizard, 1845-48, in-fol. avec pl.

RICARD-CHARBONNET, né à Lyon en 1777. — Mémoires d'un *Lyonnais* de la fin du XVIIIe siècle. Précis de la vie de l'auteur, par *R. C.* Lyon, impr. de Deleuze, 1838, in-8 en 2 parties.

On a broché, avec la 2e partie, la liste générale des victimes et martyrs mis à mort à Lyon, en 1793 et 1794, en vertu de jugements du tribunal révolutionnaire.

RICARD DE SAINT-HILAIRE, né à Saint-Hippolyte en 1779. [Voy. la *France litt.*, t. VIII, p. 13.]

1. — Constantin, tragédie en cinq actes. Paris, imp. d'Appert, 1844, in-12 de 168 pag.

En vers.

2. — Les Larmes du poëte. Poëme en six chants, précédé de souvenirs historiques. Paris, Ébrard, Eymery, 1837, in-18 [5 fr.].

3. — A Sa Sainteté Pie IX. Stances. Paris, imp. de Benard, 1848, in-8 de 8 pag.

RICARDO [David], économiste anglais; né Londres en 1772, mort le 11 septembre 1823. [Voy. la *France littér.*, t. VIII, p. 14.]

1 — Des principes de l'économie politique et de l'impôt, par David Ricardo; traduit de l'anglais par *F.-S. Constancio*, avec des notes explicatives et critiques, par *J.-B. Say.* IIe édition, revue, corrigée et augmentée d'une Notice sur la vie et les écrits de Ricardo, publiée par sa famille. Paris, Aillaud, 1835, 2 vol. in-8 [15 fr.].

2. — OEuvres complètes, traduites en français par MM. *Constancio* et *Alc. Fonteyraud*, augmentées des notes de *Jean-Baptiste Say*, de nouvelles notes et commentaires par *Malthus*, *Sismondi*, MM. *Rossi*, *Blanqui*, etc., et précédées d'une Notice biographique sur la vie et les travaux de l'auteur, par M. *Alcide Fonteyraud.* Paris, Guillaumin, 1847, in-8 [12 fr.].

RICAUD [Joseph-Innocent], ancien curé de la paroisse Saint-Vincent de Paul de la ville de Marseille, né à Marseille le 17 août 1756, mort le 11 février 1831. — Cours d'homélies sur les évangiles des dimanches de l'année; publiées et précédées d'une notice historique sur la vie de l'auteur, etc., par M. l'abbé *Julien.* Avignon, Seguin aîné, 1847, 4 vol. in-12.

RICAUD [J.-P.]. — Arithmétique méthodique selon les procédés du jour, contenant, etc. Tarbes, imp. de Fouga, 1847, in-8 de 56 pag.

RICCARDI DEL VERNACCIA [le marquis Fr.-M.]. —Mémoire sur la nécessité, en Toscane, d'un institut d'agriculture et d'économie rurale. Traduit de l'italien. Paris, imp. de Renouard, 1840, in-8 de 16 pag.

RICCI [le chevalier Ange-Marie]. — Septénaire, ou sept allégresses de Notre-Dame du Mont-Carmel. Paris, Ad. Leclère, 1839, in-8 de 20 pag.

RICCIARDI [Giuseppe], poëte italien, fils du comte de Camaldoli, ministre de la justice à Naples sous Murat.

1. — Histoire d'Italie, de 1850 à 1900. Paris, 1842, in-12.

2. — Poesie per la prima volta riunite, con aggiunta di varie inedite. Paris, Baudry, 1844, in-12 [3 fr.].

Citons encore: Pochi versi [1837, in-32]; — Gloria e sventura, canti republicani [1839, in-32]; — Lettera agli elettori di Capitanata [1848, in-12].

M. Joseph Ricciardi a publié en italien différentes brochures politiques : Discours aux Italiens [1843]; — A la mémoire des frères Bandiera [1844]; — Encouragements à l'Italie [1845], etc.

Il est l'auteur de la *Préface* mise en tête de: « Protestation du peuple des Deux-Siciles. » Document traduit de l'italien par M. *** [1848, in-8].

RICHARD [Nicolas-Louis-Antoine], bibliothécaire de la ville de Remiremont, correspondant de la Société des antiquaires de France; né à Saint-Dié le 10 septembre 1780. [Voy. la *France litt.*, t. VIII, p. 23.] — Traditions populaires, croyances superstitieuses, usages et coutumes de l'ancienne Lorraine. IIe édition, augmentée. Remiremont, 1848, in-8 [3 fr. 50 c.].

Citons encore : Extraits d'une petite biographie des savants et littérateurs nés dans l'arrondissement de Remiremont [Épinal, 1841, in-12]; — Li Grief de Vittel [Épinal, in-12].

Notice sur l'ancienne justice seigneuriale du ban de Lonchamp, arrondissement de Remiremont [Épinal, 1841, in-12]; — Voyage dans les Vosges, par l'abbé Grégoire (extr. de l'ouvrage intitulé: Correspondance sur les matières du temps), avec des notes [Épinal, in-8].

On doit aussi à M. N.-L.-A. Richard : *Coutumes, mœurs et usages de la commune de la Bresse (Vosges)* [Mém. de la Soc. des antiq. de France, t. IX, p. 222, et tirage à part, 1837, in-8 de 16 pag.]; — *Sur l'ancienne justice seigneuriale du ban de Longchamp (Vosges)* [X, 230]; — *le Fief colonger d'Hochstatt* [nouv. sér., VI, 481]. — Il y a en outre de lui trois mémoires sur des patois, dans le tome VI, 1re série.

RICHARD [Achille], médecin et naturaliste, membre de l'Institut, professeur à la Faculté de médecine de Paris; né à Paris le 27 avril 1794. [Voy. la *France litt.*, t. VIII, p. 24.]

1. — Nouveaux Éléments de botanique et de physiologie végétale. VIIe édition, revue, corrigée et augmentée des caractères des familles naturelles du règne végétal. Paris, Béchet jeune, 1845-46, in-8 en deux parties [9 fr.].

La première édition est de 1819.
M. Richard, dans ce livre, s'occupe des organes des végétaux; des modifications que peuvent éprouver ces organes; du choix d'une méthode simple et facile, fruit de l'observation.

2. — Formulaire de poche, à l'usage des praticiens, ou Recueil de formules les plus usitées dans la pratique médicale, avec l'indication des doses exprimées en poids décimaux et en poids anciens. VIIe édition, refondue sur un plan entièrement neuf. Paris, Béchet jeune et Labé, 1839, in-32 [3 fr.].

La première édition est de 1819.
Dans les précédentes éditions, comme dans tous les ouvrages du même genre, les formules étaient rangées par *formes pharmaceutiques*; dans cette nouvelle édition, M. Richard a adopté la classification des agents pharmacologiques et des formules dont ils font partie par ordre de *propriétés médicales*.

3. — Éléments d'histoire naturelle médicale, contenant des notions générales sur l'histoire naturelle, la description, l'histoire et les propriétés de tous les aliments, médicaments ou poisons tirés des trois règnes de la nature. IIIe édition, revue, corrigée et considérablement augmentée. Paris, Labé, 1838, 3 vol. in-8 ornés de 10 planches représentant les formes cristallines des minéraux, les espèces de sangsues officinales, les divers insectes vésicants et les vers intestinaux de l'homme [19 fr.].

Le tome Ier contient : *la Zoologie*; le IIe, *la Minéralogie*; et le IIIe, *la Botanique médicale*.

La première édition a été publiée sous le titre : *Botanique médicale, ou Histoire naturelle et médicale des médicaments, des poisons et des aliments tirés du règne végétal* [Paris, Béchet jeune, 1822-23, 2 vol. in-8].

4. — Iconographie végétale, ou Organisation des végétaux, illustrée au moyen de figures analytiques, par *J.-F. Turpin*, avec un texte explicatif raisonné et une notice biographique sur M. Turpin, par A. Richard. Paris, impr. de Panckoucke, 1841, in-8.

5. — Tableau synoptique du règne végétal selon le système de Jussieu, modifié. IIe édition, une feuille grand-aigle [3 fr.]. — *Paris, Hachette.*

M. A. Richard a rédigé la *Botanique* [1848, 2 vol. gr. in-8], pour le « Voyage en Abyssinie, » par LEFEBVRE. [Voy. ce nom.]

Il a inséré trois mémoires dans les « Actes de la Société d'histoire naturelle de Paris. »

Il a travaillé au « Dictionnaire d'histoire naturelle, » dirigé par M. d'Orbigny.

RICHARD [J.-B.], pseudonyme sous lequel M. *Audin* a arrangé et augmenté la plus grande partie des *Guides des voyageurs*. [Voy. la *France littér.*, t. VIII, p. 27.]

1. — Avec Mme *Mariana Starke*: Guide du voyageur en Italie, comprenant : 1° le tarif des postes, etc. VIe édition, revue, corrigée d'après les voyages les plus récents, tels que ceux de MM. Simond, Valery, lady Morgan, etc., avec la description détaillée de Rome, Naples, Florence, Venise, Milan. Paris, Audin, 1833, in-12 avec une carte [7 fr. 50 c.].

2. — Conducteur de l'étranger en France : itinéraire descriptif et topographique de la France. Paris, Maison, 1837, in-32 [3 fr.].

3. — Guide classique du voyageur en France, comprenant la topographie complète des routes de poste, des chemins de fer; la description des villes, etc. XXIIIe édit. Paris, Maison, 1849, in-16 avec 2 cartes [5 fr.].

4. — Avec M. *Quétin* : Manuel complet du voyageur en Allemagne; — Guide en Espagne et en Portugal; — Guide pittoresque et artistique du voyageur, du géologue et de l'homme du monde aux Pyrénées; — Guide classique du voyageur en France et en Belgique; — Planisphère historique, chronologique, statistique et géographique de la France. Voy. QUÉTIN.

5. — Manuel du voyageur sur les

bords du Rhin, itinéraire artistique, pittoresque et historique, comprenant, etc., par et d'après Scheiber, Gray Fearnside et John Watts; revu et mis en ordre par Richard. Paris, Audin, 1836, in-18 avec 2 cartes et 2 gravures [7 fr.]. — Autre édit., trad. en partie de « the Hand-Book, » par MURRAY. Paris, Maison, 1844, in-18 orné d'une carte routière et de vues.

6. — Manuel du voyageur en Suisse, comprenant, etc. Nouvelle édition, revue, etc., par Richard; suivi du Guide complet dans le Tyrol. Paris, Maison, 1836, 1841, in-12 [9 fr.].

Ce guide a aussi été publié sous ce titre : *le Nouvel Ebel. Manuel du voyageur en Suisse*, etc. [1837, in-12]. Voy. EBEL et LUTZ.

7. — Guide du voyageur en Savoie et en Piémont, comprenant, etc., d'après Bertolotti, suivi de la description topographique, routière, industrielle, artistique du Piémont. Paris, Maison, 1839, in-18 avec une carte [5 fr.].

8. — Guide aux Pyrénées. Itinéraire pédestre des montagnes, comprenant, etc. IIe édition, considérablement augmentée. Paris, Maison, 1838, in-12 avec 4 vignettes et une carte [7 fr.].

9. — Guide du voyageur à Londres et dans ses environs, précédé d'un itinéraire topographique des diverses routes de Paris à Londres, et comprenant, etc., par *Lake*; revu et corrigé par Richard. Paris, Maison, 1839, in-18 avec 3 cartes et une gravure [7 fr. 50 c.].

10. — Nouveau Guide, ou Itinéraire du voyageur en Angleterre, en Écosse et en Irlande, comprenant, etc. Paris, Maison, 1839, in-18 avec une carte. [8 fr.].

11. — Avec M. *Boyce*: Manuel du voyageur en Belgique et en Hollande (1844, in-18). Voy. BOYCE.

12. — Nouveau Guide du voyageur en Angleterre, en Écosse et en Irlande; suivi d'un Voyage d'agrément aux endroits les plus pittoresques de chaque contrée, etc. Ouvrage entièrement neuf, orné d'une carte routière. Paris, Maison, 1849, in-18.

13. — *Les Chemins de fer*. Guide du voyageur sur le chemin de fer de Paris à Orléans et à Tours, contenant, etc. Paris, Maison, 1846, in-18 avec une carte [1 fr.].

14. — *Les Chemins de fer*. Guide du voyageur sur le chemin de fer de Paris à Rouen et au Havre, contenant, etc. Paris, Maison, 1847, in-18.

15. — *Les Chemins de fer*. Chemin de fer du Nord, de Paris à la frontière de Belgique, par Lille et Valenciennes, avec la continuation indicative du réseau belge, etc. Itinéraire, contenant, etc. Paris, Maison, 1846, in-18 avec 2 cartes [1 fr.].

16. — Nouveaux Dialogues familiers et progressifs, à l'usage des voyageurs et des étudiants. Paris, Maison, 1842, gr. in-32 [3 fr.].

Ces dialogues sont divisés ainsi : *Français-allemands* [avec M. KOENIG]; — *Français-anglais* [avec M. QUÉTIN]; — *Français-espagnols* [avec M. de CORONA]; — *Français-italiens* [avec M. BOLETTI].

Chacun des dialogues est accompagné d'un Tableau comparatif des monnaies d'Europe, et forme un volume.

M. Richard a revu et augmenté le « Guide du voyageur dans le Tyrol, à travers le Wurtemberg et la haute Bavière, » par M. SCHADEN [1837, in-12].

RICHARD [A.], avocat, ancien sous-préfet.

1. — Législation française sur les mines, minières, tourbières, salines, usines, établissements, ateliers, exploitations où se trouve la matière minérale, tels que forges, hauts-fourneaux, lavoirs, et comprenant, sous une forme méthodique, l'histoire, la législation ancienne et les dispositions qui peuvent encore être utiles, un traité complet de la législation en vigueur éclairée par la jurisprudence et par les décisions administratives, les circulaires, avis du conseil d'État, arrêtés ministériels, etc.; le texte annoté par articles de la loi du 21 avril 1810; le texte et le commentaire de la loi du 4 mai 1838, indiquant toutes les formalités à remplir pour les exploitants et les industriels, dans leurs rapports nécessaires avec l'administration. Paris, Carilian-Gœury, Anselin, 1838, 2 vol. in-8 [15 fr.].

2. — Monopole du sel dans les départements de l'Est. Paris, Carilian-Gœury, 1839, in-4 de 28 pag.

RICHARD [A.]. — De la Conformation du cheval, suivant les lois de la physiologie et de la mécanique. Haras, courses, types reproducteurs, amélioration des races, vices rédhibitoires. Paris, Comon, 1847, in-8 avec 2 pl. [8 fr.].

RICHARD, de Nancy, docteur en médecine.

1. — Traité pratique des maladies des enfants, considérées dans leurs rapports avec l'organogénie et les développements du jeune âge. Paris, Germer-Baillière ; Lyon, Savy, 1839, in-8 [8 fr.]. — En 1848, *Delahays* [2 fr. 50 c.].

2. — Traité de l'éducation physique des enfants, à l'usage des mères de famille et des personnes dévouées à l'éducation de la jeunesse. Lyon, impr. de Dumoulin, 1843, gr. in-18 [4 fr.].

RICHARD [l'abbé], correspondant du ministère de l'instruction publique pour les travaux historiques.

1. — Recherches historiques et statistiques sur l'ancienne seigneurie de Neufchâtel, au comté de Bourgogne. Besançon, impr. de Déis, 1840, in-8.

2. — Histoire des diocèses de Besançon et de Saint-Claude. 1841, in-8.

RICHARD [Tom], ingénieur des forges et usines métallurgiques, spécialement chargé, pendant les années 1832 à 1836, des essais tendant au perfectionnement des forges du département de l'Ariège.

1. — Études sur l'art d'extraire immédiatement le fer de ses minerais, sans convertir le métal en fonte. Paris, A. Mathias, 1837, in-4 avec un atlas in-fol. de 9 pl. [30 fr.].

2. — Quelques Idées sur l'exploitation des bois et la fabrication du fer en Corse. Paris, impr. de Lange-Lévy, 1840, in-8 de 40 pag.

3. — Aide-mémoire général et alphabétique des ingénieurs. Paris, Dumaine, 1848, 2 vol. in-8.

4. — Table des sinus, cosinus, tangentes et cotangentes naturels, de minute en minute, le rayon du cercle étant 1,0000000. Paris, Dumaine, 1843, in-8 [1 fr. 50 c.].

Extrait de l' « Aide-mémoire des ingénieurs. »

RICHARD [T.]. — Nouveau Manuel complet des jeux, enseignant la science, ou Introduction à l'étude de la mécanique, de la physique, etc., etc., contenant des théories scientifiques et des recherches historiques sur les jeux les plus usuels. Paris, Roret, 1837, 2 vol. in-18 [7 fr.].

RICHARD [L.]. — Manuel des langues mortes et vivantes, contenant les alphabets, la numération et l'Oraison dominicale, en 190 langues. Paris, impr. lith. de Petit, Mansut fils, 1839, in-8 [5 fr.].

RICHARD [L.].

1. — Essai sur les instruments et sur les tables de navigation et d'astronomie, c'est-à-dire sur différents moyens de prendre hauteur pendant la nuit et la brume ; d'augmenter indéfiniment la stabilité et la précision dans la mesure des distances luni-astrales ; de perfectionner l'héliomètre, la boussole, les tables de logarithmes et les tables de Mendoza (pour la très-prompte réduction des distances). Brest, Anner, 1841, in-8 avec 8 tableaux et 6 pl. [2 fr.].

2. — Principales Tables de feu M. de Mendoza (pour la très-prompte réduction des distances lunaires), revues, corrigées ou refaites avec soin, avec des titres et des explications en français et en anglais, par L. Richard. Brest, Anner-André, 1843-44, in-4 [7 fr. 50 c.].

RICHARD [C.-M.]. — Exercices élémentaires sur la langue latine, ou Phrases extraites des auteurs de la plus pure latinité, graduées et choisies pour préparer à l'étude des auteurs de 6e et de 5e. Brest, Anner, 1842, in-12 [1 fr. 75 c.].

RICHARD, de Radonvilliers [J.-B.].

1. — Enrichissement de la langue française. Dictionnaire de mots nouveaux, système d'éducation, pensées politiques, morales et sociales. 1842, in-8 [4 fr.]. — IIe édit. Paris, Léautey, 1845, in-8 [10 fr. 50 c.].

2. — Supplément à la seconde édition de l'Enrichissement de la langue française. Dictionnaire de mots nouveaux. Paris, Léautey, Pilout, 1845, in-8 [2 fr. 50 c.].

Citons encore : du Véritable Gouvernement constitutionnel et du droit des peuples [1844, in-12] ; — Lettre électorale [1846, in-16] ; — les Causes d'une révolution. Un gouvernement représentatif et un mode électoral national [1848, in-12].

RICHARD [Charles], ancien secrétaire de l'Académie de Rouen, conservateur des archives de cette ville, préfet du Finistère.

1. — L'Académiade; poëme en deux chants. Rouen, Legrand, 1837, in-8 de 68 pag.

2. — Notice sur la vie et les travaux de E.-H. Langlois, du Pont-de-l'Arche. Rouen, Legrand, 1838, in-8 de 80 pag. avec un portrait.

Cette notice a paru d'abord dans l'ouvrage de E.-H. LANGLOIS [1838, in-8] : les Stalles de la cathédrale de Rouen.

3. — Archives municipales de Rouen. Rapport adressé à M. Henri Barbet, maire de Rouen (juillet 1841). Rouen, impr. de N. Périaux, 1842, in-8 de 32 pag.

4. — Recherches historiques sur Rouen. Fortifications. Porte Martinville. Rouen, impr. de Péron, 1844, in-8 avec une vignette [6 fr.]. — *Paris*, *Dumoulin*.

5. — Episodes de l'histoire de Rouen. XIVe et XVe siècles. Rouen, impr. de Péron, 1845, in-8 de 88 pag.

M. Ch. Richard est l'auteur des *Notices historiques* pour l' « Album rouennais. Édifices remarquables de la ville de Rouen, » dessinés par M. Dumée fils [Paris, Chamerot, 1846, in-8].

Il a été rédacteur en chef de la « Revue de Rouen, » et l'un des rédacteurs du « Journal des savants de Normandie ; il a fourni quelques articles aux « Mémoires de la Société des antiquaires de Normandie, » et des rapports dans les publications de l'Académie de Rouen.

RICHARD [Charles], ancien élève de l'École polytechnique, capitaine du génie, officier de la Légion d'honneur, chef du bureau des affaires arabes à la subdivision d'Orléansville.

1. — Études sur l'insurrection du Dhara (1845-1846). Alger, impr. de Besancenez, 1846, in-8 [3 fr. 50 c.].

2. — Du Gouvernement arabe et de l'institution qui doit l'exercer. Alger, Bastide, 1848, in-8 de 124 pag.

RICHARD [Jules], avocat, membre de l'Assemblée nationale en 1848 ; né à Niort en 1798.

1. — Mémoire biographique sur le général Chabot. Niort, Robin, 1844, in-8 de 92 pag.

Louis-François-Jean Chabot, né à Niort le 26 avril 1757, est mort à Sansais, près Niort, le 11 mars 1837.

2. — Histoire de l'administration supérieure du département des Deux-Sèvres, depuis 1790 jusqu'à la révolution de 1830. Niort, Robin, 1846, in-8 avec fig.

RICHARD, doyen des notaires de l'arrondissement de Meaux. — Observations et propositions relatives à la célébration de la fête du roi. — Observations nouvelles et renouvellement de la proposition relative à la célébration de la fête du roi. Paris, impr. de Proux, 1844, in-4 de 24 pag.

RICHARD [Victor].

1. — Le Publicateur officiel de l'omnibus, contenant : 1° le service des omnibus de Paris et des environs, avec les tarifs et règlements des voitures de place; 2° une nomenclature générale des rues de Paris, etc. Paris, imp. de Lacrampe, 1844, in-18 de 72 pag. avec 1 tableau.

2. — Notes explicatives sur la fondation du Comptoir des arts parisiens. Paris, impr. de Boulé, 1846, in-8 de 16 pag.

RICHARD [Gabriel].

1. — Avec M. *Monselet* : les Trois Gendarmes (1846, in-4). Voy. MONSELET.

2. — Avec M. *C. Duvergier* : Ariel ; drame fantastique en trois actes et un prologue, avec chœurs. Destiné à servir de cadre aux exercices de Mlle Prudence, somnambule, sous la direction de M. Laurent. Bordeaux, impr. de Lange-Lévy, 1846, in-8 de 20 pag.

RICHARD, connu sous le nom de Richard le Pèlerin, poëte du XIIe siècle. — La Chanson d'Antioche, composée au commencement du XIIe siècle, par le Pèlerin Richard, renouvelée sous le règne de Philippe-Auguste, par *Graindor*, de Douai. (Publié pour la première fois par *Paulin Paris*.) Paris, Techener, 1848, 2 vol. petit in-8 [16 fr.].

Le faux titre porte : « Romans des douze pairs de France. » Cet ouvrage est tiré à 500 exemplaires pap. de Hollande, et 25 pap. vélin.

RICHARD [l'abbé François], né à Limoges en 1730, mort dans la même ville le 14 août 1814. — Poésies en patois limousin. Œuvres complètes de J. Foucaud et F. Richard. Nouvelle édition, revue, corrigée et augmentée de pièces inédites et de notices sur Foucaud, Richard, etc. Limoges, Decourtieux, Marmignon, 1848-49, 2 parties in-12.

Les Fables de Jean-Baptiste Foucaud, né à Limoges en 1748, mort dans la même ville le

14 janvier 1818, ont eu deux éditions : celle de 1809 était en 2 vol. in-12; celle de 1835 en un seul vol. in-8.

RICHARD-BAUDIN [F.]. — Marie, notre modèle, ou Nouveau Mois de Marie. Baume-les-Dames, impr. de Simon, 1845, in-32.

RICHARD L'AMING. — De l'Application des axiomes de la mécanique et du calcul géométrique aux phénomènes de l'électricité. Paris, impr. de Belin, 1839, in-8 de 32 pag.

RICHARD-LENOIR [François Richard, dit], célèbre industriel, naquit le 16 avril 1765 à Épinay sur Odon, en Normandie. D'abord gardeur de dindons, puis garçon de café, négociant et manufacturier, il acquit une fortune considérable, et donna un essor considérable en France à l'industrie du filage et du tissage du coton; sous l'empire, il fut fait colonel de la 8e légion de la garde nationale de Paris. Il est mort le 19 octobre 1839. [Voy. la *Biogr. univ.; suppl.*, et la *France littér.*, t. VIII, p. 29.] — Mémoires de M. Richard-Lenoir, renfermant des détails curieux sur l'histoire de l'industrie cotonnière sous Louis XVI, le directoire, la république, l'empire et la restauration. Paris, Delaunay, 1837, in-8 [7 fr. 50 c.].

Ces Mémoires, à travers une foule de notions futiles, offrent quelques détails curieux sur les efforts que fit l'auteur pour ravir à l'Angleterre le monopole de l'industrie cotonnière, qui lui valut sous l'empire de grandes richesses. Voy. le « Journal des Débats, » du 8 mai 1837.

RICHARDIN [C.-J.]. [Voy. la *France littér.*, t. VIII, p. 30.]
1. — Dactylologie, ou Art de converser avec les sourds-muets, instruits au moyen de l'alphabet manuel. V^e édit. Nancy, impr. de Vincenot, 1845, in-16 avec 2 pl.
2. — Exercices de grammaire, à l'usage des jeunes sourds-muets. Nancy, impr. de Troup, 1844, 2 vol. in-12.
3. — Sentences de morale et de religion, choisies pour l'usage de la jeunesse des deux sexes. In-16 [1 fr. 50 c.].

RICHARDOT [le lieutenant-colonel], ancien officier d'artillerie de l'armée d'Orient.
1. — Nouveaux Mémoires sur l'armée française en Égypte et en Syrie, ou la Vérité mise au jour sur les principaux faits et événements de cette armée, la statistique du pays, les usages et les mœurs des habitants, avec le plan de la côte d'Aboukir à Alexandrie et à la tour des Arabes. Paris, Corréard, 1848, in-8.
2. — Le Recrutement de l'armée et de sa réserve ramené au principe d'égalité devant la loi. Paris, Corréard, 1849, in-8 de 56 pag.
3. — Réfutation de quelques principaux articles des Mémoires d'outre-tombe, en ce qui concerne l'armée d'Orient sous les ordres du général Bonaparte. Paris, Corréard, 1849, in-8 de 24 pag.

RICHARDS [le docteur]. — Histoire de l'impératrice Joséphine, dédiée à S. A. I. le duc de Leuchtemberg, son petit-fils. Paris, Charpentier, 1849, in-12 [2 fr.].

RICHARDSON [Samuel], romancier anglais; né dans le comté de Derby en 1689, mort en 1761. [Voy. la *France littér.*, t. VIII, p. 30.]
— Clarisse Harlowe. Traduction nouvelle et complète, par M. *Barré*. Paris, F. Didot frères, 1845, 4 vol. in-8 [12 fr.].
— Clarisse Harlowe. Traduit sur l'édition originale, par l'abbé *Prévost*; précédé de l'Eloge de Richardson, par *Diderot*. Paris, Boulé, 1845, 2 vol. in-8 [10 fr.].
— Clarisse Harlowe, précédée d'un Essai sur la vie et les ouvrages de l'auteur de Clarisse Harlowe, par M. *Jules Janin*. Paris, Amyot, 1846, 2 vol. in-12 [7 fr.].

RICHARDSON [le Révérend]. — Essai sur le mal ou le péché. Paris, Treuttel et Würtz, 1840, in-8 de 144 pag.

RICHAUD [C.]. — Avec M. *L. Aurifeuille* : Cours de géométrie élémentaire. Toulouse, Jougla; Paris, Bachelier, 1847, in-8.

RICHAUDEAU, directeur du grand séminaire de Blois, chanoine honoraire de la cathédrale.
1. — De l'Ancienne et de la Nouvelle Discipline de l'Église en France, où l'on répond aux assertions du livre de MM. Allignol, etc., touchant l'état actuel de l'Église en France, et, en particulier, des curés ruraux appelés des-

servants. Avignon, Seguin aîné, 1842, 1845, in-8 [3 fr.].

2. — Observations critiques sur le bréviaire de Bourges, imprimé en 1734. Lyon et Paris, Périsse frères, 1849, in-8 de 80 pag.

RICHE [l'abbé A.]. — Fioretti, ou Petites Fleurs de saint François d'Assise. Chronique du moyen âge, traduite de l'italien pour la première fois. Paris, Sagnier et Bray, 1847, in-12 [3 fr.].

RICHE DE PRONY. Voy. PRONY.

RICHÉFORT [A.-B.], magistrat. [Voy. la *France litt.*, t. VIII, p. 31.] — Traité de l'état des familles légitimes et naturelles, et des successions irrégulières. Limoges, impr. de Blondel, 1842-43, 3 vol. in-8 [22 fr. 50 c.].

RICHELET [Ch.-J.]. [Voy. la *France littér.*, t. VIII, p. 33.)
— Bataille de Pont-Vallain et Prise de Vaas. Le Mans, 1831, in-8.

M. Ch.-J. Richelet est l'auteur de la *Préface* mise en tête de : « OEuvre excellente et à chacun desirant soy de peste préserver, » par Guillaume BUNEL [1836, in-8].
On doit encore à M. Richelet : Un Républicain du lendemain aux représentants de l'Assemblée nationale [1848, in-16]; — Présidence de la république. Qui nommerons-nous ? Petits Dialogues à l'usage des électeurs [1848, in-16]; — Actualité politique. Lettre à M. *** [1849, in-16].

RICHELET [Jacques], vétérinaire. [Voy. la *France littér.*, t. VIII, p. 33.]
— Le Trésor du laboureur, ou l'Art de guérir les chevaux et bêtes à cornes. Nouvelle édition, à laquelle on a ajouté un Traité pour la maladie des cochons. Saint-Pol, impr. de Massias, 1836, in-18 de 72 pag.

RICHELOT [Henri]. [Voy. la *France littér.*, t. VIII, p. 34.]

1. — Esquisse de l'industrie et du commerce de l'antiquité. Paris, F. Didot, 1838, in-8 [7 fr.].

2. — Collection des cours professés à l'école communale supérieure de Paris, dirigée par M. Goubaux. Manuel de géographie sur un plan entièrement neuf. 1re année. *Géographie élémentaire.* IIe édition. Paris, Mairet et Fournier, 1841, in-12 de 128 pag.

3. — Principes du droit civil français suivant la législation actuelle. Rennes, impr. de Marteville. Paris, Videcoq, 1841-43, t. Ier, in-8 [7 fr. 50 c.].

4. — L'Association douanière allemande. Paris, Capelle, 1845, in-8 [7 fr. 50 c.].

Couronné en 1843 par la Société industrielle de Mulhouse.
Citons encore : des Écoles primaires supérieures en France [1840, in-8]; — le Mont-de-Piété de Paris, ou des Institutions du crédit à l'usage du pauvre [1840, in-8]; — Notice biographique sur P.-L. Boursaint, de Saint-Malo [1840, in-8. — Pierre-Louis Boursaint, né à Saint-Malo le 19 janvier 1781, s'est tué à Saint-Germain-en-Laye le 4 juillet 1833]; — du Projet de loi sur l'instruction élémentaire, considéré au point de vue de l'enseignement industriel [1842, in-8]; — Crise du Mont-de-Piété de Paris [1844, in-8].
M. H. Richelot a traduit et fait précéder d'une *Introduction* : « Mémoires de GOETHE » [1847, in-12].
Il a travaillé au « Journal des Débats » et au « Journal des économistes. »

RICHELOT [G.], docteur en médecine, médecin des dispensaires et des bureaux de bienfaisance; né à Nantes. [Voy. la *France littér.*, t. VIII, p. 34.]

On doit à M. Richelot : *Essai sur les propriétés fébrifuges de la salicine* [Archives générales de médecine, 1833]; — *Recherches sur les épidémies de grippe; de la Phlébite utérine*, thèse inaugurale, etc.
M. G. Richelot a annoté et traduit de l'anglais, sur l'édition du docteur J.-F. Palmer : « OEuvres complètes » de John HUNTER [1838-42, 4 vol. in-8]; — « Traité de la syphilis, » par *le même* [1845, in-8]; — avec M. S. LAUGIER : « Traité pratique des maladies des yeux, » par W. MACKENSIE [1843, in-8]; — avec M. CHASSAIGNAC : « OEuvres chirurgicales complètes » d'ASTLEY-COOPER, avec des notes [1837, in-8].
Il a dirigé « la Médecine domestique, journal de médecine à l'usage des gens du monde » [1845, in-4]; et « la Santé, journal d'hygiène publique et privée, à l'usage des gens du monde » [1845, in-8. — Suite du journal la *Médecine domestique*].

RICHEMONT [le baron Louis-Auguste CAMUS de], général du génie, député, conseiller d'État; né à Montmarault le 31 décembre 1771. M. de Richemont se signala surtout en Égypte; il était des 380 guerriers qui soutinrent à Nicopolis les efforts de 14,000 hommes; il se conduisit héroïquement dans cette journée, où il eut les aventures les plus romanesques. Ses hauts faits en Albanie, dont le souvenir s'est conservé dans le pays, sont consignés dans une notice publiée par le général Vallongue en 1801. Chevalier et Pouqueville en ont recueilli les traces; lord Byron les a retrouvées dans les chants guerriers du palicare, et il a consacré quelques vers au héros de ces aventures. [Voy. la *France littér.*, t. VIII, p. 34.]

1. — Siége de la citadelle d'Anvers par l'armée française, sous les ordres du maréchal Gérard. Paris, 1833 [6 fr.].

2. — Paris fortifié; seule et incontestable garantie de l'indépendance de la France. (Décembre 1836.) IIe édit., augmentée d'une Notice préliminaire et d'un Mémoire additionnel, en réponse aux objections présentées. (Novembre 1837.) Paris, Carilian-Gœury, 1838, in-8 [2 fr. 50 c.].

La première édition est lithographiée (Paris, impr. lith. de Ch. Delarue, 1837, in-4].
Citons aussi de M. le général de Richemont : Pétition adressée à la Chambre des pairs. Session de 1839 à 1840 [1840, in-8. — Sur la nécessité de fortifier Paris]; — de la Question d'Orient et du traité de Londres du 15 juillet 1840. 2 septembre 1840 [1840, in-8]; — Mémoire sur certains intérêts de politique extérieure, d'une haute importance, adressé au gouvernement de la république [1848, in-8].
On doit à M. le général de Richemont des *Observations critiques* sur l'ouvrage intitulé : « Capitulation de Dantzig, » par Ch. de PLOTHO [1841, in-8].

RICHEMONT [baron de], se prétendant *Louis-Charles, duc de Normandie,* fils de Louis XVI. [Voy. la *France littér.*, t. VIII, p. 35.]

— Indignement et outrageusement calomnié par l'ex-préfet de police Gisquet, etc. Paris, impr. de Pollet, 1841, in-8 de 4 pag.

Signé : l'ex-baron de Richemont, condamné le 4 novembre 1834, par la cour d'assises de la Seine, à douze années de détention, pour complot et délits de presse.
Voy. aussi HÉBERT.

RICHEMONT [Gustave de], membre de la Chambre des députés.

1. — Aperçu sur le service des routes départementales de Lot-et-Garonne. Bordeaux, impr. de Faye, 1839, in-8 de 16 pag.

2. — A.-M. Vivie, conseiller honoraire à la cour royale d'Agen. Batignolles, impr. d'Hennuyer, 1847, in-8 de 76 pag.

RICHER, moine de Senones. — Chronique de Richer, moine de Senones. Traduction française du XVIe siècle, sur un texte beaucoup plus complet que tous ceux connus jusqu'ici, publiée pour la première fois, avec des éclaircissements historiques, sur les manuscrits des Tiercelins de Nancy et de la Bibliothèque publique de la même ville, par *Jean Cayon.* Nancy, Cayon-Liébault, 1843, in-4 [20 fr.].

Imprimé à 100 exemplaires numérotés à la presse, dont 30 en grand papier [15 sur papier vélin superfin, 15 sur grand raisin vergé), et 70 sur carré vergé.
Cette chronique est mentionnée dans la *Bibliothèque historique de la France,* n° 12883, comme imprimée dans le *Spicilegium* de L. d'Achery, t. III, p. 271 ; et, n° 16813, comme imprimée dans le *Spicilegium*, t. II, p. 603.
— Dans la [première mention, c'est à l'édition in-4 qu'on renvoie; dans la seconde, c'est à l'édition in-fol. [Note de M. BEUCHOT.]

RICHER, religieux du XIe siècle.

— Richer. Histoire de son temps. Texte reproduit d'après l'édition originale donnée par G.-H. Pertz, avec traduction française, notice, et commentaire par *J. Guadet.* Paris, J. Renouard, 1845-46, 2 vol. in-8 [18 fr.].

L'ouvrage de Richer a été publié pour la première fois par M. Pertz, en 1839, dans ses *Monumenta Germaniæ historica* (tome III des *Scriptores*). La publication de M. Guadet fait partie de la Collection de la Société de l'histoire de France.
Voy., sur la traduction de Richer, par M. Guadet, des articles dans le « Journal des savants, » par M. GUÉRARD.

RICHER [Édouard], né à Noirmoutiers le 12 juin 1792, mort à Nantes le 21 janvier 1834. [Voy. *Mémoires sur la vie et les ouvrages d'Ed. Richer* (en partie écrits par lui-même, et publiés par *F. Piet,* 1836, in-8), la *Biogr. univ.,* suppl., et la *France littéraire,* t. VIII, p. 37.] — OEuvres littéraires d'Ed. Richer, publiées et annotées d'après les indications de l'auteur, par M. *Camille Mellinet.* Nantes, impr. de Mellinet ; Paris, Dumoulin, 1838-42, 7 vol. in-8.

L'ouvrage est précédé d'une « Notice sur Édouard Richer, » par M. Émile SOUVESTRE; et d'une « Introduction, » par M. F. PIET.
Richer a donné, de 1823 à 1829, de nombreux articles, prose, vers, critique littéraire, archéologie, théologie, dans le « Lycée armoricain, » où il a signé quelquefois du nom de MÉRIADEC et du prénom Édouard. Partisan des doctrines de Swédenborg, il a publié en 1833 divers ouvrages d'illuminisme. Il a laissé inédite une *Histoire de Bretagne,* et une poétique générale des beaux-arts.

RICHER [Adrien], né à Avranches en 1720, mort à Paris en 1798. [Voy. la *France littéraire,* t. VIII, p. 36.]

1. — Vie du marquis Duquesne, dit le grand Duquesne, lieutenant général des armées navales de France sous Louis XIV. V^e édit. Troyes, Anner-André, 1837, in-18 [60 c.].

2. — Vie de René Duguay-Trouin, lieutenant général des armées navales de France, commandeur de l'ordre royal

et militaire de Saint-Louis. V⁰ édit. Troyes, Anner-André, 1837, in-18 [60 c.].

3. — Histoire de Jean Bart. Vᵉ édit., revue, etc., par M. *Monblis* [*Blocquel*]. Paris, Delarue, 1842, in-12 avec une vignette.

RICHERAND [le baron Anthelme-Balthazar], professeur à l'Ecole de médecine, chirurgien en chef de l'hôpital Saint-Louis, président du jury médical de la Seine ; né à Belley le 4 février 1779, mort en janvier 1840. [Voy. son éloge prononcé à la séance annuelle de l'Académie de médecine, par M. Dubois, le 17 décembre 1850, la *Biogr. univ.*, *suppl.*, et la *France litt.*, t. VIII, p. 39.] — De la Population dans ses rapports avec la nature des gouvernements. 1837, in-8 [5 fr.].

M. Richerand a fait précéder d'une *Notice* la « Physiologie du goût, » par BRILLAT-SAVARIN [Paris, Charpentier, 1839, 1840, 1842, 1844, 1847, in-12].

Il a travaillé au « Plutarque français, » et à la Biographie universelle.

RICHOMME [Charles-Eugène-Honoré], employé à la Bibliothèque impériale; né à Paris le 31 août 1816.

1. — Album Castelli. Portraits des principaux artistes de la troupe enfantine de M. Castelli, avec des Notices sur chaque petit acteur ; précédé d'un essai sur les théâtres d'enfants. Paris, Louis Janet, 1837, in-8.

La troupe jouait sur le théâtre de l'Odéon.

2. — François I*ᵉʳ* et le XVIᵉ siècle. Contes et nouvelles historiques. Paris, Louis Janet, 1838, in-16 avec 6 lithogr. [3 fr.].

3. — Histoire de Napoléon, écrite pour la jeunesse. Paris, Louis Janet, 1839, in-16 avec 5 lith. [3 fr. 50 c.].

4. — Histoire de la révolution française, écrite pour la jeunesse. Paris, Louis Janet, 1840, in-16 avec 6 lithog. [3 fr. 50 c.].

5. — Histoire de l'université de Paris. Paris, Delalain, 1840, in-8 [3 fr.].

6. — Keepsake de la jeunesse, dessins de Louis Lassalle. Paris, Fourmage, Aubert, 1841, in-8 avec 15 lithogr. (en noir, 8 fr.; color., 18 fr.].

Publié sans nom d'auteur. — Il y a des exemplaires qui portent l'adresse du libraire L. Janet et d'autres celle de M. Bedelet.

7. — Les Douze-Etoiles, précédées de l'Histoire des femmes en France. Keepsake. Paris, Fourmage, 1840, in-8 avec 12 lithogr. et 1 frontispice.

Les douze étoiles sont : Clotilde de France; sainte Geneviève; Blanche de Castille; Christine de Pisan; Jeanne d'Arc; Marguerite de Valois; Mˡˡᵉ de Montpensier; Mᵐᵉ de Sévigné; Mˡˡᵉ de Camargo; Marie-Antoinette; Mᵐᵉ de Staël; la princesse Marie.

Réédité par Bedelet, sous le titre de : *les Douze Étoiles*, *couronne des vertus et des talents*.

8. — Pierre et Fanchette, ou le Frère et la sœur. Nouvelle pour le jeune âge. Paris, Fourmage, Aubert, 1841, gr. in-8 avec 8 lith. [en noir, 10 fr.; colorié, 20 fr.].

Il y a des exemplaires qui portent l'adresse du libraire Bedelet.

— A la Grâce de Dieu, ou les Orphelins de Savoie. Nouvelle pour le jeune âge. Paris, Bedelet, 1849, in-16 avec 8 lithogr. [2 fr. 80 c.; fig. color., 4 fr.].

Même ouvrage que le précédent.

9. — Avec M. *Alfred Van-Hold* [*Vanauld*] : Géographie en estampes, nouvelles et études géographiques. Paris, Fourmage, Aubert, Debure, 1842, 1844, gr. in-8 avec 17 dessins par M. Louis Lassalle [10 fr., et 20 f. color.].

Chacune des nouvelles que contient ce volume est accompagnée d'une notice ou aperçu géographique, ce qui en fait pour la jeunesse, à qui l'ouvrage est destiné, une étude amusante et sérieuse.

— Avec feu *A. Vanauld* et *A. Castillon* : Nouvelle Géographie en estampes, revue pittoresque, légendes et aperçus historiques sur les mœurs, usages, costumes des différents peuples. Paris, Bedelet, 1852, in-8, avec 12 vignettes [en noir, 9 fr.; color., 11 fr.].

Même ouvrage que le précédent.

10. — Cromwel et les quatre Stuarts. Paris, Mᵐᵉ veuve Louis Janet, 1843, in-16 avec 6 lith. [3 fr.].

11. — Le Livre d'or de la jeunesse. Paris, Mᵐᵉ veuve Louis Janet, 1843, gr. in-8 avec 12 vign. impr. à 2 teintes et un frontispice color. [8 fr.].

12. — Contes chinois. Précédés d'une Histoire pittoresque de la Chine. Paris, Mᵐᵉ veuve L. Janet, 1844, gr. in-8 avec 6 grav. sur bois, de nombreuses illustrations dans le texte, et 6 lith. à deux teintes [8 fr.].

13. — Journées de la révolution de 1848, par un garde national. Paris,

Mme veuve L. Janet, 1848, in-8 [3 fr. 50 c.].

Les « Journées de l'insurrection de juin 1848, » précédées des « Murs de Paris, journal de la rue, » collection des principales affiches apposées de février à juin 1848, qui ont été attribuées à M. Ch. Richomme, ne sont point de cet écrivain [Paris, Mme veuve L. Janet, 1848, in-8]. Cet ouvrage est dû à M. Ducessois ainé, imprimeur.

14. — Journées des 20 juin et 10 août 1792 et de juillet 1830 ; par l'auteur des *Journées de la révolution de* 1848. Paris, Mme veuve L. Janet, 1848, in-8.

15. — Nouveau Recueil de compliments, lettres, petits discours de félicitation et de condoléance, scènes dialoguées, proverbes, etc., pour fêtes et anniversaires. Paris, J. Delalain, 1849, in-18 [1 fr. 25 c.].

Publié sous le nom : *Adrien de Melcy*.

Nous connaissons encore de M. Ch. Richomme: *le Dévouement*, nouvelle insérée dans les « Beautés de l'âme, livre des jeunes filles » [Paris, Mme veuve L. Janet, 1848].

M. Ch. Richomme a été rédacteur en chef de la « Gazette de l'instruction publique, » puis de la « Revue de l'enseignement des femmes. » Il a collaboré à l'« Histoire de Paris, » de M. de Gaulle, et à plusieurs autres publications importantes ; à divers journaux littéraires, entre autres, au « Monde dramatique, » au « Dimanche des enfants, » et à la « Revue critique, » dont il a été l'un des fondateurs. Il a donné plusieurs articles sous son nom et sous celui de Simon, ancien instituteur primaire, à « l'Almanach des instituteurs » [Paris, Delalain, 1850-52], etc. Il est l'un des rédacteurs du «Recueil des lois et actes de l'instruction publique, » des « Annales législatives de l'instruction primaire, » du « Journal des dames, » où il prend ordinairement le pseudonyme de Marie Desmares, etc.

Il a publié comme éditeur : « Robinson Crusoé » [Paris, L. Janet, 1837] ; — « Dictionnaire abrégé de la Fable, » de Chompré, édition approuvée par le conseil de l'instruction publique [Paris, J. Delalain, 1847 et 1851, in-18]; — « Fables » de Florian, édition classique, avec notes explicatives et grammaticales » [Paris, Delalain, 1852].

RICHOMME [Mme Fanny]. [Voy. la *France littér.*, t. VIII, p. 41.]

1. — Le Plaisir et le Temps, ou Huit Jours de vacances. Nouvelle édition. Paris, Janet, 1836, in-16 avec 10 vign.

2. — Le Gamin de Paris, ou le Fils de Geneviève. Paris, Louis Janet, 1837, in-16 avec 10 lith. [3 fr. 50 c.].

3. — Contes qui n'en sont pas, ou les Féeries de la nature. *Fleurs de lin, Noyau de cerise* et *Diamant*. Paris, L. Janet, 1838, in-16 avec 16 sujets dessinés par Louis Lassalle.

4. — Julien, roman du jeune âge. Paris, L. Janet, 1840, gr. in-18 avec vign. [4 fr.].

Ouvrage couronné par l'Académie.

5. — Le Mariage. Paris, Langlois et Leclercq, 1841, in-18 de 144 pag. avec une grav.

Ce volume, qui fait partie de : « les Grâces chrétiennes, » sous la direction de Mme Fanny Richomme, est aussi intitulé : *Elisabeth, ou le Mariage*.

6. — Marguerite, ou l'Espérance. Paris, Langlois et Leclercq, 1841, in-18.

Extrait de « les Grâces chrétiennes. »

7. — La Roche à Marie Colette, légende valoise. Paris, impr. de Ducessois, 1844, in-8 de 44 pag.

Extrait du « Royal Keepsake. »

8. — Les Joujoux parlants, ou Scènes de la vie privée enfantine, racontées par Polichinelle, Arlequin, Colombine et autres personnages. Paris, L. Janet, 1844, in-16 avec 8 lith. à deux teintes [2 fr.].

9. — Grain de sable, ou le Sorcier d'Altenbourg. Paris, Mme veuve L. Janet, 1848, in-16 avec 8 lithogr. [2 fr. 25 c.].

10. — Un Pèlerinage à Notre-Dame de Myans. Souvenir de Savoie. Paris, impr. de Bonaventure et Ducessois, 1848, in-8 de 24 pag.

11. — Paris monumental et historique, depuis son origine jusqu'à 1789 ; écrit pour la jeunesse et les gens du monde. Paris, Mme L. Janet, 1850. [9 fr.].

Extrait de « la Pervenche, livre des salons, » publié par Mme veuve Louis Janet.

Mme Fanny Richomme a dirigé « les Beautés de l'âme, Livre des jeunes filles. » [Paris, 1848] ; « la Gerbe d'or, keepsake des demoiselles, » par divers auteurs [Paris, 1848]. Elle a donné des articles au « Journal des jeunes personnes, » au « Dimanche des enfants, » au « Diadème, livre des salons ; » elle a travaillé à : « les Sensitives, album des salons. » Elle est aujourd'hui rédactrice en chef du « Journal des dames. »

RICHONE.—Considérations sur l'industrie et la législation, sous le rapport de leur influence sur la richesse des Etats, et Examen critique des principaux ouvrages qui ont paru sur l'économie politique. Paris, Renard, 1822, in-8 [6 fr.].

RICHOUFFTZ [Frédéric de]. — Dernière Croisade et mort de saint Louis. Paris, impr. de Fain, 1845, in-8 de 24 pag.

RICHTER [Jean-Paul-Frédéric], écrivain allemand, connu sous le nom de *Jean-Paul;* né à Wunsiedel en 1763, mort à Baireuth en 1825. [Voy. des articles de MM. Henri BLAZE et Éd. de LAGRANGE, dans la *Revue des Deux-Mondes,* la *Biographie univ., suppl.,* et la *France littér.,* t. VIII, p. 41.]

1. — Pensées de Jean-Paul, extraites de tous ses ouvrages. Par le traducteur des *Suédois à Prague* (M. de *Lagrange*). Paris, F. Didot, 1829, in-18. — 2ᵉ édit., 1830, in-8.

2. — OEuvres complètes de Jean-Paul. Titan, trad. par M. *Phil. Chasles.* Paris, 1834, 1 vol. in-8.

Ce seul volume de la collection a paru.

3. — Jean Paul's Sammtliche Werke, in vier banden (OEuvres complètes de Jean-Paul, en 4 vol.). Paris, Tétot frères, 1836, et Baudry, 1842, 4 vol. in-8 [45 fr.].

Il a paru en France des traductions de quelques morceaux détachés de Jean-Paul, dont les unes sont dues à M. Ph CHASLES, et dont on attribue les autres à M. LOÈVE WEIMARS : *Sur une aventure de Shakespeare* [Salmigondis, II, 349-378]; — *L'Éclipse de lune* [Revue de Paris, XXVI, 6]; — *La Mort d'un ange;* — *Le rêve d'une pauvre folle* [id., XLVI, 6]; — *Extraits du voyage de Schmelzle* [id., XXVIII, 54 et 137]; — *Extraits de Siebenkœs* [id., XVIII, 117].

Le *Songe,* de J.-P. Richter, imité en français, accompagné de « l'Amour et la Fortune, » poëme héroï-comique, par M. Ch. de LAMBERTIE, fait suite à « Hermann, » poëme imité de KLOPSTOCK (Angoulème, impr. de Soulié, 1843, in-8 de 56 pag.).

RICKHOLT [de]. — Résumé géologique sur le genre Chiton. 1843, in-8 de 27 pag. avec 4 pl. [2 fr.].

RICORD [Philippe], docteur en médecine de la Faculté de Paris, chirurgien de l'hôpital des Vénériens de Paris (hôpital du Midi), membre de la Légion d'honneur, etc.; né de parents français à Baltimore en 1800. [Voy. la *France littér.,* t. VIII, p. 43.]

1. — Traité pratique des maladies vénériennes, ou Recherches critiques et expérimentales sur l'inoculation appliquée à l'étude de ces maladies, suivies d'un résumé thérapeutique et d'un formulaire spécial. Paris, Rouvier et Lebouvier, 1838, in-8 [9 fr.].

2.—Clinique iconographique de l'hôpital des Vénériens. Recueil d'observations, suivies de considérations pratiques sur les maladies qui ont été traitées dans cet hôpital. Paris, Just Rouvier, 1841-49, gr. in-4 avec 60 pl. dessinées et coloriées d'après nature.

MM. Ricord et Barrington ont annoté le « Traité de la syphilis, » de HUNTER, trad. par M. Richelot [1845, in-8].

Les « Mémoires de l'Académie de médecine » renferment des morceaux de M. Ph. Ricord.

RICQLÈS [Jacques Heyman de]. Voy. HEYMAN DE RICQLÈS [Jacques].

RIDE [Alph.].—Esclavage et liberté. Existence de l'homme et des sociétés en harmonie avec les lois universelles. Paris, Delloye, Garnier, 1843, 2 vol. in-8 [8 fr.].

RIEFF [C.], avocat général à Rouen. —Commentaire sur la loi des actes de l'état civil, formant le titre II du livre I du Code civil, contenant : 1° un exposé de l'ancienne législation, etc., etc. Colmar, Reiffinger; Paris, Videcoq, 1837; et IIᵉ édition, Paris, Cosse et Delamotte, 1844, in-8 [7 fr. 50 c.].

RIEFFEL, professeur à l'école d'artillerie de Vincennes. — Description et usage du télégoniomètre, instrument proposé pour la mesure des angles et des distances à la guerre. Paris, Corréard, 1839, in-8 de 56 pag. avec une pl. [2 fr. 75 c.].

M. Rieffel a traduit de l'allemand, de J. FISCHMEISTER : « Traité de fortification passagère, d'attaque et de défense des postes et retranchements, suivi d'un Appendice sommaire sur les ponts militaires » [1845, in-8];— de Moritz MEYER : « Manuel historique de la technologie des armes à feu » [1837-38, 2 vol. in-8]; — de J.-C.-F. OTTO : « Tables balistiques générales pour le tir élevé » [1845, in-8]; — « Théorie mathématique du tir à ricochet » [1845, in-8]. Il a aussi traduit de l'italien : « la Balistique, » de Nicolas TARTAGLIA [1845-46, 2 parties in-8]; et de l'anglais: « Notice succincte sur un canon perfectionné, et sur les procédés mécaniques employés à sa fabrication, » par Daniel TREADWELL [1848, in-8].

M. Rieffel a travaillé au « Journal des sciences militaires. »

RIEFFEL [Jules], agriculteur, membre de la Légion d'honneur, directeur de l'établissement agricole de Grand-Jouan, ancien élève de l'école de Roville, de la Société royale et centrale d'agriculture, de la Société d'encouragement pour l'industrie nationale, de l'Académie de l'industrie de Paris, des sociétés de Nantes, Angers, Rennes, etc.; né à Barr (Bas-Rhin) le 5 décembre 1806.

1. — Des Ecoles primaires d'agriculture. Nantes, impr. de Mellinet, 1838, in-8 de 36 pag.

2. — Agriculture de l'ouest de la France, revue trimestrielle. Nantes, Sebire; Paris, Bouchard-Huzard, 1840-47, 6 vol. in-8 [60 fr.].

Cette publication, suspendue pendant les années 1841 et 1842, a été reprise en 1843 sans interruption.

M. Rieffel a revu les « Eléments de chimie agricole et de géologie, » par J.-F.-W. JOHNSTON [1845, in-12). — Il a fait précéder d'une *Introduction* les « OEuvres » de Jacques BUJAULT [1845, in-8].
Il a travaillé au « Cultivateur; » aux « Annales de Roville, » et autres journaux d'agriculture.

RIENZI [Grégoire-Louis DOMENY de], voyageur en Océanie, mort par un suicide, à Versailles, en octobre 1843. [Voy. la *France littér.*, t. II, p. 572, et t. VIII, p. 45.]

1. — Pétition des hommes de couleur de l'île Bourbon à la Chambre des députés; suivie de quelques considérations. Paris, impr. de Mie, 1831, in-8 de 16 pag.

2. — Question importante de manuscrits et inscriptions antiques. Réponse à M. le marquis de Fortia d'Urban. Paris, impr. de Cosson, 1832, in-8 de 8 pag.

Imprimé primitivement dans le n° 221 de la « Constitution de 1830. »
'La lettre de M. Rienzi est relative à un manuscrit grec sur papyrus du VI° livre de l'ouvrage d'Eumale de Cyrène, contenant l'extrait de l'Histoire de Libye, d'Aristippe l'Ancien. L'auteur dit que ce manuscrit, trouvé par lui à Zerbi, lui fut volé près de Tripolitza, et il conteste l'authenticité de la traduction italienne envoyée à M. de Fortia d'Urban.

3. — Dictionnaire usuel et scientifique de géographie moderne, contenant les articles les plus nécessaires de la géographie ancienne, ce qu'il y a de plus important dans la géographie historique du moyen âge, le résumé de la statistique générale des grands Etats et des villes les plus importantes du globe, et un grand nombre d'articles pris dans les voyages publiés ou inédits de l'auteur. Paris, Pitois-Levrault, 1840, et II° édit., 1841, in-8 à 2 col. avec 9 cart. col. [10 fr.].

Cet ouvrage est suivi d'un *Dictionnaire des villes et communes de France*.

4. — Océanie. Paris, F. Didot, 1836, 3 vol. in-8.

Fait partie de « l'Univers pittoresque. »
Cet ouvrage est ainsi divisé : *Malaisie, Polynésie, Mélanésie* et *Australie*.
M. G.-L.-D. de Rienzi a donné dans le « National, » numéro du 16 mai 1840, un article sur la population et les forces militaires de la Chine.
Il a travaillé à l'« Encyclopédie des gens du monde » et au « Dictionnaire de la conversation et de la lecture. »

RIEUMES, chirurgien-major au 12° léger. — De la Gale et de son traitement. Mémoire fait d'après l'ordre de M. le ministre de la guerre, par *D. Ph. Mutel*. Paris, Gardembas, 1840, in-8 de 64 pag.

RIEUNIER [Aubin]. — Nouvelles Mesures, ou Système métrique décimal. Carcassonne, impr. de Pomiès-Gardel, 1840, in-12 de 24 pag. avec 1 pl.

RIEUSSEC [Justinien], premier avocat général de la cour royale de Lyon. [Voy. la *France littér.*, t. VIII, p. 45.] — Comptes moraux de l'hospice de l'Antiquaille de Lyon, pour les années 1833 et 1834, présentés au conseil d'administration le 2 septembre 1835. Lyon, impr. de Perrin, 1836 et 1837, in-4 de 56 pag.

RIEUX [A. de]. Pseud. de CARRAT DE VAUX [Alex.].

RIEUX [Jules de]. Voy. DE RIEUX [Jules].

RIFFARD [le docteur R.], à Annonay. — Traité sur la phthisie tuberculeuse pulmonaire. Paris, J.-B. Baillière, Germer-Baillière, 1840, in-8 de 80 pag.

RIFFAULT [Jean-René-Denis], connu aussi sous le nom de *Riffault des Hêtres*, chimiste, législateur; né à Saumur en 1754, mort à Paris le 7 février 1826. [Voy. *Biogr. univ.*, suppl., et la *France littér.*, t. VIII, p. 46.

1. — Manuel du peintre en bâtiments, du fabricant de couleurs, du vitrier, du doreur, du vernisseur et de l'argenteur, contenant, etc. VII° édition, entièrement refondue et considérablement augmentée par *A.-R. Vergnaud*. Paris, Roret, 1836, in-18 [2 fr. 50 c.].

— Nouvelle édition sous le titre de : Nouveau Manuel complet du peintre en bâtiments, du fabricant de couleurs, du doreur, du vernisseur, etc., contenant, etc., par MM. Riffault, *Vergnaud* et *M*. Paris, Roret, 1843, in-18 [3 fr.].

2. — Nouveau Manuel complet du teinturier, contenant, etc., par Riffault. Nouvelle édition, entièrement refondue et considérablement augmentée, par MM. *Julia de Fontenelle*, *Vergnaud et Thillaye*. Paris, Roret, 1847, in-18 avec 3 pl. [3 fr.].

RIFFÉ [G.]. [Voy. la *France littér.*, t. VIII, p. 47.] — Une Banque de Paris en remplacement de la Banque de France. Paris, impr. de Baudouin, 1840, in-8 de 24 pag. [1 fr. 50 c.].

RIGA [A.]. — Dictionnaire général des jeux de société, jeux de commerce, jeux de pénitence, jeux de jardins, jeux de cartes, etc., etc. Paris, impr. d'Urtubie, 1837, in-16.

RIGAL [J.-J.-A.], médecin en chef de l'hôpital de Gaillac. [Voy. la *France littér.*, t. VIII, p. 47.]

1. — Médecine légale. Accusation d'homicide avec préméditation, strangulation volontaire, pendaison, infanticides, blessures. Lu à l'Académie royale de médecine (séance du 10 octobre 1840). Paris, imp. de Cosson, 1840, in-8 de 16 pag.

Extrait du tome VI du « Bulletin de l'Académie royale de médecine. »

2. — Consultation médico-légale, donnée pour Joseph Dauzats et Catherine Beaute, sa mère, accusés d'homicide avec préméditation sur la personne de Matthieu Dauzats, leur père et mari. Gaillac, impr. de Cestan, 1840, in-4 de 32 pag.

RIGAL [R.].

M. R. Rigal a traduit en français : « Homélie sur la disgrâce d'Eutrope, » par saint JEAN CHRYSOSTOME ; — la « Première Olynthienne » et la « Première Philippique, » par DÉMOSTHÈNE ; — « les Caractères, » de THÉOPHRASTE [1837, in-12].

RIGAL [Pierre].

1. — Notice sur les eaux minérales et médicinales de Saint-Nectaire. Clermont-Ferrand, impr. de Perol, 1844, in-8 de 52 pag.

2. — Saint-Nectaire et ses établissements thermaux. Clermont-Ferrand, impr. de Perol, 1846, in-8 de 16 pag.

RIGALDI [Giuseppe].

1. — La Solitudine, ad Alfonso di Lamartine. Lyon, imp. de Boitel, 1840, in-8 de 24 pag.

En vers italiens, avec traduction française en prose, en regard.

2. — Le Père, ou l'Immortalité, poëme, traduit de l'italien par *Antony Rénal* [*Claudius Billiet*]. Lyon, impr. de Boitel, 1840, in-8 de 32 pag.

Le texte est en regard de la traduction en prose.

RIGAU, colonel de cavalerie. — Souvenirs des guerres de l'empire, réflexions, pensées, maximes, anecdotes, lettres diverses, testament philosophique ; suivis d'une Notice sur le général Rigau. Paris, Poilleux, Garnier frères, 1845, in-8 [5 fr.].

RIGAUD [Pierre-Augustin], poëte languedocien, né à Montpellier le 29 mars 1760, mort à Brives-la-Gaillarde en avril 1835. — RIGAUD (Jean-Grille), frère de P.-Augustin, médecin professeur de la faculté des lettres de Montpellier, né à Montpellier le 28 janvier 1750, mort le 29 janv. 1824. [Voy. la *Biogr. univ.*, *suppl.*, et la *France litt.*, t. VIII, p. 48.] — Las obras coumplétas d'Augusta Rigaud è dé Cyrilla Rigaud, én patouès de Mounpéïé (*las Vendémias de Pignan*, *las Amours de Mounpéïé*, *lous Bans de Sylvanés*, *l'Aristocracia chassada de Mounpéïé*, etc.). Seguidas d'un chouès dé roumancas è dé cansous patouésas dé divers auturs. Montpellier, Virenque, 1845, in-18 [2 fr. 50 c.]. — *Paris, Dumoulin.*

RIGAUD. — Avec M. *Championnière* : Traité des droits d'enregistrement (1839, 4 vol. in-8) ; — Nouveau Dictionnaire des droits d'enregistrement (1841, in-8). Voy. CHAMPIONNIÈRE.

RIGAUD [B.-E. Choix de fables françaises, en vers, tirées des meilleurs fabulistes. Grenoble, impr. de Prudhomme ; Paris, Poilleux, 1838, in-18 [1 fr.].

Fables de divers auteurs.

RIGAUD [B.].
1. — Antinoüs Robineau; vaudeville en un acte. Lyon, Bertaud; Paris, Gallet, 1840, in-8 de 16 pag. [30 c.].
2. — Rimes. Paris, Derache, 1847, in-12.
3. — Antinoüs, ou l'Article et le sentiment; folie-vaudeville en 1 acte. Caen, Woinez, 1847, in-8 de 60 pag.
4. — Biarritz. Caen, impr. de Woinez, 1846.

En vers.

RIGAUD [Ph.].
1. — De l'Anaplastie des lèvres, des joues et des paupières (thèse de concours). Paris, Just Rouvier, 1841, in-8 avec 11 pl. [4 fr. 50 c.].
2. — Cours d'études anatomiques. Paris, impr. de Cosson, 1839, in-8 [6 fr. 50 c.].
3. — Cours complet d'études anatomiques, ou Traité élémentaire d'anatomie descriptive, contenant, etc. Paris, Just Rouvier, 1842, in-8 [4 fr.].

RIGAUD [P.]. — Nouveau Cours d'arithmétique commerciale et de banque. Nantes, impr. de Forest, 1845, in-8 de 92 pag. [3 fr.].

RIGAUD [Eudes], archevêque de Rouen, de 1248 à 1275. — Regestum visitationum archiepiscopi Rothomagensis. Journal des visites pastorales d'Eudes Rigaud, archevêque de Rouen, 1258-69, publié pour la première fois d'après le manuscrit de la Bibliothèque royale, par M. *Théodore Bonnin*. Evreux, impr. de Canu; Rouen, Lebrument; Paris, Legrand, P. Renouard, 1845-47, in-4 [36 fr.].

RIGAULT. — Avec M. *Coisnon*: Archives du notariat et des officiers ministériels (1844, in-8). Voy. COISNON.

RIGAULT DE GENOUILLY [Ch.], capitaine de frégate.—Avec M. *A. Sarrazin de Montferrier*: Dictionnaire universel et raisonné de marine, contenant, etc. II° édit. Paris, Denain, Hachette, 1846, in-4 avec 18 pl. [20 fr.].

M. Ch. Rigault de Genouilly a revu, sur la dernière publication du dépôt de Madrid, augmentée de documents traduits de divers ouvrages anglais, la IV° édition du « Routier des îles Antilles, » par CHAUCHEPRAT [1842, 2 vol. in-8].

RIGAULT DE ROCHEFORT, général de cavalerie. [Voy. la *France littér.*, t. VII, p. 50.]
1. — Mouvements de cavalerie. Exposé d'une nouvelle méthode. Perpignan, impr. de Mlle Tastu, 1839, in-8 de 28 pag. [1 fr. 25 c.].
2. — Analyse du règlement d'exercice pour la cavalerie suédoise. Limoges, impr. de Darde; Paris, Anselin et Gaultier-Laguionie, 1840, in-8 de 60 pag.

RIGNANO [Antonio]. — Considerazioni sopra Gerusalemme e 'l sepolcro di Gesu-Cristo, con alcune notizie intorno i frati minori e l'ordine de 'cavalieri del Santo Sepolcro, del cavaliere *Artaud de Montor*. Traduzione italiana, con note del P. Antonio de Rignano. Paris, Adrien Leclère, 1847, in-8 de 96 pag.

RIGNAULT, architecte. — Rapport sur l'église paroissiale de Saint-Pierre ès Liens de Varzy (Nièvre). Paris, impr. de Boisseau, 1849, in-4 de 12 pag.

RIGNIER [C.-Ernest].—Valentine de Guichaumont. Episode du temps de la Ligue, avec notice historique sur le bourg de Sommevoire et ses environs. Sommevoire, Adolphe Gérard; Paris, Bonvalet fils, 1847, in-8 avec une lith. [3 fr. 50 c.].

RIGNY [de], ancien préfet.—De l'Influence du système de l'élection des députés des départements, et de la marche actuelle du gouvernement représentatif, sur l'administration générale du pays. Paris, impr. de Schneider, 1841, in-8 de 32 pag.

RIGO [P.].
1. — Le Jardin français des commençants, ou Exercices français sur les dix parties du discours, rédigés d'après toutes les grammaires françaises modernes et celle de Lhomond. In-12 [1 fr. 50 c.]—*Paris, Hachette*.
2. — Le Corrigé des exercices du Jardin français des commençants, ou Exercices français sur les dix parties du discours. Paris, Hachette, 1840, in-12 [1 fr. 50 c.].

RIGOET aîné.
1. — Pensées sociales. Lyon, Guy-

mon Baron; Paris, Desforges, 1837, in-8 de 76 pag. [75 c.].

2. — L'Egalité politique considérée comme moyen de moralisation. Lyon, impr. de Boursy fils; Paris, Desforges, 1839, in-12 [1 fr. 50 c.].

3. — Religion de l'avenir, ou Philosophie rationnelle. Lyon, impr. de Boursy; Paris, Dolin, 1840, in-8.

RIGOLLOT-DELAVACQUERIE [P.-A.].—Allevard, son établissement thermal et ses environs. Guide du visiteur au pays d'Allevard, et du malade aux thermes de cette contrée. Grenoble, Allier; Paris, Baillière, 1843, in-18 avec 3 pl.

RIGOLLOT [Marcel-Jérôme], docteur en médecine, médecin de première classe de la grande armée dans les campagnes de 1813 et de 1814, professeur de matière médicale et de thérapeutique à l'école secondaire d'Amiens, membre correspondant de l'Académie de médecine de Paris, membre de l'Académie et de la société médicale d'Amiens, président de la Société des antiquaires de Picardie; né à Doullens le 3 septembre 1786, mort en 1855, au moment où il venait d'être élu correspondant de l'Institut.

1. — Monnaies inconnues des évêques, des innocents et des fous, etc. Paris, 1837, in-8.

Sous les initiales M.-J. R.
Reproduit dans la « Collection des meilleurs mémoires et dissertations relatifs à l'histoire de France, » publiée par MM. SALGUES et LEBER.

2. — Avec M. *de Cayrol*: Mémoires sur le manuscrit des Chroniques de Froissart, de la bibliothèque d'Amiens. Amiens, impr. de Caron, 1840, in-8 de 108 pag.

Extrait des « Mémoires de la Société des antiquaires de Picardie. »

3. — Le Manuscrit de Froissart, de la Bibliothèque d'Amiens. Dissertations et extraits, particulièrement en ce qui concerne les batailles de Crécy et de Maupertuis; par MM. Rigollot, *de Cayrol* et de *la Fontenelle de Vaudoré*. Poitiers, impr. de Saurin, 1841, in-8 de 100 pag.

Extrait de la 2° série de la « Revue anglo-française. »

4. — Avec M. *F. Mallet*: Notice sur une découverte de monnaies picardes du XI° siècle. Amiens, 1841, in-8 [5 fr.];—*Paris, Dumoulin*.

Tiré à petit nombre.

5. — Catalogue de l'œuvre de Léonard de Vinci. Paris, 1849, in-8 [3 fr. 50 c.].

Citons encore: *deux Mémoires* sur l'ancienne ville des Gaules qui a porté le nom de Samarobriva [Amiens, 1827, in-8]; — Mémoire sur une monnaie du XII° siècle, frappée par l'autorité municipale de la ville d'Amiens [in-8].
M. Rigollot a travaillé à la « Revue encyclopédique, de 1825 à 1830 ; à la « Revue numismatique; » aux « Mémoires de la Société des antiquaires de Picardie. » On lui doit divers *articles* et *rapports* dans les « Mémoires de l'Académie d'Amiens. »

RIGOT [F.-J.-J.], professeur d'anatomie et de physiologie à l'Ecole vétérinaire d'Alfort. [Voy. la *France litt.*, t. VIII, p. 52.]

1. — Traité complet de l'anatomie des animaux domestiques. Paris, Labé, 1840-48, 2 vol. in-8 divisés en six parties.

1re partie: *Syndesmologie, ou Description des articulations;* — 2° partie: *Ostéologie, ou Description des os;* — 3° partie: *Myologie;* — 4° partie: *Angéiologie, ou Description des vaisseaux;* — 5° partie: *Angéiologie* (suite) *et névrologie;* — 6° partie: *Splanchnologie, appareil des sens et ovologie.*
Ce traité a été terminé en 1848, par M. A. LAVOCAT.

2. — Avec M. le docteur *J. Mignon*: Eléments de botanique médicale vétérinaire (1845, in-8). Voy. MIGNON.

M. Rigot a travaillé au « Recueil de médecine vétérinaire pratique. »

RIGOT.—Avec M. *H. Tully*: la Diligence de Brives-la-Gaillarde; folie-parade en un relai, mêlée de couplets, de coups de fouet, etc. Paris, impr. de Dondey-Dupré, 1837, in-8.

Les deux auteurs se sont cachés sous le pseudonyme: Martin PANGLOSS.

RIGUAL [le docteur don José].—Oficio de la semana santa y semana de Pascua. Paris, impr. d'Everat, 1836, in-18; Avignon, Seguin aîné, 1838, in-24 avec 6 grav.; Paris, Rosa, Bouret, 1849, in-32.

RILLIET [Frédéric], docteur en médecine, ancien interne de l'hôpital des Enfants malades de Paris, membre de la Société médicale d'observation, de la Société anatomique, etc.

1. — Avec M. *Barthez* : Maladies des enfants. Affections de poitrine. 1re part. Pneumonie. Paris, Béchet jeune, 1838, in-8.

2. — Avec M. *Barthez* : Traité clinique et pratique des maladies des enfants. Paris, Germer-Baillière, 1843, 3 vol. in-8 [21 fr.].

Le TOME Ier comprend : les Phlegmasies, les Hyperémies, les Ramollissements, les Hypertrophies, les Hydropisies; — le TOME II : les Hémorrhagies, les Gangrènes, les Névroses, les Fièvres continues; — le TOME III : les Tuberculisations, les Entozoaires. — Un appendice, divisé en trois parties, termine cet ouvrage; 1° considérations générales sur l'état physiologique des enfants; 2° exposé de la méthode employée par les auteurs pour recueillir les observations, et règles sur l'examen des malades; 3° conseils pratiques sur la thérapeutique appliquée à l'enfance.

RILLIET [Albert]. [Voy. la *France littér.*, t. VIII, p. 53.]

1. — Commentaire sur l'épître de saint Paul aux Philippiens. Genève, 1841, in-8 [7 fr. 50 c.].

2. — Du Procès criminel intenté à Genève en 1553 contre Michel Servet, rédigé d'après les documents originaux. Genève, 1844, in-8 [5 fr.].

RILLIET [C.]. — Industrie séricicole. Des Cocons avant et pendant le dévidage. Genève et Paris, Ab. Cherbuliez et comp., 1844.

RILLIET-CONSTANT, colonel fédéral de la confédération helvétique.

1. — Une Année de l'histoire du Valais. Genève, 1841, in-8 avec une carte [7 fr. 50 c.].

2. — Rapport au conseil fédéral de la guerre, sur le 11e camp fédéral de tactique, à Thun, en 1842. Lausanne, Marc Ducloux, et Paris, Ab. Cherbuliez et comp., 1844, in-8.

Voyez un compte rendu de cet ouvrage, dans la « Revue critique, » de M. Ab. CHERBULIEZ.

M. Rilliet-Constant a traduit de l'allemand, sur la IIe édition : « le Père Godefroi, ou Il est difficile d'élever ses enfants, » écrit populaire, etc., avec des Réflexions du traducteur [Lyon, Denis, 1846, in-18].

Citons encore : *le Lecteur, choix de lectures pour les jeunes gens. Morceaux originaux et traductions*, par M. et Mme Rilliet-Constant [Lyon, Denis; Paris, Delay, 1845, in-8].

M. Rilliet-Constant a travaillé à l' « Album de la Suisse romande. »

RILLIET-CONSTANT [Mme].

Mme Rilliet-Constant a traduit de l'anglais : « le Compagnon de la Bible, » destiné aux écoles, aux familles et aux jeunes gens [gr. in-18 avec 3 cartes].

Elle a donné, avec M. Rilliet-Constant : « le Lecteur. Choix de lectures pour la jeunesse » [1845, in-8].

RILLIOT [Ad.]. — Des Moyens d'améliorer la viande de boucherie et de la mettre à la portée de tous. Paris, Rilliot, 1848, in-4 de 16 pag.

Mémoire adressé au citoyen ministre du commerce et de l'agriculture, et soumis aux représentants du peuple; par un homme spécial.

RIMBAULT ou **RIMBAUT** [Hippolyte]. [Voy. la *France littér.*, t. VIII, p. 53.]

1. — Angelina ; drame en trois actes, mêlé de chants. Paris, Bezou, Quoy, 1835, in-8 [30 c.].

2. — Avec M. *Moléri* : Guillaume Norwood, ou une Haine de vieillards ; drame en trois actes. Paris, Michaud, 1838, in-8 de 40 pag.

3. — Le Sauf-conduit ; comédie-vaudeville en deux actes. Paris, Gallet, 1839, in-8 [30 c.].

4. — Peu s'en fallait ; esquisse de mœurs en trois tableaux, en vers. Paris, impr. de Lacour, 1847, in-8 de 20 pag.

5. — Avec M. *A. Salvat* : la Fille du Diable ; vaudeville fantastique en un acte. Paris, Dechaume, 1847, in-8 [40 c.].

Nous connaissons encore de M. H. Rimbaut, en collaboration avec M. BOULÉ : Corneille et Richelieu ; Denise, ou l'Avis du ciel ; l'Honneur de ma mère ; — avec MM. BOULÉ et DUPRÉ : Émery le négociant ; — avec M. DESNOYERS : Vaugelas ; Diane de Poitiers ; — avec M. Léonce LAURENÇOT : Marceline la vachère ; un Coup de pinceau ; Entre amis ; — avec MM. LAURENÇOT et MOLÉRI : le Marquis de Brancas ; — avec M. Ch. POTIER : l'Ami et l'amant, etc. [Voy. ces noms.]

RIME ou **RYME**. Voy. MARCEL.

RING [de]. — Etablissements celtiques dans la sud-ouest Allemagne. Fribourg, 1842, in-8.

RINGARD [J.-J.]. — Le Livre des comptoirs, ou Comput des intérêts simples à tous les taux, etc. Lyon, imp. de Mougin-Rusand, 1841, in-8 avec quatre tableaux.

RINGUELET [H.]. — Système métrique, mis à la portée de toutes les intelligences, avec des tables de conversion des mesures nouvelles en mesures anciennes, et réciproquement; suivi de Considérations générales sur les bois, sur les divers combustibles, sur les métaux, sur l'eau et sur quelques-uns de ses effets relatifs à l'industrie, etc., à l'usage de toutes les classes de la société. Châlon-sur-Saône, Buret, 1843, in-8 [3 fr. 50 c.].

RINN. Voy. PIERROT [Jules-A.].

Voy. aussi la « France littéraire, » t. VIII, p. 53.

RINUCCINI, prélat italien du XVIIe siècle. — Le Triomphe de la piété filiale, extrait de la vie du comte Georges de Lesley, publiée en italien par Mgr Rinuccini, vers l'an 1650. Lille, Lefort; Paris, Ad. Leclère, 1836, 2 vol. in-18. — IIIe édition, Lille, Lefort, 1846, in-12 avec une grav.

RIO [A.-F.]. [Voy. la *France litt.*, t. VIII, p. 53.]

1. — De l'Art chrétien. Paris, Debécourt, 1841, in-8 [7 fr. 50 c.].

C'est la première partie de : *la] Poésie chrétienne, dans son principe, dans sa matière et dans ses formes.*

2. — La Petite Chouannerie, ou Histoire d'un collège breton sous l'empire. Paris, Olivier Fulgence, 1842, in-8 [7 fr. 50 c.].

M. A.-F. Rio a travaillé à l' « Université catholique. »

RIO [P.-L.]. — Manuel des conseils de fabrique, d'après les lois, décrets, ordonnances et décisions de l'autorité supérieure jusqu'à ce jour. Saint-Brieuc, Prudhomme, 1843, in-8.

RIOBÉ [Ch.], avocat.

1. — Art chrétien. Du Drame, du drame lyrique et du Don Juan de Mozart. Angers, impr. de Launay-Gagnot, 1838, in-8 de 40 pag.

2. — Réflexions sur l'histoire et l'importance de la procédure criminelle. Le Mans, impr. de Monnoyer, 1846, in-8 de 32 pag.

3. — M. Janvier. Eloquence judiciaire. Angers, impr. de Launay-Gagnot, 1839, in-8 de 32 pag.

RIOCREUX, conservateur des collections de la manufacture de porcelaine de Sèvres. — Avec M. *A. Brongniart*: Description méthodique du musée céramique de la manufacture de porcelaine de Sèvres. Paris, Leleux, 1845, gr. in-4, accompagné d'environ 300 dessins des marques et monogrammes d'artistes et de fabricants et d'un atlas de 80 pl. dont 67 col. au pinceau.

RIOFFREY [Bureaud]. V. BUREAUD-RIOFFREY [A.-M.].

RIOM.

1. — Mémoire sur la nécessité de favoriser l'importation des bœufs maigres en France, raisonné, par expérience, dans l'intérêt de l'agriculture et de la consommation. Paris, imp. de Lebègue, 1838-1839, in-4 de 16 pag.

2. — Boucherie de Paris. Observations sur le rapport de M. Boulay (de la Meurthe), membre du conseil général de la Seine. Paris, impr. de Lange-Lévy, 1841, in-4 de 12 pag.

Contient 6 lettres.

Le « Rapport sur l'organisation du commerce de la boucherie, » par H. BOULAY de la Meurthe aîné, a été publié dans la même année [Paris, impr. de Vinchon, in-4].

RION [Edouard]. — La Jeune Muse. Bayeux, impr. de Nicolle, 1837, in-18 [1 fr. 25 c.].

RIOND [Louis], connu sous le nom de *médecin des pauvres*. — La Médecine populaire, ou l'Art de guérir par la nature. Ouvrage destiné à préserver et à délivrer l'espèce humaine des maladies qui l'affligent. V[e] édit. Besançon, Rambaud, 1849, in-8 [6 fr.]. — *Paris*, *Roret*.

RIOUFFE [Honoré], tribun, préfet de la Côte-d'Or, puis de la Meurthe; né à Rouen en 1764, mort en novembre 1813. [Voy la *France littér*., t. VIII, p. 53.]

— Mémoire sur les prisons. Paris, Boudouin frères, 1823, 2 vol. in-8.

RIPALDA [le Père]. [Voy. la *France littér*., t. VIII, p. 54, au mot RIPAOLA.]

1. — Catecismo de los padres Ripalda y Astete, adornado con 154 laminas finas; corregido y enmendado por don *Torquato Torio de la Riva*. Edicion nuevamente corregida. Paris, Rosa, 1837, 4 vol. in-18.

2. — Catecismo de la doctrina cris-

tiana. Paris, Rosa, 1837, in-32 ; impr. d'Everat, 1838, in-32 ; impr. de Panckoucke, 1842, in-32 ; impr. de Schneider, 1849, in-32 ; — Avignon, Seguin aîné, 1838, in-32.

RIPOUD [Jacq.-Nic.-Aug.], conservateur de la bibliothèque de Moulins; né dans cette ville en 1777. — Observations sur les tablettes et le catalogue biographiques des écrivains du département de l'Allier, morts ou vivants; par M. A. Ripoud. Pour servir d'appendice à l'opuscule sur la statistique dudit département, publié par C.-H. *Dufour*, à Moulins, le 1er mai 1840. Moulins, impr. de Place, 1844, in-4 de 24 pag.

Note concernant M. Dufour presque exclusivement.
M. J.-N.-A. Ripoud a publié en 1832 une Notice sur la bibliothèque de Moulins.

RIQUET [A.].
1. — Considérations générales sur la maréchalerie, suivies d'un Exposé de la méthode de ferrure padométrique à froid et à domicile. Tours, impr. de Mame, 1840, in-8 de 56 pag.
2. — Voyage hippique dans la plupart des provinces de l'Europe situées au nord et au nord-est de la France. Documents sur le commerce des chevaux, des poulains, les remontes, l'éducation et les ressources chevalines de ces différentes contrées. Paris, impr. de Bailly, 1847, in-8 de 96 pag.

RIQUET DE BONREPOS. [Voy. la *France litt.*, t. VIII, p. 55.] —Histoire du canal de Languedoc, rédigée sur les pièces authentiques conservées à la Bibliothèque impériale et aux archives du canal. 1805, in-8 avec carte [6 fr.]. — Paris, Carilian-Gœury.

RIQUETTI. Voy. MIRABEAU.

RIQUIER [A.]. [Voy. la *France litt.*, t. VIII, p. 55.] — Leçons méthodiques d'arithmétique, conçues d'après un nouveau plan, avec des questions théoriques et pratiques, un très-grand nombre de problèmes et d'exercices pour le calcul mental, etc., etc. Paris, Pesron, 1837, in-12 [2 fr.].

RIQUIER [Jean-Baptiste-Guillaume], conseiller de préfecture à Amiens; né dans cette ville en 1768.—Mémoire sur la culture du mûrier et sur l'éducation des vers à soie dans les départements du nord de la France. Amiens, impr. de Duval, 1836, in-8 de 48 pag. avec un tableau.

On doit à M. Riquier quelques travaux dans les « Mémoires de l'Académie d'Amiens. »

RIQUIER-ALDÉE [H.].
1. — Milton. Paris, Souverain, 1839, in-8 [7 fr. 50 c.].
2. — Héli, tragédie en cinq actes et en vers, tirée de l'Écriture sainte; représentée sur le théâtre royal de l'Odéon le 9 novembre 1844. Paris, Tresse, 1844, in-8 de 80 pag.

RISSEL [H.].—Question des sucres, nouvelles études sur le rendement des sucres bruts et sur le remboursement des droits à la sortie des sucres raffinés et des mélasses. Paris, imp. lith. de Sauvo, 1838, in-4 de 32 pag.

RISSO [Antoine], pharmacien, naturaliste, né à Nice le 8 avril 1777, mort le 25 août 1845. [Voy la *Biogr. univ.*, suppl., et la *France littér.*, t. VIII, p. 55.]
1.—Histoire naturelle des crustacées de la mer de Nice. Paris, 1803, in-8, av. figures.
2.—Coup d'œil géologique sur la péninsule de Saint-Hospice. Paris, 1815.
3. — Flore de Nice et des principales plantes exotiques naturalisées dans les environs. Nice, 1844, in-12 av. 27 pl.

M. Risso travaillait, au moment de sa mort, à une Histoire naturelle des figuiers, en 2 vol. av. planches in-fol.

RISUENO D'AMADOR [B.], professeur à la Faculté de médecine de Montpellier. [Voy. la *France littér.*, t. VIII, p. 56.]
1. — Mémoire sur le calcul des probabilités appliqué à la médecine, lu à l'Académie royale de médecine dans sa séance du 25 avril 1837. Paris, Baillière, 1837, in-8 de 136 pag. [2 fr. 50 c.].

M. L.-F. GASTÉ a présenté à l'Académie de médecine, en réponse à ce mémoire : « du Calcul appliqué à la médecine comme complément de la théorie, des faits et des raisonnements sur lesquels doivent être fondées la pathologie, la thérapeutique et la clinique » [1838, in-8]

2. — Inauguration de la chaire de pathologie et de thérapeutique générales à la Faculté de médecine de

Montpellier. Discours sur cette question : Qu'est-ce que la pathologie générale? prononcé le 8 avril 1838. Montpellier, imp. de Martel aîné, 1839, in-8 de 96 pag.

3. — Mémoire sur l'action des agents imperceptibles sur le corps vivant; lu au congrès scientifique de Nîmes, dans l'assemblée générale du 4 septembre 1844. Montpellier, Bœhm, 1846, gr. in-8 de 52 pag.

On doit aussi à M. Risueno d'Amador : *Influence de l'anatomie pathologique sur les progrès de la médecine, depuis Morgagni jusqu'à nos jours*, dans le tome VI des « Mémoires de l'Académie de médecine. »

RITCHIE [Leigh ou Leitch]. [Voy. la *France littér.*, t. VIII, p. 75.] — L'Irlande et les Irlandais. Traduit de l'anglais. Paris, Desenne, 1838, in-8 [18 fr.].

M. L. Ritchie a travaillé au « Tale-Book » [Paris, Baudry, Amyot, Th. Barrois, 1834, in-8].

RITT [George], mathématicien, ancien élève de l'École normale, inspecteur supérieur de l'instruction primaire. [Voy. la *France littér.*, t. VIII, p. 57.]

1. — Problèmes d'algèbre et exercices de calculs algébriques. IIe édit. avec les solutions. Paris, Hachette, 1842, et IIIe édit., 1847, in-8 [5 fr.].

2. — Problèmes d'application de l'algèbre à la géométrie, avec les solutions développées. Paris, Hachette, 1836, 2 parties in-8 [8 fr. 50 c.].

La *Première Partie* contient : de la Ligne droite et du cercle; — la *Deuxième Partie* : Ligne droite, ellipse, hyperbole, parabole.

3. — Problèmes de géométrie et de trigonométrie, avec la méthode à suivre pour la résolution des problèmes de géométrie et les solutions. IIIe édit., Paris, Hachette, 1848, in-8 [5 fr.].

La première édition est de 1836; la deuxième, de 1842.

4. — Manuel des aspirants à l'École polytechnique, contenant un très-grand nombre de questions recueillies dans les derniers examens de concours, avec les solutions. Paris, Hachette, 1839, in-8 avec 4 pl. [7 fr. 50 c.].

5. — Traité d'arithmétique. Paris, Hachette, 1839, in-8 [5 fr.].

6. — Nouvelle Arithmétique des écoles primaires, divisée en deux parties, etc. Paris, Hachette, 1847, in-12 [1 fr. 50 c.].

7. — Réponses et solutions raisonnées des exercices de calcul et problèmes contenus dans la Nouvelle Arithmétique des écoles primaires. Paris, Hachette, 1848, in-12 [1 fr. 50 c.].

RITTER [Karl], savant prussien correspondant de l'Institut (Académie des inscriptions et belles-lettres). [Voy. la *France littér.*, t. VIII, p. 57.] — Géographie générale comparée, ou Étude de la terre dans ses rapports avec la nature et avec l'histoire de l'homme, pour servir de suite à l'histoire et à l'enseignement des sciences physiques et historiques. Traduit de l'allemand par *E. Buret* et *Édouard Desor*. Paris, Paulin, 1836, 3 vol. in-8 [24 fr.].

RITTER [le docteur Henri], professeur à l'Université de Kiel. [Voy. la *France littér.*, t. VIII, p. 57.]

1. — Histoire de la philosophie ancienne, trad. de l'allemand par M. *J. Tissot*. Paris, Ladrange, 1836-37, 4 vol. in-8 [32 fr.].

2. — Histoire de la Philosophie chrétienne, trad. de l'allemand et précédée d'Un Mot sur la relation de la croyance avec la science, par *J. Trullard*. Paris, Ladrange, 1843-44, 2 vol. in-8 [15 fr.].

Cet ouvrage fait suite à l'*Histoire de la philosophie ancienne*.

RITTER [A.], juge de paix. — Le Guide des gardes champêtres. Der Führer der Bannwarten. Mulhouse, impr. de Thinus, 1835, in-8 de 58 pag.

Français-allemand.

RITTER [Elie]. — Traité élémentaire d'arithmétique, suivi d'une Table des logarithmes des nombres depuis 1 jusqu'à 10,000, avec 5 décimales, IIe édit. Genève, 1845, in-8 [6 fr.].

RITTIEZ, rédacteur en chef du *Censeur*. [Voy. la *France littér.*, t. VIII, p. 57.] — Science des droits, ou Idéologie politique. Paris, Pagnerre, 1844, in-8 [5 fr.].

RIVA [Ch.-Théodore], avocat à la cour d'appel de Paris. [Voy. la *France litt.*, t. VIII, p. 57.]

1. — Les Cinq Codes, suivis du Code forestier, avec l'exposé des motifs par

M. de Martignac; précédés, etc. Edition entièrement conforme à l'édition de l'imprimerie royale, et publiée par M. C. Riva. Paris, Belin-Mandar et Deaux, 1828, in-18.

La pagination s'arrête et recommence à plusieurs reprises.

2. — Avec M. *Feuilleret* : Journal de l'Ecole théorique et pratique du notariat (1845, in-18). Voy. FEUILLERET.

RIVAIL [H.-L.-D.], membre de l'Institut historique, de la Société des sciences naturelles de France, etc. [Voy. la *France littér.*, t. VIII, p. 57.].

1. — Discours prononcé à la distribution des prix du 14 août 1834. Paris, imp. de Plassan, 1834, in-4 de 12 pag.

Est suivi d'un Discours prononcé par le jeune Louis ROUYER, âgé de quinze ans.

2. — Manuels des examens pour les brevets de capacité. Solutions raisonnées des questions et problèmes d'arithmétique et de géométrie usuelle. Paris, Pillet aîné, Bachelier, 1846, in-12.

3. — Cours de calcul de tête, ou Introduction à l'étude de l'arithmétique, d'après la méthode Pestalozzi, à l'usage des mères de famille et des instituteurs pour l'enseignement des jeunes enfants. In-12 [2 fr.].

4. — Cours complet théorique et pratique d'arithmétique, faisant suite au *Cours de calcul de tête*, etc. IVe édition. Paris, Pillet aîné, Bachelier, Maire-Nyon, Roret, 1847, in-12 [2 fr. 25 c.].

5. — Télémaque allemand, contenant les trois premiers livres, avec une traduction littérale sur un nouveau plan, des notes sur les racines des mots et un précis de grammaire. In-12 [3 fr.].

6. — Catéchisme grammatical de la langue française. Paris, Borrani, 1848, in-12.

7. — Avec M. *Lévy-Alvarès* : Dictées normales des examens, recueillies et choisies dans les examens de la Sorbonne, de l'Hôtel de ville de Paris, et des autres académies de France, avec des notes grammaticales, étymologiques, historiques et anecdotiques sur l'origine et l'orthographe d'un grand nombre de mots, accompagnées, 1° de Dictées spéciales sur les difficultés orthographiques, etc. Paris, Borrani et Droz, 1849, in-12.

Citons aussi : Mémoire sur cette question : *Quel est le système d'études le plus en harmonie avec les besoins de l'époque* [couronné par l'Académie d'Arras] ? — Mémoire sur l'instruction publique, présenté en 1832 à MM. les membres de la commission chargée de réviser la législation universitaire; — Programme des cours usuels de physique, de chimie, d'astronomie et de physiologie, professés par M. Rivail au Lycée polymatique; — Programme des études d'instruction primaire, comprenant un questionnaire complet sur chaque branche d'enseignement.

RIVARD [François-Dominique], né à Neufchâteau en 1697, mort à Paris le 5 avril 1778. [Voy. la *France littér.*, t. VIII, p. 58.] — Traité de la sphère et du calendrier. VIIIe édition, revue et augmentée par M. *Puissant*. Paris, Bachelier, 1837, in-8 avec 3 planch. et 1 tableau [5 fr.].

RIVARÈS [Frédéric]. — Chansons et airs populaires du Béarn, recueillis par F. Rivarès. Pau, Bassy; Paris, Challiot, 1844, in-8 avec 64 pag. de musique et une lith.

RIVAROL [le comte Antoine], littérateur; né à Bagnols le 17 avril 1757, mort à Berlin le 11 avril 1801. [Voy. la *France littér.*, t. VIII, p. 59.] — Dictionnaire de la langue française, revu sur la dernière édition du Dictionnaire de l'Académie. Paris, 1843, in-8 [5 fr.].

C'est le Dictionnaire de M. VERGNE, publié sous le nom de Rivarol, qui n'a jamais donné que le *Discours préliminaire du Nouveau Dictionnaire de la langue française* [1797], et le prospectus.

Quelques satires de Rivarol ont été insérées dans « les Satiriques des XVIIIe et XIXe siècles » [Paris, Langlois, 1840, in-18].

RIVAS [Angel de SAAVEDRA, duc de]. Voy. SAAVEDRA.

RIVES [D.-B.]. [Voy. la *France litt.*, t. VIII, p. 64.] — Essai sur les anciens parlements de France. Paris, imp. roy., 1823, in-8 [3 fr.].

RIVES. — De la Propriété du cours et du lit des rivières non navigables et non flottables. Paris, impr. de F. Didot, 1843, in-8 de 116 pag. [2 fr. 50 c.].

Extrait d'un grand ouvrage inédit de l'auteur.

RIVES [Henri], pseudonyme. Voy. PELLAUT [Henri].

RIVES [A.]. — Cours complet d'arithmétique. Toulouse, Paya, 1846, in-8.

RIVES [Jacques], ouvrier mécanicien.

1. — Principes fondamentaux de l'élection et de la vraie représentation nationale. Toulouse, impr. de Labouisse-Rochefort, 1849, in-18 de 60 pag.

Une autre édition a été imprimée en 1848 [Paris, impr. de Lacrampe, 1849, in-8 de 24 pag.].

2. — Plus de banque spéciale, plus d'intérêt à payer, tout propriétaire est son banquier. Toulouse, impr. de Labouisse-Rochefort, 1849, in-18 de 42 pag.

RIVET [Alphonse], de la Martinique. — Les Voix coloniales, poésies. Paris, Brière, 1841, in-8 de 8 pag. et in-8 de 66 pag.

RIVET [Auguste].

1. — De la Civilisation et de la mission que son état actuel doit assigner aux académies des départements. Lyon, impr. de Rey jeune, 1842, in-8 de 48 pag.

2. — Soirées de la Floride, ou les Entretiens d'un missionnaire avec ses néophytes, à l'ombre des belles forêts de l'Amérique. Lyon, Hubert Lebon, 1849, in-18.

RIVIÈRE [A.], naturaliste, professeur des sciences physiques, membre de plusieurs académies nationales et étrangères. [Voy. la *France litt.*, t. VIII, p. 65.]

1. — Avec M. *J.-A. Cavoleau :* Essai d'une description générale de la Vendée. Paris, Carilian-Gœury, 1836, in-4.

Contient l'*Introduction*, la *Topographie* et la *Zoologie.*

2. — Note paléontologique, ou Description de quelques espèces animales fossiles. Paris, impr. de Fain, 1837, in-4 de 4 pag. avec un plan in-fol.

Extrait de l' « Essai d'une description générale de la Vendée. »

3. — Coup d'œil sur les grottes et quelques excavations analogues qui se trouvent dans les terrains anciens et dans les terrains volcaniques. Paris, 1837, in-8 avec pl. in-4.

4. — Etudes géologiques faites aux environs de Quimper et sur quelques autres points de la France occidentale, accompagnées d'une carte et de douze coupes géologiques. Paris, 1837, in-8 de 68 pag. avec 2 pl. [3 fr.].

5. — La Physique, la chimie générale, la météorologie, la géologie et la coordination des matières du Manuel à l'usage des aspirants au grade de bachelier ès sciences physiques. Paris, 1838, in-18 avec pl.

6. — Notice sur les terrains d'atterrissement, et en particulier sur les buttes coquillières de Saint-Michel-en-l'Herm (Vendée). Paris, 1838, in-8 avec 3 planch. in-4.

7. — Avec MM. *Ganot, C. d'Orbigny* et *C. Leblond :* Manuel à l'usage des aspirants au grade de bachelier ès sciences physiques (1838, in-18). Voy. GANOT.

8. — Cartes géologiques sur l'échelle de 1,10000^e : 1° des environs d'Olonne ; 2° des environs de Chantonnay ; 3° des environs de la Ramée ; 4° des environs de Sards ; 5° des environs de Saint-Philbert ; 6° des environs de la Termelière. Paris, 1838, 6 grandes feuilles.

9. — Eléments de géologie pure et appliquée, ou Résumé d'un cours de géologie descriptive, spéculative, industrielle et comparative. Paris, Méquignon-Marvis, 1839, in-8 avec 12 planch. noires et coloriées [12 fr.].

10. — Note sur la distillation des schistes bitumineux, accompagnée d'un projet de distillerie propre à tirer le parti le plus avantageux des matières gazeuses, liquides et solides, renfermées dans ces roches. Paris, impr. de Cosson, 1839, in-8 de 24 pag. avec 3 planch.

11. — Essai sur les roches, comprenant des généralités sur les roches, leurs déterminations et leurs classifications. Paris, imp. de Cosson, 1839, in-8 de 72 pag.

12. — Mémoire sur le groupe crétacique, ou terrains crétacés de la Vendée et de la Bretagne. Paris, 1842, in-8 avec 5 pl. in-fol.

13. — Coup d'œil sur les cartes géologiques, et, en particulier, sur la carte géologique de France comparée à celle d'Angleterre. Paris, 1842, in-8.

14. — Annales des sciences géologiques, ou Archives de géologie, de minéralogie, de paléontologie et de toutes

les parties de géographie, d'astronomie, de météorologie, de physique générale, etc., qui se rattachent directement à la géologie pure et appliquée. Paris, imp. de Fain, 1842-43, 2 vol. in-8 avec atlas.

Citons encore : Quelques Mots sur les îles voisines des côtes de France, et, en particulier, sur l'île de Noirmoutiers [1836, in-8]; — Note sur un énorme fossile trouvé dans la Louisiane [1837, in-8]; — Notice géologique sur les environs de Saint-Maixent (département des Deux-Sèvres) [1839, in-8]; — A Monsieur Lacarrière, propriétaire d'un terrain situé rue Vendôme (au Marais), dans lequel on a trouvé de l'eau sulfureuse en creusant les fondations d'un hôtel [1843, in-8]; — Mémoire minéralogique et géologique sur les roches dioritiques de la France occidentale [1844]; — Mémoire sur les feldspaths [1845, in-8]; — Objection faite au mémoire de M. Lecoq, intitulé : des Climats solaires, etc. [1846, in-8]; — Considérations pour servir à la classification rationnelle des terrains [1847, in-8]; — Coup d'œil sur les travaux scientifiques de M. Arago, membre de l'Institut [1848, in-8. — Article inséré le 7 mars 1840 dans la « Gazette de France »]; — Notice sur les conclusions que permet de déduire l'examen des flores et faunes des différentes périodes géologiques, relativement au climat de ces périodes [1848, in-8]; — Extrait d'un Mémoire sur les filons métallifères, principalement sur les filons de blende et de galène que renferme le terrain de la grauwacke de la rive droite du Rhin, dans la Prusse [1849, in-8. — Extrait du « Bulletin de la Société géologique de France », 2e série, t. VI].

M. Rivière est l'auteur de la partie géologique du « Voyage en Abyssinie, » exécuté par MM. Ferret et Galinier.

Il a publié un grand nombre d'articles dans le « Dictionnaire universel d'histoire naturelle, » publié par M. Ch. d'ORBIGNY; dans le « Dictionnaire pittoresque d'histoire naturelle; » dans l'« Encyclopédie d'éducation, » etc., etc.

M. Rivière a présenté à l'Académie des sciences en manuscrit les travaux suivants : Essai d'une nomenclature anatomo-chimique [1834]; — Carte géologique de la Vendée [1835]; — Note sur les défrichements et sur la diminution des eaux des sources [1836]; — Note sur l'accroissement, à l'époque des grandes marées, d'une source salée située au Gèvre [1839]; — Minéralogie de la Vendée [1840]; — Mémoire sur les terrains du groupe paléonthérique de la Vendée, etc. [1840]; — Note sur un nouveau gisement d'ossements d'éléphants, situé entre Joinville-le-Pont et Champigny [1840]; — Mémoire sur le groupe supérieur des terrains de transition et des terrains primitifs des anciens auteurs dans la Vendée, etc. [1840]; — Considérations pour servir à la théorie du métamorphisme [1845]; — Note sur l'apparence de symétrie de certains minéraux [1847]; — Mémoire sur les gneiss de la Vendée [1847]; — Mémoire sur les filons métallifères.

RIVIÈRE [le baron de].

1. — Considérations sur les poissons, et particulièrement sur les anguilles. Mémoire lu à la Société royale et centrale d'agriculture le 1er juillet 1840. Paris, imp. de Bouchard-Huzard, 1840, in-8 de 32 pag.

2. — Note sur la culture du riz dans la Camargue (Delta du Rhône). Paris, impr. de Maulde, 1847, in-8 de 16 pag.

RIVIÈRE. — Toisage des bois et celui des bâtiments, tant en dehors qu'en dedans. Nouvelle édition. Rouen, impr. de Mégard, 1841, in-12.

RIVIÈRE [Léon]. — Traité de l'analyse littéraire. Paris, Hachette, 1848, in-12.

RIVIÈRE [Henri]. — De la Souveraineté temporelle des papes. Socialisme et christianisme. Rodez, Carrère aîné, 1849, in-8 de 44 pag.

RIVIÈRE DU PUGET [Eugène de].

1. — Cris de mon âme, ou Regards dans la vie; poésies. Nancy, Mme veuve Raybois, 1846, in-12 [4 fr.].

2. — Les Trois Enfants; poésie. Paris, impr. de Bénard, 1840, in-8 de 8 pag.

RIVOIRE [Henri-Féréol], avocat à la cour d'appel de Paris. [Voy. la *France littér.*, t. VIII, p. 66.]

1. — Dictionnaire raisonné du tarif des frais et dépens en matière civile. IIIe édition. Dijon, Victor Lagier, 1838, in-8 [8 fr.]. — *Paris, A. Durand.*

2. — Commentaire du tarif des frais et dépens relatifs aux ventes judiciaires des biens immeubles. Dijon, Lagier; Paris, Joubert, 1846, in-8 de 96 pag.

Cet écrit est le complément du *Dictionnaire raisonné du tarif des frais et dépens en matière civile.*

3. — Traité de l'appel et de l'instruction sur l'appel. Paris, Joubert, 1843, in-8 [8 fr.].

4. — Esquisse historique de la législation criminelle des Romains. Dijon, impr. de Mme Noellat; Paris, Joubert, 1844, in-8 [4 fr.].

RIVOIRE [Hector], chef de bureau à la préfecture de Nîmes. — Statistique du département du Gard. Nîmes, Ballivet et Fabre, 1842-43, 2 vol. in-4, fig. [36 fr.].

ROBAGLIA [J.].

M. J. Robaglia a traduit en français

« M. Violette, ou Aventures d'un jeune émigré français en 1830, » par le capitaine MARRYAT [1846, 2 vol. in-8].

ROBÉCOURT [Dehaussy de]. — Voy. DEHAUSSY DE ROBÉCOURT [J.-B.-F.].

ROBELLO [G.]. [Voy. la *France litt.*, t. VIII, p. 68.] — Grammaire italienne, élémentaire, analytique et raisonnée, suivie d'un aperçu de la versification italienne. V^e édition. Paris, Baudry, Stassin et Xavier, 1849, in-8 [5 fr.].

La Ire édition est de 1829; la IIe, de 1835; la IIIe, de 1839; la IVe, de 1843.

ROBERNIER [Félix de].
1. — De la Preuve du droit de propriété en fait d'immeubles, ou Nécessité et moyens d'organiser selon le même principe l'abornement invariable et le terrier perpétuel des possessions foncières; Alais, Veirun; Paris, Videcoq, 1844, 2 vol. in-8 avec 6 pl. [15 fr.].
2. — Examen critique du nouveau projet de loi sur le cadastre, comparé au système du terrier perpétuel. Alais, Veirun; Paris, Videcoq, 1846, in-8 de 64 pag.

ROBERT [Louis-Joseph-Marie], docteur en médecine; né à Sainte-Tulle le 26 avril 1771. [Voy. la *France littér.*, t. VIII, p. 71.]
1. — Conseils aux magnaniers de la nouvelle école séricicole; suivis d'une Note sur la ventilation des magnaneries, par M. le comte *H. de Villeneuve*. Marseille, Barlatier, Mme veuve Camoin, 1839, in-8 de 76 pag.
2. — Histoire de sainte Tulle, patronne de la commune qui porte ce nom, et connue, d'après une légende du VIe siècle, sous celui de Tullia, fille de saint Eucher, évêque de Lyon. Histoire précédée et suivie de fragments historiques sur la Provence. Digne, Repos, 1843, in-8.
3. — Guide du Magnanier. Digne, Repos, 1845, in-16.

ROBERT [Mlle Clémence-Antoinette-Henriette], née à Mâcon, débuta dans la littérature en 1827, époque à laquelle elle vint avec sa mère s'établir à Paris; ses premiers essais, prose ou vers, furent insérés dans divers recueils périodiques. Madame Robert écrivait en 1834 : « Écrire en vers ou en prose pour le seul honneur du style, c'est, dans la sphère intellectuelle, donner un bal où des mots élégants et variés dansent gracieusement... Mais les écrivains qui ont le sentiment de l'avenir voient que le temps de ces fêtes est passé pour la littérature, et ils la chargent de porter une pierre à l'édifice social; ces hommes-là sont religieux, car toute pensée qui protége l'humanité remonte à Dieu. » [Voir une Notice de M. de SÉNANCOUR, dans la *Biographie des femmes auteurs* de M. de MONFERRAND, le *Biographe* et le *Nécrol.*, t. VII, et la *France littér.*, t. VIII, p. 73.]

1. — Les Ukrainiennes de *Goszczynski* et *Malczeski*, traduites par Mlle Clémence Robert. Paris, Merklein, 1835, in-8 [8 fr.].
2. — Une Famille s'il vous plaît! Paris, A. Dupont, 1837, 2 vol. in-8 [15 fr.].
3. — L'Abbé Olivier. Paris, Pastori, Wiart, et Pâris, 1839, in-8 [7 fr. 50 c.].

Une deuxième édition a été publiée dans la même année.

4. — Paris silhouettes. Paris, Louis Janet, 1840, in-8 [7 fr. 50 c.].

Poésies.

5. — René l'ouvrier. Paris, Gabriel Roux, 1841, in-8.

IIe volume de « les Enfants de l'atelier. » Voy. Michel MASSON.

6. — Amour de reine. Paris, Gabriel Roux et Olivier Cassanet, Bazouge, 1842, in-8.

Tome II des *Romans du cœur*; le tome Ier, intitulé : « la Dernière Sœur grise, » est de M. Léon GOZLAN.

7. — La Famille de Tavora. Paris, Boulé, 1843, in-8 [1 fr. 15 c.].
8. — Le Roi. Paris, G. Roux et Cassanet, Bazouge-Pigoreau, 1844, 2 vol. in-8 [15 fr.].
9. — William Shakspeare. Paris, Gabriel Roux et Cassanet, 1845, 2 vol. in-8 [15 fr.].

Publié d'abord dans « le Siècle » en 1843.

10. — La Duchesse de Chevreuse. Paris, 1845, 2 vol. in-8.

Publié d'abord dans la « Revue des feuilletons » [t. V, p. 7 et suiv.].

11. — Le Marquis de Pombal. In-8.

Publié d'abord dans « le Siècle » et dans « l'Écho des feuilletons. »

12. — La Duchesse d'York. Paris, in-8.

13. — Le Capitaine Mandrin. Paris, 2 vol. in-8 [15 fr.].

Imprimé d'abord dans « l'Écho agricole. »

14. — Le Pauvre Diable. Paris, Roux et Cassanet, 1847, 2 vol. in-8 [15 fr.].

15. — Les Quatre Sergents de la Rochelle. Paris, Havard, Maresq, 1849, in-4 [75 c.].

Collection des romans du jour illustrés.
Publié aussi en feuilletons dans le journal « la République » [nov. et déc. 1848].

On doit encore à Mme Clémence Robert : *le Marronnier royal*; *Marlborough s'en va-t-en guerre*, dans « le Siècle; » — *un Mariage dans la ville de Trente*, dans le « Keepsake Paris-Londres; » — *Anne de Mantoue*, dans « l'Écho des feuilletons; » — *Jean Goujon*; *Nicolas Poussin*, dans la « Revue des feuilletons; » — *le Trône de l'honneur*; *l'Ordre de la Cordelière*; *l'Abbaye-aux-Bois*, dans la « Bibliothèque des feuilletons; » — *les Mendiants de Paris*, dans « la Patrie, » etc. Elle a donné des articles au « Journal des femmes. »

Elle a travaillé à « le Boudoir d'une coquette » [1844, in-8]; et à « les Sensitives, album des salons » [1845, in-4].

ROBERT [Mme Gustave]. [Voy. la *France litt.*, t. VIII, p. 74.]

1. — Premières Notions pour l'enfance, suivies de jolis petits contes. Paris, Belin-Leprieur, 1839, in-8 de 180 pag.

2. — Le Tribunal secret. Paris, imp. de Boulé, 1846, in-fol. de 4 pag.

Feuilleton de « l'Esprit public. »

ROBERT [J.-B.-A.-Henri], horloger à Paris. [Voy. la *France litt.*, t. VIII, p. 75.]

1. — Description d'un nouveau pendule compensateur et d'une nouvelle lame bi-métallique pour la correction des effets de la température par les balanciers dans les chronomètres; précédé d'un rapport sur ces deux inventions. 1832, broch. in-4 avec planches [1 fr. 50 c.].

2. — Comparaison des chronomètres ou montres marines à barillet denté avec celles à fusée. Considérations démontrant, par l'expérience et le calcul, que les unes et les autres peuvent donner les longitudes en mer avec la même exactitude. Fragment d'un mémoire sur l'horlogerie de précision. Paris, imp. de Pillet aîné, 1839, in-8 de 28 pag.

3. — Un Mot sur l'école d'horlogerie de Paris. Paris, imp. de Pillet aîné, 1839, in-8 de 12 pag.

4. — L'Art de connaître les pendules et les montres ; précédé de l'*Art de conduire et de régler les pendules et les montres*, de Ferdin. Berthoud; augmenté de notes. Paris, Pillet aîné, 1841, et IIe édit., 1849, in-12 avec 4 pl. [5 fr.].

ROBERT [F.-M.-T.]. [Voy. la *France littér.*, t. VIII, p. 75.]

1. — Nouvelle Grammaire, ou Éléments de la langue française, IIe édition, revue et considérablement augmentée par l'auteur. Paris, Delloye, 1836, in-12 de 120 pag.

2. — Cours de langue française. Analyse grammaticale, suivant les principes de la dernière édition du Dictionnaire de l'Académie. Paris, Delloye, 1836, in-12 [80 c.].

3. — Syntaxe française, analyse logique, et traité de ponctuation, suivant les principes de la dernière édition de l'Académie, avec un grand nombre d'observations, etc. Paris, Delloye, 1837, in-12 de 96 pag.

4. — Traité du système légal des poids et des mesures, précédé de la nouvelle loi qui ordonne que le système métrique sera désormais suivi pour les poids et les mesures. Paris, Carilian-Gœury, 1838, in-18 de 84 pag. [40 c.].

ROBERT [du Var], ministre de l'Église française, professeur de philosophie à l'Institut historique. [Voy. la *France litt.*, t. VIII, p. 75.]

1. — Éléments de philosophie sociale, rédigés d'après les écrits de Pierre Leroux, Paris, impr. de Pollet, 1841-42, in-8.

2. — L'École du peuple, ou l'Histoire de l'émancipation graduelle de la nation française, depuis l'établissement de la monarchie jusqu'à nos jours. Paris, Renard, 1839, in-8.

3. — Histoire de la classe ouvrière, ou Histoire générale des révolutions depuis l'antiquité jusqu'à nos jours. Paris, impr. de Gratiot, 1845-49, 4 vol. in-8 avec 20 grav. [57 fr.].

Ouvrage publié en 112 livraisons, formant 28 séries.

4. — Éducation nationale, ou Explication complète du principe de la répu-

blique : liberté, égalité, fraternité. Paris, Curmer, 1848, in-8.

Citons encore : Discours sur la vérité [1836, in-8] ; — Discours sur le sacerdoce [1836, in-8] ; — Hymne à l'Éternel, dédiée à M. F.-L. Chatel, fondateur évêque primat de l'Église française [1836, in-8] ; — Discours sur le pauvre [1837, in-8] ; — Discours prononcés dans la resp∴ l∴ des Sept-Écossais réunis, à l'O∴ de Paris, sous le vénéralat du F∴ Vassal et sous celui du F∴ Bessin, président titulaire pour l'année 1838 [1838, in-8] ; — Suite des discours prononcés par le F∴ Robert (du Var) dans la respectable loge des Sept-Écossais réunis, à l'O∴ de Paris, sous la présidence du F∴ Bessin, off∴ du G∴ O∴ de France [1839, in-8] ; — Explication philosophique du premier grade symbolique, précédée de quelques considérations sur l'esprit de la franc-maçonnerie [1840, in-8] ; — Avis aux abonnés de la *Démocratie* [1844, in-8]. — On y annonce la suspension de la *Démocratie* et la publication de *Dialogues populaires*] ; — Dialogues populaires sur la doctrine de l'humanité [1844, in-8].

M. Robert est l'auteur de la *Préface* mise en tête de « le Panthéon démocratique et social, » par M. Aug. SALIÈRES.

ROBERT [J.-B.]. [Voy. la *France littér.*, t. VIII, p. 75.] — Manuel du mouleur en médailles. Toul, impr. de Mme veuve Bastien. Paris, Roret, 1843, in-18 de 144 pag. [1 fr.].

ROBERT [Arnault]. Voy. ARNAULT-ROBERT.

ROBERT [Louis-Eugène], docteur en médecine, membre de la commission scientifique du Nord.

1. — Géologie, minéralogie et botanique. Paris, Arthus-Bertrand, 1838 et années suiv., gr. in-8 avec 53 vign. sur bois, et un atlas de 36 pl. [42 fr.].

Cet ouvrage fait partie de : « Voyages en Islande et au Groënland, exécutés pendant les années 1835 et 1836, sur la corvette *la Recherche* » [7 vol. gr. in-8 avec deux atlas in-fol. et un in-8, composés de 246 pl.].

2. — Lettres sur la Russie. A Son Excellence M. de Struve. Paris, Arthus-Bertrand, 1840, in-8 [4 fr.].

3. — Géologie, minéralogie et métallurgie. Paris, Arthus-Bertrand, 1844 et années suiv., gr. in-8.

Fait partie de : « Voyages de la commission scientifique du Nord en Scandinavie, en Laponie, au Spitzberg et aux Feroë, pendant les années 1838, 1839 et 1840, sur la corvette *la Recherche* » [1844 et ann. suiv., 20 vol. gr. in-8 avec 516 pl. de in-fol.].

Il a aussi pris part à la rédaction de la 6e division de cet ouvrage, intitulée : *Botanique, géographie botanique, géographie physique, physiologie et médecine* [2 vol. gr. in-8].

4. — Histoire et Description naturelle de la commune de Meudon. Paris, Paulin, 1843, in-8 [6 fr.].

5. — Notice pittoresque et physique sur Saint-Valery-en-Caux, publiée par le Journal de Fécamp en 1843. Fécamp, impr. de Genets-Lemaître, 1843, in-12 de 40 pag.

ROBERT. — Méthode de lecture simplifiée et débarrassée de toutes les difficultés. Saint-Étienne, Gonin, 1839, in-16.

ROBERT [J.-A.]. — De la Richesse, ou Essais de ploutonomie. Paris, Dumont, 1841, in-8 [7 fr. 50 c.].

L'édition in-8, publiée par Verdière en 1829-31, intitulée : *de la Richesse, ou Essais de ploutonomie ; ouvrage dans lequel on se propose de rechercher et d'exposer les principes de cette science*, est signée Robert GUYARD. [Voy. ce dernier nom.]

On doit encore à M. J.-A. Robert : le Cataclysme et les ruines [Paris, Dumont, 1840, in-8] ; — Notes remises, sur sa demande, à la commission de la Chambre des députés chargée de l'examen du projet de loi concernant les eaux-de-vie et esprits rendus impropres à la consommation comme boisson [1845, in-8].

ROBERT [Cyprien], professeur au collège de France, né à Angers.

1. — Essai d'une philosophie de l'art, ou Introduction à l'étude des monuments chrétiens. Paris, Debécourt, 1836, in-8 [6 fr. 50 c.].

2. — Les Slaves de Turquie, Serbes, Monténégrins, Bosniaques, Albanais et Bulgares ; leurs ressources, leurs tendances et leurs progrès politiques. Paris, Passard, Labitte, 1844, 2 vol. in-8 [15 fr.].

M. Cyprien Robert a publié dans la « Revue des Deux-Mondes, » depuis 1842, une série d'articles sur le monde gréco-slave, les Bulgares, les Albanais, les Serbes, Bosniaques, le panslavisme, les mœurs des Bulgares, Albanais, Serbes, Bosniaques, Monténégrins, etc., le mouvement de l'Europe orientale, etc.

Il a donné, dans le « Bulletin de la Société industrielle d'Angers : » *Lettre sur les steppes et l'architecture de la Russie* [1842, p. 187].

Il a annoté l'ouvrage intitulé : « Révélations sur la Russie, ou l'Empereur Nicolas et son empire en 1844, » par un résident anglais, ouvrage traduit par M. NOBLET [1845, 3 vol. in-8].

ROBERT [F.], architecte et géographe à Rouen. — Département du Calvados : chemins communaux et vicinaux. Mémoire à M. le préfet et au conseil général, signalant les vices et les abus existants dans le service actuel des chemins communaux et vicinaux, avec une analyse des motifs démontrant la nécessité de créer et d'établir un voyer en chef central pour le département, etc. Rouen, impr. de Surville, 1836, pet. in-fol. de 20 pag.

ROBERT [Victor]. — Les Orages du cœur. Poésies diverses. Paris, Dentu, 1837, in-8 [4 fr.].

Ce volume contient entre autres : *le Prêtre, drame en quatre actes et en vers.*

ROBERT. — Plantes phanérogames qui croissent naturellement aux environs de Toulon. Brignolles, impr. de Perreymond-Dufort, 1838, in-8 avec une carte.

ROBERT [Alphonse], docteur en médecine de la Faculté de Paris, chirurgien de l'hôpital Beaujon, agrégé de la Faculté de Paris ; né à Marseille en 1801.

1. — Des Opérations que nécessitent les affections cancéreuses. Paris, impr. de Bourgogne, 1841, in-4.

Thèse présentée au concours pour la chaire de médecine opératoire et des appareils, et réimprimée dans la même année sous ce titre : *des Affections cancéreuses et des opérations qu'elles nécessitent* (Paris, G. Baillière, in-8 de 132 pag.].

2. — Des Anévrismes de la région sus-claviculaire. Paris, impr. de Bourgogne, 1842, in-4 avec une pl. d'anatomie chirurgicale.

Thèse présentée le 7 juin 1842 au concours pour la chaire de clinique chirurgicale, vacante à la Faculté de médecine de Paris.

3. — Des Affections granuleuses, ulcéreuses et carcinomateuses du col de l'utérus. Paris, imp. de Martinet, 1848, in-4 avec 2 pl.

4. — Traité théorique et pratique du rhumatisme, de la goutte et des maladies des nerfs. Paris, Baillière, 1840, in-8 [5 fr. 50 c.].

5. — Mémoire sur les fractures du col du fémur accompagnées de pénétration dans le tissu spongieux du trochanter. Paris, J.-B. Baillière, 1848, in-8 avec 2 pl.

Imprimé dans le t. XIII des « Mémoires de l'Académie. »

Citons encore : Mémoire sur le traitement des fractures compliquées de plaies [Répertoire d'anatomie, de physiologie et de chirurgie, 1828] ; — Sur les plaies des armes à feu [1831] ; — Examen des méthodes de traitement des fractures du col du fémur [thèse pour l'agrégation, 1833] ; — Lettre sur la fièvre miliaire, [1839, in-8] ; — Maladies fébriles de Chaumont (Haute-Marne) [1840, in-8] ; — Mémoire sur l'inflammation des follicules muqueux de la vulve [1841, in-8. — Lu à l'Académie de médecine le 2 septembre 1840] ; — Mémoire sur la nature de l'écoulement aqueux très-abondant qui accompagne certaines fractures de la base du crâne [1846, in-8].

M. Robert a lu en outre plusieurs mémoires et observations à l'Académie de médecine.

ROBERT [C.-F.]. — Manuel d'horlogerie pratique, mise à la portée de tout le monde. Paris, Desloges, 1840, in-18 avec 1 pl. [2 fr. 50 c.].

ROBERT [F.-B.].—L'Art épistolaire, ou Petit traité de la manière d'écrire les lettres. Dôle, impr. de Pillot, 1840, in-18 de 108 pag.

ROBERT [Louis-Benoît-Vincent], né à Menerbes le 22 janvier 1816.

M. Robert a publié divers articles littéraires dans *l'Écho du Rhône*, le *Messager de Vaucluse*, *l'Indicateur d'Avignon*, *l'Écho de Vaucluse*, *la Ruche d'Orange*, *l'Écho du Ventoux*, *le Magasin pittoresque*.

ROBERT [Abel], professeur au collége de Bourbon.

M. A. Robert a annoté et complété les « Éléments de la grammaire latine, » par LHOMOND [nouv. édit., Paris, Mme veuve Maire-Nyon, 1844, in-12].

ROBERT [l'abbé Jean-François], chanoine honoraire de Tours ; né à Abbeville (Somme) le 3 septembre 1797.

1. — Souvenirs d'Angleterre et considérations sur l'Église anglicane. IIe édit. Lille, Lefort, 1849, in-12.

La première édition est de 1841, in-12. Le même ouvrage *en abrégé* a été imprimé à Lille, la même année, en 2 vol. in-18.

2. — Divinité du catholicisme, démontrée à un docteur d'Oxford d'après la Bible et les Pères des premiers siècles. Paris, Hivert, 1842, in-8 [5 fr.].

3. — Sainte-Philomène, son éloge et l'abrégé de sa vie et de son culte. Lille, 1843, in-8.

4. — Le Catholicisme considéré dans ses vérités fondamentales, mis à la portée de tout le monde. Limoges, Barbou, 1844, in-8 [5 fr.].

5.—Histoire de saint Thomas Becket, archevêque de Cantorbéry et martyr. Limoges, Barbou frères, 1844, in-8 [3 fr.].

6. — Histoire de saint Paul, apôtre et martyr. Limoges, Barbou, 1846, in-12 avec une grav.

7.—Edgard, ou le Triomphe du christianisme sous Clovis, roi de France. Limoges, Barbou frères, 1848, in-12.

ROBERT [J.].—Récréations instructives sur les parties de l'enseignement. Paris, Picard fils aîné, 1841, in-18 de 108 pag.

ROBERT [Adrien].—1. 2. 3. — Avec M. *Aug. Perroux* : Trafalgar, vaudeville en un acte (1842, in-8); — la Polka enseignée sans maître (1844, in-16); — la Mazurka (1844, in-8). Voy. PERROUX.

ROBERT [J.-B.-L.], marchand de parapluies.—La Guerre, satire. Paris, impr. de Duverger, 1843, in-8 de 16 pag.

ROBERT [E.-P.]. — Mâcon, Mâcon, impr. de Chassipolet, 1843, in-8 de 4 pag.

Pièce de vers.

ROBERT [l'abbé], curé de Merck-Saint-Liévin (Pas-de-Calais, arrond. de Saint-Omer), membre de plusieurs sociétés savantes.
1. — Notice historique sur Merck-Saint-Liévin. Saint-Omer, imp. de Van-Elslandt, 1843, in-8 de 56 pag.
2. — Bibliologie locale. Notice historique sur l'ancienne ville et le comté de Fauquembergues. Saint-Omer, imp. de Van-Elslandt, 1846, in-8.
3. — Notice historique sur Avroult. Saint-Omer, impr. de Van-Elslandt, 1847, in-8 de 36 pag.

Le village de Saint-Avroult est placé sur la route de Saint-Omer à Rouen.

ROBERT [Jules], pseudonyme. Voy. CHALLAMEL [Augustin].

ROBERT [Paul], pseudonyme de L.-F. RABAN.

ROBERT [Auguste].
1.—La Réforme en Allemagne, 1521-1525 ; poëme dramatique. Paris, Comptoir des imprimeurs-unis, 1844, in-8 [7 fr. 50 c.].

En vers.

C'est une sorte de drame épique, dans lequel le poète raconte et explique à sa manière la révolution religieuse dont Luther fut le promoteur.

Voy. « le Moniteur » du 8 août 1845.

2. — Le Connétable de Bourbon (1521-1527) ; drame. Paris, Comon, 1849, in-12 [2 fr.].

En vers.

ROBERT [C.], de Metz, correspondant de la Société des antiquaires de France.—Recherches sur les monnaies des évêques de Toul. Paris, Rollin, 1844, in-4 de 68 pag. avec 4 pl. [10 fr.].

On doit aussi à M. C. Robert : Description d'une monnaie gauloise trouvée à Leworde, près Douai [1846, in-8 avec 1 pl.]; — Extrait d'une lettre adressée à l'Académie grand-ducale de Luxembourg [1849, in-8. — Sur une pièce de monnaie de Jean l'Aveugle, roi de Bohême, duc de Luxembourg. 1833].

ROBERT, ex-officier de bouche des ministres de l'intérieur et de la marine, de l'ambassadeur d'Angleterre, etc. — La Grande Cuisine simplifiée. Art de la cuisine nouvelle, mise à la portée de toutes les fortunes ; suivie de la charcuterie, de la pâtisserie, de l'office, des conserves de légumes, et précédée d'un Dictionnaire du cuisinier. Paris, Audot, 1845, in-8 avec 32 vign. dans le texte [5 fr.].

ROBERT. — Avec M. *P. Siraudin* : le Veuf du Malabar ; opéra-comique en un acte. Paris, impr. de Mme veuve Jonas, 1846, in-8 de 16 pag.

ROBERT [Etienne]. — Poésies chrétiennes. Paris, impr. de Mothon, 1847, in-8 de 16 pag.

ROBERT [Théophile].—Le Livre du républicain, ou le Droit et les devoirs du citoyen. Paris, imp. de Chassaignon, 1848, in-18 de 18 pag.

ROBERT DE BREVILLE.—Guérison radicale des rétrécissements du canal de l'urètre et des rétentions d'urine, contenant les méthodes diverses appliquées jusqu'ici au traitement de cette maladie, et l'examen, appuyé d'observations authentiques, d'un procédé nouveau, radicalement curatif de tous les rétrécissements. Paris, Lemarquière, 1832, in-8 de 36 pag. [1 fr. 50 c.].

ROBERT DE CHAMPSDENIERS [J.]. —Manuel pratique et raisonné du cordonnier-bottier, contenant, etc. Paris, impr. de Pollet, 1842, in-12 avec 4 pl.

ROBERT DE LAMENNAIS [les frères]. Voy. LAMENNAIS.

ROBERT D'HARCOURT [E.]. — De l'Eclairage au gaz. Développements sur la composition des gaz destinés à l'éclairage, sur la construction des fourneaux et des cheminées, sur la pose des tuyaux, sur les phénomènes de la lumière, etc. Paris, Carilian-Gœury et Dalmont, 1845, in-8 avec 9 pl. [7 fr. 50 c.].

ROBERT-DUMESNIL [A.-P.-F.], [Voy. la *France littér.*, t. VIII, p. 77.] —Le Peintre-graveur français, ou Catalogue raisonné des estampes gravées par les dessinateurs de l'école française. Ouvrage faisant suite au *Peintre-graveur* de M. *Bartsch*. Paris, Allouard, Gabriel Warée, Bouchard-Huzard, 1835-44, 7 vol. in-8 [42 fr.].

ROBERT-PERRÉON. Voy. PERRÉON [Robert].

ROBERTET [Jean], ancien poëte français. — Les Douze Dames de rhétorique, publiées pour la première fois d'après les manuscrits de la Bibliothèque royale, et précédées d'une Introduction, par M. *Louis Batissier*. Moulins, Desrosiers, 1837, in-4 avec un encadrement, des lettres ornées, des fleurons, etc.

ROBERTI [le P.], de la Compagnie de Jésus. — Petit Traité sur les petites vertus. Traduit de l'italien. VI° édition. Paris, Poussielgue-Rusand, 1847, in-32 [50 c.].

ROBERTS [le docteur G.], membre de la Société orientale de Paris. — De Dehli à Bombay, fragment d'un voyage dans les provinces intérieures de l'Inde en 1841. Paris, impr. de F. Didot, 1843, in-8 de 92 pag.

Publié par la Société orientale.

ROBERTSON [William], historien, orateur, chapelain ordinaire et historiographe du roi; né à Brorthwick (Ecosse) en 1721, mort en 1793. [Voy. la *France littér.*, t. VIII, p. 77.]

1. — OEuvres complètes, précédées d'une Notice, par *J.-A.-C. Buchon*. Batignolles, impr. d'Hennuyer, 1843, 2 vol. in-8 [20 fr.].

Panthéon littéraire.

2. — Histoire de Charles-Quint, précédée d'un Tableau des progrès de la société en Europe depuis la destruction de l'empire romain jusqu'au commencement du XVI° siècle. Traduction de *J.-B. Suard*. Paris, Didier, 1843, 2 vol. in-12 [7 fr.].

— Histoire de Charles-Quint, traduction de Suard, précédée du Tableau des progrès de la société en Europe, etc. Paris, Charpentier, 1843, 2 vol. in-12 [7 fr.].

Un extrait de cet ouvrage a été publié sous ce titre : Histoire de l'empereur Charles-Quint, d'après Robertson [Tours, Mame, 1838, 1843, in-12 avec 4 grav.].

3. — Histoire de l'Amérique; traduction de *J.-B. Suard* et *Morellet*. VI° édition, avec des notes de MM. de Humboldt, Bulloch, Wardes, Clavigero, Jefferson, etc., par M. *de la Roquette*. Paris, Didier, 1845, 2 vol. in-12 [7 fr.], et 2 vol. in-8 [15 fr.].

4. — A View of the progress of society in Europe, from the subversion of the roman empire to the beginning of the sixteenth century with proof and illustrations; avec des notes explicatives et des indications pour faciliter la prononciation; précédé d'une notice sur Robertson, par *A. Spiers*. Paris, Baudry, 1848, in-12 [3 fr.].

ROBERTSON [T.], professeur de langues à Paris. [Voy. la *France littér.*, t. VIII, p. 79.]

1. — Nouveau Cours pratique, analytique, théorique et synthétique de langue anglaise. Paris, Derache, 1836-48, 3 parties in-8 [12 fr.].

Chaque partie a été souvent réimprimée.

2. — Cours de littérature anglaise, ou Choix de morceaux tirés des meilleurs prosateurs contemporains. Paris, Derache, 1837, 1839, in-8 [5 fr.].

L'édition de 1837 est intitulée : *Suite au Cours de langue anglaise, ou Choix de morceaux*, etc.

3. — Dictionnaire des racines anglaises, et traité de la formation des mots. Paris, Derache, 1839, in-8 [4 fr.].

4. — Clef des exercices de conversation et de composition contenus dans le *Nouveau Cours de langue anglaise*. Paris, Derache, 1840, 1844, 1847, in-8 de 48 pag.

A été quelquefois broché avec les 2° et 3° parties du *Nouveau Cours pratique...., de la langue anglaise*.

5. — Cahier analytique de prononciation anglaise. Paris, Derache, 1841, in-8 [2 fr.].

6. — Cahier analytique de grammaire anglaise. Paris, Derache, 1843, in-8 [2 fr.].

7. — Leçons pratiques de langue anglaise, extraites du Nouveau Cours de langue anglaise. Paris, Derache, 1844, 1845, 1846, in-8 [3 fr.].

8. — Leçons élémentaires de langue espagnole, tirées de l'anglais de *A.-H. Monteith*. Paris, Derache, 1843, in-12 [1 fr. 80 c.].

Citons encore : Théorie de l'enseignement des langues, et plan d'organisation basée sur l'association du capital, du travail et du talent [1847, in-8]; — un Bourgeois aux ouvriers [1848, in-8].

ROBERTSON [miss C.]. — Exercices pratiques préparatoires au Nouveau Cours de langue anglaise de T. Robertson. Paris, Derache, 1841, in-18 [1 fr. 50 c.].

Une autre édition anonyme, publiée en 1839, porte pour titre : *Méthode Robertson, Exercices pratiques, extraits du Cours de langue anglaise* [Paris, Derache, in-12].

ROBERVAL [le vicomte Hector], pseudonyme de J.-G.-A. LUTHEREAU. [Voy. ce nom.]

ROBESPIERRE [François-Maximilien-Joseph-Isidore], député d'Arras à l'Assemblée constituante, et de Paris à la Convention nationale; né à Arras en 1759, mis à mort le 10 thermidor (28 juillet 1794). [Voy. la *France littér.*, t. VIII, p. 80.]

1. — Œuvres de Maximilien Robespierre, avec une Notice historique, des notes et des commentaires, par *Laponneraye*; précédées de considérations générales, par *Armand Carrel*. Montmartre, imp. de Worms; Paris, impr. de Blondeau, 1840-42, 3 vol. in-8 (20 fr.).

2. — Déclaration des droits de l'homme et du citoyen, formulés par Maximilien Robespierre en 1793. Paris, impr. de Mme Dondey-Dupré, 1848, in-fol. de 4 pag.

ROBIANO [l'abbé Louis-Marie-Joseph-François de Sales de], né à Bruxelles le 1er juillet 1793. [Voy. la *France littér.*, t. VIII, p. 81.]

1. — Continuation de l'Histoire de l'Eglise, par *Berault-Bercastel*, depuis 1721 jusqu'en 1830. Lyon, Périsse, 1842, 4 vol. in-8.

Ces 4 volumes forment les tomes IX à XII de l'édition de l' « Histoire de l'Église, » par BERAULT-BERCASTEL [Lyon et Paris, Périsse, 1841-42, 12 vol. in-8].

2. — Du Principe secret des artistes antiques pour la pose, les attitudes, le draper et le grouper des figures, théorie géométrique. Bruxelles, Tircher, 1847, in-8 avec un atlas in-fol.

ROBILLARD [Gustave], plus connu sous le pseudonyme **DAVRIGNY**. [Voy. ce nom.]

ROBILLARD (Mlle Henriette). — Astronomie à la portée des enfants, suivie de quelques éléments de zoologie, etc. Bernay, imp. de Mortureux, 1845, in-12 avec 3 pl.

ROBILLON [Cl.], directeur du théâtre de Versailles. [Voy. la *France litt.*, t. VIII, p. 82.] — Avec M. *H. Lefebvre:* Quarante Ans d'espoir, ou les Vœux accomplis, juin 1837; comédie-vaudeville (1837, in-8). Voy. H. LEFEBVRE.

Citons encore : Réponse à la Lettre anonyme insérée dans « la Presse » le 17 janvier courant [1838, in-4]; — Théâtre. Nouveau projet d'exploitation pour le théâtre de Versailles, présenté à l'administration de la ville [1839, in-4]; — Observations générales sur la scène lyrique. Proposition d'établir à Versailles une succursale du Conservatoire, instituée comme théâtre d'essai et école royale d'application [1842, in-4].

ROBIN [Charles], négociant de Paris.

1. — Nouveaux Renseignements à MM. les pairs de France sur la question des sucres. Paris, impr. de Dezauche, 1837, in-8 de 8 pag.

2. — Galerie des gens de lettres au XIXe siècle. Paris, Lecou et Martinon, 1848 et années suivantes, 4 vol. in-8.

3. — Histoire de la révolution française de 1848; dessins de R. de Moraine. Paris, Penaud, 1849, 2 vol. in-8 avec grav.

M. Ch. Robin a travaillé aux « Tablettes du diable » [revue mensuelle, dont le premier numéro in-16 a paru le 1er mai 1848].

ROBIN, de Nantes. — Appel aux chouans et aux brigands de la Vendée. Angers, Jayer et Geslin, an III (1795), in-8.

Sous le nom : *un républicain*.

ROBIN (Achille). [Voy. la *France littér.*, t. VIII, p. 84.] — Album artistique, consacré à l'enseignement du dessin, de la peinture et de tous les genres de coloris, paraissant le premier de chaque mois, avec texte explicatif. Paris, Desloges, 1841, in-4 de 16 pag. avec 6 lith. [1 fr.].

C'est le seul numéro qui ait été publié.

On doit en outre à M. Achille Robin : Coloris des lithographies (1837, in-12 avec 1 pl.);— Imitation des laques chinois, laques anglais, etc. (1837, in-12 avec 1 pl.]; — Nouveau Genre de dessin à la mine de plomb [1837, in-12 avec 1 pl.]; — Peinture sur papier de riz [1837, in-12 avec 1 pl.].

ROBIN [Edouard]. [Voy. la *France littér.*, t. VIII, p. 84.] — Philosophie chimique, ou Chimie expérimentale et raisonnée. IVe édition, revue, corrigée, considérablement augmentée, contenant des lois nouvelles, etc. Paris, Labé, 1844, t. Ier, in-8 avec 1 pl. et 2 tableaux [10 fr. 50 c.].

ROBIN [L.]. [Voy. la *France littér.*, t. VIII, p. 84.]—Considérations sur l'émancipation intellectuelle dans toutes les classes de la société. Moulins, imp. de Roche, 1833, in-12 [1 fr.].

ROBIN [W.].

M. W. Robin a traduit de l'anglais, avec M. J.-B. PIGNÉ : « Anatomie de la glande thymus, » par sir Astley COOPER [1832, in-8].

ROBIN [R.].—Mémoire sur le météorisme des bêtes bovines et ovines, occasionné par les prairies artificielles, et des moyens de l'éviter en les faisant paître par ces animaux. Châteauroux, imp. de Migné, 1840, in-8 de 40 pag. avec 1 pl.

ROBIN [l'abbé].

1. — Résumé de philosophie, à l'usage des aspirants au baccalauréat ès lettres. Paris, Hachette, 1840, in-12 de 108 pag.

2. — Nouveau Recueil de cantiques, à l'usage du diocèse d'Orléans. Ve édition, augmentée d'un Supplément de 42 cantiques. Orléans, imp. de Gatineau, 1843, in-18.

ROBIN [le docteur Ch.], professeur agrégé à la Faculté de médecine de Paris.

1. — Du Microscope et des injections dans leurs applications à l'anatomie et à la pathologie, suivi d'une classification des sciences fondamentales, de celles de la biologie et de l'anatomie en particulier. Paris, J.-B. Baillière, 1849, in-8 avec 4 pl. et 123 fig. intercalées dans le texte [7 fr.].

2. — Des Végétaux qui croissent sur les animaux vivants. Paris, impr. de Martinet, 1847, in-4.

Thèse de botanique pour le doctorat ès sciences naturelles, présentée le 5 juillet 1847.

— Des Végétaux qui croissent sur l'homme et sur les animaux vivants. Paris, J.-B. Baillière, 1847, in-8 avec 3 pl. [4 fr.].

ROBIN [Francis]. — Théâtre d'*Eschyle*. Nouvelle traduction en vers. Paris, Hachette, Delalain, 1846, in-12.

ROBIN [S.].—Avec M. *Félix Lebon* : De notre Législation sur les alignements (1848, in-8). Voy. LEBON.

ROBINE. — Avec M. *V. Parisot* : Essai sur les falsifications qu'on fait subir au pain (1840, in-8). Voy. PARISOT.

ROBINEAU, confiseur.

M. Robineau a revu la VIIe édition du « Confiseur moderne, » par J.-J. MACHET [1837, in-8].

ROBINEAU DE BOUGON, ancien officier du génie, ancien député, membre de la Société académique de Nantes (section d'agriculture). [Voy. la *France littér.*, t. VIII, p. 84.]

1. — Discours sur la question d'Alger. Paris, impr. de Lenormant, 1837, in-8 de 32 pag.

Chambre des députés. Séance du 25 avril 1837. Extrait du « Moniteur. »

2. — Considérations sur l'amélioration et la propagation des chevaux dans le département de la Loire-Inférieure, et projet de la création d'une race française; par M. Robineau de Bougon. Suivies d'un rapport fait, à ce sujet, à la Société académique de Nantes, au nom d'une commission spéciale, par M. *C. Mellinet*. Nantes, imp. de Mellinet, 1839, in-8 de 52 pag.

ROBINEAU-DESVOIDY [J.-B.], docteur en médecine, membre de la Société entomologique, à Saint-Sauveur-en-Puisaye. [Voy. la *France littér.*, t. VIII, p. 84.]

M. Robineau-Desvoidy a publié en 1826 un

Mémoire sur les diptères du canton de Saint-Sauveur. Il a donné, dans les « Savants étrangers de l'Académie des sciences, » un très-long *Mémoire sur les myodaires* ; et dans le tome II du « Bulletin des sciences historiques et naturelles de l'Yonne, » un *Mémoire sur les roches de Magny*. Il a fourni de nombreux mémoires aux « Annales de la Société entomologique, » etc.

ROBINET [Stéphane], pharmacien ; né le 7 décembre 1796. [Voy. la *France littér.*, t. VIII, p. 86.] — Essai sur l'affinité organique. Paris, 1826, in-8 [2 fr.].

ROBINET [Edmond]. [Voy. la *France littér.*, t. VIII, p. 86.] — L'Europe. Histoire des nations européennes. *France*. Paris, Langlois et Leclercq, 1845, 2 vol. in-12 avec 12 vign. [7 fr.]. — *Angleterre*. 1846, 2 vol. in-12 avec portraits ; — *Russie, Pologne, Suède et Norwége*. 1847, in-12.

M. Ed. Robinet a rédigé en entier le tome III du « Précis de l'histoire des Français, » de J.-C.-L. SIMONDE DE SISMONDI [1844, in-8].

ROBINET.
1. — Mémoire sur la filature de la soie. Paris, Mme Huzard, 1839, in-8 avec 7 pl. [4 fr. 50 c.].
2. — Du Mûrier, des éducations de vers à soie faites en 1840, et des expériences sur la ventilation des magnaneries. Paris, Bouchard-Huzard, 1841, in-8 avec 1 pl. [4 fr.].
3. — La Muscardine ; des causes de cette maladie et des moyens d'en préserver les vers à soie. Paris, Millet et Robinet, 1843 ; et IIe édit., 1845, in-8 [3 fr.].
4. — Manuel de l'éducateur des vers à soie. Paris, impr. de Duverger, 1848, in-8 [5 fr.].

Citons encore : Notice sur les éducations des vers à soie, faites en 1838, 1839, 1840 et 1841, dans le département de la Vienne [1839-42, 4 brochures in-8] ; — Expériences sur la ventilation des magnaneries, faites en 1839 a la magnanerie-modèle départementale de Poitiers [1840, in-8 avec 1 pl. — *IIe Mémoire*. 1841, in-8 avec 1 pl.] ; — Mémoire sur le mûrier [1841, in-8. — Extrait des « Mémoires de la Société d'agriculture »] ; — Notice sur les machines applicables à la filature et à l'appréciation de la soie, inventées par M. Robinet [1843, in-8 avec 1 pl.] ; — Procédé pour le battage des cocons, ou Moyen d'obtenir des cocons le plus de soie possible [1843, in-8] ; — Plan d'une magnanerie de douze onces (ou 300 grammes d'œufs). Extrait du cours sur l'industrie de la soie [1845, in-4 avec 2 pl.] ; — Recherches sur la production de la soie en France. Troisième mémoire. *Des races* [1845, in-8] ; — Mûrier.

Vers à soie. Soie [1846, in-8. — Instruction pour le peuple].

ROBINOT [L.-Augustin], chanoine, vicaire général à Nevers. [Voy. la *France littér.*, t. VIII, p. 86.]

M. L.-A. Robinot a traduit de l'italien, sur la IVe édition : « la Religion démontrée et défendue, » par Aless. TASSONI [1838, 4 vol. in-8 et 4 vol. in-12].

ROBINSON [le R. John], antiquaire anglais. — Antiquités grecques, ou Tableau des mœurs, usages et institutions des Grecs, dans lequel on expose tout ce qui a rapport à leur religion, gouvernement, lois, magistratures, procédures judiciaires, tactique et discipline militaires, marine, fêtes, jeux publics et particuliers, repas, spectacles, exercices, mariages, funérailles, habillements, poids et mesures, monnaies, édifices publics, maisons, jardins, agriculture, etc., etc. ; traduit de l'anglais (par MM. *Leduc* et *Buchon*). IIe édition, revue, corrigée et augmentée d'une table de matières. Paris, F. Didot, 1838, 2 vol. in-8 [12 fr.].

ROBINSON [George].
1. — Three years in the east : being the substance of a journal written during a tour and residence in Greece, Egypt, Palestine, Syria, and Turkey, in 1829, 1830, 1831 and 1832. Paris, Galignani, 1837, 2 vol. in-8 avec 8 cartes.
2. — Voyage en Palestine et en Syrie ; avec vues, cartes et plans. Traduction revue et annotée par l'auteur. Paris, Arthus-Bertrand, 1838, 2 vol. in-8 avec 20 lith. et 8 cartes [20 fr.].

ROBIQUET [F.], ingénieur en chef des ponts et chaussées. — Recherches historiques et statistiques sur la Corse. Rennes, impr. de Marteville. Paris, Carilian-Gœury, 1835, gr. in-8 avec atlas in-fol. et 3 cartes [28 fr.].

ROBLOT [Ch.].
1. — Exercices orthographiques. Paris, Maumus. 1842, in-12.
2. — La Pointe-à-Pitre, ode. Paris, impr. de Pollet, 1843, in-8 de 8 p. [50 c.].

Au profit des victimes de la Guadeloupe.

ROBY [Louis]. — Bertrand, poëme épisodique en vers français et en six chants; avec une épître à S. A. R. Mgr le prince de Joinville. Toulouse, impr. de Mme veuve Corne, 1844, in-8 de 80 pag.

Citons encore : Poëme, en trois chants, en l'honneur et à la mémoire de S. E. le cardinal de Cheverus, archevêque de Bordeaux [1837, in-8]; — Ode en l'honneur et à la gloire du mariage de S. A. R. Mgr le duc d'Orléans avec la princesse Hélène [1837, in-8]; — Poëme sur l'arrivée de Mgr l'archevêque Ferdinand Donnet, nommé à l'archiépiscopat de Bordeaux [1837, in-8]; — la Saint-Philippe. Au roi des Français [1838, in-8]; — Poëme de Constantine, en quatre chants, ou le Bouquet à S. M. Louis-Philippe Ier [1838, in-8].

ROCAMIR DE LA TORRE.—Notice des tableaux exposés dans le musée de Perpignan. Perpignan, impr. d'Alzine, 1843, in-8 de 64 pag. [1 fr.].

ROCARD [J.]. — Biographie militaire du Jura, comprenant les généraux et officiers de toutes armes, nés dans le département du Jura, qui se sont fait remarquer dans les guerres de la république et de l'empire, depuis 1791 jusqu'au licenciement de l'armée en 1815. Lons-le-Saulnier, Courbet, 1845, 2 vol. in-8.

Tome Ier : *Généraux.* — Tome II : *Officiers.*

ROCCA SERRA [Piero Francesco de]. — Epitome semejetico di pronostico mortale necessario al sacerdote ed al medico giovane, al letto di moribondo. Ajaccio, impr. de Marchi, 1838, in-8 [1 fr.].

ROCH [Eugène]. [Voy. la *France litt.*, t. VIII, p. 89.]—Etudes sur les causes des erreurs judiciaires. Affaire Donon-Cadot, ou l'Instruction d'un grand procès criminel au XIXe siècle, avec les débats et plaidoiries; suivie du *Parricide de Vouziers.* Affaire Benoist. Paris, imp. de Guiraudet, 1845, tome Ier, in-8.

M. Eugène Roch a donné, dans le « Livre des cent et un : » *le Palais-Royal* [t. Ier, p. 17]; et *le Cimetière du Père-Lachaise* [t. IV, p. 129].

ROCHAS [Léon-J.-B.].
1. — Histoire d'un cheval de troupe. Paris, Bouchard-Huzard, 1839, in-12 [2 fr. 50 c.].
2. — Hygiène vétérinaire militaire. Paris, Mme Bouchard-Huzard, 1844, in-8 [7 fr.].

ROCHAT [Louis].
1.— Petites Lettres politiques adressées à la gauche-Barrot. Paris, Dentu, 1845, in-8 de 56 pag.
2. — Essai sur la crise financière et les moyens de la faire cesser. Paris, Guillaumin, 1848, in-8 de 32 pag.

ROCHAT [A.], ministre du saint Evangile.
1. — Esquisse d'une mère chrétienne au milieu de sa famille. Accompagnée de quelques scènes villageoises édifiantes et de sept instructions bibliques données à des enfants, sur le seizième chapitre de l'Exode. Paris, Delay, 2 vol. in-12 [4 fr. 50 c.].
2. — Dieu invitant les pécheurs à se repentir et à croire, les indécis à se décider, et ceux qui savent à pratiquer. Paris, Delay, in-8 [4 fr.].
3. — Méditations sur les vingt premiers chapitres du second livre des Chroniques. Paris, Delay, 1846, in-8 avec une pl. représentant *le Camp en repos.*
4. — Sermons. Toulouse, Tartanac; Paris, Delay, 1846, in-18 [60 c.].

M. A. Rochat est l'auteur de la *Préface* mise en tête de : « Histoire de la famille Fairchild, » traduit de l'anglais par Mme Scherwood [1844, in-12].

ROCHAU [Auguste de]. [Voy. la *France littér.*, t. VIII, p. 90.]—Insuffisance de nos approvisionnements en 1840. Moyens d'en prévenir les effets. Paris, Dauvin et Fontaine, Barba, 1840, in-8 de 16 pag.

ROCHE [Mme Maria-Regina], romancière anglaise. [Voy. la *France littér.*, t. VIII, p. 90.]— Les Enfants de l'abbaye. Traduit de l'angl. par *A.-G.-G. de Labaume.* Avignon, Offray aîné, 1841, 6 vol. in-18.

La première édition est de 1797.

ROCHE [Louis-Charles], docteur en médecine, membre de l'Académie de médecine; né à Nevers le 27 juillet 1790. [Voy. la *France littér.*, t. VIII, p. 91.]—Avec MM. *Lenoir* et *Sanson :* Nouveaux éléments de pathologie médico-chirurgicale. IVe édition, 1843-44, 4 vol. in-8. Voy. Lenoir.

M. Roche, pour la *partie médicale,* M. Lenoir, pour la *partie chirurgicale,* ont revu l'ensemble de l'ouvrage, dans lequel beaucoup de chapitres ont été refaits en entier.

Citons encore : Mémoire sur le choléra-morbus épidémique observé à Paris [1832, in-8]; — Trois Lettres à M. Latour, rédacteur en chef de l'*Union médicale*, sur le choléra [1849, in-8. — Sur le degré de curabilité du choléra. Prétendues bizarreries du choléra. De la contagion du choléra] ; — Quatrième Lettre à M. Amédée Latour sur le choléra [1849, in-8. — Publiée par « l'Union médicale » en octobre 1849].

M. L.-C. Roche a rédigé, avec MM. J.-B. BOUSQUET et E. PARISET : le « Bulletin de l'Acad. royale de médecine » [1836-44, 9 vol. in-8]. Il a donné beaucoup d'articles au « Grand Dictionnaire des sciences, » à l' « Abrégé de ce dictionnaire ; » au « Journal créé pour en devenir le complément et la continuation ; » et au « Dictionnaire de médecine et de chirurgie pratiques. »

ROCHE [E.], auteur dramatique.
1. — Avec M. *de Comberousse* : l'Homme qui se cherche ; comédie-vaudeville en un acte. Paris, Beck, 1847, in-8 de 12 pag.
2. — Avec M. *Cordellier-Delanoue* : Qui dort dîne, vaudeville en un acte. Rouen, imp. de Lefèvre, 1847, in-8 de 12 pag.

On doit aussi à M. Roche, en collaboration avec MM. ANTONIN et DUMANOIR : une Spéculation ; — avec M. COMBEROUSSE : le Tireur de cartes ; la Grisette de Bordeaux ; — avec MM. COMBEROUSSE et ARAGO : les Maris vengés ; — avec M. DEFORGE : Georgine, ou la Servante du pasteur ; — avec MM. DEFORGE et LEUVEN : Esther à Saint-Cyr ; l'Alcôve ; — avec M. DUFLOT : le Nouveau Ministère ; la Mairie à l'encan ; le Bal de l'avoué ; les Trois Couchées ; les Appartements à louer ; — avec MM. ANTONIN et LEUVEN : Poëte et maçon ; — avec MM. ANTONIN et LIVRY : Madame Péterhoff ; — avec M. Max REVEL : le Chevalier de Kercaradec. Voy. ces noms.

M. E. Roche est l'un des auteurs de la « Tour de Babel ; » revue épisodique en un acte [1834, gr. in-8].

ROCHE [Jean-Pierre-Louis-Antides], ancien élève de l'Ecole polytechnique, capitaine d'artillerie, professeur de mathématiques, de physique et de chimie à l'école d'artillerie de la marine à Toulon ; né à Saint-Claude (Jura) en 1788. — Traité de balistique appliquée à l'artillerie navale. Paris, Corréard, 1841, in-8 fig. [5 fr.].

Citons encore : Démonstration nouvelle et élémentaire des formules des piles de boulets [1827] ; — Nouvelle théorie balistique [1830].

M. J.-P.-L.-A. Roche a présenté en 1823 à l'Académie des sciences : un Mémoire sur les *maxima* et les *minima* et les points singuliers des courbes ; — en 1824, deux Mémoires sur une nouvelle manière de représenter les lois du mouvement de rotation des corps, et d'en calculer toutes les circonstances ; — en 1827, un Mémoire sur la détermination de la loi suivant laquelle la force élastique de la vapeur croît avec la température.

On lui doit divers articles dans les « Annales de mathématiques, » de GERGONNE ; dans la « Correspondance mathématique et physique » des Pays-Bas ; » le « Bulletin universel, » de FÉRUSSAC, etc.

ROCHE, ancien conducteur des ponts et chaussées, géomètre-architecte à Vienne. — Quelques Mots sur la manière dont les projets de route sont étudiés par les ingénieurs de l'arrondissement de Valence. Valence, imp. de Joland, 1837, in-4 de 12 pag.

ROCHE [Léon], de Caderousse. — Poids et mesures mêlés de quelques applications mathématiques. Orange, Escoffier, 1838, in-18 avec 2 pl. [3 fr.].

ROCHE [A.].
1. — Tableau synchronique de l'histoire ancienne. Paris, Bellizard, Dufour, 1839, 4 feuilles in-plano formant un seul tableau.
2. — Histoire d'Angleterre, depuis les temps les plus reculés. Paris, impr. de Dondey-Dupré, 1840, 2 vol. in-8 [15 fr.].
3. — Les Poëtes français, recueil de morceaux choisis dans les meilleurs poëtes, depuis l'origine de la littérature française jusqu'à nos jours, avec une Notice biographique et critique sur chaque poëte. Paris, Truchy, 1844, in-12.
4. — Les Prosateurs français. Recueil de morceaux choisis dans les meilleurs prosateurs, depuis l'origine de la littérature française jusqu'à nos jours ; avec une notice biographique et critique sur chaque auteur. Paris, Truchy, 1845, in-12 [5 fr.].
5. — Avec M. *Ph. Chasles* : Histoire de France, depuis les temps les plus reculés. Paris, F. Didot, 1847, 2 vol. in-8 [15 fr.].

Le tome Ier, *Histoire de France du moyen âge*, est de M. A. Roche ; le tome II, de M. Philarète CHASLES.

ROCHE [Achille], publiciste ; né à Paris le 15 mars 1801, mort à Moulins le 14 janvier 1834. [Voy. la *Biogr. univ.*, suppl., et la *France littér.*, t. VIII, p. 92.] — Mémoires de R. Levasseur (de la Sarthe), ex-conventionnel, ornés du portrait de l'auteur. Paris, Rapilly, Levavasseur, 1829-31, 4 vol. in-8.

Le tome IV contient le procès intenté pour les deux premiers volumes.

M. Ach. Roche a travaillé au « Dictionnaire de la conversation. »

ROCHE [Germain], avocat à la cour d'appel de Paris.

1. — Avec M. *Félix Lebon* : — Recueil général des arrêts du conseil d'État, comprenant les arrêtés, décrets, arrêts et ordonnances rendus en matière contentieuse, depuis l'an VIII jusqu'en 1839, avec des annotations, etc., et une table analytique et alphabétique (1839-46, 7 vol. in-8). Voy. LEBON.

2. — Avec M. *E. Durieu*: Répertoire de l'administration et de la comptabilité des établissements de bienfaisance (1841-43, 2 vol. in-8). Voy. DURIEU.

3. — Des Moyens d'améliorer la situation des classes laborieuses. Paris, impr. de Chaix, 1848, in-4 de 4 pag.

ROCHÉ [J.-P.], docteur en médecine de la Faculté de Paris.—Histoire topographique, médicale et statistique de la ville de Breteuil et de ses environs. Breteuil, Vannier, 1845, in-8 de 56 pag.

ROCHE [L.-Aubert], ex-médecin en chef au service d'Égypte.

1. — De la Peste ou typhus d'Orient : Documents et observations recueillis pendant les années 1834 à 1838, en Égypte, en Arabie, sur la mer Rouge, en Abyssinie, à Smyrne et à Constantinople ; suivis d'un Essai sur le hachisch, etc. Paris, Just Rouvier, 1843, in-8 [5 fr. 50 c.].

Terminé par des observations météorologiques, recueillies par M. DE LESSEPS.

2. — De la Réforme des quarantaines et des lois sanitaires de la peste. Paris, Just Rouvier, 1844, in-8 [3 fr.].

On doit aussi à M. Roche : Abolition des quarantaines de l'Angleterre et de l'Autriche. Pétition à la Chambre des députés sur la réforme des quarantaines françaises [1845, in-8] ; — Question des quarantaines. Projet d'une ordonnance sur le régime et sur l'administration sanitaire en France [1845, in-8].

M. L.-A. Roche a travaillé à la « Revue de l'Orient. »

ROCHE [J.-L.-H.]. — Voyage classique en Italie et en Sicile (géographie ancienne et moderne). Toulouse, Bon et Privat, 1847, in-12 avec 1 carte.

ROCHE [F.], sous-préfet à Mamers. —Petit Traité d'agriculture pratique à l'usage des enfants et des grandes personnes. IIe édition. Mamers, impr. de Fleury, 1849, in-12 [3 fr.].

ROCHEFORT [J.-P.-J.-A. de LA-BOUISSE]. Voy. LABOUISSE - ROCHEFORT.

ROCHEFORT [de]. — Histoire naturelle et morale des îles Antilles de l'Amérique, avec un vocabulaire caraïbe. Amsterdam, 1716, in-4, fig.

Anonyme.

ROCHEFORT [Edmond], auteur dramatique. [Voy. la *France litt.*, t. VIII, p. 94.]

1. — Avec M. *Théodore* [*Maillard*] : L'Auberge du perroquet, ou la Barrière des Martyrs ; vaudeville en un acte. Paris, Barba, 1812, in-8 de 24 pag.

Sous le prénom : Edmond.

2. — Avec M. *Théodore* [*Maillard*]: Monsieur Flanelle, vaudeville en un acte. Paris, Barba, 1812, in-8 de 48 pag.

Sous le prénom : Edmond.

3. — Avec M. *G. Duval :* les Contrebandiers, ou le Vieux Gabelou, tableaux en trois actes, mêlés de vaudevilles. Paris, Quoy, 1827, in-8 [2 fr.].

4. — Avec MM. *F. Langlé* et ***** [*Dittmer et Cavé*] : les Deux Élèves, ou l'Éducation particulière ; comédie-vaudeville en un acte. Paris, A.-G. Brunet, 1827, in-8 de 36 pag. [1 fr. 50 c.].

5. — Le Bouffon d'Aigues-Mortes; macédoine en un acte à spectacle, mêlée de couplets et de danses. Paris, Marchant, 1836, in-32 [15 c.].

6. — Le Comédien de salon ; comédie - vaudeville en un acte. Paris, Barba, 1836, in-8 de 44 pag.[1 fr. 50c.].

7.—Scipion, ou le Beau-père ; comédie-vaudeville en trois actes. Paris, Nobis, 1837, in-8 de 48 pag. [40 c.].

8.—Avec M. *Georges Duval :* Werther, ou les Égarements d'un cœur sensible ; drame historique en un acte. Paris, Barba, Delloye, Bezou, 1837, in-8 de 16 pag.

9. — Avec M. *Paul Siraudin :* la Foire Saint-Laurent, ou une Représentation en 1780; comédie et arlequinade mêlée de couplets sur les airs du temps. Paris, Barba, Delloye, Bezou, 1838, in-8 de 16 pag.

10. — Avec M. *Bayard :* la Belle Tourneuse; vaudeville historique en trois actes. Paris, Henriot, 1841, in-8 de 24 pag.

On doit encore à M. E. Rochefort, en collaboration avec M. ANTIER : l'Homme des rochers ; — avec M. CARMOUCHE : la Mère Saint-Martin ; — avec M. CHAPEAU : Mon Coquin de neveu ; — avec M. DARTOIS : les Mystères de Passy ; — avec M. DUMANOIR : les Finesses de Gribouille ; la Folie-Beaujon ; — avec M. F. LANGLÉ : les Maquignons, ou le Marché aux chevaux ; — avec M. B. LOPEZ : les Pages et les poissardes, etc. Voy. ces noms.

Il est aussi l'un des auteurs de « la Tour de Babel, » revue épisodique en un acte [1834, gr. in-8].

ROCHELLE [Roux de]. Voy. ROUX DE ROCHELLE.

ROCHEMONT [Isidore de]. — Le Moyen le plus sûr ; comédie en un acte, mêlée de chant. Paris, Beck, Tresse, 1844, in-8 de 18 pag. [50 c.].

ROCHER. — Avec M. *A.-O. Peyré* : Appareil-cuisine distillatoire pour rendre, sans frais, l'eau de mer potable à bord des navires (1843, in-4). Voy. PEYRÉ.

ROCHER [J.]. — Mémoire sur l'irrigation artificielle, présenté et lu à la Société d'agriculture de Lyon. Lyon, impr. de Boursy fils, 1837, in-8 de 16 pag.

ROCHERY [Paul].

M. Paul Rochery a donné une Introduction et des Notes aux « Théories sociales et politiques, » par MABLY [1849, in-12].

Il a fourni divers articles à la « Revue du Lyonnais, » entre autres : *Critique du « Cours de littérature dramatique, » par M. Saint-Marc* GIRARDIN [t. XIX, 1844] ; — *Étude littéraire sur Charles Nodier* [t. XX, 1844], etc.

ROCHET-ATYS.

1. — Tarif des matières d'argent, ou Comptes faits à l'usage des orfèvres, bijoutiers, horlogers, et généralement de toutes les personnes qui achètent ou vendent des matières d'or et d'argent. Corbeil, impr. de Crété, 1839, in-8 de 58 pag.

Broché avec l'ouvrage suivant, de manière qu'il faut retourner le volume pour passer de l'un à l'autre. De quelque côté qu'on ouvre le livre, l'un des deux ouvrages est dans son sens, et l'autre est renversé.

2. — Tarif des matières d'or, ou Comptes faits à l'usage des orfèvres, bijoutiers, horlogers. Corbeil, imp. de Crété, 1839, in-8 de 80 pag.

— Tarif des matières d'or, ou Comptes faits en grammes, concordant avec les poids et les prix anciens. III⁰ édit. Corbeil, impr. de Crété, 1846, in-8 [2 fr. 50 c.].

3. — Livret des alliages d'or et d'argent, des ors de couleur et de leurs soudures. Corbeil, imp. de Crété, 1845, in-8 de 32 pag.

Les matières d'or ont 12 pag. ; les matières d'argent ont 20 pag.

Chaque partie a sa pagination séparée. Les deux parties sont brochées ensemble, mais en sens opposé.

ROCHET D'HÉRICOURT [C.-E.-X.], voyageur, membre de la Société de géographie de Paris, de l'Académie des sciences de Florence, et membre correspondant de la Société de médecine de Marseille.

1. — Voyage sur la côte orientale de la mer Rouge, dans le pays d'Adel et le royaume de Choa. Paris, Arth. Bertrand, 1841, in-8 avec 12 pl. lith. et une carte [16 fr.].

2. — Second Voyage sur les deux rives de la mer Rouge, dans le pays des Adels et le royaume de Choa. Paris, Arth. Bertrand, 1846, in-8 avec un atlas de 4 pag. de texte, avec 15 lith. et 1 carte [16 fr.].

M. L. REYBAUD a donné, dans la « Revue des Deux-Mondes » [1ᵉʳ juillet 1841], un article sur l'*Abyssinie méridionale*, journal inédit de M. Rochet d'Héricourt.

M. Rochet d'Héricourt a fourni des articles à la « Revue de l'Orient, » notamment dans le numéro de mai 1843 : *Nouvelles d'Abyssinie* ; — *Acquisition de Toujourra par les Anglais* ; — *Commerce des esclaves protégé par le pavillon britannique* ; — *Réception par le roi de Choa des présents du roi des Français*.

ROCHETTE [P.-R.]. — Avec M. *Demerson* [Hanin] : Voyage au mont Rose (1837, in-8). Voy. DEMERSON.

ROCHETTE [l'abbé]. — Paroissien complet, à l'usage de Paris, avec un Supplément approuvé par Mgr l'archevêque de Paris. Paris, Th. Leclerc jeune, 1839, in-18 de 72 pag.

ROCHETTE [Désiré-Raoul], érudit, membre de l'Académie des inscriptions et belles-lettres, secrétaire perpétuel de l'Académie des beaux-arts, professeur d'archéologie, et conservateur à la Bibliothèque royale, né à Saint-Amand le 9 mars 1789, mort à Paris au mois de juillet 1854. [Voy. un article de M. Paulin PARIS, dans le *Bulletin du bibliophile*, juillet et août 1854, et la *France littér.*, t. VII, p. 96.]

1. — Notice sur les médailles de Rhadaméadis, roi inconnu du Bosphore cimmérien, découvertes en Tauride en 1820. Paris, imp. de Firmin Didot, 1822, in-8 de 18 pag.

Sous le pseudonyme : J. de STEMPKOWSKI, colonel au service de Russie.

2. — Avec M. *Jules Bouchet :* Pompéi. Choix d'édifices inédits, etc. (1828 et ann. suiv., in-fol.).Voy. BOUCHET.

3. — Avec *le même* : la Villa Pia des jardins du Vatican (1837, in-fol.). Voy. BOUCHET.

4. — Tableau des catacombes de Rome, où l'on donne la description de ces cimetières sacrés, avec l'indication des principaux monuments d'antiquité chrétienne, en peinture et en sculpture, et celle des autres objets qu'on en a retirés. Paris, imp. d'Henry, 1837, in-12 [2 fr. 25 c.].

5. — Lettre à M. L. de Kleuze, sur une statue de héros attique récemment découverte à Athènes. Paris, impr. de Bourgogne, 1837, in-8 de 24 pag. avec 1 pl.

Extrait des « Nouvelles Annales publiées par la section française de l'Institut archéologique de Rome. »

6. — Exposé succinct de l'acquisition des vases de Bernay. Paris, Techener, 1838, in-8.

7. — Mémoire sur les antiquités chrétiennes des catacombes. 1839, in-4 avec fig. [15 fr.].

8. — Lettres archéologiques sur la peinture des Grecs. Ouvrage destiné à servir de supplément aux Peintures antiques du même auteur. Ire partie. Paris, Brockhaus et Avenarius, 1840, in-8 avec 2 pl. [7 fr. 50 c.].

9. — Mémoires de numismatique et d'antiquités. 1840, in-4 avec pl. [15 fr.].

10. — Notice sur deux vases d'argent du cabinet des antiques de la Bibliothèque du roi, provenant du dépôt de Bernay. Paris, impr. de Crapelet, 1840, in-8 de 24 pag. avec 4 pl.

11. — Mémoires d'archéologie comparée, asiatique, grecque et étrusque ; second Mémoire sur la croix ansée ou sur le signe qui y ressemble. In-4 [7 fr. 50 c.].

12. — Choix de peintures de Pompéi, la plupart de sujet historique, lithographiées en couleur par M. Roux, et publiées avec l'explication archéologique de chaque peinture, et une introduction sur l'histoire de la peinture chez les Grecs et chez les Romains. Paris, Imp. roy., 1844-48, 5 livraisons in-fol. avec pl.

13. — Lettre à M. Schorn. Supplément au Catalogue des artistes de l'antiquité grecque et romaine. Paris, imp. de Crapelet, 1845, in-8 [5 fr.].

14. — Rapport fait à l'Académie royale des inscriptions et belles-lettres, dans la séance du 16 mai 1845, au nom de la commission chargée d'examiner les résultats de la découverte faite près les ruines de l'ancienne Ninive. Paris, imp. de F. Didot, 1845, in-4 de 16 pag.

15. — Questions de l'histoire de l'art, discutées à l'occasion d'une inscription grecque gravée sur une lame de plomb, et trouvée dans l'intérieur d'une statue antique de bronze. Paris, imp. de Crapelet, 1846, in-8 avec 1 pl. [9 fr.].

16. — Lettre à M. P. Paris sur le projet de mettre en direction la Bibliothèque royale, ou Réponse au chapitre XVIII du rapport de M. Allard, membre de la chambre des députés, sur les crédits supplémentaires. Paris, Techener, 1847, in-8 de 24 pag.

17. — Pétition adressée à l'Assemblée nationale législative, pour demander le rétablissement de l'emploi de conservateur du cabinet des médailles et antiques de la Bibliothèque nationale, supprimé par arrêté de M. Carnot du 1er mars 1848. Paris, impr. de F. Didot, 1849, in-8 de 16 pag.

M. CARNOT a répondu à cette brochure dans « la Liberté de penser » [t. V, n° 29, p. 417].

18. — Lettre à M. Carnot sur sa Réponse à M. Raoul Rochette, insérée dans *la Liberté de penser*. Paris, imp. de F. Didot, in-8 de 30 pag.

19. — Post-scriptum à ma lettre à M. Carnot. Paris, in-8 de 36 pag.

Citons encore : Institut royal de France. Académie royale des beaux-arts. Lettre à M. le ministre de l'intérieur [1840, in-4. — La classe des beaux-arts offre de donner son avis, si on le lui demande, sur le monument à élever à Napoléon dans l'église des Invalides] ; — Rapport au ministre sur sa mission archéologique, datée de Malte, 4 septembre 1838 [Journal des Débats, 23 septembre 1838] ; — Rapport sur la propriété littéraire [1841, in-4] ; — Discours prononcé aux funérailles de M. Guénepin [1842, in-4] ; — Éloge de Chérubini [1843, in-4] ; — Discours sur Nicolas Poussin [1843, in-8] ; — Discours prononcé aux funérailles de M. Richomme [1849, in-4] ; — Discours prononcé aux funérailles de M. Garnier [1849, in-4] ; — Notice historique sur la vie et les ouvrages de M. Bidauld [1849, in-4].

M. Raoul Rochette a fourni divers morceaux aux « Mém. de l'Académie des inscriptions et belles-lettres, » notamment : *Premier Mémoire sur les antiquités chrétiennes, peintures des catacombes* [t. XIII] ; — *Observations sur le type des monnaies de Caulonia et sur celui de quelques autres médailles de la Grande-Grèce et de la Sicile, relatives au même sujet* [t. XV, in-4 avec 3 pl.] ; — *Mémoire sur les médailles siciliennes de Pyrrhus, roi d'Épire, et sur quelques inscriptions du même âge et du même pays* [ibid., in-4 avec 2 pl.] ; — *Essai sur la numismatique tarentine* [ibid., in-4 avec 6 pl.].

Il a donné, dans la « Revue de Paris, » des relations de ses voyages archéologiques en Italie ; — dans la « Revue des Deux-Mondes : » *Athènes sous le roi Othon* [1838] ; — *Percier, sa vie et ses ouvrages* [1840] ; — *Inauguration du Walhalla* [1842] ; — dans le « Plutarque français : » *Grégoire de Tours* [t. Ier] ; — dans le « Journal des savants : » un très-grand nombre d'articles et de comptes rendus sur les découvertes et les ouvrages d'archéologie, entre autres : Notice de l'ouvrage intitulé : Catalogo di scelte antichità etrusche trovate negli scavi del principe di Canino, 1828-29 [1830, in-4] ; — *Observations critiques* sur l'ouvrage de M. Maupuit : « Découvertes dans la Troade » [juin, juillet et août 1840] ; — Comptes rendus des ouvrages de MM. Hittorff et Zanth, et de M. le duc de Serra di Falco sur les antiquités de la Sicile ; — Sur les ouvrages français ou anglais de MM. Layard, Botta, Flandin, relatifs aux découvertes d'antiquités faites à Ninive ; — Sur les fouilles opérées à Cumes ; — dans « l'Institut, journal universel des sciences et des sociétés savantes en France et à l'étranger : » *Notice sur la vie et les ouvrages de Chérubini* [janvier 1844].

On lui doit encore : *Mémoire sur l'acropole d'Athènes*, lu à la séance annuelle des cinq académies, en 1845. Ses rapports annuels sur les envois de Rome et ses éloges académiques ont été reproduits dans divers journaux ou recueils, entre autres, dans « les Beaux-Arts. »

ROCHON DU VERDIER [J.-P.], notaire. — Essai sur l'institution du notariat. Paris, Thorel, 1847, in-32.

ROCHOUX [J.-A.], docteur en médecine de l'hospice de Bicêtre, membre de l'Académie de médecine, agrégé libre de la Faculté ; mort à Paris en avril 1852. [Voy. la *France litt.*, t. VIII, p. 103.]

1. — Avec MM. *Delmas, Souberbielle, Civiale* et *Velpeau* : Rapports et discussions à l'Académie royale de médecine, sur la taille et la lithotritie, suivis de lettres sur le même sujet. Paris, 1835, in-8.

2. — Épicure opposé à Descartes, ou Examen critique du cartésianisme ; mémoire envoyé au concours ouvert par l'Académie des sciences morales et politiques en 1839. Paris, Joubert, 1843, in-8 [2 fr. 50 c.].

On doit encore à M. le docteur Rochoux : *Notice sur le pian* [Journal de physiologie, 1821] ; — *Mémoire sur l'altération des humeurs dans les maladies* [Nouv. Bibl. médic., 1823] ; *Maladies avec ou par altération du sang* [Archiv. médic., 1830] ; — *des Tubercules pulmonaires* [Bullet. des sciences médic., 1829] ; — *Examen phrénologique de la tête d'un supplicié* ; — *des Systèmes en médecine, et principalement de l'humorisme, considérés dans leurs rapports avec la nosologie* [1829, in-8] ; — de l'Épicurisme et de son application [1831, in-8] ; — avec MM. Rullier, Esquirol et Reveillé-Parise : Rapport fait à l'Académie de médecine de Paris, le 24 juillet 1832, sur un mémoire de M. Fabre de Buch, intitulé : « Observations sur plusieurs maladies, » etc. [1832, in-8] ; — Sur l'Hypertrophie du cœur, considérée comme cause de l'apoplexie, et sur le système de Gall. Mémoire lu à l'Académie de médecine, le 19 avril 1836 [Extrait des « Archives générales de médecine. » — 1836, in-8] ; — Discours prononcé à l'Académie de médecine, le 16 mai 1837, dans la discussion sur la statistique médicale [1837, in-8] ; — avec MM. Bouillaud et Martin-Solon : Examen phrénologique de la tête d'un supplicié. Rapport adressé à l'Académie de médecine, dans sa séance du 4 décembre 1838 [1839, in-8] ; — Principes de philosophie naturelle appuyés sur des observations microscopiques. Mémoire lu à l'Académie de médecine [1842, in-8] ; — Notice sur la structure et sur quelques maladies du poumon [1848, in-18].

M. Rochoux a donné des articles au « Journal hebdomadaire » et au « Dictionnaire de médecine. »

ROCHOUX [Armand].

1. — Un Homme entre deux femmes. Paris, Desessart, 1836, in-8 [7 fr. 50 c.].

Sous le pseudonyme : Gustave West.

Ce roman a été reproduit par l'éditeur de Potter, sous le titre : *Louise, ou la Fille du forçat*.

2. — Le Cœur et le Code. Paris, Pougin, Legrand, 1839, in-8 [7 fr. 50 c.].

3. — Organisation du travail. Solution présente. Paris, imp. de Gratiot, 1848, in-8 de 16 pag.

ROCQUANCOURT [le commandant J.], directeur des études de l'École militaire de Saint-Cyr. [Voy. la *France littér.*, t. VIII, p. 104.]

1. — Cours élémentaire d'art et d'histoire militaires, à l'usage des élèves de l'École royale spéciale militaire. IIIe édition, revue et augmentée. Paris, Anselin et Gaultier-Laguionie, 1837-39, 4 vol. in-8 avec pl. [36 fr.].

2. — Cours complet d'art et d'histoire militaires. Ouvrage dogmatique, littéraire et philosophique, à l'usage des élèves de l'École royale spéciale mili-

taire. Paris, Gaultier-Laguionie, 1841, 4 vol. in-8 av. pl. [36 fr.].

Citons encore : Considérations sur la défense de Paris [1841, in-8] ; — Nouvel Assaut à l'enceinte projetée de Paris, ou Examen critique du rapport de M. Thiers [1841, in-8].

RODAT [A.], conseiller de préfecture, ancien député, ancien membre du conseil général de l'Aveyron, secrétaire perpétuel de la Société d'agriculture ; né en 1778, mort à Rodez en février 1846. [Voy. une Notice nécrologique dans le *Journal des Débats* du 18 février 1846.] — Le Cultivateur aveyronnais, leçons élémentaires d'agriculture pratique, et vues sur la science de l'exploration rurale. Rodez, impr. de Carrère aîné, 1839, in-8 [5 fr.].

RODELLA [Fernandez de]. — Algos. Paris, Dutertre, 1846, in-16 [5 fr.].

Contient *Algos*, récit ; — *les Ronces*, poésies ; — *la Marche funèbre de Thalberg*, nouvelle ; *César Borgia*, drame.

RODES [E.]. — Mémoire sur les eaux thermo-minérales en général, et sur celles de Bourbonne-les-Bains en particulier. Paris, impr. de Locquin, 1841, in-8 de 32 pag.

RODET [D.-L.], courtier de commerce, premier président de la chambre du commerce, maire de Saint-Cloud ; mort le 31 décembre 1852. [Voy. la *France litt.*, t. VIII, p. 105.] — Simple Exposition de la question des sucres. Paris, 1843, in-8 de 32 pag. [75 c.].

Extrait de « la Phalange. »

M. L.-D. Rodet a donné, dans la « Revue des Deux-Mondes » : *de l'Industrie manufacturière en France* [1834, t. III] ; — *les Colonies à sucre et la production indigène* [1836, t. VI] ; — *le Commerce décennal comparé*, 1827 à 1836. *France. Grande-Bretagne. États-Unis* [1838, t. XVI].

Il a travaillé au « Dictionnaire du commerce et des marchandises ; » au « Dictionnaire de la conversation et de la lecture ; » au « Journal des économistes, » et à l' « Annuaire de l'économie politique et de la statistique. »

RODET [J.-B.-C.], vétérinaire. [Voy. la *France littér.*, t. VIII, p. 105.] — De la Ferrure sous le point de vue de l'hygiène, ou de son influence sur la conservation tant des animaux que de leur aptitude au travail ; suivie des moyens d'agir sur la corne dans l'intention d'entretenir ou de rétablir les bonnes qualités des pieds des animaux. Paris, Bouchard-Huzard, 1840, in-8 avec 5 pl. [3 fr.].

M. Rodet a été l'un des collaborateurs du « Journal de médecine vétérinaire théorique et pratique, » de 1830 à 1835.

RODET [H.-J.-A.]. — Leçons de botanique élémentaire. Toulouse, imp. de Pinel, 1847, in-8 [5 fr.].

RODET [A.], chirurgien en chef de l'Antiquaille, à Lyon. — Notice historique sur l'hospice de l'Antiquaille, suivie de quelques considérations sur le service chirurgical de cet hospice et sur les réformes qu'il serait le plus urgent d'y introduire. Lyon, impr. de Nigeon, 1849, in-8 de 32 pag.

RODIER. — Les Inondations de 1840, poëme et poésies diverses. Aix, Vitalis, 1841, in-18 [2 fr.].

RODIER [Lucien]. — Essai sur la manière de reconnaître les tares d'un cheval mis en vente, ainsi que la conformation que doit avoir un cheval destiné à tel ou tel service. Montpellier, impr. de Mme veuve Ricard, 1843, in-8 de 48 pag.

RODIER [A.]. — Avec M. *A. Becquerel* : Recherches sur la composition du sang dans l'état de santé et dans l'état de maladie. Paris, impr. de Malteste, 1845, in-8.

RODIÈRE [Aimé], docteur en droit, avocat à la cour d'appel de Paris, professeur à la Faculté de droit de Toulouse.

1. — Traité sommaire des diverses parties du *Droit français*, contenant toutes les règles usuelles de législation et de jurisprudence sur le droit public, le droit privé, le droit criminel et leurs divers éléments. Paris, imp. de Dupont, 1838, in-8 [3 fr. 50 c.]. — En 1848, Delahays [50 c.].

2. — Exposition raisonnée des lois de la compétence et de la procédure en matière civile. Alby, impr. de S. Rodière, 1840-43, 3 vol. in-8 [22 fr. 50 c.].

3. — Les Saints et leur siècle, ou des Vrais Sages distingués par leurs œuvres. Toulouse, Delsol ; Paris, Radel et Goujon, 1843, in-8 [5 fr.].

4. — Éléments de procédure criminelle. Toulouse, impr. de Labouisse-Rochefort ; Paris, Joubert, 1844-45, in-8 [7 fr. 50 c.].

5. — Avec M. *Paul Pont* : Traité du contrat de mariage (1847, t. Ier, in-8). Voy. PONT.

RODILARD. — Doutes sur l'orthographe francèze (suivis d'un Avis touchant l'art de l'imprimerie qui pourra servir d'instruction à plusieurs compagnons imprimeurs et apprentis). S. l. n. d. (vers 1750), in-12 de 192 pag.

Sous l'anagramme TRILODRAD.

RODOCHS. — Recherches sur les chenilles, les vers et les insectes rampants, etc. Traduit du hollandais de *Blankaart.*. Leipsick, 1700, in-8, fig.

RODRIGUES [Eugène]. [Voy. la *France littér.*, t. VIII, p. 106.]—Lettre à Burns sur la politique et la religion. Paris, Mesnier, 1831.

On y trouve reproduite la traduction de l' « Éducation du genre humain, » de LESSING, dont la première édition avait paru en 1830.

RODRIGUES [Benjamin-Olinde], mathématicien, économiste, disciple de Saint-Simon; mort à Paris le 17 déc. 1851. [V. la *France litt.*, t. VIII, p. 106.]

1. — Avec MM. L. *Halévy* et *Bailly*: Opinions littéraires, philosophiques et industrielles (1825, in-8). Voy. HALÉVY.

2. — Poésies sociales des ouvriers, réunies et publiées par Olinde Rodrigues. Paris, Paulin, Bohaire, 1841, in-8 [5 fr.].

Les auteurs des pièces contenues dans ce volume sont : Mlle Elisa FLEURY, brodeuse; et MM. CAPLEIN, tourneur en cuivre; C. DESBEAUX, chapelier; Louis FESTEAU, horloger; GANNY, menuisier en parquet; PIRON, blancher-chamoiseur, dit Vendôme la Clef-des-Cœurs; L.-M. PONCY, ouvrier en vidanges; Michel ROLY, menuisier; J.-C. SALLER, typographe; Savinien LAPOINTE, cordonnier; Francis TOURTE, peintre en porcelaine; VINÇARD, fabricant de mesures linéaires.

On doit encore à M. B.-O. Rodrigues : Appel [brochure in-8]; — Réunion générale de la famille. Note sur le mariage et le divorce [brochure in-8]; — de l'Organisation des banques, à propos du projet de loi sur la banque de France [1840, in-8]; — les Peuples et les diplomates. La Paix ou la guerre, 18 septembre 1840 [1841, in-8]; — Projet de constitution populaire pour la république française, suivi des Projets de lois organiques sur la constitution des banques, l'association du capital et du travail, et le mariage, et de développements sur la Bourse et la crise financière, et sur les droits politiques des femmes [1848, in-8]; — Théorie des banques [1848, in-8]; — Paroles d'un mort [1848, in-8].

M. O. Rodrigues a donné des mémoires de mathématiques dans la « Correspondance de l'École polytechnique, » notamment : *Sur le mouvement de rotation des corps libres* [t. III]; — dans le « Journal des mathématiques pures et appliquées, » de LIOUVILLE : *du Développement des fonctions trigonométriques en produits de facteurs binômes* [t. VIII, 1843]; — *Note sur l'évaluation des arcs de cercle en fonction linéaire des sinus ou des tangentes de fractions de ces arcs, décroissant en progression géométrique* [idem]; — dans le « Journal des économistes, » (article *sur les banques*); — dans les « Annales, » de GERGONNE, etc.

Il a travaillé à « l'Organisateur, » au « Globe, » au « Producteur, » etc.

RODRIGUES [H.]. docteur en médecine.

1. — De la Paralysie générale chez les aliénés. Paris, 1838, in-8 [1 fr. 50 c.].

2. — De la Coction, des crises et des jours critiques. Montpellier, 1839, in-8 [2 fr. 50 c.].

3. — Nouveau Traité des rétrécissements de l'urètre et des maladies qu'ils produisent. Montpellier, 1844, in-8 [6 fr.].

RODRIGUES [Henri]. — Avec M. *E. Desmarest* : de Constantine et de la domination française en Afrique (1837, in-8). Voy. DESMAREST.

Citons encore : de la Conversion de la rente 6 pour 100 [1838, in-8].

RODRIGUEZ [le R. P. Alonzo], jésuite espagnol, écrivain ascétique; né à Valladolid en 1526, mort en 1616. [Voy. la *France litt.*, t. VIII, p. 106].

1. — Pratique de la perfection chrétienne. Ouvrage traduit de l'espagnol par l'abbé *Regnier-Desmarais*. Nouvelle édition, revue et entièrement corrigée, par l'abbé *Arnault*. Paris, impr. de Cosson, 1837, 3 vol. in-8 [12 f.].

La couverture porte : *Bibliothèque ecclésiastique*.

Citons encore les éditions suivantes : *Lyon*, Périsse, 1834, 1835, 1838, 1844, 6 vol. in-12, et 1841, 3 vol. in-8; — Lesne, 1842, 6 vol. in-12; — Pélagaud, 1848, 6 vol. in-12; — *Besançon*, Gauthier, 1835, 3 vol. in-8; — Marquiset, 1839, 3 vol. in-8 et 3 vol. in-12; — *Avignon*, Seguin ainé, 1840, 6 vol. in-18; — *Lille*, Lefort, 1842, 3 vol. in-12; — *Poitiers*, Barbier, 1843, 3 vol. in-12.

— Pratique de la perfection chrétienne. Ouvrage revu sur les meilleurs textes espagnols, par V. de *Perrodil*. Paris, 2 vol. in-12 [6 fr.].

— Traité de la perfection chrétienne. Traduction de *Regnier-Desmarais*. Édition revue et adaptée à l'usage des personnes du monde, par M. l'abbé P.-M. *Cruice*. Paris, Plon, 1848, 2 vol. in-8 [6 fr.].

Il a paru en 1839 un « Abrégé de la Pratique de la perfection chrétienne, » tiré des Œuvres du R. P. Alph. Rodriguez, par P.-J. TRICALET [Lyon, Périsse, 2 vol. in-12].

2. — Traité de l'oraison. Paris, Plon, 1848, in-8 de 96 pag. avec un tableau.

Le *Traité de l'oraison* fait partie du grand ouvrage de Rodriguez : *Pratique de la perfection chrétienne*. On a reproduit, dans ce volume, la traduction de REGNIER-DESMARAIS, en l'abrégeant et la modifiant.

ROEBUCK [le capitaine Thomas]. — The Hindoostanee interpreter, containing the rudiments of grammar, an extensive vocabulary, and a useful collection of dialogues. To which is added a naval dictionary of technical terms, and sea phrases. Second edition, revised and corrected by *William Carmichael-Smyth*, esq. Paris, impr. de Brière; Londres, Smith, Elder et comp., 1841, in-8.

RŒDERER [le comte Pierre-Louis], homme d'État, député, sénateur, pair de France, membre de l'Institut; né à Metz le 15 février 1754, mort à Paris le 18 décembre 1835. [Voy. *Vie politique du comte Rœderer*, par E.-A. BÉGIN (1832, in-8) ; — *Discours prononcé sur sa tombe*, par M. de SCHONEN (*Moniteur* du 23 décembre 1835) ; — *Sa Vie et ses travaux*, par M. MIGNET (*Revue des Deux-Mondes* du 1er janvier 1838); la *Biogr. univ.*, *suppl.*, et la *France litt.*, t. VIII, p. 108.]

1. — Mémoires sur quelques points d'économie publique, lus au Lycée en 1800 et 1801. Paris, F. Didot, Hector Bossange, 1839, in-8 [2 fr. 50 c.].

2. — Discours sur le droit de propriété, lus au Lycée les 9 décembre 1800 et 18 janvier 1801. Paris, impr. de F. Didot, 1839, in-8 de 48 pag.

On attribue à M. Rœderer : Conseils d'une mère à ses filles, 1789 (en XIV chapitres) [Paris, impr. de Rœderer et Corancez, an IV (1796), in-12 de 96 pag. — Sous les initiales W. M***, épouse de J. R***.]

On trouve dans la « Revue rétrospective : » *Correspondance de Rœderer, relative à l'établissement de la guillotine, avec l'inventeur, les constructeurs, les ministres, les procureurs généraux des départements* » [t. Ier, 2e série, p. 8-33]; — *Sa Participation à la journée du 20 juin 1790, lettres, arrêtés*, etc. [*ibid.*, 162-257]; — *Sa Participation à la journée du 10 août 1792* [*ibid.*, p. 322-376]; — *Lettres à M. Cochu pour obtenir l'expédition de ses lettres de comte* [*ibid.*, p. 476].

RŒDERER [le baron Antoine-Marie], pair de France; né à Metz le 14 mai 1782. [Voy. la *France littér.*, t. VIII, p. 110.]

1. — Des Droits d'entrée sur les produits étrangers, considérés dans leurs rapports avec les intérêts du trésor de l'État, avec ceux de la production nationale et avec ceux des consommateurs. Paris, impr. de F. Didot, 1847, in-8 de 32 pag.

2. — Affranchissement de l'industrie anglaise, dans l'intérêt de la richesse du pays, de sa puissance maritime et de sa politique. Paris, impr. de F. Didot, 1847, in-8 de 32 pag.

3. — Les Douanes et l'industrie en 1848. Dangers et nécessités. Paris, imp. de F. Didot, 1848, in-8 de 44 pag.

ROEDING [J.-H.]. — Dictionnaire de marine. Hambourg, 1794, 4 vol. in-4.

ROEHN [Auguste]. — Proposition d'enquête sur les chaussées en bois ; demande en concession de travaux. Paris, impr. de Cordier, 1844, in-8 de 16 pag.

ROEHN [Eug.]. — Avec M. *Barthélemy Lapommeraye* : Mémoire sur l'introduction en France de la race des alpacas et des lamas de l'Amérique du Sud, par la voie d'association départementale. Paris, imp. de Lacour, 1848, in-8 de 16 pag.

ROEHN [Ch.], peintre de genre, professeur de dessin au collége Louis-le-Grand. — Physiologie du commerce des arts, suivie d'un Traité sur la restauration des tableaux. Paris, Lagny, 1840, in-18 [1 fr. 75 c.].

M. Ch. Roehn a publié une nouvelle édition, augmentée de Notes, du « Voyage pittoresque de la Flandre et du Brabant, » par J.-B. DESCAMPS [1838, in-8, fig.].

ROEHRIG [F.-L.-O.].

1. — Éclaircissements sur quelques particularités des langues tatares et finnoises. Paris, Th. Barrois, 1845, in-8 de 28 pag.

2. — Spécimen des idiotismes de la langue turque. Breslau et Paris, in-8 [2 fr.].

ROELL. — Avec M. *Mollerus* : Recueil de pièces relatives à la liberté illimitée du commerce des grains. La Haye, 1823, in-8.

ROERGAS de Serviez [Jac.]. — Les Hommes illustres de Languedoc. Béziers, Barbut, 1723, pet. in-8.

Le tome Ier est le seul qui ait été publié.

ROERGAS de Serviez [Alfr.-Emm.]. — L'Aide de camp, ou l'Auteur inconnu. Souvenirs des deux mondes. Paris, Dufey et Vezard, 1832, in-8 [7 fr. 50 c.].

ROESCH [Ch.]. — De l'Abus des boissons spiritueuses, considéré sous le point de vue de la police médicale et de la médecine légale. Paris, Baillière, 1838, in-8 [3 fr. 50 c.].

ROESSINGER [F.].
1. — Fragment sur l'électricité universelle, ou Attraction mutuelle. Genève, 1830, in-8 [4 fr.].
2. — Coup d'œil physiologique et médical sur les forces vitales, et signalement de l'action des vêtements de laine contre les affections de la poitrine. Berne, 1839 in-4 [1 fr. 50 c.].

ROESSLER. — Guide pratique pour dorer et argenter toutes espèces de métaux. Traduit de l'allemand par *Mayer*. Lyon, impr. de Dumoulin, 1842, in-12 de 24 pag. avec une pl.

ROETTIERS DE MONTALEAU. — Notice historique sur l'établissement des fonderies de Romilly-sur-Andelle (Eure). Offerte par lui à ses coassociés. Paris, impr. de le Normand, 1838, in-4 de 52 pag.

ROEUS, évêque de Rhodiopolis, coadjuteur de Strasbourg; né à Sigolshein (Haut-Rhin) le 6 avril 1794. [Voy. la *Biogr. du clergé contemporain*, par un solitaire, t. IV.]
1. — Histoire des héros chrétiens pendant la révolution française. 1821.
2. — Esquisses de sermons sur les commandements de Dieu et les sacrements. Francfort, 1837-38, in-8.

On doit encore à M. Roeus : Défense de la Lettre de M. de Haller à la famille..... contre le professeur Krug, de Leipsick ; — la Doctrine catholique sur l'eucharistie constatée historiquement ; — Motifs de conversion de quelques protestants ; — un recueil intitulé : *Éloquence catholique*, qui se compose de 18 vol. in-8.

M. Roeus a publié des traductions allemandes de divers ouvrages français, tels que : « les Écoliers vertueux, » par l'abbé CARON ; — les « Projets d'instruction religieuse, » par l'abbé GUILLET ; — l' « Influence de la réforme de Luther, » par ROBELOT ; — « Essai sur l'influence de la religion en France au XIXᵉ siècle, » par PICOT ; — « Sermons, » par M. de BOULOGNE, etc.

Il a travaillé au « Catholique, » journal fondé en 1821 par le clergé du diocèse de Spire, et que la police allemande fit cesser de paraître en 1822.

ROFFIAC [le vicomte de].
1. — Avec M. *A. Rouhier* : Histoire nationale de France. Description de la famille gauloise dans ses transformations. Paris, Langlois et Leclercq, 1846, in-8 de 32 pag.

Introduction.

2. — Avec M. *Rouhier* : Histoire nationale de France. Paris, Havard, 1848, in-8.

Publication inachevée.

ROGACCI [le P.], de la compagnie de Jésus. — L'Art de traiter avec Dieu; Extrait de son ouvrage intitulé : *Unum necessarium*. Besançon, Perrenot, 1838, in-18 ; — autre édition, trad. par l'abbé P***. Besançon, Noir, 1840, 2 vol. in-18.

ROGATI.

M. Rogati a traduit en italien les « Odes » d'ANACRÉON [édition polyglotte, publiée sous la direction de J.-B. Monfalcon. — 1835, in-4].

ROGER [Jean-François], député, membre de l'Académie française; né à Langres le 17 avril 1776, mort à Paris le 1ᵉʳ mars 1842. [Voy. une notice de M. Th. MURET dans la *Quotidienne*; la *Biogr. univ.*, suppl., et la *France litt.*, t. VIII, pag. 112.] — Institut royal de France. Discours prononcés dans la séance publique tenue par l'Académie française, pour la réception de M. le comte de Saint-Aulaire, le 8 juillet 1841. Paris, impr. de F. Didot, 1841, in-4 de 44 pag.

Contient le discours de M. Roger, en réponse à celui du récipiendaire.

On doit à M. le baron Roger une *Notice biographique* jointe aux « OEuvres » de M. de FONTANES. M. Roger avait prononcé un discours, au cimetière, devant la tombe de cet académicien.

Il a donné, dans l' « Annuaire de la Société philotechnique : » *Noël. Une Vision* [1844, in-18].

ROGER [Édouard], fils de M. Roger de l'Académie française, professeur d'anglais au collège Saint-Louis.
1. — Beautés morales de *Shakspeare*. Traduction en vers français, avec le texte en regard, Paris, Paulin, 1843, in-18 [3 fr. 50 c.].
2. — Oléar, roman. Paris, Paulin, in-8.
3. — Quelques jugements sur le poème d'Oléar et autres titres littéraires de son auteur. Paris, impr. de Schneider 1845, in-8 de 28 pag.

On doit encore a M. Roger des *sommaires, appréciations littéraires* et *notes en français,* pour la Collection des nouveaux classiques grecs et latins, publiée par MM. Dezobry, E. Magdeleine et comp., notamment : EURIPIDE : « Hécube » [1842, in-12]; — ISOCRATE : « Discours à Démoniaque » [1843, in-12], etc.

ROGER [Henri], docteur en médecine, médecin du bureau central des hôpitaux, etc. — Avec M. *Barth :* Traité pratique d'ausculation, ou exposé méthodique des diverses applications de ce mode d'examen à l'état physiologique et morbide de l'économie, suivi d'un *Précis de percussion.* IIe édit., rev. et augm. Paris, Labé, 1844, in-18, [6 fr.].

La première édition, du même format, est de 1840.

M. Roger est l'auteur d'un *Rapport au ministre de l'instruction publique sur l'organisation de la médecine en Allemagne,* dans le « Moniteur » des 10, 11 et 13 janvier 1844.

Il a travaillé au « Dictionnaire de la conversation et de la lecture. »

ROGER [Victor], auteur dramatique. [Voy. la *France litt.*, t. VIII, p. 114.]

1. — Avec M. *Élie :* Deux Proscrits (1840, in-8). Voy. ÉLIE.

2. — Les Époux assortis; drame-vaudeville en deux actes. Paris, Gallet, Tresse, Vert, 1840, in-8 de 16 pag. [30 c.].

3. — Thomas l'imprimeur; drame (mêlé de chant) en trois actes. Paris, Michaud, 1843, in-8 de 28 pag. [50 c.].

4. — Avec M. *Piccaluga :* Quitte pour la peur; comédie-vaudeville en un acte. Paris, Marchant, 1848, in-8 de 12 pag. à 2 col.

5. — Avec M. *Clairville :* le Serpent de la paroisse; comédie-vaudeville en un acte. Paris, Beck, Tresse, 1848, in-8 [50 c.].

ROGER [J.-B.], avocat à Rouen. — Pratique de la garde nationale, ou Répertoire de la législation et de la jurisprudence de la cour de cassation sur cette institution, depuis 1831 jusqu'en 1837. Rouen, Brière, 1837, in-18 [2 fr.].

ROGER, ancien capitaine d'infanterie. — Protestation contre quelques actes de la procédure relative aux assassinats de Douvrend, Saint-Martin-le-Gaillard et Saint-Pierre-des-Jonquières. Rouen, impr. de N. Périaux, 1838, in-8 de 36 pag. [1 fr. 50 c.].

Tiré à 100 exemplaires.

ROGER [P.], sous-préfet de Ploërmel et membre de la Société des antiquaires de Picardie.

1. — Archives historiques de l'Albigeois et du pays castrais. Albi, Rodière, 1841, gr. in-8 avec 8 grav. tirées à part et 40 vignettes ou culs-de-lampe [12 fr.].

2. — Archives historiques et ecclésiastiques de la Picardie et de l'Artois. Amiens, Duval, 1842-43, 2 vol. in-8 avec 90 dessins sur bois [12 fr.].

Cette édition illustrée reproduit les principaux monuments des deux provinces, cathédrales, collégiales, abbayes, hôtels de ville, beffrois et châteaux.

Voy. des comptes rendus dans la « Gazette de Picardie, » « le Glaneur d'Amiens, » le « Journal de la Somme, » le « Journal d'Abbeville, » le « Courrier du Pas-de-Calais, » « le Progrès d'Arras, » le « Courrier de Saint-Quentin, » la « Gazette de Flandre et d'Artois. »

3. — Noblesse et chevalerie du comté de Flandre, d'Artois et de Picardie. Amiens, impr. de Duval et Herment, 1844, gr. in-8, avec 11 pl. gr. tirées à part et 50 dessins sur bois [15 fr.].

Sommaire du livre. Origine de la noblesse. Chevalerie. Mœurs féodales. — Blasons, devises et cris de guerre. — Tournois, joutes et passes d'armes. — Chevaliers du comté de Flandre, d'Artois et de Picardie, qui prirent part aux croisades. — Le châtelain de Coucy et la dame de Fayel. — Bataille de Bouvines. — Chevaliers qui assistèrent à la dédicace de l'église d'Arrouaise, en Artois. — Siège du château d'Oisy. — Bataille de Courtrai. — Journée de Saint-Omer. — Bataille de Rosebecque. — Bataille d'Azincourt. — Bataille de Mons-en-Vimeu. — Tombeaux et mausolées de seigneurs et chevaliers. — Notices historiques sur les familles nobles de Flandre, d'Artois et de Picardie. — Gentilshommes de Picardie et d'Artois qui signèrent la sainte Ligue au château d'Applaincourt. — Catalogue armorial des maisons nobles de Picardie maintenues par les intendants Bignon et de Bernage. — Catalogue analytique des lettres de noblesse ou de chevalerie, et des lettres portant érection de terres en principautés, duchés, marquisats, comtés et baronnies, consignées dans les registres de l'élection d'Artois. — Titres d'honneur de la noblesse du comté de Flandre, des pays d'Artois et de Picardie. — Chartes et documents divers.

La « Gazette de Flandre et d'Artois, » le « Courrier du Pas-de-Calais » et la « Gazette de Picardie, » ont publié des comptes rendus de cet ouvrage.

4. — Avec MM. d'*Allonville,* d'*Hauteclocque* et *H. Dusevel :* Bibliothèque historique, monumentale, ecclésiastique et littéraire de la Picardie et de l'Artois. Paris, Dumoulin, 1844, in-8 avec 14 pl. [15 fr.].

5. — La Noblesse de France aux croisades. Paris, Derache, Dumoulin, 1845, gr. in-8, fig. [20 fr.].

6. — Nobiliaire de France. Paris, Dumoulin, 1847, in-8 avec illustrations [20 fr.].

M. Roger est l'auteur d'une Carte historique et ecclésiastique de la Picardie et de l'Artois.

ROGER [le comte], député du Nord. — Lettre à M. le ministre des travaux publics. Paris, impr. de Lacrampe, 1842, in-8 de 56 pag. avec carte.

Chemins de fer, ligne du Nord.

ROGER [J.-L.], dit *le Bonhomme*, ancien typographe.

1. — Livret de comptabilité des gens d'ordre, pour chacun des jours et mois de l'année bissextile 1844. Paris, Boucquin, 1843, in-12 de 120 pag.; et in-12 de 60 pag.

2. — Cartes à piquer, pour comptes doubles, inventées et exécutées par Roger (J.-L.). Paris, Mme veuve Stahl, 1849, in-8 de 2 pag. avec une couverture explicative [10 c.].

Comptabilité double.
Le service des cartes est analogue à celui des tailles de boulanger.

ROGER. — Principes d'escrime. Paris, impr. de René, 1843, in-8 de 16 pag.

ROGER. — Avec MM. *Ozaneaux* et *Ebling*: Nouveau Dictionnaire français-grec (1847, in-8). Voy. OZANEAUX.

ROGER [Florimond], dit HERVÉ. — Don Quichotte et Sancho Pança, tableau grotesque en un acte, paroles et musique. Paris, Beck, 1848, in-8 [50 c.].

Théâtre de l'Opéra-National.

ROGER. — Thèses de mécanique et d'astronomie présentées à la faculté des sciences de Paris, le 1er juillet 1847. Paris, Bachelier, 1848, in-8 de 80 pag.

ROGER [A.]. — Un Mot sur la question des offices ministériels. Caen, impr. de Bonneserre, 1849, in-8 de 32 pag.

ROGER [Mme Virginie]. — Essai poétique. Paris, impr. de Bureau, 1849, in-8 de 4 pag.

Trois pièces : *la Jeune Fille malade ;* — *la Rose*, romance ; — *l'Exilé*.

ROGER [F.].

1. — Réforme hypothécaire. De la Publicité des hypothèques légales. Paris, impr. de Bailly, 1846, in-8 de 24 pag.

2. — Traité de la saisie-arrêt. Paris, Delamotte, 1837, in-8 [7 fr.].

ROGER DE BEAUVOIR. Voy. BEAUVOIR [E. Roger de].

ROGER DE BLAMONT. — Bibliothèque infernale. Rinaldo Rinaldini, chef de brigands. Traduction nouvelle par M. Roger de Blamont. Paris, S. Sandré, 1846, 2 vol. in-8 [15 fr.].

ROGERS [Samuel], poëte anglais. [Voy. la *France littér.*, t. VIII, p. 115.] — Italy, a poem. Paris, Baudry, 1840, in-18 [5 fr.].

ROGERS [Jasper-W.], ingénieur chimiste. — Précis théorique, pratique et industriel de l'emploi de la tourbe, et plus particulièrement de sa propriété d'opérer une désinfection prompte et illimitée ; suivi d'un résumé des opinions de la presse anglaise sur ce sujet. Paris, impr. de Simon Dautreville, 1849, in-8 de 32 pag.

ROGERS [William], docteur en médecine reçu à Edimbourg, dentiste. Chacun connaît le grand laquais vert et jaune qui se promène sur les boulevards, harnaché d'une sorte de gibecière façon portefeuille de ministre, sur laquelle se trouve gravé le nom de M. William Rogers. Il appartenait à notre époque, qui a si bien perfectionné l'annonce, d'inventer le *laquais-affiche*.

1. — Esquisses sur les dents osanores. Paris, impr. d'Appert, 1844, in-18 de 18 pag.

2. — L'Encyclopédie du dentiste, ou Répertoire général de toutes les connaissances médico-chirurgicales sur l'anatomie et la pathologie des dents, etc. ; précédé de l'Histoire du dentiste chez les anciens, etc. Paris, J.-B. Baillière, 1845, in-8 avec 3 pl. [7 fr. 50 c.].

3. — Manuel d'hygiène dentaire. Saint-Denis-du-Port, impr. de Giroux, 1846, in-12 avec 1 portrait [3 fr.]. — En 1848, Delahays [65 c.].

4. — Dictionnaire des sciences dentaires, suivi d'un Dictionnaire de bibliographie dentaire. Paris, G. Baillière, 1846, in-12 [5 fr.].

Une deuxième édition a été publiée en 1847 sous ce titre : *Dictionnaire des sciences dentaires, ou Répertoire général de toutes les con-*

naissances nécessaires au dentiste [Paris, Krabbe, in-8, 10 fr.].

ROGET, baron DE BELLOGUET, ancien officier de cavalerie, député de la Moselle pendant les cent-jours.

1. — Questions bourguignonnes ou mémoire critique sur l'origine et les migrations des anciens Bourguignons, etc., avec deux cartes. Dijon, 1846, in-8.

Ouvrage honoré d'une médaille d'or de l'Institut, en 1847.

2. — Carte du premier royaume de Bourgogne avec un commentaire sur l'étendue et les frontières de cet État, d'après les vingt-cinq signatures épiscopales du concile d'Epaone en 517. Dijon, impr. de Frantin, 1849, in-8 avec 1 carte.

Complément des *Questions bourguignonnes* [Extrait des « Mémoires de l'Académie des sciences, arts et belles-lettres de Dijon, » années 1847-1848].

ROGIER [Auguste].—Des Lois de la vie organique, ou Raison des phénomènes par lesquels elle se manifeste. Paris, impr. de Schneider, 1844-45, 2 vol. in-12.

ROGNETTA [F.], docteur en médecine, reçu à Naples en 1828, autorisé à exercer en France en 1832.

1. — Remarques nouvelles sur l'extension permanente appliquée aux fractures très-obliques du col du fémur. Paris, 1833, in-8 [1 fr. 25 c.].

2. — Remarques sur les vertus thérapeutiques de la belladone et en particulier sur l'emploi de cette substance dans le traitement des maladies de l'œil. In-8 [1 fr. 25 c.].

3. — Cours d'ophthalmologie, ou Traité complet des maladies de l'œil, professé publiquement à l'école pratique de médecine de Paris. Paris, Labé, 1839, in-8 [6 fr.].

4. — Nouvelle Méthode de traitement de l'empoisonnement par l'arsenic, et documents médico-légaux sur cet empoisonnement, suivis de la déposition de M. Raspail devant la cour d'assises de Dijon. Paris, Gardenbas, 1840, in-8 de 144 pag. [2 fr. 50 c.].

5. — Avec M. *Fournier-Deschamps*: Mémoire sur l'extirpation de l'astragale (1843, in-8). Voy. FOURNIER-DESCHAMPS.

6. — Traité philosophique et clinique d'ophthalmologie, basé sur les principes de la thérapeutique dynamique. Paris, Lacour, Just-Rouvier, 1844, in-8 [9 fr.].

M. Rognetta a traduit de l'italien, avec M. MOJON : « Traité philosophique et expérimental de matière médicale et de thérapeutique, » par GIACOMINI [1842, in-8].

Il a publié : *Annales de thérapeutique médicale et chirurgicale, et de toxicologie* [le premier numéro (in-8 de 32 pag.) a paru le 1er avril 1843].

Il a donné de nombreux articles à la « Gazette médicale » et à la « Gazette des hôpitaux. »

ROGNIAT [le vicomte Joseph], lieutenant général du génie, pair de France, membre de l'Académie des sciences; né à Saint-Priest le 13 novembre 1776, mort le 9 mai 1840. [Voy. la *Biogr. des hommes du jour*, la *Biogr. univ.*, suppl. et la *France littér.*, t. VIII, p. 116.]

1. — Mémoire sur l'armement des places. Paris, Fain, 1826, in-8 [12 fr.].

Extrait du 8e numéro du « Mémorial de l'officier du génie. »

2. — Mémoire sur l'emploi des petites armes dans la défense des places. Paris, Fain, 1827, in-8 [12 fr.].

On doit encore à M. le général Rogniat : de la Colonisation en Algérie, et des fortifications propres à garantir les colons des invasions des tribus africaines [1840, in-8]; — Réponse à l'auteur de l'ouvrage intitulé : « du Projet de fortifier Paris, ou Examen d'un système général de défense » [1840, in-8]; — A l'auteur de la « Réponse aux observations du général Rogniat, sur les fortifications de Paris » [1840, in-8]; — Opinion sur la question de l'Algérie, à l'occasion des crédits supplémentaires [1840, in-8]. Le général Rogniat est mort avant d'avoir prononcé ce discours (qu'il avait écrit).

M. le général Rogniat a fait à l'Académie des sciences un *Rapport* sur l'ouvrage intitulé : « Campagne d'Allemagne en 1800, » par le général de CARRION-NISAS. [Voy. le « Moniteur » du 14 février 1830.]

ROGNIAT [Alexis], ancien chef de bataillon, neveu du général Rogniat. [Voy. la *France littér.*, t. VIII, p. 116.]

— L'Italie conquise, ou Napoléon au champ de Marengo; poëme en treize chants. Paris, Delaunay, 1837, 2 vol. in-18 [4 fr.].

Sous l'anagramme A. NORGIAT.

ROGNIAT aîné [J.-Bapt.], ancien préfet; né à Saint-Priest, en Dauphiné, le 3 mai 1771, mort à Fontainebleau le 31 août 1845. [Voy. la *Biogr. univ.*, suppl.]

1. — Sixième Livre de l'Énéide, traduit en vers français. Paris, impr. de Gros, 1839, in-8 de 62 pag.

2. — Essai d'une philosophie sans système, ou d'inductions philosophiques d'après des faits généraux et non contestés. Paris, Hachette, 1839, 2 vol. in-8 [15 fr.].

3. — Opuscules philosophiques et religieux, faisant suite à divers chapitres de l'*Essai de philosophie sans système*. Paris, Hachette, 1840, 4 brochures in-8 [4 fr.].

4. — Principes élémentaires de la vraie logique, à substituer aux traités de logique enseignés dans les écoles. Paris, Delaunay, Marc-Aurel, Treuttel et Würtz, 1841, in-8 [3 fr.].

5. — Programme d'un cours d'instruction tertiaire à détacher de l'instruction secondaire actuelle, lorsque l'enseignement public, libre de droit, sera libre de fait. Fontainebleau, l'Huillier; Paris, Dentu, Hachette, 1842, in-8 [3 fr.].

6. — Série d'articles présentés au corps législatif pour la défense de la liberté de l'enseignement contre le monopole de l'Université, avant et pendant la discussion de la loi à intervenir sur cette matière. Paris, Bohaire, Marc-Aurel, Hachette, 1843-44, 5 cahiers in-8 [1 fr. 25 c.].

ROGRON [J.-A.], avocat aux conseils du roi et à la cour de cassation, secrétaire en chef du parquet de la même cour. [Voy. la *France littér.*, t. VIII, p. 116.]

1. — Codes français, expliqués (au nombre de dix) par leurs motifs, par des exemples et par la jurisprudence, avec la solution, sous chaque article, des difficultés, ainsi que des principales questions que présente le texte, la définition des termes de droit, et la reproduction des motifs de tous les arrêts-principes, suivis de formulaires. Paris, Thorel, Videcoq, 1835-38, gr. in-8 à deux col. [35 fr.].

— Les mêmes. Paris, Thorel, Videcoq, 1836-49, 8 vol. in-18 [62 fr.].

On vend séparément : *Code civil* [XIVe édit., 1849, 1 vol., 9 fr.]; — *Code de procédure* [VIIe édit., 1844, 1 vol., 9 fr.]; — *Code de commerce* [VIIe édit., 1844, 1 vol., 7 fr.]; — *Code d'instruction criminelle et Code pénal* [IIIe édit., 1839-40, 2 vol., 15 fr.]; — *Codes forestier et de la pêche fluviale* [1836, 1 vol., 8 fr.]; — *Code politique* [1843, 1 vol., 6 fr.]; — *Code rural* [1848, 1 vol., 8 fr.].

2. — Code pénal, expliqué par ses motifs, par des exemples et par la jurisprudence. IIIe édition, augmentée du texte des arrêts-principes. Paris, Videcoq, Thorel, 1840, in-4 [35 fr.].

3. — Code de la chasse, expliqué par ses motifs, par des exemples et par la jurisprudence, avec la solution, sous chaque article, des difficultés, etc. Paris, Videcoq père et fils, Thorel, 1846, in-12 [4 fr.].

4. — Codes forestier et de la pêche fluviale. IIIe édit., corrigée et augmentée des arrêts-principes rendus jusqu'à ce jour. Paris, Thorel, Videcoq père et fils, 1847, in-8.

5. — Avec MM. *Larmina*, *Chibon*, *Faure* et *Barre* : Étude du crédit hypothécaire. Statuts d'une banque immobilière pour le département de la Seine, avec émission de coupons d'obligations, échangeables contre du numéraire par la banque, et portant intérêt sans cours forcé. Vaugirard, impr. de Moncheny, 1849, in-8 de 44 pag.

M. Rogron a travaillé au « Dictionnaire de la conversation et de la lecture. »

ROGUET [le vicomte], officier général, pair de France, membre de la Société des antiquaires de France.

1. — Des Lignes de circonvallation et de contrevallation. Paris, Corréard, 1832, in-8 de 160 pag. avec 10 pl. [4 fr.].

2. — De la Vendée militaire, par *un officier supérieur*. Livres 1 et 2 avec appendices. Paris, Corréard, 1834, in-8 avec cartes et plans [8 fr.].

3. — Essai théorique sur les guerres d'insurrection, ou Suite à la Vendée militaire. Paris, Corréard, 1836, in-8 [7 fr. 50 c.].

4. — L'Officier d'infanterie en campagne, ou Application de la fortification à la petite guerre. Paris, Dumaine, 1846, in-8 [5 fr.].

Citons encore : de l'Emploi de l'armée dans les grands travaux publics [brochure in-8]; — Expériences sur le pétard, faites à Metz [1838, in-8 avec 1 pl.]; — Note sur le camp romain nommé *le Pain de munition*, près d'Aix, en Provence [Mém. de la Soc. des antiq. de France, t. IX, p. 384].

M. le général Roguet est l'auteur du premier numéro de la « Collection des tableaux polytechniques,» publiés par Carilian-Gœury et Dalmont [1847, in-plano].

Il a travaillé au « Journal des sciences militaires. »

ROGUET [Charles], professeur de physique.

1. — Éléments de physique. Paris, Dupont, 1838, 1839, 1847, in-18 avec 7 pl. [3 fr. 75 c.].

2. — Avec M. *Gerono* : Programme détaillé des connaissances mathématiques exigées pour l'admission aux Écoles polytechnique, navale, militaire, forestière, contenant, etc. (1840, et IIIe édit., 1846, in-8). Voy. GERONO.

ROHAULT. — avec MM. *Huzard* et *d'Arcet* : Rapport intitulé : Recherches sur l'enlèvement et l'emploi des chevaux morts et la nécessité d'établir un clos central d'équarrissage. Paris, Bachelier, 1827, in-4.

ROHAULT fils [Ch.], architecte du Muséum d'histoire naturelle, ancien élève de l'École polytechnique. — Muséum d'histoire naturelle. Serres chaudes, galerie de minéralogie, etc. Paris, impr. de F. Didot, 1837, in-fol. avec 15 pl. [30 fr.].

M. Ch. Rohault a travaillé aux « Annales des ponts et chaussées. »

ROHAUT [Mme la comtesse de].

Mme de Rohaut a traduit de l'anglais : « Nouvelles protestantes, » par miss Grace KENNEDY [1844, 2 vol. in-18]; — « l'Amnistie, ou le Duc d'Albe dans les Flandres, histoire du XVIe siècle » [1844, 2 vol. in-18].

ROHLWES. — Avec M. *J. Burger et autres* : Cours complet d'agriculture pratique (1836, gr. in-8). Voy. BURGER.

ROHMER [J.].

M. J. Rohmer a revu et augmenté la IIIe édition du « Manuel entomologique pour la classification des lépidoptères de France, » par M. l'abbé LALANNE [1840, in-8].

ROHR. — La Judée au temps de Jésus-Christ. Ouvrage traduit de l'allemand, par *L.-M. Cottard*. Strasbourg, Derivaux; Paris, Ladrange, 1840, in-12 de 168 pag.

ROHRBACHER [l'abbé], supérieur des missionnaires du diocèse de Nancy, membre de la Société asiatique de Paris, de la Société des sciences, lettres et arts de Nancy, docteur de l'université catholique de Louvain, professeur directeur au grand séminaire de Nancy. [Voy. la *France littér.*, t. VIII, p. 119.]

1. — Catéchisme du sens commun. Paris, 1825, in-12, et IIe édit., 1826, in-18.

2. — Motifs qui ont ramené à l'Église catholique un grand nombre de protestants. IIe édit., revue et augmentée. Paris, 1841, 2 vol. in-18 [2 fr. 50 c.].

3. — Tableau général des principales conversions qui ont eu lieu parmi les protestants depuis le commencement du XIXe siècle. IIe édit., revue, refondue et considérablement augmentée. Paris, 2 vol. in-18 [2 fr. 50 c.].

4. — De la Grâce et de la nature, avec un discours sur la grâce, suivi des propositions condamnées par l'Église relativement à cette matière. Besançon et Paris, Outhenin-Chalandre fils, 1838, in-8 [1 fr. 80 c.].

5. — Des Rapports naturels entre les deux puissances d'après la tradition universelle, suivi du discours de réception de l'auteur à la Société des sciences, lettres et arts de Nancy. Besançon et Paris, Outhenin-Chalandre, 1838, 2 vol. in-8 [11 fr. 50 c.].

6. — Histoire universelle de l'Église catholique. Paris, Gaume, 1842-49, 29 vol. in-8 [170 fr.].

Le tome XXIX contient la table générale et alphabétique des principales matières contenues dans l'ouvrage.

Voy., sur ce livre, des « Observations critiques, » par M. Marc JUSTAMOND [1847, in-8]; et des articles par M. CAILLAU, auxquels M. Rohrbacher a répondu par une brochure intitulée : *Observations à M. l'abbé Caillau sur ses douze articles de critique, concernant l'Histoire universelle de l'Église catholique* [1849, in-8].

7. — Nouvelles Pièces justificatives des trois premiers volumes de l'*Histoire universelle de l'Église catholique*, avec une déclaration de l'auteur. Nancy, impr. de Dard, 1845, in-8 de 36 pag.

Ces pièces font partie du tome XXI.

Citons encore : Sermon prononcé le vendredi saint, 15 avril 1838, dans l'église de Lunéville et dans la cathédrale de Nancy; suivi de la Lettre d'un israélite de Lunéville [1838, in-8. — Discours sur la divinité du christianisme]; — Phénomènes historiques du Xe siècle [1842, in-8. — Notice sur Roswith, née vers 940, nommée aussi Hrosvite et Hroswithe].

Sous l'initiale R, M. Rohrbacher a fait paraitre : *Quelques Observations respectueuses aux adversaires de M. de Lamennais;* — *Lettre à M. l'abbé de Lamennais;* — *Nouvelles Observations respectueuses aux adversaires de M. de Lamennais,* au sujet du tome II de l' « Essai sur l'indifférence en matière de religion. »

Il a donné, dans les « Mémoires de la Société royale des sciences, lettres et arts de Nancy : » *des Rapports actuels de la science avec la foi* [1836-1837]; — *Anecdotes sur Marc-Aurèle* [1838].

M. Rohrbacher a dirigé la publication des « Éléments de grammaire hébraïque, » rédigés par des élèves du séminaire de Nancy [Metz, impr. de Mayer Samuel; Paris, Gaume, 1843, in-8]; et celle de : « le Monopole universitaire dévoilé à la France libérale et à la France catholique; les doctrines, les institutions de l'Église et le sacerdoce enfin justifiés devant l'opinion du pays; » par une société d'ecclésiastiques, sous la présidence de M. l'abbé Rohrbacher [Nancy, Raybois; Paris, Myot, 1840, in-8].

ROISARD, vicaire général de Troyes. — Manuel du Sacré-Cœur, ou recueil de pratiques pieuses. Troyes, Bouquot, 1841, in-12.

On doit encore à M. Roisard : le Chemin de la croix, avec les pratiques de cette dévotion. Extrait du *Manuel du Sacré-Cœur* [1841, in-18]; — Oraison funèbre prononcée au service solennel célébré en l'église cathédrale de Troyes, le 21 mars 1842, pour les obsèques de Mgr Étienne-Antoine de Boulogne, archevêque-évêque de Troyes, pair de France [1842, in-8.— M. de Boulogne, mort le 13 mai 1825, avait été enterré au cimetière du mont Valérien, près Paris. Les travaux des fortifications de Paris ayant exigé la destruction de ce cimetière, les chanoines de Troyes demandèrent que le corps de leur ancien évêque dont ils possédaient déjà le cœur, leur fût donné. L'exhumation eut lieu le 11, et le corps arriva à Troyes le 14 mars 1842]; — Oraison funèbre de Mgr l'illustrissime et révérendissime Jacques-Louis-David de Seguin des Hons, évêque de Troyes [1843, in-8].

ROISIN [le baron Ferdinand de], correspondant du ministère de l'instruction publique, pour les travaux historiques, à Bonn (Prusse).—Franchises, lois et coutumes de la ville de Lille, ancien manuscrit contenant un grand nombre de chartes et de titres historiques concernant la Flandre, publié avec des notes et un glossaire, par *Brun-Lavaine.* Lille, Wanackère, 1842, gr. in-4 [20 fr.]. — *Paris, Dumoulin.*

Citons encore : Styles architectoniques germano-roman et de transition au moyen Rhin [in-8 de 24 pag.]; — la Cathédrale de Cologne, notice archéologique sur les restaurations et les travaux exécutés, en voie d'exécution ou projetés pour l'achèvement intégral du monument [1845, in-8]; — le Congrès archéologique de France à Trèves, en 1846 [1846, in-8 avec grav. sur bois].

M. F. de Roisin a donné un *Résumé analytique* de l'ouvrage intitulé : « der Lex salica, under lex Anglorum et Werniorum, » etc., de Hermann MULLER [Francfort, 1830, in-8].

Il a traduit de l'allemand et annoté, de Ferdinand DIEZ : « Essai sur les cours d'amour » [1842, in-8]; — « Poésie des troubadours » [1845, in-8]; — et de SCHMIDT : « Romans en prose des cycles de la Table ronde et de Charlemagne » [1844, in-8. — Extrait des « Mémoires de la Soc. des antiq. de la Morinie »].

Il a fourni des renseignements archéologiques au Comité des arts et monuments.

ROISSARD [l'abbé]. [Voy. la *France littér.*, t. VIII, p. 119.] — La Consolation du chrétien, ou Motifs de la confiance en Dieu dans les diverses circonstances de la vie. Nouvelles éditions. Lyon et Paris, Périsse, 1843, 1846, 1847, in-12 [1 fr. 60 c.].

ROISSELET DE SAUCLIÈRES fils.
1. — Histoire du protestantisme en France jusqu'à nos jours, précédée de l'histoire des hérésies de Wiclef, de Jean Hus et de Luther. Nîmes, impr. de Mme veuve Gaude. Lyon, Pélagaud; Paris, A. Philippe, Dumoulin, 1836-40, 4 vol. in-8.

Le tome Ier est intitulé : *Histoire du protestantisme en France, et principalement à Nîmes, dans le bas Languedoc;* précédée de la *Réfutation* d'un libelle de M. E.-B.-D. FROSSARD, pasteur à Nîmes, intitulé : « Événements de Nîmes, depuis le 27 juillet 1830 jusqu'au 2 septembre suivant. »

L'ouvrage que l'auteur annonçait à la fin du tome II a paru sous ce titre : *Luther et M. de Chateaubriand, ou l'Église catholique faussement accusée d'avoir favorisé la polygamie* [1838, in-8].

Un Supplément au IIIe volume a été publié en 1839, avec une pagination particulière [Lyon, impr. de Pélagaud, in-8 de 104 pag.].

2. — Coup d'œil sur l'histoire du calvinisme en France et sur l'esprit politique de cette secte; contenant une dissertation sur le massacre de la Saint-Barthélemy et sur la conjuration d'Amboise; un précis de l'histoire du wicléfisme en Angleterre et du hussisme en Bohême; une exposition des causes qui ont donné naissance au luthéranisme en Saxe et au calvinisme en France; une notice sur les principaux massacres commis par les calvinistes de Nîmes en 1562-1567-1790 et durant les cent-jours; enfin l'édit de Nantes rendu par Henri IV en faveur des calvinistes, et le règlement de l'assemblée de la Rochelle, en 1621, pour l'établissement d'une république en France. Paris, Mellier, 1844, in-8 [6 fr.].

Un essai, fragment ou spécimen a été publié dans la même année [Lille, impr. de Cailleaux-Lecoq, in-8 de 120 pag.].

3. — Histoire chronologique et litté-

raire des conciles de la chrétienté, depuis le concile de Jérusalem, tenu par les apôtres l'an 50, jusqu'au dernier concile de nos jours; contenant les décrets des conciles, l'examen et la critique de leurs actes, ou la preuve de leur authenticité, tirée des auteurs contemporains; la définition des hérésies anathématisées; l'exposition du dogme et l'explication de la discipline, d'après les décrets des papes et des conciles, les Pères de l'Église et les écrivains sacrés et profanes; et la critique ou la preuve des faits douteux, dogmatiques et historiques. Paris, Mellier, 1844, 6 vol. in-8 [30 fr.].

Trois volumes sont en vente.

4. — Histoire de la révolution française, précédée d'un aperçu historique sur les règnes de Louis XV et de Louis XVI. Paris, Pillet aîné, Garnier frères, 1849, in-8 [6 fr.].

5. — Les Rouges au ban de la France. Revue non périodique de la presse démocratique et sociale. Paris, Garnier frères, 1849, gr. in-12.

M. Roisselet de Sauclières a publié, avec des *Notes historiques* : « Dissertation sur la journée de la Saint-Barthélemy, » par l'abbé NOVY DE CAVEYRAC [1842, in-16].

ROISSY. — avec M. E. *Knecht* : le Petit Manuel du lithographe (1832, in-4). Voy. KNECHT.

ROLAND [Hippolyte], auteur dramatique. [Voy. la *France littér.*, t. VIII, pag. 120.] — La Double Leçon; comédie-vaudeville en un acte. Bagnères, impr. de Dossun, 1843, in-8 de 48 pag.

Représentée sur le théâtre de Tarbes, le 29 décembre 1842.

ROLAND [Étienne]. [Voy. la *France littér.*, t. VIII, pag. 121.] — Méthode militaire d'enseignement primaire; adoptée pour l'armée, en 1840, par M. le ministre de la guerre. Paris, impr. de Ducessois, 1842, in-8 avec 7 tableaux [4 fr.].

Citons encore : Salle d'asile. Instruction primaire. Méthode Roland. Troisième tableau, approuvé par M. Ozaneaux, recteur de l'Académie de Toulouse [1836, in-plano]; — Tableaux de lecture de M. Roland, suivis d'un exercice de lecture, d'après sa méthode [1839, in-8]; — Syllabaire de E. Roland [1842, in-8].

ROLAND [P.].

1. — Histoire de France abrégée, pour l'enseignement des deux sexes, depuis les temps les plus reculés jusqu'à nos jours; précédée d'un Avant-propos, par M. *Félix Bodin*. Paris, Lecointe et Pougin, 1835, in-12 [4 fr.].

2. — Précis d'histoire d'Angleterre, d'Écosse et d'Irlande, ou Histoire du royaume-uni de la Grande-Bretagne depuis les temps les plus reculés jusqu'à nos jours. Paris, F. Didot, 1844, in-12 [4 fr. 50 c.].

ROLAND [Charles-Alexandre], né à Cadenet vers 1800.

1. — Cadenet historique et pittoresque. Paris, Mercklein, 1838, t. Ier, 1838, in-18 avec une lith. [4 fr.].

2. — Récit du voyage de Louis-Philippe, par un gamin de Paris. Paris, impr. de Dupont, 1848, in-8 de 8 pag.

— Cette brochure contient : *Aventures d'un perdreau*, en vers; *Maximes, aphorismes, pensées*, en vers et en prose; l'*Occasion*; le *Récit du voyage de Louis-Philippe*, qui est une chanson en 15 couplets.

M. Roland a publié, dans le « Musée des familles : » *la Chevelure chez les Gaulois* [1835]; — un *Voyage chez les Gaulois* [1836]; un *Mariage franc* [1837]; — une *Campagne des Francs* [1839].

ROLAND [Alfred], élève du conservatoire de musique religieuse de Bagnères-de-Bigorre (Hautes-Pyrénées). — Premier Recueil religieux, pastoral et national des chants montagnards favoris, exécutés à la cour de tous les souverains de l'Europe, etc., par les quarante montagnards français, etc. Paris, impr. de Guiraudet, 1847, in-8 de 32 pag. [50 c.].

Les paroles et la musique sont de M. Alfred Roland.

La LVIIIe édit., publiée en 1848, et plusieurs autres, portent pour titre : *le Ménestrel des Pyrénées et du Midi. Premier Recueil religieux*, etc.

ROLAND, ancien boulanger. — Observations sur l'application de la mécanique à la boulangerie. Nouveau pétrisseur mécanique. Falsification des farines par la fécule de pomme de terre; moyen de la reconnaître. Moyen d'apprécier les qualités panifiables de la farine du froment. Aleuromètre. Paris, impr. de Mme Bouchard-Huzard, 1848, in-4 de 36 pag.

Extrait du Bulletin de la Société d'encouragement pour l'industrie nationale.

ROLAND [Mme Pauline], romancière, écrivain politique, transportée en Algéerie après les événements de décembre 1851, puis graciée; morte à Lyon le 29 décembre 1852. — Histoire d'Angleterre, depuis les temps les plus reculés jusqu'à nos jours. Paris, Desessart, 1837, 2 vol. in-12 [5 fr.].

Mme Pauline Roland a travaillé au « Supplément au Dictionnaire de la conversation, » auquel elle a donné, entre autres : *Décalogue du dieu du goût* [t. XII, p. 270]; — à la « Revue indépendante, » à laquelle elle a fourni notamment des articles sur les *écrivains anglais;* — au « Journal des demoiselles; » — à « l'Éclaireur, journal hebdomadaire; » — à l' « Almanach des associations ouvrières pour 1850, » etc.

ROLAND DE BUSSY [Th.], directeur de l'imprimerie du gouvernement à Alger.

1. — L'Idiome d'Alger, dictionnaire français-arabe et arabe-français, précédé de principes grammaticaux de cette langue. Alger, Brachet et Bastide, 1839, in-8 [9 fr.].

2. — Petit Vocabulaire français-arabe [idiome d'Alger], IVe édition. Alger, Brachet et Bastide, in-32 [3 fr.].

ROLAND DE LA PLATIÈRE [Manon-Jeanne PHLIPON, dame], née à Paris en 1754, morte le 8 novembre 1793. [Voy. une notice par M. BERVILLE, dans la *Galerie des contemporains*; et la *France littér.*, t. VIII, pag. 123.]

1. — Mémoires de madame Roland, avec une notice sur sa vie, des notes et des éclaircissements historiques, par MM. *Berville* et *Barrière*. IIIe édit. Paris, Baudouin frères, 1827, 2 vol. in-8 [12 fr.].

— Mémoires de madame Roland. Nouvelle édition, revue sur les textes originaux, avec notes et éclaircissements, par *J. Ravenel*, et précédée d'une Notice historique. Paris, Durand, 1841, 2 vol. in-8 [7 fr.].

— Mémoires particuliers de Mme Rolland (sic), suivis des notices historiques sur la révolution, du portrait et anecdotes et des derniers écrits et dernières pensées par la même; avant-propos et notes par M. *F. Barrière*. Paris, F. Didot, 1847; in-18 anglais [3 fr.].

Bibliothèque des Mémoires relatifs à l'histoire de France pendant le XVIIIe siècle, t. VIII.

On trouve dans la « Revue rétrospective » des *Lettres* de Mme Roland *à Bancal des Issarts*, comprenant les années 1790 et 1791; elles font connaître en détail la situation d'esprit et les sentiments successifs que Mme Roland n'a que légèrement indiqués dans ses Mémoires.

2. — Lettres inédites de Mlle Phlipon, madame Roland, adressées aux demoiselles Cannet, de 1772 à 1780; publiées par *Auguste Breuil*. Paris, Coquebert, 1840, 2 vol. in-8 [15 fr.].

Voy. un article de M. SAINTE-BEUVE dans la « Revue des Deux-Mondes, » du 15 novembre 1840.

ROLET DE BELLERUE [Louis]. — La Chute de Rome et les invasions du Ve siècle. Paris, Debécourt, 1843, 2 vol. in-8 [14 fr.].

ROLIN [G.]. — Mémoires sur quelques monnaies lorraines inédites du XIe et du XIIe siècle. Nancy, impr. d'Hinzelin, 1841, in-8 avec 3 pl. [3 fr. 50 c.].

Une autre édition in-12, publiée en 1847, est intitulée : *le Bon Conseiller des affaires.*

ROLLAND [J.-F.], ancien imprimeur-libraire à Lyon. [Voy. la *France littér.*, t. VIII, pag. 124.]

1. — Conseils pour former une bibliothèque, ou Catalogue raisonné de tous les bons ouvrages qui peuvent entrer dans une bibliothèque chrétienne. Lyon, J.-F. Rolland, 1833-43, 3 vol. in-8.

2. — Nouveau Vocabulaire, ou Dictionnaire portatif de la langue française, avec la prononciation à côté de chaque mot, contenant, etc. XIVe édit., revue par M. *A. P****. Lyon, Périsse, 1840, in-8.

3. — Francis; drame en deux actes et quatre tableaux. Angers, impr. de Cosnier, 1845, in-8 de 16 pag.

ROLLAND [l'abbé]. [Voy. la *France littér.*, t. VIII, pag. 126.]

1. — *Fénelon*. Morceaux choisis, ou Recueil de ce que ce grand écrivain offre de plus remarquable sous le rapport de la pensée et du style. Avignon, Peyré, 1840, in-18; — Nouvelle édition revue et augmentée. Paris, J. Delalain, 1845, in-18 [1 fr.].

2. — *Bossuet*. Morceaux choisis, ou Recueil de ce que ce grand écrivain offre de plus remarquable sous le rapport de la pensée et du style. IIIe édit., revue et augmentée. Paris, J. Delalain, 1845, in-12 [1 fr. 50 c.].

3. — *Massillon*. Morceaux choisis, ou Recueil de ce que ce grand écrivain offre de plus remarquable sous le rapport de la pensée et du style. IVe édit., revue

et augm. Paris, J. Delalain, 1846, in-12 [1 fr. 50 c.].

Suivi du Discours de réception à l'Académie française.

4. — *Buffon*. Morceaux choisis, ou Recueil de ce que ce grand écrivain offre de plus remarquable sous le rapport de la pensée et du style. Nouv. édit. Paris, J. Delalain, 1846, 1849, in-12 [1 fr. 50 c.].

ROLLAND [Benj.]. [Voy. la *France littér.*, t. VIII, pag. 126.]
— Cours élémentaire de commerce. Lyon, impr. de Rossary, 1836, in-8.
— Cours élémentaire de commerce; livre 7º. *Tenue des livres*. Lyon, impr. lith. de Brunet, 1838, in-4.
— Cours élémentaire d'études commerciales. Lyon, impr. lith. de Brunet, 1842, in-fol. de 30 pag.

Le fils aîné de M. Rolland a pris part à la rédaction de ce cours.

ROLLAND [P.-C.-N.].—Garde à vous, rentiers et ministres! Remarques et réflexions sur le projet de conversion et de remboursement de la rente cinq pour cent, et contre-projet. Paris, impr. de Mme Delacombe, 1838, in-8 de 32 pag.

ROLLAND [Antoine].
1. — Statistique générale. Système métrique décimal appliqué à toutes les nations. Nîmes, Ballivet, 1834, in-8.
2. — Tableaux de réduction des mesures nouvelles avec les anciennes en usage à Nîmes. Lyon, impr. de Brunet, 1838, in-4 de 24 pag. — IIe édit. 1842, in-4 de 28 pag.

ROLLAND [Alexandre].
1. — La Mort du duc d'Orléans, ode. Paris, Tresse, 1842, in-8 de 32 pag.
3. — Egmont; tragédie en cinq actes. Paris, Tresse, 1847, in-8 de 96 pag. [3 fr.].

ROLLAND [F.], de Roquemaure. Napoléon, poëme. Paris, Furne, 1842, in-8.

En 24 chants.

ROLLAND [Léon].— Les Bains et les jeux. Promenade sur le Rhin. Paris, impr. de Mme Delacombe, 1844, in-12 de 48 pag. [60 c.].

ROLLAND [Amédée]. — Matutina. Poésies. Paris, impr. de Gratiot, 1847, in-18 de 108 pag.

ROLLAND DE LA PLATIÈRE [Mme]. Voy. ROLAND.

ROLLAND DE VILLARGUES [Jean-Joseph-François], conseiller à la cour d'appel de Paris; né à Beaumont en 1787. [Voy. la *France littér.*, t. VIII, p. 126.] — Répertoire de la jurisprudence et du notariat, par une réunion de magistrats, de jurisconsultes, de notaires et de chefs de l'administration de l'enregistrement, sous la direction de M. Rolland de Villargues. IIe édit., revue, corrigée et considérablement augmentée. Paris, impr. de Gros, 1840-45, 9 vol. in-8.

ROLLAND DU ROQUAN [Oscar].
— Description des coquilles fossiles de la famille des rudistes qui se trouvent dans le terrain crétacé des Corbières (Aude). Carcassonne, Pomiès-Gardel, 1841, in-4 avec 8 pl. [9 fr.].— *Paris, Fortin, Masson et Comp.*

ROLLE [Jules], né à Paris vers 1807. [Voy. la *France littér.*, t. VIII, p. 127.] — Poésies élégiaques. Paris, impr. de Mme Porthmann, 1839, in-8 de 84 pag.

ROLLET [N.-J.-F.]. [Voy. la *France littér.*, t. VIII, p. 127].
1. — L'Alliance de la médecine avec les sciences et les arts. Paris, 1840, in-8 [1 fr..]
2. — De la Méningite cérébro-rachidienne et de l'encéphaloméningite épidémiques. Nancy, impr. de Raybois, 1842, in-8. -- Nouvelle édit. Nancy, impr. de Raybois. Paris, J.-B. Baillière, 1844, in-8 [2 fr. 50 c.].

M. Rollet a fourni un article au tome X des «Mémoires de l'Académie de médecine.»

ROLLET.— Nouveau Tarif pour la réduction du bois carré en mètres cubes, depuis huit centimètres cubes jusqu'à soixante-dix centimètres d'équarrissage, et tables de conversion pour le bois en grume. Paris, Renard, 1839, in-12 [4 fr.].

ROLLET [F.]. — Comptabilité légale et pratique des propriétaires e principaux locataires, indiquant, etc.

Paris, impr. lith. de Labbé, 1839, in-fol.

<small>La couverture et le titre sont de l'imprimerie de Chassaignon.</small>

ROLLET [Augustin], directeur des subsistances de la marine. — Mémoire sur la meunerie, la boulangerie, et la conservation des grains et des farines, contenant une description complète des procédés, machines et appareils appliqués jusqu'à nos jours, et plus particulièrement dans les diverses usines de France, d'Angleterre, d'Irlande, de Belgique, de Hollande, etc.; précédé de considérations sur le commerce des blés en Europe. Paris, Carilian-Gœury, 1847, in-4 avec 15 pl. et un tableau, plus un atlas in-fol. de 4 pag. et de 62 pl. [90 fr.].

ROLLET, de Lyon.

1. — Recueil de poésies démocratiques et sociales. Lyon, impr. de Mme veuve Ayné, 1849, in-8 de 36 pag.

2. — Les Campagnards républicains, ou les Deux Époques. Conférences villageoises. Lyon, impr. de Rey-Sezanne, 1849, in-8 de 48 pag.

<small>Sous le titre de Variétés, cet écrit comprend: *Procédé pour guérir de la chlorose toutes les productions végétales*, et *Ode à la pauvreté*.</small>

ROLLET [Patrice]. — Avec M. *Saint-Genez* : de l'Assistance publique, son passé, son organisation actuelle. Bases sur lesquelles il conviendrait de l'asseoir à l'avenir. Paris, Guillaumin, 1849, in-8 [1 fr. 50 c.].

<small>M. Rollet a donné des articles à la « Revue des Deux-Mondes. »</small>

ROLLIN [Charles], recteur de l'Université de Paris, né à Paris le 30 janvier 1661, mort le 14 septembre 1741. [Voy. la *France littér.*, t. VIII, p. 128.]

1. — Œuvres complètes de Rollin, avec notes et éclaircissements sur les sciences, les arts, l'industrie et le commerce des anciens, par *Emile Bérès*. Paris, Martinon, Chamerot, Hachette, 1835-41, 7 vol. gr. in-8 à deux col. avec atlas, par A.-H. Dufour, album antique, par A. Lenoir, 90 planches [70 fr.].

<small>L'ouvrage est distribué ainsi : *Histoire ancienne* [3 vol. avec cartes et album, 43 pl. et texte explicatif]; — *Histoire romaine* [3 vol. avec cartes et album, 46 pl. et texte explicatif]; — *Traité des études* [1 vol. avec le portrait de Rollin].</small>

2. — Histoire ancienne, accompagnée d'observations et d'éclaircissements historiques, par M. *Letronne*, IIe édition, revue et enrichie d'observations nouvelles. Paris, F. Didot, 1846-49, 10 vol. in-12 [30 fr.].

3. — Traité des études. Nouvelle édition, revue par M. *Letronne* et accompagnée des remarques de *Crevier*. Paris, F. Didot, 1846, 3 vol. in-12 [9 fr.].

— Traité des études. Nouvelle édition, précédée d'un éloge par M. *Villemain*, imprimée sur l'édition de la veuve Étienne. Paris, Didier, 1845, 2 vol. in-8 [18 fr.].

<small>Plusieurs extraits du *Traité des études* ont été publiés sous les titres suivants : Nouvel Abrégé du *Traité des études*, accompagné de notes et d'observations littéraires, historiques, morales, etc., etc., par J.-S.-J.-F. BOINVILLIERS, et précédé de l'Éloge de Rollin [Paris, A. Delalain, 1827, in-12]; — de l'Étude de la langue française, de la manière dont on peut expliquer les auteurs français [Paris, J. Delalain, 1844, in-12]; — du Gouvernement intérieur des collèges et des classes [Paris, J. Delalain, 1845, in-12].</small>

ROLLIN [Anthelme]. Voy. la *France littér.*, t. VIII, p. 130.] — Le Cardinal-roi. Lyon, impr. de Rey, 1842, et Paris, Desforges, 1843, 2 vol. in-8 [15 fr.].

<small>Dédié à P.-J. de Béranger.
Le *cardinal-roi* est Richelieu.</small>

ROLLIN [l'abbé]. — Oraison funèbre de Mgr. J.-F. Besson, évêque de Metz. Metz, impr. de Collignon, 1842, in-8 de 32 pag.

<small>Jacques-François Besson, né à Seyssel le 12 septembre 1756, est mort le 23 juillet 1842.</small>

ROLLIN [E.]. — Avec M. *A. de Marincourt* : le Bon Guide en affaires, ou Traité de législation pratique à l'usage des négociants, des industriels, etc. Paris, impr. de Bonaventure, 1848, in-12 [2 fr. 25 c.].

ROLOT. — Avec M. *de Sivry* : Précis historique de Saint-Germain en Laye, contenant l'abrégé des faits remarquables qui s'y sont passés depuis les premiers temps de la monarchie jusqu'à nos jours; précédé de notices préliminaires sur la forêt, le château vieux, et annuaire statistique présentant un coup d'œil sur la situation actuelle de la ville, etc., par l'éditeur. Saint-Germain en Laye, Beau, 1848, in-12 avec 14 vign.

ROLS [P.]. — Réflexions sur l'homœopathie. Mémoire présenté à la Société royale de médecine de Bordeaux, et inséré dans le recueil des travaux de cette Société, année 1836, n. 24. Castres, imp. de Vidal aîné, 1837, in-8 de 28 pag.

ROLY [Michel], menuisier.

Quelques pièces de *Poésie* de M. Roly ont paru dans les « Poésies sociales des ouvriers, » réimprimées et publiées par Olinde RODRIGUES [1841, in-8].

ROMAGNÉSI [A.], compositeur de musique. — L'Art de chanter les romances, les chansonnettes et les nocturnes, et généralement toute la musique de salon, accompagné de quelques exercices de vocalisation, et suivi de dix romances pour servir d'application aux principes de la méthode. Paris, impr. de Duverger, 1846, in-8 de 32 pag. avec 24 pages de musique [5 fr.].

2. — La Psychologie du chant. Méthode abrégée de l'art de chanter, contenant des exercices de vocalisation et de mélodie de genres différents, pour servir d'application aux principes de la méthode. Paris, impr. de Duverger, 1846, in-8 avec 22 pag. de musique [5 fr.].

M. A. Romagnési a dirigé « l'Abeille musicale, » journal de chant, avec accompagnement soit de guitare, soit de piano (journal mensuel qui a commencé à paraître au mois d'octobre 1828].

ROMAIN, auteur dramatique, ancien bibliothécaire de la ville de Nantes, employé au ministère des travaux publics, dont le nom véritable est CHAPELAIN [Romain].

1. — Avec M. *Duport*: les Deux Sœurs de charité (1831, in-8). Voy. DUPORT.

2. — Avec MM. *Dennery et Piestre*: le Roman comique (1846, in-8). Voy. PIESTRE.

M. Romain a fait représenter sur le théâtre de Nantes, le 15 novembre 1819, en collaboration avec M. H.-J. DEMOLIÈRE : *le Connaisseur*; comédie en trois actes et en vers. Cette pièce ne paraît pas avoir été imprimée.

ROMAIN [Jules].

1. — La Paix ou la Guerre, choisissez! Aux signataires du traité de Londres du 15 juillet 1840. Paris, Dentu, 1840, in-32 [1 fr. 50 c.].

2. — Le Véritable État de la question d'Orient. Paris, Ledoyen, 1840, in-32.

D'après M. Quérard (Apocr., IV, p. 145), Jules Romain serait le pseudonyme de Jules GIRETTE, ancien secrétaire de M. de Mackau, ministre de la marine, et qui a publié dans la « Revue des Deux-Mondes, » en juin 1850, un article sur l'état de notre marine.

ROMAIN [Harou]. Voy. HAROU-ROMAIN.

ROMAIN [R.]. — Notice sur la culture du mûrier pour l'éducation des vers à soie, dans le nord de la France. Laon, Lecointe, 1839, in-8 de 40 pag.

ROMAINE [William], ministre anglican. — Christ tout en tous, pensées pieuses, extraites des ouvrages du révérend William Romaine, traduites de l'anglais et précédées d'une Notice sur sa vie, par le traducteur des Pensées d'Adam, etc. Paris, Delay, 1840, in-32.

ROMAINVILLE [C.-D.]. — A quoi bon le grec et le latin dans l'enseignement public? Paris, Dentu, Durand, l'Ecureux, 1845, in-8 de 16 pag. [75 c.].

ROMAN [J.-P.], de Volvent (Drôme). — Essai sur Saurin; thèse présentée à la faculté de théologie de Strasbourg, et soutenue publiquement le jeudi 11 août 1836, pour obtenir le grade de bachelier en théologie. Strasbourg, impr. de Silbermann, 1836, in-4 de 46 pag.

ROMAN [Paulin], de Lourmarin (Vaucluse). — Essai historique sur les Vaudois de Provence; thèse présentée à la faculté de théologie protestante de Strasbourg, et soutenue publiquement le mercredi 10 juillet 1829, pour obtenir le grade de bachelier en théologie. Strasbourg, impr. de Levrault, 1839, in-4 de 66 pag.

ROMAND [Hippolyte], auteur dramatique. [Voy. la *France littér.*, t. VIII, p. 134.]

1. — Le Bourgeois de Gand, ou le Secrétaire du duc d'Albe; drame en cinq actes et en prose. Paris, Barba, Delloye, Bezou, 1838, in-8 de 44 pag., y compris une préface.

2. — Le Dernier Marquis, drame en cinq actes et en prose. Paris, Ch. Tresse, 1842, in-8 de 40 pag.

3. — Catherine II, tragédie en cinq

actes. Paris, Tresse, 1844, in-8 de 30 pag. [1 fr.].

M. H. Romand est l'auteur de l'*Histoire de la vie et des ouvrages de lord Byron*, précédant ses « OEuvres complètes » [1837, gr. in-8]; et d'une *Notice sur les ouvrages et la vie de Mlle Louise Ozenne*, précédant ses « Mélanges critiques et littéraires » [1843, in-8].

Il a donné, dans la « Revue des Deux-Mondes: » *Poëtes et romanciers modernes de la France* [1834, t. Ier. 3e série].

ROMAND [le baron Gustave de]. — De l'État des partis en France; IIe édition. Paris, Chatet, 1839, in-8 de 144 pag. [2 fr. 50 c.].

La première édition est de la même année [in-8 de 64 pag.].

Citons encore : Lettre à M. le vicomte de Chateaubriand. Les royalistes aux élections de 1837 [1837, in-8]; — Crise morale et politique de la France [1841, in-8]; — M. de Lamartine et M. Berryer. Fragment politique [1841, in-8]; — Vues sur les élections de 1842 [1842, in-8].

ROMAND [de]. — Tableau de l'Asile supérieur des hyménoptères. Paris, Baillière, 1839, in-4 de 10 pag., avec une pl.

Impression lithographique.

ROMANET [le vicomte A. de]. — Des Pensions viagères pour les vieillards des classes ouvrières, et des diverses institutions de prévoyance qui existent déjà en France et en Angleterre. Paris, J. Renouard, 1846, in-12 [1 fr. 50 c.].

On doit encore à M. de Romanet : des Moyens de faire concourir à l'approvisionnement de Paris et des autres grandes villes de la France les bestiaux de petite race, qui, jusqu'à ce jour, en ont été exclus, et de faire ainsi diminuer le prix de la viande de boucherie dans la capitale. Pétition adressée aux chambres [1841, in-8]; — la Question des sucres, considérée sous le point de vue fiscal [1841, in-8]; — Deuxième Lettre sur le chemin de fer projeté d'Orléans à Vierzon [1842, in-8]; — la Loi des sucres et le budget de 1844 [1843, in-8]; — Rapport fait au comité central pour la défense du travail national (au nom de la commission des sucres) [1843, in-8]; — Observations sur le projet de loi relatif à la police des chemins de fer [1844, in-8]; — Question des douanes. De la Protection en matière d'industrie et des réformes de sir Robert Peel [1845, in-8. — Une seconde édition a été publiée dans la même année]; — le Sésame considéré sous les points de vue maritime, commercial, agricole et industriel [1845, in-8]; — du Recrutement de l'armée et du remplacement militaire [1849, in-8. — Extrait de « l'Opinion publique » des 1er mars et 2 avril 1849]; — Concours ouvert par la Société d'économie charitable sur la question des subsistances [1849, in-8].

ROANI [Félix], poëte dramatique italien. [Voy. la *France littér.*, t. VIII, p. 134.]

1. — La Somnambule ; grand opéra (seria) italien, en deux actes, musique de Bellini. Montpellier, Jullien, 1836, in-12 [50 c.].

2. — Parisina; mélodrame en trois actes, musique de M. Gaétan Donizetti. Paris, impr. de Lange-Lévy, 1838, in-8 de 64 pag.

Une traduction française est en regard du texte.

3. — L'Étrangère; tragédie lyrique en deux actes, musique de V. Bellini, traduite en français par M***; représentée à Lyon, le 22 décembre 1837, par les artistes de la troupe dirigée par M. Pellizzari. Lyon, Bertaud, 1838, in-12 [1 fr.].

Le texte italien est en regard.

4. — Norma; grand opéra en trois actes et quatre tableaux, musique de Bellini. Traduit de l'italien, par *P. Luchetti*. Lyon, Bertaud, 1838, in-12 [1 fr.].

Indiquons aussi les éditions suivantes : Strasbourg, impr. de Silbermann, 1838, in-12; — Nimes, Durand-Belle, 1840, in-8; — Rouen, impr. de Brière, 1841, in-8; — Paris, impr. de Lange-Lévy, 1842, in-8, etc.

5. — L'Élixir d'amour; mélodrame comique en deux actes, musique de M. Donizetti. Paris, impr. de Lange-Lévy, 1839, in-8 de 68 pag. [2 fr.].

Italien-français.

6. — Anne de Boulen ; tragédie lyrique en deux actes, musique de M. Gaétan Donizetti. Paris, impr. de Lange-Lévy, 1843, in-8 de 80 pag.

7. — Les Capulets et les Montaigus; tragédie lyrique. Paris, impr. de Lange-Lévy, 1849, in-8 [2 fr.].

Italien-français.

ROMÉCOURT [le baron de], conseiller à la cour d'appel de Metz. — Aperçus philosophiques sur le christianisme. IIe édit. Paris, Sagnier et Bray, 1833, in-8 [2 fr. 75 c.].

ROMEY [Louis-Charles-Reparat-Geneviève-Octave], né à Paris le 26 décembre 1804. [Voy. la *France littér.*, t. VIII, pag. 137.]

1. — Histoire d'Espagne depuis les premiers temps jusqu'à nos jours. Paris, Furne, 1838 et ann. suiv., 10 vol. in-8 avec 30 vign., portraits et vues des principaux monuments [50 fr.].

2. — Mémoire à consulter pour M. Ch. Romey, homme de lettres, contre M. Furne, libraire à Paris. Paris, impr. de Guyot, 1844, in-4 de 16 pag.

Ce mémoire a été publié à l'occasion d'un procès entre M. Romey et l'éditeur de son *Histoire d'Espagne*, M. Furne, qui avait entrepris en 1844 la publication d'une « Histoire d'Espagne, » de M. ROSSEEUW SAINT-HILAIRE.

Il a paru aussi une « Note pour M. Furne, libraire, contre M. Romey, auteur d'une Histoire d'Espagne » [1844, in-4 de 4 pag.].

M. Ch. Romey a fait précéder d'une Notice historique sur J.-F. COOPER : « Mercèdès de Castille, histoire du temps de Christophe Colomb, » traduite de l'anglais par A.-J.-B. DEFAUCONPRET [1841, 4 vol. in-12].

Il a travaillé à la « Revue critique, » à la « Paix des Deux-Mondes, » et il a publié des articles dans divers journaux, sous le pseudonyme : Pierre ROCFERRÉ.

ROMIEU [Auguste], ancien préfet de la Dordogne; né à Paris le 17 septembre 1800. [Voy. la *France littér.*, t. VIII, pag. 137.]

1. — Avec M. *Mazères* : le Bureau de loterie, comédie-vaudeville en un acte. Paris, Barba, 1823, in-8 [1 fr. 50 c.].

Une seconde édition a été publiée dans la même année.

2. — Avec M. *J.-A.-F. Langlé* : Apollon II, ou les Muses à Paris; vaudeville épisodique en un acte. Paris, Duvernois, 1825, in-8 [1 fr. 50 c.].

3. — Avec M. *Rougemont* : Mérinos Beliero, ou l'Autre École des vieillards, parodie en cinq actes et en vers de Marino Faliero. Paris, Quoy, 1829, in-8 [1 fr. 50 c.].

4. — De l'Administration sous le régime républicain. Paris, Plon frères, 1849, in-12 [1 fr. 50 c.].

On doit encore à M. A. Romieu, en collaboration avec M. BAYARD : Molière au théâtre; le Dernier jour de folies [cette dernière pièce n'a point été imprimée]; — avec MM. BAYARD et SAUVAGE : le Neveu de Monseigneur. Voy. BAYARD.

ROMIEU, adjudant général, aide de camp du général Championnet. — Éloge historique du général Championnet, commandant en chef des armées de Rome, de Naples, des Alpes et d'Italie. IIe édit. Périgueux, Dupont, 1843, in-8 de 120 pag.

ROMIGUIÈRE [J.-B.], avocat, procureur général près la cour d'appel de Toulouse; né dans cette ville en août 1775. [Voy. la *France littér.*, t. VIII, pag. 138.] — Discours prononcé à l'audience solennelle du 3 novembre 1835, pour la rentrée de la cour royale de Toulouse et pour l'inauguration du portrait de S. M. Toulouse, imp. de Douladoure, 1836, in-8 de 8 pag.

ROMILLY [Hilaire de].

M. H. de Romilly a dirigé la publication intitulée : « Bibliothèque usuelle des ménages. Manuel de toutes les maisons de ville et de campagne » [Paris, Challamel, 1845, 4 vol. in-8].

ROMMEL [de], directeur des archives de l'État et de la bibliothèque publique à Cassel.

M. de Rommel est l'auteur des Notes et éclaircissements historiques qui accompagnent la « Correspondance inédite » de HENRI IV [1840, gr. in-8].

RONCHAUD [Louis].

1. — Premiers chants; poésies. Paris, Charpentier, 1839, in-8 [7 fr. 50 c.].

2. — Les Heures; poésies. Paris, Amyot, 1844, in-8 [7 fr. 50 c.].

3. — Sur la candidature de M. Louis Bonaparte à la présidence de la république. Lons-le-Saulnier, impr. de Courbet, 1849, in-8 de 8 pag.

En vers.

RONCIÈRE-BOUREL. Voy. BOUREL-RONCIÈRE.

RONDARD [A.]. — Recherches sur la phthisie pulmonaire et sur le traitement qui lui convient. Montpellier, impr. de Mme veuve Ricard, 1844, in-8 de 72 pag.

RONDEAUX [J.], de Rouen. [Voy. la *France littér.*, t. VIII, pag. 139.]

1. — Quelques notes sur la Tamise et sur le port de Nieuw-Diep (Nord-Hollande). Paris, A. Mathias, 1846, in-8 de 16 pag.

2. — Recueil de faits divers et de pièces inédites ou déjà publiées, concernant la Seine maritime. Rouen, impr. de Péron, 1849, in-8 de 104 pag.

RONDELET [Antonin], ancien élève de l'école normale.

1. — Exposition critique de la morale d'Aristote. Paris, Joubert, 1846, in-8 [3 fr. 50 c.].

2. — De Modalibus apud Aristotelem. Paris, Joubert, 1847, in-8.

M. Antonin Rondelet a traduit de FRONTIN : « des Aqueducs de Rome » [Paris, Dubochet, 1846, gr. in-8].

RONDON [l'abbé]. — Existence d'un premier méridien au détroit de Béring. Aix, Aubin, 1849, in-8 de 20 pag. avec 2 pl. [1 fr. 50 c.].

RONDOT [Natalis], délégué de l'industrie lainière, attaché à la mission de France en Chine.

1. — Étude pratique des tissus de laine convenables pour la Chine, le Japon, la Cochinchine et l'archipel indien. Paris, Guillaumin, 1847, in-8 [12 fr.].

2. — Valeurs officielles. — France. — Belgique. — Angleterre. Paris, Guillaumin, 1849, in-8 de 36 pag.

Extrait du « Journal des économistes. »

RONGIER [P.]. — Méthode rationnelle d'écriture nationale cursive, dite radiographie. Moulins, Rongier, 1843, in-12 de 180 pag.

RONJON [L.-M.].

1. — Eugène et Caroline, ou le Petit Tambour; suivi de l'*Histoire de Fritz, fameux chef de brigands de la Souabe.* Paris, Gauthier, 1837, 1844, 1845, in-18 avec une grav.

2. — Avec M. *P.-J.-M. Renard* : les Grelots de la folie. Chansonnier de 1838. Paris, le Normand, Dufey, 1838, in-8 de 144 pag.

3. — La Maison du Diable, ou Clémence et Henriette. Paris, impr. de le Normant, 1845, in-18 de 108 pag.

RONMY [T.-F.]. — Observations sur le projet de MM. Jules Lechevalier, Henri Sauvage et Adolphe de Saint-Quantin, pour la colonisation de la Guyane. Paris, impr. de Schneider, 1845, in-8 de 32 pag.

RONNA [A.].

1. — Dialogues familiers français-italiens, à l'usage des étudiants et de ceux qui voyagent en Italie; précédés d'un vocabulaire de mots les plus usuels. Paris, Truchy, 1837, in-32 [2 fr. 50 c.].

2. — Dizionarietto della lingua italiana, con termini di scienze ed arti, compilato da A. Ronna. Paris, Hingray, 1843, in-32 [5 fr.].

3. — Gemme o rime di poetesse italiane antiche e moderne, scelte da A. Ronna. Paris, Baudry, 1843, in-32 [3 fr.].

4. — Dictionnaire français-italien et italien-français, rédigé sur les travaux de G. Biagioli, d'après la nouvelle édition du Dictionnaire de l'Académie française et celle du Dictionnaire de la langue italienne, etc. V^e édit. Paris, Ch. Hingray, 1846, in-12 [5 fr.].

M. Ronna est l'un des auteurs de la Collection polyglotte des « Guides de la conversation » [in-32]. Voy. MESNARD [Adler].

Il a joint des notes biographiques au « Teatro scelto italiano, commedie, drammi, tragedie, tratte da Goldoni, Albergati, » etc. [1836, in-32]; et à « Teatro italiano, antico e moderno » [1847, gr. in-8 à 2 col. avec 10 portraits].

Il a fait suivre d'une *Scelta di rime di poetesse italiane, antiche e moderne :* « Poeti italiani contemporanei maggiori e minori » [1843, gr. in-8 à 2 col. avec 7 portraits].

On doit aux soins de M. Ronna une édition de « la Divina Commedia. » di DANTE [1841, in-12]; — une *Notice* sur ALFIERI, tirée de sa vie écrite par lui-même, et mise en tête de ses « Tragedie scelte » [1841, in-12]; — une *Notice préliminaire* jointe à « le Mie Prigioni, » da Silvio PELLICO [1842, in-18].

Il a revu et augmenté d'explications grammaticales le « Dictionnaire français-italien et italien-français, » par J.-Ph. BARBERI [1836, 1842, 1843, 1847, in-32]; — le « Cours de thèmes libres italiens, » par PERETTI [VIe édit., 1842, in-12]; — et VERGANI'S « Italian Grammar » [1842, in-12].

RONSARD [Pierre de], poëte, né le 11 septembre 1524, mort le 27 décembre 1585. [Voy. *Fragments d'études sur les poètes français du XVIe siècle* dans les *Mémoires de l'Académie des sciences, arts et belles-lettres de Caen*; — *Ronsard, considéré comme imitateur d'Homère et de Pindare,* par M. GANDAR (Metz, 1854); — et la *France littér.*, t. VIII, pag. 147.] — OEuvres choisies, avec des notes explicatives du texte et une notice biographique, par *Paul-L. Jacob,* bibliophile. Paris, Delloye, 1840, in-18, avec un portrait [1 fr. 75 c.].

RONTEIX [Eugène], auteur dramatique. [Voy. la *France littér.*, t. VIII, pag. 146.]

1. — La Guérite abandonnée; vaudeville en deux actes. Paris, Michaud, 1838, in-8 de 24 pag. [40 c.].

2. Avec M. *Lubize :* le Bon et le Mauvais Chemin; 1836, in-8. — Farceur de soldat (1837, in-8). Voy. LUBIZE.

Pour la première de ces deux pièces, M. Ronteix s'est caché sous le pseudonyme TOREINX.

RONZIÈRES [Alfred de]. — Le Rameau d'or. Paris, Marescq, 1843, 2 vol. in-8 [15 fr.].

ROOSMALEN [A. de], de Paris.

1. — Derniers Moments de la du-

chesse d'Abrantès ; précédés du récit de sa naissance, écrit par elle-même. Paris, Mme Goullet, 1838, in-8 de 28 pag. ; et IIe édition, 1838, in-8 de 32 pag. [1 fr. 25 c.].

2. — La Tour de Londres, drame en trois actes et en sept tableaux. Paris, Barba, 1840, in-8, avec une lith. [1 fr. 50 c.].

3. — L'Orateur, ou Cours de débit et d'action oratoires, appliqué à la chaire, au barreau, à la tribune et aux lectures publiques. Saint-Germain, impr. de Beau, 1841, 2 parties en un vol. in-8 [10 fr.].

4. — Leçons de prononciation française, ou Règles précises de la prosodie. Paris, impr. de Bureau, 1842, in-8 [1 fr.].

5. — Les Mystères de la Providence, simples récits faits aux ouvriers de Paris, dans les conférences de Saint-François-Xavier, de 1844 et 1845; précédés d'une préface par M. *Ortolan*. Corbeil, impr. de Creté, 1846, in-12.

Citons encore : le Jeune Mousse, nouvelle historique [1838, in-8]; — Cours pittoresque d'éloquence parlée, appliquée à la chaire, au barreau, à la tribune et aux lectures publiques [1839, in-8]; — de l'Envahissement du commerce et de l'industrie sur les lettres, les sciences et les arts. Aperçu statistique (1842) [1842, in-8]; — la Parole, recueil périodique de tous les chefs-d'œuvre de la littérature ancienne et moderne, précédé d'une Revue critique littéraire et artistique [1843, gr. in-8]; — Coup d'œil sur l'enseignement universitaire et sur le régime des prisons [1845, in-8].

ROPARTZ [Sigismond].

M. S. Ropartz a traduit de Thomas A KEMPIS : « les Trois Tabernacles; » « le Jardin des roses et la vallée des lis; » «Spicilége. » Voy. KEMPIS.

Il a traduit, pour la première fois, avec une *Introduction :* « le Livre des salutaires doctrines, » par saint PAULIN [1844, in-18].

ROQUE [Antoine]. — Mélanie, roman religieux. Bédarieux, Audebert, 1841, in-12 de 152 pag.

ROQUEFEUIL [l'abbé F. de], prêtre de Saint-Sulpice.

1. — De la Religion catholique dans le canton de Genève. Prétentions de suprématie élevées par le conseil d'État, dans la nomination des curés. Paris, Dentu, 1837, in-8.

2. — Nouvel Eucologe, à l'usage des colléges et des maisons d'éducation des deux sexes, contenant les offices en latin et en français des dimanches et fêtes et de la semaine sainte, avec des instructions et des notes sur l'esprit des fêtes et des cérémonies de l'Église ; les prières du chrétien; un examen de conscience pour une confession générale, des exercices pour la confession, la communion et la confirmation, etc, ; augmenté de la messe de saint Nicolas et de sainte Catherine. Paris, Hachette, 1840, in-18 [2 fr.].

M. l'abbé de Roquefeuil a revu et augmenté une nouvelle édition du « Petit Cours d'histoire sainte, » par HERBET [1840, in-12].

ROQUELAURE [Antoine-Gaston-T.-B., duc de], maréchal de France, né en 1656, mort en 1738. [Voy. la *France littér.,* t. VIII, pag. 149.]

Les *Mémoires secrets,* publiés sous ce nom en 1846, 7 vol. in-8, sont apocryphes.

ROQUEMONT [A. de].

M. A. de Roquemont a traduit de l'allemand, avec la coopération de l'auteur : « Manuel du droit ecclésiastique de toutes les confessions chrétiennes, » par Ferd. WALTER [1841, in-8].

ROQUER [Mariano]. — La Teoria de los gobernios civiles, etc. Nîmes, impr. de Mme veuve Gaude, 1844, in-12 de 72 pag.

ROQUES [Joseph], docteur en médecine; né à Valence le 9 février 1772. [Voy. la *France littér.,* t. VIII, pag. 150.]

1. — Nouveau Traité des plantes usuelles, spécialement appliqué à la médecine domestique, et au régime alimentaire de l'homme sain ou malade. Paris, Dufart, 1837-38, 4 vol. in-8 [28 fr.].

2. — Histoire des champignons comestibles et vénéneux, où l'on expose leurs caractères distinctifs, leurs propriétés alimentaires et économiques, leurs effets nuisibles et les moyens de s'en garantir ou d'y remédier ; ouvrage utile aux amateurs de champignons, aux médecins, aux naturalistes, aux propriétaires ruraux, aux maires, aux curés de campagne. IIe édit., revue et considérablement augmentée. Paris, Fortin, Masson et comp., 1841, in-8, avec un atlas grand in-4 de 24 planches représentant dans leurs dimensions et leurs couleurs naturelles cent espèces ou variétés de champignons [27 fr.].

On vend séparément le volume du texte [7 fr. 50 c.].

3. — Phytographie médicale, ou His-

toire des substances héroïques et des poisons tirés du règne végétal. 3 vol. gr. in-8 ornés de figures.

ROQUES [Antonin].

1. — Les Quatre Enfants asphyxiés; poëme. Paris, Postel, 1836, in-8 de 24 pag. [1 fr.].
2. — Avec M. *Félix Bogaerts*: Nuées blanches (1839, in-18). Voy. BOGAERTS.
3. — Monde et patrie, ou le Poëte errant. Paris, A. Legallois, 1843, in-8.

ROQUES [Alphonse]. — Épithalame en l'honneur du mariage de Leurs Altesses royales le prince Alexandre de Wurtemberg et la princesse Marie-Christine-Adélaïde d'Orléans. Paris, impr. de Decourchant, 1837, in-8 de 8 pag.

ROQUES [J.-L.]. — Petit Cours de grammaire française. Paris, impr. de Poussielgue, 1836, in-18 de 36 pag.

ROQUES.

M. Roques a traduit : « Gémissements de l'âme pénitente, » par le P. HERMANN [1838, in-18] ; — « Soupirs de l'âme aimante, » par *le même* [1838, in-18]. Voy. HERMANN.

ROQUES [J.-M.], de Caraman.

1. — Fantaisies poétiques. Carcassonne, impr. de Pomiès-Gardel, 1839, in-8 de 20 pag.
2. — Avec M. *G.-A. Soubiran*: Nos Étrennes de 1841. Toulouse, Dupin, 1841, in-8 de 48 pag.

Morceaux, les uns en prose, les autres en vers.

ROQUES. — Nouvelle Magie blanche et polydienne. Besançon, impr. de Sainte-Agathe, 1847, in-12 de 12 pag.

ROQUES DE MONTGAILLARD [Maurice-Jacques]. Voy. MONTGAILLARD.

ROQUET. — Projet d'un essai sur la vitalité ou sur le principe des phénomènes de l'organisation ; précédé d'un rapport fait à l'Académie de médecine, par M. *Andral*. Paris, Deville-Cavelin, 1835, in-8 [4 fr. 50 c.].

ROQUETE [Jose-Ignacio]. [Voy. la *France littér.*, t. VIII, p. 151].

1. — Manual da missa e da confissao, contendo exercicios quotidianos, etc., extrahido dos melhores autores nacio-naes e estrangeiros, especialmente do principe de Hohenlohe, e do B. Alfonso de Ligorio. Paris, Aillaud, 1837, 1846, in-18 avec une grav. [4 fr.].

2. — Museo pittoresco, ou Historia natural dos tres reinos da natureza, por MM. *Houbloup* et *Duval*. Traduzido do francez, segundo a nomenclatura de Brotero, par J.-I. Roquete. Paris, Aillaud, 1837, in-8 avec 50 planches [15 fr.].

3. — Cacographia portugueza, ou Collecçao de themas. Paris, Aillaud, 1838, in-18.

4. — Correcçao da Cacographia portugueza. Paris, Aillaud, 1838, in-18.

5. — Thesouro da mocidade portugueza, ou a moral em acçao. Segunda ediçao. Paris, Aillaud, 1839, in-12 avec 4 grav. [6 fr.].

6. — Nouveau Dictionnaire portugais-français, composé sur les plus récents et les meilleurs dictionnaires des deux langues ; augmenté, etc. Paris, Aillaud, 1841, in-8 [12 fr.].

7. — Leal conselheiro o qual fez dom Duarte, pelo graça de Deos rei de Portugal e do Algarve. Paris, Aillaud, 1843, in-4 publié en trois parties, avec fac-simile [25 fr.].

Cette édition est précédée d'une Introduction, par M. le vicomte de SANTAREM, et accompagnée d'un *fac-simile* reproduit d'après le manuscrit n° 7007 de la Bibliothèque du roi, de 1436.

8. — Historia de los meninos celebres desde el antiguidade ate nossos tempos, compilada de MM. *Masson* et *Fréville*. Paris, Aillaud, 1844, 2 vol. in-18 avec 2 grav.

9. — Livro d'ouro dos meninos, para servir d'introduçao ao thesouro da adolescencia e da juventude. Paris, Aillaud, 1844, in-18 avec 1 grav.

10. — Codigo do bom tom, ou Regras de civilidade et de bem viver. N. XIX° seculo. Paris, Aillaud, 1845, in-18.

11. — Codigo epistolar, ou Regras e advertencias para escriver com elegancia toda a sorte de cartas. Paris, Aillaud, 1846, in-18.

12. — Manual abreviado da missa et da confissao. Paris, Aillaud, 1846, in-24.

13. — Exercicio da via sacra, e outras devoçoes novas para toda a sextas feiras da quaresma. Paris, Aillaud, 1847, in-32 [1 fr. 50 c.].

14. — Manuel dos officios da semana santa, novamente traducidos em portuguez. Paris, Aillaud, 1847, in-18 avec une vignette [4 fr.].

M. J.-I. Roquete a publié en portugais les « Leçons de géographie, » de l'abbé GAULTIER [1846, in-18]. — Il a arrangé et corrigé les « Cartas selectas, » du P. Antonio VIEYRA [1838, in-12]; et donné de nouvelles éditions de « Horas marianas, ou Officio menor da SS. virgem Maria, » pelo padre Fr. FRANCISCO [1847, 1849, in-18].

Il est l'un des auteurs, pour la partie portugaise, des *Guides de la conversation*. Voy. MESNARD [Adler].

ROQUILLE [Guillaume], poëte, ferblantier à Rive-de-Gier.

1. — Lo députo manquo, poemo ein patuais de vait vardegi. Lyon, impr. de Rossary; Rive-de-Gier, Point, 1838, in-8 de 28 pag.

2. — Lo Pereyoux, poëme burlesque en patois de Rive-de-Gier. Saint-Étienne, impr. de Gonin, 1841, in-8 de 24 pag.

3. — Les Victimes et le dévouement, narration en vers de la fin tragique de trente-deux mineurs dans un puits de l'exploitation de l'île d'Elbe, à Rive-de-Gier, foudroyée par le gaz hydrogène, le 29 octobre 1840. Lyon, impr. de Perrin, 1841, in-8 de 24 pag.

4. — La Ménagerie, ou le Grand Combat d'animaux, poëme burlesque et allégorique. Lyon, Nourtier, 1843, in-8 de 24 pag.

ROSALES [le chevalier Manuel de].

1. — Prophétie du XIXᵉ siècle. Paris, Garnier frères, 1849, in-16 [1 fr.].

2. — La Cour de Rome. Dieu ne la veut pas. Paris. Garnier frères, Bréauté, 1849, in-8 de 24 pag.

Aux électeurs de Paris et de la province.

ROSAMBEAU [L.-M.], ancien sociétaire du théâtre de l'Odéon. — Épître à Ponsard, auteur de la tragédie de *Lucrèce*. Paris, Paulier, 1843, in-8 de 4 pag. [25 c.].

ROSCOE [Thomas]. [Voy. la *France littér.*, t. VIII, p. 152.]

M. Th. Roscoe a traduit en anglais, sous ces titres : *My Emprisonments; et the Duties of men*, « Mes Prisons, » et « les Devoirs des hommes, » de Silvio PELLICO [1837, 2 vol. in-18].

Il existe aussi une édition de la Mie Prigioni, » de Silvio PELLICO, où la traduction anglaise, par M. Roscoe, est imprimée à deux colonnes au bas du texte italien [Paris, Baudry, 1836, in-8].

ROSE [Cooper], officier du génie. [Voy. la *France littér.*, t. VIII, p. 152.]

— Esquisses africaines, traduites de l'anglais par *Cabanis*. Paris, Cherbuliez, 1832, in-8.

ROSE [Henri], professeur de chimie à l'université de Berlin. [Voy. la *France littér.*, t. VIII, p. 153.] — Traité pratique d'analyse chimique, suivi de tables, servant, dans les analyses, à calculer la quantité d'une substance d'après celle qui a été trouvée d'une autre substance, traduit de l'allemand sur la quatrième édit., par *A.-J.-L. Jourdan*, accompagné de notes et additions par *E. Péligot*. Paris, J.-B. Baillière, 1843, 2 vol. in-8, fig. [16 fr.].

ROSE [l'abbé], curé de Lapalu, chanoine honoraire d'Avignon. — Études historiques et religieuses sur le XIVᵉ siècle, ou Tableau de l'Église d'Apt sous la cour papale d'Avignon. Avignon, Aubanel, 1842, in-8 [5 fr.].

ROSE [P.-N.].

M. Rose est un des traducteurs du latin en grec de : » Epitome Historiæ sacræ, » par LHOMOND [IIᵉ édition. Caron, Perisse frères, Poussielgue-Rusand, Chamerot, 1839, in-18].

ROSELLINI [Mᵐᵉ Massimina], de Florence. — Otto Commediole pei fanciulli. Paris, Truchy, 1845, in-18 [3 fr.].

Ce recueil de petites comédies italiennes contient : *i Golosi;* — *il Vaso di fiori;* — *la Bugia;* — *la Disobedienza;* — *la Spia domestica;* — *l'Oziosa;* — *la Puntigliosa;* — *la Vanerella.*

ROSELLY, de Lorgues (Var). [Voy. la *France littér.*, t. VIII, p. 153.]

1. — Le Christ devant le siècle, ou Nouveau Témoignage des sciences en faveur du catholicisme. XVIᵉ édition. Paris, Hivert, 1847, in-12 [2 fr. 25 c.].

La Iʳᵉ édition (1835), la deuxième (1836), et la troisième (1838), sont in-8 [6 fr.].

— Jesucristo en presencia del siglo, o Nuevos Argumentos de las ciencias en favor del catolicismo. Traduccion al castellano por don *J.-M. Moralejo*. Paris, Lecointe et Lasserre, 1840, 2 vol. in-12 [5 fr. 50 c.].

— Cristo ante el siglo, o Nuevos Testimonios de las ciencias en favor del catolicismo. Tercera edicion. Paris, impr. de Panckoucke, 1845, in-12.

— Jesus Christo perante o seculo, ou

triumpho da religiao christa. Traduzido pelo d^r *Caetano Lopez de Moura.* Paris, Aillaud, 1844, in-8 [8 fr.].

2. — Le Livre des communes, ou Régénération de la France par le presbytère, l'école et la mairie. IIIe édition, refondue et considérablement augmentée. Paris, Hivert, 1842, in-8 [7 fr. 50 c.]; — IVe édit., 1847, in-12 [3 fr. 50 c.].

La première édition (1837) est in-8; la deuxième (1837), in-12.

La régénération des petites communes par l'accord de ces trois puissances : le presbytère, l'école et la mairie, c'est-à-dire la religion, l'instruction et le pouvoir social ; telle est l'idée fondamentale du livre de M. Roselly. [Voy. un Compte rendu, par M. DUPIN, dans « le Moniteur, » du 3 avril 1838.]

3. — De la Mort avant l'homme et du péché originel. IIe édition, revue, corrigée et augmentée. Paris, Hivert, 1842, in-8 [7 fr. 50 c.]; — IIIe édit., 1847, in-12 [3 fr. 50 c.].

La première édition est de 1841, in-8.

4. — De la Femme et du serpent. Paris, Hivert, 1842, in-8 de 48 pag. [1 fr.].

5. — La Croix dans les deux mondes, ou la Clef de la connaissance. IIe édit. Paris, Hivert, 1845, in-8 [7 fr. 50 c.].

La première édition, publiée en 1844, est aussi in-8.
Il paraît, dit M. Quérard, dans ses « Supercheries littéraires dévoilées, » t. IV, p. 150, que le véritable nom de cet écrivain est VALBLETTE, auteur d'un opuscule imprimé en 1830 sous ce titre : « Observations préliminaires pour la défense » [in-8 de 48 pag. — Le faux-titre de cet écrit porte : *la Guillotine et les ministres*].

ROSEMOND DE BEAUVALLON. — Voy. BEAUVALLON [J.-B. Rosemond de].

ROSENBERG [D.]. — Explication du tableau intitulé : Aperçu de l'origine du culte hébraïque, avec l'exposé de quelques usages et leurs significations symboliques. Paris, impr. de Crapelet, 1841, in-8 de 76 pag.

ROSENBERG [C.]. — L'Helcomètre, nouvelle machine de gymnastique, inventée et décrite par C. Rosenberg. Genève, 1845, broch. in-8 [1 fr. 50 c.].

ROSENWALD [Victor].

M. V. Rosenwald a rédigé, avec M. H. DESPREZ, sous la direction de M. C.-L. LESUR : l'« Annuaire historique universel, ou Histoire politique pour 1842, » avec un Appendice contenant, etc. [Paris, Thoisnier-Desplaces, 1844, in-8].

Il a publié en 1845 : « le Contemporain, revue politique, sociale et littéraire, tableau des idées, des mœurs et des faits, » dont le premier numéro, in-8, a paru en août; et le « Tartufe républicain » [1849, in-8].

ROSEVILLE [Adet de]. — Voy. ADET DE ROSEVILLE [E.].

ROSIAU [J.-J.], médecin à Mamers. [Voy. la *France littér.*, t. VIII, p. 154.]
— Médecine pratique populaire, secours à donner aux empoisonnés et aux asphyxiés, et nouveau traité d'embryologie sacrée. IIIe édition. Le Mans, impr. de Monnoyer; Paris, Lagny, 1839, in-8 [7 fr. 50 c.].

ROSIER, auteur dramatique. [Voy. la *France littér.*, t. VIII, p. 154.]

1. — Avec MM. *Chazet* et *Achille Dartois* : la Jolie Voyageuse, ou les Deux Giroux ; anecdote contemporaine en un acte. Paris, Barba, 1835, in-8 [20 c.].

Sous le pseudonyme LOSIER.

2. — Claire, ou la Préférence d'une mère ; drame en trois actes, en prose. Paris, Marchant, 1837, in-8 de 32 pag. [40 c.].

3. — Maria Padilla ; chronique espagnole en trois actes, un prologue et un épilogue. Paris, impr. de Dondey-Dupré, 1838, in-8 de 40 pag.

4. — A trente ans, ou une Femme raisonnable ; comédie en trois actes, mêlée de couplets. Paris, impr. de Dondey-Dupré, 1838, in-8 de 32 pag.

5. — Les Assurances conjugales, comédie en un acte, mêlée de chant. Paris, Marchant, 1838, in-8 de 16 pag. [30 c.].

6. — L'Amour ; comédie en trois actes, mêlée de chants. Paris, Ch. Tresse, Bezou, 1839, in-8 de 36 pag.

7. — Le Manoir de Montlouvier ; drame en cinq actes, en prose. Paris, Marchant, 1839, in-8 [40 c.].

8. — Le Protégé ; comédie mêlée de chants, en un acte. Paris, Barba, Delloye, Bezou, 1839, in-8 de 16 pag.

9. — La Lune rousse ; comédie en un acte, mêlée de couplets. Paris, Tresse, Delloye, Bezou, 1840, in-8 de 16 pag.

10. — La Mansarde du crime ; comédie en un acte, mêlée de chant. Paris,

Ch. Tresse, 1840, 1844, in-8 de 16 pag. [40 c.].

11. — La Femme de mon mari ; comédie en deux actes, mêlée de chant. Paris, Marchant, 1840, in-8 de 20 pag.

12. — Manche à manche ; comédie en un acte, mêlée de chant. Paris, Marchant, 1841, in-8 de 20 pag.

13. — Zacharie, drame en cinq actes et en prose. Paris, Marchant, 1841, in-8 [50 c.].

14. — L'Inconsolable, ou les Deux Déménagements ; comédie-vaudeville en trois actes. Paris, Marchant, 1841, in-8 de 20 pag. [50 c.].

15. — Langéli ; comédie en un acte, mêlée de couplets. Paris, Marchant, 1844, in-8 de 16 pag. [40 c.].

16. — Monsieur de Maugaillard, ou le Premier Jour des noces ; comédie en un acte et en prose. Paris, Marchant, 1842, in-8 de 16 pag. [40 c.].

17. — Les Deux Brigadiers ; vaudeville en deux actes. Paris, Marchant, 1842, in-8 de 20 pag. [50 c.].

18. — Un Mousquetaire gris ; comédie mêlée de couplets, en deux actes. Paris, impr. de Dondey-Dupré, 1847, in-18 anglais.

19. — La Dernière Conquête ; comédie mêlée de chant, en deux actes. Paris, Michel Lévy, 1848, in-18 [60 c.].

20. — La Foi, l'Espérance et la Charité ; drame en cinq actes et six parties. Paris, Michel Lévy frères, 1848, in-18 anglais [60 c.].

21. — La Pension alimentaire ; comédie-vaudeville en deux actes. Paris, Michel Lévy frères, 1849, in-18 anglais de 86 pag.

22. — Brutus, lâche César ; comédie mêlée de chant, en un acte. Paris, Michel Lévy frères, 1849, in-18 [60 c.].

23. — Croque-Poule ; vaudeville en un acte. Paris, Michel Lévy frères, 1849, in-18 [60 c.].

ROSIER [de l'Yonne]. — Livret très utile pour tous les ouvriers de Paris et de la France entière. Bercy, Begon, 1841, in-12 de 32 pag.

ROSIÈRE [Hatot]. Voy. HATOT-ROSIÈRE [L. M.].

ROSIÈRE [P. de]. — A monsieur Joyau, délégué des établissements français dans l'Inde. Paris, impr. de F. Didot, 1843, in-4 de 48 pag.

Réponse au Mémoire de M. JOYAU, intitulé : « De M. de Rosière et de la délégation des établissements français de l'Inde » (1er mai 1843), distribué à Pondichéry [1843, in-8 de 40 pag.].

ROSIN DE PRATZ.

1. — Grammaire polydidactique en tableaux, divisée en trois degrés d'enseignement. *Guide de la méthode et questionnaire.* Laval, impr. de Sauvage-Hardy, 1837-39, in-8 [6 fr. 75 c.].

— Grammaire polydidactique, en quinze tableaux, réduite en un volume in-12, divisé en trois parties. Paris, Terzuolo, 1840, in-12.

Première partie : *Grammaire élémentaire* [in-12, 1 fr. 25 c.] ; — Deuxième partie : *Grammaire française, définitions et explications plus étendues* [in-12, 1 fr. 75 c.] ; — Troisième partie : *Syntaxe* [in-12, 2 fr. 50 c.].

Un complément de cette grammaire a paru en 1840 sous ce titre : *de la Prononciation et de la lecture* [Paris, impr. de Terzuolo, in-12 de 60 pag.].

2. — Grammaire française en pratique, ou Recueil de devoirs gradués et d'un nouveau genre, pour chaque jour de classe, pendant trois années. Laval, Sauvage-Hardy ; Paris, Hachette, 1841-46, 2 vol. in-12.

Le IIe volume a été imprimé à Angers, chez Cosnier.

On doit aussi à M. Rosin de Pratz : Tableau synoptique de la grammaire française et des figures du dessin linéaire [une feuille coloriée, 1 fr.] ; — Tableau des conjugaisons [2 feuilles, 1 fr. 50 c.] ; — Tableau des verbes irréguliers et défectueux [une feuille col., 80 c.].

ROSINI [le professeur Giovanni], romancier et historien. [Voy. la *France littér.*, t. VIII, p. 155.] — Il Conte Ugolino della Gherardesca e i Ghibellini di Pisa, romanzo storico. Paris, Baudry, Stassin et Xavier, 1843, in-12 [4 fr. 50 c.].

M. Rosini a publié la « Storia d'Italia, » di Fr. GUICCIARDINI, alla miglior lezione redotta [1832, 6 vol. in-8]. Voy. GUICCIARDINI.

Il est l'auteur d'une *Histoire de la peinture en Italie*, au sujet de laquelle M. Th. JOUFFROY a donné un article dans la « Revue des Deux-Mondes » [1er mai 1839].

ROSIS [J.]. — Mémoire sur la fièvre jaune, observée à la Véra-Cruz (Mexique), à Bourbon et à bord des vaisseaux de l'escadre commandée par le vice-amiral Baudin. Montpellier, impr. de Jullien, 1842, in-8 de 64 pag.

ROSMINI SERBATI [l'abbé Antonio], écrivain et philosophe italien ; mort en 1855. [Voy. un article sur lui par

M. Ferrari, dans la *Revue des Deux-Mondes*, du 15 mai 1844.]

— Histoire de l'amour, tirée des livres saints; traduit par un directeur de séminaire. Nevers, Pinet, 1838, in-12.

Il a paru à Paris, chez Baudry, en 1839, Sei lettere del *Mamiani* all' ab. Rosmini, intorno al libro intitolato : il Rinnovamento della filosofia in Italia proposto dal C. T. Mamiani della Rovere ed esaminato da A. Rosmini Serbati [in-8.]

ROSNY [Lucien-Joseph-Prunol de], ancien capitaine, corresp. de la Société des antiquaires de France, membre de l'Institut historique, de la Société de statistique de France, de la Société d'agriculture de Lyon, etc.; né à Valenciennes en 1810. [Voy. la *France littér.*, t. VIII, p. 157.]

1. — Fêtes des nobles rois de l'épinette. Lille, impr. de Reboux-Leroy, 1836, in-8 de 64 pag. avec 7 pl. [7 fr.].

Tiré à 200 exemplaires.

— L'épervier d'or, ou Description historique des joutes et des tournois qui, sous le titre de Nobles Rois de l'épinette, se célébrèrent à Lille au moyen âge. Nouvelle édition, considérablement augmentée, ornée de plus de 360 blasons, de 16 lithographies calquées sur les manuscrits originaux, et enrichie d'une notice inédite sur la fête des forestiers à Bruges. Valenciennes, impr. de Prignet; Paris, Techener, Pannier, Deflorene, 1839, in-8 de 104 pag. [10 fr.].

Tiré à 200 exemplaires.

2. — Histoire de l'abbaye de N.-D. de Loos (ordre de Citeaux et filiation de Clairvaux), depuis sa fondation jusqu'à sa suppression. Lille, Leleu, Petitot; Paris, Techener, 1837, in-8 [4 fr.].

Tiré à 250 exemplaires.

3. — Notice du XIVe ou XVe siècle sur Bertrand de Rayns, ermite qui, sous le nom de Baudouin de Constantinople, cuidoit par sa déception estre conte de Flandres et de Haynau. Publiée d'après un manuscrit de la Bibliothèque royale. Valenciennes, impr. de Prignet; Paris, Techener, Pannier, 1838, in-8 de 48 pag.

Tiré à 150 exemplaires.

4. — Histoire de Lille, capitale de la Flandre française, depuis son origine jusqu'en 1830. Valenciennes, impr. de Prignet; Paris, Techener, 1838, in-8 [10 fr.].

Tiré à 300 exemplaires.

5. — Vœux adressés au gouvernement provisoire de la république, par un ami de la patrie. Paris, impr. de Guiraudet, 1848, in-8 de 8 pag. [15 c.].

27 février 1848.

M. de Rosny a, dit-on, en portefeuille une *Description artistique et archéologique de Champeaux.*

ROSSAND [Jos.-Henry], notaire à Mornay, près de Nantua, membre des sociétés d'émulation de l'Ain, du Jura, etc. [Voy. la *France litt.*, t. VIII, p. 158.]

1. — Fables en quatrains. Nantua, impr. d'Arène; Paris, Berquet et Pétion, 1839, in-18 de 144 pag.

Une autre édition, in-32, a été publiée en 1838 [Bourg, impr. de Bottier].

2. — Les Coups de fouet, épisode contre le citoyen comte Abel de Moiriat de Maillat. Lyon, impr. de Dumoulin, 1840, in-16; et 1841, in-12 de 168 pag.

On doit aussi à M. J.-H. Rossand des *articles littéraires* et un grand nombre de *poésies fugitives* dans divers journaux. Il s'occupe aussi d'une traduction de Phèdre, en vers français.

ROSSAT [F.-S.]. — Essai sur la rosée, thèse de physique. Strasbourg, impr. de Silbermann, 1844, in-8 de 92 pag.

ROSSEEUW-SAINT-HILAIRE [Eugène-François-Achille], professeur agrégé d'histoire à la faculté des lettres de Paris; né à Paris en 1802. [Voy. la *France littér.*, t. VIII, p. 160.]

1. — Histoire d'Espagne depuis les premiers temps historiques jusqu'à la mort de Ferdinand VII. Paris, Furne, 1836; nouv. édit. Paris, Furne, 1846, et ann. suiv., 10 vol. in-8.

2. — Etudes sur l'origine de la langue et des romances espagnoles. Paris, impr. de Guiraudet, 1839, in-4 de 36 pag.

Thèse pour le doctorat, soutenue le 24 novembre 1839 à la faculté des lettres de Paris.

M. Rosseeuw Saint-Hilaire a travaillé au « Supplément au Dictionnaire de la conversation et de la lecture, » et à la « Revue de Paris, » où il a donné, entre autres : un *article sur Pétrarque* [nouvelle série, t. XXXV].

ROSSI [Gaetano], poëte dramatique et lyrique; né à Naples. [Voy. la *France littér.*, t. VIII, p. 161.] — Linda di Chamouni, opéra en trois actes, musique de M. Gaétan Donizetti. Paris, impr. de Lange-Lévy, 1842, in-8 de 72 pag.

Une traduction française est en regard.

ROSSI [Pellegrino-Luigi-Eduardo], homme d'État, jurisconsulte et économiste. M. Rossi, né à Carrare dans le duché de Modène le 13 juillet 1787, fut obligé de quitter l'Italie à raison de ses opinions libérales, se retira à Genève, et y professa le droit romain. Venu en France, où il obtint des lettres de naturalisation, il devint successivement professeur de droit constitutionnel à la faculté de droit de Paris, professeur d'économie politique au collége de France, membre de l'Institut, pair de France, et ambassadeur à Rome. Ministre de l'intérieur à la cour pontificale après la révolution de février 1848, il fut assassiné à Rome, le 14 novembre 1848, d'un coup de couteau à la gorge, au moment où il montait les degrés du palais législatif. [Voy. un article par M. REYBAUD dans la *Revue des Deux-Mondes*, du 15 août 1844; une notice par M. Joseph GARNIER (1849, in-8); une notice par M. MIGNET (1849, in-4) et la *France littér.*, t. VIII, p. 161.]

1. — Annales de législation et de jurisprudence. Genève, 5 vol. in-8 [30 fr.].

2. — Traité du droit constitutionnel français. Paris, 2 vol. in-8 [15 fr.].

3. — Cours d'économie politique; IIe édition. Paris, Thorel, Joubert, 1843, 2 vol. in-8 [15 fr.].

La première édition est de 1839-41, 2 vol. in-8.

M. Rossi a fait précéder d'une *Introduction*: « Essai sur le principe de population, » par MALTHUS [1845, gr. in-8]; — et donné de nouvelles *Notes* aux « OEuvres complètes » de David RICARDO [1847, gr. in-8].

Il a travaillé au «Journal des économistes, » où il a fourni, entre autres : de la *Méthode en économie politique*. *De la Nature et de la définition du travail* [janvier 1844]; — *A qui profite l'excès de population* [1846]; — à l' « Encyclopédie du droit, » où il a donné notamment les articles *Aubain, Droit d'aubaine*; — à l' « Encyclopédie des gens du monde; » au « Journal des connaissances utiles; » à la « Revue des Deux-Mondes, » à laquelle il a fourni des articles sur l' « Histoire de Louis XVI, » de M. DROZ; sur l'ouvrage de M. de TOCQUEVILLE: « de la Démocratie en Amérique; » sur l'Extradition [1840 et 1842], etc.

ROSSIGNOL [Jean-Pierre], professeur à la faculté des lettres de Paris, membre de l'Académie des inscriptions et belles-lettres.

1. — Fragmenta Bionis Borysthenitæ philosophi, e variis scriptoribus collecta. Paris, impr. royale, 1830, in-4.

Thèse pour le doctorat ès lettres.

2. — Dissertation sur le drame que les Grecs appelaient satyrique. Paris, impr. roy., 1830, brochure in-8.

Thèse de littérature.

3. — Hélène; tragédie d'*Euripide*, texte grec, avec argument et notes en français. Paris, Aug. Delalain, 1832, in-12 [1 fr. 80 c.].

4. — Euripidis Helena: versio latina, recensuit J.-P. Rossignol. Paris, Aug. Delalain, 1832, in-12 [2 fr.].

5. — Les Suppliantes; tragédie d'*Euripide*: texte grec, avec analyse et notes en français. Paris, Aug. Delalain, 1832, in-12 [1 fr. 50 c.].

6. — Tétralogie de l'orateur : Antiphon. Paris, Delalain, 1833.

7. — Vita scholastica. Paris, impr. de Locquin, 1836, in-8.

Poëme latin, en 4 livres, avec notes en français, dédié à J.-F. Boissonade. Il a pour objet la vie intérieure du collège : le lever et l'étude, la récréation et les jeux, la classe et les cours, le réfectoire et la table du proviseur. Il est suivi d'un discours en français sur le poëme descriptif.

8. — Explication historique et archéologique des vues de la Grèce, dessinées par le baron de Stackelberg. 1838.

9. — Recherches sur les classes ouvrières et les classes bourgeoises de l'antiquité. Paris, Didot, 1839, in-8.

Ce morceau avait paru dans la « Revue des Deux-Mondes » [1839, 15 février], et avait été tiré à part, sous le titre de : *Critique historique de l'histoire des classes ouvrières et des classes bourgeoises*, de M. GRANIER DE CASSAGNAC [Paris, Fournier, 1839, in-8].

10. — Virgile et Constantin le Grand. Paris, Delalain, 1846, in 8 [7 fr.].

Imprimé d'abord par articles dans le « Journal de l'instruction publique. »

11. — Traité du vers dochmiaque. Paris, Delalain, 1845.

12. — Dissertation épistolaire sur le rhythme, sur le vers dochmiaque et

la poésie lyrique en général. Paris, Paul Dupont, 1846.

13. — Explication d'un passage difficile de la Magicienne de Théocrite: restitution, à ce propos, du sujet des Magiciennes de Sophron. Paris, Paul Dupont, 1848.

14. — Fragments des choliambographes grecs et latins, avec un Traité du choliambe. Commencement d'un travail sur les Fables de Babrius. Paris, impr. de Firmin Didot, 1849, in-8.

15. — Deux lettres à M. A.-J.-H. Vincent, professeur de mathématiques spéciales, sur le rhythme, sur le vers dochmiaque et la poésie lyrique en général. Paris, impr. de Dupont, 1849, in-8 de 40 pag.

16. — Antiphon. Accusation de meurtre involontaire commis par un jeune enfant sur un de ses camarades, et défense contre cette accusation, texte grec, avec analyse et notes en français. Paris, Delalain, in-12 [75 c.].

M. J.-P. Rossignol a fourni au « Journal des Savants: » *Découverte d'une vie d'Euripide, inédite, et de deux fragments également inédits, l'un appartenant au même poète, et l'autre à Aristophane* [1832]; — *Examen de la question suivante : Euripide a-t-il fait une tragédie intitulée les Phrygiens* [1833] ; — *Explication de deux poèmes de l'Anthologie grecque* [1834];—*Dissertation sur l'hymne de Praxilla, intitulé Adonis* [1837]; — *Restitution d'une lettre adressée par Lyncée de Samos à Diagoras* [1839] ; — *Des Rhéteurs qui précédèrent Aristote* [1840]; — *Examen critique d'une nouvelle traduction de la Rhétorique d'Aristote* [1843].

ROSSIGNOL [P.-A.], de Montaus. — Épître au prince de Joinville à son retour de l'expédition navale contre le Maroc. Gaillac, impr. de Cestan, 1846, in-8 de 32 pag.

ROSSIGNOL [Céphas], archiviste du département de la Côte-d'Or, correspondant du ministère de l'instruction publique pour les travaux historiques, membre de l'Académie de Dijon.

1. — De la Religion, d'après des documents antérieurs à Moïse. Lyon, Pélagaud, Lesne et Crozet; 1837, in-8 [4 fr.].

2. — Dieu et famille, poésies. Paris, Challamel, 1840, in-8 [5 fr.].

3. — Des Libertés de la Bourgogne d'après les jetons de ses états. In-8 avec planches.

4. — Lettres sur Jésus-Christ. Beaune, impr. de Blondeau-Dejussieu; Paris, Olivier Fulgence, Waille, 1841-1845, 2 vol. in-8 [10 fr.].

On doit à M. C. Rossignol une *traduction* des « Poésies catholiques » de S. PELLICO [1838, 1842, in-12]. Il a donné des articles dans les « Mémoires de l'Académie des sciences, arts et belles-lettres de Dijon. » Une Notice de lui sur Charles-Hippolyte Maillard de Chambure a paru dans les « Comptes rendus des travaux de l'Académie de Dijon » (partie des lettres, années 1841-42, pag. 221 et suiv.).

ROSSIGNOL [S.], de Gaillac, docteur en médecine.—De l'Avenir de l'ouvrier, ou Considérations sur l'amélioration du sort des travailleurs. Paris, imp. de Bautruche, 1848, in-8 de 16 pag.

ROSSIGNOL [Edouard]. — Philosophie. Un principe. Paris, René, 1844, in-8 de 72 pag.

ROSSIGNOL [Jules].

1. — Traité de chimie organique appliquée aux arts, à l'agriculture et à la médecine. Paris, impr. de Mme Delacombe, 1842, trois parties in-18, fig.

2. — Avec M. J.-J. Garnier: Manuel du cours de chimie organique appliquée aux arts industriels et agricoles, professé par M. Payen. 1842, 2 vol. in-8. Voy. GARNIER.

3. — Guide pratique des émigrants en Californie et des voyageurs dans l'Amérique espagnole. Paris, René, 1849, in-18 [1 fr.].

ROSTAGNY.—Grammaire et orthographe simplifiées. Arles, imp. de Garcin, 1841, in-4.

ROSTAING [le baron de].

1. — Nouveau Système militaire. Paris, Anselin, 1838, in-8 de 112 pag. avec un tableau [3 fr.].

2. — Origine des institutions et conditions sociales en France, dans les temps anciens et modernes. Paris, Dentu, 1843, in-8 [5 fr.].

ROSTAING [de]. — Matanasiennes. Lettres suivies de notes sur des riens philologiques. Lyon, imp. de Charvin, 1838, in-8 de 24 pag.

Quatre lettres signées E. N., et datées d'Angoulême; les deux premières adressées à M. Breghot du Lut, la troisième à M. Péricaud, la quatrième à M. Monfalcon.

Ces lettres ont été publiées sous le nom : *le Petit Neveu du prieur Ogier.*

ROSTAING, de Rivas [le docteur].— Des Établissements publics destinés à la première enfance, à Nantes. Nantes, imp. de Mme veuve Camille Mellinet, 1849, in-8 de 56 pag.

ROSTAING [Froust de]. Voy. FROUST DE ROSTAING.

ROSTAN [L.], professeur de clinique médicale à la Faculté de médecine de Paris, membre de l'Académie de médecine ; né à Saint-Maximin le 16 mars 1790. [Voy. la *France littér.*, t.VIII, p. 163.]

1.—Mémoire sur la rupture du cœur. Paris, 1820, in-8 [1 fr.].

2.—Exposition des principes de l'organicisme, précédée de Réflexions sur l'incrédulité en matière de médecine. IIe édition. Paris, Labé, 1846, in-8 [4 fr.].

M. L. Rostan a inséré dans le « Nouveau Journal de médecine » un grand nombre de mémoires, entre autres : *Mémoire sur cette question : l'asthme des vieillards est-il une affection nerveuse* [Lu à la Société de l'École de médecine en 1817]? — *Sur le moyen de distinguer l'ascite de l'hydropisie enkystée ;* — *Sur la distinction des anévrismes en actif et en passif ;* — *Sur l'isochronisme des pulsations artérielles ;* — *Observations de phlegmasies adynamiques guéries malgré l'emploi des toniques et des excitants ;* — *Transposition des viscères ;* — *Remarques sur quelques points de zona ;* — *Sur la fracture spontanée du fémur ;* — *Sur quelques cas pathologiques intéressants observés sur le même individu ;* — *Sur une femme dont la peau est devenue noire dans l'espace d'une nuit*, etc.

ROSTAN [Louis].—Notice sur l'église de Saint-Maximin (Var). Marseille, 1841, in-8 de 67 pag.

ROSTAN [A. de].

1.—Avec M. *Cournier :* Égile le Démon, ou la Légende de Gastein ; drame fantastique en trois actes, un prologue et un épilogue. Paris, Marchant, 1847, in-8 [50 c.].

2. — Un Amour criminel ; drame en un acte, en vers. Paris, impr. de Guiraudet, 1848, in-8 de 12 pag.

3. — Pauvres chanteurs ! scène dramatique en vers. Belleville, impr. de Galban, 1848, in-8 de 4 pag.

4.—Appel aux éditeurs, imprimeurs, artistes, peintres, graveurs et dessinateurs. Paris, impr. de Soupe, 1848, in-4 de 2 pag.

L'auteur, pour venir au secours des malheureux, offre de donner le manuscrit d'un recueil en huit volumes, ayant pour titre : *Mystères du cœur*, etc., et propose une souscription à cet ouvrage, qui se composera de 40 livr. à 30 c.

M. A. de Rostan a été le rédacteur en chef de « l'Europe littéraire. »

ROSTAND [Mme Victorine]. — Les Violettes, poésies ; précédées d'une lettre à M. de Lamartine, par M. *Jules Janin*. Paris, Curmer, 1846, in-8.

ROSTOPTCHINE [le comte Théodore], général russe ; né près de Livny (gouvernement d'Orel) le 12 (23) mars 1765, mort à Moscou le 18 (30) janvier 1826. Le comte Rostoptchine commandait Moscou en 1812, au moment de l'invasion de l'armée française ; c'est lui qui passe pour avoir donné l'ordre d'incendier cette capitale. [Voy. une *Notice* publiée en 1826 par M. Alexandre BOULGAKOF, la *Biographie universelle*, suppl., et une *Notice littéraire et bibliographique*, par M. Serge POLTORATZKY (1854, in-8].

1. — La Vérité sur l'incendie de Moscou. Paris, 1832, in-8 ;. — traduit en russe par M. Alexandre Volkof. Moscou, 1824, in-8.

2. — Mémoires écrits en dix minutes. — Son mot sur Fouché, Talleyrand et Potier. — Anecdote de la pelisse. Paris, impr. de Lange-Lévy, 1839, in-8 de 12 pag.

Les Mémoires écrits en dix minutes furent composés pour répondre à la demande de la comtesse Bobrinsky, qui avait engagé l'auteur à écrire les mémoires de sa vie. M. S. Poltoratzky les a publiés pour la première fois en 1839 dans le journal « le Temps » (16 avril), puis à part à 300 exemplaires. Ils ont été traduits en allemand, en anglais, en espagnol, en italien, en russe, en portugais, etc. M. Poltoratzky les a reproduits dans sa Notice bibliographique et littéraire sur le comte Rostoptchine. C'est une plaisanterie spirituelle composée de quinze chapitres :

1. Ma naissance.—2. Mon éducation.—3. Mes souffrances. — 4. Privations. — 5. Époques mémorables. — 6. Portrait au moral. — 7. Résolution importante —8. Ce que je fus et ce que j'aurais pu être. — 9. Principes respectables. — 10. Mes goûts. — 11. Mes aversions. — 12. Analyse de ma vie. — 13. Récompenses du ciel. — 14. Mon épitaphe. — Épître dédicatoire au public.

Le général Rostoptchine a donné plusieurs ouvrages en russe : Myssli vsloukh (*Réflexions à haute voix sur le Perron rouge*) [Moscou, impr. de Beketof, 1807, in-8 ;— 11e édit. Saint-Pétersbourg, impr. de J. Glazounof, 1807, in-4 de 8 pag.] ; — Vesti ili oubitoï givoï (*les Faux Bruits, ou l'homme vivant tué par les colporteurs de nouvelles*), comédie en un acte et en prose [Moscou, impr. de Lelivanofsky, 1808, in-8 de 2 et 75 pag.] ; — Proclamations. Lettres, 1812.

M. Poltoratzky a donné en outre, dans l'écrit déjà cité, un quatrain français de Rostoptchine, et une réponse qu'on attribue à Jouy. Il a publié quelques fragments fort curieux de proclamations et de lettres de Rostoptchine.

ROSTOPTCHINE [Mme Catherine], femme du comte Théodore.

Mme C. Rostoptchine a publié en français, sous le voile de l'anonyme, plusieurs ouvrages, entre autres : *Album allégorique* [Moscou, 1829, in-16].

ROSTOPTCHINE [le comte André], fils du comte Théod. Rostoptchine. — Histoire universelle. Moscou, impr. de Semen, 1843, 1844, 2 vol. in-8.

ROSTOPTCHINE [Mme la comtesse Eudoxie], femme du comte André.

Mme E. Rostoptchine est l'auteur de quelques poésies en français. Diverses pièces de vers composées par elle en russe ont été traduites en français par M. de JULVECOURT [*la Balalaïka*. Paris, 1837, in-4]; et par M. Elim MESTSCHERSKY [*les Boréales*, 1839, in-8].

ROTALIER [Ch. de], membre de l'Académie des sciences, arts et belles-lettres de Besançon.

1. — Histoire d'Alger et de la piraterie des Turcs dans la Méditerranée, à dater du seizième siècle. Paris, 1841, 2 vol. in-8 [15 fr.].

2. — De la France, de ses rapports avec l'Europe et du rôle qu'elle est appelée à jouer dans le monde. Paris, Dentu, 1846, in-8 [5 fr.].

3. — La Captivité de Barberousse, roi d'Alger. Chronique du XVIe siècle. Paris, Souverain, 1839, in-8.

Sous le nom : Charles de BERMONT.
M. de Rotalier a fourni divers articles aux « Mémoires de l'Académie des sciences, arts et belles-lettres de Besançon. »

ROTH [Didier], docteur en médecine. [Voy. la *France littér.*, t. VIII, p. 164.]

1. — Clinique homœopathique, ou Recueil de toutes les observations pratiques publiées jusqu'à nos jours, et traitées par la méthode homœopathique. Paris. J.-B. Baillière, 1836-1840, 9 vol. in-8 [81 fr.].

Sous le pseudonyme : le docteur BEAUVAIS (de Saint-Gratien).

2. — Effets toxiques et pathogénétiques des médicaments sur l'économie animale dans l'état de santé; recueillis et mis en tableaux synoptiques. Paris, J.-B. Baillière, 1837-38, in-8.

Sous le même pseudonyme.

3. — Instruction pour l'usage du calculateur-automate. Addition et soustraction. Inventé par M. le docteur Roth. Paris, Queslin, 1843, in-8 de 8 pag.

Une autre édition, in-8 de 4 pag., a été publiée en 1842.
On doit à M. Did. Roth, avec M. Th. OLIVIER : Rapport fait à la Société d'encouragement de Paris, au nom du comité des arts mécaniques, sur des *machines à calculer* [1844, in-4].
M. Roth a traduit de l'allemand, avec M. le d^r FOISSAC : « Précis des médicaments antipsoriques homœopathiques, » par BOENNINGHAUSEN [1834, in-8]; et le « Manuel de thérapeutique homœopathique, par *le même* [1846, in-12].
Sous le pseudonyme BEAUVAIS (de Saint-Gratien), il a entièrement refondu la deuxième édition de : « Homœopathie domestique, » par BIGEL [1838, in-18]. Il a travaillé sous le même nom à la « Revue critique et rétrospective de la matière médicale » (1840-42, 5 vol. in-8). Il a donné, sous le pseudonyme AHASVÉRUS, des articles de littérature médicale dans les « Archives et Journal de la médecine homœopathique. »

ROTH [J.-J.] — Avec M. *Heintz*: Lectures pratiques à l'usage des classes moyennes (1843, 1848, in-12). Voy. HEINTZ.

ROTHE, professeur à l'Académie royale de Soroë (Danemark).

1. — Remarques sur le roman du Renard. Paris, Techener, 1837, in-8.

2. — Les Romans du Renard, analysés et comparés d'après les textes manuscrits les plus anciens, les publications latines, flamandes, allemandes et françaises; précédés de renseignements généraux et accompagnés de notes et d'éclaircissements philologiques et littéraires. Paris, Techener, 1845, in-8 [8 fr.].

ROTTIGNI [Q.]. — Le Bourgeois d'Oberstrass, ou Un petit Mot à l'occasion d'un grand dessein. Paris, Ledoyen, 1838, in-8 de 48 pag.

On a publié dans la même année : « le Citoyen de Zurich, ou Louis-Napoléon en Suisse, » par CHICOISNEAU [Paris, Terry, in-8 de 96 pag.].

ROUAIX. — Avec M. *A.-L. Harmonville* : Dictionnaire des dates, des faits, etc. (1838-44, 2 vol. pet. in-4). Voy. HARMONVILLE.

ROUARD [Étienne], bibliothécaire de la ville d'Aix, membre de l'Acad. de cette ville, et corresp. de la Soc. des antiq. de France; né à Aix en 1792. [Voy. la *France littér.*, t. VIII, p. 166.]

1. — Rapport fait à l'Académie sur les papyrus découverts par M. Champollion jeune, dans la collection de M. Sallier.

Imprimé par extraits dans la « Revue de Provence. »

2. — Inscriptions, en vers, au musée d'Aix, suivies d'un Appendice sur une statue antique récemment découverte aux environs de cette ville. Aix, imp. de Nicot, 1839, in-8 de 36 pag. avec 1 pl.

Tiré à 101 exemplaires signés et numérotés. — La Dédicace est adressée à M. Adrien-Jean-Baptiste Leroi, ancien commissaire de marine, né à Paris le 21 décembre 1738.

3. — Commission d'archéologie d'Aix. Rapport sur les fouilles d'antiquités qui ont été faites à Aix dans les premiers mois de 1841. Aix, impr. de Nicot, 1842, in-4 de 32 pag. avec 3 pl. — *Idem*, en 1842. Aix, impr. de Vitalis, 1843, in-4 de 40 pag. avec 5 pl. — *Idem*, en 1843 et 1844. Aix, imp. de Vitalis, 1845, in-4 de 68 pag. avec 5 pl.

M. Rouard a travaillé au « Bulletin du bibliophile. »

ROUAULT [l'abbé Louis], curé de Saint-Pair, diocèse de Coutances. [Voy. la *France littér.*, t. VIII, p. 166.] — — Les Quatre Fins de l'homme, avec des réflexions capables de toucher les pécheurs les plus endurcis et de les ramener dans la voie du salut; édition revue et corrigée par M. *Collet*. Lyon, Perisse, 1839, in-32 [50 c.]. — Autre édition. Saint-Brieuc, Prud'homme, 1840, in-18 [80 c.].

ROUAULT [Marie]. — Note sur de nouvelles espèces de fossiles découvertes en Bretagne. Paris, impr. de Martinet, 1849, in-8 de 4 pag.

Extrait du « Bulletin de la Société géologique de France, » 2ᵉ série, t. VI.

ROUAZE [Honoré] (de Cannes). — Le Futur Contrat social. Marseille, imp. de Feissat aîné, 1839, in-8 de 40 pag.

En vers.

ROUBAUD [Félix], docteur en médecine.

1. — Annuaire médical et pharmaceutique de la France, comprenant la législation médicale et pharmaceutique, l'enseignement, les sociétés de médecine de Paris et des départements, etc. Paris, Baillière, 1849, in-12 [4 fr.].

2. — L'Œil-de-Bœuf des théâtres. Paris, Jonas, Lavater, 1849, in-8.

Chaque livraison forme un tout complet et se vend séparément 50 c. : *Opéra* [in-8 de 56 p. avec 1 pl.]; — *Théâtre-Français* [in-8 de 32 pag. avec 1 pl.]; — *Opéra-Comique* [in-8 de 28 pag. avec 1 pl.]; — *Odéon* [in-8 de 28 pag. avec 1 pl.); — *Italiens* (in-8 de 36 pag. avec 1 pl.]; — *Vaudeville* [in-8 de 36 pag. avec 1 pl.].

M. F. Roubaud a travaillé à la « Gazette des hôpitaux. »

ROUBAUD [A.], d'Entraigues (Vaucluse).

1. — Les Anglais. Paris, Pagnerre, 1846, in-8.

2. — Extrait de la réorganisation sociale, d'après laquelle il n'y aurait plus sur la terre de pauvres et de malheureux, d'esclaves et de tyrans. Avignon, Peyre, 1849, in-18 de 228 pag. [50 c.].

ROUBAUDI, pharmacien à Nice. — Nice et ses environs. Nice, 1843, in-8.

ROUBIER [Benoît], fondeur à Lyon. — Mémoire présenté à MM. les membres de l'Académie des sciences (section de mécanique), sur un mécanisme destiné à prévenir les accidents sur les chemins de fer. Lyon, impr. de Boursy, 1846, in-4 de 8 pag. avec 1 pl.

ROUBY [Jules].

1. — La Région de l'ombre et de la lumière (fragment). Toulouse, imp. de Corne, 1844, in-12 de 16 pag.

Extrait d'un roman intitulé : « Madeleine pécheresse, » et distribué aux abonnés du « Charivari méridional. »

2. — Le Daguerréotype. Limoux, Franc, 1844, in-18 [6 fr.].

ROUCHÉ [Joseph], ancien chef de bureau à la mairie de Montpellier, né vers 1798.

1. — L'ex-Maire et la prostituée, ou les Deux Vengeances. Montpellier, imp. de Ducros, 1838, in-8 de 124 pag.

2. — A la France, ou Mon dernier Cri en faveur de notre indépendance, messénienne. Montpellier, imp. de Martel, 1841, in-8 de 8 pag.

En vers.

ROUCHON. — De la Politique. Aix, Aubin, 1840, in-8 [3 fr.].

ROUCOU [Aubin]. Voy. AUBIN ROUCOU [J.].

ROUEN [L. de], baron d'Alvimare.

1. — Recueil de réfutations des principales objections tirées des sciences et dirigées contre les bases de la religion chrétienne par l'incrédulité moderne. IIᵉ édit. Paris, imp. de Bachelier, 1842, et IIIᵉ édit., 1843, in-8.

Ce volume renferme trois parties qui avaient

paru séparément; la première a été publiée en 1839, la deuxième en 1840, la troisième en 1841.

2. — Essai sur l'authenticité des quatre versions canoniques de l'Évangile; précédé de réfutations, d'objections et de remarques dirigées contre leur authenticité. Paris, impr. de Bachelier, 1844, in-8 de 68 pag.

ROUEN [Pierre-Isidore]. — [Voy. la *France littér.*, t. VIII, p. 173.] — Corps des lois commerciales, ou Recueil complet des lois et règlements généraux, édits, ordonnances, arrêts du conseil, lettres patentes, décrets, arrêtés, avis du conseil d'État, etc., actuellement en vigueur, sur le commerce intérieur et maritime de la France; avec notes et renvois, par P.-I. Rouen, continué jusqu'à ce jour par M. *Vincent*. Paris, Videcoq, 1839, 2 vol. in-8 [12 fr.].

M. P.-I. Rouen a travaillé au « Producteur. »

ROUFIA [C.]. — Système légal des poids et mesures. Perpignan, impr. d'Alzine, 1848, in-18 de 36 pag.

ROUFFIGNAC [Th.-M. de]. — Sept Soirées en famille. Limoges, Barbou, 1848, in-12 avec 1 grav.

ROUGÉ [Emmanuel de], conservateur des antiquités égyptiennes au musée du Louvre, membre de l'Académie des inscriptions, membre de la Société des antiquaires de France. — Notice des monuments exposés dans la galerie d'antiquités égyptiennes, au musée du Louvre. Paris, impr. de Vinchon, 1849, in-12 [50 c.].

Citons encore : *Compte rendu de l'ouvrage de M. Bunsen sur l'Égypte* [Annales de Philos. chrétienne 1845]; — *Lettres et observ. sur les antiquités égyptiennes* [Rev. archéol., 1846 et ann. suiv.].

ROUGE [C.-E.], licencié ès lettres.
1. — Grammaire anglaise, ou Cours théorique et pratique de langue anglaise, contenant, etc. IIe édit. Auch, impr. de Foix; Paris, Hachette, 1845, in-12 [3 fr. 50 c.].

La première édition est de 1840.

2. — Grammaire italienne, ou Cours théorique et pratique de langue italienne, contenant, etc. IIe édit. Paris,

Hachette, 1846, in-12 [3 fr. 50 c.].

La première édition est de 1843.

ROUGEMONT [Michel-Nicolas BALISSON de], auteur dramatique, né à la Rochelle le 7 février 1781. [Voy. la *Galerie de la presse*, 2e série, et la *France littér.*, t. VIII, p. 174.]
1. — Avec MM. *Saintine* et *Carmouche* : M. Bonnefoi, ou le Nouveau Menteur; comédie en un acte et en prose, mêlée de vaudevilles. Paris, Quoy, 1823, in-8 [1 fr.].
2. — Avec M. *Scribe* : Avant, pendant et après, esquisses historiques. Paris, impr. de Duverger, 1828, in-8 de 80 pag. [3 fr.]. — V[e] édit. Paris, Bezou, 1828, in-8 de 80 pag. — Autre édit. Paris, Barba, Delloye, Bezou, 1839, in-8 de 32 pag.
3. — Avec M. *Scribe* : le Suisse de l'hôtel, anecdote de 1816; vaudeville en un acte. Paris, Pollet, 1831, in-8 de 40 pag.
4. — Eulalie Granger; drame en cinq actes et en sept tableaux. Paris, impr. de Dondey-Dupré, 1837, in-8 de 44 pages.
5. — Léon; drame en cinq actes et en prose. Paris, impr. de Dondey-Dupré, 1838, in-8 [2 fr.].
6. — Le Discours de rentrée; comédie-vaudeville en un acte. Paris, Marchant, 1838, in-8 de 16 pag. [30 c.].
7. — Il faut que jeunesse se passe, comédie en trois actes, en prose. Paris, Marchant, 1839, in-8 de 24 pag. [40 c.].

On doit encore à M. Rougemont, en collaboration avec MM. COMBEROUSSE et SCRIBE : Salvoisy, ou l'Amoureux de la reine; — avec MM. DENNERY et GRANGER : la Reine des blanchisseuses; — avec MM. DUPEUTY et ALHOY : la Correctionnelle; — avec MM. DUPEUTY et LANGLÉ : la Belle Bourbonnaise; — avec M. A. MONNIER : Amandine, etc. Voy. ces noms.

ROUGEMONT [Frédéric de].
1. — Description de la Terre-Sainte, par *Andreas Bræme*, publiée à Bâle en 1834, traduction française, revue, augmentée et publiée par F. de Rougemont. In-12 [3 fr. 50 c.]. — *Paris, Delay*.
2. — Cours de géographie élémentaire. Neufchâtel, 1838, in-12 [2 fr. 50 c.].
3. — Essai sur le piétisme ou sur le réveil religieux de l'Allemagne au temps de Spener, d'après Hengstenberg. Neuf-

châtel, Michaud, 1842, in-8 de 32 pag.

ROUGET [J.-P.-S.]—[Voy. la *France littér.*, t. VIII, p. 180.]—Cours abrégé d'histoire et de géographie ancienne et moderne. — *Histoire sainte.* Toulouse, Delsol, 1842, in-12.

ROUGET [Charles]. — Avec M. *H. Burat de Gurgy* : le Représentant du peuple ; drame historique en quatre actes. Marseille, impr. de Terrasson, 1837, in-8 de 28 pag. [1 fr.].

M. Ch. Rouget a donné dans « les Français peints par eux-même » : *la Femme de ménage* [t. I, p. 325]; — *le Garde-Côte* [t. I, p. 355]; — *le Tyran d'estaminet* [t. IV, p. 161].

ROUGET DE LISLE [Joseph], poëte et compositeur ; né à Lons-le-Saulnier le 10 mai 1760, mort à Choisy-le-Roi le 25 juin 1835. [Voy. *la Biogr. univ.*, suppl., une Notice dans les *Travaux de la Société d'émulation du Jura*, et la *France littér.*, t. VIII, p. 180.]

— La Marseillaise, marche. Paris, impr. de Mie, 1833, in-8 de 4 pag.

L'hymne patriotique est imprimé en caractères romains. La première strophe est, à la fin, répétée en caractères italiques, et suivie de dix chiffres.

— La Marseillaise, chant patriotique, paroles et musique de Rouget de l'Isle, accompagnement de piano, par A. Aulagnier, dessins de Charlet, etc. Notice littéraire sur Rouget de l'Isle et la Marseillaise, par *Félix Pyat.* IVe édit. Paris, J. Laisné, 1848, in-8 de 16 pag. [50 c.].

La première édition de cet éditeur est de 1840.

On doit aussi à M. Rouget de l'Isle deux *chansons* dans la 2e année de « l'Almanach de Paris et des départements, » faisant suite à « l'Almanach des électeurs » [Paris, Ponthieu, 1823-24, 2 vol. in-18] ; — *Sur l'Expédition de Quiberon* [tome II, des « Mémoires de tous]; » — *Fierval et Rose mourante* [Musée littéraire du *Siècle*].

ROUGET DE LISLE, ingénieur manufacturier.

1.—Chromographie, ou l'Art de composer un dessin à l'aide de lignes et de figures géométriques, et de l'imiter avec des matières colorées, comprenant, etc. Paris, Pitois-Levrault, 1839, in-4 de 52 pag. avec un tableau in-plano et 15 planch. [15 fr.].

2. — Notice sur les machines et procédés relatifs à la composition des dessins et à la fabrication des tapisseries.

Paris, impr. de Mme Bouchard-Huzard, 1845, in-4 de 60 pag. avec un tableau et 8 pl.

3.—Note sur l'origine et les procédés propres à teindre, rayer et ombrer les étoffes. Paris, impr. de Gratiot, 1846, in-4 de 44 pag. avec 3 tableaux et 6 pl.

4. — Résumé historique des premières applications de la poudre à canon et de la vapeur comme puissance mécanique. Paris, impr. de Mme Bouchard-Huzard, 1848, in-4 de 24 pag.

Tiré à part du « Bulletin de la Société d'encouragement pour l'industrie nationale. »

On doit encore à M. Rouget de Lisle : Instruction sur l'usage de la table de réduction, ou régulateur de la composition des dessins et de la fabrication des tapisseries de points [1839-1843, in-8 avec un tableau; — Clef du coloriste, brodeur et tapissier des Gobelins [1840, in-8 ; IIe édition, 1843, in-4]; — Album des ouvrages de dames, renfermant les principaux objets que l'on peut imiter par la broderie ou la tapisserie à l'aiguille, tels, etc. [1845, in-fol. avec pl.];—Historique de l'invention des chapeaux simplement pliants et des chapeaux réellement mécaniques, renfermant le résumé des brevets qui ont été pris pour ces objets jusqu'au 25 janvier 1844 [1848, in-4]; — Impression en relief à l'aide de deux planches de cuivre gravées. Contrefaçon. Renseignements précis à l'appui de la défense de M. Lhotel contre M. Rheims, et en réponse au rapport de M. Gauthier de Claubry, expert [1848, in-4]; —Opinions et témoignages sur l'utilité et l'efficacité de l'eau inodore de MM. Raphanel et Ledoyen, pour désinfecter les matières et exhalaisons fétides, principalement les matières fécales et les urines, que l'on peut employer immédiatement comme engrais [1849, in-8].

M. Rouget de Lisle a travaillé au « Dictionnaire des arts et manufactures. »

ROUGET DE LISLE [Mme]. — Encyclopédie des dames, contenant la description exacte et détaillée de tous les travaux d'aiguille : la lingerie, la broderie, la tapisserie, etc. Paris, impr. de Plon, 1847, in-fol. de 36 pag.

Cet écrit, intitulé en 184*: *Encyclopédie des dames, renfermant les arts et métiers d'utilité et d'agrément*; en 1848 : *Académie des dames; livre des beaux-arts que l'on peut apprendre aisément sans maitre*; en 1849 : *Encyclopédie des dames, renfermant les arts et métiers d'agrément*; forme la prime accordée aux souscripteurs du journal « les Modes parisiennes. »

ROUGIER [Louis-Auguste], médecin de l'Hôtel-Dieu de Lyon, secrétaire de la Société de médecine de cette ville. [Voy. la *France littér.*, t. VIII, p. 180.]

1.—Éloge de J.-M. Pichard, docteur en médecine, membre de l'Académie des sciences, belles-lettres et arts de

Lyon, etc. Lu à la Société de médecine de Lyon, le 21 novembre 1836. Lyon, impr. de Perrin, 1827, in-8 de 24 pag.

J.-M. Pichard, né à Lyon le 22 avril 1781, est mort le 29 août 1836.

2. — Éloge historique de Claude-Antoine Bouchet, ancien chirurgien-major de l'Hôtel-Dieu de Lyon, etc. Lu à la Société de médecine de Lyon, le 3 décembre 1839. Lyon, impr. de Perrin, 1840, in-8 de 56 pag.

C.-A. Bouchet, né le 17 février 1785, est mort le 25 novembre 1839.

3. — Compte rendu des travaux de la Société de médecine de Lyon, depuis le 1er juillet 1836 jusqu'au 30 juin 1838. Lyon, Perrin, 1841, in-8.

4. — De la Morphine administrée par la méthode endermique dans quelques affections nerveuses. Lyon, Savy; Paris, J.-B. Baillière, 1843, in-8 [3 fr. 50 c.].

M. L.-A. Rougier a rédigé le Résumé des travaux de la Société de médecine de Lyon.

ROUHAUT.
M. Rouhaut a rédigé la *Géologie*, pour la IVe partie du « Voyage en Abyssinie. » Voy. LEFEBVRE [Théophile].

ROUHIER [Alex.]. — Avec M. de *Roffiac* : Histoire nationale de France (1846-48, in-8). Voy. ROFFIAC.

ROUILLARD [Hector]. — Avec M. *Tétard* : Barême de la solde, des accessoires de la solde et abonnements de la gendarmerie, des voltigeurs corses et de la garde municipale. Paris, Léautey, 1844, in-8 oblong de 48 pag.

ROUILLON. — Géographie des écoles primaires. Mirecourt, Humbert, 1844, in-18 de 156 pag.

ROUILLON [A.], avocat et juge de paix à Paris. [Voy. la *France littér.*, t. VIII, p. 183.] — Observations sur quelques articles du projet de loi concernant les justices de paix. Paris, impr. de Baudouin, 1838, in-8 de 32 pag.

La couverture imprimée porte : Observations sur quelques remarques du projet, etc.

ROUJON [L.-M.]. — La Noble Vénitienne, ou Amour, imprudence et malheurs. Histoire véritable. Paris, impr. de Gaultier-Laguionie, 1837, in-18 de 108 pag. avec 1 pl.

ROUJOUX [Prudence-Guillaume, chevalier, puis baron de], né à Landernau le 6 juillet 1779, mort à Paris le 7 octobre 1836. [Voy. une Notice nécrologique par Ch. NODIER, dans le *Moniteur* du 19 octobre 1836, et la *France littér.*, t. VIII, p. 184.]

1. — Entretiens géographiques, composés d'après les leçons de l'abbé Gaultier, augmentés de nombreuses notions de statistique, etc. Lyon, Pélagaud, 1840, 1841, et Xe édit., 1844, in-18 ; 1846, in-24; Lyon, Lesne, 1842, in-18 [1 fr. 20 c.].

2. — *Vosgien*. Nouveau Dictionnaire géographique universel, contenant, etc., rédigé sur un plan nouveau. XIe édit. Paris, Belin-Mandar, 1844, in-8 avec 12 pl. et 2 cartes [3 fr.]. — Autre édit. Limoges, Barbou, 1846, in-8 avec des cartes et des pl.

3. — Avec M. *Alfred Mainguet* : Histoire d'Angleterre (1843-45, 2 vol. gr. in-8). Voy. MAINGUET.

M. de Roujoux a donné une édition de l'« Abrégé de l'histoire générale des voyages. » [Lyon, Rusand, 1830 et ann. suiv., 21 vol. in-8];—il a traduit l'« Histoire d'Angleterre, » de LINGARD [1834-35, 17 vol. in-8 et 1841-45, 5 vol. gr. in-8]; et « Preuves de l'histoire de l'Angleterre, » par LINGARD [1833, in-8].

ROULEZ [Jos.-Emm.-Ghislain], professeur et recteur de l'Université de Gand, membre de l'Académie de Belgique, corresp. de la soc. des antiq. de France; né à Nivelles le 6 février 1806.

1. — Commentatio de Carneade Cyrenæo, philosopho academico. Gand, 1825, in-4.

2. — Commentatio de vita et scriptis Heraclidæ Pontici. Louvain, 1828, in-4.

3. — Observationes criticæ in Themistii orationes. 1828, in-8.

4. — Ptolemæi Hephæstionis novarum historiarum, excerpta e Photio, edita et commentario illustrata. Lipsiæ et Bruxellis, in-8.

5. — Sur la Légende de l'enlèvement des Sabines. Bruxelles, 1834, in-8.

Extrait du «Recueil encyclopédique. »

6. — Notice biographique sur P.-G. Van Heusde. Bruxelles, 1841.

7. — Amphion et Zéthus, dissertation archéologique sur un miroir étrusque. Liège, 1842, in-8.

8. — Programme du cours d'antiquités romaines, considérées sous le point de vue de l'État. Bruxelles, 1847, in-8.

M. Roulez a donné une traduction du « Manuel de l'histoire de la littérature romaine, » de BAEHR [1838, in-8] ;—un Abrégé de l'ouvrage de SCHOELL, sous le titre de : « Manuel de l'histoire de la littérature grecque » [Bruxelles, 1837, in-8] ; — des éditions du « Mémoire de BAERT sur les campagnes de César dans la Belgique » [1833, in-4] ; — « de l'Histoire de la lutte entre les patriciens et les plébéiens à Rome, » par A. HENNEBERT [1845, in-4].

Il a publié, dans les « Mémoires de l'Académie de Belgique » [1837, 1838-1843-1844-1845], et dans les « Bulletins » de cette académie depuis 1836, des *Mémoires*, *Notices*, *Rapports*, sur des peintures de vases antiques, des inscriptions, des antiquités de divers genres, des mémoires de géographie, d'histoire, etc. Il a travaillé au « Messager des sciences historiques de la Belgique, » aux « Annales de l'Institut archéologique de Rome, » à plusieurs recueils scientifiques allemands, à la « Revue archéologique de Paris, » etc.

ROULIN [F.-D.], sous-bibliothécaire de l'Institut, membre de la Société philomatique. — Avec MM. *Laurillard* et *Milne-Edwards* : les Mammifères et les races humaines (1849, in-8). Voy. LAURILLARD.

M. F.-D. Roulin a traduit de l'anglais : « Histoire naturelle de l'homme, » par PRICHARD [1843, 2 vol. in-8].

Il a travaillé au « Dictionnaire universel d'histoire naturelle, » publié par M. Ch. d'Orbigny, et il a donné un grand nombre d'articles dans la « Revue des Deux-Mondes, » *souvenirs de voyages, politique, Revue scientifique, mélanges d'histoire naturelle* (mœurs, industrie des animaux, des insectes, sociabilité des animaux, curiosités botaniques, agriculture, pluies de crapauds, etc.).

ROULLAND [Émile]. [Voy. la *France littér.*, t. VIII, p. 185.]

1. — Poésies posthumes et inédites. Paris, Gosselin, 1838, in-8 avec un portrait [6 fr.].

2. — La Fête-Dieu, ode. Nouv. édit. Paris, Dentu, Ad. Leclère, 1842, in-8 de 16 pag.

ROULLAND [F.-G.-V.]. — Recherches sur l'étranglement dans les hernies. Caen, Poisson ; Paris, Labé, 1847, in-8 de 72 pag.

ROUMANILLE, de Saint-Remy. — Louis Gros et Louis Noé, ou un Drame dans les carrières de Saint-Remy. Avignon, Seguin aîné, 1849, in-18 [25 c.].

Nouvelle.

ROUMÉGA [Cahuac de]. — Voy. CAHUAC DE ROUMÉGA.

ROUQUAIROL [Saint-Romain].—Le Globe terrestre reconnu vivant, ou Physiologie de la terre. Paris, Carilian-Gœury et Dalmont, 1848, in-8 [3 fr. 50 c.].

ROUQUAYROL. — Avec MM. *Th. d'Estocquois* et *Recoules* : Tableaux de conversion en mesures métriques (1841, in-8). Voy. ESTOCQUOIS.

ROUQUETTE [l'abbé Adrien], né à la Nouvelle-Orléans le 26 février 1813, ordonné prêtre en 1845.—Les Savanes, poésies américaines. Paris, Labitte, 1841, in-18 [3 fr. 50 c.].

Sous le nom Adrien ***, de la Louisiane.

On annonce de cet écrivain, qui a eu un grand succès comme prédicateur à la Nouvelle-Orléans, un volume en prose intitulé : *Variétés d'un créole*, contenant des pensées, des impressions de voyage, des descriptions de la Louisiane ; — un Discours prononcé dans la cathédrale de la Nouvelle-Orléans ; — un nouveau volume de poésies sacrées.

ROUQUETTE [Dominique], né à la Nouvelle-Orléans en 1811. — Meschacébéennes, poésies. Paris, Sauvaignat, 1838, in-18 de 168 pag.

M. Dominique Rouquette a en manuscrit un nouveau volume de poésies, et il travaille à un ouvrage sur l'origine, les mœurs et la langue harmonieuse de la tribu des Chactas.

ROUQUIÉ [R.].

1. — Méthode facile pour apprendre à analyser en peu de temps la langue française. Limoges, impr. de Chapoulaud, 1839, in-18 de 36 pag.

2. — Traité élémentaire de géographie. Limoges, impr. de Chapoulaud, 1839, in-18 de 162 pag.

3.—Éléments de la grammaire latine de Lhomond. Nouvelle édition. Limoges, Chapoulaud, 1840, in-12.

4. — Grammaire française, contenant, etc. Limoges, impr. de Chapoulaud, 1843, in-12 de 88 pag.

ROURE [le marquis L.-M. DU].

1. — Analecta Biblion, ou extraits critiques de divers livres rares, oubliés ou peu connus. Paris, Techener, 1836-37, 2 vol. in-8.

2.—Histoire de Théodoric le Grand, roi d'Italie. Paris, 1846, 2 vol. in-8.

ROUSCA [B.-A.]. [Voy. la *France littér.*, t. VIII, p. 186.]

1.—Le Château de Saint-Germain, sa gloire et sa profanation. Saint-Germain-en-Laye, Dubusc Dussouchet, 1838, in-8 de 24 pag. avec 1 lith.

En vers.

2.—Foi et patrie, étrennes religieuses, poétiques, patriotiques, historiques et satiriques, pour l'année 1840. Saint-Germain, impr. de Beau; Paris, Hivert, 1840, in-8.

Poésies.

ROUSIER [l'abbé].
1. — Illustrations de l'histoire sainte, recueillies par l'abbé Rousier. Limoges et Paris, Ardant, 1844, in-12 avec 4 grav.
2. — Le Jeune Voyageur dans la Terre-Sainte. Limoges et Paris, Ardant, 1844, in-12 avec 4 grav.
3. — Orpha, ou les Suites de l'indévotion. Limoges et Paris, Ardant, 1844, in-18 de 144 pag.

M. l'abbé Rousier a revu et corrigé les éditions des ouvrages suivants : « Simples contes religieux et moraux, » par Mme de CIVREY [1841, in-12]; — « les Enfants en vacances, » par M. DANBRY [BRIAND], suivi d'Emma, ou la Petite musicienne, par Mme C. FARRENC [1842, in-12]; — « Antoinette et Gabriel, » par Mme C. FARRENC [1844, in-18]; — l' « Intérieur d'un pensionnat, » par Mme CARROY [1842, in-12]; — « Zélie, ou le Modèle des jeunes filles, » par la même [1847, in-12].

ROUSSAY [Ch.]. — Deux Fêtes, ode dédiée à S. A. R. le duc d'Orléans, prince royal. Paris, impr. de Mme Delacombe, 1841, in-8 de 8 pag.

Citons encore : L'Anniversaire, poëme, dédié à la famille royale [1844, in-8, — Pour l'anniversaire de la mort du prince royal]. — Déjà seize ans! Ode au roi [1846, in-8].

ROUSSE fils [A.]. — L'Officier de santé, satire. Brignoles, impr. de Perreymond-Dufort, 1841, in-8 de 8 pag.

ROUSSE. — Histoire de treize ans, 1830-1843. Paris, impr. de Ducessois, 1843, in-12 de 48 pag.

ROUSSE [Hippolyte]. — Essai sur les moyens de régénérer l'agriculture en Bretagne. Chateaubriant, 1846, in-18 de 144 pag.

ROUSSEAU [Jean-Baptiste], poëte, né à Paris le 6 avril 1671, mort à la Genette (Belgique) le 17 mars 1741. [On trouve dans le Bulletin de l'Académie royale de Bruxelles (4 mars 1843) des détails sur l'exil de ce poëte, sur l'hospitalité qu'il reçut à Bruxelles chez le duc d'Aremberg, et sur son décès. Voy. aussi la Biogr. univ. et la France littér., t. VIII, p. 187.]
1. — OEuvres [avec celles de Boileau et de Malherbe]. Paris, F. Didot frères, 1838, in-8, avec un portrait [11 fr.].
— OEuvres, poésies lyriques complètes et choix de ses autres poésies [avec celles de F. de Malherbe et d'Ecouchard Lebrun]. Paris, F. Didot frères, 1843, in-12 [3 fr.].

Citons encore les éditions suivantes : Paris, Yonet, 1838; in-8; — Lyon et Paris, Perisse, 1838, 1843, 1846, in-18; — Lyon, Pélagaud; Paris, Poussielgue, 1846, in-18.

2. — Odes, édition classique, avec notes critiques et littéraires, par J.-A. Amar. IVe édit. Paris, Delalain, 1847, in-18 [1 fr.].

ROUSSEAU [Jean-Jacques], né à Genève le 28 juin 1712, mort à Ermenonville le 2 juillet 1778. [Voy. un article par M. LERMINIER, dans la Revue des Deux-Mondes de 1831; quelques Réflexions par Mme G. SAND (idem, 1er juin 1841); J.-J. Rousseau, sa vie et ses ouvrages, par M. Saint-Marc GIRARDIN (idem, 1er janvier, 15 février, 1er mai 1852, etc.); Voltaire et Rousseau, par lord BROUGHAM (1845, in-8); le portrait de Rousseau par lui-même, dans la Revue rétrospective (décembre 1834), et la France littér., t. VIII, p. 192.]
1. — OEuvres complètes, avec des notes historiques; nouvelle édition, augmentée d'une table alphabétique et analytique des matières. Paris, Furne, 1837-38, 4 vol. gr. in-8 avec 24 vignettes d'après MM. Johannot, Deveria et Marckl [40 fr.].
— OEuvres complètes, avec des notes historiques, par G. Petitain. Paris, Lefèvre, 1839, 8 vol. in-12 [28 fr.].

M. J.-S. QUESNÉ a publié : « Supplément indispensable aux éditions des " OEuvres de J.-J. Rousseau; particularités inédites. » [IIe édit., Paris, Ledoyen, 1844, in-8, de 32 pag.]

2. — Petits Chefs-d'œuvre. Paris, F. Didot frères, 1846, in-12 avec un portrait [3 fr.].

Ce volume contient : Discours couronné par l'Académie de Dijon. — Discours sur l'inégalité parmi les hommes. — Du Contrat social. — Lettre à M. Philopolis. — Jugement sur le projet de paix perpétuelle. — Lettre à M. de Beaumont. — Lettre à d'Alembert. — Quatre lettres à M. de Malesherbes. — Le Lévite d'Éphraïm.

3. — Émile, ou de l'Éducation. Nouvelle édition. Paris, Lebigre, 1838, 5 vol. in-18 [6 fr. 50 c.]. — Autre édition. Poi-

tiers, Saurin, 1839, 4 vol. in-18. — Autre édition. Limoges, impr. d'Ardant, 1843, 6 vol. in-18. — Autre édition. Paris, F. Didot frères, 1843, in-8 angl. avec un portrait [3 fr.].

Voy. dans le « Journal des Savants » (septembre et novembre 1848] des articles de M. Cousin, sur le manuscrit de l'*Émile*, conservé à la bibliothèque de la chambre des représentants.

4. — Contrat social. Premier livre, traduit en vers français, pendant sa proscription en 1793, par M. *Louis Caille*. Paris, impr. de F. Didot, 1847, in-8 de 20 pag.

5. — Lettres sur la botanique, précédées d'un précis élémentaire de cette science, par *L. Girault*. Paris, Beaujouan, 1838, et Labé, 1848, in-32.

6. — Le Lévite d'Éphraïm. Paris, Marescq, 1849, in-4.

Les «Romans illustrés anciens et modernes.»

7. — La Nouvelle Héloïse. Paris, F. Didot, 1843, in-12 avec un portrait [3 fr.]. — Autre édit. Paris, impr. de Lacrampe, 1844, 2 vol. gr. in-8, avec des illustrations de MM. T. Johannot, Em. Wattier, E. Lepoitevin, K. Girardet, Th. Guérin [36 fr.].

— Julie ou la Nouvelle Héloïse. Poissy, impr. d'Olivier, 1849, gr. in-8 [2 fr. 50 c.].

Citons encore les éditions suivantes : Paris, Pougin, 1837, 5 vol. in-18; — Paris, Hiard, 1838, 5 vol. in-18; — Paris, Charpentier, 1846, in-12.

Une traduction portugaise, par M. E.-P. da CAMERA, a été publiée sous ce titre : « A Nova Heloisa, ou Cartas de dois amantes residentes n'uma pequena cidade juncta aos Alpes »[Paris, Bossange, 1837, 4 vol. in-12 avec 13 grav.].

8. — Les Confessions. Paris, Barbier, 1845, gr. in-8 avec 28 vignettes tirées à part et 120 dessins dans le texte, par MM. T. Johannot, H. Baron, K. Girardet, etc. [16 fr.].

Indiquons aussi les éditions suivantes : *Paris*, Ch. Gosselin, 1822, 4 vol. in-32; — Fortin et Masson, 1841, 4 vol. in-18; — Charpentier, 1841, 1844, in-12 [précédé d'une Notice par George SAND]; — F. Didot, 1844, in-12 avec un portrait.

« L'Événement » du 19 juin 1851 contient dans son feuilleton un *avant-propos* et une *préface ou introduction* inédits aux Confessions de J.-J. Rousseau. Ces deux morceaux, qui existent dans un manuscrit des Confessions, remis par l'auteur à son ami Moulton, et déposé en 1794 dans la bibliothèque de Neufchâtel, ont été retrouvés par M. Félix BOVET, bibliothécaire de cet établissement. Les premiers éditeurs n'avaient pas jugé à propos de les publier. M. Bovet les a mis en lumière dans la « Revue suisse » (octobre 1850), et les a fait tirer à part.

9. — Profession de foi du vicaire savoyard, avec un appendice sur le style de Rousseau, par M. *V. Cousin*.

Fait partie des petits traités publiés par l'Académie des sciences.

Il a paru dans beaucoup de journaux et recueils des lettres inédites de J. J. Rousseau. Nous citerons entre autres : dans « l'Artiste » (IIe série, tome V], *Soixante-trois lettres*, dont la première est datée du 4 septembre 1759; —dans la « Revue rétrospective» [t. III. p. 147], *deux lettres inédites*, publ. par M. Jules RAVENEL; — dans les « Mémoires de la Soc. d'histoire et d'archéologie de Genève » [t. V, 1847], *deux lettres à son libraire Phil. Cramer*; — dans le « Journal du libraire et de l'amateur de livres » [janvier 1848], une *lettre à madame d'Houdetot*; — dans la « Revue rétrospective » [t. II, 2e série, p. 311], une *lettre à sa femme*, etc.

ROUSSEAU [Pierre-Joseph], vaudevilliste, rédacteur de la *Gazette des Tribunaux*, où il a donné pendant vingt ans des comptes rendus gais et spirituels des scènes de la police correctionnelle; né à Paris le 8 novembre 1797, mort à Paris le 26 juillet 1849. [Voy. un article dans le *Constitutionnel* du 27 juillet 1849, et la *France littér.*, t. VIII, p. 234.]

1. — Avec M. *Jules Séveste* : la Sylphide; drame en deux actes, mêlé de chant, imité du ballet de M. Taglioni. Paris, Barba, 1832, in-8 de 52 pag.

2. — Le Mentor faubourien, tableau-vaudeville en un acte. Paris, Barba, 1834, in-8 [1 fr. 50 c.].

3. — Avec M. *Jules Séveste* : l'Élève de la nature, ou Jeanne et Jenny; pièce en cinq actes et en deux parties, mêlée de chant. Paris, Barba, 1834, in-8 [2 fr.].

4. — Avec MM. *Théaulon* et *Alex. Dumas* : le Marquis de Brunoy; pièce en cinq actes, en prose et en vaudevilles. Paris, Barba, Delloye, Bezou, 1837, in-8 de 24 pag.

5. — Avec M. *de Villeneuve* : Jacket's Club; vaudeville en deux actes. Paris, Beck, Tresse, 1842, in-8 [50 c.].

Répertoire dramatique des auteurs contemporains.

6. — Avec M. *de Villeneuve* : la Morale en action; comédie-vaudeville en un acte. Paris, Tresse, 1845, in-8 de 16 pag. [50 c.].

7. — Avec M. *Lockroy* : On demande des professeurs; vaudeville en un acte.

Paris, Beck, Tresse, 1846, in-8 de 18 pag. [50 c.].

8. — Avec M. *Varin* : le Loup-garou ; comédie-vaudeville en trois actes. Paris, Marchand, 1846, in-8 de 28 pag.

9. — Avec M. *Bayard* : le Réveil du lion ; comédie-vaudeville en deux actes. Paris, impr. de M™e Dondey-Dupré, 1847, in-18 format anglais de 48 pag.

10. — Avec M. *Paul Foucher* : les Étouffeurs de Londres, ou la Taverne des sept cadrans ; drame en cinq actes. Poissy, impr. d'Olivier, 1847, in-18 format anglais.

Nous connaissons encore de M. Rousseau, en collaboration avec M. ALBOIZE : Rigoletti ; — avec M. ANNE : la Baronne et le Prince ; — avec M. Et. ARAGO : le Cabaret de Lustucru ; — avec MM. BARTHÉLEMY et MAXIMILIEN : Une Course en fiacre ; — avec MM. CLAIRVILLE et VARIN : le Carlin de la marquise ; — avec MM. COIGNIARD : la Tirelire ; — avec MM. COIGNIARD et DESLANDES : A Bas les hommes ; — avec MM. COMBEROUSSE et THÉAULON : le Père Goriot ; — avec M. COMBEROUSSE : l'Autorité dans l'embarras ; — avec M. COURCY : la Métempsychose ; — avec MM. DEFORGE et THÉAULON : Carmagnole ; — avec M. DELAPORTE : le Diable à quatre ; — avec M. DUMERSAN : le Baptême du petit Gibou ; — avec M. DUPEUTY : une Campagne à deux ; — avec MM. DUVERT et LAUSANNE : Michel, ou Amour et menuiserie ; les Infortunes conjugales ; — avec M. HALÉVY : le Chevreuil ; le grand Seigneur et la Paysanne ; M. Mouflet ; Geneviève ou la Grisette ; Louise Duval ; les Trois Étoiles ; — avec MM. HALÉVY et Jules (SAINT-GEORGES) : Tolbert ; — avec MM. HALÉVY et A. de LEUVEN : Grillo ; — avec M. MALLIAN : les Fileuses ; — avec M. LAUZANNE : l'Assassin ; — avec M. MASSON : l'Aiguillette bleue ; — avec M. Marc MICHEL : l'Art de tirer des carottes ; — avec MM. Marc MICHEL et LOCKROY : un Ange tutélaire ; etc. Voy. ces noms.

M. Rousseau est l'un des collaborateurs de « la Tour de Babel, revue épisodique en un acte » [1834, gr. in-8].

Presque toutes les pièces de M. Rousseau ont été publiées sous le nom de M. JAIME.

11. — Physiologie du viveur. Paris, 1842, J. Laisné, in-32.

12. — Physiologie de la portière. Paris, Aubert, 1841 ; in-32.

13. — Physiologie du Robert-Macaire. Paris, J. Laisné, 1842, in-32.

Ces trois physiologies ont paru sous le nom *James Rousseau*.

M. Rousseau a donné, dans le « Livre des Cent et un : » *Un Monsieur de Paris* [t. V, p. 81] ; — dans les « Cent et une Nouvelles nouvelles des cent et un » : *le Rendez-vous* [t. II, p. 115] ; — dans le « Musée des familles : » *la Salpêtrière* [t. I, p. 181] ; etc.

Il a travaillé à « Paris au XIXe siècle, recueil de scènes de la vie parisienne » [1840, in-4].

ROUSSEAU, conducteur des ponts et chaussées. — Notice sur le canal des Ardennes, 1826, 2 brochures in-4 [4 fr.].

ROUSSEAU [C.-Pierre]. [Voy. la *France littér.*, t. VIII, p. 235.]

1. — Fanal de l'approvisionnement de Paris en comestibles et en bois de construction. 1re année de la publication, 1re division. Paris, Allier, 1839, in-8 de 72 pag.

2. — Dictionnaire de l'approvisionnement de Paris en combustibles, en bois de construction et autres marchandises, ou Traité alphabétique complet et raisonné de toutes les matières qui touchent au service de la capitale en combustibles et en bois de construction, donnant pour chaque mot, avec la définition des termes, la discussion des principes et l'exposé de toute la législation. Paris, Carilian-Gœury et Dalmont, 1841, gr. in-8 à 2 colonnes [10 fr.].

2e partie du *Fanal*.

ROUSSEAU [Louis-François-Emmanuel], docteur en médecine, chef des travaux anatomiques au Muséum d'histoire naturelle, membre de l'Académie des sciences, arts et belles-lettres de Dijon ; né à Belleville en 1788. [Voy. la *France littér.*, t. VIII, p. 235.] — Anatomie comparée du système dentaire chez l'homme et chez les principaux animaux. Nouv. édit. augm. Paris, 1839, gr. in-8 avec 31 pl. gr. [20 fr.]

On doit aussi à M. Em. Rousseau : *Notice sur l'hémorrhagie par piqûres de sangsues* [Mémoires de l'Acad. des sciences, arts et belles-lettres de Dijon, année 1843-44, avec 1 pl.] ; — *Histoire naturelle médicale des serpents venimeux en général et de la vipère en particulier* ; — *Expériences faites avec le venin d'un serpent à sonnettes* ; — *Mémoire zoologique et anatomique sur la chauve-souris commune*, etc.

ROUSSEAU [Louis].

1. — Avec M. *Céran-Lemonnier* : Promenades au Jardin des Plantes, etc. (1837, in-18). Voy. CÉRAN-LEMONNIER.

2. — Croisade du XIXe siècle : appel à la piété catholique, à l'effet de reconstituer la science sociale sur une base chrétienne ; suivi de l'exposition critique des théories phalanstériennes. Paris, Debécourt, 1841, in-8 [7 fr. 50 c.].

ROUSSEAU [Amédée], compositeur de musique et auteur dramatique, plus connu sous le pseudonyme : *Amédée de Beauplan.*

1. — Le Susceptible; comédie en un acte, en vers. Paris, Barba, 1839, in-8 [40 c.].

2. — Avec M. *E. Vanderburch :* la Dame du second; comédie-vaudeville en un acte. Paris, Henriot, Milliez, Tresse, 1840, in-8 [40 c.].

3. — Avec M. *Paul de Kock :* Sur la rivière (1842, in-8). Voy. KOCK.

4. — Avec M. *Mélesville [Duveyrier]*: la Villa Duflot (1843, in-8). Voy. DUVEYRIER.

5. — Avec M. *** : la Fille à marier; comédie-vaudeville en un acte. Paris, Beck, 1844, in-8 de 16 pag. [50 c.].

ROUSSEAU [Arthur], fils du précédent, plus connu sous le pseudonyme : *Arthur de Beauplan.* — Le Monument de Molière. Paris, Breteau et Pichery, 1843, in-8 de 8 pag. [40 c.].

M. Arthur Rousseau passe pour être l'auteur du *Château de Compiègne*, publié dans les « Souvenirs historiques des résidences royales de France, » par VATOUT [1837-46, 7 vol. in-8].
Il a travaillé au « Salon littéraire » et à la « Pandore. »

ROUSSEAU [Auguste]. [Voy. la *France littér.*, t. VIII, p. 235.] — Avec M. *A. Lemoine :* Père Brice (1839, in-8). Voy. LEMOINE.

ROUSSEAU [Pierre]. — La Mort de Bucéphale ; tragédie burlesque en un acte et en vers. Paris, Foullon, Tresse, 1840, in-32 [25 c.].

ROUSSEAU [J.-B.-P.]. — Considérations et propositions sur l'application du système légal des poids et mesures. Paris, impr. de Gaultier-Laguionie, 1840, in-8 de 64 pag.

ROUSSEAU [le baron A.], secrétaire interprète en Algérie.

1. — Parnasse oriental, ou Dictionnaire historique et critique des meilleurs poëtes anciens et modernes de l'Orient, etc. Alger, impr. du gouvernement, 1841, gr. in-8 [4 fr.].

2. — Alger, chroniques de la régence, traduites d'un manuscrit arabe intitulé : El-Zohrat-El-Nayerat. Alger, impr. du gouvernement, 1841, gr. in-8 [4 fr.].

ROUSSEAU [E.], chimiste-manufacturier, préparateur de chimie à la Faculté de médecine. — Introduction à l'étude de la chimie. Paris, Méquignon-Marvis, 1844, in-18 [3 fr.].

ROUSSEAU [Ulysse]. — Considérations sur les haras royaux et de leur influence sur la reproduction en France. Paris, impr. de Dupont, 1844, in-8 de 44 pag.

ROUSSEAU [J.-Mathurin].

1. — Les Mystères du monde. Paris, Curmer, 1844, in-8 [7 fr. 50 c.].

En vers, précédés d'une longue notice en prose. — I. *Prolégomènes, le Berceau de l'homme;* II. *La poursuite du Messie par Thamar et les enfants d'Israël.*

2. — Régularisation du travail pour l'ouvrier et le commerçant, ou Système moral et financier du travail. Paris, impr. de Mme Lacombe, 1848, in-8 de 16 pag.

Projet de loi présenté à l'Assemblée nationale.

ROUSSEAU [l'abbé]. — Notices sur les soixante-dix serviteurs de Dieu mis à mort pour la foi en Chine, au Ton-King et en Cochinchine. Paris, Alexandre, 1845, in-12.

ROUSSEAU [S.].—De la Liberté d'enseignement et de ses conditions d'existence dans l'état actuel de la société. Paris, Renouard, 1847, in-8 de 80 pag. [1 fr. 25 c.].

ROUSSEAU [Julien]. — Notions de phrénologie. Paris, J.-B. Baillière, 1847, in-12 [4 fr. 50 c.].

ROUSSEAU [Alem]. Voy. ALEM ROUSSEAU.

ROUSSEAU [Émilie]. Voy. Mme KIENER.

ROUSSEAU [Waldeck]. Voy. WALDECK-ROUSSEAU.

ROUSSEAU DES ROCHES [J.]. — Trois Souvenirs : Tanger, Isly, Mogador. Paris, impr. de Boulé, 1846, in-8 de 24 pag.

ROUSSEAUX.

1. — Nouveau Tarif des prix comparatifs des anciennes et nouvelles mesures, comprenant, etc., suivi d'un abrégé de géométrie graphique élémentaire. Paris, Roret, 1838, in-12 avec 1 pl. [2 fr. 50 c.].

2. — Avec M. *Bicant :* Aux travail-

leurs. Réfutation des principes de M. Louis Blanc sur l'organisation du travail. Paris, Martinon, 1848, in-8 de 16 pag. [15 c.].

ROUSSEL [Jean-Baptiste], ancien démonstrateur à l'école de commerce de Bordeaux. [Voy. la *France littér.*, t. VIII, p. 239.]

1. — Connaissance des marchandises, ou Dictionnaire analytique et raisonné des articles indigènes et exotiques : drogueries, épiceries, peintures, teintures liquides, etc. Bordeaux, impr. de Causserouge, 1846, et impr. de Suwerinck, 1847, 5 vol. in-8.

2. — L'Utile et l'Agréable. Rouen, impr. de Trufault, 1846, in-8 de 112 pag. [1 fr. 50 c.].

En prose et en vers.

Citons encore : Traité élémentaire à l'usage de MM. les marchands en gros, entrepositaires et débitants de boissons de la ville de Rouen. Cet ouvrage contient un tarif des droits sur les vins, etc. [1837, in-8] ; — Traité de la stéréotomie appliquée au jaugeage des tonneaux, contenant des éléments de géométrie pratique et 36 tables de dépotement, pour déterminer la vidange de différents fûts de France et de l'étranger, suivis des tableaux des départements du royaume, divisés en quatre classes, pour les droits de circulation sur les boissons [1838, in-8] ; — le Guide des marchands en gros, entrepositaires et débitants de boissons de toute la France, contenant, etc. [1840, in-8] ; — Comptes faits des droits à payer en 1842, ou Traités instructifs sur les vins, les cidres, etc. [1842, in-8] ; — des Droits sur les eaux-de-vie [1844, in-8] ; — Nouveau Système d'exploitation des chemins de fer, au moyen de l'air comprimé, avec récupération de l'air par un tube longitudinal alimenté gratuitement [1845, in-8 avec 1 pl.] ; — Air comprimé. Description générale de l'emploi de l'air comprimé, comme force gratuite, envoyé comme les gaz à des distances indéterminées pour l'exploitation des chemins de fer et mines [IIe édit. — 1846, in-8] ; — l'Excellent Livre, contenant une quantité de choses utiles et agréables, telles que des pensées morales sur le gouvernement républicain, etc. *Notice historique sur la pomme de terre* [1849, in-8].

ROUSSEL [Napoléon], pasteur de l'église réformée de Saint-Étienne. [Voy. la *France littér.*, t. VIII, p. 239.]

1. — Galerie de quelques prédicateurs de l'Église réformée de France, en 1837. Paris, Risler, 1838, in-8 [4 fr.].

Ce sont des sermons de MM. J.-P. Caros, P.-H. Boucher, Juillerat-Chasseur, L. Dussaud, J. Sohier, Delmas, A. Soulier, Ph. Sandoz, Fressinet et de Félice.

2. — Scènes évangéliques, écrites et gravées pour mes enfants. Paris, Delay, 1840, in-8 avec 20 grav. [3 fr. 75 c.].

3. — Mon Voyage en Algérie, raconté à mes enfants. Paris, Risler, 1840, in-12 avec 6 grav. [3 fr.].

4. — A mes enfants. Paris, Risler, Delay, 1840-44, 3 vol. in-16 avec grav. [3 fr. 75 c.].

5. — Scènes prophétiques, écrites et gravées pour mes enfants. Paris, Delay, 1841, in-8 avec 20 grav. [3 fr. 75 c.].

6. — Scènes patriarcales, écrites et gravées pour mes enfants. Paris, Delay, 1841, in-8 avec 20 grav. [3 fr. 75 c.].

7. — Mémoires d'un écolier. Paris, Delay, 1841, in-18 avec 16 vignettes.

8. — Mon Tour du lac Léman, raconté à mes enfants. Paris, Delay, 1843, in-12 avec un frontispice [2 fr. 25 c.].

9. — Le Culte domestique pour tous les jours de l'année, ou Trois cent soixante-cinq courtes méditations sur le Nouveau Testament. Paris, Delay, 1843, et IIe édit., 1847, 2 vol. gr. in-8 [8 fr.].

10. — Riche et pauvre à la recherche du bonheur. Paris, Delay, 1845, in-12 avec 8 pl.

11. — Rome et compagnie. Paris, Delay, 1846, in-18.

Douze opuscules ayant chacun sa pagination. Citons encore : le Catholicisme aux abois ; réponse au libelle publié sous le titre : *Le prétendu pasteur de l'Église évangélique de Lyon, M. Monod, mis aux prises avec lui-même et ses coreligionnaires* [1836, 1839, in-18] ; — The little glutton ; translated from the french [1840, in-16 avec 1 grav.] ; — le Rationalisme moderne ; réfutation de l'ouvrage intitulé : *l'Orthodoxie moderne* [1842, in-12] ; — Que croient les protestants ? [1845, in-18] ; — le Catholique automate [1845, in-18] ; — Méthode naturelle et premier livre de lecture [1845, in-8] ; — les Catholiques sont protestants [1845, in-32] ; — la Vierge et les saints [1845, in-32] ; — Appel aux prêtres [1845, in-16] ; — Différence entre catholicisme et protestantisme [1845, in-32] ; — les Reliques juives et païennes de l'archevêque de Paris [1845, in-32] ; — les Soldats du pape [1845, in-32] ; — l'Église du pape n'est ni catholique, ni apostolique, ni romaine ; et fût-elle catholique, apostolique et romaine, elle ne serait pas encore l'Église de Jésus-Christ [1845, in-16, et 1846, in-32] ; — le Purgatoire [1845, in-16] ; — la Grande Prostituée, son nom, son portrait, sa demeure, son commerce, ses crimes, sa décrépitude et sa mort [1845, in-18] ; — les Saints des saintes, ou Eutrope, Eustelle et les deux innocents [1846, in-12] ; — Catéchisme catholique. Commentaire protestant [1846, in-18] ; — les Papes peints par eux-mêmes [1847, in-32] ; — Premier Fruit de l'appel aux prêtres, ou Correspondance entre un pasteur protestant et un curé catholique [1847, in-18] ; — les Mystères de la Salette [1848, in-32] ; — Je ne comprends pas la Bible [1848, in-32] ; — Rome païenne [1848, in-16].

ROUSSEL [Auguste].

1. — Les Sermons de mon curé; satires dédiées à MM. les curés. Paris, impr. de Cordier, 1849, in-8 [2 fr. 50 c.].

En vers et en prose.

2. — Mademoiselle Rachel et sa troupe en province. Satires. Paris, Michel Lévy, 1849, in-12 de 48 pag.

Six pièces et une fable en vers. Dédicace et portrait de Mlle Rachel.

ROUSSEL [Martial]. — Notice sur l'horlogerie, description d'un échappement nouveau pour les montres. Amiens, impr. de Duval, 1841, in-8 de 32 pag. avec 1 pl.

ROUSSEL [Saint-César]. — Un Mot sur l'union douanière, ou Exposé de quelques considérations en faveur de cette union. Dunkerque, impr. de Drouillard, 1844, in-8 de 8 pag.

ROUSSEL [J.-N.]. — Avec M. *Lhéritier* : Éléments populaires de chimie agricole (1847, in-12). Voy. LHÉRITIER.

ROUSSEL [L.-C.], avocat. Voy. LOUIS-PHILIPPE.

ROUSSEL [Pierre], médecin de la Faculté de Montpellier; né à Ax (Ariége) en 1742, mort en 1802. [Voy. la *France littér.*, t. VIII, p. 237.] — Système physique et moral de la femme, nouvelle édition, augmentée d'une Notice biographique sur Roussel, d'une Esquisse du rôle des émotions dans la vie des femmes, et de notes sur plusieurs sujets importants, par le docteur *Cerise*. Paris, Fortin Masson, 1845, gr. in-18 [3 fr. 50 c.].

ROUSSEL, médecin de la Faculté de Montpellier. — Avec M. *Trinquiez* : Journal des sciences médicales de Montpellier, 1834, 2 vol. in-8.

ROUSSEL [Théophile], docteur en médecine.

1. — De la Pellagre, de son origine, de ses progrès, de son existence en France, de ses causes et de son traitement curatif et préservatif. Batignolles, impr. d'Hennuyer, 1845, in-8 [6 fr.].

2. — Nouveau Manuel complet pour la fabrication des allumettes chimiques, du coton et papier-poudre, des poudres et amorces fulminantes. Paris, Roret, 1847, in-18 avec 1 pl. [1 fr. 50 c.].

On doit aussi à M. Th. Roussel : Histoire d'un cas de pellagre, observé à l'hôpital Saint-Louis dans le service de M. Gibert [1842, in-8]; — Recherches sur les maladies des ouvriers employés à la fabrication des allumettes chimiques, etc. [1846, in-8].

ROUSSELET [le P. Cl.-Fr.], augustin réformé, connu sous le nom de *P. Pacifique*; né en 1725, mort en 1807. — Histoire et description de l'église de Brou, élevée à Bourg par les ordres de Marguerite d'Autriche, entre les années 1511 et 1536. V^e édition, avec un Supplément, par un directeur du séminaire de Brou, augmentée de pièces historiques, etc., par M. *Puvis*. Bourg, Bottier, 1840, in-12 avec 1 grav.

ROUSSELET [L.-G.-B.], ancien serrurier, chef de station des Diligentes au chemin de fer, à Asnières. — Chansons. Argenteuil, impr. de Marc-Aurel, 1842, in-8 de 16 pag.

Citons encore : Élégie sur la mort de Monseigneur le duc d'Orléans, prince royal [1842, in-8]; — Couplets pour l'inauguration des chemins de fer de Rouen et d'Orléans [1843, in-8]; — Cantique sur l'inauguration de la châsse de la sainte robe de N. S. Jésus-Christ, à Argenteuil, le 12 août 1844 [1844, in-8]; — Vers sur les jésuites, et Vers sur certains prêtres; — Quelques vers sur le roman de M. Eugène Sue, intitulé : *le Juif errant*; — Couplets sur les *Régates d'Asnières* [1845, in-8]; — l'Ile des Ravageurs à Asnières [1846, in-8]; — la Grande Réforme (sept couplets); — la Noce du malheureux (six couplets) [1848, in-8]; — Fête et bal du château d'Asnières, 1849 [1849, in-8].

ROUSSELIN Corbeau de Saint-Albin [Hortensius], connu sous le nom d'*Hortensius de Saint-Albin*, conseiller à la Cour d'appel de Paris, membre de la Chambre des députés et de l'Assemblée constituante de 1848, membre du conseil général de la Sarthe. [Voy. la *France littér.*, t. VIII, p. 241.] — Logique judiciaire, ou Traité des arguments légaux. IIe édition, revue, etc.; suivie de la *Logique de la conscience*. Paris, Joubert, 1841, in-18 [3 fr. 50 c.].

Voy. sur cet ouvrage des comptes rendus dans la « Revue de Paris » [1832, t. XLV, p. 279], et dans « le Siècle » [15 avril 1841]. — Il a donné lieu à une accusation de plagiat, reproduite par le journal « le Globe, » d'après une brochure publiée en 1844 et intitulée : Emprunts faits par M. Hortensius de Saint-Albin, auteur de la *Logique judiciaire* : 1° à la « Dialectique légale » de M. SPRUYT (Bruxelles, Rampelberg, 1814); 2° à la « Logique » de Port-Royal (Paris, chez la veuve Savoye, 1775); 3° à la « Logique » de DUMARSAIS (Paris, Pougin, 1797). [Paris, impr. de Guyot, in-8 de 16 pag.]

M. de GOLBÉRY a adressé au « Globe » une lettre dans laquelle il déclare que, dans l'ouvrage de M. H. de Saint-Albin, c'est-à-dire dans plus de 320 pages, il n'a trouvé que 67 lignes éparses qui présentent quelque similitude avec la brochure de M. Spruyt.

Une *Lettre* de M. H. Rousselin de Saint-Albin est insérée dans la « Note additionnelle extraite de l'histoire parlementaire de la révolution française » (réclamation de M. M. de Saint-Albin), publiée en 1837 (Paris, impr. d'Éverat, in-8 de 8 pag.).

M. Hortensius de Saint-Albin a adressé à ses électeurs des comptes rendus de ses actes parlementaires, qui ont été imprimés, ceux de 1838, 1840 et 1841, à Alençon, chez Poulet-Malassis; ceux de 1839, 1842 et années suivantes, jusqu'en 1848 inclusivement, à Paris, chez Mme veuve Dondey-Dupré, et celui de 1849, à Paris, chez Panckouke.

Il s'exprime ainsi, dans une lettre adressée au « National » (n° du 11 juillet 1849) : « Mon père, mêlé dès sa première jeunesse aux événements et aux hommes de notre première révolution, a, dès cette époque, depuis et constamment, recueilli, consigné ses souvenirs ; il a vu, connu Danton ; il en a écrit la vie. J'en suis dépositaire, ainsi que des Mémoires de Barras, notre parent, et l'ami de mon père, à qui il les a légués. Ces documents, importants pour l'histoire, ne seront pas perdus. »

ROUSSELLE [Hippolyte]. Voy. DELMOTTE [Henri-Florent].

ROUSSELON. — Traité des chiens de chasse, contenant leur histoire, la description des races, les soins à prendre pour les élever et les dresser, les moyens de guérir leurs maladies, etc. In-8 avec 16 pl. grav., fig. noires [5 fr.].

Citons encore : Biographie de M. le général baron Sourd [1839, in-8]; — Notice nécrologique sur M. Louis Noisette, agronome [1849, in-8]; — Notice biographique et nécrologique sur M. J.-B. Camuzet [1849, in-8].

ROUSSELOT [Charles-Marie]. — Chroniques populaires du Berri, recueillies et publiées pour l'instruction des autres provinces. IIe édition. Paris, Lecointe et Pougin, 1830, in-8 [7 fr. 50 c.].

La première édition est in-12.
Sous le pseudonyme Pierre VERMOND.

ROUSSELOT [Xavier]. — Études sur la philosophie dans le moyen âge. Paris, Joubert, 1840-42; 3 vol. in-8 [18 fr.].

M. X. Rousselot a traduit pour la première fois les « OEuvres philosophiques » de VANINI [1842, in-12]; — et « l'Économie rurale » de VARRON [1844, in-8].

ROUSSELOT [P.-J.], professeur de théologie au séminaire de Grenoble.

1. — La Vérité sur l'événement de la Salette du 19 septembre 1846, ou Rapport à Mgr l'évêque de Grenoble sur l'apparition de la sainte Vierge à deux petits bergers, sur la montagne de la Salette, canton de Corps (Isère). Grenoble, Baratier, 1848, in-12 de 240 pag.

2. — Manuel du pèlerin à Notre-Dame de la Salette, canton de Corps (Isère), contenant : 1° des notions sur les pèlerinages en général et le récit abrégé de l'apparition de la sainte Vierge aux deux petits bergers, etc. Grenoble, Baratier, Camus, 1848, in-18 de 108 pag. [50 c.].

On doit aux soins de M. l'abbé Rousselot une édition annotée de la « Theologia moralis universa, » par J.-G. SVETTLER [1842, 6 vol. in-8, y compris le supplément *in sextum Decalogi præceptum*].

ROUSSENG [L.-M.]. — Nouveau Recueil de lettres descriptives, de félicitation, de bonne année, de remercîment. Brignoles, impr. de Perreymond-Dufort, 1837, in-18 de 162 pag.

ROUSSET [l'abbé Pierre], né à Sarlat en 1625 ou 1626, mort en 1684. [Voy. la *France littér.*, t. VIII, p. 244.] — OEuvres. Nouvelle édition, revue, corrigée et augmentée de pièces inédites ; publiées par J.-B. L., avec des notes et des éclaircissements. Sarlat, impr. de Dauriac, 1839, in-8 de 104 pag.

ROUSSET [A.-M.].
1. — Opuscule sur le notariat en l'an 1842. Lyon, impr. de Mougin-Rusand, 1842, in-8 de 20 pag.
2. — Esquisses morales et littéraires, écrites en 1847 et publiées en 1849. Lyon, impr. de Mougin-Rusand, 1849, in-8 de 24 pag.

ROUSSET [Alexis]. — Fables. Lyon, impr. de Boitel, 1848, in-12.
Soixante et une fables, divisées en trois livres.

ROUSSET [Alph.]. — Memento du notaire, indiquant, dans un ordre didactique, ce qui forme la substance des actes et contrats, d'après les dispositions législatives et la jurisprudence ; suivi d'un Appendice sur les droits d'enregistrement auxquels chaque acte donne ouverture. Paris, Videcoq, 1837, 1841, in-18 [2 fr. 25 c.].

ROUSSET [Jules]. — Mémoire sur les monnaies du Valentinois. Valence, impr. de Borel, 1843, in-8 de 32 pag. avec 3 pl.

ROUSSET [Camille], professeur d'histoire au lycée Bonaparte. — Précis de l'histoire de la Révolution et de l'Empire. France et Europe. 1789-1814. Paris, Chamerot, Amyot, 1849, in-8 [4 fr.].

Ire partie : *Assemblée constituante. Assemblée législative. Convention. Directoire.*

ROUSSILLON [J.-H.]. — L'Oisans. Essai historique et statistique. Grenoble, impr. de Prud'homme, 1847, in-8 de 66 pag.

ROUSSIN [le baron Albin-René], amiral de France, membre de l'Académie des sciences, ministre de la marine et des colonies, ambassadeur à Constantinople, pair de France; né à Dijon le 21 avril 1781, mort à Paris en 1854. [Voy. la *France littér.*, t. VIII, p. 245.]

1. — Opinion de l'amiral baron Roussin, pair de France, sur le projet de loi relatif aux fortifications de Paris. Paris, impr. de Dupont, 1841, in-8 de 8 pag.

2. — Extrait des Mémoires inédits d'un vieux marin. Paris, impr. de F. Didot, 1848, in-8 de 24 pag.

Relation du voyage de Tréport à Calais que fit, au mois d'août 1840, le roi Louis-Philippe, sur la corvette à vapeur *le Véloce*, et dans lequel l'auteur l'accompagnait comme ministre de la marine. L'auteur annonce que ce récit fait partie de *Mémoires* qui ne paraîtront qu'après lui.

M. l'amiral Roussin a travaillé à la « Revue du Midi. »

ROUSSIN [V.], avocat. — Du Service militaire à diverses époques, et du mode de recrutement qu'il conviendrait d'adopter en France. Quimper, impr. de Blot, 1848, in-8 de 40 pag.

ROUSSY [Victor]. [Voy. la *France littér.*, t. VIII, p. 246.]

1. — La France en deuil, à S. A. R. Mme la duchesse d'Orléans. Paris, impr. de Baudouin, 1842, in-8 de 8 pag.

En vers.

2. — Mariez-vous; roman de mœurs. Paris, Leclère, 1843, 2 vol. in-8 [15 fr.].

Dédié à M. Alexandre Soumet.

ROUSTAN [A.-Ph.]. — Avec M. *Alex. Martin* : l'Amant somnambule (1820, in-8). Voy. MARTIN.

Sous le nom *A. Philippe*, ancien acteur du Vaudeville.

ROUSTAN [Paul].

1. — Grammaire française, à l'usage des colléges et des maisons d'éducation.

IVe édit. Paris, F. Didot, 1846, in-12 [3 fr.].

2. — Grammaire allemande, à l'usage des colléges et des maisons d'éducation. Strasbourg, Derivaux; Paris, Dezobry, E. Magdeleine et Cie, 1838, 1841; et IIIe édit., 1843, 2 parties, in-12 [3 fr.].

Ire partie. *Parties du Discours;* —.IIe partie. *Syntaxe.*

3. — Cours de versions allemandes, accompagné d'un vocabulaire raisonné. Strasbourg, Derivaux; Paris, Ladrange, 1840, in-18 [1 fr. 80 c.]

Une autre édition a été publiée sous le titre : *le Livre allemand, cours,* etc.

4. — Petit Cours de versions allemandes; VIe édition. Strasbourg, Derivaux; Paris, Dezobry, E. Magdeleine, 1845, in-18 [60 c.].

5. — Petit Cours de thèmes allemands. In-18 [75 c.]

ROUTILLET [François], fermier près du Mans. — Nouvel Art d'élever, de multiplier et d'engraisser les poules, les poulets et les chapons, soit dans Paris, soit à la campagne, contenant, etc. — Moyen de se faire un revenu annuel et réel de 2,000 à 2,500 fr. Paris, Tissot, 1844, 1846, 1848, in-12 [50 c.].

ROUVAL [A.-A.-J.], né à Paris vers 1795. [Voy. la *France littér.*, t. VIII, p. 247.]. — Vie du maréchal comte de Lobau, pair de France, commandant général de la garde nationale du département de la Seine; avec des notes biographiques sur plusieurs contemporains. Paris, impr. d'Appert, 1838, in-8 de 72 pag.

ROUVELLAT DE CUSSAC [Jean-Baptiste], ancien conseiller aux cours royales de la Guadeloupe et de la Martinique.

1. — Du Sentiment de l'amour de soi considéré comme principe de la morale. Paris, Hachette, 1837, in-8 de 108 pag. avec un tableau [1 fr. 50 c.].

2. — Manuel physiologique du magistrat, ou Avis d'un père à son fils, aspirant à la magistrature. Paris, Videcocq père et fils, 1845, in-18 [1 fr. 50 c.].

3. — Situation des esclaves dans les colonies françaises; urgence de l'émancipation. Paris, Pagnerre, 1845, in-8 [3 fr. 50 c.].

4. — A Messieurs les membres de la

Chambre des députés. Quelques observations sur le projet de loi relatif à l'esclavage dans les colonies. Paris, Pagnerre, 1845, in-8 de 16 pag.

ROUVEROY [Fréd.]. [Voy. la *France littér.*, t. VIII, p. 248.] — Le Petit Libraire forain, ou la Morale de Jacques le bossu. VIe édition, revue et abrégée, par M. *J.-M. Chopin.* Paris, Hachette, 1843, in-18 de 180 pag. [1 fr.].

M. Fréd. Rouveroy a travaillé à la « Revue de Liége. »

ROUVIÈRE [Audin]. [Voy. AUDIN-ROUVIÈRE [Joseph-Marie].

ROUVIÈRES [de]. — Les Églises et les monuments religieux de Paris. Ouvrage religieux et artistique, illustré par 22 gravures sur bois, rédigé, sous le rapport de l'art, par M. de Rouvières; sous le rapport religieux par M. *O'Clark.* Paris, impr. de Malteste, 1838, in-18 de 54 pag.

Les gravures sont dans le texte.
Citons encore : Description du chemin de fer de Paris à Saint-Germain, avec le plan topographique de la route; précédé de considérations sur les progrès et les avantages des chemins de fer [1837, in-18 avec une carte]; — Histoire et description pittoresque de Maisons-Laffitte [1838, in-8]; — Histoire des théâtres et des lieux d'amusements publics de Paris [1838, in-12].

ROUVILLE [Emmanuel de], pasteur suffragant à Paris.
1. — Essai sur l'immortalité de l'âme, ode. Paris, impr. d'Herhan, 1839, in-4 de 8 pag.
2. — Deux Discours sur le prosélytisme, prononcés dans le temple de l'Oratoire, in-8 [75 c.].

ROUVROIS [Th. de]. — Voyage pittoresque en Alsace, par le chemin de fer de Strasbourg à Bâle. Mulhouse, impr. de Risler. Paris, Dumoulin, 1844, gr. in-8, fig. [6 fr.].

ROUX [Pierre], ancien libraire à Paris. [Voy. la *France littér.*, t. VIII, p. 250.]. — Catalogue d'une riche collection de tableaux des trois écoles et par les plus grands maîtres, bronzes égyptiens et autres, etc., qui composent le cabinet de feu M. Robert de Saint-Victor, etc. Paris, impr. de Ducessois, 1844, in-8 de 160 pag.

ROUX [P.-M.], docteur en médecine, médecin au lazaret de Marseille, secrétaire général de la Société de médecine de Marseille; né dans cette ville le 3 juin 1791. [Voy. la *France litt.*, t. VIII, p. 252.]

1. — Société de statistique de Marseille. Procès-verbal de la séance publique tenue en 1836, et compte rendu des travaux pendant les années 1834, 1835 et 1836. Marseille, impr. d'Achard, 1839, in-8 de 120 pag.

2. — Répertoire des travaux de la Société de statistique de Marseille; par une commission spéciale; publié sous la direction de M. P.-M. Roux. Marseille, Carnaud fils, 1839-43, 5 vol. in-8.

Cet ouvrage est terminé par une *Table alphabétique des matières.*

3. — Éloge historique de François-Emmanuel Fodéré, l'un des fondateurs de la Société royale de médecine de Marseille, etc. Marseille, impr. d'Achard, 1843, in-8 de 32 pag.

F.-E. Fodéré, né à Saint-Jean-Maurienne, le 8 janvier 1764, est mort le 4 février 1835.

ROUX aîné [H.], peintre, architecte et ingénieur. [Voy. la *France littér.*, t. VIII, p. 254.]

1. — Fermes modèles, constructions rurales et communales, ou Choix d'exemples des bâtiments nécessaires aux divers degrés de l'exploitation agricole; de motifs ou modèles d'édifices et établissements d'utilité publique appropriés aux besoins des communes suivant leur importance; enfin de constructions secondaires et accessoires annexées aux grandes propriétés, le tout présenté en plans, coupes, élévations, détails de constructions. Paris, in-fol. de 60 planches, avec un texte descriptif [36 fr.].

2. — Avec M. *Ad. Bouchet*: Herculanum et Pompéi (1837 et ann. suiv., 7 vol. gr. in-8). Voy. BOUCHET.

3. — Les Thermes des Romains, d'André Palladio, d'après l'édition de Londres faite en 1730, par le comte de Burlington, sur les dessins originaux de l'auteur. Publiés sous la direction de M. Achille Leclère, architecte, membre de l'Institut, par H. Roux aîné. Paris, impr. de F. Didot, 1838, in-fol. avec 7 pl. [20 fr.]

4. — Monuments d'architectures gothique, romane, de la renaissance, accompagnés de décorations sculpturales

et autres dans ces divers styles, gravés sur cuivre par H. Roux aîné. Paris, Bance, 1840, in-fol., fig. [50 fr.].

5. — Charpente de la cathédrale de Messine, dessinée par M. Morey, suite de planches in-folio tirées en couleur et or, avec texte encadré. Paris, 1842, in-fol. [40 fr.].

M. Roux est l'un des collaborateurs du « Cours complet de dessin » [Paris, Delloye, Bulla et Delarue, 1838, in-fol.].

ROUX [Philibert-Joseph], professeur à la Faculté de médecine de Paris, membre de l'Académie des sciences, où il succéda à Boyer en 1834, mort à Paris le 24 mars 1854. [Voy. la *France littér.*, t. VIII, p. 250.]. — Discours prononcé à la cérémonie de la translation des restes mortels de Bichat. Paris, impr. de Bourgogne, 1845, in-8 de 24 pag.

On doit aussi à M. Roux des discours prononcés, au nom de l'Académie des sciences, à l'occasion de l'érection de la statue de Larrey au Val-de-Grâce, et de l'inauguration de la statue de J. Fourier, à Auxerre, le 4 mai 1849.

M. Roux a donné des articles dans les « Mémoires de l'Académie de médecine. »

ROUX [l'abbé Adrien], vicaire de l'hospice des Quinze-Vingts en 1848. — Notices historiques sur l'abbaye de Savigny, impr. l'Arbresle et Saint-Bel. Lyon, de Boitel, 1844, in-4 de 68 pag.

Extrait de « l'Album lyonnais. »

Citons aussi : Office de la Passion de Notre-Seigneur Jésus-Christ [1844, in-18] ; — Souvenir de mission et de retraite [1846, in-16] ; — la Misère vaincue par l'œuvre de M. Roux [1848, in-fol.] ; — aux Ouvriers du faubourg Saint-Antoine [1849, in-4].

ROUX [Jules], docteur en médecine, chirurgien en chef de la marine. — Amputation tibio-tarsienne. Paris, impr. de Plon, 1848, in-8 de 32 pag.

Extrait de la « Gazette des hôpitaux. »

On doit encore à M. Jules Roux : de l'Amputation et de l'éthérisme dans le tétanos traumatique [1848, in-8] ; — un Accident au port de Cherbourg [1849, in-8] ; — Lésion de l'artère tibiale postérieure; ligature [1849, in-8].

M. Roux a fourni aux « Mémoires de l'Académie de médecine » [t. XIII] : *Hydarthrose scapulo-humérale traitée par l'injection iodée.*

ROUX [J.-M.-F.], pasteur de l'église réformée d'Uzès. [Voy. la *France littér.*, t. VIII, p. 252.] — Le Pasteur dans les maisons de deuil, ou Consolations, exhortations et prières pour les malades et les affligés. Uzès, George, 1840, in-12.

ROUX [J.-F.].

1. — Ar gombat spirituel, lequeet e brezonnec; evit servichout da instruction d'an dud divar ar meas. Edition nevez. Landerneau, Desmoulins, 1842, in-18.

2. — Mis ar galon sacr a Jesus. Lequeet e brezonnec. Landerneau, Desmoulins, 1842, in-18.

ROUX [F.].

1. — Manuel de l'orfèvre et du bijoutier. Paris, impr. de Gaultier-Laguionie, 1838, in-12 [2 fr. 50 c.].

2. — Tableau du système légal des poids et mesures. Paris, impr. de Gaultier-Laguionie, 1839, in-plano [1 fr.].

ROUX [W.]. — Mémoires sur les eaux sulfureuses des Pyrénées-Orientales. Genève, 1843, in-8 [2 fr.].

ROUX [Louis].

1. — De Montfaucon, de l'insalubrité de ses établissements, et de la nécessité de leur suppression immédiate. Paris, Delaunay, 1841, in-8 de 48 pag. [50 c.].

2. — Les Méridionales. Paris, impr. de Rignoux, 1845, in-4.

Pièce de vers.

On doit à M. Louis Roux : Louise Labé, dite la Belle Cordière. Ses écrits [Revue du Lyonnais, 1844, in-8, t. XIX].

Il a fourni des articles aux « Français peints par eux-mêmes, » entre autres : *le Médecin; la Sage-Femme; Le Forésien;* et au « Prisme, » beaucoup d'articles, notamment : *la Barrière de la Villette.*

ROUX [Paul]. — Le Géant des montagnes ; pièce fantastique en trois actes, mêlée de chant et à spectacle; représentée, pour les débuts du général Tom Pouce, sur les principaux théâtres de France et de l'étranger. Paris, impr. de Mme Dondey-Dupré, 1845, in-8 de 16 pag.

ROUX [L.], sous-lieutenant au 13e de ligne. — Topographie militaire simplifiée, méthode nouvelle pour apprendre en peu de jours, sans le secours de la géométrie, à lever le terrain, etc. Paris, Blot, 1845, in-18 avec 10 pl.

ROUX [E.].

1. — Du Merveilleux dans la tragédie grecque. Thèse présentée à la Faculté des lettres de Paris. Paris, impr. de F. Didot, 1846, in-8.

2. — De Theocritti idyllis. Thesis

habita apud Facultatem litterarum Parisiensem. Paris, impr. de F. Didot, 1846, in-8 de 104 pag.

ROUX [F.], de Cette, docteur en médecine.

1. — Coup d'œil sur le magnétisme et le somnambulisme, considérés sous le rapport médical et religieux. Montpellier, impr. de Boehm, 1846, in-8.

2. — De l'homœopathie et de son efficacité curative. Montpellier, impr. de Boehm, 1846, in-8.

ROUX DE ROCHELLE [Jean-Baptiste-Gaspard], ancien ministre de France à Hambourg et aux États-Unis, né à Lons-le-Saunier le 26 mars 1762, mort en 1849. [Voy. la *France littér.*, t. VIII, p. 255.]

1. — Les Trois Ages, ou les Jeux olympiques, l'Amphithéâtre, et la Chevalerie, suivis de remarques et de mélanges littéraires. IIe édition. Paris, F. Didot, 1838, in-8.

2. — Fernand Cortès, poëme. Paris, F. Didot, 1838, in-8 [6 fr.].

En 12 chants.

3. — États-Unis. Paris, F. Didot frères, 1837, 1843, in-8 avec 96 grav. et une carte [6 fr.].

Fait partie de « l'Univers pittoresque. »

4. — Villes anséatiques. Paris, F. Didot frères, 1844, in-8, fig. [4 fr.].

Fait partie de « l'Univers pittoresque. »

5. — Histoire du régiment de Champagne. Paris, F. Didot, 1839, in-8 [6 fr.].

6. — Poëmes et mélanges littéraires. Paris, F. Didot, 1845, in-8.

7. — OEuvres dramatiques. Paris, F. Didot, 1846, in-8 [7 fr. 50 c.].

8. — Histoire d'Italie. Paris, F. Didot, 1847, 2 vol. in-8 [14 fr.].

M. Roux de Rochelle a donné, dans le « Bulletin de la Société de Géographie : » *Notice sur M. Chaumette des Fossés* [1842]; — et dans « l'Annuaire de la Société philotechnique : » *Épître aux faiseurs de contes.*

ROUX-FERRAND [Hippolyte], né à Nîmes en 1798. [Voy. la *France littér.*, t. VIII, p. 255.]

1. — Histoire abrégée des principales inventions et découvertes faites en Europe depuis l'ère chrétienne jusqu'à nos jours. VIe édition. Paris, Hachette, 1846, in-18 [60 c.].

2. — Histoire des progrès de la civilisation en Europe depuis l'ère chrétienne jusqu'au XIXe siècle. Cours professé à Nîmes pendant l'année 1832. Paris, Hachette, Paulin, 1833-41, 6 vol. in-8 [42 fr.]

3. — Le Prieur de Chamouny. Fragments de morale réunis et publiés par H. Roux-Ferrand. IIe édition. Paris, Hachette, 1837, in-18 de 108 pag.

4. — Lettres sur le Gard. IIe édition in-18.

M. Roux-Ferrand a publié, dans les « Mémoires de l'Académie du Gard : » *Coup d'œil sur les mœurs européennes pendant les XVe et XVIe siècles* [1838]; — *Coup d'œil sur la philosophie et les lettres en Europe au XVIIIe siècle* [1840], et divers autres travaux.

ROUX-LAVERGNE [Pierre-Célestin], professeur d'histoire et de philosophie à la Faculté des lettres de Rennes, président de l'Assemblée constituante en 1848, né à Figeac le 19 mars 1802.

1. — Avec M. *Buchez* : Histoire parlementaire de la révolution française (1833-38, 40 vol. in-8). Voy. BUCHEZ.

Une analyse de cet ouvrage a été donnée par M. LERMINIER, dans la « Revue des Deux-Mondes » du 15 janvier 1840.

M. Roux-Lavergne a rédigé, sous la direction de M. Dufriche-Desgenettes, le « Bulletin catholique de bibliographie, ou Compte rendu mensuel des bons et des mauvais livres, ainsi que de toutes les publications utiles, inutiles ou dangereuses, principalement en ce qui intéresse la religion et les bonnes mœurs » [le premier cahier, in-8, a paru en janvier-février 1850].

ROUY [Charles], mécanicien; né à Raucourt le 1er janvier 1770. [Voy. la *France littér.*, t. VIII, p. 256.]

1. — Périnade. Institution de Sainte-Périne, poëme dédié à leurs majestés le roi et la reine des Français, et à leurs altesses royales les princes et princesses de leur auguste famille. Paris, impr. d'Herhan, 1839, in-8 de 16 pag., et IIIe édit., 1840, in-8 de 32 pag.

Sur l'hospice de Sainte-Périne, rue de Chaillot, n° 99.

ROUYER [Jules]. — Notre-Dame-Panetière. Notice historique aérienne; Douai, impr. d'Aubers, 1845, in-8 de 32 pag.

ROUZÉ [Camille], cultivateur à Charmois. [Voy. la *France littér.*, t. VIII, pag. 257].

1. — Le Bonheur; poëme. Toul, impr. de Mme Ve Bastien, 1848, in-12 de 24 pag.

2. — Juin (5) 1568, ou un Conseil de guerre sous le gouvernement du duc d'Albe, drame historique. Toul, Mme Ve Bastien, 1848, in-12 de 48 pag.

En deux actes et en vers.

3. — Réflexions sur l'agriculture. Toul, impr. de Mme Ve Bastien, 1849, in-8 de 88 pag.

ROUZET [J.-A.]. — Le Conservateur des priviléges et des hypothèques. IIIe édit., revue et corrigée. Châlon-sur-Saône, impr. de Duchesne, 1837, in-12 [1 fr. 50 c.].

La 1re édit. est de 1832.

ROUZIER [l'abbé]. Voy. ROUSIER.

ROY [le P. Nicolas], jésuite missionnaire; né à Langres le 12 mars 1726, mort en Chine le 8 janvier 1769. [Voy. la *France littér.*, t. VIII, p. 263.] — Lettres du Père Roy, de la Compagnie de Jésus. IIIe édition. Lyon et Paris, Périsse, 1844, 2 vol. in-12 [3 fr.].

ROY [J.-B.]. [Voy. la *France littér.*, t. VIII, pag. 263.] — La Gramaire come les mathématiques, ou la Gramaire logique de la langue française. Bordeaux, impr. de Coudert, 1838, in-8 de 32 pag.

Imprimé avec l'orthographe de Dumarsais.

ROY [Just-Jean-Étienne], successivement professeur au collége Sainte-Barbe de la rue des Postes (collége Rollin) et au collége de Pont-Levoy; né à Marnay (Haute-Saône) en 1795.

1. — Baldini, ou Épisode d'un voyage en Italie; drame en trois actes et en prose. Pont-Levoy, 1836, in-8.

2. — La Fête interrompue; drame en deux actes et en prose. Pont-Levoy, 1836, in-8.

3. — Drames moraux, propres à être représentés dans les maisons d'éducation des deux sexes. Tours, Mame, 1840, in-12.

Contient, outre les deux pièces précédemment indiquées : *le Revenant, ou le Trompeur trompé*, drame en trois actes et en prose; et le *Cours de philosophie,* » par M. Roy; plus quatre pièces d'un autre auteur.

4. — Histoire de Fénelon, archevêque de Cambrai, d'après le cardinal de Beausset. Tours, Mame, 1838, 1840, 1842; et IVe édit., 1843, in-12 avec 4 grav. [1 fr. 25 c.].

5. — Histoire de Bossuet, évêque de Meaux, d'après M. le cardinal de Beausset. Tours, Mame, 1838, 1840, 1842; et IVe édit., 1844, in-12 avec 4 grav. [1 fr. 25 c.].

6. — Chronique de Grégoire de Tours, comprenant l'histoire des rois francs, depuis leur établissement dans les Gaules jusqu'à l'an 591, pendant une période de 174 ans. Traduction nouvelle. Tours, Mame, 1839, 1841, 1842, in-12 avec 4 grav.

7. — Charlemagne et son siècle. Tours, Mame, 1839, 1841, 1842; et IVe édit., 1843, in-12 avec 4 grav. [1 fr. 25 c.].

L'édition de 1839 a été publiée sous le titre : *Histoire de Charlemagne et de son siècle.*

8. — Ferréol, ou les Passions vaincues par la religion. Tours, Ad. Mame et Cie, 1839, in-12.

Sous le pseudonyme de Théophile MÉNARD.

9. — Histoire de Jeanne d'Arc, dite la Pucelle d'Orléans. Tours, Mame, 1839, 1841; et V^e édit., 1844, in-12 avec 4 grav. [1 fr. 25 c.].

10. — Histoire de la chevalerie. Tours, Mame, 1839, 1841, 1842; et IVe édit., 1844, in-12 avec 4 grav.

11. — Histoire de Louis XI. Tours, Mame, 1842, 1845, in-12 avec 4 grav.

12. — Illustrations de l'histoire de la Suisse. Limoges, Ardant, 1842, in-12 avec 1 pl. [1 fr. 40 c.].

13. — Illustrations de l'histoire de l'Angleterre. Limoges, Ardant, 1843, in-12 avec une grav. [1 fr. 40 c.].

14. — Almanach général du commerce de la Guadeloupe... Pointe-à-Pitre, G. Paris; Paris, impr. de A. Henry, 1843, in-12.

15. — Le Docteur Morizot, ou Mémoires du baron de Lasey. Lille, L. Lefort, 1843, in-18.

Anonyme.

16. — Illustrations de l'histoire d'Allemagne. Limoges, Martial Ardant, 1843, in-12 avec une grav.

17. — Illustrations de l'histoire d'Espagne et du Portugal. Limoges et Paris, Martial Ardant, 1843, in-12 avec une grav.

18. — Illustrations de l'histoire d'Italie. Limoges et Paris, Ardant, 1843, in-12 avec une grav.

Cet ouvrage a eu trois éditions.

19. — Illustrations de l'histoire d'Algérie. IIe édit. Limoges, impr. de M. Ardant, 1846, in-12 avec 1 grav.

La première édition est de 1843, in-12.

20. — Illustrations de l'histoire de France (depuis Pharamond jusqu'à la mort de Louis XVI). Paris et Limoges, Ardant frères, 1844, in-12.

21. — Illustrations de l'histoire sous la république, le consulat, l'empire, la restauration. Paris et Limoges, Ardant, 1844; et IIe édit., 1847, in-12 avec 4 grav.

22. — Histoire de Turenne. Lille, L. Lefort, 1844, in-12.

23. — Histoire de Louis XIV. Lille, L. Lefort, 1844, in-12.

24. — Histoire du grand Condé. Lille, L. Lefort, 1844, in-12.

25. — Histoire de Vauban. Lille, L. Lefort, 1844, in-12.

26. — Histoire de Russie. Lille, L. Lefort, 1845, in-12.

27. — Histoire d'Espagne, depuis les temps les plus reculés jusqu'à nos jours. Lille, L. Lefort, 1845, in-12.

28. — Histoire d'Angleterre, depuis la conquête de la Bretagne par les Romains jusqu'à nos jours, à l'usage de la jeunesse. Lille, L. Lefort, 1845, in-12.

29. — Histoire de Henri IV, roi de France et de Navarre. Lille, L. Lefort, 1845, in-12.

30. — Histoire de Louis XII, roi de France, dit le Père du peuple. Lille, L. Lefort, 1845, in-12.

31. — Illustrations de l'histoire de Grèce. Paris et Limoges, Ardant frères, 1845, in-12.

32. — Illustrations de l'histoire de Russie. Paris et Limoges, Ardant, 1845, in-12, avec 1 grav. et 1 frontispice.

33. — Histoire de François Ier, roi de France, surnommé le Père des lettres. Lille, L. Lefort, 1846, in-12.

34. — Histoire de Napoléon. Lille, L. Lefort, 1846, in-12.

35. — Illustrations de l'histoire d'Égypte. Limoges et Paris, Martial Ardant, 1846, in-12 avec 4 vign. [1 fr.].

36. — Vie de saint Louis, roi de France, IXe du nom. Lille, L. Lefort, 1847, in-12.

Anonyme.

37. — La Famille Dorival, ou Influence du bon exemple. Tours, A. Mame et Cie, 1848, in-12.

Sous le pseudonyme Théophile MÉNARD.

38. — Histoire des Templiers. Tours, A. Mame, 1848, in-12.

39. — Guide du voyageur sur le chemin de fer de Tours à Nantes, section de Tours à Angers. Tours, Mme A. Royer (1849), in-32.

40. — La France au XIIe siècle, pendant les règnes de Louis le Gros et de Louis le Jeune. Tours, Mame, 1849, in-12 avec 6 grav.

41. — Histoire de Charles V, surnommé le Sage, roi de France. Tours, Mame, 1849, in-12 avec 6 grav.

On doit en outre à M. Roy: Instruction familière et populaire sur l'usage des poids et mesures [1839, in-18].

M. Roy a revu les « Leçons élémentaires sur la mythologie, par H. ENGRAND » [Paris et Limoges, Ardant frères, 1844, in-18].

La plupart des productions de M. J.-J.-E. Roy font partie de la « Bibliothèque de la jeunesse chrétienne, » de la « Bibliothèque religieuse, morale, littéraire, » de la « Bibliothèque historique et morale, » etc.

ROY [Louis]. — Calcul du poids des fers d'après le système métrique. Besançon, Bintot, 1840, in-18 de 54 pag. [75 c.].

ROY [Émile]. — Observation de magnétisme occulte. Paris, impr. de Bourgogne, 1841, in-8 de 16 pag.

ROY [Lucien].

1. — Comptabilité des communes et établissements publics. Nomenclature des pièces soumises au timbre ou exemptes de cette formalité, dressée et publiée par MM. Roy et *P. Baudouin*. Paris, impr. de Duverger, 1841, in-8 de 32 pag.

2. — Traité pratique de l'administration financière des communes et des établissements de bienfaisance. Paris, impr. de Vrayet de Surcy, 1842, in-8 [6 fr.].

3. — Le Fabricien comptable, système de comptabilité à l'usage des fabriques paroissiales. Paris, Dupont, 1843, in-18 [3 fr. 50 c.].

ROY. — Hexaméron ou leçons de la nature, morceaux extraits des Pères grecs, à l'usage des classes de 4e et de 3e. Sens, Thomas Malvin; Paris, Hachette, 1842, in-12 [1 fr. 80 c.].

La traduction française se vend séparément [1 fr. 50 c.].

ROY. — Recueil de petits opuscules en patois auvergnat. Clermont-Ferrand, Veysset, 1842, in-8 de 100 pag.

Les Jolis Maîtres et les instigateurs et *le Vainqueur de juillet* sont dialogués.

ROY [Jules].
1. — L'Astronomie de la jeunesse. Tours, Pornin, 1845, in-18 de 180 pag. avec une gravure.
2. — La Météorologie de la jeunesse. Tours, Pornin, 1845, in-18 de 168 pag. avec une gravure.

ROY, d'Iversais (Vienne) [Ulysse-René]. — Dissertation sur le vin et ses falsifications, avec des recherches historiques sur la nature physico-chimique de l'huile de pepins de raisins, etc.; sujet de thèse, présenté à la Société d'émulation pour les sciences pharmaceutiques de Paris. Paris, impr. de Baudouin, 1840, in-4 de 68 pag.

ROY-BLANC. — De l'Épargne collective en cas de survie, dans ses applications au clergé et à l'armée. Paris, impr. d'Henry, 1846, in-8 de 56 pag.

ROYÉ.
1. — La Loterie ressuscitée, ou l'Ignorance de tous les citoyens qui composent toutes les nations démasquée. Paris, impr. de Guiraudet, 1838, in-plano.
— Manière de réinstituer la loterie en France dans toute sa force, sa splendeur, sa justesse et sa vérité, ou l'Ignorance de tous les citoyens qui composent toutes les nations qui ont voulu jouer à ce beau jeu démasquée. Paris, impr. de Guiraudet, 1839, in-8 de 12 pag.

ROYER [Alphonse], voyageur, romancier, auteur dramatique; né à Paris le 10 septembre 1803. [Voy. la *Galerie de la presse*, 2ᵉ série, et la *France littér.*, t. VIII, p. 264.]
1. — Aventures de voyage. Tableaux, récits et souvenirs du Levant. Paris, Dumont, 1837, 2 vol. in-8 [15 fr.].
2. — Le Connétable de Bourbon. Paris, Werdet, 1838, 2 vol. in-8 [15 fr.].
3. — Avec M. *Gustave Vaëz* : Lucie de Lammermoor; grand opéra en deux actes et en quatre parties. Paris, Bernard Latte, 1839, 1843, 1845, 1846, in-8 [1 fr.].
4. — Robert Macaire en Orient. Paris, Dumont, 1840, 2 vol. in-8 [15 fr.].

Le tome Iᵉʳ est intitulé : *Mademoiselle Beata*.

5. — Mon Parrain de Pontoise; comédie-vaudeville en un acte. Paris, Beck, Tresse, 1842, in-8 [40 c.].
6. — Avec M. *G. Vaëz* : le Bourgeois grand seigneur; comédie en trois actes et en prose. Paris, Ch. Tresse, 1842, in-8 de 42 pag.
7. — Avec M. *G. Vaëz* : le Voyage à Pontoise; comédie en trois actes et en prose. Paris, impr. de Mᵐᵉ Delacombe, 1842; et Ch. Tresse, 1843, in-8 de 32 pag.
8. — Avec M. *G. Vaëz* : Don Pasquale; opéra bouffe en trois actes. Paris, impr. de Proux, 1843; et Ch. Tresse, 1846, in-8 [1 fr.].
9. — Avec M. *G. Vaëz* : Mˡˡᵉ Rose; comédie en trois actes. Paris, Ch. Tresse, 1843, in-8 de 30 pag.
10. — Avec M. *G. Vaëz* : la Comtesse d'Altenberg; drame en cinq actes et en prose. Paris, Tresse, 1844, in-8 de 32 pag.
11. — Les Janissaires. Paris, Dumont, 1844, 2 vol. in-8 [15 fr.].
12. — Avec M. *G. Vaëz* : Othello; opéra en trois actes, libretto traduit de l'italien. Paris, Tresse, 1844, in-8 [1 fr.].
13. — Avec M. *G. Vaëz* : Robert Bruce; opéra en trois actes. Paris, Michel Lévy, Vᵉ Jonas, 1847, in-18 angl. [1 fr.].
14. — Avec M. *G. Vaëz* : Jérusalem; opéra en quatre actes. Paris, impr. de Mᵐᵉ veuve Dondey-Dupré, 1847, in-18 angl.
15. — Avec M. *G. Vaëz* : la Favorite; opéra en quatre actes. Paris, Marchant, 1840, 1841, 1849, in-8 [1 fr.].

On doit encore à M. Royer, en collaboration avec M. JOUHAUD : le Clou; les Muses et le Pot au feu; les Beaux Hommes de Paris; Timoléon le Fashionable; le Camp de Fontainebleau; le Bureau de placement; Écorce russe.

M. Alph. Royer a publié, en 1836 et 1837, dans la « Gazette des Tribunaux, » des articles sur la législation musulmane.

Il a fourni plusieurs articles à la « Revue des Deux-Mondes, » entre autres : *Braunsberg le Charbonnier* [1832, t. VI]; et il a travaillé au « Journal des connaissances utiles; » à « Une arabesque; » au « Mémorial historique de la noblesse; » au « Moniteur des familles; » à « l'Italie pittoresque; » à la « Galerie historique des hommes célèbres de l'Italie; » à la « Revue des feuilletons, » etc.

ROYER [J.-M.]. — Exercices gradués sur la grammaire, à traduire de l'allemand en français, suivis d'un vocabulaire. Strasbourg, impr. de Leroux, 1837, in-12 de 168 pag.

ROYER [de], procureur général à la cour d'appel de Paris. — Avec M. *Coin-Delisle* : Commentaire analytique du Code civil, liv. Ier, tit. II ; actes de l'état-civil. IIe édition. Paris, Videcoq père et fils, Durand, Thorel, 1846, in-4.

Citons encore : Tribunal correctionnel de Paris (6e chambre). Présidence de M. Barbou. Réquisitoire prononcé par M. de Royer dans le procès correctionnel suivi contre Jacques-François Hyacinte Lehon, ex-notaire, prévenu d'abus de confiance et d'escroquerie [1842, in-8] ; — Haute cour de justice, séant à Versailles. Affaire du 13 juin 1849. Attentat. Réquisitoires prononcés par M. l'avocat général de Royer aux audiences des 7, 8 et 10 nov. 1849 [1849, in-8].

ROYER [Charles-Édouard], inspecteur général de l'agriculture, ancien professeur à l'institut de Grignon ; mort en juin 1847.
1. — Catéchisme du cultivateur pour l'arrondissement de Montargis (applicable à beaucoup d'autres lieux). Paris, Bouchard-Huzard, 1839, in-12 [1 fr. 25 c.].

Ouvrage couronné par la Société royale et centrale d'agriculture.

2. — Traité théorique et pratique de comptabilité rurale. Paris, Bouchard-Huzard, 1840, in-8 [4 fr. 50 c.].
3. — Notes économiques sur l'administration des richesses et la statistique agricole de la France. Paris, impr. de Pillet aîné, 1843, gr. in-8 avec atlas gr. in-fol. [12 fr.].
4. — Des Institutions du crédit foncier en Allemagne et en Belgique. Paris, Dusacq, 1845, in-8 [7 fr. 50 c.].

Une édition, sortie des presses de l'Imprimerie royale, a été publiée dans la même année.

5. — L'Agriculture allemande, ses écoles, son organisation, ses mœurs et ses pratiques les plus récentes ; publié par ordre de M. le ministre de l'agriculture et du commerce. Paris, Impr. royale, 1847, in-8 avec 5 lith.

M. C.-E. Royer a dirigé le « Moniteur de la propriété et de l'agriculture. »

ROYER [Ch.-A.].
1. — Méthode graduée pour apprendre à lire en latin. Châlon-sur-Saône, Dejussieu, 1842, in-18 de 36 pag.
2. — Méthode graduée et grammaticale pour apprendre promptement à lire. Nouvelle édition. Dijon, impr. de Douillier, 1842, in-12 de 96 pag.

ROYER [Fl.].
1. — Arithmétique et géométrie théoriques et pratiques des écoles primaires. Nancy, Raybois, 1844-1845, in-18 avec 1 pl.
2. — Solutions des problèmes d'arithmétique et de géométrie à l'usage des demoiselles. Nancy, impr. de Mme veuve Raybois, 1846, in-18 de 108 pag.

ROYER-COLLARD [Alb.-Paul], professeur et doyen de la Faculté de droit de Paris ; né à Saint-Martin-de-Vallamas (Ardèche) le 4 avril 1797. [Voy. la *France littér.*, t. VIII, p. 267.]

M. A.-P. Royer-Collard a revu et augmenté des éditions nouvelles de : « le Droit des gens, » par VATEL [1836-38, 3 vol. in-8], et de : « les Codes français, » par C. BOURGUIGNON [1840, 1841, 1842, 1846, gr. in-8 et in-32].

ROYER-COLLARD [Hippolyte], membre de l'Académie de médecine, professeur à la Faculté de médecine de Paris, officier de la Légion d'honneur, né à Paris le 28 avril 1802, mort dans cette ville au mois de décembre 1850. [Voy. une notice de M. le docteur Louis VÉRON dans le *Constitutionnel* du 18 décembre 1850, et la *France littér.*, t. VIII, p. 267.] — Des Tempéraments, considérés dans leurs rapports avec la santé. Mémoire lu à l'Académie royale de médecine, les 26 et 27 novembre 1841. Paris, J.-B. Baillière, 1844, in-4 de 40 pag.

Citons encore : Discours faisant suite à « Essai historique sur Dupuytren, » par VIDAL (de Cassis) [1835, in-8] ; — Discours prononcé au nom de la Faculté de médecine de Paris, dans la cérémonie qui a eu lieu à Bourg, le 24 août 1843, pour l'inauguration de la statue de Bichat [1843, in-8] ; — Considérations physiologiques sur la vie et sur l'âme, discours lu dans la séance annuelle de l'Académie nationale de médecine [1848, in-8] ;—Extrait de la « Gazette des hôpitaux. » — M. Royer-Collard a fourni divers articles aux « Mémoires de l'Académie de médecine, t. X et t. XII [ce dernier volume contient la réimpression des *Considérations physiologiques sur la vie et sur l'âme*].

Il a travaillé au « Dictionnaire de Médecine usuelle, » publié par Didier, au « Répertoire d'anatomie et de chirurgie » de M. BRESCHET, etc.

ROYON [E.], d'Annonay. — Méthode en grande partie mécanique, avec laquelle toute personne qui n'a aucune notion de la langue française, et tous les enfants de neuf à dix ans, peuvent, en très-peu de temps, apprendre à l'écrire et à la parler. Chaumont, Cavaniol, 1848, in-12.

ROZAND. — Cours de langue anglaise et de littérature, ou Choix de 500 morceaux tirés des meilleurs auteurs et traducteurs, et vendus séparément. Lyon, impr. de Dumoulin, 1841, in-12.

ROZANNE-BOURGOING [Mme]. — Héléna. Vienne, impr. de Timon, 1844, in-8 de 44 pag.

En prose.

ROZE, instituteur à Batignolles-Monceaux. — Principes pour calculer de tête. IIe édition, revue et corrigée. Paris, Delloye, 1837, in-18 de 36 pag. [30 c.].

La première édition est de 1836, in-18. On doit aussi à M. Roze : Leçons graduées pour enseigner à lire en peu de temps, en faisant épeler l'élève ou sans le faire épeler. IIe édit., revue, etc. [1837, in-12]; — Définitions de mots qu'on lit souvent sans les comprendre [1837, et IIe édit. 1838, in-18]; — Plus de 500 locutions vicieuses rectifiées par Roze. IVe édition, corrigée, augmentée, etc. [1838, in-18]; — les Choses les plus essentielles pour les nouveaux poids et les nouvelles mesures [1840, in-16]. —

ROZE [Gerin]. — Voy. GERIN-ROZE [Louis de].

ROZET [Claude-Antoine], capitaine d'état-major, ingénieur hydrographe, membre de la Société d'histoire naturelle et géologique. [Voy. la *France littér.*, t. VIII, p. 271.] — Traité élémentaire de géologie. Paris, Arthus-Bertrand, 1837, 2 vol. in-8 et atlas in-4 [20 fr.].

M. Rozet a fait dans la régence d'Alger plusieurs excursions, pendant lesquelles il a recueilli beaucoup d'observations sur la géographie physique et la géologie.
Citons encore : Notice biographique sur Henrion de Pansey [1843, gr. in-8]; — Notice sur la vie et les travaux du commandant B. Le Puillon de Boblaye [1845, in-8] ; — aux Membres provisoires du gouvernement républicain [1848, in-4]; — Note sur la reprise des chemins de fer par l'État [1848, in-8].
M. Rozet a donné dans les « Mémoires de la Société géologique de France » : *Mémoire sur quelques-unes des irrégularités que présente la structure du globe terrestre; Mémoire sur les volcans de l'Amérique*, avec un appendice sur *les volcans d'Italie*, etc.

ROZEY [A.-G.].
1. — Sur l'Algérie; mémoire adressé aux Chambres législatives. Paris, impr. de Lange-Lévy, 1839, in-8 de 32 pag.
2. — Cris de conscience de l'Algérie, avec approbation de la Société coloniale d'Alger. Paris, impr. de Gratiot, 1840, in-8.
3. — Mémoire aux Chambres législatives. Esquisse rapide et historique sur l'administration de l'Algérie depuis 1830, et sur la direction qu'y donne le général Bugeaud. Quelques observations sur les attaques dirigées contre la propriété et contre les colons. Mesures à adopter pour assurer la colonisation. Marseille, impr. d'Olive, in-8 de 80 pag.

ROZIER [P.-M.].
1. — Des Femmes, considérées sous le point de vue social, et de la recherche de la paternité à l'occasion des enfants trouvés. Paris, Mme Huzard, 1837, gr. in-8 de 32 pag.

Sous le nom : *Un sous-chef à l'administration générale des hospices.* — Tiré à 25 exemplaires.

— De la Condition sociale des femmes, du taux de leurs salaires, et de la recherche de la paternité à l'occasion des enfants trouvés, suivis de considérations sur les établissements de secours et l'aptitude des femmes à l'exercice de la médecine, avec une Notice sur la régence des femmes et lettres diverses. IIe édition. Paris, impr. de Juteau, 1842, in-8 de 144 pag.
2. — De la Régence à l'occasion de la mort du duc d'Orléans. Paris, impr. de René, 1842, in-8 de 16 pag.

ROZIÈRE, ingénieur en chef des mines. — De la Constitution physique de l'Egypte et de ses rapports avec les anciennes institutions de cette contrée. Sans lieu ni date, in-fol. de 92 pag.

Extrait de la « Description de l'Égypte, » édition du gouvernement.

ROZIÈRE [Thomas-Louis-Marie-Eugène de], avocat, archiviste-paléographe, ancien répétiteur à l'École des Chartes, ancien secrétaire du ministère de l'instruction publique, membre du comité des documents écrits près le ministère de l'instruction publique ; né à Paris le 2 mars 1820.

1. — Formulæ andegavenses, publiées d'après le manuscrit de Weingarten, actuellement à Fulde. Paris,

Videcoq, 1844, in-8 de 48 pag. [2 fr. 50 c.].

Extrait des « Pièces justificatives de l'histoire du droit français au moyen-âge, » par M. Ch. GIRAUD.

2. — Cartulaire de l'église du Saint-Sépulcre de Jérusalem, publié d'après le manuscrit du Vatican. Texte et appendice. Paris, impr. nat., 1849, in-4.

M. Eug. de Rozière a publié dans la «Biblioth. de l'École des Chartes» : *Notice sur les archives de Malte* [t. VII, p. 567] ; — *des Erreurs de dates contenues dans les registres du Trésor des chartes* [t. VIII, p. 148], et des *bulletins bibliographiques*.
Il a partagé avec M. de MASLATRIE un prix à l'Académie des inscriptions et belles-lettres, pour une « Histoire de Chypre. »

RUBELLES [Adolphe de]. — Ma Prison. Moulins, impr. de Martial Place, in-8 de 8 pag.

En vers.

RUBENS [Pierre-Paul], peintre, élève d'Otto-Vénius, diplomate, né à Cologne en 1577, mort en 1649. [Voy. *Documents inédits sur Ant. Van Dyck, P.-P. Rubens, et autres artistes contemporains*, publ. par W. HOOKHAM CARPENTER (Anvers, 1845, in-8,) et la *France litt.*, t. VIII, p. 275.]

1. — Lettres inédites de P.-P. Rubens, publiées d'après ses autographes, et précédées d'une introduction sur la vie de ce grand peintre et sur la politique de son temps. Bruxelles, in-8. [3 fr.].

2. — Les Leçons de P.-P. Rubens, ou Fragments épistolaires sur la religion, la peinture et la politique ; extraits d'une correspondance inédite, en langues latine et italienne, entre ce grand artiste et Ch. Reg. d'Ursel, abbé de Gembloux. Bruxelles, Th. Lejeune, 1838, in-8 avec 3 lith. et un frontispice.

Apocryphe. Cet ouvrage et le suivant sont de M. J.-F. BOUSSARD.

3. — Les Voyages pittoresques et politiques de Pierre-Paul Rubens, depuis 1600 jusqu'en 1633, rédigés sur les manuscrits de la bibliothèque de Bourgogne, contenant une foule de particularités intimes et inédites de la jeunesse et des travaux de ce grand peintre pendant son séjour en Italie et à Rome, et une Notice sur la peinture et les antiquités romaines. Bruxelles, 1841, in-8 avec un portrait.

RUBENS [Ferdinand]. — Traité des maladies des arbres fruitiers et des moyens de les prévenir et de les guérir; traduit de l'allemand et augmenté d'observations par *A.-A. Mall*. Metz, Mme Harmant, 1848, in-18.

RUBICHON. Voy. MOUNIER.

RUCCO [Jules], docteur en médecine. [Voy. la *France littér.*, t. VIII, p. 276].

1. — Réforme de l'art de guérir commandée par l'expérience et l'observation pratique. Paris, Langlois, 1842, in-8 de 16 pag.

2. — L'Esprit de la médecine ancienne et nouvelle comparées. Paris, J.-B. Baillière, 1846, in-8 [6 fr.].

3. — Mémoire sur le traitement du vrai choléra-morbus, à l'usage des médecins et des gens du monde, précédé par l'exposition des préservatifs contre cette maladie. Paris, J.-B. Baillière, Truchy, 1849, in-8 de 28 pag.

RUCHAT [Abraham], théologien protestant, érudit, né dans un village du canton de Berne en 1680, mort à Lausanne le 29 septembre 1750. [Voy. la *France littér.*, t. VIII, p. 276]. — Histoire de la réformation de la Suisse, édit. augm. d'une notice, de la vie de Ruchat et d'appendices, par M. *L. Vulliemin*. Lausanne, 1838, 7 vol. in-8 [56 fr.].

RUCK [Gabriel].

1. — Système légal des poids et mesures, comparé aux anciennes mesures du département de Tarn-et-Garonne. Montauban, Mme Lamothe, 1838, in-12.

2. — Bonheur par le devoir. Paris, Hachette, 1849, in-18 de 36 pag.

M. G. Ruck a donné, avec M. l'abbé MARCELLIN, une nouvelle édition, revue et annotée d'après les documents originaux, de : «Histoire de Montauban,» par H. LE BRET [1841, 2 vol. gr. in-8].

RUCK [Mme Modeste].

1. — Contes du cœur. Montauban, impr. de Croshilhes ; Paris, Hachette, 1839, in-12 [1 fr. 50 c.].

2. — Les Bienfaits des caisses d'épargne. Montauban, Mme Lamothe, 1839, in-18 de 108 pag. avec 1 lith.

RUDTORFFER [le colonel de]. — Géographie militaire de l'Europe; traduit de l'allemand par *L.-A. Unger*.

Paris, Corréard, 1847, 2 parties in-8. [10 fr.]

Un extrait de cet ouvrage, sous le titre : *Géographie militaire de l'Italie*, a été publié par le même éditeur en 1848 [in-8 de 16 pag. avec 1 carte].

RUEF. Voy. CHELIUS.

RUELLE [E.], professeur d'histoire au collége Henri IV, ancien inspecteur de l'académie de Montpellier.

1. 2. — Avec M. *J.-L.-A. Huillard-Bréholles :* — Histoire résumée des temps anciens (1840, 2 vol. in-8). — Histoire générale du moyen-âge (1842-43, 2 vol. in-8). Voy. HUILLARD-BRÉHOLLES.

3. — Précis de l'histoire de France, depuis les temps les plus anciens jusqu'aux états-généraux de 1789. Paris, Pourchet père, Mme veuve Maire-Nyon, 1839, in-12 [4 fr. 50 c.].

M. E. Ruelle a donné une nouvelle édition d'après les meilleurs textes, avec arguments et notes en français, de : QUINTI CURTII RUFI «de Rebus gestis Alexandri Magni libri superstites [1847, in-12].

RUELLE [A.]. — Le Dernier Rêve à Sainte-Hélène. Paris, Bohaire, 1840, in-8 [5 fr.].

En vers.

RUELLE [J.].— Almoran et Hamet; drame lyrique en quatre actes. Paris, impr. de Pollet, Bréauté, 1845, in-8 de 32 pag.

RUELLE [Charles de], plus connu sous le pseudonyme de *Claudius*, dont il s'est servi pour signer ses ouvrages.

1. — Science populaire de Claudius, simples discours sur toutes choses. Paris, J. Renouard et Cie, 1837-41, 36 vol. in-24.

Chaque volume se vend séparément : Sur le poids de la masse de l'air [17 fig.]; — de la Composition de l'air [3 fig.]; — Vie et Voyage de Christophe Colomb [avec une mappemonde]; — Sur la manière de lire et d'écrire l'histoire; — Histoire de l'Électricité [partie 1re, t. Ier, 12 fig.]; — Histoire de l'Électricité [partie 1re, t. IIe, 3 fig.]; — Voyage à Tombouctou, intérieur de l'Afrique; — Histoire de la Bible dans les temps modernes; — les Espagnols en Amérique; — Histoire de la terre; — Histoire des Francs de Grégoire de Tours; — sur la Botanique, avec un tableau; — sur la Vie de Franklin; — Premier Voyage autour du monde, voyages de Magellan et de Drake [avec une carte]; — Expédition du cap Ross, dans les mers arctiques; — sur l'Hygiène; — sur une Lecture de la Bible; — sur les Chemins de fer et les voitures à vapeur [fig. et pl. grav.]; — Histoire de l'électricité [2e part. Galvanisme]; — Voyage de Marco-Polo [dans le XIIIe siècle]; — Composition de l'eau [fig.]; — sur les Aérostats; — sur l'Éclairage au gaz [fig.]; — sur la Lampe de sûreté [fig.]; — sur la Structure du corps humain [pl.]; — sur les Voyages de la Peyrouse autour du monde; — sur les Cristaux [fig.]; — Mémoire du sire de Joinville; — sur les Maladies mentales; — sur l'Aimant; — sur Pompéi et Herculanum [cart. et pl.]; — sur la Chaleur [fig.]; — Histoire de l'Électricité [3e part. *Electro-magnétisme*, fig.]; — sur la Lumière [1re part., fig.]; — sur la Lumière [2e part., fig.]; — sur l'Obélisque de Louqsor.

L'éditeur a joint *gratis* à cette collection : *la Science du bonhomme Richard*.

2. — Grammaire latine, cours de latinité élémentaire. Lille, Lefort; Paris, J. Renouard et Cie, 1846, in-8 [4 fr.].

3. — Pressentiments de Claudius, suivis de *la Voix de la Patrie*, chant des élections. Paris, Charpentier, 1848, in-8 de 16 pag. [15 c.].

Six pièces, vers et couplets.

RUELLE DE BAYSAND. — La Découverte de la vapeur. Paris, impr. de Dentu, 1847, in-8 de 16 pag.

En vers.

RUELLO [L.-M.-A.], régent de mathématiques. — Introduction à l'étude de la géométrie comparée. Paris, Bachelier, 1848, in-8 de 92 pag.

RUFFING. — Cours complet d'agriculture pratique (1836, gr. in-8). Voy. BURGER.

RUFFINI [Beppo]. — La Tour d'Asture ou le chef carbonaro, drame en cinq actes et en vers. Limoges, impr. de Chapoulaud frères, 1844, in-8 de 80 pag.

RUFFINO [A.], professeur de comptabilité. — Méthode simplifiée, pour apprendre soi-même et pour enseigner la tenue des livres, ou Traité nouveau, précis et complet, théorique et pratique, de la tenue des livres à partie double et à partie simple, suivi d'une application à la comptabilité agricole : IIe édit. Paris, Mansut, 1840, in-12 obl. avec un tableau.

La première édition est de la même année.

RUFUS FESTUS ou **SEXTUS RUFUS**, historien latin, qui vivait vers 370 de notre ère. [Voy. la *France littér.*, t. VIII, p. 279, et t. IX, p. 113.]

— OEuvres de Sextus Rufus. Des

provinces et des victoires du peuple romain ; des régions de la ville de Rome. Traduction nouvelle, par M. N.-A. Dubois. Paris, C.-L.F. Panckoucke, 1844, in-8.

— Suétone, les écrivains de l'histoire d'Auguste, Eutrope, Sextus Rufus, avec la traduction en français. Paris, Dubochet, 1845, in-8 [15 fr.].

Collection des auteurs latins, publiée sous la direction de M. Nisard. Tous les ouvrages contenus dans ce volume ont été traduits par M. T. BAUDEMENT.

RUFZ [P.-E.], docteur en médecine, agrégé de la Faculté de Paris. [Voy. la *France litt.*, t. VIII, p. 279].

1. — Quelques Recherches sur les symptômes et sur les lésions anatomiques de l'affection décrite sous les noms d'hydrocéphale aiguë, fièvre cérébrale, méningite, méningo-céphalite. 1835, in-4 [1 fr. 50 c.].

2. — Recherches sur les empoisonnements pratiqués par les nègres de la Martinique. Paris, 1845, in-8 [3 fr. 50 c.].

Le t. X des « Mémoires de l'Académie de médecine» contient un mémoire de M. Rufz.

RUGGIERI [Giuseppe]. — Avec M. F.-C. Gérard: — Nouveau Dictionnaire de poche français-italien et italien-français. Paris, Langlumé et Peltier, 1840, in-32.

RUILLY [H. de].

1. — Le Chevalier de l'ordre teutonique. Limoges, Barbou, 1843, in-12 avec 4 grav.

2. — Arthur et Marie, ou la Bénédiction paternelle. Limoges, Barbou, 1846, in-12 avec 1 grav.

RUINET [F.-C.]. — Manuel grammatical, contenant une méthode d'enseignement simple et concise; précédé d'une préface, par M. *Tissot*. Paris, Sirou, Desquers, 1846, in-18 [1 fr. 50 c.].

RULHIÈRE [Claude-Carloman de], poëte, historien, né à Bondy, en 1735, mort à Paris le 30 janvier 1791. [Voy. la *France littér.*, t. VIII, p. 281.] — Histoire de la révolution de Russie en 1762 (1846, in-12). Voy. RETZ.

RUMIGNY [le lieutenant général comte de], aide de camp du roi Louis-Philippe, pair de France.

1. — Essai sur la province d'Alger, sur les expéditions faites dans ce pays jusqu'à ce jour, et sur les moyens de les rendre fructueuses. Paris, impr. de Bajat, 1841, in-8 de 40 pag.

On trouve à la suite, avec une pagination particulière : « Notes sur l'organisation des troupes irrégulières algériennes, remises au lieutenant général de Rumigny par M. MOLLIÈRE, commandant le bataillon turc de Constantine [in-8 de 32 pag.].

2. — De la Nécessité de construire promptement un chemin de fer dans l'ouest de la France. Paris, 1845, in-8 de 20 pag.

3. — Projet de règlement sur la table des officiers de l'armée française. Laval, impr. de Feillé-Grandval, 1846, in-8 de 28 pag.

RUMPF [J.-P.-F.], conseiller de cour royale. — Droits et devoirs des fonctionnaires et employés prussiens, depuis leur entrée en place jusqu'à leur sortie, trad. de l'allemand par M. *Ch. Noël*. Paris, Le Normant, 1840, in-8 [6 fr.].

RUNCKEL [Ph.]. — Mémoire sur le traitement et la guérison des maladies de la peau et du squirrhe ou cancer. Extrait d'un ouvrage inédit. Paris, impr. d'Éverat, 1837, in-8 de 32 pag.

RUOFF [A.-J.-F.], docteur en médecine. — Guide de l'homœopathe, ou Traitement de plus de mille maladies guéries et publiées par les docteurs homœopathes d'Allemagne, de Russie, etc.; traduit de l'allemand sur la IIe édition, par *G.-L. Strauss*. Dijon, Douillier ; Paris, Baillière, 1839, in-18 [6 fr.].

RUOLZ [Léopold de], statuaire, membre de l'Académie de Lyon. — Discours sur les études de sculpture, prononcé à l'Académie de Lyon. 1836, brochure in-8.

RUSCA [Philippe]. [Voy. la *France littér.*, t. VIII, p. 285.] — Études sur les verbes italiens, ou Guide de l'élève pour les connaître d'une manière plus sûre et plus prompte. Paris, Hingray, 1838, in-12 de 72 pag. [1 fr.].

RUSSELL-MITFORD [Mary]. — Our village : Sketches of rural character and scenery. Paris, Baudry, Galignani, 1839, 2 vol. in-8.

RUSSIN [Ch.]. — Principes élémentaires de musique, d'après la méthode Russin, enseignée en 100 leçons. Limoges, Mme veuve Blondel, 1844, in-8 avec 13 pl. et un frontispice [5 fr.].

RUSTED [Mme F.].
— Épître à M. Ponsard. Lyon, impr. de Perrin, 1844, in-8 de 8 pag.

RUSTERRUCCI [A.], ancien officier. [Voy. la *France littér.*, t. VIII, p. 286.]
— Réfutation de la lettre de M. Louis Blanc au président de la république. Paris, impr. de Cosson, 1849, in-8 de 32 pag.

RUTEBEUF, trouvère du XIIIe siècle. [Voy. la *France littér.*, t. VIII, p. 286.]
1. — OEuvres complètes de Rutebeuf, trouvère du XIIIe siècle, recueillies et mises au jour pour la première fois par *Achille Jubinal*. Paris, Pannier, 1838, 2 vol. in-8 [16 fr.].
2. — Le Miracle de Théophile, publié par *Achille Jubinal*. Paris, Pannier, 1837, in-8 de 40 pag.

Mystère. Tiré à petit nombre.

RUTHERFORD [Samuel.] — Lettres aux chrétiens persécutés et affligés, écrites en 1630, sous le règne de Charles Ier, traduites de l'anglais, et précédées d'une notice sur Rutherford et son époque, par *G. Masson*. Paris, impr. de Ducloux, 1848, in-18 [1 fr. 50 c.].

RUTILIUS [Claudius-Numatianus], poëte latin du Ve siècle, maître des offices et préfet de Rome sous Honorius.
1. — *Stace, Martial, Lucilius Junior, Rutilius Numatianus*, etc. OEuvres complètes avec la traduction en français, publiées sous la direction de M. Nisard. Paris, Dubochet, 1842, gr. in-8 [15 fr.].
2. — Itinéraire de Rutilius Claudius Numatianus, ou son Retour de Rome dans les Gaules, poëme en deux livres ; texte donné à Berlin, d'après le manuscrit de Vienne, par *Aug. Wilh. Zumpt*, et traduit en français, avec commentaires, par *F.-Z. Collombet*. Paris, J. Delalain, 1842, in-8.
3: — Itinéraire de Cl. Rutilius Numatianus, poëme sur son retour à Rome, traduction nouvelle, par M. *E. Despois*. Paris, Panckoucke, 1844, in-8 de 64 pag.

RUY-BLAS [Eugène], pseudonyme. Voy. Eugène LEBEAU.

RUYNEAU DE SAINT-GEORGE, député de l'île Bourbon. — Quelques Réflexions sur le rapport de M. de Rémusat, fait au nom de la commission chargée de l'examen de la proposition de M. Passy, sur le sort des esclaves dans les colonies françaises. Paris, impr. de Guiraudet, 1839, in-8 de 32 pag.

Le rapport fait par M. de RÉMUSAT à la Chambre des députés, le 30 juin 1838, se trouve dans les « Procès-verbaux de la Chambre des députés » [tome VI, 2e partie (annexé n. 313), pages 319-990].

RYBELL [F.]. — Le Christ et la démocratie. Carpentras, impr. de Devillario, 1842, in-8 de 8 pag.

L'auteur rappelle que, sous la Terreur, on a donné au Christ l'épithète de *Sans-Culotte*, et s'élève contre l'idée de faire un communiste du fils de Marie.

RYBINSKI, général polonais.

M. le général Rybinski a publié, sur la question polonaise, quatre brochures intitulées : *A MM. les pairs et les députés de la France* [1843, 1844, 1845, 1846], qu'il a signées : *Le généralissime de l'armée polonaise, investi provisoirement du pouvoir de président du gouvernement national*.

RYDER-DUDLEY. Voy. DUDLEY-RYDER [Henri].

RYME ou **RIME**. Voy. MARCEL.

RYPINSKI [Alexandre]. — Bialorus Kilka slow o pozii prostego ludu tej naszej Poloskiej prowincii ; ojego Muryce, Spiewie, Tencacli, etc. Paris, impr. de Bourgogne, 1840, in-16.

M. A. Rypinski a travaillé à « l'Encyclopédie des gens du monde. »

RZEWUSKI [S.-J.-S.].
1. — De la Poésie lyrique, et en particulier de Jean Kochanowski, lyrique polonais. 1824, in-4.

Thèse pour le doctorat ès-lettres.

2. — De Ionica philosophia. 1824, in-4.

Thèse pour le doctorat ès-lettres.

S

SAALFELD [Frédéric]. Voy. MARTENS [le baron Charles de].

SAAVEDRA [Angel de], duc de Rivas, diplomate et homme d'État espagnol. [Voy. la *France littér*., t. VIII, p. 290.]
1. — Romances historicos. Paris, Salva, 1841, in-12 avec un portrait.
2. — Insurrection de Naples en 1647. Étude historique de don Angel de Saavedra, duc de Rivas, ambassadeur d'Espagne près de S. M. le roi des Deux-Siciles. Ouvrage traduit de l'espagnol, et précédé d'une Introduction par M. le baron *Léon d'Hervey de Saint-Denys*. Paris, Amyot, 1849, 2 vol. in-8 [10 fr.].

SABAROTH [Ludwig de], pseudonyme. Voy. ISNARD, de Sainte-Lorette.

SABATAULT. — Note sur la colonisation du Sahel et de la Mitidja; par un colon propriétaire. Marseille, impr. d'Olive, 1842, in-12 de 24 pag.

SABATIER [Antoine], plus connu sous le nom de *Sabatier de Castres*; né en 1742, mort à Paris le 15 juin 1817. [Voy la *France littér*., t. VIII, p. 292.]
1. — Résignation. Paris, Gaume frères, 1838, in-18 [60 c.].
2. — Jeanne-Marguerite de Montmorency, ou la Solitaire des Pyrénées, épisode historique. IIe édition. Paris, Gaume, 1845, in-18 [60 c.].

SABATIER [A.-J.], chef d'institution à Paris. [Voy. la *France littér*., t. VIII, pag. 296.]
1. — Avec M. *E. Velay* : Dictionnaire classique étymologique des mots les plus usuels de la langue française dérivés du grec. Paris, Hachette, Mansut, Delalain et Maire-Nyon, 1837, in-18 [2 fr. 50 c.].
2. — Cours de lecture et de déclamation théorique et pratique, appliqués aux divers genres d'écrits et particulièrement aux diverses espèces de poésies et à l'éloquence poétique, à l'usage des colléges, des séminaires, etc. Paris, impr. de Decourchant, 1839, in-8 [7 fr. 50 c.]. — Le même, à l'usage des pensions de demoiselles, in-8 [5 fr. 50 c.].

SABATIER [l'abbé L.], chanoine honoraire de Montpellier.
1. — L'Église catholique vengée du reproche de favoriser le despotisme politique et ecclésiastique. Montpellier, Malavialle, 1841; et IIe édit., 1844, in-8.
2. — Éloge de Mairan, de l'Académie française, secrétaire perpétuel de l'Académie des sciences, etc. Montpellier, impr. de Boehm, 1842, in-8 de 88 pag.

Dédié à M. Viennet.

3. — Considérations critiques pour servir à l'histoire de l'ordre de Notre-Dame et à la vie de Mme de Lestonnac, sa fondatrice. Bordeaux, impr. de Lavigne, 1843, in-8 de 68 pag.
4. — Du Catholicisme et de la liberté. Lettres à M. NICOLAS, auteur des *Etudes philosophiques sur le christianisme*. Bordeaux, impr. de Dupuy, 1848, in-8 de 80 pag.

Nov. 1847, 14 lettres.

SABATIER-DESARNAUDS [Bernard].

— Du Magnétisme animal et du somnambulisme artificiel. Montpellier, imp. de Mme veuve Ricard, 1849, in-8 de 60 pag.

SABATIN [G.].—De l'Action des eaux minérales; premier mémoire. Lyon, impr. de Boitel; Paris, Labé, 1840, in-8 de 36 pag. [2 fr.].

SABBATIER [J.]. [Voy. la *France littér.*, t. VIII, p. 298.] — Des Droits réunis. Riom, Leboyer, 1849, in-12 de 24 pag.

Citons encore : l'Impôt foncier et les droits réunis (IIe édition, 1849, in-12); — Petite Conversation entre M. Gaspard, maître d'école du village de..., et Jean Blaise, vigneron au même village, du dimanche..... 1849, à la sortie de la grand'messe [1849, in-12].

M. J. Sabbatier a mis en ordre et augmenté de la vie de l'auteur les « OEuvres » de Victorin FABRE [1844-45, in-8].

Il a publié en 1844 un mémoire intitulé : *A Monsieur le premier président et à Messieurs les conseillers composant la première chambre de la cour royale de Paris* (au sujet de l'affaire des OEuvres de Victorin et d'Auguste Fabre) [Paris, impr. de Lacrampe, in-4 de 4 pag.].

SABINE [le chanoine de].—Les Nouveaux Voyageurs en Suisse et en Italie. Beautés et merveilles de ces délicieuses contrées. Ouvrage revu, corrigé et augmenté par *V. Doublet*, moraliste. Troyes, impr. de Cardon, 1847, in-8.

SABLON [J.-B.]. — De la Race chevaline en Algérie, et des moyens de l'accroître et de l'améliorer. Paris, impr. de Lacour, 1844, in-8 de 48 pag.

Citons encore : du Cheval de cavalerie légère, de la nécessité d'en mettre la production et tout ce qui en dépend dans les attributions du ministre de la guerre [1844, in-8]; — de la Disparition en France du cheval léger, de la nécessité d'en avoir, et des moyens d'y faire prospérer cette espèce [1844, in-8]; — mes Dernières Observations sur la race chevaline [1845, in-8].

SABLOUHOFF [Alexandre]. — Mémoire concernant quelques applications à la construction des machines généralement connues sous le nom de ventilateurs ou tarares, et l'application nouvelle du même principe pour le déplacement des corps liquides. Paris, impr. de Guiraudet, 1841, in-8 de 36 pag.

SABOLY [l'abbé Nicolas], poëte provençal, né à Monteux vers 1614, mort à Avignon en 1675. [Voy. une Notice sur Saboly, par M. Aug. BOUDIN, en tête de *Lou Soupa de' Sa-boly* (Avignon, 1848, in-8), et la *France littér.*, t. VIII, p. 299.] — Recueil de Noëls provençaux. Nouvelles éditions. Avignon, Aubanel, 1839, 1846, in-18 de 180 pag.

SABON [l'abbé A.]. — Avec M. L. *Schauer*, de Marckolsheim : Jubilé de 1847. Instructions, méditations et prières, précédées de la bulle et de la relation du couronnement de Sa Sainteté Pie IX, et suivies des prières inédites pour la préparation à la confession et à la sainte communion. Paris, Lecoffre, 1847, in-18.

SABOUREUX DE LA BONNETERIE.

M. Saboureux de la Bonneterie a traduit COLUMELLE, pour la collection des « Agronomes latins » [Paris, Dubochet, 1844, in-8 [13 fr. 50 c.].

SACAZE [P.] — Exposé complet du système métrique. Saint-Gaudens, Tajan, 1840, in-12 [50 c.].

SACC [le docteur], professeur à la Faculté des sciences de Neufchâtel, en Suisse. — Précis élémentaire de chimie agricole. Paris, impr. de René, 1848, gr. in-18 [3 fr. 50 c.].

M. le docteur Sacc a publié sur la IIIe édit. allemande : « Précis d'analyse chimique qualitative, » par FRÉSÉNIUS [1845, in-12].

SACCHI [C.], élève en droit. — Rimenbranze care. Souvenirs de mes beaux-jours. Paris, impr. de Mme Lacombe, 1848, in-18 de 36 pag.

Pièce de vers en italien et en français.

SACCHINI [François], jésuite, historien; né à Paciono, près Pérouse, en 1650, mort à Rome le 16 décembre 1725. [Voy. la *France littér.*, t. VIII, p. 300.] — Manuel des jeunes professeurs. Paris, Poussielgue, 1842, in-18 [2 fr.].

La 1re partie, pour les classes inférieures, est toute en latin, et est du Père François Sacchini; la seconde, pour les professeurs d'humanités, toute en français, est du père JUDDE.

SACHAILE, docteur en médecine, pseudonyme. Voy. LACHAISE [Claude].

SACKVILLE [le lord vicomte], plus connu sous le nom de lord *Germaine*. Voy. JUNIUS.

SACO [don Jose].

1. — La Supresion del trafico de esclavos africanos en la isla de Cuba,

examinada con la relacion a su agricultura, y a su seguridad. Paris, impr. de Panckoucke, 1845, in-8 de 72 pag.

2. — Ideas sobre la incorporacion de Cuba en los Estados-Unidos. Paris, impr. de Panckoucke, 1848, in-8 de 16 p.

SACY [Silvestre de]. Voy. SILVESTRE DE SACY.

SADE [le chevalier de], ancien officier de marine. [Voy. la *France littér.*, t. VIII, p. 304.] — Lexicon politique, ou Définition des mots techniques de la science politique. Ouvrage posthume. Sens, Tarbé; Paris, Pougin, 1837-39, 4 vol. in-8 [30 fr.].

SADKOWSKI [François], officier polonais, chevalier de la croix militaire d'or.—Mémoires faits après son exil, en 1831, dans la Gallicie, la Hongrie, la Croatie, le Tyrol et l'Italie. Melun, impr. de Desrues, 1849, in-8 de 36 pag. avec un portrait.

En prose et en vers. Poésies en polonais avec traduction française.
On doit aussi à M. de Sadkowski : Cours de calligraphie française, ronde et gothique, et toutes les langues connues en Europe. Mélanges historiques et littéraires, etc. (Toulouse, impr. de Labouisse.—Rochefort, in-4 oblong).

SADLER [Percy]. [Voy. la *France littér.*, t. VIII, p. 305.]

1. — The Why and the Because, or the ingenious and instructive answers of Mr Because to the interesting questions of Mrs Why. Paris, Truchy, 1830, et IIe édit., 1840, in-18 [2 fr.].

2. — The life of Philip Quarll, giving an account of his surprising adventures on an uninhabited island : with explanatory notes. Paris, Truchy, 1830, in-18 de 72 pag. avec 1 pl.

3. — Selection from the most celebrated british poets, comprising elegant extracts in poetry, etc. Paris, Truchy, 1837, in-12 [3 fr. 50 c.].

4. — Treatise on english prosody, in which the whole mechanism of english versification is elaborately exemplified, and reduced to practice in a series of metrical exercises. Paris, Truchy, 1837, in-12 [2 fr. 50 c.].

5. — The art of english correspondence, consisting, etc. third. edition. Paris, Truchy, 1842, in-12 [3 fr. 50 c.].

6. — Preliminary Discourse, or introduction to a course of political economy, by M. *Pinheiro-Ferreira*. Translated by M. P. Sadler. Paris, impr. de Fain, 1839, in-12.

7. — Classical history of England. Paris, Truchy, 1846, in-12 [3 fr.].

8. — Manuel de phrases françaises et anglaises, contenant, etc. VIIIe édit. Paris, Truchy, 1848, in-18 [1 fr. 50 c.].

La première édition est de 1829.

9. — Grammaire pratique de la langue anglaise, ou Méthode facile pour apprendre cette langue. VIIIe édition, entièrement revue, corrigée et augmentée d'un appendice contenant des additions importantes. Paris, Truchy, 1847, in-12 avec 1 pl. [2 fr. 50 c.].

La première édition est de 1831.

10. — L'Art de la correspondance anglaise et française, par [P. Sadler. La partie française revue, etc., par *Lupin*. IIIe édition. Paris, Truchy, 1842, 2 vol. in-12 [6 fr.].

La première édition est de 1829.

11. — Exercices anglais, ou Cours de thèmes gradués, pour servir de développements aux règles de la grammaire anglaise pratique et de toutes les autres grammaires anglaises. VIIIe édition. Paris, Truchy, 1848, in-12 [3 fr.].

La première édition est de 1832.

12. — Corrigé des exercices anglais, ou Traduction des 102 thèmes gradués pour servir à développer les règles de la *grammaire pratique de la langue anglaise*. IIIe édition. Paris, Truchy, 1843, in-12 [2 fr. 50 c.].

La première édition est de 1833.

13. — Cours de versions anglaises, ou Recueil choisi d'anecdotes classiques, traits historiques, extraits divers anciens et modernes, en prose; suivis de morceaux les plus brillants de la poésie anglaise, tirés de Shakspeare, Dryden, Milton, etc. Le tout enrichi de notes explicatives en français, pour éclaircir les principales difficultés du texte. Ve édition. Paris, Truchy, 1848, in-12 [4 fr.].

La première édition est de 1833.

14. — Cours gradué de langue anglaise (deuxième partie), ou Petit Cours de versions à l'usage des classes

élémentaires, contenant, etc. VIIe édition. Paris, Truchy, 1849, in-18 [2 fr.].

La première édition est de 1835.

15. — Cours gradué de langue anglaise, 3e partie, ou Petit Cours de thèmes, à l'usage des classes élémentaires, contenant, etc. IIIe édit. Paris, Truchy, 1838, in-18 [2 fr.].

La première édition est de 1835.

16. — Manuel classique de conversations françaises et anglaises, en une série de dialogues, etc. Paris, Truchy, 1842 ; et IIe édit., 1847, in-18 [3 fr.].

17. — Nouveau Dictionnaire portatif anglais-français et français-anglais. Paris, Truchy, 1844, in-12 [6 fr.].

Ce dictionnaire renferme, outre les mots ordinaires : 1° les termes de marine, de sciences et d'arts ; — 2° des vocabulaires spéciaux de railways, de machines à vapeur, de mécanique, etc.; — 3° une liste des principaux noms patronymiques ; — 4° un vocabulaire géographique, etc., etc.

18. — Abrégé de l'histoire d'Angleterre, de *Lingard*, continuée par le même auteur depuis Jacques II, an 1668, jusqu'à nos jours. Paris, Périsse frères, 1838, 2 vol. in-12.

Citons encore : « Enseignement primaire supérieur. Collection des cours professés à l'école normale supérieure de Paris, dirigée par M. Goubaux. » *Manuel d'anglais: grammaire et thèmes* [1839, in-12] ; — 2e partie : *Versions et dialogues* [1839, in-12]; — 3e partie : *Thèmes et syntaxe* [1840, in-12] ; — 4e partie : *Versions* [1840, in-12] ; — 5e partie : *Leçons de littérature française*, prose et vers [1841, in-12]; — *Leçons de littérature anglaise*, prose et vers, avec un Traité de prosodie [1841, in-12]; — *Télémaque*, Ier livre, traduit en anglais avec des notes par M. E. GOUBAUX fils, et revu par P. Sadler [1841, in-12].

M. P. Sadler a revu, corrigé et annoté la nouvelle édition de « Grammaire anglaise simplifiée et réduite à 21 leçons, » par VERGANI [1843, in-12].

SADOUL [Louis].— De la Transmission de la syphilis du nourrisson à la nourrice. Strasbourg, impr. de Silbermann, 1849, in-4 de 36 pag.

SADOUS [A.]. — De la Rhéthorique attribuée à Denys d'Halicarnasse. Paris, Joubert, 1847, in-8 [3 fr. 50 c.].

SÆTLER [J.-G.]. Voy. SOETLER.

SAGANSAN [L.], géographe à l'administration des postes. — Annuaire des postes pour 1849, ou Manuel du service de la poste aux lettres, à l'usage du commerce et des voyageurs. Paris, impr. de Vinchon, 1849, in-8 [2 fr.].

SAGE, vétérinaire du dépôt d'étalons à Aurillac.

1. — Traité complet du koiradaimatisme du cheval, vulgairement connu jusqu'à présent (dans son état avancé) sous le nom impropre de morve chronique, considéré dans tout ce qui y a rapport. Paris, J.-B. Baillière, 1841, in-8 [3 fr. 50 c.].

2. — Réplique à la critique de M. U. Leblanc, vétérinaire à Paris, sur le Traité du koiradaimatisme du cheval, publié en 1841. Saint-Nicolas-de-Port, impr. de Trenel, 1842, in-8 de 28 pag.

La critique se trouve dans les n^os de juillet et août 1841 du « Progrès des sciences zooiatriques. »
Citons encore : Traité sur la morve chronique des chevaux, considérée dans sa nature, son siége, ses causes spéciales dans l'armée, et son traitement [1839, in-8] ; — Traité sur la maladie de poitrine contagieuse qui règne épizootiquement sur l'espèce bovine, dans le département du Cantal [1848, in-8].

SAGERET [Augustin], membre de la Société centrale d'agriculture, l'un des fondateurs de la Société d'horticulture de Paris ; né à Paris le 27 juillet 1763. [Voy. une notice dans le journal mensuel, le *Biographe*, et la *France littér.*, t. VIII, p. 308.]

On doit à M. Sageret une statistique agronomique du canton de Lorris, et divers opuscules dans les recueils agronomiques et les Mémoires de la Société d'agriculture, » sur la pomme de terre, la patate, les fécondations artificielles, les hybrides, les cucurbitacées, les arbres à fruits, etc.

SAGERET [P.-F.], architecte. [Voy. la *France littér.*, t. VIII, p. 308.]
— Almanach et annuaire des bâtiments, des travaux publics et de l'industrie. Paris, Carilian-Gœury, Mathias, Hautecœur, 1831-49, 19 années, in-18 [4 fr. 50 c. chaque année].

L'ouvrage était primitivement intitulé : *Nouvel Almanach des bâtiments*, et rédigé par M. GARNIER [Paris, 1808-30, 22 vol. in-18. — Le prix était de 2 fr. 50 c.].

SAGET [P.]. — Description du château de Pau et de ses dépendances. IIe édition, revue, corrigée et augmentée. Pau, impr. de Vignancour, 1839, in-8 de 152 pag.

SAGRA [Ramon de la]. Voy. LA SAGRA.

SAIGEY [Jacques-Frédéric], mathématicien; né à Montbéliard le 17 janvier 1797 [Voy. la *France litt.*, t. VIII, p. 310.].

1. — Problèmes d'arithmétique et exercices de calcul sur les questions ordinaires de la vie, sur la géométrie, la mécanique, l'astronomie, la géographie, la physique, la chimie et la météorologie ancienne et moderne. Paris, Hachette, 1835, 1841, 1843, 1846, in-18 [1 fr.].

2. — Solutions raisonnées des problèmes d'arithmétique de M. Saigey. IIe édition. Paris, Hachette, 1841, in-18 [1 fr. 50 c.].

3. — Questions de mathématiques, de physique et de chimie du programme officiel pour l'examen du baccalauréat ès lettres, développées par M. Saigey. Paris, Hachette, 1841, 1843, 1844, 1846, 1848, gr. in-18.

Ce volume fait partie du « Nouveau Manuel du baccalauréat ès lettres. »
M. Saigey est aussi l'un des auteurs du « Mémento du baccalauréat ès lettres. » [Paris, Hachette, 1849, gr. in-18].

4. — Réponses aux questions de mathématiques, physique et chimie, contenues dans le programme adopté pour l'examen du baccalauréat ès lettres. IIe édition, entièrement refondue. Paris, Hachette, 1841, in-18 avec 4 pl.

5. — Les Poids et Mesures du système métrique, leur simplicité primitive, et sans comparaison avec les anciennes mesures, conformément à la loi qui sera en vigueur au 1er janvier 1840. Paris, Hachette, 1838, 1839, 1840, 1841, 1846, in-18 de 36 pag. [15 c.].

6. — La Pratique des poids et mesures du système métrique, ou Guide des maîtres dans l'enseignement de ce système. Paris, Hachette, 1839, 1re et 2e édit., in-16 [1 fr.].

La troisième édition est intitulée : *La Pratique des poids et mesures du système métrique, ou Exercices sur toutes les opérations de pesage et de mesurage, propres à faciliter aux élèves l'emploi des nouvelles mesures.* [Paris, Hachette, 1842, in-18].

7. — Tableau des poids et mesures du système métrique, contenant les mesures fondamentales, les mesures dérivées et les applications, avec 22 figures enluminées, représentant le mètre, les poids, les monnaies, les mesures de capacité, etc. Paris, Hachette, 1839, 3 feuilles double raisin [1 fr. 50 c.]. — Monté sur toile avec gorge et rouleaux [7 fr.].

8. — Avec MM. *Sonnet* et *Delafosse* : Manuel du baccalauréat ès sciences mathématiques et physiques. IIe édition. Paris, Hachette, 1845, in-12 avec 8 pl. [5 fr.].

M. Saigey a rédigé la 2e partie : *Physique et chimie.*

9. — Avec M. *Coulvier-Gravier* : Recherches sur les étoiles filantes. Paris, Hachette, 1847, in-8 [5 fr.].

Introduction historique.
M. Saigey a publié, sans autre modification que l'*Introduction du système métrique et la substitution des nouvelles mesures aux anciennes*, les « Éléments d'arithmétique » [1847, in-8], et les « Éléments d'algèbre » [1848, in-8], par BEZOUT.

SAILER [Christian]. — Une Lyre prolétaire. Paris, Masgana, 1840, in-18.

Citons encore : Banquet typographique du 15 septembre 1844. *Gutenberg*, ode [1844, in-8]; — une Séance du tribunal piou-piou. Procès-verbal par Jean-Jean Pacot Chauvin Dumanet [1849, in-4, 6 couplets].

SAILLARD [C.-F.], maître de pension à Besançon. [Voy. la *France litt.*, t. VIII, p. 311.]

1. — Manuel d'orthographe, ou Grammaire française pratique. Besançon, impr. de Lambert, 1839, in-12 de 120 pag.

2. — A la gloire de la Bretagne. Le Combat des Trente, épisode héroïque, etc., lu par M. Roche, sur le grand théâtre de Nantes, le 19 mars 1846. Nantes, impr. d'Hérault, 1846, in-8 de 8 pag.

En vers.

3. — Méthode pour l'enseignement de l'orthographe. Besançon, Déis, 1846, in-12.

4. — Connaissances utiles pour les jeunes enfants. Paris, impr. de Chassaignon, 1846, in-12 [60 c.].

5. — Méthode pour l'enseignement élémentaire du latin. Besançon, impr. de Déis, 1847, in-8 [2 fr.].

SAILLET.

1. — Avec M. *Olibo* : Loi organique du 28 avril 1816 sur les contributions indirectes, annotée, etc.; IIe édition. Lyon, impr. de Rey, 1843, in-8.

La première édition est de 1841, in-12.

Une autre édition in-8 a été publiée en 1847 sous ce titre : *Code des contributions indirectes, ou Lois organiques annotées.*

2. — Avec M. *Olibo :* Code des droits sur les voitures publiques de terre et d'eau, comprenant, etc. Amiens, impr. de Caron, 1842, in-12.

SAILLET [Alexandre de], maître de pension à Paris. [Voy. la *France littér.*, t. VIII, p. 311.]

1. — Histoire de France. Abrégé chronologique de l'histoire des rois de France. Paris, Desesserts, 1840, 1841, in-8 ; 1843, in-18 ; et 1848, in-12.

Jeu historique.

2. — Une Journée au Jardin des Plantes, précédée d'une introduction et de considérations générales sur l'histoire naturelle. Paris, Desesserts, 1841, in-18 avec 15 lith. [4 fr.].

3. — Géographie de l'Europe et de la France. Paris, Desesserts, 1841, in-8 de 68 pag.

4. — L'Almanach des jeunes filles, ou les Étrennes inattendues. Paris, Desesserts, 1841, in-18 avec 14 lith. [5 fr.].

5. — Physiologie de la Poupée. Paris, Desesserts, 1841, in-18 avec 15 lithogr. [5 fr.].

6. — Physiologie du grand-papa et de la grand'maman. Paris, Desesserts, 1841, in-18.

7. — Enfants peints par eux-mêmes (*garçons*). Paris, Desesserts, L. Janet, 1840, gr. in-8 avec vign. et lith. [10 fr.]; col. [20 fr.].

8. — Enfants peints par eux-mêmes (*filles*), II° édit. Paris, Desesserts, Mme v^e Janet, 1841, gr. in-8 avec vign. et lith. [10 fr.]; col. [20 fr.].

Sous le titre : *les Enfants peints par eux-mêmes*, MM. GUÉNÉE et JOUHAUD ont publié une revue-vaudeville [1842, in-8].

9. — Monsieur Lambert, ou Beautés, plaisirs et travaux de la campagne. Paris, Têtu, 1842, in-12 [1 fr. 25 c.].

10. — Mémoires d'un centenaire, dédiés à ses arrière-petits-enfants, recueillis et mis en ordre par A. de Saillet. Paris, Desesserts, 1842, in-8 avec vign. et lith. [12 fr.].

11. — Ciel et terre, poésies. Paris, Têtu, 1843, in-8.

12. — Les Enfants chez tous les peuples, ou la Famille de l'armateur. Paris, Desesserts, 1843, in-8 avec vign. et lith. [10 fr.].

13. — Les Écoles royales de France, ou l'Avenir de la jeunesse. Paris, Lehuby, 1843, in-8 avec 17 pl. [10 fr.].

14. — Le Mérite des enfants. Paris, Ledentu, 1844, gr. in-8 avec 60 grav. sur bois et 20 lith. [11 fr.].

15. — Les Enfants en famille, ou le Bonheur de l'enfance. Paris, Desesserts, 1844, in-8 avec 8 vign. [6 fr.].

16. — Les Jeunes Français de toutes les époques, types et nouvelles historiques, études de mœurs, éducation, etc. Paris, Lehuby, 1846, in-8 avec 18 lith. [10 fr.].

17. — Les Confessions d'un écolier, recueillies et mises en ordre par M. Alex. de Saillet. Paris, Belin-Leprieur, 1848, in-8 avec vign. par V. Adam [8 fr.].

18. — Les Délassements utiles, contenant : l'Ile de Madère, Lucile de Saint-Albe, la Vieille Table, Cédric le Gaulois, les Contes de la caravane, etc. Paris, Lehuby, 1848, in-8 avec 16 lith. [7 fr.].

M. A. de Saillet est auteur, sous le nom Joseph HÉRIN, de plusieurs ouvrages d'éducation.

SAIN DE BOIS-LE-COMTE. — Mémoire sur l'organisation de l'armée française. Paris, impr. de Bourgogne, 1841, in-8 de 108 pag.

Extrait du « Spectateur militaire, » cahiers de mai et juin 1841.

SAINT-AGNAN, pseudonyme. Voy. Mme Eugénie NIBOYET.

SAINT-AGUET [Maurice]. Voy. MAURICE [Charles].

SAINT-AGY [Magdeleine de]. Voy. MAGDELEINE DE SAINT-AGY.

SAINT-ALARY [Eugène].

1. — Poésies intimes. Moulins, impr. de Desrosiers, 1841, in-8 de 108 pag.

2. — Une Voix d'outre-mer, poésies intimes. Nevers, impr. de Pinet, 1841, in-8 de 152 pag.

SAINT-ALBIN [Alexandre], pseudonyme de M. Alexandre-Denis HUOT, employé de la bibliothèque de l'Hôtel-de-Ville.

SAINT-ALLAIS [Nicolas VITON de], généalogiste; né à Langres le 6 avril 1773, mort en 1842. [Voy. la *Biogr.*

univ., *suppl.*, et la *France littéraire*, t. VIII, p. 312.]

1. — Nobiliaire universel de France, ou Recueil général des généalogies historiques des maisons nobles de ce royaume ; formant les matériaux du *Dictionnaire universel de la noblesse.* Paris, 1814-1841, 20 vol. in-8, fig.

Le tome XX est terminé par une table générale des 19 premiers volumes.

2. — Tableau généalogique et historiques de princes et czars de Russie. Paris, impr. de Dupont, 1838, in-plano.

3. — L'Ordre de Malte, ses grands maîtres et ses chevaliers. Paris, Delaunay, 1839, in-8 avec 4 pl. [7 fr. 50 c.].

4. — Fastes historiques et biographiques, civils, militaires et coloniaux de l'Afrique française. Paris, Dupont, 1845, in-8.

M. de Saint-Allais avait fondé sous la Restauration un cabinet généalogique qui eut quelque succès ; mais, après la révolution de juillet, il diminua peu à peu d'importance, et en 1832 le collecteur, voulant se défaire des pièces qu'il avait rassemblées, adressa aux membres de la noblesse une circulaire dans laquelle il les engageait à acheter ces pièces, et faisait valoir entres autres les considérations suivantes : « Parmi toutes mes collections il en est une qui se compose de pièces judiciaires, d'actes patents et authentiques, constatant des meurtres, des faux, des concussions, des déprédations, comme sangsues du peuple, des dettes déshonorantes, des usurpations de noblesse et de titres honorifiques, des anoblissements dissimulés, des violences et des actes réprouvés par nos lois et par nos mœurs, enfin toutes les passions qui sont malheureusement inséparables de l'humanité, mais qui peuvent ternir l'éclat de certaines familles ; et si l'insouciance de ces familles ne les porte à retirer les titres et les actes qui constatent les services et l'illustration de leurs ancêtres, peut-être rempliront-elles le devoir de retirer ceux qui constatent leurs délits, leurs vices, leurs défauts, afin de ne pas laisser des matériaux qui peuvent fournir à quelques écrivains les moyens de fonder un ouvrage qui serait un monument perpétuel de chagrin ou de désagrément pour elles et leur postérité, etc., etc. »

A la mort de M. de Saint-Allais, en 1842, son cabinet de généalogie fut vendu moyennant 47,000 fr. ; il fut revendu 5,000 fr. en 1845. Voy. la « Gazette des Tribunaux » du 3 janvier 1847.

SAINT-ALME [Auguste LEPOITEVIN]. Voy. LEPOITEVIN SAINT-ALME.

SAINT-AMABLE [le R. P. Modeste de], religieux carme déchaussé. — Le Parfait Inférieur, ou l'Art d'obéir. Nouvelle édition. Paris et Avignon, Séguin aîné, 1845, 3 vol. in-12.

Une autre édition, publiée en 1847, porte pour titre : *l'Idée du parfait inférieur*, ou *l'Art d'obéir* [Toulouse, impr. de Manavit, in-8].

SAINT-AMAND [Évariste de], pseudonyme. Voy. AUDEBRAND.

SAINT-AMAND [Durand]. Voy. DURAND-SAINT-AMAND.

SAINT-AMAND [Amand LACOSTE, plus connu en littérature sous le nom de], auteur dramatique ; né à Paris le 1er novembre 1797. [Voy. la *France littér.*, t. VIII, p. 315.]

1. — Avec MM. *Benjamin* [*Antier*] et *Polyanthe* : l'Auberge des Adrets ; mélodrame en trois actes, à spectacle. Paris, Barba, Bezou, Pollet, 1823, 1834, in-8 de 32 pag.

2. — Avec M. *Montigny* : les Girouettes de village ; comédie en un acte, mêlée de couplets. Paris, Duvernois, 1825, in-8 [1 fr.].

3. — Avec MM. *Jules* [*J. Dulong*] et *Henri* [*H. Villemot*] : les Ruines de la Grança ; mélodrame en trois actes, imité de l'allemand. Paris, Bouquin de la Souche, 1825, in-8 [1 fr.].

4. — Avec MM. *Jousselin de Lasalle* et *Henry* [*Villemot*] : l'Amour et les Poules ; comédie-folie en un acte. Paris, Bezou, 1827, in-8 [1 fr. 50 c.].

5. — Avec M. *Henry* [*Villemot*] : le Garde et le Bûcheron ; mélodrame en deux tableaux. Paris, Quoy, 1827, in-8 de 28 pag. [1 fr. 50 c.].

6. — La Paix ou la guerre ? comédie en un acte et en prose. Paris, Henriot, Tresse, 1841, in-8 de 12 pag. [30 c.].

7. — Moellon, ou l'Enfant du bonheur ; tableau populaire en un acte, mêlé de couplets. Lyon, impr. de Boitel, 1845, in-8 de 16 pag.

Représenté sur le théâtre des Célestins, à Lyon, le 11 avril 1845.

Nous connaissons encore de M. Saint-Amand, en collaboration avec MM. ANTIER et Henri [VILLEMOT] : le Remplaçant ; — avec MM. CHAUDERON et J. DULONG : la Muse du boulevard ; Desrues ; — avec M. Eug. DEVAUX : les Jarretières de ma femme ; — avec MM. J. DULONG et VALORY : Bisson, ou l'Enseigne et le pilote ; — avec MM. DUPEUTY et CORMON [PIESTRE] : le Trombone du régiment ; — avec MM. GRANGÉ et CORMON : Rimbaut et Cie ; — avec M. LABIE : le Lion et le Rat ; — avec M. H. LEFEBVRE : le Testament de Dragon ; le Réveillon dramatique. Trois portraits, même numéro ; l'Idée de Toinette ; une Jeune Veuve ; Bloqué, ou la Chasse aux hommes ; les Débardeurs ou l'Atelier ; — avec MM. LEFEBVRE et H. ALIX : la Folle de Toulon ; — avec MM. LE-

FEBVRE et CORMON : la Fille du tapissier; — avec MM. Th. NEZEL et Henri [VILLEMOT]: la Partie d'ânes; — avec MM. A. OVERNAY et ROUGEMONT : la Fille unique; — avec MM. OVERNAY et Adrien [PAYN]: Marie-Rose ou la Nuit de Noël; — avec M. CORMON [PIESTRE]: C'est encore du guignon ; Philippe II, roi d'Espagne; les Deux Sergents. Voy. ces noms.

SAINT-AMAND [P.-Ch.-F.]

M. Saint-Amand a rédigé « le Palamède, revue mensuelle des échecs et autres jeux, » à partir de 1841 (la collection est ainsi divisée : 1re série, par MM. LABOURDONNAIS et MÉRY, 1836-38, 3 vol. in-8; — 2e série, sous la direction de M. Saint-Amand, 1841-47, 7 vol. in-8, ensemble 10 vol.].

SAINT-AMOUR [Jules], membre de l'Assemblée nationale, après la révolution de 1848, né à Zutkerque le 5 juin 1800.

1. — Notice nécrologique sur M. le baron J.-D. Larrey, membre de l'Institut, etc. Calais, Leleux, 1844, in-8 de 56 pag. avec un portrait.

2. — Un Mot sur la vie et les œuvres de David (d'Angers), membre de l'Institut, à propos de l'inauguration de la statue de Jean Bart, à Dunkerque, le 7 septembre 1845. Dunkerque, impr. de Drouillard, 1845, in-8 de 20 pag.

M. Jules Saint-Amour a fourni un grand nombre d'articles au « Dictionnaire de la Conversation. » Il a travaillé au « Dictionnaire du notariat, » au « Dictionnaire des sciences usuelles, » etc.

SAINT - AMOUR [Ch.]. — Quelques Notes sur le mouvement de la population dans l'arrondissement de Nantes (Loire-Inférieure) pendant l'année 1842. Nantes, impr. de Mellinet, 1843, in-8 de 16 pag.

SAINT-ANDRÉ, de Carrère. — Traité sur la maladie des bêtes à laine connue sous le nom de *cachexie aqueuse* ou *pourriture*, vulgairement sous les noms de *tin-véreux, game, gamer, galamou, bouteille*, et, dans le dialecte de quelques provinces, particulièrement de la Gascogne, *râco*, qui signifie maladie mortelle et sans remède. Auch, impr. de Brun, 1838, in-8 de 72 pag. [2 fr.].

SAINT-ANGE [Gaspard-Joseph-Martin]. Voy. MARTIN SAINT-ANGE.

SAINT - ANTHOINE [Hippolyte-Daniel de].

1. — Biographie des hommes remarquables de Seine-et-Oise, depuis le commencement de la monarchie jusqu'à ce jour; précédée d'un aperçu historique, et suivie d'écrits relatifs à ce département. Paris, Angé, 1837, in-8 [7 fr. 50 c.].

2. — Notice sur Toussaint-Louverture. Paris, Lacour, 1842, in-16.

SAINT-ARROMAN [A.].

1. — De l'Action du café, du thé et du chocolat sur la santé, et de leur influence sur l'intelligence et le moral de l'homme. Paris, Jules Laisné, 1845, in-8 de 64 pag. [1 fr.].

2. — Réponse à M. le docteur Arthur de BONNARD sur sa brochure intitulée : *Organisation d'une commune sociétaire d'après la théorie de Charles Fourier*. Paris, Desloges, 1845, in-8 de 16 pag. [50 c.].

3. — Manuel pratique de bandages, traitant, etc., de la description des appareils et bandages appropriés aux fractures, luxations, entorses, etc. Paris, Just Rouvier, 1845, in-12 avec une pl. [3 fr.].

4. — Le Médecin des travailleurs, enseignant les moyens de se préserver et de se guérir des maux qu'engendre l'exercice de chaque profession; suivi d'une hygiène et médecine des familles. Paris, Desloges, 1847, in-18 [1 fr.].

SAINT-AUBIN [Gautier]. Voy. GAUTIER SAINT-AUBIN.

SAINT - AUBIN [S.-F. DUCREST de]. Voy. GENLIS [Stéphanie - Félicité DUCREST DE SAINT-AUBIN, comtesse de].

SAINT - AUBIN [Horace]. Pseudonyme. Voy. BALZAC.

SAINT-AULAIRE [le comte de]. Voy. BEAUPOIL DE SAINT-AULAIRE.

SAINT-AULAIRE, pseudonyme. Voy. LE CADOIS.

SAINT-BRICE [Aimé]. — La Retraite de Moscou. Limoges et Paris, Ardant, 1848, in-12 avec une grav.

SAINT-CHAMANS. — Observations sur les bases de la constitution proposée à l'Assemblée nationale, le 19 juin 1848. Paris, Dentu, 1848, in-8 de 100 pag.

SAINT-CHEREAU [Ch. de], docteur en droit. — Essai sur l'organisation de la famille et de la propriété sous la république démocratique. Réforme du

Code civil. Le Mans, Julien, Lanier, 1849, in-8 de 76 pag.

SAINT - CHÉRON [Alexandre de], adepte de la doctrine saint-simonienne.

1. — La Politique de Satan au dix-neuvième siècle, rapport confidentiel adressé au diable sur les hommes, les institutions et les œuvres du catholicisme à Paris; publié par A. de Saint-Chéron. Paris, Sagnier et Bray, 1844, in-12 [2 fr.].

2. — L'Église, son autorité, ses institutions et l'ordre des Jésuites, défendus contre les attaques et les calomnies de leurs ennemis; instruction pastorale par Mgr l'archevêque de Paris, Cristophe de Beaumont; Documents recueillis, annotés, augmentés d'une introduction et d'une conclusion, par *un homme d'État* [Saint-Chéron]. Paris, Debécourt, 1844, in-8 [3 fr.].

3. — La Vie, les travaux et la conversion de Frédéric Hurter, ancien président du consistoire de Schaffhouse. Paris, Sagnier et Bray, 1844, in-18 [1 fr.].

4. — Histoire du pontificat de saint Léon le Grand et de son siècle. Paris, Sagnier et Bray, 1846, 2 vol. in-8 [12 fr.].

M. A. de Saint-Chéron a traduit de l'allemand, avec M. J.-B. HAIBER : « Histoire du pape Innocent III et de ses contemporains, » par F. HURTER [1838, 3 vol. in-8].
Il a fait précéder d'une *Introduction* et de *Notes* : « Histoire de la Papauté pendant les XVIᵉ et XVIIᵉ siècles, » par L. RANKE [1838, 4 vol. in-8, et 2ᵉ édit. 1848, 3 vol. in-8]; et le « Tableau des institutions et des mœurs de l'Église au moyen âge, » par F. HURTER [3 vol. in-8].
M. A. de Saint-Chéron a travaillé à « l'Université catholique » et à « l'Univers religieux. »

SAINT-CIRGUE [A.]. — Le Coup de hache de Jean Maillard, ou le Prévôt Marcel, roman social. Saintes, Lacroix, Fontanier, 1842, 2 vol. in-8 [15 fr.].

SAINT-CRICQ [le vicomte de].

1. — De la Peine de mort considérée dans tous ses rapports avec la religion, la morale et la politique. Pau, impr. de Véronèse, 1839, in-8 de 44 pag.

2. — Toulouse et Vincennes, ou le dernier Montmorency et le dernier Condé. Étude d'histoire et de politique. Toulouse, impr. de Mᵐᵉ veuve Dieulafoy, 1844, in-8; et IIIᵉ édition, revue et corrigée par l'auteur et considérablement

TOME VI.

augmentée. Toulouse, impr. de Dieulafoy, 1847, in-8.

On doit aussi à M. de Saint-Cricq : *les Deux Léonidas*.

SAINT-CYR [Gouvion]. Voy. GOUVION SAINT-CYR [Laurent].

SAINT-CYR [l'abbé Fr. de]. — Avec M. *A. Lambron* : Nouveau Traité de Philosophie (1840, 2 vol. in-12). Voy. LAMBRON.

SAINT-CYR-NUGUES [le baron], lieutenant général; né à Romans le 18 octobre 1774, mort à Vichy le 25 juillet 1842. — Notice sur le passage des Alpes par Annibal. Paris, 1837, in-8 de 68 pag.

Extrait du « Spectateur militaire. »
M. de Saint-Cyr-Nugues a été l'éditeur des « Mémoires » du maréchal SUCHET, duc d'Albuféra; il a fourni plusieurs articles au « Spectateur militaire. »

SAINT-DIZIER [de]. Voy. LE RAGOIS [l'abbé.]

SAINT - EDME [Edme - Théodore BOURG, connu sous le nom de], historien et publiciste, commissaire des guerres, secrétaire du maréchal Berthier; né à Paris le 31 octobre 1785, mort par un suicide le 26 mars 1852. [Voy. dans la *Presse* du 7 avril 1852 : *Derniers moments du sieur Bourg-Saint-Edme* (écrits par lui-même), et la *France littér.*, tom. I, p. 467, et t. VIII, p. 326.]

1. — Masaniello, histoire du soulèvement de Naples en 1627. Paris, Raymond, 1828, in-32 de 125 pag.

Sous les initiales C.-L.

2. — Procès d'Armand Laity, ex-lieutenant d'artillerie, ancien élève de l'École polytechnique, accusé devant la cour des Pairs du crime d'attentat contre la sûreté de l'État, comme auteur de l'écrit intitulé : *Relation historique des événements du 30 octobre 1836. Le prince Napoléon à Strasbourg*. Recueilli par B. Saint-Edme. Paris, Landois, 1838, in-8 de 40 pag.

3. — Procès du prince Napoléon-Louis et de ses coaccusés devant la cour des Pairs. Paris, Levavasseur, 1840, 2 parties in-8.

4. — Avec M. *Germain Sarrut* : Biographie des hommes du jour. Paris, impr. de Thomassin, 1835 et ann. suiv.,

6 vol. in-8, divisés chacun en deux parties.

Plusieurs des notices contenues dans cet ouvrage ont été tirées à part, entre autres celles de Garnier-Pagès, de l'abbé Chatel, de Pons de l'Hérault, de M. Berryer, de la duchesse de Berry, de M. de Crouy-Chanel, de M. Laity, du maréchal de Bourmont, etc.
A la suite de la *Notice sur A. de Crouy-Chanel*, par Germain Sarrut et B. Saint-Edme, on trouve un « Mémoire de M. A. GUILLEMIN pour le M¹ˢ de Crouy-Chanel, à propos du complot bonapartiste auquel il fut mêlé. »

.5. — Didier. Histoire de la conspiration de 1816, documents et explications, notes et notices sur les hommes qui ont figuré dans ce grand drame, suivis du compte rendu du procès fait par M. Simon Didier au *Journal de l'Isère*, et de celui intenté par le pouvoir aux journaux reproducteurs de la Lettre de M. Simon Didier. Paris, Legallois, Pilout, 1841, in-32.

6. — Paris et ses environs (les bourgs, villages et hameaux à 15 lieues et les villes à 50). Dictionnaire historique, anecdotique, descriptif et topographique, religieux, politique, militaire, commercial et industriel. Paris, Rousselon, Urtubie, Worms et Cⁱᵉ, 1828-1838, 2 vol. in-8, avec planches [25 fr.]. — Nouvelle édition, augmentée d'un plan de Paris et des fortifications. Paris, impr. de Pecquereau, 1842, 2 vol. in-8 [25 fr.].

Après la publication d'un assez grand nombre de livraisons, le titre a été modifié ainsi : *Paris pittoresque*, rédigé par une société d'hommes de lettres, sous la direction de MM. G. Sarrut et B. Saint-Edme.

7. — Avec M. *Félix Drouin* : Vraie Histoire. Collection de lettres et documents autographes, accompagnés de notes et notices biographiques. Paris, impr. lithogr. de Lender, 1844, 2 vol. in-4.

M. Bourg-Saint-Edme a rédigé, sur les notes du soi-disant baron de Richemont : « Mémoires du duc de Normandie, fils de Louis XVI » [1831, in-8].
On lui doit une *introduction* contenant une notice sur la vie et les ouvrages de l'auteur, mise en tête de : « Origine de tous les cultes, par DUPUIS [1835, in-8].
Il a été le rédacteur en chef de « l'Assemblée constituante, journal de tous les intérêts » [le 1ᵉʳ numéro in-fol. a paru en 1848], et du « Journal de tout le monde » [le 1ᵉʳ numéro in-fol. a paru en 1849].

SAINT-EDME, pseudonyme sous lequel M. *Regnault-Warin* a publié des romans, des brochures, etc.

SAINT-EDME [le baron de], pseudonyme de Alfred de THEILLE.

SAINT-EDME ou **SAINT-ELME** [Ida], ou *la Contemporaine*, noms sous lesquels a écrit Mᵐᵉ Elzelina Tolstoy van Aylde JONGHE, née, s'il faut l'en croire, en 1778. Mme Ida Saint-Edme est morte à l'hospice des Ursulines de Bruxelles en mai 1845. [Voy. *la Contemporaine en miniature*, ou *Abrégé critique de ses Mémoires*, par M. SÉVELINGES, 1838, et la *France littér.*, t. VIII, p. 330.]

— Le Garde national à l'obélisque de Masséna ; anecdote historique, suivie du Renégat, ou la Vierge de Missolonghi. Paris, Ladvocat, 1827, in-8 de 24 pag. [1 fr.].

La Contemporaine passe pour avoir communiqué les lettres qui ont paru comme écrites par le roi LOUIS-PHILIPPE dans la « France » et dans la « Gazette de France. » Voy. LOUIS-PHILIPPE.
On lui attribue : Anecdotes du XIXᵉ siècle.

SAINT-ERNEST, artiste et auteur dramatique, dont le nom véritable est, dit-on, Ernest BRETTE.

Nous connaissons de M. Saint-Ernest, en collaboration avec MM. BOULÉ et LESGUILLON : Rose Ménard ; — avec M. F. LARROUSSE : Don Pèdre le mendiant ; — avec MM. BOULÉ et CHABOT DE BOUIN : Jeanne. Voy. ces noms.

SAINT-ERNEST [Octave de], pseudonyme.

1. — Physiologie de la première nuit des noces, précédée d'une introduction hygiénique et morale, par *Morel de Rubempré*. Paris, Terry, 1842-1843, in-18 de 72 pag. [1 fr.].

2. — Nouvelle Grammaire conjugale, ou Principes généraux, didactiques, à l'aide desquels on peut conduire et dresser une femme, la faire marcher au doigt et à l'œil, la rendre souple comme un gant et douce comme un mouton ; précédés de considérations sur l'amour, les femmes et le mariage. Édition entièrement refondue, etc. Paris, Terry, 1846, in-18 [1 fr. 25 c.].

M. Quérard, dans ses « Supercheries littéraires, » t. IV, p. 212, attribue ces deux ouvrages à M. Ch. CHABOT DE BOUIN.

SAINT-ESPRIT [Delandine de]. Voy. DELANDINE DE SAINT-ESPRIT [Jérôme].

SAINT-ESTEBEN. [Voy. la *France littér.*, t. VIII, p. 331.]

M. Saint-Esteben serait, d'après M. Quérard [Supercheries littér., t. IV, p. 581], l'auteur des 4 premiers vol. des « Souvenirs historiques des résidences royales de France, par VATOUT ; les 3 derniers seraient de MM. BEAUPLAN [Arthur ROUSSEAU], Vict. HERBIN et autres [1837-46, 7 vol. in-8].

SAINT-ESTÈVE [A.-B.]. — Réforme radicale. Nouvel Eucologe à l'usage de l'église catholique française. Paris, impr. d'Everat, 1834, in-18, avec le portrait de l'abbé Chatel.

SAINT-ESTIENNE, d'Aix. [Voy. la *France littér.*, t. VIII, p. 331, art. SAINT-ÉTIENNE.]

1. — Annales poétiques et philosophiques de la France. Paris, Delaunay, Dentu, Prevot, 1839, in-8.

Histoire de France, en vers, depuis Pharamond jusques et compris le règne de Louis XII.

2. — Drames biblio-lyriques, trad. de *Métastase*, en vers français. Le Sacrifice d'Abraham, ou Isacco, avec le texte mis en regard ; Judith, ou Betulia liberata, mis en musique par L. Gastaldi. Paris, Lehuby, Dentu, Prevot, 1842, in-12.

3. — Avec MM. *Méry* et *Ch. Chaubet* : Cristophe Colomb, ou la Découverte du Nouveau-Monde, ode-symphonie en quatre parties. Paris, impr. de Guyot, 1847, in-8 [1 fr.].

Trois éditions ont été publiées dans la même année. — La musique est de M. Félicien David.

SAINT-ÉTIENNE [Jean-Paul-Rabaut]. Voy. RABAUT SAINT-ÉTIENNE.

SAINT-FÉLIX [Jules de], auteur dramatique, romancier, dont le nom véritable est, à ce qu'il paraît, Félix D'AMOREUX. [Voy. la *France littér.*, t. VIII, p. 332.]

1. — Avec M. le vicomte *Walsh* et Mme la comtesse *Dash* : Etrennes de la jeunesse. Saint-Denis, impr. de Prévost, 1836, in-8 [2 fr.].

2. — Vierges et courtisanes. Paris, Suau de Varennes, 1837, 2 vol. in-8 [15 fr.].

3. — Madame la duchesse de Bourgogne. Paris, Desessart, 1837 in-8 [7 fr. 50 c.].

4. — Le Colonel Richmond. Paris, Desessart, 1838, 2 vol. in-8 [15 fr.].

5. — Madame la duchesse de Longueville (épisode de la Fronde). Paris, Desessart, 1839, in-8 [7 fr. 50 c.].

6. — Clarisse de Roni. Paris, Desessart, 1839, 2 vol. in-8 [15 fr.].

7. — Louise d'Avaray. Paris, de Potter, 1844, 2 vol. in-8 [15 fr.].

8. — Le Rhône et la mer, souvenirs, légendes, études historiques et pittoresques. Paris, impr. de Renouard, 1845, 2 vol. in-8 [15 fr.].

9. — Le dernier Colonel. Paris, impr. de Proux, 1846, in-4 de 20 pag.

10. — Les Officiers du roi, roman. Paris, Cadot, 1848, 2 vol. in-8.

Imprimé d'abord en 1847, in-4 à 3 col., et donné en prime aux abonnés du journal « la Semaine. »

11. — Les tribuns. Assemblée nationale législative, 1849. Paris, Giraud et Cie, 1849, gr. in-8 de XV et 144 pag. avec 9 portraits en pied [5 fr.].

Après une introduction, on trouve dans ce volume des études sur MM. de Falloux ; — Ledru-Rollin ; — de Larochejaquelain ; — Ch. Lagrange ; — Victor Hugo ; — Félix Pyat ; — Pierre Leroux ; — Ch. de Montalembert ; — le général Cavaignac. Cet ouvrage a été publié sous le pseudonyme TRIMALCION.

On doit en outre à M. de Saint-Félix : *Épode. Réponse au prince Élim Mestchersky* [Revue du Midi, t. XII, 1843] ; — *la Belle Cousine* [Paris-Londres, Keepsake français, 1838]. — *Rollon* [Plutarque français] ; — *les Soupers du Directoire* [la Semaine, IVe année, 1849-50] ; — réimprimé à part, in-4 de 40 pag. à 3 col., et donné en prime aux nouveaux abonnés de ce journal].

Il a travaillé aux « Étrennes de la Jeunesse ; » à « un Diamant à dix facettes ; » au « Livre des Conteurs ; » au « Journal des Jeunes Personnes, » etc. Il a publié dans la « Revue de Paris » et dans le « Constitutionnel » des *Études antiques*, qui ont été réunies en un volume sous le titre de : *les Nuits de Rome*.

SAINT-FÉLIX [A.-J. MAUREMONT de]. [Voy. la *France littér.*, t. VIII, p. 333.

1. — Précis de l'histoire des peuples anciens, précédé de notions générales, de notices géographiques, de notices, tableaux et sommaires chronologiques, et suivi d'observations sur la religion, le gouvernement, la législation, les mœurs et coutumes, les arts, les sciences et la littérature. 4 vol. in-8 [30 fr.].

2. — Instruction pratique sur la culture forestière dans les terres fortes ou argileuses du Midi. Toulouse, Douladoure, 1841, in-12 de 100 pag.

3. — Traité pratique des prairies et des fourrages dans les terres fortes et

argileuses du Midi. Toulouse, Douladoure, 1841, in-12 de 124 pag.

4. — Traité historique, descriptif, critique et raisonné des ordres d'architecture, avec un nouveau système simplifié, accessible à toute nature de matériaux, et suivi de leurs divers accessoires; ouvrage servant d'introduction développée à l'architecture rurale, et accompagné d'une biographie des architectes et d'un vocabulaire universel. Paris, Audot, 1844, in-4, avec 32 planches gravées [25 fr.].

Le même éditeur a publié séparément le *Nouveau Système simplifié et raisonné des ordres d'architecture*, accompagné d'un vocabulaire d'architecture (in-4, avec 22 planches, 12 fr.].

SAINT-FÉLIX.
1. — Le Journalisme dévoilé. Paris, impr. de Dondey-Dupré, 1838, in-8 de 16 pag. [50 c.].
2. — Lisez et jugez! Cadeau de 75,000 fr. de rente fait au sieur Benazet, ex-fermier régisseur des jeux de hazard, par les hôpitaux et les pauvres de la ville de Paris, etc. Paris, impr. de Dondey-Dupré, 1838, in-8 de 40 p.

SAINT-FERRÉOL [Em. de]. — Epître à M. Albert Monténiont, roi d'un archipel polynésien, situé par 150e 5e, 11e 17e S. Paris, impr. de Bruneau, 1843, in-12 de 4 pag.

SAINT-FIRMIN [Firmin], pseudonyme. Voy. FERRÉ [Alexandre].

SAINT-FLACHAT [Baude de]. Voy. BAUDE DE SAINT-FLACHAT.

SAINT-FLORENT [A. de]. — Tableaux poétiques. Fontenay, impr. de Robuchon, 1842, in-8 de 44 pag. [1 fr.].

SAINT-FRANÇOIS [Léon de], dont le nom véritable est, dit-on, Léon JOLY.
1. — Physiologie du Soleil. Paris, Fiquet, 1841, in-32 [1 fr.].
2. — Pathologie de l'Épicier. Paris, Fiquet, 1842, in-32 [1 fr.].

M. Léon de Saint-François a donné dans le feuilleton de « la Silhouette » *une Baleine après décès* [14 et 21 février 1847].

SAINT-GALL [Uldaric de], docteur en philosophie, pseudonyme d'Auguste SCHELER. — Études historiques sur le séjour de l'apôtre saint Pierre à Rome. Bruxelles, Raes, 1845, in-18 de 108 p.

SAINT-GENEZ. — Avec M. *Patrice Rollet* : De l'Assistance publique (1849, in-8). Voy. ROLLET.

SAINT-GENIÈS [Flour de]. Voy. FLOUR DE SAINT-GENIÈS.

SAINT-GENOIS [le comte de]. — Mémoires généalogiques pour servir à l'histoire des familles des Pays-Bas. Amsterdam, 1780-81, 2 vol. gr. in-8.

SAINT-GENOIS [Jos.]. — Monuments anciens et essentiellement utiles à la France, aux provinces de Hainault, Flandre, Brabant, etc. Paris, Lille et Bruxelles, 1782-1806, in-fol.

SAINT-GENOIS [le baron Jules-Ludger-Dominique-Ghislain de], archiviste général de la Flandre orientale, membre de l'Académie de Belgique; né au château de Lennick Saint-Quentin le 22 mars 1813. [Voy. la *France littér.*, t. VIII, p. 334.]
1. — La cour du duc Jean IV, chronique brabançonne. Bruxelles, 1837, 2 vol. in-12 [3 fr.].
2. — Histoire des avoueries en Belgique. Bruxelles, 1837, in-8.
3. — Notice sur la bataille de Roosebeke. Gand, 1840, in-8.

Extrait du « Messager des Sciences historiques de Belgique. »

4. — Le Faux Baudouin. Bruxelles, 1840, 2 vol. in-18.
5. — Notice sur le dépôt des archives de la Flandre orientale. Gand, 1841, in-8.
6. — Les Fous de Saint-Liévin; chronique du temps de Charles le Téméraire, 1467. Bruxelles, 1841, in-8.

Extrait de la « Revue de Bruxelles. »

7. — Note sur la bataille de Lutter, gagnée par le comte de Tilly, le 28 août 1616. 1841.

Extrait du tome VII, n° 6, des « Bulletins de l'Acad. royale de Bruxelles, » in-8.

8. — Précis analytique des documents historiques concernant les relations de l'ancien comté de Flandre avec l'Angleterre, conservés aux archives de la Flandre orientale. Gand, in-8.
9. — Inventaire analytique des chartes des comtes de Flandre, autrefois déposées au château de Ruppelmonde, et conservées aujourd'hui aux archives de la Flandre orientale; précédé d'une no-

tice historique sur l'ancienne trésorerie des chartes de Ruppelmonde. Gand, 1843-46, in-4 [5 fr.].

10. — Anna, historish taferel uit de vlaemsche gherchiedenis tydens Maria van Bourgonje. Gand, 1844, 2 vol. in-8.

11. — Le Château de Wildembourg, ou les Matinées du siège d'Ostende (1604). Gand, Bruxelles et Paris, 1846, 2 vol. in-8.

12. — Les Voyageurs belges, du XIIIe au XVIIIe siècle. Bruxelles, Jamar, 1846-47, 2 vol. in-8 [3 fr.].

13. — Sur les lettres inédites de Jacques de Vitry, évêque de Saint-Jean d'Acre, cardinal et légat du pape (nouv. Mém. de l'Acad. de Bruxelles, t. XXIII, 1848).

M. Jules de Saint-Genois a donné des Mémoires, notices et rapports dans les « Bulletins de l'Acad. roy. de Bruxelles, » dans le « Messager des Sciences historiques de Belgique, » dans les « Bulletins de la Commission royale d'histoire, » dans la « Revue de Liége, » la « Revue de Bruxelles », « le » Trésor national, » l' « Eendragt, » le « Taelverbond, » le « Bulletin de l'Acad. d'archéologie, » le « Belgish Museum, » etc.

SAINT-GEORGES [Jules-Henry VERNOY, connu sous le nom de H. de], auteur dramatique. [Voy. la *France littér.*, t. VIII, pag. 335.]

1. — Avec MM. *Saint-Elme* et *de Courcy* : l'Amour et l'Appétit ; comédie-vaudeville en un acte. Paris, Mme Huet, Barba, 1823, in-8 [75 c.].

2. — Avec MM. *Saint-Léon* et *Martin Saint-Ange* [*Alex. Martin*] : le Retour ; à-propos vaudeville à l'occasion du retour de S. A. R. Mgr le duc d'Angoulême. Paris, Huet, Barba, 1823, in-8 [1 fr. 50 c.].

3. — Avec MM. *Emile* [*Rougemont*] et *Simonnin* : Mil sept cent cinquante et mil huit cent vingt-sept ; vaudeville en deux tableaux. Paris, Duvernois, 1827, in-8 de 40 pag. [1 fr. 25 c.].

4. — Avec M. *Léon Halévy* : le Concert à la campagne ; intermède en un acte, en prose et en vers. Paris, Bezou, 1828, in-8.

5. — Avec MM. *Scribe* et *Mélesville* : l'Écarté, ou un Coin du salon. Paris, Baudouin frères, 1829, grand in-32 [1 fr.].

6. — Avec M. *Achille Dartois* : le Jeune Père ; comédie-vaudeville en un acte. Paris, Barba, 1836, in-8 de 36 pag. [2 fr.].

7. — Avec M. *Scribe* : l'Ambassadrice ; opéra-comique en trois actes. Paris, Marchant, in-8 de 28 pag. ; — autre édit. Paris, impr. de Mme Dondey-Dupré, 1837, in-8 de 76 pag. [2 fr. 50 c.]

8. — Avec M. *Scribe* : le Fidèle Berger ; opéra-comique en trois actes. Paris, impr. de Dondey-Dupré, 1838, in-8.

9. — La Symphonie ; opéra-comique en un acte. Paris, Tresse, Delloye, Bezou, 1839, in-8 de 16 pag.

10. — Le Planteur ; opéra-comique en deux actes, musique de M. *H. Monpou*. Paris, Barba, Bezou, 1839, in-8 de 20 pag.

11. — Avec M. *Scribe* : la Reine d'un jour ; opéra-comique en trois actes. Paris, Tresse, Delahante, Bezou, 1839, 1840, in-8 de 32 pag. [60 c.]

12. — Avec M. *Scribe* : l'Opéra à la cour ; opéra-comique en quatre parties. Paris, Henriot, Tresse, 1840, in-8 de 22 pag. [50 c.]

13. — Avec M. *Scribe* : Zanetta, ou Jouer avec le feu ; opéra-comique en trois actes. Paris, Henriot, 1840, in-8 de 28 pag. [50 c.]

14. — Prologue, en vers, de la représentation au bénéfice des Polonais. Paris, Henriot, Tresse, 1840, in-8 de 12 pag.

Ce prologue, en trois scènes, composé pour la représentation donnée au bénéfice des Polonais, sur le théâtre de la Renaissance, le 3 avril 1840, a été inséré dans le n° 27 du « Moniteur des théâtres. »

15. — Le Livre d'Heures, simple histoire du cœur. Paris, impr. de Mme Delacombe, 1840, in-8 de 20 pag.

16. — L'Aïeule ; opéra-comique en un acte. Paris, Beck, 1841, in-8 de 48 pag.

17. — Avec M. *Scribe* : les Diamants de la couronne ; opéra-comique en trois actes. Paris, Beck, Tresse, 1841, 1843, 1844, in-8 [60 c.].

18. — Avec M. *Albert* : la Jolie Fille de Gand ; ballet-pantomime en trois actes et neuf tableaux. Paris, Mme veuve Jonas, Michel frères, Tresse, 1842, in-8 de 24 pag. [1 fr.]

19. — La Reine de Chypre ; opéra en cinq actes. Paris, Schlesinger, 1842, in-8 de 32 pag. [1 fr.] — Autre édit. Paris, Mme veuve Jonas, 1845, in-8 de 24 pag. [1 fr.] — Autre édit. Paris, Tresse, 1846, in-8 de 20 pag. [1 fr.]

20. — L'Esclave du Camoens ; opéra-

comique en un acte. Paris, Beck, Tresse, 1843, in-8 de 12 pag. [50 c.]

21. — Avec M. *Scribe* : Cagliostro ; opéra-comique en trois actes. Paris, Tresse, 1844, in-8 de 34 pag.

Réimprimé dans la même année.

22. — Le Lazzarone, ou le Bien vient en dormant; opéra en deux actes. Paris, Mme veuve Jonas, Tresse, Michel Lévy frères, 1844, in-8 de 20 pag.

23. — Wallace; opéra-comique en trois actes. Paris, Beck, Tresse, 1845, in-8 de 24 pag. [60 c.]

24. — L'Ame en peine ; opéra fantastique en deux actes. Paris, Mme Jonas, 1846, in-8 de 16 pag. [1 fr.]

25. — Les Mousquetaires de la reine ; opéra-comique en trois actes. Paris, Michel Lévy, 1846, in-8 de 34 pag.

26. — Le Val d'Andorre ; opéra-comique en trois actes. Paris, Mme veuve Jonas, Tresse, Michel Lévy frères, 1848, in-8 de 36 pag. [1 fr.]

27. — Avec M. *Scribe* : la Fée aux roses ; opéra-comique, féerie en trois actes. Paris, Beck, Tresse, 1849, in-8 de 28 pag. [1 fr.]

On doit encore à M. de Saint-George, en collaboration avec M. BAYARD : la Fille du régiment ; — avec M. BÉRAUD : le Préteur sur gages ; — avec MM. LEUVEN et DESLANDES : Dagobert ; — avec MM. LEUVEN et DUMANOIR : la Maîtresse de langues ; — avec MM. CORALLI et GAUTIER : Giselle ou les Willis ; — avec MM. HALÉVY et JAIME : Folbert, ou le Mari de la cantatrice ; — avec M. LEUVEN : Riquiqui ; Lady Melvil ; Mademoiselle Nichon ; — avec MM. LEUVEN et E. VANDERBUCH : la Suisse à Trianon ; — avec M. B. LOPEZ : Mademoiselle de Choisy ; — avec MM. Alex. MARTIN et FRANCIS : le Créancier voyageur ; — avec M. MAZILIER : le Diable amoureux ; Lady Henriette ou la Servante de Greenwich ; la Gypsy ; — avec M. J. PERROT : la Filleule des fées ; — avec M. PLANARD: l'Éclair ; Guise ou les États de Blois ; etc. Voy. ces noms.

M. de Saint-Georges est l'un des auteurs de « la Tour de Babel, » revue épisodique en un acte (1834, gr. in-8).

SAINT-GERMAIN [Charles-Paul de], pseudonyme de Jean-Charles PAUL, de Marseille. Voy. ce dernier nom.

SAINT-GERMAIN [Stanislas de]. — Notice historique et descriptive sur l'église Saint-Étienne de Beauvais. Beauvais, impr. de Desjardins, 1843, in-8 de 100 pag. [1 fr. 50 c.]

SAINT-GERMAIN [Gault de]. Voy. GAULT DE SAINT-GERMAIN [P.-M.].

SAINT-GERMAIN LEDUC. [Voy. la *France littér.*, t. VIII, p. 336.]

1. — Les Vacances en Suisse, journal du voyage d'un collégien. 2 vol. in-18, avec pl. et une carte [4 fr.].

2. — L'Angleterre, l'Écosse et l'Irlande, relation d'un voyage récent dans les trois royaumes. Strasbourg, Levrault, 1839, 4 vol. in-18 avec des pl. [12 fr.]

3. — Sir Richard Arkwright, ou Naissance de l'industrie cotonnière dans la Grande-Bretagne (1760 à 1792). Paris, Guillaumin, 1842, in-18 [2 fr.].

4. — Les Campagnes de mademoiselle *Thérèse Figueur*, aujourd'hui madame veuve *Sutter*, ex-dragon aux 15e et 9e régiments, de 1793 à 1815, écrites sous sa dictée. Paris, Dauvin et Fontaine, 1843, in-8 [5 fr.].

Sous le titre général : « Maître Pierre, ou le Savant de village, » M. Saint-Germain Leduc a publié : *Entretiens sur l'histoire ancienne* [1838, in-18 avec 2 cartes]; — *Entretiens sur les inventions utiles* [1839, in-18 avec une carte]; — *Entretiens sur l'histoire du moyen âge* [1839, in-18]; — *Entretiens sur l'histoire moderne* [1839, in-18]; — *Entretiens sur les voyages de découvertes* [1844, 2 vol. in-18] ; — *Entretiens sur la navigation* [in-18]. — Il a fourni des articles à « l'Illustration.»

SAINT-GERMAIN [Mme], sœur de Barnave.

Mme Saint-Germain a publié les « OEuvres de BARNAVE, » mises en ordre et précédées d'une notice historique par M. BÉRENGER (de la Drôme) [Paris, Chapelle et Guiller, 1843, 4 vol. in-8 avec un portrait et 4 *fac-simile*].

SAINT-GERMAIN [le chevalier J. de].

M. de Saint-Germain a publié sur des manuscrits qu'il dit originaux : « la Conservation de l'homme, puisée dans la science hermétique, ou l'Art divin de prolonger la vie à l'état de force et de santé » [Paris, impr. de Malteste, 1846, in-8 de 84 pag.].

SAINT-GERVAIS [Giraudeau de]. Voy. GIRAUDEAU.

SAINT-GERVAIS [Antoine de]. Voy. ANTOINE [A.].

SAINT-GERVAIS (Ph.), pseudonyme.

Sous ce pseudonyme, M. Maurice ALHOY a donné, avec M. MOURIER : Gig-Gig, scènes de boxeurs [1833, in-8]; — la Comédienne improvisée [1833, in-8]; — l'Amitié d'une jeune fille [1834, in-8]; — Vierge et Martyr [1836, in-8]; — la Grille du manoir [1837, in-8].

SAINT-GUILHEM [P.-D.], ingénieur des ponts et chaussées.

1. — Théorie nouvelle de l'équilibre et du mouvement des corps. Toulouse,

impr. de Paya, 1837, in-8 avec 1 pl. [3 fr. 50 c.]

2. — 1837. A B. Lafitte. Dax, impr. de Bonnebaigt, 1838, in-4 de 4 pag.

Épître en vers.

M. Saint-Guilhem a joint un *Supplément* aux « Tables de Logarithmes pour les nombres, sinus et tangentes, » par J. de LALANDE; suivies de diverses autres tables par J.-F. d'AUBUISSON [1842, in-18].

Il a donné des *Mémoires de Statique* dans les « Mémoires de l'Acad. de Toulouse » [1843]; et il a travaillé aux « Annales des Ponts et Chaussées, » et au « Journal de Mathématiques pures et appliquées » publ. par M. LIOUVILLE.

SAINT-HERMINS [Mme]. — Le Petit Secrétaire des amants, indiquant, etc. Paris, Renaud, 1842, in-18 de 108 pag.

SAINT-HILAIRE [Barthélemy]. Voy. BARTHÉLEMY SAINT-HILAIRE.

SAINT-HILAIRE [Bourjot]. Voy. BOURJOT SAINT-HILAIRE.

SAINT-HILAIRE [Filleau de]. Voy. FILLEAU DE SAINT-HILAIRE [Edme-Jean-Hilaire].

SAINT-HILAIRE [Geoffroy]. Voy. GEOFFROY SAINT-HILAIRE.

SAINT-HILAIRE [J.-Henri JAUME]. Voy. JAUME SAINT-HILAIRE.

SAINT-HILAIRE [Ricard de]. Voy. RICARD DE SAINT-HILAIRE.

SAINT-HILAIRE [Rosseeuw]. Voy. ROSSEEUW SAINT-HILAIRE.

SAINT-HILAIRE [Augustin-François-César PROUVENSAL DE SAINT-HILAIRE, plus connu sous le nom d'Auguste de], membre de l'Institut, professeur de botanique à la Faculté des sciences; né à Orléans le 4 oct. 1799. [Voy. la *France littér.*, t. VIII, p. 337.]

1. — Flora Brasiliensis, ou Histoire et description de toutes les plantes qui croissent dans les différentes provinces du Brésil. Paris, Aug. Belin, 1825 et ann. suiv.; 24 livraisons formant 3 vol. grand in-4, avec 192 pl. gravées.

2. — Deuxième Mémoire sur les Résédacées, corrigé et augmenté par M. Auguste de Saint-Hilaire. Montpellier, impr. de Martel aîné, 1838, in-4 de 44 pag.

3. — Leçons de Botanique, comprenant principalement la morphologie végétale, la terminologie, la botanique comparée, l'examen de la valeur des caractères dans les diverses familles naturelles, etc. Paris, P.-J. Loss, 1840-41, in-8 avec 24 pl. [14 fr.]

4. — La Morphologie végétale expliquée par des figures. Paris, Loss, 1841, in-8 avec 24 pl.

Extrait des « Leçons de Botanique. »

5. — Voyages aux sources du Rio de San-Francisco et dans la province de Goyaz. Paris, A. Bertrand, 1847-48, 2 vol. in-8 [15 fr.].

Citons encore: Mémoire sur le système d'agriculture adopté par les Brésiliens, et les résultats qu'il a eus dans la province de Minas Geraes [1838, in-8]; — l'Agriculture et l'Élève du bétail dans les Campos Geraes. Fragment. [1849, in-8]

M. Aug. de Saint-Hilaire a annoté « l'Herbier poétique, » par M. VILLEMIN [1842, in-12].

Il a donné dans la « Revue des Deux-Mondes » [1831]: *Tableau des dernières Révolutions du Brésil*; et il a travaillé aux « Annales nouvelles des voyages et des sciences géographiques. »

SAINT-HILAIRE [Émile Marco de], dont le nom véritable est HILAIRE (Marc), ancien page de la cour impériale. [Voy. la *France littér.*, t. VIII, p. 339.]

1. — Avec M. *Raban*: Mémoires d'un forçat, ou Vidocq dévoilé. Paris, Langlois, Rapilly, 1828-29, 4 vol. in-8 [30 fr.].

Sous le nom: *Un forçat*.

2. — Avec M. *Edouard Eliçagaray*: Mémoires d'une célèbre Courtisane des environs du Palais-Royal (1833, in-8). Voy. ELIÇAGARAY.

3. — Souvenirs de la vie privée de Napoléon, par MM. *Arnault*, le capitaine *Foresti*, le duc de *Gaëte*, etc., etc., recueillis et mis en ordre par Émile Marco de Saint-Hilaire, avec une introduction par *Frédéric Soulié*. Paris, Souverain, 1838, 2 vol. in-8 avec 3 *fac-simile* [15 fr.].

4. — Entretiens sur la vie de Napoléon, depuis sa naissance jusqu'à sa mort. Paris, Pitois-Levrault, 1839, 2 vol. in-18 avec 2 vignettes.

Sous le titre général: *Maître Pierre, ou le Savant de village*. Bibliothèque d'instruction populaire.

5. — Souvenirs intimes du temps de l'Empire. Ire série, IIIe édition. Paris, Boulé, 1841, 2 vol. in-8 [15 fr.].

6. — Souvenirs intimes du temps de l'Empire. Paris, Fellens, 1846 et ann. suiv., 3 vol. in-8 avec vign. [30 fr.]

7. — Nouveaux Souvenirs intimes du temps de l'Empire. Paris, Dumont, 1839-1840, 4 vol. in-8 [30 fr.].

8. — Les Aides de camp de l'empereur, souvenirs intimes du temps de l'Empire. Paris, Magen et Comon, 1841, 2 vol. in-8 [15 fr.].

9. — L'Hôtel des Invalides, souvenirs intimes du temps de l'Empire. Paris, Magen et Comon, 1841, 2 vol. in-8 [15 fr.].

10. — L'Ecole militaire, le bivouac et les Tuileries; nouveaux souvenirs intimes du temps de l'Empire. Paris, Ch. Gosselin, 1842, 2 vol. in-8 [15 fr.].

Troisième série.

11. — Napoléon au bivouac, aux Tuileries et à Sainte-Hélène, anecdotes inédites sur la famille et la cour impériales. Paris, Raymond Bocquet, 1843, in-18; — autre édit. Paris, Ch. Warée, 1844, in-18 [1 fr. 50 c.].

12. — Napoléon au conseil d'État. Paris, Magen, 1843, 2 vol. in-8 [15 fr.].

13. — Le duc d'Enghien, épisode historique du temps du Consulat. Paris, Baudry, 1844, in-8 [7 fr. 50 c.].

14. — Lieutnant et Comédien, souvenirs galants d'un homme du monde. Paris, Schwartz et Gagnot, Ch. Lachapelle, 1844, 2 vol. in-8 [15 fr.].

15. — Les Habitations napoléoniennes à Paris. Paris, Baudry, 1844, in-8 [7 fr. 50 c.].

Première partie.

16. — Napoléon en campagne, scènes de la vie militaire, pour faire suite aux *Souvenirs intimes du temps de l'Empire*. Paris, Boulé, 1844, 2 vol. in-8.

17. — Le Vétéran du camp de la Lune, scènes de la vie militaire. Paris, Pétion, 1844, 2 vol. in-8 [15 fr.].

18. — La Veuve de la grande armée, roman historique entièrement inédit. Paris, Magen, 1844-45, 2 vol. in-8 [15 fr.].

Réimprimé dans le « Musée littéraire du siècle. »

19. — Deux Conspirations sous l'Empire. Paris, H. Souverain, 1846, 2 vol. in-8 [15 fr.].

20. — Histoire de la campagne de Russie pendant l'année 1812, et de la captivité des prisonniers français en Sibérie et dans les autres provinces de l'empire; précédée d'un Résumé de l'histoire de Russie. Paris, Penaud frères, 1846-48, 4 vol. in-8, fig.

21. — Histoire des conspirations et attentats contre le gouvernement et la personne de Napoléon. Paris, Fellens, 1847, gr. in-8 [10 fr.].

La couverture porte : *Souvenirs intimes du temps de l'Empire.*

22. — Une Nuit de 1812, épisode de l'Empire. Paris, Souverain, 1847, 2 vol. in-8 [1 fr.].

23. — Mémoires d'un Page de la cour impériale (1804-1815). Paris, Boulé, 1847, in-8 de 64 pag.

Les Mille et un Romans, nouvelles et feuilletons. Reproduit dans « l'Estafette. »

24. — Histoire des conspirations et des exécutions politiques en France, en Angleterre, en Russie et en Espagne, depuis les temps les plus reculés jusqu'à nos jours. Paris, Havard, 1849, 4 vol. gr. in-8.

Cette histoire est précédée d'une introduction et terminée par un Précis de la révolution de février et des événements de juin 1848, édition illustrée.

25. — Histoire populaire, anecdotique et pittoresque de Napoléon et de la grande armée. Paris, 1842, et Boizard, 1846, gr. in-8, fig., avec 200 dessins de Jules David.

— Histoire anecdotique, politique et militaire de la garde impériale. Paris, Penaud, 1845-47, gr. in-8 avec des dessins de Hipp. Bellangé, Eug. Lami, etc. [15 fr.].

— Histoire populaire de la Garde impériale. Paris, Martinon, Dutertre, Victor Lecou, 1849, gr. in-8 avec 41 gravures à part, dessinées par A. de Moraine, avec types col. à l'aquarelle [15 fr.].

On doit encore à M. E. Marco Saint-Hilaire: Réclamation adressée à S. E. M. Delavau, préfet de police, par *Modeste Agnès*, patentée, exerçant au Palais-Royal [1822, in-8]; — Manuel de la Toilette, ou l'Art de s'habiller avec élégance et méthode, etc. [1828, in-18; — sous le pseudonyme de M. et Mme STOP]; — Traité de la Toilette à l'usage des dames [1835, in-12; — IIIe édit., 1844, in-32]; — Physiologie du Troupier [1841, in-8].

M. E. Marco Saint-Hilaire a travaillé à « l'Étoile de la jeunesse; » à la « Bibliothèque des Feuilletons; » au « Musée ou Magasin comique; » à « la Grande Ville; » à « les Étrangers à Paris; » à l' « Almanach impérial; » à l' « Almanach comique; » à « l'Almanach astrologique, magique, prophétique; » au « Conseiller des Enfants, » etc.

SAINT-HILAIRE [Amable VILAIN

de], auteur dramatique. [Voy. la *France littér.*, t. VIII, p. 341.]

1. — Petite Biographie dramatique, silhouette des acteurs, actrices, chanteurs, cantatrices, directeurs, directrices, régisseurs, souffleurs, danseurs, danseuses, figurants, figurantes, peintres, machinistes, etc., des théâtres de la capitale; étrennes aux oisifs. Paris, Lemonnier, 1821, in-12.

Sous le pseudonyme : *Guillaume le Flâneur.*

2. — Aux Armes! chant de départ. Paris, impr. de David, 1831, in-8 de 4 p.

3. — Le Dernier Cri de la Pologne à la France. Paris, impr. de David, 1831, in-8 de 2 pag.

4. — Deux jeunes Femmes; drame en cinq actes et en prose. Paris, Marchant, 1839, in-8 de 44 pag. [50 c.]

5. — Chasse royale; opéra en deux actes. Paris, Marchant, 1839, in-8 de 16 pag. [50 c.]

6. — Revue et corrigée; comédie-vaudeville en un acte. Paris, Marchant, 1839, in-8 de 16 pag. [30 c.]

7. — Nelly; drame-vaudeville en trois actes. Paris, Marchant, 1844, in-8 de 28 pag. [50 c.]

8. — Avec M. *A. Bourgeois* : les Éléphants de la pagode; pièce en trois actes, à grand spectacle. Paris, Tresse, 1845, in-8 de 32 pag. [50 c.]

9. — Le Cheval du diable; drame fantastique en cinq actes et quatorze tableaux, avec prologue. Paris, Tresse, 1846, in-8 [50 c.]

10. — Avec M. *Michel Delaporte* : Henri IV; drame historique en trois actes, seize tableaux et prologue. Paris, impr. de Boulé, 1846, in-8 de 64 pag.

11. — Appel à la justice du peuple. Révélations complètes et appuyées de preuves authentiques sur les barbaries du régime disciplinaire d'une partie de l'armée d'Afrique : le silo, la flagellation, la barre, le clou, la crapaudine, etc. Paris, Menuet, 1848, in-16 [15 c.].

On doit encore à M. Saint-Hilaire, en collaboration avec M. DÉADDÉ: Turcs et Bayadères; avec MM. VILLENEUVE et DUPEUTY: le Hussard de Felsheim; Léonide ou la Vieille de Suresne; — avec M. DUPORT: la Veillée. Voy. ces noms.

SAINT-HILAIRE [A. Jeannest], ancien notaire, maire de Brunoy.

1. — Rapport présenté à la conférence des notaires des départements de France. Paris, impr. de F. Didot, 1842, in-4.

2. — Brunoy et ses environs. Itinéraire du chemin de fer de Lyon, de Paris à Sens. Corbeil, impr. de Crété, 1849, in-12 [3 fr. 50 c.].

SAINT-HIPPOLYTE [Auger]. Voy. AUGER [Hippolyte-Nicolas-Just].

SAINT-HYPOLITE, officier d'état-major.

1. — Notes sur le théâtre des opérations militaires dans le centre de l'Algérie. Paris, Bourgogne et Martinet, 1840, in-8 de 24 pag. avec 1 carte.

2. — Recherches sur quelques points historiques relatifs au siége de Bourges, exécuté par César, pendant l'hiver des années 52 à 53. Paris, 1842, in-8 de 16 pag.

Extrait du «Spectateur militaire,» décembre 1841.

On doit aussi à M. Saint-Hypolite : *Extrait des Mémoires joints aux travaux topographiques de la nouvelle carte de France, contenant des recherches sur le siège de Bourges, exécuté par Jules César, an de Rome 701* [Annuaire du Berry, gr. in-18]; — *Monuments druidiques de Château-Larcher, dits Champ-de-Thorus* [*Mémoires de la Société des Antiquaires de l'Ouest*].

SAINT-ILDEPHONT. Voy. LEFEBURE et LEFEBVRE DE SAINT-ILDEPHONT.

SAINT-JAMES [Léon].

1. — Petit Recueil de poésies. Bourges, impr. de Jollet-Souchois; Paris, Delloye, 1841, in-12 [2 fr.].

2. — Que faire? satire politique. Bourges, impr. de Jollet-Souchois, 1842, in-8 de 16 pag.

En vers.

SAINT-JOSEPH [Anthoine de], juge au tribunal civil de la Seine.

1. — Concordance entre les codes civils étrangers et le Code Napoléon. Ouvrage contenant le texte des codes : 1° Napoléon; 2° des Deux-Siciles; 3° de la Louisiane; 4° sarde; 5° du canton de Vaud; 6° hollandais; 7° bavarois; 8° autrichien; 9° prussien; 10° suédois; 11° de Berne; 12° de Fribourg; 13° d'Argovie; 14° de Bade; 15° d'Haïti; et les lois hypothécaires : 1° de Suède; 2° Wurtemberg; 3° Genève; 4° Fribourg; 5° Saint-Gall; 6° la Grèce. Paris, Hingray, 1839, in-4 [27 fr.].

2. — Concordance entre les codes de

commerce étrangers, les lois commerciales étrangères de soixante pays, et le Code de Commerce français, ainsi qu'un tableau des usances et jours de grâce. Paris, Videcoq, 1843, in-4 [30 fr.].

SAINT-JOSEPH [Dié de]. Voy. DIÉ DE SAINT-JOSEPH [madame].

SAINT-JOSEPH [Lagoguey]. Voy. LAGOGUEY-SAINT-JOSEPH.

SAINT-JUAN [Desbiez de]. Voy. DESBIEZ DE SAINT-JUAN.

SAINT-JULIEN [le colonel]. Voy. HÉBERT [Éthelbert-Louis-Hector-Albert].

SAINT-JULIEN [Charles de]. Voy. la *France litt.*, t. VIII, p. 346.] — Le Cœur d'une jeune fille; comédie en un acte et en prose. Amiens, Duval; Paris, Tresse, 1849, in-18 [50 c.].

M. Ch. de Saint-Julien a donné dans la « Revue des Deux-Mondes » : *Pouchkine et le mouvement littéraire en France depuis 40 ans* [1847, 4 octobre].

SAINT-JULIEN [Félix de]. — Petit Catéchisme constitutionnel, ou Théorie du gouvernement représentatif, mise à la portée de tout le monde. Paris, Lenormant, Dentu, Delaunay, 1830, in-8 de 60 pag.

SAINT-JURE [le P. Jean-Baptiste de], jésuite; né à Metz en 1588, mort à Paris le 30 avril 1657. [Voy. la *France littér.*, t. VIII, p. 346.]
1. De la Connaissance et de l'amour du Fils de Dieu, N. S. Jésus-Christ. Nouvelle édition, revue et corrigée par M. l'abbé *J.-L. Tarpin*. Lyon, Guyot, 1839, 5 vol. in-8 [22 fr.], et 5 vol. in-12 [16 fr.]; — autre édit., Lyon et Paris, Guyot, 1847, 3 vol. in-8 [10 fr. 50 c.].

Citons encore les éditions suivantes : *Clermont-Ferrand*, Thibaud-Landriot, 1838, 8 vol. in-12 et 8 vol. in-8; et 1841, 6 vol. in-12; — *Lyon et Paris*, Périsse, 1839, in-18; — *Saint-Brieuc*, Prudhomme, 1846, 3 vol. in-8.

2. — L'Homme spirituel, ou la Vie spirituelle, traitée par ses principes; entièrement revu et édité par l'abbé *J. G.****, ancien professeur de rhétorique. Lyon, Périsse, 1838, 1842, 2 vol. in-12 [4 fr. 50 c.].

3. — Le Livre des Élus, ou Jésus crucifié. Revu, corrigé et mis dans un nouvel ordre par l'abbé de *Saint-Pard*. Nouvelle édition. Lyon, Périsse, 1839, in-18, et 1843, in-12 [1 fr. 80 c.].

4. — L'Homme religieux. Nouvelle édition, revue, etc., par M. l'abbé *J.-L. Tarpin*. Lyon, Guyot, 1841, 2 vol. in-8; — Lyon, Guyot; Paris, Mellier, 1846, in-8.

— L'Homme religieux. Nouvelle édition, entièrement revue et corrigée par l'abbé *J. G.****, ancien professeur de rhétorique. Lyon et Paris, Périsse, 1849, 2 vol. in-12.

5. — Méditations et retraites sur les plus importantes vérités de la religion, selon les Exercices de saint Ignace. Nouvelle édition, par M. l'abbé *J.-L. Tarpin*. Lyon, Guyot, 1842, in-12.

SAINT-JUST [Mérard de]. Voy. MÉRARD DE SAINT-JUST.

SAINT-JUST [Clément.] — Du Despotisme en matière de religion. Valence, impr. de Marc-Aurel; Paris, Marc-Aurel, 1841, in-8 [3 fr.].

SAINT-LAMBERT [Charles-Jean-François], membre de l'Académie française; né à Vezelise, en Lorraine, en 1717, mort à Paris le 9 février 1803. [Voy. la *France littér.*, t. VIII, p. 347.] — *L'Abenaki* et *Sara Th...* Paris, Gavard, Marescq, 1849, in-4.

A la suite de « Dom Ursino le Navarin, » par TRESSAN [collection des romans illustrés anciens et modernes].
Fait aussi partie des Primes illustrées de « l'Ordre. »

SAINT-LAURENS [Nogent]. Voy. NOGENT SAINT-LAURENS [E.-J.-J.-J.-H.].

SAINT-LAURENT [Charles.] — Dictionnaire encyclopédique usuel, ou Résumé de tous les dictionnaires historiques, biographiques, géographiques, mythologiques, scientifiques, artistiques, technologiques, etc. Répertoire universel et abrégé de toutes les connaissances humaines, publié sous la direction de Charles Saint-Laurent. Paris, Magen et Comon, 1841, et IIᵉ édit. 1842, gr. in-8 [25 fr.].

SAINT-LAURENT, auteur dramatique. Voy. NOMBRET-SAINT-LAURENT.

SAINT-LÉGER [T.-H.], ancien chef des bureaux de la recette générale du département de la Seine. [Voy. la *France* *littér.*, t, VIII, p. 350.—Avec M. *F.-M. Maurice :* l'Athée et la nature (1834, in-8). Voy. MAURICE.

SAINT-LÉGER, ingénieur en chef des mines. — Notice sur le frein dynamométrique, appareil servant à mesurer la force des machines à vapeur, des roues hydrauliques, et en général de tous les moteurs appliqués à des arbres de couche pour leur imprimer un mouvement de rotation. Paris, Carilian-Gœury, 1837, in-8 avec pl. [2 fr. 50 c.]

SAINT-LÉGER [Albert de]. — Quelques Réflexions sur l'état actuel des bois du Morvan et sur leur avenir probable. Château-Chinon, 1841, in-18 de 48 pag.

SAINT-LÉON. [Voy. la *France litt.*, t. VIII, p. 350.]
1. — Avec M. *Martin Saint-Ange* [*Alex. Martin*] : le Retour ; à-propos vaudeville à l'occasion du retour de S. A. R. Mgr le duc d'Angoulême. Paris, Huet, Barba, 1823, in-8 [1 fr. 50 c.].
2. — Avec MM. *Renaud* et *Ménissier :* le Précepteur dans l'embarras (1823, in-8). Voy. RENAUD.

SAINT-LÉON, chef de la gare du chemin de fer de Paris à Rouen. — Manuel pratique des Chemins de fer, à l'usage des voyageurs, des industriels, des administrations spéciales, des praticiens, des employés et des personnes qui se destinent à des emplois actifs dans les nouvelles compagnies. Paris, Comon, Mathias, 1845 [2 fr.].

SAINT-LÉON [Arthur], pseudonyme, violoniste et chorégraphe.
1. — La Fille de marbre ; ballet pantomime en deux actes et trois tableaux. Paris, Mme veuve Jonas, Michel Lévy, 1847, in-8 [1 fr.].
2. — La Vivandière ; ballet pantomime. Paris, Mme veuve Jonas, Tresse, 1848, in-8 [50 c.].
3. — Le Violon du diable ; ballet fantastique en deux actes et six tableaux. Paris, Mme veuve Jonas, Tresse, 1849, in-8 [1 fr.].

SAINT-LÉON [Dufresne]. Voy. DUFRESNE SAINT-LÉON [Louis-César-Alexandre].

SAINT-LÉON [Martin]. Voy. MARTIN SAINT-LÉON [J.-F.].

SAINT-LUC [Arthur de]. — Avec M. *P. Aymès* · Physiologie de la Vie conjugale et des mariés au treizième. Paris, Terry, 1842, 1843, in-18 [1 fr.].

SAINT-M. Voy. SAINT-MAURICE [Ch.-R.-E. de].

SAINT-MACARY [A.].
M. Saint-Macary est l'auteur de l'*Hygiène de l'Arpenteur*, mise à la suite du « Livre de l'Arpenteur géomètre, » par MM. PLACE et FOUCARD [1838, in-18] ; et de *Préceptes hygiéniques*, faisant suite au « Livre du Meunier, » par M. MAUNY DE MORNAY [1839, in-18].

SAINT-MARC GIRARDIN. Voy. GIRARDIN.

SAINT-MARC LAFFON. V. LAFFON.

SAINT-MARC [Louis de]. [Voy. la *France littér.*, t. VIII, p. 351.]
1. — Le jeune Infirme, élégie. Lyon, impr. de Perrin ; Paris, Bohaire, 1839, in-8 de 64 pag. [2 fr. 50 c.]
Poésies.
Citons encore : Hymne à la Vierge, suivie de les Trente ans du jeune Infirme [en vers, 1842, in-8] ; — l'Hospitalière, nouvelle [1842, in-8] ; — l'Hospitalière, élégie [1843, in-8].

SAINT-MARCE [Raoul de]. — Roses blanches ; feuilles détachées d'un album, poésies. Paris, Pougin, 1838, in-18 [4 fr.].

SAINT-MARCEL [J.-B. de]. — L'Indispensable au palais-musée de Versailles, donnant : 1° l'ordre à suivre pour visiter le palais, etc., etc. Versailles, impr. de Fossone, 1838, in-18 de 72 pag. [50 c.]

SAINT-MARS [Mme la vicomtesse de], née CISTERNE DE COURTIRAS, plus connue en littérature sous le pseudonyme *Dash*.
1. — Le Jeu de la reine. Paris, Dumont, 1839 ; et IIe édition, Paris, Desessart, 1839, 2 vol. in-8 avec une grav. [15 fr.]
2. — L'Écran. Paris, Desessart, 1839, in-8 [7 fr. 50 c.].
3. — Madame Louise de France. Paris, Desessart, 1839, in-8 [7 fr, 50 c.].
4. — Madame de la Sablière. Paris, Desessart, 1840, in-8 [7 fr. 50 c.].
5. — La Chaîne d'or. Paris, Desessart, 1840, in-8 [7 fr. 50 c.].
6. — La Marquise de Parabère. Paris, Desessart, 1842, 2 vol. in-8 [15 fr.].

7. — Les Bals masqués. Paris, Desessart, 1842, 2 vol. in-8 [15 fr.].
8. — Le Comte de Sombreuil. Paris, Desessart, 1843, 2 vol. in-8 [15 fr.].
9. — Un Mari. Paris, de Potter, 1843, 2 vol. in-8 [15 fr.].
10. — Le Château Pinon. Paris, Desessart, 1843, 2 vol. in-8 [15 fr.].
11. — Les Châteaux en Afrique. Paris, de Potter, 1844, 2 vol. in-8 [15 fr.].
12. — Un Procès criminel. Paris, de Potter, 1844, 2 vol. in-8 [15 fr.].
13. — Arabelle. Paris, de Potter, 1845, 2 vol. in-8 [15 fr.].
14. — La Poudre et la Neige. Paris, Desessart, 2 vol. in-8 [15 fr.].
15. — Madame la princesse de Conti. Paris, Desessart, 1846, 2 vol. in-8 [15 fr.].
16. — Mikael le Moldave. Paris, Pétion, 1848, 2 vol. in-8.

Mme de Saint-Mars a travaillé, sous le même pseudonyme, aux « Étrennes de la jeunesse » [1836, in-8] ; — à « un Diamant à dix facettes » [1838, 2 vol. in-8] ; — à « le Fruit défendu » [1840, 4 vol. in-8] ; — au « Journal des Femmes » [1840, in-8], etc.
Elle a donné des articles dans le « Journal des Jeunes Personnes. »

SAINT-MARSAULT [le comte Edmond de]. — Traité pratique des baux à ferme, avec les commentaires à la suite du texte. La Rochelle, Caillaud ; Paris, Dusacq, Mme Bouchard-Huzard, 1847, in-18.

SAINT-MARSY [Benat]. Voy. BENAT SAINT-MARSY [Gustave].

SAINT-MARTIN (Mlle Henriette de), pseudonyme. Voy. LE CLERC [Mlle].

SAINT-MARTIN [Baillot de]. Voy. BAILLOT DE SAINT-MARTIN.

SAINT-MARTIN [Filleau de]. Voy. FILLEAU DE SAINT-MARTIN.

SAINT-MARTIN [Jean-Antoine], orientaliste, membre de l'Académie des Inscriptions ; né à Paris le 17 janvier 1791, mort dans cette ville le 10 juillet 1832. [Voy. une notice par M. SILVESTRE DE SACY, dans les *Mém. de l'Acad. des Inscript.*, t. XII, 2ᵉ partie ; la *Biogr. univ.*, *suppl.*, et la *France litt.*, t. VIII, p. 355.] — Histoire d'Arménie, par le patriarche *Jean VI*, trad. de l'arménien en français par M. J. Saint-Martin.

Paris, Impr. roy., B. Duprat, 1841, in-8 [15 fr.].

Ce volume a été publié par les soins de M. Félix LAJARD.

SAINT-MARTIN [le marquis de].
Pseudonyme sous lequel M. E.-L. GUÉRIN a publié : « les Deux Cartouches du XIXᵉ siècle » [1834, 4 vol. in-12].

SAINT-MARTIN [Charles]. — Moyen d'abolir le monopole du tabac. Paris, impr. de Lacrampe, 1840, in-8 de 40 pag.

SAINT-MARTIN [le marquis Louis-Cl. de], né à Amboise en 1743, mort à Aunay, près Paris, en 1803. [Voy. la *France littér.*, t. VIII, p. 352.] — Des Nombres ; œuvre posthume. Paris, impr. lith. de Leroy, 1843, in-4.

Tiré à 100 exemplaires.

SAINT-MAUR [Dupré de]. Voy. DUPRÉ DE SAINT-MAUR.

SAINT-MAURICE [Charles-R.-E. de]. [Voy. la *France littér.*, t. VIII, p. 358.]

1. — Tableaux historiques des funérailles de Napoléon. Paris, Brée, Troude, 1841, in-12.
2. — Le Comte d'Entraigues. 1781–1812. Roman historique. Paris, Thomine, 1841, 2 vol. in-8 [15 fr.].
3. — Pahlen, ou une Nuit de Saint-Pétersbourg, roman historique. Paris, Thomine, 1842, 2 vol. in-8 [15 fr.].
4. — Manuel de la Légion d'honneur, ou Guide du légionnaire, contenant, etc. Paris, Dumaine, 1844, in-18 anglais [3 fr.].
5. — Éloge de Xavier Sigalon, couronné par l'Académie de Nîmes. Paris, Maison, 1848, in-8 de 32 pag.

M. Ch. Saint-Maurice a traduit et fait précéder d'un *Essai sur la vie et les ouvrages de l'auteur* « l'Histoire de la Découverte de l'Amérique, » par J.-H. CAMPE [1835, 1844, gr. in-8].
On lui doit un *Éloge du contre-amiral Dumont-Durville*, lu devant l'Acad. de Caen dans la séance du 3 avril 1843, et qui a obtenu une seconde mention honorable.
M. Ch. de Saint-Maurice a publié, dans le journal « la Semaine » (1849, 4ᵉ année), sous le nom du prince de METTERNICH, les *Mémoires* de cet homme d'État. La première partie de ces mémoires a seule paru ; elle a été traduite en allemand par Louis SIMON et imprimée à Bremen en 1849.

SAINT-MAURICE CABANY, directeur d'entreprises littéraires. — Avec M. *Dupont* : Études historiques sur la capitulation de Baylen et la campagne de France en Andalousie (1846, in-8). Voy. DUPONT.

Le « Nécrologe universel du XIXe siècle, Revue générale biographique et nécrologique, historique, nobiliaire, » etc., par une société de gens de lettres, d'historiens et de savants français et étrangers, a été publié sous la direction de M. E. Saint-Maurice Cabany [1845-47, 4 vol. in-8]. — M. Saint-Maurice Cabany a aussi publié, en 1849, une Biographie des administrateurs, etc.

SAINT-MÉRY [M.-L.-T.]. Voy. MOREAU DE SAINT-MÉRY.

SAINT-MORIN [Mme la comtesse Héléna de]. — Le Livre de ma Fille. La morale, la religion, les sciences, l'histoire et les arts mis à la portée des jeunes personnes; gr. in-18 avec 6 vignettes anglaises.

SAINT-NEXENT [A.-Charles de], avocat.

1. — Traité des faillites et banqueroutes, d'après la loi du 28 mai 1838. Paris, Videcoq, 1840-43, 3 vol. in-8 [22 fr.].

2. — De la Réforme du régime hypothécaire, ou des Principales améliorations à introduire dans la loi projetée sur cette matière. Niort, Robin; Paris, Videcoq fils, Delamotte, 1845, in-8 [7 fr. 50 c.].

3. — Examen du projet de loi sur la liberté de l'enseignement secondaire. Paris, Hachette, 1848, in-8 de 80 pag. [2 fr.].

SAINT-OUEN [Mme Laure BOEN de]. [Voy. la *France litt.*, t. VIII, p. 360.]

1. — Histoire ancienne mnémonique, avec emblèmes et portraits. Méthode nouvelle pour apprendre l'histoire d'une manière prompte et ineffaçable. Paris, Hachette, Ducrocq, 1837, in-12 avec 19 pl. et une carte [1 fr. 25 c.].

2. — Histoire de France élémentaire de 1789 à 1830, comprenant la révolution de 1789, l'empire, la restauration et la révolution de juillet 1830; pour servir de suite et de complément à l'histoire de France. Paris, Mme veuve Maire-Nyon, 1838, in-18.

3. — Histoire romaine élémentaire, accompagnée de tableaux et de cartes qui en facilitent l'étude. V^e édition. Paris, Mme veuve Maire-Nyon, Hachette, 1844, in-18 avec un tableau et une carte.

4. — Histoire ancienne élémentaire. VIIIe édition. Paris, Mme veuve Maire-Nyon, Hachette, 1844, in-18 avec une carte et un tableau.

5. — Histoire sainte élémentaire, accompagnée de tableaux chronologiques disposés pour l'étude. IIe édition. Paris, Mme veuve Maire-Nyon, Hachette, 1845, in-18 avec une carte et un tableau.

La première édition est de 1839 [Nancy, impr. de Vincenot, in-18].

6. — Histoire de France depuis l'établissement des Francs dans les Gaules jusqu'à nos jours, avec les portraits des rois et une carte de la France à l'époque actuelle. Nouvelle édition. Paris, Hachette, 1849, in-18 avec une carte [65 c.].

Très-souvent réimprimée.

7. — Tableaux mnémoniques de l'histoire d'Angleterre, contenant le portrait de chaque roi et les principaux événements de chaque règne, indiqués par différents emblèmes, accompagnée d'un texte explicatif mis en rapport avec les tableaux. Paris, Hachette, Maire-Nyon, in-12 avec grav. et cartes [5 fr.].

SAINT-PARD [le P. Pierre Nic. Van BLOTAQUE, connu sous le nom d'abbé de], né en 1734, mort en 1824. [Voy. la *France littér.*, t. VIII, p. 136, et plus haut, l'art. SAINT-JURE.]

SAINT-PARDOUX. — Campagnes de Portugal en 1833 et 1834, relation des principaux événements et des opérations militaires de cette guerre. Paris, Delloye, 1835, in-8.

SAINT-PATHUS [Dufour de]. Voy. DUFOUR DE SAINT-PATHUS [Julien-Michel].

SAINT-PAU [le vicomte de MÉTIVIER]. Voy. MÉTIVIER SAINT-PAU.

SAINT-PAUL.

1. — Éléments de fortification à l'usage des officiers des états-majors. Paris, 1811, 2 vol. in-8 avec pl. [25 fr.].

2. — Traité complet de fortification; ouvrage utile aux jeunes militaires, et mis à la portée de tout le monde. IIe édition. Paris, 1817, 2 vol. in-8 avec pl. [25 fr.].

SAINT-PAUL [de Beauvais de]. Voy. BEAUVAIS DE SAINT-PAUL [de].

SAINT-PAUL [Saint-Ange de]. — Equitation fashionable. Paris, impr. de Schneider, 1842, in-8 de 16 pag.

SAINT-PAUL [P. de], avocat général près la cour d'appel de Montpellier. [Voy. la *France littér.*, t. VIII, p. 362.] — Discours sur la constitution de l'esclavage en Occident, pendant les derniers siècles de l'ère païenne. Montpellier, 1837, in-8.

Tiré à très-petit nombre.

SAINT-PAUL [J.-F.-S.]. — Mémoire historique sur le Mas-d'Azil (Ariége). Toulouse, impr. de Cadaux, 1843, in-8 de 84 pag.

SAINT-PAULET. Voy. GAUTIER DE SAINT-PAULET [P.-L.-D.].

SAINT-PERAVI. Voy. GUÉRINEAU, chevalier de Saint-Peravi [J.-N.-M.].

SAINT-PHESLE [T. de]. — Tableau historique et chronologique des papes, depuis saint Pierre jusqu'à Grégoire XVI. Paris, impr. lith. de Villain, 1840, in-plano.

SAINT-PIERRE [Jacques-Henri-Bernardin de], membre de l'Institut; né au Havre le 19 janvier 1737, mort à Paris le 21 janvier 1814. [Voy. la *France littér.*, t. VIII, p. 363.]

1. — OEuvres, mises en ordre par L.-Aimé Martin. Paris, Ledentu, 1840, gr. in-8 avec un portrait [12 fr.].

2. — OEuvres posthumes, mises en ordre par L.-Aimé Martin. Paris, Ledentu, 1840, gr. in-8 [12 fr.].

3. — OEuvres choisies, contenant : *Paul et Virginie*, *la Chaumière indienne*, *le Café de Surate*, *Voyage en Silésie*, *à l'Ile de France*, *l'Arcadie*, *de la Nature de la morale*, *Vœux d'un solitaire*. Paris, F. Didot, 1843, in-12 avec un portrait [3 fr.].

4. — Études de la Nature. Limoges et Paris, Martial Ardant, 1840, 3 vol. in-12 [3 fr.]. — Autre édit. Paris, F. Didot, 1843, in-12 [3 fr.].

— Études sur la Nature, abrégées par L. Girault. Paris, L. Labé, 1845, 2 vol. in-32 [70 c.].

5. — Paul et Virginie. Paris, Rion, 1835, in-8 [3 fr.].

— Paul et Virginie, suivi de *la Chaumière indienne*. Édition miniature. Paris, Masson fils, 1838, gr. in-18 avec 70 gravures, dans le texte et hors texte [3 fr.].

Cette édition a été réimprimée en 1842 (Paris, Lebrun, in-18).

— Paul et Virginie, suivi de *la Chaumière indienne*. Paris, Lavigne, 1839, in-12 anglais avec 8 vignettes et 1 portr.

— Paul et Virginie, suivi de *la Chaumière indienne*, du *Café de Surate* et du *Voyage de Codrus*. Nouvelle édition. Paris, Renault, 1845, in-12 avec 1 vignette [3 fr.].

— Paul et Virginie, précédé d'un Essai philosophique et littéraire par d'*Albanès*. Paris, Gustave Havard, 1845, in-8 anglais illustré par Bertall [3 fr.].

— Paul et Virginie, suivi de *la Chaumière indienne*, *Voyage à l'Ile de France*, divers extraits des *Etudes et des harmonies de la nature*. Édition épurée, précédée d'une Notice sur Bernardin de Saint-Pierre, par M. l'abbé *Delacouture*. Paris, Lehuby, 1849, in-12 avec 20 dessins.

Nous indiquerons aussi les éditions suivantes: Paris, Hiard, 1835, in-18; Lavigne, 1836, in-18 avec 2 grav.; Ledentu, 1837, in-18; Chassaignon, 1832, 2 vol. in-18, fig.; Letaille, 1839, in-18 avec 7 grav. découpées et un frontispice; Delarue, 1841, in-18; impr. de Pommerel, 1843, 2 vol. in-18; Havard, 1848, in-4; — Lille, Castiaux, 1834, in-18; — Meaux, Dubois, 1837, in-18; — Montbéliard, Deckherr, 1837, 1840, in-18; — Montereau, Moronval, Schwartz, 1839, in-18; — Nancy, Vincenot, 1838, in-18 avec 2 grav.; — Tours, Mame, 1838, in-18; 1845, in-12; — Avignon, Offroy aîné, 1836, 2 vol. in-18 avec 2 grav.; Chaillot, 1838, 2 vol. in-18; — Carpentras, Devillario, 1842, 2 vol. in-18.

Il existe plusieurs traductions; en anglais : « Paul and Virginia, with the Indian Cottage, » translated by Helen-Maria WILLIAMS (Paris, Baudry, Stassin et Xavier, 1841, in-18); — en italien : « Paolo e Virginia » (Lyon et Paris, Cormon et Blanc, 1839, in-18); — en espagnol : « Pablo y Virginia, » traducido por D.-J.-M. ALÉA (Paris, Rosa et Bouret, 1849, in-18].

6. — La Chaumière indienne, suivie du Café de Surate, de l'Éloge de mon ami, etc. Paris, Furne, 1829, in-18 gr.-raisin.

— La Chaumière indienne. Paris, Giroux et Vialat, 1847, in-18.

SAINT-PIERRE [Victor de].

1. — Annuaire administratif, statistique et historique de Paris et du département de la Seine pour l'année 1842. Paris, P. Bertrand, 1842, in-12 [5 fr.].

Ouvrage rédigé sur les documents fournis

par les ministères, les préfectures et les administrations publiques.

2. — Tableau physique, géographique, politique et administratif de l'Afrique française. Paris, Boulland, 1845, in-4 de 24 pag. avec un tableau.

SAINT-PRIEST [Alexis de GUIGNARD, comte de], ancien pair de France, membre de l'Académie française; né à Saint-Pétersbourg le 20 avril 1805, mort à Moscou le 19 septembre 1851. [Voy. la *France littér.*, t. VIII, p. 369.]

1. — Histoire de la royauté considérée dans ses origines, jusqu'à la formation des principales monarchies de l'Europe. Paris, Delloye, Garnier frères, 1842, 2 vol. in-8 [15 fr.].

2. — Histoire de la Chute des jésuites au XVIIIe siècle (1750-1782). Paris, Amyot, 1844, in-8 [7 fr. 50 c.].

3. — Histoire de la Chute des jésuites au XVIIIe siècle (1750-1782). Nouvelle édition, revue, corrigée et augmentée de pièces justificatives. Paris, Amyot, 1844, in-18 anglais [3 fr. 50 c.].

M. de Saint-Priest a trouvé dans les correspondances diplomatiques des éléments nouveaux pour juger le grand et mystérieux débat qui s'est élevé au XVIIIe siècle entre les jésuites et les États européens. Son travail a été mentionné à la Chambre des pairs à propos de la lutte de l'Université et du clergé sous Louis-Philippe.

On a publié d'après cet ouvrage : « Pourquoi, par qui et comment l'ordre des jésuites fut proscrit au XVIIIe siècle en Portugal, en France, en Espagne et en Italie [Paris, Waille, 1844, in-18].

4. — Histoire de la conquête de Naples par Charles d'Anjou, frère de saint Louis. Paris, Amyot, 1847-48, 4 vol. in-8 [10 fr.].

Voyez sur cet ouvrage un article par M. LERMINIER, dans la « Revue des Deux-Mondes » du 16 mars 1848.

Citons encore : A nos lecteurs de l'île Bourbon (impr. de Cosson, 1841, in-8. — A l'occasion de la critique faite dans la « Feuille hebdomadaire de l'île Bourbon, » du 11 avril, de la « Revue du Siècle »]. — M. A de Saint-Priest a publié, en 1837, dans la « Revue française, » un écrit intitulé : *de l'Influence de la Philosophie du XVIIIe siècle sur la politique extérieure.* — Il a donné dans la « Revue des Deux-Mondes : » *Histoire de la Société de Jésus en Portugal, en France, en Espagne et à Rome* [1er avril 1844]; — *la Perte de l'Inde sous Louis XV* [1er mai 1845].

SAINT-PRIEST [Félix de], député du Lot, membre de l'Assemblée nationale, puis de l'Assemblée législative; né en 1801, mort en 1851. — Des Rentes et de leur conversion, dans ses rapports avec la propriété foncière et les grands travaux publics. Lettres à un contribuable. Paris, Allouard, 1843, in-8 [1 fr.].

Citons encore : Note sur la proposition de M. de Saint-Priest, relative à la taxe des lettres et au tarif sur les envois d'argent [1844, in-4]; — Question des deux Chambres [1848, in-8].

SAINT-PRIX [J. Berriat]. — Voy. BERRIAT SAINT-PRIX [Jacques].

SAINT-PROSPER [Antoine-Jean CASSÉ DE], né à Paris le 16 novembre 1790, mort en février 1841. [Voy. la *Biogr. univers.*, suppl., et la *France littér.*, t. VIII, p. 369.]

1. — Proverbes moraux. Paris, Desmé, 1838, in-8 de 60 pag.

2. — Les Aventures d'un promeneur, ou le Drame de la vie; IIIe édition. Paris, impr. de Poussielgue. 1839-40, t. II, in-8.

3. — Histoire de France, depuis les temps les plus reculés jusqu'en 1838. Paris, Duménil, 1838-39, et Lebigre, 1846, 2 vol. in-8, fig. [12 fr.]

Ce volume fait partie d'une collection intitulée : « le Monde, ou Histoire de tous les peuples. »

4. — Histoires de Russie, de Pologne, de Suède et de Danemark, depuis les temps les plus reculés jusqu'en 1840. Paris, Duménil, 1840, et Lebigre, 1846, in-8 avec pl. [6 fr.]

Fait partie de : « le Monde, histoire de tous les peuples. »

5. — De l'Impossibilité d'un gouvernement représentatif avec les fortifications de Paris. Paris, impr. de Proux, 1841, in-8 de 40 pag.

Une IIe édition a paru, in-18 de 119 pag., dans la même année.

M. A.-J.-C. Saint-Prosper a donné dans le « Plutarque français » : *Ch. de Cossé-Brissac; Massillon.*

SAINT-PROSPER [André-Augustin, dit Auguste CASSÉ DE], frère du précédent; né à Paris en octobre 1791. [Voy. la *France littér.*, t. VIII, p. 371.]

1. — Histoire d'Angleterre, depuis les temps les plus reculés jusqu'en 1838. Paris, Duménil, 1839, et IIIe édit., Paris, Lebigre, 1846, in-8 avec 46 pl. — Autre édit., Paris, Penaud frères, 1848, in-8, fig.

Fait partie de : « le Monde, histoire de tous les peuples. »

2. — Histoires d'Espagne, de Portugal, de Hollande et de Belgique, depuis les temps les plus reculés jusqu'en 1838. Paris, F. Duménil, 1839, et III⁰ édit., Lebigre, 1846 et ann. suiv., in-8 avec 32 pl. [6 fr.]

Fait partie de : « le Monde, histoire de tous les peuples. »
M. A. Saint-Prosper jeune a donné dans le « Plutarque français » : *Chardin*.

SAINT-RAMBERT. — Aniéla, ou le Prisonnier en Russie, épisode historique, dialogué et mêlé de chants, en trois époques, de la guerre de 1812. Paris, Tresse, Marchant, 1840, in-8 de 24 pag. [60 c.]

SAINT-REMY [Joseph], des Cayes (Haïti). — Essai sur Henri Christophe, général haïtien. Paris, impr. de Malteste, 1839, in-8 de 20 pag.

Henri Christophe, né à l'île de Grenade le 6 octobre 1767, est mort le 15 août 1820.

SAINT-REMY [Jules - Henri REDAREZ]. Voy. REDAREZ - SAINT-REMY.

SAINT-RENÉ TAILLANDIER. Voy. TAILLANDIER.

SAINT-RIEUL-DUPOUY [J.].
1. — Quelques Mots sur Victor Hugo, à propos des *Voix intérieures*. Bordeaux, impr. de Gazay, 1837, in-8 de 16 pag.
2. — Un Mot sur le roi Louis-Philippe. Bordeaux, impr. de Suwerinck, 1845, in-8 de 24 pag.

SAINT-ROBERT [le chevalier de].— Le général Rosas et la question de la Plata. Paris, Gerdès, 1848, in-8 de 80 pag.

SAINT-ROMAN [le comte de], ancien pair de France. (Voy. la *France littér.*, t. VIII, p. 374.) — Lettre de M. le comte de Saint-Roman à M. de Lamartine. Paris, impr. de Bachelier, 1842, in-8 de 36 pag.

A l'occasion des éclaircissements donnés dans une lettre de M. de Lamartine, du 12 mars, insérée dans la « Gazette de France. »

SAINT-ROMAN [J.-A. de], né vers 1780.
1. — Peines de la vie d'un ancien instituteur, ses voyages en France et à l'étranger. Nemours, Baillard, 1840, in-12 de 100 pag.
2. — Les Aventures d'un père de famille, son triomphe sur ses calomniateurs, suivies de ses infortunes jusqu'à ce jour, et de ses courses en Palestine. Troyes, impr. de Poignée, 1849, in-18.

SAINT-SAENS [Alexandre].
1. — Elégie à la mémoire d'Hortense Saint-Saens, décédée le 21 avril 1840, âgée de cinq ans. Paris, impr. de Pommeret, 1840, in-8 de 4 pag.
2. — Les Regrets ; élégie à la mémoire de S. A. R. Mgr le duc d'Orléans. Paris, Rouzé, 1842, in-8 de 8 p.

En vers.

3. — L'Ombre du grand homme, chant patriotique à la mémoire de Napoléon. Paris, Pilout, 1848, in-8 de 4 pag.

Cinq couplets publiés pour l'anniversaire de ses funérailles, en France, le 15 décembre 1848.

SAINT-SARD. — La Vierge aux œillets. Paris, Souverain, 1840, in-8 [7 fr. 50 cent.].

SAINT - SAUVEUR [Authier]. Voy. AUTHIER SAINT-SAUVEUR.

SAINT-SAUVEUR [de], consul de France. — Excursion en Crimée et sur les côtes du Caucase, au mois de juillet 1836. Paris, impr. de F. Didot, 1837, in-8 de 92 pag.

SAINT-SERNIN. Voy. PASCALLET.

SAINT-SIMON [Louis de ROUVROY, duc de], né le 16 janvier 1676, mort à Paris le 2 mars 1755. [Voy. la *France littér.*, t. VIII, p. 375.] — Mémoires complets et authentiques du duc de Saint-Simon sur le siècle de Louis XIV et la Régence, publiés sur le manuscrit original entièrement écrit de la main de l'auteur, par le marquis de *Saint-Simon*, pair de France, etc., etc. Nouvelle édition, revue et corrigée. Paris, Delloye, 1840-41, 40 vol. dont 2 de tables, avec 38 portraits [70 fr.].

Il a paru dans la « Revue des Deux-Mondes » [15 novembre 1834]: *Louis XIII et Richelieu*, fragments inédits de Saint-Simon.

On trouve dans la « Revue rétrospective » [1834, t. II, p. 44] deux *Mémoires* remis par Saint-Simon au régent pour le détourner de faire des ducs.

SAINT-SIMON [le comte Claude-Henri de], réformateur, fondateur d'une secte qui a pris son nom, naquit à Paris le 17 octobre 1760. En 1779, il prit part à la guerre d'Amérique, avec son cousin Claude Henri duc de Saint-Simon, et à son retour, en 1783, il fut nommé colonel du régiment d'Aquitaine. La Révolution se fit sans que cet homme à théories politiques et sociales se mêlât en aucune manière au mouvement, et quoique son génie inventif se fût manifesté déjà par de nombreuses entreprises, il avait 42 ans quand il publia son premier écrit. Depuis ce moment, déjà riche d'expériences et de méditations, il s'occupa avec ardeur de la propagation de ses idées réformatrices, soit par des journaux, soit par des livres, soit par des entretiens où il savait entraîner et convaincre. Cependant, en 1811, après avoir dissipé une fortune considérable, il était si misérable qu'il ne put faire imprimer ses travaux. Le reste de sa vie se passa dans l'indigence ; le grand seigneur réformateur manqua souvent de pain et de feu. Le 9 mars 1823 Saint-Simon attenta à ses jours dans la maison qu'il occupait, rue de Richelieu, n° 34. — Il mourut le 9 mai 1825, rue du Faubourg-Montmartre, n° 9, âgé de 64 ans 7 mois 2 jours, au moment où se fondait, par ses soins, le journal le *Producteur*. « Toute ma vie, disait Saint-Simon à ses derniers moments, se résume dans une seule pensée : assurer à tous les hommes le plus libre développement de leurs facultés. » [Voy. *Saint-Simon et son École*, par M. Michel CHEVALIER (*Débats* du 31 décembre 1837 et du 6 janvier 1838). — Notice sur la vie et les ouvrages de Saint-Simon, dans la *Philosophie du droit*, de M. LERMINIER (t. II) ; — un article nécrologique dans *le Globe* du 4 juin 1825 ; — la *Biographie des Contemporains* (Paris, 1829) ; — la *Revue encyclopédique* (avril 1826) ; — l'*Annuaire nécrol.* de M. MAHUL, t. VI ; — la *Biographie univ.*, *suppl.* ; *Études sur les réformateurs contemporains ou socialistes modernes*, *Saint-Simon, Ch. Fourier, Rob. Owen*, par M. L. REYBAUD, et la *France littér.*, t. VIII, p. 376.]

1. — OEuvres de Saint-Simon, publiées par *Olinde Rodrigues*. Paris, Capelle, 1841, in-8 [3 fr.].

Ce recueil contient : 1° Catéchisme politique des industriels ; — 2° Vues sur la propriété et la législation ; — 3° Lettre d'un habitant de Genève à ses contemporains ; — 4° Parabole politique ; — 5° Nouveau Christianisme : précédés de fragments de l'histoire de la vie de Saint-Simon écrite par lui-même.

2. — Lettres adressées au Bureau des longitudes et à la 1re classe de l'Institut. Paris, impr. de Sherff, 1808, deux parties in-4, l'une de 75, l'autre de 23 pag.

3. — Prospectus d'un ouvrage ayant pour titre : le Défenseur des propriétaires de domaines nationaux (1815.)

L'ouvrage n'a point paru.

4. — Lettres de Henri de Saint-Simon à MM. Comte et Dunoyer (t. III du *Censeur européen*, p. 334 et 356, année 1814).

5. — L'Industrie, ou Discussions politiques, morales et philosophiques dans l'intérêt de tous les hommes livrés à des travaux utiles et indépendants, avec cette épigraphe : *Tout par l'industrie, tout pour elle*. Paris, 1817, 4 vol. publiés par livraisons in-8 et in-4.

Les collaborateurs de Saint-Simon pour cette œuvre sont : MM. SAINT-AUBIN, Augustin THIERRY, qui y prend le titre de fils adoptif de Saint-Simon, et Auguste COMTE.

6. — Catéchisme des industriels. Paris, impr. de Setier, 1822-1823, 4 cahiers formant 422 pag.

Saint-Simon s'aida, pour la rédaction de cet ouvrage, de la collaboration d'Auguste COMTE.

Saint-Simon a publié : « l'Organisateur, » paru confusément en plusieurs éditions. L'ouvrage entier forme un vol. de 265 pag. L'article *Parabole*, dans la 1re livraison, fit traduire Saint-Simon devant les assises ; il fut acquitté [1819 et 1820]. — On a publié : Doctrine de Saint-Simon. Exposition. 1re année, 1828-1829 [1830, 1831, 1836, in-8].

Saint-Simon a laissé en manuscrit : Mémoire sur l'Encyclopédie. Manuscrit à 60 copies [1810] ; — Mémoire sur la science de l'homme [1811] ; — Mémoire sur la gravitation, manuscrit présenté à Napoléon [1811].

SAINT-SIMON [Alexandrine-Sophie, GOURY DE CHAMPGRAND], d'abord comtesse de], plus tard baronne de Bawr. Voy. BAWR.

SAINT-SIMON SICARD [de]. — Une Idée sur la goutte, la phthisie pulmonaire, les dermatoses et les affections calculeuses au point de vue chimique. Paris, impr. d'Henry, 1844, in-8 de 24 pag.

SAINT-SULPICE [A.-C. de].

1. — Lettre aux Éducateurs de vers à soie, dans l'arrondissement de Belley et dans les environs. Bourg, impr. de Dufour, 1839, in-8 de 16 pag.

2. — Proposition financière soumise à l'examen sérieux, à l'appréciation exacte, à la discussion illimitée du gouvernement provisoire et de tous les citoyens. Paris, impr. de F. Didot, 1848, in-4 de 4 pag.

SAINT-SURIN. — Petit Mémoire sur de longues vexations. Angoulême, impr. de Reynaud, 1840, in-8 de 28 pag. — IIe édition, revue et augmentée de trois petites notes, 1840, in-8 de 28 p.

Relatif à des affaires domestiques.

SAINT-SURIN [Mme Rose de], plus tard dame de MONTMERQUÉ, née à Villefranche dans les premières années de ce siècle. [Voy. *Notice biographique et littéraire sur Mme de Saint-Surin* (1848, in-8), et la *France littér.*, t. VIII, p. 379.]

1. — Manuel des enfants, lectures graduées, morales et instructives. Paris, Têtu, 1843-1845, in-18 [75 c.].

D'autres éditions, publiées en 1841 et 1843, ont pour titre : *la Croix de Jésus, petit manuel des enfants.*

2. — Isabelle d'Angoulême, avec un précis sur les reines d'Angleterre, et une notice sur l'Aquitaine. Tours, Pornin, 1847, in-8 avec 1 portrait et un frontispice.

3. — Le Miroir des salons. Scènes de la vie parisienne. Nouvelle édition, avec une notice littéraire par M. Monmerqué. Paris, Mme veuve L. Janet, 1848, in-8, avec 6 vignettes et un portrait [9 fr.].

SAINT-TROND [Herckenrode de]. Voy. HERCKENRODE DE SAINT-TROND [Léon, baron de].

SAINT-VALRY, pseudonyme. Voy. SOUILLARD [A.].

SAINT-VENANT [de], ingénieur en chef des ponts et chaussées.

1. — Société philomatique de Paris (séance du 20 janvier 1844). — Mémoire sur la question de savoir s'il existe des masses continues, et sur la nature probable des dernières particules des corps. Paris, Carilian-Gœury et Dalmont, 1844, in-8 de 16 pag.

2. — Mémoires sur la résistance des solides, suivis d'une note sur la flexion des pièces à double courbure. Paris, Bachelier, Carilian-Gœury, 1844, in-4 [1 fr. 50 c.].

3. — Tableau de formules de la théorie des courbes dans l'espace. Paris. Bachelier, Carilian-Gœury, 1846, in-4 [1 fr.].

SAINT-VICTOR [Hugues de], théologien du XIIe siècle, originaire de Flandre, prieur de l'abbaye de Saint-Victor de Paris, mort en 1140. — Le Sanctuaire de la vie intérieure, ou moyen d'épier en soi la maison de la conscience, traduit par le F. L. Limoges, Barbou, 1846, in-32.

SAINT-VICTOR [L.-A. de]. Voy. LAMARQUE DE SAINT-VICTOR.

SAINT-VICTOR [Castillon de]. Voy. CASTILLON DE SAINT-VICTOR [Eugène].

SAINT-VICTOR [Jacques-Maximilien-Benjamin BINS de].[Voy. la *France littér.*, t. I, p. 339 et t. VIII, p. 381.]

— Étude sur l'histoire universelle, expliquant l'origine et la nature du pouvoir. Première partie, formant un corps d'ouvrage complet, qui embrasse l'histoire du monde depuis la création jusqu'à la chute de l'empire d'Occident. Lyon et Paris, Périsse frères, Vaton, 1840, 6 vol. in-8 [30 fr.].

Ces six volumes sont partagés en trois divisions, dont les 1re et 3e ont paru sous le titre suivant : *de l'Origine et de la nature du pouvoir, d'après les monuments historiques, ou Études sur l'histoire universelle ;* dédié à M. le duc de Bordeaux. — *Première division* : TOME I, chap. I. De la société primitive et du peuple hébreu ; — chap. II. Des anciennes monarchies de l'Orient. — T. II, chap. I. Des Chinois ; — chap. II. Des Indiens ; — chap. III. Des peuples sectateurs de Bouddha. —*Deuxième division* : TOME I, chap. I. Des républiques grecques ; — chap. II. De Rome sous les rois. TOME II, chap. III. De la république romaine. — *Troisième division* : TOME I, chap. I. De l'empire romain jusqu'à Constantin. —TOME II, chap. II. Suite de l'empire romain jusqu'à la chute de l'empire d'Occident.

SAINT-VICTOR [le chevalier de]. [Voy. la *France littér.*, t. VIII. p. 383]

—Aquarelle-miniature perfectionnée, reflets métalliques et chatoyants, et peinture à l'huile sur velours, en six leçons, sans maîtres et sans qu'il soit nécessaire d'avoir aucune notion de dessin ; suivies des moyens pour esquisser de suite d'après nature, avec toutes les réductions progressives que l'on désire. Ouvrage orné de quinze sujets, dont sept peints à la main, avec toutes les explications pour parvenir rapidement à l'exécution. Milan, impr. de Rusconi. Paris, Giroux, 1837, in-8, avec 15 pl. [18 fr.].

SAINT-VINCENT [B. de]. |Voy. BORY DE SAINT-VINCENT [J.-B.-M.-G.].

SAINT-VINCENT [de], ingénieur en chef des ponts et chaussées. — Du drainage des terres. Paris, impr. de Dupont, 1849, in-4 de 16 pag.

Extrait des « Annales des chemins vicinaux » [août 1849].

SAINT-YBARS. Voyez LATOUR DE SAINT-YBARS.

SAINT-YON. Voy. MOLINE DE SAINT-YON [Alexandre-Pierre].

SAINT-YVES [E.], pseudonyme de DÉADDÉ]. Voy. ce nom et la *France littér.*, t. VIII, p. 384, et ajoutez :
1. — Avec MM. *Dumanoir* et de *Léris* [Alfred Desroziers] : la Tête de singe; vaudeville en deux actes. Paris, Tresse, 1845, in-8 [50 c.].
2. — Avec M. *Alzay* [Ch.-Ant.-Alex. Sauzay] : Mademoiselle Bruscambille; comédie-vaudeville en un acte. Paris, Wiart, Tresse, 1845, in-8 de 16 pag. [40 c.].
3. — Avec M. *Ed. Brisebarre* : l'Homme aux trente écus ; comédie-vaudeville en un acte. Paris, Tresse, 1845, in-8 de 18 pag.
4. — Avec M. *Alexandre* [Lavaissière] *de Lavergne* : Brancas le Rêveur, comédie-vaudeville en un acte. Paris, Marchant, 1845, in-8 [40 c.].
5. — Avec M. *Paul Féval :* le Fils du Diable, drame en cinq actes et onze tableaux, précédé de *les Trois Hommes rouges*, prologue. Paris, impr. de Dondey-Dupré, 1847, in-18 angl.
6. — Avec M. *Adolphe Choler* : Mademoiselle Gabutot; vaudeville en un acte. Paris, Beck, Tresse, 1844, in-8 [50 c.].
7. — Avec M. *Adolphe* [*Choler* : la République de Platon; comédie en un acte. Paris, Beck, Tresse, 1848, in-8 [60 c.].
8. — Avec MM. *Clairville* [Nicolaie] et *Choler* : Candide, ou Tout est pour le mieux; conte mêlé de couplets, en trois actes et cinq tableaux. Paris, Beck, Tresse, 1848, in-8 [60 c.].

9. — Avec MM. *Clairville* et de *Léris :* le Baron de Castel-Sarrazin; comédie-vaudeville en un acte. Paris, Beck, Tresse, 1849, in-8 [50 c.].
10. — Avec M. *A. Choler :* la Paix du Ménage; comédie-vaudeville en un acte. Paris, Beck, Tresse, 1849, in-8 [60 c.].
11. — Avec M. *Angel* [Eustache] : une Femme exposée; vaudeville en un acte. Paris, Beck, Tresse, 1849, in-8 [60 c.].
12. — Le Marin de la garde, opéra-comiq. en un acte. Paris, Beck, Tresse, 1849, in-8 [60 c.].
13. — Avec M. *A. Choler :* Eva, ou le Grillon du foyer; comédie-vaudeville en deux actes. Paris, Michel Lévy frères, 1849, in-12 [60 c.].
14. — Avec M. *Angel* [Eustache] : Mademoiselle Carillon ; vaudeville en un acte. Paris, Beck, Tresse, 1849, in-8 [50 cent.].

Citons encore de M. Saint-Yves, en collaboration avec M. LABICHE : une Chaîne anglaise; Histoire de rire; — avec MM. LABICHE et LEFRANC : les Manchettes d'un vilain; — avec M. LESCUILLON : le Protégé de Molière. [Voy. ces noms.]

SAINTARD. — Nouvelle Méthode de MM. de Saint-Gilles et Saintard pour l'instruction des aveugles et des voyants. Belleville, impr. de Galban, 1845, in-12 de 24 pag. avec 1 pl.

SAINTE-BARBE [A. de], pseudonyme. Voy. J.-D.-V. AUBURTIN, de Sainte-Barbe.

SAINTE-BEUVE [Charles-Augustin], poëte, romancier et critique, membre de l'Académie française, professeur au Collége de France; né à Boulogne-sur-Mer le 23 décembre 1804. [Voy. la *Galerie des contemp. illustr.* par *un homme de rien*, les *Portraits littéraires* de M. G. PLANCHE, t. Ier, et la *France littér.*, t. VIII, p. 385.]
1. — Pensées d'août, poésies. Paris, Renduel, 1837, in-18 [5 fr.].
2. — Poésies complètes. Paris, Charpentier, 1840, in-12, 1845, 1846 et 1848 [3 fr. 50 c.].
3. — Volupté. Nouvelle édition. Paris, Charpentier, 1840, et IIIe édition, 1845, in-12 [3 fr. 50c.].
4. — Port-Royal. Paris, Renduel, 1840-48, 4 vol. in-8 [30 fr.].

Voy. sur cet ouvrage une analyse de M. LER-

MINIER dans la « Revue des Deux-Mondes » du 1er juin 1840, et un article de M. de SACY dans le « Journal des Débats » du 13 décembre 1842.

5. — Critiques et portraits littéraires. Paris, Félix Bonnaire, Eugène Renduel, 1832-39, 5 vol, in-8. — IIe édit. 1841, 5 vol. in-8.

6. — Portraits littéraires, édition revue. Paris, Didier, 1844, 2 vol. in-12 [7 fr.].

7. — Portraits de femmes, édition revue et augmentée. Paris, Didier, 1844, in-12 [3 fr. 50 c.].

8. — Portraits contemporains. Paris, Didier, 1846, 2 vol. in-12 [7 fr.].

9. — Tableau historique et critique de la poésie française et du Théâtre-Français au XVIe siècle. Édition revue et très-augmentée, suivie de portraits particuliers des principaux poëtes. Paris, Charpentier, 1843, in-12 [3 fr. 50 c.].

On trouve dans : « Institut royal de France. Discours prononcés dans la séance publique tenue par l'Académie française, pour la réception de M. Sainte-Beuve, le 27 février 1845 » [1845, in-4], le discours de M. Sainte-Beuve et la « Réponse » de M. Victor HUGO.

M. Sainte-Beuve est l'auteur des notices biographiques et littéraires qui précèdent les ouvrages suivants : J.-G. FARCY, « Reliquiæ » [1831, gr. in-18]; — « OEuvres » de MOLIÈRE [1835-42, gr. in-8, et 2 vol. gr. in-8]; — « Paul et Virginie, » par Bernardin de SAINT-PIERRE [1836, gr. in-8] ; — « OEuvres » de FONTANES [1839, 2 vol. in-8]; — « Histoire de Manon Lescaut et du chevalier des Grieux, » par l'abbé PRÉVOST [1839, 1844, in-8] ; — « Contes » de Ch. NODIER [1840, in-12] ; — « OEuvres » de Mme de SOUZA [1840, in-18]; — « OEuvres choisies » de Joachim du BELLAY [1841, gr. in-8] ; — « Poésies, » par Mme DESBORDES-VALMORE [1842, in-12]; — « Gaspard de la nuit, » par Louis BERTRAND [1842, in-8]; — « Galerie morale, » par M. le comte de SÉGUR [1843, in-12]; — « Études littéraires, » par Charles LABITTE [1846, 2 vol. in-8] ; — « Rosa et Gertrude, par Rodolphe TOPFFER [1846, in-12] ; — « Lettres de Mlle AÏSSÉ à madame Calandrini » [1846, in-18].

Il a fait précéder de Lettres : « Maladie et guérison : Retour d'un enfant du siècle au catholicisme, » par J.-L. TREMBLAI [1840, in-8]; — « Essais en prose et poésies, » par MARIE-LAURE [Mlle GROUARD], 1844, in-12; — et de Préfaces : « Valérie, » par Mme de KRUDNER [1840, 1846, in-12]; — « Corinne, ou l'Italie, » par Mme de STAEL [1842, in-12]; — « Delphine, » par la même [1842, in-12].

On lui doit un Jugement littéraire sur « Arthur, » par Eug. SUE [1840, 2 vol. in-18 anglais]; — Un Éloge de Casimir DELAVIGNE, en tête de ses « OEuvres complètes » [1845, 6 vol. in-8]; — des Fragments sur Manon Lescaut joints à la « Suite de l'Histoire du chevalier des Grieux et de Manon Lescaut, » par MM. Jules JANIN et Arsène HOUSSAYE [1847, in-16].

M. Sainte-Beuve a donné dans la « Revue des Deux-Mondes » un grand nombre de notices sur les anciens poëtes français, depuis le XVIe siècle, etc., sur les poëtes, romanciers, moralistes et historiens de la France, de la Suisse et de l'Italie, la plupart contemporains, des études sur l'antiquité et sur les XVIIe et XVIIIe siècles, des articles de critique sur des ouvrages de tout genre publiés ou réimprimés après 1830, des observations sur la situation et les tendances de la littérature, des nouvelles, Mme de Pontivy (1837), Christel (1839), des morceaux de poésie, etc. Nous nous abstiendrons de reproduire la liste de ces différentes pièces; la plupart d'entre elles ont reparu dans les recueils publiés par l'auteur.

M. Sainte-Beuve a travaillé à « l'Artiste, » au « Keepsake français, » au « Dict. de la Conversation et de la lecture; » au « Constitutionnel, » au « Moniteur universel, » à « l'Athenæum français, » etc.

SAINTE-BEUVE, représentant du peuple après la révolution de 1848; mort en 1855. — Conférence d'Orsay. Mémoire sur l'abrogation de l'article 75 de la constitution de l'an VIII. Paris, impr. de Fournier, 1844, in-8 de 8 pag.

SAINTE-CHAPELLE, pseudonyme de FROMAGE-CHAPELLE, ancien secrétaire particulier du maréchal Gouvion Saint-Cyr, aux ministères de la guerre et de la marine, professeur à l'École d'application du corps royal d'état-major, sous-intendant militaire à Cambrai. [Voy. la France littéraire, t. VIII, p. 386.]

1. — Code de justice militaire pour l'armée française. Cambrai, impr. de Chanson, 1839, 4 livres in-8 [5 fr.].

La première partie, contenant les deux premiers livres, est anonyme.

2. — Code militaire français pour la paix et la guerre. Législation professée à l'École d'application du corps royal d'état-major. Cambrai, impr. de Chanson, 1839-42, 5 livraisons in-8 [15 fr.].

1re partie. Pied de Paix.

SAINTE-COLOMBE [Étienne-Guillaume COLOMBE, dit], né le 3 janvier 1725. [Voy. la France littér., t. VIII, p. 386.]

On attribue à Ét.-G. Sainte-Colombe : la Nouvelle imprévue, drame en un acte et en prose, par M. de Sainte-C..... Dédiée aux dames [Paris, Hardouin, 1774, in-8 de vij ff. et 32 pag.].

M. Sainte-Colombe a également publié : Primauté de la femme sur l'homme, ouvrage dédié au beau sexe.

SAINTE-CROIX [Guill.-Emm.-Jos. GUILHEM DE CLERMONT-LODÈVE, baron de], membre de l'Académie des inscriptions ; né à Mourmoiron, dans le

Comtat Venaissin, le 5 janvier 1746, mort à Paris le 11 mars 1809. [Voy. la *France litt.*, t. VIII, p. 387.]

1. — Dissertation sur la ruine de Babylone, pour servir d'éclaircissement au 13e chapitre d'Isaïe et au 51e de Jérémie. Paris, 1781, in-4 de 36 pag.

Tiré à 22 exemplaires.

2. — Mémoire sur les anciens gouvernements et les lois de la Sicile. Paris, 1785, in-4 de 43 pag.

Tiré à 22 exemplaires.

3. — Recherches sur la population de l'Attique. Paris, 1785, in-4 de 20 pag.

Tiré à 22 exemplaires.

4. — Mémoire sur les métaques, ou étrangers domiciliés à Athènes. Paris, 1785, in-4 de 32 pag.

Tiré à 22 exemplaires.

M. de Sainte-Croix a considérablement augmenté et fait précéder de l'*Éloge historique* de l'auteur le « Dictionnaire de théologie, » par BERGIER [1844, 4 vol. gr. in-8].

SAINTE-CROIX [Alfred]. — Le Fond du sac, chansons et poésies. Rouen, Berdalle de Lapommeraye, 1840, in-12.

SAINTE-CROIX [Jules PAJOT]. Voy. PAJOT SAINTE-CROIX.

SAINTE-CROIX [le marquis de], pseudonyme. Voy. RENOUARD [Félix].

SAINTE-EUPHÉMIE. Voy. Jacqueline PASCAL.

SAINTE-FOI [Charles], pseudonyme de Éloi JOURDAIN, né à Beaufort en Vallée en 1806.

1. — Le Livre des peuples et des rois. IIe édition, revue, corrigée et augmentée. Paris, Debécourt, 1839, in-8 [7 fr. 50 c.]; — autre édit. Paris, Brockhaus et Avenarius, 1839, 2 vol. in-18 [5 fr.].

2. — Le Livre des âmes, ou la Vie du chrétien sanctifiée par la prière et la méditation. Paris, Périsse, 1840, in-18 [4 fr.].

3. — Les Heures sérieuses d'un jeune homme. IVe édition. Paris, Poussielgue-Rusand, 1847, in-32 [1 fr. 25 c.].

La 1re édition est de 1840.

Cet ouvrage a été traduit en espagnol par D. Eug. de OCHOA, sous ce titre : « Las Horas serias de un joven » [Paris, Rosa, 1841, in-32].

4. — Hommages et conseils au peuple. IIe édition. Paris, Waille, 1845, in-32 [80 c.].

La première édition est de 1841 [Paris, Olivier Fulgence, in-32].

5. — Théologie à l'usage des gens du monde. Paris, Poussielgue-Rusand, Waille, 1843, in-12 [3 fr. 50 c.].

6. — Les Heures sérieuses d'une jeune femme. IIe édition. Paris, Poussielgue-Rusand, 1847, in-18.

7. — Les Heures pieuses d'un jeune homme, pour faire suite aux *Heures sérieuses d'un jeune homme*. Paris, Poussielgue-Rusand, 1848, in-32 [1 fr. 75 c.].

8. — Le Chrétien dans le monde. Des Devoirs du chrétien dans la famille et dans la vie publique. Paris, Poussielgue-Rusand, 1848, in-12.

9. — Des Devoirs envers les pauvres. Paris, Poussielgue-Rusand, 1848, in-18.

M. Ch. Sainte-Foi a donné dans la « Revue des Deux-Mondes » [15 juin 1849] un article intitulé : *de l'État moral de l'Amérique du Nord* (*Nordamericas Sittliche Zustande*), du docteur JULIUS.

Il a travaillé au « Correspondant, » à l'« Avenir » et à la « Revue européenne. »

SAINTE-HERMINE [H. de], secrétaire général de la préfecture de la Vendée. — Traité de l'organisation et des élections municipales, contenant, etc. Niort, Robin; Paris, Videcoq, Delamotte, 1842, in-8 [2 fr. 50 c.].

Citons encore : Notice sur Cavoleau, ancien secrétaire de la Vendée, etc. [1840, in-8. — Cavoleau est né à Liège le 3 avril 1754, et mort le 1er août 1839]; — Respect aux tombeaux de nos pères [1840, in-8. — Sur la translation du cimetière de Niort]. — De l'influence des guerres anglo-françaises sur la civilisation....

On doit à M. H. de Saint-Hermine une *Continuation* jusqu'en 1789 [tome III, depuis la page 469] de : « Histoire du Poitou, » par THIBAUDEAU [nouv. édit., 1841, 3 vol. in-18].

SAINTE-MARCE [Raoul de]. Voy. SAINT-MARCE.

SAINTE-MARGUERITE [Mme de].

1. — L'Apôtre des Indes, ou la Confirmation. Paris, Langlois et Leclercq, 1841, in-18 [90 c.].

2. — Les Sauvages, ou la Charité. Paris, Langlois et Leclercq, 1841, in-18 [90 c.].

Ces deux petits ouvrages font partie de : « les Grâces chrétiennes, » 10 vol. gr. in-18, publiés sous la direction de madame Fanny RICHOMME.

SAINTE-MARIE [de].

1. — Réponse aux observations critiques sur l'organisation nouvelle de

l'artillerie. Metz, 1833, in-8 [2 fr. 50 c.].

2. — Service de l'artillerie dans l'armement et la défense de la place et des côtes. Metz, Warion ; Paris, Dumaine, 1844, in-8 [5 fr.].

SAINTE-MARIE [Al.]. — Mes Quarantaines, sentiment, satire et voyages; poésies. Paris, Gallet, 1839, in-8 de 96 pag. [2 fr.]

SAINTE-MARIE. — Avec M. *Léchaudé d'Anisy* : Recherches sur le Domesday-Book, etc. (1842, in-4). Voy. LÉCHAUDÉ D'ANISY.

SAINTE-MARIE, pseudonyme. Voy. MAURICE [F.-M.].

SAINTE-MARIE [Parisot de]. Voy. PARISOT DE SAINTE-MARIE.

SAINTE-MARIE[Payen]. Voy. PAYEN DE SAINTE-MARIE.

SAINTE-MARIE [Mme de], pseudonyme. Voy. PLAGNIOL [Mme].

SAINTE-MARIE-MARCOTTE. Voy. MOREAU [Hégésippe].

SAINTE-MAURICE [Ch.-R.-F. de]. Voy. SAINT-MAURICE.

SAINTE-PREUVE [de], dont le nom véritable est BINET, professeur de mathématiques et de sciences physiques. [Voy. la *France littér.*, t. VIII, p. 391.]

1. — Leçons élémentaires d'astronomie, ou Cours de cosmographie. Paris, Ladrange, 1837, in-18 avec 2 pl. [2 fr. 50 c.]

2. — Notions les plus essentielles sur la physique, la chimie et les machines. IVe édit., revue et augmentée. Paris, Hachette, 1848, in-18 avec 4 pl. [2 fr. 50 c.]

La première édition est de 1838.

3. — Éléments de cosmographie à l'usage des établissements d'instruction publique. IIe édition, revue et augmentée. Paris, Hachette, 1849, in-18 avec 2 pl. [2 fr. 50 c.]

M. Sainte-Preuve a travaillé au « Dictionnaire de l'industrie manufacturière, commerciale et agricole » [1835-41, 10 vol. in-8].

Il a concouru avec MM. RABBE et VIEILH DE BOISJOLIN à la publication de la « Biographie universelle et portative des contemporains » (5 vol. in-8, dont les couvertures portent la date de 1839).

SAINTE-SUZANNE [le comte Chrysostome BRUNETEAU de], lieutenant général, pair de France ; né le 4 mars 1785. [Voy. la *France littér.*, t. VIII, p. 391.] — Siége de Dantzick en 1807 ; précédé d'une introduction sur les événements qui ont amené les Français devant cette place, et d'un Précis sur l'histoire de Dantzick, rédigé sur le journal du siége de M. le maréchal duc de Dantzick, en 1807. Paris, 1818, in-18 avec pl. [4 fr.]

SAINTE-THÉRÈSE. Voy. THÉRÈSE.

SAINTE-THORETTE. — Notice historique sur les cheveux postiches chez les peuples anciens et chez les nations modernes. Changements subis par la mode depuis plus de deux mille ans. Paris, impr. de René, 1842, in-8 de 24 pag.

SAINTES [A.-E.], pseudonyme. Voy. EYMERY [Alexis].

SAINTES [Amand], pasteur à Hambourg.

1. — Histoire critique du rationalisme en Allemagne depuis son origine jusqu'à nos jours. Paris, Jules Renouard, 1841, in-8 [7 fr. 50 c.].

LIVRE PREMIER : État de l'Église et des sciences théologiques en Allemagne antérieurement au rationalisme ; — LIVRE SECOND : Origine et progrès du rationalisme.

2. — Éclaircissements sur l'histoire critique du rationalisme en Allemagne. Hambourg ; Paris, J. Renouard, 1842, in-8 [50 c.].

3. — Histoire de la vie et des ouvrages de B. de Spinosa, fondateur de l'exégèse et de la philosophie modernes. Paris, J. Renouard, 1842, in-8, avec un portrait.

4. — Douze Discours sur divers sujets de morale et de religion, prononcés dans l'Église réformée française de Hambourg. 1 vol. in-8 [3 fr.].

SAINTINE [Xavier BONIFACE, connu sous le nom de], poëte, romancier, auteur dramatique ; né à Paris le 10 juillet 1797. [Voy. la *France littér.*, t. I, p. 402, à l'art. BONIFACE.]

Théâtre.

1. — Avec MM. *Scribe* et de *Courcy* : le Beau Narcisse; vaudeville en un

acte. Paris, Quoy, 1821, in-8 [1 fr. 25 c.].

2. — Avec M. *Désaugiers* : la Parisienne en Espagne; vaudeville en un acte. Paris, Quoy, 1822, in-8 [1 fr. 50 c.].

3. — Avec MM. *Carmouche* et *F. Laloue* : l'Oiseleur et le Pêcheur, ou la Bague perdue; vaudeville en un acte. Paris, Quoy, 1822, in-8 [1 fr. 50 c.].

4. — Avec MM. *Scribe* et de *Courcy* : les Eaux du Mont-d'Or ; vaudeville en un acte. Paris, Vente, 1822, in-8 [1 fr. 50 c.].

5. — Avec M. *Dartois de Bournonville* : Julien, ou vingt-cinq ans d'entr'acte, comédie-vaudeville en deux actes. Paris, Barba, 1823, in-8 [2 fr.].

Cette pièce a eu une seconde édition la même année.

6. — Avec MM. *Allarde* et *Dartois* : Polichinelle aux eaux d'Enghien ; tableau-vaudeville en un acte. Paris, Quoy, 1823, in-8 [1 fr. 50 c.].

7. — Avec M. *Dartois de Bournonville* : l'Ile des Noirs, ou les Deux Ingénues, comédie-vaudeville en un acte. Paris, Mme Huet, 1823, in-8 [1 fr. 25 c.].

8. — Avec MM. *Dartois de Bournonville* et *Raymond* : l'Orage ; comédie-vaudeville en un acte. Paris, Mme Huet, 1823, in-8 [1 fr. 50 c.].

9. — Avec MM. *Carmouche* et *Rougemont* : M. Bonnefoi, ou le Nouveau Menteur; comédie en un acte et en prose, mêlée de vaudevilles. Paris, Quoy, 1823, in-8 [1 fr.].

10. — Avec MM. *Allarde* et *Saint-Georges* : Monsieur Antoine, ou le n° 2782 ; vaudeville en un acte. Paris, Barba, 1824, in-8 [1 fr. 50 c.].

11. — Avec M. *Dartois de Bournonville* : la Curieuse; comédie-vaudeville en deux actes. Paris, Duvernois, 1824, in-8 [1 fr. 50 c.].

12. — Avec MM. *Allarde* et *Arm. Dartois* : le Capitaliste malgré lui ; comédie - vaudeville en un acte. Paris, Barba, 1826, in-8 [1 fr. 50 c.].

13. — Avec M. *Scribe* : le Timide, ou le Nouveau Séducteur; opéra-comique en un acte. Paris, Bezou, 1826, in-8 [2 fr.].

14. — Avec M. *Duvert* : l'Eau de Jouvence; opéra-comique en un acte, imité de l'allemand. Paris, Duvernois, 1827, in-8 de 36 pag.

15. — Avec M. *Eug. Scribe* : l'Ours et le Pacha ; folie-vaudeville en un acte. Nouvelle édit., avec de nombreux changements, conformes à la représentation. Paris, Brunet, 1829, in-8 de 32 pag. [1 fr. 50 c.] — Autre édit. Paris, impr. de Didot aîné, 1834, in-8 de 12 pag. — Autre édit. Paris, Tresse, Delloye, Bezou , 1839, in-8.

16. — Avec M. *Scribe* : les Élèves du Conservatoire. Paris, Pollet, 1827, in-8 de 40 pag. [2 fr.] — Autre édit. Paris, Baudouin frères, Pollet, 1828, grand in-32 [1 fr.].

17. — Avec MM. *Villeneuve* et *Vanderburch* : la Paysanne de Livonie; comédie historique en deux actes, mêlée de chants. Paris, impr. de David, 1830, in-8 de 36 pag. [1 fr. 50 c,].

18. — Avec MM. *de Villeneuve* et *Masson* : l'Entrevue, ou les Deux Impératrices; comédie-vaudeville en un acte. Paris, Barba, 1831, in-8 [1 fr. 50.].

19. — Avec M. *Mélesville* : le Bouffon du prince ; comédie-vaudeville en deux actes. Paris, Riga, Barba, 1831, in-8 de 52 pag. [2 fr.] — Autre édit. Paris, impr. de Mme Lacombe, 1835, in-8 de 28 pag. [40 c.]

20. — Avec M. *de Villeneuve* : la Chanteuse et l'Ouvrière ; comédie-vaudeville en quatre actes. Paris, Barba, 1832, in-8.

21. — Avec M. *de Villeneuve* : Robert le Diable; à-propos vaudeville. Paris, Riga, 1832, in-8 [1 fr. 50 c.].

22. — Avec M. *Scribe* : Schahabaham II, ou les Caprices d'un autocrate; folie-vaudeville en un acte. Paris, Pollet, 1832, grand in-32 [1 fr.].

23. — Anna, ou la Demoiselle de compagnie, comédie-vaudeville en un acte. Paris, impr. de Terzuolo, 1836, in-18 de 72 pag.

24. — Avec M. *Scribe* : le Duc d'Olonne ; opéra-comique en trois actes. Paris, Beck, Tresse, 1842, in-8 de 32 pag. [60 c.]

25. — Avec M. *Bayard* : une Femme sous les scellés ; monologue. Paris, Beck, 1842, in-8 [30 c.].

26. — Avec M. *Bayard* : Chez un Garçon ; vaudeville en un acte. Paris, Beck, Tresse, 1842, in-8 de 16 pag. [40 c.]

27. — Avec M. *Bayard* : Derrière

l'alcôve; monologue. Paris, Beck, 1843, in-8 de 8 pag. [30 c.]

28. — Avec M. *Bayard*: Frère Galfatre; comédie-vaudeville en deux actes. Paris, Tresse, 1844, in-8 de 32 pag. [60 c.].

29. — Avec M. *Scribe*: Babiole et Joblot ; comédie-vaudeville en deux actes. Paris, Tresse, Pernin, 1844, in-8 de 26 pag.

30. — Avec M. *Varin*: Henriette et Charlot ; vaudeville en un acte. Paris, Beck, Tresse, 1847, in-8 [50 c.].

31. — Avec M. *Varin*: le Cuisinier politique ; vaudeville en un acte. Paris, Michel Lévy frères, 1848, in-18 [60 c.].

32. — Avec M. *Varin* : le Duel aux mauviettes ; comédie en un acte, mêlée de couplets. Paris, Beck, Tresse, 1849, in-8 de 16 pag. [50 c.]

33. — Avec M. *Mélesville* : les Atomes crochus; comédie-vaudeville en un acte. Paris, Michel Lévy frères, 1849, in-18 anglais [60 c.].

Nous connaissons encore de M. Saintine, en collaboration avec M. ANCELOT : les Brigands des Alpes ; Fiesque; la Grille du parc; un Caprice de grande dame; Têtes rondes et Cavaliers ; les Liaisons dangereuses ; — avec M. ANGEL : Julia, ou les Dangers d'un bon mot; — avec MM. BAYARD et MASSON : la Servante du curé ; — avec MM. BRAZIER et CARMOUCHE : le Soufflet et le Baiser; — avec M. CARMOUCHE : Antoine et son compagnon ; le Proscrit; — avec MM. CARMOUCHE et COURCY : Pekinet; — avec MM. DÉSAUGIERS et SAINT-LAURENT : les Couturières ;—avec MM. DUBOIS et VARIN : une Nuit terrible ; — avec MM. BAYARD et DUMANOIR : Mademoiselle Sallé; — avec M. DUMOUSTIER : Patineau, ou l'Héritage de ma femme; avec M. DUPEUTY : les Enfants trouvés ; — avec MM. DUPEUTY et DUVERT : le Jeune Maire; — la Page de Woodstock; — avec MM. DUPEUTY et VILLENEUVE : les Poletais ; Guillaume Tell ; l'Art de se faire aimer de son mari ; la Grande Duchesse; le Sergent Mathieu ; Angélique et Jeanneton ; — avec MM. DUVERT et SAINT-LAURENT : Bonaparte lieutenant d'artillerie;—avec M. DUVERT : Odeina ; Dix Ans de constance ; la Ligue des femmes ; Mademoiselle Marguerite; les Cabinets particuliers; — avec MM. DUVERT et LAUSANNE : le Mendiant ; les Intimes ; un Monsieur et une Dame ; la Nouvelle Geneviève de Brabant; le Huron, ou les trois Merlettes; Impressions de voyage ; Monsieur et madame Galochard; la Laitière et les deux chasseurs ; le Plastron ; la Femme de ménage ; Carabins et Carabines ; Capitaine de voleurs; Beaugaillard, ou le Lion amoureux; Riche d'amour; Malbranche, greffier au plumitif; à la Bastille ; — avec MM. DUVEYRIER et SCRIBE : le Témoin ; l'Apollon du réverbère ; — avec M. DUVEYRIER : la Pièce de quinze sous; — avec M. ERNEST : la Fête de ma femme ; — avec MM. J.-B. LAFITTE et MASSON : Lauzun ; le Tailleur de la cité ; — avec M. LAUSANNE : Un Heureux Ménage ; — avec M. Michel MASSON : le Mari de la favorite ; le Diable amoureux ; Madame Favart ; les Deux Pigeons ; la Levée de trois cent mille hommes ; —avec M. NOMBRET SAINT-LAURENT : les Cartes de visite ; — avec MM. NOMBRET SAINT-LAURENT et DARTOIS : le Séducteur champenois ; — avec MM. NOMBRET SAINT-LAURENT et DÉSAUGIERS : Pinson père de famille, etc., etc. Voy. ces noms.

Une partie des pièces de théâtre de M. Boniface Saintine ont été jouées et publiées sous le nom de *Xavier*.

Romans.

34. — Le Mutilé ; IVe édit. Paris, Ambroise Dupont, 1834, in-8 avec une vignette [7 fr. 50 c.].

35. — Une Maîtresse de Louis XIII. Paris, Ambroise Dupont, 1834, et Dolin, 1846, 2 vol. in-8 [10 fr.].

Ce roman a été publié dans le « Musée littéraire du Siècle, » [1848-50].

36. — Picciola, précédé de quelques recherches sur l'emploi du temps dans les prisons d'État, par *Paul L. Jacob*, bibliophile. Nouvelle édition, revue et corrigée. Paris, Ch. Gosselin, 1845 [3 fr. 50 c.].

Cet ouvrage, qui a remporté le prix Montyon de 3,000 fr., en 1837, a été souvent réimprimé. La première édition, in-8, est de 1836.

— Picciola. XVIIIe édit., revue par l'auteur. Paris, Garnier frères, 1846, in-8 [6 fr.]; — illustrée de nouv. grav. sur bois [10 fr.].

37. — Les Soirées de Jonathan. Paris, A. Dupont, 1837, 2 vol. in-8 [15 fr.].

38. — Antoine. Paris, Ambroise Dupont, 1839, in-8 [7 fr. 50 c.].

39. — La Vierge de Fribourg. Paris, Roux et Olivier Cassanet, Bazouge-Pigoreau, 1842, in-8 [7 fr. 50 c.].

Tome I de *Romans du cœur*. Le tome II contient : « la Marquise d'Alpujar, » par Paul MOLÉ-GENTILHOMME.

40. — Histoire de la belle Cordière et de ses trois amoureux. Paris, Ch. Gosselin, 1844, in-8 [7 fr. 50 c.].

Récits dans la Tourelle.

41. — Un Rossignol pris au trébuchet. Paris, Ch. Gosselin, 1844, in-8 [7 fr. 50 c.].

Récits dans la Tourelle.

42. — Les Métamorphoses de la femme. Paris, de Potter, 1846, 3 vol. in-8 [22 fr. 50 c.].

Réimprimé dans le « Siècle » en 1847.

Divers.

43. — La Clémence. Cambrai, impr. d'Hurez, 1818, in-8 de 8 pag.

Ouvrage qui a remporté le prix de poésie proposé par la Société d'émulation de Cambrai, et qui a été tiré à 40 exemplaires.

44. — Histoire des guerres d'Italie, précédée d'une introduction. Paris, Ambr. Dupont, 1826-28, 2 vol. in-18 avec cartes, planches et tableaux [7 fr. 50 c.].

Cet ouvrage fait partie d'un résumé général de l'histoire militaire des Français par campagnes, depuis le commencement de la Révolution jusqu'à la fin du règne de Napoléon.
M. Saintine a fait précéder d'une *Notice sur la vie et les ouvrages de M. Ancelot* les « OEuvres complètes » de cet académicien [1837, in-8].
Il a travaillé au « Livre des conteurs »; au « Moniteur des familles »; à l'« Histoire scientifique et militaire de l'expédition française en Égypte »; à « l'Almanach prophétique, pittoresque et utile », pour 1841; au « Musée des familles »; au « Musée littéraire du Siècle »; au « Constitutionnel »; à la « Pervenche, livre des salons »; etc.

SAINTOMER [aîné]. — Essai sur la vérification des écritures arguées de faux. Paris, Bachelier, 1832, in-4 de 52 pag.

SAINTOURENS [J.-B.], né à Tartas en 1761. [Voy. la *France litt.*, t. VIII, p. 392.] — Analyse de 80 mémoires sur l'encouragement royal à l'agriculture, aux manufactures et au commerce. Mont-de-Marsan, impr. de Delaroy, 1841, in-8 de 112 pag.

Citons encore : Notice sur les mœurs, coutumes, etc., des habitants du département des Landes [1833]; — Dictionnaire hydrographique du département des Landes [1835]; — Statistique vinicole du département des Landes [1839].
On doit aussi à M. Saintourens : *Notice séricicole du département des Landes* [publiée par « le Temps », par le « Courrier de Bordeaux », etc.]; — *Mémoire sur les forêts de pins* [dans le « Journal de l'industrie agricole », en 1831, et dans « l'Ami des Champs », en mars 1833] ; — l'Académie de l'industrie lui a décerné une médaille pour cet écrit]; — *Mémoire sur une deuxième éducation des vers à soie faite dans l'année* [dans le « Journal de l'industrie », en 1837 ; honoré d'une médaille].

SAINT-YVES [l'abbé P.-M.-B.], docteur en théologie. — Vie de sainte Geneviève, patronne de Paris et du royaume de France; suivie de l'Histoire de l'abbaye, de l'église et des reliques de la sainte. Le tout accompagné de notes historiques et critiques et de pièces justificatives. Paris, Poussielgue-Rusand, 1845, in-8 [7 fr. 50 c.].

SAISSET [A.-L.-H.], docteur en médecine, professeur d'accouchements à l'hospice de la Maternité de Montpellier. [Voy. la *France littér.*, t. VIII, p. 392.] — Notice historique sur l'hospice de la Maternité de Montpellier, et nouveaux documents pour servir de complément à son histoire. Montpellier, impr. de Boehm, 1846, in-8 de 94 pag.

SAISSET [Émile-Edmond], professeur de philosophie dans divers collèges, maître de conférences à l'École normale, professeur suppléant au Collége de France, correspondant de l'Académie des sciences, arts et belles-lettres de Caen; né à Montpellier le 16 septembre 1814.

1. — Réflexions sur l'ouvrage intitulé : Jugement de M. Schelling sur la philosophie de M. Victor Cousin (1840).

2. — Ænésidème. Paris, Joubert, 1840, in-8 [3 fr. 50 c.].

Thèse.

3. — De Varia S. Anselmi in proslogio argumenti fortuna. Paris, Joubert, 1840, in-8 de 80 pag.

Thèse.

4. — Renaissance du voltairianisme. Paris, impr. de Fournier, 1845, in-8 de 32 pag.

Article extrait de la « Revue des Deux-Mondes », du 1er février 1845, et qui a donné lieu à une lettre de M. Michelet, insérée dans le « Siècle » du 3 février 1845.

5. — Essais sur la philosophie et la religion au XIXe siècle. Paris, Charpentier, 1845, in-12 [3 fr. 50 c.].

6. — Avec MM. *Amédée Jacques* et *Jules Simon* : Manuel de philosophie (1847, in-8). Voy. Jacques.

Dans cet ouvrage M. Saisset a rédigé la *Morale* et la *Théodicée*.
M. Ém. Saisset a traduit en français pour la première fois les « OEuvres » de Spinosa [1843, 2 vol. in-12]; — il a donné des notes et une *introduction* aux « OEuvres philosophiques » de Samuel Clarke [1843, in-12]; — et aux « Lettres à une princesse d'Allemagne », par Euler [1843, in-12].
Il a donné dans les « Mémoires de l'Académie de Caen, » pour 1840 : Examen de l'ouvrage de Schelling, sur la philosophie de M. Cousin.
On doit encore à M. Saisset de nombreux articles sur la philosophie et les ouvrages relatifs à cette science, dans la « Revue des Deux-Mondes. » Il a travaillé au « Dictionnaire des sciences philosophiques. »

SAIVE [A.]. — L'Avenir de l'ouvrier, dédié à la classe ouvrière et placé sous sa protection. Paris, impr. de Bailly, 1842, in-8 de 16 pag. [25 c.].

SAJANI [Tomaso-Zauli]. — Faliero, tragedia. Bastia, impr. de Fabiani, 1828, in-8 de 112 pag.

SALA [André-Adolphe], né à Florence le 28 octobre 1802. [Voy. la *France littér.*, t. VIII, p. 392.] — Lettres sur la Suisse. Paris, impr. de Boniface, 1848, in-8 de 43 pag.

Sous le nom: *Un Voyageur.*

SALA [El d^r don Juan], jurisconsulte espagnol.

1. — El Litigante instruido, o el Derecho puesto al alcune de todos, compendio de la obra del d^r don Juan Sala. Segunda impresion. Paris, impr. de Pillet aîné, 1845, in-18.

La première édition est de 1837, in-12.

2. — Ilustracion del derecho real de España, ordenada por don Juan Sala. Edicion corregida, etc. Paris, Salva et fils, 1838, 2 vol. in-12 [10 fr.].

3. — Sala adicionado, o Ilustracion del derecho español, ordenada por don Juan Sala, anadidas por primera vez totas las novedades que se han introducido en nuestra legislacion hasta el dia, por dos jurisconsultos españoles, bajo la direccion de D. *Vicente Salva.* Paris, 1844, 2 vol. in-12.

4. — Sala Hispaño-Venezolano, o Ilustracion del derecho español; por don Juan Sala, anadidas las variaciones, etc., bajo la direccion de don *Vicente Salva.* Paris, Salva, 1845, 2 vol. in-12.

5. — Sala Hispaño-Mejicano, o Illustracion del derecho español; por don Juan Sala. etc., bajo la direccion de D. *Vicente Salva.* Paris, 1844, 1845, 2 vol. in-12.

SALACROUX [A.], docteur en médecine de Paris, professeur d'histoire naturelle au collége Saint-Louis, né à Villefranche d'Aveyron en 1802. [Voy. la *France littér.*, t. VIII, p. 395.] — Nouveaux Eléments d'histoire naturelle, comprenant la zoologie, la botanique, la minéralogie et la géologie. IIe édition. Paris, G. Baillière, 1839, 2 vol. in-8, avec 48 pl. gravées représentant 450 fig. [17 fr.]; — colorié [40 fr]. — Autre édit, 1839, gr. in-18 [7 fr.].

Dans l'édition in-8, faite concurremment avec la deuxième édition in-18, se trouvent plusieurs passages qu'on a supprimés dans l'in-18.

SALADIN [J.].

1. — Histoire chimique des houilles du département de l'Allier, suivie de quelques descriptions oryctbognostiques sur celles de l'arrondissement de Moulins. Moulins, impr. de Desrosiers, 1837, in-8 de 32 pag.

2. — Hydrographie du département de l'Allier. Moulins, impr. de Desrosiers, 1838, in-8 de 56 pag.

SALAIGNAC [J.-P.], de Bayonne. — Essai d'analyse chimique de l'eau sulfureuse de Garris (Hautes-Pyrénées). Bayonne, impr. de Lamaignère, 1838, in-8 de 80 pag.

SALANSON.

1. — Nouveau Système de traduction appliqué aux Catilinaires de Cicéron, rendues par des mouvements oratoires développés à la manière des anciens, ou Traduction des Catilinaires de Cicéron d'après un système tout nouveau. Paris, impr. de Brière, 1848, in-8 de 32 pag.

2. — La plus indigne des oppressions sous le dernier règne, ou Histoire de l'oppression qu'on a fait subir à un homme de lettres en enterrant ses ouvrages, etc., suivie d'une lettre de M. de *Cormenin.* Paris, impr. de Bailly, 1848, in-8 de 16 pag.

3. — Découverte de la cadence de la langue française et des langues modernes. Paris, Joubert, 1849, in-8 de 32 pag.

SALAT [Joseph]. — Essai sur la boulangerie de Marseille. Marseille, impr. de Feissat aîné, 1844, in-8 de 100 pag.

SALATS [Jules], avoué.

1. — Essai sur la législation pénale applicable au duel. Paris, imprim. de F. Didot, 1840, in-8 de 48 pag.

2. — Observations sur les frais de justice en matière civile, et sur quelques changements à faire aux droits de greffe et d'enregistrement. Montargis, impr. de Fortin, 1842, in-8 de 40 pag.

SALBRUNE [Desbouis de]. Voy. DESBOUIS DE SALBRUNE [E.-J.-B.].

SALDANHA DA GAMA [le maréchal Antonio de], homme d'État portugais. — Memoria sobre as colonias de Portugal, situadas na costa occidental d'Africa, mandada ao governao pelo antigo governador e capitao general do reino de Angola, Antonio de Saldanha da Gama, em 1814. Paris, impr. de Casimir, 1839, in-8 de 60 pag.

SALE. [lady]. — A Journal of the desasters of Affghanistan. 1841-1842. Paris, Baudry, Stassin et Xavier, Galignani, 1843, 2 vol. in-12 [6 fr.].

SALEL [le chevalier Jean-Joseph], ancien colonel d'état-major. [Voy. la *France littér.*, t. VIII, p. 398.] — La Vérité dévoilée, question nationale. Un Mot sur l'arriéré de la Légion d'honneur; session de 1839. Paris, imp. de Henry, 1838, in-8 de 40 pag.

SALES [P.-J. de], de Narbonne, ancien magistrat. [Voy. la *France litt.*, t. VIII, p. 399.]

1. — Discours couronné en 1810 par l'Académie de la Rochelle sur les questions suivantes : Quel est le genre d'éducation le plus propre à former un administrateur? etc. Nouvelle édition. Paris, impr. de Pillet aîné, 1842, in-8 de 64 pag.

2. — Le Pèlerinage, ouvrage semi-historique et politique, en douze tableaux. [En vers.] Paris, Abel Ledoux, 1844, in-8 de 280 pag.

Sous le pseudonyme : *Florestan*.

3. — Recherches sur le bonheur que procure l'étude dans toutes les situations de la vie. Paris, impr. de Schneider, 1849, in-8 de 16 pag.

En vers.

SALES [saint François de]. Voyez FRANÇOIS DE SALES.

SALES AMALRIC [François de], mort le 12 novembre 1834. — Cours de morale à l'usage des jeunes demoiselles. Paris, impr. de Mevrel, 1835, 2 vol. in-12.

SALES-GIRONS [le docteur].

1. — Lettres à une provinciale. M. Lamennais devant le peuple. Paris, Debécourt, 1841, in-32 [1 fr. 25 c.].

Sur les livres « de la Religion » et « du Passé et de l'Avenir du peuple, » par M. LAMENNAIS.

2. — La Phthisie et les autres maladies de la poitrine, traitées par les fumigations de goudron et le médicinal naphtha. Paris, Labé, 1846, in-8 [6 fr.].

SALESSE [H.]. — Quelques Notes sur plusieurs végétaux féculents et leurs principes immédiats. Bourg, impr. de Milliet-Bottier, 1846, in-8 de 128 pag. avec un tableau.

SALÉTA [A.], avocat à Perpignan.

1. — Mémoire sur le moyen d'éteindre les incendies, lu à la Société agricole, scientifique et littéraire, des Pyrénées-Orientales, le 19 avril 1848. Perpignan, impr. d'Alzine, 1848, in-8 de 30 pag.

2. — Essai sur l'économie sociale. Perpignan, impr. d'Alzine, 1849, in-8 de 44 pag. [40 c.]

SALENTIN [L.-M.]. — Solution sans nivellement, donnant un égal niveau des mers aux isthmes de Suez et de Panama. Objection sur l'éloignement de la planète Neptune, sur la température du soleil et celle de l'intérieur de la terre. Paris, impr. de Bonaventure, 1848, in-8 de 28 pag.

SALGUES [Jacques-Barthélemy], né à Sens [vers 1760, mort à Paris le 26 juillet 1830. [Voy. la *Biogr. univ.*, suppl., et la *France littér.*, t. VIII, p. 400.] — Étrennes aux Jésuites, pour l'éducation des personnes pieuses attachées à la société. Paris, Ponthieu, Mongie, 1826, in-18 [2 fr. 50 c.].

Sous le pseudonyme : le *R. P. Picotin*.
Reproduit sous le titre de : *Calendrier jésuitique* pour l'année 1827, etc., par THOMAS [Paris, A. Dupont, 1827, in-18].

SALGUES [Jacques-Alexandre], docteur en médecine de la faculté de Paris, plus tard médecin à Dijon et membre de l'Académie de cette ville. [Voyez la *France littér.*, t. VIII, p. 403.]

1. — Notice apologétique sur M. Dupuytren. Dijon, impr. de Brugnot, 1835, in-8 de 20 pag.

Tiré à 100 exemplaires.

2. — Paraphrase de l'Oraison dominicale, suivie de quelques autres prières. Dijon, impr. de Frantin, 1849, in-12.

M. Salgues a donné, de 1824 à 1843, divers morceaux dans les « Mémoires de l'Académie des sciences, arts et belles-lettres de Dijon. »
Il a rédigé pour la médecine proprement dite la « Revue médicale » de Dijon [1844, in-8].

SALIGNAC DE LAMOTHE FÉNELON

[Bertrand et François]. Voy. FÉNELON.

SALIN [Alphonse], auteur dramatique, chansonnier. [Voy. la *France litt.*, t. VIII, p. 403.]
1. — Avec M. *Guionnet* : une Nièce d'Amérique; vaudeville en un acte. Paris, Gallet, 1839, in-8 de 12 pages [15 c.].
2. — L'Ange de la bienfaisance. Paris, impr. de Cosse, 1849, in-8 de 4 pag.
En vers.
On doit encore à M. Salin, en collaboration avec M. BERRUYER : le Salon dans la mansarde ; — avec M. CARPIER : les Mousquetaires ; — avec MM. CHABENET et HERTAL [GROUBENTHAL] : la Nièce du pasteur ; — avec M. DURAND DE VALLEY : Dodore en pénitence ; — avec M. HERTAL : Un Cœur et trente mille livres de rente. Voy. ces noms.
M. Alph. Salin s'est caché sous les pseudonymes NILAS et ASLIN.

SALINIS [l'abbé], professeur de dogme à la faculté de théologie de Bordeaux, évêque d'Amiens. [Voyez la *France littér.*, t. VIII, p. 404.] — Précis de l'histoire de la philosophie. IIIᵉ édit. Paris, Hachette, 1847, in-12 [4 fr.].
M. Salinis a travaillé à « l'Université catholique. »

SALIVES [J.-P.], principal du collége de Tarascon.
1. — De l'Enseignement des langues. Avignon, impr. d'Aubanel, 1844, in-12 de 132 pag. [1 fr. 50 c.].
2. — Cours d'analyse cacographique et de versions françaises. Avignon, Aubanel, 1844, in-12.
3. — Mémoire adressé à M. le comte de Salvandy. Mai 1846. Avignon, impr. d'Aubanel, 1846, in-8 de 16 pag.
4. — Enseignement de la langue française par elle-même, ou Cours de thèmes français. Paris, Just Tessier, 1846, in-12.
Un spécimen de cet ouvrage a été publié dans la même année [in-8 de 16 pag.].

SALIZMANN [J.-G.]. — L'Ange protecteur de la jeunesse, ou Histoires amusantes et instructives destinées à faire connaître aux jeunes gens les dangers que l'étourderie et l'inexpérience leur font courir chaque jour; traduites de l'allemand par *S. Cahen*. IIᵉ édition. Paris, Lehuby, 1836, in-12, avec une grav. et un frontispice.

SALLANDROUZE [Jean-Jacques], docteur ès lettres; né à Felletin (Creuse) en 1792.
1. — De la Poésie pastorale. 1812, in-4.
Thèse pour le doctorat ès lettres.
2. — De Mentis humanæ facultatibus. 1812, in-4.
Thèse pour le doctorat ès lettres.

SALLANDROUZE DE LA MORNAIX [Ch.], manufacturier, député, membre de l'Assemblée nationale en 1848. [Voy. la *France littér.*, t. VIII, p. 405.] — Lectures industrielles. Conseils généraux de l'agriculture, des manufactures et du commerce; session de 1846. Exposition des produits de l'industrie à Berlin, à Madrid et à Vienne. Paris, F. Didot, 1846, in-12.

SALLE [A.]. — Une Voix des pyramides au général Bertrand. Paris, imp. de Baudouin, 1847, in-8 de 16 pag.

SALLE [L.], médecin à Châlons, membre de la Société académique de cette ville. — Leçons de physique, de chimie, de zoologie et de botanique. Châlons, impr. de Boniez-Lambert, 1845, 2 vol. in-12.
On doit encore à M. Salle quelques notices médicales communiquées à la Société académique de Châlons.

SALLE [A.-S.]. — Abréviateur décimal, ou Méthode simple et facile pour l'intelligence du nouveau système des poids et mesures. Nancy, Paullet, 1840, in-12 de 120 pag.

SALLENAVE [L.-P.], médecin consultant à Bordeaux.
1. — Recueil d'observations de maladies chroniques, traitées avec succès. Bordeaux, Gazay, 1842, in-8 de 52 pag.
2. — Traité des espèces méconnues et curables des maladies chroniques appelées fièvre lente, affection nerveuse, etc. Bordeaux, impr. de Dupuy, 1847, in-8 [5 fr.].
Citons encore : Quatrième mémoire sur la médecine [1839, in-8] ; — Aperçu sur les causes, la nature et le traitement de quelques maladies chroniques [1841, 1843, in-8].

SALLES [Eusèbe de], docteur en médecine. — Traité de médecine légale, suivi de la *Jurisprudence médicale*, recueil complet des lois, ordonnances et règlements relatifs à l'enseignement et à l'exercice des diverses branches de l'art de guérir. Paris, Paul Mellier, in-8 [4 fr. 50 c.].

Fait partie de l'« Encyclopédie des sciences médicales. » — M. Eusèbe de Salles a travaillé à la « Revue du Midi. »

SALLION [Bernard], médecin à Nantes, professeur à l'école de médecine et membre de la Société académique de cette ville. [Voy. la *France litt.*, t. VIII, p. 408.] — Exposé des principales doctrines qui ont dominé la médecine. Discours prononcé, le 13 novembre 1838, dans la séance de la distribution des prix aux élèves de l'école secondaire de médecine de Nantes. Nantes, impr. de Forest, 1839, in-8 de 108 pag.

SALLUSTE [Caïus Sallustius Crispus], historien latin ; né à Amiterne, dans la Sabine, en 668 de Rome (86 ans avant J. C.) ; mort en 723 (31 ans avant J. C.). [Voy. une Étude par M. LERMINIER dans la *Revue des Deux-Mondes* du 1er juin 1834, et la *France littér.*, t. VIII, p. 409.]

— Œuvres de Salluste, traduction française, avec le texte en regard. Nouvelle édition, etc. Paris, Poilleux, 1837-39, 3 vol. in-12 [10 fr. 50 c.].

— Œuvres, avec version interlinéaire en regard, d'après un système plus commode et plus clair, accompagnées de sommaires et de notes, par *V. Parisot*. Paris, Poilleux, 1838, 2 vol. in-18.

—Œuvres complètes, avec la traduction en français. Paris, Dubochet, 1839, gr. in-8.

Le même volume contient, outre Salluste : J. CÉSAR, C. VELLÉIUS PATERCULUS et FLORUS.
Une traduction des Épîtres de Salluste à César a été donnée par Eus. SALVERTE dans ses « Essais de traduction. »
Quant aux éditions classiques, nous mentionnerons seulement les annotateurs : MM. DUBNER, DUBOIS, KERLOCH, LESIEUR, OZANEAUX et PARISOT ; et les éditeurs : Dezobry, E. Magdeleine, Delalain, Hachette, Lecoffre, Maire-Nyon et Poilleux.

SALM-REIFFERSHEID-DICK [Constance-Marie de THÉIS, princesse de] ; née à Nantes le 7 novembre 1767, morte à Paris en avril 1845. [Voy. une notice par M. de PONGERVILLE, une notice par M. BIGNAN dans *le Moniteur* du 15 avril 1845, les discours prononcés à ses funérailles par MM. de PONGERVILLE et LADOUCETTE, dans *le Moniteur* du 18 avril 1845, *le Biographe* et *le Nécrologe réunis*, et la *France litt.*, t. VIII, p. 414.]

1. — Œuvres complètes. Paris, F. Didot, Arthus-Bertrand, 1842, 4 vol. gr. in-8, avec portraits et gravures.

2. — Pensées. Nouvelle édition, augmentée d'une troisième partie inédite, et précédée d'un avant-propos, par M. de *Pongerville*. Paris, René, 1846, in-8 avec portrait [7 fr. 50 c.].

Madame Constance de Salm avait commencé un ouvrage intitulé : *des Allemands comparés aux Français dans leurs mœurs, leurs usages*, etc. Ce livre n'a point été terminé.
Une *Épître* d'elle a été lue en 1841 à la Société racinienne de la Ferté-Milon.
Elle passe pour avoir revu l'ouvrage intitulé : « Opinion d'une femme sur les femmes, » par F. R*** (Mlle F. RAOULT) [Paris, Giguet, 1801, in-12].
Madame de Salm a travaillé à l'« Encyclopédie d'éducation. » On trouve des morceaux d'elle dans le « Nouvel Almanach des Muses. »

SALME [L.], artiste peintre. [Voy. la *France littér.*, t. VIII, p. 419.]

1. — Traité de perspective théorique et pratique, dans lequel les règles du dessin d'après nature sont exposées d'une manière simple et claire, et mises ainsi à la portée de toutes les intelligences. Paris, Hachette, Carilian, 1838; et IIIe édit. Paris, Waille, 1843, in-12 avec 6 pl. [1 fr. 50 c.].

2. — Tableau historique des artistes, peintres, sculpteurs, etc., de toutes les nations, depuis l'origine des beaux-arts jusqu'à nos jours. Paris, impr. de Dondey-Dupré, 1839, in-fol. de 4 pag. avec une table alphabétique in-plano.

C'est sous la direction de M. L. Salme qu'a été publié : « l'Album, journal (ou recueil) destiné à l'enseignement du dessin et de la peinture », rédigé par une Société d'artistes et d'hommes de lettres [Paris, Ed. Legrand, 1840-44, 4 vol. in-4].

SALME. — Dissertation dont l'existence des salles d'asile éclairera toute l'importance. Paris, Lagny, Jeanthon ; Lyon, Sauvignet ; Nancy, Conty, 1837, in-8 de 48 pag.

SALMON [Charles-Auguste], procureur du roi à Toul et à Saint-Mihiel; né à Riche (Meurthe) le 27 février 1805.

1. — Conférences sur les devoirs des instituteurs primaires. Nancy, Raybois, 1842; et IIIe édit, 1845, in-12 [2 fr.].

Cet ouvrage a obtenu de l'Académie française un prix de 2,500 francs.

2. — Additions aux conférences sur

les devoirs des instituteurs primaires. Paris, impr. de Panckoucke, 1842, in-12 de 40 pag.

SALMON [L.-J.]. — Mémoire sur la fabrication du coke, l'extraction du produit de la houille et l'agglutination de la houille menue. Lyon, impr. de Brunet, 1839, in-8 de 48 pag.

SALMOND [T.-B.]. — Napoléon à Paris. Paris, Bouquin de Lasouche, 1840, in-16 [25 c.].

En vers.

SALNEUVE [J.-F.], ancien élève de l'Ecole polytechnique, capitaine d'état-major. — Cours de topographie et de géodésie, fait à l'École d'application du corps royal d'état-major. Paris, Gaultier-Laguionie, 1840, in-8 avec 18 pl. [8 fr. 50 c.].

Cet ouvrage est divisé en 5 livres :
I. Trigonométrie rectiligne, théorie des logarithmes et construction des tables; — II. Trigonométrie sphérique, démonstrations de quelques formules algébriques nécessaires à l'intelligence du 5e livre; — III. Topographie; — IV. Principes d'optique qu'il faut connaître pour bien comprendre la construction des lunettes qui entrent dans la construction des instruments de topographie et de géodésie; — V. Principales opérations de la géodésie, et formules qui y sont relatives, démontrées d'une manière élémentaire.

SALOMON, troisième roi des Juifs, fils et successeur de David; né en 1020 av. J. C., mort en 962. [Voy. la *France littér.*, t. VIII, p. 421.] — Le Cantique des cantiques, traduit par *J.-M. Dargaud*. Paris, imprim. d'Éverat, 1839, in-8 de 48 pag.

Traduction en prose. Le texte latin de la Vulgate est au bas.

SALOMON, directeur de l'École forestière, de Nancy. — Traité de l'aménagement des forêts. Mulhouse, Thinus et Baret; Nancy, Grimblot; Paris, Bonin, 1837-38, 2 vol. in-8.

SALOMON [P.-M.], du Finistère, mathématicien, chimiste et physicien. — Arithmétique philosophale, ou Exposé mathématique des changements à opérer dans le mode en usage pour l'enseignement de la philosophie naturelle. Belleville, impr. de Galban, 1842, in-4 de 32 pag.

Citons encore : Dissertation sur l'âme, ou Notice supplémentaire, extraite des théories inédites (1842, in-8]; — Nouvelle Méthode de calcul instrumental, avec le cycle arithmo-graphe [1843, in-8]; — Mémoire à consulter sur les moyens et opérations métallurgiques à aviser pour obtenir une refonte de monnaies de cuivre, de bronze ou d'airain, sans déchet, et sur les machines à employer pour effectuer un monnayage suivi et accéléré, avec exactitude d'exécution et économie d'emplacement, de dépense et de temps (1844, in-8]; — Petit Opuscule de philosophie sociale [1845, in-8];— Calendrier planétaire, destiné à remplacer tous les calendriers connus, etc. [1845, in-fol.];— l'Astronomie mathématique enfin constatée, à propos de la découverte théorique de la planète Leverrier [1847, in-8]; — Astronomie mathématique. Calendrier planétaire et universel, composé de treize mois ayant chacun vingt-huit jours, et destiné à régler le temps civil et astronomique, à partir de l'an 1er de la deuxième république française [1848, in-4].

SALTRET [Édouard]. — Avec M. *Alphonse Keller* : un Fils à la mère Michel (1836, 2 vol. in-12); — la Jambe de bois (1839, 4 vol. in-12); — la Fille du trombone (2 vol. in-8). Voyez KELLER.

SALVA [don Vicente], érudit espagnol, député aux cortès; né à Valence le 10 novembre 1786. [Voy. la *France littér.*, t. VIII, p. 422.]

1. — Nuevo *Valbuena*, o Diccionario latino-español, formado sobre el de don Valbuena, con muchos aumentos, correcciones y mejoras. VIe édit. Paris, Salva, 1846, in-8 [10 fr.].

2. — Los Florencos de don Vicente Salva. Apuntados en español por don *Pedro Martinez Lopez*. Paris, impr. de Lacrampe, 1847, in-12.

3. — Gramatica de la lengua castellana segun ahora se habla, ordenada por don Vicente Salva. Sesta edicion. Paris, Salva, 1844, in-12 [5 fr.].

4. — Compendio de la gramatica castellana de don Vicente Salva, abregiado por el mismo para el uso de las escuelas. Paris, Salva, 1838, in-16; et IIIe édit., 1844, in-18.

5. — Gramatica para los Españoles que desean aprender la lengua francesa sin olvidar la propriedad y el giro de la suya. Paris, Salva, 1847, in-12.

6. — Diccionario de la lengua castellana, por la academia española, reimpreso de la octava edicion publicada en Madrid en 1837, con algunas mejoras. Paris, Salva, 1838, in-8 [18 fr.].

7. — Nuevo Diccionario de la lengua castellana, que comprende la ultima edicion entegra, muy rectificada y mejorada, del publicado por la academia española, etc. Paris, Salva, 1846; et

IIe édit., corrigée et augmentée, 1847, in-8 [20 fr.].

M. V. Salva a revu, corrigé, augmenté de notes, et publié les ouvrages suivants : « El nuevo Robinson, » par CAMPE [1832, 2 vol. in-18]; — « los Libros poeticos de la santa Biblia, » par T.-J.-G. CARVAJAL; — «Poesias » de don Juan Melendez VALDES [1832, 4 vol. in-18]; — « Arte de traducidr el idiomo francés al castellano, » par A. CAPMANY; — « Recitationes del derecho civil segun el orden de la instituta, » par HEINECCIUS [1838, 3 vol. in-18]; — « Judicio critico de los principales poetas españoles de la ultima era, » par J.-G. HERMOSILLA [1839, 2 vol. in-12]; — « Vidas de los mas famosos generales griegos y cartagineses, y de algunos otros ilustres varones, » par CORNELIUS NÉPOS [1839, 1844, in-18]; — « Arte de hablar en prosa y verso, » par J.-G. HERMOSILLA [1842, 2 vol. in-12]; — « Sala-adicionado, — hispaño-venezualano — et hispaño-mejicano, o ilustracion del derecho español » [1844-1845, 6 vol. in-12]; — « Novisima recopilacion de los leyes de España, mandada formar por el señor don Carlos IV [1845, 5 vol. gr. in-8]; — « Institutiones del derecho canonico, » par Domingo CAVALARIO [1846, 3 vol. in-18]; etc.

SALVA [Adolphe]. — Ode aux cendres de Napoléon. Rouen, impr. de Surville, 1841, in-8 de 8 pag. [20 c.]

SALVADOR [Joseph], docteur en médecine de la faculté de Montpellier; né dans cette ville en 1796. [Voy. la *France littér.*, t. VIII, p. 423.]

1. — Jésus-Christ et sa doctrine. Histoire de la naissance de l'Église, de son organisation et de ses progrès pendant le Ier siècle. Paris, Guyot et Scribe, 1838, 2 vol. in-8 [15 fr.].

Ouvrage mis à l'index à Rome par un décret de la congrégation de l'*Index*, du 23 septembre 1839.

2. — De quelques Faits relatifs au système historique des Évangiles (entre autres, de la réhabilitation obligée de Jésus, fils d'Abbas, appelé vulgairement Barabbas). Réponse aux articles critiques du journal *la Presse* sur l'ouvrage intitulé : *Jésus-Christ et sa doctrine, histoire de la naissance de l'Église, de son organisation et de ses progrès pendant le Ier siècle*. Paris, Guyot et Scribe, 1839, in-8 de 28 pag.

3. — Histoire de la domination romaine en Judée et de la ruine de Jérusalem. Paris, Guyot et Scribe, 1846, 2 vol. in-8 avec une carte.

Voy. une analyse de cet ouvrage, par M. LERMINIER, dans la « Revue des Deux-Mondes » du 1er décembre 1846.

SALVADOR [D. Ramon]. — Defensa de la patria española y propria. Paris, impr. de Blondeau, 1845, in-8 de 64 p.

SALVADOR, pseudonyme de Salvador TUFFET.

SALVADOR [Ed.]. — Écrivains modernes. Paris, Labitte, 1845, in-8 [6 fr.]. — En 1848, *Delahays* [1 fr. 25 c.].

Articles sur MM. P. L. Courier, Timon [Cormenin], Mignet, Villemain, Augustin Thierry, Michelet, Thiers.

SALVADOR [Gabriel], capitaine d'artillerie.

M. G. Salvador a traduit de l'anglais, avec notes et remarques : « Mémoire sur la fabrication de la poudre à canon, » par M. BRADDOCK [Paris, Corréard, 1848, in-8].

SALVAGE [Mme de], l'un des pseudonymes de M. Alexis EYMERY.

1. — Les Folies amusantes; petit album récréatif, illustré par Victor Adam. Paris, Mlle Désirée Eymery, Aubert, 1840, in-16 avec 16 lith. [6 fr.]

2. — La Récréation des enfants, illustrée par Lasalle. Paris, Aubert, Désirée Eymery, 1842, in-8 de 112 pag. [5 fr.]

3. — La Fille du soldat aveugle. IIe édition. Paris et Limoges, Ardant, 1845, in-12 avec une grav. [1 fr.]

4. — Alphabet du moyen âge. Paris, Fayé, 1845, in-16 avec 12 vignettes.

5. — Les Aventures surprenantes du célèbre Grand-Gosier et de Mimi-Chéri, son fils unique, surnommé la Grosse-Tête. Paris, Fayé, 1845, in 16 avec 12 vignettes.

6. — Les Petits Entêtés. Paris, Fayé, 1849, in-16 avec 6 lith.

7. — Les Burlesques, ou le Mauvais Genre. Paris, Fayé, 1850, in-16 de 48 pag. avec 6 lith.

SALVANDY [Narcisse-Achille, comte], historien, publiciste, officier d'état-major, conseiller d'État, député de la Sarthe et de l'Eure, ambassadeur en Espagne, membre de l'Académie française, deux fois ministre de l'instruction publique de 1836 à 1848; né à Condom le 11 juin 1795. [Voy. des notices sur M. Salvandy dans la *Galerie des gens de lettres*, par M. Ch. ROBIN (1848, in-8); dans le *Biographe universel* (par M. A. de CÉSÉNA), IVe vol., t. II, 1842; dans la *Biographie universelle et portative des contemporains*; dans la *Biogr. des hommes du jour*, par SARRUT et SAINT-EDME, t. I, 2e partie, p. 109; dans la *Galerie d'un homme* *de rien*, X⁰ vol., et la *France littér.*, t. VIII, p. 424.]

1. — Jacques le Bataillard. 2 vol. in-8.

2. — Don Alonzo, ou l'Espagne, avec notice. Paris, Ch. Gosselin, in-12.

On peut voir sur le roman de *Don Alonzo* les articles de GOETHE dans l'« Allmenig Zeitung. »

3. — Histoire du roi Jean Sobieski et de la Pologne. Nouvelle édition, revue et augmentée. Paris, Ch. Gosselin, 1844, in-12 [3 fr. 50 c.].

On doit encore à M. Salvandy : Discours de réception à l'Académie française [« Débats » du 23 avril 1836]; — Discours contre les émeutiers, prononcé à la Chambre des députés le 25 mars 1834 [dans les journaux du temps]; — 2 Lettres de la girafe au pacha d'Égypte; — Explication de la loi sur les colléges électoraux; — Exposition des derniers produits de l'industrie; — Lettre à M. le comte Aymeric de Narbonne, qui avait refusé formellement de siéger dans les jurys [« Débats » du 26 septembre 1834]; — Lettres sur les formes et les limites de la défense dans nos assemblées législatives, quand les Chambres exercent le droit souverain qui leur a été reconnu par les lois de 1822 et de 1830, celui de traduire à leur barre quiconque par *écrits* ou *discours* les a *offensées* [dans les « Débats » du 10 juin 1835]; — Prix de vertu, fondé par M. Montyon. Discours prononcé dans la séance publique de l'Académie française du 9 août 1838 [1838, in-18]; — Prix de vertu fondés par M. de Montyon. Discours prononcé dans la séance publique de la même Académie du 11 juin 1840 [1840, in-18]; — Discours prononcé sur la tombe de M. N.-L. Lemercier [« Moniteur » du 11 juin 1840]; — Institut royal de France. Discours prononcés dans la séance publique tenue par l'Académie française pour la réception de M. Victor Hugo, le 3 juin 1841 [1841, in-8. — Contient les discours de M. Hugo et la réponse de M. de Salvandy. On a tiré à part des exemplaires du discours de M. Salvandy, in-4 de 30 pages]; — Ministère de l'instruction publique. Rapport au roi sur l'état des travaux exécutés depuis 1835 jusqu'en 1847 pour le recueil et la publication des documents inédits relatifs à l'histoire de France [1847, in-8].

M. Salvandy est l'auteur d'un *Dialogue*, où interviennent Caton d'Utique et un esclave philosophe, qui a été reproduit en 1838 dans l'« Encyclopédie des sciences usuelles. »

Il a publié, dans le « Dictionnaire de la conversation et de la lecture : » *Bonaparte* [Voy. les « Débats » du 10 mars 1834]; — dans le « Livre des cent et un » : *une Fête au Palais-Royal* [t. I, 1831]; — *la Place Louis XV* [t. VI, p. 259]; — *le Jardin du Luxembourg* [t. XII, p. 377]; — dans le « Recueil de la Société libre d'agriculture, sciences et arts du département de l'Eure » (juillet 1834), un article intitulé *la Tribune.*

M. Salvandy a travaillé au « Livre d'honneur de l'Université, » de M. A. JARRY DE MANCY; au « Courrier français »; au « Journal des Débats »; au « Journal des jeunes personnes »; au « Keepsake des hommes utiles, illustrations du génie et de la bienfaisance »; à la « Revue contemporaine, »; etc.

Le roman de *Natalie* a été longtemps attribué à M. Salvandy, mais on sait aujourd'hui que la préface seule est son œuvre. Le roman est de madame DE MONTPEZAT, marquise de TAULIGNAN, auteur de deux autres romans. « Corisandre de Mauléon », et « Au pied des Pyrénées » [Voy. les « Débats » du 4 février 1833].

En 1807 M. Salvandy adressa à l'empereur un poëme en prose sur les victoires d'Italie, qui depuis s'est retrouvé dans les papiers du duc de Bassano, à l'effet d'obtenir une bourse au lycée Napoléon, et là il rédigea un journal à l'usage du collége.

Il a rendu compte, dans les « Débats », des funérailles de Louis XVIII, et ce récit fut attribué par quelques personnes à M. de CHATEAUBRIAND.

SALVAT [Adolphe], auteur dramatique.

1. — Avec M. *P. Tournemine :* les Femmes libres; folie-vaudeville en trois actes et à grand spectacle. Paris, Michaud, 1838, in-8 de 40 pag. [40 c.]

2. — Avec M. *Joanny Augier :* l'Ile de Calypso ; folie-vaudeville en un acte. Paris, Gallet, 1840, in-8 [15 c.].

3. — Avec *M. J. Augier :* Duchesse et Poissarde ; comédie-vaudeville en deux actes. Paris, impr. de Boulé, 1842, in-8 de 40 pag.

La préface est signée L. COUAILHAC.

On doit encore à M. Ad. Salvat, en collaboration avec MM. AUGIER et LUBIZE : le Mauvais Sujet ; — avec M. CLAIRVILLE : la Jeune et la Vieille Garde; — avec MM. MAILLARD et LUBIZE : les Deux Tambours ; — avec MM. Charles [PERROT DE RENNEVILLE] et Henri [TULLY]: le Chemin de fer de Saint-Germain ; — avec M. RIMBAULT : la Fille du Diable; etc. Voy. ces noms.

SALVERTE [Anne-Joseph-Eusèbe BACONNIÈRE-], député, académicien libre de l'Institut, membre de l'Académie celtique et de la Société des antiquaires de France; né à Paris le 18 juillet 1771, mort le 27 octobre 1839. [Voyez la *Biogr. des hommes du jour*, tom. Iᵉʳ, 2ᵉ part., et la *France littér.*, t. VIII, p. 426.]

1. — Discours pour le développement de sa proposition relative à la mise en accusation des membres de l'ancien ministère, prononcé dans la séance du 19 février 1829. Paris, Mme veuve Agasse, 1829, in-8 de 8 p.

Répandu par la société *Aide-toi, le ciel t'aidera.*

2. — Essais de traductions. Paris, impr. de F. Didot, 1838, in-8.

Contient : 1° les deux *Epîtres de Salluste à César;* 2° *Exsuperantius, Précis de l'histoire des guerres civiles de Marius, de Lépidus et* de *Sertorius* [ces deux traductions avaient déjà paru en l'an VI (1798), in-8] ; 3° *de la Demande du consulat, ou Essai sur la candidature, par Q. Cicéron* ; 4° fragments du *Discours prononcé par M. T. Cicéron pendant sa candidature* (ces deux autres traductions avaient paru dans le « Magasin encyclopédique, » 1806, t. III, p. 5 et suiv.).

Le volume porte le millésime 1838 ; quelques alinéa préliminaires sont datés d'octobre 1837.

3. — Des Sciences occultes, ou Essai sur la magie, les prodiges et les miracles. IIe édition. Paris, Baillière, 1843, in-8 [7 fr. 50 c.].

M. Eus. Salverte a donné divers articles au « Dictionnaire de la conversation et de la lecture, » notamment l'article *Diplomatie*, qui a été tiré à part [in-8 de 16 pag.].

SALVO [le marquis Charles de], diplomate napolitain ; né vers 1787. [Voy. la *France littér.*, t. VIII, p. 430.]

1. — Suite des Papiers détachés. Paris, Amyot, 1840, in-8.

Mon Portefeuille ou Papiers détachés a paru en 1834.

2. — Trois mois à Montmorency. Lettre d'une dame à la princesse de***, à Palerme. Paris, Comon, 1846, in-12 [4 fr.].

On doit à M. de Salvo plusieurs opuscules extraits des « Tablettes européennes : » *l'Italie et le royaume des Deux-Siciles* [1849, in-8 de 18 pag.] ; — *la Sicile* [1849, in-8 de 28 pag.] ; — *une Régate* [1849, in-8 de 8 pag.].

SALZMANN [Christian-Gotthilf], instituteur allemand ; né en 1743, mort en 1811. [Voy. la *France littér.*, t. VIII, p. 431.]

1. — Joseph l'enfant adoptif, ou Ce que Dieu fait est bien fait. Traduit de l'allemand par *F.-C. Gérard*. Paris, Langlumé et Peltier, 1838, in-12 [2 fr.].

2. — L'Orphelin allemand ; traduit par *de Marlès*. IIe édition. Paris, Eymery, 1843, in-12 avec 4 grav. [3 fr.].

M. F.-C. Gérard a aussi traduit de Salzmann : *les Émigrants au Brésil* ; *Pierre et Claudine*.

SAMAZEUILH [J.-F.], avocat, correspondant du ministère de l'instruct. publ. pour les travaux historiques. [Voy. la *France litt.*, t. VIII, p. 432.]

1. — Notes pour la carte de l'arrondissement de Condom. Bordeaux, impr. de Suwerinck, 1839, in-8 de 72 pages avec un tableau.

2. — Histoire de l'Agenais, du Condomois et du Bazadais. Auch, impr. de Foix, 1846-47, 2 vol. in-8.

SAMAZEUILH, notaire. — Eaux minérales de Casteljaloux, département de Lot-et-Garonne, découvertes en 1836. Agen, impr. de Quillot, 1839, in-8 de 20 pag.

SAMBUCY [l'abbé Louis de], chanoine de Paris. [Voy. la *France littér.*, t. VIII, p. 432.]

1. — Journée pratique du chrétien, ou Conduite chrétienne pour tous les âges. Paris, Toulouse, Gaume frères, 1841, in-18 [1 fr. 25 c.].

2. — Le Nouveau Mois de Marie illustré, contenant une suite de méditations, de prières et d'exemples édifiants en l'honneur de la très-sainte Vierge, pour chaque jour du mois, par un prêtre du diocèse de Belley. Nouvelle édition, augmentée d'un Extrait des indulgences relatives à la sainte Vierge ; par l'abbé de Sambucy. Paris, Albanel, 1842, gr. in-32 avec 40 fig. [2 fr.].

3. — Vie de Mgr de Beauvais, ancien évêque de Senez ; suivie de l'*Orator sacer*. Paris, Dufour, Vaton, Sapia, 1842, in-12 avec un portrait [3 fr. 50 c.].

L'*Orator sacer* commence à la page 145.

4. — De l'Harmonie entre l'Église et l'État. Paris, Th. Leclerc jeune, 1845, in-12.

5. — De l'Harmonie des évêques avec leurs chapitres. Paris, Gustave Martin, 1845, in-12.

SAMBUCY [le vicomte Adolphe de].

1. — Considérations sur la production et l'élève des chevaux. Lettres sur les moyens à prendre pour augmenter et améliorer nos races chevalines. Toulouse, impr. de Pinel, 1845, in-4 de 24 pag.

2. — Lettre à M. Saint-Costar, directeur du dépôt d'étalons de Rodez. Toulouse, impr. de Labouisse-Rochefort, 1845, in-4 de 24 pag.

SAMSON, commissaire général de la marine à Toulon en 1828. — Service de l'administration des vaisseaux du roi, ou Recueil des lois, ordonnances et instructions qui régissent les différentes parties de la comptabilité et règlent l'exercice de la justice à bord des bâtiments de S. M. Toulon, Laurent, 1828, in-4.

Anonyme, signé : *par un administrateur en chef de la marine*.

Tome VI.

SAMSON [Joseph-Isidore], sociétaire du Théâtre-Français, artiste et auteur dramatique; né à Saint-Denis le 2 juillet 1793. [Voy. la *Galerie de la Presse*, 1re série, et la *France littér.*, t. VIII, p. 434.]

1. — La Belle-Mère et le Gendre; comédie en trois actes et en vers. Paris, Barba, Delloye, Bezou, 1837, in-8 de 24 pag.

2. — Un Veuvage; comédie en trois actes et en vers. Paris, Tresse, 1842, 1844, in-8 de 22 pag.

3. — Avec M. *J. de Wailly* : Un Péché de jeunesse; comédie en un acte mêlée de chant. Paris, Ch. Tresse, 1843, in-8 de 18 pag.

4. — La Famille Poisson, ou les Trois Crispins; comédie en un acte et en vers. Paris, Michel Lévy frères, 1846, in-8 de 16 pag.; et 1849, in-18 anglais.

Citons encore : Épitre à Mlle Rachel [1839, in-8]; — Association des artistes dramatiques. Rapport fait par M. Samson au nom de la commission de la Société des artistes dramatiques [1840, in-8 et in-18]; — Annuaire de l'association des artistes dramatiques, fondée en 1840. Cinquième année. Compte rendu à l'assemblée générale annuelle, par M. Samson, le 21 avril 1844 [1844, in-18]; — Discours en vers prononcé le 15 janvier 1845, pour le 223e anniversaire de la naissance de Molière [1845, in-8].

SAMSON [Mlle Adèle]. — Poésies. Paris, impr. de Juteau, 1843, in-8.

SAMSON [Jacques-Félix], du Calvados. — Ode au roi des Français, à l'occasion du nouvel attentat commis sur sa personne, 16 avril 1846. Paris, impr. de Bautruche, 1846, in-8 de 8 pag.

SAMUDA. — Railways atmosphériques, ou Application de la pression atmosphérique à la traction sur les railways; par Samuda. Traduit et annoté par *C. du Perron*. Paris, A. Mathias, 1842, in-8 de 64 pag. avec 2 pl.

SANCEY [L.-S.]. — Tachygraphie musicale, ou l'Art d'écrire la musique aussi promptement que l'exécution. Strasbourg, impr. de Mainberger, 1846, in-8 de 20 pag.

SANCHEZ DE BUSTAMENTE [D.-T.-Antonio]. [Voy. la *France littéraire*, t. VIII, p. 435.]

1. — Coleccion de poesias castellanas anteriores al siglo XV, publicadas por D.-T.-A. Sanchez. Nueva edicion hecha bajo la direccion de *D.-E. Ochoa*. Con notas al pie de las paginas, una introduccion y un vocabulario de voces anticuadas, y aumentado con un suplemento que contiene tres poemas nuevamente descubiertos. Paris, Baudry, 1842, gr. in-8 à deux col. [12 fr.]

Introduccion. — Proemio al condestable de Portugal. — Prólogo al Poema del Cid. — Poema del Cid. — Prólogo à las Poesias de don Gonzalo de Berceo. — Prólogo à la Vida de santo Domingo de Silos. — Noticias de don Gonzalo de Berceo. — Vida de santo Domingo de Silos. — Variantes que se notan en el códice de Monserrate. — Prólogo á la Vida de san Millan. — Vida de san Millan. — De como san Millan gano los votos. — Prólogo al Sacrificio de la Misa. — Del Sacrificio de la Misa. — Prólogo al Martirio de san Lorenzo. — Martirio de san Lorenzo. — Loores de Nuestra Señora. — De los signos que apareceran ante del juicio. — Prólogo á los Milagros de Nuestra Señora. — Introduccion á los Milagros de Nuestra Señora. — Milagros de Nuestra Señora. — Prólogo al Duelo de la Vírgen María. — Duelo de la Vírgen María. — Prólogo á la vida de santa Oria, vírgen. — Vida de santa Oria, vírgen. — Versos de la lapida del sepulcro de santa Oria, vírgen. — Himnos. — Prólogo al Loor de don Gonzalo de Berceo. — Loor de don Gonzalo de Berceo. — Prólogo al Poema de Alejandro Magno. — Poema de Alejandro Magno. — Carta de Alejandro Magno á su madre. — Otra Carta de Alejandro Magno á su madre. — Prólogo á las Poesías del Arcipreste de Hita. — Advertencia. — Oracion del Arcipreste de Hita. — Prólogo del poeta. — Poesias del Arcipreste de Hita. — APENDICE. Introduccion. — Libre d'Appolonio. — Vida de santa María Egipciaca. — Adoracion de los santos Reyes. — Vocabulario de voces anticuadas.

2. — Vocabulario de voces anticuadas, para facilitar la lectura de los autores españoles anteriores al siglo XV. Paris, Baudry, Stassin et Xavier, 1842, in-32 [3 fr.].

M. Sanchez de Bustamente a traduit du français en espagnol : « Lecciones orales sobre las Quemaduras, » par DUPUYTREN [1834, in-18]; — « Curso completo de derecho publico general, » par MACAREL [1835, 3 vol. in-18]; — « Curso completo de geografia, » par LETRONNE [1837, 1841, in-12]; — « Novisimas demostraciones acerca del arte de los partos, » par MOREAU [1845, in-fol.]; etc.

SANCHOLLE-HENEAUX. — Lettres et documents relatifs aux travaux d'extraction des granits du monument à ériger à Ajaccio, à la mémoire de l'empereur Napoléon, pour servir à la justification de la dépense de cette vaste entreprise. Paris, impr. de Bachelier, 1844, in-4, publié en deux parties.

SAND [George]. Ce pseudonyme, adopté par Mme DUDEVANT, née Aurore-Amandine DUPIN, a acquis une des plus grandes renommées de l'époque actuelle. Mlle Dupin, fille du fermier général Dupin, et petite-fille du maréchal de Saxe, naquit le 10 juillet 1798, et fut mariée à M. Dudevant, officier de cavalerie, dont elle eut deux enfants. Venue à Paris à la suite de dissentiments intérieurs, elle composa en 1831, avec M. Jules SANDEAU, un roman intitulé *Rose et Blanche*, et le nom de George Sand est un souvenir de cette collaboration. Depuis, elle a volé de ses propres ailes, et dans une foule de productions, romans, contes, nouvelles, drames, pamphlets et écrits politiques, elle a déployé des qualités d'écrivain et de penseur tout à fait hors ligne. [Voy. sur George Sand et ses ouvrages : *Portraits littéraires*, par Gustave PLANCHE ; — *Galerie des Contemporains illustres*, par un Homme de rien, t. II ; — *Biographie des femmes auteurs contemporaines françaises* (art. de M. J. JANIN) ; — *Notice*, par An. GUILBERT, de Rouen, 1848, in-8 ; — *Galerie de la Presse*, 1re série ; — *George Sand*, par le comte Théob. WALSH (Paris, 1837, in-8) ; et *une Contemporaine. Biographie et intrigues de George Sand, avec une lettre d'elle et une de M. Dudevant* ; par BRAULT (1848, in-8).]

1. — Rose et Blanche, ou la Comédienne et la religieuse. Paris, Regnault, Lecointe et Pougin, Corbet aîné, Pigoreau, Levavasseur, 1831, 5 vol. in-12.
— Nouvelle édition entièrement revue et corrigée. Paris, Dupuy, Tenré, 1833, 2 vol. in-8 [15 fr.].

La première édition de ce roman, composé avec M. Jules SANDEAU, porte le nom de Jules Sand, et la deuxième celui de Jules Sandeau. La troisième édition est insérée dans les œuvres de George Sand.

2. — Indiana. Ire, IIe et IIIe édit. Paris, Roret, Dupuy. 1832, 2 vol. in-8 ; — IVe édit. Paris, Ch. Gosselin, 1833, 2 vol. in-8 [15 fr.].

Voy. des comptes rendus de ce roman dans la « Revue de Paris, » 1832, t. XXXIX, et dans les « Débats » du 21 juillet 1832. Voy. aussi les « Portraits littéraires » de M. SAINTE-BEUVE, t. II, p. 425-455.

3. — Valentine. Paris, Dupuy, Tenré, 1832 ; et IIIe édit., Paris, Ch. Gosselin, 1833, 2 vol. in-8 [15 fr.].

Voy. un compte rendu par M. G. PLANCHE dans la « Revue des Deux-Mondes » du 15 décembre 1832, dans les « Débats » du 11 juillet

1833, et les « Portraits littéraires » de M. SAINTE-BEUVE, t. II, p. 425-455.

4. — Lélia, Ire et IIe édit. Paris, Dupuy, Tenré, 1833, 2 vol. in-8 [15 fr.].

Une analyse de *Lélia*, par M. G. PLANCHE, a paru dans la « Revue des Deux-Mondes » du 15 août 1833.

5. — Le Secrétaire intime. Paris, Magen, 1834, 2 vol. in-8 [15 fr.].

Recueil de nouvelles qui avaient paru dans la « Revue des Deux-Mondes » et la « Revue de Paris. »
Une traduction italienne, Il Segretario intimo, a été publiée en 1835 dans la « Piccola bibliot. di gabinetto, » à Milan.

6. — Jacques. Paris, Bonnaire, 1834, 2 vol. in-8 [15 fr.].

Voy. un examen critique de *Jacques*, par M. GRANIER DE CASSAGNAC [Revue de Paris, t. X, 1834, nouv. série], et un article de M. Gust. PLANCHE, dans la « Revue des Deux-Mondes » [1er octobre 1834].

7. — André. Paris, Bonnaire, Magen, 1835, in-8 [7 fr. 50 c.].

Ce roman avait paru d'abord dans la « Revue des Deux-Mondes. »

8. — Léone Léoni. Paris, Bonnaire, Magen, 1835, in-8 [7 fr. 50 c.].

Ce roman, imprimé d'abord dans la « Revue des Deux-Mondes, » a été traduit en espagnol par M. Fernando BIELSA [Paris, Rosa, 1836, 2 vol. in-12].

9. — Simon. Paris, Bonnaire, Magen, 1836, in-8 [8 fr.].

Imprimé d'abord dans la « Revue des Deux-Mondes. »

10. — OEuvres complètes. Paris, Bonnaire, Lecointe et Pougin, Magen, 1836-40, 24 vol. in-8 avec un portrait de l'auteur.

Cette édition est composée ainsi : t. I et II : Indiana ; — t. III et IV : Valentine ; — t. V, VI et VII : Lélia ; — t. VIII : le Secrétaire intime ; — t. IX : André ; — t. X : la Marquise ; Lavinia ; Metella ; Mattea ; — t. XI et XII : Jacques ; — t. XIII : Léone Léoni ; — t. XIV : Simon ; — t. XV et XVI : Lettres d'un voyageur ; — t. XVII et XVIII : Mauprat ; — t. XIX : la Dernière Aldini [Contes vénitiens, t. I, II] ; — t. XX : les Maîtres mosaïstes [Contes vénitiens, t. I, II] ; — t. XXI : l'Uscoque ; — t. XXII : Spiridion ; — t. XXIII : les 7 Cordes de la lyre ; — t. XXIV : Gabriel.

— OEuvres. Nouvelle édition, revue par l'auteur et accompagnée de morceaux inédits. Paris, Perrotin, 1842-44, 16 vol. in-18 anglais. — Autre édit. Paris, Garnier frères, 1848-49, 16 vol. in-18 anglais [56 fr.].

Cette nouvelle édition contient :
Tome I : Indiana ; — t. II : Jacques ; — t. III : Valentine ; — t. IV : Léone Léoni ; le Secré-

taire intime; — t. V : André; — la Marquise; Lavinia; Metella; Mattea; — t. VI : Lélia; — t. VII : Lélia; Spiridion; — t. VIII : la Dernière Aldini; les Maîtres mosaïstes; — t. IX : Lettres d'un voyageur; — t. X : Simon; l'Uscoque; — t. XI : Mauprat; — t. XII : le Compagnon du tour de France; — t. XIII : les Sept Cordes de la lyre; Gabriel; — t. XIV : Pauline; les Majorcains; — t. XV : Mélanges; — t. XVI : Horace.

11. — **Lettres d'un voyageur.** Paris, Bonnaire, 1837, 2 vol. in-8 [12 fr.].

Extrait de la « Revue des Deux-Mondes. »

12. — **Mauprat.** Paris, Félix Bonnaire, 1837, 2 vol. in-8 avec un portrait [15 fr.].

Extrait de la « Revue des Deux-Mondes. »

13. — **Contes vénitiens : la Dernière Aldini. — Les Maîtres mosaïstes.** Paris, Bonnaire, 1838, 2 vol. in-8 [15 fr.].

Imprimés d'abord dans la « Revue des Deux-Mondes. »

14. — **L'Uscoque.** Paris, Bonnaire, 1839, in-8 [8 fr.].

Extrait de la « Revue des Deux-Mondes. »
Voy. « A George Sand, sur son roman intitulé : *l'Uscoque,* » par Mme Louise COURVOISIER [Paris, Lemoine, 1839, in-8].

15. — **Spiridion.** Paris, Bonnaire, 1839, in-8 [8 fr.].

Imprimé d'abord dans la « Revue des Deux-Mondes. »
Voy. une critique du *Spiridion* de G. Sand, dans les « Éléments d'Esthétique » de M. E. A. SEGRÉTAIN [Paris, Didot, 1840, in-8].

16. — **Gabriel,** roman dramatique en trois parties. Paris, Dumont, 1840, in-8 [8 fr.].

Impr. d'abord dans la « Revue des Deux-Mondes. »

17. — **Les Sept Cordes de la Lyre;** composition dramatique en deux parties. Paris, Bonnaire, 1840, in-8 [8 fr.].

Imprimé d'abord dans la « Revue des Deux-Mondes. »

18. — **Cosima, ou la Haine dans l'amour;** drame en cinq actes, précédé d'un prologue. Paris, Bonnaire, Tresse, 1840, in-8 [4 fr.].

19. — **Le Compagnon du tour de France.** Paris, Perrotin, 1840, 2 vol. in-8 [15 fr.].

20. — **Pauline.** Paris, Magen et Comon, 1841, in-8 [7 fr. 50 c.].

Contient aussi les *Mississipiens,* proverbe, qui commence à la page 177.
Publiés dans la « Revue des Deux-Mondes. »

21. — **Un Hiver à Majorque.** Paris, Souverain, 1842, 2 vol. in-8 [16 fr.].

Cet ouvrage avait paru dans la « Revue des Deux-Mondes » sous le titre : *Un Hiver au midi de l'Europe* ; il a été réimprimé dans les OEuvres de l'auteur sous le titre: *les Majorcains.*

22. — **Horace.** Paris, de Potter, 1842, 3 vol. in-8 [24 fr.].

Publié d'abord dans la « Revue indépendante. »

23. — **Consuelo.** Paris, Potter, 1842-43, 8 vol. in-8 [60 fr.]. — Autre édit. Paris, Charpentier, 1845, 4 vol. in-12 [14 fr.].

Imprimé d'abord dans la « Revue indépendante. »
Procope le Grand, Jean Zyska, nouvelles imprimées dans la « Revue indépendante, » ont été placées à la suite de *Consuelo.*
A Madrid, l'« Héraldo » a publié pour feuilleton le *Consuelo* de George Sand.

24. — **La Comtesse de Rudolstadt.** Paris, de Potter, 1843-45, 4 vol. in-8 [32 fr.]. — Nouv. édit. Paris, Charpentier, 1845, 2 vol. in-12 [7 fr.].

Impr. dans la « Revue indépendante. »

25. — **Jeanne.** Paris, L. de Potter, 1844, 3 vol. in-8 [24 fr.].

Publié dans le journal l'« Époque. »
Ce roman est dédié à Françoise Meillant, paysanne berrichonne. Voici cette gracieuse dédicace : « Tu ne sais pas lire, ma paisible amie, mais ta fille et la mienne ont été ensemble à l'école. Quelque jour elles te raconteront cette histoire, qui deviendra plus jolie en passant par leurs lèvres. »

26. — **Le Meunier d'Angibault.** Paris, Desessart, 1845-46, 3 vol. in-8 [22 fr. 50 c.].

Une introduction critique aux OEuvres de G. Sand, par M. Arn. RUGE, a paru en tête de la trad. allemande du *Meunier d'Angibault,* par Wil. JORDAN, qui fait partie des OEuvres complètes, publiées à Leipzig, chez O. Wigand.

27. — **La Mare au diable.** Paris, Desessart, 1846, 2 vol. in-8 [15 fr.]. — Autre édit. Paris, impr. de Proux, 1846, in-4 de 16 pag.

Extrait du « Courrier français. »

28. — **La Noce de campagne,** pour faire suite à *la Mare au diable.* Paris, impr. de Proux, 1846, in-4 de 8 pag.

Extrait du « Courrier français. »

29. — **Isidora.** Paris, Souverain, 1846, 3 vol. in-8.

Extrait de la « Revue indépendante. »

30. — **Teverino.** Paris, Desessart, 1846, 2 vol. in-8 [15 fr.].

Imprimé d'abord dans « la Presse. »

31. — **Lucrezia Floriani.** Ire édition.

Paris, Desessart, 1847, 2 vol. in-8 [15 fr.]. — Autre édit. Paris, impr. de Proux, 1846, in-4.

Publié d'abord dans « la Presse. »

32. — **Le Péché de M. Antoine.** Paris, Souverain, 1847, 2 vol. in-8.

Extrait du Journal « l'Époque. »

33. — **Le Piccinino.** Paris, Desessart, 1848, 5 vol. in-8 [37 fr. 50 c.].

L'ouvrage a paru en feuilletons dans « la Presse. »

34. — **La Petite Fadette.** Paris, Michel Lévy frères, 1840, 2 vol. in-8 [12 fr.].

Imprimé d'abord dans le journal « le Crédit. »

Voy. sur *la Mare au diable, la Petite Fadette, François le Champi*, les « causeries du lundi, » par M. SAINTE-BEUVE [1851, p. 31].

35. — **Lettres au peuple.** Première lettre : Hier et Aujourd'hui. Paris, 7 mars 1848. Paris, Hetzel, 1848, in-8 de 8 pag. — Deuxième lettre : Aujourd'hui et Demain. Paris, Hetzel, 1848, in-8 de 8 pag.

36. — **La Cause du peuple.** N° 1. Paris, Lechevalier, Paulin, 9 avril 1848, in-8.

Le VII° volume de : « le Foyer de l'Opéra, mœurs fashionnables » (Paris, Souverain, 1842, in-8], contient : 1° *Melchior* ; 2° *Mouny Robin* ; 3° *Jean-Jacques Rousseau*, fragment d'une réponse à un fragment de lettre, par George Sand, qui avaient déjà paru dans la « Revue des Deux-Mondes. »

Mme George Sand a donné dans la « Revue des Deux-Mondes : » *Aldo le Rimeur* [1833, t. III] ; — *Lettre à M. Lerminier* sur son examen du « Livre du peuple, » par M. de Lamennais [janvier et mars 1838] ; — *l'Orco* [1er mars 1838] ; — *Lélia*, nouvelle partie inédite [15 septembre 1839] ; — *Essai sur le drame fantastique. Gœthe, Byron, Mickiewicz* [1er décembre 1839] ; — *le Théâtre italien et Pauline Garcia* [15 février 1840] ; — *les Mississipiens*, proverbe (en 2 actes, précédés d'un prologue) [15 mars, 1er avril 1840] ; — Études littéraires sur George de Guérin [15 mai 1840].

Quelques Réflexions sur Jean-Jacques Rousseau [1er juin 1841, et dans la *Bibliothèque des feuilletons*, t. VI].

Dans la « Revue indépendante : » — *M. de Lamartine, utopiste* [décembre 1841] ; — *A M. de Lamartine* [1842, t. II, p. 349-67] ; — *Deux Dialogues familiers sur la poésie des prolétaires* [janvier-septembre 1842, t. II et IV] ; — *Lettres à Marcie* (au nombre de six) [mai 1843] ; — *les Aventures et les improvisations de Kourroglou*, recueillies par Alexandre Chodzko, en Perse [1843, t. VI et VII] ; — *Sur la dernière publication de M. F. Lamennais* (Amschaspands et Darvands) [13 mai 1843, t. VII, p. 105-118] ; — *Jean Zyska*, épisode de la guerre des Hussites [t. VII et VIII, 1843] ; — *Fanchette. Lettre de Blaise Bonnin à Claude Germain* [octobre et novembre 1843,

t. X et XI] ; — *Procope le Grand. Deuxième épisode de la guerre des Hussites au XV° siècle* ; pour faire suite à *Jean Zyska* [mars 1844, t. XIII].

Dans « l'Illustration » : *Un Coin du Berry et de la Marche* [t. IX, p. 275] ; — *Histoire de France, écrite sous la dictée de Blaise Bonnin* [t. XI, p. 63] ; — *le Roi attend*, prologue [t. XI, p. 99] ; — dans « le Diable à Paris » [1845-46, 2 vol. gr. in-8] ; — *Coup d'œil général sur Paris* [t. I, p. 33 et suiv.] ; — *les Mères de famille dans le beau monde* [t. II, p. 138 et suiv.] ; — *Relations chez les sauvages* [t. II, p. 186 et suiv.] ; etc.

Mme George Sand a fait précéder d'une *Notice* : « les Confessions » de J.-J. ROUSSEAU [1841, 1844, in-12] ; — d'une *Préface* : « Obermann, » par de SENANCOUR [1844, 1847, in-12] ; — d'un *travail littéraire* : « Werther, » par GOETHE, trad. de Pierre LEROUX [1844-45, gr. in-8] ; — d'une *Notice* : « Poésies » de MAGU [1845, in-42] ; — d'une *Préface* : « Œuvres » de Ch. PONCY [1846, in-8] ; — d'une *Introduction* : « Travailleurs et propriétaires, » par Victor BORIE [1848, in-18] ; — d'une *Préface* : « Conteurs ouvriers » de GILLAND [1849, in-18].

On doit encore à Mme George Sand : *l'Hôte Cora*, dans le « Salmigondis, contes de toutes les couleurs, » V° vol. ; — une *Vieille Histoire*, dans les « Heures du soir, livre des femmes » [t. I] ; — *le Dieu inconnu*, dans « le Dodécaton, ou le Livre des Douze » [1834] ; — *Antoine et Cléopâtre*, dans les « Femmes de Shakspeare ; — *les Quatre Sœurs*, dans le « Journal des femmes ; » — *le Dernier Sauvage*, dans l'« Artiste » et dans l'« Écho des feuilletons » [4° année] ; — *la Fauvette du docteur*, dans la « Bibliothèque des feuilletons » [t. IX] ; — *Voyage d'un moineau de Paris*, dans les « Scènes de la vie privée et publique des animaux » [t. 1er].

Citons encore un article dans le « Constitutionnel » du 7 février 1848, sur Joseph Mazzini, avec la traduction d'une lettre de Mazzini au pape.

Outre les articles nombreux que Mme George Sand a donnés à la « Revue des Deux-Mondes, » à la « Revue indépendante, » etc., elle est indiquée comme ayant travaillé à la « Revue de Paris ; » aux « Soirées littéraires de Paris ; » à l'« Almanach républicain ; » à la Commune de Paris ; » etc.

Elle est, dit-on, l'auteur du XVI° Bulletin de la République, émané du ministère de l'intérieur [15 avril 1848].

On a publié : « les Femmes de G. Sand. » Paris, Aubert, 1842, in-8, fig. [24 fr.]

SANDEAU [Jules], né à Niort en 1810. [Voy. une *Notice* dans les « Portraits littéraires » de M. G. PLANCHE (1849, t. Ier, in-12), et la *France littér.*, t. VIII, p. 436.]

1. — **Les Revenants.** 2 vol. in-8.

2. — **Madame de Sommerville**, suivi de *un Jour sans lendemain*. III° édition. Paris, Werdet, 1838, 2 vol. in-18 [5 fr.] ; — autre édit. 1846, in-8 ; — nouvelle édit. Paris, Paulin, 1847, in-16 [1 fr.].

Publié aussi dans « la Mode » en 1846.

3. — Mariana. Paris, Werdet, 1839 ; et II° édit. Ch. Gosselin, 1839, 2 vol. in-8; — autre édit. Paris, Paulin, 1846, 2 vol. in-16.
4. Le Docteur Herbeau. Paris, Gosselin, 1841, 2 vol. in-8 [15 fr.].
5-8. — Avec M. *Arsène Houssaye :* — Madame de Vandeuil (1842, in-8) ; — Mademoiselle de Kerouare (1842, in-8); — Milla (1842, in-8) ; — Marie (1842, in-8). Voy. HOUSSAYE.
9. — Vaillance et Richard. Paris, Ch. Gosselin, 1843, in-8 [7 fr. 50 c.]; — autre édit. Paulin, 1846, in-16.
10. — Fernand. Paris, Desessart, 1844, in-8 [7 fr. 50 c.]; — autre édit. Paris, Paulin, 1847, in-16 [1 fr.].
11. — Catherine. Paris, impr. de Proux, 1845, in-8 de 188 pag.; — autre édit. 1845, in-8 de 56 pag.; — autre édit. Paris, Desessart, 1846, 2 vol. in-8 [15 fr.].
Publié d'abord dans « la Mode. »
12. — Valcreuse. Paris, 1846, 2 vol. in-8.
Ce roman a été traduit en espagnol par M. A.-E. ECHARRI DE OTABERRO.
13. — Avec Mme de *Girardin* et MM. *Méry* et *Th. Gauthier* : la Croix de Berny (1846, 2 vol. in-8). Voy. GIRARDIN [Mme de].
14. — Mademoiselle de la Seiglière. Paris, Michel Lévy, 1848, 2 vol. in-8 [15 fr.].
15. — Madeleine. Paris, Michel Lévy frères, 1848, in-8 [7 fr. 50 c.].
16. — La Chasse au roman. Paris, Michel Lévy frères, 1849, 2 vol. in-8 [15 fr.].
17. — Un Héritage. Paris, Michel Lévy frères, 1849, 2 vol. in-8 [12 fr.].
Un Héritage s'arrête à la page 182 du t. II°. Cet ouvrage est suivi d'une nouvelle ayant pour titre : *Karl Henry.*
M. Jules Sandeau a donné dans le « Livre des Cent et un » : *Chaillot* [t. XIV, p. 353] ; — dans le « Musée des familles » : *l'Hôpital Aufredi* [t. III, p. 297] ; — *le Château de Montsabrey* [t. XIII, 2° série] ; — dans la « Bibliothèque des feuilletons » : *l'Esprit du Cœur* [t. VI] ; etc.
Il a travaillé au « Livre des conteurs, » à l'Artiste, » au « Dictionnaire de la conversation et de la lecture ; » à la « Revue des Deux-Mondes, » etc.

SANDER [L.]. — Doctrine astronomique. Paris, impr. lith. de Patin, 1847, in-plano.

SANDEUIL [Victor]. — Le Voyageur dans les cinq parties du monde. Recueil curieux et intéressant. Poissy, impr. d'Olivier, 1848, 2 vol. in-18.

SANDHAM [miss]. — The twin sisters. Tenth edition. Paris, Truchy, 1839, in-18 [2 fr. 50 c.].

SANDON, ancien avocat général. — Les Socialistes et la société. Paris, Garnier frères, 1849, in-8 de 56 pag. [1 fr.]

SANDRÉ [Gustave].
1. — L'Amoureux des onze mille vierges. Paris, Sandré, 1846, 2 vol. in-8 [10 fr.].
2. — Cascarinette, roman comique. Paris, Sandré, 1846, 2 vol. in-8 [15 fr.].
3. — L'Amour, les femmes et le mariage ; pensées de toutes les couleurs, extraites des meilleurs écrivains anciens et modernes. Paris, Sandré, 1846, in-12 [3 fr.].
Ces trois romans ont été publiés sous le pseudonyme : Adolphe RICARD.

SANDRÉ [H.].
M. H. Sandré a donné le texte français de : « l'Abeille italienne, » recueil des meilleurs ouvrages d'art anciens et modernes, publié à Rome par l'Académie de Saint-Luc, sous la direction du marquis Melchiori, et, en France, par M. Mastraca. [Lagny, imprim. de Giroux, 1844, in-fol. — A trois colonnes et en trois langues (italien, français, anglais). La traduction anglaise est de M. SPRY BARTLET.]
Il a traduit : « le Vésuve et ses principales éruptions, depuis 79 jusqu'à nos jours ; » ouvrage italien de M. MASTRACA [1844, 3 vol. in-4].

SANDRIN [Hermance], pseudonyme. Voy. LESGUILLON [Mme H.].

SANDRIN.
1. — Avec M. *Couailhac* : les Tribulations d'un employé (1837, in-8). Voy. COUAILHAC.
2. — Avec M. *Antier* : A quoi ça tient ! comédie vaudeville en un acte (1837, in-8). Voy. ANTIER.

SANEGON [Th. de]. — Opinion sur la proposition de la réforme électorale. Paris, impr. de Dupont, 1839, in-8 de 8 pag.

SANFOURCHE-LAPORTE, jurisconsulte, avocat à Bruxelles. [Voy. la *France littér.*, t. VIII, p. 438.] — Avec M. *Strey* : Lois civiles intermédiaires, ou Collection des lois sur l'état des personnes et les transmissions des biens depuis 1789 jusqu'en mars 1804. 1806, 4 vol. in-8 [25 fr.].

SANGRAN NAVARRO [le général]. — Système de pointage généralement applicable à toutes les bouches à feu de l'artillerie ; traduit de l'espagnol. Paris, Corréard, 1838, in-8 avec 1 pl. [2 fr. 75 c.]

SANIAL DUBAY [Joseph], né au Cheylard (Ardèche) vers 1754, mort à Paris le 2 juillet 1817. — Pensées sur l'homme, le monde et les mœurs. Paris, le Normant, Delaunay et l'auteur, 1813, in-8 de 285 pages. — Pensées sur l'homme, le monde et les mœurs, augmentées de celles qui n'avaient pu paraître sous le règne de la tyrannie. Paris, le Normant, Petit et Delaunay, 1815, in-8 de 290 pages.

L'auteur s'est borné à faire réimprimer les faux-titre et titre et à ajouter à la suite de la *Préface* (pages XXV—XXXIX) un *Avertissement* suivi de 58 Pensées rétablies, ce qui porte le nombre total à 1322.

L'*Avertissement* est plein de louanges pour les Anglais et d'injures contre le « tyran forcené, l'ennemi du genre humain et l'inépuisable auteur des plus énormes attentats, » qui venait d'être renversé du trône. On y lit que Sanial Dubay, « suspect au dernier gouvernement pour ses principes politiques et pour n'avoir pas voulu brûler un seul grain d'encens devant l'idole du moment, éprouva d'odieux procédés de la part des suppôts de la tyrannie ; » qu'il « supporta patiemment et dans le silence toutes sortes d'avanies, prévoyant bien que l'effrayant météore politique allait bientôt et pour toujours disparaître de dessus l'horizon. »

SANIEWSKI [Félix-Didier], réfugié polonais, ancien professeur de géographie et d'histoire. — Mémoire sur l'emploi du sarrasin. Paris, Mme Huzard, 1840, in-8 de 86 pag. avec une pl.

SANKARA. — Oupanichatz, théologie des Vedas : texte sanskrit, commenté par Sankara, traduit en français par *L. Poley*. Paris, Arthus Bertrand, 1838, in-4.

SANLAVILLE [B.]. — Avec M. *E. Gambin* : Aux agriculteurs du Beaujolais. Notice sur les prairies naturelles, avec indication des moyens d'en augmenter et améliorer le produit. Lyon, impr. de Dumoulin, 1839, in-8 de 32 pages.

SAN-MIGUEL [don Evaristo], lieutenant général espagnol. [Voy. la *France littér.*, t. VIII, p. 439.] — Capitaines anciens et modernes. Traduit de l'espagnol par *Éd. de la Barre-Duparc*, capitaine du génie. Paris, Corréard, 1848, in-8 de 32 pag. [2 fr.]

SANNAZAR [Jacques de], poëte latin ; né à Naples le 28 juillet 1458, mort le 27 avril 1530. [Voy. la *France littér.*, t. VIII, p. 439.] — L'Enfantement de la Vierge, poëme en trois livres, traduit en vers français du latin de Sannazar, avec le texte en regard et fac-simile ; précédé d'une Notice sur la vie de l'auteur, par le marquis de *Valori*. Paris, Curmer, 1838, in-8 avec un fac-simile.

Le texte latin est en regard.

SANS cadet [Joseph], négociant au Bourg-Madame. [Voy. la *France littér.*, t. VIII, p. 440.]

1. — Dialogue historique entre un Français et la Vérité, contenant treize scènes formant les treize pouvoirs depuis 1789. Montpellier, impr. de Gelly, 1841, in-8 de 108 pag.

2. — Plan de l'histoire moderne de la Catalogne, du Roussillon, de la Gaule-Narbonnaise et du comté de Foix. Toulouse, impr. de Lagarrigue, 1841, in-8 de 16 pag.

SANSON [Louis-Joseph], chirurgien, professeur à la Faculté de médecine de Paris, chirurgien de la Pitié, membre de l'Académie de médecine ; né à Paris le 25 janvier 1792, mort en 1842. [Voy. Discours *prononcé sur la tombe de M. Sanson*, par M. BÉGIN (*Mémoires de l'Acad. de médecine*, t. IX, 1842, in-4), la *Biographie des hommes du Jour*, t. I, 2e part., et la *France littér.*, t. VIII, p. 441.]

1. — Leçons sur les maladies des yeux, faites à l'hôpital de la Pitié, par M. L.-J. Sanson ; recueillies et publiées sous sa direction, par ses élèves *Alph. Bardinet* et *J.-B. Pigné*. Paris, Ebrard, 1838, in-8.

Première partie : *Cataractes.*

2. — Avec MM. *L.-Ch. Roche* et *A. Lenoir* : Nouveaux Éléments de pathologie médico-chirurgicale, ou Traité théorique et pratique de médecine et de chirurgie. IVe édit. Paris, J.-B. Baillière, 1843-44, 5 vol. in-8 [36 fr.].

M. L.-J. Sanson a travaillé aux « Mémoires

de l'Académie de médecine;» au « Dictionnaire de médecine et de chirurgie;» et au « Journal universel et hebdomadaire de médecine et de chirurgie pratiques, » etc.

SANSON [Alphonse], frère de Louis-Joseph, professeur agrégé à la Faculté de médecine; né à Paris. [Voy. la *France littér.*, t. VIII, p. 442.]

1. — Du Chlore employé comme remède contre la phthisie pulmonaire. 1833, in-8 de 44 pag. avec 1 pl.

2. — Les Tumeurs du corps thyroïde et leur traitement, thèse. Paris, impr. de Renouard, 1841, in-4.

Concours pour deux chaires, l'une de pathologie externe, l'autre de clinique chirurgicale, vacantes dans la Faculté de médecine de Strasbourg.

3. — Discours prononcé sur la tombe d'Adolphe Demersand. Paris, impr. de Mme Delacombe, 1848, in-4 de 8 pag.

M. Demersand, ancien chef de cabinet du ministre du commerce, ex-rédacteur du journal « la Presse, » est mort à Paris le 17 décembre 1847.

M. Alph. Sanson a traduit de l'allemand, avec M. SCHUSTER, et augmenté de notes le « Traité complet d'anatomie comparée, » par MECKEL (1827-38, 10 vol. in-8).

Il a travaillé au « Dictionnaire de médecine usuelle, » publié par M. Didier, et au journal « le Siècle. »

SANSON [A.-J.]. [Voy. la *France littér.*, t. VIII, p. 442.]

1. — Notice explicative sur la navigation dans l'air. Paris, impr. de Boulé, 1839, in-8 de 8 pag.

2. — Navigation dans l'air. Le point d'appui aérien applicable à l'aérostation, précédé d'un projet de société aéronautique; suivi d'une *Lettre sur l'aérostation et de la liste des principaux aéronautes*, de M. *Dupuis-Delcourt*. Paris, Ledoyen, 1841, in-8 de 32 pag. avec une planche.

3. — L'Aéronautique des gens du monde, direction des aérostats; précédée d'une épître en vers à feu S. A. R. Mgr le duc d'Orléans. IIe édition. Paris, Ledoyen, 1843, in-8 de 32 pag.

La première édition est de la même année.

4. — Navigation atmosphérique. Explications complémentaires sur le système physique, mécanique, etc., de Sanson père et fils; précédées de l'Aéronautique des dames, lettre en prose et en vers libres, etc. Paris, impr. de Boulé, 1845, in-8 de 16 pag. avec 2 pl.

Citons encore : le Dernier Soupir des braves,

ou les Tombeaux de 1830, hymne national, et le Réfugié polonais [1833, in-8]; — l'Auréole glorieuse des héros de juillet et de Napoléon, cantates nationales, suivies de l'Aérostation [chansons, 1840, in-16]; — le Prince royal est mort!!! vive le prince royal! [en prose, 1842, in-8]; — le Bout de l'an, stances à la mémoire de S. A. R. le duc d'Orléans [quatre strophes, 1843, in-8]; — l'Art d'être heureux, en 5 leçons [1845, in-4]; l'Art de faire fortune, en 5 leçons [1845, in-4]; — Almanach du bonhomme Richard, précédé d'une notice historique sur l'auteur, etc. [1845, 1846, in-32].

SANSON [C.-A.] — Introduction à l'étude du calcul différentiel, ou Exposition élémentaire des principes du calcul différentiel facilitée par l'emploi d'une notation nouvelle. Paris, Bachelier, 1839, in-8 de 80 pag. avec 1 pl. [2 fr. 50 c.]

SANSON [l'abbé].

1. — Le Bonheur des maisons religieuses, ou Avis propres à diriger les religieuses vocales dans le choix des sujets, la formation des novices et le gouvernement d'une communauté. Paris, Martin, 1842, in-18 [2 fr. 50 c.].

2. — Le Paradis de la terre, ou le Vrai moyen de trouver le bonheur en religion. Paris, Martin, 1844, in-12 [2 fr. 50 c.].

3. — Les Pieux Souvenirs du pensionnat, ou Conseils paternels aux jeunes personnes qui entrent dans le monde. Paris, J. Lecoffre et compagnie, 1845, 2 vol. in-12.

SANSON DE PONGERVILLE. Voy. PONGERVILLE.

SANSONETTI [Victor], graveur, ancien élève de M. Ingres. [Voy. la *France littér.*, t. VIII, p. 443.]

1. — Tente de Charles-le-Téméraire, duc de Bourgogne, ou Tapisserie prise par les Lorrains lors de la mort de ce prince devant leur capitale, en 1477. Nancy, Grimblot; Paris, Leleux, 1843, in-fol. avec 6 pl. [6 fr.]; — sur papier de Chine [12 fr.].

2. — Description de l'ancienne église des Antonistes, maintenant paroisse Saint-Martin de Pont-à-Mousson. Nancy, Mme veuve Raybois; Paris, Leleux, 1844, in-fol. avec 6 pl. [10 fr.]; — sur pap. de Chine [12 fr.]; fig. col. [15 fr.].

Ouvrage inédit et tiré à 150 exemplaires.

SANTA-CROCE [Mme la princesse de]. — La Bague d'argent, épisode historique (1809). Paris, impr. de Delanchy, 1843, in-8 de 64 pag. [1 fr. 50 c.]

SANTAREM [Emmanuel-François de Barros Y SOUZA, vicomte de], ancien ministre de don Miguel, membre de l'Académie des sciences de Lisbonne, correspondant de l'Institut de France; né à Lisbonne le 18 novembre 1790, mort à Paris au mois de janvier 1856. [Voy. la *France littér.*, t. VIII, p. 443.]

1. — De l'Introduction des procédés relatifs à la fabrique des étoffes de soie dans la péninsule hispanique sous la domination des Arabes. Recherches, précédées d'un examen sur la question de savoir si ces procédés y étaient ou non connus avant le IXe siècle de notre ère. Paris, impr. de Maulde, 1838, in-8 de 64 pag.

2. — Mémoire sur les institutions politiques, administratives, militaires et législatives des colonies anglaises dans les différentes parties du globe. Paris, Arthus Bertrand, 1840, in-8 de 64 pag. [3 fr.]

Première partie.

3. — Memoria sobre a prioridade dos descobrimentos portuguezes na costa d'Africa occidental, par servir de illustraçao a *Chronica da conquista de Guiné* por *Azurara*. Paris, Aillaud, 1841, in-8.

4. — Recherches historiques, critiques et bibliographiques sur Americ Vespuce et ses voyages. Paris, Arthus Bertrand, 1842, in-8.

5. — Recherches sur la découverte des pays situés sur la côte occidentale d'Afrique, au delà du cap de Bojador, et sur les progrès de la science géographique après les navigations des Portugais, au XVe siècle. Paris, Mme veuve Dondey-Dupré, 1842, in-8, accompagné d'un atlas composé de mappemondes et de cartes pour la plupart inédites, dressées depuis le XIe jusqu'au XVIIe siècle [10 fr.].

L'Atlas se vend séparément : en noir [30 fr.]; — colorié [90 fr.].

6. — Quadro elementar das relaçoes politicas e diplomaticas de Portugal com as diversas potencias do mundo, desde a principio da monarchia portugueza até aos nossos dias. Paris, Aillaud, 1842-46, 5 vol. in-8.

Imprimé par ordre du gouvernement portugais.

7. — Notice sur plusieurs monuments géographiques inédits du moyen âge et du XVIe siècle, qui se trouvent dans quelques bibliothèques de l'Italie, accompagnée de notes critiques. Paris, Martinet, 1847, in-8 de 32 pag.

8. — Examen des assertions contenues dans un opuscule intitulé : « Sur la Publication des monuments de la géographie, » publié au mois d'août 1847. Paris, impr. de Fain, 1847, in-8 de 32 pag.

9. — Essai sur l'histoire de la cosmographie et de la cartographie pendant le moyen âge, et sur les progrès de la géographie après les grandes découvertes du XVe siècle, pour servir d'introduction et d'explication à l'atlas composé de mappemondes et de portulans et d'autres monuments géographiques depuis le VIe siècle de notre ère jusqu'au XVIIe. Paris, impr. de Maulde, 1849, tome Ier, in-8.

Une *Note* de M. Santarem sur la *Chronique inédite de la conquête de Guinée* fait partie de : « Histoire du Portugal, » par M. SCHOEFFER [1840, 2 vol. in-8].

M. de Santarem a fait précéder d'une *Introduction* : « Leal Conselheiro, » par J.-J. ROQUETE [1843, in-4, publié en trois parties].

Il a travaillé aux « Nouvelles Annales des voyages; » à « l'Annuaire des voyages et de la géographie; » au « Dictionnaire de la conversation et de la lecture ; » etc.

SANTENY [Dondey de]. Voy. DONDEY DE SANTENY [T.].

SANTERRE [l'abbé]. — Notice sur les tapisseries de la cathédrale de Beauvais. Clermont (Oise), 1842, in-12 de 46 pag.

SANTEUL [Jean-Baptiste de], poëte latin, chanoine de St-Victor; né à Paris le 12 mai 1630, mort à Dijon le 3 août 1697. [Voy. la *France littér.*, t. VIII, p. 444.] — Les Hymnes de Santeul, traduites en vers français par l'abbé *Saurin*, accompagnées du texte latin, précédées de la Vie de Santeul. Paris, Pilout, Dutertre, 1842, in-8 avec 2 lithogr.

SANTEUL [Auguste de], conseiller-secrétaire général de la préfecture d'Eure-et-Loire. [Voy. la *France litt.*, t. VIII, p. 445.]

1. — Avec M. *J. Chaumeil de Stella* : Essai sur l'histoire de Portugal (1839, 2 vol. in-8). Voy. CHAUMEIL DE STELLA.

2. — Le Trésor de Notre-Dame de Chartres. Rapport à M. le ministre de l'intérieur sur les archives de l'ancien chapitre de la cathédrale de Chartres. Chartres, impr. de Garnier, 1841, in-8.

Tiré à 250 exemplaires : — 1° Diocèse de Chartres, couvents, paroisses et communautés qui en dépendaient ; 2° l'évêque, ses droits, ses devoirs ; notices historiques ; 3° le chapitre, ses privilèges ; 4° culte, œuvre N.-D. ; 5° reliques, cérémonies extraordinaires ; 6° fondations, chapelles ; 7° juridiction spirituelle et temporelle ; 8° biens et possessions des chapitres ; 9° prébendes ; 10° paléographie, autographie, sceaux.

3. — Avec M. *Eug. Quesnet :* France et Russie. Avantages d'une alliance entre ces deux nations (1843, in-8). Voy. QUESNET.

SANTIN, ingénieur civil.

M. Santin a traduit de l'anglais de F.-W. SIMMS : «Construction des travaux souterrains, et particulièrement des tunnels de Bleckingley et de Saltwood [1845, in-8, avec 10 pl.].

SANTO-DOMINGO [N.]. — Esprit des papes. Paris, Hortet et Ozanne, 1839, in-8 [6 fr.].

Dédié au roi de Prusse.

SANTO-MANGO [N. dei].

1. — La Disputa generosa per la faustissima nascita di S. A. R. il conte di Parigi, cantata, composta e dedicata à S. A. R. madama Adelaïde, principessa d'Orleans. Paris, impr. de Thomassin, 1838, in-8 de 16 pag.

2. — L'Esthétique, ou Philosophie des beaux-arts, science de déduire de la nature du goût la théorie générale et les règles fondamentales des beaux-arts. Traduit de l'italien par M. N. dei Santo-Mango. Paris, Truchy, 1839, in-8 de 60 pag.

SANTY [Justin]. — Le Médecin des navigateurs, ou Manuel d'hygiène et de thérapeutique. Marseille, Marius Olive, 1842, in-18 [3 fr.].

SANVILLE [Lucien], dit *Sangrado*. — Précis historique sur la république d'Ambérieux. Lyon, impr. de Chanoine, 1848, in-8 de 32 pag.

SANVITALE [J.]. — La Nostalgie, vers à Mlle Thérèse Roaldès. Toulouse, impr. de Caussé, 1838, in-8 de 16 pag.

Tiré à 200 exemplaires. Les vers sont en italien. Une traduction française, en prose, par Mlle *Clémentine*, est en regard.

SANZ [don Florencio].

1. — Réfutation des calomnies adressées à Charles V et à son armée, au sujet de leur conduite envers les prisonniers avant et depuis le cartel d'échange ; traduite par *Ch... D. L. H.* Le Mans, impr. de Richelet, 1842, in-8 de 88 pag.

2. — Études sur l'Espagne, ou Lectures instructives sur ses rapports physiques, religieux et moraux ; traduites par *Félix C.* Caen, Poisson, 1845, in-12.

SAPET [André], de Marseille. [Voy. la *France littér.*, t. VIII, p. 447.] — Épître à M. le vicomte Tiburce Sébastiani, lieutenant général, commandant la première division militaire à Paris ; suivie de la Réponse à la satire de M. *Barthélemy,* intitulée : *Petite Revue d'une grande ville.* Marseille, impr. d'Achard, 1843, in-8 de 36 pag.

La satire de M. BARTHÉLEMY est intitulée : « Marseille, petite revue d'une grande ville » [troisième et dernière édition, augmentée d'un dialogue justificatif. — 1842, in-8 de 48 pages avec un *fac-simile*].
Citons encore : Sonnets dédiés à S. A. R. monseigneur le duc de Nemours, à l'occasion de la fête qu'offre à S. A. R. la ville de Marseille, en célébrant avec pompe la prise de Constantine (contient deux sonnets. — 1838, in-plano) ; — Discours à Sa Majesté Louis-Philippe Ier, roi des Français, à l'occasion de la translation des restes sacrés de l'empereur Napoléon [en vers. — 1840, in-8].

SAPEY [Charles-Alexandre], docteur en droit, avocat à la cour d'appel de Paris ; né à Paris le 20 novembre 1817.

1. — Les Étrangers en France sous l'ancien et le nouveau droit. Paris, Joubert, 1844, in-8 [4 fr.].

Mémoire couronné par la Faculté de droit de Paris.

2. — Essai sur la vie et les ouvrages de Guillaume du Vair, conseiller au parlement de Paris sous Henri III et pendant la Ligue, premier président du parlement de Provence sous le règne de Henri IV, garde des sceaux sous Louis XIII. Paris, Joubert, 1847, in-8 [4 fr.].

SAPHARY, professeur de philosophie au collége Bourbon ; né à Vic-sur-Serre. [Voy. la *France littér.*, t. VIII, p. 447.]

1. — L'Habitant du Cantal au pied des Pyrénées, poëme. Toulouse, 1825, in-8 avec des notes.

2. — L'École éclectique et l'école française. Paris, Joubert, 1844, in-8 [6 fr.].

3. — L'Impôt du sel. Paris, impr. de Proux, 1846, in-8 ; et impr. de Guiraudet, 1846, in-8 de 40 pag.

SAPHO. Voy. IBYCUS.

SAPIA [Ch.]. — Mélopées, poésies pieuses. II° édition. Nancy, Vagner ; Paris, Sagnier et Bray, 1846, in-32.

SAPINAUD DE BOISHUGUET [le chev. de]. [Voy. la *France litt.*, t. VIII, p. 448]. — L'Imitation de Jésus-Christ, traduite en vers. Angers, Cosnier, 1839, in-18.

SAPORTA [Léonce de]. [Voy. la *France littér.*, t. VIII, p. 448.]

1. — Des Besoins et de l'esprit du siècle. Paris, Thomine, 1841, in-8 [7 fr. 50 c.].

2. — Conspiration du capital. Paris, impr. de Bénard, 1848, in-16.

M. Léonce de Saporta a traduit du latin : « les Confessions » de saint AUGUSTIN AURÈLE, évêque d'Hippone [1844, in-12]. Il est aussi l'un des traducteurs des « Chefs-d'OEuvre des Pères de l'Église » [15 vol. in-8].

SARANTIS [le docteur Archigénès], d'Éphibatès, en Thrace.

1. — Hygionomie, ou Règles pour se conserver en bonne santé, à l'usage des habitants de l'empire ottoman. Paris, impr. de F. Didot, 1841, in-8.

Cet ouvrage a été publié aussi en grec moderne.

2. — Dissertation sur la gymnastique, à l'usage de la jeunesse de l'empire ottoman. Paris, impr. de F. Didot, 1843, in-18 de 48 pag.

3. — Éléments de pathologie iatrique. Paris, impr. de F. Didot, 1843, in-8.

SARAZIN, inspecteur des écoles primaires de la ville de Paris. [Voy. la *France littér.*, t. VIII, p. 449.] — Manuel des écoles élémentaires d'enseignement mutuel, contenant, etc. ; à l'usage des fondateurs, des inspecteurs et des directeurs d'écoles. III° édition. Paris, Louis Colas, 1839, in-12 [2 fr. 50 c.].

La première édition est intitulée : *Manuel de l'inspecteur, rédigé d'après les indications de MM. Bassel et Sarazin, pour l'usage des écoles d'enseignement mutuel*, et imprimée par ordre de la Société élémentaire de Rouen [Rouen, impr. de Baudry, 1830, in-12].

SARDAT [Antoine-Rose-Marius]. — Loi d'union. 1er mai 1847. Paris, impr. de Proux, 1847, in-8 avec un plan.

Écrit imprimé sur un seul côté de la page.

— Loi d'union, ou Nouvelle organisation sociale à représenter sur le théâtre pour qu'elle soit mieux comprise et jugée qu'à la lecture. Paris, impr. de Plon, 1848, in-8 de 104 pag. avec 1 pl.

1er mai 1848. Un prologue et 16 actes.

SARDIN.

1. — Quelques Épigrammes de *Martial*, imitées en vers. Paris, impr. de Boulé, 1840, in-4 de 8 pag.

Imprimé à deux colonnes, l'une pour le texte, l'autre pour la version française. 74 épigrammes de MARTIAL sont traduites en autant de vers qu'il y en a dans l'original.

2. — Morceaux de *Juvénal*, imités en français. Paris, Tresse, 1841, in-8 de 56 pag.

Texte en regard.

3. — *Babrius*. Fables choisies, traduites en vers français avec le texte en regard, et suivies de notes. Paris, Dezobry, E. Magdeleine et compagnie, 1846, in-12.

SARDINOUX [Pierre-Auguste]. — Commentaire sur l'épître de l'apôtre Paul aux Galates, précédé d'une introduction critique, et suivi d'une traduction nouvelle, d'un sommaire systématique de l'épître et d'un Essai de philosophie de l'histoire de l'humanité d'après saint Paul. Valence, Marc Aurel, 1837, in-8.

M. P.-A. Sardinoux a traduit de l'allemand : « le Pasteur d'Anduze, » par H. MOEWES [1843, in-12] ; — et « Heures de recueillement chrétien, » par A. THOLUCK [1844, 2 vol. in-18].

SARDOU, professeur à l'École de commerce et des arts industriels.

1. — Abrégé de géographie commerciale et industrielle, indiquant pour chaque État : sa situation maritime ; les principaux ports de mer, places de commerce et centres de grande fabrication ; le climat ; les productions naturelles ; les canaux et chemins de fer ; les revenus, la dette publique, etc. ; et pour la France en particulier : ses richesses agricoles, minérales et industrielles ; le mouvement général de son

commerce avec l'étranger, la nature et la valeur des importations et exportations; la navigation, la grande pêche, etc.; suivi d'un tableau des monnaies, poids et mesures de tous les pays. Paris, Hachette, 1840, gr. in-18 [2 fr. 50 c.]; — et IIe édition, 1847, in-8 [4 fr.].

2. — Avec M. *Soulice :* Petit Dictionnaire raisonné des difficultés et exceptions de la langue française. Paris, Hachette, 1842, in-18 [2 fr. 50 c.].

3. — Leçons et exercices sur les poids et mesures métriques, avec un questionnaire sur chaque leçon; précédées d'une instruction sur le calcul des décimales. Paris, Dezobry, E. Magdeleine et compagnie, 1842, in-18.

4. — Avec M. *A.-M. Goujon :* Cours complet d'opérations commerciales (1842, 2 vol. in-8). Voy. GOUJON.

5. — Premières Notions de la grammaire française. Paris, Hachette, 1837, 1843, 1849, gr. in-8 [1 fr. 25 c.].

Ce volume fait partie du « Cours complet d'éducation pour les filles, » publié en trois parties.

6. — Leçons de grammaire française et exercices de style. Nouvelle édition. Paris, Hachette, 1845, in-8 [7 fr. 50 c.].

Le faux-titre porte : *Cours complet d'éducation pour les filles.* Deuxième partie : *Éducation moyenne* (de dix ans à seize ans).

7. — Cours d'études préparatoires à l'examen du baccalauréat ès lettres. — *Mathématiques, physique et chimie.* Paris, Dezobry, E. Magdeleine et compagnie, 1846, in-12 avec 8 pl. [3 fr.]

8. — Résumé des réponses aux questions de mathématiques, de physique et de chimie. Paris, Dezobry, E. Magdeleine et compagnie, 1846, in-18.

9. — Manuel d'études pour la préparation au baccalauréat ès lettres, rédigé conformément au nouveau programme du 15 janvier 1848. *Mathématiques et cosmographie; physique, chimie et histoire naturelle.* Paris, Dezobry, E. Magdeleine et compagnie, 1849, 2 vol. in-12.

Chaque volume se vend séparément.

10. — Réponses aux questions de géographie du programme d'examen pour l'école militaire de Saint-Cyr, suivant l'ordre du Questionnaire officiel; suivies d'une instruction pour dessiner de mémoire le contour des cartes. Paris, Dezobry, E. Magdeleine et compagnie, 1849, in-8 avec 5 pl. [4 fr.].

On doit encore à M. Sardou : Premiers exercices français sur la grammaire de Lhomond, revue et corrigée d'après le nouveau Dictionnaire de l'Académie, édition de 1835 [1837, in-12]; — Petit Cours de grammaire française 1840, 1847, in-12]; — Corrigé des exercices sur les leçons du Petit Cours de grammaire française [Paris, Hachette, 1840, in-12]; — Exercices sur les leçons du Petit Cours de grammaire française [1840, in-12]; — Traité de la conjugaison des verbes [1843, in-12, et 1849, in-18]; — Instruction sur l'usage du globe terrestre et du globe céleste [1844, in-18].

M. Sardou a revu, corrigé, augmenté et mis dans un meilleur ordre, d'après le nouveau Dictionnaire de l'Académie française (édition de 1835); « Éléments de la grammaire française, » par LHOMOND [1837, in-12].

SARGET [J.]. — Opinion sur la vénalité des offices ministériels. Paris, Mme Goulet, 1839, in-8 de 104 pag. [2 fr.]

SARION.

M. Sarion a fait précéder d'une *Notice sur la vie et les ouvrages du P. Surin,* les « Lettres inédites de ce Père, » revues avec M. l'abbé POUZOT, et terminées par une table analytique [Paris, Mellier, 1845, in-12].

SARLANDIÈRE [Jean-Baptiste], docteur en médecine; né à Aix-la-Chapelle le 9 mai 1787. [Voy. la *France littér.*, t. VIII, p. 450.] — Traité du système nerveux dans l'état actuel de la science. Paris, Baillière, 1840, in-8 avec 6 pl. [9 fr.].

SARLAT [Ludovic]. — Aimer, prier, chanter; poésies. Paris, Dupont, 1849, in-8.

SARMET [J.-B.-Philémon], juge au tribunal civil de Toulon; né au Val (Var), en 1793.

1. — Observation sur le jury. 1827, brochure in-8.

2. — Traité sur les domaines engagés. 1829, in-8.

3. — Des Institutions judiciaires. 1834, in-8.

Cette brochure sert d'introduction à la *Théorie de l'application des lois.*

4. — Théorie de l'application des lois. 1836, 1er vol., in-8.

SARRAMEA [le docteur Isidore]. — Considérations sur la maison centrale d'éducation correctionnelle de Bordeaux et sur les divers systèmes pénitentiaires appliqués en France aux jeunes détenus. Bordeaux, impr. de Lafargue, 1842, in-8 de 24 pag.

SARRAMIAC [A.-M.]. — Le Cœur de l'artiste et la Luchonnaise ; drame en cinq actes. Bordeaux, impr. de Lanefranque, 1847, in-8 de 36 pag.

SARRAN [Jean-Raymond-Pascal], publiciste, né à Montpellier. [Voy. la *France litt.*, t. VIII, p. 453.] — Le Capuchon soulevé, essai d'observations critiques sur « l'Hermite en province. » Première partie, *Hérault*. Paris, Dentu, 1818, in-8 de 108 pag. [2 fr.]

Publié sous l'initiale S***.

SARRAN [Onésime]. — Les Chevaux de la diligence ; fable. Toulouse, impr. de Pinel, 1849, in-8 de 2 pag.

SARRANS jeune [Bernard], historien et publiciste, membre de l'Assemblée nationale en 1848; né près de Toulouse en 1795. [Voy. la *France littér.*, t. VIII, p. 454.]

1. — De la Décadence de l'Angleterre et des intérêts de la France. Paris, Paulin, 1839, in-8 [5 fr.].

2. — Histoire de Bernadotte, Charles XIV Jean, roi de Suède et de Norwége, etc. Paris, impr. de Béthune, 1845, 2 vol. in-8 [15 fr.].

M. Sarrans est auteur, sous le pseudonyme de *Nicolas*, de la Revue hebdomadaire qui a paru sous le titre de *Salons de Paris*, dans le journal « la Semaine. »

Il a travaillé au « Dictionnaire de la conversation et de la lecture. »

SARRASIN [Jean-François], trésorier de France à Caen; né à Hermanville, près de Caen, vers 1603, mort à Pézenas en décembre 1654. [Voy. la *France littér.*, t. VIII, p. 455.] — La Conspiration de Walstein. Paris, F. Didot, 1846, in-12 [3 fr.].

« Petits chefs-d'œuvre historiques » précédés d'une introduction et de notices historiques, par Antoine de LATOUR.

Le même volume contient : « la Conspiration de Fiesque, par le cardinal de RETZ ; — « Relation des campagnes de Rocroy et de Fribourg, » par Henri de BESSÉ ; — « Histoire de la révolution de Russie en 1762, » par RULHIÈRES ; — « Précis de l'histoire des Maures en Espagne, » par FLORIAN.

SARRAZIN, trouvère du XIIIe siècle. — Histoire des ducs de Normandie et des rois d'Angleterre, publiée en entier, pour la première fois, d'après deux manuscrits de la Bibliothèque du roi; suivie de la relation du tournoi de Ham, par Sarrazin, et précédée d'une introduction, par *Francisque Michel*. Paris, Jules Renouard, 1840, in-8 [9 fr.].

Collection de la « Société de l'histoire de France. »

SARRAZIN [le comte Adrien de]. [Voy. la *France littér.*, t. VIII, p. 456.] — Le Caravansérail, contes nouveaux et nouvelles nouvelles. Paris, Ch. Gosselin, 1841, in-12 [3 fr. 50 c.].

SARRAZIN [N.-J. de], de Nancy. [Voy. la *France littér.*, t. VIII, p. 457.]

1. — Nouvelle Géométrie et trigonométrie. Metz, impr. de Pierret, 1837, in-8 de 100 pag.

Anonyme.

2. — Motifs de ce deuxième appendice à notre nouvelle géométrie et trigonométrie. Metz, impr. de Pierret, 1838, in-8 de 16 pag. avec 1 pl.

3. — Précis très-succinct de la nouvelle trigonométrie de N.-J. de Sarrazin. Metz, impr. de Mayer Samuel, 1840, in-8 de 8 pag.

SARRAZIN [J.-B.].

M. J.-B. Sarrasin a traduit de l'allemand : « Traité pratique de la culture des différentes espèces de betteraves, leur dessiccation, la fabrication du sucre et du sirop, et ses avantages pour la nourriture du bétail » [Dijon, Douillier, 1837, in-8, fig., 2 fr.]; — les « Éléments de l'histoire générale, suivis d'un tableau chronologique présentant les événements les plus importants de l'histoire, » par BREDOW [1837, in-18]; — « Manuel de médecine vétérinaire homœopathique, à l'usage du vétérinaire, du propriétaire de troupeaux et du cultivateur, indiquant le traitement des maladies de tous les animaux domestiques; la composition d'une pharmacie homœopathique vétérinaire; et le moyen de les procurer à peu de frais, » par M. W*** [Dijon, Douillier; et Paris, J.-B. Baillière, 1838, in-18, 3 fr. 50 c.]; — « le Médecin homœopathe des enfants, ou Conseils aux pères et mères, aux maîtres et maîtresses de pension, sur la manière d'élever les enfants et de les traiter dans leurs indispositions, » etc., par le docteur C.-G.-Ch. HARTLAUB [1838, in-18]; — « Guide pour l'enseignement de l'agriculture, considérée comme profession et envisagée dans son ensemble, ou Principes généraux et fondamentaux de l'économie rurale, » par M. A. THAER [1842, in-12].

SARRAZIN DE MONTFERRIER [Alexandre-André-Victor], membre de plusieurs sociétés savantes et littéraires; né à Paris le 31 août 1792. [Voy. la *France littér.*, t. VI, p. 251, et t. VIII, p. 458.]

1. — Cours élémentaire de mathématiques pures, suivi d'une exposition des principales branches des mathématiques appliquées. Paris, impr. de Cosson, 1838, 2 vol. in-8 avec 19 pl. [15 fr.]

2. — Précis élémentaire de physique et de chimie. Paris, impr. de Dupont, 1839, in-8 [5 fr.]. — En 1848, *Delahaye* [1 fr. 25 c.].

3. — Dictionnaire des sciences mathématiques pures et appliquées. IIe édition. Paris, Hachette, 1844, 3 vol. in-4 avec 80 pl. [36 fr.].

La première édition, en trois vol. gr. in-8, se vendait 48 fr., savoir : les deux premiers, publiés de 1834 à 1837, 36 fr., et le Supplément, ou troisième volume, publié en 1840, 12 fr.
Le tome III de cette première édition renferme plusieurs articles de M. PUISSANT.

4. — Table des logarithmes des nombres, depuis 1 jusqu'à 10,000, avec six décimales. Paris, Hachette, 1840, in-4 [2 fr. 50 c.].

Extrait du « Dictionnaire des sciences mathématiques pures et appliquées. »

5. — Dictionnaire universel et raisonné de marine; par une société de savants et de marins, sous la direction de A.-S. de Montferrier. Ouvrage renfermant des recherches historiques sur l'origine, le développement et l'influence de la marine des différentes nations, par *A. Barginet* (de Grenoble). Paris, impr. de Dupont, 1842, in-4; — IIe édit. Paris, Denain, Hachette, 1846, in-4 avec 18 pl. [20 fr.]

Cette deuxième édition a paru avec la collaboration de M. RIGAULT DE GENOUILLY.
M. Sarrazin de Montferrier, gérant du « Moniteur parisien, » a fourni des articles à ce journal.
Presque tous les ouvrages de M. Sarrazin de Montferrier ont été publiés sous le nom : A.-S. de Montferrier.

SARRET, professeur au collége Louis-le-Grand.

MM. Sarret et Depping ont enrichi d'un *Traité complet de géographie universelle, et d'une Description de chaque État en particulier*, le « Nouvel Atlas classique de géographie, » par MM. LAPIE et POIRSON [1838, in-fol.].

SARRION [Emmanuel de]. — Histoire de la compagnie de Jésus. Paris, impr. de Lacrampe, 1838, in-8, orné de portraits, gravés sur acier, des jésuites les plus célèbres par leurs vertus et leurs talents.

SARRON [Jean-François-Victor], ancien géomètre du cadastre. — Vademecum des arpenteurs, ou Nouvelle méthode d'arpentage, par l'emploi exclusif du graphomètre et des logarithmes, ouvrage indispensable aux arpenteurs, agents des ponts et chaussées, architectes, instituteurs, etc. Paris, Carilian-Gœury et Dalmont, 1845, 2 parties gr. in-8, dont une composée de tables usuelles.

SARRUS [P.-F.], doyen de la Faculté des sciences de Strasbourg. [Voy. la *France littér.*, t. VIII, p. 459.]

1. — Éléments d'arithmétique décimale. Strasbourg, Levrault, 1838, in-12.

2. — Tableau du système métrique décimal. Strasbourg, Mme veuve Levrault, 1840, in-plano de 4 feuilles [3 fr.].

Les monnaies d'or et d'argent, les poids et mesures y sont dessinés de grandeur naturelle et coloriés.
Un extrait de ce tableau, à l'usage des écoles, a paru sous le titre : *le Système métrique décimal, dans son application usuelle* [in-12, fig. col., 50 c.; — fig. noires, 40 c.].

3. — Discours prononcé le 23 février 1843, pour rendre les derniers honneurs académiques à J.-L.-A. Herrenschneider, professeur, par *M. J. Wilm;* suivi des discours prononcés par M. *Sarrus* et par M. *Fargeaud*. Strasbourg, impr. de Heitz, 1843, in-8 de 32 pag.

Jean-Louis-Alexandre Herrenschneider, [né à Grechweiler le 23 mars 1760, est mort le 29 janvier 1843.
M. F. Sarrus a donné des articles dans le « Journal des mathématiques pures et appliquées, » notamment : *Sur la résolution des équations numériques à une ou plusieurs inconnues et de forme quelconque* [t. VI, année 1841].

SARRUT [Germain], historien et publiciste, né à Toulouse le 20 avril 1820. M. Sarrut a été successivement attaché au service du Val-de-Grâce, professeur au collége de Pont-le-Voy, censeur, puis directeur de cet établissement (1827), délégué des patriotes de l'Ariége en 1830, directeur de plusieurs journaux démocratiques, commissaire en 1848 dans le département de Loir-et-Cher, membre de l'Assemblée constituante et du conseil général de Loir-et-Cher. [Voy. la *France littér.*, t. VIII, p. 459.]

1. — Avec M. *Saint-Edme* : Biographie des hommes du jour (1835 et ann. suiv., 6 vol. in-8). Voy. SAINT-EDME.

2. — Quelques Mots à M. le maréchal Clausel. Paris, Krabbe, 1837, in-8 de 40 pag.

Relatif aux pages 109 et 110 des « Explications du maréchal Clausel » (1839, in-8], où il est question de la part que prit le maréchal à l'abdication du roi de Sardaigne.

3. — Études rétrospectives sur l'état de la scène tragique depuis 1815 jusqu'à 1830. Pierre Victor. Recherches artistiques et littéraires sur sa carrière théâtrale. Paris, Krabbe, Pilout, 1842, in-8 de 32 pag.

4. — Avec M. *Saint-Edme* : Paris pittoresque (1842, 2 vol. in-8). Voy. SAINT-EDME.

5. — Mémoire à consulter sur les chemins de fer en général et sur le système Jouffroy en particulier (1844, in-4). Voy. JOUFFROY.

6. — Histoire de France, de 1792 jusqu'à nos jours. Paris, impr. de Lagny, 1848, in-4, illustré.

On doit encore à G. Sarrut : Discours sur la gloire [Foix, impr. de Pomiès, 1830] ; — Quelques Mots au « Journal des Débats » [1844 — au sujet des attaques dirigées contre le Mémoire à consulter] ; — Quelques Mots sur la compagnie belge de colonisation [Bruxelles, 1845] ; — Proclamations, lettres politiques, dans le « Courrier de Loir-et-Cher » [1848] ; — Compte rendu aux électeurs [1849].

Il a pris part à la fondation de « la France méridionale. » Il a été directeur de « la Tribune » après 1830. Il a travaillé au « Patriote, » à « la Révolution de 1830, » au « Journal complémentaire des sciences médicales, » où il a donné entre autres des articles sur les gastralgies.

Il a en portefeuille des travaux sur Louis XVI, Mirabeau et Robespierre, — et une Étude sur Henri IV.

SARTOR [Pierre], maire de la ville d'Auterive (Haute-Garonne). — Les Élections communales de 1840 ; comédie en cinq actes et en vers. Toulouse, impr. de Dupin, 1846, in-8 de 72 pag.

SASSERE. — Avec M. *Dutard* : Dictionnaire de jurisprudence usuelle, ou Code général des commerçants, industriels, administrateurs et propriétaires. IVe édition. Paris, Baudot et Moine, 1847, in-8 [6 fr.].

La première édition est de 1844 ; la deuxième de 1845 ; la troisième de 1846.

SASSERNO [Hercule]. — Codes de commerce sarde et français confrontés et annotés. Toulon, Baume fils aîné, 1844, in-8 avec un tableau [10 fr.].

SATAN, pseudonyme. — Conseils aux hypocrites. Toulouse, Bellegarrigue, 1843, in-8 de 108 pag. [1 fr. 50 c.].

SATIS [D.]. — Observations pratiques sur le traitement de l'épilepsie. Paris, Labé, 1849, in-8 de 8 pag. [50 c.]

SATY. — Explication et légende du géorama symbolique. Paris, Poilleux, 1842, in-8 de 24 pag. [1 fr. 50 c.]

SAUBINET aîné, membre de l'Académie de Reims. — Vocabulaire du bas langage rémois. Reims, Brissart-Binet, 1845, in-18 [1 fr. 50 c.]. — Paris, Dumoulin.

On doit à M. Saubinet aîné une *Notice sur les champignons trouvés aux environs de Reims*, dans les « Mémoires de l'Académie de Reims « [Ier vol. 1842-43].

SAUCERET [Paul], curé de Dampierre de l'Aube.

1. — Figures bibliques de Marie, mère de Jésus, disposées pour deux mois de Marie. Paris, Poussielgue-Rusand, 1846, in-8 [7 fr. 50 c.].

2. — Soixante-Quatorze Litanies extraites de l'Écriture, des Pères et de la liturgie, etc. Paris, Poussielgue-Rusand, 1846, in-18.

3. — Culte catholique de Marie, mère de Jésus. Ouvrage faisant suite aux *Figures bibliques de Marie*. Paris, Lecoffre, 1849, 3 vol. in-12 [9 fr.].

SAUCEROTTE [Louis-Sébastien], plus connu sous le nom de *Nicolas Saucerotte*, chirurgien, membre de l'Institut ; né à Lunéville le 10 juin 1741, mort dans cette ville en 1814. [Voy. la *France littér.*, t. VIII, p. 463.] — Avis aux mères de famille sur la conservation des enfants pendant la grossesse et sur la manière de les élever depuis leur naissance jusqu'à l'âge de six à huit ans. IIIe édition, refondue et augmentée par *C. Saucerotte fils*. Nancy, Grimblot, 1838, in-18 de 72 pag.

SAUCEROTTE [le docteur Constant], petit-fils de Nicolas Saucerotte, médecin en chef de l'hôpital civil et militaire de Lunéville, professeur au collége de cette ville, membre correspondant de l'Académie de médecine, de la Société des sciences de Nancy et de plusieurs autres sociétés savantes, où il a été couronné dans neuf concours; né à Moscou de parents français en 1805. [Voy. la *France littér.*, t. VIII, p. 463.]

1. — De l'Influence de l'anatomie pathologique sur les progrès de la médecine, depuis Morgagni jusqu'à nos jours. Paris, J.-B. Baillière, 1837, in-4.

Mémoire auquel l'Académie de médecine a décerné, dans sa séance publique du 9 août 1836 (concours Portal), la grande médaille en bronze du fondateur du prix, et une mention honorable.

2. — Petite Physique des écoles primaires, ou Simples notions sur les applications les plus utiles de cette science aux usages de la vie. Lunéville, Simon, 1837, in-18 [75 c.].

3. — Petite Géographie des écoles primaires et des classes élémentaires, ou Notions sur les habitants, le sol, le climat, les productions naturelles et fabriquées des différentes contrées du globe, et particulièrement de la France. Paris, Delalain, Hachette, Maire-Nyon, Poilleux, 1838, in-18.

Une troisième édition, publiée en 1842, a pour titre : *Géographie des écoles primaires.*

4. — Éléments d'histoire naturelle, présentant, dans une suite de tableaux synoptiques accompagnés de figures, un précis complet de cette science. IIe édit. Nancy, impr. de Pollet, 1839, in-8 avec 63 pl. et deux tableaux [10 fr.]; — fig. col. [20 fr.]

On vend séparément : *Minéralogie-géologie* [4 fr., et col. 8 fr.]; — *Botanique* [4 fr., et col. 7 fr.]; — *Zoologie* [3 fr. 50 c., et col. 8 fr.].

5. — Supplément aux Éléments d'histoire naturelle, renfermant les questions du nouveau programme qui n'ont point été traitées dans cet ouvrage. Paris, Delalain, Roret, 1841, in-8 de 24 pag. [1 fr. 25 c.].

6. — Guide auprès des malades, ou Précis des connaissances nécessaires aux personnes qui se dévouent à leur soulagement; ouvrage contenant l'indication des secours à donner en l'absence du médecin dans toute espèce d'accident, au début et dans le cours des maladies; avec les détails qui concernent les soins des garde-malades, la réfutation des erreurs populaires en médecine, etc., et spécialement destiné aux ecclésiastiques, aux sœurs de charité, aux pères de famille, aux chefs des colléges et des maisons d'éducation, aux instituteurs, etc. IIe édit. revue et corr. Paris, J.-B. Baillière, 1844, in-18 [2 fr. 75 c.].

La première édition est de 1843.

7. — Avant d'entrer dans le monde. Paris, J. Renouard et compagnie, 1844, in-8 [5 fr.]; — IIe édit. 1847, in-12.

Dans cet ouvrage, destiné à la jeunesse, l'auteur s'est efforcé de dissimuler, sous l'attrait d'un récit attachant, l'aridité des vérités morales.

8. — Aperçu de la réorganisation de la médecine en France. Lunéville, impr. de Pignatel; Paris, J.-B. Baillière, 1845, in-8 de 28 pag.

9. — Histoire critique de la doctrine physiologique, suivie de considérations sur l'histoire philosophique de la médecine et sur l'hippocratisme moderne. Paris, J.-B. Baillière, 1847, in-8 [5 fr.].

Ouvrage couronné par la Société de médecine de Caen.

M. Saucerotte est auteur de divers mémoires de médecine, entre autres : *De l'Enseignement historique de la médecine* (Revue médicale, 1846, in-8);— *Mémoire sur l'anatomie appliquée aux maladies* [auquel l'Académie royale de médecine a décerné une mention honorable et une médaille]; — *Traité sur les maladies spécifiques* [couronné par l'Académie de Dijon].

Il a refondu et augmenté la troisième édition de « Avis aux mères de famille sur la conservation des enfants pendant la grossesse et sur la manière de les élever, depuis leur naissance jusqu'à l'âge de six à huit ans, » par L.-S. SAUCEROTTE [1838, in-18].

Il a travaillé à la « Gazette et revue médicale; » aux « Mémoires de l'Académie de Nancy; » à l' « Encyclopédie des gens du monde; » au « Dictionnaire de la conversation et de la lecture, et à son « Supplément; » à l' « Encyclopédie catholique; » à la « Biographie universelle, » publiée par F. Didot; etc.

SAUCEROTTE [Ed.]. — Tableau synoptique de la connaissance du cheval, offrant les notions les plus utiles sur son histoire naturelle, son anatomie, ses qualités et ses défauts, etc. Paris, Anselin, 1837, in-plano [2 fr. 50 c.].

SAUCIÉ, ancien élève de l'École normale, agrégé des classes supérieures, professeur de rhétorique. — Avec M. *Guillemot :* Recueil de compositions françaises, graduées sur un nouveau plan, avec des conseils sur chaque genre. Paris, Dezobry, E. Magdeleine, 1849, in-12.

On doit à M. Saucié une *Biographie et des notes historiques et littéraires*, jointes aux « OEuvres choisies » de FÉNELON [1848, in-8]. Il a annoté quelques éditions classiques, entre autres: LUCIEN, « Éloge de Démosthène » [1842, in-12] ; — PLUTARQUE, « Vie de Cicéron » [1844, 1847, in-12]; etc.

SAUCIÉ, avocat, docteur en droit. — Avec M. *Obriot* : Abolition du cumul des fonctions rétribuées ou gratuites (1848, in-4). Voy. OBRIOT.

SAUGER-PRÉNEUF [François].[Voy. la *France littér.*, t. VIII, p. 465.]
1. — Cours de langue française. Première partie. *Orthographe*. VIe édit. Limoges, Ardant, 1838, in-12 [1 fr. 50 c.].
2. — Avec M. *Détournel* : Nouveau Vocabulaire de la langue française, d'après l'orthographe de l'Académie et les meilleurs lexicographes français. Nouv. édition. Limoges, impr. d'Ardant, 1837, 1846, in-18.
3. — Nouveau Vocabulaire de la langue française, d'après le Dictionnaire de l'Académie, et celui de Gatel, Laveaux, Boiste, Charles Nodier, etc., contenant : 1° tous les mots du Dictionnaire de l'Académie, leurs définitions, etc., etc., suivi d'un petit vocabulaire géographique. Nouvelle édition, soigneusement corrigée. Limoges, impr. d'Ardant ; Paris, Lebigre, 1838, 1846; et Ve édit. 1848, in-8 [7 fr. 50 c.].
4. — Le Nouveau Littérateur de la jeunesse. Limoges, impr. d'Ardant, 1887, in-12.
5. — Dictionnaire des locutions vicieuses les plus répandues dans la société. IIe édit. Limoges, Ardant, 1838, in-8 [1 fr. 50 c.].
6. — Nouvelle Praxigraphie, ou Manuel théorique et pratique de l'orthographe française. IVe édit. Limoges, Ardant, 1842, in-12 [1 fr.50 c.].
7. — La Jeune Abeille du Parnasse français, ou Choix de poésies extraites de nos auteurs contemporains. Limoges et Paris, Ardant, 1839, 1847, 1849, in-18, avec une gravure et un frontispice.

SAUGEY [J.-G. de], membre de l'ordre des chevaliers de Saint-Jean de Jérusalem, secrétaire de la langue française.— Histoire abrégée des chevaliers de Saint-Jean de Jérusalem, appelés ensuite chevaliers de Rhodes et de Malte. Paris, Barba, 1838, in-12.

SAULCY [L.-Fél.-Jos. CAIGNART de], capitaine d'artillerie, professeur à l'école d'artillerie de Metz, directeur du musée d'artillerie de Paris, membre de l'Académie des inscriptions et belles-lettres, membre de Société des Antiquaires de France et de celle de Normandie, de l'Académie de Metz et de la Société d'Histoire naturelle de cette ville; né à Lille le 19 mars 1807. [Voy. la *France littér.*, t. VIII, p. 466.]
1. — Essai de classification des suites monétaires byzantines. Metz, impr. de Lamort, 1838, in-8, avec 33 pl. in-4 et un frontispice [35 fr.].
2. — Quelques Feuillets d'une chronique messine, plus une couverture. Metz, impr. de Véronnais, 1838, in-8 de 66 pag.
3. — Essai de classification des monnaies autonomes de l'Espagne. Metz, impr. de Lamort, 1840, in-8 avec 8 pl. [15 fr.].
4. — Recherches sur les monnaies des ducs héréditaires de Lorraine. Metz, imp. de Lamort, 1841, in-4 avec 36 pl. [50 fr.].
5. — Avec MM. *Piobert* et *Didion* : Cours d'artillerie de l'École d'application d'artillerie et du génie (1841, in-4, fig.). [Voy. PIOBERT.]
6. — Recherches sur les monnaies des comtes et ducs de Bar, pour faire suite aux *Recherches sur les monnaies des ducs héréditaires de Lorraine*. Paris, Rollin, 1843, in-8 de 44 pag. avec 7 pl.
7. — Analyse grammaticale du texte démotique du décret de Rosette, imprimé en lithographie au moyen d'un report sur pierre. Paris, F. Didot, 1845, tome Ier, 1re partie, in-4 [20 fr.].
8. — Numismatique des croisades. Paris, F. Didot, Rollin, 1847, in-4, avec 19 pl.
9. — Recherches sur l'écriture cu-

---

* C'est par erreur qu'à la page 270 nous avons écrit : SAINT-ALBIN [Alexandre], pseudonyme de M. Alex. Denis HUOT, etc. Il fallait : SAINT-ALBIN [Alex. Den. HUOT de], ainsi que le porte un acte de naissance mentionné dans un jugement du tribunal civil de la Seine du 5 mai 1835.

néiforme assyrienne. Inscriptions de Van. Paris, impr. de F. Didot, 1848, in-4 de 48 pag. avec 1 pl.

Trois lettres à M. Eugène Burnouf, signées F. de Saulcy; suivies de : Lettre à M. Ad. de Longpérier sur une inscription assyrienne recueillie par Schulz au château de Van. Citons encore : Oratoire des templiers de la commanderie de Metz. Metz, Lamort [1836, in-8]; — Lettre à M. Guigniaut, membre de l'Institut, sur le texte démotique du décret de Rosette [1843, in-4].

M. de Saulcy a donné, dans les « Mémoires de la Société des Sciences, Lettres et Arts de Nancy » [1833-35] : *Médailles de l'impératrice Anastasie, femme de Tibère Constantin;* — dans la « Bibliothèque de l'École des Chartes: » *Tancrède* [t. IV, p. 301 et 305]; — dans les « Mémoires de la Société des Antiquaires de Normandie » [t. VI] : *Notice sur les monuments de Trouville et de Mainville;* — et dans les « Mémoires de l'Académie de Metz » : Divers travaux sur la numismatique.

Il a annoté avec MM. de LONGPÉRIER, LANGLOIS, et autres : les « Lettres sur la numismatique, » par MARCHANT [1847-50, in-8].

SAULNIER [Anatole].

1. — Recherches historiques sur le droit de douane, depuis les temps les plus reculés jusqu'à la révolution française de 1789. Paris, Martellon, 1839, in-8 [5 fr.].

2. — Essai historique et artistique sur Caudebec et ses environs. III° édition. Rouen, Périaux, 1841, in-18, avec une gravure et un plan.

La première édition est de la même année. M. Saulnier est l'auteur, sous le pseudonyme Émile LAMBERT, d'articles dans le « Courrier de la montagne » et dans la « Revue nationale. »

SAUNDERS [Mlle Lucy].

1. — Les Voies de la Providence. Tours, Pornin, 1844, in-12, avec 4 gravures.

2. — Le Prince Amurah, ou les Nouvelles Mille et une Nuits. Tours, Pornin, 1845, in-18, avec une grav.

— Le Prince Amurah, ou les Nouvelles Mille et une Nuits. Limoges, Ardant, 1849, in-18 avec une vignette.

3. — Rose et Blanche, ou le Trésor des enfants. Tours, Pornin, 1845, in-18, avec une grav.

4. — Bonheur ou Malheur dans le mariage. Paris, Devarenne, 1846, in-12 [3 fr. 50 c.].

5. — Direction maternelle de la jeune fille. Paris, Devarenne, 1847, in-12.

6. — Les Deux Créoles, ou l'Entraînement de l'exemple. Tours, Mame, 1847, in-12, avec 4 grav.

SAUQUAIRE-SOULIGNÉ [Martial]. [Voy. la *France littér.*, t. VIII, p. 470.]

1. — Conseils d'un père et d'une mère à leurs enfants. Paris, Déterville, 1814, 3 vol. in-8.

2. — Mémoire sur l'Algérie. Mirecourt, impr. de Humbert, 1839, in-4 de 16 pag.

L'auteur, réfugié en Angleterre en 1826-27, proposa alors à Canning de s'emparer de l'Algérie, mais en réservant la moitié de la régence pour la France.

SAUREL [Pierre]. [Voy. la *France littér.*, t. VIII, p. 471.]

1. — L'Indicateur philanthrope. Paris, Charité, 1838, in-8.

2. — Avec M. *Mazincourt* : Le Bon Conseiller en affaires (XVII° édition, 1849, in-12). Voy. MAZINCOURT.

Citons encore : Manuel pour faciliter la pratique du système décimal. Paris, Belin-Mandar [1840, in-8, avec un tableau]; — Gog-Magog, ou le Vrai Démocrate [1848, in-12]; — l'Ermite des Pyrénées et ses Méditations démocratiques, ou la Clef du bonheur [1849, in-8].

SAURIA [Charles]. — Projet de boulangerie communale. Arbois, impr. de Javel, 1842, in-8 de 32 pag.

SAURIGNY [de]. — Histoire de la Chine, du Japon, de la Perse, de l'Inde, de l'Arabie, de la Turquie, de l'Égypte et de l'Algérie. III° édition. Paris, Lebigre, 1846 et ann. suiv., in-8, avec 30 pl. [6 fr.].

Fait partie de « le Monde, histoire de tous les peuples, depuis les temps les plus reculés jusqu'à nos jours. »

SAURIMONT [A.]. [Voy. la *France littér.*, t. VIII, p. 471.] — Code des contributions directes, ou Recueil contenant, dans un ordre méthodique, avec les annotations et développements nécessaires, l'extrait des lois, ordonnances, décisions, règlements, circulaires et instructions qui régissent cette matière. Montauban, Forestié; Paris, Delaunay, 1837, in-8 [10 fr.].

SAURIN [l'abbé]. Voy. SANTEUL [J.-B. de].

SAURIN [Jacques], prédicateur protestant, pasteur à la Haye; né à Nîmes en 1677, mort en 1730. [Voy. la *France littér.*, t. VIII, p. 471.] — Un Poids dans la juste balance, ou Lettres adressées aux catholiques romains. La Rochelle, impr. de Caillard, 1846, in-8 de 64 pag.

Édition dédiée à M. l'évêque de la Rochelle, par G. Cambon, pasteur.

SAURIN [Bern.-Jos.], membre de l'Académie française; né à Paris en 1706, mort en 1781. [Voy. la *France littér.*, t. VIII, p. 472.]

Le tome VI des « Chefs-d'œuvre des auteurs comiques » [Paris, F. Didot, 1846, in-12] contient : *les Mœurs du temps*, par Saurin.

SAURIN [Louis]. — Étude de la langue italienne par la traduction, ou Choix de morceaux en prose des meilleurs écrivains. Marseille, Camoin, 1841, in-18.

SAURIN. — La Chine, l'opium et les Anglais, contenant des documents historiques sur le commerce de la Grande-Bretagne en Chine, les causes et les événements qui ont amené la guerre entre les deux nations, extraits des rapports officiels adressés au gouvernement anglais, des édits et actes du gouvernement chinois et des publications des résidents anglais en Chine. Paris, Roret, 1840, in-8, avec pl. [5 fr.].

SAUSSOL [Émile].
1. — Cours complet et élémentaire d'analyse logique sur un plan entièrement neuf. Paris, Loss, 1840, in-12 de 96 p. avec 2 tableaux.
2. — Une Pension de demoiselles, ou le Château de ma tante; pièce en 2 actes. Paris, Pesron, 1841, in-18 [75 c.].

SAUSSURE, dame NECKER [Albertine-Adrienne de]. Voy. NECKER [Mme].

SAUTAYRA [G.], représentant du peuple à l'Assemblée nationale de 1848; né en 1804. — De l'Assurance contre l'incendie, avec un commentaire, etc., et précédé d'une Introduction sur les assurances en général. Paris, Mansut fils, 1841, in-12 [2 fr.].

On doit aussi à M. Sautayra : Aux électeurs du département de la Drôme [1849, in-8]; — Annexes au compte rendu aux électeurs du département de la Drôme, par G. Sautayra, représentant du peuple. Assemblée nationale, séance du 1er septembre 1848 [1849, in-8].

SAUTAYRA [Édouard], auditeur au conseil d'État. — Concours pour la nomination des auditeurs au conseil d'État. Paris, impr. de Guyot, 1849, in-4.

SAUTEYRON [A.]. — Théorie complète de l'arithmétique. IIIe édit. Paris, F. Didot, Blosse, Bachelier, Béchet, Delalain, Maire-Nyon, Mathias, 1841, in-8.

SAUVAGE [Thomas-Marie-François], auteur dramatique; né à Paris le 5 novembre 1794. [Voy. la *France littér.*, t. VIII, p. 480.]

1. — Avec M. *Georges Ozaneaux* : Newgate, ou les Voleurs de Londres; drame en quatre actes. Paris, Marchant, 1841, in-8 [50 c.].

La première édition est de 1829, in-8.

2. — Avec M. *Georges* [*Ozaneaux*] : Le Bigame; drame en trois actes. Paris, Mifliez, 1839, in-8 [60 c.].

La première édition est de 1830, in-8.

3. — L'Eau merveilleuse; opéra bouffon en deux actes, en vers. Paris, impr. de Dondey-Dupré, 1839, in-8 de 16 pag.

4. — Jaspin, ou le Père de l'enfant trouvé; comédie-vaudeville en un acte. Paris, Barba, Bezou, 1839, in-8 de 16 pag.

5. — Un Cordon bleu, ou la Cuisinière en bonne fortune; vaudeville en deux actes. Paris, Marchant, Barba, 1839, in-8 [30 c.].

6. — Premier Début de Dazincourt; comédie-vaudeville en un acte. Paris, Mifliez, Tresse, 1840, in-8 [20 c.].

7. — Le Début de Cartouche; comédie-vaudeville en deux actes. Paris, Beck, Tresse, 1842, in-8 [40 c.].

8. — Éloi l'innocent; drame en deux actes, mêlé de chant. Paris, Tresse, 1843, in-8 [40 c.].

9. — Angélique et Médor; opéra bouffon en un acte. Paris, Beck, Tresse, 1843, in-8 [50 c.].

10. — Les Réparations; comédie en un acte. Paris, Beck, Tresse, 1843, in-8 [50 c.].

11. — Avec M. *Scribe* : l'Image; comédie-vaudeville en un acte. Paris, Tresse, 1845, in-8.

12. — Avec M. *Bayard* : la Pêche aux beaux-pères; comédie en deux actes, mêlée de couplets. Paris, Beck, Tresse, 1845, in-8 [60 c.].

13. — L'amazone; opéra comique en un acte. Paris, Beck, Tresse, 1846, in-8 [50 c.].

14. — Avec M. *Bayard* : le Fantôme; comédie-vaudeville en un acte. Paris, Michel-Lévy, 1847, in-18 [60 c.].

15. — Avec MM. *Bayard* et *F. de*

Courcy : les Chiffonniers; pièce en cinq actes, mêlée de couplets. Paris, impr. de Mme Dondey-Dupré, 1847, in-18 anglais.

16. — Gilles ravisseur; opéra bouffon en un acte. Paris, Michel Lévy frères, 1848, in-18 anglais.

17. — Le Caïd; opéra bouffon en deux actes. Paris, Michel Lévy, 1849, in-18 [60 c.].

18. — Le Toréador, ou l'Accord parfait; opéra bouffon en deux actes. Paris, Michel Lévy, 1849, in-18 [60 c.].

On doit aussi à M. T. Sauvage, en collaboration avec M. BAYARD : les Trois Beaux-Frères; — avec M. de LURIEU : un Loup de mer; — avec M. Ch. MAURICE : un Vaudevilliste.
M. T. Sauvage a donné des articles de critique littéraire au « Moniteur universel. »

SAUVAGE [Élie]. [Voy. la *France littér.*, t. VIII, p. 482.]

1. — Avec M. *Frédéric Duhomme :* la Vestale; tragédie en cinq actes, en vers. Paris, Marchant, 1846, in-8 [1 fr.].

2. — Avec M. *Frédéric Duhomme :* le Comte Julien, ou le Château maudit. Paris, Marchant, 1846, in-8 [50 c.].

Citons encore, en collaboration avec MM. LAFONT et ALBOIZE: la Tour de Ferrare ; — avec M. DUHOMME : le Roi Lear; — avec M. René PÉRIN : Jeanne d'Arc en prison. [Voy. ces noms.]

SAUVAGE [A.]. — Petit Manuel des poids et mesures. Mende, Boyer, 1840, in-8 de 32 pag.

SAUVAGE [l'abbé]. — Vie de Mlle Amélie Sauvage, décédée à Saint-Servan le 13 août 1817. Rennes, impr. de Vannier et Couanon, 1840, in-18 de 84 pag.

Mlle Amélie Sauvage est née au mois d'octobre 1779.

SAUVAGE [C.]. — Avec M. *A. Buvignier :* Statistique minéralogique et géologique du département des Ardennes (1842, in-8). Voy. BUVIGNIER.

SAUVAGE [G.-Er.], de Saint-Pol, professeur à Évreux. [Voy. la *France littér.*, t. VIII, p. 482.]

1. — Avec M. *A. Chassant :* Histoire des évêques d'Évreux, avec des notes et des armoiries. Évreux, impr. de Tavernier; Paris, Dumoulin, 1847, in-16 [4 fr.].

2. — Petit Montyon de la Normandie, à l'usage des écoles primaires des cinq départements de cette province. Évreux, Cornemillot, 1847, in-18 de 44 pag.

M. Sauvage a obtenu de l'Académie d'Arras une prime de 200 francs pour la traduction de l'ouvrage de MALBRANCQ, « de Morinis et Morinorum rebus. »
Il a donné des articles d'histoire locale au « Puits artésien. »

SAUVAGE HARDY [R.-E.], ancien imprimeur-libraire à Laval.

1. — Projet de loi sur les sociétés en commandite. 1844, in-8 [1 fr. 25 c.]. — *Paris, Capelle.*

2. — De la Création des banques de dépôt et de garantie pour les éditeurs et les souscripteurs. Paris, Ferra, 1848, in-8 [5 fr.].

M. Sauvage-Hardy a été rédacteur en chef de *la Mayenne*, journal fondé par lui à Laval en 1836.

SAUVALLE [Aug.]. — Idées générales sur les améliorations à introduire dans l'instruction publique au point de vue républicain. Paris, Hachette, 1848, in-8 de 60 pag.

SAUVAN [Jean-Baptiste-Balthazard], ancien officier; né à Paris le 24 septembre 1780. [Voy. la *France littér.*, t. VIII, p. 486.] — Avec M. *Liskenne :* Bibliothèque historique et militaire (1836-46, 6 vol. gr. in-8). Voy. LISKENNE.

On doit à M. Sauvan une Lettre au rédacteur de « la Presse » [n° du 2 juillet 1840], au sujet de l'état du Piémont.
Le même écrivain avait déjà donné à « la Presse » des lettres contenant des observations faites pendant un voyage dans le Nord.

SAUVAN [Mlle Jeanne-Lucile]. [Voy. la *France littér.*, t. VIII, p. 487.]

1. — Manuel pour les écoles primaires communales de jeunes filles. Paris, Louis Colas, 1839, in-12 [3 fr.].

2. — Cours normal des institutions primaires, ou Directions relatives à l'éducation physique, morale et intellectuelle, dans les écoles primaires. IIe édition. Paris, Pitois-Levrault, 1840, in-12 [2 fr.].

SAUVANT [A.]. — Manuel des actes de l'état civil, ou Nouveau Compendium des maires, contenant les instructions et les formules indispensables pour la rédaction de ces actes. IIIe édition. Paris, Dupont, 1847, in-18 [3 fr. 50 c.].

SAUVÉ [T.], imprimeur-lithographe.

[Voy. la *France litt.*, t. VIII, p. 487.]
— Esquisses pour les évolutions de ligne. Batignolles, imprim. d'Hennuyer, 1842, in-8 de 68 pag. avec des pl.

SAUVET [J.-J.]. — Réflexions sur l'emploi des évacuations sanguines dans le traitement des maladies mentales. IIe édit. Paris, impr. de Martinet, 1849, in-8 de 40 pag.

SAUVIGNET [J.-B.], libraire. [Voy. la *France littér.*, t. VIII, p. 488.]
1. — Grammaire latine de *Lhomond*, revue, corrigée avec soin par M. J.-B. Sauvignet. Lyon, Sauvignet, 1838, in-12.
2. — Nouvelle Géographie ancienne et moderne comparée, contenant, etc. Lyon, Mothon et Pincanon, Périsse frères, 1840, in-12.
3. — Voyages autour du monde, en France et dans les États voisins. Lyon, Périsse frères, 1840, in-12 de 48 pag.

Cet ouvrage forme la suite et le complément de la *Nouvelle Géographie ancienne et moderne comparée*.
Une deuxième édition a paru dans la même année.

SAUZAY [Ch.-Ant.-Alex.].
1. — Avec M. *X. Veyrat* : le Boulevard du crime ; vaudeville populaire en deux actes. Paris, Tresse, 1841, in-8 [40 c.].
2. — Avec M. *Davesne* [*Ch.-Hipp. Dubois*] : Marie, ou le Dévouement d'une jeune fille ; drame-vaudeville en trois actes. Paris, Tresse, 1842, in-8.
3. — Avec M. *Saint-Yves* [*Déaddé*] : Mademoiselle Bruscambille ; comédie-vaudeville en un acte. Paris, Wiart, Tresse, 1845, in-8 [40 c.].
4. — Avec M. *Davesne* [*Dubois*] : la Reine d'Yvetot|; vaudeville en un acte. Paris, Beck, Tresse, 1849, in-8 [50 c.].

Toutes ces pièces ont été publiées sous le pseudonyme ALZAY.

SAUZEAU [Alix].
1. — Agriculture de partie du Poitou. Niort, Robin, 1844, in-8 de 152 pages.
2. — Les Paysans, ou la Politique de l'agriculture. Paris, Mme Bouchard-Huzard, 1849, in-8 [3 fr. 50 c.].

Ouvrage couronné au concours ouvert par M. de Cormenin, devant la Société d'Économie charitable.
Citons encore : Question chevaline, dans ses rapports avec l'agriculture [1844, in-8] ; — Dépôt d'étalons de Saint-Maixent [1845, in-8] ; — Amélioration des diverses races d'animaux domestiques [1847, in-8] ; — Exposition des produits de l'agriculture française: Bestiaux. Rapport présenté au congrès central d'agriculture de 1849 [1849, in-8].

SAUZET, curé de Loudes. — Mémoire sur les origines étymologiques du Velay. Le Puy, impr. de Gaudelet, 1840, in-8 de 52 pag.

SAUZON [V.]. — Almanach administratif, ecclésiastique, militaire, statistique et commercial, ou Annuaire de l'Ardèche pour 1846. Privas, Guiremund, 1846, in-18.

SAVAGNER [François-Charles-Frédéric-Auguste], ancien élève de l'École des Chartes, professeur d'histoire dans divers établissements d'instruction, capitaine de la garde nationale de Paris après la révolution de 1848 ; né à Cassel en 1808, mort au mois de novembre 1849. [Voy. la *France littér.*, t. VIII, p. 489.]
1. — Avec M. *Ajasson de Grandsagne et autres* : Art d'étudier avec fruit (1836, in-18). Voy. AJASSON DE GRANDSAGNE.
2. — Traité élémentaire de chronologie historique. Dijon, Popelain ; Paris, Pelissonnier, 1837, in-8 [7 fr.].
3. — Examen critique des tableaux historiques classiques de *A. Lesage* (comte de *Las-Cases*). Premier feuillet supplémentaire pour être annexé aux n. 1 et 2 de l'*Histoire ancienne et moderne*. Paris, impr. de Dupont, 1839, in-fol.
4. — Abrégé de l'histoire d'Allemagne, d'après le grand ouvrage de Luden et les travaux des meilleurs historiens, depuis les temps les plus reculés jusqu'à nos jours. Paris, Parent-Desbarres, 1841, 2 vol. in-12 [6 fr.].
5. — Abrégé de l'histoire des Suisses, d'après Jean de Muller, Zschokke, etc., suivi d'un précis de l'histoire de Bavière, d'après les meilleurs auteurs. Paris, Parent-Desbarres, 1841, 2 vol. in-12 [6 fr.].
6. — Avec M. *Ch. du Rozoir* : Abrégé de l'histoire de Carthage. Paris, Parent-Desbarres, 1843, in-12 [2 fr.].

Voir sur le même sujet DUREAU DE LA MALLE.

7. — Les Bourbons, leurs belles actions, leurs vertus, leurs fautes, leurs

crimes. Paris, impr. de Mme Dondey-Dupré, 1844-45, 3 vol. in-8, fig.

8. — Abrégé de l'histoire universelle. Nancy, imp. de Raybois; Paris, Parent-Desbarres, 1842-45, 6 vol. in-12.

Citons encore : Géographie générale. IIe édition [1838, in-18]; — Histoire d'Italie. IIe édition [1838, in-18]; — Histoire de Pologne [1838, in-18]; — Histoire des établissements des Européens aux Indes orientales [1838, in-18]; — Histoire des Arabes et des Turcs [1838, in-18]; — Mythologie. IIe édition [1838, in-18].
M. Aug. Savagner a fait suivre d'un *Précis de l'histoire des villes anséatiques*, d'après Sartorius et Mallet, l' « Abrégé de l'histoire de Pologne, » par M. P.-D. (PARENT-DESBARRES) [1842, in-12]; — il a *traduit et continué jusqu'à nos jours*, l' « Histoire d'Allemagne, » par LUDEN [1843, 5 vol. gr. in-8]; — «.de la Succession des royaumes et des temps et de l'origine et des actes des Goths, » par JORNANDÈS [1842, in-8]; — « de la Signification des mots,» par SEXTUS POMPEIUS FESTUS [1846, in-8].
Il a dirigé l' « Encyclopédie populaire, répertoire de toutes les connaissances humaines, » etc., dont la première livraison in-8 a paru en 1844.
Il a travaillé au « Dictionnaire de la Conversation » et à « l'Encyclopédie des gens du monde. »
Il passe pour avoir rédigé, dans le « Dictionnaire de la Conversation,» les articles signés GUIZOT. — Il a fait imprimer, en 1848, une circulaire destinée à recommander sa candidature à la députation.

SAVALÈTE [Th.], conseiller-maître à la cour des comptes.

M. Th. Savalète a traduit « l'Orateur » et les « Lettres » de CICÉRON [1840, gr. in-8]; — et «Hercule furieux ; Thyeste, » de SÉNÈQUE [1844, gr. in-8].

SAVARDAN [Augustin], docteur en médecine.

1. — Asile rural d'enfants trouvés ; crèche ; salle d'asile ; école primaire; école professionnelle ; ferme modèle; association libre des élèves à leur majorité. Projet. Soissons, impr. de Fossé-Darcosse, 1848, in-12 de 96 pag. avec 22 tableaux.

2. — Dernier Examen de conscience d'un médecin, suivi d'un mémoire sur le traitement de la maladie de la peau par le sulfure de chaux et frictions dans la paume des mains. Saint-Calais, imp. de Peltier, 1849, in-12 [90 c.].

SAVARESI [Antoine], médecin. [Voy. la *France littér.*, t. VIII, p. 490.] — De la Fièvre jaune en général. Naples, 1809, in-8 [7 fr.]. — *Paris, J.-B. Baillière.*

SAVARESSE [Ph.].

1. — Notice sur la fabrication des eaux minérales gazeuses. Paris, impr. d'Appert, 1839, 1841, in-8 de 80 pag. avec 2 pl. ; —IIIe édit., 1848, in-8 de 108 pag. avec 3 pl.

2. — Observations pratiques sur les eaux minérales gazeuses factices. Paris, impr. d'Appert, 1841, in-8 de 16 pag. avec 1 pl.

SAVARIN [Brillat]. Voy. BRILLAT-SAVARIN.

SAVARY [Jean-Julien-Michel], membre du corps législatif, sous-inspecteur aux revues; né à Vitré le 18 novembre 1753. [Voy. la *France littér.*, t. VIII, p. 492.]

1. — Mémoire politique et historique des insurrections de l'Ouest [par *un officier supérieur*], qui a été chargé d'une partie des opérations relatives au rétablissement de la tranquillité intérieure. Paris, Moutardier, 1800 (an VIII).

Premier travail qui a servi de base à l'ouvrage publié chez Baudouin : *Guerre des Vendéens et des Chouans contre la république française* [1824-25, 6 vol. in-8].

2. — Notions sur la rade de Cherbourg, sur le port Bonaparte et sur leurs accessoires. Cherbourg, an XIII (1805), in-8.

Sous le nom : *Un officier français.*

SAVARY [L.-A. de].

M. de Savary a donné une nouvelle édition de : Fabularum A. L. Phædri libri quinque [Béthune, impr. de Savary; Paris, Maire-Nyon, 1840, in-12].

SAVARY, chef de bataillon du génie. [Voy. la *France littér.*, t. VIII, p. 495.]
— Algérie. Nouveau projet d'occupation restreinte. Paris, Anselin, Ed. Legrand, 1840, in-8 de 56 pag. avec 1 pl. [2 fr. 50 c.].

On doit aussi à M. Savary un *Mémoire sur les antiquités celtiques.*

SAVARY DE LANCOSMES BREVES [le comte], membre du conseil général du département de l'Indre.

1. — De l'Équitation et des haras. Paris, Rigo, 1842, in-4, avec 6 pl. [20 fr.].
—IIIe édit., 1842, in-4, avec un portrait et une pl. [20 fr.]. — Autre édit., 1843, in-8, avec un portrait et 2 pl. [6 fr.].

2. — La Vérité à cheval. Paris, Ledoyen, 1843, in-8, avec 5 pl. [5 fr.].

3. — Maux et remèdes. Paris, Ledoyen, 1847, in-8 de 96 pag.

4. — Pensées d'un laboureur. Paris, Ledoyen, 1848, in-8 de 48 pag.

Une troisième édition a été publiée dans la même année.

SAVERNE [P.].

1. — Napoléon à l'hôtel des Invalides, histoire chronologique de sa grandeur et de sa décadence, divisée par époques. Paris, Paul-Louis, 1841, in-32.

2. — Physiologie du buveur. Lagny, impr. de Laurant, 1842, in-32.

SAVI [Paul].

M. P. Savi a fait suivre d'*Études anatomiques sur le système nerveux et sur l'organe électrique de la torpille* le « Traité des phénomènes électro-physiologiques des animaux, » par C. MATTEUCCI [1844, in-8, avec 3 pl.].

SAVIGNAC [Mme Alida-Esther-Charlotte de]; née à Paris le 5 juillet 1796, morte en mars 1847. [Voy. la *France littér.*, t. VIII, p. 497.]

1. — Les Orphelins et les Bienfaiteurs. Paris, Louis Colas, 1828, in-18 [1 fr. 20 c.].

2. — Avec M. *Eymery* : L'Univers en miniature (1836, 6 vol. in-32). Voy. EYMERY.

3. — La Jeune Propriétaire, ou l'Art de vivre à la campagne. Paris, Désirée Eymery, 1837, et Limoges et Paris, Ardant, 1848, in-12.

4. — Avec M. *Eymery* : Galerie pittoresque de la jeunesse (1838 et 1843), in-8. Voy. EYMERY.

5. — La Mère Valentin, ou Contes et historiettes de la bonne femme. Paris, D. Eymery, 1838, in-12, fig. [3 fr. 50 c.].

6. — Les Enfants de la mère Gigogne. Paris, Désirée Eymery, Aubert, 1838, in-12, et 1843, in-16, avec 24 lith. [7 fr.].

Les dessins sont de M. Victor Adam.

7. — Petit Album récréatif, ou les Plaisirs de la ville. Paris, Désirée Eymery, 1839, in-18 oblong, avec 16 lith. [3 fr.].

8. — Album des enfants bien obéissants, ou les Plaisirs de la campagne. Paris, Désirée Eymery, 1839, in-18 oblong, avec 15 lith. [3 fr.].

9. — Alphabet des quatre saisons, ou Une Année chez la bonne maman. Paris, Désirée Eymery, 1839, in-12, avec 16 grav. [3 fr.].

10. — Les Bonnes petites Filles, contes. Paris, Louis Janet, 1840, in-16, avec 6 grav. [3 fr. 50 c.].

11. — Zoé, ou la Bonne petite Sœur. Paris, Désirée Eymery, 1840, in-18, avec 4 grav. [1 fr. 50 c.].

12. — Les Douze Mois, cadeau d'étrennes. Paris, Désirée Eymery, 1840, in-18, avec 12 grav. [3 fr. 50 c.].

13. — Le Génie des bonnes pensées. Paris, Désirée Eymery, 1840, in-8 obl. avec 22 grav. [8 fr.]; fig. col. [14 fr.].

14. — Le Songe d'une petite fille. Paris, Fayé, 1845, in-32, avec 12 grav.

15. — Alphabet de la petite gourmande. Paris, Fayé, 1845, in-16, avec 12 vign.

16. — Le Chemin de fer, suivi de Il ne faut jamais mentir. Limoges, Ardant, 1846, in-18, avec 1 grav.

17. — Avec MM. *Bouilly*, *A.-E. de Saintes*, *E. Fouinet*, Mmes *de Bawr* et *de Brady* : Petits Contes d'une mère à ses enfants. Limoges, Martial Ardant, 1846, in-12, avec 1 grav. et 1 frontisp.

18. — Les Malheurs d'un enfant gâté; suivi de *Camoens*, par *A.-E. de Saintes* [Eymery]. Limoges et Paris, Ardant, 1846, in-18, avec 1 vign.

19. — Les Petites Filles d'après nature. Limoges et Paris, Ardant, 1847, in-32, avec 4 vign.

20. — Adrienne, ou les Conseils d'une institutrice. Tours, Pornin, 1847, in-12, avec 3 grav. et 1 frontispice.

21. — La Jeune Maîtresse de maison. Limoges et Paris, Ardant, 1848, in-12, avec 4 grav.

Sous le pseudonyme A. SEUDRE, Mme Alida de Savignac a donné, pendant plusieurs années, dans le « Journal des Jeunes Personnes, » un assez grand nombre d'articles, notamment les *Revues du Salon.*

Elle a travaillé au « Journal des demoiselles, » à l'« Almanach des demoiselles » pour l'année 1847, etc.

SAVIGNY [Frédéric-Charles de], professeur de droit à Landshut, puis à Berlin, membre de l'Académie des sciences de Berlin, correspondant de l'Institut de France; né à Francfort, le 21 février 1779, d'une famille originaire de Metz. [Voy. une *Notice sur la vie et les ouvrages de Frédéric-Charles de Savigny* (1839, in-8); une notice dans la *Gazette des Tribunaux* du 6 février 1839, et la *France littér.*, t. VIII, p. 498.]

1. — Histoire du droit romain au moyen âge. Traduite de l'allemand sur la dernière édition, et précédée d'une Notice sur la vie et les écrits de l'auteur, par M. Ch. *Guenoux*. Tomes I (et II), III, IV. Paris, Hingray, Durand, 1839, 3 vol. in-8 [21 fr.].

Par une singulière disposition typographique, fait remarquer M. Beuchot dans le « Journal de la Librairie, » le tome II commence au milieu de la feuille 20 du tome Ier. La pagination recommence alors; mais le numérotage des feuilles continue. La feuille 25 porte, par erreur, l'indication de : « T. I. » Ce qui forme les tomes I et II est broché en un seul volume. La feuille 10 du tome III porte aussi, par fausse indication : « T. II. »

La traduction de M. Guenoux a été faite sous les yeux mêmes de M. de Savigny.

2. — Traité du droit romain. Traduit de l'allemand par M. Ch. *Guenoux*. Paris, F. Didot, 1840-49, 6 vol. in-8 [45 fr.].

3. — Traité de la possession en droit romain. Traduit de l'allemand (sur la dernière édition) par Ch. *Faivre d'Audelange*, et revu par M. *Valette*. Paris, Louis Delamotte, Delamotte aîné, Hingray, 1841, in-8 [8 fr. 50 c.].

M. Jules BEVING a traduit de l'allemand sur la VIe édition le « Traité de la possession d'après les principes du droit romain, » de M. Fr.-Ch. de Savigny [Bruxelles, 1839, in-8].

SAVIGNY [l'abbé L. de].

1. — Historiettes et images, illustrées par plus de 700 dessins, gravés d'après MM. Granville, Daumier, Johannot, etc. Paris, Aubert, 1840, in-4 [12 fr.].

2. — Histoire d'un tigre, imitée de l'anglais de John S. Cotton. Paris, impr. de Lacrampe, 1843, in-12.

3. — Avec Mme Foa, MM. *Léon Guérin, et autres* : la Morale en images, dessins de MM. Adolphe Beaume, Charlet, etc. Paris, Aubert, 1841, in-8.

4. — La Civilité en images et en action, ou la Politesse, les usages et les convenances enseignés aux enfants. Paris, Soulié, 1844, in-12 [2 fr.].

5. — Le Livre des écoliers. Paris, Havard, 1846, in-16, avec grav. [4 fr.].

6. — Le Livre des jeunes filles. Jeux, récréations, exercices, arts utiles, etc. Paris, Havard, 1847, in-16, avec des illustrations par E. Frère.

7. — Les Petits Livres de M. le curé,

bibliothèque du presbytère, de la famille et des écoles. Paris, Aubert et Cie, 1842-43, format in-12, in-16 et in-32.

Sous ce titre général, M. de Savigny a publié: *Histoire de la sainte Bible, contenant l'Ancien et le Nouveau Testament; — Éléments de la grammaire française; — Petite Morale en actions et en images; — Histoire de France depuis les Gaulois jusqu'au règne de Louis-Philippe; — Fables de La Fontaine; — Petite Histoire des arts et métiers; — la Bûche de Noël, ou le Retour à la charrue, conte; — Arithmétique, suivie de la Tenue des livres en partie double.*

M. F. de Savigny serait, d'après M. Quérard, le pseudonyme de Maurice ALHOY [Supercheries littér., t. IV, p. 298].

SAVIGNY [Henry].—Les Tyrtéennes. Paris, Dolin, 1842, in-8 de 16 pag.

SAVIGNY [Cochet de]. Voy. COCHET DE SAVIGNY.

SAVIGNY [Marie-Jules-César LELORGNE DE]. Voy. LELORGNE.

SAVIOT [Édouard].

1. — Poésies diverses sur l'astronomie et la géographie, traduites par M. Édouard Saviot. Paris, Panckoucke, 1844, in-8 de 52 pag.

Fait partie de la 7e livraison du VIIe volume de la « Bibliothèque latine-française, » et est broché avec le suivant.

2.—*Rufus Festus Avienus*. Description de la terre. Les Régions maritimes. Phénomènes et pronostics d'Aratus, et pièces diverses, traduites par MM. *E. Despois et Ed. Saviot.* Paris, Panckoucke, 1844, in-8.

Seconde série de la « Bibliothèque latine-française. »

SAVONAROLA [Jérôme], prédicateur, dominicain, écrivain ascétique; né à Ferrare en 1452, brûlé comme hérétique le 23 mai 1498. [Voy. *la Vie de Savonarola*, publiée en 1854 par M. Jos. PERRENS.]

1. — Hieronymi Savonarolæ Ferrariensis, ordinis Prædicatorum, Triumphus Crucis, sive de Veritate Fidei libri IV. Editio nova, cum præfatione, etc., curante G. G. Paris, Loisel, 1845, in-8.

Broché à la suite de Hugo Grotius. Le faux-titre du volume porte : « Pantheon ecclesiasticon : Apologistæ adversus rationalistas, deistas et naturalistas. »

2. — Opere compiete di Fra Girolamo Savonarola, publ. et accomp. d'une vie de l'auteur, par *F. B. Aquarone*. Paris, A. Franck, R. Delay, 1846, 4 vol. grand in-8 à 2 col. av. portrait [80 fr.].

SAVORNIN [Alphonse de]. — Abandon, poésies. Aix, Massie, Richaud, 1839, in-8.

SAVOUREUX, horticulteur. — Nouveau Procédé de culture des pommes de terre, ou Moyens de faire produire une plus abondante récolte dans toute sorte de terrains. Rouen, impr. de Lecointe, 1847, in-12 [1 fr.].

SAVOYE [J.], professeur d'allemand au collége Louis-le-Grand. [Voy. la *France littér.*, t. VIII, p. 500.]
1. — Panorama de l'Allemagne, sous la direction de J. Savoye. Paris, Brockhaus et Avenarius, 1838, format in-4.
2. — Avec M. *N. Driesch :* Germania, nouveau recueil, en prose et en vers, de morceaux choisis dans les œuvres des meilleurs auteurs allemands, continué jusqu'à nos jours. Paris, Derache, 1839, in-8 [5 fr.].
— Germania, recueil en prose et en vers de littérature allemande ; IIe édition, en deux parties. Paris, Derache, 1843, 2 vol. in-8 [6 fr.].

Le tome Ier contient la *prose ;* le tome II, la *poésie.*

3. — Cours de langue allemande, avec des exercices gradués, conversations, etc. IVe édition, revue et augmentée. Paris, Derache, 1847, in-8, avec 4 pag. autogr. [7 fr. 50 c.].
4. — Corrigé des exercices renfermés dans le Cours de langue allemande. Paris, Derache, 1845, in-8 de 92 pag. [1 fr. 80 c.].
5. — Considérations sur l'état de l'enseignement des langues vivantes dans les colléges de France, présentées à M. le ministre de l'instruction publique, etc. Paris, impr. de Ducessois, 1846, in-8 de 24 pag.

SAVY, avocat, professeur de droit appliqué au notariat, à Niort, membre de l'Assemblée nationale de 1848 ; né à Périgueux en 1792.
1. — Précis sur la garantie dans la vente et le transport. Niort, impr. de Robin, 1838, in-8 de 64 pag. [1 fr. 50 c.]. — *Paris, A. Durand.*
3. — Pensées et méditations philosophiques. 1re partie. *Dieu, et l'homme en cette vie et au delà.* — 2e partie. *Commentaire du sermon sur la montagne.* — 3e partie. *Pensées.* Niort, impr. de Robin. Paris, Desforges, Treuttel et Würtz, 1838, in-8 [7 fr. 50 c.].

SAVY [J.-E.]. — Observations sur les restaurations actuelles de nos églises, et nécessité de mettre au concours le projet de réédification de la facade de l'église de Saint-Nizier, avec plusieurs réflexions critiques sur l'architecture gothique. Lyon, impr. de Pommet, 1843, in-8 de 40 pag.

SAWNER [Mme J.-J.], née Van Westrenen.

Mme Sawner a traduit de l'anglais : « Pensées sur le caractère paternel de Dieu, » par Édouard Parry [1843, in-18].

SAY [Jean-Baptiste], économiste, membre du Tribunat, professeur au collége de France ; né à Lyon en 1767, mort à Paris le 15 novembre 1832. [Voy. *Notice sur la vie et les ouvrages de J.-B. Say,* lue à l'Académie en 1840, par M. Blanqui ; une *Notice* dans les *Annales de la Soc. acad. de Nantes* (décembre 1832) ; *Discours prononcé sur sa tombe* par M. Ch. Dupin, dans le *Journal des Débats* du 17 novembre 1832 ; et la *France littér.*, t. VIII, p. 500.]
1. — Épitomé des principes fondamentaux de l'économie politique. 1831, in-8 de IV et 64 pag. avec 2 tableaux.
2. — Petit volume contenant quelques aperçus des hommes et de la société. IIIe édition, entièrement refondue par l'auteur, et publiée sur les manuscrits qu'il a laissés, par *Horace Say*, son fils. Paris, Guillaumin, 1839, in-32 [2 fr.].
3. — Traité d'économie politique, ou simple exposition de la manière dont se forment, se distribuent et se consomment les richesses. VIe édit., revue par M. *Horace Say.* Paris, Guillaumin, 1841, gr. in-8 [10 fr.].

Tome IX de la « Collection des principaux Économistes. »

M. Chitti a donné de ce traité une traduction italienne avec des notes.

4. — Mélanges et correspondance d'économie politique, ouvrage posthume de J.-B. Say, publié par M. *Ch. Comte,* son gendre. Paris, F. Prévost, 1844, in-8.
5. — Œuvres diverses, contenant : Catéchisme d'économie politique ; — Fragments et opuscules inédits ; —

Correspondance générale ; — Olbie; petit volume; — Mélanges de morale et de littérature, précédés d'une notice historique sur la vie et les travaux de l'auteur, avec des notes, par MM. *Ch. Comte, E. Daire* et *Horace Say.* Paris, Guillaumin, 1848, gr. in-8, avec 1 portrait [10 fr.].

Tome XII de la « Collection des principaux Économistes. »

6. — Cours complet d'économie politique pratique. IIe édition entièrement revue par l'auteur, et publiée sur les manuscrits qu'il a laissés, par *Horace Say.* Paris, Guillaumin, 1839 et ann. suiv., 2 vol. gr. in-8 [20 fr.].

Tomes X et XI de la « Collection des principaux Économistes. »

Cet ouvrage a été couronné par l'Académie française dans le concours pour les ouvrages les plus utiles aux mœurs.

Il a été traduit en allemand par le philosophe Louis-Henri de JAKOB [*Halle*, 1807, 2 gr. vol. in-8 (contrefaçon à Vienne, 1814, 2 vol. in-8)], avec remarques et additions.

D'abord collaborateur de Mirabeau à la rédaction du « Courrier de Provence; » plus tard secrétaire de Clavières, ministre des finances, J.-B. Say fut rédacteur avec CHAMFORT et GINGUENÉ, de la « Décade philosophique et littéraire, » production périodique qui fit proscrire ses deux collaborateurs. Chamfort s'immola dans sa prison, Ginguené survécut dans la sienne à André Chénier et Roucher. Say, resté seul, remplaça Ginguené par Amaury DUVAL et Chamfort par ANDRIEUX. Il fut choisi par Bonaparte pour former la bibliothèque de l'expédition d'Égypte, devint membre du Tribunat, vota contre l'empire, et fut éliminé en 1804.

J.-B. Say a travaillé au « Dictionnaire de la Conversation et de la Lecture. » On lui doit des *Notes* et *Remarques inédites* aux « Recherches sur la nature et les causes de la richesse des nations, » par Adam SMITH [nouv. édition, 1842, 2 vol. gr. in-8] ; — aux « Principes d'Économie politique », par MALTHUS [nouv. édit., 1846, gr. in-8]; — aux « OEuvres complètes » de David RICARDO [nouv. édit., 1848, gr. in-8].

On trouve une *Lettre inédite* de J.-B. Say dans le « Journal des Économistes » de juin 1846.

SAY [Louis], frère de Jean-Baptiste, négociant et économiste; né à Lyon vers 1775, mort à Paris en 1846. [Voy. la *France litt.*, t. VIII, p. 502.]

1. — Y a-t-il insuffisance ou excès de population en France?—Offre d'une médaille d'or de 600 fr. pour un mémoire qui résoudrait d'une manière satisfaisante cette question : Mémoire adressé à l'Institut, Académie des sciences morales et politiques. Paris, impr. de F. Didot, 1832, in-4 de 24 pag.

2. — Pourquoi l'économie politique est-elle une science si peu généralement étudiée, et quels sont les moyens de répandre les connaissances dont elle s'occupe? Médaille d'or de 500 francs offerte à ce sujet. Mémoire lu par M. Louis Say à l'Institut, Académie des sciences morales et politiques, dans ses séances des 19 et 26 août 1837. Paris, impr. de F. Didot, 1837, in-4 de 36 pag.

3. — Exposé de la situation des sucres des colonies et des sucres de betterave. Mesure à prendre immédiatement pour leur prospérité mutuelle. Paris, Guillaumin, 1846, in-8 de 20 pag.

SAY [Horace], fils de Jean-Baptiste, juge au tribunal de commerce, membre du conseil général de la Seine et de la chambre de commerce.

1. — Avant-Propos à la discussion d'une nouvelle loi sur les faillites. Paris, Guillaumin, Chamerot, 1836, in-8 de 64 pag.

2. — Histoire des relations commerciales entre la France et le Brésil, et Considérations générales sur les monnaies, les changes, les banques et le commerce extérieur. Paris, Guillaumin, 1839, in-8, avec plans, carte et tableaux [7 fr. 50 c.].

3. — Opinion dans la discussion d'un projet d'ordonnance sur l'organisation de la boucherie. Paris, Guillaumin, 1841, gr. in-8 de 20 pag.

4. — Études sur l'administration de la ville de Paris et du département de la Seine. Paris, Guillaumin, 1846, in-8 [8 fr.].

Sommaires : les Préfets, les maires, le conseil général et le conseil municipal. — Contingent départemental dans les quatre contributions directes. — Budget départemental. — Aliénés. Enfants trouvés et abandonnés. — Prisons départementales. — Budget communal. Recettes. Octroi.—Budget communal. Dépenses. — Instruction primaire. — Écoles communales supérieures. — Secours publics. Hôpitaux et hospices civils. — Mont-de-Piété. — Des Travaux d'architecture et des architectes. — Grande et petite voirie. Architectes, commissaires et inspecteurs voyers. Question du déplacement de la population. — Travaux dirigés par les ingénieurs. Navigation. Pavage. Distribution d'eau. Égouts. — Préfecture de police. Éclairage. Nettoiement de la voie publique. Approvisionnement. Police.

Citons encore : Lettre sur le Pénitencier des jeunes détenus de Paris [1841, in-32]; — des Budgets communaux et des octrois. Paris, Guillaumin [1843, in-32]; — Paris, son octroi et ses emprunts [1847, in-8]; — des Monts-de-Piété ou banques de prêt sur nantissement [1848, in-8. — Extrait du « Journal des Économistes, » 15 janvier).

M. Horace Say a *revu, annoté* et *publié*, sur les manuscrits que lui avait laissés son père, « Petit Volume contenant quelques aperçus des hommes et de la société » [1839, in-32]; — « Traité d'économie politique » [1841, grand in-8]; — « Cours complet d'Économie politique » [1839, 2 vol. gr. in-8]; — « OEuvres diverses » [1848, gr. in-8].

Il a travaillé au « Dictionnaire du Commerce et des Marchandises; » à « l'Encyclopédie du Droit; » au « Journal des Économistes; » à « l'Annuaire de l'Économie politique, » etc.

SAY [Th.], naturaliste américain. — OEuvres entomologiques de Th. Say, contenant l'entomologie américaine, les mémoires insérés dans le Journal de l'Académie des sciences naturelles de Philadelphie, dans les Transactions de la Société philosophique d'Amérique, dans le Journal de Boston, etc., etc. Recueillies et traduites par M. *A. Gory*. Paris, Lequien fils, 1837, in-8.

Les OEuvres de Th. Say doivent former 3 vol. in-8.

SAYOUS [A.], sous-chef du bureau du culte protestant au ministère de l'instruction publique et des cultes.

1. — Étude littéraire sur Calvin. Genève, 1839, in-8 [3 fr. 50 c.].

2. — Études littéraires sur les écrivains français de la réformation. Genève, 1842, 2 vol. in-8 [12 fr.].

Le premier volume contient des notices sur Farel, Froment, Viret et Théodore de Bèze; le deuxième, des notices sur Fr. Hotman, Robert et Henri Estienne, la Noue, Mornay et d'Aubigné.

M. A. Sayous a travaillé au « Semeur. »

SAZERAC [Hilaire-Léon]. [Voy. la *France litt.*, t. VIII, p. 503.]

1. — Avec M. *E. Sazerac* : Heures de récréations, Contes et historiettes en prose et en vers. Paris, Mandeville, in-8, avec 12 grav. [8 fr. 50 c.].

2. — Veillées d'hiver; simples chants et simples récits. Paris, Mandeville; in-8, avec 17 grav. [12 fr.].

3. — L'Écrin d'une reine. Album artistique, accompagné de récits en prose ou en vers. Paris, Mandeville, gr. in-4, avec 12 grav. [30 fr.].

4. — Détails exacts sur la mort du prince royal. Paris, Jules Laisné, Mme veuve Daugreilh, 1842, in-18 de 96 pag. avec 1 pl.

5. — La Fête de la Nativité. Paris, impr. de Schneider, 1844, in-18; et Paris, L. Colas, 1849, in-12.

Poésies.

Voy. un article sur cet ouvrage dans la « Revue de Paris » [1844, p. 214].

6. — Les Glanes, album. Paris, Mandeville, 1849, in-4, avec 15 grav. [16 fr.].

En vers et en prose.

7. — Le Danube illustré, pour faire suite à *Constantinople ancien et moderne*, au *Voyage en Syrie*, etc. Édition française, revue par H.-L. Sazerac. Paris, Mandeville, 1849, 2 vol. in-4, avec 64 grav. [56 fr.].

M. H.-L. Sazerac a travaillé à « l'Album, journal des arts, » et au « Musée des familles. »

SAZERAC [Ernest].

1. — Marie d'Orléans. Paris, J. Ledoyen, 1839, in-18 de 144 pag.

Notice sur la duchesse de Wurtemberg, morte à Pise le 2 janvier 1839.

2. — Avec M. *H.-L. Sazerac* : Heures de récréation (in-8). Voy. l'article ci-dessus.

SBARRA [Joseph], docteur en médecine de la Faculté de Paris, exerçant à Moulins-la-Marche (Orne). — Réflexions sur le choléra. Laigle, impr. de Bredif, 1849, in-8 de 4 pag.

SCALIETTE [Victorien], particulièrement connu sous le nom de VICTORIEN. [Voy. la *France littér.*, t. VIII, p. 503.] — La Conversion de la rente contraire aux contribuables, aux rentiers et au pouvoir, bien qu'elle fût approuvée par la majorité des députés, des journalistes et des Français. Paris, impr. de Ducessois, 1838, in-8 de 32 pag.

Citons encore : le Mouvement perpétuel est trouvé, ainsi que le moyen de faire disparaître toutes les maladies secrètes qui existent sur toute la surface du globe, en peu de temps, par la force du raisonnement [1838, in-8]; — la Réforme électorale [1839, in-8]; — le Droit de l'homme, et principalement le droit d'élection, pour savoir où passent les trois quarts de notre travail ou de notre revenu, que nous donnons au pouvoir, droit qui nous rendrait cinq fois plus forts, plus éclairés, plus riches, meilleurs et plus heureux, sans nuire à qui que ce soit [1841, in-8]; — la Force de la Raison, conséquence du droit de l'homme [1843, in-8]; — le Problème social résolu, conséquence de la régénération sociale [1847, in-8]; — les Peuples sans armes plus forts qu'avec les armes, conséquence du problème social résolu et du Sauveur de l'humanité [1849, in-8].

SCALIGER. Voy. HÉRODOTE.

SCARRON [Paul], poëte et romancier; né à Paris vers la fin de 1610, mort le

14 octobre 1660. [Voy. la *France litt.*, t. VIII, p. 505.]

1. — Virgile travesti en vers burlesques. Nouvelle édition, précédée d'une notice sur l'auteur, et accompagnée de notes et d'un vocabulaire donnant le sens des expressions vieillies; par M. *Charles Fétilly*. Paris, Mansut, 1844, 2 vol. in-8 [12 fr.].

— Virgile travesti en vers burlesques, précédé d'une notice sur l'auteur, et accompagné de notes. IIe édit.; par M. *Ch. Fétilly*. Paris, Mansut, 1845, 2 vol. in-12 [7 fr.].

2. — Le Roman comique. Nouvelle édition, précédée d'une notice sur l'auteur et sur l'état des lettres en France au XVIIe siècle, par *P. Christian* [*Pitois*]. Paris, Lavigne, 1841, in-12 [3 fr. 50 c.].

— Roman comique. Nouvelle édition, avec la suite, par M. *A. Offray*. Paris, Corbet aîné, 1838, 4 vol. in-18, avec des vign. [4 fr.].

— Le Roman comique, illustré par Bertall. Paris, Havard, Marescq, 1849, in-4 [70 c.].

Les meilleurs ouvrages de Scarron font partie des « Chefs-d'œuvre des auteurs comiques » [Paris, F. Didot, 1846, 2 vol. in-12].

Scarron est aussi l'auteur d'une pièce intitulée : *Adieux au Marais et à la place Royale*. L'auteur a chanté, dans cette pièce, Marion Delorme, qui habitait le Marais.

Citons encore : *Étrennes* (à Ninon), trois strophes de six vers libres.

SCHACHERER aîné. — Barême d'aunage, ou Tableau de réduction des aunes en mètres et fractions de mètres, suivi d'un tableau du prix du mètre relatif au prix connu de l'aune. Paris, Bajat, 1839, in-8 de 64 pag. [1 fr. 50 c.].

Tiré à 20,000 exemplaires.

SCHÆFFER.

M. Schæffer a traduit de l'allemand : l' « Art du parfait tonnelier » [Saint-Nicolas-de-Port, impr. de Trenel, 1843, in-12 de 48 pag. avec 37 pl.].

SCHAN [J.-M.]. — Notice sur les greniers de réserve et la conservation des grains chez les anciens et chez les modernes, suivie de quelques généralités sur les récoltes des céréales et leurs produits. Laval, impr. de Feillé-Grandpré, 1842, in-4 de 28 pag.

SCHANGE [J.-M.-A.], officier de santé, dentiste, né à Paris en 1807. — Précis sur le redressement des dents, ou Exposé des moyens rationnels de prévenir et de corriger les déviations des dents ; suivi de quelques réflexions sur les obturateurs du palais. IIIe édition. Paris, Béchet jeune et Labé, 1841, in-8, avec 8 pl. [2 fr. 50 c.].

Les deux premières éditions ont paru à quelques jours seulement d'intervalle.

SCHARNHORST. — Traité sur l'artillerie ; traduit de l'allemand par M. *A. Fourcy*; revu, accompagné d'observations et d'une notice historique sur l'auteur, par M. le commandant *Mazé*. Paris, Corréard, 1840-1844, 3 vol. petit in-4.

SCHATTENMANN [Charles-Henri], directeur des mines de Bouxwiller, membre du conseil général du département du Bas-Rhin. [Voy. la *France littér.*, t. VIII, p. 510.] — Mémoire sur les expériences de cylindrage de chaussées en empierrements faites à Paris et dans le département de la Seine, et sur les procédés actuels de construction et d'entretien des chaussées. Paris, Bertrand, C. Gœury et Dalmont, Bouchard-Huzard, 1844, in-8 de 100 p. [1 fr. 50 c.].

On doit aussi à M. Schattenmann : Chemins de fer. Pétition adressée à la Chambre des députés le 20 mai 1837 et à la Chambre des pairs le 28 mai 1837 [Observations sur les droits à accorder aux concessionnaires, 1837, in-8]; — Conversion des rentes sur l'État. Pétition présentée à la Chambre des députés et à la Chambre des pairs le 16 mars 1838 [1838, in-8]; — Chemins de fer et canaux. Pétition présentée à la Chambre des députés et à la Chambre des pairs le 4 mars 1838 [1838, in-8]; — Mémoire sur le rouleau compresseur et sur son emploi pour affermir les empierrements neufs et de réparation des chaussées [1842, in-8 avec 1 pl.]; — Question des ouvriers. Droits et devoirs du gouvernement. Institutions à créer [1848, in-8].

SCHAUENBURG [le baron de]. — De l'Emploi de la Cavalerie à la guerre. Paris. Gaultier-Laguionie, Anselin, 1838, in-8, avec un atlas in-4 de 64 pl. [15 fr.].

SCHAUENBURG [P.-R.], député du Bas-Rhin, membre de l'Académie de Strasbourg. [Voy. la *France littér.*, t. VIII, p. 511.]

M. P.-R. de Schauenburg a traduit de l'allemand : « Préceptes d'agriculture pratique, » par SCHWERZ [1839-42, 4 parties in-8].

SCHAUER [L.], de Marckolsheim.

1. — Avec M. *B. Hude* : Droit des marins (1840, in-18). Voy. HUDE.

2. — Les Cardinaux de Rome. Portraits biographiques, précédés d'une Notice nécrologique de S. S. Grégoire XVI, et suivis de la relation des cérémonies des obsèques des papes et de leur élection. Paris, Amyot, 1846, in-16.

3. — Avec M. *A. Sabon:* Jubilé de 1847 (1847, in-18). Voy. SABON.

On doit aussi à M. L. Schauer : Encore le droit de visite : revue administrative de la marine française [1842, in-8]; — Mémoire aux Chambres à l'appui de la pétition de M. B. Hude, ex-capitaine de navire, sur l'administration de la marine et sur la gestion de la caisse des invalides [1845, in-8];—Réponse à MM. Lacrosse et Lacoudrais, au sujet de la discussion de la pétition de M. B. Hude, ex-capitaine de navire, dans la séance du 10 avril courant [1845, in-8]; — au Roi (en vers) [1846, in-4]; —Si le Roi le savait!!! Rapport au roi sur la violation de la constitution de la caisse des invalides de la marine, suivi de l'historique de cet établissement depuis 1670 jusqu'à nos jours [1846, in-8]; — Très-Humble Remontrance au nonce apostolique de S. S. Pie IX à Paris [1846, in-8];— Feu!!! Feu, tribord!!! Feu, bâbord!!! Le ministre et le département de la marine et des colonies livrés à l'appréciation du pays; suivi de la pétition en faveur des marins de l'inscription maritime, présentée cette année aux Chambres [1847, in-8];—l'Administration de la marine, ou le Marché aux faveurs et le repaire aux abus [1847, in-8].

SCHAYES [Antoine-Guillaume-Bernard], conservateur du Musée royal d'armures et d'artillerie de Bruxelles, membre de l'Académie de Belgique; né à Louvain en 1808. [Voy. la *France littér.*, t. VIII, p. 511.]

On doit à M. Schayes : *Mémoire couronné* sur la question suivante : « Quelles ressources trouve-t-on dans les chroniqueurs et autres écrivains du moyen âge pour l'histoire de la Belgique avant et pendant la domination romaine? »[Mémoires couronnés par l'Académie, t. XII, 1837]; — *Mémoire couronné* en réponse à la question : « Vers quel temps l'architecture ogivale, appelée improprement gothique, a-t-elle fait son apparition en Belgique? Quel caractère spécial cette architecture y a-t-elle pris aux différentes époques? Quels sont les artistes les plus célèbres qui l'ont employée? les monuments les plus remarquables qu'ils ont élevés? » [*Ibid.*, t. XIV, 1838-1840]; — reproduit dans l'« Écho du Monde savant ».

M. Schayes a publié en outre : dans les « Bulletins de l'Académie, » des Observations sur le peuple éburon [t. XI]; des notices et rapports sur des mémoires, sur des découvertes d'antiquités ou des documents manuscrits; — dans le « Polygraphe belge, » divers articles sur des monuments, églises, tombeaux, statues; sur des travaux d'embellissements exécutés en Belgique; sur d'anciennes correspondances; sur des relations de voyages; sur des questions de numismatique, de statistique; sur des singularités et droits bizarres, etc.; — dans le « Messager des Sciences et Arts de Belgique, » des notices archéologiques, architectoniques, historiques et biographiques; — dans la « Revue de Bruxelles, » des notices sur les archives du Vatican [1841]; sur un voyage à Jérusalem, entrepris en 1505 [1840], etc.; — dans le « Bulletin archéologique des arts et monuments, » un Rapport sur les travaux de construction et de restauration, en style du moyen âge ou de la renaissance, en Belgique [t. III, — reproduit dans les « Annales » de M. Didron]; — dans le « Bibliophile belge, » des articles sur des ventes de livres, des autographes. — Il a aussi travaillé à la « Revue de la numismatique belge; » aux « Annales d'archéologie de la Belgique; » à la « Renaissance; » à l'« Encyclopédie du XIXᵉ siècle; » etc.

SCHEDEL [H.-E.].

1. — Avec M. *Alphée Casenave:* Abrégé pratique des maladies de la peau. Ouvrage édité surtout d'après les documents puisés à l'hôpital Saint-Louis, dans les leçons cliniques de Biett. IVᵉ édition. Paris, Labé, 1847, in-8 [11 fr.].

:. La première édition est de 1827.

2. — Examen clinique de l'hydrothérapie. Paris, Labé, 1845, in-8 [7 fr.].

SHÉE [le comte d'Alton], pair de France. — De la Chambre des pairs dans le gouvernement représentatif. Paris, impr. de Proux, 1839, in-8 de 32 pag. [1 fr.].

SCHEELTEN [le baron W.-F.-Van]. — Mémoires sur la reine Hortense, aujourd'hui duchesse de Saint-Leu; recueillis et publiés par M. Van Scheelten. Paris, Urbain Canel, Adolphe Guyot, 1833, 2 vol. in-8.

La reine Hortense est, dit-on, étrangère à cette publication.

SCHEFFMACHER [le P. Jean-Jacques], de la compagnie de Jésus. [Voy. la *France littér.*, t. VIII, p. 513.]

1. — Catéchisme de controverse. Lyon, Pélagaud, 1836, 1845, in-18.

2. — Lettres de Scheffmacher à un gentilhomme et à un magistrat protestant, revues, corrigées et augmentées des plus savantes dissertations sur les articles controversés, par M. *A.-B. Caillau.* Lyon, Pélagaud, 1840, 4 vol. in-8.

— Lettres d'un docteur catholique à un protestant, sur les principaux points de controverse, et sur les obstacles au salut de la conversion des luthériens et des calvinistes. Vᵉ édition, revue, etc. Avignon, Séguin aîné, 1840, 2 vol. in-8 [9 fr.].

3. — Perpétuité de l'Église catholi-

que sur l'Eucharistie ; par *Nicole, Arnauld, Renaudot, le P. Paris,* etc.; sur la confession, par *Denis de Sainte-Marthe;* sur l'Église romaine, la règle de foi, la primauté du pape et des évêques, la confession sacramentelle, etc., c'est-à-dire sur les principaux points qui divisent les catholiques, d'après les protestants, par M. *Scheffmacher.* Publié par l'abbé *M**** [*Migne*]. Montrouge, impr. de Migne, 1841, 4 vol. in-8.

SCHEIDIG [Édouard], auteur dramatique; né à Paris le 28 juillet 1814. — Avec M. *Adolphe Poujol :* le Voyage autour de ma chambre (1841, in-18); — Marie, ou J'ai quinze ans (1841, in-18); — les Suites d'une faute (1842, in-18); — les Deux Roses (1842, in-18); — Une Fille de la Légion d'honneur (1843, in-18) ; — le Dix décembre (1849, in-18). Voy. POUJOL.

SCHEIDWEILLER [M.-J.], botaniste. [Voy. la *France littér.*, t. VIII, p. 513.] — Avec MM. *Ch. Lemaire* et *Van Houtte* : Flore des serres et jardins de l'Europe (1845, in-8). Voy. LEMAIRE.

SCHELER [Auguste]. — Étude historique sur le séjour de l'apôtre saint Pierre à Rome. Bruxelles, Raes, 1845, in-18 de 108 pag. [2 fr.].

Sous le pseudonyme *Uldaric de Saint-Gall*, docteur en philosophie.

SCHELLING [Frédéric-Guillaume-Joseph de], professeur de philosophie à l'Université de Berlin, associé étranger de l'Académie des sciences morales et politiques de France. [Voy. un article de M. SAINT-RENÉ TAILLANDIER dans la *Revue des Deux-Mondes* du 15 juillet 1846, la *Galerie des Contemporains illustres*, par un homme de rien, et la *France littér.*, t. VIII, p. 514.]

1. — Jugement de M. Schelling sur la philosophie de M. Cousin. Traduit de l'allemand, et précédé d'un Essai sur la nationalité des philosophes, par *J. Wilm.* Strasbourg, Levrault, 1835, in-8 de 80 pag. [1 fr. 50 c.].

2. — Système de l'idéalisme transcendental. Traduit de l'allemand, par *P. Grimblot.* Paris, Ladrange, 1843, in-8 [7 fr. 50 c.].

3. — Bruno, ou du Principe divin et naturel des choses. Traduit de l'allemand, par *C. Husson.* Paris, Ladrange, 1845, in-8 [3 fr. 50 c.].

SCHERER [Edmond].

1. — Dogmatique de l'Église réformée; prolégomènes. Paris, Delay, 1843, in-8 [2 fr. 50 c.].

2. — De l'Etat actuel de l'Église réformée en France. Paris, Delay, 1843, in-8 de 64 pag. [1 fr.].

3. — Esquisse d'une théorie de l'Église chrétienne. Paris, Delay, Treuttel et Würtz, 1845, in-8.

M. Ed. Scherer a travaillé au « Semeur. »

SHÉRIDAN [Richard-Brinsley], auteur dramatique, publiciste, orateur et homme d'État ; né à Dublin en 1751, mort en 1816. — OEuvres complètes de Shéridan. Traduction nouvelle, par *Benjamin Laroche.* Paris, Ch. Gosselin, 1841, in-18 [3 fr. 50 c.].

SCHERWOOD [Mme]. — Histoire de la famille Fairchild. Traduit de l'anglais par Mme Scherwood. Paris, Delay, 1844, in-12 [1 fr. 75 c.].

La préface est de M. A. ROCHAT, ministre de l'Évangile, père de la traductrice.

SCHEULTERIE [Ursule], pseudonyme. Voy. BOILEAU [Mlle Mélanie].

SCHILIZZI [le docteur]. — Relation historique de la méningite cérébro-spinale qui a régné épidémiquement à Aigues-Mortes, du 29 décembre 1841 au 4 mars 1842. Montpellier, impr. de Boehm, 1842, in-8 de 80 pag. avec une carte.

SCHILLER [Jean-Frédéric-Christophe], poëte, historien et auteur dramatiques, né à Marbach le 10 novembre 1759, mort à Weimar le 9 mai 1805. [Voy. un article de M. MARMIER, dans la *Revue des Deux-Mondes* du 1er octobre 1840, et la *France littér.*, t. VIII, p. 515.]

1. — OEuvres dramatiques. Traduction de M. de *Barante.* Édition revue et corrigée, précédée d'une Notice biographique et littéraire. Paris, Marchant, 1844, gr. in-8, fig.

2. — Théâtre de Schiller. Trad. et accomp. d'une Notice sur sa vie et ses ouvrages, par M. *X. Marmier.* Paris, Charpentier, 1841, 1849, 2 vol. in-12 [7 fr.].

3. — Jeanne d'Arc, tragédie. Trad.

par Mme *Caroline Pavlof*. Paris, F. Didot, 1839, in-8.

— Die Jungfrau von Orleans, eine romantische tragedie (*La Pucelle d'Orléans*). Paris, Baudry, 1840, in-12 [3 fr.].

— Jeanne d'Arc. Traduite par M. *V. Cappon*. Paris, impr. de Schneider, 1844, in-8.

En prose.

M. J.-J. Porchat a publié en 1844 : « Étude sur les drames consacrés à Jeanne d'Arc par Schiller, L. d'Avrigny, A. Soumet, et spécialement sur la *Mission de Jeanne d'Arc*, drame en cinq journées et en vers. [Lyon, impr. de Marle, in-8 de 20 pag.]

4. — Maria Stuart, ein trauerspiel. Paris, Baudry, 1840, in-12.

— Marie Stuart, tragédie en cinq actes. Nouvelle édition, accompagnée de la solution des principales difficultés que peuvent offrir les mots ou les tournures, et de renvois à la Grammaire allemande de MM. Lebas et Régnier, et précédée d'une Notice historique ainsi que d'une analyse littéraire, par Mme de *Staël*. Paris, Hingray, 1847, in-18 [2 fr. 25 c.].

5. — Wilhelm Tell, ein trauerspiel. Paris, Baudry, 1844, in-12.

— Études allemandes. Guillaume Tell, drame de *Schiller*, par *Jules Mulhauser* (de Genève). Paris, Mauron, Heideloff, 1838, in-8 [7 fr.].

En vers.

— Guillaume Tell, dont les deux premiers actes sont accompagnés de l'explication étymologique des mots du texte, et de tableaux contenant les rudiments de la grammaire, par *Édouard Dürre*. Nouvelle édition. Strasbourg, Mme veuve Berger-Levrault; Paris, Pitois-Levrault, 1839, in-12, avec 3 tableaux [2 fr.].

— Guillaume Tell, drame en cinq actes. Nouvelle édition, accompagnée de notes historiques et géographiques, etc., de MM. Lebas et Régnier, et précédée d'une analyse littéraire, par Mme de *Staël*. Paris, Hingray, 1840, 1846, in-18 [2 fr. 25 c.].

— Guillaume Tell, drame. Texte allemand, publié avec une notice littéraire et des notes grammaticales, historiques et géographiques, par *Th. Fix*. Paris, Hachette, 1849, in-12 [2 fr. 25 c.].

Nouvelle édition classique, avec des notes en français.

6. — Intrigue et Amour, drame en cinq actes et neuf tableaux. Trad. par M. *Alexandre Dumas*. Poissy, impr. d'Olivier, 1847, in-18 anglais.

7. — Poésies de Schiller, traduites de l'allemand ; suivies d'autres Essais poétiques, par M. *C.-Ph. Bonafont*. Stuttgard, Autenrieth, 1837, in-8.

— Poésies, traduction de M. *X. Marmier*. Paris, Charpentier, in-12 [3 fr. 50 c.].

8. — Le Visionnaire, les Amours généreux, le Criminel par honneur perdu, le Jeu du destin, le Duc d'Albe; trad. par M. *Pitre-Chevalier*. Paris, Desessart, 1838, 2 vol. in-8 [15 fr.].

9. — Mélanges philosophiques, esthétiques et littéraires, trad. de l'allemand par *Wege*. 1840, in-8 [7 fr. 50 c.].
— Paris, Ladrange.

10. — Histoire de la guerre de Trente ans, traduite par Mme la baronne de *Carlowitz*. Paris, Charpentier, 1842, 1844, in-12 [3 fr. 50 c.].

Traduction couronnée par l'Académie française.

La « Nouvelle Revue germanique, » n° du 1er janvier 1829, contient la *Correspondance* de Gœthe avec Schiller (1794-1805).

On a publié aussi en 1848 : *Philippe II, roi d'Espagne*, drame en cinq actes, imité de Schiller et précédé de *l'Étudiant d'Alcala*; prologue par M. *E. Cormon* [Paris, Michel Lévy frères, in-8 de 30 pag.].

SCHILLER [Charles], professeur de langue allemande, publiciste.

M. Ch. Schiller a traduit de l'allemand : « Jessica la Juive » [1849, in-4].

Il a travaillé à : « Almanach comique, pittoresque, drôlatique, amusant et charivarique, » pour les années 1843-45-46 ; à : « les Étrangers à Paris, etc. »

SCHILLINGS [Albert], chef de service au chemin de fer d'Orléans à Bordeaux. — Traité pratique du service de l'exploitation des chemins de fer, à l'usage des agents et employés, des personnes qui désirent entrer au service des chemins de fer, des commerçants, etc. Paris, Carilian-Gœury et V. Dalmont, 1848, in-8 [3 fr.].

SCHILLINGSFÜRST [le prince Alexandre Hohenlohe]. Voy. Hohenlohe.

SCHIMPER [W.-P.].

1. — Avec M. *F. Bruch* : Bryologie de l'Europe (1836-1844). Voy. Bruch.

2. — Avec M. *A. Mougeot* : Mono-

graphie des plantes fossiles du grès bigarré de la chaîne des Vosges. Strasbourg, Treuttel et Würtz, 1841, 2 parties in-4, avec 18 pl.

3. — Recherches anatomiques et morphologiques sur les mousses. Strasbourg, impr. de Silbermann, 1849, in-4, avec 9 pl.

Thèse de botanique.

SCHILT [L. de]. — La Franc-Maçonnerie mieux connue. Lille, Lefort, 1841, in-32.

SCHLEGEL [Auguste-Guillaume de], poëte, critique, philologue et écrivain politique, successivement professeur d'esthétique à l'Université d'Iéna, professeur de littérature à Berlin, professeur à l'Université de Bonn ; né à Hanovre le 8 septembre 1767, mort à Bonn au mois de mai 1845. [Voy. sur cet écrivain un article de M. GALUSKI dans la *Revue des Deux-Mondes* du 1er février 1846, la *Biogr. des Contemporains illustres*, par [un homme de rien, t. IV, et la *France littér.*, t. VIII, p. 520.]

1. — Réflexions sur l'étude des langues asiatiques; adressées à sir James Mackintosh, suivies d'une lettre à M. Horace Hayman Wilson. Bonn, Éd. Weber, 1832, in-8.

2. — Essais littéraires et historiques. Bonn, Éd. Weber, 1842, in-8 [12 fr.]. — Paris, Klincksieck, Brockhaus et Avenarius.

Ce recueil contient les morceaux suivants : 1. Du Système continental [1813] ; — 2. Tableau de l'état politique et moral de l'empire français en 1812 [1813] ; — 3. Comparaison entre la Phèdre de Racine et celle d'Euripide [1807] ; — 4. Lettre sur les chevaux de bronze de la basilique de Saint-Marc à Venise [1816] ; — 5. Observations sur la langue et la littérature provençales [1818] ; — 6. De l'Origine des romans de chevalerie [1833] ; — 7. Le Dante, Pétrarque et Boccace, etc. [1836] ; — 8. De l'Origine des Hindous [1834] ; — 9. Les Mille et une Nuits [1833. — Nouveau Journal asiatique de Paris].

3. — OEuvres écrites en français, publiées par M. *F. Boecking*. Leipzig, 1846, 3 vol. in-8 [12 fr.].

M. de Schlegel a publié, à l'occasion du livre de M. de ROSSETTI, « Sullo Spirito antipapale, che produsse la riforma, » etc., dans la « Revue des Deux-Mondes » [15 août 1836], *Dante, Pétrarque* et *Boccace*.
Il a aussi donné des articles sur les « Épopées chevaleresques » de M. FAURIEL, dans le « Journal des Débats » [22 oct., — 14 nov., — 31 décembre 1833 et 21 janvier 1834]; — et dans le « Journal de la Société asiatique : » *Mémoire sur quelques médailles bactriennes* [2e série, t. II, p. 321]; — *Lettre à M. de Sacy sur les contes des Mille et une Nuits* [3e série, t. I, p. 375].

Le jurisconsulte allemand Boecking a publié en 1845 la liste des ouvrages de Guillaume Schlegel, en annonçant une nouvelle édition de ces ouvrages ; les titres seuls remplissent 18 pages. Lors de sa mort, le « Journal des Débats » annonça que M. Schlegel avait laissé de nombreux mémoires écrits en français, mais il n'en était rien ; on a trouvé seulement dans ses papiers des vers français, parmi lesquels un grand nombre d'épigrammes.

SCHLEIDER [le docteur Hermann], professeur à Iéna. — Des Établissements d'éducation de M. Fellenberg à Hofwyl, et de leur importance pour la solution de la question vitale de la civilisation européenne. Traduction libre de l'allemand, par M. *Eugène de Caffarelli*. Paris, Hachette, 1841, in-8 [2 fr.].

SCHLESINGER [H.-L.].
1. — Méthode Schlesinger. Maladies des yeux. Bordeaux, impr. de Coudert; Paris, J.-B. Baillière, 1843, in-8 de 116 pag.

2. — Méthode Schlesinger. Maladies des yeux. Guérison radicale, par le seul moyen des verres de lunettes, de toutes les altérations de la vue, soit de celles qui peuvent survenir dans le courant de la vie. Paris, impr. de Fain, 1845, in-8 de 86 pag.

SCHLIMMBACH, officier d'artillerie prussienne. — Examen critique des différences essentielles qui existent entre les armes à feu françaises et anglaises, et qui doivent être considérées comme la cause principale de l'infériorité des Français dans leurs derniers combats avec les Anglais. 1839, in-18, avec pl. [2 fr. 25 c.]. — Paris, Leneveu.

SCHLIPF [J.-A.]. — Manuel populaire d'agriculture, traduit de l'allemand par *Napoléon Nicklès*. Strasbourg, Heitz ; Paris, Roret, 1844, in-8 de 32 pag.

SCHLOSSER [Frédéric-Christophe], historien allemand. [Voy. un article par M. Phil. CHASLES dans la *Revue des Deux-Mondes* du 1er juillet 1845, et la *France littér.*, t. VIII, p, 525.]
— Mme de Staël et Mme Roland, ou Parallèle entre ces deux dames en pré-

sence de quelques événements de la Révolution. Paris, Janet et Cotelle, 1830, in-8 de 128 pag.

M. F.-C. Schlosser a traduit en allemand : la « Nouvelle Correspondance politique et administrative, » par FIÉVÉE [1828, in-8].
! Il a travaillé à l'« Encyclopédie des Gens du monde. »

SCHLUND [le docteur].—Fluchtlings seim und sein (*Pensées et vie d'un fugitif*). Paris, impr. de Wittersheim, 1849, in-16 avec un portrait.

Citons encore : Peuple français ! [1848, in-8. — Au nom d'une société des amis des Polonais (la société démocratique allemande)]; — Wichtigkeit wissenschaftlicher behandlung der zahnkrankheiten (*Importance du traitement scientifique des maladies des dents*) [1848, in-12].

SCHMERSAHL [Auguste].

M. A. Schmersahl a traduit de l'allemand : « Instruction sur l'analyse des corps organiques, » par M. Just LIEBIG [1838, in-8]; et il a donné, avec M. KNAB, une *Analyse* du «*Cours de chimie inorganique appliquée,* » par M. PAYEN [1843, in-8].

SCHMID [l'abbé Christophe], curé de Station, en Bavière, dit le chanoine Schmid. [Voy. la *Biogr. populaire du clergé contemporain*, t. IX, et la *France littér.*, t. VIII, p. 527.]

1. — OEuvres complètes, traduites de l'allemand, par M. *Filleul de Petigny*. Paris, impr. de Beaulé, 1838, in-12, avec 1 grav.

— OEuvres, illustrées par Gavarni ; traduction de *A. Cerfberr de Medelsheim*. Paris, Royer, Aubert, 1842, 2 vol. in-8, avec 120 grav. sur bois et 50 lith. à deux teintes [18 fr.].

— OEuvres, traduites de l'allemand par Mme *Estelle Raybois*. Nancy, Raybois, 1842, gr. in-8 à 2 col.

— OEuvres complètes du chanoine Schmid. Nouvelle traduction de l'allemand, d'après l'édition définitive de 1841, 1842 et 1843, seule traduction française où les contes soient rangés dans l'ordre méthodique voulu par l'auteur, et avec ses dernières corrections. Édition faite avec le consentement de M. l'abbé de Schmid et l'approbation de Mgr l'archevêque de Paris. Paris, Ad. Leclère, 1842-1845, 42 vol. in-18, et 14 vol. in-12 avec 43 grav. sur acier.

Cette édition des œuvres du chanoine Schmid a obtenu de l'auteur les attestations que voici :
« La traduction de mes OEuvres, en ce mo-
« ment-éditée par vous, est la seule, à ma con-
« naissance, où aient été consciencieusement
« mises à profit les nombreuses améliorations
« et la classification méthodique que j'ai jugé
« nécessaire d'introduire dans la Collection de
« mes Contes : c'est une attestation que je vous
« donne avec plaisir. (23 septembre 1843.) »

« Je vous témoigne de nouveau ma satisfac-
« tion de la traduction de mes OEuvres que
« publie votre libraire, et je vous donne l'as-
« surance que je la tiens pour la meilleure,
« comme étant la seule faite sur l'édition corri-
« gée de mes *OEuvres complètes*. (4 septembre
« 1844.) »

La collection des OEuvres du chanoine Schmid se compose des ouvrages suivants, qui se vendent tous séparément :

Henri, ou *Comment le jeune d'Eichenfels acquit la connaissance de Dieu*, suivi de la *Bague de Diamant*, précédé d'une Préface de l'auteur [in-18. Ce volume contient de plus le portrait de Schmid]; — *la Nuit de Noël*, ou *Histoire du jeune Antoine* [in-18]; — *les OEufs de Pâques*, suivi de *la Tourterelle* [in-18]; — *le Serin*, suivi du *Ver luisant*, de *n'Oubliez pas*, des *Écrevisses* et du *Gâteau* [in-18]; — *le Petit Émigré* [in-18]; — *la Croix de Bois*, suivie de *l'Image de la Vierge* [in-18]; — *Geoffroi*, ou *le Jeune Ermite* [in-18]; — *l'Agneau* [in-18]; — *la Petite Muette*, suivie du *Nid* et de la *Chapelle au Bois* [in-18]; — *la Guirlande de houblon* [in-18]; — *les Carolins et les Kreutzers*, suivis du *Rouge-Gorge*, du *Vieux Château du Brigand* et des *Paquerettes* [in-18]; — *les Fruits d'une bonne éducation*, renfermant la *Chapelle de Wolfsbieth*, ancienne tradition, *l'Inondation du Rhin*, *l'Incendie* [in-18]; — *la Corbeille de Fleurs* [2 vol. in-18]; — *les Deux Frères* [in-18]; — *Rose de Tannenbourg* [2 vol. in-18]; — *le Rosier*, suivi des *Cerises* [in-18]; — *le Melon*, suivi du *Rossignol* [in-18]; — *Fernando* [2 vol. in-18]; — *la Cruche à l'Eau*, suivie des *Roses blanches* [in-18]; — *Timothée et Philémon*, histoire de deux jumeaux chrétiens [in-18]; — *la Chartreuse* [in-18]; — *Fridolin le bon garçon et Thierri le mauvais sujet* [3 vol. in-18]; — *Clara*, suivie d'*Angélique* [in-18]; — *Geneviève* [2 vol. in-18]; — *l'Héritage le meilleur*, suivi d'*Anselme* [in-18]; — *Eustache* [2 vol. in-18]; — *les Pierres fines*, suivies de *Titus* [in-18]; — *Josaphat*, suivi des *Trois Paraboles* [2 vol. in-18]; — *le Jardin* et cinquante-neuf autres petits contes [in-18]; — *le Grand Nid* et soixante-quatre autres petits contes [in-18]; — *le Miroir* et soixante-quatre autres petits contes [in-18]; — *les Fraises*, comédie en un acte, suivie de la *Couronne de Fleurs*, comédie en un acte [in-18]; — *Emma*, drame en trois actes, suivi du *Petit Voleur d'œufs*, comédie en un acte, et du *Petit Ramoneur*, comédie en un acte [in-18]; — *la Petite Joueuse de luth*, comédie en cinq actes [in-18].

L'indication séparée de chaque édition des contes très-nombreux du chanoine Schmid serait sans utilité; nous nous contenterons de signaler : 1° *le titre de tous les ouvrages* de l'auteur par ordre alphabétique; 2° *les noms des traducteurs*, puis ceux des *éditeurs*, ainsi que nous l'avons fait pour les auteurs classiques.

Nous avons retiré de la liste alphabétique tous les ouvrages publiés sous le titre de *Suite aux Contes*, et nous les avons rangés à part.

A toi, mon enfant, récit sous le tilleul du presbytère ; — Agneau (l') ; — Agnès, ou la Petite Joueuse de luth ; — Abrégé (nouvel) de l'histoire de l'Ancien Testament ; — Alexis, le jeune artiste ; — Ambroise (les deux) ; — Anatole; — André; — Angélique [à la suite de *Clara*]; — Annette; — Anselme [à la suite de l'*Héritage le meilleur*]; — Antoine, ou la Veillée de Noël; — Antonio; — Auguste; — Bague (la) trouvée, ou le Fruit d'une bonne éducation; — Bastien; — Baudoin ou la Housse; — Bernard et Armand; — Caroline; — Carolins (les) et les Kreutzers; — Cécilia; — Cerises (les), à la suite du *Rosier*; — Chapelle (la) de Wolfsbielh (avec les *Fruits d'une bonne éducation*); — Chapelle (la) aux bois [publié aussi sous le titre : *Chapelle (la) de la forêt*]; — Charles Seymour, ou le Dévouement filial; — Chartreuse (la); — Château (le vieux) du brigand [à la suite des *Carolins*]; — Clara, suivie d'*Angélique*; — Colombe (la). Voy. le *Jeune Henri*; — Comment Henri apprit à connaître Dieu; — Contes à l'adolescence; — Contes (cent petits) pour les enfants; — Contes (nouv. petits) pour les enfants; — Contes (petits) instructifs et amusants pour les enfants; — Contes (sept nouveaux) pour les enfants; — Contes (trois nouveaux); — Corbeille (la) de fleurs. Voy. *Marie*; — Couronne (la) de fleurs, à la suite des *Fraises*; — Croix (la) de bois; — Cruche (la) à l'eau, suivie des *Roses blanches*; — Dévouement (le) filial. Voy. *Charles Seymour*; — Écrevisses (les) et le Gâteau, à la suite du *Serin*; — Elisabeth; — Emigré (le petit). Voy. *Louis*; — Emma, ou l'Héroïsme filial; — Emma (suivie du *Petit Voleur d'œufs* et du *Petit Ramoneur*); — Enfant (l') de chœur; — Enfant (l') perdu; — Ermite (le jeune). Voy. *Geoffroy, Godefroi et Gottfroy*; — Ermite (l') mystérieux; — Eustache, histoire des premiers temps du christianisme; — Famille (la) chrétienne; — Famille (la) africaine; — Famille (la) Oswald; — Ferme (la) des tilleuls; — Fête (la) de saint Nicolas; — Fille (la bonne), ou la Petite Servante par dévouement; — Fernando [ou *Ferdinand*], histoire d'un jeune Espagnol; — Florestine; — Frédéric; — Fridolin (le bon) et le méchant Thierry [a paru aussi sous ce titre : *Fridolin le bon garçon et Thierry le mauvais sujet*]; — Fridoline (la bonne) et la méchante Dorothée [sur le plan du *Bon Fridolin*]; — Frères (les deux); — Fleurs (les) du désert; — Fraises (les); — Fruits (les) d'une bonne éducation. Voy. la *Bague trouvée*; — Geneviève de Brabant; — Gnômes (les); — Guirlande (la) de houblon; — Geoffroy, ou le Jeune Ermite [publié aussi sous ces titres: *Geoffroy, ou le Petit Ermite*; — *Godefroy, ou le Jeune Solitaire*; — *Godefroid, ou le Robinson allemand*; — *Gottfroid, ou le Jeune Ermite*]; — Gustave et Eugène; — Henri d'Eichenfel (d ou s), ou Dieu révélé par le spectacle de la nature; Henri d'Eichenfels, ou Comment Henri apprit à connaître Dieu; — Henri et Marie, ou les Deux Orphelins; — Héroïsme filial. Voy. *Emma*; — Henri (le jeune), suivi de la *Colombe*; — Héritage (le meilleur), suivi d'*Anselme*; — Hirlanda, comtesse de Bretagne; — Histoire du jeune Antoine. Voy. la *Nuit de Noël*, et *la Veillée de Noël* : histoires tirées de l'Écriture sainte, Nouveau Testament; — Honorine; — Housse (la). Voy. *Baudoin*; — Hubert; — Image (l') de la Vierge, à la suite de *la Croix de bois*; — Incendie (l'), avec *les Fruits d'une bonne éducation*; — Inondation (l') du Rhin (avec les *Fruits d'une bonne éducation*); — Jardin (le), et cinquante-neuf autres petits contes; — Jean et Marie, ou les Fruits d'une bonne éducation; — Jenoseph ; — Josaphat, ou le Prince indien; — Joseph et Isidore; — Joueuse (la petite) de luth. Voy *Agnès*; — Louis [ou *Ludovico*], le petit émigré; — Louise et Élisabeth; — Ludwige; — Marie, ou la Corbeille de fleurs; — Marthe; — Maître (le) d'école de village; — Mélanie et Lucette; — Melon (le), suivi du *Rossignol*; — Michel et Bruno; — Miroir (le), et soixante-quatre autres petits contes; — Mouche (la); — Mouton (le petit), suivi de *la Mouche* [et aussi : *Mouton (le petit)*, suivi du *Ver luisant*]; — Muette (la petite); — Nid (le) [a paru aussi sous ces titres : *Nid (le grand)*, et soixante-quatre autres petits contes; — *Nid d'oiseaux*]; — N'Oubliez pas, à la suite du *Serin*; — Nuit (la) de Noël, ou Histoire du jeune Antoine; — Oiseleur (le petit), à la suite de *Charles Seymour*; — OEufs (les) de Pâques; — Orphelin (l') des Alpes; — Orphelins (les deux). Voy. *Henri et Marie*; — Paquerettes (les) [à la suite des *Carolins*]; — Paraboles (les trois) [à la suite de *Josaphat*]; — Paul et Georges; — Pierre Cœur; — Pierres (les) fines; — Pèlerinage (le); — Ramoneur (le petit); — René; — Rose de Tannebourg; — Roses blanches, à la suite de *la Cruche à l'eau*; — Rossignol (le), et à la suite du *Melon*; — Rosier (le); — Rouge-Gorge (le), à la suite des *Carolins*]; — Serin (le); — Servante (la petite) par dévouement. Voy. *la Bonne Fille*; — Songe (le); — Sophie; — Souvenirs utiles, ou Lectures récréatives et morales; — Taurino le Joueur; — Testament (Nouveau). Voy. *Histoires tirées de l'Écriture sainte*; — Théâtre (le petit) de l'enfance; — Théobald; — Théodora, à la suite des *OEufs de Pâques*; — Théophile le petit ermite [Voy. *Geoffroy*]; — Thierry le mauvais sujet [Voy. *Fridolin le bon garçon*]; — Thimothée et Philémon; — Tilleul (le); — Tirelire (la); — Titus [à la suite des *Pierres fines*]; — Vacances (les) [Voy. *Quinze Jours de vacances*]; — Vallée (la) d'Alméria; — Veille (la) de Noël [Voy. *Antoine*]; — Ver (le) luisant, à la suite du *Serin*; — et du *Petit Mouton*; — Vertu (la) récompensée et le crime puni, ou *le Bon Fridolin et le Méchant Thierry*; — Voleur (le petit) d'œufs [à la suite d'*Emma*]; — Wilfrid.

Traducteurs :

MM. CHRISTIAN [PITOIS]; — DEROME; — DESGARETS (l'abbé); — DICOP [P.-J.]; — DIDIER (le docteur); — DUMONT [Mme Mélanie]; — FRIEDEL; — GÉRARD [F.-C.]; — HUNKLER ou HUNCKLER; — LAPIERRE; — LAURENT (l'abbé); — MACKER [l'abbé]; — MALL [Aug.]; — MICHAUD [L.-G.]; — MONTIGNY [Mme de]; — PARISOT [C.-C.-Val.]; — RAYBOIS [Mlle Estelle]; — SCHOPPE [Mme Amélie]; — WETZELL [Mme de].

Éditeurs :

Paris, Gaume; — Langlois et Leclercq; — Langlumé et Pelletier; — Leclère [Ad.]; — Lehuby; — Pitois-Levrault; — impr. de René; — *Avignon* : Chaillot jeune; — *Châtillon-sur-Seine*, Cornillac; — *Limoges*, Ardant, Barbou; — *Lyon*, Rolland; — *Metz*, Gerson Levy; — *Moulins*, Desrosiers; — *Nancy*, Grimblot, Thomas et Raybois; — *Strasbourg*, Veuve Berger-Levrault; — *Tours*, Mame.

Suite aux Contes du chanoine Schmid :

Alphonse et Nelly; — Ami (l') des petits enfants; — Barque (la) du pêcheur; — Chaumière (la) irlandaise; — Cœur (le) d'une mère; — Edwige; — Étrennes dédiées aux enfants; — Étrennes (nouvelles); — Fauconnier (le petit); — Fils (le bon); — Historiettes (petites) pour le jeune âge; — Historiettes pour les enfants; — Historiettes pour former le cœur et l'esprit; — Iduna; — Ilha, comtesse de Toggenbourg; — Jack (le petit); — Jours (quinze) de vacances; — Louise et Victorine; — Lucien; — Maria; — Margueritte; — Minona; — Paraboles; — Paraboles nouvelles; — Pierre ou les Suites de l'ignorance; — Souvenirs d'enfance; — Suites (les) de l'ignorance [Voy. Pierre]; — Théâtre de la jeunesse.

Traductions et imitations de l'allemand.

Choix d'histoires morales; — Contes (douze nouveaux); — Livres (petits) couleur de rose.

SCHMIDT [Charles], professeur au séminaire protestant de Strasbourg. [Voy. la *France littér.*, t. VIII, p. 534.]

1. — Essai sur Jean Gerson, chancelier de l'Université et de l'Église de Paris. Strasbourg, Schmidt et Grucker; Paris, Cherbuliez, 1839, in-8 de 128 pag. [3 fr.].

2. — Notice sur la ville de Strasbourg. Strasbourg, Schmidt et Grucker, 1843, in-18, avec 3 grav. et une carte.

3. — Gérard Roussel, prédicateur de la reine Marguerite de Navarre. Mémoires servant à l'histoire des premières tentatives faites pour introduire la réformation en France. Strasbourg, Silbermann; Paris, Cherbuliez, 1845, in-8 [4 fr.].

On doit encore à M. Ch. Schmidt : Plaintes d'un laïque allemand du quatorzième siècle sur la décadence de la chrétienté. Opuscule publié pour la première fois à l'occasion du quatrième anniversaire de l'invention de l'imprimerie, d'après un manuscrit de la bibliothèque de la ville de Strasbourg [1840, in-8]; — Nouveaux Détails sur la vie de Gutenberg, tirés des archives de l'ancien chapitre de Saint-Thomas, à Strasbourg [1841, in-8]; — Trois Sermons [1842, in-8]; — de l'Objet de la théologie pratique [1844, in-8].

SCHMIDT, professeur de mathématiques à Caen.

1. — Notice sur Varignon.

Publiée dans les « Mémoires de l'Académie des sciences, arts et belles-lettres de Caen, » pour 1840.

2. — Introduction des mathématiques dans l'instruction populaire. Paris, impr. de Lacrampe, 1848, in-8 de 16 pag.

SCHMIDT [Fr.]. — Schweden unter Karl XIV Johann. Strasbourg, impr. de Schuler, 1843, in-8.

— La Suède sous Charles XIV Jean. Traduit de l'allemand. 11e édition. Paris, Hachette, 1845, in-8 [6 fr.].

La première édition de cette traduction a été publiée en 1843 [Paris, Roret, Hachette, in-8].

SCHMIDT. — Les Romans en prose des cycles de la Table ronde et de Charlemagne; trad. de l'allemand et annotés par M. le baron *F. de Roisin*. 1844, in-8 de 188 pag.

Extrait des « Mémoires de la Société des Antiquaires de la Morinie. »

SCHMIT [J.-P.], maître des requêtes au conseil-d'État, ancien chef de division au ministère des cultes, inspecteur des monuments religieux, membre de plusieurs sociétés académiques.

1. — Les Églises gothiques. Paris, J. Angé et Cie (X. Dumoulin), 1837, in-12, 2 fr.

Sous le pseudonyme *Old-Book, archéologue*.

2. — Les Deux Miroirs, contes pour tous. Paris, Royer, 1843, gr. in-8, avec pl. [15 fr.].

Publié en 50 livraisons. — Le même ouvrage porte aussi pour titre : *le Livre des Vacances*.

3. — Nouveau Manuel complet de l'architecture des monuments religieux, ou Traité d'application pratique de l'archéologie chrétienne. Paris, Roret, 1845, in-18, avec un atlas de 2 pag. de texte et de 20 pl. [7 fr.].

4. — Nouveau Manuel complet du décorateur ornemaniste, du graveur et du peintre en lettres. Paris, Roret, 1848, 1849, in-18, avec atlas in-4 obl. de 4 pag. de texte et 30 pl.

On doit en outre à M. Schmit : Souvenirs d'un voyage archéologique dans l'ouest de la France [1841, in-8]; — de l'Inégale Répartition de la population et de la prospérité sur les deux rives de la Seine, de ses causes et des moyens de la rectifier [1842, in-12]; — aux Ouvriers : du pain, du travail et la vérité [1848, Ire et IIe édit., in-16; IIIe édit., in-12]; — le Catéchisme de l'ouvrier [1848, in-18]; — Ouvriers et bourgeois : l'ordre ou le désordre, du pain ou la misère [1848, in-16. Cet opuscule a été publié en deux feuilletons dans le journal « le Constitutionnel » du mois de juillet]; — Profession de foi de Jean-Bonhomme, candidat à l'Assemblée nationale législative [1849, in-fol. et in-16]; — la Papauté peut-elle et doit-elle demeurer pouvoir politique [1849, in-8]?

M. Schmit a travaillé à : « les Beaux-Arts et l'Industrie » [1844, gr. in-4].

SCHMIT. — Avec M. l'abbé *Marcel* : Cours élémentaire de patrologie (1848, pet. in-8). Voy. MARCEL.

SCHMIT ou **SMITH** [Paul], pseudonyme. Voy. MONNAIS.

SCHMITT [G.-J.]. — Recueil d'observations sur des cas de grossesses douteuses; précédé d'une Introduction cri-

22.

tique sur la manière d'explorer. Traduit de l'allemand par *J.-A. Stoltz.* Strasbourg, Février 1830, in-8 de 4 pag.

SCHMITT [J.-M.]. — Le Calendrier des intérêts, des escomptes et des comptes courants, divisé en douze tableaux. Paris, René, 1845, in-fol. de 28 pag. [3 fr.].

SCHMITZ. — Avec MM. *Jullien* et *Lorentz :* Nouveau Manuel complet de l'ingénieur civil (1845, 2 vol. in-18). Voy. JULLIEN.

SCHMÖLDERS [Auguste], docteur en philosophie. — Essai sur les écoles philosophiques chez les Arabes, et notamment sur la doctrine d'Algazzali. Paris, impr. de F. Didot, 1842, in-8, suivi du texte arabe et de la traduction [6 fr.].

L'auteur fait connaître les différentes sectes arabes, et l'influence considérable qu'elles ont exercée en Occident pendant le moyen âge. Les Arabes nous ont transmis les doctrines grecques, et ils étaient si fiers de s'appeler disciples d'Aristote qu'ils attribuaient à ce grand philosophe ce qu'ils avaient inventé eux-mêmes. L'école d'Albert le Grand, et même la philosophie de saint Bonaventure, se ressentent visiblement de l'influence orientale.

SCHNEEGANS [Louis], archiviste à Strasbourg.

1. — Vues générales sur l'enseignement du droit ecclésiastique protestant en France. Strasbourg, impr. de Silbermann, 1840, in-8 de 106 pag.

2. — Notice sur Closener et Twinger de Kœnigshoven et leurs chroniques allemandes, composées d'après les sources originales. Strasbourg, 1842, in-4 de 60 pag.

Cette notice a été réimprimée dans le « Code historique et diplomatique de la ville de Strasbourg » [1845, in-4].

3. — L'Église de Saint-Thomas, à Strasbourg, et ses monuments. Essai historique et descriptif, composé d'après les sources originales. Strasbourg, impr. de Schuler, 1844, in-8 avec 5 grav.

Citons encore : Sceaux d'architectes du moyen âge ; — le Grand Pèlerinage de Flagellans à Strasbourg, en 1349, etc.

SCHNEEGANS [C.-F.], de Strasbourg. — Appréciation de saint Augustin d'après ses travaux sur l'herméneutique sacrée. Strasbourg, impr. de Mme veuve Berger-Levrault, 1848, in-8.

Thèse.

SCHNEIDER. Voy. PLATON.

SCHNEIDWEILER. — Avec MM. *Emaire* et *Louis van Houtte :* Flore des serres et des jardins de l'Europe (1844, gr. in-8). Voy. HOUTTE.

SCHNITZLER [Jean-Henri], membre honoraire de la Société française de Statistique universelle, membre correspondant de l'Académie impériale des sciences de Saint-Pétersbourg, né à Strasbourg le 1er juin 1802. [Voy. la *France littér.*, t. VIII, p. 535.]

1. — Étude sur l'empire des tzars. Histoire intime de la Russie sous les empereurs Alexandre et Nicolas, et particulièrement pendant la crise de 1825. Paris, J. Renouard, 1847, 2 vol. in-8 [15 fr.].

2. — Statistique générale méthodique et complète de la France, comparée aux autres grandes puissances de l'Europe. Paris, Lebrun, Garnier frères, Renouard, 1842-46, 4 vol. in-8 [30 fr.].

3. — De la création de la richesse, ou des Intérêts matériels en France; statistique comparée et raisonnée. Paris, Lebrun, 1842, 2 vol. in-8 [15 fr.].

Ces deux volumes forment les tomes III et IV de la *Statistique générale méthodique et complète de la France* [1842-46, 4 vol. in-8]. On doit encore à M. Schnitzler : les Trois Jours racontés en trois heures, ou Esquisse de la révolution de juillet 1830 [1841, in-8] ; — des Encyclopédies en général et de l'Encyclopédie des Gens du monde en particulier [1838, in-8]. M. Schnitzler, directeur de « l'Encyclopédie des Gens du monde, » a fourni plusieurs articles à ce recueil.

SCHNOELL. Voy. PIERQUIN.

SCHODET, calligraphe. [Voy. la *France littér.*, t. VIII, p. 537.] — Essai de morale pratique, par un principal de collège; en six modèles gravés sur pierre, écrits par le calligraphe Schodet. Lille, impr. de Danel; Paris, Hachette, Ducroq, 1837, in-4 de 12 pag. [2 fr.].

SCHOEBEL [C.]. — Analogies constitutives de la langue allemande avec le grec et le latin, expliquées par le sanskrit. Paris, J. Renouard, 1846, in-8 [10 fr.].

SCHŒFFER [Henri]. — Histoire de Portugal, depuis sa séparation de la Castille jusqu'à nos jours, traduite de l'allemand par M. *Henri Soulange-Bo-*

din, avec une note sur la chronique inédite de la conquête de Guinée, donnée par M. le vicomte de *Santarem*. Paris, Parent-Desbarres, 1840, 2 vol. gr. in-8.

La couverture porte : Histoire d'Espagne et de Portugal, par Paquis, tome II. L'Histoire d'Espagne formant seule deux volumes, c'est tome III qu'il faudrait.

SCHŒLCHER [Victor], représentant du peuple aux Assemblées législatives de 1848 et 1849. [Voy. la *France littér.*, t. VIII, p. 537.]

1. — Des Colonies françaises. Abolition immédiate de l'esclavage. Paris, Pagnerre, 1842, in-8 [6 fr.].

2. — Colonies étrangères et Haïti; résultats de l'émancipation anglaise. Paris, Pagnerre, 1843, 2 vol. in-8 [12 fr.].

3. — L'Égypte en 1845. Paris, Pagnerre, 1846, in-8 [7 fr. 50 c.].

3. — Histoire de l'esclavage pendant les deux dernières années. Paris, Pagnerre, 1847, in-8 (en deux parties) [6 fr.].

5. — La vérité aux ouvriers et cultivateurs de la Martinique, suivie des rapports, décrets, arrêtés, projets de loi et d'arrêtés concernant l'abolition immédiate de l'esclavage. Paris, Pagnerre, 1849, in-8 [6 fr.].

Citons encore : Abolition de l'esclavage, examen critique du préjugé contre la couleur des Africains et des sang-mêlé [1839, in-32]; — avec A.-F. PERRINON : Nouvelles Observations sur les élections de la Guadeloupe [1849, in-fol.]; — avec M. A.-F. PERRINON : Bulletin colonial. Élections de la Guadeloupe et de la Martinique [1849, in-fol.].
On doit à M. V. Schœlcher : *les Amours en diligence*, dans le « Livre des Cent-et-un » [t. VIII, p. 181]; — *Saint-Thomas et Sainte-Croix*, lettre adressée à M. *Lacroix*, dans l'« Annuaire des Voyages et de la Géographie » [1844, in-18]; — *les Nègres canotiers de la Martinique*, dans la « Bibliothèque des feuilletons » [t. XI]; etc.
Il a travaillé à la « Galerie historique des hommes célèbres de l'Italie, » et à la « Revue indépendante. »

SCHŒLL [Maximilien-Samson-Frédéric], publiciste, diplomate, conseiller intime du roi de Prusse; né en 1766 dans un village de Nassau-Saarbruck, mort à Paris le 6 août 1833. [Voy. la *France littér.*, t. VIII, p. 537.]

1. — Actes du congrès de Vienne, du 9 juin 1815, avec les pièces qui y sont annexées. 1815, in-8.

2. — Précis des contestations qui ont eu lieu entre le saint-siége et Napoléon Buonaparte. Paris, Maze, 1819, 2 vol. in-8 [12 fr.].

L'Histoire générale des Traités de paix, par M. GARDEN [Paris, Amyot, 1849], comprend les travaux de Koch, Schœll, etc., entièrement refondus.

SCHOEN [F.-L.]. — L'Homme et son perfectionnement. Paris, Abel Ledoux, 1845, in-8 [7 fr.].

SCHOENHERR [C.-J.], entomologiste suédois. [Voy. la *France littér.*, t. VIII, p. 541.] — Genera et species curculionidum, cum synonymia hujus familiæ, species novæ aut hactenus minus cognitæ, descriptionibus a dom. *Gyllenhal, C.-H. Boheman, O.-J. Fahræus*, et entomologis aliis illustratæ. Paris, Roret; Leipzig, Fr. Fleischer, 1833-1845, 8 tomes en 16 parties [144 fr.].

SCHŒVERS [Alexandre], chirurgien accoucheur à La Haye. — Mémoire sur le choléra épidémique, ou Recherches sur son principe morbifique et son traitement rationnel; présenté à l'Académie de Médecine et à l'Institut de France. Paris, impr. de Lacour, 1848, in-8 de 64 pag.

SCHOONEN [Louis]. — Hommage à André Vésale. Bruxelles, Decq, 1847, in-8 [30 c.].

Poésies.

SCHOPENHAUER [Mme de]. [Voy. la *France littér.*, t. VIII, p. 545.] — La Tante et la Nièce, ouvrage traduit par Mme de *Montolieu*. Nouvelle édition. Paris, Arthus Bertrand, 1842, 3 vol. in-12, avec 3 gravures [3 fr. 75 c.].

SCHOPPE [Mme Amélie], née WEISE. [Voy. la *France littér.*, t. VIII, pag. 545.]

1. — Pierre et Claudine, ou les Deux petits Savoyards; traduit de l'allemand par M. *Gérard*. Paris, Langlumé et Peltier, 1841, in-12, avec 2 grav. et un frontispice.

La première édition est de 1835, in-12.

2. — Les Émigrants au Brésil, imité par M. *Louis Friedel*. V^e édit. Tours, Mame, 1848, in-18, avec 1 vign.

La première édition est de 1837, in-12.

3. — Le Cœur d'une mère. Récits propres à former le cœur et l'esprit de la jeunesse. Paris, Maison, 1837, in-12 [3 fr.].

4. — Devoir et sagesse, ou le Livre d'or des jeunes personnes. Paris, Maison, Debecourt, 1837, in-12 [3 fr.].

SCHOTTKY [Jules], professeur de langues étrangères au collège de Vendôme, membre de plusieurs sociétés savantes. — Dieu et la Religion, ou l'Accord du génie avec la foi. 1 vol. in-18. [1 fr. 80 c.].

C'est un recueil des sentiments des hommes les plus célèbres de tous les siècles sur l'existence de Dieu et la vérité du christianisme.

SCHRAM [G.], membre correspondant de l'Institut des langues à Paris. — Principes de la langue danoise et norvégienne, accompagnés d'exemples de français et de danois en regard, servant à l'étude comparée des deux langues. In-8 [6 fr.].

SCHRANCK, garde général des forêts, à Besançon. — Le Guide du Chasseur. Besançon, Outhenin-Chalandre, 1840, in-plano.

SCHREIBER [Aloyse]. — Guide des voyageurs le long du Rhin; trad. de l'allemand en français par *Aufschlager*. Heidelberg, Jos. Engelmann, 1831, in-18, avec cartes.

SCHRODER [Fréd.-Ch.], de Bordeaux. — Du Rôle de la conscience en face de l'éternité. Strasbourg, imprim. de Mme veuve Berger-Levrault, 1848, in-8 de 48 pag.

SCHRŒDER [Karl].
1. — Bibliothèque manuscrite, pour exercer à la lecture de l'écriture cursive allemande. La Mythologie du Nord. Paris, impr. lith. de Saunier, 1840, in-8 de 72 pag. [1 fr. 50 c.].
2. — 1842. Cantate. Paris, impr. de Pillet aîné, 1842, in-8 de 16 pag.

En allemand.

SCHUBERT [C.-H. de], professeur de sciences naturelles à l'Université de Munich.
1. — Vie de Bernard Overberg; trad. de l'allemand par M. *L. Boré*. IIe édit. Paris, Debécourt, Hachette, 1843, in-18 [75 c.].
2. — Jacob Werner, épisode de la guerre de Trente ans. Traduit de l'allemand par M. *V. Jæglé*. IIe édition. Paris, Delay, 1845, in-18 [1 fr. 25 c.].
3. — La Vie de Franz de Hochwarten;
traduit de l'allemand par *Victor Jæglé*. Paris, Delay, 1845, in-18 [1 fr. 25 c.].

SCHULER [D.-Debray]. Voy. DEBRAY-SCHULER.

SCHULTZ [le docteur C.-H.]. — Mémoire pour servir de réponse aux questions de l'Académie royale des sciences pour l'année 1833. Paris, Impr. royale, 1839, in-4, avec 23 pl.

SCHULTZ [P.]. — Lorraine et France. 1460 et 1788. Nancy, impr. de Raybois, 1848, in-8 de 20 pag.

Discours académique.

SCHURE [J.-F.]. — Mémoire sur les questions d'organisation médicale relatives à la médecine dentaire. Strasbourg, impr. de Silbermann, 1845, in-8 de 20 pag.

SCHUSTER, garde du génie à Metz, attaché à l'École d'application.
1. — Résumé des observations météorologiques faites à Metz pendant une période de dix années (de 1825 à 1834). Metz, impr. de Lamort, 1836, in-8 de 24 pag.

Extrait des « Mémoires de l'Académie royale de Metz » [années 1834-35].

2. — Résumé des observations météorologiques faites à Metz pendant les années 1835, 1836, 1837, 1838, 1839 et 1840, faisant suite à la Notice donnée pour celles de 1825 à 1834. Metz, impr. de Verronnais, 1841, in-12 de 24 pag.
3. — Journal des observations météorologiques faites à Metz pendant l'année 1847. Metz, impr. de Lamort, 1849, in-8 de 36 pag.

Extrait des « Mémoires de l'Académie nationale de Metz » [années 1847-48].

SCHUSTER [C.-G.-Th.], docteur en médecine de la Faculté de Paris. — Nouveau Dictionnaire des langues allemande et française, contenant, outre la définition des mots, etc. Revu, pour le français, par M. *Ad. Regnier*. Paris, Hingray, 1841-1843, 2 vol. in-8 [15 fr.].

Tome Ier : *Allemand-français;* — tome II : *Français-allemand.* — Un 2e tirage a eu lieu en 1844.

Un abrégé de ce Dictionnaire, rédigé par M. le docteur Adler MESNARD, a été publié en 1844, sous ce titre : « Nouveau Dictionnaire allemand-français et français-allemand; abrégé du grand Dictionnaire de MM. Schuster et Régnier » [Paris, Hingray, in-32].

M. Schuster a traduit de l'allemand, avec

M. SANSON, et augmenté de notes le « Traité complet d'anatomie comparée, » par MECKEL [1827-38, 10 vol. in-8].

Il a donné une nouvelle édition de : « Columbus, oder die entdeckung von Weltindien » (Colomb, ou la découverte du Nouveau-Monde), par M. J.-H. CAMPE [1837, in-12].

SCHUTTE [A.]. Voy. HEEREN.

SCHUTZ [J.-Ferdinand]. [Voy. la *France littér.*, t. VIII, p. 551.]

1. — La Nancéide, ou la Guerre de Nancy, poëme latin de *Pierre de Blarru*, avec la traduction française, augmentée de l'exposé du système de ponctuation et d'abréviations suivi au moyen âge, d'un examen philosophique, de poésies, de documents historiques et de plusieurs gravures. Nancy, Raybois, 1840, 2 vol. gr. in-8, avec 7 grav. sur bois [12 fr.].

2. — Tableau de l'histoire constitutionnelle et législative du peuple lorrain, suivi de documents inédits. Nancy, Raybois, 1843, in-8 de 128 pag.

3. — Louis XI et René II. Page oubliée de l'histoire de France. Nancy, Mme veuve Raybois, 1846, in-8 de 40 pag.

Extrait des « Mémoires de la Société royale des sciences, lettres et arts de Nancy. »

4. — La Confédération germanique. Aperçu des lois et des autres institutions fédérales. Wiesbade, 1847, in-8 [6 fr. 35 c.].

SCHUTZENBERGER [G.-F.], professeur de droit à la Faculté de Strasbourg, maire de cette ville, membre de la Chambre des députés. [Voy. la *France littér.*, t. VIII, p. 551.] — Cours de droit administratif. Discours d'ouverture, prononcé le 6 mars 1838. Strasbourg, impr. de Silbermann, 1838, in-8 de 28 pag.

M. G.-F. Schutzenberger est l'auteur de l'*Introduction* mise en tête du « Code historique et diplomatique de Strasbourg » [Strasbourg, impr. de Silbermann, 1845, in-4, avec deux frontispices] ; — et du *Rapport* sur l'ouvrage intitulé : « de l'Impôt en France, » publié dans les « Mémoires de l'association pour les réformes administratives et financières » [Strasbourg, impr. de Silbermann, 1849, in-8].

SCHWAB [Gustave]. — L'Allemagne romantique. Première section. *La Souabe*. Paris, Heideloff, Audot, 1838-1840, in-8, avec 30 grav.

M. G. Schwab a fait précéder d'un *Extrait des traditions poétiques de l'antiquité* : « Iphigénie en Tauride, » drame de GOETHE [1843, in-18].

SCHWABE [C]. Voy. ROYER.

SCHWALBÉ [J.-A.].

1. — Sur le Beau. 1835, in-4.

Thèse pour doctorat ès lettres.

2. — De Reminiscentia Platonica. 1835, in-4.

Thèse pour le doctorat ès lettres.

M. Schwalbé a traduit et expliqué « le Parménide, » dialogue de PLATON [1841, in-8] ; et il a fait précéder les « OEuvres » de ce philosophe d'*Arguments* et d'une *Esquisse sur la philosophie platonicienne* [1845, 2 vol. gr. in-8].

Il a travaillé au « Correspondant. »

SCHWALM de Thann [Th.]. — Leçons de langue française pour les Allemands. Guebwiller, impr. de Bruckert, 1839, in-12.

SCHWARTZ [le docteur].

M. Schwartz a publié à Leipzig, en 1844, une traduction allemande des « Pensées » de PASCAL, édit. de M. Faugère. Voy. PASCAL.

SCHWERZ [J.-N. de], directeur de l'institution wurtemburgeoise d'expériences et d'instruction agricole. [Voy. la *France littér.*, t. VIII, pag. 558.]

1. — Assolements et culture des plantes de l'Alsace. Ouvrage traduit de l'allemand, et annoté par M. *Victor Rendu*. Paris, Mme Huzard, 1839, in-8, avec une carte [3 fr.].

Ouvrage couronné par la Société royale et centrale d'Agriculture.

2. — Préceptes d'agriculture pratique, traduits sur la IIe édition par M. *P.-R. de Schauenburg*. Paris, Mme Huzard, 1839, in-8 [5 fr.].

Première partie : *Étude des sols et amendements*.

3. — Culture des plantes à grains farineux, ou Céréales et plantes à cosses, formant la seconde partie des *Préceptes d'agriculture pratique*; traduit sur la seconde édition par M. *P.-R. de Schauenburg*. Paris, Bouchard-Huzard, 1840, in-8 [6 fr.].

4. — Culture des plantes fourragères, formant la troisième partie des *Préceptes d'agriculture pratique*; traduit sur la IIe édition par M. *P.-R. de Schauenburg*. Paris, Bouchard-Huzard, 1842, in-8 [5 fr.].

5. — Manuel de l'agriculteur commençant, ou Instruction sur la nature, la

valeur et le choix de tous les systèmes de culture ou assolements connus; traduit de l'allemand par MM. *Charles* et *Félix Villeroy*. Paris, impr. de Duverger, 1844, in-8; Dusacq, 1846, in-12 [3 fr. 50 c.].

SCHWICKARDI, architecte. [Voy. la *France littéraire*, tom. VIII, p. 558.]
— Avis important sur une nouvelle découverte, supprimant l'un des cinq fléaux qui affligent l'humanité, celui des incendies, par des procédés certains, économiques, solides et incombustibles. Paris, impr. de Baudouin, 1839, in-4 de 8 pag.

SCHWILGUÉ [Ch.].
1. — Description abrégée de l'horloge astronomique de la cathédrale de Strasbourg. II⁰ édition. Strasbourg, impr. de Dannbach, 1844, in-18 de 72 pag.
2. — Guide des horloges publiques, ou Manière de régler et d'entretenir les horloges du système Schwilgué. Strasbourg, impr. de Silbermann, 1845, in-12 de 84 pag.

SCIALOJA [Ant.], de Naples. — Les Principes de l'économie sociale exposés selon l'ordre logique des idées. Ouvrage considérablement augmenté et entièrement refondu par l'auteur, traduit et annoté par M. H. Devillers. Paris, Guillaumin, 1845, in-8 [7 fr. 50 c.].

Voy. un compte rendu dans « le Moniteur » du 15 mai 1845.

SCIARD [Victor]. — Essai philosophique sur la loi de progressibilité universelle, et son application au sort de l'humanité. 1re partie. Paris, Fortin, E. Masson, 1842, in-8.

Une première livraison, publiée en 1838, a pour titre : *Cours de philosophie, ou Considérations générales sur la loi de la progressibilité universelle et son application au sort de l'humanité* (Paris, Crochard, in-8.)

SCLAFER [Honoré]. — Le Sceptique mourant. Paris, Capelle, 1844, in-8 [5 fr. 50 c.].

SCOBARDI [le R. P.]. — Rapport confidentiel sur le magnétisme animal et sur la conduite récente de l'Académie royale de Médecine, adressé à la Congrégation de l'index, et traduit de l'italien par M. *Ch. B.*, D. M. P. Paris,

Dentu, Germer-Baillière, 1839, in-8 [2 fr. 25 c.].

SCORBIAC [l'abbé Bruno-Dominique de], prédicateur, directeur du collège de Juilly, grand-vicaire de Bordeaux; né à Montauban en 1796, mort à la fin de 1846. [Voy. sur M. de Scorbiac des *Notices*, par les abbés Cœur et Ratisbonne, dans le *Journal du Dimanche* du 18 octob. 1846; par M. Ratisbonne, dans *la Presse* du 11 octobre 1846; et par M. l'abbé Melchior Dulac dans *l'Université catholique* de janvier 1847.]
— Avec M. *de Salinis* : Précis de l'histoire de la philosophie. IIIe édit. Paris, Hachette, 1847, in-12 [4 fr.].

La première édition est de 1834.
M. de Scorbiac a travaillé à « l'Université catholique. »

SCHWEIGHÆUSER [Jean-Gottfried], professeur de littérature grecque à la Faculté de Strasbourg, correspondant de l'Institut, membre de la Société des Antiquaires de France et de plusieurs autres sociétés savantes; né à Strasbourg le 2 janvier 1776, mort dans cette ville le 14 mars 1844. [Voy. Notice sur la vie et les travaux de J.-G. Schweighæuser, par M. de Goldéry, dans l'*Annuaire de la Soc. des Antiq. de France* pour 1849, une notice dans le *Dictionn. biogr.* de Guyot de Fère, et la *France littér.*, t. VIII, p. 555.]
1. — Die heilige Weltgeschichte, les anciennes Religions et le Christ, poëme avec des remarques historiques, par G. S. Strasbourg, 1815, in-8.
2. — Die Stufen der Bildung, les Degrés de la civilisation. Premier chant. Vienne, 1821, in-8.
3. — Discours sur les services que les Grecs ont rendus à la civilisation. Paris, Didot, 1821.
4. — Notice sur les recherches relatives aux antiquités du Bas-Rhin. Strasbourg, 1822, in-8.

Extrait de l'« Annuaire du Bas-Rhin. »

5. — Introduction pour l'histoire de l'imprimerie de Lichtenberger. 1824, in-8.

En français et en allemand.

6. — Notice sur les anciens châteaux et autres monuments remarquables de la partie méridionale du département du Bas-Rhin. Strasbourg, 1824, in-8.

7. — Notes sur quelques monuments gallo-romains (*Mém. de la Société des Antiq. de France*, t. VI, nouv. série, pag. 90).

8. — Énumération des monuments les plus remarquables du département du Bas-Rhin et des contrées adjacentes. Strasbourg, Mme veuve Levrault, 1843, in-8 de 48 pag.

9. — Supplément à la notice de M. Lemaistre sur la poterie gallo-romaine (*Mém. de la Soc. des Antiq. de France*, t. VII, 2e série, p. 36).

On doit encore à M. Schweighœuser des notices sur la vie et les ouvrages de Brunck [1809], de Koch [1813]. Il a donné des articles au « Bulletin monumental » de M. de CAUMONT, aux « Mémoires de la Société des Antiquaires de Normandie, » au « Magasin encyclopédique » de MILLIN, aux « Archives littéraires de l'Europe » de SUARD, aux « Mémoires de la Société des sciences de Strasbourg, » et à divers journaux et recueils allemands, « la Flora, » « le Morgenblatt, » les « Franzœsische miscellen, » etc.

SCOTT [Walter], poëte, romancier et historien; né le 15 août 1771 à Édimbourg, mort à son château d'Abbotsford le 21 septembre 1832. [Voy. la *Galerie des Contemporains illustres*, par un homme de rien, la *Biogr. univ.*, suppl., et la *France littér.*, t. VIII, p. 561.]

Ouvrages en anglais :

1. — Sir Walter Scott's complete works, including all his Poetical works, Novels, Miscellaneous prose works, Life and Correspondence, with the Author's new prefaces, notes, additions, corrections and various readings of the last Edinburgh edition, and a glossary of the Scottish words. Paris, Baudry, 52 vol. in-8, avec un portrait.

2. — The complete novels, with new prefaces, notes, additions, corrections, etc. Paris, Baudry, 1831-1842, 25 vol. in-8.

Cette collection se compose des ouvrages suivants : — Waverley, or the sexty ears since; — Guy Mannering, or the Astrologer; — the Antiquary; — Rob-Roy; — Ivanhoe; — Tales of my landlord, *1st series, or* the Black Dwarf, and Old Mortality; — *2d series, or* the Heart of Mid-Lothian; — *3d series, or* the Bride of Lamermoor, and legend of Montrose; — *4th series, or* Count Robert of Paris, and Castle dangerous; — the Monastery; — the Abbot; — Kenilworth; — the Pirate; — Fortunes of Nigel; — Quentin Durward; — Peveril of the Peak; — St-Ronan's well; — Redgauntlet; — Tales of the Crusaders, or the Betrothed and the Talisman [2 vol.]; — Woodstock; — Chronicles of the Canongate, *or* the Highand widow, the two drovers, my Aunt margarret's mirror, the tapestried Chamber and the surgeon's Daughter; — Fair maid of Perth; — Anne of Geierstein; — Notices and anecdotes illustrative of the incidents, characters, and scenery described in the Novels of Walter Scott.

3. — The Novels of sir Walter Scott. New edition, with notes historical and illustrative. Paris, Galignani, 1838, 5 vol. gr. in-8 [60 fr.].

4. — Select Novels of sir Walter Scott: consisting of Waverley, Ivanhoe, the Black Dwarf, Old Mortality, the Heart of Mid-Lothian, Quentin Durward. Paris, Baudry, Amyot, Truchy, Girard frères, gr. in-8 [15 fr.].

5. — The poetical Works. Paris, Baudry, 1838, 1839, 6 vol. in-8 [30 fr.].

Vol. 1 et 2 : the Minstrelsy of the Scottish Border; — *vol.* 3 : Sir Tristrem, and the dramatic pieces; — *vol.* 4 : the Lay of the last minstrel, Marmion, Ballads and songs; — *vol.* 5 : the Lady of the Lake, Rokeby, the Vision of don Roderik; — *vol.* 6 : the Lord of the Isles, the Bridal of Triermain, Harold the dauntless, Songs and miscellaneous poems.

— The poetical Works of sir Walter Scott; first series, containing Minstrelsy of the scottish border, sir Tristrem, and dramatic pieces. Paris, Baudry, Amyot, Truchy, Th. Barrois, 1838, gr. in-8 à deux col. avec un portrait, 9 gravures et un *fac-simile* [25 fr.].

6. — The Lady of the Lake, a poem in six cantos. Paris, Baudry, 1838, in-18 [4 fr. 50 c.].

7. — Richard in Palestine, or the Talisman, a tale of the crusaders. Paris, Truchy, 1845, in-12 [3 fr. 50.].

8. — The History of Scotland, from the fall on the roman empire to the accession of James VI to the crown of England. Paris, Baudry, Amyot, Truchy, Th. Barrois, 1839, in-8 [5 fr.].

Collection of ancient and modern english authors.

On a aussi publié à Paris [Baudry, 1840, in-8] : Beauties of sir Walter Scott, or a collection of the most striking pictures and interesting events to be met with in Sir Walter Scott's novels, arranged in chronological order, interspersed with explanatory notes, by CH. OLIFFE [3 fr. 50 c.].

Traductions.

9. — OEuvres, traduites en français par M. *Louis Vivien*. Paris, Pourrat frères, Lebigre, 1837, 1840, 1842, 25 vol. in-8, avec grav.

— OEuvres complètes, traduction nouvelle, revue et corrigée par M. *Barré*, et complétée par une description et histoire de l'Écosse. Paris, F. Didot frères, 1840, 14 vol. in-8 avec 120 grav. [42 fr.].

Tome Ier, Waverley. — L'Antiquaire [3 fr.] ; — tome II, Guy Mannering. — Rob-Roy [3 fr.] ; — tome III, Kenilworth. — La Prison d'Édimbourg [3 fr.] ; — tome IV, le Vieillard des Tombeaux, ou les Presbytériens d'Écosse. — Ivanhoé [3 fr.] ; — tome V, Le Château dangereux. — Woodstock [3 fr.] ; — tome VI, Aventures de Nigel. — Le Monastère [3 fr.] ; — tome VII, l'Abbé. — Anne de Geierstein [3 fr.] ; — tome VIII, les Chroniques de la Canongate. — Les Fiancés. — Le Talisman [3 fr.] ; — tome IX, la Fiancée de Lammermoor. — Quentin Durward [3 fr.] ; — tome X, le Pirate. — Redgauntlet [3 fr.] ; — tome XI, Peveril du Pic. — Le Nain [3 fr.] ; — tome XII, Robert de Paris. — Le Jour de la Saint-Valentin [3 fr.] ; — tome XIII, la Dame du lac, Marmion, Rokeby, et romans poétiques [3 fr.] ; — tome XIV, Description de l'Écosse [3 fr.].
C'est l'édition de 1837 [27 vol. in-8 à 2 col.], dont on a réuni les romans deux à deux pour former 14 vol. seulement.

— Œuvres, traduites par M. *Defauconpret*. Paris, Gosselin, 1839, Furne, 1840-1841, 30 vol. in-8, avec des vignettes d'après les tableaux de MM. Alfred et Tony Johannot, des portraits, des culs-de-lampe, etc. [120 fr.] ; — XXe édition. Paris, Furne, Perrotin, Pagnerre, 1848, 25 vol. in-8.

— Œuvres, trad. par M. *A.-J.-B. Defauconpret*. Paris, Gustave Barba, 1844, in-18 anglais, à 3 fr. 50 c. le vol.

On a publié seulement les romans suivants : la Prison d'Édimbourg ; — Rob-Roy ; — les Puritains d'Écosse ; — Waverley ; — Guy Mannering ; — l'Antiquaire ; — Ivanhoe ; — Quentin Durward ; — le Château de Kenilworth ; — la Jolie Fille de Perth.

— Œuvres, trad. nouv. par M. *Léon de Wailly*. Paris, Charpentier, 1848-1849, 25 vol. in-18 anglais.

— Chefs-d'œuvre de Walter Scott, traduction de M. *L. Vivien*, contenant : *Waverley*, — *Quentin Durward*, — *le Talisman*, — *la Prison d'Édimbourg*. Paris, 1838, 1843, 4 vol. gr. in-8, avec grav.

— Œuvres choisies à l'usage de la jeunesse, traduction nouvelle et abrégée, avec des notices historiques, par M. *Boistel d'Exauvillez*. Paris, 1840 et ann. suiv., tom. I à VIII, in-18.

De cette édition il a paru jusqu'à ce jour : *Woodstock, ou les Cavaliers ; l'Antiquaire ; Quentin Durward ; Waverley ; les Aventures de Nigel ; Rob-Roy ; Anne de Geierstein et Henry Morton.*

10. — La Fiancée de Lammermoor, conte de mon hôte ; traduction nouvelle. Avignon, impr. de Chaillot jeune, 1838, 3 vol. in-18.

11. — La Jolie Fille de Perth, ou le Jour de Saint-Valentin ; traduction nouvelle. Avignon, impr. de Chaillot jeune ; Paris. Lebailly, 1838, 5 vol. in-18.

12. — Le Connétable de Chester, traduit de l'anglais par *A.-J.-B. Defauconpret*. Paris, Gustave Barba, 1838, 4 vol. in-12 [6 fr.].

13. — La Dame du Lac, traduit de l'anglais par *A.-J.-B. Defauconpret*. Paris, Gustave Barba, 1838, 2 vol. in-12 [3 fr.].

14. — Richard en Palestine, traduit de l'anglais par *A.-J.-B. Defauconpret*. Paris, Gustave Barba, 1838, 4 vol. in-12 [6 fr.].

15. — Guy Mannering, traduit de l'anglais par *A.-J.-B. Defauconpret*. Paris, Gustave Barba, 1840, 4 vol. in-12 [6 fr.].

16. — Ivanhoe ; traduction d'*Albert Montémont*, revue et corrigée. Paris, Armand Aubrée, 1840, in-12 avec un frontisp. [2 fr. 50 c.].

17. — Les Puritains ; traduction nouvelle de *L. Barré*. Paris, Bry aîné, 1849, in-4 [80 c.].

Les Veillées littéraires illustrées.

Nous indiquons ici diverses traductions en *espagnol* : « los Desposados, o sea el condestable de Chester, » par M. P. MATA [Paris, Rosa, 1840, 3 vol. in-12] ; — « Peveril of the Peak, » par M. W. MONTÉS [Paris, Rosa, 1836, 5 vol. in-12] ; — « el Monasterio ; » « Guy Mannering, o el Astrologo ; » « las Aguas de San-Ronan, » par M. E. de OCHOA [Paris, Rosa, 1840, 1842, 4 vol. in-12 pour chaque roman] ; — et en *portugais* : « Ivanhoe, ou o Regresso do Crusado, » par M. E.-P. da CAMERA [Paris, Aillaud, 1838, 4 vol. in-18] ; — « O Talisman, » par M. LOPEZ de MOURA [id., 1837, 3 vol. in-18] ; — « Os Puritanos de Ecossia, » par le même [id., 1837, 4 vol. in-12] ; — « O Misantropo, o anao das pedras negras, » par le même [id., 1838, in-18] ; — « Quentin Durward, » par le même [id., 1838, 4 vol. in-18] ; — « Waverley, » par le même [id., 1843, 4 vol. in-18] ; — « A Prisão de Edimburgo, » par le même [id., 1844, 4 vol. in-18].

On a attribué à Walter Scott : « Allan Cameron, » roman inédit [Paris, Desessart, 1840, 1843, 2 vol. in-18] ; — « Aymé Verd, » roman inédit [Paris, Coquebert, 1842, 2 vol. in-8] ; — « la Pythie des Highlands, » roman inédit (publié aussi sous le titre de « le Proscrit des Hébrides ») (Paris, de Potter, 1843, 1844, 2 vol. in-8]. — Ces trois ouvrages seraient, dit-on, de MM. CALAIS et Théodore ANNE.

On doit aussi à Walter Scott des *Notes et Commentaires*, faisant partie des « Œuvres » de lord Byron [1842, in-8] ; — une *Introduction* à l'« Essai sur la poésie dramatique, » par J. DRYDEN [1842, in-18] ; — une *Notice biographique et littéraire* sur FIELDING, en tête de

« Tom Jones, histoire d'un enfant trouvé » [1835-36, 2 vol. in-8]; — une *Notice* précédant le « Vicaire de Wakefield, » par GOLDSMITH [1838, in-18]; — une *Notice historique* sur HOFFMANN, en tête de ses «Contes fantastiques » [1830, 4 vol. in-12]; — une *Notice* précédant « le Paradis perdu, » par MILTON [1841, 1843, 1847, in-12]; — une *Notice sur la vie et les ouvrages* de STERNE, en tête de son « Voyage en France et en Italie » [1841, 1847, 1848, in-12]; — une *Notice biographique et littéraire*, mise en tête des « Voyages de Gulliver, » par SWIFT [1841, in-12], etc.

SCOTT [A.-T.]. — Lettre à M. Plassan, ancien imprimeur, sur les intérêts matériels de la typographie, à l'occasion du Mémoire qu'il a présenté au ministre de l'intérieur. Paris, impr. de Bachelier, 1839, in-4 de 12 pag.

L'opuscule de M. PLASSAN est intitulé : « Mémoire sur l'imprimerie et sur la librairie, sur leur état actuel et sur les moyens à employer pour les replacer au rang qu'elles doivent occuper » [1839, in-4].

SCOTT, camérier secret du pape, vicaire général d'Arras. Voy. MORAND [François].

SCOTT DE MARTINVILLE. [Voy. la *France littér.*, t. VIII, p. 581.]

1. — Manuel des participes, ou la Théorie du participe français ramenée à une seule règle pratique, qui simplifie, résume et rectifie tout ce qui a été dit jusqu'à présent sur ce sujet. Paris, Chamerot, Hachette, 1837, in-8 de 16 pag.

— Manuel élémentaire et complet des participes. IIIe édition. Paris, Chamerot, Ducroq, 1842, in-12 [75 c.].

2. — Histoire de la sténographie depuis les temps les plus anciens jusqu'à nos jours, ou Précis historique et critique des divers moyens qui ont été proposés ou employés pour rendre l'écriture aussi rapide que la parole; contenant, etc. Paris, Tondeur, 1849, in-8 [3 fr. 50 c.].

SCOUTETTEN [Henri], docteur en médecine, professeur et chirurgien en chef de l'hôpital militaire de Strasbourg, correspondant de l'Académie de Médecine de Paris, membre de l'Académie de Metz et de plusieurs autres sociétés savantes françaises et étrangères. [Voy. la *France littér.*, t. VIII, p. 581.]

1. — Mémoire sur l'anatomie pathologique du péritoine. Paris, 1824.

Ce Mémoire, traduit d'abord en anglais, a été reproduit en allemand, d'après la traduction anglaise faite par le professeur Élie von SIEBOLD.

2. — Leçons de phrénologie. 1834, in-8, avec pl.

3. — Mémoire sur la cure radicale des pieds-bots. Metz, impr. de Lamort; Paris, J.-B. Baillière, 1838, in-8, avec 6 pl. [3 fr.].

Ouvrage traduit en plusieurs langues étrangères; en Italie par le docteur OMODEI, de Milan; en Allemagne, par le professeur W. WALTHER, de Leipzig; en Amérique, par le docteur J. CAMPBELL STEWART, de Philadelphie.

4. — Observations de chirurgie. Metz, impr. de Dosquet, 1839, in-8 de 8 pag.

5. — Exposé de la situation des officiers de santé militaires de l'armée française, suivi de considérations sur la nécessité d'une réorganisation de ce corps. Metz, impr. de Lamort, 1840, in-8.

6. — Rapport sur l'hydrothérapie, adressée à M. le maréchal ministre de la guerre, après un voyage fait en Allemagne. IIe édition, augmentée. Strasbourg, Mme veuve Levrault; Paris, Bertrand, J.-B. Baillière, 1844, in-8 de 112 pag. [2 fr.].

La première édition est de 1843, in-8 de 48 pag.

Une traduction de cet ouvrage, en hollandais, a été donnée dans l'Inde, à Batavia, par le docteur F.-A.-C. WAITZ [1848].

7. — De l'Eau sous le rapport hygiénique et médical, ou de l'Hydrothérapie. Strasbourg, impr. de Mme veuve Levrault; Paris, P. Bertrand, J.-B. Baillière, 1843, in-8 [7 fr. 50 c.].

8. — De la Trachéotomie dans la période extrême du croup. Paris, impr. de Fournier, 1844, in-8 de 16 pag.

9. — Du Cancer en général, et en particulier du cancer des os. Paris, J.-B. Baillière, 1845, in-4 avec 11 pl. [12 fr.].

10. — Des Moyens préservatifs et curatifs du choléra épidémique. Mémoire. Metz, Nouvian; Paris, J.-B. Baillière, 1849, in-8 de 32 pag.; — IIe édit. Metz, Alcan; Paris, J.-B. Baillière, 1849, in-8 de 32 pag.

Un rapport de M. Scoutetten sur le choléra en Afrique a été inséré dans le « Recueil des mémoires de Médecine, de Chirurgie et de Pharmacie militaires » [Paris, 1836].

SCRIBE [Augustin-Eugène], romancier, auteur dramatique, membre de l'Académie française; né à Paris le

24 décembre 1791. [Voy. sur M. Scribe un article de M. SAINTE-BEUVE dans la *Revue des Deux-Mondes* du 1er débre 1840 ; — des notices dans les *Portraits littéraires* de M. Gustave PLANCHE : — dans la *Galerie ou Biogr. des Contemporains illustres*, t. III ; — dans le *Journal du Dimanche* du 24 et du 31 janvier 1847 ; — et la *France littér.*, t. VIII, p. 582.]

1. — OEuvres complètes. Nouvelle édition, entièrement revue par l'auteur, contenant tous les ouvrages composés par M. Scribe seul ou en société. Paris, Furne, Aimé André, 1840-1842, 5 vol. gr. in-8 à 2 col. avec 180 vign.

2. — Théâtre complet. IIe édition. Paris, Aimé André, 1841, 24 vol. in-8, avec grav.

3. — OEuvres choisies. Paris, Firmin Didot, 1845, 6 vol. in-12 [18 fr.].

4. — Tonadillas, ou Historiettes en action. Paris, Dumont, 1838, 2 vol. in-8 [15 fr.].

Nouvelles et pièces dramatiques.

5. — Carlo Broschi. — La Maîtresse anonyme. Paris, Dumont, 1840, 2 vol. in-8 [15 fr.].

La Maîtresse anonyme commence à la p. 51 du tome II. Les premières pages de ce même volume contiennent la fin de *Carlo Broschi*.

5. — Proverbes et Nouvelles. Nouvelle édition. Paris, Ch. Gosselin, Dumont, 1840, in-12 angl.

6. — Piquillo Alliaga, ou les Maures sous Philippe III. Paris, Cadot, 1847, 11 vol. in-8.

Publié d'abord en feuilletons dans « le Siècle. » MM. Anicet BOURGEOIS et Michel MASSON ont tiré de ce roman un drame en cinq actes et onze tableaux, intitulé : « Piquillo Alliaga, ou Trois Châteaux en Espagne » [Paris, Michel Lévy frères, 1849, in-18 angl.].

Théâtre.

7. — Avec M. *G. Delavigne :* la Somnambule, comédie-vaudeville en deux actes. Paris, Tresse, 1845, in-8 de 16 pag.

8. — Avec M. *G. Delavigne :* l'Héritière, comédie-vaudeville. Paris, Tresse, 1844, in-8 de 16 pag.

9. — Les Premières Amours, ou les Souvenirs d'enfance, comédie-vaudeville. Paris, Tresse, Delloye, Bezou, 1840, in-8 de 16 pag.

10. — La Dame blanche, opéra-comique en trois actes. Paris, Tresse, Delloye, 1844, in-8 de 24 pag.

11. — Avec M. *G. Delavigne :* le Maçon, opéra-comique en trois actes. Paris, Tresse, 1845, in-8 de 24 pag.

12. — Avec M. *Varner :* le plus Beau Jour de la vie, comédie-vaudeville en deux actes. Paris, Ch. Tresse, Delloye, Bezou, 1840, in-8 de 16 pag.

13. — Malvina, ou un Mariage d'inclination, comédie-vaudeville en deux actes. Paris, Tresse, Delloye, Bezou, 1840, in-8 de 26 pag.

14. — La Fiancée, opéra-comique en trois actes. Paris, Barba, Bezou, 1839, in-8 de 28 pag.

15. — Avec MM. *Bayard* et *Mélesville :* Louise, ou la Réparation, comédie-vaudeville en deux actes. Paris, Tresse, 1845, in-8 de 24 pag.

16. — Une Faute, drame en deux actes, mêlé de couplets. Paris, Tresse, Delloye, 1840, in-8 de 24 pag.

17. — Fra Diavolo, ou l'Hôtellerie de Terracine, opéra-comique en trois actes. Paris, Ch. Tresse, 1839, Delloye, Bezou, 1844, in-8 de 24 pag.

18. — La Famille Riquebourg, ou le Mariage mal assorti, comédie-vaudeville. Paris, Ch. Tresse, Delloye, Bezou, 1840, in-8 de 18 pag.

19. — Le Philtre, opéra en deux actes. Paris, Tresse, Delloye, Bezou, 1839, in-8 de 16 pag.

20. — Avec M. *G. Delavigne :* Robert le Diable, opéra en cinq actes. Paris, Ch. Tresse, Delloye, Bezou, 1840, in-8 de 20 pag.

21. — Gustave III, ou le Bal masqué, opéra historique en cinq actes. Paris, Ch. Tresse, Delloye, 1839, 1840, in-8 de 28 pag.

22. — Bertrand et Raton, ou l'Art de conspirer, comédie en cinq actes et en prose. Paris, Tresse, Pernin, 1845, in-8 de 48 pag.

23. — Estelle, ou le Père et la fille, comédie-vaudeville en un acte. Paris, Tresse, 1844, in-8 de 20 pag.

24. — La Juive, opéra en cinq actes. Paris, Tresse, 1838, 1840, 1844, in-8.

25. — La Camaraderie, ou la Courte-Échelle, comédie en cinq actes et en prose. Paris, Barba, Delloye, Bezou, Tresse, 1838, 1845, in-8 de 46 pag.

26. — Avec M. *Varner :* César, ou le Chien du château, comédie-vaude-

ville en deux actes. Paris, Ch. Tresse, Delloye, Bezou, 1839, in-8 de 28 pag.

27. — Le Domino noir, opéra-comique en trois actes. Paris, impr. de Dondey-Dupré, Marchant, 1837, 1842, in-8 de 32 pag. [50 c.].

28. — Guido et Ginevra, ou la Peste de Florence, opéra en cinq actes. Paris, Schlesinger, Jonas, Barba, Bezou, 1838, 1839, in-8 de 32 pag. [1 fr.].

29. — Les Huguenots, opéra en cinq actes. Paris, Barba, 1838, in-8 de 16 pag.

On a publié, en 1844, une « Notice sur *les Huguenots* (suivie de l' « Histoire de l'Opéra, » par Philarète CHASLES) [Paris, Soulié, 1844, in-4 avec 2 pl.].

30. — Les Indépendants, comédie en trois actes et en prose. Paris, Barba, 1838, in-8 de 32 pag.

31. — Avec M. *Émile Vanderburch* : Clermont, ou une Femme d'artiste, comédie-vaudeville en deux actes. Paris, Tresse, 1838, 1840, in-8 de 24 pag.

32. — Marguerite, opéra-comique en trois actes. Paris, Barba, Delloye, Bezou, 1838, in-8 de 24 pag. et de 52 pag.

33. — Régine, ou Deux Nuits, opéra-comique en deux actes. Paris, Tresse, Delloye, 1839, 1840, in-8 de 26 pag. [40 c.].

34. — Le Shérif, opéra-comique en trois actes. Paris, Tresse, Delloye, Bezou, 1839, in-8 de 32 pag.

35. — La Xacarilla, opéra en un acte. Paris, Bezou, Jonas, 1839, in-8 de 40 pag.

36. — Cicily, ou le Lion amoureux, comédie-vaudeville en deux actes. Paris, Marchant, 1841, in-8 de 28 pag. [40 c.].

37. — Le Drapier, opéra en trois actes. Paris, Tresse, Jonas, 1840, in-8 de 56 pag.

Une analyse, sous le même titre, et formant 8 pag. in-8, a été imprimé chez Pollet.

38. — La Calomnie, comédie en cinq actes et en prose. Paris, Henriot, Tresse, 1840, in-8 [5 fr.]; — autre édit., 1840, in-8 [60 c.].

39. — La Grand'mère, ou les Trois Amours, comédie en trois actes. Paris, Mifliez, Tresse, 1840, in-8 de 28 pag. [50 c.].

40. — Avec M. *E. Vanderburch* : Japhet, ou la Recherche d'un père, comédie en deux actes et en prose.

Paris, Henriot, Tresse, 1840, in-8 de 20 pag. [50 c.].

41. — Le Verre d'eau, ou les Effets et les Causes, comédie en cinq actes et en prose. Paris, Tresse, Pernin, 1840, 1844, 1845, in-8 de 40 pag.

42. — Avec M. *G. Delavigne* : la Neige, où le Nouvel Éginard, opéra-comique en quatre actes. Paris, Ch. Tresse, Delloye, 1840, in-8 de 28 pag.

43. — Les Martyrs, opéra en quatre actes. Paris, Schonenberger, Tresse, Marchant, 1840, 1845, in-8 [1 fr.].

44. — Le Guitarrero, opéra-comique en trois actes. Paris, Marchant, 1841, in-8 de 24 pag. [50 c.].

45. — Carmagnola, opéra en deux actes. Paris, Beck, 1841, in-8 de 16 pag.

46. — Une Chaîne, comédie en cinq actes et en prose. Paris, Beck, Tresse, 1841, 1843, 1844, in-8 de 48 pag. [60 c.].

47. — Le Diable à l'école, légende en un acte. Paris, Beck, Tresse, 1842, in-8 de 16 pag. [50 c.].

48. — Le Code noir, opéra-comique en trois actes. Paris, Beck, Tresse, 1842, in-8 de 32 pag. [60 c.].

49. — Le Fils de Cromwell, ou Une Restauration, comédie en cinq actes et en prose. Paris, Ch. Tresse, 1842, in-8 de 42 pag.

50. — La Part du diable, opéra-comique en trois actes. Paris, Ch. Tresse, 1843, in-8 de 34 pag.

51. — Avec M. *Leuven* : le Puits d'amour, opéra-comique en trois actes. Paris, Tresse, 1843, in-8 de 32 pag. [1 fr.].

52. — Dom Sébastien, roi de Portugal, opéra en cinq actes. Paris, Tresse, Jonas, 1843, in-8 de 20 pag. [1 fr.].

53. — La Sirène, opéra-comique en trois actes. Paris, Tresse, 1844, in-8 de 36 pag.

54. — Les Surprises, comédie-vaudeville en un acte. Paris, Tresse, 1844, in-8 de 18 pag.

55. — Rébecca, comédie-vaudeville en deux actes. Paris, Tresse, Pernin, 1845, in-8 de 24 pag.

56. — La Barcarolle, ou l'Amour et la musique, opéra-comique en trois actes. Paris, Tresse, 1845, in-8 de 36 pag.

57. — La Loi salique, comédie-vaudeville en deux actes. Paris, Beck, Tresse, 1846, in-8 de 28 pag. [60 c.].

58. — Geneviève, ou la Jalousie paternelle, comédie-vaudeville en un acte. Paris, Beck, Tresse, 1846, in-8 de 18 pag. [60 c.].

59. — Avec M. *Mélesville* : la Charbonnière, opéra-comique en trois actes. Paris, Beck, Tresse, 1846, in-8 de 36 pag. [60 c.].

60. — Avec M. *Lockroy [Simon]* : Irène, ou le Magnétisme, comédie-vaudeville en deux actes. Paris, Michel Lévy, 1847, in-18 anglais [60 c.].

61. — Avec M. *Henri Dupin* : Maître Jean, ou la Comédie à la cour. Paris, Beck, Tresse, 1847, in-8 [60 c.].

62. — Avec M. *Gustave Vaez* : Ne touchez pas à la reine, opéra-comique en trois actes. Paris, Beck, Tresse, 1847, in-8 [1 fr.].

63. — Daranda, ou les Grandes Passions, comédie-vaudeville en deux actes. Paris, Beck, Tresse, 1847, in-8 de 32 pag. [60 c.].

64. — Haydée, ou le Secret, opéra-comique en trois actes. Paris, Beck, Tresse, 1848, in-8 de 28 pag. [1 fr.].

65. — La Protégée sans le savoir, comédie-vaudeville en un acte. Paris, Beck, Tresse, 1847, in-8 de 24 pag.

66. — Jeanne la folle, opéra en cinq actes. Paris, Beck, Tresse, 1848, in-8 de 24 pag. [1 fr.].

67. — Avec M. *Varner* : O amitié!... ou les Trois Époques, comédie-vaudeville en trois actes. Paris, Beck, Tresse, 1848, in-8 de 36 pag. [60 c.].

68. — Le Prophète, opéra en cinq actes, musique de Meyerbeer. Paris, Brandus, 1849, in-8 de 32 pag.

On a imprimé ou réimprimé en outre dans ces dernières années les pièces suivantes composées par M. E. Scribe en collaboration avec M. Arvers : les Dames patronesses ; — avec M. Bayard : le Paysan amoureux ; — avec MM. Mélesville et Carmouche : la Lune de miel ; — avec MM. Lockroy et Chabot de Bouin : la Marraine ; — avec M. de Villeneuve et Chapeau : Yelva ; — avec M. Germ. Delavigne : le Colonel ; la Muette de Portici ; — avec MM. Varner et Dupin : la Mansarde des artistes ; — avec MM. Scribe et Dupin : la Figurante ; le Veau d'or ; — avec M. Duport : les Treize ; le Kiosque ; le Quaker et la Danseuse ; la Tutrice ; — avec M. Duveyrier aîné : la Meunière ; Valérie ; le Secrétaire et le Cuisinier ; le Châlet ; le Lac des fées ; Lambert Simnel ; — avec M. Ch. Duveyrier : Polichinelle ; Oscar, ou le Mari qui trompe sa femme ; — avec M. E. Legouvé : Adrienne Lecouvreur ; — avec M. G. Lemoine : une Femme qui se jette par la fenêtre ; — avec M. Michel Masson : les Filles du docteur ; — avec M. Mazères : le Loup-Garou ; — avec MM. Mazères et Saint-Laurent : le Coiffeur et le Perruquier ; — avec M. C. Ménissier : Caroline ; — avec M. Planard : la Prison d'Edimbourg ; — avec M. Delestre-Poirson : le Comte Ory ; le Nouveau Pourceaugnac ; — avec M. Rougemont : Avant, Pendant et Après ; — avec M. de Saint-Georges : l'Ambassadrice ; le Fidèle Berger ; la Reine d'un jour ; Zanetta ; l'Opéra à la cour ; les Diamants de la couronne ; Cagliostro ; la Fée aux roses ; — avec M. Saintine : le Duc d'Olonne, Babiole et Joblot ; — avec M. Sauvage : l'Image, etc.

Citons encore : Institut royal de France. Académie française. Discours de réception de M. Scribe (Paris, impr. de F. Didot, 1836, in-4, et « Moniteur » du 30 janvier 1836] ; — Prix de vertu fondés par M. de Montyon. Discours prononcé par M. Scribe, directeur de l'Académie française, dans la séance publique du 29 août 1844, sur les prix de vertu ; etc. [1845, in-18] ; — la Maîtresse anonyme ; le Roi de carreau [Musée littéraire du Siècle] ; — Potemkin, ou un Caprice impérial [Bibliothèque des Feuilletons, t. I] ; — le Jeune Docteur, ou le Moyen de parvenir [id., t. III] ; — le Tête-à-tête [id., t. IV] ; — la Conversion [id., t. V] ; — le Prix de la vie ; — Judith, ou la Loge d'Opéra.

M. Scribe a fait précéder d'un *Précis historique sur la comédie en Italie et en France, depuis l'origine du théâtre jusqu'à nos jours,* le « Théâtre » d'Alberto Nota et du comte Giraud [1839, 3 vol. in-8].

On a publié une *Lettre* de lui dans l'ouvrage intitulé : « Origine et influence de la littérature, » par N.-H. Cellier du Fayel [1844, in-8].

Il a travaillé à « les Jours de Congé ; » à l' « Encyclopédie des Gens du monde, » etc.

SCRIBE [Amédée]. [Voy. la *France littér.*, t. VIII, p. 603.] — Fables de *Phèdre* ; traduction nouvelle en vers français, texte en regard. Paris, Dezobry, 1846, in-12 [3 fr. 50 c.].

SCRIBE [F.]. — Mémoire sur la résine icica. Paris, impr. de Bachelier, 1845, in-8 de 12 pag.

SCRIBE [Alexandre-Adolphe], avoué à Amiens.

1. — Mémoire sur les antiquités de la ville d'Amiens. 1835, in-8.

Ce mémoire a obtenu de l'Académie des inscriptions une mention honorable.

2. — Avec M. *Hyacinthe Dusevel* : Description historique et pittoresque du département de la Somme [1835-38, 2 vol. in-8, avec 20 lith.]. Voy. Dusevel.

SCRIVE [G.]. — Traité théorique et pratique des plaies d'armes blanches. Lille, Durieux ; Paris, Fortin, Masson, Germer Baillière, 1844, in-8, de 144 pag. [2 fr.].

SCUDO [P.], compositeur de musique, critique et publiciste. [Voy. la *France littér.*, t. VIII, p. 605.]

1. — Les Partis politiques en province. Paris, Lequien, 1838, in-8.

A l'occasion de cet ouvrage, M. l'abbé LENORMANT a publié une brochure intitulée : « Sur les imputations faites par M. Scudo au culte et au clergé catholiques [Vendôme, impr. d'Henrion, 1838, in-8 de 56 pag.].

2. — Réponse de M. Scudo à M. l'abbé Lenormant. Vendôme, impr. de Henrion; Paris, Lequien, 1838, in-8 de 24 pag.

3. — Philosophie du rire. Paris, Poirée, 1839, in-12 [2 fr.].

Dédié : à l'historien de Debureau, J. JANIN.
M. P. Scudo a donné des articles de philosophie et de critique musicale à la « Revue des Deux-Mondes, » à la « Revue indépendante, » etc.; il a travaillé au « Musée des familles. »

SCUPOLI [le R. P. Laurent], théatin, écrivain ascétique; né à Otrante (roy. de Naples) en 1530, mort le 28 novembre 1610. [Voy. la *France littér*., t. VIII, p. 605.]

1. — Le Combat spirituel, composé en italien par le R. P. D.-L. Scupoli, traduit en français par le P. *J. Brignon*. Nouvelle édition. Tours, Mame, 1843, in-32.

— Autre édit., suivie du *Nouveau Pensez-y bien*. Besançon, Marquiset, 1839, in-32.

— Combate espiritual, escrito em idioma italiano por el V. P. don L. Escupoli, traducido en castellano por don *Damian Gonzalez del Cueto*, y reducido a la pureza del original, en esta segunda impresion, por el P. D. *Ramon de Guninel*. Paris, Rosa, 1839, 2 vol. in-18 [6 fr.].

— Pugna spiritualis, sive tractatus de Perfectione vitæ christianæ. Paris, impr. de Vrayet de Surcy, 1840, in-18.

2. — Méthode pour consoler les malades et les aider à bien mourir. Ouvrage traduit de l'italien par Mgr *Tharin*. Lille, Lefort, 1841, in-32 [75 c.].

SÉBASTIAN. — Recherches anatomiques, physiologiques, pathologiques et séméiologiques sur les glandes labiales. Gröningue, 1842, in-4, figur. [2 fr. 50 c.]

SÉBILLE [Auger], de Saumur, chimiste, membre fondateur de la Société industrielle d'Angers, président du *Comice agricole de Saumur*.

M. Sébille a publié dans les « Bulletins de la Société industrielle d'Angers, » depuis 1830 jusqu'en 1845, un grand nombre de mémoires, dont on trouve la liste dans le « Bulletin » de cette société [17e année, 1846, p. 21].

SEBIRE, avocat à la cour d'appel de Paris.

M. Sebire a dirigé, avec M. CARTERET, la rédaction et la publication de l'ouvrage intitulé : « Encyclopédie du droit, ou Répertoire raisonné de législation et jurisprudence, en matière civile, administrative, criminelle et commerciale; contenant, par ordre alphabétique, l'explication de tous les termes de droit et de pratique; un traité raisonné sur chaque matière; la jurisprudence des diverses cours et du conseil d'État; un sommaire des législations étrangères. Ouvrage de plusieurs jurisconsultes » [1840-46, format gr. in-8 à 2 col.].

SÉCHAUD, de Chalus (Haute-Vienne), docteur en médecine. — Médecine opératoire. Observations présentées à l'Académie royale de Médecine, et suivies d'un rapport par cette même académie. Dijon, impr. de Bruneau; Paris, Labé, 1839, in-8 de 48 pag.

SÉCHERESSE [P.]. — Heures de loisirs. Mes vrillons. Nantes, impr. de Merson, 1846, in-12.

SECOND [Albéric], auteur dramatique, romancier; publiciste.

1. — Trichemont fils, vaudeville en un acte. Paris, Michaud, 1836, in-8.

2. — Avec M. *Marc-Michel* : un Dragon de vertu, folie-vaudeville en un acte. Paris, Michaud, 1839, in-8 de 10 pag. [20 c.].

3. — Avec M. *Bergeron* : un Neveu, s'il vous plaît (1839, in-8). Voy. BERGERON.

4. — Lettres cochinchinoises sur les hommes et les choses du jour, écrites à l'empereur de Chine par trois mandarins de première classe. Paris, Martinon, 1841, in-32.

M. A. Second s'intitule traducteur orientaliste du « Charivari. »

5. — Avec M. *J. Numa Armand* : la Peur du mal, comédie en un acte, mêlée de couplets. Paris, Beck, Tresse, 1842, in-8 de 8 pag. [30 c.].

6. — Avec M. *Louis Lurine* : le Droit d'aînesse (1842, in-8). Voy. LURINE.

7. — Les Mémoires d'un poisson rouge. Paris, Martinon, 1842, in-12.

8. — Les Petits Mystères de l'Opéra. Paris, Kugelmann, Bernard Latte, 1844, in-8, avec des illustrations par Gavarni [6 fr.].

On doit aussi à M. A. Second : *le Débutant*

littéraire, dans les « Français peints par eux-mêmes » [t. Ier, p. 35] ; — *Rue Notre-Dame de Lorette,* dans les « Rues de Paris » [1844, t. Ier, in-8] ; — *la Jeunesse dorée par le procédé Ruolz,* dans le « Journal du Dimanche ; » — *la Stalle de M. de Rothschild,* dans « le Siècle ; » etc.

Il a travaillé à : « les Français sous Louis XIV et sous Louis XV ; » à « Paris au XIXe siècle ; » à l'« Almanach astrologique, magique, prophétique, etc., » pour 1848, 1849, etc.

SECOND [Louis], auteur et artiste dramatique lyrique, plus connu sous le pseudonyme *A. Féréol.* — Avec M. *M*** et *Edouard* [*Mennechet*] : une Bonne Fortune, opéra-comique en un acte. Paris, Barba, 1834, in-8 de 32 pag. [1 fr. 50 c.].

SECONDAT. — Traité général de la mesure des bois. Nouvelle édition, revue et corrigée. 1829, 2 vol. in-8 [8 fr.]. — *Paris, Bachelier.*

Cet ouvrage contient : 1° Mesure des bois équarris, — des bois ronds, — des mâts et de leurs excédants, avec le tarif de la réduction de ces trois sortes de bois en pieds cubes ; 2° Mesure du sciage des bois, avec le tarif de la réduction en pieds carrés ; 3° Recette des bois, avec le tarif de l'appréciation des pièces de construction et les figures desdites pièces ; 4° Tables pour convertir les pieds, pouces et lignes en mètres, et les pieds cubes et cordes de bois en stères.

SECOURIEUX, de Saint-Bonnet [Jean-Philippe]. — La Mort de Guy de Lusignan, tragédie en trois actes et en prose. Poitiers, impr. de Depierres, 1846, in-8 de 36 pag.

SECRÉTAN [Charles], professeur de droit civil à l'Académie de Lausanne. [Voy. la *France littér.,* t. IX, p. 9.]

1. — Remarques sur le Code civil du canton de Vaud. Lausanne, Ducloux, 1840, in-8 [9 fr.].

2. — La Philosophie de Leibniz, fragment d'un cours d'histoire de la philosophie. Lausanne, 1840, in-8 [3 fr. 50 c.].

M. Ch. Secrétan a travaillé au « Semeur. »

SECRÉTAN. — Avec M. *Lerebours :* Traité de photographie (1846, in-8). Voy. LEREBOURS.

SECRÉTANT [F.-J.]. — Avec M. *A. Testor :* le Néopantomètre, instrument de géodésie et topographie, suivi de *Stadia et Stadia Alidades.* Toulon, impr. lith. de Imbert, 1846, in-4 de 32 pag. avec 4 pl.

SEDAINE [Michel-Jean], membre de l'Académie française ; né à Paris le 4 juin 1719, mort dans cette ville le 17 mai 1797. [Voy. la *France littér.,* t. IX, p. 9.]

1. — Le Déserteur ; opéra-comique en trois actes, musique de Monsigny, représenté pour la première fois le 6 mars 1769, et repris le 30 octobre 1843, avec la nouvelle instrumentation de M. A. Adam. Paris, Marchant, 1843, in-8 de 16 pag. [50 c.].

2. — Richard Cœur de lion ; opéra-comique en trois actes. Paris, impr. de Duverger, 1841, 1842, 1846, in-8 de 16 pag. [50 c.].

3. — Le Philosophe sans le savoir, comédie en cinq actes et en prose. Paris, Barba, 1838, in-8.

La Gageure imprévue de Sedaine a été réimprimée dans le tome II des « OEuvres dramatiques, *sujets profanes* » [Paris, René, 1841, 2 vol. in-18. — Le tome Ier contient des *sujets sacrés*].

SEDGWICK [Miss]. [Voy. la *France litt.,* t. IX, p. 12.]

1. — La Famille américaine, ou l'Amérique il y a soixante ans ; traduit de l'anglais par M. de *Montbeillard.* Paris, Pougin, 1837, 2 vol. in-8 [15 fr.].

2. — Le Foyer domestique, ou le Chez soi ; trad. de l'anglais par Mlle *L. M.* In-12, fig. [3 fr.].

SÉDILLON [Napoléon-Adolphe].

1. — Coup d'œil sur les bureaux de bienfaisance de Paris, et réflexions sur la distribution des secours à domicile. Paris, Dumesnil, 1840, in-8 de 64 pag. [50 c.].

2. — Catéchisme républicain, ou Principes de philosophie, de morale et de politique universelle, à l'usage de tous les peuples. Paris, impr. de Lacour, 1848, in-plano.

En vers.

SÉDILLOT [Charles-Emmanuel], docteur en médecine, correspondant de l'Académie des sciences, professeur au Val-de-Grâce de Paris, puis à la Faculté de Strasbourg ; né à Paris le 14 septembre 1804. [Voy. la *France littér.,* t. IX, p. 13.]

1. — Campagne de Constantine de 1837. Paris, impr. de Terzuolo, 1838, in-8 avec 1 pl. [5 fr.].

2. — Traité de médecine opératoire, bandages et appareils, avec planches

explicatives intercalées dans le texte. Paris, Crochard, Fortin, Masson, 1839-1845, 4 parties in-8, avec fig. dans le texte [16 fr.].

3. — Faculté de Médecine de Paris. Concours pour une chaire de médecine opératoire. De l'Opération de l'empyème. Paris, impr. de F. Didot, 1841, in-4, avec 1 planche. — II° édit. Paris, Fortin, Masson, 1841, in-8, avec 1 planche [5 fr. 50 c.].

Thèse.

4. — Faculté de Médecine de Paris. Concours pour deux chaires de pathologie externe et de clinique chirurgicale à la Faculté de Strasbourg.—Les Kystes envisagés sous le point de vue de la pathologie et de la thérapeutique chirurgicales. Paris, impr. de F. Didot, 1841, in-4 de 68 pag.

Thèse.

5. — Résumé général de la clinique chirurgicale de la Faculté de Médecine de Strasbourg, pendant le semestre d'hiver 1841-1842. Leçons de M. Sédillot, recueillies par M. *A. Willemin*. Strasbourg, Derivaux ; Paris, Baillière, 1842, 1843, in-8 de 100 pag. [2 fr.].

Citons encore : Mémoire sur la luxation isolée de l'extrémité supérieure du cubitus en arrière [1839, in-8] ; — du Siége de l'étranglement dans les hernies [1842, in-8] ; — de l'Insensibilité produite par le chloroforme et par l'éther, et des opérations sans douleur [1848, in-8] ; — de l'Infection purulente ou pyoémie [1849, in-8].

SÉDILLOT [Louis-Pierre-Eug.-Am.], orientaliste, professeur d'histoire, secrétaire du Collége de France ; né à Paris le 23 juin 1808. [Voy. la *France littér.*, t. IX, p. 14.]

1. — Mémoire sur les instruments astronomiques des Arabes. Paris, Impr. royale, 1841, in-4, avec 36 pl.

Extrait du tome Ier des « Mémoires présentés par divers savants à l'Académie des inscriptions et belles-lettres. »

2. — Mémoire sur les systèmes géographiques des Grecs et des Arabes, et en particulier sur Khobbet, Arine et Kankades, etc. Paris, impr. de F. Didot, 1843, in-4 de 32 pag. avec 2 pl.

2. — Manuel de chronologie universelle. IIIe édit. Paris, Ducrocq, 1844, in-18 [3 fr.].

4. — Matériaux pour servir à l'histoire comparée des sciences mathématiques chez les Grecs et les Orientaux. Paris, F. Didot, 1845-1849, 2 vol. in-8, avec 4 tableaux, 8 pl. et 1 carte [20 fr.].

De nombreux matériaux, réunis par l'auteur, sur les matières qu'il avait à traiter, formeront, sous le titre de *Notes et éclaircissements*, la matière d'un volume complémentaire.

M. L.-P.-E.-A. Sédillot a publié avec *notes* et *variantes*, et fait précéder d'une *Introduction* : « Prolégomènes des tables astronomiques » d'O-LOUBEG [Paris, impr. de F. Didot, 1847, in-8. — Un faux-titre et un titre brochés à la fin du volume portent : Chrestomatie persane, publiée sous les auspices de M. le ministre de l'instruction publique ; tome Ier].

M. Sédillot a travaillé au « Dictionnaire » et au « Supplément au Dictionnaire de la Conversation et de la Lecture. » Il a donné divers travaux dans le « Journal de la Société asiatique : » *Notice du traité des connues géométriques de Hassan ben-Haïthem* [2e série, t. XIII] ; — *Recherches pour servir à l'histoire de l'astronomie chez les Arabes* [id., t. XVI] ; — *Notice sur l'histoire des sultans mamlouks de Makrisi* [3e série, t. IX] ; — *Observations sur un sceau de Schah-Piokh* [id., t. X], etc., etc.

SÉDILLOT [J.-M.], membre de l'Académie de médecine.

1. — Opinion de M. Sédillot sur les revaccinations. Paris, impr. de Cosson, 1838, in-8 de 4 pag.

2. — Mémoire sur les revaccinations, présenté à l'Académie de médecine. Paris, J.-B. Baillière, 1840, in-4, avec 4 pl. [3 fr. 50 c.].

Fait partie du tome VIII des « Mémoires de l'Académie royale de Médecine. »

SÉGALAS [Pierre-Salomon], docteur en médecine, membre de l'Académie de médecine, agrégé libre de la Faculté de Paris ; né à Saint-Palais le 1er août 1792. [Voy. la *France littér.*, t. IX, p. 15.]

1. — Essai sur la gravelle et la pierre, considérées sous le rapport de leurs causes, de leurs effets et de leurs divers modes de traitement. IIe édition, augmentée. Paris, J.-B. Baillière, 1838, et atlas de 8 planch. grav. et col. [15 fr.].

Citons encore : Thèse sur le degré de certitude de la médecine [1817] ; — Lettre à Dieffenbach sur une urétro-plastie faite par un procédé nouveau et suivie d'un plein succès [1840, avec 3 pl. col.] ; — des Lésions traumatiques de la moelle de l'épine considérées sous le rapport de leur influence sur les fonctions des organes génito-urinaires [1844, in-8]. — Le tome IV des « Mémoires de l'Académie de Médecine » renferme un *Mémoire* de M. Ségalas. — On doit encore à ce chirurgien : *Recherches expérimentales sur l'absorption intestinale* ; — *Série d'expériences sur divers points de physiologie et de pathologie* ; — *Mémoires sur les altérations du sang*, etc.

M. Ségalas a travaillé au « Dictionnaire de la Conversation et de la Lecture. »

SÉGALAS [Mme Anaïs] ; née à Paris le 24 septembre 1814. [Voy. la *France littér.*, t. IX, p. 16.]
1. — Poésies. Paris, Desforges, 1844, in-8, avec 6 vign. [7 fr. 50 c.].
2. — Enfantines, poésies à ma fille. Paris, Mme veuve Louis Janet, 1844, in-8, avec 7 grav. [8 fr.] — IVe édit. 1845, in-12, avec un portrait [3 fr. 50 c.].
3. — La Femme, poésies. IIe édition. Paris, Mme veuve Louis Janet, 1848, gr. in-18 [3 fr. 50 c.].
4. — Le Trembleur ; comédie en deux actes, mêlée de couplets. Paris, Marchant, 1849, in-8 de 16 pag.

Mme Anaïs Ségalas, dont les premiers essais ont paru en 1829, dans « la Psyché, » a donné, dans « Paris-Londres, Keepsake français, » *une Déception* [1838].
On lui doit aussi : *un Châtelain du XIXe siècle*. — Elle a travaillé au « Journal des Demoiselles ; » a « le Boudoir d'une coquette » [1844, in-8] ; à « les Sensitives, album des salons » [1845, gr. in-4] ; au « Dictionnaire de la Conversation et de la Lecture ; » etc.

SÉGALAS [Paul DROUILHET DE].
— Une Veillée de village. Le socialisme et le peuple des campagnes. Bordeaux, Chaumas-Gayet ; Paris, Vaton, 1849, in-12 de 96 pag.

SEGAUD [Émile].
1. — Un Pari, ou la Patience à bout ; vaudeville en un acte, imité de l'italien. Lyon, Charavey ; Paris, Michel Lévy frères, 1849, in-8 de 16 pag.
2. — Question d'honneur littéraire et artistique. Paris, impr. de Chaix, 1849, in-12 [25 c.].

SEGNERI [le P. Paul], prédicateur ; né en 1624, mort le 9 décembre 1694. [Voy. la *France littér.*, t. IX, p. 17.]
1. — Le Pénitent instruit à se bien confesser ; ouvrage spirituel, traduit de l'italien. Seurre, impr. de Tramaux-Malhet, 1838, in-18.
2. — La Manne de l'âme, ou Méditations sur des passages choisis de l'Écriture sainte, pour tous les jours de l'année. Avignon, Séguin aîné, 1843, 5 vol. in-12 [10 fr.].
3. — Paraphrase du *Miserere*, en forme de méditations, sur chacun des versets du psaume ; traduit de l'italien. Avignon et Paris, Seguin aîné, 1845, in-12.

Un opuscule inédit du P. Segneri a été publié dans le « Petit Traité sur les petites vertus, » par le P. ROBERTI [1847, in-32].

SEGOFFIN [Ferdinand].
1. — Du Système conservateur, examen de la politique de M. Guizot et du ministère du 29 octobre 1840. Paris, Amyot, 1843, in-8 [7 fr. 50 c.]
Sous le nom : *un Homme d'État*.

2. — Études politiques sur les principales questions à l'ordre du jour. Paris, Amyot, 1844, in-8 de 120 pag. [2 fr.].
Première étude. *Régence et dotation*.

SEGOND [L.-C.], bibliothécaire de l'École de Médecine. [Voy. la *France littér.*, t. IX, p. 18.]
1. — De la Gastro-entérite chronique chez les nègres, vulgairement appelée mal d'estomac ou mal de cœur. 1833, in-8 [1 fr. 50 c.].
2. — Hygiène du chanteur. Influence du chant sur l'économie animale, etc. Paris, Labé, 1845, in-12 [3 fr.].
3. — République occidentale. Ordre et progrès ; rapport à la société positive, par la commission chargée d'examiner la nature et le plan de l'école positive, destinée surtout à régénérer les médecins. Paris, L. Mathias, 1849, in-8 de 32 pag.

Mars 1849. — 61e année de la grande révolution. L'introduction est signée : Auguste COMTE, et le rapport : SEGOND, de MONTÈGRE, et Charles ROBIN.

SEGOND [Louis], docteur en théologie. [Voy. la *France littér.*, t. IX, p. 18.] — De la Nature de l'inspiration chez les auteurs et dans les écrits du Nouveau Testament. Dissertation présentée à la Faculté de Théologie de Strasbourg, et soutenue publiquement le 13 août 1836 pour obtenir le grade de docteur en théologie. Strasbourg, impr. de Silbermann, 1836, in-4 de 60 pag.

M. Louis Second a traduit de l'allemand : « Monologues » de SCHLEIERMACHER [Genève, 1837, in-12, 3 fr. 50 c.].

SEGRETAIN [E.-A.].
1. — Poésies de collège. Paris, F. Didot, 1840, in-18.
Contient entre autres : *Hamlet et le spectre*, étude sur Shakspeare, et *Henri de Guise, dit le Balafré*, drame historique en cinq actes et en vers.

2. — Éléments d'esthétique. Essai sur l'imagination, suivi d'une critique

du Spiridion de G. Sand, d'une étude sur le Phédon, et de quelques morceaux détachés. Paris, F. Didot, 1840, in-18.

3. — Des Éléments de l'État, ou Cinq Questions concernant la religion, la philosophie, la morale, l'art et la politique. Paris, Paulin, 1842, 2 vol. in-12 [7 fr.].

4. — Exposition raisonnée de la doctrine philosophique de M. Lamennais. Paris, Pagnerre, 1 vol. [1 fr. 25 c.].

5. — Socialisme catholique. Laval, Feillé-Grandpré; Paris, Lecoffre, 1849, in-18.

SÈGUE, avocat.

1. — Don Jouan de Portugal; tragédie en cinq actes. Marennes, impr. de Raissac, 1840, in-8 de 80 pag.

2. — Ophélie; tragédie en cinq actes. Marennes, impr. de Raissac, 1840, in-8 de 88 pag.

SÉGUIER [le baron Armand-Pierre], membre de l'Académie des sciences; né à Montpellier le 3 juillet 1803. [Voy. la *France littér.*, t. IX, pag. 21.] — Avec MM. *Delamorinière* et *Durand* : Perfectionnements dans la navigation à vapeur. Exposition d'un nouveau mode de construction navale en fer et en bois combinés; description d'une mâture mobile et d'une roue à palettes pivotantes suivant le rayon, appropriées à la navigation mixte par le vent et la vapeur. Paris, impr. de Bachelier, 1848, in-4 de 28 pag. avec 9 pl.

Plan du nouveau système réalisé à bord de la goëlette à vapeur *la Persévérance*.

SÉGUIER [Auguste]. — M. Guizot et la Révolution de juillet. Paris, Philippe, 1839, in-8 de 16 pag. [1 fr.].

SÉGUIER DE SAINT-BRISSON [Nicolas-Maximilien-Sidoine], membre de l'Académie des inscriptions et belles-lettres; né à Beauvais le 7 décembre 1773, mort en juin 1854. [Voy. la *Biogr. univ.*, suppl., et la *France littér.*, t. IX, pag. 21.]

1. — Dissertation sur le fragment de Longin contenu dans la Rhétorique d'Apsine, suivie de deux chapitres inédits de cette Rhétorique. Paris, brochure in-8 [1 fr.].

2. — La Philosophie du langage, exposée d'après Aristote. Paris, Bourgeois Maze, 1838, in-8 [4 fr.].

3. — Essai sur le polythéisme. 2 vol. in-12 [5 fr.].

4. — La Préparation évangélique, traduite du grec d'Eusèbe Pamphile, évêque de Césarée en Palestine, dans le quatrième siècle de l'ère chrétienne; avec des notes critiques, historiques et philosophiques. Paris, Gaume frères, 1846, 2 vol. in-8 [12 fr.].

5. — Notice du manuscrit grec de la Bibliothèque royale portant le n° 1874. Paris, Impr. royale, 1840, in-4 de 72 p.

Extrait de la 2° partie du tome XIV des « Notices des manuscrits. »

M. Séguier de Saint-Brisson a travaillé aux « Annales de la Philosophie chrétienne. »

SÉGUIN [Auguste], libraire à Montpellier; né à Avignon le 8 janvier 1779, mort à Montpellier le 2 octobre 1839. [Voy. la *France littér.*, t. IX, p. 22.] — Actes des martyrs qui ont généreusement consommé leur sacrifice à Montpellier, dans les années 1793 et 1794. Montpellier, Aug. Séguin, 1822, in-8 de 32 pag.

Ouvrage anonyme.

M. Séguin a laissé en manuscrit : *les Voyages du prince Théodoric, en Europe, en Asie et en Afrique, au commencement du IX° siècle*. L'ouvrage devait former six volumes. — Il travaillait dans ses dernières années à une *Vie de Jésus-Christ*.

SÉGUIN [Auguste], libraire à Montpellier. — La Philosophie du XVIII° siècle et ses fruits, d'après *les Girondins* de M. de Lamartine. Opuscule dédié aux habitants des campagnes par *un solitaire, ami de la vérité et des paysans*. Montpellier, Séguin; Paris, Lecoffre, 1849, in-8 de 124 pag.

SÉGUIN aîné, ingénieur civil.

1. — Mémoire sur le chemin de fer de Saint-Étienne à Lyon. In-4 [3 fr.].

2. — De l'Influence des chemins de fer et de l'art de les tracer et de les construire, ouvrage théorique et pratique. Paris, Carilian-Gœury, 1839, in-8 [7 fr. 50 c.].

Cet ouvrage est divisé en huit chapitres, comme il suit : 1° Histoire des chemins de fer: 2° Examen des questions préliminaires; 3° du Tracé des chemins de fer; 4° de l'Excès de résistance que les courbes opposent à la marche des convois; 5° des Travaux d'art; 6° des Wagons; 7° des Moteurs; 8° de la Construction des machines locomotives.

M. Séguin aîné a travaillé au « Journal de l'Industriel et du Capitaliste. »

SÉGUIN [Jules]. [Voy. la *France littér.*, t. IX, p. 27.]

1. — Chemins de fer. De leur exécution par l'industrie particulière. Paris, Carilian-Gœury, 1838; et Lyon, Bohaire, 1839, in-8 de 48 pag. [60 c.].

2. — Aqueduc de Roquefavour. Projet présenté par M. Jules Séguin. Lyon, impr. de Perrin, 1841, in-8 de 48 pag. avec 1 tableau et 2 pl.

3. — Avec MM. *A. Bujeon* et *Gaston Gaudinot* : Assistance publique. Médecine du peuple. Mémoire adressé aux citoyens représentants du peuple, membres du comité du travail, sur l'organisation d'un service général de médecine pour les travailleurs. Paris, impr. de Chaix, 1848, in-4 de 16 pag.

M. Jules Séguin a travaillé au « Journal des Connaissances utiles » et au « Journal de l'Industriel et du Capitaliste. »

SÉGUIN [Richard], marchand à Vire, né dans cette ville le 7 oct. 1772, mort le 23 janvier 1847. — Histoire de la Chouannerie et de la restauration de la religion et de la monarchie en France. Vire, impr. d'Adam, 1826-44, 2 v. in-18.

Nous avons indiqué à l'article LEFRANC [l'abbé] une partie des ouvrages que R. Séguin paraît n'avoir publiés que d'après des manuscrits de cet ecclésiastique : *Essai sur l'histoire de l'industrie du Bocage* [1810]; — *Histoire militaire des Bocains* [1816]; — *Histoire archéol. des Bocains* [1822]; — l'*Histoire du pays d'Auge et des évêques comtes de Lisieux.* Nouvelle édit., augmentée d'une traduction. Vire, impr. d'Adam fils, 1843, in-18), dont la 1re édition a paru en 1832, est, dit-on, une copie d'un manuscrit de Noël DESHAYES, que nous avons à tort confondu avec M. C.-A. DESHAYES, notaire à Jumièges.

SÉGUIN [Édouard], ex-instituteur des enfants idiots des hospices civils de Paris.

1. — Théorie et pratique de l'éducation des enfants arriérés et idiots. Paris, G. Baillière, 1842, in-8 de 90 pag.

2. — Hygiène et éducation des idiots. Paris, J.-B. Baillière, 1843, in-8 de 116 pag. [4 fr.].

3. — Traitement moral, hygiène et éducation des idiots et des autres enfants arriérés ou retardés dans leur développement, agités de mouvements involontaires, débiles, muets non sourds, bègues, etc. Paris, J.-B. Baillière, 1846, in-12 [6 fr.].

4. — Jacob-Rodrigues Pereire, premier instituteur des sourds et muets en France (1744-1780), pensionnaire et interprète du roi, membre de la Société royale de Londres, etc. Notice sur sa vie et ses travaux, et analyse raisonnée de sa méthode ; précédées de l'éloge de cette méthode par *Buffon*. Paris, J.-B. Baillière, Guyot et Scribe, 1847, in-12 [3 fr. 50 c.].

Citons encore : à Monsieur H........ Résumé de ce que nous avons fait depuis quatorze mois. Du 15 février 1838 au 15 avril 1839 [1839, in-8. — Daté du 3 avril 1839. On lit après la signature : Approuvé par le docteur Esquirol, le 24 avril 1839]; — Conseils à M. O..... sur l'éducation de son fils [1839, in-8].

M. Édouard Séguin a donné dans « le Prisme : » *les Flotteurs.*

SÉGUIN [Mlle Marguerite-Félicité].

1. — Fleurs de bruyère. Moulins, impr. de Desrosiers, 1838, in-8.

Poésies dédiées à M. de Lamartine.

2. — Fleurs et larmes, poésies. Ambert, impr. de Séguin fils; Paris, Dentu, 1844, in-8.

SÉGUIN [Victoire]. — Richard Cœur-de-lion au château de Sermur, épisode du XIIe siècle. Ambert, impr. de Séguin fils, 1844, in-32 de 128 pag.

En prose.

SÉGUIN [Henri]. — Une Nuit de 93, ou l'Inspiration de la Marseillaise; scène patriotique en vers. Paris, impr. de Soupe, 1849, in-8 de 8 pag.

SÉGUR [le comte Louis-Philippe de], historien, poète et auteur dramatique, membre de l'Académie française; né à Paris le 11 décembre 1753, mort dans cette ville le 27 août 1832. [Voy. un article sur lui, par M. SAINTE-BEUVE, dans la *Revue des Deux-Mondes* du 15 mai 1843, la *Biogr. univ.*, suppl., et la *France littér.*, t. IX, p. 28.]

1. — Décade historique, ou Tableau politique de l'Europe, depuis 1786 jusqu'en 1796. Paris, Eymery, 1824, 3 vol. in-8.

2. — Galerie morale, précédée d'une Notice sur M. de Ségur, par M. *Sainte-Beuve*. Ve édition. Paris, Didier, 1843, in-12 [3 fr. 50 c.].

3. — Mémoires, ou Souvenirs et anecdotes. Ve édition. Paris, Didier, 1842, 2 vol. in-12 [7 fr.].

4. — Histoire universelle, comprenant l'*histoire ancienne*, l'*histoire ro-*

maine et l'*histoire du Bas-Empire.* VIII° édition. Paris, Didier, 1847-1848, 6 vol. in-12 [21 fr.].

Chaque partie se vend séparément : l'*Histoire ancienne*, comprenant l'histoire des Égyptiens, des Mèdes, des Perses, des Juifs, de la Grèce, de la Sicile, de Carthage, etc. [2 vol., 7 fr.]; — l'*Histoire romaine*, depuis la fondation de Rome jusqu'à la fin du règne de Constantin [2 vol., 7 fr.]; — l'*Histoire du Bas-Empire*, comprenant l'histoire des empires d'Occident, d'Orient, grec, latin, et du second empire grec, depuis Constantin jusqu'à la prise de Constantinople par Mahomet [2 vol., 7 fr.].

M. L.-P. de Ségur a travaillé à l'« Almanach de Bacchus » [1810, in-8] ; aux « Archives littéraires de l'Europe » [1804-1808, in-8]; au « Mercure du XIX° siècle » [1825]; etc.

SÉGUR [le lieutenant général comte Philippe-Paul de], pair de France, membre de l'Académie française; né à Paris le 4 novembre 1780. [Voy. la *France littér.*, t. IX, p. 32.]

1. — Avec Mme la baronne de No- rew : la Vertu en exemple (1840, 1842, 1846, in-12). Voy. NOREW.

2. — Histoire de Napoléon et de la grande armée pendant l'année 1812. Paris, Ch. Gosselin, 1841, 1843, in-12 [3 fr. 50 c.] ; — autre édit. Paris, Garnier frères, 1841, 2 vol. in-8, avec cartes [6 fr.]; — autre édit. Paris, Didier, 1842, in-8, avec 14 grav. [10 fr.].

3. — Histoire de Charles VIII, roi de France. II° édition. Paris, Lebigre frères, 1842, 2 vol. in-8.

4. — Le Bon Nègre, suivi d'*Antoine, ou l'Inclination,* par *A.-E. de Saintes* [Eymery]. Paris et Limoges, Ardant, 1845, in-32.

5. — Le Collier de perles, suivi d'*Antoine, ou l'Inclination,* par *A.-E. de Saintes* [Eymery]. Paris et Limoges, Ardant, 1845, in-32.

On doit encore à M. Ph. de Ségur : Eloge historique de M. le maréchal comte de Lobau, lu à la séance de la Chambre des pairs du 17 juin 1839 [1839, in-8]; — Chambre des pairs, séance du 18 avril 1845. Discours à l'occasion du décès de M. le comte Dejean [1845, in-8].

M. Ph. de Ségur est l'auteur de l'*Introduction* qui précède les « Illustrations de l'histoire de France, » par M. L. MICHELANT [1843, gr. in-8].

Il a travaillé au « Journal des Sciences militaires; » au « Dictionnaire de la Conversation et de la Lecture; » etc.

SÉGUR [Gaston de]. — Recueil d'antialogies, ou Discussions religieuses; par une dame convertie à la religion catholique. Paris, Goujon et Milon, 1842, in-18.

SÉGUR [Anatole de]. — Fables. Paris, Michel Lévy, 1848, in-12 [3 fr.].

SÉGUR DUPEYRON [de]. [Voy. la *France litt.*, t. IX, p. 35.]

1. — Des Quarantaines et des pertes qu'elles occasionnent au commerce ; suivi d'un extrait du rapport de MM. Girard, Freycinet et Double. Paris, Mme Huzard, 1833, in-8 de 38 pag.

2. — Rapport au ministre du commerce sur les divers régimes sanitaires de la Méditerranée et sur les modifications qui pourraient être apportées aux tableaux qui fixent la durée des quarantaines en France. Paris, Impr. royale, 1834, in-8.

3. — Rapport adressé à Son Excellence M. le ministre de l'agriculture et du commerce sur des modifications à apporter aux règlements sanitaires. Paris, Impr. royale, 1839, gr. in-8.

4. — Histoire d'un traité de paix et d'un traité de commerce conclus entre la France et l'Angleterre : fragments d'une histoire du commerce et de l'industrie de la France pendant les XVI°, XVII° et XVIII° siècles. Paris, impr. de Panckoucke, 1842, in-8.

Une lettre de M. de Ségur Dupeyron, chargé par le gouvernement d'une mission scientifique en Égypte, a été insérée dans les « Débats » du 22 avril 1839.

SEGUY-VILLEVALEIX [L.-E.-S.].

1. — Sur les Harangues des historiens. 1813, in-4.

Thèse pour le doctorat ès lettres.

2. — De Definitione. 1813, in-4.

Thèse pour le doctorat ès lettres.

SEIGNEURGENS [J.-F.-Augustin]. [Voy. la *France littér.*, t. IX, p. 37.] — De la Petite Vérole et de ses causes, et des moyens d'arrêter sa marche et ses effets lorsqu'elle est déclarée. Paris, impr. de Lange-Lévy, 1842, in-8 de 32 pag.

SEISSON, juge de paix à Toulon. — Des Tribunaux de canton, ou de la Justice de paix, considérée et organisée selon l'esprit de son institution. Toulon, impr. de Monge, 1848, in-8 de 96 pag.

SEITHER [F.-A.], ouvrier en typographie.

1. — Essai sur la création de caisses

de secours et de retraite en faveur des ouvriers. Strasbourg, impr. de Silbermann, 1848, in-4 de 4 pag.

Publication du club de la Fraternité républicaine, n° 3.

2. — Essai sur l'amélioration du sort des classes-laborieuses, à l'aide d'un meilleur système d'économie rurale. Strasbourg, impr. d'Huder, 1848, in-4 de 28 pag.

SÉJAN [A. de].—Histoire de France, en vers mnémoniques. Prononciation anglaise en six leçons, pouvant être apprise sans maître; par *C.-M. Burnet*. Paris, Girard, Saint-Jorre, 1842, in-18 de 36 pag.

SÉJOUR [Victor], auteur dramatique.

1. — Le Retour de Napoléon. Paris, Dauvin et Fontaine, Pinard, 1841, in-8 de 8 pag.

En vers.

2. — Diégarias; drame en cinq actes et en vers. Paris, Tresse, 1844, in-8 de 32 pag.

Voy. un compte rendu dans la « Revue de Paris » [1844, p. 442].

3. — La Chute de Séjan; drame en cinq actes, en vers. Paris, Michel Lévy, 1849, in-16 [1 fr.].

SELLIER [F.-M.], avocat à Paris, ancien notaire à Vermanton (Yonne).

1. — Le Manuel des Notaires, contenant un nouveau dictionnaire des formules de tous les actes des notaires et un commentaire, etc. Paris, Cotillon, 1842 et ann. suiv., 4 vol. in-4.

Ouvrage publié et complet en 49 livraisons. Voy. des comptes rendus dans la « Gazette des tribunaux » (par M. MARCADÉ) et dans « le Droit, bulletin des tribunaux » [par M. Hippolyte DIEU).

2. — Journal du *Manuel des Notaires*, ou Recueil de législation nouvelle, de jurisprudence et de doctrine, pour faire la suite et le complément du *Manuel des Notaires*. Auxerre, impr. de Perriquet, 1849, in-4.

Paraît tous les mois en un cahier de 16 pag. Prix annuel : 10 fr.

SELLIER [Amédée]. — Les Chiens de Visconti; nouvelle. Paris, impr. de Brière, 1849, in-8 de 16 pag.

Citons aussi, dans « l'Echo agricole : » le *Fifre de Marengo, ou Quatre pages de la vie d'un soldat*.

SELLIER [Alexandre]. — Observations sur la pousse des cheveux et l'emphysème de tous les animaux, et sur les moyens de les éviter. Rouen, impr. de Surville, 1849, in-8 de 24 pag.

SELLIÈRES [Gauthier de]. Voy. GAUTHIER DE SELLIÈRES.

SELLIGSBERGER [Bernard].—Quelques Mots sur les sourds-muets. Strasbourg, Schmidt et Grucker, 1842, in-8 de 56 pag.

SELLON [le baron P.-E.-Maurice de].

1. — Mémoire sur les angles morts des retranchements de campagne, et sur quelques autres points de la fortification passagère. Paris, Corréard, 1848, in-8 de 24 pag. avec 3 pl. [2 fr. 50 c.].

2. — Examen de la fortification et de la défense des grandes places, par *C.-A. Wittich* (Berlin, 1840, et Paris, Corréard, 1847), traduction de M. *de la Barre-Duparc*. 1840, in-12 [1 fr. 50 c.]. Paris, Corréard, 1849, in-8 de 24 pag. avec 1 pl.

SELME-DAVENAY. [Voy. la *France littér.*, t. IX, p. 43.] — Avec MM. *Eugène Grangé* et *Abel* : le Pâté de Chartres; vaudeville en un acte (1840, in-8). Voy. GRANGÉ.

SELMI [P.] — Nouveau Manuel complet de Dorure et d'Argenture par la méthode électro-chimique et par simple immersion; traduit de l'italien par *E. de Valicourt*. Paris, Roret, 1845, in-18 [1 fr. 75 c.].

SELNEUVE [Joseph], pseudonyme de LARGUEZE [Théodore-Joseph].

1. — Avec M. *Christian Dovarias* [*Henri Ballot*]: les Vacances espagnoles (1839, in-8). Voy. DOVARIAS.

2.—Avec MM. *A. Guenée* et *Bresil* : Une Mauvaise plaisanterie (1839, in-8). Voy. BRESIL.

SELTENHOFF [Losen de]. Voy. LOSEN.

SELVES [H.], cultivateur, lithographe, député de Seine-et-Marne; né à Montauban. [Voy. la *France littér.*, t. IX, p. 44.]

1. — Projet d'un système général et gradué d'enseignement agricole combiné avec l'enseignement primaire. Ins-

titutions qui en sont la conséquence ou qui peuvent contribuer au succès de l'agriculture. Paris, impr. de Dupont, 1838, in-8 de 16 pag.

2. — Aux Ouvriers et à leurs patrons. Paris, impr. de Moquet, 1840, in-8 de 16 pag.

Invitation à la tempérance.

SELVES [Hues de BRAYES-]. Voy. HUES DE BRAYES-SELVES.

SELYS-LONGCHAMPS [le baron Michel-Edmond de], naturaliste, membre de l'Académie de Belgique, ancien représentant de l'arrondissement de Waremme; né à Paris le 25 mai 1813. [Voy. la *France littér.*, t. IX, p. 45.]

1. — Faune belge, 1re partie; indication méthodique des mammifères, oiseaux, reptiles et poissons observés jusqu'ici en Belgique. Liège, 1842, in-8 [7 fr.]. — *Paris, Roret.*

2. — Tableau des Libellulidées d'Europe. Bruxelles, 1840, in-8, avec 4 pl. représentant 44 figures [5 fr.].

3. — Tableau des Lépidoptères, ou Papillons de la Belgique, précédé du tableau des Libellulidées de ce pays. Liège, 1837, in-8 [2 fr.].

4. — Notices sur les Libellulidées, sur les petits Mammifères, sur les Oiseaux, etc., extraites des Bulletins de l'Académie de Belgique. 1840 à 1842, in-8, fig. [2 fr.].

5. — Études de Micromammalogie, revue des *sorex, mus* et *arvicola* d'Europe; suivies d'un index méthodique des mammifères européens, 1839, in-8 [5 fr.].

M. de Selys-Longchamps a fourni en outre plusieurs Mémoires d'histoire naturelle aux « Mémoires de l'Académie de Belgique, » aux « Mémoires de la Société royale des Sciences de Liège, » à la « Revue zoologique, » publ. par M. GUÉRIN-MENEVILLE, etc.

SEMALLÉ [le comte de]. [Voy. la *France littér.*, t. IX, p. 45.] — Avec M. le comte de *Bruges* : la Liste civile de la branche aînée dévoilée (1837, in-8). Voy. BRUGES.

SEMALLÉ [la comtesse de]. [Voy. la *France littér.*, t. IX, p. 45.] — Abrégé de l'histoire chronologique et géographique de la religion catholique, depuis la création jusqu'à nos jours; suivi d'une instruction sur le dogme et la morale. Paris, Debécourt, 1838, 3 vol. in-12 [10 fr.].

SEMET [L.-T.]. [Voy. la *France littér.*, t. IX, p. 45.]

1. — Avec M. *Jules Barrois* : Poésies. Lille, impr. de Durieux, 1846, in-18 de 120 pag.

Une autre édition, in-18 de 72 pag., a paru en 1845.

2. — Mélanges littéraires. IIe édition. Lille, Bracke, 1846, in-8 de 136 pag.

En tête des poésies publiées en 1849 sous ce même titre par M. Jules BARROIS [Lille, impr. de Bracke, in-16] se trouvent des notices sur des artistes dramatiques, dont quelques-unes sont signées L.-T. Semet.

M. L.-T. Semet a donné des *poésies* et des articles en prose dans la « Revue du Nord. »

SÉMILASSO, pseudonyme. Voyez PUCKLER MUSKAU.

SÉMONVILLE. Voy. MONTHOLON SÉMONVILLE.

SÉNAC, directeur de l'École de Médecine et de Pharmacie de Lyon.

1. — Considérations générales sur les écoles préparatoires de médecine et de pharmacie. Lyon, impr. de Dumoulin, 1844, in-8 de 56 pag.

2. — Considérations générales sur la réorganisation de l'enseignement médical et sur la nécessité de convertir l'École préparatoire de Médecine et de Pharmacie de Lyon en faculté de médecine. Lyon, impr. de Dumoulin, 1848, in-8 de 48 pag.

SÉNAN [Mme Marie]. — L'Attente ; drame en un acte et en vers. Paris, Barba, 1838, in-8 de 56 pag. [2 fr.].

Mme Marie Sénan est, selon M. Quérard, un pseudonyme de Gustave de WAILLY.

SENANCOUR [Étienne PIVERT de], fils d'un conseiller du roi au parlement; né à Paris en novembre 1770, mort à Saint-Cloud au mois de janvier 1846. Destiné à l'état ecclésiastique, et placé par son père à Saint-Sulpice, d'où il s'échappa d'accord avec sa mère, marié en Suisse où il s'était retiré, privé par la Révolution de fortune et même de ressources, M. de Senancour vécut de sa plume, solitaire et presque ignoré, sans chercher le bruit, la renommée et les honneurs. C'est à M. Thiers, pendant son ministère, puis à M. Villemain, qu'il a dû de jouir vers la fin de sa carrière de quelque sécurité. En 1827, ses Traditions morales et religieuses furent déférées aux tribunaux. L'auteur avait appelé Jésus-Christ *un jeune sage.* Il fut condamné en première instance et acquitté en cour royale. [Voy. des notices sur M. de Senancour dans les *Portraits* de M. SAINTE-BEUVE, t. I, p. 449-483 de l'édition de 1841, dans l'*Illustration* du 31 janv. 1846, dans la *Biogr. univ.*, *suppl.*, et la *France littér.*, t. IX, p. 49.]

1. — De l'Amour selon les lois primordiales et selon les convenances des sociétés modernes. Paris, Abel Ledoux, 1833, in-18 [5 fr.].

2. — Obermann. Nouvelle édition, revue et corrigée, avec une préface par *George Sand.* Paris, Charpentier, 1840, 1844, 1847, in-12 [3 fr. 50 c.].

M. de Senancour a travaillé à la « Minerve française, » au « Mercure du XIXe siècle, » à « l'Abeille littéraire, » au « Constitutionnel, » à la « Biographie des Contemporains, » à la « Revue encyclopédique, » à « l'Observateur, » à la « Biographie des Femmes auteurs, » etc.

SENARMONT [Alex.-Ant. HUREAU de], officier général, né à Strasbourg le 15 avril 1769, tué sous les murs de Cadix le 15 oct. 1810. [Voy. la *Biogr. univ.*, *suppl.* — Mémoires sur le lieutenant général d'artillerie baron de Senarmont, rédigés sur la feuille officielle du Dépôt de la guerre, sa correspondance privée, ses papiers de famille, etc., par le général *Marion.* Paris, 1846, in-8.

SENARMONT [Henri HUREAU de], ingénieur des mines; né à Broué (Eureet-Loir) le 6 septembre 1808.

1. — Essai d'une description géologique du département de Seine-et-Marne. Paris, impr. de Béthune, 1844, in-8.

2. — Essai d'une description géologique du département de Seine-et-Oise. Paris, impr. de Béthune, 1844, in-8.

M. H. de Senarmont a traduit en français : « Traité de cristallographie, » par W.-H. MILLER [1842, in-8].

SENAUD [Ch.]. [Voy. la *France littér.*, t. IX, p. 52.] — Exercices de grammaire latine, ou Méthode des progrès. Aurillac, impr. de Ferary, 1844, in-8 de 144 pag.

SENAULT [J.-F.], prédicateur, écrivain ecclésiastique, supérieur général de l'Oratoire; né à Anvers en 1599, mort en 1672.

Les *OEuvres choisies* de J.-F. Senault sont contenues dans le tome VI de la « Collection intégrale et universelle des Orateurs sacrés, » publiée par M. l'abbé M*** [MIGNE] [1844, in-8].

SENCE [Ph.]. — L'Indicateur des jours pour les comptes d'intérêt, ou Tableaux pour connaître, sans aucun calcul, le nombre de jours entre deux époques, pendant une année de 365 jours. Paris, Aillaud, 1840, in-4 de 56 pag.

SÉNÉ [l'abbé], curé d'Is-sur-Tille. — Un Regard sur le protestantisme. Dijon, Hémery; Paris, Lecoffre, 1846, in-8 de 124 pag.

SÉNEMAUD [Ed.].
1. — Histoire de France élémentaire. Toulouse, Delsol, 1845, in-12.

2. — Le Républicain de l'Aude, journal politique, scientifique, littéraire et d'annonces. Carcassonne, impr. de Labau, 1848, petit in-fol. [12 fr.].

SÉNÈQUE [Lucius-Annæus Seneca], philosophe et poëte dramatique; né à Cordoue, l'an 2 ou 3 de J.-C., mort en 68. [Voy. la *France littér.*, t. IX, p. 58.]

1. — OEuvres complètes de Sénèque le Philosophe, avec la traduction en français, publiées sous la direction de M. *Nisard.* Paris, Dubochet, 1838, gr. in-8 [15 fr.].

Collection des auteurs latins, avec la traduction en français.

Ce volume, dont un nouveau tirage a eu lieu en 1842, contient : *de la Colère, Consolation à Helvia, Consolation à Polybe, Consolation à Marcia, de la Providence, des Bienfaits, de la Constance du sage, de la Brièveté de la vie, du Repos et de la retraite du sage, de la Tranquillité de l'âme, de la Clémence, de la Vie heureuse,* trad. par M. Élias REGNAULT ; — *Facétie sur la mort de César,* traduite par M. HAURÉAU ; — *Petites Pièces de vers, Questions naturelles, Fragments, Fragments tirés de Lactance, Fragments tirés de saint Jérôme,* traduits par M. BAILLARD ; — *Épîtres,* trad. par PINTRELLE, traduction revue et imprimée par les soins de LA FONTAINE, son parent, qui en a traduit en vers toutes les citations tirées des poëtes.

2. — Théâtre complet des Latins, comprenant *Plaute, Térence* et Sénèque le Tragique, avec la traduction en français, publié sous la direction de M. *Nisard.* Paris, Dubochet, 1844, gr. in-8 [15 fr.].

Hercule furieux, Thyeste, ont été traduits par M. Th. SAVALÈTE ; — les *Phéniciennes, Hippolyte, OEdipe,* les *Troyennes, Médée, Aga-*

memnon, *Hercule sur l'Œta*, par M. Desforges.

SÉNÈS. — Avec M. *Curel :* Cours élémentaire de religion (1841, in-12). Voy. Curel.

SENEUIL [Courcelle]. Voy. Courcelle-Seneuil [J.-G.].

SENEVOY [le marquis de]. — Étude sur l'époque actuelle. Paris, Dentu, 1844, in-8 [5 fr.].

SENIOR [N.-W.], professeur d'économie politique à l'Université d'Oxford. [Voy. la *France littér.*, t. IX, p. 62.]
— Principes fondamentaux de l'économie politique, extraits de l'ouvrage ainsi intitulé de M. Senior. Chartres, Garnier, 1840, in-8 de 48 pag.
Extrait du « Journal de Chartres » d'octobre et novembre 1839, et tiré à 60 exemplaires non destinés au commerce.

SENLI [l'abbé Pierre-Élie], prêtre, d'abord aumônier militaire ; né en Espagne le 14 avril 1761. [Voy. la *France littér.*, t. IX, p. 62.]
1. — Dieu et la liberté. Lettre à M. le comte de Chabrières. Valence, impr. de Marc-Aurel, 1838, in-8 de 24 pag.
2. — Cris d'un infortuné adressés à Son Éminence Mgr Louis-Jacques-Maurice de Bonald, cardinal, archevêque de Lyon. La Croix-Rousse, impr. de Lépagnez, 1841, in-4 de 28 pag.

SENNECHOT. — Avec M. *J. Esneaux:* Histoire philosophique et politique de Russie (1828, 5 vol. in-8). Voy. Esneaux.

SENNEVILLE [L. de], pseudonyme. Voy. Louis Ménard.

SENNEVOY [Dupotet de]. Voy. Dupotet de Sennevoy [le baron J.].

SENOBLE [Eugène]. — Poésies du village, ou Mes Essais lyriques. Sézanne, Cousin, 1844, in-18 de 168 pag.

SENOCQ [N.], instituteur. [Voy. la *France littér.*, t. IX, p. 62.]
1. — Système complet de sténographie, ou Art d'écrire aussi vite qu'on parle. VIIe édition. Paris, Lecaplain, 1842, in-8 de 56 pag. [2 fr.].
2. — Réfutation de toutes les méthodes d'écritures parues jusqu'ici. Paris, impr. lith. de Bonneville, 1845, in-8 de 12 pag.

SENSAMAT. — Grammaire française sur un plan entièrement nouveau. Toulouse, Delsol, 1849, in-12.

SENTEIN, de Saint-Girons, docteur en médecine, inspecteur de l'établissement des bains d'Audinac (Ariége).
1. — Deuxième Mémoire présenté à l'Académie royale de Médecine sur les eaux minérales d'Audinac, considérées sous le rapport thérapeutique. Foix, impr. de Pomiès, 1842, in-8 de 64 pag.
2. — Observations de médecine et chirurgie pratiques. Foix, impr. de Pomiès, 1847, in-8 de 140 pag.

SENTY [Ambroise]; né à Aix en avril 1803. [Voy. la *France littér.*, t. IX, p. 64.] — Le Comte d'Egmont ; tragédie en trois actes et en vers. Paris, Furne, 1844, in-12 [2 fr.].

SÉON. — Hygiène vétérinaire militaire. 1844, in-8 [7 fr.].

SÉPRÉS [Pierre-Ypres la Ramée de], ancien directeur du *Lycée national*. [Voy. la *France littér.*, t. IX, p. 65.]
1. — Cours complet pratique de langue latine, ou Développement des exercices de l'enseignement universel, appliqués à l'étude du latin. Ouvrage rédigé d'après ses leçons, par *Charles Claudon*. Paris, Mansut, 1832, in-8 [4 fr.] ; — en 1848, Delahays [50 c.].
2. — Manuel complet de la langue française. IIIe édition. Paris, Mansut fils, 1838, in-16 [3 fr.].
Méthode Jacotot.
3. — Enseignement universel. Télémaque français-anglais. Livre 1er, en deux traductions, l'une en regard, et l'autre mot à mot, avec la prononciation figurée, etc. Paris, Mansut fils, 1840, in-12 [1 fr. 50 c.].
4. — Manuel complet de l'Enseignement universel, ou Application de la méthode Jacotot à l'étude de la langue maternelle, latine, etc.; précédé d'une introduction. Paris, Mansut fils, 1840, in-12 [5 fr.].
5. — Cours de langue allemande, contenant les quatre premiers chapitres du Vicaire de Wakefield, français-allemand, un Choix d'Entretiens allemands-français, et le premier livre de l'Histoire de

la guerre de Trente ans, traduit en regard. Paris, Mansut, in-12 [2 fr.].

SEPTAVAUX.
1. — Brochure impartiale sur les élections. Rouen, impr. de Surville, 1842, 2 parties in-8, ensemble de 48 pag.
2. — Réflexions sur les municipalités en 1843. Lettre à M. Frontin-Cheron. Elbeuf, Levasseur; Rouen, Édet jeune; Paris, Dentu, 1843, in-12 de 24 pag.

M. Septavaux a été l'un des rédacteurs du « Courrier de Rouen. »

SEPT-FONTAINES [Emmery de]. Voy. EMMERY DE SEPT-FONTAINES [Henri-Ch.].

SEQUESTER [Vibius], géographe latin, qui vivait du Ve au VIIe siècle. — Nomenclature des fleuves, fontaines, lacs, forêts, marais, montagnes et peuples, dont il est fait mention dans les poëtes, traduite pour la première fois par M. *Louis Baudet*. Paris, Panckoucke, 1843, in-8 de 68 pag.

SÉRAUCOURT [dey de]. Voy. DEY DE SÉRAUCOURT [Louis-François].

SERAVALLE [Assereta de]. — Ode aux mânes de Napoléon, dédiée aux électeurs du président de la république française. Paris, Mazillié, 1849, in-8 [50 c.].

SERBATI [Rosmini]. Voy. ROSMINI SERBATI.

SÉRÉ [V. de].— Avec M. *L. Breguet fils* : Télégraphie électrique, son avenir. Poste aux lettres électrique; journaux électriques. Suivi d'un aperçu théorique de télégraphie. Paris, Aug. Mathias, 1849, in-8 de 80 pag.

SÉRÉ [Henri de]. — Notice relative à l'établissement des Dames du Bon-Pasteur au Grand-Caire, pour le rachat et l'éducation de jeunes Éthiopiennes. Angers, impr. de Pignet-Château, 1846, in-8 de 44 pag.

SEREL-DESFORGES [F.-A.-V.], avocat, conseiller à la Cour royale de Rennes. [Voy. la *France littér.*, t. IX, p. 69.] — Lettre d'*un magistrat de l'ordre judiciaire*. Paris, Gustave, Pissin; Videcoq, 1838, in-8 [4 fr.].

SERGENT [Antoine-François], connu aussi sous le nom de SERGENT-MARCEAU, beau-frère du général Marceau, graveur en taille-douce, secrétaire de Robespierre, membre de la Convention nationale; né à Chartres le 9 octobre 1751, mort à Nice le 24 juillet 1847. [Voy. la *Biogr. univ.*, *suppl.*, et la *France littér.*, t. IX, p. 69.]— Relation de la journée du 17 juillet 1791.

Imprimé dans la « Revue rétrospective » [t. V, 1re série, p. 277].

SERGENT [François]. [Voy. la *France littér.*, t. IX, p. 69.] — Nouveau Manuel complet du propriétaire et du locataire ou sous-locataire, tant des biens de ville que des biens ruraux. Nouvelle édition. Paris, Roret, 1841, in-18 [2 fr. 50 c.].

SERGENT [le capitaine Ch.].

M. Ch. Sergent a traduit de l'espagnol : « Affaires de Buenos-Ayres. Considérations sur le traité du 29 octobre 1840, » par Florencio VARELA [1841, in-8].

SERGENT. — Exercice, ou Formulaire de mémoire. Paris, Ducrocq, Girardon, 1840, quatre cahiers in-4, ensemble de 32 pag.

SERGY [Raincelin de]. Voy. RAINCELIN DE SERGY.

SERIÈRE [Auguste de]. — Notice statistique et historique du département de la Mayenne. Laval, impr. de Feillé-Grandpré, 1841, in-4.

SERINGE [Nicolas-Charles], directeur du Jardin des plantes, professeur à la Faculté des Sciences de Lyon, membre de l'Académie et de la Société d'Horticulture de cette ville. [Voy. la *France littér.*, t. IX, p. 75.]
1. — Éléments de Botanique, spécialement destinés aux établissements d'éducation. Lyon, Giberton et Brun; Paris, Hachette, 1840, in-8, avec 28 pl. et 4 tableaux.
2. — Le Petit Agriculteur, ou Traité élémentaire d'agriculture. Lyon, impr. de Dumoulin; Paris, Hachette, 1841, in-8 [1 fr. 50 c.].
3. — Descriptions et figures des Céréales européennes, telles que orge, seigle, blé, niviera, avoine, phalaris, maïs, etc. IIe édition. Lyon, 1842, 4 livr. gr. in-8, avec pl. grav. [18 fr.] —*Paris, Huzard.*

La première édition a paru à Berne en 1818 dans les « Mélanges botaniques. »

4. — Flore des jardins et des grandes cultures, ou Description des plantes de jardins, d'orangeries et de grandes cultures, leur multiplication, l'époque de leur floraison et de leur fructification, et de leur emploi. Lyon, Ch. Savy, 1845-1849, 3 vol. in-8, avec pl. grav. et fig. dans le texte [27 fr.].

5. — Avec MM. *Hénon* et *C. Fortuné Willermoz* : Flore et Pomone lyonnaises, ou Dessin et description des fleurs et des fruits obtenus ou introduits par les horticulteurs du département du Rhône. Lyon, Savy, Duchêne, 1848, in-8, fig. [10 fr.].

Le journal la « Flore et Pomone lyonnaises » s'est fondu avec le « Bulletin de la Société d'Horticulture du Rhône. »
On doit encore à M. N.-C. Seringe : *Rétablissement du genre Scorodoma de Mœnch*, et un *Mémoire sur le fruit et l'embryon des labiées*, à la suite de : « Esquisse d'une monographie du genre Scutellaria, ou toque, » par A. HAMILTON (1832, in-8].
M. N.-C. Seringe a donné plusieurs articles relatifs aux sciences naturelles dans les « Annales de la Société linnéenne de Lyon. »

SÉRIZIAT [F.], avocat aux conseils du roi. — Mémoire pour le cimetière de Favières, canton de Tournan, département de Seine-et-Marne, contre le sieur Leharle, meunier au même lieu. Melun, impr. de Desrues, 1838, in-4 de 24 pag.

SÉRIZIAT [Henri].
1. — Traité du régime dotal, sous forme d'un commentaire sur les articles du Code civil qui gouvernent ce régime, précédé d'une introduction contenant l'histoire du régime dotal chez les Romains et en France avant la promulgation des lois nouvelles. Lorient, Dorier, 1843, in-8 [7 fr. 50 c.].

2. — Les Hospices civils attaqués par *le Courrier de Lyon* et défendus par *le Rhône*. Extrait de ces journaux, suivi, etc. Lyon, impr. de Marle aîné, 1845, in-8 de 160 pag.

SERIZOT [A.-A.], ouvrier mécanicien. — Aux Berneurs du peuple. Mensonge et pauvreté. Paris, Marcq, 1848, in-fol. de 2 pag.
En vers.

SERMET[J.-B.-Philémon], magistrat. [Voy. la *France littér.*, t. IX, p. 76.] — Histoire de la formation des langues, servant d'introduction au Dictionnaire général étymologique, ou Tableaux polyglottes comparatifs des langues anciennes et modernes. Paris, Comon, 1846, in-8 de 108 pag.

SERMET. — Jeanne d'Arc, ou l'Héroïne du XVe siècle, d'après les monuments contemporains et les principaux écrivains modernes. Paris, impr. de Vrayet de Surcy, 1841, in-18 de 216 pag.

SERPETTE DE MARINCOURT [F.-A.]; né à Péronne en 1792. [Voy. la *France littér.*, t. IX, p. 77.] — Histoire de France, depuis Clovis jusqu'à la mort de Louis IX, avec le Tableau des institutions et des mœurs des temps barbares et du moyen âge. Paris, Baudouin, Schwartz et Gagnot, Delaunay, 1841, 3 vol. in-8 [22 fr. 50 c.].

SERRA [G.].
1. — Lezioni di letteratura italiana, o nuova scelta di poesie, tratta da' più celebri autori antichi e moderni. Nantes, impr. de Merson, 1837, in-12 et in-8.

2. — Lezioni di letteratura italiana, o nuova scelta di prose, tratta da' più celebri autori antichi e moderni. Nantes, impr. de Merson, 1837, in-12 et in-8.

SERRA [François], négociant à Alexandrie (Égypte). — Appel aux souverains de l'Europe sur les moyens à employer pour l'entière destruction de la peste. Paris, impr. de Malteste, 1841, in-8 de 16 pag. [1 fr. 50 c.].

SERRAND [Yves]. — Histoire d'Anse (Asa Paulini), et quelques mots sur plusieurs villes et villages environnants. Villefranche, impr. de Pinet, 1845, in-12.

Anse est à environ quatre kilomètres de Villefranche (Rhône). Un proverbe du pays dit :
De Villefranche à Anse
C'est la plus belle lieue de France.

SERRE. — Histoire politique de 1839-1840, 1841, 1842. Paris, Jules Renouard, 1841, 1842, 1843, 3 vol. in-8.

Chaque année, formant un volume, se vend séparément.
On a annoncé de M. Serre : Appréciation, commentaires et traduction de toutes les œuvres politiques de Machiavel, d'après des documents dont quelques-uns, inédits, ont été puisés par M. Serre dans les bibliothèques Magliabecchiana et Laurentiana de Florence,

et dans la bibliothèque du Vatican à Rome [cette publication formera 6 vol. in-8 de 500 p.].

SERRE, docteur en médecine, professeur de clinique chirurgicale à la Faculté de Montpellier, chevalier de la Légion d'honneur; né en 1800, mort le 21 mars 1849. [Voy. la *France litt.*, t. IX, p. 78.]

1. — Nouveau Traitement spécial et abortif de l'inflammation de la peau, du tissu cellulaire, des veines, des vaisseaux capillaires, sanguins et lymphatiques. Montpellier, 1834, in-8 [2 fr. 50 c.].

2. — Compte rendu de la clinique chirurgicale de l'Hôtel-Dieu de Montpellier pendant le second quadrimestre de l'année 1836. Discours d'ouverture prononcé le 12 janvier 1837. Montpellier, impr. de Martel aîné, 1837, in-8 de 32 pag. [1 fr. 50 c.].

3. — Mémoire sur les avantages de la section du tendon d'Achille dans le traitement du pied équin. Montpellier, 1839, in-8 [2 fr.].

4. — Traité sur l'art de restaurer les difformités de la face, selon la méthode par déplacement, ou méthode française. Montpellier, Castel; Paris, Baillière, Fortin Masson, Rouvier, 1842, in-8, avec 1 atlas in-4 de 4 pag. et 30 pl. [17 fr.].

On doit encore à M. Serre : du Bégayement et des effets physiologiques du geste dans l'acte de la parole (Gand, in-8, 2 fr. 50 c.].

SERRE [A.]. — Le Plan de l'hérésie de Calvin, divisé en sept tables. Nouvelle édition, revue, corrigée et augmentée de notes et de preuves. Toulouse, Pradel, 1838, in-fol. [2 fr. 25 c.].

SERRE [Théodore]. — Napoléon. Alger. Poésies. Paris, Garnier frères, 1842, in-8 de 64 pag.

SERRES [Étienne-Renaud-Augustin], anatomiste et physiologiste, professeur au Muséum d'histoire naturelle, membre de l'Académie de médecine et de l'Académie des sciences; né à Clairac (Lot-et-Garonne) le 12 septembre 1786. [Voy. la *France littér.*, t. IX, p. 82.]
— Précis d'anatomie transcendante appliquée à la physiologie. Paris, Ch. Gosselin, 1842, in-8 [5 fr.].

Tome 1er : *Principes d'organogénie*.
MM. Serres, Magendie et Duméril ont fait un *Rapport* à l'Académie sur le « Mémoire sur l'emploi de l'iode, » par Lugol (Paris, J.-B. Baillière, 1829, in-8].

M. Serres a été un des collaborateurs de l'« Encyclopédie des Sciences médicales. »

SERRES [Pierre-Marcel-Toussaint de], professeur de géologie et de minéralogie à Montpellier, inspecteur des arts, sciences et manufactures en Autriche et dans les pays soumis à la domination française (1809); né à Montpellier en 1783. [Voy. la *France littér.*, t. IX, p. 81.]

1. — Discours sur l'avenir physique de la terre, prononcé à l'ouverture du cours de géologie à la Faculté des sciences de Montpellier, le 4 avril 1837. Montpellier, Lourde, 1838, in-8 de 68 pag. [2 fr. 50 c.].

2. — De la Cosmogonie de Moïse, comparée aux faits géologiques. Paris, Lagny frères, 1838, in-8, avec 1 tableau [7 fr.]. — IIe édition. 1842, 2 vol. in-8 [15 fr.].

3. — Essai sur les cavernes à ossements et sur les causes qui les y ont accumulés. IIIe édition, revue et considérablement augmentée. Lyon, Savy; Paris, J.-B. Baillière, 1838, in-8 [7 fr.].

4. — Notice sur les cavernes à ossements du département de l'Aude. In-4, avec 6 pl. [10 fr.]. — *Paris, P. Bertrand.*

5. — Avec MM. *Dubreuil, Jean-Jean et autres:* Recherches sur les ossements humatiles des cavernes de Lunel-Viel (1839, in-4, avec 21 pl.). Voy. Dubreuil.

6. — De la Création de la terre et des corps célestes, ou Examen de cette question : L'œuvre de la création est-elle aussi complète pour l'univers qu'elle paraît l'être pour la terre? Paris, Lagny frères, 1842, in-8 [7 fr. 50 c.].

7. — Des Causes des migrations des divers animaux, et particulièrement des oiseaux et des poissons. IIe édition. Paris, Lagny frères, 1845, in-8, avec 1 pl. [10 fr.].

8. — Nouveau Manuel complet de Paléontologie, ou des Lois de l'organisation des êtres vivants, comparées à celles qu'ont suivies les espèces fossiles et humatiles dans leur apparition successive. Paris, Roret, 1846, 2 vol. in-18, avec un atlas de 22 tableaux [7 fr.].

On doit encore à M. Marcel de Serres : Mémoire sur l'imprimerie chimique (la lithographie) [1810]; — Voyage dans le pays de Salzbourg [1813, in-8]; — Observations sur divers fossiles de quadrupèdes vivipares nouvellement découverts dans le sol des environs de Montpellier [1816, in-4, fig.]; — Mémoire sur les terrains d'eau douce, ainsi que sur les animaux et les plantes qui vivent alternativement dans les eaux douces et les eaux salées [1818, in-4]; — Observations sur un calcaire marin tertiaire en bancs continus, supérieur au calcaire grossier [1825, 1827]; — Voyage géologiques dans les Pyrénées orientales, etc. [1829]; — Mémoire sur divers débris de mastodonte à dents étroites découverts dans plusieurs localités de France [1829]; — Mémoire sur les animaux découverts dans les terrains quaternaires [1832]; — de la Contemporanéité de l'homme et des races perdues [1833]; — Mémoire sur les silicates non alumineux à base de chaux et de magnésie [1833]; — Discours sur l'avenir physique de la terre, prononcé à l'ouverture du cours de géologie, etc. [1838].

Il a donné des articles aux « Annales des Sciences physiques et naturelles de la Société d'Agriculture de Lyon; » plusieurs Mémoires de géologie dans les « Bulletins et actes de la Société linnéenne de Bordeaux » et dans les « Mémoires de la Société linnéenne de Normandie; » divers travaux de géologie et d'histoire naturelle dans les « Mémoires de la Société des Sciences de Lille, » entre autres : *Observation sur la licorne des anciens* [1834, p. 494]; — *Discours sur les variations du plan de l'écliptique* [1835, p. 113].

SERRES [Charles].— Traité d'orthographe. Paris, impr. de Locquin, 1844, in-16 de 64 pag.

SERRES. — Tableau de chronologie universelle. Reims, impr. de Luton, 1846, in-12 de 36 pag.

SERRES. — Typosténographie, ou l'Art d'écrire aussi vite que l'on parle, système entièrement nouveau, inventé par M. Serres. Paris, impr. lith. de Chatin, 1846, in-4 de 32 pag.

SERRES [le capitaine J.-J.]. [Voy. la *France littér.*, t. IX, p. 83.] — Cours sur le service des officiers d'artillerie dans les fonderies. Toulouse, 1834, in-8 et atlas in-folio [100 fr.].

SERRET [J.-C.], ancien notaire à Aubenas.

1. — Discours sur la profession de notaire. Valence, impr. de Joland aîné, 1840, in-8 de 32 pag.

2. — Défense de l'agriculture séricifère contre le conditionnement à l'absolu des soies grèges, qui est demandé par la fabrique et par le moulinage. Privas, impr. de Roure, 1843, in-4 de 44 pag.

3. — Du Progrès dans l'agriculture française, ou des Moyens de donner à ses travaux la certitude des sciences physiques, et de lui faire obtenir le maximum de rendement, en éclairant les propriétaires du sol par une carte agronomique formée de topographies communales, et accompagnée d'une description générale des meilleurs produits de chaque commune, etc. Privas, impr. de Roure, 1849, in-4 de 40 pag.

SERRET [Ernest].

1. — Les Touristes; comédie en trois actes, et en vers. Paris, Duvernois, Tresse, 1846, in-12.

2. — En Province; comédie en trois actes, en vers. Paris, Michel Lévy frères, 1847, in-18 angl. [60 c.].

3. — Les Fonds secrets; comédie-vaudeville en un acte. Paris, Michel Lévy frères, 1848, in-18 angl. [60 c.].

4. — La Paix a tout prix; comédie en deux actes, en vers. Paris, Michel Lévy frères, 1849, in-18 angl. [60 c.].

5. — Les Parents de ma femme; comédie-vaudeville en un acte. Paris, Michel Lévy frères, 1849, in-18 angl. [60 c.].

SERRET [J.-A.], mathématicien, ancien élève de l'École polytechnique, professeur à la Faculté des Sciences de Paris.

1. — Résumé d'algèbre. Paris, Carilian-Gœury et V. Dalmont, 1843, in-8.

2. — Résumé de calcul différentiel et intégral. Paris, Carilian-Gœury et V. Dalmont, 1843, in-8.

Collection de tableaux polytechniques, publié sous la direction de M. Auguste Blum.

3. — Cours d'algèbre supérieur, professé à la Faculté des Sciences de Paris. Paris, Bachelier, 1849, in-8, avec 1 pl. [7 fr. 50 c.].

Résumé de trente leçons faites à la Sorbonne par l'auteur, pendant l'année 1848.

M. Serret a travaillé aux « Annales de l'École polytechnique, » publiées sous la direction de M. Liouville, et au « Journal de Mathématiques pures et appliquées. »

SERRIER [L.], docteur en médecine. — Traité de la nature, des complications et du traitement des plaies d'armes à feu. Paris, Just Rouvier, 1844, in-8 [4 fr. 50 c.].

SERRIGNY [D.], avocat à la cour d'appel, professeur de droit administratif à la Faculté de Dijon.

1. — Traité de l'organisation, de la compétence et de la procédure en matière contentieuse administrative, dans

leurs rapports avec le droit civil. Dijon, impr. de Douillier; Paris, Joubert, 1842, 2 vol. in-8 [15 fr.].

2. — Supplément au *Traité de l'Organisation*. Paris, Joubert, 1846, in-8.

3. — Traité du Droit public des Français, précédé d'une Introduction sur les fondements des sociétés politiques. Dijon, impr. de Douillier; Paris, Joubert, 1845, 2 vol. in-8 [14 fr.].

M. Serrigny a travaillé à la « Revue de Droit français et étranger, » où il a donné notamment : *Les communes sont-elles tenues directement et principalement de fournir un logement en nature ou de payer une indemnité aux ministres des différents cultes reconnus par la loi, sans que les fabriques, consistoires ou synagogues soient tenus de justifier de l'insuffisance de leurs revenus?*

SERRURE [Constant-Philippe], docteur en droit, archiviste de la Flandre orientale, professeur d'histoire à l'Université de Gand, correspondant de l'Académie de Belgique (1847); né à Anvers en 1805. [Voy. la *France littér.*, t. IX, p. 83.] —Avec M. *Voisin :* Notice sur le cabinet monétaire de S. A. le prince de Ligne. Gand, 1847, in-12.

M. Serrure a publié, avec MM. de REIFFENBERG et JACQUEMYNS: « Messager des Sciences et des Arts de la Belgique » [Gand, 1833-44, in-8]; — avec MM. G.-J.-C. PIOT et CHALON : « Revue de la Numismatique belge » [4 vol. gr. in-8]; — « Bulletin du Bibliophile belge [1844 et ann. suiv., in-8].

Il a donné dans ces trois recueils des articles d'histoire, de numismatique, des textes, des analyses et des traductions d'anciens ouvrages; il a aussi fourni des articles à la « Revue numismatique de France, » à la « Revue de Bruxelles, » aux « Nederduitsche letteroefeningen, » à l'« Anzeiger für Kunde der deutschen Mittelatero, » au « Kunst en letterblad, » au « Belgisch Museum, » etc.

SERRURIER [Jean-Baptiste-Toussaint], docteur en médecine, secrétaire général de la Société de Médecine pratique; né à Orléans en 1796. [Voy. la *France littér.*, t. IX, p. 84.]

1. — Phrénologie morale, en opposition à la doctrine phrénologique matérielle de Broussais. Paris, Dentu, 1840, in-8 [7 fr. 50 c.].

2. — Du Mariage considéré dans ses rapports physiques et moraux. Inconvénients de l'union entre des individus entichés d'un principe constitutif héréditaire ou se développant sous l'influence d'une prédisposition native. Paris, J.-B. Baillière, in-8 de 60 pag.

M. Serrurier a travaillé à la « Gazette des hôpitaux. »

SERS [P.]. [Voy. la *France littér.*, t. IX, p. 85.]

1. — Intérieur des Bagnes, suivi de la physiologie du galérien, des fiançailles au bagne, de la vie historique des deux plus célèbres forçats. Angoulême, impr. de Lefraise, 1842, in-12 de 152 pag.

Une autre édition in-12, de 96 pag., avait déjà paru dans la même année. — La IIIe édition a paru en 1843 [Angers, Cornilleau, 1843, in-12]. — La IVe édition est intitulée : *Intérieur des bagnes. Essai historique, physiologique et moral* [Paris, Curmer, 1845, in-8, avec une grav. 5 fr.].

2. — Voyages de l'épervier, contenant une étude de l'homme et des peuples. Angers, impr. de Cornillac, 1843, in-12.

Citons encore : Conversion d'un libéral, collection de pamphlets politiques. IIe édition [1839, in-32]; — le Sujet, journal-modèle. Vivre riche ou mourir! [1839, in-18. — Le prospectus de ce journal a paru sous le titre de : *Coupures politiques*, 1843, in-18]; — Chronique universelle, paraissant tous les mois en une livraison de 64 colonnes [1839, in-8. Le premier numéro a paru en mai].

SERS [A. de]. — Question du travail. Associations populaires. Toulouse, imprim. de Douladoure, 1849, in-8 de 16 pag.

SÉRULLAS [Georges-Simon], pharmacien militaire, professeur au Val-de-Grâce, membre de l'Académie de médecine et de l'Institut; né à Poncin le 21 novembre 1774, mort à Paris le 25 mai 1832: [Voy. son *Eloge historique*, par M. LODIBERT (1833, in-8), et la *France littér.*, t. IX, p. 85.] — Moyen d'enflammer la poudre sous l'eau, à toutes les profondeurs, sans feu, par le seul contact de l'eau. Préparation des matières nécessaires pour obtenir ce résultat. Paris, Leneveu et Riant, 1844, in-8 de 16 pag.

Une première édition a été publiée en 1822, in-8.

SÉRUZIER. — Précis historique sur les Codes français, accompagné de notes biographiques, françaises et étrangères, sur la généralité des codes, et suivi d'une dissertation sur la codification, ou Introduction à l'étude de la législation française. Paris, Videcoq, 1844-1845, in-8 [3 fr. 50 c.].

SERVAIS [V.]. — Annuaire historique, statistique et administratif du département de la Meuse, pour 1845. Bar-le-Duc, Laguerre, 1845, in-18, avec 5 pl. [2 fr.].

La première année a paru en 1844.

SERVAIS [Jean]. — Avec M. *Albert de la Fizelière :* les Inondés de la Loire; scène dramatique en vers. Paris, impr. de Lacrampe, 1846, in-8 de 16 pag. [50 c.].

SERVAN [Félix]. [Voy. la *France littér.*, t. IX, p. 91.] — La Nuit d'un bal. Angoulême, impr. de Texier-Tremeau; Paris, G. Roux, 1838, 2 vol. in-8 [15 fr.].

SERVAN. — Éducation d'un fils par son père, à l'usage des enfants des deux sexes qui fréquentent les écoles primaires. IIIe édit. Carcassonne, Arnaud, 1849, in-12.

SERVAN DE SUGNY [Édouard], ancien procureur du roi près le tribunal de première instance de Nantua, nommé juge du tribunal de Montbrison, place qu'il n'a pas acceptée. [Voy. la *France littér.*, t. IX, p. 92.]

1. — Stainville, ou les Deux Alchimistes; comédie en un acte et en vers. Nantua, impr. d'Arène; Paris, Blosse, 1838, in-8 de 26 pag.

2. — Confession d'un malheureux. Vie de Jean-Claude Romand, forçat libéré, écrite par lui-même, et publiée par M. É. Servan de Sugny. Paris, le Comptoir des Imprimeurs-unis, 1845, in-8.

3. — Ma Vie judiciaire. Lyon, impr. de Mme veuve Ayné, 1847, in-8 de 136 pag.

4. — Gerbe littéraire. Nantua, impr. de Arène; Paris, Schwartz et Gagnot, 1841, in-8 [8 fr.].

SERVE [P.-C.]. — Mémoires sur les fleurs blanches et leur traitement par l'iodure de potassium et les injections de coloquinte. Lyon, Savy; Paris, J.-B. Baillière, 1843, in-8 de 88 pag.

SERVIER [Alfred-Emmanuel ROERGAS DE]; né à Paris en 1807. [Voy. la *France littér.*, t. IX, p. 95.]

1. — Histoire de Colbert. Paris, Debécourt, 1842, in-18 [3 fr. 50 c.].

2. — Histoire du brave Crillon. Paris, Debécourt, 1844, in-18 [3 fr. 50 c.].

La *Vie de Colbert* et la *Vie de Crillon* font partie de la collection intitulée : « les Gloires de la France, ou Vies de ses personnages les plus illustres » [22 vol. in-18 anglais].

SERVIÈRES [Anatole]. — Rachel. Paris, impr. de Fournier, 1839, in-8 de 8 pag.

Pièce de vers.

SERVILLE [Audinet]. Voy. AUDINET-SERVILLE [J.-G.].

SESSELER. — Manuel pour la confection des artifices de guerre; trad. du hollandais, par *Timmerhans*. Bruxelles, 1833, in-8 avec planch. [12 fr.].

SESTIER [Félix], docteur en médecine, agrégé de la Faculté de Paris, chef de clinique médicale à l'Hôtel-Dieu; né à Genève.

MM. les docteurs GENEST, REQUIN et SESTIER ont recueilli et publié, sous les yeux de l'auteur, les « Leçons de clinique médicale faites à l'Hôtel-Dieu de Paris » par CHOMEL [1834-40, 3 vol. in-8].

M. Sestier a publié en outre des Mémoires : sur les dyspnées intermittentes; — sur les causes spécifiques; — sur les maladies et les accidents qui terminent promptement la vie; — sur cette question : Jusqu'à quel point la percussion et l'auscultation ont-elles éclairé le diagnostic des maladies aiguës et chroniques du cœur? — Il a rendu compte dans la « Revue médicale » [t. Ier, 1833] des travaux de la Société anatomique pendant l'année 1832.

SETTE [Jules]. — Avec M. *Jacob* et *autres :* Cours complet de dessin, etc. (1838, in-fol.). Voy. JACOB.

SEUDRE [A.], pseudonyme. Voy. SAVIGNAC [Mme Alida de].

SEURE [Onésime].

1. — Feuilles de cyprès. Paris, impr. de Guiraudet, 1848, in-8 de 32 pag.

En vers.

2. — Le Divorce; précédé d'une lettre de *V. Hugo*. Paris, Chaumerot, 1848, in-8 de 16 pag.

En vers.

SEURET-GONZALÈS [F.], arpenteur, géomètre. [Voy. la *France littér.*, t. IX, p. 99.] — Avec M. *Ortlieb :* Nouveau Manuel à l'usage du commerce, contenant, etc. XIXe édition. Paris, Baudot et Moine, 1842, in-8 avec 2 pl. [5 fr.].

SEURIN. Voy. SEWRIN.

SEVAISTRE [Louis-Eugène]. — Rollon; tragédie en cinq actes, suivie d'une satire, d'une épître et d'une élégie.

Rouen, Fleury-Lebrument, 1849, in-8 de 120 pag.

SEVERIN [Paul], ex-sous-diacre de Saint-Leu. — Le Bouquet de mariage. Révélations sur les mœurs du siècle. Paris, Ch. Gosselin et Coquebert, 1838, 2 vol. in-8 [15 fr.].

SÉVÉRUS [Cornelius]. Voy. CORNELIUS SÉVÉRUS.

SÉVÉRUS [S.]. V. SULPICE SÉVÈRE.

SÉVÉRUS-SYNTAXE [le docteur], pseudonyme. Voy. BESCHERELLE.

SÉVESTE, aîné. [Voy. la *France littér.*, t. IX, p. 101.]
1. — Détails sur l'inauguration de la nouvelle maison commune de Montmartre. Discours prononcé à cette occasion. Paris, impr. de Cordier, 1837, in-8 de 24 pag. avec 1 lith.
2. — De la Situation du Théâtre-Français, et des améliorations à introduire dans son administration. Paris, impr. de Cordier, 1839, in-8 de 40 pag.
3. — Avec M. *Krafft* et *autres* : Réponse au mémoire adressé au préfet de police par MM. *Siret* et *Houzelot* (1845, in-4). Voy. KRAFFT.

SÉVESTE [Jules], directeur gérant des théâtres de la banlieue. [Voy. la *France littér.*, t. IX, p. 101.] — A MM. les membres de la commission appelée à examiner le privilége des théâtres de la banlieue. Paris, impr. de Cordier, 1841, in-4 de 12 pag.

SEVESTRE [A.].
1. — Traité des poids et mesures. Chartres, Langlois, 1840, in-18, avec 1 planche.
2. — L'Indicateur du commerce pour 1840. Tableau synoptique des poids et mesures. Chartres, Langlois, 1840, in-plano.

SEVESTRE [Paul-André]. — Instruction sur les contributions directes. Code général des patentes, etc., mis en ordre par M. P.-A. Sévestre. Toulouse, impr. de Pinel, 1842, in-8 de 92 pag. [2 fr.].

SEVESTRE. — Instructions et notions pratiques sur l'exercice des fonctions de juré. Melun, impr. de Desrues, 1843, in-8 de 20 pag.

SEVESTRE [W.-D.].
M. W.-D. Sevestre a traduit du français en anglais la « Grammaire française » de VANIER (V[e] édit., 1840, in-18].

SÉVIGNÉ [Marie de RABUTIN, dame de CHANTAL et de BOURBILLY, marquise de], née à Paris le 6 février 1626, morte le 18 avril 1696. [Voy. *Mémoires touchant la vie et les écrits de Mme de Sévigné durant le ministère du cardinal de Mazarin et la jeunesse de Louis XIV*, par M. WALCKENAER (1842-45, 3 vol. in-12); — *Histoire de Mme de Sévigné, de sa famille et de ses amis*, par M. AUBENAS (1842, in-8); — un article intitulé : *Madame de Sévigné*, par MIRABEAU (*Revue rétrospective*, t. 1er, p. 120); et *son Acte de naissance* (ibid., t. IV, p. 155); — *Madame de Sévigné et sa correspondance relative à Vitré et aux Rochers*, par M. DUBOIS (1838, in-8); — un article sur les biographes de Mme de Sévigné, par M. Ch. LABITTE (*Revue Deux-Mondes*, 15 septembre 1843); — un article de M. SAINTE-BEUVE sur l'ouvrage de M. Walckenaer (*Causeries du lundi*, 1851, p. 46), et la *France littér.*, t. IX, p. 102.]
1. — Nouveau Choix de lettres de la marquise de Sévigné; par Mme ***. Lyon, Périsse, 1838, 2 vol. in-18 [2 fr.].
— Lettres choisies de madame de Sévigné. Avignon, Peyri, 1840, 3 vol. in-32.
— Lettres de madame de Sévigné, avec les notes de tous les commentateurs, *Perrin, de Vauxelles, Grouvelle, Gault de Saint-Germain* et M. *de Monmerqué*, des notices sur madame de Sévigné et madame de Grignan, et une nouvelle table analytique des matières. Paris, Lefèvre, 1843, 6 vol. in-8, ornés du portrait de madame de Sévigné [30 fr.].
— Lettres choisies de Mme de Sévigné à sa fille et à ses amis, précédées de l'Éloge de Mme de Sévigné, par Mme *A. Tastu*; extrait du rapport de M. *Villemain*. Paris, Didier, 1841, 1842, 1845, in-12 [3 fr. 50 c.]; et 1845, in-8, avec un portrait.
—. Lettres de Mme de Sévigné, précédées de son Éloge par Mme *Tastu*. Paris, F. Didot, 1843, in-12, avec un portrait.
2. — Billet italien de Mme de Sévigné à la marquise d'Uxelles; suivi d'une

lettre de Mme *de Grignan* à la même. Publiés pour la première fois par M. *de Monmerqué.* Paris, impr. de F. Didot, 1844, in-8 de 20 pag.

Tiré à petit nombre. Quelques exempl. sont sur pap. de couleur. — Une traduction française est en regard du texte italien.

On a publié, sous le nom de Mme de Sévigné : « Visite de Mme de S. à l'occasion de la révocation de l'édit de Nantes, » etc. [Genève et Paris, 1829, in-8, de 47 p. — Attribué à M. Nicolas CHATELAIN, de Rolle, au pays de Vaud] — Lettre de Mme de S., juge d'outre-ridicule [Genève et Paris, 1835, in-8 de 103 p. — Attribué aussi à M. CHATELAIN]; — Deux autres lettres de Mme de Sévigné dans la Muselière [1839], etc.

SÉVIN [F.], avoué au Mans. [Voy. la *France littér.*, t. IX, p. 107.] — De l'Enseignement du droit en France. Le Mans, impr. de Richelet, 1840, in-4 de 8 pag.

SÉVIN [Julien]. — Théorie musicale appliquée à l'enseignement simultané. Paris, Duverger, 1841, in-8 de 64 pag. [2 fr.].

SEVOY [François-Hyacinthe], prêtre, né à Jugon en 1707, mort à Rennes le 11 juin 1765. [Voy. la *France littér.*, t. IX, p. 107.] — Devoirs ecclésiastiques. Introduction au sacerdoce, ou Instructions ecclésiastiques méthodiques et suivies, tirées de l'Écriture sainte, des Pères, etc. Nouvelle édition. Toulouse, impr. de Causse, 1838, in-8 [6 fr.].

SEWRIN [Charles-Augustin], auteur dramatique, né à Metz le 9 octobre 1771, mort en 1853. [Voy. la *France littér.*, t. IX, p. 107.] — Avec *Dumersan* : les Anglaises pour rire, ou la table et le logement, comédie en un acte, mêlée de couplets. Paris, Barba, Delloye, Bezou, 1837, in-8° de 16 pag.

M. Sewrin a travaillé aux « Veillées des familles, » où il a donné notamment: *Mariette ou la cousine du meunier; — Robert* [t. Ier, 1837]; et aux « Jours de congé, ou les matinées du grand oncle. »

SEXTIUS, philosophe pythagoricien. — Sentences de Sextius, traduites en français pour la première fois, accompagnées de notes, précédées de la doctrine de Pythagore, de celle de Sextius, et suivies de la vie d'Hypathie, femme célèbre et professeur à l'école d'Alexandrie; par M. *de Lasteyrie.* Paris, Pagnerre, 1843, in-12 [3 fr. 50 c.].

SEXTUS ou FESTUS RUFUS. Voy. RUFUS.

SEXTUS POMPEIUS FESTUS. — De la Signification des mots, traduit pour la première fois en français par M. *A. Savagner.* Paris, Panckoucke, 1846, in-8.

Seconde série de la « Bibliothèque latine-française. »

SEYAHSED, anagramme. Voy. DESHAYES.

SEYEUX [E.]. — Cours de Charpente, contenant la coupe et l'établissement des bois, d'après de nouveaux procédés, avec des applications d'ombres et de perspectives à la charpente. Première partie. Paris, impr. de Mme Delacombe, 1843, in-8, avec un atlas in-4 de 2 pag. et 18 pl.

SEYFFRIED [le chevalier de].

M. de Seyffried a mis en ordre la nouvelle « édition de Méthode d'Harmonie et de Composition » par J.-G. ALBRECHTS-BERGER [1830, 2 vol. in-8].

Il a publié aussi : « Études de Van Beethoven. Traité d'harmonie et de composition, » ouvrage qui a été traduit de l'allemand, accompagné de notes critiques, d'une préface et de la Vie de Beethoven, par F. FÉTIS [Paris, Schlesinger, 1833, 2 vol. in-8].

SEYMARD [Marius-Eugène], pharmacien; né à Apt en 1802.

M. Seymard a donné dans le « Journal de la Pharmacie » un travail sur le *feniculum officinale* et sur le *crotum tinctorium*. Il a travaillé à « l'Écho de Vaucluse, » à « l'Album d'Orange, » au « Mercure aptésien, » à « l'Annuaire de Vaucluse, » etc.

SEYMOUR DE CONSTANT [le baron].
1. — Le Barde morinien, chroniques et ballades du nord de la France. Abbeville, impr. de Paillart. Paris, Rigaud, Saint-Jorre, 1843, in-4.
2. — Bataille de Crécy. Marche et position des armées française et anglaise rectifiées. IIe édit. augmentée. Paris, Dumoulin, 1847, in-8, avec une carte.

La 1re édition est in-16.

SEYTRE [J.-C.-M.]. — Promenade de Tours à Amboise, Blois et Chambord. Octobre 1839. Tours, impr. de Mame, 1840, in-8 de 48 pag.

En prose.

SÉZANNE [Frédéric de]. — Rouget

de Lisle et la Marseillaise. Paris, Havard, Marescq, 1849, in-4 [20 c.].

Publié avec *Simple histoire d'Amour*.

SÈZE [de]. Voy. DE SÈZE [le comte Étienne-Romain].

SÈZE. — Recherches physiologiques et philosophiques sur la sensibilité et la vie animale. Paris, 1786, in-8 [6 fr.].

SFORZOSI [L.]. [Voy. la *France littér.*, t. IX, p. 114.]

1. — Manuel de Conversations françaises et italiennes, contenant, etc. Paris, Truchy, 1837, 1843, in-18, avec un tableau [2 fr.].

2. — Teatro tragico, ossia Raccolta di alcune tragedie italiane scelte fra i migliori autori : Alfieri, Maffei, Monti, Manzoni, della Valle (duca di Ventignano), Niccolini. Tutte corredate di note grammaticali, critiche ed esplicative. Paris, Truchy, 1840, in-12 [4 fr.].

3. — Tesoretto dello studente della lingua italiana. Seconda edizione. Paris, Truchy, 1841, in-18 [2 fr. 50 c.].

4. — Éléments de la langue italienne, contenant, etc. IIe édition. Paris, Truchy, 1843, in-18, avec un tableau [2 fr. 50 c.].

5. — Exercices anecdotiques, ou Thèmes italiens gradués sur toutes les règles de la grammaire, etc. IIe édition. Paris, Truchy, 1845, in-18 [2 fr. 50 c.].

6. — Lettere di valenti scrittori italiani, con note grammaticali, critiche e storiche. Paris, Truchy, 1846, in-12 [3 fr.].

SGANZIN, inspecteur général des ponts et chaussées; mort en 1837. [Voy. la *France littér.*, t. IX, p. 115.] — Programme ou Résumé des leçons d'un cours de constructions, avec des applications tirées principalement de l'art de l'ingénieur des ponts et chaussées. IVe édition, enrichie d'un atlas, entièrement refondue et considérablement augmentée, avec les notes et papiers de l'auteur, ceux de M. *Lamblardie*, et divers autres documents, par M. *Reibell*. Paris, Carilian-Gœury, 1839-41, 3 vol. in-4, accompagnés d'un atlas in-folio de 180 planches demi-jésus, publiées en 9 livraisons [108 fr.].

Le tome Ier, *avec son atlas* de 60 pl., comprend les leçons relatives à la résistance des matériaux, aux fondations en général, aux routes ordinaires, aux chemins de fer, aux ponts et viaducs fixes en maçonnerie, en bois et en métal, aux ponts suspendus et aux ponts mobiles.

Les tomes II et III, *avec leur atlas*, comprennent : 1° les leçons relatives à la navigation intérieure sur les fleuves et rivières, à la navigation artificielle, aux irrigations, dérivations, dessèchements, aqueducs, égouts, puits artésiens et absorbants; 2° celles qui traitent des ouvrages relatifs à la navigation maritime extérieure, aux ports militaires, ports de commerce, etc., etc.

Dans cette édition, on a rendu la classification plus méthodique, on a introduit les principales modifications survenues dans l'état des connaissances industrielles et techniques; on a développé quelques parties traitées trop sommairement; enfin on a ajouté des articles relatifs aux chemins de fer, aux ponts fixes de fer, aux ponts suspendus et mobiles, aux irrigations, aux dessèchements, aux conduites d'eau, aux arsenaux maritimes, aux travaux de défense à la mer, aux dunes et aux phares.

On a publié en 1842, sous le titre de : *Programme ou Résumé des leçons*, etc., un ouvrage de feu M. J. Sganzin, 4e édition; par M. Reibell. Appendice n. 4 au tome I. Collection de tables, par Léon LALANNE [Paris, Carilian-Gœury et Dalmont, 1842, in-4, avec 2 pl.].

Voy. un Compte rendu de cet ouvrage par M. Michel CHEVALIER, dans le « Journal des Débats » du 14 août 1840.

S'GRAVESANDE. Voy. GRAVESANDE [Guill.-Jacob S'].

S'GRAVENWEERT [J. de]. Voy. GRAVENWEERT [J. de S'].

SHAAL [Louis], ouvrier de Paris. — Méthode de dessin industriel, par enseignement mutuel, et divisé en trois cours, primaire, élémentaire et supérieur. Paris, Perrotin, 1848, in-8 de 8 pag.

SHADEN. — Guide du voyageur dans le Tyrol, à travers le Wurtemberg, la haute Bavière, etc., par M. Shaden, traduit de l'allemand par M. *Henri Viger*, revu et augmenté par M. *Richard*. Poitiers, impr. de Saurin, 1837, in-12.

SHAKSPEARE [William], acteur et auteur dramatique; né à Stratford-on-Avon (comté de Warwick) en 1563, mort dans la même ville en 1615. [Voy. *Shakspeare and his times*, by N. DRAKE (1843, gr. in-8), et la *France littér.*, t. IX, p. 118.]

Éditions en anglais.

1. — The complete works of Shakspeare, illustrated with many valuable literary notes. Paris, Baudry, 1841-43, 9 vol. in-8 [45 fr.].

— Shakspeare's complete works, with

explanatory and historical notes by the most eminent commentators, accurately printed from the correct edition of A. Chalmers: Paris, Baudry, 1844, 2 vol. gr. in-8 [15 fr.].

2. — Dramatic works from the text of Johnson, Steevens, and Reed, with a biographical memoir, summary remarks on each play, copious glossary, and variorum notes. Paris, Baudry, 1842, 1843, gr. in-8, avec une pl. et 40 vign. sur bois [10 fr.].

On y a joint 80 grandes gravures, savoir : 38 sujets pour chaque pièce, gravés sur acier, 30 portraits de Shakspeare, de ses contemporains, de ses commentateurs et des acteurs renommés, groupés sur quatre planches d'acier, et 38 autres sujets gravés sur bois et tirés à part.

3. — Shakspeare's select tragedies, with many valuable notes by the most distinguished commentators, containing Hamlet, Julius Cæsar, King Lear, Macbeth, Othello, Romeo and Juliet, King Richard III. Paris, Baudry, 1847, gr. in-8, avec un portrait [12 fr.].

4. — Othello, a tragedy in five acts, with explanatory french notes, etc., by *A. Brown*. Paris, Truchy, 1839, in-18 [1 fr.]; et Paris, impr. de Brière, 1844, in-18.

5. — Macbeth, a tragedy in five acts; with explanatory french notes, etc., by *A. Brown*. Paris, Truchy, 1844, in-18, et Paris, impr. de Brière, 1845, in-18.

Éditions en français.

6. — OEuvres complètes, traduction nouvelle, par M. *Benjamin Laroche*, avec une introduction sur le génie de l'auteur, par M. *Alex. Dumas*. Paris, Marchant, 1838-39, 2 vol. gr. in-8 à 2 col. — Autre édit. Paris, impr. de Mme Dondey-Dupré, 1844, 2 vol. grand in-8 [20 fr.]. — Autre édit. Paris, Ch. Gosselin, 1842, 7 vol. in-18 angl. avec 14 grav. [24 fr. 50 c.].

— OEuvres complètes, traduction entièrement revue sur le texte anglais, par M. *Francisque Michel*, et précédée de la vie de Shakspeare, par *Woodsworth*. Paris, Delloye, F. Didot, 1839-40, 3 vol. gr. in-8 [28 fr.].

Collection du *Panthéon littéraire*.

7. — OEuvres dramatiques de Shakspeare, trad. de l'anglais par *Letourneur*. Nouvelle édition, précédée d'une Notice biographique et littéraire, par *Horace Meyer*. Paris, Am. Saintin, 1834-35, 2 vol. gr. in-8.

8. — Chefs-d'œuvre de Shakspeare (*Othello, Hamlet* et *Macbeth*), la traduction française en regard, par MM. *Nisard, Lebas* et *Fouinet*; avec des imitations en vers français, par MM. *A. de Vigny, Émile Deschamps, L. Halevy, J. Lacroix, de Wailly*, et Mme *L. Colet*, et des Notices critiques et historiques, par *D. O'Sullivan*. Paris, Belin-Mandar, 1838, in-8 [6 fr.].

La tragédie d'*Hamlet* a été traduite en italien par M. Ignacio VALLETA [Paris, Th. Barrois, 1839, in-8].

— Chefs-d'œuvre de Shakspeare (*Jules César* et *la Tempête*), la traduction française en regard, par M. *Jay* et Mme *Louise Colet;* avec des notices critiques et historiques, accompagnées de traductions et imitations en prose et en vers des trente drames du tragique anglais, etc., précédées d'un nouvel essai sur Shakspeare, par M. *Villemain*. Paris, Belin-Mandar, 1840, in-8 [6 fr.].

— Chefs-d'œuvre; traduction française en regard. (Édition épurée à l'usage des collèges et des institutions.) Paris, Belin-Mandar, 1836, 1843, 1844, 3 vol. in-8 [18 fr.].

T. I. *Jules César*, trad. par M. JAY; — *la Tempête*, par Mme L. COLET, avec l'analyse raisonnée, et des traductions et imitations en vers et en prose des passages les plus remarquables des 28 autres drames de Shakspeare, par MM. de CHATEAUBRIAND, Casimir DELAVIGNE, DUPATY, Alex. DUVAL, GUIZOT, JAY, de JOUY, N. LEMERCIER, de PONGERVILLE, VILLEMAIN, etc.; et un Essai sur Shakspeare et ses contemporains, par M. VILLEMAIN.

T. II. *Othello, Hamlet* et *Macbeth*, trad. par MM. NISARD, LE BAS et FOUINET, avec des notices critiques et historiques par M. O'SULLIVAN, et des imitations en vers français par VOLTAIRE, DUCIS, MM. de VIGNY, DESCHAMPS, L. HALÉVY, J. LACROIX, de WAILLY et Mme L. COLET.

T. III. *Richard III, Roméo et Juliette* et le *Marchand de Venise*, trad. par MM. Ph. CHASLES, LE BAS et MENNECHET; avec des notices critiques et historiques par M. O'SULLIVAN, des imitations en vers français par MM. Casimir DELAVIGNE, N. LEMERCIER et Mme A. TASTU.

9. — Macbeth, tragédie; traduction littérale en vers, par *Jules Lacroix;* publiée, avec une préface, par le bibliophile *Jacob* (*Paul Lacroix*). Paris, Delloye, 1840, in-18 [1 fr. 75 c.].

— Macbeth et Roméo et Juliette; tragédies, traduites en vers français, avec une préface, des notes et des commentaires. Paris, impr. de Béthune, 1844, in-8 [6 fr.].

Le traducteur est M. Émile DESCHAMPS.

10. — Julius César; tragédie, traduite de l'anglais en vers français, par *Auguste Barbier*. Paris, Dentu, 1848, in-18 [3 fr.].

11. — Beautés morales; traduction en vers français, par *Edouard Roger*, avec le texte en regard. Paris, Paulin, 1843, in-18 [3 fr. 50 c.].

Citons encore les éditions suivantes [1841-48] des tragédies de Shakspeare : *Jules César, Coriolan, Hamlet, Henri IV, Macbeth, le Marchand de Venise, Othello, Richard III, le Roi Léar, Roméo et Juliette, Timon d'Athènes;* les noms des traducteurs et annotateurs : MM. BERBRUGGER, BROWN, CORRÉARD, E. DESCHAMPS, O'SULLIVAN, ROBERTSON, et ceux des imprim. et éditeurs : Blondeau, Delalain, Hachette, Hingray et Michel Lévy frères.

Voici le titre de quelques publications auxquelles les œuvres de Shakspeare ont donné lieu : « Mémorial de Shakspeare, contes shakspériens, par Ch. LAMB, traduits de l'anglais par M. BORCHERS, avec une introduction par M. Ph. CHASLES ; précédés d'une Vie de Shakspeare et de Lamb, par A. PICHOT [Paris, Baudry, 1841, gr. in-8, avec 24 grav. et 2 vignettes sur bois]; — les Héroïnes de Shakspeare, suite de portraits, avec un texte, par B. LAROCHE; — Galerie des personnages de Shakspeare, avec un texte par Am. PICHOT, et une vie de Shakspeare, par OLD NICK [80 grav. gr. in-8, dont 42 sur acier et 38 sur bois]; — Illustrations de Shakspeare (éd. Fisher), pouvant s'adapter à toutes les éditions [in-8 orné de 230 vignettes sur bois, avec un portrait]; — Galerie des femmes de Shakspeare, collection de 45 portraits gravés par les premiers artistes de Londres, enrichie de notices critiques et littéraires [in-8].

SHALER. — Esquisse de l'État d'Alger, considéré sous les rapports politique, historique et civil. Paris, Ladvocat, 1830, in-8, avec une carte [9 fr.].

SHARNHORST. Voy. SCHARNHORST.

SHEA [David]. — Avec M. *Anthony Troyer:* The Dabistan, or School of manners; translated from the original persian, with notes and illustrations. Paris, Benjamin Duprat, 1843, 3 vol. in-8.

SHÉRIDAN [mistress Françoise]; née en 1724, morte à Blois le 17 septembre 1766. [Voy. la *France littér.*, t. IX, p. 120.] —Histoire de Nourjahad; nouvelle orientale. Traduction nouvelle, par *L.-J.-N. Monmerqué*. Paris, impr. de Bonaventure, 1848, in-8 de 64 pag.

SHÉRIDAN [Richard-Brindsley], orateur et auteur dramatique; né à Dublin le 4 novembre 1751, mort à Londres le 7 juillet 1816. [Voy. la *France littér.*, t. IX, p. 120.]

1. — OEuvres de Shéridan, traduites par *Benjamin Laroche*. Nouvelle édition, revue et corrigée. Paris, Ch. Gosselin, 1841, 1844, in-12 [3 fr. 50 c.].

2. — The School for Scandal, a comedy in five acts; with a biographical sketch, critical notice, vocabulary of difficult words, a key to proper name of the dramatis personæ, and of those mentioned in the course of the play, by *J.-W. Lake;* and for the first time, critical and explanatory notes in french, by *J. Short*. Third edition. Paris, Truchy, 1838, in-18 [1 fr.].

3. — The Rivals, a comedy in five acts. II° édition, revised, etc., by *J. Short*. Paris, Truchy, 1840, in-18 [1 fr.].

SHÉRIDAN Junior, pseudonyme. Voy. PICHOT [Amédée].

SHERWOOD [madame]. [Voy. la *France littér.*, t. IX, p. 124.]

1. — Sophie et sa mère, ou les Sociétés du dimanche, anecdote génévoise. Traduit librement de l'anglais, par le traducteur du *Jeune Chrétien*. Paris, Delay, 1842, in-12, avec 2 gravures [2 fr. 25 c.].

2. — Le Petit Bûcheron et son chien César. Trad. de l'anglais par les demoiselles *Catherine* et *Cécile Helsham*. Toulouse, impr. de Cadaux, 1844, in-18.

3. — Voyage et progrès de trois enfants vers la bienheureuse éternité. Toulouse, impr. de Chauvin; Paris, Delay, 1845, in-18.

SHORT [J.]. [Voy. la *France littér.*, t. IX, p. 124.]

M. J. Short a ajouté des notes biographiques, critiques et explicatives, à : « She stoops to conquer, » a comedy by O. GOLDSMITH [1837, in-18], à : « The School for Scandal, » a comedy by SHERIDAN [1838, in-18], et à : « The Rivals, » a comedy *par le même* [1840, in-8].

SHRUBSOLE, professeur d'anglais. Voy. STONE.

SIARD [Victor]. — Essai philosophique sur la loi de progressibilité universelle et son application au sort de l'homme. Ire partie. 1843, in-8 [4 fr.].

SIBILLE [H.], auteur dramatique.

1. — Monsieur Jules; vaudeville en

un acte. Paris, Gallet, 1840, in-8 de 8 pag. [15 c.].

2. — La Mère Michel, comédie-vaudeville en un acte. Paris, Beck, 1845, in-8 de 16 pag. [50 c.].

3. — L'Insurrection de Pologne, cantate. Paris, impr. de Mme Delacombe, 1846, in-8 de 4 pag.

SIBILLE [Ulysse].

M. U. Sibille a continué la publication de l'« Almanach de la France et de l'étranger, » qui avait paru d'abord sous la direction de M. Ch. Lamy [1835-44, 10 vol. in-8].

SIBOUR [Marie-Dominique-Augustin]; né le 4 avril 1792, à Saint-Pol-trois-Châteaux, évêque de Digne, nommé archevêque de Paris en 1848, après la mort de M. Affre. [Voy. une notice sur M. Sibour dans la *Biographie du Clergé contemporain*, t. X; — *Biographie de Mgr M.-A.-D. Sibour, précédée d'une notice sur Mgr D.-A. Affre*, etc.; par MM. BOLLIER, MARTY, DYONNET et F. PROSPER (1848, in-8); — *Biographie de Mgr Sibour, archev. de Paris; précédée d'une Notice sur la vie, les travaux et la mort de Mgr D.-Affre*, par M. Philippe A*** (1849, in-8).] — Institutions diocésaines, ou Recueil des règlements publiés par Mgr l'évêque de Digne. Digne, Repos, 1845, in-8 [7 fr. 50 c.].

Citons encore : Lettre de Mgr l'évêque de Digne à Mgr l'archevêque de Paris, contre l'interprétation qu'on a voulu donner à l'article 4 de la loi du 18 germinal an X (1844, in-8]; — Discours dans le comité central des travailleurs, prononcé le 1er avril 1848 à Digne [1849, in-fol.]; — Discours prononcé par Mgr l'archevêque de Paris à la distribution des prix du collège Stanislas, 14 août 1849 [1849, in-8].

M. Sibour a fait paraître en outre plusieurs mandements à Digne et à Paris.

SIBOUR [l'abbé L.]; né à Istres (Bouches-du-Rhône) en 1807, d'abord attaché à l'administration du diocèse d'Aix, professeur d'histoire, et de discipline ecclésiastique à la Faculté de Théologie, vicaire général de Digne, représentant du peuple pour le département de l'Ardèche en 1848, vicaire général du diocèse de Paris et archidiacre de N.-D., curé de Saint-Thomas-d'Aquin.

1. — Études sur l'Afrique chrétienne : état de l'Afrique avant l'arrivée des Vandales. Digne, impr. de Repos, 1843, in-8 de 44 pag.

Extrait des « Annales des Basses-Alpes, » livraisons de février et mars 1843.

On possède sur le même sujet : « Ecclesia Africana sub primate Carthaginiensi, per D. Emmanuelem a Schelstrata » (Anvers, 1680, in-4]; — « Historia Ecclesiæ Africanæ, » par M. LEYDECKER (Utrecht et Leipzig, 1690, in-4]; — « Steph. Antonii Morcelli Africa christiana » [Brescia, 1816-1817, 3 vol. in-4].

2. — Lettres sur la translation à Hippone de la relique de saint Augustin. Paris, impr. de Mme Dondey-Dupré, 1844, in-8 de 112 pag.

Extrait de « l'Histoire de Saint-Augustin, » par M. POUJOULAT.

3. — Cours d'histoire ecclésiastique. Histoire de la réformation. Première leçon. Ouverture du cours, le 13 novembre. Aix, impr. de Nicot, 1844, in-8 de 76 pag.

Faculté de Théologie d'Aix. Année 1843-1844.

M. Sibour a publié dans la « Revue de l'Institut catholique d'Aix, » et d'autres journaux, un grand nombre de dissertations littéraires et philosophiques.

SIBUET [le baron Prosper], auditeur au conseil d'État, etc. — Voyage dans la presqu'île scandinave et au cap Nord. Paris, Arth. Bertrand, 1847, in-8.

1re partie : *Suède*.

SICARD [l'abbé Roch-Ambroise CUCURRON), directeur de l'institution des Sourds-Muets, administrateur de l'hospice des Quinze-Vingts, membre de l'Institut; né au Fousseret le 20 septembre 1742, mort à Paris le 10 mai 1822. [Voy. la *France littér.*, t. IX, p. 127.] — Vie de madame la Dauphine, mère de S. M. Louis XVIII, contenant, etc. Lyon et Paris, Périsse, 1847, in-18 de 144 pag.

Il y a deux lettres de l'abbé Sicard dans la « Revue rétrospective » [no XXVI, 2e série].

SICARD [François], capitaine d'infanterie, membre de plusieurs sociétés savantes, né à Thionville le 6 juillet 1787. [Voy. la *Biogr. de la Moselle*, par M. BÉGIN, la *Biogr. des Hommes du jour*, de MM. SARRUT et SAINT-EDME, la *Biogr. univ. des Contemporains*, et la *France littér.*, t. IX, p. 128].

— Avec MM. *Aymar-Bression* et *Julien Bouille* : Annuaire historique, militaire, statistique, topographique et littéraire. Paris, Renard, Anselin, Leneveu, 1839, 1840, in-8.

On doit à M. le capitaine Sicard : *Tableaux chronologiques des combats, sièges et batailles*, pour l'« Histoire de l'Armée et de tous les régiments, » par Adrien PASCAL [1845-49, 4 vol. gr. in-8].

SICARD [le F.·.], off.·. du G.·. O.·.. — Précis historique et statistique sur la maçonnerie française, et particulièrement sur les loges constituées par le G.·. O.·. de France. Paris, impr. de Dondey-Dupré, 1841, in-8 de 32 pag.

SICARD.
1. — Des Préparations d'argent et de leur utilité dans le traitement des maladies vénériennes. Montpellier, 1839, in-8 [1 fr. 50 c.].
2. — Nouveau Mode de pansement des plaies et blessures, suivi de diverses observations médico-chirurgicales. Paris, 1841, in-8 [4 fr.].

SICARD, conseiller à la cour d'appel de Montpellier. [Voy. la *France littér.*, t. IX, p. 128.] — Leçons sur la poésie sacrée des Hébreux, traduites pour la première fois en français du latin du docteur *Lowth*, par M. Sicard. IIe édition, revue et augmentée de la traduction d'un discours latin du docteur *Rau*, professeur de l'université de Leyde, sur un sujet analogue. Avignon, Séguin aîné, 1839, 2 vol. in-12.

L'ouvrage de Rau (en latin *Ravius*) est intitulé : *De poeticæ facultatis excellentia et perfectione, spectata in tribus poetarum principibus, scriptore Jobi, Homero et Ossiano.* 1800, in-8.

SICARD [Louis].
1. — Projet d'association pour l'application des assurances mutuelles aux assurances maritimes. Paris, Grasse, 1838, gr. in-8.
2. — Statistique judiciaire, administrative et commerciale du premier arrondissement communal du département des Bouches-du-Rhône, divisé par cantons, communes, villes, villages et hameaux, contenant, etc. Marseille, Baudillon, 1840, in-8.

SICARD [de SAINT-SIMON]. Voy. SAINT-SIMON SICARD [de].

SICARD-DUVAL, de Saint-Maurice. — Opinion d'un propriétaire sur la question chevaline. Paris, Paulin, 1843, in-8 de 32 pag.

SICÉ [Eugène], de Pondichéri.
1. — Traité des lois mahométanes, ou Recueil des lois, us et coutumes des musulmans du Décan. Paris, 1841, in-8.

Extrait du « Journal asiatique. »

2. — Mélanges poétiques. Paris, B. Duprat, 1841, in-8 de 56 pag.

SICOTIÈRE (Léon de la). Voy. LA SICOTIÈRE.

SICRE [Costa]. Voy. COSTA-SICRE [Laurent-François-Raphaël].

SID-AIDDIN. — Fatime, ou les Soirées du génie Azaël, poésies algériennes. Traduction libre de l'arabe, par le capitaine *Hervier*. Paris, Moreau, 1846, in-8 [7 fr. 50 c.].

En vers.

SIDNEY-DANEY, membre du conseil colonial de la Martinique. — Histoire de la Martinique, depuis la colonisation jusqu'en 1815. Fort-Royal, 1846, 2 vol. in-8. *Paris, Arth. Bertrand* [16 fr.].

SIEBERT [F.]. [Voy. la *France littér.*, t. IX, p. 131].
1. — Éléments d'une nouvelle grammaire allemande, où la théorie des déclinaisons des substantifs allemands est exposée d'une manière claire et neuve. Metz, Mme Thiel, 1838, in-12, avec 1 pl.
2. — Cours complet et gradué de thèmes à traduire en allemand. Metz, impr. de Collignon, 1841, in-12, avec un modèle d'écriture.

SIEBOLD [Ph.-Fr. de].
1. — Voyage au Japon, exécuté pendant les années 1823 à 1830, ou Description physique, géographique et historique de l'empire japonnais, de Iczo, des îles Kuriles méridionales, de Krafto, de la Corée, des îles Liu-Kiu, etc., etc. Édition française rédigée par MM. *A. de Montry* et *E. Fraissinet*. Paris, Arthus-Bertrand, 1838-40, 5 vol. gr. in-8 et atlas in-fol.
2. — Lettre sur l'utilité des musées ethnographiques et sur l'importance de leur création dans les États européens qui possèdent des colonies, ou qui entretiennent des relations commerciales avec les autres parties du monde, à M. Edme-François Jomard. Paris, Benjamin Duprat, 1843, in-8 de 24 pag.

M. de Siebold a traduit le livre japonais intitulé : « Nippon-ou-daï-itsiran. »

SIEBOLD [C.-Th.]. — Avec M. *H. Stannius*: Nouveau Manuel d'Anatomie comparée; traduit de l'allemand par MM. *A. Spring* et *Th. Lacordaire.* Paris, Roret, 1849, 3 parties, in-8 [10 fr. 50 c.].

Le tome Ier (1re et 2e partie) contient les *animaux invertébrés*, par M. de Siebold; le tome II (3e partie), les *animaux vertébrés*, par M. de STANNIUS.

SIEGLERSCHMIDT [Hermann]. — Examen et appréciation impartiale de la tragédie de *Lucrèce* de M. Ponsard, avec des observations sur l'art dramatique en général. Paris, Tresse, 1844, in-8 de 64 pag.

SIERRA [Bernardo de]. Voy. la *France littér.*, t. IX, p. 132]. — Ramillete de divinas flores. Paris, impr. de Pillet aîné, 1838, in-18.

SIERZPUTOWSKI [Marcel]. — Ma Défense contre les attaques d'un collègue. Influence de la religion sur le traitement des maladies. Strasbourg, impr. de Silbermann, 1840, in-8 de 16 pag.

SIEURAC [Charles].
1. — Manuel des locutions grecques, avec la traduction française en regard, par ordre alphabétique, ou Méthode pour bien faire les thèmes et les versions. Paris, Hachette, 1844, in-12 [1 fr. 25 c.].
2. — Charles le Téméraire, ou le dernier des chevaliers; poëme épique en deux parties et en huit chants; précédé d'une ode et d'une discussion sur la poésie. Paris, Masson, 1848, in-8 [3 fr.].
3. — Odes patriotiques. Au peuple, à la garde nationale, aux écoles, à Lamartine. Paris, impr. de Lacour, 1848, in-8 de 8 pag.

SIEYÈS [le comte Emmanuel-Joseph], publiciste, législateur, diplomate, membre du directoire exécutif; né à Fréjus le 3 mai 1748, mort le 20 juin 1836. [Voy. des notices dans la *Biogr. populaire du Clergé contemporain*, t. Ier; dans la *Revue des Deux-Mondes*, par M. MIGNET, dans la *Biogr. univ.*, *suppl.*, et la *France littér.*, t. IX, p. 133.]
1. — Déclaration des droits de l'homme en société. Versailles, Beaudouin, 1789, in-8 de 14 pag.

2. — Qu'est-ce que le tiers-état? pamphlet publié en 1789; précédé d'une étude sur l'auteur, par M. *Chapuys-Montlaville*. Paris, Pagnerre, 1839, in-32, avec un portrait [1 fr. 25 c.].

SIGALAS [le baron Paul Drouilhet].
1. — Rome et Naples; religion, philosophie, arts. Paris, 1845, in-8 [7 fr. 50 c.]. — En 1848, *Delahays* [1 fr. 25 c.].
2. — Comment les peuples finissent. Bordeaux, Chaumas; Paris, Vaton, 1849, in-18 [75 c.].

SIGAUD [J.-F.-X.], médecin de l'empereur don Pedro II. — Du Climat et des maladies du Brésil, ou Statistique médicale de cet empire. Paris, Fortin-Masson et Cie, 1844, gr. in-8 [9 fr.].

SIGAUDY, premier avocat général à Bastia. — Discours prononcé à l'occasion de l'installation de M. Conti, nommé procureur général à la cour d'appel de Bastia. Bastia, impr. de Fabiani, 1849, in-8 de 16 pag.

Sur les anciennes institutions de la Corse.

SIGNOL [Alphonse]. [Voy. la *France littér.*, t. IX, p. 136.]
1. — Avec M. *Théaulon* : Jean; pièce en trois parties, mêlée de couplets. Paris, Barba, Delloye, Bezou, 1837, in-8 de 24 pag.
2. — La Lingère, roman populaire. Paris, Pougin, Corbet-Legrand, Schwartz et Gagnot, 1838, 2 vol. in-8 [15 fr.].

SIGNORET [A.], docteur en médecine et pharmacien; né à Cluny en 1785.
1. — Considérations générales sur l'état de la médecine. Paris, Just Rouvier et Lebouvier, 1838-39, 2 parties in-8 [3 fr.].
2. — Exposition de la méthode purgative, précédée de considérations générales sur l'état de la médecine. Paris, impr. de Malteste, 1841, in-12, avec portrait [1 fr. 50 c.].
3. — Conseils aux électeurs. Programme des futurs représentants à l'assemblée législative, ou Projet d'organisation qui résout complètement la grande question sociale. Ordre, confiance, travail, crédit, et subsidiairement prospérité de l'agriculture, du

commerce et de l'industrie, etc. Paris, impr. de Poussielgue, 1849, in-8 [1 fr. 50 c.].

4. — De la Nature de l'homme et des moyens d'améliorer sa condition. Paris, impr. de Lacour, 1849, in-18 [50 c.].

M. Signoret a recueilli et publié : « Abréviation de la méthode curative, » par LE ROY [1849, in-16].

SIGNORET [Eugénie]. — Prière des morts et Livre des tombeaux. Paris, Lavillette-Tournier, 1848, in-32.

SIGNY [Robert de]. — Léon, ou le Travail et la persévérance font le bonheur. Paris, Picard, 1841, in-12, avec une grav. [1 fr. 50 c.].

SIGUIER [Auguste], né à Bram le 2 juillet 1807. [Voy. la *France littér.*, t. IX, p. 137.]

1. — Les Grandeurs du catholicisme. Paris, Ladrange, 1841, 2 vol. in-8 [15 fr.].

2. — De l'Enseignement supérieur à Bruxelles (M. Baron, M. Altemeyer et M. Ahrens). Bruxelles, de Mortier frères, 1843, in-18 [50 c.].

3. — Vie d'un jeune trappiste (Juste Higonet). Paris, impr. de Vrayet de Surcy, 1842, in-32 [1 fr.].

Juste Higonet est né à Aiglepierre, près de Salins, le 10 septembre 1823.

SILBERMANN [G.], imprimeur à Strasbourg, membre de plusieurs sociétés savantes. [Voy. la *France littér.*, t. IX, p. 138.] — Album typographique, publié à l'occasion de la quatrième fête séculaire de l'invention de l'imprimerie. Strasbourg, impr. de Silbermann, 1840, in-4, avec gravures, musique, etc. [15 fr.].

SILIUS ITALICUS [Caïus], poète latin, consul et gouverneur de l'Asie-Mineure; né vers l'an 25, mort l'an 95 de l'ère chrétienne. [Voy. la *France littér.*, t. IX, p. 139.] — Lucain, Silius Italicus, Claudien. OEuvres complètes (1838, gr. in-8). Voy. CLAUDIEN.

Collection des auteurs latins, sous la direction de M. Nisard. — La traduction française est de MM. JANSON et KERMOYSAN.

SILJESTROM [P.-A], professeur de physique à Norrköping.

M. P.-A. Siljestrom a pris part à la rédaction des « Voyages de la commission scientifique du Nord en Scandinavie, en Laponie, au Spitzberg et aux Féroë, pendant les années 1838, 1839 et 1840, sur la corvette *la Recherche*, commandée par M. Fabvre » [1845 et ann. suiv. format gr. in-8, fig.].

SILLETTE [Mlle]. — La Cuisine facile, économique et salubre; cuisine française, cuisine allemande, cuisine provençale; dédiée aux bonnes ménagères; avec un Traité sur la dissection des viandes et des poissons et des figures explicatives. Paris, Maison, 1842, in-18 [1 fr. 50 c.].

Publié aussi sous ce titre : *la Cuisine lyonnaise, économique et salubre*, etc.

SILLY [Honoré]. — Tableau élémentaire des devoirs des instituteurs et des pères de famille. Paris, Cabasson, 1844, in-plano.

SILVA [dona Felicia da], née comtesse de NARBONNE-PELET, morte en 1844.

1. — Les Boules de neige. Paris, Breteau et Pichery, 1841, in-8 [6 fr.].

Morceaux la plupart en prose. La Dédicace en vers, est adressée aux mânes de la princesse de Chimay, aïeule de l'auteur.

2. — Nouvelles Études de français, à l'usage des jeunes personnes anglaises. Paris, impr. de Mme Delacombe, 1843, in-8.

3. — Le Bonheur dans la religion, ou Lectures de piété, offices divins, prières, méditations, poésies religieuses et cantiques. Clermont-Ferrand, impr. de Thibaud-Landriot, 1844, in-32.

Mme de Silva a travaillé au « Journal des Femmes. »

Elle a traduit du portugais : « Méditations, ou Discours religieux sur les sujets les plus importants du christianisme, » par J.-J. de BASTOS [1845, in-12].

SILVA [D. Pedro de].

M. P. de Silva a traduit en espagnol : « Introduction à la vie dévote, » par saint FRANÇOIS DE SALES [1840, 1845, in-12].

SILVESTRE [le baron Augustin-François de], agronome, membre de l'Académie des sciences, de l'Institut; né à Versailles le 7 décembre 1762, mort en 1851. [Voy. la *France littér.*, t. IX, p. 140.]

On doit à M. le baron Silvestre : Note sur de nouvelles applications de la dextrine [in-4 de 2 pag. extrait du Bulletin de la Société d'Encouragement pour l'industrie nationale, » sept. 1837]; — avec MM. TESSIER, LABBÉ, VILMORIN, etc. : Instruction concernant la propagation, la culture en grand et la conservation des pommes de terre [1829, in-8]; — avec MM. LACROIX et GIRARD : Rapport sur un mémoire intitulé : « Essai sur la statistique morale de la France, » par M. A. GUERRY [1833, in-4]; — avec MM. MÉRAT et RENAULT : Notices biographiques sur J.-B. Huzard [1839, in-18].

SILVESTRE [Casimir]. [Voy. la *France littér.*, t. VIII, p. 143]. — Praxigraphie latine, ou Recueil d'exercices sur les diverses parties du discours. Marseille, Terris, 1846, in-18 [1 fr. 50 c.].

SILVESTRE. — Paléographie universelle, collection de *fac-simile* d'écritures de tous les peuples et de tous les temps, tirés des plus authentiques documents de l'art graphique, chartes et manuscrits existant dans les archives et les bibliothèques de France, d'Italie, d'Allemagne et d'Angleterre ; publiée, d'après les modèles écrits, dessinés et peints sur les lieux, par M. Silvestre, et accompagnée d'explications historiques et descriptives, par MM. *Champollion-Figeac* et *Aimé Champollion fils*. Paris, Silvestre, 1839-41, 4 vol. gr. in-fol. avec 600 pl.

SILVESTRE [J.-B.]. Voy. KOPITAR.

SILVESTRE [Théophile], sous-commissaire du gouvernement républicain de 1848. — Première Lettre aux citoyens du département de l'Ariége. Paris, G. Sandré, 1849, in-8 de 48 pag.

SILVESTRE DE SACY [le baron Antoine-Isaac], orientaliste, professeur d'arabe et de persan, député, pair de France, membre et secrétaire perpétuel de l'Académie des inscriptions; né à Paris le 21 septembre 1758, mort dans cette ville le 22 février 1838. [Voy. REINAUD, *Notice historique et littéraire*, dans le *Journal asiatique*, t. XXII, p. 113; SARRUT et SAINT-EDME, la *Biographie des Hommes du jour*, t. Ier, 2e partie; PASCALLET, *le Biographe et le Nécrologe réunis*, année 1835, p. 132; DAUNOU, *Notice historique sur la vie et les ouvrages de Silvestre de Sacy*, dans les *Mémoires de l'Acad. des inscriptions*, t. XII, 1re partie, p. 4; et la *France littér.*, t. IX, p. 145.]

1. — Principes de grammaire générale mis à la portée des enfants et propres à servir d'introduction à l'étude de toutes les langues. VIIe édition. Paris, Hachette, 1840, in-12 [2 fr. 50 c.].

2. — Mémoire sur quelques monnaies arabes en or, des Almohades et des Mérénites. 1837, in-4 de 16 pag. avec 1 pl.

Extrait du « Journal des Savants » [septembre, 1837].

3. — Les Séances de *Hariri*, publiées en arabe, avec un commentaire choisi par Silvestre de Sacy. IIe édition, revue sur les manuscrits, et augmentée d'un choix de notes historiques et explicatives en français, par MM. *Reinaud* et *Derembourg*. Paris, Hachette, 1847, t. Ier, in-4.

M. Silv. de Sacy est l'auteur d'une traduction du « Borda, » poëme à la louange de Mahomet, qui a paru à la suite de l' « Exposition de la foi musulmane, » traduite du turc de MOHAMMED BEN PIR ALI EL BERKEVI, avec des notes par M. GARCIN DE TASSY, et du *Pen Named*, poëme de SAADI, traduit du persan par *le même* [Paris, impr. de Tastu, 1828, in-8].

Il a joint une dissertation à « les Mille et une Nuits, contes arabes, » trad. par GALLAND [1840, 3 vol. gr. in-8].

M Silv. de Sacy a donné dans la « Revue des Deux Mondes : » *Cours de littérature française.* — « Tableau du dix-huitième siècle, » de M. VILLEMAIN [1er septembre 1838].

Citons encore : Discours prononcé sur la tombe de Saint-Martin, membre de l'Acad. des Inscriptions [« Débats » du 16 juillet 1832].

M. Silv. de Sacy a prononcé plusieurs discours et fait de nombreuses communications à la Société asiatique, dont on trouve le texte ou l'indication dans le journal de cette Société.

SILVIN. — Traité élémentaire de Sténographie, ou l'Art d'écrire aussi vite que l'on parle. Lyon, impr. de Perrin, 1838, 1839, in-8, avec 3 tableaux [2 fr. 50 c.].

SIMENCOURT [Ed. de]. [V. la *France littér.*, t. IX, p. 153.] — Nouveau Guide itinéraire du voyageur en France, contenant, etc. Limoges, Ardant, 1840, in-12, avec 4 grav. et une carte [2 fr. 50 c.].

On doit aussi à M. de Simencourt des *cartes* pour la « Géographie universelle, » par A. HOUZÉ ; — une grande *Mappemonde muette*, dressée pour l'enseignement de la géographie (4 feuilles grand-aigle); — une *Carte-itinéraire complète de la France* [1 feuille grand-aigle]; — une *Carte routière de l'Allemagne et pays limitrophes, avec les relais et distances en chiffres* [1 feuille colombier].

SIMÉON [le comte Joseph-Jérôme], président de la cour des comptes, pair de France, membre de l'Institut; né à Aix en Provence le 30 septembre 1749,

mort à Paris le 20 janvier 1842. [Voy. une notice dans le *Journal des Débats* du 31 janvier 1842, la *Biogr. des Hommes du jour*, t. 1er, 1re partie, et la *France littéraire*, t. IX, p. 153.]
— Avec MM. *Lucien Bonaparte* et *Portalis :* Code religieux et Recueil complet des discours et rapports sur l'organisation des cultes, suivi du concordat passé entre le gouvernement français et S. S. Pie VII, ainsi que des bulles et brefs y relatifs. Saintes, an X, in-8 de 106 pag.

SIMÉON [Henri], préfet des Vosges, puis du Loiret, né à Florence le 16 octobre 1803. [Voy. la *France littér.*, t. IX, p. 156.]

M. Siméon, envoyé à Rome par le gouvernement pendant le conclave du mois de mars 1829, a publié dans la « Revue de Caen, » juin 1829, une relation de son voyage sous ce titre : *Quinze jours à Rome pendant le dernier conclave.*

Préfet des Vosges en 1830, il a fondé dans ce département vingt bibliothèques cantonales et un musée départemental ; il a aussi fait exécuter deux cartes des Voges, et un plan général et détaillé de la statistique du département.

SIMIEN-DESPRÉAUX. Voy. DESPRÉAUX [Simien].

SIMILIEN.
1. — Éléments du dessin des projections. Angers, impr. de Cosnier, 1842, in-8 de 64 pag. avec 6 pl. [2 fr.].
2. — Des Projections obliques. Angers, impr. de Cosnier, 1842, in-8 de 48 pag. avec 14 pl. [3 fr.].
3. — Des Projections orthogonales. Angers, impr. de Cosnier, 1842, in-8 de 68 pag. avec 12 pl.
4. — Des Ombres. Angers, impr. de Cosnier, 1842, in-8 avec 13 pl. [3 fr.].

SIMMONS [T.-F.], capitaine de l'artillerie royale anglaise.
1. — Considérations sur les effets de la grosse artillerie employée par les vaisseaux de guerre et dirigée contre eux, spécialement en ce qui concerne l'emploi des boulets creux et des bombes. Paris, Corréard, 1847, in-8, avec 7 pl. [7 fr. 50 c.].
2. — Considérations sur l'armement actuel de notre marine. Supplément aux *Considérations sur les effets de la grosse artillerie*, etc. Trad. par *E. J.* Paris, Corréard, 1847, in-8 de 72 pag.

SIMMS [F.-W.], ingénieur civil. — Construction des tunnels de Bleckingley et de Saltwood. Ouvrage traduit de l'anglais, avec des notes et des additions, par M. *Eugène Santin*. Paris, A. Mathias, 1845, in-8 [8 fr.].

SIMO [D. Jayme], capitaine espagnol. — Cuaderno de proposiciones aritmiticas con sus difinitiones. Le Puy, impr. de Clet, 1840, in-8 de 48 pag.

SIMON [E.-T.], bibliothécaire du Corps législatif et du Tribunat; né à Troyes le 16 octobre 1740, mort à Besançon le 4 avril 1818. [Voy. la *France littér.*, t. IX, p.163.] — Le Triomphe des armées françaises, ode. Bataille de Marengo. Paris, Debray, 1807, brochure in-8 de 8 pag.

SIMON [Jean-Frédéric], professeur de langue allemande au prytanée de Saint-Cyr, secrétaire de légation à Cassel; mort à Paris en 1829. [Voy. la *France littér.*, t. IX, p. 164.] — Grammaire allemande élémentaire pour les Français, adoptée par les écoles du royaume. IIe édition. Paris, F. Didot, in-8 [2 fr.].

Cet ouvrage est extrait de la grande Grammaire de M. Simon, qui a été approuvée par l'Académie de Berlin. La 1re édition est de 1821.

SIMON [J.-S.-Pierre], bandagiste herniaire. [Voy. la *France littér.*, t. IX, p. 166.] — Guérison radicale des hernies, ou Traité des hernies ou descentes. IIIe édition. Cholet, impr. de Lainé, 1839, in-8 [10 fr.].

SIMON [Léon-François-Adolphe], pharmacien, puis médecin homœopathe ; né à Blois le 27 nov. 1798. [Voy. la *France littér.*, t. IX, p. 167.]
1. — Leçons de médecine homœopathique. Paris, J.-B. Baillière, 1837, in-8.
2. — Homœopathie. Exposé succinct des préceptes de la doctrine. Paris, impr. d'Appert, 1847, in-12 de 36 pag.

On doit aussi à M. le docteur L. Simon : *Notice sur la vie et les travaux de Hahnemann*, en tête de son « Exposition de la doctrine médicale homœopathique » [traduction française, 1845, in-8].

SIMON aîné. Voy. la *France lit-*

tér., t. IX, p. 168.] — Du Cadastre général perpétuel dans ses rapports avec le régime hypothécaire, et du cadastre général perpétuel, comme puissant moyen de crédit foncier. Caen, impr. de Pagny, 1839, in-8 de 48 pag.

SIMON [C.-G.], membre de la Société académique de Nantes. [Voy. la *France littér.*, t. IX, p. 168.]

1. — Le Duc et la duchesse de Marlborough. Nantes, impr. de C. Mellinet, 1841, in-8 de 114 pag.

2. — Recherches critiques, analyses et citations relatives à la littérature de quelques peuples de l'Asie centrale et orientale. Nantes, impr. de Mme veuve Mellinet, 1848, in-8 de 24 pag.

Extrait des « Annales de la Soc. royale acad. de la Loire-Inférieure. »

M. C.-G. Simon a travaillé au Journal « le Breton, » dont il a été gérant.

SIMON [Joseph-Philippe], artiste et auteur dramatique, plus connu sous le pseudonyme de LOCKROY.

1. — Le Chevalier du guet; comédie en deux actes. Paris, Henriot, Tresse, 1840, in-8 de 20 pag. [50 c.].

2. — Avec MM. *Anicet Bourgeois* et *Vanderburch* : Charlot; comédie en trois actes. Henriot, Tresse, 1841, Paris, in-8 de 24 pag. [50 c.].

3. — Le Mari de sa cuisinière; comédie en deux actes, mêlée de chant. Paris, Ch. Tresse, 1841, in-8 de 24 pag.

4. — Avec M. *Arnould* : les Fiancés d'Herbesheim; vaudeville en un acte. Paris, Marchant, 1842, in-8 de 16 pag. [40 c.].

5. — Avec M. *Arnould* : l'Extase; comédie en trois actes, mêlée de chant. Paris, Marchant, 1843, in-8 de 84 pag. et autre édit. in-8 de 28 pag.

6. — Avec M. *Jules de Wailly* : Deux Compagnons du tour de France; comédie-vaudeville en deux actes. Paris, Tresse, 1845, in-8 de 32 pag.

7. — Avec M. *Scribe* : Irène, ou le Magnétisme, comédie-vaudev. en deux actes. Paris, Beck, 1847, in-8 de 32 pag., et Michel Lévy, 1847, in-18 angl. [60 c.].

8. — Avec M. *Léon Gozlan* : la Jeunesse dorée; drame en cinq actes et neuf tableaux. Paris, Michel Lévy frères, 1849, in-18 [1 fr.].

Nous connaissons encore de M. Lockroy, en collaboration avec M. ARNOULD : Catherine II; les Jours gras sous Charles IX; C'est encore du bonheur; le Frère de Piron; la Vieillesse d'un grand roi; — avec MM. ARNOULD et FOURNIER : un Mariage corse; — avec M. Anicet BOURGEOIS : le Drapier des Halles; Trois Épiciers; l'Impératrice et la Juive; le Bon Garçon; Sous une porte cochère; Karl ou le Châtiment; Job et Jean; la Première Ride; Marie Rémond; le Maître d'école; Passé minuit; Pourquoi; Périnet Leclerc; — avec MM. Anicet BOURGEOIS et Edmond BADON : un Duel sous le cardinal de Richelieu; — avec M. CHOQUART : Madame Barbe bleu; — avec M. CHABOT DE BOUIN : la Marraine; — avec M. Arsène CEY [CHAIZE DE CAHAGNE] : Quand on n'a rien à faire; — avec M. F. LANGLÉ : le Lansquenet; — avec MM. Marc MICHEL et JAIME [ROUSSEAU] : Un Ange tutélaire; — avec M. JAIME : On demande des professeurs, etc. Voy. ces noms.

SIMON [Victor], vice-président du tribunal de Metz, membre de l'académie de cette ville, membre de la Société géologique de France, inspecteur des monuments historiques du département de la Moselle.

1. — Mémoire sur le lias du département de la Moselle. Metz, impr. de Lamort, 1837, in-8 de 32 pag.

2. — Rapports sur les monuments anciens existant dans le département de la Moselle, et sur les archives de l'Académie royale de Metz, pour l'année 1837-1838. Metz, impr. de Lamort, 1838, in-8 de 32 pag. avec 1 pl.

3. — Notice sur le Sablon, près Metz, et sur les sépultures qui y ont été découvertes. Metz, impr. de Lamort, 1849, in-8 de 16 pag.

Extrait des « Mémoires de l'Académie nationale de Metz, » année 1848-49.

On doit en outre à M. Victor Simon : Rapport sur les monuments anciens existant dans le département de la Moselle [Metz, 1833, in-8]; — Notices sur Metz et ses environs, et sur le hiéraple situé près de Forbach [Metz, 1841]; — Observations sur l'origine et la destination des rouelles [Metz, 1841, in-8]; — Notice sur une ville découverte près de Sorbey en 1836 [Metz, 1841, in-8]; — Châtel Saint-Blaise et l'aqueduc romain [Metz, 1841, in-8]; — Notices sur les matériaux employés à Metz dans les temps antiques, tant pour la construction que pour la décoration des monuments [Metz, 1841, in-8]; — Notice sur une médaille de Valens [Metz, 1841, in-8]; — Notice sur une statuette représentant deux personnages apposés, dont l'un a des ailes à la tête [Metz, 1841, in-8]; — Notice sur les bas-reliefs de la galerie de la bibliothèque de Metz [Metz, 1841, in-8]; — Notice sur deux mosaïques composées de pierres dures et d'émaux [in-8]; — Recherches sur l'emplacement du palais des rois d'Austrasie [in-8]; — Notice archéologique sur Metz et ses environs [extrait des « Mém. de l'Acad. royale de Metz, » 1842-43, in-8].

M. Simon est en outre l'auteur de : Itinéraire de Metz à Sarrelouis, Oberstein, etc. ; — Itinéraire géologique et minéralogique de la Loraine, de l'Alsace, des Vosges, etc.; — et de diverses notices d'utilité publique.

SIMON, ancien instituteur primaire, pseud. Voy. RICHOMME [Charles].

SIMON [Jules], pseudonyme. Voy. SUISSE, dit *Jules Simon*.

SIMON [le docteur Max]. — Déontologie médicale, ou des Devoirs et des droits des médecins dans l'état actuel de la civilisation. Paris, J.-B. Baillière, 1845, in-8 [7 fr. 50 c.].

SIMON, curé de Fultot. — Guide du chantre, contenant : 1° principes du plain-chant, en huit leçons, etc. Rouen, Mégard, 1838 ; et II° édit., 1846, in-8 [1 fr. 75 c.].

SIMON [l'abbé]. — Les Morts instruisant les vivants, ou Allocutions funèbres, suivies de l'éloge de feu Mgr de Tournefort, évêque de Limoges. Limoges, Chapoulaud, 1844, in-12.

SIMON [Henry.] — Nicolas Flamel, nouvelle historique. Paris, impr. de Roux, 1846, in-12.

SIMON [Boime]. Voy. BOIME SIMON [A.].

SIMON [Édouard].

MM. Ed. Simon et THIOLLET ont publié : « Collection des exemples les plus estimés des portes monumentales de la Grèce et de l'Italie, » par LEVERTON DONALDSON (1837, in-4].

SIMON [J.-B.]. — Lettres sur le projet de loi relatif à l'enseignement primaire. Paris, impr. de F. Didot, 1849, in-8 de 16 pag.

SIMON. — Organisation du travail. Paris, impr. de Schneider, 1848, in-8 de 4 pag.

Projet de société typographique, dont le but est, au moyen des bénéfices résultant de l'exploitation d'une imprimerie, d'assurer une pension de retraite aux actionnaires.

SIMON. — De la Démocratie et de la décentralisation en France. Paris, impr. de Ducloux, 1849, in-18.

SIMON-DURANT, ancien élève de l'École polytechnique. — Tableaux synoptiques, chronométriques et synchroniques, pour servir à l'étude de l'histoire générale, depuis l'an 2000 avant J.-C jusqu'à nos jours. Paris, impr. de F. Didot, 1836, in-8, avec un atlas in-fol., composé de deux tableaux color. [7 fr. 50 c.].

SIMONAND, bourrelier à Vaise (Lyon). — Faibles Réflexions sur la nomination du président de la république française. Lyon, impr. de Dumoulin, 1848, in-8 de 4 pag.

SIMONDE DE SISMONDI [Jean-Charles-Léonard], historien, économiste et publiciste, membre du conseil représentatif de Genève, associé étranger de l'Académie des sciences morales et politiques de France ; né à Genève le 9 mai 1773, mort dans cette ville le 25 juin 1842. [Voy. sur M. de Sismondi une notice dans la *Revue britannique*, n° 6, juin 1844 ; — une notice historique par M. MIGNET (Paris, Didot, 1845, in-8 ; et le journal *le Droit*, 18 et 20 mai) ; — une notice dans la *Galererie des Contemporains illustres*, t. VII. — *Vie et travaux de Ch. de Sismondi* (signé A. M. Paris, impr. de Schneider, 1845, in-8) ; — la *Biogr. univ.*, *supplém.*, et la *France littér.*, t. IX, p. 169.]

1. — Histoire des Français. Paris, Treuttel et Würtz, 1821-44, 31 vol. in-8 [210 fr.].

Le tome XXX est intitulé : Histoire des Français, par J.-C.-L. Simonde de Sismondi ; continuée depuis l'avénement de Louis XVI jusqu'à la convocation des états généraux de 1789, par AMÉDÉE RENÉE.

Le tome XXXI contient la *Table générale alphabétique* de l'ouvrage.

2. — Précis de l'histoire des Français. Paris, Treuttel et Würtz, 1838, 2 vol. in-8, et J. Labitte, 1844, t. III, in-8.

Ce troisième volume est entièrement de M. Ed. ROBINET.

3. — Histoire des républiques italiennes du moyen âge. Nouvelle édition. Treuttel et Würtz, 1840-41, 10 vol. in-8 [50 fr.]. — Italian Republics, or the origin, progress and fall of italian freedom. New edition. Paris, Galignani, 1841, in-8 [5 fr.].

On doit aussi à M. Simonde de Sismondi : de la Condition dans laquelle il convient de placer les nègres en les affranchissant [1833, in-8] ; — de la Richesse territoriale [1834, in-8] ; — du Suffrage universel [1834, in-8] ; — du Sort des ouvriers dans les manufactures [1834, in-8] ; — Conseils d'un ami aux patriotes réfugiés [in-8] ; — du Prince dans les pays libres, ou du Pouvoir exécutif [1834, in-8] ; — du Revenu social [in-8] ;

— de l'Élément aristocratique dans les pays libres [in-8].

M. Simonde de Sismondi a fourni des articles à la « Revue encyclopédique; » à « l'Encyclopédie des gens du monde; » au « Dictionnaire de la Conversation et de la Lecture; » à la « Biographie universelle, supplément, » etc.

SIMONEAU [A.-Benjamin], notaire honoraire à Nantes. — Poésies diverses. Paris, impr. de F. Didot, 1844, in-8 de 8 pag.

SIMONEAU DE LIVRY. [Voy. la *France littér.*, t. IX, p. 172.] — Avec Mme *Simoneau de Livry:* Mémoire sur la radicale guérison des cors, oignons, durillons, poireaux, etc. Paris, impr. de Baudouin, 1843, in-8 de 16 pag.

SIMONET [K.], officier supérieur d'infanterie. [Voy. la *France littér.*, t. IX, p. 172.] — Traité élémentaire de fortifications de campagne, à l'usage des officiers et des sous-officiers. In-8, avec planches [1 fr. 50 c.].

SIMONIN père [Jean-Baptiste], docteur en médecine, né à Nancy le 16 août 1785.

— Résumé des observations météorologiques faites à Nancy pendant l'année 1847, et de la constitution médicale de ladite année. Nancy, Mme veuve Raybois et Grimblot, 1849, in-8 de 24 pag. avec un tableau.

Extrait des « Mémoires de la Société des sciences, lettres et arts de Nancy, » année 1847.

SIMONIN [Edmond], professeur à l'École de Médecine de Nancy.

1. — Décade chirurgicale, ou Observations de chirurgie pratique. Nancy, impr. de Paullet; Paris, Baillière, Crochard et Cie, 1838, in-8 de 100 pag.

2. — De l'Emploi de l'éther sulfurique et du chloroforme à la clinique chirurgicale de Nancy. Nancy, imp. de Mme veuve Raybois; Paris, Baillière, 1849, t. Ier, in-8.

Citons encore: du Strabisme. Opérations pratiquées pour sa guérison [1841, in-8]; — Recherches sur les propriétés actuelles du virus-vaccin [1841, in-8]; — Description d'une éruption de faux cow-pox observée à Nancy [1847, 1848, in-8].

SIMONIN [le capitaine].

M. Simonin a traduit de l'allemand, avec M. le général RAVICHIO DE PÉRETSDORF: « Bataille et principaux combats de la guerre de Sept-Ans, » par DECKER [1839-40, in-8].

SIMONIN [l'abbé F.-M.], directeur du grand séminaire de Nevers. — Nouveau Recueil de prières à l'usage des âmes pieuses. Nevers, impr. de Duclos; Valence, Jamonet, 1838, in-18; 1842, 1844, in-32 [2 fr. 50 c.].

M. l'abbé Simonin a revu, classé par ordre chronologique, continué jusqu'en 1845, et fait suivre d'une table chronologique : la « Biographie universelle, » par F.-X. de FELLER [1841-44, 4 vol. gr. in-8 à 2 col.].

SIMONIS [N.-D.], avocat. — Le Guide des jurés devant les cours d'assises. Liége, J. Ledoux, 1843, in-8 [5 fr.].

SIMONNET [E.]. — Avec M. *P. Fert:* Premières Connaissances des écoles primaires. Reims, Luton; Paris, Hachette, Chamerot, 1843, in-18.

SIMONNIN [Antoine-Jean-Baptiste], auteur dramatique; né à Paris le 11 janvier 1780. [Voy. la *France littér.*, t. IX, p. 173.]

1. — Avec M. *Thibouville:* le Comte et le représentant; vaudeville en un acte. Paris, Michaud, 1838, in-8 de 20 pag. [20 c.].

2. — Le Petit Chaperon rouge; pièce féerie en quatre actes et 16 tableaux. Paris, Bréauté, 1841, in-18.

3. — Le Margrave et la grande duchesse; vaudeville historique en un acte. Paris, Bréauté, 1840, in-18 [30 c.].

4. — Le Jugement de Salomon; drame historique en quatre actes et quatorze tableaux, mêlé de chant, tiré de l'Écriture sainte. Paris, Bréauté, 1842, in-18 [60 c.].

5. — Pauvre Enfant! comédie-vaudeville en deux actes. Paris, Bréauté, 1842, in-18 [60 c.].

6. — Les Petits Bas-bleus, ou les jeunes filles poëtes; comédie-vaudeville en deux actes. Paris, Bréauté, 1844, in-18 [60 c.].

7. — Maître Corbeau, ou la Couronne de diamants; pièce fantastique en cinq actes et quinze tableaux. Paris, Bréauté, 1844, in-18 [60 c.].

8. — Kokoli, ou Chien et chat; folie-vaudeville en trois actes et quatre tableaux. Paris, impr. de Mme Delacombe, 1847, in-8 de 16 pag.

On doit encore à M. Simonnin, en collaboration avec M. COMTE : Jonas avalé par la baleine en quittant les îles Marquises; — avec MM. GENTIL et DÉSAUGIERS : Je fais mes farces; — avec M. F. HILPERT : Belz et Buth; — avec M. Paul de KOCK : le Lazaret; — avec M. LLAU-

NET : le Diable à Paris ; — avec M. MERLE : le Code et l'amour, etc. Voy. ces noms.

SIMONNIN [J.].

M. J. Simonnin a fait précéder d'une *Notice sur La Bruyère, considéré comme écrivain et comme moraliste* : « les Caractères » de LA BRUYÈRE [1829, 2 vol. in-8].

SIMONNOT [J.-B.]. — De l'Imitation de Jésus-Christ ; traduction nouvelle, suivie d'éclaircissements et de remarques en forme de notes. Dijon, Simonnot-Carion, 1838, in-8, fig. [9 fr.].

SIMONOT, officier d'administration des hôpitaux militaires.

1. — Le Livre du soldat ; le Sergent prédicateur ; Quatre hommes et un caporal ; le Prince. Paris, Gaultier-Laguionie, Bréauté, Martinon, 1842, in-32 [50 c.].

2. — La Démagogie en voyage, poëme en un seul chant, orné d'une lithographie, et suivi d'une Épître à M. Michaud, académicien. Paris, Levasseur, Dentu, Delangle, 1830, in-8 de 16 pag. [1 fr.].

Sous le pseudonyme *Jean Bouche d'or*.

3. — Jean Bouche d'or, ses Contes bigarrés et Discours en l'air. Paris, Comptoir des Imprimeurs-unis, 1843, t. Ier, in-12.

4. — Contes, anecdotes et chansons. Senlis, impr. de Duriez, 1843, in-8 de 8 pag.

Sous le nom : M. *Quiditou*, auteur inconnu du public, et qui n'est d'aucune académie.

5. — Grande question à l'ordre du jour. Paris, ses châteaux forts, son enceinte continue, et les gens qui en ont peur. Paris, Dutertre, 1844, in-8 de 32 pag. [30 c.].

M. Simonot a fondé le « Glaneur senlisien » [le 1er numéro est daté du 11 juillet 1844].

SIMONY [Jules-François de], évêque de Soissons et de Laon. — Statuts du diocèse de Soissons. Soissons, impr. de Fossé d'Arcosse, 1839, in-12.

SIMPSON [miss Élisabeth]. Voy. mistress INCHBALD.

SINCÈRE [Michel], pseudonyme. Voy. LAMOTTE.

SINET.

1. — Précis de l'histoire de Sceaux depuis son origine connue jusqu'à nos jours, contenant les faits, anecdotes et épisodes qui s'y rattachent, et un résumé biographique des principaux personnages qui l'ont habité. Sceaux, impr. de Dépée, 1843, in-8, avec un portrait.

2. — Complément de l'Histoire de Sceaux (pages 163-178). Sceaux, impr. de Dépée, 1844, in-8 de 16 pag.

SINGER, négociant-manufacturier. [Voy. la *France littér.*, t. IX, p. 182.]

— Miroir politique de la France. IIe édition. Paris, Raymond-Bocquet, Dentu, 1842, in-8 [2 fr. 50 c.].

La première édition, publiée dans la même année, était anonyme et signée : *par un homme du peuple* [Paris, Raymond-Bocquet, in-8].

SINGER [S.-W.].

M. S. W. Singer est l'auteur des notes qui sont jointes à : « le Richelieu de la Grande-Bretagne, » par G. CAVENDISH [1841, in-8].

SINNER [G.-R. Louis de], helléniste, sous-bibliothécaire de la Sorbonne ; né à Aarberg (canton de Berne) le 8 mars 1801. [Voy. la *France littér.*, t. IX, p. 183.]

1. — De Relativorum ὅς ἄν, ὡς ἄν et similium varia constructione apud Lucianum dissertatio. In-12 [75 c.].

2. — Vie de Notre-Seigneur Jésus-Christ [par KERSTEN], extraite des quatre Évangiles (*texte grec*), avec sommaires et vocabulaire, à l'usage des commençants. Paris, Eug. Belin, 1849, in-18 [1 fr. 50 c.].

La première édition est de 1841.

3. — Rapport adressé à M. le ministre de l'instruction publique sur un voyage historique et littéraire dans quelques cantons de la Suisse. Paris, impr. de Dupont, 1846, in-8 de 60 pag.

4. — Novus SS. Patrum Græcorum sæculi quarti delectus, recensuit et adnotatione instruxit L. de Sinner. Paris, Hachette, 1842, in-12 [4 fr.].

Ce recueil contient : 1° saint BASILE, « de la Lecture des auteurs profanes, » « Fais attention à toi-même, » « Contre les Usuriers ; » — 2° saint GRÉGOIRE de Nysse, « Contre les Usuriers, » « Oraison funèbre de Melethus ; » — 3° saint GRÉGOIRE de Nazianze, « Derniers Adieux à son Église, » « Panégyrique des Machabées ; » — 4° saint JEAN CHRYSOSTOME, « Discours sur le retour de Flavien ; » — 5° LIBANIUS, « Supplications à Théodose, » avec un choix de morceaux et de lettres tirés des mêmes auteurs.

M. L. de Sinner a corrigé, modifié et augmenté : « Traité de l'accentuation grecque, » traduit de l'allemand de C.-F. MERLEKER, par ZELLER [1843, in-8].

Il a publié, avec M. E. HAMEL : « Chrestomathie grecque, » de Frédéric JACOBS [11ᵉ édit. Toulouse, Delsol, 1847, in-12, avec 1 pl.].

On doit à M. L. de Sinner des arguments, commentaires et notes en français pour les éditions classiques des auteurs suivants : saint BASILE, saint JEAN Chrysostome, saint GRÉGOIRE de Nazianze, EURIPIDE, ISOCRATE, LUCIEN, PINDARE, PLATON, PLUTARQUE, SOPHOCLE et XÉNOPHON.

Les articles qu'il a donnés dans « l'Encyclopédie des Gens du monde, » sont signés L. de S—R.

SINOT [François-Charles], ingénieur civil.

1. — Mémoire sur le projet d'un chemin-de fer de Bordeaux à Bayonne, résumant et renfermant tout le travail de MM. de Pambour, Navier et Kermaingant sur les machines locomotives, ainsi que les éléments de la dépense et de l'entretien du matériel d'exploitation des chemins de fer. Paris, impr. de F. Didot, 1839, in-4 avec pl. [3 fr.].

2. — Mémoire sur le canal des grandes Landes, établissant la jonction définitive de l'Adour à la Garonne. Paris, impr. de F. Didot, 1841, in-4 avec une carte.

SIODOLKOWICZ [le colonel V.-N.]. — Nouvelle École d'équitation, à l'usage des militaires et des particuliers ; suivie de la diététique ou de la connaissance du régime le plus convenant aux chevaux dans toutes les conditions, et des signes par lesquels on reconnaît la nature des accidents, des indispositions, des blessures et des maladies auxquels les chevaux sont exposés, etc. Paris, impr. de Mᵐᵉ Delacombe, 1841, in-8 de 92 pag. [2 fr.].

SIONNET [l'abbé], membre de la Société asiatique. — Des Curés, ou Démonstration de cette vérité : Dans le diocèse tout pouvoir vient de l'évêque. Traduction abrégée de *Nardi*, publiée par M. l'abbé A. Sionnet. Paris, Camus, 1845, in-12 [2 fr. 50 c.].

On doit aussi à M. l'abbé Sionnet un *Commentaire littéral*, faisant partie de l'édition de la « Sainte Bible expliquée et commentée, » [1837 et ann. suiv., 18 vol. in-8] ; — une *Introduction* à « Buchez santez Nonn, » trad. par M. LECONIDEC [1837, in-8] ; — une *édition préparée et revue avec soin* des « Œuvres » d'HoRACE [1838, in-12] ; — une *nouvelle édition* de : « Institutionum juris naturalis et ecclesiastici publici libri VI, » par Jac.-Ant. ZALLINGER [1839,

2 vol. in-8] ; — une *édition revue*, etc., de : « Herméneutique sacrée » par J.-H. JANSSENS [1845, in-8], etc.

M. l'abbé Sionnet a travaillé aux « Annales de Philosophie chrétienne. »

Il a publié : « l'Auxiliaire catholique, journal de matières ecclésiastiques » [Paris, 1845, in-8].

SIRAND [Léon].

1. — Avec M. *Louis-Victor Benech* : — Supériorité du traitement naturel, surtout dans les maladies chroniques, telles que la gastrite, les affections nerveuses, etc. VIᵉ édition. Paris, Baudouin, 1842, in-12.

2. — De l'Impôt foncier. Paris, Bry et Villermy, 1846, in-8 [1 fr.].

M. Léon Sirand a fait suivre de *notions usuelles sur la médecine légale* « le Livre de tous les citoyens, ou Éléments de législation usuelle, » par LESENNE [1847, in-18].

SIRAND [A.-M.-Alexandre].

1. — Course archéologique dans le bas Bugey. Bourg, impr. de Bottier, 1842, in-8 de 24 pag.

2. — Courses archéologiques et historiques dans le département de l'Ain. Bourg, impr. de Milliet-Bottier, 1846, in-8 avec 10 pl.

3. — Essai sur la culture de la vigne dans le département de l'Ain. Bourg, imp. de Milliet-Bottier, 1848, in-8 de 108 pag.

Tiré à 25 exemplaires. Les chapitres 2, 3, 4, ont été insérés dans le « Journal d'Agriculture de l'Ain, » année 1848.

4. — Monnaies inédites de Dombes. Bourg, impr. de Milliet-Bottier, 1848, in-8 de 92 pag. avec 3 pl.

M. A.-M.-A. Sirand a donné beaucoup d'articles dans la « Bibliographie de l'Ain. »

SIRAUDIN [Paul], de Sancy, auteur dramatique. [Voy. la *France littér.*, t. IX, p. 184.]

1. — Une Faction de nuit ; esquisse mêlée de couplets. Paris, Beck, Tresse, 1842, in-8 de 8 pag. [30 c.].

2. — La Belle Française ; vaudeville en un acte. Paris, Tresse, 1843, in-8 de 10 pag. [40 c.].

3. — Avec M. *Fontaine* : Une Histoire de voleurs ; coméd.-vaud. en un acte. Saint-Denis-du-Port, impr. de Giroux, 1846, in-8 de 16 pag.

4. — Avec M. *Ch. Danvin* : le Carillon de Saint-Mandé ; comédie-vaudeville en un acte. Paris, Beck, Tresse, 1846, in-8 [50 c.].

5. — Avec M. *Dupeuty* : la Veuve

de quinze ans; comédie-vaudeville en un acte. Paris, Beck, Tresse, 1846, in-8 [50 c.].

6. — Avec M. *Clairville*: Malheureux comme un nègre; vaudeville en deux actes. Paris, Beck, Tresse, 1847, in-8 de 18 pag. [50 c.].

7. — Avec M. *Delacourt*: le Chevalier de Beauvoisin, comédie-vaudeville en deux actes. Paris, Beck, Tresse, 1848, in-8 [50 c.].

8. — Avec M. *Clairville*: l'Ane à Baptiste, ou le Berceau du socialisme; grande folie lyrique en quatre actes et douze tableaux. Paris, Beck, Tresse, 1849, in-8 de 24 pag. [60 c.].

9. — Avec MM. *de Villeneuve* et *Edouard*: Lorettes et artistes, ou Une Soirée au Ranelagh; tableau-vaudeville en un acte. Paris, Tresse, 1849, in-8 de 16 pag. [50 c.].

Nous connaissons encore de M. Paul Siraudin, en collaboration avec MM. CARMOUCHE et DUMANOIR: les Trois Polkas; — avec MM. CLAIRVILLE et DUMANOIR: les Hures-graves; — avec M. Ch. DANVIN [FOLIGUET]: le Bal Mabille; Paris à la campagne; — avec M. DUMANOIR: la Vendetta; les Economies de Cabochard; — avec M. Th. GAUTIER: un Voyage en Espagne; le Tricorne enchanté; — avec M. Ed. LAFARGUE: le Château de la Roche-Noire; — avec MM. Ed. LAFARGUE et Paul VERMONT: la Cour de Biberack; — avec M. LEUVEN: le Chamboran; — avec MM. LHÉRIE et LEUVEN: le Diable à quatre; le Mobilier de Rosine; — avec M. Eug. MOREAU: les Comédiens ambulants; un Bouillon d'onze heures; la Nouvelle Clarisse Harlowe; — avec MM. MOREAU et CLAIRVILLE: Breda street, ou un Ange déchu; — avec MM. MOREAU et DELACOUR: E.-H.; les Deux Sans-Culottes; les Peureux; — avec M. RENÉ [PÉRIN]: M. Lafleur; — avec M. Ad. ROBERT: le Veuf du Malabar; — avec M. ROCHEFORT: la Foire Saint-Laurent, etc. Voy. ces noms.

SIRAUDIN. — Explication pour faciliter l'intelligence du système métrique, ou Manière de se servir des poids et mesures métriques décimaux. Melun, impr. de Michelin, 1839, in-8 de 16 pag. [25 c.].

SIRET [Ad.].
1. — Le Dernier jour du Christ. Gand, 1838, in-8 [75 c.].

2. — Les Fils d'un empereur; essai dramatique en deux tableaux et en vers. Bruxelles, 1840, in-18 [50 c.].

3. — Moïse Vauclin, illustré par Ad. Dillens. Gand, 1840, in-8.

4. — La Florentine; drame en trois actes et en prose. Gand, 1842, in-18 [75 c.].

5. — Rêves de jeunesse, avec figures. Bruxelles, 1843, in-18 [2 fr. 50 c.].

SIRET [Pierre-Louis], grammairien, diplomate; né à Paris le 30 juillet 1745, mort au port de Vitry-sur-Seine le 25 septembre 1797. [Voy. la *France litt.*, t. IX, p. 184.]

1. — Éléments de la langue anglaise, ou Méthode pratique pour apprendre facilement cette langue. Nouvelle édition, considérablement augmentée par M. *Poppleton*, revue, corrigée et annotée d'après les grammaires de Murray, de Grant, etc., par *Alexandre Boniface*, avec des modèles de lettres en anglais et en français, etc. Paris, Baudry, 1849, in-8 [1 fr. 50 c.].

Cet ouvrage a été très-souvent réimprimé.

2. — Abrégé de l'histoire grecque; traduction française, avec le texte en regard, par *E.-L. Frémont*. Paris, Delalain, 1847, in-18 [2 fr.].

3. — Epitomæ historiæ Græcæ, auctore C. Siret, notis selectis illustravit *A. Mottet*. Paris, Delalain, 1840, 1841, 1842, 1843, 1844, 1846, 1847, 1848, 1849, in-18 [1 fr. 25 c.].

4. — Epitome historiæ sacræ, notis selectis illustravit *A. Mottet*. XXVIIe édit. Paris, Delalain, 1846, in-12 [1 fr. 25 c.].

SIREY [Jean-Baptiste], jurisconsulte, d'abord engagé dans les ordres, avocat aux conseils du roi et à la cour de cassation; né à Sarlat le 23 septembre 1762, mort à Limoges le 4 décembre 1845. [Voy. la *Biogr. univ. suppl.*, et la *France littér.*, t. IX, p. 186.] — Les Codes annotés de Sirey, contenant toute la jurisprudence jusqu'à ce jour et la doctrine des auteurs. Édition entièrement refondue par *P. Gilbert*, avec le concours, pour la partie criminelle, de M. *Faustin Hélie* et de M. *Cuzon*. Paris, Cosse et Delamotte, 1846, in-4 [24 fr.].

Code civil.

SIREY [Mme], née Joséphine de LASTEYRIE DU SAILLANT, femme du précédent. [Voy. la *France littér.*, t. IX, p. 188.] — Petit Manuel d'éducation, ou Lectures à l'usage des jeunes filles de huit à douze ans élevées dans les écoles primaires, communautés, externats et autres institutions. IIe édition.

Paris, Belin-Mandar, 1842, in-18 [70 c.].
La première édition, in-18, est de 1841.

SIROT [C.-G.]. [Voy. la *France littér.*, t. IX, p. 189.]

1. — Nouveau Tarif de réduction des pieds carrés convertis en toises carrées. Montbéliard, Deckherr, 1838, in-18 de 108 pag.

2. — Nouveau Tarif pour la réduction des bois équarris, suivi du tarif pour la réduction des bois ronds, en pieds, pouces et lignes cubes. Montbéliard, Deckherr, 1839, in-18 de 126 pag.

SIRTEMA DE GROVESTINS [le baron].

1. — Lettre à Guillaume Ier, roi des Pays-Bas, écrite en 1838. Paris, Huriet, 1841, in-8 de 32 pag. [1 fr.].

2. — La Conférence de Londres et Guillaume Ier, ou de l'Influence du système de persévérance sur l'état financier du royaume des Pays-Bas, pour servir de document explicatif des mesures financières récemment exposées afin d'éviter la banqueroute nationale, avec deux lettres, l'une sur l'avenir du royaume des Pays-Bas, l'autre adressée à Guillaume Ier, roi des Pays-Bas. Paris, Amyot, 1844, in-8 [4 fr.].

SIRUS-PIRONDI. Voy. **PIRONDI.**

SIRVEN [Emmanuel-Joseph], membre de la Société du Caveau, l'un des fondateurs de la Société des Pyrénées-Orientales; né à Perpignan en 1795. [Voy. la *France littér.*, t. IX, p. 189.]

1. — Voyage aux bains de la Preste, deuxième arrondissement des Pyrénées-Orientales (le 16 juillet 1835). Perpignan, impr. d'Alzine, 1839, in-8 de 40 pag.

2. — La Révolte au Caire, 1799, scène lyrique, mise en musique par M. Petit, paroles de M. E.-J. Sirven. Perpignan, impr. de Mlle Tastu, 1844, in-4 de 4 pag.

M. Sirven a travaillé à la « France méridionale, » journal de Toulouse, au « Bulletin de la Société des Pyrénées-Orientales, » auquel il a donné des morceaux de poésie et de littérature, et des rapports sur l'instruction primaire. — Il est l'auteur d'une lettre au conseil municipal de Perpignan sur la nécessité d'établir dans cette ville des salles d'asile pour l'enfance; la Société de Statistique universelle lui a décerné à ce sujet une médaille d'honneur en 1836. On lui doit une jolie chanson intitulée : *Mon Évêque*, qui a paru en 1833.

TOME VI.

SIRY, docteur en médecine.
— Avec MM. les docteurs *Fauconneau-Dufresne*, *Canut* et *Isarié* : Rapports hygiéniques et médicaux sur les crèches du premier arrondissement. Paris, Amyot, 1846, in-18 [50 c.].

SISMONDI. Voy. **SIMONDE DE SISMONDI.**

SISOS, ancien chef de bureau à la direction des contributions directes. — Le Réducteur des poids et mesures anciens et nouveaux. Ouvrage indispensable à tous vendeurs et acheteurs, contenant, etc. Limoges et Paris, Martial Ardant, 1840, 1847, in-18, avec une pl.

Broché aussi à la suite du « Nouveau Manuel du Menuisier. »

SIVRY [L. de]. — Rome et l'Italie méridionale, promenades et pèlerinages, suivis d'une description sommaire de la Sicile. Paris, Belin-Leprieur, 1843, in-8, avec 15 grav. [16 fr.].

SIVRY [de]. — Avec M. *Rolot* : Précis historique de Saint-Germain en Laye, contenant, etc. (1848, in-12). Voy. **ROLOT.**

SKODA [J. de]. — Vivre et travailler, ou l'Économie sociale selon le droit démocratique. Paris, Comon, 1849, in-12 [1 fr.].

SLOWER.

M. Slower a traduit en français: les « Maximes et réflexions » de GOETHE [1842, in-12].

SLANE [le baron MAC-GUCKIN DE], interprète principal de l'armée d'Afrique; né à Belfast en Irlande le 12 août 1801. [Voy. la *France littér.*, t. IX, p. 190.]

1. — Le Diwan d'*Amrolkais*, précédé de la vie de ce poëte, par l'auteur du Kital et Aghani, accompagné d'une traduction (latine) et de notes (en français). Paris, 1837, in-4 [20 fr.].

Ce recueil renferme quelques-uns des plus anciens monuments de la langue arabe.

2. — Géographie d'*Aboulféda*, texte arabe, publié d'après les manuscrits de Paris et de Leyde, aux frais de la Société asiatique, par M. *Reinaud* et M. *Mac-Guckin de Slane*. Paris, Impr. royale, 1837-48, 2 vol. in-4.

3. — Histoire des Berbères et des

dynasties musulmanes de l'Afrique septentrionale, par *Abou-Zeid, Abder-Rhaman, Ibn-Mohammed, Ibn-Khaldoûn*. Alger, impr. du gouvernement, 1847, in-4.

Texte arabe. Tome I*er*, publié par ordre de M. le ministre de la guerre, collationné sur plusieurs manuscrits, par M. de Slane; faux-titre, titre, préface en français, 8 pages, et 688 pages de texte arabe.

M. de Slane a publié : « Vies des hommes illustres de l'islamisme » en arabe, par IBN-KHALLIKAN [Paris, F. Didot, 1840, tome I*er* en 5 parties ou cahiers in-4]; il a donné une traduction anglaise du Dictionnaire biographique d'IBN-KHALLIKAN, sous ce titre : *Ibn-Khallikan's biographical Dictionary, translated from the arabic* [1842-43, 2 vol. in-4].

On doit aussi à M. de Slane les morceaux suivants publiés dans le « Journal asiatique : » *Choix des poésies les plus remarquables des anciens Arabes* [t. V, 1838]; — *Observations sur l'exposé de la religion des Druses de M. de Sacy* [t. VI, 1838]; — *Observations sur l'édition des Annales de Tabari, de M. Kosegarten* [1839, t. VII]; — *Notice sur Ibn Nabota, prédicateur arabe* [1840, t. IX]; — *Analyse de la géographie arabe d'Edrisi, publiée par M. Jaubert* [1841, t. XI]; — *l'Histoire des premières dynasties arabes qui ont régné dans l'Afrique septentrionale, par Ibn Novaïri* [1841, t. XI et XII]; — *Description de l'Afrique, par Ibn Haucal* [1842, t. XIII]; — *Voyage dans le Soudan, par Ibn Batouta* [1844, vol. I, 4*e* série]; — *l'Autobiographie d'Ibn Khaldoûn* [1844, t. III]; — *Lettre à M. Hase sur les premières expéditions des musulmans en Mauritanie* [1845, t. IV]; — *Observations sur les figures empruntées par les poètes arabes* [1845, 3*e* série, t. V]; — *Sur le sens figuré de certains mots dans la poésie arabe* [1846, t. VII]; — *Mémoire sur la formation de la langue maltaise* [1846, t. VII, 2*e* série].

M. de Slane a adressé au ministre de l'instruction publique, en 1845 et 1846, sur des recherches dans les bibliothèques de l'Algérie, de Malte et de Constantinople, plusieurs mémoires et rapports qui ont été publiés dans le « Journal de l'Instruction publique. »

SLOWACKI [Juliusza].

1. — Poezye Juliusza Slowackiego. Paris, Hector Bossange, Th. Barrois fils, 1832-33, 3 vol. in-18.

2. — Balladyna, tragedija w 5 aktach. Paris, impr. de Bourgogne, 1839, in-18 [5 fr.].

3. — Mazepa, tragedya w 5 aktach. Paris, impr. de Bourgogne, 1840, in-8 de 64 pag.

4. — Lilla Weneda, tragedija w 5 aktach. Paris, impr. de Bourgogne, 1840, in-12 [5 fr.].

5. — Beniowski, poema. Paris, impr. de Maulde, 1841, in-18 de 180 pag.

SLOWACZYNSKI [André]. [Voy. la *France littér.*, t. IX, p. 191.]

1. — Avec M. *César Moreau* [*Amable Lemaître*] : Annuaire statistique, pour 1838, de l'Europe, de l'Asie, de l'Afrique, de l'Amérique et de l'Océanie. 1838, 2 vol. in-18. [Voy. MOREAU.]

2. — Statistique générale de la Pologne prussienne (2*e* partie de la *Statistique de la Pologne*), comprenant la description du grand-duché de Posen et de la Prusse polonaise. Paris, impr. de Belin, 1838, in-18.

3. — Statistique générale de la Pologne russe, ou Provinces polonaises dans l'empire de Russie. (3*e* partie de la *Statistique de la Pologne*). Paris, impr. de Belin, 1839, in-18.

4. — Statistique générale de la ville de Krakovie et de son territoire (4*e* partie de la *Statistique de la Pologne*), et Statistique générale du royaume de Galicie (5*e* et dernière partie de la *Statistique de la Pologne*). Paris, impr. de Belin, 1839, in-18.

Un titre, ou frontispice général, distribué avec les 4*e* et 5*e* parties, est intitulé : *Cinq Statistiques générales de la Pologne.*

M. A. Slowaczinski a travaillé à « Mélodies polonaises, album lyrique » [1833, in-fol.].

SMÉE. — Nouveau Manuel complet de Galvanoplastie, etc., suivi d'un Traité de Daguerréotypie, contenant, etc. Ouvrage publié par *E. de Valicourt*. Paris, Roret, 1843, 1845, 1849, in-18, avec 2 pl. [3 fr. 50 c.].

SMET [J.-J. de], de la Société de Jésus, membre du congrès national, membre de l'Académie de Belgique; né à Gand le 11 décembre 1794. [Voy. la *France littér.*, t. II, p. 521, et t. IX, p. 191.]

1. — Coup d'œil sur l'histoire ecclésiastique dans les premières années du XIX*e* siècle, et en particulier sur l'assemblée des évêques à Paris en 1811. Gand, 1836, in-8.

2. — Recueil des Chroniques de Flandre, publié sous la direction de la commission royale d'histoire. Bruxelles, 1841, 2 vol. in-4, cart. [27 fr.].

3. — Nouvelle Géographie élémentaire. IV*e* édit. Gand, 1842, in-12.

4. — Institutiones oratoriæ. V*e* édition. Gand, 1849, in-8.

M. de Smet a publié des mémoires historiques et critiques, des notices et des notes, se rapportant particulièrement à des faits, à des personnages de l'histoire de la Belgique, dans le recueil des « Mém. de l'Acad. de Belgique, » dans les « Bulletins de l'Académie, » dans ceux de la commission royale d'histoire. Il a aussi donné des articles au « Messager des Sciences historiques, » à la « Revue de Bruxelles, » au « Belgisch-Museum, » etc.

DE SMET.
1. — Voyages aux montagnes Rocheuses, chez les tribus indiennes du vaste territoire de l'Orégon, dépendant des États-Unis d'Amérique. Lille, Lefort, 1846, in-12, avec 1 grav.
2. — Missions de l'Orégon et voyages dans les montagnes Rocheuses en 1845 et 1846, ouvrages traduits de l'anglais par M. *Bourlez*. Lyon, Pélagaud, Paris, Poussielgue-Ruzand, 1848, in-12, avec 1 frontispice et 13 lithogr.

SMITH [Adam], économiste, commissaire des douanes en Écosse; né en 1723, mort le 8 juillet 1790. [Voy. la *France littér.*, t. IX, p. 192.] — Recherches sur la nature et les causes de la richesse des nations; traduction du comte *Germain Garnier*, entièrement revue et corrigée, et précédée d'une Notice biographique par M. *Blanqui*, avec les Commentaires de M. Buchanan, G. Garnier, Mac-Culloch, Malthus, J. Mill, Ricardo, Sismondi: augmentée de notes inédites de *Jean-Baptiste Say* et d'éclaircissements historiques par M. *Blanqui*. Paris, Guillaumin, 1842, 2 vol. gr. in-8, avec un portrait [20 fr.].

SMITH [John-Spencer]. érudit, membre de plusieurs sociétés savantes de France et d'Angleterre; né à Londres le 11 sept. 1769, mort à Caen, où il s'était fixé, le 5 juin 1845. — [Voy. une *Notice historique* par M. BALLIN, dans la *Revue de Rouen*, n° de sept. 1845, et dans l'*Annuaire des cinq départements de l'ancienne Normandie*, année 1846; la *Biogr. univ.*, suppl., et la *France litt.*, t. IX, p. 195.]
1. — Notice bibliographique sur un traité ms du XVᵉ siècle, jusqu'ici inédit, avec une copie figurée de l'original. Caen, 1840, brochure in-4, avec fig.
2. — Johannis Carlerii dicti de Gersono de lavde scriptorum tractatvs; accedvnt eiusdem qvedam regvle de modo titvlandi sev apificandi pro novellis scriptoribus copvlate. Edidit Spencer Smith. Rouen, impr. de N. Périaux; 1841, in-4 de 32 pag.

M. Smith ne fut l'éditeur de cette publication qu'à la façon d'un libraire. Celui de qui elle devrait porter le nom est M. G.-S. TRÉBUTIEN. [Note de M. G. MANCEL.]

3. — Collectanea Gersoniana, ou Recueil d'études, de recherches et de correspondances littéraires ayant trait au problème bibliographique de l'origine de l'Imitation de Jesus-Christ, publiées par J. Spencer Smith. Caen, Hardel; Paris, Derache, 1843, gr. in-8 [5 fr.].

La couverture porte : *Gersoniana*. C'est un recueil de morceaux relatifs à Gerson, dont quelques-uns en latin.
On doit aussi à M. J.-S. Smith : *Quelques Idées sur la culture de la musique à Caen* [Mémoire lu à l'Académie de Caen, le 10 novembre 1826 (ann. 1825-28)].
M. J.-S. Smith a donné des articles à divers recueils de l'Angleterre. Il a rédigé à Londres la *section d'hydrographie* du « Naval Chronicle. » En 1815, il a publié dans cette ville une nouvelle édition du « Robinson Crusoé, » calquée sur l'édition princeps, augmentée d'une foule de notes et enrichie de nombreuses gravures sur bois unies au texte. Il a donné des articles à la *France littéraire*, recueil dirigé par M. Ch. MALO.

SMITH [Valentin], conseiller à la cour d'appel de Riom et membre du conseil général de la Loire. [Voy. la *France littér.*, t. IX, p. 196.]
1. — Lois européennes et américaines sur les chemins de fer, avec une lettre adressée au directeur général des ponts et chaussées sur les travaux publics et sur les chemins de fer de l'Amérique, par M. *Michel Chevalier*; contenant les rapports des commissions d'enquête, les conclusions des préfets de la Loire et du Rhône, une notice historique sur les chemins de fer, et une notice historique et statistique sur les mines de houille de l'arrondissement de Saint-Étienne et sur les moyens de transport de leurs produits, par M. *Gervoy*. Saint-Étienne, F. Gonin, 1837, in-4, avec 1 tableau [12 fr.].
2. — Des Enfants trouvés. Rapport fait au conseil général de la Loire, le 24 août 1838, au nom de la commission chargée de l'examen des questions relatives aux enfants trouvés. Clermont-Ferrand, impr. de Pérol, 1839, in-8 de 112 pag. avec un tableau.
3. — Observations présentées, au nom du conseil municipal de Clermont-Ferrand, en faveur du chemin de fer du Centre, de Paris à Clermont.

Clermont-Ferrand, impr. de Pérol, 1842, in-8 de 48 pag. avec une carte.

4. — De la Mendicité et du travail. Clermont-Ferrand, impr. de Thibaud-Landriot, 1848, in-8 de 124 pag.

SMITH [L.]. [Voy. la *France littér.*, t. IX, p. 197.] — Dictionnaire français-anglais et anglais-français, renfermant, etc. Nouvelle édition. Paris, Ch. Hingray, 1847, in-32 [5 fr.].

M. Smith est l'un des auteurs, pour la partie anglaise, de la collection polyglotte des « Guides de la Conversation. » Voy. MESNARD [Adler].

SMITH [James]. — Le Messager de miséricorde auprès du chrétien dans l'épreuve; traduit de l'anglais; publié par la Société pour impression de livres religieux, à Toulouse. Paris, Delay, 1842, 1843, in-18 [75 c.].

SMITH [Paul], pseudonyme. Voy. MONNAIS [Guillaume-Édouard.]

SMOLLETT [Tobias], historien et romancier anglais. [Voy. la *France littér.*, t. IX, p. 198.] — The History of England. Voy. HUME.

SMYTH [William-Carmichael]. — The Persian Moonshee, containing a copious grammar and a series of entertaining stories also the Pundnamu of Shykhsadee, etc. Second edition. Londres, Bossange, Barthès et Lowel; Paris, F. Didot, 1840, in-8 [12 fr.].

Le texte est en regard de la traduction anglaise.

M. W.-C. Smyth a revu et corrigé la IIe édition de : « the Luta ifi Hindre, » par MEER MOHUMMUD TUQUE [1840, in-8]; et de « the Hindoostanee Interpreter, » by Th. ROEBUCK [1841, in-8].

SNELL [Fr.-W.].

M. Snell est l'auteur d'un *Traité de la Morale élémentaire*, d'après les principes de Kant [1837, in-8]. Voy. KANT.

SOAVE [Francesco], romancier italien, mort le 17 janvier 1816. [Voy. la *France litt.*, t. IX, p. 200.]

1. — Sidney, Patty et Warner, deux nouvelles, traduites de l'italien par Mlle de *V. T.* Nancy, Thomas, 1840, in-18 de 36 pag.

2. — Nouvelles morales; traduct. de Mme *Louise Colet.* Paris, Royer, 1844, in-18.

8. — Novelle morali. Paris, Baudry, 1839, 1841, 2 vol. in-18 et 1 vol. in-18.

SOBRERO [A.]. — Avec M. *C. Barreswil* : Appendice à tous les traités d'analyse chimique : recueil des observations publiées depuis dix ans sur l'analyse qualitative et quantitative. Paris, Fortin, Masson, 1843, in-8, avec une pl. [7 fr.].

M. Sobrero a traduit de l'allemand : « Tableaux des caractères que présentent au chalumeau les alcalis, » etc., par PLATTNER [1843, 4 tableaux in-fol.].

SOBRINO [Fr.], grammairien. [Voy. la *France littér.*, t. IX, p. 201.] — Nouvelle Grammaire espagnole à l'usage des Français. XXXIVe édition, entièrement refondue et augmentée d'un cours de thèmes, d'un choix de versions et d'un traité de versification espagnole, par *J. Aubouin.* Paris, Baudry, 1849, in-12.

Le « Cours de thèmes, » etc., par J. AUBOUIN et F. ORRIT, et « Arte de la versificacion española, » por a GRACIA, sont brochés avec la *Nouvelle Grammaire.*

SOBRY [Mlle A.]. [Voy. la *France litttér.*, t. IX, p. 202.]

Mlle A. Sobry a traduit de l'anglais : « Scènes dramatiques empruntées à la vie réelle, » par lady MORGAN [1833, 2 vol. in-8]; — « la France en 1829 et en 1830, » par *la même* [1839, 2 vol. in-8]; — « Alice, ou les Mystères, » par BULWER [1898, 2 vol. in-8]; — « Soir et matin, » par *le même* [1841, 2 vol. in-8]; — « Zanoni, » par *le même* [1843, 2 vol. in-8]; — « le Dernier des barons, » par *le même* [1844, 4 vol. in-8]; — « la Jeune Angleterre, » par B. d'ISRAELI [1846, 2 vol. in-8].

SOEMMERING [Samuel-Thomas], médecin et anatomiste allemand; né à Thorn, en Westprusse, le 25 janvier 1755, mort à Francfort-sur-le-Mein le 2 mars 1830. [Voy. la *Biogr. univ., suppl.*, et la *France littér.*, t. IX, p. 203.] — Recherches sur les concrétions biliaires du corps humain; trad. par *Rémond.* Paris, 1811, in-8 [2 fr.].

SOETTLER, ou SOETLER [Jean-Gaspard], docteur et professeur de théologie. — Theologia moralis universa, ad usum diœcesis Argentinensis, olim prælecta et in lucem edita a Sœttler. Grenoble, Carus, 1842, 5 vol. in-8.

On joint souvent à cet ouvrage le « Supplementum ad sextum Decalogi præceptum, » par P.-J. ROUSSELOT [in-8], considéré comme un sixième volume.

SOFFIETTI [Alexandre].

M. A. Soffietti a traduit en français : « Bélisario, » tragédie lyrique en trois parties et cinq tableaux, paroles de M. CAMMARANO [1840, in-8].

SOHIER [H.], ministre protestant à Cherbourg. — Rome en présence de la Bible et de l'histoire, ou Deux Mots de réponse à l'ouvrage de M. Guilbert, curé des Pieux, intitulé : Entretiens d'Octave et de Marcelin, etc. Cherbourg, impr. de Thomine, 1843, in-8.

L. LEBREC a publié : « M. Sohier en présence de la logique, ou Première lettre à M. Sohier sur la brochure ci-dessus » [1843, in-8].

SOIX [l'abbé]. — Vie édifiante de Mgr Jean-Mathieu Blachette, curé de Lalouvesc, mort en odeur de sainteté le 9 septembre 1840. Lyon et Paris, Périsse, 1843, in-18.

SOKOLNICKI [Michel], général polonais attaché au service de France; né dans le palatinat de Poznanie le 28 septembre 1760, mort à Varsovie le 23 septembre 1816. [Voy. la *France littér.*, t. IX, p. 204.] — Mahomet, législateur des femmes, ses opinions sur le Christ et les chrétiens. IIe édit. Paris, Comon, 1846, in-8 [2 fr. 50 c.].

SOL [J.-C.-M.]. [Voy. la *France littér.*, t. IX, p. 204.]
1. — Ma Veillée sur la fosse d'Anna, nouvelle psychologique. Mélanges en prose et poésies. Paris, Ledoyen, 1839, in-8, avec une lith. [5 fr.].
2. — La Palette théorique, ou Classification des couleurs. Vannes, impr. de Lamarzelle, 1849, in-4 [5 fr.].

SOL. — Du Système à suivre pour la colonisation d'Alger. Paris, 1835, in-8 de 56 pag.

Extrait du « Spectateur militaire. »

SOL [Daniel], pseudonyme de Paul FÉVAL. Voy. ce nom.

SOL-BOISSELLE [Ed.], caporal au 23e de ligne. — Grand théâtre de Nantes. Ugolin et ses enfants, épisode de l'histoire de Perse (1288); trilogie en un acte et en vers. Nantes, impr. de Mme veuve Camille Mellinet, 1846, in-8 de 24 pag.

SOLAND [J.-J.]. — Grammaire française. Lyon, Dumoulin, 1843, in-12.

SOLAR, publiciste et auteur dramatique.
1. — Avec MM. *Lafargue* et *Duma-noir* : Une Fille d'Ève (1833, in-8). Voy. DUMANOIR.
2. — Avec M. *Louis Lurine* : Madame Basile (1834, in-8). Voy. LURINE.
3. — Des Événements de Toulouse. Paris, Delloye, 1841, in-8 de 32 pag. [75 c.].
4. — Avec M. *Louis Dufau* : Précis historique des régences en France (1842, in-12). Voy. DUFAU.

M. Solar a été rédacteur en chef du « Courrier de Bordeaux, » auquel il a donné les articles d'*économie politique*. Il a travaillé au « Courrier français » et au « Globe, » et il a fondé « l'Époque. » Outre les pièces que nous avons citées, il a donné au théâtre : *le Boudoir*, comédie (Théâtre-Français), *le Roi*, etc. Il a composé aussi des paroles pour les faiseurs de romances.

SOLAR DE LA MARGUERITE. — Journal historique du siége de la ville et de la citadelle de Turin en 1706, avec le rapport officiel des opérations de l'artillerie; édition revue sur les originaux, augmentée de lettres inédites, ornée de six plans et du portrait de l'auteur. Turin, 1838, in-4 [30 fr.].

SOLARD [Auguste], secrétaire intime du maréchal Oudinot.
1. — Le dernier Fils de France, ou le Duc de Normandie, fils de Louis XVI et de Marie-Antoinette. Issingeaux, impr. de Venet, 1838, in-8 [2 fr.].
2. — Histoire de l'hôtel royal des Invalides, depuis sa fondation jusqu'à nos jours. Blois, Groubental; Paris, Dumaine, 1845, 2 vol. in-8, avec 2 portraits [15 fr.].

SOLAYRÈS DE RENHAC [Fr.-Lud.-Jos.]. [Voy. la *France littér.*, t. IX, p. 205.] — Dissertatio de partu viribus maternis absoluto. Dissertation sur l'accouchement terminé par les seules forces maternelles; traduite et annotée par le docteur *Andrieux*, de Brioude. Paris, Germer Baillière, 1842, in-8 de 80 pag. [2 fr. 50 c.].

SOLDAN [le docteur don Mateo Paz].
1. — Tratado de trigonometria plana y esferica. Paris, Bachelier, 1848, in-4, avec 1 pl.
2. — Tratado elemental de astronomia teorica e practica. Paris, impr. de Crapelet, 1848, 2 vol. in-8, avec 8 pl.

SOLEAU. — Note sur les Guianes française, hollandaise, anglaise, et sur les Antilles françaises (*Cayenne, Surinam, Démérary, la Martinique et la Guadeloupe*). Paris, Impr. royale, 1835, gr. in-8.

SOLEIL [J.-F.], fabricant et inventeur d'instruments de physique. — Guide de l'amateur de photographie, ou Exposé de la marche à suivre dans l'emploi du daguerréotype et des papiers photographiques. Paris, impr. de Locquin, 1840, in-18 de 84 pag.

SOLÉRA [Thémistocle]. — Nabuchodonosor; drame lyrique en quatre parties, mis en musique par J. Verdi. Paris, impr. de Lange-Lévy, 1845, 1847, in-8 de 48 pag. [2 fr.].

Une traduction en prose française est en regard.

SOLIÉ [Émile].
1. — Histoire du théâtre royal de l'Opéra-Comique. Paris, impr. de Frey, 1847, in-12 de 32 pag.
2. — Notice sur l'Opéra national. Paris, impr. de Frey, 1847, in-8 de 16 pag.

SOLIMENE [Michel], avocat napolitain.
1. — Justice et liberté. Le Code des nations. Paris, Joubert, 1844, in-8 [6 fr. 50.].
2. — De la Réforme du Code pénal français et de quelques articles des autres codes qui y ont rapport. Paris, Joubert, 1845, in-8 [5 fr.].

SOLIS [Antonio de], littérateur espagnol. [Voy. la *France littér.*, t. IX, p. 206.] — Historia de la conquista de Méjico, poblacion y progresos de la America setentrionale, conocida por el nombre de Nueva-España. Paris, Hingray, Baudry, 1837, in-8, avec 2 portraits et une carte [7 fr. 50 c.].

— Nueva edicion, aumentada, etc., por *don Jose de la Revilla*. Paris, Baudry, Stassin et Xavier, Amyot, 1844, in-8 [5 fr.].

SOLMS [E. de], publiciste.
1. — Avec M. *E. de Bassano*: — Aux citoyens membres de l'Assemblée nationale. Paris, impr. de Proux, 1848, in-8 de 4 pag.

Projet de colonisation de l'Algérie.

2. — Projet de colonisation de l'Algérie par l'association. Paris, impr. de Proux, 1848, in-4 de 56 pag.

Pétition à l'Assemblée nationale, signée E. de Solms. — E. de BASSANO.
M. E. de Solms a été rédacteur de « la Véritable République » (journal publié après février 1848].

SOLOMAN [Eugène]. — Essai sur la condition juridique des étrangers dans les législations anciennes et le droit moderne. Thèse de doctorat. Paris, Videcoq père et fils, 1844, in-8 [4 fr.].

SOLOMÉ [Jean], prêtre de l'Oratoire. — Mémoire historique sur la ville de Moustier. 1756. Digne, impr. de Guichard, 1842, in-12 de 64 pag.

L'abbé Solomé a laissé en manuscrit : 1° une *Vie de saint Maxime;* 2° une *Vie de saint Honorat;* 3° une *Histoire de la ville et du diocèse de Riez.* La « Bibliothèque historique de la France » ne parle pas des deux premiers. Elle mentionne le troisième sous le n° 7881, et appelle l'auteur SOLOMET. Sous le n° 7879 est inscrit son *Nova Regiensium episcoporum nomenclatura* [Marseille, 1728, in-12]. (Note de M. BEUCHOT.)

SOLON [H.-V.], avocat, ancien conseiller de préfecture, puis professeur de droit administratif au Caire (Égypte). [Voy. la *France littér.*, t. IX, p. 207.]
1. — Répertoire des juridictions civile, commerciale et administrative, ou Règles générales sur la compétence. Paris, Thorel, 1843-44, 4 vol. in-8 [30 fr.].

Voy. un Compte rendu dans le « Moniteur » du 7 juillet 1845.

2. — Code administratif, annoté par V.-H. Solon. Paris, Durand, 1848, in-4 [18 fr.].
3. — Déclaration du droit au travail. Paris, Durand, 1848, in-8 de 16 pag.

M. H. Solon a *mis en rapport avec le Code civil* la nouvelle édition du « Traité des servitudes réelles, » par M. ASTRUC [Montauban, impr. de Renous, 1843, in-12]. Il a fait précéder d'un *Essai historique sur les divers genres de preuves en usage depuis les premiers siècles jusqu'à nos jours,* l' « Essai sur la nature, » etc., par C.-L. GABRIEL [1845, in-8].

SOLON [Martin]. Voy. MARTIN SOLON.

SOLTYK [le comte Roman], général polonais attaché au service de France, mort à Saint-Germain en Laye, le 22 novembre 1843. [Voy. la *France littér.*, t. IX, p. 207.] — Relation des opérations de l'armée aux ordres du prince Poniatowski pendant la campagne de 1809 en Pologne contre les Autrichiens ; précédée d'une notice sur la vie du prince, etc. Paris, Gaultier-Laguionie, 1841, in-8, avec un portrait et une carte [6 fr.].

SOLUTIVE [le R. P.], récollet. [Voy. la *France littér.*, t. IX, p. 207.] — Les Sept Trompettes, pour réveiller les pécheurs et les porter à faire pénitence ; traduites de l'italien en français par le R. P. *Fr.-Ch. Jouie*. XVIe édition. Avignon, Fischer-Joly, 1840, in-18 [1 fr. 50 c.].

SOLVET [Ch.], substitut du procureur général, puis conseiller à la cour royale d'Alger. [Voy. la *France littér.*, t. IX, p. 207.]
1. — Description des pays du Magreb. Texte arabe d'*Aboulféda*, avec la traduction française en regard. Alger, 1839, gr. in-8.
2. — Institutions du droit mahométan, relatives à la guerre sainte. Dissertation de *Hadrien Reland*, traduite du latin en français. Alger, impr. du gouvernement, 1838, in-8 de 44 pag.
3. — Introduction à la lecture du Coran, ou Discours préliminaire de la version anglaise du Coran de *G. Sale*, traduction nouvelle. Alger, impr. de Bastide, 1846, in-8, avec pl. [5 fr.].

SOMBREUIL [D. Prieur de]. Voy. Prieur de Sombreuil.

SOMBREUSE [le comte de].
1. — Le Tocsin moral. Lettres d'un philarétien de Paris à un philarétien de province. Paris, M. Dufau, Delaunay, 1840, in-18 [2 fr.].
2. — Le Tocsin moral. Quelques pensées sur un homme qui cherche la vérité. IIe édition. Paris, Mme Davila-Claron, 1847, in-18 de 36 pag.

SOMMARIVA [le comte Jean-Baptiste]. — Lettere a suo figlio Luigi, dall' anno 1809 fino all' anno 1825. Paris, impr. de F. Didot, 1842, in-8.

SOMMER [J.-E.-A.], ancien élève de l'École normale, licencié ès lettres.
1. — Du Caractère et du génie de Pindare, thèse française, soutenue devant la Faculté des Lettres de Dijon. Paris, impr. de F. Didot, 1847, in-8 de 92 pag.

2. — Manuel de Style, ou Exercices gradués sur l'art d'écrire et de composer en français. Paris, Hachette, 1848, 2 vol. in-18.

Première partie : *Textes à l'usage des élèves;* — Deuxième partie : *Corrigés à l'usage des maîtres.*

3. — Manuel de style épistolaire. Paris, Hachette, 1848-49, 2 vol. in-18.

Tome I : *Préceptes et sujets de lettres;* — Tome II : *Modèles de lettres.*

4. — Petit Dictionnaire des synonymes français, avec : 1° leur définition ; 2° de nombreux exemples tirés des meilleurs écrivains ; l'explication des principaux homonymes français. Paris, Hachette, 1849, in-18 [1 fr. 80. c.].

M. Sommer a traduit, expliqué littéralement et augmenté de sommaires, d'arguments et de notes en français, des éditions classiques de : Cicéron, Démosthènes, Eschine, Hérodote, Homère, Horace, Jean Chrysostome, Pindare, Platon, Plutarque, Thucydide, Virgile et Xénophon.

On lui doit aussi une traduction des « Fables » de Babrius [Paris, Hachette, 1845, 1847, in-12].

SOMMERARD [du]. Voy. Du Sommerard [Alexandre].

SOMMERLATT. — Description des vingt-deux cantons de la Suisse ; trad. de l'allem. par *Webber*. Berne, 1841, in-8, avec atlas in-fol. [16 fr.].

SOMMIER [Antoine].
1. — Avec M. *F. Guillermet:* Pamphlet jurassien, salmigondis. Lons-le-Saulnier, Marmorat, 1841, in-18 de 36 pag.
2. — Histoire de la Révolution dans le Jura. Paris, Dumoulin, 1846, in-8 [6 fr.].

SOMMIER, maire de la commune de la Villette. — Canaux de l'Ourcq et de Saint-Denis, bassin de la Villette. Mémoire adopté par le conseil municipal de la commune de la Villette, dans sa session d'août 1841, et adressé à M. le ministre de l'intérieur. Paris, Mathias, 1841, in-8 de 28 pages.

SONIER-LABOISSIÈRE [Jules]. — Étude de la fièvre intermittente des marais. Montpellier, Martel aîné, 1840, in-8 de 24 pag.

SONNET [H.], docteur ès sciences, professeur de mathématiques, répétiteur de mécanique à l'École centrale des Arts et Manufactures.

1. — Avec M. *Quicherat* : Polymnie (1839, 12 cahiers in-4). Voy. QUICHERAT.

2. — Nouvelle Géométrie théorique et pratique. Paris, Hachette, 1839, in-18 avec 72 pl. [5 fr.].

3. — Leçons d'arithmétique. II° édition. Paris, Hachette, 1840, gr. in-8 [3 fr. 75 c.].

4. — Petit Cours d'arithmétique, avec un grand nombre de problèmes. Paris, Hachette, 1840, in-12 [1 fr. 25 c.].

5. — Solutions raisonnées des problèmes contenus dans le *Petit Cours d'arithmétique*. Paris, Hachette, 1840, in-12 [50 c.].

6. — Solutions raisonnées des problèmes d'arithmétique et exercices de calcul de M. Saigey. Paris, Hachette, 1844, in-18.

7. — Recherches sur le mouvement uniforme des eaux dans les tuyaux de conduite et dans les canaux découverts, en ayant égard aux différences de vitesse des filets. Paris, Hachette, 1845, in-4 de 64 pag.

8. — Notions de physique et de chimie. Paris, Hachette, 1846, gr. in-8, avec pl. [2 fr. 25 c.].

9. — Premiers Éléments de géométrie, avec les principales applications au dessin linéaire, etc. Paris, Hachette, 1845, in-12, avec un atlas in-12 de 4 pag. et 24 pl. [2 fr. 50 c.]. — II° édit. Paris, Hachette, 1847, in-12.

10. — Algèbre élémentaire, avec de nombreuses applications à la géométrie et aux questions les plus simples de physique, de mécanique, etc. Paris, Hachette, 1848, in-8 [6 fr.].

11. — Premiers Éléments d'algèbre, comprenant la résolution des équations du premier et du second degré. Paris, Hachette, 1848, in-18 [2 fr. 50 c.].

12. — Géométrie théorique et pratique, avec de nombreuses applications au dessin linéaire, etc., et les premiers éléments de la géométrie descriptive. III° édition. Paris, Hachette, 1848, in-8, avec un atlas de 4 pag. in-8 et 84 pl. [6 fr.].

M. Sonnet a rédigé pour le « Manuel des aspirants au baccalauréat ès sciences » [1845, in-8], la première partie : *sciences mathématiques*.

SONNTAG [H.-A].

1. — Éléments de la grammaire allemande, d'après les principes des grammairiens modernes. Strasbourg, Mme veuve Levrault; Paris, P. Bertrand, 1840, in-12 [3 fr.].

2. — Thèmes appliqués aux règles de la grammaire allemande. Strasbourg, Mme veuve Levrault; Paris, Pitois-Levrault, 1840, in-12.

3. — Cours de thèmes allemands. Strasbourg, Mme veuve Levrault; Paris Bertrand, 1845, 2 parties in-12.

La *première partie* est appliquée aux règles de la grammaire [1 fr. 80 c.]; — la *deuxième partie* est appliquée aux règles de la syntaxe [1 fr. 80 c.].

SOPHOCLE, poëte tragique grec; né à Colonne, près d'Athènes, vers 495 av. J.-C., mort dans un âge avancé. [Voy. la *France littér.*, t. IX, p. 212.]

1. — Æschyli et Sophoclis tragœdiæ et fragmenta, græce et latine, cum indicibus. Paris, F. Didot, 1842, gr. in-8 [15 fr.].

Le texte de *Sophocle* a été revu de nouveau par M. G. DINDORF, d'après la recension contenue dans son commentaire, publié à Oxford. La traduction latine de Brunck a été améliorée d'après les travaux de Hermann, Elmsley, Reisig, Wunder, Lobeck, etc. Les fragments de Sophocle, publiés pour la première fois d'après la recension que M. Dindorf en a faite, ont été l'objet d'un travail spécial de M. AHRENS.

2. — Sophoclis fragmenta : explicuit *E.-A.-J. Ahrens*, gymnasii Coburgensis professor. Additi sunt indices novi. Paris, F. Didot, 1844, in-8.

3. — Théâtre, traduit en vers français par *C. Pons*. Paris, Hachette, 1836, 1841, 2 parties in-8.

Philoctète [1836, in-8, 4 fr.]; — *Electre* [1841, in-8, avec 1 pl. 4 fr.].

4. — Tragédies, traduites du grec, par M. *Artaud*. Paris, Lefèvre, Charpentier, 1841, 1842, 1845, in-12 [3 fr. 50 c.].

5. — Antigone, tragédie, traduite en vers par MM. *Paul Meurice* et *Aug. Vacquerie*. Paris, Furne, 1844, in-18 de 78 pag. [2 fr.].

6. — De Sophocleæ dictionis proprietate cum Æschyli Euripidisque dicendi genere comparata. Scripsit *Ludovicus Benloew*. Paris, Hachette, Joubert, 1847, in-8 de 80 pag.

Une traduction en vers des chefs-d'œuvre de Sophocle a été donnée dans la « Grèce antique » de M. L. HALÉVY [1846].

Quant aux nombreuses éditions de Sophocle, *ad usum scholarum*, nous indiquerons seulement les titres des ouvrages : *Ajax furieux, Antigone, Électre, Œdipe à Colonne, Œdipe roi, Philoctète, les Trachiniennes;* les noms des annotateurs : MM. L. AYMA, BELLAGUET, BENLOEW, BERGER, J.-B. BERNOT, D. CATTANT, CHAPPUYZI, CLIPET, DAROLLES, C.-V. DELBONS, DUBNER, GERUZEZ, GOUNIOT, E. HAMEL, El. JOHANNEAU, Fl. LÉCLUSE, LEFRANC, LEMOINE, PILLON, PLANCHE, QUICHERAT, Ad. RÉGNIER, L. RENIER, RICARD, ROCHEFORT, L. de SINNER, SOMMER, THIBAULT, VENDEL-HEYL; et ceux des principaux éditeurs, F. Didot, Hachette, Delalain, Dezobry, E. Magdeleine, Périsse, Belin-Mandar, Maire-Nyon, Boulet, etc.

SOR [Charlotte de]. Voy. EILLEAUX.

SORBIER, avocat général, président de l'Académie de Caen. — Études sur l'amitié. Caen, impr. de Poisson, 1849, in-8 de 20 pag.

Extrait du « Pilote du Calvados. »

SORDET [Louis]. [Voy. la *France littér.*, t. IX, p. 215.]

1. — Nouveau Cours raisonné d'arithmétique. IIe édition. Genève, 1838, in-12 [5 fr.].

2. — Avec M. *J.-J. Chaponnière*: des Hôpitaux de Genève avant la réformation (1841 à 1844, in-8 de 307 pag.]. Voy. CHAPONNIÈRE.

SOREL (A.-A.].

1. — Essais de politique élémentaire, aperçus sur les intérêts immuables des partis politiques, les causes qui produisent les révolutions, et les gouvernements qui conviennent aux nations d'après l'esprit et les mœurs du siècle. Paris, Ledoyen, 1844, in-8 de 104 pag. [2 fr.].

2. — Avec M. *Honnard*: l'Arbre de la liberté, ou la Clef du bonheur. Bordeaux, impr. de Causserouge, 1848, in-8 de 16 pag. [40 c.].

Quatre réflexions sur les besoins du peuple, de l'ouvrier, de l'artisan et du riche.

3. — Observations sur quelques articles du projet de constitution, et proposition de deux conseils nationaux permanents, avec une assemblée nationale dont les membres seraient nommés chaque année d'après un mode d'élection à deux degrés. Paris, impr. de Guiraudet, 1848, in-8 de 8 pag.

SORET [J.-H.]. — Poids et mesures. Tableaux comparatifs des nouvelles mesures agraires avec les mesures anciennes, pour chaque commune de l'arrondissement de Vervins. Vervins, Soret, 1840, in-8 obl., format d'agenda; — autre édit. Vervins, impr. de Delongchamps, 1840, in-12 [50 c.].

SORET, ancien avoué et avocat. — Sur les Hypothèques. Reims, impr. de Luton, 1846, in-8 de 16 pag.

SORGMANN [Antoine]. — Nouveau Calendrier politique, complet, corrigé, nommé le Messager boiteux, pour l'année de Jésus-Christ 1849. Colmar, Mme veuve Decker, 1848, in-8 de 80 pag.

Le faux-titre porte *Der Colmarer.....* (*le Messager boiteux de Colmar*).

SORGO [le comte], de Raguse. [Voy. la *France littér.*, t. IX, p. 216.] — Fragments sur l'histoire politique et littéraire de l'ancienne république de Raguse et sur la langue slave. Paris, Porthmann, 1839, in-8 de 116 pag.

SORIN [J.-B.]. [Voy. la *France littér.*, t. IX, p. 217.]

1. — Méthode pratique du prompt calculateur, ou Nouveaux Comptes faits disposés en tableaux synoptiques. Paris, impr. de Vrayet de Surcy, 1846, in-8 de 16 pag.

2. — Code usuel de toutes les classes de la société, ou Guide complet, administratif, civil, historique, commercial, électoral, des propriétaires, usufruitiers, régisseurs, locataires, etc. Paris, impr. de Vrayet de Surcy, 1846, in-8.

Ouvrage publié et complet en 32 livraisons. La couverture porte : *Code élémentaire, de toutes les classes,* etc., ou *Guide complet,* etc., et c'est sous ce titre que la première livraison a été publiée.

SORR [Angelo de], romancier, mort le 1er juillet 1851, à l'âge de 25 ans, en tombant du haut des roches de Tarpan dans les Pyrénées. — Les Filles de Paris. Paris, Comon, 1847-49, 3 vol. in-8 [22 fr. 50 c.].

SOTOS OCHANDO [le docteur Bonifacio], professeur, député aux Cortès espagnoles, prêtre. [Voy. la *France littér.*, t. IX, p. 216.]

1. — Abrégé de la Grammaire espagnole. Paris, Pitois-Levrault et Cie, 1839, in-12, avec un tableau [1 fr. 50 c.].

2. — Cours de thèmes de la langue

espagnole. Paris, Langlois et Leclercq, 1841, in-12 [3 fr.].

3. — Grammaire complète de la langue espagnole. IIIe édition. Paris, Langlois et Leclercq, 1841, in-12 avec deux tableaux [4 fr.].

Citons encore : *Prononciation espagnole*, avec plusieurs pièces de poésie, un tableau synoptique, des observations sur la rime et la poésie espagnoles, et un interligné de 70 pages [3 fr.]; — *Traduction de l'espagnol* (traité et recueil de morceaux combinés pour qu'on puisse l'apprendre seul avec facilité) [in-8, 5 fr.]; — *Traduccion del frances al español* (les morceaux français qui composent ce livre forment un ouvrage qu'on pourrait intituler : *l'Incrédule ramené à la foi par la raison*) [5 fr.]; — *Pronunciacion del frances* (cet ouvrage contient l'analyse des sons de la langue française et leur classification, et les règles de la prononciation et de la liaison des consonnes finales) [2 fr.].

SOTTEAU. — Notice sur quelques nouveaux instruments destinés à la staphylographie. Gand, 1838, in-8, fig. [2 fr. 50 c.].

SOTTONA [Jean]. — Le Maître de musique, ou Cours complet et raisonné de la musique élémentaire, renfermant, etc. Valence, Mme Kippeurt, 1841, in-4 [15 fr.].

SOUBEIRAN [Eugène], pharmacien, professeur à l'École de Pharmacie, membre de l'Académie de médecine; né le 24 mai 1797. [Voy. la *France littér.*, t. IX, p. 217.]

1. — Mémoire sur la fabrication des eaux acidules gazeuses. Paris, impr. de Fain, 1832, in-8 de 24 pag.

2. — Notice sur la fabrication des eaux minérales artificielles. Paris, Fortin et Masson, 1839, et IIIe édition, 1843, in-12 [4 fr.].

3. — Nouveau Traité de pharmacie théorique et pratique. IIe édition. Paris, Crochard, 1840, 2 vol. in-8 avec fig. impr. dans le texte [16 fr.].

4. — Avec M. *Capitaine* : Mémoire sur les camphènes (1840, in-8). Voy. CAPITAINE.

5. — Précis élémentaire de physique, ou Traité de physique facile. Paris, Fortin-Masson et Cie, 1841, et IIe édit., 1844, in-8, avec 13 pl. [6 fr. 50 c.].

6. — Sur le Commerce des sangsues, sur les moyens de les multiplier, et sur l'emploi des sangsues qui ont déjà servi. Paris, Baillière, 1848, in-8 de 32 pag.

Rapport fait à l'Académie royale de médecine, le 1er février 1848. — Extrait du « Bulletin de l'Académie royale de médecine. »

Le tome III des « Mémoires de l'Académie de médecine » renferme un article de M. Soubeiran.

SOUBERBIELLE [Joseph] docteur en médecine, chirurgien, lithotomiste, né à Pontacq (Basses-Pyrénées) le 19 mars 1754, mort à Paris en 1848. [Voy. une notice, par M. PAYEN, dans le *Biographe et Nécrol. réunis*, t. II, p. 234, la *Biogr. univ.*, *suppl.*, et la *France litt.*, t. IX, p. 218.]

1. — Considérations médico-chirurgicales sur les maladies des voies urinaires. Paris, impr. de Didot, 1813, in-4 de 44 pag.

Cette thèse passe pour avoir été rédigée par le professeur CHAUSSIER.

2. — Observations sur des opérations de cystotomie suspubienne. Paris, impr. de Crapelet, 1828, in-8 de 16 pag.

3. — Mémoire sur l'opération de la taille (impr. dans le t. VIII des Mém. de l'Acad. de médecine, 1840).

Le docteur PAYEN passe pour le rédacteur de ce mémoire.

M. Souberbielle a reproduit, avec des *observations* (24 oct. 1835), une lettre adressée par M. Civiale à l'Académie des sciences dans sa séance du 19 octobre. Il discute les chiffres de mortalité produite par la lithotritie qu'on trouve indiqués dans la statistique de M. Civiale. Il avait déjà adressé à ce sujet à l'Académie des lettres, le 1er septembre 1833, le 29 du même mois, et en septembre 1834.

M. Souberbielle a donné des notes à l'ouvrage intitulé : « On the high operation » [London, 1819, in-8] et au « Traité de la cystotomie sus-pubienne » du docteur DELMAS (1827). Il a publié dans les recueils médicaux un grand nombre d'observations relatives à la taille et à la lithotritie.

L'éditeur J.-B. Baillière a publié : Rapport et discussion à l'Académie royale de médecine sur la taille et la lithotritie, suivies de lettres sur le même sujet, par MM. DELMAS, SOUBERBIELLE, ROCHOUX, CIVIALE et VELPEAU [1835, in-8].

SOUBIRA [Jacob-Abraham], notaire, s'intitulant : *Apôtre d'Israël, Lion de Jacob, Messie de l'univers, Poëte du Lot, Émigré français de 1791, Poëte d'Israël*, etc. [Voy. la *France littér.*, t. IX, p. 218.]

Aux opuscules déjà cités dans la « France littéraire, » il faut ajouter les suivants : A toutes les sociétés littéraires de l'Europe [1815, in-8]; — Épître à l'univers [1815, in-8]; — Ode au suprême potentat [1815, in-8], acrostiches en l'honneur de Napoléon]; — Épître au théâtre de Toulouse [1815, in-8]; — A MM. les membres de l'Académie des belles-lettres de Paris [1818, in-8]; — A MM. les membres de la Société apocalyptique des Basses-Pyrénées [1818, in-8]; — le Second Messie à tout l'univers [1818, in-8]; — Avis aux Juifs [1819, in-8]; — A la Sainte-Alliance [1819, in-8]; — A la Reine d'Espagne [1819, in-8]; — Sur la Création [1819, in-8]; — A madame la baronne de Krüdner [1819, in-8]; — la Vérité dissipera tous les brouillards [1819, in-8]; — A tous les Rois chrétiens [1820, in-8]; — Avis à toutes les puissances de la terre [1822, in-8]; — la Fin du monde [1822, in-8]; — 666 [1824, in-8, neuf quatrains précédés de plus de deux pages de prose, où l'auteur donne la clef de son alphabet numérique. Voici le premier quatrain:

Le dix-neuvième siècle hissera de l'orage! 666
Son mondain zéphir...................... 666
En altérera le paysage.................. 666
Et déracinera le visir................... 666

Le nombre 666, mis à la fin de chaque vers de chaque couplet, et qui est le titre de l'opuscule, s'explique par l'alphabet numérique. Voici la valeur des chiffres : la lettre A vaut 1; B, 2; C, 3; D, 4; E, 5; F, 6; G, 7; H, 8; I, 9; K, 10; L, 20; M, 30; N, 40; O, 50; P, 60; Q, 70; R, 80; S, 90; T, 100; U, 110; V, 120; W, 240; X, 130; Y, 140; Z, 160]; — Aux Juifs de l'Europe [1824, in-8]; — 666 [1828, in-8, dix-huit couplets ou stances de cinq vers. Voici le premier couplet :

Les banquiers de France............. 666
Des organistes de la foi............. 666
Et des concerts de la cadence.... 666
Vont accomplir la loi............... 666
Et contre-miner l'alliance.......... 666];

— A MM. les députés de 1828 [in-8]; — A MM. les députés de la France en 1828 [in-8]; — Au meilleur des rois chrétiens [1828, in-8]; — le Premier de l'an 1828 [1828, in-8]; — les Whigs et les Torys [1829, in-8]; — A S. M. l'empereur de Russie [in-8, quinze acrostiches en l'honneur de Nicolas]; — l'Ante-Christ, surnommé le Diable à quatre, et décédé le 23 avril 1829, âgé de quatre-vingt-trois ans moins cent vingt-sept jours [in-8]; — Aux Vivants et aux Morts [1820, in-8]; — le Jugement dernier. Hep! hep! hep! [daté du 20 mars 1830, in-8]; — le 10 août 1830, le Jugement dernier [in-8]; — la Fin du monde prédite par Soubira; son époque fixe, celle de la venue du Messie d'Israël et du premier jour de l'âge d'or, ou du nouveau paradis terrestre [in-8]; — du Mariage des prêtres, par M. Soubira, délégué du Messie d'Israël et poëte du peuple de Dieu [in-8]; — Epître à la ville de Paris [in-8]; — Epître au général la Fayette [in-8]; — Hommage au premier roi des Français [in-8]; — A l'Idole de mon cœur [1840, in-8]; — A Napoléon, aux Élus [1841, in-8]; — Aux Parisiens. Oui, sous peu!!! [1841, in-8].

SOUBIRAN [Mme G. Aurélie].

1. — Avec M. *J.-M. Roques* : Nos Étrennes de 1841 (1841, in-8). Voy. Roques.

2. — Virginia. Paris, impr. de Delanchy, 1845, 2 vol. in-8 [15 fr.].

3. — Marguerite et Jeanne. Paris, Comon, 1848, 2 vol. in-8 [15 fr.].

4. — Le Petit Livre des femmes. Paris, Comon, 1848, in-8 de 48 pag.

Tiré à vingt-cinq exemplaires, dont un sur papier rose. C'est un extrait de l'ouvrage intitulé : *Marguerite et Jeanne.*

SOUCAZE [Jacques]. — Les Tombeaux. Réflexions morales et religieuses sur divers monuments des cimetières de Toulouse, avec leurs épitaphes. Toulouse, Manavit, 1848, in-8.

SOUCHET [Jean-Baptiste-Mathurin], chanoine à Saint-Brieuc, ex-professeur de rhétorique, de philosophie, de physique, etc., ex-principal du collège de Saint-Brieuc, ex-curé de Merdrignac; né en 1786 à Merdrignac, arrondissement de Loudéac. [Voy. la *France littér.*, t. IX, p. 219.] — Mémoire sur l'ancienne église de Merdrignac et la construction de la nouvelle. Rennes, Mlle Jausions, 1834.

Citons encore : Publications religieuses du diocèse de Saint-Brieuc [1837]; — Seconde Lettre à M. Habasque, en réponse à un article qu'il a fait insérer, le 18 février 1837, dans la « Feuille d'annonces des Côtes-du-Nord » [1837, in-8]; — Cour d'assises du Calvados, audience du 15 février 1845. Procès de l'abbé Souchet [1845, in-8, à cause de l'*Avertissement aux catholiques sur les dangers qui menacent leurs enfants.* L'arrêt prononce condamnation à quinze jours de prison et 100 fr. d'amende].

SOUCI [Antoine], s'intitulant *astrologue.*

1. — Le Grand Messager boiteux algérien, contenant, etc., pour l'an de grâce et bissextile 1848. Montbéliard, Deckherr, 1847, in-8 de 48 pag.

2. — Le Grand Messager boiteux des cinq parties du monde, almanach d'histoire naturelle, de géographie et d'histoire politique. An de grâce et bissextile 1848. Montbéliard, Deckherr, 1848, in-8 de 64 pag.

3. — Almanach historique, nommé le Messager boiteux, contenant des observations astronomiques sur chaque mois, etc., pour l'an de grâce 1849; en outre les principales foires, etc. Colmar, Mme veuve Decker, 1848, in-18.

SOUCY [Mme Valentine de]. — Couronne des saintes femmes. Paris, Belin-Leprieur, 1842-43, 2 vol. in-8, fig. [12 fr.].

Le 1er vol. contient : *sainte Catherine de Sienne, sainte Clotilde, sainte Paule;* — le tome II : *sainte Thérèse, sainte Geneviève, la reine Blanche.*

Le même éditeur a publié séparément : *sainte Catherine de Sienne* [1841, in-18]; — *sainte Clotilde* [1842, in-12].

SOUFFLET [l'abbé], prêtre du diocèse de Rennes. — Thèse de géométrie analytique, soutenue à la Faculté des Sciences de Paris en décembre 1849. Paris, impr. de Bachelier, 1849, in-4 de 56 pag.

SOUICH [du]. Voy. Du Souich [A.].

SOUILLARD [A.], né à Dreux, connu en littérature sous le nom de *Saint-Valry*. [Voy. la *France littér.*, t. IX, p. 220.] — Madame de Mably, manuscrit publié par *A.-S. Saint-Valry*, précédé d'un mot sur l'ouvrage, par *Ch. Nodier*. IIe édit. Paris, Allardin, 1838, in-8.

SOULANGE [Ernest]. — Les Curieuses Origines des inventions et découvertes. IIe édition. Tours, Mame, 1848, in-12, avec un frontispice et 1 vign.

Gymnase moral d'éducation.

SOULANGE-BODIN [Étienne], agronome, horticulteur, ancien secrétaire du cabinet du prince Eugène, membre de la Société d'Agriculture de Paris; né en Touraine en 1774, mort au château de Fromont, près de Ris (Seine-et-Oise), le 28 juillet 1846. [Voy. la *Biogr. univ.*, suppl., et la *France litt.*, t. IX, p. 221.]

1. — Rapport à la Société d'Horticulture de Paris sur la culture de la patate. Paris, impr. de Mme Huzard, 1835, in-8 de 96 pag. avec 1 pl.

2. — Rapport fait au nom de la commission des questions diverses sur le reboisement des montagnes. Paris, Bouchard-Huzard, 1842, in-8 de 32 pag.

M. Soulange-Bodin a rédigé le *Compte rendu mensuel* du « Bulletin des séances de la Société royale et centrale d'Agriculture » [1841, t. Ier, in-8].

Il a travaillé au « Journal des Connaissances utiles. »

SOULANGE-BODIN [Henri].

M. H. Soulange-Bodin a traduit de l'allemand : « Histoire complète de Portugal, » par M. SCHOEFFER [1840, 2 vol. gr. in-8].

SOULARY [Joséphin], de Lyon. [Voy. la *France littér.*, t. IX, p. 221.] — Les Cinq Cordes du luth, fantaisie poétique. Lyon, impr. de Boitel, 1838, in-8 de 48 pag. [2 fr. 50 c.].

SOULÈS [César], né à Avize (Marne) le 15 août 1754.

1. — Recueil de mémoires, observations et pétitions sur divers objets d'utilité publique. Châlons-sur-Marne, impr. de Boniez, 1839, in-8 de 32 pag.

2. — Pensées et souvenirs. Châlons, impr. de Boniez-Lambert, 1839, in-8 de 20 pag.

SOULEYET, chirurgien, mort de la fièvre jaune, à bord de *la Sybille*, à la Martinique, en septembre 1852. — Zoologie. Paris, A. Bertrand, 1841 et ann. suiv. 2 vol. in-8, avec un atlas in-folio de 100 pl. col.

Fait partie du « Voyage autour du monde » exécuté, pendant les années 1836 et 1837, sur la corvette *la Bonite*, commandée par M. Vaillant.

SOULICE [Théodore]. [Voyez la *France littér.*, t. IX, p. 225.]

1. — Petit Dictionnaire de la langue française, à l'usage des écoles primaires. Paris, Hachette, 1839, 1843, 1845, 1846, 1849, in-16 [1 fr. 50 c.].

2. — Lectures manuscrites instructives et amusantes, à l'usage des enfants; tirées des *Considérations sur les œuvres de Dieu dans le règne de la nature et de la providence*, par *C.-C. Sturm*. Paris, Têtu, 1841, 1843, 1848, in-12; et Paris, impr. lith. de Marc Aurel, 1849, in-12.

3. — Avec M. *Sardou* : Petit Dictionnaire raisonné des difficultés et exceptions de la langue française (1842, in-18). Voy. SARDOU.

4. — Leçons choisies d'instruction morale et religieuse, extraites des meilleurs auteurs, pour l'usage des écoles catholiques. Paris, Langlois et Leclerq, 1844, 1845, in-12 [1 fr. 50 c.].

Citons encore : Deuxième Livre de lecture. Récréations ou histoires véritables à la portée des petits enfants, imitées de l'anglais [1839, 1840, 1842, 1843, 1845, in-18]; — Éléments de chronologie, pour servir d'introduction à l'étude de l'histoire [1840, in-18]; — Premières Connaissances [1840, 1841, 1844, 1847, 1849, in-18]; — Introduction à la géographie générale, et spécialement à la géographie de l'Europe et de la France [1842, 1844, in-18, avec deux cartes]; — Lire, écrire et compter, les trois méthodes [1843, in-12].

M. Th. Soulice a revu le « Petit Atlas à l'usage des écoles, des séminaires, des maisons d'éducation » [1840, in-4 obl. avec 8 cartes].

Il a travaillé à la « Revue universelle classique, » publiée par Furne.

SOULIÉ [Melchior]. — Quelques Vers

sérieux. Paris, impr. de Delanchy, in-18 de 72 pag.

SOULIÉ [Melchior-Frédéric], poëte, romancier, critique, auteur dramatique; fils du précédent; né à Foix le 23 décembre 1800, mort à Bièvre, près Paris, le 23 septembre 1847. Quoique ayant vécu quarante-sept ans seulement, M. Frédéric Soulié a mérité de figurer parmi les écrivains les plus féconds de ce temps-ci. Accusé de carbonarisme sous la Restauration, il fut exilé de l'école de droit de Paris à celle de Rennes, puis obligé de quitter un emploi dans les contributions directes qu'il occupait à Laval. Il revint alors à Paris, publia un volume de poésies intitulé *Amours françaises* (1824), et donna une tragédie, *Roméo et Juliette*, qui eut du succès, et un drame, *Christine à Fontainebleau*, qui fut sifflé. Soulié était devenu en même temps directeur d'une scierie mécanique. Lors de la révolution de 1830, il combattit bravement et fut décoré de la croix de Juillet. Depuis cette époque, on le voit se livrer tout entier aux occupations littéraires. Drames, comédies, contes, nouvelles, voyages, articles de journaux, romans historiques et romans de mœurs, critique, son activité a abordé ces genres divers, et l'on peut dire de lui qu'il s'est emparé du succès de vive force. Il improvisait avec une verve étonnante; il n'y a peut-être pas de recueil contemporain auquel il n'ait travaillé. Ses drames de *Clotilde* et de la *Closerie des Genets*, son roman bizarre des *Mémoires du Diable*, sont ses chefs-d'œuvre; on peut citer encore *le Maître d'école*, *les Drames inconnus*, *la Comtesse de Monrion*. C'est par l'action, par la mise en scène, par l'imprévu des situations, plutôt que par le style, que les productions de Soulié ont saisi et entraîné le public. Les Mémoires du Diable sont le fruit du scepticisme désenchanté de Soulié; dans sa suprême maladie, néanmoins, il s'est confessé, et il a fait ce qu'on appelle une mort chrétienne. [Voy. une lettre de M. Adolphe Dumas, du 25 septembre 1847, dans *la Presse*; — un article de M. Gaschon de Molènes, dans la *Revue des Deux-Mondes* du 15 juin 1843; — la *Galerie de la Presse*, 1re partie; — le *Biographe et le Nécrologe*, 1834, p. 342; — *la Presse* du 29 septembre 1847 (article de M. Al.-Dumas); — une autobiographie dans *la Presse* du 27 septembre 1847; — *le Conservateur* du 27 septembre 1847 (article de M. Éd. Thierry); — *Fréd. Soulié, sa vie et ses ouvrages*, par M. Maurice Champion (Paris, Mocquet, 1847), in-8; — *Notice nécrologique* par MM. Victor Hugo, Alex. Dumas J. Janin, Paul Lacroix, Antony Béraud, Charles de Matharel et Charles Monselet (1847, in-8), la *Biogr. univ.*, *suppl.*, et la *France litt.*, t. IX, p. 226.]

Romans.

1. — Six Mois de correspondance. Diane et Louise. Paris, Souverain, 1839, 2 vol. in-8 [15 fr.].

2. — Le Maître d'école. Paris, Souverain, 1839, 2 vol. in-8 [15 fr.].

3. — Les Deux Cadavres. Paris, Amb. Dupont, 1835, 2 vol. in-8 [15 fr.]; — autre édition. Paris, Ch. Gosselin, 1840, 1843, in-18 angl. [3 fr. 50 c.]; — autre édition. Boulé, Dutertre, 1844, in-18 [2 fr.].

Publié aussi dans le « Musée littéraire du Siècle. »

4. — Les Mémoires du Diable. Paris, Ch. Gosselin, 1840, 1841, 1843, 3 vol. in-12 [10 fr. 50 c.]; — autre édition. Paris, Comon, 1845, gr. in-8.

« Mettre à nu les misères cachées, dit M. Ed. Thierry dans une notice sur Fr. Soulié, découvrir et publier les hontes secrètes, retrouver le désordre sous l'ordre apparent, le cynisme sous la pudeur simulée, arracher comme un masque l'hypocrisie de tous appliqué sur le vice de chacun, voilà le sens des *Mémoires du Diable*. »

« L'Époque, journal complet et universel, » contient une circulaire adressée aux concierges des maisons de Paris pour : 1° les engager à donner l'entrée des maisons aux porteurs du Journal « l'Époque; » 2° leur annoncer qu'on tient à leur disposition un exemplaire des *Mémoires du Diable* [Paris, impr. de Boulé, 1845, in-4].

5. — Confession générale. Paris, Souverain, 1840-46, 6 vol. in-8; — autre édition. Paris, Boulé, 1848, in-8.

6. — Le Vicomte de Béziers. Nouvelle édition. Paris, Ch. Gosselin, 1840, in-18 [3 fr. 50 c.]; — autre édition. Paris, Boulé, in-8 [1 fr. 75 c.].

Publié aussi dans le « Musée littéraire du Siècle. »

7. — Un Rêve d'amour. Paris, Dumont, 1840, in-8 [7 fr. 50 c.].

Imprimé aussi dans la « Bibliothèque des Feuilletons » [tome XII].

8. — La Chambrière. Paris, Dumont, 1840, in-8 [7 fr. 50 c.].

Publié aussi dans la « Bibliothèque des Feuilletons » [tome VI].

9. — Le Comte de Toulouse. Paris, Ch. Gosselin, 1840, 1844, in-18 angl. [3 fr. 50 c.]; — autre édition. Paris, Boulé, in-8 [1 fr. 50 c.].

Publié aussi dans le « Musée littéraire du Siècle. »

10. — Le Conseiller d'État. Paris, Ch. Gosselin, 1841, 1843, in-18 angl. [3 fr. 50 c.]; — autre édition. Paris, Boulé, in-8 [1 fr. 50 c.].

11. — Sathaniel. Nouvelle édition, revue et corrigée. Paris, Ch. Gosselin, 1841, in-18 angl. [3 fr. 50 c.]; — autre édition. Paris, Boulé, in-8 [1 fr. 50 c.].

12. — Le Magnétiseur. Paris, Ch. 1841, Gosselin, in-12 [3 fr. 50 c.]; — autre édition. Paris, Boulé, in-8 [1 fr. 50 c.].

13. — Les Quatre Sœurs. Paris, Dumont, 1841, 2 vol. in-8 [15 fr.]; — autre édition. Paris, Boulé, in-8 [1 fr. 50 c.].

14. — Amours françaises, poésies, Paris, Souverain, 1842, in-8 [8 fr.].

La Ire édition est de 1824.

15. — Eulalie Pontois. Paris, Souverain, 1842, 2 vol. in-8 [16 fr.]; — autre édition. Boulé, in-8 [75 c.].

16. — Marguerite. Paris, H. Souverain, 1842, 2 vol. in-8 [15 fr.]; — autre édition. Paris, Boulé, 1843, in-8 de 64 pag. [2 fr.].

17. — Les Prétendus. Paris, impr. de Boulé, 1843, 2 vol. in-8 [15 fr.].

Imprimé dans le tome Ier de la « Bibliothèque des Feuilletons. »

18. — Huit Jours au château. Paris, Boulé, 1847, in-8.

Collection des « Mille et un Romans, nouvelles et feuilletons. »

— Huit Jours au château. Paris, H. Souverain, 1843-44, 5 vol. in-8.

A été publié aussi dans « l'Estafette » en 1847.

19. — Le Bananier. Paris, Souverain, 1843, 3 vol. in-8 [22 fr. 50 c.]; — autre édition. Paris, Boulé, 1847, in-8.

20. — Le Château des Pyrénées. Paris, impr. de Boulé, 1843, 5 vol. in-8 [37 fr. 50 c.].

Imprimé dans le tome Ier de la « Bibliothèque des Feuilletons. »

21. — Maison de campagne à vendre. Paris, impr. de Boulé, 1843, in-8 [7 fr. 50 c.].

Imprimé aussi dans la « Bibliothèque des Feuilletons [tome IV].

22. — Le Port de Creteil. Paris, Magen, 1843, 2 vol. in-8 [15 fr.].

23. — Si Jeunesse savait! si vieillesse pouvait! Paris, Ch. Gosselin, 1841-45, 6 vol. in-8; — autre édition. Paris, Ch. Gosselin, 1844, gr. in-8.

24. — Le Château de Walstein. Paris, H. Souverain, 1844, 2 vol. in-8; — autre édition. Paris, Boulé, in-8 [75 c.].

25. — Au Jour le jour. Paris, Souverain, 1844, 4 vol. in-8 [30 fr.].

26. — Les Drames inconnus, études de la vie sociale. Paris, H. Souverain, 1845, 2 vol. in-8 [15 fr.].

27. — Aventures d'un cadet de famille. Paris, Souverain, 1846, 3 vol. in-8 [22 fr. 50 c.].

28. — La Comtesse de Monrion. Paris, Souverain, 1846-47, 4 vol. in-8 [30 fr.].

1re partie : la Lionne [2 vol.]; — 2e partie : Julie [2 vol.].

29. — L'Homme de lettres. 3 vol. in-8.

30. — Le Lion amoureux. 2 vol. in-8.

Imprimé dans « l'Echo des Feuilletons, » et dans le « Musée littéraire du Siècle. »

31. — Les Aventures de Saturnin Fichet, ou la Conspiration de la Rouarie. Paris, impr. de Lange-Lévy, 1847, in-fol.

17 feuilles de ce roman, qualifiés placards, qui ont formé une partie des feuilletons publiés par le journal « le Siècle » en décembre 1846, janvier-mai 1847.

— Aventures de Saturnin Fichet. Paris, Pétion, 1847-48, 6 vol. in-8.

Publié aussi dans « le Siècle. »

Théâtre.

32. — Avec M. *Adolphe Bossange:* Clotilde; drame en cinq actes et en

prose. Paris, Barba, Delloye, Bezou, 1837, in-8 de 42 pag.

33. — Christine à Fontainebleau; drame en cinq actes et en vers. Paris, Marchant, 1839, in-8 de 60 pages [50 c.].

— Christine à Fontainebleau. Paris, impr. de Boulé, 1844, in-8 [25 c.].

34. — Le Fils de la folle; drame en cinq actes. Paris, Marchant, 1839, in-8 de 32 pag. [50 c.].

35. — Avec M. *Timothée Dehay*: le Proscrit; drame en cinq actes. Paris, Marchant, 1839, in-8 de 32 pages [50 c.].

36. — Diane de Chivri; drame en cinq actes. Paris, Marchant, 1839, in-8 de 40 pag. [40 c.].

37. — L'Ouvrier; drame en cinq actes. Paris, Marchant, 1840, in-8 de 36 pag. [50 c.].

38. — Théâtre de Frédéric Soulié. Paris, Souverain, 1840-42, 4 vol. in-8 [30 fr.].

Le tome Ier contient: *Roméo et Juliette, Christine à Fontainebleau*; — le tome II: *Clotilde, la Famille de Lusigny, Une Aventure sous Charles IX*; — le tome III: *Diane de Chivry, les Deux Reines, l'Ouvrier*; — le tome IV, *le Fils de la folle, la Séraflna, le Proscrit*.

39. — Gaetan il Mammone; drame en cinq actes. Paris, Ch. Tresse, 1842, in-8 de 50 pag.

40. — Eulalie Pontois; drame en cinq actes, avec prologue. Paris, Ch. Tresse, 1843, in-8 de 52 pag.

41. — Les Amants de Murcie, chronique du XIVe siècle; drame en cinq actes et six tableaux. Paris, Tresse, 1844, in-8 de 56 pag.

42. — Les Talismans; drame fantastique en cinq actes et seize tableaux. Paris, Tresse, 1845, in-8 de 52 pag.

43. — Les Étudiants; drame en cinq actes. Paris, Tresse, 1845, in-8 de 46 pag.

44. — La Closerie des Genêts; drame en cinq actes et huit tableaux, précédé d'un prologue. Paris, Tresse, 1846, in-8; — autre édition. Paris, Michel Lévy frères, 1847, in-18 angl. [60 c.].

45. — Hortense de Blengie; comédie-drame en trois actes, précédée d'un prologue en vers par M. *Antony Béraud*. Paris, Michel Lévy frères, 1848, in-18 angl.

Fréd. Soulié est en outre l'auteur des ouvrages dramatiques suivants: Une Nuit du duc de Montfort (2 actes); — avec M. Cavé: Nobles et Bourgeois (5 actes), l'Homme à la blouse, le Roi de Sicile, etc.

Il a donné une Introduction à: « Souvenirs de la vie privée de Napoléon, » par divers personnages de l'empire, recueillis et mis en ordre par Émile-Marco de Saint-Hilaire [1838, 2 vol. in-8].

Citons encore: le Tombeau de Napoléon [1840, in-12]; — Petits Contes militaires [1840, 1844, in-32]; — Physiologie du bas-bleu [1841, in-32]; — *la Lampe de Saint-Just; Un Ciel orageux*.

Fr. Soulié a publié, en 1840, des *lettres* dans le « Journal des Débats; » et il a donné dans le numéro du 23 juillet 1838 un article sur le *drame moderne*.

On lui doit, dans « le Livre des Cent et un: » *l'Écrivain public* [t. VIII, p. 1]; — dans « les Cent et une Nouvelles nouvelles des Cent et un: » *l'Écolier de Toulouse* [t. I, p. 1]; — dans « les Français peints par eux-mêmes: » *l'Ame méconnue* [t. I, p. 309]; *l'Agent de change* [t. II, p. 33]; *le Second Mari* [t. IV, p. 193]; *la Maîtresse de maison de santé* [t. IV, p. 345]; *le Contrôleur des contributions directes* [t. IV, p. 386]; — dans la « Bibliothèque des Feuilletons: » *les Prétendus; Un Montmorency* [t. I]; *le Château des Pyrénées* [t. II]; *Nuit du 28 au 29 juillet 1830* [t. III]; *Maison de campagne à vendre; l'Espionne* [t. IV]; *la Grille du parc; la Trappistine; Louise* [t. V]; *la Chambrière; le Sire de Terrides; la Nièce de Vaugelas* [t. VI]; *Un Projet de loi; Une Bohémienne au quinzième siècle; les Deux Aveugles de 1525* [t. VII]; *Message; les Deux Roses; Léon Baburrus* [t. VIII]; *Cœlina; le Choix d'un nom; les Misères du dimanche* [t. IX]; — *les Existences problématiques; Impressions de voyage* [t. XI]; *le Château de Montpillon; Un Rêve d'amour* [t. XII], etc.; — dans le « Musée littéraire du Siècle: » *le Vicomte de Béziers; les Deux Cadavres; le Lion amoureux; le Comte de Toulouse*, etc.; — dans « l'Écho des Feuilletons: » *le Lion amoureux* (4e année); — dans la « Revue des Feuilletons: » *Un Nom* [1846]; — dans « l'Estafette: » *Huit jours au château* [1847]; — dans « le Keepsake américain: » *En poste*, etc.

Frédéric Soulié a travaillé à « la Pandore; » au « Corsaire; » à « la Tribune; » au « Journal des Débats; » à « la Presse; » à « l'Artiste; » au « Journal général de France; » au « Journal des Enfants; » à « la Mode; » à « l'Europe littéraire; » à « la Revue de Paris; » à « Paris moderne; » au « Courrier des lecteurs; » au « Livre des Conteurs; » à « Paris, illustrations; » à « Un Dimanche à dix facettes; » à « le Foyer de l'Opéra; » au « Journal des Connaissances utiles; » au « Musée des familles; » à « le Comik-Almanack, keepsake comique; » à la « Galerie des femmes de Walter Scott; » à « la Grande Ville, nouveau tableau de Paris, comique, critique et philosophique; » à « le Siècle, Musée littéraire; » à « le Panorama de l'Illustration, » etc.

Il a laissé le 1er volume d'un roman inédit, et une comédie en un acte, destinée par l'auteur au Vaudeville, puis portée au Gymnase.

M. Timothée Dehay, collaborateur de Fréd. Soulié pour les drames du *Proscrit* et d'*Eulalie Pontois*, a adressé aux journaux, le 29 septembre 1847, une lettre dans laquelle il annonce qu'il possède le manuscrit de deux drames de

Soulié : *le Vieux Paris*, drame historique en cinq actes, et *Une Fatalité*, drame-vaudeville en deux actes.

Les journaux ont publié des vers composés par Frédéric Soulié dans les derniers moments de sa vie, et qui ont été lus en face de sa tombe par M. Antony Béraud. Ils commencent ainsi :

Louise, noble cœur, ange aux regards si doux,
Quand l'ange de la mort, presque vaincu par [vous,
Oubliait de frapper sa victime expirante, etc.

SOULIÉ fils [Julien], de Saint-Thibery (Hérault). — Aux électeurs. Un Mot sur notre époque, ou le Secret perdu de l'harmonie sociale. Montpellier, Mme veuve Ricard, 1842, in-8 de 72 pag.

SOULIER [E.], de Sauve. [Voy. la *France littér.*, t. IX, p. 228.] — Précis de géographie ancienne et moderne, spécialement rédigé pour l'Atlas élémentaire simplifié. IIIe édition, revue par *Auger*. Paris, Andriveau-Goujon, 1847, in-8 [3 fr. 50 c.].

SOULLIÉ. — Avec M. *Hombron* : Nouvelles Recherches sur l'empoisonnement par l'acide arsénieux (1837, in-8). Voy. HOMBRON.

SOULLIER [Charles-Simon-Pascal], poète et journaliste ; né à Avignon le 27 germinal an V. [Voy. BARJAVEL, *Bio-bibliogr. vauclusienne*, t. II, et la *France littér.*, t. IX, p. 229.]

1. — Histoire de la révolution d'Avignon et du comtat Venaissin en 1789 et années suivantes. Avignon, impr. de Mme veuve Tischer, 1844-45, t. Ier, in-8.

2. — Une Vie de garçon, roman de mœurs. Avignon, impr. de Mme veuve Guichardi ; Paris, Recoules, 1844, in-8 [7 fr. 50 c.].

M. Ch. Soullier a rédigé « l'Indicateur d'Avignon. »

SOULLIER, ex-receveur des finances à Uzès. — Lettre à M. Thiers sur le quatrième livre de la *Propriété*, par un financier de village. Paris et Nîmes, Giraud, 1849, in-8 de 36 pages.

SOULTRAIT [Georges de], correspondant du ministère de l'instruction publique pour les travaux historiques.
— Armorial de l'ancien duché de Nivernais. Nevers, 1844, in-12 de 29 pag.
— Armorial de l'ancien duché de Nivernais, suivi de la liste de l'assemblée de l'ordre de la noblesse du bailliage de Nivernais aux états généraux de 1789. Roanne et Paris, Didron, 1847, gr. in-8, avec 20 pl. [15 fr.].

Citons encore : Statistique monumentale de la Nièvre (in-18 de 36 p.] ; — Notes sur une bibliothèque nivernaise, in-8 de 36 p.] ; — Liste des membres de l'assemblée de l'ordre de la noblesse du bailliage de Nivernais aux états généraux de 1789, publiée d'après le cahier original [in-8 de 21 p.] ; — Études archéologiques sur le Nivernais (Saint-Pierre le Moutier) [in-32 de 11 p.] ; — Notice sur un jeton inédit de Jean d'Albret d'Orval [in-32 de 11 p.].

SOUMET [Alexandre], poëte tragique, épique et élégiaque, auditeur au conseil d'État sous l'Empire, successivement conservateur des bibliothèques des châteaux de Saint-Cloud, de Rambouillet et de Compiègne, membre de l'Académie française ; né à Castelnaudary en 1788, mort le 30 mars 1845. [Voy. un article biogr. de M. LEFEVRE-DEUMIER ; la *Biogr. univ.*, *suppl.*, et la *France littér.*, t. IX, p. 229.]

1. — La Divine Épopée. Paris, Arthus-Bertrand, 1840, 2 vol. in-8 [15 fr.] ; — IIe édition. Paris, Delloye, 1841, in-18 [3 fr. 50 c.].

Le rachat de l'Enfer, tel est le sujet du poëme. L'auteur suppose que Jésus-Christ, saisi de pitié pour les crimes des hommes, va renouveler dans l'abîme son sacrifice de la terre ; il le fait descendre aux enfers, au milieu des damnés, pour y écrire de son sang un autre Évangile. Ce dévouement fécond élève les damnés au repentir, et Satan vient laver de ses pleurs, devant le trône de Dieu, la trace du supplice souffert pour sa rançon.

Il a paru : « Considérations » sur la *Divine Épopée*, par M. Édouard AUBERT [Paris, impr. de Bureau, 1841, in-8 de 8 pages].

2. — Une Soirée du Théâtre Français. 24 avril 1841. — Le Gladiateur. — Le Chêne du roi. Paris, Delloye, 1841, in-18 [1 fr. 75 c.].

Le Gladiateur, tragédie en cinq actes de M. Alexandre SOUMET et de Mme d'ALTENHEIM ; — *le Chêne du roi*, comédie en trois actes et en vers, de M. SOUMET, ont été représentés le même jour pour la première fois.

3. — Théâtre. Paris, gr. in-8 à 2 col. [7 fr. 50 c.].

Ce volume contient : *Clytemnestre* ; — *le Secret de la confession* ; — *Cléopâtre* ; — *Une Fête de Néron* ; — *Saül* ; — *Norma* ; — *le Gladiateur* ; — *le Chêne du roi*.

4. — Avec Mme *Gabrielle d'Altenheim* : Jane Grey ; tragédie en cinq actes (1844, in-8). Voy. DALTENHEIM.

5. — Jeanne d'Arc. Paris, F. Didot,

1845, in-8 [10 fr.]. — Jeanne d'Arc; tragédie en cinq actes, en vers. Paris, Tresse, 1846, in-8 de 20 pag. [1 fr.]; — autre édition. Paris, Michel Lévy, 1846, in-8 de 18 pag. [60 c.].

6. — Avec M. *Félicien Mallefille :* David; opéra en trois actes (1846, in-4). Voy. MALLEFILLE.

Citons encore : le Buste de Charles X [1827, in-4]; — le Baptême du comte de Paris, ode [1841, in-4]; Monseigneur se marie; comédie en 5 actes et en vers, non représentée, etc.
Le *Saül* de M. Alex. SOUMET a été inséré dans le tome Ier des « OEuvres dramatiques, sujets sacrés » [Paris, 1841, in-18].
M. Soumet a donné dans « le Livre des Cent et un » : *l'Archevêque de Paris* [t. IV, p. 393].
Il a travaillé au texte de la « Galerie d'Orléans. » [Paris, Mothe, in-fol.], et au « Journal des Jeunes Personnes. »

SOUMET [Mlle Gabrielle], fille de M. Alexandre Soumet. Voy. D'ALTENHEIM [Mme Gabrielle].

SOUQUET [J.-B.], avoué, professeur de mathématiques.

1. — Métrologie française, ou Manuel théorique et pratique du système métrique, contenant les tables de comparaison des anciens poids et mesures avec les poids et mesures métriques, etc. Toulouse, 1840, gr. in-8 [5 fr.].

2. — Métrologie du département de l'Ariége, ou Tables de conversion des anciens poids et mesures. Toulouse, Martegoute, 1841, in-8 de 120 pag.

3. — Dictionnaire des temps légaux, de droit et de procédure, ou Répertoire de législation, de doctrine et de jurisprudence, relatives spécialement aux prescriptions, péremptions, déchéances, délais, dates, durées, âges requis, et généralement au droit civil, commercial, criminel, administratif, militaire, maritime, canonique, et à la procédure; dans lequel sont signalées, avec les éléments de leur solution, toutes les questions importantes sur ces diverses matières, disposé en tableaux synoptiques et par ordre alphabétique de matières, précédé d'une introduction, où sont développés les principes généraux. Paris, Ch. Hingray, Delamotte, 1844, 2 vol. in-4 [60 fr.].

SOUQUET DE LATOUR, curé de Saint-Thomas d'Aquin. [Voy. la *Biogr. popul. du Clergé contemporain*, t. VI.]

— Discours prononcé à Bourges, en faveur d'une loterie au bénéfice des orphelines et des dames du Bon-Pasteur. Paris, impr. de Léautey, 1843, in-12 de 12 pag.

SOURDEVAL [Ch. de], juge au tribunal de Tours, collaborateur du *Journal des Haras;* né à Nantes le 23 octobre 1800. Voy. MOURAIN DE SOURDEVAL.

SOURDIS [Henri D'ESCOUBLEAU DE], archevêque de Bordeaux, chef des conseils du roi en l'armée navale, commandeur du Saint-Esprit, primat d'Aquitaine, etc.; mort en 1645. — Correspondance, augmentée des ordres, instructions et lettres de Louis XIII et du cardinal de Richelieu à M. de Sourdis, concernant les opérations des flottes françaises, de 1636 à 1642, et accompagnée d'un texte historique, de notes et d'une introduction sur l'état de la marine en France sous le ministère du cardinal de Richelieu. Par M. *Eugène Sue.* Paris, impr. de Crapelet, 1839, 3 vol. in-4.

Collection de documents inédits sur l'histoire de France, publiés par ordre du roi et par les soins du ministre de l'instruction publique.

SOURVILLE [Généres]. Voy. GÉNÈRES-SOURVILLE.

SOUSA [Manuel de].

M. Manuel de Sousa a concouru à la traduction en portugais de « Aventuras de Telemaco, filho de Ulysses, » retocada e correcta por José da FONSECA. [Paris, impr. de Casimir, 1837, 2 vol. in-12]. — Anglais-portugais en regard; — portugais seul [Paris, Baudry, 1842, in-12].

SOUTHEY [Robert], poète et prosateur anglais; né à Bristol en 1774, mort en 1843. [Voy. un article par M. *Phil. Chasles,* dans la *Revue des Deux-Mondes* du 15 septembre 1844, et la *France littér.,* t. IX, p. 232.] — Roderic, le dernier des Goths, poëme; traduit de l'anglais en vers français, par le chevalier de *Caqueray.* Angers, Pigné-Château, 1841, in-8.

SOUTZO [Alexandre]. [Voy. la *France littér.,* t. IX, p. 233.] — L'Exilé de 1831, roman historique, traduit du grec moderne par *Jules Lennel.* Paris, Pougin, 1839, in-8 [3 fr. 50 c.].

SOUVESTRE [Émile, romancier, auteur dramatique. M. E. Souvestre, né à Morlaix le 15 avril 1806, fut successivement commis d'une maison de librairie à Nantes, chef d'une maison d'éducation dans la même ville, régent de rhétorique au collège de Mulhausen, et professeur à l'école d'administration en 1848. Il est mort à Paris le 5 juillet 1854. M. Émile Souvestre appartenait par ses opinions à l'école de penseurs pour lesquels la république est l'idéal. Laborieux, honnête, il a laissé dans ses agréables ouvrages le reflet d'une âme pure et aimante. [Voy. une notice dans le *Magasin pittoresque*, p. 401, année 1854); — un article de M. Am. ACHARD dans l'*Assemblée nationale*, 23 juillet 1854, et la *France littér.*, t. IX, p. 234.]

1. — La Bretagne pittoresque, ou Choix de monuments, de costumes et de scènes de mœurs de la Bretagne, dessinés et lith. par MM. Rouargue et Saint-Germain. Nantes, Mellinet; Paris, Gihaut frères, in-fol.

2. — Le Foyer breton; traditions populaires. Paris, Coquebert, 1844, in-8, fig.

Romans.

3. — Pierre et Jean. Paris, Souverain, 1842, 2 vol. in-8 [15 fr.].

4. — L'Homme et l'argent. Paris, Charpentier, 1839, 2 vol. in-8 [15 fr.].

5. — Le Journalisme. Paris, Charpentier, 1839, 2 vol. in-8 [15 fr.].

6. — Mémoires d'un sans-culotte bas-breton. Paris, Souverain, 1840, 2 vol. in-8 [15 fr.].

7. La Goutte d'eau. Paris, Coquebert, 1842, 2 vol. in-8 [15 fr.].

8. — Le Mât de Cocagne. Paris, Coquebert, 1842, 2 vol. in-8 [15 fr.].

9. — Deux Misères. Paris, Coquebert, 1843, 2 vol. in-8 [15 fr.].

10. — Le Monde tel qu'il sera. Paris, Coquebert, 1845-46, gr. in-8, illustré par MM. Bertall, D. Penquilly et Saint-Germain [10 fr.].

11. — Les Derniers Bretons. Nouvelle édition, revue et corrigée. Paris, Coquebert, 1843, gr. in-18 [3 fr. 50 c.].

12. — La Valise noire. Paris, Coquebert, 1843-44, 2 vol. in-8 [15 fr.].

13. — Les Réprouvés et les élus. Paris, Coquebert, 1845, 4 vol. in-8 [30 fr.].

Ce roman a paru en 1845 et 46 dans la « Démocratie pacifique. »

14. — Riche et pauvre. Paris, G. Havard, 1849, in-4 de 48 pag.

Imprimé aussi dans le « Musée littéraire du Siècle. » La première édition est de 1837.

15. — Les Péchés de jeunesse. 1849, in-fol. de 8 pag.

12 feuilletons du journal « le National, » 30 août, 16 septembre 1849.

Théâtre.

16. — Avec M. *Brune* : la Protectrice (1841, in-8). Voy. BRUNE.

17. — Henri Hamelin; comédie en trois actes et en prose. Paris, Barba, Delloye, Bezou, 1838, in-8 de 28 pag.

18. — La Maîtresse et la fiancée; drame en deux actes, mêlé de chants. Paris, Marchant, 1839, in-8 de 20 pag. [40 c.].

19. — Aînée et cadette; comédie en deux actes, mêlée de couplets. Paris, Marchant, 1840, in-8 de 32 pag. [40 c.].

20. — L'Oncle Baptiste; comédie en deux actes, mêlée de couplets. Paris, Ch. Tresse, 1842, 1844, in-8 de 36 pag.

21. — Pierre Landais; drame en cinq actes et en prose. Paris, Marchant, 1843, in-8 de 32 pag. [50 c.].

22. — Avec M. *Dubois Davesnes* : la Parisienne; comédie-vaudeville en deux actes (1844, in-8). Voy. DUBOIS.

23. — Le Mousse; comédie-vaudeville en deux actes. Paris, Percepied, 1846, in-8 de 32 pag. [60 c.].

24. — Un Homme grave; comédie-vaudeville. Paris, Duvernois, Tresse, 1846, in-8 de 16 pag. [50 c.].

25. — Les Deux Camusot; comédie-vaudeville en un acte. Paris, Tresse, 1846, in-8 de 18 pag.

26. — Avec M. *Eug. Bourgeois* : Charlotte; drame en trois actes, précédé de la Fin d'un roman, prologue. Paris, Michel Lévy frères, 1846, in-18 [60 c.].

27. — Le Bonhomme Job; comédie-vaudeville en trois actes. Paris, impr. de Boulé, 1846, in-8 de 34 pag.

28. — Le Filleul de tout le monde; comédie-vaudeville en quatre actes. Paris, Michel Lévy frères, 1847, in-18 angl. [60 c.].

29. — Avec M. *Trouessart* : le Chirurgien-major; comédie-vaudeville en

un acte. Paris, impr. de Mme Dondey-Dupré, 1847, in-18 angl.

30. — Pour arriver; drame en trois actes. Poissy, impr. d'Olivier, 1847, in-18 angl. de 72 pag.

31. — Avec M. *Eugène Bourgeois*: le Pasteur, ou l'Évangile et le foyer; drame en cinq actes et en six parties. Paris, Michel Lévy frères, 1849, in-18 angl. [60 c.].

Suivant M. Eugène de MIRECOURT [JACQUOT], M. E. Souvestre serait le principal auteur du drame « d'Antony », qui a été joué sous le nom de M. Al. DUMAS, ou aurait au moins fourni le sujet de cette pièce.

Citons encore: Manuel des élections générales de 1848. Guide indispensable de l'électeur constituant et du garde national [1848, in-8]; — l'*Inventaire du planteur*, etc.

M. E. Souvestre a fait précéder d'une *Notice* les « OEuvres complètes » de lord BYRON [1838, in-8]; — les « OEuvres littéraires » d'Édouard RICHER [1838-42, 7 vol. in-8]; et d'une *Préface* les « Fables populaires » de P. LACHAMBEAUDIE [1839, in-18].

Il a donné un assez grand nombre d'articles dans le « Magasin pittoresque; » dans la « Revue des Deux-Mondes, » entre autres: *la Terreur en Bretagne*; *Nantes en 93* [1839]; — dans « le Siècle »: *Mémoires d'un bourgeois de Paris* [1843-44]; — dans « l'Annuaire des municipalités de France »: *Histoire de la révolution de Février* [1848, 2 vol. in-18].

M. Émile Souvestre a travaillé au « Dictionnaire de la conversation et de la lecture; » à la « Galerie des femmes de Walter Scott; » à « le Foyer de l'Opéra; » à « les Sensitives, album des salons; » à « Dodécaton, ou le Livre de douze; » à « l'Élite, livre des salons; » aux « Modes parisiennes; » etc.

C'est sous sa direction qu'a été publiée « la Mosaïque de l'Ouest » [1re année, juillet 1844, juin 1845, gr. in-8, et 2e année, 1845-46, gr. in-8].

SOUVESTRE [Mme Nanine], femme de M. Émile Souvestre. [Voy. la *France littér.*, t. IX, p. 235.]

1. — Un Premier Mensonge, ou le Petit Chevrier napolitain. Paris, Desforges, 1840, 2 vol. in-12 avec 2 grav. et 2 frontispices [6 fr.].

2. — Antonio, ou Mensonge et repentir. Limoges, Barbou, 1844, 1846, in-12, avec 4 grav.

SOUZA [Emmanuel-François de Barros y], vicomte de SANTAREM. [Voy. ce dernier nom].

SOUZA [Adèle FILLEUL, d'abord comtesse de FLAHAUT, puis baronne de], romancière; née à Paris en 1760, morte au mois d'avril 1836. [Voy. une notice de M. Cas. BONJOUR, dans les *Débats* du 19 avril 1836; un article de M. SAINTE-BEUVE dans la *Revue des Deux-Mondes* du 15 mars 1834, et dans les *Portr. littér.*, t. II, p. 301 (édition de 1841), et la *France littér.*, t. IX, p. 235.]

1. — OEuvres. Nouvelle édition, précédée d'une Notice sur l'auteur et ses ouvrages, par M. Sainte-Beuve. Paris, Charpentier, 1840, 1845, in-12 [3 fr. 50 c.].

Ce volume contient: I. *Adèle de Sénange*; II. *Charles et Marie*; III. *Eugène de Rothelin*.

2. — Adèle de Sénange. Paris, Boulé, 1849, in-8 de 108 pag.

SOWERBY. — Conchologie minéralogique de la Grande-Bretagne, ou Figures coloriées et descriptions des débris de testacés ou de coquilles qui se sont conservés à diverses époques et à différentes profondeurs, traduction française, revue, corrigée et augmentée; par L. *Agassiz*. Neufchâtel, 1838-1844, in-8.

Cet ouvrage, composé de six cents planches coloriées, sera publié en 20 livraisons. Seize livraisons ont paru.

SOYE [Mlle Emmeline]. — Désastres de Lyon; poëme. Auch, impr. de Brun, 1841, in-8 de 16 pag.

SOYECOURT [le comte François de].

1. — Poésies. *Saint Vincent de Paul.* — *La Perte d'une terre chérie.* — *La Mort d'Othon*, d'après *Tacite*. Paris, impr. de Mme Porthmann, 1839, in-8 de 24 pag.

2. — Mémoires du comte de Soyecourt. Paris, impr. de Brière, 1841, in-4.

— Supplément de la 1re partie des Mémoires du comte de Soyecourt. Paris, impr. de Brière, 1842, in-4 de 32 pag.

3. — Notions claires et précises sur l'ancienne noblesse du royaume de France, ou Réfutation des prétendus Mémoires de la marquise de Créquy. Paris, Techener, 1846, in-8.

4. — Plainte au sujet des manœuvres coupables employées pour nuire à mon ouvrage sur l'ancienne noblesse de France, et rendre sa publication impossible. Paris, impr. de Panckoucke, 1848, in-4 de 12 pag.

SOYER [L.-N.], chirurgien militaire.

—De la Leucorrhée. Montpellier, impr. de Ricard frères, 1845, in-4.

Thèse soutenue à la Faculté de Médecine de Montpellier, le 10 mars 1845.

SOYER, capitaine adjudant-major au 46ᵉ de ligne. — Exercices et manœuvres d'infanterie, classés et développés. Paris, Dumaine, 1846, in-fol. [20 fr.].

SOYER [L.-C.].

M. L.-C. Soyer a fait précéder d'une *analyse* du drame de SCHILLER : « Guillaume Tell, » treize compositions gravées par Ribault, d'après C. Oesterley [1833, in-12 oblong].

MM. Soyer et Frémy ont publié : « Annales de l'école française des Beaux-Arts. » Recueil de gravures au trait pour servir de suite et de complément aux Salons publiés par LANDON [1828, in-8].

SPACH [Édouard], aide-naturaliste au Muséum d'histoire naturelle; né à Strasbourg en 1801. [Voy. la *France littér.*, t. IX, p. 238.]

1. — Henri Farel ; roman alsacien. Paris, Guyot, 1834, 2 vol. in-8 [15 fr.].

Sous le pseudonyme Louis LAVATER.

2. — Le Nouveau Candide (Rome). Paris, Mansut, 1835, 2 vol. in-8 [13 fr.].

Sous le même pseudonyme.

3. — Histoire naturelle des végétaux. *Phanérogames*. Paris, Roret, 1834 et ann. suiv., 14 vol. in-8, avec 15 liv. de pl. fig. noires [136 fr.]; fig. col. [181 fr.].

4. — Avec M. *Jaubert:* Illustrationes plantarum orientalium (1842 et ann. suiv., in-4). Voy. JAUBERT.

M. Ed. Spach a rédigé la *Botanique* dans le « Dictionnaire d'histoire naturelle » publié par M. Ch. d'ORBIGNY.

SPARKS [Jared], biographe et historien ; né à Boston. — Mémorial de Gouverneur Morris, homme d'État américain, ministre plénipotentiaire des États-Unis en France, de 1792 à 1794 ; suivis d'extraits de sa correspondance et de ses papiers, contenant des détails nouveaux sur la révolution française, la révolution d'Amérique et l'histoire politique des États-Unis. Traduit de l'anglais, avec annotations, par *Augustin Gandais*. Paris, Jules Renouard, 1841, 2 vol. in-8 [15 fr.].

Jared Sparks est l'auteur des Vies de Washington, de Franklin, etc.

SPARRE [le comte Éric]. — Aperçu sur le droit public et privé de la Suède. Paris, Joubert, 1847, in-8 de 32 pag.

SPECKHAN [C.-A. Von]. [Voy. la *France litt.*, t. IX, p. 240.] — Recueil de cent quarante-deux remèdes et moyens efficaces. Nantes, impr. de Busseuil, 1840, in-8 de 96 pag.

SPENCER-SMITH. Voy. SMITH [Spencer].

SPERANSKI [Michel]. [V. la *France littér.*, t. IX, p. 240.] — Précis des notions historiques sur la formation du corps des lois russes. Saint-Pétersbourg, 1833, in-8.

Traduit du russe.

SPIERS [A.], professeur d'anglais à l'École des ponts et chaussées, au collége Bourbon et à l'École spéciale du commerce de Paris. [Voy. la *France litt.*, t. IX, p. 241.]

1. — Dictionnaire général anglais-français, nouvellement rédigé d'après Johnson, Webster, Richardson, etc. Paris, Baudry, 1840-45, 1846, 1849, gr. in-8 à 3 col. [7 fr. 50 c.].

Cet ouvrage contient : 1° les noms usuels et littéraires de la langue ; — 2° les principaux termes des sciences, des arts, de l'industrie et du commerce ; — 3° les prépositions qui régissent les verbes, etc. ; — 4° la prononciation des mots ; — 5° les diverses acceptions des mots, rangées dans leur ordre rationnel ; — 6° un court exemple des acceptions usuelles et des formes grammaticales difficiles ; — 7° les composés des mots les plus usités ; — 8° les modifications des mots ; — 9° les idiotismes et les locutions familières les plus usités ; — 10° un Vocabulaire de noms de personnes, de mythologie et de géographie.

Voy. sur ce Dictionnaire un rapport de M. BLANQUI à l'Académie des Sciences morales et politiques, lu dans la séance du 24 janv. 1846.

2. — General french and english dictionary, newly composed from the french dictionaries of the french Academy, Lavaux, Boiste, Bescherelle, etc., from the english dictionaries and works of both linguages, containing, etc. Paris, Baudry, 1849, in-8 [7 fr. 50 c.].

3. — Manuel des termes du commerce anglais et français, ou Recueil de termes et de formules du commerce en général, d'assurance, de banque, etc. Paris, Baudry, 1846, in-12 [3 fr. 50 c.].

4. — Grammaire raisonnée de la langue anglaise, et cours de thèmes pour y servir d'application et de développement. XIᵉ édition. Paris, Baudry, 1848, in-12 [2 fr. 50 c.].

5. — Cours de thèmes pour servir d'application et de développement à la partie grammaticale de l'*Étude raisonnée de la langue anglaise*. VIe édition. Paris, Baudry, 1849, in-12 [1 fr. 50 c.].

6. — Étude raisonnée de la langue anglaise, ou Grammaire raisonnée et Cours de versions. X^e édition. Paris, Baudry, 1847, in-12 [3 fr. 50 c.].

M. A. Spiers est l'auteur de la *Notice* précédant : « A view of the progress of society in Europe, » par ROBERTSON [1848, in-12].

SPIESS [Ch.].

1. — Avec M*** : Recueil de chants traduits de l'allemand par MM. Ch. Spiess et ***. Grenoble, Rey Giraud; Paris, Legrand, 1840, in-8 de 64 pag.

2. — Avec M. *A. Cros*: Enseignement universel. Éléments de géographie. Paris, Curmer, 1849, in-32.

3. — Avec M. *A. Cros*: Éléments d'astronomie. Paris, Curmer, 1849, in-32.

4. — Avec M. *A. Cros*: Voyage en France. Paris, Curmer, 1849, in-32.

5. — Avec M. *A. Cros*: Éléments d'agriculture. Paris, Curmer, 1849, in-32.

Ces quatre ouvrages, pour l'enseignement élémentaire, font partie de la « Bibliothèque de L. Curmer. »

SPINDLER, romancier allemand. [Voy. la *France littér.*, t. IX, p. 242.]

1. — Maruzza; roman de mœurs. Paris, Ch. Leclère, 1839, 2 vol. in-8 [15 fr.].

2. — Jean Quatre Sous, ou Bourgeois et gentilhomme; roman historique, traduit de l'allemand, de *Stemboul*, par le traducteur de *Trois As* [Ch. Ledhuy]. Paris, Lachapelle, 1839, 4 vol. in-12.

C'est la réimpression d'un roman : *la Danse des esprits* [1837, 2 vol. in-8].
STEMBOUL est le pseudonyme de C. Spindler.

SPINELLI [Antonio]. — Sur les Grèves. Paris, H. Souverain, 1847, in-8.

En trois parties : *Essais poétiques;* — *les Nuits d'été;* — *Poésies diverses.*

SPINEUX, agriculteur. — Manuel d'agriculture pratique, à l'usage des fermes de trente hectares; rédigé sur la demande de l'Académie des Sciences du département de la Somme. Amiens, impr. de Duval, 1841, in-12.

M. Spineux a donné divers mémoires sur l'agriculture dans les « Mémoires de l'Académie des Sciences, Agriculture, Commerce, Belles-Lettres du département de la Somme, » notamment : *Mémoire sur l'introduction en France des bêtes à cornes étrangères* [1843]; — *Mémoire sur le défrichement des bois* [1845], etc.

SPINNAEL [P.-J.], avocat à la cour supérieure de justice à Bruxelles. [Voy. la *France littér.*, t. IX, p. 243.]

1. — Notice historique sur l'origine et l'étymologie des noms de Bruxelles et Brabant. Bruxelles, 1841, in-8, fig. et cartes [2 fr. 50 c.].

2. — Gabriel Mudée, ou Rénovation de l'étude de la jurisprudence en Belgique au XVIe siècle. Bruxelles, 1842, in-8.

Extrait du « Trésor national. »

3. — Notre Dédale catholique et libéral. Pour résoudre la difficulté, il faut poser la question. Bruxelles, 1842, in-8 [75 c.].

SPINOLA [H. de].

1. — Voyage de deux artistes en Suisse. Limoges, Barbou, 1842, in-12 avec 1 grav.

2. — Voyage de deux artistes en Italie. Limoges, Barbou, 1842, in-12 avec 1 grav.

SPINOSA [Bénédict], philosophe, auteur d'un système de panthéisme dans lequel il n'y a de substance infinie que Dieu; né à Amsterdam en 1632, mort en 1677. [Voy. un mémoire de M. DAMIRON sur Spinosa; — une *Histoire de la vie et des ouvrages de B. Spinosa*, par A. SAINTES, etc.] — OEuvres, traduites par *Émile Saisset*. (1re et 2e séries.) Paris, Charpentier, 1843, 2 vol. in-12 [4 fr.].

SPITAELS [René], banquier, échevin de la ville de Grammont, membre de la chambre de commerce d'Alost, etc.; né à Grammont en 1810, mort à Bruxelles le 18 avril 1849. — De Bruxelles à Constantinople. Bruxelles, 1839-40, 3 vol in-12.

Sous le nom de *Un Touriste flamand*, M. Spitaels a rédigé le journal satirique : « le Méphistophélès. »

SPITZ [H.]. — L'Indispensable, ou Guide populaire pour l'emploi et le calcul des nouveaux poids et mesures rendus obligatoires à partir du 1er janvier 1840. V^e édition. Paris, impr. de

Bouchard-Huzard, 1840, in-18 [30 c.].

La première édition a paru en 1839, sous ce titre : *Instruction sur la pratique des poids et mesures, d'après le système décimal métrique* [Paris, impr. de Bouchard-Huzard, in-8].

SPITZ [l'abbé F.-Ch.], professeur au petit séminaire de Strasbourg.
1. — Avantage de la bonne éducation, ou Histoire de deux enfants bien élevés. Strasbourg, Boehm, 1839, in-12 avec 8 lith.
2. — Anthologie latine, ou Recueil de morceaux tirés des meilleurs auteurs classiques, etc. Strasbourg, Derivaux, 1844-45, 2 vol. in-16.

Le tome II est l'*Anthologie allemande*.
M. l'abbé F.-Ch. Spitz a traduit de l'allemand : « Voyage à Jérusalem et au mont Sinaï » [1837-38, 2 vol. in-8]; — « Lettres à Eugène sur l'Eucharistie » [1838, in-12]; — « l'Amant et l'Adorateur des souffrances du Sauveur » [1838, in-12]; par M.-J. de GERAMB.

SPITZ [Édouard].
M. Ed. Spitz a traduit du latin : « Geneviève de Brabant; » par Mathias EMMICH [Paris, impr. de Pommeret, 1849, in-18].

SPLINGARD, capitaine d'artillerie belge. — Notice sur une fusée Shrapnel. Paris, Corréard, 1848, in-8 de 16 pag. avec 1 pl. [1 fr.].

SPORLIN [Jean], né le 27 juin 1797, mort le 21 avril 1839. — Predigten von Johannes Sporlin. (Sermons de J. Sporlin, avec Notice sur sa vie). Mulhouse, impr. de Risler, 1841, in-8.

SPRING [A.].
1. — Mémoire sur les corpuscules de la rate. Liége, 1842, in-8.
2. — Avec MM. *Léveillé* et *C. Montagne* : Cryptogames cellulaires et vasculaires (Lycopodinées). Paris, Arth. Bertrand, 1846, in-8.

Forme le tome Ier de la botanique du « Voyage autour du monde entrepris sur la corvette *la Bonite*. »
M. Spring et M. Th. LACORDAIRE ont traduit de l'allemand : « Nouveau Manuel d'anatomie comparée, » par MM. C.-Th. SIEBOLD et H. STANNIUS [1849, 2 vol. in-18].

SPRING [Gardiner]. Voy. GARDINER SPRING.

SPRY-BARTLET. Voy. MASTRACA.

SPURINNA [Vestritius], général romain, poëte, sous Vitellius et Vespasien; né vers 23 apr. J.-C.

Les *poésies lyriques* attribuées à cet écrivain, publiées d'abord par Bayer, font partie de la collection des OEuvres des « Poetæ minores » qui a paru à Paris chez Panckoucke [1842, in-8].

STABENRATH [le baron Charles de], juge d'instruction à Rouen, secrétaire de l'académie de cette ville; né à Hyères le 4 juin 1801, mort à Rouen en 1841. [Voy. la *France littér.*, t. IX, p. 248.]
— Le Palais de justice de Rouen. Lyon, Surville; Rouen, Edet, 1843, in-8 avec 1 pl.

M. de Stabenrath a donné dans les « Mémoires de l'Académie de Rouen » divers travaux, entre autres : un *Tableau de l'entrée et du séjour de Louis XIII dans cette ville*. Il a laissé une *Histoire du palais de justice de Rouen*, des poésies, des travaux d'économie politique, etc. [Voy. à son sujet un rapport de M. CHÉRUEL, « Précis analytique des travaux de l'Académie de Rouen, » 1843, in-8, p. 260.)

STACE [Publius-Papinius Statius], poëte épique latin, qui vivait dans le 1er siècle de notre ère, sous Domitien. [Voy. la *France littér.*, t. IX, p. 248.]
— *Stace, Martial, Manilius, Lucilius junior, Rutilius, Gratius Faliscus, Nemesianus* et *Calpurnius* : OEuvres complètes, avec la traduction en français, publiées sous la direction de M. Nisard. Paris, Dubochet, 1842, gr. in-8 à 2 col. [15 fr.].

La traduction des *Silves*, de Stace, est de M. GUIARD; celle de la *Thébaïde*, de M. ARNOULD pour les quatre premiers livres, et de M. WARTEL pour les huit derniers; celle de l'*Achilléide*, de M. WARTEL. — La traduction de Martial est de M. Ch. N. Les notes pour les six premiers livres sont de M. BRECHOT DU LUT; pour les huit derniers, de M. Ch. N. — La traduction de Manilius est celle de PINGUÉ. — Les traductions de l'*Etna* (de Lucilius junior ou de C. Severus) et de l'*Itinéraire* de Rutilius sont anonymes. — La traduction des *Cynégétiques* de Gratius Faliscus est de M. JACQUOT; — celle des *Cynégétiques* de Némésien est anonyme; — celle des *Églogues* de Calpurnius est de M. L. PUGET.

STADLER [André-Eugène-Barthélemy [de], archiviste paléographe, commis archiviste aux Archives nationales; né à Paris le 6 juin 1815.

M. Stadler a pris part à la publication de « Armorial général » d'HOZIER. [Voy. ce nom.]
Il a travaillé à la « Revue historique de la noblesse » et au « Mémorial historique de la noblesse. »

STAEL-HOLSTEIN [Anne-Louise-Germaine NECKER, baronne de], née à Paris le 22 avril 1766, morte dans cette ville le 14 juillet 1817. [Voy. des articles de M. SAINTE-BEUVE dans la *Revue des Deux-Mondes*, 1er et 15 mai

1835, et dans les *Portraits littéraires*, t. III, p. 247-367 (édition de 1841, in-8) et la *France littér.*, t. IX, p. 249.]

1. — OEuvres. Paris, Lefèvre, 1838, 3 vol. in-8 [12 fr.].

Ces trois volumes renferment tous les ouvrages publiés du vivant de l'auteur, entre autres : 1° Lettres sur J.-J. Rousseau; 2° de l'Influence des passions sur le bonheur des individus et des nations; 3° de la Littérature, considérée dans ses rapports avec les institutions sociales; 4° Delphine; 5° Corinne; 6° de l'Allemagne; 7° Réflexions sur le suicide, etc., etc.

2. — Delphine. Nouvelle édition, revue, corrigée et augmentée d'une préface, par M. *Sainte-Beuve*. Paris, Charpentier, 1839, 1842, 1844, in-12 [3 fr. 50 c.].

3. — De l'Allemagne. Nouvelle édition, avec une préface par M. *X. Marmier*. Paris, Charpentier, 1839, 1841, 1843, 1844, in-12 [3 fr. 50 c.].

4. — Corinne, ou l'Italie. Limoges, Ardant, 1839, 2 vol. in-12 avec 2 grav.

— Corinne, ou l'Italie. Paris, Treuttel et Würtz, 1840-41, 2 vol. in-8 avec 300 grav. sur bois [20 fr.].

— Corinne, ou l'Italie. Nouvelles éditions, augmentées d'une préface, par Mme *Necker de Saussure*. Paris, Charpentier, 1840, 1842, 1843, 1845, in-12 [3 fr. 50 c.].

— Corinne, ou l'Italie. Paris, F. Didot, 1844, in-12 avec un portrait [3 fr.].

— Corinne, ou l'Italie. Paris, Penaud frères, 1847, 2 vol. in-12 [10 fr.].

— Corina, o Italia. Nueva edicion, revista y corregida. Paris, impr. de Pillet aîné, 1840, 4 vol. in-18.

5. — De la Littérature, considérée dans ses rapports avec les institutions sociales; suivi de l'influence des passions sur le bonheur des individus et des nations. Paris, Charpentier, 1842, in-12 [3 fr. 50 c.].

6. — Considérations sur les principaux événements de la révolution française; ouvrage posthume, publié en 1818 par M. le duc de *Broglie* et M. le baron de *Staël*. Paris, Charpentier, 1843, in-12 [3 fr. 50 c.].

7. — Mémoires. (Dix années d'exil.) Ouvrage posthume, publié en 1818 par M. le duc de *Broglie* et M. le baron de *Staël*. Nouvelle édition, suivie d'ouvrages posthumes du même auteur, et précédée d'une Notice sur la vie et les ouvrages de Mme de Staël, par Mme *Necker de Saussure*. Paris, Charpentier, 1844, in-12 [3 fr.].

On a publié en tête de « Guillaume Tell, drame en cinq actes » de Fr. de SCHILLER [1840, 1846, in-18], une analyse littéraire de cette pièce par Mme de Staël. Plusieurs lettres de Mme de Staël ont été publiées dans la « Revue rétrospective [n° 9, juin 1834, p. 464 et suiv., et IIe série, t. II, p. 476], dans « Notice de M. TAILLANDIER sur M. Daunou, » etc.
Des ouvrages de Mme de Staël se trouvent dans la « Nouvelle Bibliothèque des romans [1798-1805, 112 vol. in-12] et dans le « Keepsake français. »

STAFFORD-BETTESWORTH-HAINES, capitaine de la marine des Indes orientales. — Description des côtes méridionales d'Arabie, depuis l'entrée de la mer Rouge jusqu'à celle du golfe Persique; traduite de l'anglais par MM. *J. Passama* et *J. de Laveissière de Lavergne*. Paris, Ledoyen, 1849, in-8 de 92 pag. [2 fr.].

Extrait des « Annales hydrographiques » de 1848-49. 1re partie, revue et mise en ordre par B. DARONDEAU.

STAHL [P.-J.], pseud. de J. HETZEL. Voy. ce nom.

STAHL [A.]. [Voy. la *France litt.*, t. IX, p. 255.] — Manuel de phrases allemandes, contenant de nombreux vocabulaires des mots les plus usités, etc. IIIe édition, entièrement revue, etc., avec la traduction interlinéaire, par *A. Lutgen*. Paris, Truchy, 1849, in-18 [1 fr. 50 c.].

Allemand-français.

STAINES [Théodore].
1. — Lettre de Louis Napoléon au peuple de France. Paris, impr. de Boulé, 1848, in-fol. de 2 pag.
2. — Les Adieux lamentables du général Cavaignac au peuple français. Paris, impr. de Gerdès, 1848, in-fol. de 2 pag.

STAITE [W.-Edwards]. — Explication sur la machine à vapeur rotative à émission de Staite; précédée d'un Aperçu sur l'invention de la machine à piston, et d'une Comparaison entre la puissance relative et les avantages que présentent les deux systèmes. Traduite de l'anglais par M. *G. Mitchell*. Paris, Raymond-Bocquet, 1842, in-8 de 32 pag. avec 1 pl.

STAMATI-BULGARI. — Notice sur le comte Jean Capo d'Istrias, président de la Grèce, suivie d'un extrait de sa correspondance. IIe édition, revue, corrigée. Paris, Delaunay, 1832, in-8 de 36 pag. avec un portrait.

STANISLAS. Voy. MACAIRE.

STANNIUS [H.]. — Avec M. *C.-Th. de Siebold :* Nouveau Manuel d'anatomie comparée (1849, 3 vol. in-18).

<small>M. H. Stannius a traduit en allemand la IIe édit. (Paris, 1835, 3 vol. in-8 et atlas) du « Traité théorique et pratique des maladies de la peau, » par P.-F.-O. RAYER.</small>

STAPFER [Philippe-Albert], ministre du saint Évangile, ancien ministre de l'instruction publique en Suisse, ministre plénipotentiaire de Suisse en France, membre du conseil général du canton d'Argovie; né à Berne au mois de septembre 1766, mort à Paris le 27 mars 1840. [Voy. la *France littér.*, t. IX, p. 256.]

1. — Réflexions sur le manque d'harmonie dans les tendances religieuses de l'enseignement supérieur. Paris, Risler, 1839, in-8 de 16 pag.

<small>Extrait du « Semeur. »</small>

2. — Mélanges philosophiques, littéraires, historiques et religieux, précédés d'une Notice sur l'auteur, par M. *A. Vinet.* Paris, Paulin, Delay, 1844, 2 vol. in-8 [15 fr.].

<small>M. Stapfer a traduit de l'allemand : « Faust, » par GOETHE [1838, in-18]. Il a travaillé au « Semeur. »</small>

STAPLETON. — Histoire de Thomas More, grand chancelier d'Angleterre sous Henri VIII; traduite du latin par M. *Alexandre Martin*, avec une introduction, des notes et commentaires par M. *Audin.* Paris, Maison, 1849, in-8, avec un portrait [7 fr. 50 c.].

STAPPAERTS [Louise]. — Poésies chrétiennes. Louvain, 1843, in-12 [1 fr. 25 c.].

STAPPLETON [P.-L.], danseur chorégraphe, auteur dramatique, plus connu sous le pseudonyme Eugène NUS. [Voy. ce dernier nom.]

STARD [Gilbert]. — Jésus-Christ auteur de la liberté, de l'égalité et de la fraternité. Lyon, impr. de Périsse, 1848, in-12 de 60 pag.

STARKE [Mme Mariana]. Voy. RICHARD [J.-B.].

STASSART [Goswin-Joseph-Augustin, baron de], auditeur, puis maître des requêtes au conseil d'État, intendant de plusieurs provinces allemandes; sous-préfet et préfet en France sous le régime de l'empire français, membre des états des Pays-Bas, président du comité de l'intérieur au gouvernement provisoire de Belgique en 1830, membre et vice-président du Congrès belge, membre et président du Sénat, gouverneur de la province de Namur, puis de celle Brabant, ministre de Belgique à Turin, membre et président de l'Académie royale de Belgique, correspondant de l'Institut de France; né à Malines le 9 septembre 1780, mort à Bruxelles le 10 octobre 1854. [Voy. une Notice dans les *Archiv. histor. et littér. du nord de la France*, t. Ier, p. 283; la liste des œuvres de M. de Stassart dans le *Dictionnaire des hommes de lettres de Belgique*, p. 187, et la *France littér.*, t. IX, p. 257.]

1. — Épître sur l'indépendance (1825). Paris, impr. de Fournier, 1842, in-8 de 8 pag.

<small>Adressée au général Paixhans.</small>

2. — Fables. VIIe édition, augmentée d'un huitième livre. Paris, Paulin, 1847, in-18 [3 fr. 50 c.].

<small>Citons encore : Géographie élémentaire [anonyme, — Paris, 1804, 2 vol. in-8, — IIe édit., Paris, 1806, 3 vol. in-8]; — Rapport sur l'administration de la province de Namur [Namur, 1835, in-8]; — Quatre Rapports sur l'administration de la province de Brabant [Bruxelles, 1836, 1837, 1838 et 1839, in-8].
M. de Stassart a donné des *Fables* dans « l'Annuaire de la Société philotechnique, » et des *Pensées diverses* dans l'« Album d'Orange » [1835, 26 juillet]; des discours, des rapports, des notices biographiques et littéraires dans les « Bulletins de l'Académie de Belgique. »
Il a travaillé à la « Revue de Liége, » au « Bibliophile belge, » au « Bibliophile de Paris, »à « l'Almanach poétique de Bruxelles, » à « l'Almanach des Muses, » aux « Annuaires de la Société philotechnique, » etc.</small>

STATGÉ [le baron de]. — Esprit de MM. de Chateaubriand, Bonald, La Mennais, Fiévée, Salaberry, La Bourdonnaye, Castel-Bajac, d'Herbouville, O'Mahony, Martainville, Jouffroi, Sarrans, etc., etc., ou Extraits de leurs ouvrages politiques et périodiques, depuis la Restauration jusqu'à ce jour. Paris, A. Egron, 1819, in-8 [3 fr. 50 c.].

Anonyme.

STEDINGK [le feld-maréchal comte de]. — Mémoires posthumes, rédigés sur des lettres, dépêches et autres pièces authentiques laissées à sa famille; publiés par le général comte de *Björnstjerna*. Paris, 1845-47, 2 vol. in-8 [15 fr.].

STEEN [le P. Corneille Van den], *Corneille de La Pierre*, ou *Cornelius a Lapide*, jésuite du pays de Liége.

Le Commentaire latin de Corn. de La Pierre sur la Bible, publié à Lyon en 1732, a été imprimé de nouveau à Lyon en 1841 et années suivantes, in-4.

STEENKISTE, médecin belge. — Notice sur l'opération du strabisme, et spécialement sur un nouveau procédé pour exécuter cette opération. Bruxelles, 1840, in-8 de 9 pag.

Extrait des « Annales de la Société médico-chirurgicale de Bruges. »
Citons encore : de l'Emploi des préparations arsénicales dans le traitement des cancers [Bruxelles, 1842, in-8 de 4 pages]; — de l'Opération des hernies étranglées et compliquées d'accidents graves [Bruges, in-8 de 16 pages]; — Observations de leucorrhée guérie d'après la méthode proposée par M. Van Wageningen de Rotterdam [Bruges, 1842, in-8 de 8 pages]; — Avec L. BUYLAERT: de la Blennorrhée des nouveau-nés et du pannus, trad. de SCHREY VORSTMAN [Bruges, 1841, in-8 de 34 pages].

STEHELIN [Charles], ingénieur-mécanicien.
1. — Notice sur les étoffes feutrées. Paris, Mathias, 1842, in-4 [2 fr.].
2. — Mémoire sur l'état actuel, en France, de l'industrie des moteurs à la vapeur, et moyens de la faire prospérer et d'éviter sa chute, adressé au gouvernement et aux Chambres. Paris, impr. de Bourgogne, 1840, in-8 de 24 pag.

STEIN [E.]. [Voy. la *France littér.*, t. IX, p. 261.] — Manuel de l'amateur du jeu des échecs, ou Nouvel Essai sur ce jeu, par Stein; le tout revu et publié, avec 34 pl.; par *Milbons* [*Simon Blocquel*]. Lille, Blocquel-Castiaux; Paris, Delarue, 1841, in-12 [6 fr.].

STEIN [Auguste]. — La Mort du duc d'Orléans. — Paris. — Saint-Omer.

— Dreux. Paris, impr. de Ducessois, 1842, in-4 de 4 pag.

En vers.

STEIN [L.], docteur en droit, etc. — La Question du Schleswig-Holstein. Paris, Klincksieck, 1848, in-8 de 46 pag.

STEINBRENNER [Ch.-Ch.]. — Traité sur la vaccine, ou Recherches historiques et critiques sur les résultats obtenus par les vaccinations et revaccinations, depuis le commencement de leur emploi universel jusqu'à nos jours, ainsi que sur les moyens proposés pour en faire un préservatif aussi puissant que possible contre la variole. Paris, Labé, 1846, in-8 [8 fr.].

STEL [Adolphe]. — Une Lettre anonyme; comédie-vaudeville en un acte. Paris, Albert frères, 1847, in-8 de 12 pag. [40 c.].

STELLA [Maria]. Voy. JOINVILLE [lady Maria-Stélla-Petronilla NEWBOROUGH, baronne de STERNBERG, née de].

STELLIER [C.], ouvrier. — A qui la faute du gâchis politique, socialiste et financier? Paris, Alex. Pierre, 1849, in-8 de 64 pag. et in-fol. de 4 pag.

STEMBOUL, pseud. Voy. SPINDLER.

STEMPKOWSKI. Voy. ROCHETTE [Désiré-Raoul].

STENDHAL, pseud. Voy. BEYLE [Henri].

STEPHANI [le P. N.]. Voy. REIFFENBERG.

STEPHANOPOLI DE COMNÈNE [Nicolaos], ancien attaché de l'ambassade de France près la Porte ottomane; né en Corse. [Voy. la *France littér.*, t. IX, p. 263.]
1. — Progrès social de l'Europe. Pensées d'un enfant de la Grèce sur les événements de l'Orient. Paris, Debécourt, 1841, in-8 [6 fr.].
2. — Génie des colonies grecques, spartiates et peuple indigène de la Corse. Paris, Mathias, 1842, in-8 [6 fr.].
3. — La Corse et les torys, auxquels cette île et la France ont été inféodées;

pétition aux chambres. Paris, impr. de Henry, 1843, in-8 de 40 pag.

4. — Résurrection des libertés grecques, combat des sociétés constitutionnelles contre les monarchies despotiques; éclaircissements sur la question de l'Orient. Paris, Belin-Mandar, 1844, in-8 de 84 pag.

5. — Pétition adressée à l'Assemblée nationale. L'ordre des deux grandes barbaries, signalé à l'Assemblée législative, aux électeurs de la France et aux défenseurs de la Constitution. Paris, impr. de Desoye, 1849, in-4 de 2 pag.

STÉPHANS [le docteur]. — Choléra. Son origine, sa marche, sa nature, ses causes. Moyens préservatifs; symptômes et conduite à tenir lorsqu'il se manifeste chez un individu; secours à porter aux malades avant l'arrivée du médecin. Paris, impr. de Cordier, 1849, in-8 de 16 pag. [25 c.].

STÉPHANUS [Henricus]. Voy. ESTIENNE [Henri].

STÉPHEN. Voy. ARNOULT [A.-E.-P.-H.].

STÉPHEN DE LA MADELAINE. Voy. LA MADELAINE [Stéphen de].

STÉPHENS [Joam]. [Voy. la *France littér.*, t. IX, p. 263.]

1. — Premières Lectures d'anglais, contenant, etc. Paris, Truchy, 1840, in-18 [2 fr.].

2. — Avec M. *Brown*: Syllabaire anglais et français, ou Méthode facile pour enseigner aux jeunes enfants à épeler et à lire l'anglais. IIIe édition. Paris, Truchy, 1840, in-18.

3. — The Pleasing Teller, a selection of little stories and anecdotes. Fourth edition. Paris, Truchy, 1841, in-18.

4. — Le Petit Maître d'anglais, ou Premiers Éléments de la langue anglaise. IIIe édition. Paris, Truchy, 1842, in-18 [1 fr. 50 c.].

5. — New English A. B. C., o a present for Babies. Paris, Truchy, 1844, in-18 [60 c.].

6. — Le Conteur amusant. Choix de petites histoires et d'anecdotes, en anglais et en français; avec deux traductions, l'une interlinéaire, où l'on a marqué l'accent syllabique, l'autre suivant le génie de la langue française. IIIe édition. Paris, Truchy, 1845, in-18.

M. J. Stéphens a revu et augmenté les nouvelles éditions de « Little stories for children » par MM. BARBAULD [1839, in-18], et « French and english phrase book » par M. BOSSUT [1849, in-18].

STÉPHENSON [David], ingénieur. Voy. STEVENSON.

STÉPHENSON [Robert].

1. — Description de la machine locomotive de MM. Rob. Stéphenson et Cie, de New-Castle-sur-Tyne; traduite de l'anglais et augmentée d'un résumé du travail effectif des machines locomotives sur les principaux chemins de fer anglais. Paris, Bachelier, 1839, in-4 de 120 pag. avec un atlas de 2 pag. et 5 pl. [10 fr.].

Ouvrage formant le complément du « Traité des machines à vapeur » de TREDGOLD.

2. — Système atmosphérique. Enquête devant la commission de la Chambre des communes pour le chemin de fer de Londres à Epsom, accompagnée du rapport sur le chemin de fer de Dalkey à Kingstown et de plusieurs lettres en réponse à ce rapport, traduit de l'anglais par *Alphonse Lauvray*. Paris, impr. de Blondeau, 1844, in-4 avec un tableau [10 fr.].

STERN [Daniel], pseudonyme de Mme la comtesse d'AGOULT, née de Flavigny.

1. — Études littéraires sur quelques écrivains allemands contemporains: Mme d'Arnim. Paris, Fournier, 1844, gr. in-8 de 36 pag.

Extrait de la « Revue des Deux-Mondes » [15 avril 1844].

2. — Professions de foi politique de deux poëtes allemands: Ferdinand Freiligrath et Henri Heine.

Imprimé dans la « Revue des Deux-Mondes, » [1er décembre 1844].

3. — Nélida, roman. Paris, Amyot, 1846, in-8 [7 fr. 50 c.].

Extrait de la « Revue indépendante. »

4. — Essai sur la liberté considérée comme principe et fin de l'activité humaine. Paris, Amyot, 1846, in-8 [6 fr.].

5. — Lettres républicaines (18 lettres). Paris, impr. de Proux, Amyot, 1848, brochures in-8.

6. — Esquisses morales et politiques. Paris, Pagnerre, 1849, in-18 anglais [3 fr. 50 c.].

Seize des dix-huit *Lettres républicaines* sont reproduites dans la partie de l'ouvrage qui a reçu le titre d'*Esquisses politiques*.
Mme la comtesse d'Agoult a travaillé à « la Presse. »

STERNBERG [Maria-Stella-Pétronilla NEWBOROUGH, baronne de]. Voy. JOINVILLE.

STERNE [Laurent], écrivain anglais, né à Clonmel (Irlande) en 1713, mort en 1768. [Voy. la *France littér.*, t. IX, p. 264].

1. — OEuvres choisies de *Goldsmith* et de *Sterne*. Le Vicaire de Wakefield, traduit par *Charles Nodier*. — Voyage sentimental, suivi des Lettres d'Yorick et d'Elisa. Traduction nouvelle. Paris, Ch. Gosselin, 1841, in-12 [3 fr. 50 c.].

2. — Tristram Shandy. Paris, Dauthereau, 1829, 5 vol. in-32.

3. — Vie et opinions de Tristram Shandy, gentilhomme. Traduction nouvelle, par M. *Léon de Wailly*. Paris, Charpentier, 1842, 1848, in-12 [3 fr. 50 c.].

4. — Voyage sentimental. Traduction nouvelle, précédée d'un Essai sur la vie et les ouvrages de Sterne, par M. *J. Janin*. Édition illustrée par MM. Tony Johannot et Jacques. Paris, Bourdin, 1840, gr. in-8 avec 160 grav. impr. dans le texte et 12 vign. tirées séparément sur pap. de Chine [10 fr.].

— Voyage sentimental en France et en Italie, suivi des Lettres d'Yorick à Elisa. Traduit de l'anglais par M. *Léon de Wailly*, et précédé d'une notice sur la vie et les ouvrages de Sterne, par sir *Walter Scott*. Paris, Charpentier, 1841, 1843, 1848, in-12.

— Voyage sentimental. Paris, Havard, Bry aîné, 1848, in-4 de 24 pag.

Le *Voyage sentimental* a été mis, par l'éditeur Charpentier, à la suite du « Paradis perdu » de MILTON, traduction de PONGERVILLE [Paris, 1841, 1843, 1847, in-12].

STERNE [Radon]. Voy. RADON STERNE.

STÉSICHORE. Voy. IBYCUS.

STEUER. — Avec M. *Bellenger :* Nouveau Guide de conversations modernes en français et en allemand. Nouvelle édition, revue et augmentée, etc. Paris, Baudry, 1845, 1846, 1849, in-24 [1 fr. 50 c.].

Français-allemand. Texte en regard.
Pour le même ouvrage en six langues, voy. PARDAL.

STEUR [Ch.], magistrat, docteur en droit, membre de l'Académie de Belgique, né à Courtray en 1794. [Voy. la *France littér.*, t. IX, p. 266.] — Juris Romani partitiones, secundum ordinem Institutionum Justiniani, ex interpretationibus Arn. Vinnii, Heineccii et cæterorum jurisconsultorum desumptæ. Bruxelles, 1825, in-4.

M. Steur a donné des rapports dans les « Bulletins de l'Académie de Belgique. » — Il est l'auteur d'un : Projet d'amendement à la loi d'organisation judiciaire présentée à l'acceptation des Chambres par M. Raikem, ministre de la justice [Gand, broch. in-8].

STÉVENIN [A.], curé de Guincourt (Ardennes). [Voy. la *France littér.*, t. IX, p. 266.]

1. — Traité théorique et pratique de la lecture du latin. IIe édition. Mézières, Lelaurin et Martinet, 1843, in-32 [40 c.].

2. — Sujets de circonstances, ou Recueil d'allocutions et de discours pour toutes les circonstances ordinaires et extraordinaires du ministère pastoral. IIe édition, revue et corrigée. Mézières, Lelaurin-Martinet, 1849, in-8 [6 fr. 50 c.].

Destiné à MM. les curés et les vicaires des villes et des campagnes.

STEVENSON [David], ingénieur.

1. — Avec M. *Emmery :* Travaux publics de l'Amérique du Nord, traduction des observations de David Stevenson (1839, in-8). Voy. EMMERY.

2. — Des Machines à vapeur aux États-Unis d'Amérique, particulièrement considérées dans leur application à la navigation et aux chemins de fer. Traduit de l'anglais de *R. Hodge*, du docteur *Renwick* et de *David Stevenson*, par M. *Edmond Duval*, précédé d'une introduction par M. *Eugène Flachat*, et accompagné de plans et de machines à vapeur et de renseignements fournis par M. *Michel Chevalier*. Paris, Mathias (Augustin), 1842, in-4 [54 fr.].

STEWART [Dugald], philosophe, élève de Reid, professeur à l'université d'Édimbourg; né à Édimbourg en 1753, mort dans cette ville le 11 juin 1828. [Voy. un art. de M. Cousin sur l'école philosophique écossaise dans le *Journ. des Savants* de juillet 1846, et la *France littér.*, t. IX, p. 267.]

1. — Esquisses de philosophie morale. Traduit de l'anglais par *Théodore Jouffroy*. III⁰ édition. Paris, Johanneau, 1840, in-8 [7 fr.].

— Esquisses de philosophie morale. Traduction nouvelle, précédée d'une introduction, par l'abbé *P.-H. Mabire*. Paris, Périsse, 1841, in-12.

2. — Eléments de la philosophie de l'esprit humain. Traduction française, revue, corrigée et complétée par *L. Peisse*, avec une notice sur la vie et les travaux de Dugald Stewart. Paris, Ladrange, Hachette, 1843-45, 3 vol. in-12 [10 fr. 50 c.].

STEWART [miss Rose], dame Henri BLAZE. — Avec MM. *Ch. Nodier*, *Topffer*, et le comte de *Peyronnet*: Nouvelles vieilles et nouvelles. Paris, Comon et Cie, 1842, in-12 anglais.

Les Nouvelles de miss Stewart (sous le pseudonyme Arthur DUDLEY) renfermées dans ce volume sont : *la Double Amande; une Walse de Strauss; Viola Bianca.*

On doit aussi à miss Stewart (sous le peudonyme Maurice FLASSAN) : *la Cantatrice des salons*, dans le tome II des « Français peints par eux-mêmes. »

STIEFFELIUS [le pasteur G.]. [Voy. la *France littér.*, t. IX, p. 268.] — Avec M. *Kartscher* : Album poétique (1832, in-18). Voy. KARTSCHER.

STIÉSEN [Séverin]. — Phares et fanaux sur les côtes du Danemark. Traduit et extrait du danois. Paris, impr. de Mme veuve Dondey-Dupré, 1844, in-8 de 16 pag.

STIÉVENART [J.-F.], professeur de littérature grecque, doyen de la Faculté des Lettres de Dijon, membre de l'Académie des Sciences, Arts et Belles-Lettres de cette ville. [Voy. la *France littér.*, t. IX, p. 268.]

1. — Harangues d'*Eschine* et de *Démosthène* sur la couronne. Traduction nouvelle, etc. Dijon, impr. de Frantin ; Paris, Hachette, 1840, in-8 [7 fr.].

2. — Essai de traduction d'*Homère*. Sixième chant de l'*Iliade*. Dijon, impr. de Frantin, 1845, in-8 de 28 pag.

En prose. — Extrait des « Mémoires de l'Académie des Sciences de Dijon. »

3. — Discours d'*Ælius Aristide* pour le maintien de la loi de Leptine qui supprimait la dispense des charges publiques onéreuses à Athènes. Traduit pour la première fois en français, et suivi d'un commentaire sur les principales difficultés et les variantes du texte. Dijon, impr. de Frantin, 1847, in-8 de 88 pag.

4. — Examen de cinq comédies d'*Aristophane*, suivi d'un tableau synoptique des pièces de ce poëte. Dijon, impr. de Frantin, 1848, in-8 de 88 pag.

Extrait des « Mémoires de l'Académie des Sciences, Arts et Belles-Lettres de Dijon. »

5. — Notice sur M. l'abbé Lacoste. II⁰ édition. Dijon, impr. de Frantin, 1848, in-8 de 12 pag.

Extrait des « Mémoires de l'Académie des Sciences, Arts et Belles-Lettres de Dijon. »

On doit à M. J.-F. Stiévenart une traduction des « OEuvres complètes » de DÉMOSTHÈNE et ESCHINE [1842, in-8]; et une traduction des « Caractères » de THÉOPHRASTE [1842, in-8 et in-12].

M. J.-F. Stiévenart a revu et annoté plusieurs éditions *ad usum scholarum :* DÉMOSTHÈNE : « Discours contre la loi de Leptine; » « Harangue sur les prévarications de l'ambassade; » — ESCHYLE : « Prométhée enchaîné; » — EURIPIDE : « Iphigénie à Aulis. »

Il a donné dans les « Mémoires de l'Académie des Sciences de Dijon : » *Théophraste et La Bruyère* [1840].

STIÉVENART [A.-F.-Abel], docteur en médecine, exerçant à Valenciennes.

1. — Histoire médicale des pestes à Valenciennes. Valenciennes, impr. de Prignet, 1841, in-8 de 20 pag.

2. — De l'Emploi prophylactique de la belladone dans la scarlatine épidémique, précédé d'une Notice historique sur cette maladie. Valenciennes, impr. de Prignet; Paris, J.-B. Baillière, 1843, in-8 de 56 pag. [2 fr.].

3. — Topographie historique et médicale de Valenciennes. Valenciennes, impr. de Prignet, 1846, in-8 avec 1 frontispice, 4 lithographies et 1 tableau.

STIRUM [GAUTHIER]. Voy. GAUTHIER STIRUM [P.-J.].

STOEBER [Ehrenfried]. [Voyez la *France littér.*, t. IX, p. 269.]

M. Ehr. Stoeber a traduit de l'allemand : « Mémoires sur la Pologne » par HARRO-HARRING [1833, in-8].

STOEBER [Victor], docteur en médecine, professeur à la Faculté de Médecine de Strasbourg. [Voy. la *France littér.*, t. IX, p. 270.]

1. — La Clinique des maladies des enfants de la Faculté de Strasbourg. Strasbourg, Dérivaux, Mme veuve Levrault, 1842, in-8 de 68 pag.

2. — Notice sur les eaux minérales de Hombourg, près Francfort-sur-le-Mein. IIe édition, avec une analyse chimique, par M. *Liebig*. Vaugirard, impr. de Delacour, 1844, in-12 [1 fr.].

STOEBER [Auguste]. [Voy. la *France littér.*, t. IX, p. 270.]

1. — Gedichte von Auguste Stoeber. (Poésies d'Auguste Stoeber). Strasbourg, impr. de Schuler, 1842, in-8 de 128 pag.

2. — Grammaire allemande élémentaire. Mulhouse, Risler; Paris, Roret, 1849, in-8 de 136 pag.

Les parties du discours et l'orthographe.

STOFFELS [Charles], avocat à Metz.

1. — Du Principe de la science. Metz, impr. de Lamort, 1838, in-8 de 16 pag.

2. — Résurrection, ou Application du christianisme à la science et à la société. Paris, Paulin, 1840, in-8 [7 fr. 50 c.].

3. — Introduction à la théologie de l'histoire, ou du Progrès dans ses rapports avec la liberté. Metz, impr. de Dembour; Paris, Debécourt, 1842, in-12 [3 fr.].

4. — Du Catholicisme et de la démocratie, ou des anciens et des nouveaux rapports de l'Église et de l'État. Paris, Sagnier et Bray, 1845, in-8 [6 fr.].

STOFFLET [Louis-Martin]. — Fortifications de Paris, considérées sous le point de vue militaire. Paris, Dentu, 1842, in-8 de 48 pag. avec 1 tableau [1 fr. 50 c.].

M. Stofflet a été l'un des rédacteurs du « Mémorial historique de la noblesse, » et de la « Revue historique de la noblesse. »

STOLBERG. — Voyage de *Nicolas Klimius* dans le monde souterrain, ouvrage traduit du latin par de *Mauvillon*. Copenhague, Selt, 1753, in-8 et in-12.

Imprimé aussi dans la collection des « Voyages imaginaires. »— L'original latin est de 1741.

STOLBERG [Frédéric-Léopold, comte de]. [Voy. la *France littér.*, t. IX, p. 270.]

1. — Histoire de N.-S. Jésus-Christ. Traduit de l'allemand par M. *P.-D.* [*Parent-Desbarres*]. Paris, impr. de Vrayet de Surcy, 1838, 1847, 2 vol. in-8 [14 fr.].

— Histoire de N.-S. Jésus-Christ et de son siècle, d'après les documents originaux; traduite de l'allemand et augmentée d'une introduction et de notes historiques, par M. l'abbé *Jager*. Paris, Dufour, Vaton, Sapia, 1842, in-12 [3 fr. 50 c.].

Une autre édition, publiée dans la même année [Paris, Vaton, in-8, 7 fr. 50 c.], indique comme traducteurs MM. les abbés JAGER et BOUR.

2. — Le Petit Livre de l'amour de Dieu. Traduit de l'allemand, par M. *Léon Doré*. Paris, Lecoffre, 1846, in-18.

STOLZ [J.-L.]. — Manuel élémentaire du cultivateur alsacien. Strasbourg, Heitz, 1842, in-12 avec 3 pl.

Allemand et français en regard.

STONE [le baron]. Voy. SY.

STONE [Samuel]. [Voy. la *France littér.*, t. IX, p. 272.]

1. — Avec M. *Boniface :* Beauties of classical english poetry. IIe édition. Paris, Baudry, 1839, in-8 de 48 pag.

2. — Dictionnaire classique français-anglais et anglais-français, rédigé d'après les meilleurs dictionnaires publiés en France, en Angleterre et en Amérique, et augmenté de mots qui ne se trouvent pas dans ces dictionnaires; — de la prononciation des mots anglais et des mots français figurée; — des termes de marine, — et des principaux termes des sciences, arts, métiers; suivi de vocabulaires des noms historiques, mythologiques et de géographie, par *Shrubsole* et *Thiébaut.* VIIe édition, corrigée et augmentée. Paris, Eug. Belin, 1849, in-8 [6 fr.].

STOP [M. et Mme].

Pseudonyme sous lequel M. Marco SAINT-HILAIRE a publié : « Manuel de la toilette, ou l'Art de s'habiller avec élégance et méthode, contenant l'art de mettre sa cravate, démontré en trente leçons [1828, in-18].

STORMONT. — Essai sur la topographie médicale de la côte occidentale d'Afrique, et particulièrement sur celle de la colonie de Sierra-Leone. Paris, 1822, in-4 [2 fr.].

STORY [J.]. — Commentaire sur la constitution fédérale des États-Unis, précédé d'un aperçu sur l'histoire des colonies et des États avant l'adoption de la constitution. Traduit du Commentaire abrégé de J. Story, et augmenté des observations de MM. *Jefferson, Rawle, de Tocqueville*, etc., et de notes sur la jurisprudence et l'organisation judiciaire, par *Paul Odent*. Paris, Joubert, 1843, 2 vol. in-8 [14 fr.].

STOURDZA [Alexandre], conseiller d'État en de Russie. [Voy. la *France littér.*, t. IX, p. 273.]

M. Alexandre Stourdza a traduit du russe : Première semaine de la Quadragésime, homélies à l'usage de ceux qui se préparent à la pénitence et à la sainte communion, prononcées à Kiew par le R. P. recteur INNOCENT [Paris, Cherbuliez, 1846, in-8]; — Oraisons funèbres, homélies et discours par Mgr PHILARÈTE, membre du saint synode de Russie, métropolitain de Moscou [Paris, Cherbuliez, 1849, in-8].

M. A. Stourdza a publié à Berlin, en français : *Hufeland, esquisse de sa vie et de sa mort chrétienne*. [On trouve une analyse de cet opuscule dans la « Revue germanique, » avril 1837.]

STOURM [Eugène], substitut du procureur du roi, destitué en 1831 pour avoir signé l'acte d'association nationale contre le retour des Bourbons, avocat à Paris, membre du conseil général de l'Aube, député de Troyes; né en 1797. [Voy. la *France littér.*, t. IX, p. 273.]

1. — Avec M. *Gillon*: Code des municipalités (1833, in-12). Voy. GILLON.

2. — Opinion sur la question des sucres. Paris, impr. de Bourgogne, 1840, in-8 de 64 pag.

3. — Essai de poésie phalanstérienne. Paris, impr. de Baudouin, 1841, in-8 de 16 pag. [25 c.].

M. Stourm a rendu compte des « Fables démocratiques » de M. BERGERON, dans le « Journal du Peuple » du 10 novembre 1839.

STOUVENEL [Victor].

M. V. Stouvenel a traduit, et fait précéder d'une introduction, d'une notice bibliographique et de notes « l'Utopie, de Thomas MORUS » [1842, in-8].

STRALLEN. — Épître à Son Altesse Royale Mme la duchesse d'Orléans. Paris, impr. de Mme Delacombe, 1839, in-8 de 8 pag.

STRAMBI, prélat italien. [Voy. la *France littér.*, t. IX, p. 274.] — Le Mois de juin consacré au précieux sang de J.-C., pouvant servir de visite au Saint-Sacrement; précédé d'un Abrégé de la vie de M. Strambi et de celle de M. G. Buffalo. Traduit de l'italien par l'abbé *C.* et ***. Limoges, Durand; Paris, Sagnier et Bray, 1843, in-18 [1 fr. 40 c.].

STRAUS-DURCKHEIM [Hercule-Eugène-Grégoire], naturaliste, né à Saint-Mammet (Haute-Garonne) en 1790. [Voy. la *France littér.*, t. IX, p. 275.]

1. — Traité pratique et théorique d'anatomie comparative, comprenant l'art de disséquer les animaux de toutes les classes, et les moyens de conserver les pièces anatomiques. Paris, Méquignon-Marvis, 1842, 2 vol. in-8 avec pl. [13 fr.].

2. — L'Anatomie descriptive et comparative du chat, type des mammifères en général et des carnivores en particulier. Paris, impr. de Fain, 1846, 2 vol. in-4.

M. Straus-Durckheim a donné, dans les « Mémoires du Muséum d'histoire naturelle, » un mémoire sur les *Hiella*, nouveau genre de crustacés amphipèdes [tome XVIII].

STRAUSS [le docteur David-Frédéric]. — Vie de Jésus, ou Examen critique de son histoire. Traduite de l'allemand sur la IIIe édition par *E. Littré*. Paris, Ladrange, 1839-40, 4 parties in-8 [24 fr.].

Voy. sur cet ouvrage une analyse par M. Edg. QUINET, dans la « Revue des Deux-Mondes » du 1er décembre 1838.

On a publié : « Réponse » au livre du docteur Strauss : *la Vie de Jésus*, par Ath. COQUEREL [1841, in-8]; — « la Vie de Jésus-Christ au point de vue de la science, » par J. KUHN, pour servir de réfutation à la *Vie de Jésus-Christ* de Strauss [1842-43, in-8].

STRAUSS [G.-L.].

M. G.-L. Strauss a traduit de l'allemand, sur la IIe édition : « Guide de l'homœopathie, » par A.-J.-F. RUOFF [1839, in-18].

STRETCH [L.-M.]. [Voy. la *France littér.*, t. IX, p. 275.]

1. — Traits remarquables de l'histoire universelle. XXIVe édition, revue et corrigée par *J. Turner*; traduit de

l'anglais pour la première fois, et précédé du tableau de la littérature en France avant et depuis 1830, par M. le chevalier d'*Auriol*. Paris, Girard frères, Hachette, Périsse, Ledoyen, 1839, in-8 [3 fr.].

2. — Cours élémentaire complet de langue anglaise, avec la prononciation figurée à la suite de chaque mot anglais, à l'usage des Français, par M. le chevalier d'*Auriol*. Approuvé par M. Ch. Nodier et par M. Maccarthy. IIe édition, revue et augmentée. Paris, Mme veuve Maire-Nyon, 1842, 1844, in-12 [1 fr.].

STROBEL [Adam-Walther]. [Voy. la *France littér.*, t. IX, p. 275.] — Recherches sur l'histoire de l'ancienne littérature française. Traduit de l'allemand. 1835, in-8 [1 fr. 50 c.].

STROBEL [A.-G.]. — Histoire du gymnase protestant de Strasbourg, publiée à l'occasion de la troisième fête séculaire de cet établissement. Strasbourg, impr. de Heitz, 1839, in-8.

STROMBECK [Frédéric-Charles de]. — Souvenirs d'un voyage en Suède en 1839. (Traduit de l'allemand.) Strasbourg, impr. de Silbermann, 1841, in-8 [5 fr.].

STUART [Marie]. Voy. MARIE STUART.

STUART-COCHRANE [Charles]. — La Grande semaine. Récit des événements de Paris, avec des considérations morales et politiques; par *J. Adolphe*. Paris, Mme Lardieu, Amyot, 1830, in-8 de 64 pag.

STUCKLÉ [Henri], directeur des chemins de fer d'Alsace (années 1842 et 1843). — Voies de communication aux États-Unis. Étude technique et administrative. Paris, Carilian-Gœury et V. Dalmont, 1847, in-8 avec une carte et 6 tableaux [8 fr.].

STUDENS [Paulus], élève en droit à l'université de Liége, pseudonyme. — Souvenirs d'un étudiant, poésies universitaires. Liége, impr. de Félix Oudard, 1844, in-18 de 126 pag.

Le véritable nom de l'auteur serait, d'après le « Bulletin du bibliophile belge, » P.-Victor HÉNAUX.

STUDER. — Mémoire géologique sur la masse des montagnes entre le Simplon et le Saint-Gothard. Paris, in-4 avec pl. [3 fr. 50 c.].

Extrait des « Mémoires de la Société géologique de France. »

On doit aussi à M. Studer : *Aperçu sur la structure géologique des Alpes* dans : « Nouvelles Excursions et séjour dans les glaciers et les hautes régions des Alpes, » par E. DESOR [1845, in-12].

STURLER. — Avec M. *Graffenried:* Architecture suisse (1844, in-fol.). Voy. GRAFFENRIED.

STURM [Jacques - Charles - François], physicien, mathématicien, membre de l'Académie des Sciences. — Avec M. *J.-D. Colladon:* Mémoire sur la compression des liquides (1837, in-4); — Note sur l'emploi de la vapeur d'eau pour éteindre les incendies dans les usines et les bateaux à vapeur (1840, in-8). Voy. COLLADON.

M. Sturm a donné dans le « Journal des mathématiques pures et appliquées, » par LIOUVILLE, un grand nombre d'articles, notamment : *Démonstration d'un théorème de M. Cauchy, relatif aux racines imaginaires des équations;* — *Mémoire sur une classe d'équations à différences partielles;* — *Mémoire sur les équations différentielles linéaires du second ordre;* — *Extrait d'un mémoire sur le développement des fonctions en séries;* — *Note sur un mémoire de M. Chasles;* — *Démonstration d'un théorème d'algèbre de M. Silvester*, etc.

SUARD [Jean-Baptiste-Antoine], membre et secrétaire perpétuel de l'Académie française; né à Besançon le 15 janvier 1734, [mort à Paris le 20 juillet 1817. [Voy. un *Éloge* par M. PÉBENNÈS (1841, in-8) et la *France litt.*, t. IX, p. 279.]

1. — Apologie pour J.-Ch.-Pierre le Noir. 1789, fig.

Anonyme.

2. — Avec M. *Bourlet de Vauxcelles:* Opuscules philosophiques et littéraires. Paris, Chevet, 1796, in-8.

Anonyme.

M. Suard a fait précéder d'une *Notice sur la vie et le caractère du Tasse* la « Jérusalem délivrée, » poëme traduit en français par le prince LEBRUN [1841, in-18 anglais].

SUAU [Édouard], de Varennes, romancier. [Voy. la *France litt.*, t. IX, p. 281.]

1. — L'Habit d'un auteur célèbre. Paris, Dumont, 1840, 2 vol. in-8 [15 fr.].

Ce roman a été reproduit plus tard sous le

titre : *la Confession de ma femme après sa mort.*

2. — Les Mystères de Bruxelles. Bruxelles, Wahlen, 1844-46, 8 vol. in-18 [10 fr. 50 c.].

Cet ouvrage a été contrefait à Francfort-sur-le-Mein, en 1845, et traduit deux fois en allemand : 1° par Hérib. RAU [Francfort-sur-le-Mein, 1845] ; 2° par Ludw. HAUFF [Stuttgard, 1846].
En outre, M. Suau a eu part à « un Diamant à deux facettes » [Paris, Dumont, 1839, 2 vol. in-8].

SUAU [Ad.], capitaine adjudant-major au 18e régiment de ligne. — Principes du tir. Paris, impr. lith. de Laprunière, Lohné, 1841, in-plano.

SUBERWICK [Mme de]. [Voy. *la Presse* du 29 janvier 1846.]
1. — Les Mystères de l'inquisition et autres sociétés secrètes d'Espagne, par M. *V. de Féréal;* avec des notes historiques et une introduction de M. *Manoel de Cuendias*, contenant les extraits d'une lettre relative à cet ouvrage, par M. *Edgard Quinet.* Paris, Boizard, 1840, gr. in-8 avec 200 dessins et pl. [15 fr.].

M. V. de Féréal est le pseudonyme de Mme Suberwick.
Les Mystères de l'inquisition ont été traduits trois fois en allemand : 1° par le docteur A. DIEZMANN [Leipzig, Deubner, 1845, gr. in-16] ; — 2° par le docteur L. MEYER [Leipzig, O. Wigand, 1845, in-16] ; — 3° par un anonyme, Stuttgard, Hallberger, 1845, pet. in-8].

2. — Avec M. *Manoel de Cuendias :* Conseils de Satan aux jésuites traqués par MM. Michelet et Quinet. Ouvrage illustré d'une foule de notes historiques et d'un prélude par M. de Belzébuth, et orné du véritable portrait et de la griffe de l'auteur. Paris, Gal et Cie, 1845, in-12 [1 fr. 50 c.].

Cet opuscule a été traduit et imprimé en allemand à Weimar en 1846 ; le traducteur allemand s'est caché sous le nom de M. *Lucifer.*

SUCHAUX. [Voy. la *France littér.*, t. IX, p. 282.] — Annuaire administratif, historique et statistique du département de la Haute-Saône. Vesoul, impr. de Suchaux, 1842, in-8 avec 2 vues.

SUCKAU [W.], professeur d'allemand. [Voy. la *France littér.*, t. IX, p. 283.]
1. — Avec M. *F.-G. Eichoff :* Dictionnaire étymologique des racines al-

lemandes avec leur signification française (1840, in-12). Voy. EICHOFF.

2. — Cours complet de langue et de littérature allemandes, renfermant des versions et des thèmes, un choix de morceaux en prose et en vers et une histoire abrégée de la langue et de la littérature allemandes. IVe édition. Paris, Hachette, 1842, in-12 [5 fr.].

3. — Tableaux synoptiques, ou Grammaire simplifiée de la langue allemande à l'usage des Français. VIIe édit. Paris, impr. de Gros, 1849, in-8 avec un tableau et un alphabet allemand.

4. — Dictionnaire allemand-français et français-allemand, fondé sur l'étymologie et l'analyse, donnant en français toutes les définitions des synonymes et des homonymes, contenant, etc. Paris, Mme veuve Thiériot, 1846, 2 vol. in-12 ; — IIe édit. Paris, Hachette, 1849, 2 vol. in-12 [10 fr.].

M. W. Suckau a traduit de l'allemand, sur la IVe et dernière édition : « de la Politique et du commerce des peuples de l'antiquité, » par HEEREN [1829-44, 7 vol. in-8].

SUCQUET, docteur en médecine à Paris.
1. — Avec M. *L. Krafft :* Hygiène publique de l'assainissement de la vidange, etc. (1840, in-8.) Voy. KRAFFT.

2. — Mémoire sur l'assainissement des amphithéâtres d'anatomie et de la Morgue de Paris, et sur un nouveau mode d'embaumement, présenté à l'Académie de Médecine. Paris, impr. de Duverger, 1844, in-8 de 8 pag.

SUDAN [Adolphe]. — Histoire et mythologie. L'Enfant de l'oasis, ou Gemilée, la fiancée du Nil, avec notes. Montpellier, impr. de Gelly, 1844, in-8 de 32 pag.

SUDOUR [J.-M.-P.]. — Observations sur les comités électoraux en général, et particulièrement sur ceux de Domfront (Orne). Alençon, impr. de Poulet-Malassis, 1849, in-4 de 4 pag.

SUDRE. [Voy. la *France littér.*, t. IX, p. 283.] — Le Noble Jeu de mail de la ville de Montpellier, avec ses règlements. Nouvelle édition, augmentée. Montpellier, impr. de Gelly, 1844, in-12 de 72 pag. avec 6 pl. [1 fr. 50 c.].

SUDRE [Théodore-Rose-Léon-Alfred]; né à Paris le 5 février 1820. — Histoire du communisme, ou Réfutation historique des utopies socialistes. IIe édition. Paris, Lecou, 1849, in-12 [3 fr. 50 c.].

<small>La première édition est de 1848.
Cet ouvrage a obtenu, en 1849, le grand prix Montyon, décerné par l'Académie française. La couverture porte : Édition revue et augmentée de deux chapitres nouveaux sur M. P. Leroux et les *Millenaires*.</small>

SUDRE [F.], inventeur d'un système de télégraphie acoustique appliquée aux opérations militaires. — Téléphonie, ou Télégraphie acoustique, pratiquée par le clairon et le canon. Paris, impr. de Malteste, 1846, in-4 de 28 pag. avec 2 pl.

SUDRÈS [Adolphe], sourd-muet; né à Toulouse.

1. — Méditation sur les beautés de la nature. Le Portrait d'une femme âgée de vingt printemps. Neufchâteau, impr. de Mme veuve de Mangeon, 1843, in-8 de 16 pag.

<small>En prose.</small>

2. — Les Charmes de la nature. Orléans, impr. de Durand, 1844, in-12 de 24 pag.

<small>En prose.</small>

SUE [Eugène], fils du chirurgien Jean-Joseph Sue, chirurgien lui-même dans l'armée de terre, puis dans la marine, membre de l'Assemblée législative en 1849, romancier, auteur dramatique; né à Paris le 10 décembre 1804. M. Eugène Sue, après avoir parcouru l'Espagne, les Antilles, la Grèce, et avoir assisté au combat de Navarin, quitta le service et se livra à la littérature. Il publia d'abord plusieurs romans maritimes, *Kernoch le Pirate*, *Plick et Plock*, *Atar Gull*, *la Salamandre*, etc.; puis il donna des romans historiques, des romans de mœurs et des romans philosophiques et sociaux. C'est dans cette dernière classe que doivent être rangés les deux ouvrages qui ont contribué le plus à populariser le nom de l'auteur : *les Mystères de Paris* et *le Juif errant*. [Voy. sur M. Eugène Sue un article de M. SAINTE-BEUVE dans la *Revue des Deux-Mondes* (15 septembre 1840); — un article sur ses romans par M. P. LIMAYRAC, dans la même revue (1er janvier 1844); — des notices dans la *Galerie de la Presse* (2e série); — dans les *Portraits littéraires* de M. G. PLANCHE; — et la *France littér.*, t. IX, p. 286.]

1. — Œuvres. Paris, Paulin, 1846, 61 vol. in-16 [61 fr.].

<small>*La Salamandre* [2 vol.]; — *la Coucaratcha* [3 vol.]; — *Deleytar* [2 vol.]; — *Deux Histoires* [2 vol.]; — *Plick et Plock* [1 vol.]; — *Atar Gull* [2 vol.]; — *la Vigie de Koat-Ven* [4 vol.]; — *Thérèse Dunoyer* [2 vol.]; — *le Morne au Diable* [2 vol.]; — *Latréaumont* [2 vol.]; — *Paula Monti* [2 vol.]; — *le Commandeur de Malte* [2 vol.]; — *Mathilde* [6 vol.]; — *Arthur* [4 vol.]; — *les Mystères de Paris* [10 vol.]; — *le Marquis de Létorières* [1 vol.]; — *Jean Cavalier* [4 vol.]; — *le Juif errant* [10 vol.].</small>

Histoire.

2. — Histoire de la marine française. IIe édition, entièrement revue par l'auteur. Paris, impr. de Béthune, 1844-45, 4 vol. in-12; — IIIe édition. Paris, Martinon, 1844-45, 4 vol. in-8 [30 fr.].

<small>Voy. sur cet ouvrage un compte rendu par M. J. JANIN, dans le « Journal des Débats » du 13 juillet 1836; un autre, par M. A. BUSSIÈRE, dans la « Revue des Deux-Mondes » du 15 février 1838.</small>

3. — Histoire de la marine militaire de tous les peuples, depuis l'antiquité jusqu'à nos jours. — *Marine des peuples anciens*. — *Marine ottomane.* Paris, Delloye, 1841, in-8 [5 fr.]; et in-12 [3 fr.].

Romans maritimes.

4. — Atar Gull. Un Corsaire. Le Parisien en mer. Voyages et aventures sur mer de Narcisse Gelin. Paris, Ch. Gosselin, 1841, in-18 angl. [3 fr. 50 c.]; et 1845. 2 vol. in-8 [15 fr.]; — autre édition. Paris, Paulin, 1846, 4 vol. in-16 [4 fr.]; — autre édition. Paris, Boulé, 1849, in-4 avec 12 grav. [40 c.].

<small>MM. Anicet BOURGEOIS et MASSON ont fait représenter, sur le théâtre de l'Ambigu-Comique, le 26 avril 1832, un mélodrame en trois actes et six tableaux, imité de ce roman et intitulé : « Atar Gull » [Paris, Marchant, 1835, in-8].</small>

5. — Plick et Plock, le Bonnet de maître Ulrick, Claude Bellissant, Un Présage, Mon Ami Wolf. Nouvelle édition. Paris, Ch. Gosselin, 1841, in-12 [3 fr. 50 c.]; — autre édition. Paris, Ch. Gosselin, Pétion, 1845, in-8 [7 fr.

50 c.]; — autre édition. Paris, Paulin, 1846, in-16 [1 fr.].

Voy. un compte rendu de cet ouvrage par M. J. JANIN, dans le « Journal des Débats » du 13 mars 1831. »

6. — La Salamandre. Paris, Ch. Gosselin, 1840, in-12 [3 fr. 50 c.]; — autre édition. Paris, Ch. Gosselin, Pétion, 1845, 2 vol. in-8 [15 fr.]; — autre édition. Paris, Paulin, 1846, 2 vol. in-16 [2 fr.]; — autre édition, 1849, in-4 à 2 col.

Une pièce imitée de ce roman a été donnée sous le même titre au théâtre du Palais-Royal.

7. — La Cucaracha. Nouvelle édition, revue et corrigée. Paris, Ch. Gosselin, 1842, 2 vol. in-18 angl. [7 fr.];

Les couvertures portent : la Coucaratcha. C'est le titre qu'avait d'abord l'ouvrage.

— autre édition. Paris, Ch. Gosselin, Pétion, 1845, 3 vol. in-8 [22 fr. 50 c.]; — autre édition. Paris, Paulin, 1846, 3 vol. in-16.

8. — La Vigie de Koat-Ven (1780-1830). Paris, Paulin, 1846, 4 vol. in-16 [4 fr.].

Un drame tiré de ce roman a été représenté à la Porte Saint-Martin, sous le titre de Rita l'Espagnole.

Romans.

9. — Cécile. Paris, Urbain Canel et Guyot, 1835, in-12 avec un frontispice.

10. — Latréaumont. Paris, Paulin, 1846, 2 vol. in-16 [2 fr.].

11. — Arthur; avec un jugement littéraire par M. Sainte-Beuve. Nouvelle édition, revue et corrigée. Paris, Ch. Gosselin, 1839, 4 vol. in-8 [30 fr.], et 1840, 2 vol. in-18 angl. [7 fr.]; — autre édition. Paris, Paulin, 1845-46, 4 vol. in-16.

12. — Deleytar. Paris, Ch. Gosselin, 1839, 2 vol. in-8 [15 fr.]; — autre édition, sous ce titre : *Deleytar-Arabian, Godolphin-Kardidi.* Paris, Paulin, 1846, 2 vol. in-16 [2 fr.].

13. — Le Marquis de Létorières. Paris, Ch. Gosselin, 1839, 1845, in-8 [7 fr. 50 c.]; — autre édition. Paris, Paulin, 1846, in-16 [1 fr.]; — autre édition, 1849, in-4.

Une pièce du même nom, imitée du roman de M. Sue, a été jouée au Palais-Royal.

14. — Jean Cavalier, ou les Fanatiques des Cévennes. Paris, Ch. Gosselin, 1840, 4 vol. in-8 [30 fr.]; — autre édition. Paris, Paulin, 1846, 4 vol. in-16 [4 fr.].

15. — Deux Histoires (1772-1810). Paris, Ch. Gosselin, 1840, 2 vol. in-8 [15 fr.]; — autre édition. Paris, Paulin, 1846, 2 vol. in-16 [2 fr.].

16. — Le Commandeur de Malte. Paris, Ch. Gosselin, Pétion, 1841, 1845, 2 vol. in-8 [15 fr.]; — autre édition. Paris, Paulin, 1846, 2 vol. in-16.

17. — Mathilde. Mémoires d'une jeune femme. Paris, Ch. Gosselin, Pétion, 1841, 1844, 1845, 6 vol. in-8 [45 fr.]; — nouvelle édition, revue par l'auteur. Paris, Ch. Gosselin, 1843, 2 vol. gr. in-8 illustrés par T. Johannot, Gavarni, C. Nanteuil, etc. [40 fr.]; — autre édition. Paris, Paulin, 1844-46, 6 vol. in-16 [6 fr.].

18. — Le Morne au Diable, ou l'Aventurier. Paris, Ch. Gosselin, 1842, 1845, 2 vol. in-8 [15 fr.]; — nouvelle édition. Paris, Paulin, 1846, 2 vol. in-16 [2 fr.].

19. — Paula Monti, ou l'Hôtel Lambert, histoire contemporaine. Paris, Ch. Gosselin, 1842, 1845, 2 vol. in-8 [15 fr.]; — autre édition. Paris, Paulin, 1846, 2 vol. in-16 [2 fr.].

20. — Thérèse Dunoyer. Paris, Ch. Gosselin, Pétion, 1842, 1845, 2 vol. in-8 [15 fr.]; — autre édition. Paris, Paulin, 1846, 2 vol. in-16 [2 fr.].

21. — Les Mystères de Paris. IIe édition. Paris, Ch. Gosselin, 1842-43, 10 vol. in-8 [75 fr.].

La première édition a paru dans le « Journal des Débats, » par feuilletons, qui ont été reproduits dans « l'Indépendant » de Bruxelles et dans le « Journal de La Haye. »

— Les Mystères de Paris. Nouvelle édition, revue par l'auteur. Paris, Ch. Gosselin, 1843, 4 parties formant 2 vol. gr. in-8, illustrés de gravures sur acier et sur bois [40 fr.].

— Les Mystères de Paris. VIIe édition. Paris, Ch. Gosselin, 1844, 10 vol. in-8.

A moins que l'on ne compte les contrefaçons, cette édition n'est pas la septième, mais la quatrième originale.

— Les Mystères de Paris. Paris, Paulin, 1845-46, 10 vol. in-16 [10 fr.].

Ce roman a été traduit en espagnol par don A.-X. SAN-MARTIN [Paris, impr. de Lacrampe, 1844-45, 4 vol. gr. in-8].

Le sujet et les personnages ont été empruntés par plusieurs auteurs dramatiques.

Voy. sur ce livre : « A Eugène Sue. Apologie des Mystères de Paris, » par Adolphe PORTE [1844, in-8 de 32 pag.].

M*me* Fanny DENOIX a publié : « Mystères de Paris » [en vers, dédié à M. Eug. Sue,-1843].

22. — Le Juif errant. Paris, Paulin, 1844-45, 10 vol. in-8 [75 fr.]; — autre édition. Paris, Paulin, 1846, 10 vol. in-16 [10 fr.]; — autre édition Paris, Paulin, 1844-45, 4 vol. gr. in-8 avec 500 grav. dans le texte et 100 sujets imprimés séparément, d'après les dessins de Gavarni, Pauquet et Karl Girardet [40 fr.].

Publié d'abord dans « le Constitutionnel, » et tiré à part in-folio [Paris, impr. de Fain, 1644].

Ce roman a été traduit en espagnol par M. Martinez LOPEZ [Paris, impr. de Lacrampe, 1845-46, 4 vol. gr. in-8, fig.]. — Il a aussi été traduit en anglais, etc.

On a publié : « Observations sur *le Juif errant* d'Eugène Sue, par M. B., traduites de l'anglais par A.-S.-G.-S. » [Paris, l'Hurier, 1847, in-18]; — « Parodie du Juif errant, » par MM. Ch. PHILIPON et HUART [1844-45, in-12, avec 300 vign. par Cham].

23. — Martin, l'enfant trouvé, ou les Mémoires d'un valet de chambre. Paris, Pétion, 1847, 12 vol. in-8.

Publié par feuilletons dans « le Constitutionnel. »

24. — Les Sept Péchés capitaux. Paris, Pétion, 1847-49, 16 vol. in-8.

A paru en feuilletons dans « le Constitutionnel. »

25. — Les Mystères du peuple, ou Histoire d'une famille de prolétaires à travers les âges. Paris, impr. de M*me* Dondey-Dupré, 1849, in-8.

Théâtre.

26. — Avec MM. *Édouard M**** [*Magnien*] et *Villeneuve* : le Secret d'État; comédie-vaudeville en un acte. Paris, Barba, Riga, 1831, in-8.

Sous le nom *Eugène S****.

27 à 31. — Avec M. *P.-P. Goubaux* : Latréaumont (1840, in-8); la Prétendante (1841, in-8); les Pontons (1841, in-8); Pierre le Noir (1842, in-8); les Mystères de Paris (1843, 1845, in-8). Voy. GOUBAUX.

32. — Avec M. *Félix Pyat* : Mathilde (1842, in-8). Voy. PYAT.

33. — Comédies sociales et scènes dialoguées. Paris, Paulin, 1846, in-16.

34. — Martin et Bamboche, ou les Amis d'enfance; drame en cinq actes et dix tableaux. Paris, impr. de M*me* Dondey-Dupré, 1847, in-18 angl.

— Avec M. *Desnoyers* : le Trésor du pauvre; drame en trois actes, mêlé de chant. Paris, Michel Lévy frères, 1848, in-18 anglais [60 c.].

36. — Le Morne au Diable; drame en cinq actes et sept tableaux. Paris, Michel Lévy frères, 1848, in-18 angl. [1 fr.]

37. — Le Juif errant; drame en cinq actes et dix-sept tableaux. Paris, Beck, Tresse, 1849, in-8 de 48 pag. [60 c.]

Citons encore : le Républicain des campagnes [1848, in-8]; — le Berger de Kravan, ou Entretiens démocratiques sur la république, les prétendants et la prochaine présidence [1re *partie*, 1848, gr. in-32]; — Entretiens socialistes et démocratiques sur les prétendants et la prochaine présidence [extrait de l'écrit intitulé *le Berger de Kravan*, 1848, in-16]; — le Berger de Kravan. Entretiens démocratiques et socialistes sur les petits livres de messieurs de l'Académie des Sciences morales et politiques et sur les prochaines élections [2e *partie*, 1849, in-18]; — De quoi vous plaignez-vous [1849, in-4]?

M. Eug. Sue est l'auteur de la *Préface* qui précède « une Voix d'en bas, » poésies par M. Savinien LAPOINTE [1844, in-8, fig.]; et de l'*Introduction* mise en tête de « Marie l'Espagnole, ou la Victime d'un moine, » par M. W. AYNALS DE IZCO [1846, 2 vol. in-8].

Il a publié, en joignant au texte historique des notes et une introduction sur l'état de la marine en France sous le ministère du cardinal de Richelieu, la : « correspondance » de Henri D'ESCOUBLEAU DE SOURDIS [1839, 3 vol. in-4].

Il a donné dans la «Revue des Deux-Mondes» : *Voyages et aventures sur mer de Narcisse Gelin*, Parisien [1832]; — *Cornille Bart et le Renard de mer* [1835]; — dans le « Livre des Cent et un » : *le Parisien* [t. VI, p. 73]; — dans le « Keepsake américain » : *le Meurtrier*; — dans « le Siècle » : *les Enfants de l'amour*, etc.

Il a travaillé à : « le Livre des Conteurs »; à « le Navigateur, revue maritime »; à « la Pleine Mer, keepsake maritime » [extrait du précédent]; à « Paris illustrations »; à « le Royal Keepsake »; à « l'Artiste »; à « l'Élite, livres des salons »; à « les Étrangers à Paris »; à « le Courrier des lecteurs »; à « le Musée des familles », etc.

SUÉTONE [Caius-Suetonius-Tranquillus], secrétaire d'Adrien, biographe; né vers 70 de J.-C. [Voy. la *France litt.*, t. IX, p. 288.] — Suétone, les écrivains de l'histoire Auguste, *Eutrope*, *Sextus Rufus*, avec la traduction en français; publiés sous la direction de M. Nisard. Paris, Dubochet, 1845, gr. in-8 [15 fr.].

Tous les auteurs contenus dans ce volume ont été traduits par T. BAUDEMENT.

— Suétone, avec la traduction en français par M. *Baudement*. Paris, Dubochet, 1846, in-12.

Chefs-d'œuvre de la collection des auteurs latins, avec la traduction en français, publ. sous la direction de M. Nisard.

SUIRE, ouvrier imprimeur. — Profession de foi : à tous mes concitoyens, et particulièrement à mes frères les travailleurs. Nantes, impr. de Forest, 1849, in-8 de 4 pag.

Nantes, 17 mars 1848. Candidature à l'assemblée nationale.

SUISSE [Jules-Simon], dit *Jules-Simon*, professeur de philosophie à la Sorbonne et à l'École normale, conseiller d'État; né à Lorient en 1815.
1. — Du Commentaire de Proclus sur le Timée de Platon. Paris, impr. de Moquet, 1839, in-8 [3 fr. 50 c.].
2. — Études sur la Théodicée de Platon et d'Aristote. Paris, Joubert, 1840, in-8 [4 fr.].
3. — Histoire de l'École d'Alexandrie. Paris, Joubert, 1844-45, 2 vol. in-8 [16 fr.].

Voy. sur cet ouvrage un compte rendu par M. E. SAISSET dans la « Revue des Deux-Mondes » du 1er septembre 1844, et une analyse de M. LERMINIER dans le numéro du 1er mai 1846.

4. — Ode élégiaque sur Amédée-Félix M***, mort à la Nouvelle-Orléans. Dieppe, impr. de Delevoyé, 1845, in-8 de 16 pag. [1 fr.]
5. — Avec MM. *Amédée Jacques* et *Émile Saisset* : Manuel de philosophie à l'usage des collèges (1847, in-8). Voy. JACQUES.

On doit à M. Jules Simon de nouvelles éditions collationnées sur les meilleurs textes et précédées d'introductions de « Œuvres » de DESCARTES [1842, in-12]; — « Œuvres philosophiques » de BOSSUET [1842, in-12]; — « Œuvres » de MALEBRANCHE [1842, 1847, 2 vol. in-12]; — « Œuvres philosophiques » de Antoine ARNAULD [1843, in-12].

Il a donné, dans la « Revue des Deux-Mondes, » des articles sur « Histoire de l'école d'Alexandrie, » par MATTER [1er octobre 1840]; — un compte rendu des « Œuvres complètes » de Platon, traduites par COUSIN [15 décembre 1840]; — des articles sur l' « Esquisse d'une philosophie, » par LAMENNAIS [15 février 1841]; — sur M. de Bonald [15 août 1841]; — sur Maine de Biran [15 novembre 1841]; — sur le *Mouvement philosophique en province* [1842]; — des comptes rendus des « Essais de philosophie » et de « Abélard, » par Ch. de RÉMUSAT [1er mai 1842 et 1er janvier 1846]; — dans « la Liberté de penser » [15 novembre 1849]: *l'Université* [tiré à part. Paris, Joubert, in-18].

M. J. Simon a rédigé dans le « Dictionnaire des sciences philosophiques » les articles concernant la philosophie alexandrine et platonicienne.

SUISTE [Jules], étudiant en droit. — Trois époques, Présent, Passé, Avenir. Précédé d'une lettre à Lamartine. Paris, impr. de Dondey-Dupré, 1848, in-12.

En vers.

SULAU DE LIREY. — Histoire des différentes religions, depuis leur origine jusqu'à nos jours, offrant le précis exact et détaillé des croyances, du culte et des cérémonies chez les Indiens, les Chinois, les Perses, les Égyptiens, les Grecs, les Romains, les Juifs, les Chrétiens, etc. Saint-Cloud, impr. de Belin-Mandar, 1844, et IIe édition, 1845, in-8 avec 6 grav. [6 fr.]

SULLIVAN [O'], professeur de langue et de littérature anglaises au collège Saint-Louis. [Voy. la *France littér.*, t. IX, p. 290.]
1. — Leçons de littérature anglaise ancienne et moderne; précédées des préceptes du genre tirés des littérateurs les plus célèbres d'Angleterre; suivies d'une Biographie des prosateurs les plus estimés de la Grande-Bretagne, de l'Irlande et de l'Amérique. IVe édition. Paris, Maire-Nyon, 1845, 2 vol. in-12.

La première édition a paru en 1830-31 sous le titre : *Elegant extracts from the most celebrated british prose writers and poets*, ou *Leçons de littérature anglaise ancienne et moderne*, etc.

2. — Nouvelle Grammaire anglaise, rédigée sur un plan entièrement neuf, contenant un traité complet de versification anglaise, etc. Paris, Maire-Nyon, 1836, in-12 [2 fr. 50 c.].
3. — New Pocket Dictionary, french and english, and english and french, containing all the woords in general use and authorized by the best authors, etc. An entirely new edition. Paris, Maire-Nyon, 1836, in-18 [7 fr.].
4. — The new english reader, containing elegant selections in prose and poetry, ou Morceaux choisis, en prose et en vers, des classiques anglais les plus estimés, augmenté d'une histoire de l'Angleterre et de l'Irlande, avec un dictionnaire contenant la signification de tous les mots du texte anglais. IIe édition. Paris, Mme veuve Maire-Nyon, 1848, in-12 [2 fr. 50 c.].

La première édition est de 1836.

5. — The Guide to knowledger, ou Recueil de questions et de réponses sur des sujets amusants et instructifs, mis à la portée de l'enfance, avec un index français et anglais. Paris, Mme veuve Maire-Nyon, 1837, in-18 [1 fr. 50 c.].

6. — Cours de thèmes anglais, pour servir de développement à la nouvelle grammaire anglaise et pouvant être adaptés à toutes les grammaires de cette langue. Paris, Mme veuve Maire-Nyon, 1837, in-12 [2 fr. 50 c.].

Cet ouvrage contient des Notices des personnages les plus illustres de l'Angleterre, des Anecdotes, des Problèmes, qui se rapportent à leur biographie, des Extraits des grands écrivains français, enfin, des morceaux de toute sorte où l'on a fait entrer des tours de phrases pouvant servir d'application aux règles grammaticales.

7. — Dialogues anglais-français, classiques, familiers et autres, renfermant, etc. Paris, Baudry, Chamerot, 1837; et IIIe édition. Paris, Maire-Nyon, 1847, in-12 [2 fr. 50 c.].

8. — Dictionnaire anglais-français, français-anglais, augmenté de plusieurs milliers de mots empruntés à la chimie, à l'histoire naturelle, aux beaux-arts, etc.; suivi d'un glossaire renfermant l'explication de tous les vieux mots contenus dans les anciens auteurs anglais et les auteurs écossais les plus estimés, etc. 1 vol in-18. — Dictionnaire universel anglais-français et français-anglais, contenant, etc. Paris, Eymery, 1839.

9. — Le Petit Professeur d'anglais, ou Guide pratique de la langue anglaise, contenant un cours de versions, avec la prononciation figurée, la traduction en regard mot à mot et en bon français. Paris, Delloye, 1840, in-18 [1 fr. 25 c.].

10. — The Book of Legends, ou Nouvelles et contes moraux. Paris, Pourchet, 1842, in-12 [3 fr.].

11. — Narrationes et conciones anglais; morceaux choisis des traductions les plus estimées de Xénophon, Hérodote, etc., précédés de notices biographiques et critiques des auteurs anciens et modernes. Paris, Mme veuve Maire-Nyon, 1841, 2 vol. in-12 [7 fr.].

Le deuxième volume (*poésie*) a paru sous le titre : *Elegant extracts* (second series) *from the most esteemed translations of the works of Xenophon, Herodotus*, etc.

On doit à M O' Sullivan des *Notices critiques et historiques*, et des *Notes* pour les éditions classiques suivantes des tragédies de SHAKSPEARE : « Hamlet; Macbeth; Othello; le Marchand de Venise; Roméo et Juliette; Timon d'Athènes; Richard III, et le Roi Lear » [Paris, Hachette, 1838-45, in-12].

Il a donné une *traduction* des « Poésies satiriques et burlesques » de MOORE, et une *Notice sur la vie et les œuvres du même auteur*, jointe aux « Chefs-d'œuvre poétiques » de Thomas MOORE, traduits par Mme L.-Sw. BELLOC [1841, in-8 et in-18].

Il est l'auteur de *Notes philologiques*, à propos des « Essais sur Milton et sur l'imagination, » par ADDISON [1841, in-18]; et d'une *Notice sur la vie et les œuvres de Milton et de Pope* [1841, in-18].

Citons encore : *Mortimer et Emnar*, dans le « Keepsake Paris-Londres. »

M. O' Sullivan a dirigé la publication de la « Bibliothèque anglo-française. »

SULLY-BRUNET. [Voy. la *France littér.*, t. IX, p. 291.] — Considérations sur le système colonial, et plan d'abolition de l'esclavage. Paris, impr. de Locquin, 1840, in-8 de 100 pag.

SULOT [L.-J.], de Dijon.

1. — La Déroute des aristos. La Guillotière, impr. de Bajat, 1849, in-4 de 2 pag.

Six couplets.

2. — Les Honnêtes Gens. La Guillotière, impr. de Bajat, 1849, in-4 de 2 pag.

Six couplets avec refrain.

SULPICE-SÉVÈRE [Sulpicius-Severus], historien latin; né en Aquitaine vers 363, mort en 410 ou 420. [Voy. la *France litt.*, t. IX, p. 291.] — Œuvres. Paris, Panckoucke, 1848, in 8 [7 fr.].

SULPICIA, dame romaine qui vivait sous Domitien, vers 90 de J.-C. [Voy. la *France littér.*, t. IX, p. 291.] — Œuvres complètes *d'Horace*, de *Juvénal*, de *Perse*, de *Sulpicia*, de *Turnus*, etc. Paris, Dubochet et Cie, 1839, gr. in-8 à 2 col. [15 fr.].

Collection des auteurs latins publiée sous la direction de M. Nisard. Le traducteur de Sulpicia est M. COURTAUD-DIVERNERESSE.

La satire de Sulpicia est aussi imprimée à la suite des « Satires » de PERSE, traduites par PERREAU [Paris, Panckoucke, 1840, in 8].

SULPICY, jurisconsulte, ancien procureur du roi à Coulommiers. — Avec MM. *Teulet* et *d'Auvilliers* : les Codes français annotés, offrant, sous chaque article, l'état complet de la doctrine, de la jurisprudence et de la législation. Paris, Chamerot, 1843, 2 vol. gr. in-4 ou gr. in-8 [40 fr.].

La Ire partie contient les *Constitutions* de

1791, de 1793, de l'an III, de l'an VIII, de l'an XII (Empire), de 1814, des Cent-Jours (1815), de 1830, avec les lois d'organisation, et le *Code civil.* — La 2e partie : le *Code de procédure civile* ; *Code de commerce* ; *Code d'instruction criminelle* ; *Code pénal* ; *Code la presse* ; *Code forestier* ; et *Tarifs civil et criminel.*

SUPERNANT [C.-L.]. [Voy. la *France littér.*, t. IX, p. 293.]

1. — Recueil de nouvelles poésies. Laon, impr. de Varlet-Berleux, 1841, in-32.

2. — Nouveau Recueil de poésies. Laon, impr. de Fleury, 1843, in-8 de 120 pag.

3. — Guillaume, né à Harcigny, près Vervins, au commencement du XIVe siècle, médecin du roi Charles VI, poëme. Laon, impr. de Fleury, 1846, in-8 de 64 pag.

SUPERVILLE [Humbert de]. Voy. HUMBERT DE SUPERVILLE [D.-P.-G.].

SURELL [Alexandre], ingénieur des ponts et chaussées. — Étude sur les torrents des Hautes-Alpes. Paris, Carilian-Gœury, 1840, in-4, avec pl. [12 fr.]

Ouvrage imprimé par ordre de M. le ministre des travaux publics.
Les recherches de M. Surell l'ont conduit à ce fait, que l'existence des torrents des Hautes-Alpes est due tout entière au déboisement des montagnes.

SURIN [le P. Jean-Joseph], jésuite ; né à Bordeaux en 1600, mort dans cette ville le 22 avril 1665. [Voy. la *France litt.*, t. IX, p. 294.]

1. — Les Fondements de la vie spirituelle, tirés du livre de l'*Imitation de Jésus-Christ.* Nouvelle édition, revue et corrigée par le P. *Brignon.* Lyon, Périsse, 1838, 1848, in-32.

2. — Lettres spirituelles. Nouvelle édition. Lyon et Paris, Périsse, 1843, 2 vol. in-12 [4 fr.].

3. — Lettres inédites, revues par l'abbé *Pouzot* et M. *Sarion*, précédées d'une Notice sur la vie et les ouvrages du P. Surin, par M. *Sarion*, et terminées par une table analytique. Paris, Mellier, 1845, in-18 [3 fr. 50 c.].

SURINGAR [W.-H.]. — Considérations sur la réclusion individuelle des détenus (traduit du hollandais sur la IIe édition corrigée), précédées d'une Préface et suivies du Résumé de la question pénitentiaire ; par *L.-M. Mo-*

reau Christophe. Paris, Mme Bouchard-Huzard, 1843, in-8 de 136 pag.

SURIRAY - DELARUE [A.-G.-M.]. [Voy. la *France littér.*, t. IX, p. 295.]

1. — Lettre à un ami sur les pyrocaphes de la Garonne, véloces, inexplosibles et fumivores. Paris, impr. de Proux, 1842, in-8 de 4 pag.

2. — Mémoire sur le transport simultané des voyageurs et de la marchandise, à grande vitesse, sur les pyroscaphes de la Garonne. Bordeaux, impr. de Faye, 1849, in-4.

SURVILLE. — Mémoires sur les vestiges des thermes de Bayeux, découverts en 1760, et recherchés en 1821. Caen, in-8, fig. [2 fr. 50 c.]

SURVILLE, ingénieur en chef des ponts et chaussées. [Voy. la *France littér.*, t. IX, p. 297.] — Notice sur l'emploi du bois dans la construction des chaussées. Pavés en bois debout. De l'application de ce système, etc. Paris, impr. de Proux, 1840, in-8 de 28 pag.

SUSANE [Louis], capitaine d'artillerie. — Histoire de l'ancienne infanterie française. Paris, Corréard, 1849, in-8 [7 fr. 50 c.].

SUSINI [Jacques de]. [Voy. la *France littér.*, t. IX, p. 298.] — L'Empereur et l'exil, suivi du Prologue des batailles. Paris, impr. de Guiraudet, 1840, in-8 de 40 pag.

Poésies.
Citons encore : 5 mai, anniversaire de la mort de l'empereur [en vers, — 1840, in-8] ; — 15 août [pièce de vers, — 1840, in-8] ; — Vingtième anniversaire de la mort de l'empereur, 5 mai 1841 [en vers, — 1841, in-8] ; — l'Oracle de Memnon au vainqueur de Nezib [en vers, — 1846, in-8] ; — Bonaparte et Napoléon [en vers, — 1847, in-8] ; — France et Napoléon [en vers, — 1849, in-16].

SUSO [le bienheureux Henri]. Voy. Suzo.

SUSSEX [S. de]. — Notice sur la valeur agricole et l'application des engrais-poudréttes concentrés. Paris, Dauvin et Fontaine, 1849, in-8 [30 c.].

SUTAINE [Max]. — Essai sur l'histoire des vins de Champagne. Reims, impr. de Jacquet, 1846, in-12 de 120 pag.

SUTTER [Thérèse Figueur, femme], dragon aux 15e et 9e régiments.

M. Saint-Germain le Duc a publié au sujet de cette femme soldat l'ouvrage suivant : les Campagnes de Mlle Thérèse Figueur, aujourd'hui Mme veuve Sutter, ex-dragon aux 15e et 9e régiments, de 1793 à 1815, écrites sous sa dictée. [Paris, Dauvin et Fontaine, 1843, in-8, 5 fr.].

SUYS. Voy. Haudebourt [L.-P.].

SUZANNET [le comte de]. — Souvenirs de voyages. Les provinces du Caucase, l'empire du Brésil. Paris, Dentu, 1845, in-8 [7 fr. 50 c.].

SUZO [le bienheureux Henri], de l'ordre des Frères prêcheurs.

1. — Le Livre de la sagesse éternelle, avec une introduction sur la vie et les écrits du B. Henri Suzo par *J. Gœrres*; traduit de l'allemand par M. *A. Vincent de Gourgas*, proviseur du collège royal de Reims. Lyon, Guyot; Paris, Olivier Fulgence, 1840, in-8.

2. — La Vie et les Épîtres du B. Henri *Suzo*, publiées par MM. *E. Cartier* et *F.-E. Chavin*, de Malan. Paris, Debécourt, 1842, in-18.

Outre la traduction de onze lettres de H. Suzo, ce volume contient la traduction en prose du poème de Herder sur ce personnage.

SUZOR [le comte Jules de].

1. — Inauguration du chemin de fer de Strasbourg à Bâle. Strasbourg, impr. de Dannbach, 1842, in-18 [1 fr.].

2. — La Russie envahie par les Allemands. Notes recueillies par *un vieux soldat, qui n'est ni pair de France, ni diplomate, ni député*. Leipzig, Michelsen; Paris, J. Renouard et Cie, 1844, in-18 de XIV et 138 pag. [3 fr.].

3. — La Cour de Weimar; in-18. [1 fr. 25 c.]. *Paris, Renouard.*

M. Jules de Suzor a été rédacteur en chef du journal « l'Alsace. »

SWANTON-BELLOC. Voy. Belloc [Louise Swanton, dame].

SWEDENBORG [Emmanuel], visionnaire et mystique, théosophe, métallurgiste, assesseur au collège royal des mines de Suède; né à Stockolm en 1688, mort en 1772. [Voy. la *France littér.*, t. IX, p. 300.]

1. — La Clef hiéroglyphique des arcanes naturels et spirituels par voie des représentations et des correspondances. Traduit du latin de Swedenborg à l'aide de M. *Lino de Zaboa*, prêtre espagnol; publiée par *Cheneau*. Paris, impr. de Dupont, 1843, in-18.

2. — Arcanes célestes de l'Écriture sainte, ou Parole du Seigneur, dévoilés, ainsi que les merveilles qui ont été vues dans le monde des esprits et dans le ciel des anges. Ouvrage publié en latin, de 1749 à 1756, et traduit par *J.-F.-E. le Boys des Guays*. Saint-Amand, Porte; Paris, Hartel, Treuttel et Würtz, 1845-47, 4 vol. in-8.

3. — Du Cheval blanc dont il est parlé dans l'Apocalypse, ch. XIV, et ensuite de la parole et de son sens spirituel ou interne d'après les arcanes célestes. Traduit du latin sur l'édition princeps (Londres, 1758), par *J.-F. le Boys des Guays*, et publié par une société de disciples des doctrines de la nouvelle église du Seigneur Jésus-Christ. Saint-Amand (Cher), Porte; Paris, impr. de Mme Dondey-Dupré, 1844, in-8 de 44 pag.

4. — Des Biens de la charité, ou Bonnes œuvres et explication du Décalogue. Traduit du latin par *J.-F.-E. le Boys des Guays*, et publié par un disciple (L. de Z.) des doctrines de la vraie religion chrétienne, ou la nouvelle église prédite par le Seigneur dans Daniel, etc. Saint-Amand, Porte; Paris, impr. d'Appert, 1846, in-8 de 96 pag.

5. — Du Divin Amour et de la divine sagesse. (Ouvrage posthume.) Traduit par *J.-F.-E. le Boys des Guays*, et publié par une société de membres de la nouvelle église du Seigneur Jésus-Christ, signifiée par la nouvelle Jérusalem. Saint-Amand, Porte; Paris, Hartel, Treuttel et Würtz, 1843, in-8.

6. — Exposition sommaire du sens interne des livres prophétiques de l'Ancien Testament et des psaumes de David, avec un double index des matières. (Ouvrage posthume.) Traduit du latin par *J.-F.-E. le Boys des Guays*, sur l'édition de Robert Hindmarsh (Londres, 1784), et publié par une société de disciples des doctrines de la nouvelle église du Seigneur Jésus-Christ, signifiée par la nouvelle Jérusalem (Apoc., XXI, 1, 2). Saint-Amand, Porte; Paris, Hartel, 1845, in-8.

7. — Doctrine de vie pour la nou-

velle Jérusalem, d'après les préceptes du Décalogue. Traduite par *J.-F.-E. le Boys des Guays*, et publiée par une société de novi-jérusalémites. Saint-Amand, Porte; Paris, Hartel, 1840, in-8 et in-18.

8. — Doctrine de la nouvelle Jérusalem sur l'Écriture sainte. Traduite du latin sur l'édition princeps (Amsterdam, 1763), par *J.-F.-E. le Boys des Guays*, et publiée par une société de membres de la nouvelle église du Seigneur Jésus-Christ. Saint-Amand, Porte; Paris, Hartel, Treuttel et Würtz, Mme Dondey-Dupré, 1842, in-8 et in-18.

9. — Doctrine de la nouvelle Jérusalem sur le Seigneur. Traduite du latin par *J.-F.-E. le Boys des Guays*, sur l'édition princeps (Amsterdam, 1788), et publiée par une société de disciples des doctrines de la nouvelle église du Seigneur Jésus-Christ. Saint-Amand, Porte; Paris, Hartel, Treuttel et Würtz, Mme Dondey-Dupré, 1844, in-8.

10. — Doctrine de la nouvelle Jérusalem sur la foi. Traduite du latin par *J.-F.-E. le Boys des Guays*, sur l'édition princeps (Amsterdam, 1763), et publiée par une société de disciples des doctrines de la nouvelle église du Seigneur Jésus-Christ, signifiée par la nouvelle Jérusalem (Apoc., XXI, 1, 2). Saint-Amand, Porte; Paris, Hartel, Treuttel et Würtz, 1845, in-8 de 48 pag.

11. — Exposition sommaire de la doctrine de la nouvelle église qui est entendue dans l'Apocalypse par la nouvelle Jérusalem. Traduite par M. *le Boys des Guays*. Paris, Treuttel et Würtz, 1847, in-8 et in-18.

SWIFT [Jonathan], écrivain satirique, doyen de Saint-Patrick; né à Cashel (Irlande) en 1667, mort en 1745. [Voy. une Notice biographique sur Swift par Walter Scott, et la *France littér.*, t. IX, p. 301.]

1. — La Vie d'Anne Stuart, reine de la Grande Bretagne, de France et d'Irlande, traduite de l'anglais (par *Eidous*). Londres, 1749, 2 vol. in-12.

2. — Voyages de Gulliver, traduction nouvelle, précédée d'une Notice par *Walter Scott*. Paris, Furne, Fournier, 1838, 2 vol. in-8, avec 400 grav.

par Grandville, imprimées dans le texte [10 fr.].

Les mêmes éditeurs en ont aussi publié une édition gr. in-8, avec des illustrations de Grandville.

— Voyages de Gulliver dans les contrées lointaines. Traduction nouvelle, précédée d'une Notice biographique et littéraire par *Walter Scott*. Paris, Garnier frères, Fournier aîné, 1841, in-12 [3 fr. 50 c.].

— Voyages de Gulliver dans les contrées lointaines. Paris, Lehuby, 1843, 1846, 1849, in-12 [6 fr.].

— Voyages de Gulliver. Paris, Gennequin, 1846, in-8 [6 fr.].

Indiquons encore les éditions suivantes : Paris, Beaujouan, 1839, 2 vol. in-18; — René, 1841, in-16; — Gauthier frères, 1842, in-18, avec des figures découpées; — Moronval, 1844, in-18, etc.

SY [Alexandre-César-Annibal, baron de STONE, marquis de], maréchal de camp, mort en 1821. [Voy. la *France littér.*, t. IX, p. 303.] — Le Connoisseur, comédie en trois actes et en vers. Genève et Paris, Houry, 1773, in-8.

SYLVESTRE DE SACY. Voy. SILVESTRE DE SACY.

SYLVINS, pseudonyme. — Physiologie du poëte. Paris, Jules Laisné, Aubert, Lavigne, 1841, in-32 [1 fr.].

SYMON DE LATREICHE [l'abbé Constant], professeur de philosophie à Metz.

1. — Du Mystère de la Vierge, ou du Rôle de la femme dans la création. Besançon, impr. de Proudhon, 1841, in-8.

2. — Des Mœurs et des doctrines du rationalisme en France. Paris, Debécourt, 1839, in-8 [3 fr.].

M. l'abbé Symon de Latreiche a traduit le « Traité historique sur le christianisme et l'esclavage, » par MOEHLER, publié à la suite de : « le Christianisme et l'esclavage, » par l'abbé THÉROU [1841, in-8].

SYNÉSIUS, évêque de Ptolémaïs; né à Cyrène vers 350. [Voy. la *France littér.*, t. IX, p. 305.]

— Synesii Hymni versio latina. Paris, J. Delalain, 1840, in-18 [1 fr. 25 c.].

— Hymnes traduits en français, avec le grec en regard; précédés d'une étude sur la vie et les écrits de Synésius, accompagnés d'un hymne au Christ, par saint Clément Alexandrin, d'une version latine, par *Fr. Port*; et suivis des hymnes sacrés de *Manzoni*, traduits en français, avec l'italien en regard, par MM. *Grégoire* et *Collombet*. IIe édition. Lyon et Paris, Périsse, 1840, in-8.

Les hymnes de Synésius sont aussi contenus dans « les Petits poëmes grecs » [1839, in-8]. Voy. IBYCUS.

SYNTAXE [le docteur Sévérus], pseudonyme. Voy. **BESCHERELLE** aîné [Louis-Nicolas].

SYRTEMA DE GROVESTINS. Voy. SIRTEMA DE GROVESTINS.

SYRUS-PIRONDI. Voy. PIRONDI.

SYRUS-PUBLIUS. Voy. PUBLIUS SYRUS.

SZOKALSKI.
1. — Essai sur les sensations des couleurs dans l'état physiologique et pathologique de l'œil. 1841, in 8 [3 fr. 50 c.]. — *Paris, Germer Baillière*.
2. — De l'Emploi hygiénique et thérapeutique des conserves et des lunettes. 1842, in-8 [1 fr. 50 c.]. — *Paris, Germer Baillière*.

T

TABARDEL [l'abbé], vicaire à Mens (Isère). Voy. BLANC.

TABOADA [Nuñez]. Voy. NUÑEZ DE TABOADA.

TABOURIN [F.].
1. — Remarques sur les théories de la combustion. Lyon, Savy jeune, 1847, in-8 de 40 pag.
2. — D'un Projet d'assurance par l'État contre la mortalité des animaux domestiques, comme moyen de les conserver à l'agriculture, d'en augmenter le nombre et d'améliorer leur race, et, en même temps, de relever la position des vétérinaires civils. Lyon, Savy jeune, 1848, in-8 de 40 pag.
3. — Avec MM. *Lecoq, Rey* et *Tisserant* : Dictionnaire général de médecine et de chirurgie vétérinaires (1849, in-8). Voy. REY.

TACHARD [Pierre-Albert]. — Concours pour l'auditorat au conseil d'État. Composition de M. P.-A. Tachard. Paris, impr. de Le Normant, 1849, in-4 de 16 pag.

TACHARD [Alfred]. — Des Druides, thèse. Strasbourg, impr. de Silbermann, 1849, in-8 de 92 pag.

TACHOUZIN. [Voy. la *France littér.*, t. IX, p. 310.] — La Charte et les droits réunis, brochure dédiée à tous les comités vinicoles du royaume ; terminée par un impôt de droit commun à présenter au gouvernement, en remplacement de l'impôt sur la production de la vigne. Condom, impr. de Dupont, 1844, in-8 de 26 pag.

TACITE [Caius-Cornelius Tacitus], historien latin ; né à Interamne, vers l'an 54 après J.-C., mort vers 130 ou 134. [Voy. des articles sur ses œuvres et sur sa vie par M. Jules JANIN, dans les *Débats* des 17 juin, 22 juillet, 19 août 1839; des Études par M. LERMINIER, dans la *Revue des Deux-Mondes* du 1er janvier 1834, et la *France littér.*, t. IX, p. 310.]

— Œuvres. Paris, Panckoucke, 1843, 4 parties in-8.

Reproduction de l'édition de 1830-38, 7 vol. in-8, dont la publication avait été interrompue après la mise en vente de la quatrième partie.

— Œuvres complètes de Tacite, avec la traduction en français, publiées sous la direction de M. Nisard. Paris, Dubochet, 1839, gr. in-8 [12 fr.].

La *Vie de Tacite*, par M. DAUNOU, qui se trouve en tête, est tirée de « la Biographie universelle » de M. Weiss. La traduction des *Annales*, des *Histoires* et du *Dialogue des orateurs* est celle de M. DUREAU DE LA MALLE, revue; M. NISARD a traduit les *Mœurs des Germains* ; M. A. FRANÇOIS, la *Vie d'Agricola*.

— C. CORN. TACITI opera quæ exstant omnia, ad probatissimarum editionum fidem DD. Lallemant et Gabr. Brotier, recognita et edita. Paris, Maire-Nyon, 1840, 1845, in-12 [3 fr.].

— Œuvres complètes. Traduction nouvelle, accompagnée du texte, par *Charles Louandre*, avec une notice et un index. Paris, Charpentier, 1845, 2 vol. in-12 [7 fr.].

Le texte est au bas de la traduction.

— Tacite. Traduction de *Dureau de La Malle*, revue, corrigée, etc., par M. *Ferdinand Collet*. Paris, Garnier frères, Lefèvre, 1846, 3 vol. in-18.

Le texte est au bas des pages.

— OEuvres complètes, avec la traduction en français. Paris, Dubochet et Cie, 1847, 2 vol. in-12.

Le faux titre porte : « Chefs-d'œuvre de la collection des auteurs latins, avec la traduction en français, publiés sous la direction de M. Nisard. »

Quant aux éditions *ad usum scholarum*, nous indiquerons seulement les titres des ouvrages : *Annales*; *Dialogue sur les orateurs*; *Extraits*; *Histoires*; *Mœurs des Germains*; *Vie d'Agricola*; les noms des traducteurs et annotateurs : MM. ACHAINTRE, BEYERLÉ, BOISTEL, Napoléon-Louis BONAPARTE, DEMOGEOT, DESPOIS, DUBNER, DUBOIS, DUREAU DE LA MALLE, FRANÇOIS, FRÉMONT, L. GIBON, MATERNE, NAUDET, NEPVEU, NICOLAS, QUICHERAT, et ceux des éditeurs : MM. Hachette, Delalain, Dezobry, Périsse et Lasnier (au Mans).

TAFFE [A.], ancien officier d'artillerie, chef des travaux de l'École d'Arts et Métiers de Châlons-sur-Marne, sous-directeur de l'École nationale d'Arts et Métiers d'Aix en 1848. [Voy. la *France littér.*, t. IX, p. 319.]

1. — Application de la mécanique aux machines les plus en usage, mues par l'eau, la vapeur, le vent et les animaux, et à diverses constructions; ouvrage qui fait connaître dans chaque cas la quantité de matière travaillée qui répond à une quantité d'action dépensée par le moteur ou par l'outil, et qui est destiné à guider les constructeurs dans les calculs relatifs à l'établissement de ces différentes usines. IIIe édit., rev., corr. et augmentée. Paris, Mathias, 1843, in-8 avec pl. [10 fr.]

La première édition est de 1835, la deuxième de 1839.

2. — Cours de physique. IIe édit. Châlons-sur-Marne, impr. lith. de Barbat, 1843, in-fol.

3. — Cours de mécanique appliquée aux arts et à l'industrie. Châlons-sur-Marne, impr. lith. de Barbat, 1843, in-fol.

4. — Cours de chimie appliquée aux matériaux. IIe édit. 1845, in-fol. [8 fr.] — Paris, Mathias.

5. — Cours de technologie. Aix, impr. lith., 1848, in-fol.

TAFFIN [J.-D.], prêtre. [Voy. la *France littér.*, t. IX, p. 319.] — Méthode complète et raisonnée du chant ecclésiastique, IIe édition. Lille, Lefort, 1846, in-8.

TAGNARD jeune. — Traité d'arithmétique pratique, contenant toutes les opérations ordinaires du calcul, les fractions, le système métrique. Paris, Didier, 1843, in-18 [1 fr.].

TAICLET [J.], professeur à Metz. [Voy. la *France littér.*, t. IX, p. 319.]

1. — Petit Recueil de billets, de promesses, de quittances, de mémoires d'ouvriers, etc. IIe édition. Metz, Gerson Lévy, 1842, in-18 de 36 pag. [25 c.]

La première édition est de 1841.

2. — Premiers Exercices orthographiques, ou Introduction à la grammaire théorique, etc. Metz, Pallez et Rousseau, 1845, in-12 [20 c.].

Souvent réimprimé. Il y a deux parties : celle du *maître* et celle de l'*élève*.

3. — Citographie; ou Nouvelle Méthode d'écriture prompte et facile. IVe édition. Metz, Pallez et Rousseau, 1847, 4 cahiers in-4 [3 fr.].

Cette méthode a été autorisée par le conseil de l'instruction publique. Chaque cahier se vend séparément.

TAILHADE [J.-P.], médecin. [Voy. la *France littér.*, t. IX, p. 319.] — Des Eaux de Capbern, à l'occasion d'un article qui les concerne, inséré dans l'*Annuaire* du département des Hautes-Pyrénées pour l'année 1845. Tarbes, impr. de Lavigne, 1846, in-8 de 48 pag.

L' « Annuaire du département des Hautes-Pyrénées » écrit *Capvern*, ainsi que le Dictionnaire des Postes.

TAILHAND, prêtre desservant. — Histoire philosophique de la bienfaisance. Paris, Marc-Aurel, 1847, in-8.

TAILHIÉ [l'abbé Jacques], prêtre; né à Villeneuve-d'Agen dans les premières années du XVIIIe siècle, mort en 1768, suivant les uns, en 1778, suivant les autres. [Voy. l'*Histoire ancienne et moderne du département de Lot-et-Garonne*, par M. BOUDON DE SAINT-AMANS, t. II, p. 163, et la *France littér.*, t. IX, p. 319.]

1. — Abrégé de l'*Histoire ancienne de Rollin*. VI⁰ édition. Lyon et Paris, Périsse frères, 1841, 5 vol. in-12.

M. Cassany-Mazet, pages 201-202 de ses *Essais statistiques et historiques du quatrième arrondissement du département de Lot-et-Garonne* (1839, in-8), dit que Tailhié a donné la première édition des « Oeuvres (en patois) d'Arnaud Daubasse, » peignier en corne, qui remonterait à 1796. Ces faits, s'ils sont vrais, forceraient encore à modifier la date de la mort de Tailhié.

2. — Abrégé de l'*Histoire romaine de Rollin*. VI⁰ édition, revue, etc. Lyon et Paris, Périsse, 1844, 5 vol. in-18, avec 1 carte [7 fr.].

TAILLANDIER [Alphonse-Honoré], conseiller à la cour de cassation, ancien membre de la Chambre des députés, ancien membre de la commission des archives départementales et communales, membre de la Société des Antiquaires de France; né à Paris le 10 mars 1797. [Voy. la *France littér.*, t. IX, p. 321.] — Documents biographiques sur P.-C.-F. Daunou. Paris, F. Didot, 1841, et II⁰ édition, 1847, in-8, avec un portrait.

Citons encore: Quelques mots sur le *Tigre* [1842, in-8. Il s'agit du célèbre pamphlet publié en 1560, et dont le seul exemplaire connu appartient à M. J.-C. Brunet]; — Compte rendu par M. Taillandier, ancien député de l'arrondissement de Cambrai (*intra-muros*), à MM. les électeurs de cet arrondissement [1842, in-8]; — Mémoire sur les registres du parlement de Paris pendant le règne de Henri II [1842, in-8. — Extrait du tome XVI des « Mémoires de la Société royale des Antiquaires de France. » L'auteur avait, dans le tome XI du même recueil, donné une *Notice sur les registres manuscrits du parlement de Paris*, qui a été aussi tirée à part]; — Discours prononcé aux funérailles de M. Biennais, ancien orfévre de l'empereur, le 28 mars 1843 [1843, in-8]; — Notice sur un tableau attribué à Jean Van Eyck, dit Jean de Bruges, qui se voit dans la principale salle de la cour royale de Paris, accompagnée de détails sur la grand'chambre du parlement, etc. [1844, in-8, avec une planche]; — Notice sur la vie et les travaux de M. J. Berriat Saint-Prix [1846, in-8]; — Notice historique sur les anciens registres de l'état civil à Paris [1846, in-18. — Extrait de l' « Annuaire de la Société de l'Histoire de France»]. M. Taillandier a donné, dans les « Mémoires de la Société des Antiq. de France » : *Rapport sur les travaux de la Société des Antiquaires de France pendant l'année 1830* t. IX, LXXXI]; — *Notice sur la vie et les travaux de M. Berryat Saint-Prix* [nouvelle série, t. VIII, LIX]; — *Notice biographique sur J.-F. Dulaure* [nouvelle série, t. II, XLI]; — *Notice nécrologique sur Lebreton* [t. IX, p. CXV]; — *Notice biographique sur Touret* [X, LX]; — *sur l'ancienne église collégiale de Champeaux* [nouvelle série, I, 268, et nouvelle série, V, 360]; — *sur l'état de la législation française sous la première race* [IX, 81]; — *sur les institutions judiciaires du temps de saint Louis* [X, 170]; — *sur les registres manuscrits du parlement de Paris* [nouvelle série, I, 374]; — *sur les registres du parlement de Paris pendant le règne de Henri II* [nouvelle série, VI, 585]. — *Notice historique sur l'introduction de l'imprimerie à Paris* [nouvelle série, III, 346]; — *sur un tableau attribué à J. Van Eyck, dit Jean de Bruges* [nouvelle série, VII, 169].

On doit à M. A. Taillandier une *Introduction* précédant la « Loi sur la procédure civile, » par Bellot [1837, in-8]. Il a concouru avec MM. Guérard et Natalis de Wailly à la publication du « Cours d'études historiques » par P.-F.-C. Daunou [1842 et années suivantes, in-8].

M. A.-H Taillandier a travaillé au « Recueil général des anciennes lois françaises »; au « Moniteur universel »; à la « Revue encyclopédique »; à la « Revue du droit français et étranger »; au « Dictionnaire de la conversation et de la lecture »; à « l'Encyclopédie des gens du monde, » etc.

TAILLANDIER [René-Gaspard-Ernest], professeur suppléant à la faculté des lettres de Strasbourg, plus connu sous le nom *Saint-René Taillandier*; né à Paris en 1817.

1. — L'Helléniade, ou les Français en Morée; poëme en trois chants. Paris, Ladvocat, Delaunay, etc., 1828, in-18 de 108 pag.

Sous le nom de *Saint-René* [R.-T.].

2. — Béatrice, poëme. Paris, Ch. Gosselin, Brockhaus et Avenarius, 1840, in-8 [7 fr. 50 c.].

En quatre parties. La seconde partie est intitulée : *Dante*.

3. — Des Écrivains sacrés au XIX⁰ siècle. Discours prononcé à l'ouverture du cours de littérature française a la faculté des lettres de Strasbourg. Strasbourg, impr. de Mme veuve Berger-Levrault, 1842, in-8 de 28 pag.

4. — De Summa providentia res humanas administrante quid senserint priori Ecclesiæ scriptores et quæ fuerit apud eos hujus doctrinæ fortuna et incrementum. Dissertatio academica. Paris, impr. de Crapelet, 1843, in-8 de 64 pag.

5. — Scott Érigène et la philosophie scolastique. Strasbourg, Mme veuve Levrault; Paris, Bertrand, 1843, in-8 [4 fr. 50 c.].

6. — Histoire de la jeune Allemagne. Études littéraires. Paris, Franck, 1849, in-8 [7 fr. 50 c.].

Sous le nom Saint-René Taillandier et sous le pseudonyme F. de la Genevais, M. Taillandier a donné de nombreux articles dans la « Revue des Deux-Mondes » depuis 1843, particulièrement des études littéraires, politiques et philosophiques sur l'Allemagne, sur la situation de ce pays, ses poëtes, ses romanciers, ses auteurs dramatiques, ses écrivains politiques, etc.

TAILLANDIER [Édouard], ancien magistrat, ancien sous-préfet de la république. — Des vices de la base actuelle de l'impôt de la prestation en nature pour la confection et l'entretien des chemins vicinaux, et des moyens de détruire ces vices. Mortagne, impr. de Daupeley, 1849, in-8 de 24 pag.

TAILLARD [Constant]. [Voy. la *France littér.*, t. IX, p. 323.] — Cantate chantée en l'église de Nanterre, le jour de la Pentecôte, pour le couronnement de la rosière. Paris, impr. de Lacrampe, 1845, in-4 de 2 pag.

TAILLARD [Charles]. — Au prince Louis-Napoléon Bonaparte. Paris, impr. de Pollet, 1848, in-8 de 4 pag.

En vers.

TAILLEFER [Louis-Gabriel], inspecteur de l'académie de Paris. [Voy. la *France littér.*, t. IX, p. 324.] — Avec M. *J.-J. Gillet-Damitte*: Synthèse logique (1838, in-12). Voy. GILLET-DAMITTE.

M. L.-G. Taillefer a traduit de l'anglais : « Guide de la vie humaine, » par DODSLEY (1838, in-12).

TAILLEFER. — La France et l'Europe. Système défensif. Amélioration du sort de l'armée. Paris, Delaunay, 1841, in-8 de 108 pag.

TAILLEFER [L.], pasteur à Athis (Orne).

1. — Saint Pierre changé en Juif errant par la tradition, ou Correspondance au sujet du prétendu séjour de saint Pierre à Rome. Paris, Delay, 1846, in-18 de 24 pag.

2. — Saint Pierre a-t-il jamais été à Rome? Réponse à un défi de M. l'abbé Bisson. Caen, Pagny; Paris, Delay, 1847, in-8 de 160 pag.

TAILLEFERT [Em.].

On doit à M. Em. Taillefert une traduction d'HORACE : « Art poétique » (1844, in-12); — « Épîtres » (1846, in-12).

TAILLEFUMIÈRE [l'abbé], curé de Bagnolet.

1. — Éléments de la grammaire grecque, avec syntaxe, rédigée sur le plan de la syntaxe latine de Lhomond. Paris, Hachette, 1841, gr. in-8 [3 fr.].

2. — Détails curieux et jusqu'alors inconnus sur la mort de Mgr l'archevêque de Paris. Paris, impr. de Bautruche, 1848, in-18.

TAILLENGROS. — Almanach des concierges. Paris, impr. de François, 1844, in-12 oblong.

Taillengros est probablement un pseudonyme.

TAILLIAR, conseiller à la cour d'appel de Douai, membre de la Société des Sciences de cette ville, correspondant de la Société des Antiquaires de France.

1. — Notice sur les institutions gallo-frankes, 421-752. Douai, Wagrez aîné, 1835, gr. in-8.

Extrait des « Mémoires de la Société royale et centrale d'Agriculture, Sciences et Arts du département du Nord. »

2. — De l'Affranchissement des communes dans le nord de la France. Cambrai, Lesne-Daloin, 1837, in-8.

Ce mémoire, qui a obtenu une médaille au concours de la Société d'Émulation de Cambrai, a été publié dans les « Mémoires » de cette Société [XV° recueil, 1834-35].

3. — Notice de manuscrits concernant la législation du moyen âge. Douai, 1837, gr. in-8 [3 fr. 50 c.].

4. — Des Lois historiques et de leur application aux cinq premiers siècles de l'ère chrétienne, ou Notice analytique sur l'empire romain, le christianisme et les barbares, jusqu'à la fondation des sociétés modernes au V° siècle. Douai, 1839, gr. in-8.

5. — Notice sur la langue romane d'oïl. Brochure in-8 de 80 pag. [3 fr. 50 c.]

Extrait des « Mémoires de la Société royale et centrale d'Agriculture, Sciences et Arts du département du Nord. »

6. — Notes bibliographiques pour un Essai sur l'histoire des principaux peuples anciens et modernes. Lille, 1841, brochure de 34 pag. [2 fr.]

7. — Essai sur l'histoire des institutions des principaux peuples, étude sur les anciennes théocraties. Douai, 1843, in-8 [5 fr.].

Extrait des « Mémoires de la Société royale et centrale d'Agriculture, Sciences et Arts du département du Nord » [1841-42, p. 205].

8. — Recherches sur l'histoire des

institutions politiques et civiles du moyen âge, du IXe au XVIe siècle; et nouvelles recherches sur l'institution des communes dans le nord de la France et le midi de la Belgique. Bruxelles, 1844, in-8 [1 fr. 50 c.].

9. — Précis de l'histoire des institutions de l'Europe occidentale au moyen âge. Saint-Omer, 1845.

10. — Recueil d'actes des XIIe et XIIIe siècles, en langue romane et wallonne du nord de la France, publié avec une introduction et des notes. Douai, impr. d'Adam d'Aubers; Paris, Roret, 1849, gr. in-8 [10 fr.].

M. Tailliar a traduit du polonais: « Voyage à Constantinople, fragment d'un voyage en Orient, » par le comte RACZYNSKI [1843, in-8].

On lui doit diverses notices historiques dans les « Mémoires de la Société des Sciences du Nord. »

Il a travaillé au « Puits artésien, » aux « Archives du Nord, » aux « Mémoires de la Société d'Agriculture, Sciences et Arts de Douai, » etc.

TAISEAU.

M. Taiseau a traduit de l'anglais: « Manipulations chimiques, » par Michel FARADAY [1827, 2 vol. in-8].

TAISSEIRE DE SAINT-MARC, docteur en médecine, reçu à Turin en 1813. [Voy. la *France littér.*, t. IX, p. 326.] — Guérison positive des maladies chroniques. Paris, impr. de Baudouin, 1843, in-12 de 24 pag.

TAJAN, avocat. [Voy. la *France littér.*, t. IX, p. 326.] — Essais d'histoire et de jurisprudence sur le notariat. 1re partie. Bagnères, Dossun; Paris, Chamerot, 1841, in-8 [2 fr. 50 c.].

M. Tajan a rédigé avec M. V. FONS, et mis en ordre alphabétique et méthodique, la *Table des tomes* XXI à XL du « Mémorial de jurisprudence » [1841, in-8].

On doit à M. Tajan un Éloge du baron de Gary dans le « Recueil des Jeux floraux de 1836. »

TALABARDON [Pascal].

1. — Traité théorico-pratique de l'articulation musicale, avec des observations sur les sons de la langue française et sur la théorie des intervalles. Paris, Schonenberger, 1841, in-4 [24 fr.].

2. — Cours de musique vocale, introduction à toutes les méthodes de chant. IIe édition. Paris, Schonenberger, 1843, in-12, avec 34 pages de musique [24 fr.].

TALABOT [Léon], ancien député. [Voy. la *France littér.*, t. IX, p. 327.] — Examen du projet de loi des chemins de fer en ce qui concerne les départements du centre et du midi. Paris, impr. de Panckoucke, 1842, in-8 de 44 pag.

Citons encore : *Conseil général des manufactures*. Session de 1841. Droit d'entrée sur les bestiaux, droit de consommation à l'intérieur. Rapport de la commission [1842, in-8]; — Session de 1841. Tarif des fers. Rapport de la commission [1842, in-8]; — Session de 1845. Transport des houilles sous pavillon français. Rapport de la commission des vœux [1846, in-8]; — Conseil général des manufactures. Session de 1845. Rapport de la commission. [Paris, impr. de Panckouke, 1846, in-8 de 76 p.])

TALABOT [Paulin]. — Avec M. *Didion* : Chemin de fer de Marseille au Rhône. Paris, impr. de Renouard, 1842, in-8 de 48 pag.

M. Paulin Talabot a fourni des articles au « Journal de l'industriel et du capitaliste, » notamment : *des Dépenses d'exploitation des chemins de fer* [1837, deuxième année].

TALABOT [la vicomtesse Eugénie de], pseudonyme. Voy. EYMERY [Alexis].

TALAIRAT [le baron G. de], ancien maire de Brioude, correspondant de la Soc. des Antiq. de France, né à Brioude. [Voy. *la France littér.*, t. IX, p. 327.] — Offrande au congrès scientifique de Clermont-Ferrand. Clermont-Ferrand, impr. de Thibaud-Landriot, 1839, in-8 de 16 pages.

On doit encore à M. le baron de Talairat: Épître au comte de Paris [1840, in-4]; — Napoléon [en vers, 1841, in-8]; — *l'Homme et sa destinée* [en vers, extrait du « Camée, » in-8].

TALANDIER, président de chambre à la cour d'appel de Limoges. — Traité de l'appel en matière civile. Paris, 1839, 1 vol. in-8 [7 fr. 50 c.].

TALASSA AITEI pseudonyme, Voy. MÉRARD DE SAINT-JUST.

TALBOT [Eugène], ancien substitut du procureur du roi. [Voy. la *France littér.* t. IX, p. 328.]

1. — Lettre aux jésuites d'Angers, à propos de la *Réplique au discours de M. l'avocat général Belloc*. Angers, Cornilleau et Maige, sans date (1844), in-8 de 30 pag.

Sous le nom *un Père de famille angevin*.

2. — Avec M. *Armand Guéraud* :

Petite Géographie populaire de la Loire-Inférieure. Nantes, Guéraud; Paris, Hachette, 1849, in-18, avec une carte.

Citons encore : les Premiers Travailleurs chrétiens [1848, in-8; lu à la Société académique de Nantes le 3 mai 1848]; — Aman et Esther. Étude critique [1849, in-8]; — des Catéchismes moraux chez les païens [1848, in-8].

TALBOT DE PELTERIE. — Mémoire sur l'île d'Haïti., Saint-Cloud, impr. de Belin-Mandar, 1841, in-8 de 32 pages.

TALBOTIER. — Avec M. *Chappron* : Tenue des livres en partie double que tout le monde peut pratiquer tout de suite sans leçons et sans aucune étude; Paris, impr. de Boulé, 1845, in-8 de 64 pag. avec un tableau [5 fr.].

TALIN D'EYZAC [E.-F.]

1. — Catéchisme philosophique, ou Préceptes de morale, recueillis pour l'éducation de la jeunesse. Paris, impr. de Mme Dondey-Dupré, 1838, in-18 [1 fr. 25 c.].

2. — Les Devoirs de la jeunesse. Paris, impr. de Mme Dondey-Dupré, 1846, in-12.

TALLEMANT DES RÉAUX [Gédéon], né en 1619. [Voy. un article de M. de MONMERQUÉ, dans la *Revue des Deux-Mondes*, du 15 sept. 1835, et la *France littér.*, t. IX, p. 329.] — Les Historiettes de Tallemant des Réaux, mémoires pour servir à l'histoire du seizième siècle, publiés sur le manuscrit autographe de l'auteur. Deuxième édition, précédée d'une notice sur l'auteur, augmentée de passages inédits, et accompagnée de notes et d'éclaircissements, par M. *Monmerqué*. Paris, Delloye, 1840, 10 vol. in-12 avec 10 portraits [17 fr. 50 c.].

La première édition a été donnée en 1834, par MM. de Châteaugiron, Monmerque et Taschereau.

TALLENDEAU [Henri], de Nantes. — Observation sur le remplacement et l'article 107 du projet de constitution. Rennes, impr. de Folligné, 1848, in-4 de 8 pag.

TALMA [François - Joseph], artiste dramatique, né à Paris le 15 janvier 1766, mort dans cette ville le 19 octobre 1827. [Voy. la *France littér.*, t. IX, p. 333.] — Mémoires de J.-F. Talma, écrits par lui-même et recueillis et mis en ordre sur les papiers de sa famille, par *Alexandre Dumas*. Paris, H. Magen, 1849, 2 vol. in-8 [15 fr.].

TALMA [Amédée-Jules-Louis-FRANÇOIS], chirurgien dentiste à Bruxelles, neveu par sa mère du célèbre tragédien Talma, né à Chaillot (Seine), le 18 mai 1792. [Voy. la *France littér.*, t. IX, p. 334.] — Mémoire sur la conservation des dents et sur quelques préjugés relatifs à l'art du dentiste. 1843, in-8 [2 fr.].

TALVANDE [Alexis-Michel]; né à Nantes le 8 octobre 1800, mort le 11 janvier 1838. [Voy. la *France littér.*, t. IX, p. 334.] — Méditations sur les temps présents. 2e partie. Nantes, Mellinet; Paris, Person, 1839, in-8.

TAMARIZ [J.], secrétaire de don Carlos. — Protestation au nom de don Carlos, écrite de Bourges. Châlon-s.-S., impr. de Duchesne, 1842, in-8 de 4 pages.

Publié par M. Dolivot de Givry.

TAMBURIN [F.]. — Mémoire sur le thrips olivarius (thrips de l'olivier), et sur les moyens de prévenir les ravages de cet insecte. Draguignan, impr. de Bernard, 1842, in-8 de 40 pag.

TAMISEY [l'abbé]. — Commentaire sur le catéchisme, ou Exposition de la doctrine chrétienne. Dijon, impr. de Popelain, 1847, in-12.

TAMISIER [Maurice], voyageur, né au Sommail (Aude) le 23 décembre 1810. [Voy. la *France littér.*, t. IX, p. 335.]

1. — Avec M. *Édouard Combes* : Voyage en Abyssinie (1835-37, 4 vol. in-8). Voy. COMBES.

2. — Voyage en Arabie. Séjour dans le Hedjaz. — Campagne d'Assir. Paris, Louis Desessart, 1839, 2 vol. in-8 avec une carte [16 fr.].

TAMISIER [le marquis de], agriculteur.

1. — Rapport au comice agricole de Seine-et-Marne au nom de la commission de visite des fermes. Paris, impr. de Ducessois, 1843, in-8 de 68 pag.

2. — Rapport au congrès central d'agriculture sur la question des chambres consultatives. Paris, impr. de Bénard, 1846, in-8 de 16 pag.

TAMISIER [A.], ancien élève de l'École polytechnique, capitaine d'artillerie, membre de l'Assemblée nationale en 1848. — Coup d'œil sur la théorie des fonctions. Lyon, 1841, broch. in-8 [50 c.]; — 11e édit., impr. de René, 1846, in-16.

Ce mémoire, lu à Lyon dans la cinquième section du Congrès, le 5 septembre 1841, par M. Considerant, est une réponse à cette question du programme : « Exposer et discuter la valeur des principes de l'École sociétaire fondée par Fourier. »

TAMPUCCI [Hippolyte], ouvrier cordonnier, garçon de classe au collége Charlemagne, chef du bureau des enfants trouvés à la préfecture de la Marne. [Voy. la *France littér.*, t. IX, p. 335] — Quelques fleurs pour une couronne, poésies. Sainte-Menehould, impr. de Poignée Darnauld, 1841, in-8 de 28 pag.; — autre édit. Châlons-sur-Marne, Boniez Lambert; Paris, Chamerot, 1847, in-18 [4 fr.].

Citons encore : Ou la mort, ou la liberté, chant national ; — le Cuirassier mourant, ballade [1830, in-8]; — le Dévouement, dithyrambe ; — les Deux Mères [1840, in-8]; — la Mort de M. Houzeau-Muiron, député de la Marne [1844, in-8, pièce de vers]; — Lettres champenoises. Première lettre, *les Crèches* [1846, in-8]; — Rapport au citoyen préfet de la Marne sur les enfants trouvés ou abandonnés, par le chef de bureau des aliénés, enfants trouvés, mendicité, etc. [1849, in-8.]

TANCHOU [Stanislas], docteur en médecine de la Faculté de Paris, né à Ecueillé (Indre), le 6 août 1791. [Voy. la *France littér.*, t. IX, p. 335.] — Recherches sur le traitement médical des tumeurs cancéreuses du sein ; ouvrage pratique basé sur 300 observations extraites d'un grand nombre d'auteurs; suivies d'une statistique sur la fréquence de ces maladies et de la discussion de l'Académie royale de Médecine sur les tumeurs du sein. Paris, G. Baillière, 1844 in-8 avec 12 grav. [4 fr. 50 c.]

On doit encore à M. S. Tanchou : de la Discussion qui vient d'avoir lieu à l'Académie de Médecine sur les tumeurs du sein [1844, in-8]; — Enquête sur l'authenticité des phénomènes électriques d'Angélique Cottin [1846, in-8]; — sur les Hôpitaux [1848, in-8]; — Note sur la guérison de certaines affections de mauvaise nature, vulgairement appelées cancers [1849, in-8, extrait de la « Revue médicale ».

M. S. Tanchou a fourni des articles à la « Revue médicale, » au « Journal des connaissances médicales pratiques, » aux « Archives médicales, » où il a donné, entre autres : *Nouveau Procédé sur l'opération de la taille suspubienne* [1839]. Nous connaissons aussi de M. Tanchou : Examen historique de tous les procédés de lithotritie, et nouvelle méthode, etc. [1830, in-8]; — sur quelques Procédés des femmes en couches [1819, thèse]; — et des Mémoires dans divers recueils : sur la gastro-entérite, les constitutions atmosphériques, les scrofules, l'œdème des nouveau-nés, la péritonite puerpérale, la révulsion, la pneumonie chez les vieillards, la spécialité des médicaments, etc.

TANCOIGNE [J.-M.]. [Voy. la *France littér.*, t. IX, p. 335.] — Le Guide des chanceliers, ou définition raisonnée des attributions de ces officiers, appuyée du texte des lois, ordonnances et règlements, et d'extraits des instructions ministérielles les plus récentes sur la matière. Paris, F. Didot, 1847, in-12 de 120 pag.

TANDON [Moquin]. Voy. MOQUIN-TANDON [Alfred].

TANDOU. — Avec M. *Guénée :* Un Voyage en Icarie (1848, in-8). Voy. GUÉNÉE.

TANNER [Conrad], abbé de Notre-Dame des Ermites. — L'École du prêtre, ou le Prêtre sanctifié dans la retraite. Trad. de l'allemand par l'abbé *Bénard*. Nancy, Raybois, 1844-45, 2 vol. in-8.

TANNOJA [le R. P. Antoine-Marie], membre de la congrégation du Très-Saint Rédempteur. — Mémoires sur la vie et l'institut de saint Alphonse-Marie de Liguori, évêque de Sainte-Agathe des Goths, et fondateur de la congrégation du Très-Saint Rédempteur ; avec diverses notes intéressantes, des détails sur les progrès de la congrégation jusqu'à nos jours, et un supplément contenant la vie de plusieurs pères et frères, contemporains de leur fondateur et morts en odeur de sainteté. Paris, Gaume, 1842, 3 vol. in-8 avec un portrait et un *fac-simile* [16 fr.].

TANOUARN [Alfred de]. — Solitude et rêverie. Poésies. Paris, Bry aîné, 1849, in-18.

TANQUEREL [Germain]. — De la Liberté d'enseignement et de la surveillance de l'État. Paris, impr. de Beau, 1848, in-8 de 32 pag.

TANQUEREL DES PLANCHES [L.], docteur en médecine de la Faculté de Paris.

1. — Traité des maladies de plomb ou

saturnines, suivi de l'indication des moyens qu'on doit mettre en usage pour se préserver de l'influence délétère des préparations de plomb, et de figures explicatives. Paris, Ferra, 1839, 2 vol. in-8 [15 fr.]

2. — De l'Hydropisie et de son traitement. Paris, impr. de Dupont, 1844, in-4 de 48 pag.

Citons encore : Recherches sur les caractères anatomiques et physiologiques des congestions sanguines et des inflammations [1838, in-8].

TANSKI [Joseph]. [Voy. la *France littér.*, t. IX, p. 337.]

1. — L'Espagne en 1843 et 1844. Lettres sur les mœurs politiques et sur la dernière révolution de ce pays. Paris, René, 1844, in-8 [7 fr. 50 c.].

2. — Voyage autour de la Chambre des Députés, avec un plan figuratif de la Chambre et les portraits des principaux orateurs. Paris, René, 1845, in-8 avec portr. et plans [7 fr. 50 c., et sans les portraits, 5 fr.].

Par *un Slave.*

— Voyage autour de la Chambre des Députés de France. Histoire, description, tactique parlementaire, plan de la salle des séances, et liste des membres de la nouvelle Chambre, divisés par catégories. Paris, René, 1847, in-8, avec un plan [5 fr.].

C'est la première édition, sauf l'introduction qui a été refaite, et quelques feuilles que l'on a réimprimées, et plus ou moins modifiées.

3. — Holland-house. Paris, René, 1848, in-8 de 20 p.

TAPIA [D. Eugenio de]. [Voy. la *France littér.*, t. IX, p. 337.] — Prontuario de contratos y sucesiones. Paris, impr. de Pillet aîné, 1846, 2 vol. in-18.

TAPIA [D. Fr.-Pedro de]. — Nuevo Catecismo y explicacion de la doctrina cristiana. Paris, impr. de Pillet aîné, 1842, in-18.

TAPIE [Joseph], pharmacien à Bordeaux. [Voy. la *France littér.*, t. IX, p. 337.] — Formulaire pratique de Bordeaux. Bordeaux, Chaumas Gayet ; Paris, Colas, 1842, in-18 de 28 pag.

TAPIÉ [Victor]. — Dictionnaire universel de géographie, d'histoire naturelle et de biographie, contenant la description de tous les lieux de la terre, des produits du règne animal, végétal et minéral, les religions, les coutumes, les mœurs de ses habitants, l'histoire et la statistique de sa population, etc.; l'état de l'industrie et du commerce, la collection des constitutions et des principaux traités de paix, de partage, de navigation, de commerce, ainsi que la vie des hommes qui ont le plus illustré leur patrie. Paris, J. Mallet et Cie, 1838-42, in-8, avec un atlas in-fol., contenant des cartes géographiques coloriées ou des sujets d'histoire naturelle, par J.-G. Heck.

M. V. Tapié a publié en 1838 : le Petit Architecte, paraissant tous les 30 du mois, avec une gravure [Paris, impr. de Rignoux, in-8].

TAPIÈS [le chevalier F. de]. — La France et l'Angleterre, ou Statistique morale et physique de la France, comparée à celle de l'Angleterre sur tous les points analogues. Paris, Guillaumin, 1845, in-8 [8 fr.].

TAPIO [Jean-Pierre]. — Le Cœur doit faire l'aumône quand la main ne le peut encore. Paris, impr. de Chaix, 1848, in-fol. de 2 pag.

Discours d'adieux à la Pologne, prononcé devant la colonne de Juillet, le 26 mars 1848, lors de la manifestation faite par les Polonais auprès du gouvernement provisoire.

TARADE [G.-P.-Émile de]. — Éléments d'anatomie et de physiologie comparées, ou Étude succincte des ressorts et des phénomènes de la vie chez l'homme et chez les animaux, avec des observations physiques et morales. Paris, Fortin, Masson et Cie, 1841, in-8 avec 8 pl. [8 fr.]

TARANNE [Nicolas-Rodolphe], professeur de rhétorique, secrétaire des comités historiques institués près le ministère de l'instruction publique, bibliothécaire à la bibliothèque Mazarine. [V. la *France littér.*, t. IX, p. 337.]

1. — Quel est le principe des qualités de Thucydide ? Quel en est le résultat ? 1817, in-4.

Thèse pour le doctorat ès-lettres.

2. — De Libertate. 1817, in-4.

Thèse pour le doctorat ès-lettres.

— Avec M. de *La Villegille* : Extrait des procès-verbaux des séances du comité historique des monuments écrits (1850, in-8). Voy. LA VILLEGILLE.

M. N.-R. Taranne a travaillé à la traduction

des « OEuvres complètes » de Cicéron, collection Nisard [1840, gr. in-8].

Il a publié avec M. Guadet le texte et la traduction de l' « Histoire ecclésiastique » de Grégoire, de Tours [1836-38, 4 vol. in-8].

On lui doit les *Tables* du 1er vol. du « Catalogue général des manuscrits des bibliothèques publiques des départements » [1849, in-4].

TARAVEL [L.-A.-C. de]. — Assurance contre la mort prématurée, ou de la Médecine théorique et pratique au XIXe siècle. Avignon, impr. d'Aubanel; Paris, Ad. Leclère, 1838, in-8 [4 fr.].

TARBÉ [A.-P.], conseiller à la cour de cassation. [Voy. la *France littér.*, t. IX, p. 338.] — Cour de cassation. Lois et règlements à l'usage de la cour de cassation, recueillis et annotés par A.-P. Tarbé. Paris, Roret, Videcoq, Delamotte, Joubert, Thorel, Durand, Pissin, 1841, in-8 [18 fr.].

TARBÉ [Théodore], libraire à Sens. [Voy. la *France littér.*, t. IX, p. 338.] — Description de l'église métropolitaine de Saint-Étienne de Sens. IIe édition, corrigée, etc. Sens, Tarbé; Paris, Moreaux, 1842, in-8, avec une grav. [2 fr.]

TARBÉ [Prosper], ancien substitut du procureur du roi à Reims.

1. — Travail et salaire. Reims, impr. d'Assy, 1841, in-8 [7 fr.].

2. — Les Sépultures de l'église de Saint-Remi de Reims. Reims, Brissart, 1842, in-12 [4 fr.].

3. — Trésors des églises de Reims. Reims, Assy, 1843, in-4, avec 31 pl. [25 fr.].

4. — Reims, essais historiques sur ses rues et ses monuments. Reims, Quentin-Dailly, 1844, in-4, avec fig. et plans [40 fr.].

5. — Reims, ses rues et ses monuments. Reims, Quentin-Dailly, 1845, in-8.

A peu de chose près, c'est le même ouvrage que le précédent.

6. — Notre-Dame de Reims. Reims, Quentin, 1845, in-12. 2e édition illustrée.

M. P. Tarbé a publié pour la Société des Bibliophiles de Reims : Discours de ce qu'a fait en France le héraut d'Angleterre, et de la réponse que lui a faite le roi le 7 juin 1557 [Reims, Brissart, Binet, 1842, petit in-8]; — le Noble et Gentil Jeu de l'arbaleste à Reims [1842, petit in-8]; — Louis XI et la sainte Ampoule, avec une introduction [1842, petit in-18]; — Histoire chronologique, pathologique, politique, économique, artistique, soporifique et mellifue du très-noble, très-excellent et très-vertueux pain d'épices de Rheims [1842, in-8]; — les Lépreux à Rheims. XVe siècle [1842, petit in-8]; — Inventaire après le décès de Richard Picque, archevêque de Reims; [1842, petit in-8]; — li Purgatoire de saint Patrice, légende du XIIIe siècle, publiée d'après un manuscrit de la bibliothèque de Reims [1842, petit in-8]; — Miniature d'une Bible du XIVe siècle (1378), et fac-simile du texte [1842, petit in-8]; — l'Epistre de monsieur saint Estienne, chantée en son église de Reims [Reims, Brissart, Binet, 1845, in-18 de 36 pages, en prose latine, mêlée de vers français].

Citons encore : la Ballade des trois états; — les Dalles de l'église de Saint-Remi de Reims [8147, in-fol., illustré]; — Quand reviendra notre roy à Paris ! ballade d'Eust. Deschamps [1849, in-8]; — Vive Henri IV, chanson historique ad usum populi [1850, in-8].

M. Tarbe a publié les volumes ci-dessous indiqués d'une « Collection des poëtes de Champagne antérieurs au XVIe siècle » : *Guillaume Coquillart* [2 vol.]; — *Guill. de Machault* [1 vol.]; — *Eust. Deschamps* [2 vol.]; — *OEuvres de Ph. de Vitry* [1 vol.]; — *le Roman du chevalier de La Charette, par Chrétien de Troyes et Godefroy de Lagny* [1 vol.]; — *le roman de Girard de Viane, par Bertrand de Bar-sur-Aube*; — *les chansons de Thibault IV, comte de Champagne et de Brie* [1 vol.]; — *le Tournoiement de l'Anté-Christ, par Huon de Méry*; — *les Chansonniers de Champagne au* XIIIe *siècle*; — *Poëtes de Champagne antérieurs au* XVIe *siècle*; — *le Roman d'Aubery de Bourgoing* [2 vol.]; — *Recherches sur l'histoire du langage et du patois de Champagne* [2 vol.]; — *Poésies d'Agnès de Navarre-Champagne, dame de Foix* [Paris, Aug. Aubry; — Reims, Brissart-Binet, in-8].

TARBÉ DES SABLONS [Sébastien-André. [Voy. la *France littér.*, t. IX, p. 338.]

1. — Nouveau petit Manuel des poids et mesures, à l'usage des ouvriers et des écoles. Paris, Roret, 1839, 1840, 1843, in-18 de 72 pag. [25 c.]

2. — Nouveau Manuel complet des poids et mesures, des monnaies, du calcul décimal et de la vérification. Paris, Roret, 1839, 1840, 1845, in-18; avec 5 pl. [3 fr.]

3. — Nouveau Tableau synoptique du système métrique des poids et mesures. Paris, Roret, 1840, in-plano [75 c.].

TARBÉ DES SABLONS [Mme]. [Voy. la *France littér.*, t. IX, p. 338.]

1. — Nouvelles religieuses. Paris, Gaume frères, 1840, 2 vol. in-18 [1 fr. 60 c.].

2. — Roseline, ou de la Nécessité de la religion dans l'éducation des femmes. IIe édition. Paris, Canuet, 1840, in-12 [4 fr.].

3. — La Marquise de Valcour, ou le Triomphe de l'amour maternel. IIe édition. Paris, Olivier Fulgence, 1842, 2 vol. gr. in-18 [7 fr.].

4. — Souffrances et consolations. IIIe édition. Paris, Olivier Fulgence, 1842, in-32 [1 fr.].

L'édition in-8 coûte 3 fr.

5. — Souvenirs et regrets. Paris, Gaume frères, 1843, in-12 [3 fr. 50 c.].

6. — Alfred et Casimir, scènes et causeries de famille. Paris, Olivier Fulgence, 1842, 2 vol. in-12 [4 fr.].

7. — Zoé, ou la Femme légère, suivie du Curé de Bérilès. Nouvelle édition. Gr. in-18 [2 fr. 50 c.].

8. — Onésie, ou les Soirées de l'abbaye, suivie de Enguerrand, ou le Duel. Paris, Waille, 1844, in-12 [3 fr. 50 c.].

9. — Isabelle. Paris, René, 1846, in-12 [2 fr. 25 c.].

10. — Clotilde, ou Nouvelle Civilité pour les jeunes personnes. IIe édition. Paris, Waille, 1847, in-12 [2 fr. 50 c.].

11. — Nouveau Mois de Marie, ou Imitation de la sainte Vierge. IVe édition. Paris, Waille, 1847, in-32.

La première édition, 1840, in-24, et la deuxième, 1841, in-18, portent pour titre: *le Mois de Marie. Nouvelle Imitation de la sainte Vierge.*
Il a été traduit en portugais sous ce titre : « Mez de Maria, ou Nova Imitação de sanctissima Virgem; » traduzido do francez por Caetano LOPEZ DE MOURA [Paris, Aillaud, 1845, in-18].

12. — Auguste et Thérèse, ou le Retour à la foi. Tours, Mame, 1847, in-12, avec 4 grav.

13. — Elda de Kérénor. Paris, Belin-Leprieur, Morizot, 1847, in-8, avec 16 lith. à 2 teintes [10 fr.].

TARDIEU [Ambroise], libraire, graveur et géographe; né à Paris le 2 mars 1788. [Voy. la *France littér.*, t. IX, p. 339.] — Atlas universel de géographie ancienne et moderne, dressé par Tardieu, pour l'intelligence de la *Géographie universelle*, par *Malte-Brun*. Paris, Furne, 1842, in-fol. avec 27 pl. col.

Le texte explicatif est dû à M. Amédée TARDIEU.

Liste des cartes.

1. Empire romain. — 2. Empire d'Alexandre. — 3. Géographie de la Bible. — 4. Les Gaules. — 5. Italie ancienne. — 6. Grèce ancienne. — 7. Espagne ancienne. — 8. Mappemonde. — 9. Europe. — 10. France au moyen âge. — 11. France par provinces. — 12. France par départements. — 13. Iles Britanniques. — 14. Allemagne, ou Europe centrale. — 15. Russie d'Europe. — 16. Belgique et Hollande. — 17. Suède et Danemark. — 18. Espagne et Portugal. — 19. Italie. — 20. Turquie et Grèce. — 21. Asie. — 22. Afrique. — 23. Amérique septentrionale. — 24. Amérique méridionale. — 25. Océanie. — 26. Algérie. — 27. Environs de Paris.

TARDIEU [Ambroise-Auguste], fils du précédent, docteur en médecine, agrégé de la faculté de médecine et ancien interne des hôpitaux de Paris, né à Paris le 10 mars 1818.

1. — Observations et recherches nouvelles sur la morve chronique et les ulcérations morveuses des voies aériennes. Paris, J.-B. Baillière, 1841, in-8.

2. — De la Morve et du farcin chroniques chez l'homme et chez les solipèdes. Paris, J.-B. Baillière, 1843, in-4 [5 fr.].

3. — Manuel de pathologie et de clinique médicales. Paris, Germer Baillière, 1848, in-18 [6 fr.].

4. — Du Choléra épidémique. Leçons professées à l'Académie de Médecine de Paris. Paris, Germer Baillière, 1849, in-8 [3 fr. 50 c.].

5. — Consultation sur le manuscrit, en 1745 feuillets, présenté par M. le docteur GENDRIN, comme le complément de son *Traité philosophique de médecine pratique*. Paris, impr. de Martinet, 1849, in-4 de 8 pag.

Consultation en faveur de M. Germer Baillière, libraire éditeur.

6. — Selecta Praxis medico-chirurgicæ, quam Mosquæ exercet Alexander Auvert. Typis et figuris expressa, moderante Ambr. Tardieu. Paris, Baillière, Hector Bossange, 1848-49, 12 livraisons in-fol. avec pl.

Cet ouvrage se composera de vingt-quatre livraisons distribuées en quatre parties; chaque partie, de six livraisons de cinq planches avec le texte.

TARDIEU [Amédé-Eugène], frère du précédent, archiviste paléographe, géographe du ministère des affaires étrangères; né à Paris le 18 août 1822. — Sénégambie et Guinée. Paris, F. Didot, in-8.

Fait partie de « l'Univers pittoresque. »
M. Amédée Tardieu est l'auteur du texte de l' « Atlas universel de géographie ancienne et moderne, » dressé par Ambroise Tardieu [1842, in-fol. avec 27 pl.].

28.

Il a donné de nombreux articles de géographie dans « l'Encyclopédie moderne, » publiée sous la direction de M. Léon RENIER, et des notices bibliographiques dans la « Bibliothèque de l'École des chartes. »

TARDIEU [E.], architecte.

1. — Avec M. *A. Coussin* : les Dix Livres d'architecture de *Vitruve*. Nouvelle édition, d'après celle donnée par Perrault. Paris, Carilian-Gœury, 1834 et ann. suiv., 2 vol. in-4, avec pl. [45 fr.]

La première livraison, publiée en 1834, est intitulée : *Vitruve*.

2. — Avec MM. *Grillon*, *Biet* et *Gourlier* : Choix d'édifices publics (1847 et ann. suiv., in-fol.]. Voy. GOURLIER.

TARDIEU [J.-R.], libraire à Paris. — Nouvelle Lettre aux éditeurs de Paris sur la création d'une institution du crédit pour la librairie. Paris, 1848, in-8 de 15 pag.

Sous le nom : *un Libraire éditeur de Paris*. Réponse à une « Lettre aux éditeurs de Paris sur la création d'une institution du crédit pour la librairie, » par M. Ch. LABOULAYE.

TARDIF [Alexandre]. [V. la *France littér.*, t. IX, p. 342.]

1. — Variétés poétiques. Paris, Dauvin et Fontaine, 1842, in-12 [2 fr. 50 c.].

2. — Nouvelles Variétés poétiques. Paris, Dauvin et Fontaine, 1844, in-12 [2 fr. 50 c.].

3. — Les Lions et les lionnes de la Fable, poëme mythologique, suivi d'autres poésies. Paris, Dauvin et Fontaine, 1846, in-12 [1 fr. 50 c.].

4. — Les Lauriers et les myrtes, poëmes divers. Nouvelle édition, revue et corrigée. Paris, Dauvin et Fontaine, 1847, in-12 [2 fr. 50 c.].

5. — Momus l'ancien, chansons. Nouvelle édition, revue et corrigée. Paris, Dauvin et Fontaine, 1847, in-12 [1 fr. 50 c.].

Citons encore : l'Allemagne poétique, traductions en vers de *Klopstock*, *Woos*, *A.-W. Schlegel*, *Schiller* et *Goethe* (1840, in 8]; — les Voyages d'un Parisien, itinéraire poétique en neuf routes (11e édition, 1840, in-32]; — les Beaux Jours de l'empereur, poëme historique [1845, in-8].

M. Alex. Tardif a traduit en vers : « l'Art de ne plus aimer » [1839, in-18]; « le Remède d'amour » [1846, in-8], par OVIDE.

TARDIF [Achille] de Mello. [Voy. la *France littér.*, t. IX, p. 342.] — Des Peuples européens, leur état social sous leurs divers gouvernements. Esprit de la démocratie de 1789 à 1840. Étude sur le caractère des hommes les plus remarquables du progrès, morts ou vivants. Paris, Rousseau, Delaunay, Amyot, 1840, in-8 [8 fr.].

TARDIF, ingénieur des ponts et chaussées. — Avec MM. *Dubreuil* et *Cohen* : Analyse raisonnée de la législation des eaux. Nouvelle édit., mise en rapport avec le dernier état de la législation, précédée d'une notice par M. *Giraud*. Paris, Joubert, 1841, 2 vol. in-8 [15 fr.].

TARDIF [Paul-Bernard]. — Concours pour la nomination des auditeurs au conseil d'État. Paris, impr. de Guyot, 1849, in-4 de 24 pag.

Thèse.

TARDY [A.-L.], officier d'artillerie, ancien élève de l'École polytechnique. — Avec M. *G. Piobert* : Expériences sur les roues hydrauliques (1845, in-4). Voy. PIOBERT.

TARDY [Joseph], ingénieur civil à Dijon.

1. — Science de l'univers. Découverte d'un nouveau monde ou quatrième monde. — Les Mystères dévoilés. — Dieu peint par lui-même. — Science de Dieu, etc. Paris, Mongie jeune, 1843, in-18 [2 fr.].

2. — L'Archevêque de Paris. La Vérité sur sa mort. L'archevêque de Paris s'est-il sacrifié dans l'intérêt de la paix, dans l'intérêt de l'humanité, ainsi qu'on le pense généralement, ou bien s'est-il sacrifié dans l'intérêt de la caste. Paris, impr. de Bénard, 1848, in-8 de 16 pag. [30 c.]

TARDY [de], ancien inspecteur général des prisons de la Seine. — Essais critiques, historiques, politiques et philosophiques sur la constitution de 1848 et sur les périls de l'ordre social. Dédiés à nos représentants. Nantes, impr. de Guéraud, 1849, in-12.

TARENNE DE LAVAL [l'abbé G.-P.], ingénieur, puis ordonné prêtre, aumônier des carabiniers de la garde sous Charles X, prêtre habitué de la paroisse Saint-Louis-en-l'Ile; né à Lyon en 1763, mort à Paris le 7 juin 1847.

1. — Exercices littéraires et philosophiques, à l'usage de la jeunesse, ou Compositions graduelles et variées sur l'étude, l'histoire, les sciences, les arts, la morale, la philosophie et les usages des différents peuples de la terre. II° édition. Paris, veuve Lenormant, 1834, in-8 [6 fr.].

2. — Le Pâtissier à tout feu, ou Nouveaux Principes économiques de pâtisserie, à l'usage des dames, etc.; par G.-P. L., ancien pâtissier retiré. II° édition, considérablement augmentée. Paris, Audot, 1838, in-12 avec 6 pl. [2 fr.].

La I°re édition, publiée dans la même année, ne portait pour nom d'auteur que : *par un Pâtissier retiré*.

M. Quérard affirme que « Europe chez Xantus, » comédie-vaudeville en un acte, imprimée en 1801, sous le nom de M. DE MARTIGNAC, est de M. Tarenne de Laval.

TARENTIN [P.] — Principes généraux de la tête, ou l'Art de connaître les hommes par les traits du visage. Paris, impr. d'Herhan, 1840, in-12 de 12 pag.

TARGE [P.-M.] — Lyres nationales. La Guillotière, impr. de Bajat, 1848, in-8.

TARIN [Pierre], médecin; mort en 1761. [Voy. la *France littér.*, t. IX, p. 344.]

1. — De Arte confabulandi. Paris, veuve Simon Bernard, 1704, in-12 de 22 pag.

En vers latins.

2. — Pulvis Syrius. In-12 de 22 pag.

En vers latins.

3. — Namurcum expugnatum. Paris, veuve Simon Bernard, 1704, in-12 de 10 pag.

TARNIER [E.-Aug.]. — Thèse d'astronomie présentée à la faculté des sciences de Paris. Paris, Bachelier, 1846, in-4 de 60 pag.

TARON [Bruno], médecin des épidémies, etc. — Du Choléra; moyens de le prévenir et de le combattre. Paris, impr. de Maistrasse, 1849, in-8 de 12 pag.

TARPIN [l'abbé J.-L.]. Voy. SAINT-JURE.

TARRAL, docteur en médecine. [Voy. la *France littér.*, t. IX, p. 345.]

1. — Réflexions et observations sur les anévrismes. Paris, 1829, in-8 [1 fr. 50 c.].

2. — Du Traitement des tumeurs érectiles, et particulièrement par le caustique. In-8 [1 fr. 25 c.].

TARSITANI [D.]. — Nouveau Forceps approuvé par l'Académie royale de Médecine de Paris, et destiné à éviter le décroisement des branches. Paris, Fortin, Masson, 1844, in-8 de 16 pag., avec 2 pl.

TARTAGLIA [Nicolas], géomètre et ingénieur; mort à Venise en 1557. — La Balistique de Nicolas Tartaglia. Ouvrage publié pour la première fois en 1537, sous le titre de *la Science nouvelle*, et continué en 1546 dans les deux premiers livres du recueil du même auteur, intitulé : *Questions et inventions diverses*, traduit de l'italien, avec quelques annotations, par *Rieffel*. Paris, Corréard, 1845-46, 2 parties, in-8, fig.

TASCHER [Paul de]. — Quelques Réflexions sur les fortifications de Paris. Paris, impr. de Bailly, 1841, in-8 de 24 pag.

TASCHEREAU [Jules-Antoine], secrétaire général du département de la Seine en 1830, député, membre de l'Assemblée nationale après la révolution de 1848; né à Tours le 19 décembre 1801. [Voy. la *France littér.*, t. IX, p. 347.]

1. — Revue rétrospective. Paris, Fournier, 1833-37, 20 vol. in-8.

Publié en soixante-trois livraisons.

—. Revue rétrospective, ou Archives secrètes du dernier gouvernement (1830-1848). Paris, Paulin, 1848, gr. in-8 [15 fr. 50 c.].

L'auteur annonce à la dernière page de ce volume que la publication continuera quand il verra pour le pays, ou pour la vérité, un intérêt à puiser dans ces archives.

2. — Histoire de la vie et des ouvrages de Molière. III° édition, revue et augmentée. Paris, Hetzel, 1844, in-18 [3 fr. 50 c.].

Le nom de M. Taschereau a été annoncé parmi ceux des collaborateurs de « Histoire et description des principales villes de l'Europe, » sous la direction de M. Nisard [1835, format in-4].

M. Taschereau a travaillé au « Siècle, » à « l'Illustration, » à la « Revue universelle classique, » etc.

TASSE. Voy. Tasso.

TASSO [Torquato], poëte épique et dramatique; né à Sorrente en 1554, mort en 1595. [Voy. la *France littér.*, t. IX, p. 348.]

Editions en italien.

1. — Opere scelte, contenenti : la Gerusalemme liberata, l'Aminta, il Mondo creato, Discorsi, Lettere e poesie varie. Paris, Baudry, 1847, in-8 avec portrait.

— I Quatro Poeti italiani : *Dante, Petrarca, Ariosto, Tasso* (1845, 1847, in-8). Voy. Pétrarque.

2. — La Gerusalemme liberata. Paris, Lefèvre, 1838, in-32.

— La Gerusalemme liberata e l'Aminta. Paris, F. Didot, 1843, in-12 [3 fr.].

— La Gerusalemme liberata. Paris, Thiériot, 1845, in-32.

Le faux-titre porte : *Collezione dei quattro priori poeti italiani.*

— La Gerusalemme liberata. Paris, Baudry, 1849, 2 vol. in-18.

3. — Le Sette Giornate del mondo creato. Paris, Baudry, 1847, in-32, avec 1 grav. [4 fr. 50 c.]

On trouve dans l'ouvrage intitulé : « Lectures italiennes pour le cours supérieur, suivant la délibération du Conseil royal, en date du 27 juillet 1841, publiées avec les notes explicatives de Biagioli et du professeur Ronna, » les XIe et XIIe chants de la *Gerusalemme liberata.*

Traductions en français.

4. — Jérusalem délivrée, poëme, traduit de l'italien du Tasse. Nouvelle édition, enrichie de la Vie du Tasse. Paris, Corbet aîné, 1840, in-8.

La traduction est celle de J.-B. de Mirabaud.

— La Jérusalem délivrée, traduite du Tasse [par *Mirabaud*]. Limoges, impr. de Martial Ardant; Paris, Martial Ardant, 1840, avec 1 grav. in-12 [1 fr.]

— La Jérusalem délivrée, poëme du Tasse, traduit en français par M. de *Grandmaison y Bruno.* Poitiers, impr. de Saurin, 1840, in-12 [2 fr. 50 c.].

— La Jérusalem délivrée, poëme du Tasse, traduit en français par le prince *Lebrun.* Paris, Lefèvre, 1840, in-8 [3 fr. 50 c.].

— Jérusalem délivrée, poëme, traduit de l'italien par le prince *Lebrun*, enrichi de la Vie du Tasse. Paris, Dufour, 1840, 2 vol. in-12 avec un portrait [4 fr.].

— Jérusalem délivrée, poëme du Tasse, traduit en français par le prince *Lebrun*; précédée d'une Notice sur la vie et le caractère du Tasse, par M. *Suard.* Paris, Ch. Gosselin, 1841, in-18 [3 fr. 50 c.].

— La Jérusalem délivrée, poëme du Tasse, trad. par le prince *Lebrun.* Paris, Didier, 1843, in-18 anglais [3 fr.].

— Jérusalem délivrée, poëme du Tasse, traduit en français par le prince *Lebrun.* Paris, Lehuby, 1848, in-12, avec 22 vign.

Bibliothèque littéraire de la jeunesse.

— La Jérusalem délivrée, traduite de l'italien par le prince *Lebrun;* suivie de la Vie du Tasse, par *A. d'Albanès.* Paris, Havard, 1849, in-4.

Romans, contes et nouvelles illustrés.

— La Jérusalem délivrée, poëme, traduit de l'italien par le prince *Lebrun.* Nouvelle édition, précédée d'une Notice sur la vie et les ouvrages du Tasse. Poissy, impr. d'Arbieu, 1849, 2 vol. in-12.

— Jérusalem délivrée. Nouvelle traduction, avec la Vie du Tasse et des notes historiques d'après les Chroniques des croisades et les historiens arabes du XIe siècle, par M. *A. Mazuy.* Paris, Abel Ledoux, 1844, in-8 [3 fr. 50 c.].

— Jérusalem délivrée. Traduction nouvelle en prose, par *V. Philipon de la Madelaine;* précédée d'une description de Jérusalem par M. de *Lamartine.* Paris, Mallet et Cie, 1844, gr. in-8, orné de 150 vignettes sur bois et de 20 pl. d'après Baron et C. Nanteuil [12 fr. 50 c.].

— La Jérusalem délivrée, traduite en vers français, avec le texte italien en regard, par *H. Taunay.* Paris, Hachette, 1845, 2 vol. in-8 [16 fr.].

TASSY [Garcin de]. Voy. Garcin de Tassy [Joseph-Héliodore].

TASSY [l'abbé], du diocèse d'Aix. — Réponse à M. Napoléon Roussel sur son appel aux prêtres. Avignon, impr. de Séguin aîné, 1846, in-12 [25 c.].

TASTET [Tyrtée]. [Voy. la *France littér.*, t. IX, p. 352.]

1. — Avec M. *Octave [de Cès Caupenne]* : la Réputation d'une femme ; mélodrame en trois actes et dix tableaux, tiré des *Contes de l'Atelier*. Paris, impr. de Dondey-Dupré, 1832, in-8 de 80 pag.

Sous le prénom *Tyrtée*.

2. — Avec M. *Chapelle* : l'Amant en gage (1832, in-8). Voy. CHAPELLE.

3. — Histoire des quarante fauteuils de l'Académie-française, depuis la fondation jusqu'à nos jours. 1635-1844. Paris, comptoir des Imprimeurs-unis, 1844 et ann. suiv., 4 vol. in-8.

TASTU [Joseph], bibliothécaire à la bibliothèque Sainte-Geneviève ; mort au mois de janvier 1849. [V. la *France littér.*, t. IX, p. 352.] — L'Empereur Napoléon. Tableaux et récits des batailles, combats, actions et faits militaires des armées sous leur immortel général. Paris, Audot, 1837, in-8 avec 27 pl. [6 fr.].

Ouvrage anonyme publié et complet en dix livraisons.
On doit à M. J. Tastu, avec M. BUCHON : *Notice* d'un atlas en langue catalane [Notices et extraits des manuscrits de la Bibliothèque du roi, t. XIV].

TASTU [Sabine - Casimire - Amable VOÏART, dame] ; née à Metz le 31 août 1798. Voy. un article de M. SAINTE-BEUVE dans la *Revue des Deux-Mondes*, 15 février 1835, — et dans les *Critiques et portraits littéraires*, t. III, p. 227 (éd. de 1841) ; — une notice de Mme SÉGALAS dans la *Biographie des femmes auteurs*, publiée sous la direction de M. A. de MONTFERRAND (1836, p. 17), et la *France littér.*, t. IX, p. 352.]

1. — Éducation maternelle. Simples leçons d'une mère à ses enfants. IIIe édition, revue et corrigée. Paris, Didier, 1848, gr. in-8, illustré de vignettes sur bois [15 fr.].

Cet ouvrage se divise en neuf parties : 1° le *Livre de lecture* ; — 2° le *Livre d'écriture*, avec vignettes et exemples ; — 3° le *Livre de mémoire* ; — 4° le *Livre d'arithmétique* ; — 5° le *Livre de Grammaire* ; — 6° le *Livre d'orthographe* ; — 7° le *Livre de géographie* ; — 8° le *Livre d'histoire sainte* ; — 9° le *Livre de récréa-*

tions. Chaque livre a une table, un titre et une couverture.

2. — Lectures pour les jeunes filles, ou Leçons et modèles de littérature en prose. Paris, Didier, 1840, 1841, in-12 avec un portrait [4 fr.].

3. — Lectures pour les jeunes filles, ou Leçons et modèles de littérature en vers. Paris, Didier, 1841, 1846, in-12, avec un portrait [4 fr.].

4. — Le Bon petit Garçon, ou les Récits du maître d'école ; lectures pour l'enfance, imitées de l'italien de *César Cantù* ; suivi de *Monsieur Bonhomme*, ou *l'Adolescence conduite à la vertu, au savoir et à l'industrie*. Paris, Didier, 1841, in-12, avec 4 lith.

5. — L'Honnête homme, lectures pour la jeunesse ; suivi du *Portefeuille d'Ambroise*, lectures pour tous les âges ; imité de l'italien de *César Cantù*. Paris, Didier, 1841, in-12.

6. — Des Andelys au Havre, illustrations de Normandie. Texte de Mme Amable Tastu. Paris, 1842, in-8, avec 50 dessins par MM. Rossigneux, Godefroy et Lemercier [12 fr.].

7. — Esquisse biographique sur Léopold des Roys (petit-fils du général Hoche). Vaugirard, impr. de Lacour, 1843, in-8 de 16 pag. avec 1 pl.

Étienne-Jean-Léopold des Roys, né à Paris le 4 décembre 1820, est mort à Marseille en 1841.

8. — Tableau de la littérature italienne, depuis l'établissement du christianisme jusqu'à nos jours. Tours, Mame, 1843, in-8 [5 fr.].

9. — Tableau de la littérature allemande, depuis l'établissement du christianisme jusqu'à nos jours. Tours, Mame, 1844, in-8 [3 fr. 50 c.].

10. — Voyage en France. Tours, Mame, 1845, in-8, fig. [10 fr.]

Les faux-titre et titre seulement sont de l'imprimerie de M. Mame. Le corps de l'ouvrage a été imprimé à Paris, chez M. Fournier, dont le nom est à la dernière page.
Mme Amable Tastu a traduit de l'Anglais : « Aventures de Robinson Crusoé, » par D. DE FOÉ [1835-36, 2 vol. in-8].
Elle a continué : « une Famille, ouvrage à l'usage de la jeunesse, » par Mme GUIZOT [1844, 2 vol. in-12].
On lui doit une *Préface* en tête de « Préludes, poésies, » par Mme Marie CARPANTIER [1841, in-12] ; — un *Éloge de Mme de Sévigné*, précédant ses « Lettres choisies » [1842, 1843, in-12. Cet éloge a obtenu le prix d'éloquence décerné par l'Académie française dans sa séance du 11 juin 1840] ; — des *Notes* aux « Fables »

de FLORIAN [1842, 1846, in-12]; — des *Notes aux « Fables »* de LA FONTAINE [1841, 1846, 1847]; — une *Notice littéraire*, suivie de *Nouvelles*, précédant « Mademoiselle de Clermont, » par Mme de GENLIS [1843, in-12]; — une *Lettre* mise en tête des « Essais en prose et en poésie, » par MARIE LAURE Mlle GROUARD) [1844, in-12].

Elle a donné dans la « Revue des Deux-Mondes » : *une Jeune Poëte anglaise* [1832, t. VI]; — dans le « Livre des Cent et un » : *les Migrations du port Saint Nicolas* [t. V., p. 187]; — dans les « Cent et une Nouvelles nouvelles des Cent et un » : *le Bracelet maure* [t. Ier, p. 183]; — dans « les Femmes de Shakspeare » : *Jules César*; — dans le « Keepsake Paris Londres » : *le Val d'Aoste*, etc.

Mme Amable Tastu a travaillé à : « Mélanges de morale et de littérature »; à « la Couronne de Flore; à « le Talisman »; à « les Jours de congé, ou les Matinées du grand'oncle »; à « Paris-Illustrations »; à « le Rameau d'or, souvenir de littérature contemporaine »; à « Alpes et Pyrénées, arabesques littéraires »; à « Autrefois, ou le Bon Vieux Temps »; à « le Moniteur des familles »; au « Musée des familles »; au « Dictionnaire de la conversation et de la lecture »; à « Galerie des femmes de Walter-Scott »; au « Journal des Demoiselles, » etc.

Elle a publié des nouvelles dans « le Livre des Femmes »; « le Livre des Conteurs »; « le Salmigondis, » etc.

TATON [Agricole]. — Le Parfait régulateur des échéances, composé de 866 tableaux synoptiques, correspondant à chaque jour de l'année, donnant exactement le nombre de jours écoulés entre deux époques quelconques, sans le secours de la plume ni le moindre calcul de mémoire; suivi de 24 tableaux donnant, pour chaque jour de l'année et pour toutes les sommes possibles, l'intérêt à 1 0/0, etc. Carpentras, impr. de Devillario; Paris, Langlois et Leclercq, 1847, in-8.

TAULIER [Marc-Joseph-Frédéric], avocat à la cour d'appel de Grenoble, professeur à la faculté de droit de cette ville; né à Grenoble le 15 décembre 1806. [Voy. la *France littér.*, t. IX, p. 355.] — Théorie raisonnée du Code civil. Grenoble, Prud'homme; Paris, Joubert, 1840-47, 6 vol. in-8.

TAULIER [l'abbé Jules]. [Voy. la *France littér.*, t. IX, p. 355.]

1. — Cours d'histoire sainte, suivi d'un Abrégé de la vie de J.-C. et de l'histoire de l'Église. Grenoble, Prud'homme, 1837, in-18.

Sous le nom : *un Professeur*.
Les éditions suivantes ont paru sous le titre : *Abrégé d'histoire sainte*, et avec le nom de l'auteur [la Ve édition est de 1844, in-12].

2. — Méditations sur le très-saint sacrement de l'Eucharistie pour chaque jour du mois de juin, suivies des litanies de la messe, etc. Grenoble, Baratier, 1849, in-18.

TAUNAY [Hippolyte]. [V. la *France littér.*, t. IX, p. 355.]

M. H. Taunay a traduit en vers français : « la Jerusalem délivrée » de TASSE [1845, 2 vol. in-8; — traduction et texte italien en regard].

TAUNAY [Mme Hippolyte].

1. — Le Petit et le Grand Monde, mœurs contemporaines. Paris, Lachapelle, Allouard, 1839, 2 vol. in-8 [15 fr.].

2. — Vertus du peuple. La Jeune Aveugle, histoire contemporaine. Paris, Lachapelle, 1840, 2 vol. in-8 [15 fr.].

Cet ouvrage a obtenu de l'Académie française le prix-Monthyon.

3. — Une Cantatrice. Paris, Berquet et Pétion, 1841, 2 vol. in-8 [15 fr.].

4. — Passion et devoir. Paris, Berquet et Pétion, 1842, 2 vol. in-8 [15 fr.].

TAVANI [Hercule]. — Enseignement élémentaire sur la première partie des Institutes de *Justinien*. Paris, impr. de Fain, 1846, in-12.

TAVARD [Eugène].

1. — Les Premières et les dernières Amours; comédie en cinq actes. Paris, Henriot, Tresse, 1841, in-8 [40 c.].

2. — Le Chemin de fer de Paris à Orléans. Itinéraire, etc. IIe édition. Paris, Gervais, 1843, in-18 [1 fr.].

La Ire édition, du même format, a été publiée dans la même année.

3. — Les Effets et les causes, histoire lamentable, échafaudée sur une queue de billard. Rochefort, Daguet et Penard, 1843, in-8.

Chronique rochefortine.

TAVEAU [L.-Aug.-Onésiph.], chirurgien-dentiste à Paris; né au Havre en 1792. [Voy. la *France littér.*, t. IX, p. 356.] — Nouvelle Hygiène de la bouche, ou Traité des soins qu'exigent l'entretien de la bouche et la conservation des dents, etc., etc. V^e édition, augm. Paris, Labé, 1343 [5 fr.].

Le véritable auteur de ce livre serait, d'après M. Quérard, Claude LACHAISE, d. m.
M. Taveau a publié une thèse sur l'obturation et le plombage des dents.

TAVENET. — Avec M. *H. Hostein* :

l'Auberge de la Madone (1842, in-8). Voy. HOSTEIN.

TAVERNIER [J.-B.-P.-Aug.], docteur en médecine; né à la Charité en 1810.

M. Tavernier est l'auteur d'un Mémoire sur cette question : *Quelle est la composition de la couenne inflammatoire qui se produit dans le sang des diverses saignées?*

TAVERNIER, docteur en médecine. [Voy. la *France littér.*, t. IX, p. 358.] — Notice sur le traitement des difformités de la taille au moyen de la ceinture à inclinaison, sans lits à extension ni béquilles. 1841, in-8, fig. [2 fr.]

M. Tavernier a travaillé au « Journal des connaissances médicales pratiques »; au « Dictionnaire de médecine usuelle, » etc.

TAVERNIER [Jean-Théophile], de Saint-Vallier.
1. — Grammaire française, avec des exercices, des analyses et un dictionnaire des termes, etc. In-12 [1 fr. 40 c.].
2. — Principes de lecture élémentaire et à la fois d'orthographe absolue. Châlons-sur-Saône, Boyer, 1848, in-18.

TAVIEL DE MASTAING [Jean-Baptiste], arpenteur-géomètre; né à Dijon en 1782. [Voy. la *France littér.*, t. IX, p. 358.] — L'Art de lever les plans, et nouveau traité de l'arpentage et du nivellement; suivi d'un traité sur les solides, et d'un traité du lavis. Dijon, Douillier, Noellat père; Paris, Audin, Roret, 1838, in-12, avec 29 pl. [4 fr.]

TAVIGNOT [F.-L.], docteur en médecine. — Traité clinique des maladies des yeux. Paris, Leclerc, 1847, in-12 [6 fr.].

Citons encore : Mémoire sur la ligature sous-cutanée des artères (1842, in-8); — Quelques remarques sur les cataractes secondaires (1843, in-4); — Études cliniques sur les maladies de la cornée (1845, in-8).

TAXIL, architecte. — Nouveau Catéchisme républicain, à l'usage de tout citoyen honnête qui désire le règne de la raison et de la justice à la place de celui de la cupidité et de l'orgueil. Paris, 1848, in-18 [15 c.].

TAYA [du]. Voy. DU TAYA [Aimé-Marie-Rodolphe, baron].

TAYLOR [Isidore-Justin-Séverin, baron]; né à Bruxelles le 15 août 1789, officier dans les gardes nationales mobiles en 1813, aide de camp du général Dorsay après les Cent-Jours, officier d'état-major du duc d'Angoulême dans la campagne de 1823, commissaire du roi près la Comédie-Française en 1826, commandeur de la Légion d'honneur en 1833, inspecteur général des beaux-arts en 1838, membre de l'Académie des Beaux-Arts en 1847. M. Taylor, qui le premier conçut le projet de faire venir à Paris l'obélisque de Louksor, fut nommé par ordonnance royale commissaire extraordinaire auprès de Méhémet-Ali, pour négocier la translation du monolithe, et obtint l'objet de sa demande. En 1835, il fut chargé par le gouvernement de parcourir l'Espagne pour former le musée espagnol du Louvre. Il s'acquitta de cette mission avec zèle, et, pendant son voyage, il recueillit et sauva de la profanation, dans le monastère d'Alcobaça, les restes d'Inez de Castro, que des soldats furieux avaient arrachés à la tombe. M. Taylor a rendu aux artistes et aux gens de lettres de véritables services en organisant entre eux des sociétés de secours mutuels. [Voy. la *Statistique des gens de lettres et des savants*, par Guyot de Fère, 1842-43, et la *France littér.*, t. IX, p. 359.]

1. — Avec M. *Louis Reybaud* : la Syrie, l'Égypte, la Palestine et la Judée, considérées sous leur rapport historique, archéologique, descriptif et pittoresque. Paris, impr. de Bourgogne, 1839, in-4, fig.

Cet ouvrage est complet en quatre-vingt-trois livraisons.

2. — Discours de clôture des travaux du congrès de l'Institut historique, prononcé le 11 octobre 1840. Paris, impr. de F. Didot, 1841, in-8 de 92 pag.

3. — Voyage pittoresque en Espagne, en Portugal et sur la côte d'Afrique, de Tanger à Tétouan. Paris, Gide fils, 1842, in-8, in-4 et grand in-4, fig.

La première série, composée de vingt-deux livraisons, est complète; dix livraisons de la seconde série sont en vente.

4. — Les Pyrénées, souvenirs de voyages. Études historiques et archéo-

logiques. Paris, Gide, 1843, in-8 [8 fr.].

Ce voyage comprend toute la chaîne des Pyrénées, depuis Perpignan jusqu'à Bayonne.

5. — Avec MM. *Berger de Xivrey, A. Deville, Ch. Lenormant, A. Leprévost, P. Paris* : Preuves de la découverte du cœur de saint Louis. Paris, impr. de F. Didot, 1846, in-8 avec 3 pl.

M. Taylor a adressé de Palerme, en date du 5 octobre 1843, à M. de Montalivet, une lettre dans laquelle, d'après les renseignements pris par lui-même sur les lieux, se rangeant à l'opinion de M. le Prevost, il déclare que le cœur retrouvé dans la Sainte-Chapelle lui paraît être véritablement celui de saint Louis. Cette lettre fut insérée dans le « Journal des Débats » du 5 décembre 1843.

On doit à M. le baron Taylor une *Préface* à « Album du salon de 1840 » [1840, in-4] ; et une *Introduction* à « l'Irlande au XIXe siècle, » par M. J.-J. PRÉVOST [1843, in-4].

« L'Histoire d'Angleterre, » par M. de ROUJOUX, a été publiée par M. A. MAINGUET, sous la direction archéologique de MM. Taylor et Ch. Nodier [1843-45, 2 vol. gr. in-8].

M. Taylor a travaillé à l'« Histoire scientifique de l'expédition française en Égypte » ; au « Musée des Familles, » etc.

TAYLOR [William-C.]. — Avec M. *V. Parisot* : Dictionnaire géographique universel de *Vosgien*, totalement refondu et mis au niveau de la science moderne (1842, in-8). Voy. PARISOT.

M. W.-C. Taylor a revu, corrigé et augmenté diverses éditions des ouvrages suivants de GOLDSMITH : « Abridgment of the history of England » [1839, in-12] ; — « History of England » [1844, 1846, 1849, in-12]. — « History of Greece » [1840, in-12] ; — « Abridgment of the history of Rome » [1847, in-12].

TAYLOR, sténographe. — Sténographie de Taylor, adaptée à la langue française par *Bertin*, et suivie par M. Berton, sténographe à la Chambre des Députés. Lyon, impr. de Perrin, 1836, in-plano.

— Sténographie de Taylor, la seule reconnue pour sa simplicité et sa célérité. Elle a été adaptée à la langue française par *Bertin*, et suivie par M. Berton. Nantes, impr. de Charpentier, 1838, in-plano, avec un feuillet in-4.

TAYLOR [A.]. — De l'Influence curative du climat de Pau et des eaux minérales des Pyrénées sur les maladies. Traduit de l'anglais par M. *Patrik O'Quin*. Pau, Vignancourt, 1843, in-8, avec une carte [7 fr. 50 c.].

TCHICHAGOFF [l'amiral], ancien ministre de la marine russe. — Relation du passage de la Bérésina, par l'amiral Tchichagoff, présent à l'affaire, écrite d'abord en anglais, puis traduite en français. 1814, in-8.

Il a paru aussi en 1814 : « Relation impartiale du passage de la Bérésina, » par un témoin oculaire [Paris, Barrois l'aîné, in-8].

Voyez sur le récit de l'affaire de la Bérésina, par M. Tchichagoff : « le Passage de la Bérésina, par le général DANILEVSKI, » traduit de M. Jacques TOLSTOÏ [Paris, impr. de Cosson, 1842, in-8].

M. Tchitchagoff a donné en Angleterre des extraits de ses Mémoires dans le « Foreign-Quarterley-Review » (1841).

TCHIHATCHEFF [Pierre de], gentilhomme de la chambre de l'empereur de Russie. — Voyage scientifique dans l'Altaï oriental et sur la frontière occidentale de la Chine, fait par ordre de S. M. l'empereur de Russie, par M. de Tchihatcheff. Paris, Gide, 1844-45, in-4, avec un atlas in-4 et un atlas in-fol. [150 fr.].

Les deux atlas contiennent quarante et une planches réparties de la manière suivante : vingt planches de vues pittoresques lithographiées ; — onze planches de botanique (plantes fossiles), gravées, tirées en couleur et retouchées au pinceau ; — cinq planches de coupes et profils géologiques, gravées ; — six planches de topographie et orographie.

TCHOUBINOF [David]. — Dictionnaire géorgien-russe-français. Saint-Pétersbourg, 1840, in-4.

TECHENER [J.], libraire à Paris.

1. — Considérations sérieuses à propos de diverses publications récentes sur la Bibliothèque royale, suivies du seul plan possible pour faire le catalogue en trois ans. Paris, Techener, 1847, in-8 de 16 pag. [1 fr.]

2. — De l'Amélioration des anciennes bibliothèques en France et de la création de nouvelles bibliothèques appropriées au perfectionnement moral du peuple. Paris, impr. de Guiraudet, 1848, in-8 de 8 pag.

Extrait du « Bulletin du bibliophile » [n°s 13, 14, 15, janvier, février, mars, 8e série].

M. Techener est l'éditeur du « Bulletin du Bibliophile » ; il a donné à cet intéressant recueil divers articles sur la mort de Charles Nodier, sur les reliures de l'exposition, en 1844, etc.

TEDESCO [Angelo], major dans l'armée lombarde. — Récit authentique de la coopération des volontaires lombards aux opérations de l'armée piémontaise, avant la capitulation du roi

Ch.-Albert. Paris, impr. de Pollet, 1848, in-8 de 8 pag.

TEGNER [Esaïas], évêque du diocèse de Wexio, poëte suédois. [Voy. la *France littér.*, t. IX, p. 361.] — Frithiof, poëme. Traduit du suédois par *H. Desprez* et *F. R.* Paris, Challamel, Thoisnier-Desplaces, 1843, in-8 [3 fr. 50 c.].

Un choix des œuvres d'Isaïe Tegner a été traduit par Mlle R. DU PUGET [in-8].

TEGOBORSKI [L. de]. — Des Finances et du crédit public de l'Autriche, de sa dette, de ses ressources financières et de son système d'impositions; avec quelques rapprochements entre ce pays, la Prusse et la France. Paris, J. Renouard, 1843, 2 vol. in-8 [15 fr.].

TEILHARD [J.]. — Recherches sur les propriétés médicales des eaux minérales thermales et froides de Chaudesaigues (Cantal). Saint-Flour, Viallefont; Paris, Fortin, Masson, 1842, in-8 [3 fr. 50 c.].

TEILLAC, licencié ès lettres, prêtre du diocèse de Paris. — Recueil de Paraboles, traduites de l'allemand. IIe édition. Paris, Paul Mellier, 1845, in-12.

M. Teillac a traduit de l'allemand : « Paraboles, » par F.-A. KRUMMACHER [1838, in-8] ; — et « Lecture de la première adolescence, » par M. WILMSENS [1844, in-12].

TEISSERENC [Edmond], ancien élève de l'École polytechnique, député de l'Hérault.

1. — Des Travaux publics en Belgique et des chemins de fer en France. Rapport adressé à M. le ministre des travaux publics. Paris, Mathias (Augustin), 1839, in-8 avec une carte et un tableau [8 fr.].

2. — Lettre sur sa mission en Angleterre, adressée à M. Dufaure. Paris, Paulin et Hetzel, 1840, in-8 de 64 pag.

3. — De la politique des chemins de fer et de ses applications diverses. Paris, Mathias, 1842, 2 parties in-8, avec une carte et une pl.

4. — Étude d'un chemin de fer de Paris à Toulouse et à Bordeaux par les plateaux du centre. Paris, Mathias, 1842, in-4 de 28 pag. avec 1 carte [1 fr. 50 c.].

5. — Rapport adressé à M. le ministre des travaux publics sur les chemins de fer. Paris, Mathias, 1843, in-4.

6. — Examen critique du mode de concession des chemins de fer consacré par la loi du 11 juin 1842. Réforme nécessaire. Paris, Mathias, 1844, in-8 [2 fr.].

7. — Statistique des voies de communication en France. Carte, tableau et développements explicatifs. Paris, impr. de Plon, 1845, in-8 de 32 pag. avec un tableau et une carte.

La carte et le tableau ont été distribués avec le journal « la Presse » du 11 novembre 1844 ; mais le tableau présente quelques différences.

8. — Études sur les voies de communication perfectionnées, et sur les lois économiques de la production du transport, suivies de tableaux statistiques sur les frais de navigation, et d'une analyse raisonnée des comptes des principaux chemins de fer français, belges, anglais et allemands. Paris, Mathias, 1847, 2 parties in-8 [14 fr.].

La pagination de la 2e partie continue celle de la 1re. Il n'existe qu'un faux-titre et un titre pour l'ouvrage entier.

TEISSIER [Auguste]. — Nouvelles Tables générales et tableaux de comptabilité pratique et simplifiée. Alais, Veirun, 1842, in-8 de 72 pag. [2 fr.]

TEISSIER DE MARGUERITTES [le baron], de Nîmes. — Notice sur les îles Trémiti, connues dans l'ancienne Grèce sous le nom de Diomédéoe et appelées par les Romains Trimerum. Paris, Breteau, Martinon, Fournier, 1844, in-8 de 40 pag. avec une carte (imprimée des deux côtés) et une vue.

TEISSIER-ROLLAND [le docteur Jules], géologue et naturaliste, membre de plusieurs sociétés savantes, correspondant de l'Académie du Gard.

1. — Confidences du dieu Némausus. Nîmes, Ballivet, 1844, in-8 de 148 pag.

2. — De l'Abbé Paramelle et des divers moyens d'amener des eaux à Nîmes. Nîmes, impr. de Ballivet, 1843, in-8 avec 1 pl.

3. — Études sur les divers moyens de procurer des eaux à la ville de Nîmes. 2e partie. Nîmes, impr. de Ballivet, 1843, in-8 avec 1 carte.

4. — De Nîmes et de ses eaux. Troisième partie. Nîmes, Ballivet, 1845, in-8 avec une pl.

5. — Études sur les eaux de Nîmes et sur l'aqueduc romain du Gard. Nîmes, impr. de Ballivet, 1846-47, in-8, publié en deux parties.

6. — Marche administrative de la question des eaux de Nîmes. Nîmes, impr. de Ballivet, 1848, in-8.

7. — Du Service hydraulique en France, de son importance, et de son avenir. Nîmes, impr. de Ballivet, 1849, (1re livraison) in-8 de 128 pag.

TEISSIER [Guillaume-Ferdinand], né à Marly-la-Ville, près Pontoise, le 29 août 1779, conseiller de préfecture en juillet 1814, sous-préfet de Toul après le 20 mars 1815, destitué par la 2e Restauration, réintégré en 1816 dans ses fonctions de conseiller de préfecture, sous-préfet de Thionville en 1819, de Saint-Étienne en 1831, préfet de l'Aude en 1833, mort à Carcassonne, le 3 février 1834. [Voy. une notice biogr. par M. de LADOUCETTE (*Mém. de la Soc. des Antiq. de France*, nouv. série, t. II, p. xcv), et la *France littér.*, t. IX, p. 363.

On doit à M. Tessier : Biographie messine; — Éphémérides mosellanes (en collaboration) [publ. en 1829 dans le « Journal de la Moselle »]; — Lettres sur des monnaies anciennes trouvées à Bouzonville en 1825 : — Note sur des monnaies frappées à Sierck pour les ducs de Lorraine [Académie de Metz, 1828-1829]; — Mémorial de l'officier de l'état civil [1830].

M. Tessier devait publier le Mémorial du *garde forestier*. — Il a laissé en manuscrits ou inachevés : des renseignements recueillis sur des antiquités découvertes dans l'arrondissement de Thionville, et sur la direction des voies romaines qui le traversent; — des matériaux pour un précis historique de Metz et sur les évêques de cette ville; — des recherches sur les monnaies de France, et en particulier sur celles de la ville et des évêques de Metz, des ducs de Lorraine et de Bar, de l'abbé de Gorze, de l'archevêque de Trèves, etc.; — les éphémérides mosellanes, disposées par mois en 12 cahiers in-4°; — une notice sur Paul Ferry; — des documents sur l'ancienne académie de Metz et sur la société dite des Philathènes; — un travail sur Martial et ses imitateurs; — un essai de traduction du poëme d'Ausone et d'une ichthyologie de la Moselle; — une Flore des auteurs latins; — deux nouvelles : *Hermenfroy* et *Ide*.

TEJADA [Santiago-Hernandez de]. — Bosquejo historico sobre la sucesion a la corona de España, por el dr *Henrique* Zopfl, traducido de aleman. Paris, Amyot, 1839, in-8.

Une traduction française, accompagnée de notes et commentaires, par le baron de BILLING, a paru dans la même année.

M. S.-H. de Tejada a publié une nouvelle édition de « Fundamentos de la fe, puestos al alcante de toda clase de personas, » obra por M. AYMÉ, y traducida del frances al castellano por D. Henrique ALTAIDE Y PORTUGAL. [1839, 2 vol. in-12].

TELLE [T.]. — Enseignement de la typographie et des écritures européennes. Modifications et corrections proposées dans les écritures et les caractères typographiques en usage. Belleville, impr. lith. de Rouzeau, 1848, in-4 de 20 pag.

TELEKI [le comte Ladislas], représentant du peuple à la diète hongroise, envoyé de Hongrie auprès de la république française.

1. — La Hongrie aux peuples civilisés. Manifeste publié au nom du peuple hongrois. Paris, impr. de Guiraudet, 1849, in-8 de 78 pag. [75 c.].

2. — De l'Intervention russe. Paris, impr. de Guiraudet, 1849, in-8 de 32 pag. avec pièces diplomatiques.

TELESFORO DE TRUEBA Y COSIO [don]. [Voy. la *France littér.*, t. IX, p. 364.] — L'Espagne romantique. Contes de l'histoire d'Espagne, traduits par Ch.-A. *Defauconpret*. Paris, Ch. Gosselin, 1832, 3 vol. in-8 [22 fr. 50 c.].

TELL-POUSSIN. Voy. POUSSIN.

TELLAM, s'intitulant *membre correspondant de plusieurs académies de villages*. — Théorie du travail. Orléans, Gatineau; Paris, Potier, 1846, 2 vol. in-8 [15 fr.].

TELLIER [Félix]. — Avec M. de *Manne*: Un Dimanche à Londres (1831, in-8); — la Femme de chambre (1831, in-8). Voy. de MANNE.

TELLIER, docteur en médecine. — De l'Action des eaux thermales et salines de Bourbon-Lancy (Saône-et-Loire) dans le traitement des maladies chroniques. Moulins, Desrosiers, 1844, in-8 avec une pl.

TELLIER. — Nouveau Manuel du veneur. Paris, Heugel, 1845, in-8 oblong.

TELLIER [A.]. — Manuel du bottier et du cordonnier. Amiens, Caron-Vitet, 1846, in-18 de 108 pag.

TELLIER [C.-J.]. — Plus d'insurrection. Le droit d'insurrection aboli par l'organisation de la souveraineté du peuple. Paris, impr. de Lacrampe, 1849, in-fol.

TELMON [J.-A.], prêtre. — Voyage à la Blanche-Montagne à l'est-sud-est de Saint-Pons-de-Seyne (Basses-Alpes), suivi de la description de la fontaine de Vaucluse. Dignes, Repos, 1845, in-8 de 32 pag.

En vers.

TEMBLAIRE [Charles-Édouard], directeur de la *Revue de l'Empire*. — Louis-Napoléon. Sa vie politique et ses ouvrages. Paris, impr. de Lacrampe, 1848, in-16.

Citons encore : — Évasion du prince Louis-Napoléon Bonaparte [1846, in-8].
M. Tremblaire a publié : — Réponse de Louis-Napoléon Bonaparte à M. Lamartine. — Lettres de Louis-Napoléon Bonaparte au *journal du Loiret* et aux ouvriers [1848, in-16]; — Extinction du paupérisme; par Louis-Napoléon BONAPARTE. IVe édition [1848, in-32]; — OEuvres complètes de Louis-Napoléon BONAPARTE, avec un portrait de l'auteur et la vue de son cabinet de travail dans la citadelle de Ham [Paris, impr. de Lacrampe, 1848-49. 3 vol. in-8]; — Notice sur les écrits de Louis-Napoléon Bonaparte [1848, in-8].

TEMME, conseiller à la cour criminelle de Berlin. — Avec M. *G.-A. Noerner* : le Procès Lafarge, examiné d'après la législation criminelle de Prusse (1841, in-8). Voy. NOERNER.

TEMMINCK [C.-J.], naturaliste hollandais. [Voy. la *France littér.*, t. IX, p. 365.]

1. — Monographies de mammalogie. Paris, 1825; Leyde, 1837 ; 2 vol. in-4.

2. — Manuel d'ornithologie, ou Tableau systématique des oiseaux qui se trouvent en Europe; précédé d'une analyse du système général d'ornithologie, et suivi d'une table alphabétique des espèces. IIe édition. Paris, Cousin, 1839-40, 3 vol. in-8 [22 fr. 50 c.].

3. — Coup d'œil général sur les possessions néerlandaises dans l'Inde archipélagique. Leyde, Luchtmans, 1848, 2 vol. gr. in-8 [26 fr.].

TEMPESTINE. — Dictionnaire universel de philologie sacrée, par *Huré*; suivi du Dictionnaire de la langue sainte, écrit en anglais par le chevalier *Leigh*; traduit en français et augmenté par *Louis de Wolzogues*, revu, augmenté de nouveau et actualisé par M. Tempestine. Publié par l'abbé *Migne*. Paris, impr. de Vrayet de Surcy, 1846 et ann. suiv., 4 vol. in-8.

TEMPIÉ. — Avec *A. Franque* : Code de l'instruction primaire (1842, in-18). Voy. FRANQUE.

TEMPIER [P.-J.]. — Études historiques sur l'autorité de l'Église et du pouvoir civil. Marseille, impr. de Bazile, 1845, in-8.

TEMPLIER [P.-H.], avocat à la cour d'appel de Paris. — Considérations pratiques sur le projet de décret concernant les monts-de-piété. Paris, impr. de Crapelet, 1849, gr. in-8 de 76 pag.

TEMPORAL [L.-J.].

1. — Géographie pratique de la France. Châlon, Fouque; Paris, Delalain, Langlois et Leclercq, 1842, in-12.

2. — Atlas grammatical, ou Tableaux synoptiques de la grammaire française. Châlon-S.-S., Brille et Guichard, 1844, in fol. [3 fr.]

3. — Exercices orthographiques et syntaxiques de l'Atlas grammatical, divisés d'après l'ordre des tableaux. Châlon-sur-Saône, impr. de Montalan, 1845, in-12 de 96 pag.

4. — Principes et règles de l'arithmétique élémentaire, par demandes et par réponses, renfermant, etc. Châlon-sur-Saône, impr. de Montalan, 1846, in-18 de 72 pag.

TENAC [Van]. Voy. VAN TENAC.

TENAILLE DE VAULABELLE [Éléonore et Achille de]. Voy. VAULABELLE.

TENANT DE LATOUR.

1. — Deux Lettres à Mme la comtesse de Ranc..... Paris, impr. de Béthune, 1842, in-12 de 24 pag.

Tiré à cent exemplaires. Les deux lettres ont été d'abord imprimées, l'une, dans la *Revue de Paris* (1er octobre 1839), l'autre en tête des « Poésies de F. MALHERBE [1842, in-12]. Elles sont annoncées comme devant faire partie d'un recueil intitulé : « Lettres sur la bibliographie. »

2. — Un Cabinet de M. Turgot. Nouvelle lettre à Mme la comtesse de Ranc... Paris, impr. de Ducessois, 1843, in-12 de 24 pag.

TENCIN [Claudine-Alexandrine GUÉRIN de], romancière; née à Grenoble en 1681, morte à Paris le 4 décembre 1749. [Voy. la *France littér.*, t. IX, p. 367.]

1. — Les Malheurs de l'amour; suivis des *Carbonari*, par *Félix Deriége*. Paris, Gustave Havard, Marescq, 1849, in-4 illustré.

2. — Le Siége de Calais. Paris, Marescq, 1849, in-4 illustré.

Ce roman a été publié aussi dans les primes illustrées de « l'Ordre. »

TÉNINT [Wilhelm].

1. — Avec M. *Augustin Challamel:* les Français sous la Révolution. Paris, Challamel, 1843, gr. in-8, fig.

2. — Fleur des fêves, ou une Intelligence à deux. Paris, Boulé, 1843, in-8 de 64 pag. [1 fr.]

3. — Prosodie de l'école moderne; précédée d'une Lettre à l'auteur par *Victor Hugo*, et d'une Préface d'*Emile Deschamps*. Paris, impr. d'Henry, 1843, in-12 [2 fr.].

4. — Sylvain le Forgeron. Paris, impr. de Proux, 1848, in-fol de 8 pag.

Feuilleton du « Courrier français. »
On doit à M. W. Tenint le texte de « Album du Salon, » années 1841-44 ; collection des principaux ouvrages exposés au Louvre, reproduits par les artistes eux-mêmes ou sous leur direction [1841-44, 4 vol. in-4, avec dessins lith.].

M. W. Tenint a donné dans la « Revue de la province et de Paris »: *le Mont Carmel* [IVe année, juin 1844]; — dans la « Bibliothèque des feuilletons »: *la Jeunesse dorée* [t. IV]; — dans le Siècle »: *un Placement avantageux*, etc.
Il a travaillé à « le Livre d'étrennes » [1840, in-12]; à « Autrefois et le Bon Vieux Temps, » etc.
M. W. Tenint est aussi l'auteur d'un roman intitulé *Madame Palmyre*.

TENNAEC [Ives] (Alexandre CHÈVREMONT.) — Clairières; précédées d'une Préface d'*Édouard Turquety*. Rennes, impr. de Marteville, 1848, in-18.

Poésies.
M. Ives Tennaec a traduit de l'Anglais : « l'Épicurien, » nouvelle, par Thomas MOORE [1847, in-12].

TENNEMANN [Guillaume-Amédée], philosophe allemand. [Voy. la *France littér.*, t. IX, p. 369.] — Manuel de l'histoire de la philosophie, traduit de l'allemand par *V. Cousin*. IIe édition, corrigée et augmentée sur la Ve et dernière édition allemande. Paris, Ladrange, 1839, 2 vol. in-8 [15 fr.].

TENNESSON [Q.-V.]. [V. la *France littér.*, t. IX, p. 369.] — Opuscule sur les lois du voisinage. Paris, impr. de Ballard, an V (1799), in-8 de 34 pag. [60 c.]

Sous l'initiale T...... [Q. V.].

TÉNOUGY [l'abbé]. — Discours sur l'enseignement universitaire. Marseille, impr. d'Olive, 1841, in-8 de 96 pag.

TENTING [H.-G.]. [Voy. la *France littér.*, t. IX, p. 370.]

M. Tenting a revu et augmenté d'un *Dictionnaire mythologique* les « Aventures de Télémaque, » par FÉNELON [1838, in-12].

TÉQUI [A.]. — Assolement triennal. Dix ans d'expériences et leurs résultats. Toulouse, impr. de Labouisse-Rochefort, 1847, in-8 de 16 pag.

TERCY. [Voy. la *France littér.*, t. IX, p. 370.]

1. — La Princesse Marie, vision. Le Mans, impr. de Richelet, 1839, in-8 de 32 pag.

Poésies.

2. — Le Baptême du comte de Paris. Le Mans, impr. de Richelet, 1841, in-8 de 16 pag.

En vers.

TÉRENCE [Publius-Terentius Afer], poëte comique ; né en Afrique vers 193 avant J.-C., mort vers 159. [Voy. la *France littér.*, t. IX, p. 370.]

1. — Théâtre complet des Latins, comprenant *Plaute, Térence* et *Sénèque le Tragique*, avec la traduction en français, publié sous la direction de M. Nisard. Paris, J.-J. Dubochet et Cie, 1844, gr. in-8 [15 fr.].

La traduction de Térence est due à M. Alfred MAGIN.

2. — Comédies de Térence. Traduction nouvelle, par M. *Ferdinand Collet*. Paris, Lefèvre, Garnier frères, 1845, in-18 angl.

Le texte latin est au bas des pages.

— Les Comédies de Térence, avec la traduction en français par M. *Alfred Magin*. Paris, Dubochet, 1845, in-12 [5 fr.].

Chefs-d'œuvre de la Collection des auteurs latins, avec la traduction en français, publiée sous la direction de M. Nisard.
Les éditions de l'*Andrienne* et des *Adelphes ad usum scolarum*, avec des sommaires et des notes en français, ont été revues par MM. BOIN-

VILLIERS, J.-B. DAROLLES, H. CHEVALLIER, Fr. DUBNER, J. GEOFFROY, Em. LEFRANC, LEMONNIER, MATERNE, MORANT, OZANEAUX, L. QUICHERAT, et publiés par MM. Delalain, Hachette, Périsse, Dezobry, E. Magdeleine et Cie, etc.

TÉRÈSE [sainte]. Voy. THÉRÈSE.

TERME [J.-F.], docteur en médecine de la faculté de Lyon, membre de l'Académie de cette ville. [Voy. la *France littér.*, t. IX, p. 372.]

1.-2. — Avec M. *J.-B. Monfalcon* : Nouvelles Considérations sur les enfants trouvés (1838, in-8) ; — Histoire des enfants trouvés (1840, in-8). Voy. MONFALCON.

3. — Des Eaux potables à distribuer pour l'usage des particuliers et le service public. Rapport présenté au conseil municipal de Lyon. Paris, impr. de Dupont, 1844, in-8.

Citons encore : Rapport sur l'établissement d'un entrepôt des liquides à Lyon [1831, in-8].

TERME [C.]. — L'Ange et l'homme. Paris, impr. de Chassaignon, 1844, in-4 de 4 pag.

Stances.

TERNAUX [Édouard], avocat, substitut du procureur du roi, puis du procureur général ; né en 1811, mort en janvier 1847. [Voy. une notice dans *le Moniteur* du 15 janv. 1847 et la *France littér.*, t. IX, p. 374.]

M. Ed. Ternaux a remporté, n'ayant pas encore dix-neuf ans, un prix fondé par la « Revue de Paris » sur la question de savoir quelle avait été sur notre littérature et sur nos mœurs l'influence des institutions constitutionnelles.

TERNAUX [H.], et plus tard TERNAUX-COMPANS. [Voy. la *France littér.*, t. IX, p. 374.]

1. — Voyages, relations et mémoires originaux, pour servir à l'histoire de la découverte de l'Amérique, publiés pour la première fois en français. IIe série. Paris, Arth. Bertrand, 1839-40, 10 vol. in-8.

Cette deuxième série se compose de : Rapport sur les différentes classes de chefs de la Nouvelle-Espagne, sur les lois, les mœurs des habitants, sur les impôts établis avant et depuis la conquête, etc., etc., par Alonzo de ZURITA [1839, in-8] ; — Histoire des Chichimèques, ou des anciens rois de Tezcuco, par don Fernando d'Alva IXTLILXOCHITL, traduite sur le manuscrit espagnol [1839, 2 vol. in-8] ; — Histoire du Nicaragua, par Gonzalo Fernandez de OVIEDO Y VALDÉS [1840, in-8] ; — Histoire du Pérou, par Miguel Cavalo BALBOA [1840, in-8] ; — Second Recueil de pièces relatives à la conquête du Mexique [1840, in-8] ; — Mémoires historiques sur l'ancien Pérou, par le licencié Fernando MONTESINOS [1840, in-8] ; — Histoire du royaume de Quito, par don Juan de VELASCO, natif de ce royaume [1840, 2 vol. in-8] ; — Recueil de pièces sur la Floride [1841, in-8].

Le Catalogue général des ouvrages relatifs à l'Amérique, publiés depuis la conquête de Colomb jusqu'en 1700, a été dressé par M. Ternaux-Compans, après des recherches dans les principales bibliothèques de l'Europe ; il ne comprend pas moins de onze cent cinquante-trois ouvrages, en y comptant les relations des voyageurs français [Voy. un compte rendu dans le « Journal des Débats » du 28 juillet 1838].

2. — Archives des voyages, ou Collection d'anciennes relations, inédites ou très-rares, de lettres, mémoires, itinéraires et autres documents relatifs à la géographie et aux voyages, suivies d'analyses d'anciens voyages et d'anecdotes relatives aux voyageurs tirées des mémoires du temps. Ouvrage destiné à servir de complément à tous les recueils de voyages. Paris, Arth. Bertrand, 1840-41, 2 vol. in-8 en 4 parties [20 fr.].

3. — Bibliothèque asiatique et africaine, ou Catalogue des ouvrages relatifs à l'Asie et à l'Afrique qui ont paru depuis la découverte de l'imprimerie jusqu'en 1700. Paris, Arthus Bertrand, 1841-42, 2 parties in-8 [15 fr. 50 c.].

L'ouvrage est terminé par une Table alphabétique des auteurs.

4. — Essai sur l'ancien Cundinamarca. Paris, Arthus Bertrand, 1842, in-8 [3 fr. 50 c.].

5. — Notice historique sur la Guyane française. Paris, F. Didot, 1843, in-8 [3 fr. 50 c.].

6. — Notice sur les imprimeries qui existent ou qui ont existé en Europe. Paris, Arthus Bertrand, 1843, in-8 [2 fr. 50 c.].

7. — Notice sur les imprimeries qui existent ou qui ont existé en Europe et hors d'Europe. *Supplément.* Paris, impr. de Guiraudet, 1849, in-8 de 20 pag.

Extrait du « Journal de l'amateur de livres, » année 1849 et tiré à cent exemplaires. L'auteur a successivement publié dans les « Annales des voyages » plusieurs Notices sur les imprimeries en Europe et hors d'Europe. Un petit nombre d'exemplaires de chacune d'elles a été tiré à part.

Citons encore : de l'Établissement d'un évêché protestant à Jérusalem, au préjudice des droits de la France [in-8] ; — de la Position des Anglais aux Indes, et de l'expédition contre la Chine [in-8].

M. Ternaux-Compans a traduit sur un manuscrit inédit : « Histoire du Mexique, » par don Alvaro TEZOZOMOG [1849, 2 vol. in-8].

Il a travaillé aux « Nouvelles Annales des voyages et des sciences géographiques, » etc.

TERNINCK [Auguste]. — Promenades archéologiques sur la chaussée Brunehaut, ou Histoire des communes et des monuments qui l'avoisinent. Ire partie. Saint-Pol, impr. de Thomas, 1843, in-8.

M. Aug. Terninck a donné des articles d'histoire locale au « Puits artésien. »

TERQUEM [Olry], professeur à l'École d'artillerie et bibliothécaire au dépôt central d'artillerie de Metz, membre de l'Académie de cette ville; né à Metz en juillet 1782. [Voy. la *France littér.*, t. IX, p. 375.]

1. — Exercices de mathématiques élémentaires; *Arithmétique et algèbre*. Paris, Bachelier, 1842, in-8 [5 fr.].

2. — Avec M. *Gerono* : Nouvelles Annales de mathématiques (1842-47, 7 vol. in-8). Voy. GERONO.

M. O. Terquem a traduit de l'allemand : « Expériences sur les chrapnels faites chez la plupart des puissances de l'Europe, accompagnées d'observations sur l'emploi de ce projectile, » par DECKER [Paris, Corréard, Dumaine, 1847, in 8, avec 4 pl., 8 fr.]; — et de l'Italien : « Lettre du chevalier Louis CIBRARIO à S. E. le chevalier César de Saluces sur l'artillerie du XIIIe au XVIIe siècle » [Paris, Corréard, 1847, in-8].

M. Olry Terquem a publié, sous le pseudonyme TSARPHATI : *Première Lettre* d'un Israélite français à ses coreligionnaires sur l'urgente nécessité de célébrer l'office en français le jour du dimanche, à l'usage des Israélites qui ne peuvent assister à l'office asiatique de la veille, comme unique moyen de rendre désormais l'éducation religieuse possible en France [1821, in-8]; — *Deuxième Lettre* [1821, in-8]; — *Troisième Lettre* [1822, in-8]; — *Quatrième Lettre...*, sur les changements importants qu'a subis l'Almanach israélite de 5584, approuvé par M. le grand rabbin, président du consistoire central [1823, in-8]; — *Cinquième Lettre...*, sur l'article 21, concernant les fonctions rabbiniques, du Règlement de 1806 [1824, in-8]; — *Sixième Lettre...*, sur l'établissement d'une école de théologie à Paris et sur la suppression des écoles talmudiques en province; suivie d'une bonne nouvelle [1824, in-8]; — *Septième Lettre* [1824, in-8]; — *Huitième Lettre...*, sur la religion des riches au XIXe siècle, en forme de dialogue entre un riche et un autre israélite [1836, in-8]; — *Neuvième Lettre...*, sur la tolérance de l'Église et sur la tolérance de la Synagogue comparées, et sur le système de Munck [1837, in-8]; — Projet de règlement concernant la circoncision, suivi d'observations sur une lettre pastorale du grand rabbin de Metz, et sur un écrit de M. Lazare aîné [1821, in-8].

M. Terquem a donné des articles au « Journal de mathématiques » de M. LIOUVILLE, entre autres : *Démonstration de deux propositions de* M. *Cauchy* [1840]; — *Notice sur un manuscrit hébreu d'un Traité d'arithmétique d'Ibd-Erra*, conservé à la Bibliothèque royale [1841], etc.

TERQUEM [L.], docteur en médecine. — Guide du posthétomiste, avec l'exposé d'un nouveau procédé pour le second acte de l'opération religieuse des Israélites, dite circoncision. Metz, Gerson-Lévy et Alcan, 1843, in-8 de 56 pag. avec 1 pl.

TERRASSON [André et Gaspard], frères, tous deux prédicateurs, nés à Lyon au XVIIe siècle, morts, le premier en 1723, le deuxième en 1752. [Voy. la *France littér.*, t. IX, p. 377.]

Les *Œuvres oratoires* complètes des deux Terrasson ont été publiées dans « Collection intégrale et universelle des orateurs sacrés du premier ordre, » publiées selon l'ordre chronologique, par l'abbé MIGNE [1847, in-8].

TERRENEUVE [Fabre]. Voy. FABRE TERRENEUVE [J.-L.].

TERRIÈRE [A.-B.]. — Barême des contribuables et des percepteurs, contenant la contribution calculée de tout revenu, depuis 1 fr. jusqu'à 9,000 fr.; complété par un tableau des douzièmes de 1 à 20,000 fr. Angoulême, impr. de Lefraise, 1849, in-4 de 8 pag.

TERSON [J.], prêtre catholique, puis saint-simonien. [Voy. la *France litt.*, t. IX, p. 380.]

1. — De la Réforme électorale. Paris, Rouanet, 1839, in-8 de 28 pag.

2. — Dialogues populaires. Le Génie du bien et le génie du mal. Ier dialogue. Paris, Rouanet, 1839, in-8 de 40 pag.

3. — Ligue nationale contre la misère des travailleurs, ou Mémoire explicatif d'une pétition à présenter à la Chambre des Députés dans le courant de l'année 1845. Paris, Paulin, 1844, in-18. [3 fr. 50 c.].

4. — Athénées communaux. Bibliothèques et enseignements populaires. Enquête sociale. L'Initiateur. Paris, Charpentier, 1845. in-8 de 20 pag.

M. Terson a été directeur de la « Revue des droits du peuple. » Poursuivi à raison de son premier numéro, il a été condamné à quatre mois d'emprisonnement, 100 fr. d'amende, et la confiscation des exemplaires. [Voy. « la Démocratie pacifique » du 28 novembre 1845.]

TERSTERGEN [G.]. — La Bonne Armelle. Traduction de l'allemand, de

G. Terstergen. Montbéliard, Deckherr, 1841, in-18 de 36 pag.

TERTE [Théodore-Olivier]. — Applications de la géométrie descriptive aux ombres, à la perspective, à la gnomonique, et aux engrenages. Paris, Carilian-Gœury et Dalmont, 1847, in-4, avec un atlas in-4 de 4 pag. et 58 pl. [25 fr.]

TERTULLIEN [Quintus-Septimius-Florens Tertullianus], docteur de l'Église chrétienne; né à Carthage vers 160 de J.-C., mort en 245. Voy. la *France littéraire*, t. IX, p. 380.]
1. — Prescriptions contre les hérétiques. Version nouvelle, par *F.-Z. Collombet.* Paris, Sagnier et Bray, 1845, in-12.
2. — Tertullien et saint *Augustin*. OEuvres choisies, avec la traduction en français. Publiées sous la direction de M. Nisard. Paris, Dubochet, Lechevalier, 1845, in-8 [15 fr.].

Collection des auteurs latins, avec la traduction en français.
La traduction de l'*Apologétique* et de la première moitié de la *Cité de Dieu* est nouvelle. Quant à la seconde partie de ce dernier ouvrage on a reproduit l'ancienne traduction de LAMBERT.

— OEuvres. Apologétique. Prescription contre les gentils. Du Baptême. De l'Ornement des femmes. Paris, Charpentier, 1845, in-12 [3 fr. 50 c.].

Les démonstrations évangéliques de Tertullien ont été publiées avec notes dans la collection de l'abbé MIGNE [1848, gr. in-8].

TERVER. — Catalogue des mollusques terrestres et fluviatiles, observés dans les possessions françaises au nord de l'Afrique. Paris, Baillière, Crochard, 1839, in-8 de 40 pag. avec 4 pl. [2 fr. 50 c.]

TERWANGNE [Adolphe]. — Mémoire sur l'organisation d'un comité permanent dans la capitale au profit de la prospérité industrielle du département du Nord. Paris, impr. de Vassal, 1844, in-4 [2 fr.].

Citons encore : Révolution commerciale en France. Réflexions sur la situation présente, moyen de l'améliorer [1846, in-8]; — une Dernière Pensée sur l'organisation du commerce en France, le 24 février 1848 [1848, in-8]; — Mémoires sur quelques industries nouvelles à introduire en Belgique et particulièrement dans les Flandres [1848, pet. in-fol.].

TESSAN [de], ingénieur hydrographe.

M. de Tessan a fait suivre de *notes* la « Description nautique des côtes de l'Algérie, » par M. A. BÉRARD [1837, in-8]. Il est l'auteur de la *Physique* pour le « Voyage autour du monde sur la frégate *la Vénus*, pendant les années 1836-39, » par Abel DUPETIT-THOUARS [1844, in-8].

TESSEIRE. — Avec M. *Marin* : Traité sur la fabrication des étoffes de soie (1838, in-8). Voy. MARIN.

TESSIÉ DU MOTAY.

M. Tessié du Motay a revu et augmenté les IIe et IIIe éditions de : « de l'Air comprimé et dilaté comme force motrice, » par M. ANDRAUD [1840, 1841, in-8].

Des fragments de *Lénor*, opéra en quatre actes, dont les paroles sont de M. Tessié du Motay, ont été publiés en 1846, in-8.

TESSON [L. de].
1. — Réflexions et croquis chemin faisant. Voyage au mont Sinaï. Dinan, Huart, 1844, in-12.

La IIIe édition a été réimprimée en 1848, sous le titre : *Voyage au mont Sinaï* [Tours, Mame, 1849, in-12].

2. — Fantaisies de Richard le millionnaire. Avranches, Tostain, 1848, in-8 de 40 pag.
2. — Une page de l'histoire des animaux. Avranches, Tostain, 1849, in-8 de 36 pag.

TESTA [Alexandre].

M. A. Testa a publié : Album de la jeune République (1re livr., 1848, in-12]. Il a aussi composé des couplets politiques: la Voix du peuple ou l'Ombre de Napoléon à son neveu [1848, in-4]; — la Présidence [1848, in-4], etc.

TESTARD [V.], ancien élève de l'École normale.
1 — De la Poésie pastorale (1812, in-4).

Thèse pour le baccalauréat ès-lettres.

2. — De Atheismo hominum societati noxio (1812, in-4).

Thèse pour le baccalauréat ès-lettres.

TESTAS [l'abbé]. [Voy. la *France littér.*, t. IX, p. 384.] — Marguerite et Justine, ou la Bonne et la mauvaise route. Paris, Picard, 1844, in-18 [1 fr.].

TESTE [Jean-Baptiste], né à Bagnoles (Gard), le 20 octobre 1780. D'abord avocat, persécuté et obligé de se réfugier en Belgique sous la Restauration, M. Teste devint successivement député du Gard en 1831, pair de France, et ministre des travaux publics. Il a été condamné, par arrêt de la cour des Pairs du 17 juillet 1847, à trois années de prison, 192,000 fr. d'amende et privation des droits civiques, comme ayant, étant ministre des travaux publics, accepté des dons et présents pour l'exercice de ses fonctions non sujet à salaire. [Voy. PASCALLET, 1843, et la *France littér.*, t. IX, p. 384.] — Cour des Pairs. — Affaire des mines de Gouhenans. — Observations de M. J.-B. Teste. Paris, impr. de Maulde et Renou, 1847, in-4 de 48 pag.

M. Teste a rédigé, avec M. Marc-François GUILLOIS, à Liége, « le Mercure surveillant. »

TESTE [Charles-Ant.], frère de Jean-Baptiste. [Voy. la *France littér.*, t. IX, p. 384.]

1. — La Servitude volontaire, ou le Contr'un, par *Étienne de La Boétie*, avec un commentaire babouviste et un supplément intitulé : Quelques Citations historiques de nos annales républicaines. Bruxelles et Paris, 1836, in-18.

Sous l'anagramme *Reschastelet*.

1re Édition faite aux frais de M. Félix Delhasse, de Bruxelles, et qui a été tirée à quinze cents exemplaires, mais qui n'a jamais été mise en vente. Il en a été distribué trois ou quatre cents gratuitement.

M. Charles Teste a publié, sous l'anagramme *Reschastelet*, avec M. Charles Lemaire-Teste, son fils : « Réfutation de l'Histoire de France de Montgaillard, » par M. P.-M. LAURENT, de l'Ardèche (1843, in-8].

TESTE [J.-A.].

1. — Lettre à un médecin de province sur la médecine empirique. Vaugirard, impr. de Lacour, 1843, in-8 de 16 pag.

2. — Nouveau Cours d'études musicales et de chant élémentaire. Paris, Teste, 1844, in-8 de 96 pag., avec 64 pag. de musique [4 fr.].

3. — Solfége géant à l'usage des cours de musique. Paris, Frank, Pellerin, 1849, in-8 de 4 pag.

Exposition de l'industrie nationale, 1849. Le Solfége et son appareil, 90 fr. ; — la Méthode, 4 fr. 50.

TESTE [Alphonse], docteur en médecine de la Faculté de Paris, membre de la Société géologique de France et de plusieurs sociétés savantes.

1. — De la Goutte, de ses causes, et du traitement le plus rationnel à lui opposer. Paris, Pillet aîné, 1840, in-8 de 84 pag. [1 fr. 25 c.]

2. — Transactions du magnétisme animal. Paris, J.-B. Baillière, 1841, in-8 [10 fr.].

3. — Manuel pratique du magnétisme animal, exposition méthodique des procédés employés pour produire les phénomènes magnétiques, et leur application à l'étude et au traitement des maladies. IIIe édition. Paris, J.-B. Baillière, 1846, in-12 [4 fr.].

La 1re édition est de 1840, la IIe de 1843.

4. — Le Magnétisme animal expliqué, ou Leçons analytiques sur la nature essentielle du magnétisme animal, sur ses effets, son histoire, ses applications, les diverses manières de le pratiquer, etc. Paris, J.-B. Baillière, 1845, in-8 [6 fr. 50 c.].

5. — Les Confessions d'un magnétiseur, suivies d'une consultation médico-magnétique sur les cheveux de Mme Lafarge. Paris, Garnier frères, 1849, 2 vol. in-8 [15 fr.].

Citons encore : Exposé sommaire de la médecine magnétique (1842, in-8] ; — Notice sur les eaux minéro-thermales de Bagnoles (Orne) [1846, in-8] ; — Ou la République, ou la guerre civile [1848, in-32].

TESTE [Charles-Augustin-Léon de], agent de change à Avignon ; né dans cette ville le 5 mai 1779. [V. la *France littér.*, t. IX, p. 384.] — De l'Industrie avignonnaise en 1842. Avignon, impr. de Jacquet, 1843, in-8 de 96 pag.

Citons encore : Banque par actions [1841, in-8].

M. Léon de Teste a été le directeur de la « Revue sérigène, » journal mensuel, spécialement consacré à l'industrie des soies et soieries, rédigé par d'anciens producteurs, filateurs et fabricants, dont le premier numéro a été publié en 1843, in-8.

TESTE D'OUET [Alexandre-Désiré], correspondant du comité des arts et monuments ; né à Donnemarie (Seine-et-Marne) en 1798. [Voy. la *France littér.*, t. IX, p. 384.]

1. — A madame Rita Laudt (née Marin). Lettre sur l'histoire de Donnemarie. Paris, impr. de Wittersheim, 1846, in-8 de 56 pag.

2. — Le Chien qui hurle. Paris, Didron, 1847, in-8 de 80 pag.

Prose et vers.

TESTENOIRE [Claude-Victor], avocat à Lyon. — Dictionnaire de la jurisprudence de la cour royale de Lyon, 1823-1837, avec appendices, notes et additions. Lyon, impr. de Pélagaud, 1839, in-8 [8 fr.].

TESTOR [A.]. — Avec M. *F.-J. Secrétant* : le Néopantomètre (1846, in-4). Voy. SECRÉTANT.

TESTOU [l'abbé]. — Psaumes du prisonnier chrétien. Paris, Appert, 1844, in-12 de 48 pag.

En prose.

TESTU [P.]. — Topographie et géodésie élémentaires, manuel à l'usage des officiers de l'armée. Paris, Dumaine, 1849, in-4, avec 10 pl. [10 fr.]

TÉTARD [J.]. [Voy. la *France littér.*, t. IX, p. 385.] — Translation des cendres de Napoléon, ode. Paris, impr. de Stahl, 1840, in-8 de 8 pag.

On doit aussi à M. Tétard : Extrait du IVe livre du Réalisme, ou rationalisme, dont un Essai sur l'homme, formant le premier livre, fut imprimé à Cambrai en 1818, etc. [En vers, 1840, in 8]; — Projet et moyen d'utiliser la magnifique chapelle de Versailles [suivi d'une ode élégiaque sur la mort de la princesse Marie d'Orléans, 1840, in-8]; — Translation des restes mortels de l'empereur Napoléon de l'île Sainte-Hélène sous le dôme des Invalides, ode [1841, in-8].

TÉTARD. — Avec M. *Hector Rouillard* : Barême de la solde, des accessoires de la solde et abonnements de la gendarmerie, des voltigeurs corses et de la garde municipale (1844, in-8 oblong). Voy. ROUILLARD.

TÊTEDOUX [L.]. — Nouveau Traité de grammaire française. Le Mans, Monnoyer, 1844, in-12.

TÊTOT, auteur dramatique. — Avec M. *Alfred de Léris* [Desroziers]: Lady Henriette (1844, in-8). Voy. DESROSIERS.

Sous le pseudonyme LANTOINE.

TEUBURG. — Histoire de Napoléon le Grand. Nancy, Vincenot, 1839, 1841, 1848, et Nancy, impr. de Nicolas; Paris, Lebigre, 1845, in-12 [3 fr.].

TEULE [Jules-Charles], médecin et docteur ès-sciences.

1. — Exposition du système de l'écriture musicale chiffrée, suivie d'une note sur le comparateur des tons. Paris, Arthus Bertrand, 1842, in-8 de 36 pag. avec 2 pl.

2. — Pensées et notes critiques extraites du journal de mes voyages dans l'empire du sultan de Constantinople, les provinces russes, géorgiennes et tartares du Caucase, et dans le royaume de Perse. Paris, A. Bertrand, 1842, 2 vol. in-8 [18 fr.].

M. Teule a consacré près de six années (de 1834 à 1840) à l'étude de l'état actuel de la civilisation dans l'Asie occidentale.

TEULET [A.-F.], avocat à la cour d'appel de Paris. [Voy. la *France littér.*, t. IX, p. 386.]

1-5. — Avec M. *Urbain Loiseau* : code Civil; — les Codes; — les Codes analysés, ou Table générale, etc.; — Tarif des actes de procédure expliqué par le rapprochement des textes; — Mémento de l'étudiant en droit. Voy. LOISEAU.

6. — Avec MM. *Auvillers* et *Sulpicy* : les Codes français annotés, offrant sous chaque article l'état complet de la doctrine, de la jurisprudence et de la législation. Paris, Chamerot, 1843, 2 parties in-4, ou 2 vol. gr. in-8 [40 fr.].

7. — Nouveau Formulaire général des actes, authentiques et sous seings privés, de procédure civile, de commerce et d'instruction criminelle, ou Recueil par ordre alphabétique de toutes les formules qui peuvent servir de guide dans la rédaction des actes considérés sous leurs divers rapports; ouvrage indispensable à tous les praticiens, juges, avocats, avoués, notaires, greffiers, huissiers, et à tous ceux qui, sans être praticiens, désirent savoir ce à quoi ils s'engagent quand ils donnent une signature. Paris, Videcoq, 1844, in-32 pocket [6 fr.].

8. — Manuel du citoyen français. Recueil des constitutions qui ont régi la France depuis 1791 jusqu'à ce jour, contenant la corrélation de tous les articles entre eux, et suivi d'une table méthodique et raisonnée par ordre alphabétique des matières. Paris, Videcoq fils aîné, 1848, in-8 [4 fr.].

Le volume contient aussi les décrets du gouvernement provisoire de la République française (24 février, 4 avril 1848) et les constitutions des États-Unis d'Amérique.

9. — Codes de la république française, contenant les décrets du gouvernement provisoire de la république, la

déclaration des droits de l'homme, et la constitution de 1791, une nouvelle corrélation des articles entre eux, un supplément par ordre alphabétique, renfermant toutes les lois usuelles, une table générale des matières et un dictionnaire des termes de droit. Paris, Videcoq aîné, 1849, in-8.

Édition clichée, tenue toujours au courant de la législation, VIIe édition dite *pocket*. [Paris, Videcoq aîné, 1848, in-32.]

M. Teulet a fourni des articles au « Dictionnaire de la conversation et de la lecture. »

TEULET [Jean-Baptiste-Théodore-Alexandre], archiviste-paléographe, archiviste aux Archives nationales, auxiliaire de l'Académie des Inscriptions et Belles-Lettres et membre de la Société des Antiquaires de France; né à Mézières le 29 janvier 1807.

M. Teulet a donné une édition de la « Correspondance diplomatique de Bertrand de SALIGNAC DE LAMOTHE-FÉNELON, » à laquelle il a joint un volume de *Table des matières* [1838-41, 7 vol. in-8]. Il a réuni pour la première fois et traduit en français, avec les notes nécessaires à l'intelligence du texte, les « OEuvres complètes » d'ÉGINHARD [1840-43, 2 vol. gr. in-8; ouvrage honoré d'une médaille d'or au concours des antiquités nationales]. On lui doit : dans la « Bibliothèque de l'École des Chartes » : *Charte inédite du VIIe siècle* [t. II, p. 568]; — *Extraits du Trésor des chartes* [t. IV, p. 354], etc.; — dans « l'Annuaire de la Société de l'histoire de France » (1836) : *Liste chronologique des souverains de la France* [p. 49]. Il a publié pour le Bannatyne-club d'Édimbourg : *Papiers d'État, pièces et documents relatifs à l'histoire d'Écosse au XVIe siècle* [Paris, impr. de Plon, 2 vol. in-4].

TEULIER [Th.], journalier-manœuvre. — Au peuple français. Lettre à un ami, sur la Turquie et l'Égypte, ou Réflexions sur les affaires d'Orient, avec quelques considérations accessoires qui s'y rattachent, le tout relativement à la France. Paris, Renard, Delaunay, Pissin, 1839, in-8 de 56 pag.

TEULIÈRES [Paulin]. [V. la *France littér.*, t. IX, p. 386.]

1. — Nouvelle Géographie de la France, ou Texte développé de la carte de France. IIIe édition. Paris, impr. de Gros, 1842, in-12 [2 fr.].

2. — Histoire naturelle dans ses applications géographiques, historiques et industrielles. IIe édition. In-12 [1 fr. 75 c.].

M. Paulin Teulières est en outre l'auteur des *Grandes Cartes murales* publiées par Langlois et Leclercq.

TEXIER [le R. P.], membre de la compagnie de Jésus, prédicateur; né en 1610, mort en 1677. — OEuvres complètes du R. P. Texier, de la compagnie de Jésus. Nouvelle édition. Avignon, Séguin aîné, 1845, 9 vol. in-8 [24 fr.]; et 9 vol. in-12 [16 fr.].

Ses *OEuvres choisies* font partie du tome VI de la « Collection intégrale et universelle des ORATEURS SACRÉS du premier et du second ordre, » publiée par l'abbé M*** (MIGNE) [1844, gr. in-8 à 2 col.].

TEXIER [Ch.], vétérinaire à Paris. — La France peut, quand elle le voudra, produire chez elle tous les chevaux qui lui manquent. Paris, impr. de Guyot, 1847, in-8 de 40 pag.

TEXIER [l'abbé].

1. — Mémoire sur le monument connu sous le nom de Bon-Mariage. Limoges, Tripon; Paris, Derache, 1840, in-4 de 16 pag. avec 2 pl.

2. — Histoire de la peinture sur verre en Limousin. Limoges, 1847, gr. in-8, avec 6 pl. [4 fr. 50 c.].

3. — Statuaire chrétienne. Tombeau de Barthélemy de Laplace, à Chénerailles (Creuse). Paris, Didron, 1849, in-4 de 16 pag., avec 1 pl.

Extrait des « Annales archéologiques » publiées par DIDRON aîné.

TEXIER [Charles-Félix-Marie], architecte, voyageur, archéologue et géologue, membre libre de l'Académie des Inscriptions; né à Versailles le 29 août 1802.

1. — Description de l'Asie Mineure, faite par ordre du gouvernement français, de 1833 à 1837, et publiée par le ministère de l'instruction publique. Ire partie. Beaux-arts, monuments historiques, plans et topographie des cités antiques. Paris, impr. de F. Didot, 1839 et ann. suiv., in-fol.

2. — Description de l'Arménie, la Perse et la Mésopotamie; publiée sous les auspices des ministres de l'intérieur et de l'instruction publique. Ire partie. Géographie, géologie, monuments anciens et modernes, mœurs et coutumes. Paris, F. Didot, 1842, in-fol.

Chargé par le gouvernement, d'après le vœu des deux Académies des Inscriptions et des Beaux-Arts, d'explorer l'Asie Mineure sous le rapport des sciences, de l'histoire, des arts et des antiquités, M. Texier a relevé et dessiné les ruines de Nicée, de Nicomédie, de Pruse, les restes de divers monuments grecs, mèdes, phrygiens, assyriens et perses, recueilli un grand nombre d'inscriptions grecques et latines, dessiné à la chambre claire les formations géologiques des terrains qui se trouvaient sur sa route, dressé la carte des pays parcourus par lui, et déterminé l'emplacement de plusieurs villes inconnues aux géographes. Il a fait en Asie quatre voyages avant de publier son ouvrage. Voy. à ce sujet le « Journal des Débats » du 13 juin 1842.

MM. Héricart de Thury et Brongniart ont fait un rapport à l'Académie des Sciences sur un Mémoire relatif à la géologie des environs de Fréjus par M. Ch: Texier [1833, in-16].

M. Texier est auteur de recherches archéologiques sur les ports des anciens, et il est auteur de deux Mémoires sur l'architecture et la lithologie anciennes [1829]. L'Académie des Inscriptions et Belles-Lettres lui a décerné une médaille d'or en juillet 1831.

TEXIER d'Arnout [Edmond]. [Voy. la *France littér.*, t. IX, p. 387.]

1. — Les Cendres de l'empereur. Paris, impr. de Lireux, 1840, in-4 de 8 pag.

Pièce de vers.

2. — Physiologie du poëte. Paris, Jules Laisné, Aubert, Lavigne, 1841, in-32 [1 fr.].

Sous le pseudonyme de SYLVIUS.

3. — Impressions de voyages. Deux Parisiens en Californie. Paris, impr. de Poussielgue, 1849, in-4 de 80 pag.

Nouvelle. (Supplément au Journal « Le Crédit.) » M. Edmond Texier a donné dans « Le Prisme : » *le Boulevard des Italiens* [p. 108] ; — dans les « Actrices célèbres contemporaines : » *Julia Grisi* [1842 et ann. suiv., gr. in-8] ; — dans « l'Écho des feuilletons : » *le Prince Formose* [IVᵉ année] ; — dans le recueil intitulé : « Allemagne et Pays-Bas : » *Francfort* ; etc. Il a travaillé au Journal « l'Illustration. »

TEXIER DE LAPONNERAYE [A.]. — Relation du siège et du bombardement de Valenciennes, en mai, juin et juillet 1793. Douai, impr. d'Adam, 1839, in-8 [5 fr.].

Au verso du faux-titre on lit : « Ayant fait le mélodrame de cet ouvrage, je préviens que je me réserve à ce sujet le droit d'auteur. »

TEYSSÈDRE [A. PERSON de]. [Voy. la *France littér.*, t. IX, p. 387.]

1. — Art de conserver les substances alimentaires. In-12 [2 fr. 50 c.].

2. — Guide du visiteur à l'exposition des produits de l'industrie de 1839, contenant, par ordre de numéro, la description des objets qui y figurent; avec un plan tracé sur une grande échelle, indiquant la position des objets. Paris, impr. de Béthune, 1839, in-12 [1 fr. 50 c.].

3. — Conducteur général de l'étranger dans Paris, contenant, etc.; éditions revues, corrigées et augmentées par D***. Paris, Garnier frères, 1839, 1841, 1844, in-18, avec 1 plan et 18 grav. [4 fr. 50 c.]

Une nouvelle édition, publiée en 1847, a pour titre : *Guide conducteur de l'étranger dans Paris* [Paris, impr. de Pommeret, 1847, in-18 avec 1 plan et 18 grav.].

4. — Méthode chinoise mise à la portée de tout le monde, ou l'Art de calculer sans savoir ni lire ni écrire. Paris, Desloges, 1841, in-18 de 36 pag.

5. — Éléments de géométrie populaire à l'usage des personnes de diverses professions qui, par goût ou par besoin, veulent apprendre facilement et en peu de temps les principes fondamentaux de cette mère de toutes les sciences, etc. Paris, Cornale, Maison, 1844, in-8 [3 fr. 50 c.].

L'ouvrage est précédé d'un vocabulaire, qui contient l'étymologie et l'explication des mots techniques usités dans les traités élémentaires de géométrie et accompagné de planches.

6. — Nouveau Manuel du menuisier en bâtiments, contenant, etc. Limoges et Paris, Martial Ardant, 1847, in-18 avec 1 gravure.

A la suite de ce Manuel est broché un écrit intitulé : « le Réducteur des poids et mesures anciens et nouveaux, » etc., par M. SISOS.

7. — Le Courrier des amants. Paris, Lebailly, 1843, in-18 avec 1 pl.

Il y a des exemplaires qui portent le titre de : *le Grand Secrétaire des amants*.

— Le Secrétaire des amants, ou Recueil choisi de lettres d'amour, précédé d'un avant-propos. Paris, Lebailly, 1840, 1849, in-18 de 108 pag.

M. A. Teyssèdre a donné des articles au Musée des familles » ; au « Dictionnaire de la conversation et de la lecture, » etc.

TEYSSIER [Am.]. — Notice biographique sur Louis-Alexandre Piel, architecte; né à Lisieux (Calvados) le 20 août 1808, mort à Bosco (Piémont), religieux de l'ordre de Saint-Dominique, le 19 décembre 1841. Paris, Debécourt, 1843, in-8 [5 fr.].

TEZAY [BODARD DE]. Voy. BODARD DE TEZAY [Nicolas-Marie-Félix].

TEZOZOMOG [don Alvaro]. — Histoire du Mexique; traduite sur un manuscrit inédit, par *H. Ternaux-Com-*

pans. Paris, impr. de Fain, 1847-49, 2 vol. in-8.

THABAUD DE LINETIÈRE, correspondant du ministère de l'instruction publique pour les travaux historiques. — Monuments historiques du département de l'Indre. Essai sur l'origine de l'antique tombeau de Neuvy-Pailloux; précédé du rapport de M. *Desméloizes*, inspecteur des monuments historiques, etc., sur la découverte de ce monument. Châteauroux, Migné, 1845, in-4 de 30 pag., avec 6 pl.

THACKERAY, romancier anglais. [Voy. la *France littér.*, t. IX, p. 390.] — Avec M. *P. Tournemine* : L'Abbaye de Penmarc'h, mélodrame en trois actes; représenté sur le théâtre de la Porte-Saint-Antoine le 1er février 1840. Paris, Tresse, 1840, in-8 de 24 pag. [40 c.]

Il a paru en France de M. Thackeray, sous le pseudonyme de Michel-Ange TITMARSH : *Lettre à Alexandre Dumas* [Rev. Britannique, janvier 1847]; — *Doctor Birch, and his young friends* [Paris, Baudry, Galignani, 1840, in-18].

THACKERAY [T.-J.].
1. — Histoire et progrès de la Société royale agricole d'Angleterre. Paris, impr. de Lange-Lévy, 1848, in-8 de 16 pag.
2. — Philosophie et art du drainage. Paris, impr. de Mme Bouchard-Husard, 1849, in-8 de 96 pag.

De l'influence de l'eau sur la température du sol, et de la quantité d'eau de pluie écoulée par le drainage.

THAER [Albert], agronome allemand; né en 1751, mort le 26 octobre 1828. [Voy. la *France littér.*, t. IX, p. 390.] — Guide pour l'enseignement de l'agriculture considérée comme profession et envisagée dans son ensemble, ou Principes généraux et fondamentaux de l'économie rurale. Traduit de l'allemand, sur la IIe édition, par *J.-B. Sarrazin*. Dijon, Douillier ; Paris, Ladrange, 1842, in-12 [2 fr. 50 c.].

THAINVILLE [Dubois de]. Voy. DUBOIS DE THAINVILLE [mademoiselle A.].

THALARIS [Adélaïde de], pseudonyme. Voy. BASTIDE [Jenny DUFOURQUET, dame].

THARIN [Joseph], ancien évêque de Strasbourg; mort en juin 1843. [Voy. la *France littér.*, t. IX, p. 390.] — Réflexions sur les attaques dirigées par le *Journal des Débats* et le *Constitutionnel* contre Mgr l'archevêque de Paris, à l'occasion de son discours prononcé au château des Tuileries le 1er mai 1842. Paris, impr. de Dupont, 1842, in-8 de 32 pag. [1 fr. 25 c.]

THARIN [l'abbé], ancien vicaire général de Besançon. [Voy. la *France littér.*, t. IX, p. 390.]
1. — Atlas des prédicateurs, ou Plan de sermons mis en tableaux synoptiques, à l'usage des ecclésiastiques qui veulent se livrer à l'improvisation ou à la pratique de la méditation. Lyon, Guyot frères, 1849, in-4 [8 fr.].

Il y a aussi une édition publiée en 1841 [Paris, impr. de Vrayet de Surcy, in-4].

2. — Nouveaux Airs de cantiques à trois voix, à l'usage des missions de la paroisse Saint-Sulpice de Paris, des confréries, etc. In-8 [1 fr. 50 c.].

M. Tharin a traduit de l'Italien : « Méthode pour consoler les malades et les aider à bien mourir, » par Laurent SCUPOLI [1841, in-32].

THAVENET, auteur dramatique.
1. — Avec M. *Desrosiers* : les Caravanes d'Ulysse (1844, in-8). Voy. DESROSIERS.
2. — Avec M. *C. Ménissier* : les Trois Amis (1844, in-8). Voy. MÉNISSIER.

Ces deux pièces ont été publiées sous le pseudonyme *Bellevue*.

THÉAULON [le comte de]. — Recueil de poésies. Paris, 1808, in-12.

Sous l'initiale le comte de T.

THÉAULON DE LAMBERT [Marie-Emmanuel-Guillaume-Marguerite], auteur dramatique; né à Aigues-Mortes le 14 août 1787. [Voy. la *France littér.*, t. IX, p. 392.]
1. — Le Petit Chaperon rouge; opéra-féerie en trois actes. Paris, Ch. Tresse, 1842, in-8 de 24 pag.
2. — Avec MM. *Alex. Dumas* et *Fréd. de Courcy* : Kean ; comédie en cinq actes. Paris, Barba, 1836, in-8 [6 fr.].
3. — Au Bout du monde, ou la Première poste ; comédie-vaudeville en un acte. Paris, Mifliez, 1839, in-8 de 12 pag. [30 c.]

4. — Avec M. *Stéphen Arnoult* : la Visite nocturne, ou Cartouche; comédie-vaudeville en un acte. Paris, Barba, Bezou, 1839, in-8 de 12 pag. [60 c.]

5. — Avec M. *Stéphen Arnoult* : la Fille d'un voleur ; vaudeville en un acte. Paris, Barba, Bezou, 1839, in-8 de 16 pag.

6. — Le Diamant; comédie-vaudeville en 2 actes. Paris, Barba, Delloye, Bezou, 1839, in-8 de 20 pag.

7. — Eudoxie, ou le Meunier de Harlem ; comédie en un acte et en prose. Paris, Henriot, 1840, in-8 de 12 pag. [30 c.]

On doit encore à M. Théaulon, en collaboration avec MM. ALBOIZE et HAREL : la Guerre des servantes; — avec MM. ANNE et JADIN : le Vieux Marin ; — avec M. BRISSET : Angiolina, ou la Femme du doge ; — avec M. CLAIRVILLE : la Journée aux éventails ; — avec MM. CLAIRVILLE et DARTOIS : une Veuve de la grande armée ; — avec M. DARTOIS : Je m'en moque comme de l'an quarante ; le Dompteur de bêtes féroces ; un Jeune Caissier ; — avec MM. DARTOIS et LESCUILLON : Nanon, Ninon et Maintenon ; — avec MM. DESNOYERS et GABRIEL : la Boulangère a des écus ; — avec MM. FOURNIER et STÉPHEN [ARNOULT] : les Merluchons ; — avec M. H. LEFEBVRE : l'Ingénue de Paris ; — avec M. LÉOTARD : Mademoiselle de Fontanges ; — avec M. G. de LURIEU : l'Homme heureux ; le Gamin de Londres ; — avec M. LUBIZE : Une assemblée de créanciers, etc. [Voy. ces noms.]

M. Théaulon a travaillé à « les Jours de congé. »

Il a donné dans les « Veillées des familles » : *le Roi boit, ou le 6 janvier; Brave et Poltron; les Couronnes* [proverbe].

THÉBAUD [Félix], avocat.

1. — Manuel de l'écrivain public, ou le parfait Pétitionnaire, recueil complet de lettres, etc. Lyon, impr. de Dumoulin, 1846, in-18 de 72 pag.

2. — Loi du 20 mai 1838 sur les vices et actions redhibitoires, suivies d'un Traité de clinique vétérinaire à l'usage des éleveurs et propriétaires de bestiaux. Laval, impr. de Moreau, 1848, in-32.

THÉBAUD [Henry]. — De l'Organisation actuelle de la boulangerie, de la taxe du pain et du mesurage des grains à Nantes. Nantes, impr. de Mangin, 1848, in-12 de 24 pag.

THÉBAULT [Hippolyte]. — Méthode de plain-chant. Bourges, Manceron, 1849, in-8 de 124 pag.

THÉBAUT [A.-R.]. [Voy. la *France littér.*, t. IX, p. 401.]

1. — Cours de thèmes, composés sur l'*Epitome historiæ sacræ* de Lhomond. Rennes, Jausions ; Paris, Maire-Nyon, 1840, in-12 [1 fr. 50 c.].

2. — Corrigés de : Petits cours de thèmes, d'après la Grammaire latine de Lhomond, à l'usage des classes élémentaires de 9e, 8e et 7e, de M. Miot, professeur élémentaire. Paris, Mme veuve Maire-Nyon, 1848, in-12 [1 fr. 50 c.].

Citons encore : Cours de thèmes d'après le rudiment de Lhomond, divisé en deux parties, la première contenant la syntaxe, la seconde, la méthode (2 vol. in-12) ; — *le même*, abrégé [in-12] ; — Nouveau Cours de thèmes d'après la Grammaire latine de Lhomond [in-12] ; — *le même*, corrigé [in-12] ; — Cours de versions corrigées pour les classes de septième, sixième, cinquième et quatrième, à l'usage des professeurs [in-12] ; — Fables et Anecdotes latines adaptées aux règles et aux exemples du rudiment de Lhomond [in-12].

THEIL [N.], professeur au collége Henri IV. [Voy. la *France littér.*, t. IX, p. 402.]

1. — Court Exposé du dialecte épique, à l'usage des élèves qui commencent à expliquer Homère. Nancy, impr. de Raybois, 1840, in-12 [75 c.].

2. — Avec M. *H. Hallez d'Arros* : Dictionnaire complet d'Homère et des Homérides (1842, gr. in-8). Voy. HALLEZ d'ARROS.

3. — Grammaire élémentaire de la langue grecque. Paris, F. Didot, 1846, in-8.

On a publié, en 1847 : « Petit Manuel de la langue grecque, ou Recueil d'exercices gradués, adapté à la Grammaire grecque de M. Theil, » etc. [Paris, F. Didot, in-12.]

4. — Recueil de morceaux choisis dans les auteurs classiques des littératures grecque, latine et française. Paris, F. Didot, 1844-45.

Il y a dans ce Recueil, pour chaque classe, depuis la sixième jusqu'à la rhétorique inclusivement, un volume spécial contenant des morceaux, en prose et en vers, pris dans les bons auteurs des trois littératures classiques, et appropriés à la force respective des élèves, six volumes de notes, critiques ou explications, complément de chaque recueil de textes, et six volumes contenant la traduction des morceaux grecs et latins.

Citons encore : Au pays et aux chambres. La Vérité sur la question de l'enseignement [1847, in-8] ; — Vers prononcés au banquet du 14 novembre aux Tuileries [1848, in 8], à l'occasion de la bénédiction du drapeau offert par la XIe légion à la garde nationale de Calais ; — Seize Mois de commandement dans la garde nationale parisienne. Mémoire justificatif adressé par M. Theil à ses collègues universitaires, à

ses camarades de la garde nationale [1849, in-8].
— M. Theil a été commandant du 2ᵉ bataillon de la XIᵉ légion de la garde nationale de Paris.

M. N. Theil a revu, corrigé et fait suivre d'arguments, de sommaires et de notes en français, diverses éditions classiques : « Discours contre la loi de Leptine » [1842, 1847, in-12]; — « Iliade » d'HOMÈRE [1842, in-12, chant 1ᵉʳ]; — JUSTINI « Historiarum ex Trogo Pompeio » [1848, in-18, lib. XLIV]; — « Dialogue des morts, » par LUCIEN [1847, in-12]; — TITI LIVII « Excerpta, res memorabiles, narrationes selectæ » [1845, in-12], etc.

Il a traduit de l'allemand : « Histoire abrégée de la littérature classique ancienne, » par F. FICKER [1837, 2 vol, in-8]; — et de l'italien : « des Devoirs des hommes » [1837, in-18]; « Mes Prisons, » par Silvio PELLICO [Vᵉ édit., 1846, in-12].

THEIL [Martin du]. Voy. MARTIN DU THEIL.

THEILE [F.-G.]. — Traité de myologie et d'angéiologie. Paris, J.-B. Baillière, 1843, in-8 [7 fr. 50 c.].

Cet ouvrage fait partie de « l'Encyclopédie anatomique. »

THEILLE [Alfred de]. — Les Fastes de l'amour et de la volupté dans les cinq parties du monde. Description des sérails, harems, musicos, intérieurs de coulisses, etc. histoire du Parc aux cerfs; galanteries des reines de France et autres pays; des dames de la cour; portraits des favorites et des courtisanes anciennes et modernes; biographie des adultères les plus célèbres, etc. Paris, impr. de Mᵐᵉ Huzard, 1839, 2 vol. in-8, avec 2 grav. [12 fr.]

Signé : le baron de SAINT-EDME. D'après le témoignage de M. Quérard, c'est ce livre que nous avons mis sous le nom de M. Alfred de Theille.

Le même ouvrage a été reproduit avec le titre de « Souvenirs de voyage, » par M. Alfred de THEILLE.

THEINER [le docteur Augustin], écrivain allemand. [Voy. la *France littér.*, t. IX, p. 402.]

1. — Histoire de ma conversion. Traduit de l'allemand, et extrait du livre du même auteur, intitulé : *Histoire des établissements d'éducation ecclésiastique*, publié en 1834. Paris, impr. de Beaulé, 1838, in-18 de 108 pag.

2. — Histoire des institutions d'éducation ecclésiastique. Traduit de l'allemand par *Jean Cohen*. Paris, Debécourt, 1841, 2 vol. in-8 [12 fr.]; — en 1848, *Lebigre* [3 fr.].

3. — La Suède et le saint-siége sous les rois Jean III, Sigismond III et Charles IX, d'après des documents trouvés dans les archives du Vatican. Traduit de l'allemand par *Jean Cohen*. Paris, Debécourt, 1842, 3 vol. in-8 [18 fr.]; — en 1848, *Pigoreau* [4 fr.].

THEINER [le P.], prêtre de l'Oratoire. — L'église schismatique russe, d'après les relations récentes du prétendu saint synode. Ouvrage traduit de l'italien par Mgr *Luquet*, évêque d'Herbeson, et précédé d'une lettre aux évêques de Russie par le même prélat. Paris, Gaume frères, 1847, in-8 [6 fr.].

THEISS. — Avec M. *Hardt* : Metaglotteon, ou Cours progressif de versions de français en allemand (1840, in-8). Voy. HARDT.

THELLUNG DE COURTLARY [V.-E.]. — Observations militaires et critiques sur le Précis des batailles de Fleurus, et de Waterloo, du maréchal de camp Berton. Utrecht, Van Schoonhoven, 1819, in-8.

THENAISIE [Charles].

1. — Le Cornette, chronique de Bretagne, 1588-1589. Paris, Ch. Gosselin, 1845, 2 vol. in-8.

2. — La Tombe d'un Vendéen. Paris, impr. de Mᵐᵉ Lacombe, 1849, in-8 de 56 pag. 2 lith. et 2 portr.

Nouvelle historique sur Gérard d'Airvault et Mᵐᵉ la marquise de Cérisaye, née Clotilde de Pressigny.

THÉNARD, ingénieur en chef des ponts et chaussées. [Voy. la *France littér.*, t. IX, p. 404.]

1. — Mémoire sur les moyens économiques de construire de grandes routes et les chemins en général. 1836, in-4 [2 fr. 50 c.].

2. — Barrages fixes à hausses mobiles, exécutés sur la rivière de l'Isle. Brochure in-8, avec planches [2 fr.].

THÉNARD [Antoine]. — Sur la Navigation de l'Yonne et de la Seine en amont de Paris. Paris, Bachelier, 1846, in-4 de 16 pag.

THÉNOT [J.-P.], peintre. [Voy. la *France littér.*, t. IX, p. 405.]

1. — Principes de perspective pratique, mis à la portée de tout le monde, etc. Paris, l'auteur, 1839, gr. in-8 de 90 pag., avec 15 pl. [5 fr.]

2. — Les Règles de la perspective pratique, mises à la portée de toutes

les intelligences et indispensables pour l'étude du dessin en général. Paris, impr. de Bourgogne, 1839, in-8 de 60 pag. avec 8 pl. [1 fr. 50 c.]

3. — Essai de peinture à l'huile, ou Manuel indispensable à toute personne qui s'occupe de ce mode de peinture. Paris, Saint-Martin, 1842, in-16, avec 8 pl. [4 fr.]

4. — Traité de perspective pratique pour dessiner d'après nature. IVe édition. Paris, Carilian-Gœury et Dalmont, 1842, in-8, avec 28 pl. [10 fr.]

Cet ouvrage a été traduit à Londres et à New-Yorck.

5. — Manuel artistique et industriel, mis à la portée de tout le monde. Paris, Desloges, 1843, in-18 [1 fr.].

Une 1re édition, publiée dans la même année, indiquait pour collaborateurs MM. CHERRIER, FERRY DE NEUVILLE, KOLB, etc. [Paris, Desloges, in-18.]

6. — Dessin linéaire à la règle et au compas, appliqué à l'industrie et à l'étude du dessin en général. Ouvrage indispensable aux jeunes personnes, aux gens du monde, pour tracer les objets usuels; aux manufacturiers et fabricants pour fixer leurs idées d'invention et de perfectionnement; aux chefs d'ateliers et à toutes les classes d'ouvriers. Paris, Pesron, 1845, in-8 orné de 80 tableaux gravés sur acier, et présentant un choix complet de 521 dessins [4 fr. 50 c.].

Le texte imprimé en regard des planches indique la manière de construire les figures.

Après vingt ans d'études persévérantes, dit l'auteur dans la préface de ce livre, je me crois enfin en mesure de pouvoir donner aux fabricants et ouvriers un traité de dessin qui soit réellement à leur portée, dont les procédés simplifiés, tout en économisant leur temps et leurs peines, promettent à leurs travaux des résultats plus sûrs et une direction meilleure.

On doit aussi à M. Thénot : les Règles du lavis et de la peinture à l'aquarelle, appliquées au paysage [1840, in-16]; — les Règles du paysage mises à la portée de toutes les intelligences [1841, in-8]; — Traité de perspective pratique et de géométrie [1843, in-16].

M. Thénot a revu, pour la *perspective*, le « Cours élémentaire de dessin linéaire, » par M. J.-B. HENRY [1840, 1849, in-8].

Il est l'auteur, sous le pseudonyme Charles-Louis de BELVAL, d'articles de beaux-arts publiés dans la « France littéraire, » par Ch. MALO, et sous les initiales I. X. d'articles de beaux-arts dans divers journaux.

THÉOCRITE, poëte bucolique grec; né à Syracuse au IIIe siècle avant J.-C. [Voy. la *France littér.*, t. IX, p. 405.]

— Théocrite (avec *Moschus*, *Bion*, *Nicandre*, *Appien*, etc.). Texte grec et traduction latine. Paris, F. Didot, 1846, gr. in-8.

Collection des classiques grecs.

— Œuvres de Théocrite; traduction nouvelle, avec le texte en regard, accompagnée d'une notice sur Théocrite, d'une analyse, de notes en français et d'un tableau des principales formes didactiques employées par les poëtes bucoliques, par M. *L. Renier*. Paris, F. Didot, 1842, in-12.

Bibliothèque classique grecque-française à l'usage des maîtres.

Quant aux nombreuses éditions classiques des *Idylles choisies*, nous mentionnerons seulement les noms des annotateurs, MM. H. BONAFOUS, CLACHET, DUBNER, HAMEL, F. LÉCLUSE, LEFRANC, C. LEPRÉVOST, MARLIN, PLANCHE, et ceux des éditeurs : Delalain, Dezobry, Hachette, Maire-Nyon, Mesnage, Périsse, Poilleux, etc.

Le texte de Théocrite a été aussi reproduit dans l'édition de : « les Petits Poëmes grecs » [1839, gr. in-8]. Voy. IBYCUS.

M. GINDRE DE MANCY a donné, dans les « Mémoires de l'Académie de Besançon, » *les Pêcheurs*, pièce extraite d'une traduction manuscrite de Théocrite [25 août 1834].

THÉODELPHE [J.], ancien ouvrier, pseudonyme.

1. — Aux ouvriers citoyens! Paris, Desloges, 1848, in-12 de 12 pag. [10 c.]

La couverture porte : *Appel aux ouvriers*.

2. — Un Ministère de l'organisation du travail. Paris, Desloges, 1848, in-12 de 24 pag. [10 c.]

THÉODELPHILE, pseudonyme. — Avec *L.-L. D.*: le Viens avec moi du calculateur moderne, tableau analytique de la numération décimale, coordonnée avec les dénominations génériques du système métrique des poids et mesures du royaume. Bagnols, impr. d'Alban Roche, 1844, in-8 de 16 pag.

Titre in-8. La feuille est pliée in-8, mais il faut la déployer in-folio pour l'usage.

THÉODORET, évêque de Cyr; né à Antioche en 387, mort en 458. [Voy. la *France littér.*, t. IX, p. 407.] — Démonstration de la vérité évangélique par les philosophes païens, ou Moyens thérapeutiques contre les affections philosophiques. Traduit sur le grec par M. *Ant. Faivre*. Lyon et Paris, Périsse, 1842, in-8 [6 fr.].

THÉOPHILE, jurisconsulte grec; né

vers 530 de notre ère, un des rédacteurs des Institutes de Justinien. — Paraphrase grecque des Institutes de *Justinien*, traduite en français; précédée d'une Introduction et de divers travaux critiques; accompagnée de notes juridiques et philologiques, conférée avec les Commentaires de Gaïus, les Règles d'Ulpien, les Sentences de Paul, le Digeste et le Code, l'Ecloga des basiliques, de Lowen Klau, et le Manuel d'Harménopule, et suivie de la traduction des fragments de Théophile et d'un appendice philologique par M. *J.-C. Fréyier*. Paris, Videcoq, 1847, in-8 [9 fr.].

THÉOPHILE [B.]. — Les Sylvies; poésies diverses. Saint-Sever, impr. de Serres, 1844, in-18.

THÉOPHILE. — Nouveaux Entretiens religieux, ou le Docteur sans prétention. N. 1. *Le Chemin du bonheur*. Valence, Marc-Aurel, 1842, in-12 de 24 pag. [20 c.].

THÉOPHRASTE, moraliste et botaniste grec, disciple de Platon et d'Aristote; né à Érésus, dans l'île de Lesbos, en 371 av. J.-C. [Voy. la *France littér.*, t. IX, p. 408.]

— Les Caractères de Théophraste; texte grec, avec notices historiques, notes philologiques, grammaticales et historiques, en français; par M. *R. Rigal*. Toulouse, impr. de Paya, 1838, in-12.

— Le même, texte grec-français, traduction de *R. Rigal*. In-12 [2 fr.].

— Theophrasti Characteres, Marci *Antonini* Commentarii, *Epicteti* Dissertationes ab *Arriano* literis mandatæ, fragmenta et enchiridion, cum commentario *Simplicii*, *Cebetis* Tabula, *Maximi Tyrii* dissertationes, græce et latine, cum indicibus; (curante) *Fred. Dubner*. Paris, F. Didot, 1841, gr. in-8 [15 fr.].

— Caractères de Théophraste. Traduction nouvelle, avec le texte revu sur les dernières éditions critiques, des variantes, des notes, etc.; par *J.-Fr. Stiévenard*. Paris, Périsse, 1842, in-8 [6 fr.].

— Caractères de Théophraste. Édition classique, avec un choix de notes explicatives, par *J.-F. Stiévenard*. Paris, Périsse frères, 1842, in-12.

On a publié des traductions des Caractères de Théophraste à la suite des éditions des « Caractères » de LA BRUYÈRE. [Voy. ce nom.]

THÉRÈSE [sainte], réformatrice des Carmélites; née à Avila (Espagne) le 28 mars 1515, morte en 1582. [Voy. la *France littér.*, t. IX, p. 409.]

1. — OEuvres, traduites en français par *Arnauld d'Andilly*. Nouvelle édition, corrigée et augmentée. Paris, Albanel et Martin, 1839, 2 vol. in-12 [5 fr.].

— OEuvres très-complètes de sainte Thérèse, précédées de sa vie, par *Villefore*, etc.; suivies de lettres inédites, etc.; trad. par *Arnauld d'Andilly*, Mlle de *Maupeou*, et dom *Lataste*, l'abbé *Chanut*, *Villefore*, *Chappe de Ligny*, *J. Pélicot* et *J.-A. Emeri*; publiées par M. l'abbé M*** [Migne]. Montrouge, impr. de Migne, 1840-46, 4 vol. gr. in-8, avec 1 portrait et *fac-simile*.

— OEuvres de sainte Thérèse de Jésus. Exclamations de l'âme à son Dieu. Traduction nouvelle. Paris, Adrien Leclère, 1848, in-32.

L'opuscule traduit par MM. Marcel BOUIX et Léon TURQUAND, de la Compagnie de Jésus, suivant l'avis daté du 8 septembre 1848, fut composé par sainte Thérèse en l'année 1569.

2. — Vie de sainte Thérèse, écrite par elle-même, précédée d'un sermon de Fénelon et d'un panégyrique de la sainte par Bossuet (1842, in-32).

3. — Le Château intérieur, ou les Demeures; traduit de l'espagnol en français, par *J.-F. Grégoire* et *F.-Z. Collombet*. In-12 [1 fr. 60 c.]; in-8 [3 fr.].

4. — Opuscules, traduits de l'espagnol en français, par MM. *J.-F. Grégoire* et *F.-Z. Collombet*. In-8 [3 fr. 50 c.]; in-12 [2 fr.].

5. — Le Chemin de perfection; traduit de l'espagnol en français, par MM. *J.-F. Grégoire* et *F.-Z. Collombet*. In-12 [1 fr. 50 c.]; in-8 [3 fr.].

THÉRÈSE [le P. Jean-Joseph de SAINTE-], de l'ordre des Carmes déchaussés. — Amour de Jésus pour les hommes dans l'Eucharistie, et ingratitude des hommes envers lui par rapport à ce sacrement, traduit du portugais par M. *X. Lemaître*. Poissy, Olivier Fulgence; Paris, Waille, 1843, in-32 [1 fr.].

THÉRIANO [G.], médecin grec. [V. la *France littér.*, t. IX, p. 409.] — Essai d'une théorie sur la nature de l'agent dont l'influence produit le choléra-morbus épidémique. Paris, impr. de F. Didot, 1848, in-8 de 32 pag.

THERMAC [F.], s'intitulant *ex-enfant de troupe, vrai républicain, orphelin trouvé sur le champ de bataille, petit marchand de bimbeloterie à Lyon*. — Manifeste pouvant servir de guide à nos représentants à l'Assemblée législative. Lyon, impr. de Rodanet, 1849, in-8 de 48 pag.

THÉROU [l'abbé], premier aumônier du collége de Louis-le-Grand, chanoine honoraire de Troyes. [Voy. la *France littér.*, t. IX, p. 410.]

1. — Le Christianisme et l'esclavage; suivi d'un *Traité historique de Mœhler sur le même sujet*, traduit par M. l'abbé *Symon de Latreiche*. Paris, Langlois et Leclercq, 1841, in-8 [7 fr. 50 c.].

2. — Pensées salutaires, à l'usage de la jeunesse, servant de préparation à la confession, à la communion, et suivies de l'ordinaire de la messe et des vêpres. Paris, Mme veuve Maire-Nyon, 1842, in-18 [1 fr. 75 c.].

3. — Manuel catholique public. IIe édition. Paris, Mme veuve Maire-Nyon, 1842, in-18 [1 fr. 75 c.].

4. — Catechisme raisonné historique et dogmatique. X^e édition. Paris, Mme veuve Maire-Nyon, Ad. Leclère, 1848, in-18, avec un tableau [1 fr.].

THÉROULDE [Saint-Hubert]. — Voyage dans l'Inde; notes recueillies en 1838, 39 et 40. Paris, Duprat, 1843, in-12, avec 2 lith. [3 fr. 50 c.].

THÉRY [Augustin-François], proviseur du collége de Versailles, directeur de l'Académie de Montpellier, puis recteur de l'Académie de Rennes; né à Paris en 1796. [Voy. la *France littér.*, t. IX, p. 410.]

1. — Avec M. *Ch. Dezobry*: Exercices de mémoire et de lecture. Paris, Hachette, 1840, 1844, 1848, gr. in-8 [7 fr. 50 c.].

Cours complet d'éducation pour les filles; deuxième partie. *Éducation moyenne* (de dix à seize ans).

2. — Premiers Conseils aux mères sur les moyens de diriger et d'instruire leurs filles. Paris, Hachette, 1840, gr. in-8 [2 fr. 50 c.].

La couverture porte : « Cours complet d'éducation pour les filles. »

Ouvrage auquel l'Académie française, dans sa séance du 30 mars 1839, a décerné une médaille d'or de 2,000 fr. comme à un des livres les plus utiles aux mœurs.

3. — Conseils aux jeunes personnes sur les moyens de compléter leur éducation. Paris, Hachette, 1843, gr. in-8 [9 fr.].

Cours complet d'éducation pour les filles, troisième partie. *Éducation supérieure*.

4. — Notions de philosophie. Paris, Hachette, gr. in-8 [4 fr. 50 c.].

Cours complet d'éducation pour les filles, troisième partie. *Éducation supérieure*.

5. — Histoire des opinions littéraires chez les anciens et chez les modernes. Paris, Dezobry, E. Magdeleine et Cie, 1849, 2 vol. in-8 [10 fr.].

6. — Cours de littérature générale. Paris, Hachette, 1847, 2 vol. in-8 [15 fr.].

Première partie : *Cours d'histoire littéraire*; — deuxième partie : *Principes de littérature*. Le faux titre porte : « Cours complet d'éducation pour les filles, » troisième partie. *Éducation supérieure* (de seize à vingt ans).

7. — Cours abrégé de littérature. Paris, Hachette, 1849, 2 parties in-12 [5 fr.].

Première partie : *Éléments d'histoire littéraire*; — deuxième partie : *Éléments de littérature*.

Citons encore: Tacite [1819, in-4, thèse pour le doctorat ès-sciences]; — de Libertate variisque libertatis formis [Voy. V. Cousin, « Fragments philosophiques, » p. 355 et 388-405, une réimpression de cette thèse en français.]; — Origines du collége de Versailles, notice [1839, in-8 avec 3 pl.]; — Discours prononcé sur la tombe de M. Deschiens [1843, in-8].

THÉRY. — Avec M. *Caudaveine*: Traité de l'expropriation pour cause d'utilité publique (1839, in-8). Voy. CAUDAVEINE.

THEURET [S.], inspecteur des écoles du 2e arrondissement. — Morale populaire, ou Traité des droits et devoirs de l'homme. Paris, impr. de Delalain, 1848, in-18 de 36 pag.

THÉVENIN [T.], professeur au collége de Châtillon. — Principes de dessin. Méthode élémentaire simple et facile, contenant l'application des principes, indiquant les procédés d'exécution et la manière de s'exercer soi-même sans le secours d'un maître. Châtillon, impr. de Lebeuf, 1848, in-fol. de 8 pag. avec un frontispice et 19 pl. [6 fr.]

THÉVENINS [des]. Voy. DES THÉVENINS.

THÉVENOT [E.-H.], chef d'escadron, secrétaire de l'Académie de Clermont. [Voy. la *France littér.*, t. IX, p. 414.]

1. — Rapport sur les monuments historiques du département du Puy-de-Dôme, à M. le ministre de l'intérieur. Clermont-Ferrand, impr. de Thibaud-Landriot, 1843, in-8 de 16 pag.

Daté de janvier 1841.

2. — Recherches historiques sur la cathédrale de Clermont, suivies d'un plan de restauration de ses vitraux, avec planches.

M. Thévenot s'adonne à la pratique de la peinture sur verre.

THÉVENOT [J.-P.-F.], docteur en médecine, chirurgien de première classe de la marine, chargé en chef du service des hôpitaux au Sénégal, correspondant de l'Académie de Médecine. — Traité des maladies des Européens dans les pays chauds, spécialement au Sénégal, ou Essai médico-hygiénique sur le sol, le climat et les maladies de cette partie de l'Afrique. Paris, J.-B. Baillière, 1840, in-8 [6 fr.].

THÉVENOT [A.], de la Creuse. [Voy. la *France littér.*, t. IX, p. 414.]

1. — Avec M. *Victor Mangin fils:* le Général Travot dans la Vendée (1838, in-8). Voy. MANGIN fils.

2. — L'Apothéose de Napoléon, poëme en douze chants. Paris, Charpentier, Ledoyen, Amyot, 1842, in-8 [6 fr.].

Une IIe édition avait été publiée en 1840 [Caen, Hardel, in-8 de 64 pag.]

3. — L'Épopée de l'empire, poëme ; précédé d'une épître à l'auteur par *Almire Gandonnière*. Paris, Breteau, impr. de Lacrampe, 1844-47, in-8 [12 fr.].

L'ouvrage est complet en vingt-quatre livraisons.

4. — Les Tombeaux de Saint-Leu-Taverny. Sèvres, impr. de Cerf, 1848, in-8 de 48 pag.

En vers. Précédés de détails sur la cérémonie funèbre du 29 septembre 1847, suivis de notes, avec un portrait de Louis Bonaparte.

THEVET. — Avec M. *E.-M.*: Essai sur la lecture. IIe édition, entièrement refondue, etc. Méru (Oise), Lefrançois, 2 cahiers in-12, avec 1 pl.

THEVIN [E.-A.].— Description apologétique du département de la Vendée. Bordeaux, impr. de Pochade, 1839, in-8 de 36 pag. [1 f. 50 c.] ; — IIe édition. Bordeaux, Ramadié, 1839, in-8; — IIIe édition. Bordeaux, impr. de Balarac, 1848, in-8 [1 fr. 25 c.].

THÉZAN [Denis de]. — Napoléon, poëme. Melun, Michelin, 1840, in-8 [50 c.]

M. D. de Thézan a donné au Journal « *l'Indicateur de Seine-et-Marne* » et à la feuille de Provins des articles dont quelques-uns ont été tirés à part.

THIAUDIÈRE [P.-D.]. [V. la *France littér.*, t. IX, p. 416.] — De l'Exercice de la médecine en province et à la campagne, considéré dans ses rapports avec la pratique. Paris, Germer Baillière, 1839, in-8 de 64 pag. [2 fr.]

THIBAUD [Emile], fabricant de vitraux peints ; né à Clermont en 1808. [Voy. la *France littér.*, t. IX, p. 416.]

1. — Notice statistique et historique sur le royaume et la ville d'Alger. IIIe édition. 1830, in-8.

2. — Notions historiques sur les vitraux anciens et modernes, et sur l'art de la peinture vitrifiée ; suivies d'un Appendice sur la manufacture de vitraux peints créée par l'auteur à Clermont-Ferrand. Clermont-Ferrand, impr. de Thibaud-Landriot, 1839, in-8 de 56 pag.

3. — Considérations historiques et critiques sur les vitraux anciens et modernes et sur la peinture sur verre. Clermont-Ferrand, Thibaud-Landriot ; Paris, Cousin et Imbert, 1842, in-8 de 143 pag. avec 3 pl. [5 fr.]

On doit à M. E. Thibaud l'atlas de planches qui accompagne « l'Auvergne au moyen âge, » par M. Dominique BRANCHE [1842. — En vente le tome 1er, comprenant *les monastères*, gr. in-8, avec un atlas in-4 de 20 pl. et 2 cartes].

THIBAUD [l'abbé], curé de la cathédrale de la Rochelle.

1. — Lettres sur le protestantisme,

ou Réponse à la brochure de M. Cambon, ministre protestant à Maronnes, et aux nouvelles lettres du même sur les prétendues erreurs de l'Église romaine; précédées des lettres qui ont ouvert la controverse, avec un grand nombre de notes explicatives. La Rochelle, impr. de Boutet, 1839, 2 vol. in-8 [10 fr.].

2. — Manuel du bon paroissien, en forme de rituel, ou Recueil des prières et des cérémonies usitées dans l'administration des sacrements, en latin et en français, avec l'explication de ces mêmes cérémonies. La Rochelle, Boutet; Paris, Poussielgue-Rusand, 1842, 2 vol. in-18 [4 fr. 50 c.].

3. — Dictionnaire abrégé de controverse, ou Tables alphabétiques et analytiques des lettres sur le protestantisme adressées à M. Cambon. La Rochelle, impr. de Boutet, 1846, in-8 de 116 pag. [75 c.]

THIBAUDEAU [le comte Antoine-Claire], président du conseil des Cinq-Cents, préfet sous l'Empire, conseiller d'Etat, pair de France; né en 1765, mort à Paris en 1854, et non en 1823, comme l'a avancé M. Quérard. [Voy. la *France littér.*, t. IX, p. 416.] — Histoire des états généraux et des institutions représentatives en France, depuis l'origine de la monarchie jusqu'à 1789. Paris, Paulin, 1843, 2 vol. in-8 [15 fr.].

THIBAUDEAU [A.-R.-H.], député aux états généraux et à l'Assemblée constituante, président du tribunal d'appel de la Vienne, membre du Corps législatif. [Voy. la *France littér.*, t. IX, p. 216.] — Histoire du Poitou. Nouvelle édition, précédée d'une introduction par *H. de Sainte-Hermine*, avec notes. Niort, Robin, 1841, 3 vol. in-8 [18 fr.].

Les faux-titres portent : *Bibliothèque poitevine*, I, II, III. L'ouvrage de Thibaudeau a été continué jusqu'en 1789 par M. DE SAINTE-HERMINE. La continuation commence à la page 469 du tome III.

THIBAULT [J.-T.], peintre, ancien professeur à l'École des Beaux-Arts. [Voy. la *France littér.*, t. IX, p. 418.] — Application de la perspective linéaire aux arts du dessin. Ouvrage posthume de J.-T. Thibault, mis au jour par *Chapuis*, son élève. Paris, Carilian-Gœury, 1843, petit in-fol. de 4 pag.

THIBAULT [J.-B.], licencié ès-lettres, élève de l'ancienne École normale. [Voy. la *France littér.*, t. IX, p. 418.] — Pensées sur l'homme. IIIe édition, mise dans un nouvel ordre et considérablement augmentée. Cambrai, impr. de Lévêque; Paris, Hachette, 1843, in-8 [7 fr. 50 c.].

M. J.-B. Thibault a traduit du grec en français : NÉMÉSIUS, « de la Nature de l'homme. » [Cambrai, impr. de Lévêque; Paris, Hachette, 1844, in-8, 7 fr. 50 c.]

M. Thibault a expliqué littéralement et traduit en français divers ouvrages classiques de CICÉRON et de SOPHOCLE; il a donné, dans les « Mémoires de la Société d'Émulation de Cambrai, *Réflexions sur la pensée et le sentiment* [XVIIe rec., 1838-39]; — *Phonographie* [id.]; — *une Élection à Cambrai, sous la domination des Espagnols en* 1598 [id.]; — NÉMÉSIUS, *de la Nature et de l'Homme*, traduit pour la première fois du grec en français [XIXe recueil 1842-43].

THIBAULT [Alexandre]. — Chants religieux et historiques, composés pour l'orphéon français. IIe édition, augmentée de chants nationaux. Paris, F. Didot, 1846, in-8.

La première édition a été publiée dans la même année.

THIBAULT [le docteur Victor], secrétaire de la Société anatomique de Paris.

1. — Compte rendu des travaux de la Société anatomique de Paris pour l'année 1847. Paris, Moquet, 1848, in-8 de 24 pag.

2. — Lettre du docteur *Gaudichon* à ses clients sur le choléra-morbus, revue, annotée et publiée en 1849 par le docteur Thibault. Versailles, impr. de Klefer, 1849, in-8 de 40 pag.

THIBAULT-LEFÈVRE.

1. — Constitution et pouvoirs des conseils généraux et des conseils d'arrondissement, ou Législation complète sur les conseils généraux et les conseils d'arrondissement, commentée, à l'aide des discussions parlementaires, des circulaires ministérielles, de la jurisprudence administrative et civile. Paris, Cotillon, 1843, in-8 [8 fr.].

2. — Essais sur l'administration provinciale des États constitutionnels de l'Europe. *Belgique*. Paris, Joubert, 1843, in-8 de 32 pag. [1 fr. 50 c.]

THIBAUT [A.], pseudonyme de HAAS [G.-A.]. [Voy. la *France littér.*, t. IX, pag. 418.]

1. — Nouveau Dictionnaire français-allemand, allemand-français. VIe édition. Leipzig, 1839, in-8 [9 fr.].

2. — Avec M. *Hobson* : Dictionnaire de poche français-anglais et anglais-français (1845, in-18). Voy. HOBSON.

THIBAUT [T.]. — Le Curé de Valréas, ou le Rachat d'une âme. Paris, Maison, 1839, in-8 [7 fr. 50 c.].

THIBAUT. — Considérations sur les épidémies, les endémies, les épizooties et les enzooties, sur la contagion et l'infection. De la peste, de la fièvre jaune, du choléra, des typhus, du charbon, de la variole, de la morve, du farcin, etc., au point de vue de l'hygiène publique. Metz, impr. de Lamort, 1849, in-8 de 112 pag.

THIBEAUD, médecin à Nantes, professeur à l'École de Médecine, et membre de la Société académique de cette ville. — Des Rapports de la médecine avec la science et la société. Discours prononcé à la réouverture de l'école secondaire de médecine de Nantes, et à la distribution des prix de cette école, le 8 novembre 1836. Nantes, impr. de Forest, 1837, in-8 de 40 pag.

M. Thibeaud est l'auteur de divers travaux lus à la Société académique de Nantes.

THIBERT [Félix], de Seurre.

1. — Anatomie pathologique, avec modèles en relief, comprenant, etc. Paris, Labé, 1838, in-8 [3 fr.].

2. — Musée d'anatomie pathologique. Bibliothèque de médecine et de chirurgie pratiques, représentant en relief les altérations morbides du corps humain. Paris, impr. de Lambert, 1844, in-8 avec 1 pl.

M. F. Thibert a travaillé au « Traité de médecine pratique, » publié aussi sous le titre : «Bulletin clinique, suivi d'une revue analytique des sciences médicales, » dont le premier numéro a paru en mai 1835.

THIBIAGE [de]. — Histoire pittoresque et anecdotique des anciens châteaux, demeures féodales, forteresses, citadelles, etc., avec les traditions, légendes ou chroniques qui s'y rattachent, et le récit des faits et gestes des possesseurs de ces manoirs. Paris, Renault, 1847, in-8 avec des vignettes [5 fr.].

THIBOUST [Jacques]. — Relation de l'ordre de la triomphante et magnifique monstre du mystère des SS. Actes des apostres, qui a eu lieu à Bourges le dernier jour d'avril 1536. Bourges, 1836, in-8 [7 fr. 50 c.].

THIBOUT [l'abbé J.-R.], professeur de littérature à Reims. [Voy. la *France littér.*, t. IX, p. 419.]

1. — Action oratoire, ou Traité théorique et pratique de la déclamation pour la chaire, pour le barreau. Reims, Luton ; Paris, Périsse, 1841, in-8 [3 fr. 25 c.].

Cette brochure contient : le « Poëme sur les mauvais gestes, » du P. SANLECQUE.
Une contrefaçon de cet ouvrage, augmenté d'un cours inédit d'improvisation, » par M. de PRADEL, a paru à Liége [Lardenois, 1847, in-8].

2. — Dictionnaire portatif des noms propres d'hommes et de femmes qui se sont sanctifiés ; français-latin et latin-français. Reims, Luton ; Paris, Parent-Desbarres, 1841, in-32.

3. — Nouveau Recueil de principes et de modèles de littérature, pour les amis des belles-lettres, à l'usage des classes secondaires ou primaires supérieures, où l'on enseigne la littérature. Nouvelle édition, corrigée et refondue. Reims, Luton ; Paris, Parent-Desbarres, 1841, in-8 [2 fr. 50 c.].

4. — Traité théorique et pratique de mnémotechnie, ou Moyen sûr et facile de cultiver et d'aider beaucoup la mémoire, etc. Reims, Luton ; Paris, Parent-Desbarres, 1841, in-18 de 72 pag.

5. — Supplément nécessaire à toutes les grammaires latines : moyen sûr et facile de former tous les verbes latins, et manière de prononcer chacune des personnes, des temps, imprimés en caractères fondus exprès. Reims, Luton ; Paris, Hachette, Parent-Desbarres, 1843, in-18.

THIÉBAULT [le baron Paul-Charles-François-Adrien-Henri-Dieudonné], général de division d'état-major ; né à Berlin le 14 décembre 1769, mort à Paris au mois d'octobre 1846. [Voy. *le Moniteur* du 18 octobre 1846, et la *France littér.*, t. IX, p. 420.]

1. — Frédéric le Grand, sa famille, sa cour, son gouvernement, son acadé-

mie, ses écoles et ses amis, généraux, philosophes, etc., ou Souvenirs de vingt ans de séjour à Berlin. IVᵉ édition, 1827, 5 vol. in-8 [35 fr.].

2. — Journal des opérations militaires et administratives des siége et blocus de Gênes. Nouvelle édition. Paris, Correard, 1847, 2 vol. in-8 avec 2 portraits, 5 cartes et plans [16 fr.].

Ouvrage refait en son entier.

Citons encore : de la Défense de Paris (1841, in-8) ; — Observations sur le rapport relatif à la loi de recrutement (1843, in-8].

M. Thiébault a laissé le manuscrit achevé d'un ouvrage sur les femmes qui ont rendu leur nom célèbre dans les lettres.

THIÉBAULT [Mme]. — Blanc et noir. Contes. Paris, Ledoyen et Giret, 1848, in-12.

THIÉBAULT. Voy. THIÉBAUT.

THIÉBAUT ou **THIÉBAULT** [l'abbé], professeur de théologie, membre de l'Assemblée nationale; mort à Elsenfeld sur le Mein le 8 avril 1795. [Voy. la *France littér.*, t. IX, p. 422.]

1. — Homélies sur les épîtres des dimanches et des principales fêtes de l'année. Lyon, Labaume, 1843, 2 vol. in-8; — autre édit. Lyon, Pélagaud, 1844, 2 vol. in-8 [8 fr.]; — autre édit. Lyon, impr. de Périsse, 1843, 4 vol. in-12.

2. — Homélies sur les évangiles des dimanches et des principales fêtes de l'année. Lyon, E.-B. Labaume, 1842, 1845, 2 vol. in-8 [12 fr.]; — autre édit. Lyon, Pélagaud, 1844, 2 vol. in-8 [8 fr.]; — autre édit. Lyon, Périsse, 1843, 1845, 4 vol. in-12.

THIÉBAUT.

M. Thiébaut a rédigé de nouveau, avec M. SHRUBSOLE, le « Dictionnaire classique français-anglais et anglais-français » par STONE, dont la VIIᵉ édition a été publiée en 1849 [Paris, Belin-Mandar, in-8].

THIÉBAUT de **BERNEAUD** [Arsène], agronome et botaniste, conservateur de la bibliothèque Mazarine; né à Sedan le 14 janvier 1777. [Voy. la *France littér.*, t. IX, p. 422.]

1. — Bibliothèque du propriétaire rural et de la ménagère. Paris, impr. de Mme Poussin, 1839, in-12.

2. — Nouveau Manuel complet du cultivateur français, ou l'Art de bien cultiver les terres, de soigner les bestiaux, etc. Nouvelle édition. Paris, Roret, 1840, 1841, 2 vol. in-18, fig. [5 fr.].

3. — Nouveau Manuel complet de la laiterie, ou Traité de toutes les méthodes pour la laiterie, l'art de faire le beurre, de confectionner les fromages, etc. Paris, Roret, 1842, in-18, fig. [2 fr. 50 c.].

M. Thiébaut de Berneaud a revu, corrigé et considérablement augmenté le « Manuel des propriétaires ruraux et de tous les habitants de la campagne, » par MIGER (1823, 2 vol. in-12).

Il a travaillé à « l'Encyclopédie des gens du monde. »

THIEL [Augustin], professeur de philosophie au collège de Metz, inspecteur de l'Académie de Bourges. [Voy. la *France littér.*, t. IX, p. 424.]

1. — Programme d'un cours élémentaire de philosophie. IIIᵉ édition. Metz, Mme Thiel; Paris, Hachette, 1840, 3 parties in-8 [15 fr.].

Première partie : *Introduction générale, Psychologie*; — deuxième partie : *Logique, Morale et Théodicée*; — troisième partie : *Histoire de la philosophie*.

2. — Leçons élémentaires, méthodiques et pratiques de grammaire française. VIᵉ édit. Metz, Warion; Paris, Hachette, Allouard, Delalain, 1846, in-12 [75 c.].

THIELRODE [J. de]. — Chronique de saint Bavon à Gand (1298), avec un extrait de la chronique de saint Bavon du XVᵉ siècle, d'une chronique d'Olivier de Lange, etc. Gand, 1835, in-8 [3 fr.].

THIÉNOT, agrégé d'histoire, professeur de rhétorique française de l'enseignement spécial. — Discours prononcé le jour de la distribution des prix du lycée Charlemagne. Paris, impr. de Chassaignon, 1849, in-8 de 12 pag.

THIERCELIN [H.], docteur en droit, avocat à la cour d'appel.

1. — Éléments du droit commercial, ou Commentaire sur le Code de commerce, suivi d'un formulaire, contenant le mode de tous les actes qui peuvent être faits sous signature privée. Paris, A. Durand, 1845, in-8 [7 fr. 50 c.].

2. — Des Principes constitutionnels du gouvernement républicain en France. Paris, Amyot, 1848, in-8 de 76 pag. [1 fr.].

THIÉRI.

M. Thiéri a dirigé la publication de : « Nouveau Dictionnaire biographique, universel et historique, des personnages célèbres de tous les siècles et de tous les pays, » contenant, etc., par une société de gens de lettres [Paris, Renault, 1846, 2 vol. in-8 avec des vignettes].

THIÉRIET.
1. — Code des faillites et banqueroutes, ou Recueil des travaux préparatoires de la loi du 28 mai 1838, mise en conférence avec le Code de commerce de 1807 et avec les projets, exposés des motifs qui l'ont précédée. Strasbourg, impr. de Silbermann; Paris, Hingray, 1840, in-8 [6 fr.].
2. — Cours de droit commercial français, ou Recueil méthodique des lois et autres actes et documents formant le texte d'un cours de droit commercial. Strasbourg, impr. de Silbermann; Paris, Hingray, 1841, gr. in-8 [10 fr.].
3. — Avec M. *L. Mayer et autres :* — Consultation sur les publications de M. Busch (1845, in-8). Voy. MAYER.

THIÉRION [Franç.], membre de la Société académique de Troyes, correspondant du comité institué près le ministère de l'instruction publique pour les travaux historiques.
1. — Rapport sur la question de savoir si Agendicum des Commentaires de J. César est Sens ou Provins. Troyes, 1839, in-8.

Mémoires de la Société d'Agriculture, Sciences, Arts et Belles-Lettres du département de l'Aube.

2. — Revue bibliographique des principaux ouvrages français où il est traité de la taille des arbres fruitiers, et particulièrement du pêcher. Troyes, impr. de Payn, 1843, in-8 de 112 pag.

Extrait des « Mémoires de la Société d'Agriculture, Sciences, etc., du département de l'Aube. »

3. — Encore un mot sur le dicton proverbial Quatre-vingt-dix-neuf moutons et un Champenois, etc. Troyes, impr. de Payn, 1844, in-8 de 16 pag.

Lu à la Société de l'Agriculture de l'Aube le 25 mars 1844.

THIÉRIOT [J.-H.]. — Douanes allemandes. De l'Influence exercée sur le commerce et l'industrie de la Saxe royale par son accession à la grande association des douanes allemandes prussiennes. Mémoire traduit de l'allemand par *Alexis de Gabriac.* Paris, Ledoyen, 1840, in-8 [2 fr. 50 c.].

THIERRIAT [Augustin], conservateur des musées et du palais des beaux-arts de Lyon. — Notice des tableaux exposés dans les musées de Lyon. Lyon, impr. de Boitel, 1847, in-8 [1 fr.].

THIERRIAT [Ph.]. — Du Malaise de la classe ouvrière et de l'institution des prud'hommes appliquée à l'organisation du travail dans la fabrique lyonnaise. Lyon, impr. de Nigon, 1848, in-8 [1 fr.].

THIERRIOT [Didier]. — Système planétaire, ou Gravitation des corps, sur de nouveaux principes pris dans la nature elle-même. Belleville, impr. de Galban, 1847, in-8 de 24 pag.

Premières vingt-quatre pages de l'ouvrage, qui doit être orné de dix-sept planches.

THIERRY [Jules], architecte et graveur. [Voy. la *France littér.*, t. IX, p. 420.]
1. — Recueil d'escaliers en pierre, charpente, menuiserie et fonte, à l'usage des ouvriers en bâtiments. 1838, in-4 [3 fr. 75 c.].
2. — Traité des cinq ordres d'architecture et des premiers éléments de construction, gravé par Guignet. Paris, Mme veuve Jean, 1840, in-4 avec 54 pl.
— Autre édition. Paris, impr. de Bourgogne, 1846, in-4.

Le texte est de M. SOYER.

3. — Nouveaux Éléments de photographie, avec des notes détaillées sur diverses améliorations apportées aux opérations daguerriennes. Lyon, impr. de Mougin-Rusand, 1844, in-8 de 24 pag. [1 fr. 50 c.]
4. — Avec M. *G. Coulon :* Notice historique sur l'arc de triomphe de l'Étoile. Paris, Thierry, Rosselin, 1844, 1846, in-8, avec 1 vign. [50 c.]
5. — Méthode graphique et géométrique de dessin linéaire. IIe édition, revue et corrigée par *F.-C.-M. Marie.* Paris, Bachelier, 1846, in-4 oblong, avec 50 pl. [10 fr. 50 c.]

THIERRY [Jacques-Nicolas-Augustin], publiciste, historien, bibliothécaire du duc d'Orléans, membre de l'Académie des Inscriptions et Belles-Lettres, est né à Blois le 10 mai 1795. D'abord élève de l'École normale et destiné à l'enseignement, M. Aug. Thierry fut pendant quelques années le collaborateur du célèbre comte de Saint-Simon, avec lequel il publia plusieurs ouvrages. On le voit ensuite engagé dans les luttes du libéralisme contre le pouvoir restauré. Il travailla au *Censeur européen*, puis au *Courrier français*, et il donna dans ces recueils ses *Lettres sur l'histoire de France*, accueillies par le public avec une grande faveur, et la première idée de sa *Conquête de l'Angleterre*. Ce livre, riche de faits et d'aperçus nouveaux, cette histoire pleine d'intérêt et d'entraînement, parut en 1825. Cependant un travail excessif avait altéré la santé du jeune écrivain et sa vue s'était affaiblie; au bout de peu d'années, la cécité fut complète et la paralysie des membres commença. M. Augustin Thierry, que la sensibilité et les facultés physiques abandonnaient en quelque sorte pièce à pièce, ne se découragea pas; il persévéra avec une énergie presque surhumaine dans la voie laborieuse qu'il s'était tracée; il refit presque en entier ses *Lettres sur l'histoire de France*, et il publia successivement: *Dix Ans d'études historiques*, les *Récits des temps mérovingiens*, l'*Essai sur la formation et les progrès du tiers-état*. Ces écrits, enfantés dans la douleur, qui réunissent à la connaissance approfondie des sources historiques et au sentiment vrai des choses du passé le charme du style et le talent du récit, ont rendu populaire en Europe le nom de l'auteur et ont été lus à la fois par les érudits et par les gens du monde. M. Thierry, que l'Académie des Inscriptions avait admis en 1830 au nombre de ses membres, et dont l'Académie française avait honoré pendant plusieurs années les travaux du prix Gobert, est mort à Paris le 22 mai 1856. [Voy. une notice sur sa vie et ses ouvrages dans les *Écrivains modernes* de M. Édouard SALVADOR; — un article de M. Ch. MAGNIN dans la *Revue des Deux-Mondes* du 1er mai 1841; — une notice dans la *Galerie des Contemporains illustres*, t. III; — des articles de M. NETTEMENT dans le *Correspondant*; — deux discours prononcés à ses funérailles, dans le *Journal des Débats* du 25 mai 1856 et dans la *Bibliothèque de l'École des chartes* (mai-juin 1856); — une notice dans l'*Athenæum français* du 31 mai 1856, et la *France littér.*, t. IX, p. 426 et 427. L'auteur de la France littéraire a fait à tort deux écrivains de A. Thierry, élève de Saint-Simon, et de Jac.-Nic.-Aug. Thierry, membre de l'Acad. des Inscriptions.]

1. — Œuvres complètes. Paris, Furne, 1846-47, 8 vol. in-18 anglais [24 fr.].

Tome I à IV: *Histoire de la conquête de l'Angleterre par les Normands*; — t. V: *Lettres sur l'histoire de France*; — t. VI: *Dix Ans d'études*; — t. VII et VIII: *Récits des temps mérovingiens*.

— Autre édit. Paris, Furne, 4 vol. gr. in-8.

2. — Avec *H. Saint-Simon*: De la Réorganisation de la société européenne, ou de la Nécessité et des moyens de rassembler les peuples de l'Europe en un seul corps politique, en conservant à chacun sa nationalité. Paris, impr. d'Egron, 1814, broch. in-8 de 112 pag.

Le titre porte: par Henri Saint-Simon et A. Thierry, son élève.

3. — Avec *H. Saint-Simon, Saint-Aubin et A. Comte*: L'Industrie, ou Discussions politiques, morales et philosophiques. Paris, Delaunay, 1817, 4 vol. in-8.

M. Thierry prend ici la qualification de *fils adoptif de Saint-Simon*.

4. — Lettres sur l'histoire de France, pour servir d'introduction à l'étude de cette histoire. Paris, Tessier, 1842, in-8 [7 fr. 50 c.]; — VIIIe édition, revue et corrigée. Paris, Furne, 1846, in-18 anglais [3 fr.].

La première édition est de 1827, in-8.

5. — Histoire la conquête de l'Angleterre par les Normands, de ses causes et de ses suites, jusqu'à nos jours, en Angleterre, en Écosse, en Irlande et sur le continent. VIe édition. Paris, Tessier, 1843, 4 vol. in-8, avec un atlas in-4 oblong de 34 pag., 14 cartes et planches, et un cahier de 34 pl. [30 fr.]; — VIIe édition. Paris, Furne, 1846, 4 vol. in-18 anglais [12 fr.].

A paru pour la première fois chez Didot en 1825 [3 vol. in-8.].

6. — Dix Ans d'études historiques. IVe édition. Paris, Tessier, 1842, in-8 [7 fr. 50 c.]; — Ve édition. Paris, Furne, 1846, in-12 [3 fr.].

7. — Récits des temps mérovingiens, précédés de considérations sur l'histoire de France. IIIe édition. Paris, Furne, 1847, 2 vol. in-18 anglais [6 fr.].

La première édition est de 1840, la deuxième de 1842 [Paris, Tessier, 2 vol. in-8].
Voy. le rapport de M. VILLEMAIN à l'Académie française, en 1840, dans la séance où le prix Gobert a été décerné à cet ouvrage, et : « Sur les temps mérovingiens. » Lettre à M. Augustin Thierry, par M. Jules BELIN [Paris, Hachette, 1842, in-12].

8. — Essai sur l'histoire de la formation et des progrès du tiers-état, suivi de deux fragments du Recueil des monuments inédits de cette histoire. Paris, Furne et Cie, 1853, in-8.

9. — Recueil des monuments de l'histoire du tiers-état. Histoire municipale d'Amiens. Paris, F. Didot, 1849-1856, 3 vol. in-4.

Collection des documents inédits relatifs à l'histoire de France.
Citons encore : avec H. SAINT-SIMON : Opinion sur les mesures à prendre contre la coalition de 1814 [1815, in-8]; — avec le même : Principes pour les élections de 1817, et Examen de deux écrits sur ce sujet [1817, in-8] ; — Vue des révolutions d'Angleterre [1817, in-8] ; — Rapport au ministre de l'instruction publique sur la collection des monuments du tiers-état [1837, in-4] ; — Collection des documents relatifs à l'histoire de France, publiée sous les auspices du ministre de l'instruction publique].
M. Thierry a publié dans le « Censeur européen, » dans le « Courrier français, » dans la « Revue encyclopédique, » dans le « Journal général de législation et de jurisprudence, » dans la « Revue des Deux-Mondes, » de nombreux articles qui ont été reproduits pour la plupart dans *Dix ans d'études historiques*, dans les *Considérations sur l'histoire de France*, les *Récits des temps mérovingiens*, et l'*Essai sur l'histoire du tiers-état*.
Il a donné dans la « Revue de Paris » [23 janvier 1842] : *Réponse à M. Ch. Nodier* [l'article de M. Ch. NODIER a paru dans le même Recueil en 1841, sous le titre : « Diatribe du docteur Néophobus contre les fabricateurs de mots »].
M. A. Thierry a fait précéder d'une *Introduction* le « Résumé de l'histoire d'Écosse » d'Arm. CARREL [1825, in-8]; et d'une *Lettre à l'auteur* le « Précis historique des rivalités et des luttes de la France et de l'Angleterre, » par LAPONNERAYE [1845, in-12].

THIERRY [Mme], née Julie de QUÉBANGAL, femme de M. Augustin Thierry, morte à Paris le 10 juin 1844. [Voy. la *France littér.*, t. IX, p. 427.] — Adélaïde, mémoires d'une jeune fille. Paris, Just Tessier, 1839, in-8 [7 fr. 50 c.].

THIERRY [Amédée-Simon-Dominique], ancien préfet de la Haute-Saône, maître des requêtes au conseil d'État, puis conseiller d'État, membre de l'Académie des Sciences morales et politiques; né à Blois le 2 août 1797. [Voy. la *France littér.*, t. IX, p. 427.]

1. — Histoire de la Gaule sous l'administration romaine. Paris, Tessier, Perrotin, 1840-47, 3 vol. in-8 [22 fr. 50 c.].

2. — Histoire des Gaulois, depuis les temps les plus reculés jusqu'à l'entière soumission de la Gaule à la domination romaine. IIIe édition. Paris, Jules Labitte, 1845, 3 vol. in-8 [22 fr. 50 c.].

On doit encore à M. A. Thierry : Première Lettre à M. Genoux, conseiller de préfecture et député de la Haute-Saône. — Deuxième Lettre à MM. les électeurs de l'arrondissement de Jussey [1846, in-4]; — un Dernier Mot à M. Genoux [1845, in-4].
M. Amédée Thierry a travaillé à : « Histoire des villes de France, » publiée par M. A. GUILBERT; à la « Revue de législation et de jurisprudence, » où on a inséré de lui : *Rapport sur le concours relatif à l'histoire des états généraux* [1844, tome XX]; aux « Résumés d'histoire des provinces, » etc.

THIERRY [Th.].

M. Th. Thierry a traduit en français les « Œuvres sacrées » de l'abbé Métastase [Paris, Prévot, 1841, in-18].

THIERRY [A.], lieutenant-colonel d'artillerie. Voy. THIÉRY.

THIERRY [Édouard], bibliothécaire à l'Arsenal. [Voy. la *France littér.*, t. IX, p. 428.]

1. — Avec M. *Auguste J.* : le Naufrage de la Méduse; folie-vaudeville en un acte. Paris, Gallet, 1839, in-8 de 8 pages.

2. — Notice sur M. Le Chanteur, commissaire principal de la marine, suivie d'actes inédits relatifs aux sièges de Flessingue et d'Anvers, en 1809 et 1814. Cherbourg, impr. de Thomine, 1849, in-16.

M. Ed. Thierry a donné de nombreux articles aux journaux quotidiens.

THIERRY-MIEG [Édouard]. — Mémoire sur la culture des abeilles dans des ruches à ventilation en paille. Mulhouse, impr. de Baret, 1841, 1843, in-8 de 52 pag. avec 1 pl. [1 fr. 50 c.]

THIERRY-VALDAJOUX [Alexandre], docteur en médecine, prosecteur de M. de Blainville au jardin du Roi et à la Sorbonne, chirurgien du roi Charles X, professeur de chirurgie, membre du conseil général de la Seine, délégué du gouvernement provisoire, vice-président de la commission des comptes des ministres pour l'exercice 1846-47, chevalier de la Légion d'honneur, membre fondateur de la Société de l'histoire de France; né à Paris le 13 février 1803. [Voy. la *France littér.*, t. IX, p. 427.]

1. — Des diverses Méthodes opératoires pour la cure radicale des hernies. Thèse présentée et soutenue à la Faculté de Médecine de Paris, le 1er février 1841, pour le concours de la chaire de médecine opératoire. Paris, J.-B. Baillière, 1841, in-8 avec 2 pl. [2 fr. 50 c.]

2. — Quels sont les cas où l'on doit préférer la lithotomie à la lithotritie, et réciproquement? Thèse présentée et soutenue au concours pour la chaire de clinique chirurgicale vacante à la Faculté de Médecine de Paris. Paris, Baillière, 1842, in-8 [2 fr. 50 c.].

Citons encore: « De la torsion des artères [1829, in-8]; — Opinion sur la clinique chirurgicale [1837, in-8]; — Notice sur M. Doisot, ancien magistrat [1838, in-8]; — Introduction à un cours de clinique chirurgicale [1842, in-12]; — A Messieurs les membres de la Chambre des Pairs [1847, in-4]; — Assistance publique. Compte rendu par le délégué du gouvernement chargé des hôpitaux, hospices civils et secours à domicile de la ville de Paris, de son administration, depuis le 25 février 1848 [1848, in-4]; — Rapport et procès-verbal de la Commission de vérification des comptes des ministres [1848]. — M. Thierry a publié des articles d'anatomie, de chirurgie et de physiologie, dans « l'Expérience »; des articles sur l'organisation de la médecine vétérinaire, dans le « Journal hebdomadaire »; des articles sur l'enseignement médical dans le « National, etc. »

THIÉRY [P.-J.], adjudant, commandant, en 1814, les surveillants des palais de Versailles, Trianon, etc. [Voy. la *France littér.*, t IX, p. 432.] — Mémoires écrits par lui-même, ou *Ses neuf Jugements*. IIe édition. Sainte-Menehould, Poignée-d'Arnaud, 1836, in-8.

THIÉRY [A.], lieutenant-colonel d'artillerie. [Voy. la *France littér.*, t. IX, p. 426 et 432.]

1. — Description des divers systèmes à percussion et des étoupilles à friction adoptés jusqu'à ce jour en France et à l'étranger; sachets en étoffe ininflammable. Paris, Corréard, 1839, in-8 de 24 pag. avec 3 pl. [2 fr. 75 c.]

2. — Applications du fer aux constructions de l'artillerie. 2e partie. Paris, A. Corréard, 1840, in-4 avec un atlas in-4 de 4 pag. et 10 pl. [20 fr.]

THIÉRY [Ad.]. — Histoire de la ville de Toul et de ses évêques, suivie d'une notice sur la cathédrale. Nancy, Grimblot et Raybois; Paris, Roret, 1841, 2 vol. in-8 avec 14 lith. et 2 plans [10 fr.].

THIÉRY [Lenoir]. Voy. LENOIR-THIÉRY [Victor].

THIÉRY, dit THIÉRY-TOLLARD. — De la Guérison des pommes de terre, ou Conseil d'un agriculteur à ses confrères. Ouvrage suivi d'une notice sur la culture de l'ulluco. Paris, impr. de Sapia, 1849, in-8 de 64 pag.

THIERS [Louis-Adolphe], publiciste, homme d'État, orateur, historien; né à Marseille le 15 avril 1797. D'abord avocat à Aix, M. Thiers vint, dans les dernières années de la Restauration, à Paris, où il travailla aux journaux de l'opposition libérale, et particulièrement au *National*, et où il publia son *Histoire de la Révolution*, qui eut un grand succès. Porté aux affaires par les événements de juillet 1830, il fut député, conseiller d'Etat, ministre de l'intérieur, puis du commerce et des travaux publics, président du conseil des ministres, ambassadeur en Angleterre. M. Thiers fut nommé, pendant les mémorables journées de février 1848, chef d'un cabinet qui n'a pas fonctionné. Il a fait partie des assemblées constituante et législative de 1848 et 1849. Il est membre de l'Académie française et de l'Académie des Sciences morales et politiques. [Voyez: *Études historiques sur la vie privée, politique et littéraire de M. Thiers*, par M. Alexandre LAYA (1846, 2 vol. in-8); — Notice sur la vie et les ouvrages de M. Thiers, dans les *Écrivains modernes* de M. Éd. SALVADOR; — *Biographie de M. Thiers* (1848, in-8); — diverses notices: dans la *Galerie des Contemporains illustres*, par un homme de rien (t. Ier); — dans la *Galerie de la Presse* (2e série); — dans la *Revue des Deux-Mondes*, par M. LOEVE WEIMARS (15 déc. 1835); — dans le même recueil, par M. SAINTE-BEUVE (15 janvier 1845), et la *France littér.*, t. IX, p. 429.]

1. — Histoire de la révolution française. XIIIe édition, ornée de 50 vignettes gravées par Burdet d'après les dessins de Raffet et d'un portrait de l'auteur. Paris, Furne, 1845, 10 vol. in-8 [50 fr.]. — XIVe édition. Paris, Furne, 1846, 8 vol. in-18 anglais [24 fr.].

Il a paru à la librairie de Furne : *Atlas de l'Histoire de la révolution française*, par M. Thiers; trente-deux cartes et plans, dressés spécialement pour cet ouvrage, d'après les documents officiels publiés par le ministère de la guerre.

L'ouvrage de M. Thiers a été traduit en espagnol par M. Mor de FUENTÈS, sous le titre : « Historia de la revolucion francesa. » [Paris, Lasserre, 6 vol. gr. in-8, avec 100 fig. et carte, 60 fr.].

2. — Histoire du consulat et de l'empire, faisant suite à l'*Histoire de la révolution française*. Paris, Paulin, 1843-49, t. I à IX, in-8, à 5 fr. le vol.

Voyez sur cet ouvrage une analyse par M. LERMINIER dans la « Revue des Deux-Mondes » [15 mars, 15 octobre 1843, 15 janvier 1847]; — un article de M. SAINTE-BEUVE dans les « Causeries littéraires » [1853, p. 129]; — et une analyse dans le « Foreign quarterly review. »

L'*Histoire du consulat et de l'empire* a eu plusieurs traductions en anglais.

Elle a été traduite en espagnol par don Antonio Alcala GALIANO, sous le titre : « Historia del consulado y del imperio de Napoleon » [Madrid, Ignacio Boix ; Paris, D. Monier et Ébrard, 1843 et ann. suiv., in-8].

Il en a paru une autre traduction espagnole annotée par D. Pedro MADRAZO [Madrid, 1845, et ann. suiv., in 8].

On a publié à part : Collection de vignettes et portraits pour l'Histoire du consulat et de l'empire de M. Thiers.

Il a aussi paru : Atlas de l'Histoire du consulat et de l'empire, dressé sous la direction de M. Thiers, dessiné par A. Dufour, gravé sur acier par Dyonnet [50 cartes : 30 francs]. —

3. — De la Propriété. Paris, Paulin et Lheureux, 1848, in-8 [3 fr.].

Du droit de propriété; — du communisme; — du socialisme; — de l'impôt.

— De la Propriété. Édition populaire, publiée sous les auspices du comité central de l'Association pour la défense du travail national, 1848, in-18.

Citons encore : M. Thiers aux électeurs d'Aix [1839, in-8. — Réimprimé dans « le Constitutionnel, » « le Courrier, » « le National, » « le Siècle, » et « le Temps, » du 14 février]; — Discours prononcés dans les séances des 12 et 13 avril 1841. *Discours sur la situation des finances*, [1841, in-8]; — Discours prononcés dans les séances des 17 et 22 janvier 1844, dans la discussion de l'adresse, en réponse au discours de la couronne [1844, in-8]; — Discours sur les relations de la France avec les États-Unis d'Amérique, prononcé dans la séance de la Chambre des Députés du 20 janvier 1846 [1846, in-8]; — Discours prononcé aux funérailles de M. Ganneron [dans les journaux des 28 et 29 mai 1847]; — Discours prononcé à l'Assemblée nationale sur le droit au travail [1848, in-18]; — du Crédit foncier. Discours prononcé à l'Assemblée nationale [1848, in-18]; — Discours prononcé à l'Assemblée nationale dans la discussion de la constitution, septembre et octobre 1848; Droit au travail, Papier-monnaie, Remplacement militaire [1848, in-8]; — la Répression de la presse. Discours [1849, in-fol.]; — du Droit de propriété [1848, in-18]; — Enseignement universel sur la propriété et le droit au travail [1848, in-32]. — Discours dans : Expulsion des jésuites (avec les documents et discours de MM. THIERS, DUPIN, BERRYER, LAMARTINE, HÉBERT et MARTIN du Nord) [1845, in-12]; — du Communisme [1849, in-18]; — Discours dans « le Droit au travail au Luxembourg et à l'Assemblée nationale, » avec une Introduction par Émile de GIRARDIN [1849, 2 vol. in-18].

Mentionnons aussi : Rapport sur le projet de loi relatif aux fortifications de Paris, fait à la Chambre des Députés dans la séance du 13 janvier 1841 [1841, in-4]; — Rapport fait au nom de la commission chargée de l'examen du projet de loi tendant à ouvrir un crédit extraordinaire de 140 millions pour les fortifications de la ville de Paris, accompagné de pièces et documents relatifs aux dépenses des travaux et de l'approvisionnement de Paris, etc. (séance du 13 janvier 1841) [1841, in-18]; — Rapport sur l'instruction secondaire (séance de la Chambre des Députés du 13 juillet 1844) [1844, in-18]; — Rapport sur la loi d'instruction secondaire fait au nom de la commission de la Chambre des Députés dans la séance du 13 juillet 1844 [1844, in-8]; — Rapport complet sur la loi de l'instruction secondaire. Édition populaire [1844, in-12]; — Rapport fait à la Chambre des Députés au nom de la commission chargée de l'examen du projet de loi relatif à l'instruction secondaire. Séance du 15 juillet 1844 [1844, in-8]; — Rapport, précédé de la proposition du citoyen Proudhon relative à l'impôt sur le revenu, et suivi de son discours prononcé à l'Assemblée nationale le 31 juillet 1848, conforme au *Moniteur universel* [1848, in-4 et in-12]; — Discussion sur les affaires de Rome à l'Assemblée législative : Rapport de M. Thiers, discours de MM. de FALLOUX, de MONTALEMBERT et de LA ROSIÈRE, avec un appendice de M. de VALMY; publié par le comité électoral de la liberté religieuse [1849, in-12]; — Interpellations de M. Thiers et débats à la Chambre des Députés sur l'exécution des lois de l'État à l'égard des congrégations religieuses; suivies du texte officiel des lois et des divers documents relatifs à cette question, recueillies par un avocat à la cour royale de Paris [1845, in-12].

M. Thiers a donné dans la « Revue des Deux-Mondes » : *l'Espagne et l'Orient* [1er août 1840]; *Négociations de Londres* [15 août 1840]; au « Journal des femmes » : *Essai biographique d'une vie d'actrice* [octobre 1844].

Il a travaillé à l'« Album, journal des arts, de la littérature et des théâtres. »

Il prépare, dit-on, une *Histoire de Florence*.

THIEULIN [E.]. — Cours de mathématiques appliquées au mesurage des surfaces et des solides. Première livraison. Besançon, Mme Farod, 1845, in-8.

THIEULLEN.

1. — Avec M. *Van-Tenac:* le Prompt Comparateur des poids et mesures. Paris, impr. de Béthune, 1840, in-4 de 4 pag. — IIIe édition. Paris, A. Royer, 1845, in-plano.

Destiné à être collé sur les deux côtés d'un carton, format d'almanach de cabinet ; l'un des côtés ayant pour titre : *Complément du Prompt Calculateur.*

2. — Avec M. A. *Chevallier* : Livre-Registre pour la vente légale des substances vénéneuses (1841, 1844, gr. in-8). Voy. CHEVALLIER.

THILLAYE [L.-J.-S.], professeur de chimie. [Voy. la *France littér.*, t. IX, p. 435.]

1. — Nouveau Manuel théorique et pratique du savonnier, ou l'Art de faire toutes sortes de savons. Nouvelle édition. Paris, Roret, 1839, in-18 avec 1 pl. [3 fr.]

2. — Avec MM. *Blanchard* et *Perrot:* Nouveau Manuel complet du coloriste. Paris, Roret, 1840, in-18 avec 3 pl. [2 fr. 50 c.]

3. — Avec MM. *Riffault, Vergnaud* et *Julia de Fontenelle* : Nouveau Manuel complet du teinturier, contenant, etc. Nouvelle édition. Paris, Roret, 1847, in-18 [3 fr.].

THIMÉCOURT [le docteur de], de Trévoux (Ain). — Mémoire sur le *spina bifida*, avec l'observation d'un cas de guérison de cette maladie par un nouveau mode d'opération. Trévoux, impr. de Damptin, 1849, in-8 de 80 pag.

Extrait de la « Gazette médicale. »

THINON [J.-B.-L.]. — Régime des esclaves aux colonies, ou Commentaire de la loi du 18 juillet 1845. Paris, impr. de Cosse, 1845, in-8 de 56 pag.

THIOLLET [François], architecte, né à Poitiers le 23 septembre 1782. [Voy. la *France littér.*, t. IX, p. 436.]

1. — Principes et études d'architecture, d'après Vignole, Palladio, Vitruve, etc. Paris, Letaille, 1839, in-fol. avec 50 pl. et un frontispice [7 fr.].

2. — Leçons d'architecture théorique et pratique, comprenant, etc. *Ordre Toscan.* Paris, Carilian-Gœury et V. Dalmont, 1842, in-4 avec 21 pl. [8 fr.]

3. — A MM. les députés, membres de la commission du monument de Napoléon. Paris, impr. de Ducessois, 1843, in-8 de 8 pag.

MM. Thiollet et Rondelet ont mis en ordre et augmenté de quarante planches la IIIe édition du « Traité de l'art de la charpente, » par KRAFFT [1844, 2 vol. in-fol.].

THIOLLET fils. — Études de dessin linéaire appliquées aux ordres d'architecture, d'après Vignole. Besançon, impr. de Sainte-Agathe aîné, 1843, in-4 de 32 pag. avec 32 pl. gravées.

M. Thiollet fils a fait suivre de *la Charpente, menuiserie et serrurerie*, le « Vignole des propriétaires, » par MOISY père [1839, 1841, in-8].

THIOLLIÈRE [A.], prêtre. — Noëls. Saint-Étienne, Constantin, 1839, in-8 de 48 pag.

THIONS [l'abbé Claude]. [Voy. la *France littér.*, t. IX, p. 237.] — Adresse au pape Pie IX sur la nécessité d'une réforme religieuse. Paris, Perrotin, 1848, in-8 de 48 pag. [1 fr.]

THIPHAINE ou **TIPHAINE**. [Voy. la *France littér.*, t. IX, p. 438.] — Le Système complet des priviléges et hypothèques, exposé dans les termes les plus simples, etc. 1846, in-8 [6 fr.]. — Paris, A. Durand.

THIRIAL [le docteur H.]. — Considérations nouvelles sur la doctrine hippocratique. Paris, impr. de Dupont, 1840, in-8 [2 fr. 50 c.].

THIRIET [J.-B.], capitaine ; né à Raucourt, près Sedan, le 8 décembre 1786. [Voy. la *France littér.*, t. IX, p. 438.]

M. Thiriet est auteur de : *Souvenirs d'un prisonnier français en Pologne* et de diverses pièces fugitives.

THIRION [Achille], directeur de l'école normale primaire du département de la Meuse. [Voy. la *France littér.*, t. IX, p. 438.]

1. — Leçons élémentaires sur les mesures, l'art de mesurer et l'enseignement du système métrique. Bar-le-Duc, impr. de Rolin ; Paris, Langlois et Leclercq, 1842, in-12, fig. intercalées dans le texte [3 fr.].

2. — Leçons sur le système métrique et le calcul décimal. IVe édition. Bar-le-Duc, Laguerre ; Paris, Dezobry, E.

Magdeleine et compagnie, 1845, in-18 de 54 pag.

THIROUX [Félix]. [Voy. la *France littér.*, t. IX, p. 438.]. — Manuel de police rurale, contenant, etc. IIe édition. Châlons-sur-Marne, impr. de Bonier-Lambert; Paris, Pougin, 1839, in-18; — IIIe édit. Châlons-sur-Marne, Martin, 1843, in-18.

THIROUX, chef d'escadron d'artillerie. [Voy. la *France littér.*, t. IX, p. 439.]
1. — Résumé de l'instruction d'artillerie à l'école militaire de Saint-Cyr. Versailles, Montalant-Bougleux, 1846, in-8.
2. — Notions élémentaires de balistique, appliquées aux armes à feu portatives et aux principales bouches à feu. Versailles, impr. de Montalant-Bougleux, 1847, in-8 avec 3 pl.
3. — Réflexions et études sur les bouches à feu de siége, de place et de côte. Paris, Corréard, 1849, in-8 avec 2 pl. [7 fr. 50 c.]
4. — Instruction théorique et pratique d'artillerie à l'usage des élèves de l'école militaire de Saint-Cyr. IIIe édit. Paris, Dumaine, 1849, in-8 avec 20 pl. [9 fr.]

THIRY, baron d'HOLBACH [Paul]. V. HOLBACH [Paul THIRY, baron d'].

THIVET [Michel], docteur en médecine, professeur d'anatomie et de déligation chirurgicale. — Traité complet de bandages et d'anatomie à l'étude des fractures et des luxations, avec les appareils qui leur conviennent. Paris, J.-B. Baillière, 1840-41, in-8 avec 99 pl. [13 fr.]

THIVILLIER [l'abbé].
M. l'abbé Thivillier a traduit de saint BONAVENTURE : « Miroir de la sainte Vierge » [Lyon, Guyot, 1839, in-12].

THIVIN [Joseph]. — Tournus, poëme. Lyon, impr. de Boitel, 1846, in-8 de 20 pag.

*THOBERT, prêtre. — Pastorale ou Dialogues entre les anges et les bergers, pour être chantés à la crèche pendant les temps de Noël. Toulon, impr. de Monge, 1849, in-12 de 24 pag.

THOINNET [Mercier]. Voy. MERCIER-THOINNET.

THOIRES [E.-F. Reboulleau de]. V. REBOULLEAU DE THOIRES.

THOLOMET [J.-H.]. [Voy. la *France littér.*, t. IX, p. 439.]
1. — Le Secrétaire universel du commerce, ou le véritable Correspondant, contenant, etc. IIe édition. Lyon, Pélagaud, 1839, in-8 avec 2 tableaux.
2. — Introduction à la grammaire française. La Croix-Rousse, impr. de Lepagnez, 1847, in-12 de 96 pag.

THOLOSÉ, général de division, ancien gouverneur de l'École polytechnique; mort à Paris le 14 mai 1853. — Relation des événements survenus à l'École polytechnique les 12, 13 et 14 mai 1839. Paris, impr. de Rignoux, 1839, in-8 de 24 pag.

THOLUCK [le docteur A.], écrivain allemand. [Voy. la *France littér.*, t. IX, p. 439.]
1. — Heures de recueillement chrétien; traduites de l'allemand par *A. Sardinoux*. Paris, Delay, 1844-47, 2 vol. in-18 [3 fr. 75 c.].
2. — Guido et Julius, ou Lettres de deux amis sur le péché et le Rédempteur ; traduit de l'allemand sur la Ve édition. IIe édit. française. Paris, Delay, in-8 [3 fr. 25 c.].
3. — Essai sur la crédibilité de l'histoire évangélique, en réponse au docteur Strauss; traduction abrégée et annotée par l'abbé *H. de Valroger*. Paris, Lecoffre, 1847, in-8 [7 fr.].

THOMAS [le P.] de Jésus, carme portugais; né à Lisbonne en 1529, mort au Maroc en 1581. [Voy. la *France littér.*, t. IX, p. 439.]
1. — Praxis vivæ fidei ex qua justus vivit. Bruges, Van Praet; Paris, Despilly, 1766, in-12.
2. — Souffrances de N.-S. J.-C. Ouvrage écrit en portugais par le P. Thomas de Jésus, traduit en français par le P. *Alleaume*. Lyon et Paris, Périsse, 1844, 2 vol. in-12. — Autre édit. Clermont-Ferrand, Thibaud-Landriot, 1848, 2 vol. in-12.

THOMAS [Ant.-Léonard], membre de l'Académie française; né à Clermont en Auvergne en 1732, mort en 1785. [Voy. la *France littér.*, t. IX, p. 440.]
— Épître au peuple. Paris. impr. de

Vrayet de Surcy, 1848, in-8 de 8 pag.

Avec un avis de l'éditeur à ses concitoyens, signé L. d'HERVILLY, compositeur et correcteur typographe.

THOMAS [P.-P.-U.], ancien commissaire de marine, ordonnateur de l'île Bourbon. [Voy. la *France littér.*, t. IX, p. 444.] — Les Prisonniers de guerre, ou la Flotte en jupons. Le Havre, impr. de Lenormand de l'Osier, 1845, in-8 de 8 pag.

THOMAS [Eugène], archiviste du département de l'Hérault, membre de la Société archéologique de Montpellier. [Voy. la *France littér.*, t. IX, p. 445.]

1. — Jean Cavalier, ou les Camisards et les cadets de la croix. 1831, 3 vol. in-12 en 6 parties.

Sous le pseudonyme Hernand ROSWALDE.

2. — Géographie ancienne du département de l'Hérault, îles et presqu'îles. Montpellier, 1840, in-4.

3. — Annuaire administratif, historique, statistique et commercial du département de l'Hérault, pour l'an 1842. Montpellier, Castel, 1842, in-18 [2 fr.].

On doit encore à M. Eugène Thomas : *Parisina*, imitée de lord Byron, et autres poëmes [1829, in-8]; — Nouveau Dictionnaire des rimes entièrement refondu [1831, in-16]; — Recueil des actes administratifs du département de l'Hérault, annoté, de 1815 à 1830 [1838, in-8]; — Mémoire sur l'ancienne *Mesua* de Pomponius Mela [1835, in-4; — publications de la Société archéologique de Montpellier]; — la Partie du *Petit Thalamus* de Montpellier concernant le calendrier, etc. [1840, in-4, *id.*]; — Vocabulaire de mots romans languedociens dérivant directement du grec, précédé d'observations historiques et grammaticales [1843, in-4, *id.*]; — Comput ecclésiastique en vers romans du XIIIᵉ siècle [1847, in-4, *id.*]; — Essai sur la géographie astronomique de Ptolémée [1848, in-4, *id.*]; — Dissertation historique sur la mer Érythrée ou mer Rouge [1847, in-4; — Acad. des Sciences et Belles-Lettres de Montpellier].

On doit aussi à M. Eug. Thomas : *Notice sur les habitants du département de l'Hérault avant la domination romaine* [Annuaire de 1831].

M. Eug. Thomas a coopéré à la « Statistique de l'Hérault » [1824, in-4]; à l'édition du « Voltaire-Beuchot »; au « Guide pittoresque du voyageur en France. » Il a donné des articles littéraires dans plusieurs recueils ou journaux, etc., etc.

THOMAS [Frédéric], publiciste, romancier et auteur dramatique. [Voy. la *France littér.*, t. IX, p. 445.] — Un Coquin d'oncle. Paris, impr. de Boulé, 1843, 2 vol. in-8 [15 fr.].

On doit aussi à M. Frédéric Thomas, en collaboration avec MM. BOURDEREAU et ALBOIZE : « Un Secret de famille »; — avec MM. BOURDEREAU et Michel MASSON : « le Maître Maçon et le Banquier »; — avec M. J.-B.-P. LAFITTE : « Un Conte bleu »; — avec M. S. de LURIEU : « la Chaîne électrique »; — avec M. Michel MASSON : « la jeune Régente »; un Mariage pour l'autre monde; le Télégraphe d'amour; la Fée du bord de l'eau »; avec MM. MASSON et F. de VILLENEUVE : « Jean-Baptiste, ou un Cœur d'or.

M. Frédéric Thomas a donné dans la « Bibliothèque des feuilletons » : *l'Ambassade aux oiseaux* [t. III]; — *la Chanson des trois capitaines* [t. VII].

Il a fait paraître des poésies pour le concours de l'Académie des Jeux floraux; il a travaillé à la « Revue du midi, » à « la France méridionale, » à la « Bibliothèque de la conversation, » véritable encyclopédie portative des connaissances humaines ; » à « la Presse, » etc.

Il a fondé « le Fashionable, » journal publié à Castres.

THOMAS [Pierre-Frédéric], de Royan (Charente-Inférieure), docteur en médecine de la Faculté de Paris. — Traité pratique de la fièvre jaune observée à la Nouvelle-Orléans. Paris, Baillière, 1849, in-8 [4 fr.].

THOMAS [A.], directeur de l'entrepôt des Marais.

1. — Mémoire sur les réserves de grains, considérées comme moyen : 1º d'assurer dans les années de disette la subsistance du peuple; 2º de remédier, dans les années d'abondance, à la détresse de l'agriculture. Paris, impr. de Malteste, 1841, in-8 de 72 pag. avec un tableau et 1 pl.

2. — Appendice au Mémoire sur les réserves générales des grains, et examen de la question sous le rapport spécial des approvisionnements de Paris, centre politique de la France et ville fortifiée. Paris, impr. de Malteste, 1842, in-8 de 12 pag.

Citons encore : Mémoire sur le déplacement de la douane de Paris [1839, in-4]; — A Messieurs les membres du conseil général d'agriculture [1842, in-4]; — Entrepôt réel des douanes de Paris [1843, in-8. — Prospectus et règlement de la compagnie de l'Entrepôt des Marais, signé A. Thomas, L. Jonnart et compagnie].

THOMAS [Auguste]. — Déceptions, roman de mœurs. Paris, Desrez, 1840, 2 vol. in-8 [15 fr.].

THOMAS, à Honfleur. — Histoire de la ville d'Honfleur. Honfleur, Dupray, 1840, in-8 avec 2 cartes et une lith. [8 fr.]. — *Paris, Dumoulin*.

THOMAS [Jean-Basile], ancien exploitant de bois. — Traité général de statistique, culture et exploitation des bois. Paris, Bouchard-Huzard, 1840, 2 vol. in-8 [15 fr.].

On doit aussi à M J.-B. Thomas : Banque de France. Émissions des billets de 50, 100 et 250 fr.; vente de ses rentes, dès que le moment sera jugé opportun ; conversion, au besoin, de ses fonds de réserve et de son trop-plein en numéraire, par des acquisitions de forêts et de maisons, comme le font aujourd'hui les caisses d'assurances [1847, in-8]. — Demande d'une école provisoire d'arboriculture et de sylviculture, à M. le comte Rambuteau, pair de France, préfet de la Seine, pour le boisement et l'ornement des canaux de l'Ourcq et de Saint-Denis [1847, in-8].

M. Thomas a dirigé la publication de « le Moniteur des eaux et forêts, journal des propriétaires, économistes, agents forestiers, marchands de bois, » etc., qui a commencé à paraître au mois de janvier 1842.

THOMAS [l'abbé Alex.].

1. — Nouveau Paroissien, contenant, etc.; précédé des prières du matin et du soir, etc. Versailles, Dufaure, 1842, in-32.

Une partie est en français, une en français-latin.

2. — De Pascali : an vere scepticus fuerit? dissertatio academica. Paris, impr. de Crapelet, 1844, in-8 de 64 pag.

THOMAS [Jules]. — Procès de la *Bible de la liberté*, recueilli à l'audience. Paris, Pilout, 1841, in-8 de 24 pag.

La « Bible de la liberté » est de M. CONSTANT [Alphonse-Louis]. Voyez « le Droit » du 13 mai, audience du 11.

THOMAS [C.-A.]. — Choix d'anecdotes instructives et des plus intéressantes. Belleville, impr. de Galban, 1841, 1842, in-18 [25 c.].

THOMAS [Prosper].

1. — Souvenirs de Russie. Épinal, Gley, 1844, in-8 de 108 pag.
2. — Catéchisme de l'homme libre. Paris, Hingray, 1848, in-8 de 16 pag.

THOMAS [Alexandre Gérard], né à Paris le 21 février 1818.

1. — Une Province sous Louis XIV. Situation politique et administrative de la Bourgogne, de 1661 à 1715, d'après les manuscrits et documents inédits du temps. Thèse présentée à la faculté des lettres de Paris. Dijon, Emery ; Paris, Roret, 1844, in-8 [7 fr. 50 c.].

2. — Note à consulter sur l'état présent de l'Université. Paris, impr. de Wittersheim, 1848, in-8 de 36 pag.

THOMAS [Edme], official, grand chantre et chanoine de la cathédrale d'Autun; mort en 1660. — Histoire de l'antique cité d'Autun, illustrée et annotée (publiée par M. l'abbé *Devoucoux*). Autun, Dejussieu ; Paris, Dumoulin, Derache, Techener, 1846, in-4 avec 1 pl. [15 fr.]

THOMAS [Clément], publiciste, colonel de la 2e légion de la garde nationale de Paris, puis général en chef, après l'attentat du 15 mai 1848; né à Libourne en 1812. — De l'Équitation militaire. De l'ancienne et de la nouvelle école. Paris, impr. de Schneider, 1846, in-8 de 48 pag.

Extrait du « National, » nos de décembre 1845.
M. Clément Thomas a travaillé au « National, » où il traitait spécialement les questions relatives à l'armée.

THOMAS [Émile], directeur des ateliers nationaux en 1848. — Histoire des ateliers nationaux, considérés sous le double point de vue statistique et social; des causes de leur formation et de leur existence, et de l'influence qu'ils ont exercée sur les événements des quatre premiers mois de la république, suivie de pièces justificatives. Paris, Michel Lévy frères, 1848, in-18 anglais [2 fr.].

THOMASSIN [le capitaine]. [Voy. la *France littér.*, t. IX, p. 448.]

1. — Avec le baron *d'Asda de l'Aubepin* : de la Nécessité de remplacer les chemins de fer par un système analogue moins coûteux. Paris, impr. de Lange-Lévy, 1838, in-8 de 12 pag.

2. — Locomotion économique et à grande vitesse par la vapeur, sur le plan de traction en pierres artificielles, éludant toutes les difficultés de pentes et de tournants ; ce qui leur donne dix supériorités sur les chemins de fer. Paris, impr. de Belin-le-Prieur, 1842, in-8 de 56 pag. avec 1 pl.

THOMASSIN [J.-René]. [Voy. la *France littér.*, t. IX, p. 448.] — Souvenir de Frohsdorf. Paris, Jeanne, 1849, in-16.

THOMASSIN [L.-B.]. — Éléments de

mythologie. Paris, Philippart, 1849, in-16 [20 c.].

« Bibliothèque pour tout le monde. » Directeur, Ad. RION.

THOMASSON [J.-M.-N.-L.].

1. — La Lecture en douze leçons. Châlons-sur-Saône, impr. de Montalan, 1838, in-12.

2. — Traité élémentaire d'arithmétique décimale. Lyon, Giberton et Brun; Châlons-sur-Saône, Boyer, 1841, 1843, 1848, in-18.

THOMASSY [Marie-Joseph-Raymond], archiviste paléographe; né à Montpellier le 10 mai 1810. [Voy. la *France littér.*, t IX, p. 449.]

1. — Jean Gerson, chancelier de Notre-Dame et de l'Université de Paris. Paris, Debécourt, 1844, in-12 [3 fr. 50 c.].

Cette notice fait partie de la collection intitulée : « Les gloires de la France, » dans laquelle elle porte le titre de : *Vie du chancelier Gerson.*

2. — Le Maroc et ses caravanes, ou Relations de la France avec cet empire. Paris, F. Didot, 1845, in-8 [6 fr. 50 c.].

La Irᵉ édition a paru sous ce titre: *des Relations politiques et commerciales de la France avec le Maroc* [Paris, A. Bertrand, 1842, in-8]; elle était extraite des « Nouvelles Annales des voyages. »

3. — De la Politique maritime de la France sous Louis XIV, et de la demande que Muley-Ismaël, empereur de Maroc, adressa à ce monarque pour obtenir en mariage la princesse de Conti. Paris, Delaunay, 1841, in-8.

Citons encore : de la Colonisation militaire de l'Algérie [1840, in-8]; — la Question d'Orient sous Louis XIV [1841, in-8, — extrait de la « Revue maritime », 1846, in-18]; — Du Monopole des sels par la féodalité financière [1846, in-8]; — Découverte et restitution de l'autel de Saint-Guillaume à Saint-Guilhem du Désert [Mém. de la Soc. des Antiq. de France, nouv. série, t. V, p. 222]; — l'*Ancienne Abbaye de Saint-Guilhem du Desert* [ibid. p. 307]; — *Critique de deux chartes de fondation de l'abbaye de Saint-Guilhem du Désert* [Bibl. de l'École des chartes, t. II, p. 177]; — de l'Unité et de l'universalité moderne de la langue française [gr. in-8 de 16 pag. — Extrait d'un ouvrage qui sera publié sous le titre indiqué, avec une introduction sur l'étendue géographique de la langue française au moyen âge].

M M.-J.-R. Thomassy a travaillé à la « Revue contemporaine »; à la « Revue maritime »; à « l'Encyclopédie catholique »; au « Correspondant, » où il a donné, entre autres : *Vision de Gerson contre le roman de la Rose* [t. III]; etc.

THOMASSY [Édouard].

1. — Avec M. *Dominique Leprince :* le Jardin des plantes de Montpellier, poëme (1839, in-8). Voy. LEPRINCE.

2. — Fillion, ou l'Héroïne de la Régence; drame en cinq actes et sept tableaux. Montpellier, impr. de Gelly; Paris, Marchant, 1840, in-4 de 12 pag.

3. — Loret de Montpellier, ou la Championne des dames; comédie en deux actes. Montpellier, impr. de Martel; Paris, Marchant, 1841, in-8 de 20 pag.

4. — Un Ange et un Diable; comédie-vaudeville en un acte. Montpellier, impr. de Gelly; Paris, Marchant, 1842, in-8 de 16 pag. [50 c.]

5. — Léandre et Ziméo, ou les Phases de la vie, poëme. Montpellier, impr. de Boehm; Paris, Dentu, 1842, in-8 de 12 pag.

6. — Fillion de Paris, ou la France sauvée; drame en cinq actes et en vers. Paris, Terry, 1846, in-8 de 32 pag. [70 c.]

THOMMEREL [J.-P.]. [Voy. la *France littér.*, t. IX, p. 450.]

1. — Recherches sur la fusion du franco-normand et de l'anglo-saxon. Paris, impr. de Beaulé, 1841, in-8 de 120 pag.

Ouvrage couronné par l'Institut de France.

2. — Réflexions sur l'enseignement des langues vivantes dans l'Université, et surtout dans les colléges de Paris et à l'École normale. Paris, impr. de Beaulé, 1841, in-8 de 4 pag.

M. J.-P. Thommerel est l'auteur des notes françaises explicatives jointes à « British poets, or select specimens of poetry from Spenser and Shakspeare, W. Scott, Southey, Campbell, Th. Moore, Byron, etc. »[Paris, Pourchet, 1842, in-12.]

THOMPSON [Jacques]. Voy. THOMSON.

THOMPSON [Robert-Dundas], docteur en médecine, professeur de chimie à l'université de Glasgow. — Recherches expérimentales sur l'alimentation des bestiaux, et spécialement des vaches laitières, entreprises par ordre du gouvernement anglais; traduites de l'anglais. Bordeaux, Chaumas; Paris, Mᵐᵉ Bouchard-Huzard, 1847, in-8 de 72 pag. [2 fr.]

THOMSON ou **THOMPSON** [Jacques], poëte anglais, né à Eduam près de Kelso, en Écosse, en 1700, mort en 1748. [Voy. la *France littér.*, t. IX, p. 450.] — The Seasons, a poem. Paris, Baudry, 1847, in-32 [2 fr. 25 c.].

THOMSON. — Les Tracasseries des hommes studieux, ou la Physiologie comparée des médecins du dix-neuvième siècle, étant une application rigoureuse de la grande loi récemment découverte, le soi pour soi. Paris, impr. lith. de Fourquemin, 1838, in-4 de 40 pag.

THONNELIER [J.].
1. — Sur les Origines sémitiques et indo-tartares de la nation et de la langue celtiques ou des anciens Gaulois. Paris, impr. de Mme Dondey - Dupré, 1840, in-4 de 40 pag.
2. — Kitabi kulsum naneh, ou le Livre des dames de la Perse, contenant les règles de leurs mœurs, usages et superstitions d'intérieur. Ouvrage traduit pour la première fois en français, précédé d'une introduction. Paris, impr. de Mme Dondey-Dupré, 1845, in-12.

THORE [A.-M.], docteur en médecine, interne des hôpitaux, lauréat de la faculté de médecine de Paris.
1. — Avec M. *H. Aubanel* : Recherches statistiques sur l'aliénation mentale, faites à l'hospice de Bicêtre. Paris, Just Rouvier, 1841, in-8 [4 fr. 50 c.].
2. — Avec M. *Manoury* : Résumé statistique de la clinique chirurgicale de l'Hôtel-Dieu (1843, in-8). Voy. MANOURY.
3. — De la Résection du coude, et du nouveau procédé pour la pratiquer. Paris, Labé, 1843, in-4 [3 fr. 50 c.].
4. — Études sur les maladies incidentes des aliénés. Paris, Victor Masson, 1847, in-8.

THORÉ [Théophile]. [Voy. la *France littér.*, t. IX, p. 452.]
1. — La Vérité sur le parti démocratique. IIe édition. Paris, Desessart, Masgana, Rouanet, Mme veuve Barbe, 1840, in-8 de 48 pag. [75 c.]

La Ire édition a paru dans la même année. — Cet écrit a été déféré aux tribunaux, et l'auteur condamné, le 8 décembre 1840, à deux ans de prison et 1,000 fr. d'amende.
Voyez : Procès de M. Thoré, auteur de la brochure intitulée : *la Vérité sur le parti démocratique* [1841, in-8].

2. — Catalogue de dessins de grands maîtres italiens, espagnols, allemands, flamands, hollandais et français, provenant du cabinet de M. Villenave, rédigé par T. Thoré. Batignolles, impr. d'Hennuyer, 1842, in-8 de 96 pag.

Alliance des arts.
On doit encore à M. T. Thoré : le Salon de 1844, précédé d'une lettre à Théodore Rousseau [1844, in-18 avec 1 grav.]; — le Salon de 1845, précédé d'une lettre à Béranger [1845, in-12]; — le Salon de 1846, précédé d'une lettre à George Sand [1846, in-12]; — le Salon de 1847, précédé d'une lettre à Firmin Barrion [1847, in-18]; — la Recherche de la liberté [1845, in-12]; — avec MM. DELANDE et Paul LACROIX : Catalogue des estampes anciennes formant la collection de Delbecq, de Gand [1845, in-8].
Il a dirigé la publication de « l'Art moderne, revue critique des arts et des lettres. »
M. T. *Thoré* a donné des articles de politique à la « Revue républicaine » de DUPONT ; — au « Journal du peuple » de DUPOTI et CAVAIGNAC ; — au « Dictionnaire politique » de GARNIER-PAGÈS ; — à l'« Encyclopédie populaire »; — à la « Revue sociale »; — à la « Revue du progrès »; — à la « Revue indépendante»; — à la « Réforme », etc., et des articles d'art au « Constitutionnel » et à plusieurs autres journaux. — Il a fait le prospectus d'un journal *la Démocratie*, pour lequel il a été condamné à un an de prison, sous le règne de Louis-Philippe. — Il a publié, pendant les premiers mois de la république, un journal intitulé *la Vraie République* [1848, in-folio], puis, en 1849, *Journal de la vraie République* [in-fol.]. Il a travaillé au journal « le Peuple, » au « Dictionnaire de la conversation, supplément, » au « Bulletin de l'alliance des arts, » etc.

THOREL [J.-B.-A.].
1. — Arpentage et géodésie pratiques. Beauvais, impr. de Desjardins, 1843, in-4, avec 12 pl.
2. — Le Comparateur de l'Oise, ou Tables générales de conversion de toutes les mesures anciennes du département de l'Oise en nouvelles, et réciproquement. Beauvais, impr. de Desjardins, 1843, in-4.

THOREL DE SAINT-MARTIN [Auguste], avocat à la cour d'appel de Paris. [Voy. la *France littér.*, t. IX, p. 453.] — Au général Cavaignac, sur la guerre d'Italie. Paris, impr. de Vinchon, 1848, in-8 de 8 pag.

THORNTON [T.-W.].
M. T.-W. Thornton a traduit de l'anglais et abrégé : « le Livre du nouveau monde moral, contenant le système social rationnel basé sur les lois de la nature humaine, » par Robert OWEN [Paris, Paulin, 1846, in-12 de 72 pag.].

THORY DE MORCY. — *L'Hermite de la Sarthe* ou mes Boutades. Le Mans, Fleuriot, 1818, 2 n^{os} in-8, plus un

supplément au 1er, ensemble de 48 pag.
Anonyme.

THOUARD, armateur. — Naufrage de la Jeune-Apollonie. Paris, impr. de Ad. Leclère, 1841, in-4 de 24 pag.

A S. Exc. le ministre de la marine et des colonies.

THOUESNY [Pierre], dit *Tranquille*. [Voy. la *France littér.*, t. IX, p. 457.]

1.—Poésies sacrées, ou Beauté, force, pureté et philosophie du christianisme. Rouen, impr. de Péron, 1843, in-8 de 32 pag. [1 fr. 50 c.]

2. — Esprit de la république chrétienne. Rouen, impr. de Péron, 1848, in-8 de 32 pag.

En vers.

THOUIN [André], botaniste, membre de l'Académie des Sciences, professeur de culture au Muséum d'histoire naturelle; né en février 1747, mort le 27 octobre 1824. [Voy. la *France littér.*, t. IX, p. 457.] — Voyage dans la Belgique, la Hollande et l'Italie, rédigé, sur le journal autographe de ce savant professeur, par le baron *Trouvé*. Batignolles-Monceaux, impr. de Desrez, 1841, 2 vol. in-8 [15 fr.].

Le voyage d'André Thouin eut lieu de 1795 à 1797. M. Trouvé, en revoyant sur ce sujet les papiers de son ami, en a retranché les détails auxquels l'intervalle de quarante-cinq années devait avoir enlevé une partie de leur intérêt, et en a coordonné toutes les notions qui pouvaient encore être utiles aux agriculteurs.
Ce que Thouin a eu principalement en vue dans ce *Voyage*, c'est de faire connaître l'économie rurale et domestique des pays qu'il a visités; c'est de donner une idée des mœurs locales, toutes les fois que l'occasion s'en présentait. La botanique tient une grande place dans ses recherches.

THOUIN [Oscar LECLERC-], neveu d'André Thouin. Voyez LECLERC-THOUIN.

THOUREL [Albin], de Montpellier. [Voy. la *France littér.*, t. IX, p. 460.] — Histoire de Genève, depuis son origine jusqu'à nos jours. Genève, Collin et comp., 1832, 3 vol. in-8 [22 fr. 50 c.].

THOURET [Antony], publiciste, membre de l'Assemblée nationale après la révolution de 1848; né à Tarragone, de parents français, en juillet 1807. [Voy. la *Biographie des hommes du jour*, t. Ier, 1re partie, et la *France littér.*, t. IX, p. 464.]

1. — Le Roi des Frenelles. Paris, Ch. Gosselin, 1841, 2 vol. in-8 [15 fr.].

2. — L'Antiquaire; comédie en quatre actes, en vers. Paris, Souverain, 1847, in-8 [1 fr. 50 c.].

3. — Assemblée nationale, session de 1848. Discours prononcé dans la discussion du projet de constitution. Présidence de la république. Paris, impr. de Duverger, 1848; in-8 de 4 pag.

Extrait du « Moniteur universel » du 4 novembre 1848.

M. A. Thouret a été l'un des fondateurs de « la Révolution de 1830, » devenue plus tard « la Tribune, » et le rédacteur en chef du « Journal de la Société des amis du peuple. »

THOURIN [J.-Jules], ex-officier polonais de l'armée de 1830. — Tableau des nouveaux poids et mesures comparés avec les anciens. Clermont-Ferrand, impr. de Perol, 1840, in-plano.

Réimprimé dans la même année.

THOUVENEL [Pierre-Sébastien-Barthélemy], médecin, ancien député de la Meurthe; né à Médouville (Vosges) en 1782, mort le 2 octobre 1837. [Voy. les articles THOUVENEL et THOUVENEL DE MÉDOUVILLE, dans la *France litt.*, t. IX, p. 466.] — Éléments d'hygiène, par M. Thouvenel, publiés par le docteur *Ménestrel*, son parent. Paris, Germer Baillière, 1840, 2 vol. in-8 [10 fr.].

THOUVENEL [J.-M.], ingénieur-géographe. — De l'Instruction publique. Batignolles, impr. d'Hennuyer, 1843, in-4 de 4 pag.

THOUVENEL [Édouard]. — La Hongrie et la Valachie. (Souvenirs de voyages et Notices historiques.) Paris, Arthus Bertrand, 1840, in-8 avec 1 carte [7 fr.].

Publié d'abord dans la « Revue des Deux-Mondes » : *la Hongrie* [t. XVII]; *la Valachie*, [t. XVIII], etc., cet écrit contient la relation d'un voyage exécuté en 1841 de Vienne à Constantinople, par le Danube et la mer Noire.

THOUVENIN [le docteur], de Lille. — Conseils aux gens du monde pour se garantir du choléra, et indication du meilleur mode de traitement à opposer à cette maladie. Lille, Blocquel-Castiaux, 1849, in-12 de 24 pag. [50 c.]

THOYER [Jules], secrétaire du conseil général de la Banque de France; né le 1er mars 1810.

1. — Les Calculs d'intérêts réduits à l'addition. Paris, Bachelier, Renard,

1841, in-8 de 48 pag. avec 2 tableaux [1 fr. 50 c.].

Méthode approuvée par l'Académie des Sciences, sur le rapport de M. Cauchy, et adoptée par la Banque de France.

2. — Tables d'intérêts à quatre pour cent l'an. Paris, Bachelier, Renard, 1842, in-8 oblong [3 fr.].

THSENG-TSEU. Voy. PAUTHIER.

THUCYDIDE, historien grec; né à Athènes vers 471 av. J.-C., mort en 395. [Voy. une *Étude*, par M. LERMINIER, dans la *Revue des Deux-Mondes* du 1er mars 1834, et la *France littér.*, t. IX, p. 466.]

— Histoire de Thucydide, traduite du grec par *Levesque*. Paris, Lefèvre, Charpentier, 1840, 1841, in-18 angl. [3 fr. 50 c.]

— Historia belli Peloponnesiaci, cum nova translatione latina *F. Haasii*. Paris, F. Didot, 1841, gr. in-8 [15 fr.].

Le texte de Bekker a été amélioré et la traduction latine a été presque entièrement refaite par l'éditeur.

Quant aux éditions *ad usum scholarum*, nous indiquerons seulement les titres des ouvrages : *Discours choisis; Oraison funèbre des guerriers morts pendant la guerre du Péloponèse, prononcée par Périclès; Discours et harangues;* les noms des annotateurs : MM. LEBAS, LONGUEVILLE, PILLON, SOMMER, VENDEL-HEYL, et ceux des éditeurs : Delalain, Hachette, Maire-Nyon, etc.

THUILLIER, publiciste.—Almanach du père Duchêne, pour 1849. Paris, impr. de Pommeret, 1848, in-8 de 32 pag.

M. Thuillier a été gérant de : « le Père Duchêne, gazette de la révolution, an 1er de la nouvelle république, » journal fondé après février 1848. Les journaux ont annoncé qu'il avait péri dans les rangs des insurgés de juin 1848 ; M. Thuillier a réclamé.

THUMELOUP, architecte, professeur à l'École centrale, ancien second grand prix et prix d'honneur.—Leçons élémentaires d'architecture, ou aperçu sur les proportions des ordres, des portes, des fenêtres et des arcades, d'après les édifices antiques et modernes d'Athènes, de Rome, de Florence, de Paris, et les ouvrages d'architecture de Vitruve, Palladio, Vignole, Scamozzi, Serlio, Bullant, Philibert Delorme, Chambray, Stuart et Revett, Percier et Fontaine, Quatremère de Quincy, Donaldson, Letarouilly, etc. Paris, Carilian-Gœury, 1842, in-8 et atlas in-4 [8 fr.].

THUNOT [Eugène]. [Voy. la *France littér.*, t. IX, p. 469.]—Avec M. *C.-E. Clifton*: Nouveau Dictionnaire anglais-français, abrégé de *Boyer*. XXXVIe édit. Paris, Baudry, 1849, 2 tomes en 1 vol. in-8 [7 fr. 50 c.].

THURBET [Victor], artiste du théâtre d'Amiens.—Paris à Amiens, ou Union et fraternité, à-propos patriotique, dédié aux gardes nationaux réunis. Amiens, impr. d'Yvert, 1848, in-12 de 24 pag. [25 c.]

THUREAU [Ed.], avocat. — Cour royale de Paris. Audience solennelle. Renvoi de cassation. Plaidoyer de Me Ed. Thureau pour le sieur Furcy, Indien. De l'esclavage et de la traite des Indiens. De la maxime : Tout esclave qui touche la France est libre, etc. Paris, impr. de J. Delalain, 1844, in-8 de 48 pag.

THURET [Robert-Étienne], membre de l'Académie des Sciences, Arts et Belles-Lettres de Caen et de celle du Havre. [Voy. la *France littér.*, t. IX, p. 469.]

1. — La Vallée d'Auge. A son excellence M. Guizot, ministre des affaires étrangères. Le Havre, imprimerie de Mme veuve Marie, 1842, in-8 de 16 pag.

En vers.

2. — Stances élégiaques à S. A. R. madame la duchesse d'Orléans sur la mort du prince royal. Rouen, impr. de Lefèvre, 1843, in-8 de 8 pag.

M. R.-E. Thuret a donné des pièces de vers dans les « Mémoires de l'Académie des Sciences, Arts et Belles-Lettres de Caen » (1836-40), et divers travaux dans le recueil de la Société d'Émulation de Rouen. Il a, en outre, travaillé à plusieurs feuilles littéraires.

THUROT [François], philologue et philosophe, professeur au Collège de France, membre de l'Académie des Inscriptions et Belles-Lettres ; né à Issoudun le 24 mars 1768, mort du choléra à Paris le 16 juillet 1832. [Voy. les discours prononcés à ses funérailles par MM. SILVESTRE DE SACY et HASE, et la *France littér.*, t. IX, p. 409.]

On a publié, après la mort de M. Thurot, les traductions et éditions suivantes dont il est l'auteur : « Gorgias, dialogue » (1839, in-8]; — « Apologie de Socrate » (1845, in-12); — « Phédon, dialogues sur l'immortalité de l'âme, » par PLATON (1846, in-12); — « Discours philosophiques » d'ÉPICTÈTE (1839, in-8]; — *Essai sur l'entendement humain*, revu, corrigé et accompagné de notes, faisant partie des « OEuvres » de LOCKE et LEIBNIZ, etc. (1840, gr. in-8).

THUROT [J.]. — La Vie, la mort et la résurrection du père Duchêne. Notice historique. Paris, imprim. de Boulé, 1848, in-fol. de 2 pag.

Notice sur Jacques-René HÉBERT, auteur de l'ancien *Père Duchêne*, avec quelques détails sur la publication nouvelle, intitulée : « le Père Duchêne » (1848, in-fol.).

THURY [Héricart de]. Voy. HÉRICART DE THURY.

THY [Mme A.-G. de]. — Petit Traité d'arithmétique, composé d'après les meilleurs auteurs, et accompagné d'un nouveau système de numération. Paris, Hachette, 1844, in-12 de 108 pag.

TIBBINS [J.], professeur de langue anglaise. [Voy. la *France littér.*, t. IX, p. 471.]

1. — Avec M. *Fleming* : Grand Dictionnaire anglais-français et français-anglais (1839-40, 2 vol. gr. in-4 à 3 col.). Voy. FLEMING.
2. — The learner's first book, ou Premier Livre d'anglais, en 46 leçons et en deux parties. Paris, Baudry, Stassin et Xavier, 1842, 1844, 1849, in-18 [2 fr. 25 c.].
3. — Dictionnaire français-anglais et anglais-français, contenant, etc. Édition diamant. Paris, Baudry, 1841, 1844, 1845, 1847, in-32 [3 fr.].

MM. Tibbins et NIMMO ont revu plusieurs éditions du « Nouveau Dictionnaire de poche français-anglais et anglais-français, » par TH. NUGENT.
M. Tibbins a augmenté et enrichi de notes, avec MM. POPPLETON et BONIFACE, les « Éléments de la grammaire anglaise, » par SIRET.

TIBERGHIEN [Guillaume].

1. — Exposition du système philosophique de Krause, extrait de l'Essai théorique et historique sur la génération des connaissances humaines, etc. Bruxelles, Th. Lesigne; Paris, Brockhaus et Avenarius, 1844, in-8 de 130 pag.
2. — Essai théorique et historique sur la génération des connaissances humaines dans ses rapports avec la morale, la politique et la religion ; développement du Mémoire couronné par le jury du concours universitaire institué par le gouvernement. Bruxelles, Th. Lesigne; Paris, Brockhaus et Avenarius, 1844, 2 vol. in-4 [15 fr.].

La pagination des deux volumes se suit.
La première partie comprend l'introduction générale, la théorie des connaissances et l'histoire de la philosophie jusqu'à Descartes ; la seconde partie contient l'histoire de la philosophie depuis Descartes jusqu'à nos jours.

TIBULLE [Albius Tibullus], poëte élégiaque latin; né en 681 de Rome, mort en 735. [Voy. la *France littér.*, t. IX, p. 472.] — OEuvres complètes (avec celles d'*Horace*, de *Juvénal*, etc.), traduites par M. *Théophile Baudement*. Paris, Dubochet, 1839, gr. in-8 [15 fr.].

Collection des auteurs latins, avec la traduction en français, publiée sous la direction de M. Nisard.
Les *Élégies*, traduites par M. VALATOUR, ont paru dans la « Bibliothèque latine-française, » publiée par Panckoucke [1836, in-8].
Il a paru, dans le tome III des « OEuvres posthumes d'A.-E. Gaultnier » [Paris, Delaunoy, 1830, in-18], une traduction des *Poésies* de Tibulle, avec le texte en regard.

TIECK [Ludwig], poëte et romancier allemand, mort à Berlin en 1853. [Voy. la *France littér.*, t. IX, p. 473.] — Sammtliche werke. Paris, Baudry, 1840-41, 2 vol. in-8 à 2 col. avec portrait [25 fr.].

TIERSOT. — Observations sur l'emploi de l'oxyde de fer contre l'empoisonnement par l'acide arsénieux. Paris, 1840, in-8 [1 fr. 25 c.].

TIEYS [J.-L.]. [Voy. la *France littér.*, t. IX, p. 474.] — Fastes de la France; 2e partie et poëmes divers. Montauban, Rethoré, 1846, in-8.

La couverture porte 3e édition.

TIGNOL, dit VERDIER [Antoine], tailleur à Foix. — La Fuxeenne, couplets patriotiques dédiés à la garde nationale de Foix et aux nouvelles autorités ; chantée au théâtre de Foix, le 9 mars 1848. Foix, impr. de Pomiès, 1848, in-4 de 2 pag.

Six couplets.

TILLARD [Léon]. — Février révolutionnaire et la situation actuelle. Bayeux, impr. de Verel, 1849, in-8 de 72 pag.

TILLET [Auguste], docteur en médecine. Voy. MAURY [J.-C.-F.].

TILLIER [P.]. [Voy. la *France littér.*, t. IX, p. 475.]

1. — Petit Manuel pratique d'agri-

culture. IIe édition. Luçon, Ferru, 1839, in-12 de 90 pag.

La première édition est de 1838.

2. — Almanach du département de la Vendée pour l'année 1841, contenant, etc. Luçon, Ferru, 1841, in-12 [15 c.].

TILLIER [Claude, et non Constant]; né à Clamecy le 21 germinal an IX (11 avril 1801), mort le 12 octobre 1844. [Voy. Notice sur Claude Tillier, au profit de ses enfans. Clamecy, Cégrétain, 1845, in-12.]

A la fin de la Notice on annonce que M. F. PYAT s'occupe d'un article sur C. Tillier.

1. — Mon Oncle Benjamin. Tours, impr. de Pornin; Paris, Coquebert, 1843, in-8 [7 fr. 50 c.].

2. — OEuvres. Nevers, Sionest, 1846, 4 vol. in-16.

Tome Ier, *Mon oncle Benjamin.* — Tome II, *Belle plante* et *Cornélius.* — Tome III et IV, *Pamphlets.*

Citons encore : Lettres au système électoral sur la réforme [1841, in-12]; — De choses et d'autres. Vingt-quatre pamphlets [1834, in-12. — En prose]; — Madame Déal, pamphlet [1844, in-12]; — Comme quoi j'aurais voulu me vendre à M. Dupin [1844, in-12]; — Dotation du duc de Nemours, pamphlet [1844, in-12]; — les Banqueroutes, pamphlet [1844, in-12]; — M. de Ratisbonne, ou un Commis voyageur de la sainte Vierge, pamphlet [1845, in-12]; — Non! il n'y a pas eu de révolution de Juillet, pamphlet [11e édition. — 1847, in-18].

M. Claude Tillier a travaillé à « l'Association de Nevers. »

TIMBART [J.-E.]. — Précis de l'histoire ancienne. Montpellier, Seguin, 1841, in-12 [2 fr. 50 c.].

TIMMERHANS [C.], lieutenant-colonel de l'artillerie belge.

1. — Description des divers procédés de fabrication de la poudre à canon, de ses effets dans les bouches à feu, et des divers moyens d'épreuve. Paris, Leneveu, 1839, in-8, avec 4 planches d'une grande dimension représentant toutes les machines employées dans les divers modes de fabrication de la poudre [12 fr.].

Cet ouvrage est divisé en quatre livres, dont le premier traite des matières premières qui entrent dans la composition de la poudre; le second, de la fabrication de la poudre; le troisième, de la combustion et de l'effet utile de la poudre; le quatrième, de l'essai des poudres.

On en trouve un compte rendu dans le « Journal des Sciences militaires » de septembre 1839.

2. — Expériences faites à Liége, en 1839, sur les carabines à double rayure et celles à canons lisses. Paris, Corréard jeune, 1840, in-8 avec tableaux [3 fr. 75 c.].

3. — Essai d'un traité d'artillerie, principes de construction des bouches à feu. Paris, Leneveu, 1841, in-8 avec 5 pl. [12 fr.].

M. Timmerhans a traduit du hollandais : « Manuel pour la confection des artifices de guerre, » par SESSELER [Bruxelles, 1833, in-8].

TIMON. Voy. CORMENIN.

TIMON, le Charentais, maire de campagne à Vieux-Ruffec. Pseudonyme. — Différence entre catholicisme et protestantisme, et religion d'argent. Ruffec, Picot, 1847, in-8 de 16 pag. [35 c.]

Il a paru sous le même pseudonyme : Que croient les protestants de ce que croient les catholiques [1847, in-8]; — Protestantisme, charlatanisme, ou le Bon Sens de maître Simon [1847, in-8].

TIMON, de Tulle. Pseudonyme. — Lettres philosophiques sur la fin prochaine. Tulle, Drappeau; Paris, Delloye, 1841, in-8.

TIMONI [Alexandre], de Constantinople, membre de plusieurs sociétés savantes; mort à Paris le 19 mars 1856.

1. — Satires principalement dirigées contre les sophistes de l'école voltairienne, précédées et suivies d'une ode. Paris, Terry, 1847, in-8 de 160 pag.

En vers.

2. — Le Journaliste foulé aux pieds par un brocanteur; rapprochement burlesque des travaux d'Hercule avec ceux d'un mauvais gazetier. Paris, Vente, 1849, in-4 de 8 pag.

En vers.

L'auteur se qualifie : membre de plusieurs sociétés savantes, auteur de divers ouvrages, ce qui, dans le dictionnaire des plus rares génies, est le synonyme parfait de brocanteur.

TIRAT DE MALEMORT, docteur en médecine.

1. — Des Maladies chroniques, spécialement de la phthisie pulmonaire et des affections qui la produisent le plus souvent, les dartres, les scrofules, etc. Paris, Baillière, 1845, in-8.

2. — Mémoire sur l'efficacité de l'eau dissolvante dans le traitement des maladies de poitrine. Paris, Baillière, 1847, in-8 de 16 pag.

TIRAN [Melchior]. Voy. DOMERGUE.

TIRBED [Th.]. — L'Étudiant rigoleur, complainte pour le mardi gras. Paris, impr. de Delanchy, 1840, in-4 de 4 pag. [50 c.]

TIREL DE MONTMIREL [C.], avocat à la cour d'appel de Paris. — Histoire abrégée de Normandie, depuis les premières invasions des Normands jusqu'à nos jours. Rouen, A. Le Brument; Paris, J. Tessier, Dumoulin, Lehuby, 1844, in-12 avec 2 grav. [3 fr.]

TIRLET [le vicomte], général de division, député; né en 1773. [Voy. la *Biogr. des hommes du jour*, t. Ier, 2e part., p. 285, et la *France littér.*, t. IX, p. 480.] — Expériences faites à Esquerdes, en 1834 et 1835, entre les poudres fabriquées par les meules et les poudres fabriquées par les pilons. Paris, 1839, brochure in-8 [5 fr.].

Citons aussi : Discours sur l'importation des salpêtres exotiques [1833, in-8]; — Vauban expliqué en ce qui concerne les moyens de défense de Paris [in-8]; — Des places de guerre. Opinion du lieutenant général d'artillerie vicomte Tirlet [1841, in-8].

TIROSKI [Mlle B.]. — Des Femmes. Présenté et lu au congrès méridional de 1836. Toulouse, impr. de Guirail, 1839, in-8 de 40 pag.

TISCHENDORF [Constantin]. Voy. JAGER.

TISSANDIER [Michel]. — Mélodies poétiques et religieuses. Paris, Debécourt, Breteau et Pichery, 1842, in-8, avec 2 pag. de musique [3 fr. 50 c.].

TISSERAND [P.-A.], professeur de mathématiques; né à Torpes (Doubs) en 1786. [Voy. la *France littér.*, t. IX, p. 481.] — Petite Arithmétique décimale à l'usage des écoles primaires. Douai, Obez; Paris, Belin-Mandar, 1839, 1845, in-18 [50 c.].

Citons encore : Instruction sur le système métrique, IIe édition [1839, in-18, avec un tableau et une planche]; — Appendice à la petite arithmétique décimale et à l'instruction sur le système métrique. Nouveaux Barêmes, etc. [1839, in-18]; — Nouvelle Méthode perfectionnée de lecture, IIe édition [1839, in-18].

TISSERAND [J.-B.-Constant]. — Grammaire française méthodique et raisonnée. Paris, Hachette, 1847, in-12 [1 fr. 40 c.].

TISSERAND [l'abbé E.], de Melun. — Un Martyr au XIXe siècle, ou Souvenir à Mgr D. Affre. Melun, Desrues, 1848, in-8 de 48 pag. [1 fr.]

En vers.

TISSERANT [Hippol.]. — Avec M. A. *Follet* : Jacques Richomme, ou la Terreur et la Restauration; drame-vaudeville (1839, in-8). Voy. FOLLET.

TISSERANT. — Avec MM. *Lecoq*, *Rey* et *Tabourin* : Dictionnaire général de médecine (1849, in-8). Voy. REY.

TISSERON. — Avec M. de QUINCY : Notice sur M. le comte de Salvandy (1845, in-8). Voy. QUINCY.

TISSIER [Louis]. — Tissiérographie, gravure en relief sur pierre lithographique, inventée en 1839 par Louis Tissier. Paris, imprim. de Lacrampe, 1842, in-4 de 32 pag.

On doit aussi à M. Louis Tissier : Historique de la gravure typographique sur pierre et de la tissiérographie [1843, in-8]; — Mémoire sur les nouveaux papiers de sûreté présentés à M. Lacave-Laplagne, ministre des finances [1843, in-8].

TISSIER [F.-Louis], décoré de Juillet. — Propagande poétique en faveur des producteurs intellectuels. Paris, Bolle-Lassalle et Thuillier, 1849, in-8 de 108 pag.

Le couverture porte : *Affranchissement des producteurs intellectuels*, etc., précédé d'une lettre de M. Jobard, directeur du musée de l'industrie belge. Les trois pièces de vers contenues dans cette brochure sont extraites d'un volume de poésies didactiques inédit.

TISSIER [Edmond], ouvrier impr. lithogr. — Le Christ révolutionnaire. Paris, Gustave Sandré, 1849, in-12 [25 c.].

En vers.

TISSIER, médecin de la Faculté de Paris. — Traitement préservatif du choléra-morbus par la liqueur japonaise anticholérique. Paris, impr. de Saintin, 1848, in-8 de 16 pag.

TISSOT [Simon-André], docteur et professeur en médecine; né à Grancy (canton de Vaud) le 20 mars 1728, mort le 13 juin 1797. [Voy. la *France littér.*, t. IX, p. 482.] — Nouveau Traité complet des habitudes et plaisirs secrets, ou de l'Onanisme chez les deux sexes, etc. Nouvelle édit., etc., par

M. *Morel de Rubempré*. Paris, Terry, 1846, in-18, avec une pl. et 1 frontispice.

TISSOT [Pierre-François], membre de l'Académie française, professeur au Collége de France, chevalier de la Légion d'honneur et de l'Étoile polaire de Suède; né à Versailles le 10 mai 1768, mort le 7 avril 1854. [Voy. la *France littér.*, t. IX, p. 487.]

1. — Études sur Virgile, comparé avec tous les poëtes épiques et dramatiques anciens et modernes. IIe édition. Paris, Delalain, 1841, 2 vol. in-8 [12 fr.].

2. — Précis d'histoire universelle. Paris, Desforges, 1841, in-18 [3 fr. 50 c.].

Citons encore : Portrait du chevalier don Camilo Gutierres de los Rios; dédié à ses parents et à ses amis [1811, in 8]; — Quelques Paroles prononcées sur la tombe de Charles Labitte, professeur de facultés [1845. in-4].

M. Tissot a donné, avec M. MORANT, des éditions revues et annotées de : CICERONIS « Oratio pro Milone »; « Oratio in Verrem de suppliciis »; « Oratio in Verrem de signis »; — CORNELII NEPOTIS « de Vita excellentium imperatorum »; — PHÆDRI « Fabularum libri quinque »; — de HEUZET, « Selectæ e profanis scriptoribus historiæ »; — de LHOMOND, « Epitome historiæ sacræ. »

Sous la direction de M. Tissot ont été publiés : « Tablettes chronologiques, » par M. BERTHEREAU [1838, in-18]; — « Morceaux choisis » de MASSILLON [1838, in-18].

Il a fait précéder de *préfaces, notices* ou *introductions*, et annoté : « Fables choisies » de LA FONTAINE, FLORIAN et autres fabulistes; choix de 200 fables les plus propres à la jeunesse [in-12]; — « Discours sur l'histoire universelle, » de BOSSUET [1839, 2 vol. gr. in-8]; — « Tablettes d'un sceptique, » par Ch. LEMESLE [1841, in-8]; — « Manuel grammatical, » contenant une méthode d'enseignement simple et concise, par F.-C. RUINET [1846, in-18].

M. Tissot a signé une *Histoire de Napoléon* [Paris, 1833, 2 vol. in-8], qui passe pour être celle de M. Horace RAISSON, arrangée par M. L'HÉRITIER.

Les « Mémoires » de M. le duc de LAUZUN, pamphlet contre Marie-Antoinette, ont été attribués à MM. Lewis GOLDSMITH et P.-F. TISSOT. Nous indiquons cette attribution sous toute réserve.

M. Tissot a signé le prospectus de : « Histoire de la guerre de la Péninsule sous Napoléon, » par le général FOY [1827, in-8. Cette histoire, qui a été publiée, en 1827, en 4 vol. in-8, avec un atlas, un portrait et six cartes, et qui a eu une troisième édition en 1828, est regardée comme ayant été rédigée par MM. TISSOT, ÉTIENNE et autres].

Il a donné, dans le : « Livre des Cent et un »: *les Convois* [t. V, p 129]; — dans les « Français peints par eux-mêmes »: *la Jeunesse depuis quarante ans* [t. II, p. 11]; — dans le « Keepsake américain »: *Gabrielle et Laure, ou les Deux Sœurs.*

Il a été l'un des collaborateurs de l' « Encyclopédie d'éducation, » de l' « Encyclopédie moderne, » etc.

TISSOT [Claude-Joseph], professeur de philosophie à la Faculté des Lettres de Dijon. [Voy. la *France littér.*, t. IX, p. 491.]

1. — Cours élémentaire de philosophie, rédigé d'après le programme officiel des questions pour le baccalauréat ès-lettres. IIe édition, presque entièrement refondue. Dijon, Popelain, 1840, in-8 [6 fr. 50 c.].

La première édition est de 1837.

2. — Éthique, ou Science des mœurs. Dijon, impr. de Douillier; Paris, Ladrange, 1840, in-8 [6 fr.].

3. — Histoire abrégée de la philosophie. Dijon, Douillier; Paris, Ladrange, 1840, in-8 [6 fr.].

4. — De la Manie du suicide et de l'esprit de révolte; de leurs causes et de leurs remèdes. Dijon, impr. de Douillier; Paris, Ladrange, 1841, in-8 [6 fr. 50 c.].

5. — Du Morcellement du sol et de la division de la propriété comme conséquence présente et future de la législation sur les partages. Dijon, Douillier, 1842, in-8 de 112 pag.

6. — Examen de la question du droit au travail. Dijon, Douillier, 1848, in-18 de 36 pag.

Sous le pseudonyme DAUDON, M. C.-J. Tissot a publié : *Mémoire sur l'utilité de l'observation du dimanche.* [Ce mémoire a partagé le prix proposé par l'Académie de Besançon, en 1839.]

M. C.-J. Tissot a traduit de l'allemand, de KANT : « Principes métaphysiques du droit » [1838, in-8]: — « Logique » [1840, in-8]; — « Leçons de métaphysique » [1843, in-8].

Il a travaillé à l' « Encyclopédie des gens du monde. »

TISSOT. — Histoire de Robespierre, de la Convention nationale et des comités, d'après l'Histoire de la révolution française. Paris, Renaud, 1844, in-18.

TISSOT [le P. Hilarion], fondateur et directeur principal des Frères hospitaliers de Saint-Augustin, fondateur des hospices d'aliénés de Saint-Alban (Lozère), etc. — L'Anti-magnétisme animal. Bagnols, impr. de Broche, 1841, in-12 [3 fr].

Citons encore : Mémoire en faveur des aliénés [1837, in-8]; — Trésor des religieux, ou Pratiques d'humilité pour conduire à la perfection humaine, suivi, etc. [11e édit. In-18, avec une vign.]. — Trésor des religieuses, etc. [in-18, avec une vign.]; — l'Apostolique, ou Répertoire des matières de haute philosophie [1843, in-8, et 1844, in-12]; — le Médecin charitable pour les maladies et accidents qui exigent de prompts secours [1843, in-18]; — Notre-Dame du Remède, ou Médecine miraculeuse, applicable à toutes les maladies et à tous les accidents fâcheux [1843, in-18]; — Travaux et fondations de charité [1846, in-18]; — Trésor du riche et de l'indigent, suite de la Consolation du pauvre [11e édit. 1846, in-18]; — le Paradis sur la terre, ou le Bonheur de la vie heureuse, d'après saint Bernard, saint Jérôme, Thomas à Kempis, Natale et autres [11e édit. 1847, in-18]; — Abolition de la peine de mort. Pétition à l'Assemblée nationale [1848 in-4].

Le P. H. Tissot a traduit du latin : « Sermons du B. Thomas à KEMPIS aux religieux novices et profés » [1846, in-16, avec une grav.].

TITE-LIVE (Titus Livius), historien latin; né à Padoue en 59 av. J.-C., mort en 18 ou 19 de l'ère chrétienne. [Voy. la *France littér.*, t. IX, p. 493.] — OEuvres de Tite-Live (Histoire romaine), avec la traduction en français. Publiées sous la direction de M. Nisard. [Paris, Dubochet, 1839, 2 vol. grand in-8; 30 fr.].

Collection des auteurs latins, avec la traduction en français.

Il a paru, comme complément de cette édition : Commentaire sur Tite-Live, par M. Ph. LE BAS [Paris, Dubochet, 1840, in-8).

Des éditions classiques des *Histoires choisies*, annotées par MM. H. CHEVALLIER, J.-A. PANKELIER, N. THEIL, etc., ont été publiées par Delalain, Hachette, Périsse, etc.

TITMARSH [Michel-Ange], pseudonyme. Voy. THACKERAY.

TIXIER [J.-V.], maître de pension à Châlon. — Explication du système métrique et du calcul des poids et mesures de ce système. Châlon, Fouque; Paris, J. Delalain, 1840, in-18 de 144 pag. avec un tableau.

Il y a une édition in-18 de 96 pages, et une autre de 112 pages.

TIXIER [Victor]. — Voyages aux prairies osages, Louisiane et Missouri. 1839-1840. Clermont-Ferrand, Perol; Paris, Roret, 1845, in-8 avec 5 planches [3 fr.].

TOASE [William]. — A funeral sermon delivered in the Wesleyan chapel, on occasion of the death of M. Frederic Warner, house-surgeon to the Hampshire-County hospital. Paris, Risler, 1839, in-8 de 40 pag.

TOBÉNÉRIAC. — Le Génie et le Vieillard des pyramides, histoire intéressante des sciences occultes. Lille, impr. de Blocquel, 1839, in-18 de 108 pag. [40 c.].

TOME VI.

Le titre porte : *Ouvrage publié, vingt ans après la mort de l'auteur (en 1072), par Tobénériac, son héritier.*

TOCCHI [Esprit], membre de l'Académie de Marseille. [Voy. la *France littér.*, t. IX, p. 495.] — Essai de statique électrique, d'après un nouveau point de vue sur l'électricité, où l'on ne considère qu'une seule électricité, et de laquelle on déduit l'affinité chimique et la cohésion. Marseille, imprim. d'Achard, 1828, in-8 de 122 pag.

TOCHON [A.], docteur en médecine. — De la Prostitution et de ses conséquences dans les grandes villes, dans la ville de Lyon en particulier; de son influence sur la santé, le bien-être, les habitudes de travail de la population; des moyens d'y remédier. Lyon, impr. de Dumoulin; Paris, J.-B. Baillière, 1842, in-8 [6 fr.].

Cet ouvrage a remporté le prix proposé par la Société de Médecine de Lyon.

TOCQUAINE, professeur de législation et de jurisprudence à l'École royale forestière. — Introduction générale à l'étude de la législation et de la jurisprudence forestières, ou Notions élémentaires de droit administratif appliqué aux matières forestières. Nancy, Grimblot et Raybois, 1844, in-8 [8 fr. 50 c.].

Ouvrage publié, d'après le manuscrit de feu Tocquaine, par M. E. MEAUME.

TOCQUEVILLE [le comte Charles-Alexis-Henri-Maurice CÉREL de], publiciste, orateur, magistrat, membre de la Chambre des députés et des Assemblées nationales de 1848 et 1849, ministre de Louis-Philippe et de la république, membre de l'Académie des Sciences morales et politiques, et de l'Académie française; né à Paris le 29 juillet 1805. [Voy. la *France littér.*, t. IX, p. 496.]

1. — De la Démocratie en Amérique. Paris, Ch. Gosselin, 1839-1840, 4 vol. in-8 [30 fr.].

La première partie, composée de 2 vol. in-12, a paru en 1838, et forme ici la 5e édition. Cette première partie a été souvent réimprimée.

— De la Démocratie en Amérique, seconde partie. Paris, Ch. Gosselin; 2 vol. in-12 [10 fr.].

Chargé en 1831 par le gouvernement français, avec M. Gustave de Beaumont, de la mission spéciale d'étudier le système pénitentiaire aux États-Unis, M. de Tocqueville vit s'agrandir sa tâche en présence de la civilisation nouvelle qu'il avait sous les yeux. Il chercha à pénétrer dans leur ensemble les secrets de la vie politique chez les Américains ; son livre est l'exposé de ses observations. La pensée dominante de ce livre est que la démocratie, victorieuse de tous les obstacles que lui opposait la prudence des siècles, doit être dirigée, si les nations veulent éviter de retomber dans un état analogue à celui que le monde a subi jadis sous la tyrannie romaine.

La Démocratie en Amérique a obtenu, en 1836, le grand prix Montyon.

Voy. des articles dans le « Moniteur universel » des 9 et 22 décembre 1836. — Voy. aussi un article de M. VILLEMAIN, dans le « Journal des Savants » [mai 1840], et une analyse de M. ROSSI dans la « Revue des Deux-Mondes » [15 septembre 1840].

Une traduction en espagnol, par M. Léopold BORDA, a été publiée en 1842 [Paris, Salva, 4 vol. in-8].

2. — Avec M. *Gustave de Beaumont* : Système pénitentiaire aux États-Unis, et de son application en France ; suivi d'un appendice sur les colonies pénales et de notes historiques. IIIe édition. Paris, Ch. Gosselin, 1845, in-12 [3 fr. 50 c.].

3. — Histoire critique du règne de Louis XV. IIe édition. Paris, Amyot, 1847, 2 vol. in-8 [15 fr.].

La première édition est intitulée : *Histoire philosophique du règne de Louis XV* [Paris, Amyot, 1846, 2 vol. in-8]. Voy. une analyse de cet ouvrage dans la « Revue des Deux-Mondes » du 15 mai 1847.

Citons encore : Institut royal de France. Académie française. Discours prononcé dans la séance publique du 21 avril 1842, en venant prendre séance à la place de M. le comte de Cessac [1842, in-8 et in-4, avec la réponse de M. MOLÉ. — Voy. aussi les « Débats » du 22 avril]. — Prix de vertu fondés par M. de Montyon. Discours prononcé dans la séance publique du 22 juillet 1847, sur les prix de vertu [1847, in-18] ; — Sur le Droit au travail [1848, in-32].

Une *lettre* de M. de Tocqueville à lord Brougham a été imprimée à la suite du « Discours de lord BROUGHAM sur le droit de visite, » traduit par A. CLAUDET [1843, in-8].

Des morceaux de M. de Tocqueville ont été insérés dans « le Droit au travail au Luxembourg et à l'Assemblée nationale » [Paris, Michel Lévy frères, 1849, 2 vol. in-18].

Il a fait sur le « Cours de droit administratif, » de MACAREL, un *Rapport* à l'Académie des Sciences morales et politiques qui a paru dans le « Moniteur » du 15 mai 1846.

Parmi ses travaux législatifs on peut mentionner, entre autres : *Rapport à la Chambre sur le système pénitentiaire ; — Question d'Orient*, 2 juillet 1839 ; — *Question des incompatibilités*, 7 février 1840, etc.

TOCQUEVILLE [le vicomte de]. [Voy. la *France littér.*, t. IX, p. 497.] — Mémoire sur l'amélioration des chevaux normands. Cherbourg, impr. de Beaufort, 1842, in-8 de 84 pag. [1 fr.]

TOCQUEVILLE [Hippolyte de]. — Quelques Idées sur les moyens de remédier à la mendicité et au vagabondage. Cherbourg, impr. de Beaufort, 1849, in-8 de 32 pag.

TOCQUEVILLE [le baron de], membre du conseil général de l'Oise. — Recherches sur les moyens de prévenir le retour des crises en matière de subsistances, et sur la possibilité d'obtenir une bonne statistique annuelle des ressources alimentaires de la France. Compiègne, imprim. d'Escuyer, 1847, in-8 de 80 pag.

TODD [John]. [Voy. la *France littér.*, t. IX, p. 497.]

1. — Conseils aux mères sur l'éducation de leurs enfants. Traduit de l'anglais par le traducteur du *Jeune Chrétien*. Paris, Delay, 1844, in-18 de 36 pag.

2. — Simple et vrai, ou le Caractère de Dieu. Traduit de l'anglais par le traducteur du *Jeune Chrétien*. Paris, Delay, 1845, in-18 de 180 pag. [75 c.]

TODIÈRE [L. Phocion]. [Voy. la *France littér.*, t. IX, p. 497.]

1. — Sommaire d'un cours complet d'histoire romaine. Tours, Aigre ; Paris, Dezobry, E. Magdeleine et comp., 1846, in-12.

Cours de quatrième.

2. — Histoire de Charles VIII, roi de France. Tours, Mame, 1848, in-12, avec 1 grav. et un frontispice.

3. — Charles VI, les Armagnacs et les Bourguignons. Tours, Mame, 1848, in-8, avec 4 grav.

4. — Sommaire d'un cours complet d'histoire du moyen âge, rédigé d'après les programmes du conseil de l'Université. Tours, Bouserez-Saurin ; Paris, Dezobry, E. Magdeleine et comp., 1849, in-12.

Cours de troisième.

5. — L'Angleterre sous les trois Édouard, premiers du nom de la dynastie des Plantagenets. Tours, Mame, 1849-50, in-8, avec 4 grav.

TODROS [Léon]. — Cercles financiers. Projet d'une institution générale du crédit en France. Paris, impr. de Chaix, 1849, in-8 de 64 pag.

TOEPFER [Rodolphe]. Voy. TOPFFER.

TOFFARD [Auguste]. — Poids et mesures, exposition du nouveau système. Aire, impr. de Poulain, 1839, in-8 de 8 pag. [20 c.]

TOJAL [le comte de], ministre des finances en Portugal. — Rapport sur les finances, présenté aux cortès portugaises le 16 février 1846. Paris, impr. de Fain, 1846, in-4 de 36 pag.

TOLEDO [le P. Jose Angel de]. — Dia feliz consagrado a los cultos del Corazon de Jesus. Paris, Mezin, 1846, in-18 avec une vignette.

TOLENDAL [Lally]. Voy. LALLY-TOLENDAL.

TOLLABI, pseudonyme. Voy. BAILLOT DE SAINT-MARTIN.

TOLLAY [C.]. — L'Ouvrier capitaliste. Paris, Krabbe, 1848, in-18 de 36 pag. [25 c.]

TOLLENARE [de], agent voyer en chef. — Étude sur l'évaluation du travail de prestation et sur la fixation des tâches. Paris, impr. de Dupont, 1848, in-8 de 28 pag.

Extrait des « Annales des chemins vicinaux » [janvier 1848].

TOLLIN [Ed.-Fr.], ministre du saint évangile. [Voy. la *France littér.*, t. IX, p. 498.] — Avec M. *Sigism. Fraenkel*: Album littéraire, offert aux jeunes gens. Berlin, Klemann, 1838-40, 11 livraisons in-32.

TOLSTOY (Jacques), officier russe. [Voy. la *France littér.*, t. IX, p. 500.]

1. — Lettre d'un Russe à un Russe, simple réponse au pamphlet de Mme la duchesse d'*Abrantès* intitulé : *Catherine II*. Paris, Béthune et Plon, 1825, in-8 de 111 p.

Anonyme. — Le même auteur avait publié en 1834 : *Rectifications de quelques légers erreurs de madame la duchesse d'Abrantès* [Paris, Ledoyen, in-8 de 46 p. (anonyme)].

2. — Coup d'œil sur la législation russe, suivi d'un léger aperçu sur l'administration de ce pays. Paris, Imbert, Dauloz, 1840, in-8 [4 fr.].

3. — Le passage de la Bérésina (sic),

traduit du russe du général Danilevski, d'après des documents authentiques, orné de douze plans de batailles et de positions, et précédé d'un avant-propos. Paris, impr. de Cosson, 1842, gr. in-8 de 258 pag. avec 10 pl.

L'avant-propos, signé T.....y, remplit 64 pages.

4. — La Russie en 1839, rêvée par M. de Custine, ou Lettres sur cet ouvrage, écrites de Francfort. Paris, impr. de Schneider et Langrand, 1844, in-8 de IV et 112 pag.

Sous le pseudonyme J. YAKOVLEF.

Citons encore : Lettre d'un Russe à un Polonais, à l'occasion du hati-schérif de Sa Hautesse le Sultan Mahmoud [Paris, Piban-Delaforest-Morinval, 1829, in-8]; — Un mot sur l'ouvrage de M. de Custine intitulé : la Russie en 1829, par un Russe [Paris, F. Didot, 1843, in-8]; — Lettre à un journaliste français, sur les diatribes de la presse anti-russe [Paris, impr. de Cosson, 1844, in-8 de 31 p.].

TOMBRET [l'abbé Henry]. [Voy. la *France littér.*, t. IX, p. 501.]

1. — Abrégé du Catéchisme développé, suivi de Maximes chrétiennes, nécessaires au salut. Lyon, Guyot, 1839, in-18 de 216 pag.

2. — Catéchisme développé, ou Instructions familières, dogmatiques et morales, par demandes et par réponses, sur toutes les vérités de la religion chrétienne ; ouvrage utile à toutes les personnes chargées d'instruire les autres, ou qui veulent s'instruire elles-mêmes des devoirs de leur salut, mais principalement nécessaire aux enfants qui se préparent à la première communion. IIe édition, revue, corrigée et plus complète. Lyon, Guyot ; Paris, Mellier, 1842, in-12 [2 fr. 40 c.].

TOMLINSON [le révérend Lewis]. Voy. LEWIS-TOMLINSON.

TOMMASEO [N.], ancien ministre de la république de Venise et député à l'Assemblée vénitienne en 1848. [Voy. la *France litt.*, t. IX, p. 501.] — Selecta e christianis scriptoribus, adnotante N. Tommaseo. Nantes, impr. d'Hérault, 1838, in-18 ; — autre édit. Nantes, impr. de Merson, 1838, in-18.

Citons encore : Considérations diplomatiques de M. de Carné, touchant l'Italie, commentées par un Italien [1838, in-8]; — Appel à la France [1848, in-8].

M. N. Tommaseo a fait précéder d'un *Discours préliminaire* les « Opere complete » di A. MANZONI [1843, in-12].

Il a travaillé à « l'Encyclopédie des gens du monde. »

TONDEUR [Ch.]. — Méthode élémentaire de sténographie applicable à toutes les langues, à l'aide de laquelle on peut en quelques heures, seul et sans maître, posséder les éléments de cet art, etc. Paris, impr. lith. de Larue, 1849, in-8 de 16 pag. [1 fr.]

TONNEAU [F.]. — Leçons élémentaires de géométrie pratique appliquées au dessin linéaire. Paris, Têtu, 1846, in-12 de 4 pag. avec 8 pl.

TONNÈRE [Boisron]. Voy. BOISRON-TONNÈRE.

TONNET [Joseph]. — Notice sur Nicolas Lémery, chimiste. Niort, impr. de Robin, 1844, in-8 de 44 pag.

TOPFFER [Rodolphe]; né à Genève le 17 février 1799. M. Topffer, observateur plein de finesse, narrateur agréable et piquant, spirituel dessinateur, a conquis par ses nouvelles, ses voyages, ses histoires au crayon, une vogue qui ne fait que s'augmenter. En 1819 et 1820, il vint à Paris et y suivit avec assiduité les cours publics. De retour en Suisse, il fut sous-maître dans un pensionnat, puis directeur, pour son propre compte, d'un établissement d'éducation, et enfin chargé d'une chaire de belles-lettres à l'Académie de Genève. Il est mort à Genève le 8 juin 1846. [Voyez sur M. Topffer un article dans la *Revue des Deux-Mondes* du 15 mars 1841, par M. SAINTE-BEUVE, et des notices dans *l'Artiste*, 4e série, t. VI, p. 244, et dans le *Journal des Débats* du 13 juin 1846.]

1. — Harangues politiques de *Démosthène*, recueil contenant les trois Olynthiennes, les quatre Philippiques, les Discours sur la paix et sur la Chersonèse, publié avec une introduction, des commentaires et une carte de la Grèce. Genève, 1824, in-8 [7 fr. 50 c.].

2. — La Peur, souvenirs d'enfance. Genève, 1833, in-8 [1 fr.].

3. — Histoire de Jules. Genève, 1838, in-8 [5 fr.].

4. — Histoire de Pencil. Genève, 1840, in-8 obl., fig. [14 fr.]

5. — Histoire de M. Crépin. Genève, in-8 obl., fig. [15 fr.].

6. — Histoire de M. Vieuxbois. Genève, in-8 obl., fig. [15 fr.]

7. — Histoire de M. Jabot. Genève, in-8 obl., fig. [15 fr.]

8. — Histoire d'Albert. Genève, in-8 obl., fig. [7 fr. 50 c.]

9. — Réflexions et menus propos d'un peintre génevois. Dixième opuscule. Genève, 1839, broch. in-8.

— Réflexions et menus propos d'un peintre génevois, ou Essai sur le beau dans les arts; précédées d'une notice sur la vie et les ouvrages de l'auteur, par *Albert Aubert*. Paris, Dubochet et Lechevalier, 1847, 2 vol. in-18 [7 fr.].

10. — Nouvelles et Mélanges. Genève, 1840, in-8, fig. [7 fr. 50 c.]

11. — Voyages et Aventures du docteur Festus. Genève, 1840, in-8 obl. [14 fr.]

12. — Nouvelles génevoises, précédées d'une Lettre adressée à l'éditeur, par le comte *Xavier de Maistre*. Paris, Charpentier, 1841, 1842, 1846, 1848, in-18 anglais [3 fr. 50 c.].

— Les Nouvelles génevoises, illustrées d'après les dessins de l'auteur; gravures par Best, Leloir, Hotelin et Regnier. Paris, J.-J. Dubochet et comp., 1844, in-8, avec 40 gravures hors texte et 160 dans le texte [12 fr. 50 c.].

13. — Voyages en zigzag, ou Excursions d'un pensionnat en vacances dans les cantons suisses et sur le revers italien des Alpes. Paris, J.-J. Dubochet et comp., 1843, grand in-8, illustré d'après les dessins de l'auteur et orné de 15 grands dessins par M. Calame [15 fr.].

14. — Essais de physiognomonie. Genève, 1845, in-4 [7 fr. 50 c.].

Des extraits d'un Essai de physiognomonie ont été publiés dans le « Magasin pittoresque » [1840].

15. — Histoire de M. Cryptogame. Paris, 1845, in-8 obl., fig. [5 fr.]

16. — Le Presbytère. Paris, Dubochet, Lecou, 1846, in-18 anglais [3 fr. 50 c.].

Une autre édition, en 2 vol. in-8, a été publiée à Genève en 1839.

17. — Rosa et Gertrude; précédé de Notices sur la vie et les ouvrages de l'auteur, par MM. *de Sainte-Beuve* et *de Larive*. Paris, Dubochet et Lechevalier, 1846, in-18 angl. [3 fr. 50 c.]

18. — Collection d'histoires en estampes. En français et en allemand.

Genève, Kessmann, 1847, 3 parties in-4 oblong.

Contient : *le Docteur Festus* [5ᵉ édit. In-4 obl. de 8 pag. et 45 grav.]; — *Histoire d'Albert* [2ᵉ édit. In-4 obl. de 8 pag. et 22 grav.]; — *les Amours de M. Vieux-Bois* [5ᵉ édit. In-4 obl. de 8 pag. et 48 grav.]. Chaque partie se vend séparément [2 fr.].

M. Topffer a donné, dans les « Nouvelles vieilles et nouvelles : » *Élisa et Widmer* [1842, in-18].

TOPIN, chef de bataillon au 73ᵉ de ligne. — Avec M. le docteur *Félix Jacquot :* de la Colonisation et de l'acclimatement en Algérie (1849, in-8). Voy. JACQUOT.

TOPPING [l'abbé]. — Souvenir de la neuvaine et de la procession de Notre-Dame Panetière, à l'occasion du choléra. Cambrai, impr. de Lévêque, 1849, in-12 de 72 pag.

TORCHON [Henri], ancien président de la Société d'Agriculture du Cher. — Précis sur les arbres verts, sur l'utilité, l'importance et l'extrême facilité de leur culture. 1833, in-8 [2 fr. 25 c.].

On doit aussi à M. Torchon un : *Traité sur la culture du mûrier dans notre pays* [Annuaire du Berry].

TORCY [le marquis de].
1. — Des Remontes de l'armée et de leurs rapports avec l'agriculture. IIᵉ édition, augmentée d'un Examen des documents et brochures récemment publiés sur cette question. Paris, impr. de Dupont, 1842, in-8 de 92 pag.

La première édition, in-8 de 36 pages, a été publiée dans la même année.

2. — La Question chevaline, considérée sous le point vue national, agricole, économique et militaire. Paris, Dauvin et Fontaine, Dentu, Bureau, 1843, in-8 de 84 pag.

La couverture porte : *Au pays et aux Chambres, le comice hippique.*

3. — Avec M. le comte *Alexandre de Girardin :* Vingt Pages à lire, ou la Question chevaline simplifiée (1843, in-8). Voy. GIRARDIN.

TORCY [Dupuis de]. Voy. DUPUIS DE TORCY.

TORCY DE TORCY [Ch.-Maxime]. — Recherches chronologiques, historiques et politiques, sur la Champagne, etc. 1832, in-8.

TORDEUX [A.-J.], pharmacien, membre de la Société d'Émulation de Cambrai. — Analyse chimique de l'eau du puits artésien foré au nord, dans la grande cour de la caserne de cavalerie, à Cambrai. Cambrai, impr. de Lesne-Daloin, 1843, in-8 de 24 pag.

M. Tordeux a donné dans les « Mémoires de la Société d'Émulation de Cambrai : » *Rapport sur les travaux scientifiques de la Société* [XIVᵉ rec., 1832-33]; — *Analyse d'un air impropre à la combustion et dans lequel on peut encore respirer* [XVᵉ rec., 1834-35]; — *Notice historique sur le T employé à la construction des hautes cheminées d'usine* [id.]; — *Observations météorologiques* [id.]; — *Analyse de l'eau d'un ruisseau* [XVIIᵉ rec., 1838-39]; — *Parhélies observés à Cambrai en 1838* [id.]; — *Analyse chimique de l'eau du puits artésien de Cambrai* [XVIIIᵉ rec., 1840-41]; — *Question des sucres* [id.]; — *Notice sur des objets trouvés dans une tombe antique au village d'Esnes* [XIXᵉ rec., 1842-43]; — *Sur les Pommes de terre de la récolte de 1845* [XXᵉ rec.].

TOREINX, pseudonyme. Voy. RONTEIX.

TORIO DE LA RIVA [Torquato]. Voy. RIPALDA.

TORRACHINI, chancelier du consulat d'Autriche au Havre. — Grammaire italienne à l'usage des Français. IIIᵉ édition, entièrement refondue par l'auteur, et enrichie d'un grand nombre de tableaux pour faciliter l'étude des conjugaisons. Paris, Belin-Mandar, in-12 [2 fr.].

M. Torrachini est l'auteur d'un roman intitulé *Carlo* et de plusieurs pièces de vers.

TORRECILLA [Frey D. Pedro-Maria].
1. — El Feligres instruido en la asistencia a los oficios divinos. Paris, Mezin, 1843, in-18 [7 fr. 50 c.].
2. — Eucologio Romano. Devocionario completo del piadoso feligres, compuesto y anaglado conforme al Breviario y Misal. Paris, Baudry, 1846, in-18 [9 fr.].
3. — Chantreau reformado. Nueva gramatica francesa, compuesta y abreglada conforme a las reglas y decisiones de la Academia francesa en la ultima edicion de su diccionario, etc. Paris, Rosa et Bourel, 1849-50, in-18.

TORRES AMAT [don Félix]. Voy. AMAT.

TORRUBIA [le P. Pedro-Tomas]. — Practica de los ejercicios espirituales de S. Ignacio de Loyola. Paris, Rosa, 1843, 2 vol. in-8.

TORTEL [P.], lieutenant-colonel d'artillerie. [Voyez la *France littér.*, t. IX, p. 506.] — Mémoires divers sur les obus à balles ou schrapnells ; traduits des archives pour les officiers des corps royaux prussiens de l'artillerie et du génie, et accompagnés d'observations. Paris, Leneveu, 1839, in-8 [3 fr.].

Ce volume contient : Quelques mots sur l'histoire des obus à balles en France. — Note de M. le capitaine Meyer touchant l'histoire des schrapnells. Quelle est l'utilité des obus à balles, comparativement aux autres projectiles en usage? — Obus à balles des Anglais, d'après la description du capitaine Glunder. — Obus à balles de Norwège. — Des nouveaux obus à balles des Anglais. — Obus schrapnells anglais, d'après un mémoire sur l'artillerie du capitaine Strallh. — Tir des schrapnells dans les bouches à feu de campagne. — Tir des schrapnells dans les pièces de siège et de marine. — Poids, charge intérieure des projectiles. — Expériences faites en Belgique avec des obus à balles, par le capitaine Boormann. — D'une fusée tactochrone par les projectiles creux.

TOSI. — Avec M. *Becchio :* Altars, tabernacles and sepulchral monuments of the 14th and 15th centuries existing at Rome, published under the patronage of the celebrated academy of Saint-Luke, by M. Tosi and Becchio. Descriptions in italian, english and french by Mrs. *Spry Bartlet,* by M. *Mastraca.* Lagny, impr. de Giroux, 1844, in-fol. à trois col.

TOSTI [Antoine], président de l'hospice de Saint-Michel à Rome. — Notice concernant l'origine et les progrès de l'hospice apostolique de Saint-Michel à Rome. Extraite par les rédacteurs du Journal arcadique de la relation publiée en 1832, traduite de la nouvelle édition italienne de 1835, augmentée, etc., par *P.-L.-B. Drach.* Paris, impr. de Vrayet de Surcy, 1842, in-8 de 80 pag.

TOSTI [D.].

M. F. LIABEUF a traduit de l'italien, de dom Tosti : le « Psautier du pèlerin » (1849, in-18].

TOUCAS [J.-A.].
1. — Observations sur la question suivante, proposée par le conseil général du Var : Découvrir le moyen de détruire les insectes qui attaquent l'olivier. Draguignan, impr. de Michel, 1844, in-8 de 16 pag.
2. — Mémoire sur le manque de subsistances en France. Toulon, impr. de Monge, 1847, in-8 de 20 pag.

TOUCHARD [Mme Louise].
1. — Espérance et Foi, avec une préface de M. *Hauréau.* Le Mans, Monnoyer, 1840, in-18 avec 1 lithogr.
2. — Les Épis idonéens. Le Mans, impr. de Monnoyer ; Paris, Schwartz et Gagnot, 1843, in-18 [3 fr. 50 c.].

Poésies. — Mme Touchard a publié des vers dans le « Courrier de la Sarthe. »

TOUCHARD-LAFOSSE [G.], publiciste, romancier, historien ; né à la Châtre (Sarthe) le 5 août 1780. [Voy. la *Biograph. des hommes du jour* de SARRUT et SAINT-EDME, t. II, 2e part., et la *France littér.*, t. IX, p. 507.]
1. — Mémoires authentiques d'une sage-femme. Paris, Dumont, Bonnaire, 1835, 2 vol. in-8 ; — IIe édit. Paris, les mêmes, 2 vol. in-8 [12 fr.].

Cet ouvrage passe pour avoir été rédigé par M. Touchard-Lafosse sur les notes de Mlle JULLEMIER, sage-femme. Le premier volume presque en entier est un pamphlet contre M. Giraudeau de Saint-Gervais, qui s'y trouve désigné par les mots de M. Giraud..., M. de Saint-Gervais, etc. Dans la deuxième édition, on a changé les noms de personnes et de lieux, sans doute sur la réclamation des parties intéressées.

2. — Le Poëte et l'homme positif, ou Deux Faces de la vie, roman de mœurs. Paris, Lachapelle, 1839, 2 vol. in-8 [15 fr.].
3. — Le général Garnison, etc. Voy. TOUCHARD-LAFOSSE (Théod.).
4. — Romans historiques. *Hélène de Poitiers* (XIVe siècle), tiré d'un manuscrit trouvé dans un château du Dauphiné ; publié par M. Touchard-Lafosse. Paris, Sandré, 1841, 2 vol. in-8 [15 fr.].
5. — Chroniques de l'œil-de-bœuf. Paris, Barba, 1845, 4 vol. in-18 [14 fr.].

On a publié une édition spéciale pour les cabinets de lecture, en 12 vol. in-12.

6. — Avec M. *H. Mettais :* Un Lion aux bains de Vichy (1842, 2 vol. in-8). Voy. METTAIS.
7. — Le Rémouleur, ou la Jeunesse dorée, roman historique inédit du temps du Directoire. Paris, de Potter, 1843, 2 vol. in-8 [15 fr.].
8. — L'Homme sans nom. Paris, de Potter, 1844, 2 vol. in-8 [15 fr.].

L'Homme sans nom est le titre d'un ouvrage de M. Ballanche, publié en 1820.

9. — Chroniques secrètes et galantes de l'Opéra, 1667-1844. Paris, Lachapelle, Schwartz et Gagnot, Dolin ; Blois, Groubental, 1844, 2 vol. in-8 [15 fr.].

10. — Les Trois Aristocraties, roman de mœurs, publié par Touchard-Lafosse. Paris, de Potter, 1844, 2 vol. in-8 [15 fr.].

11. — La Loire historique, pittoresque et biographique, de la source de ce fleuve à son embouchure. Nantes, Suireau; Paris, Bourdin, 1840-1845, 5 vol. in-8.

Ouvrage promis en 200 livraisons et publié en 280.

12. — Histoire de Blois et de son territoire, depuis les temps les plus reculés jusqu'à nos jours. Blois, Jahyer, 1846, in-8 avec 12 vign.

13. — Histoire parlementaire et Vie intime de Vergniaux, chef des Girondins. Lagny, impr. de Giroux, 1848, in-18 avec 1 portrait.

14. — Histoire de Napoléon, du Consulat et de l'Empire. IIe édit. Paris, Vialat, 1849, in-12.

Nous connaissons aussi : *Souvenirs de Léonard* [4 vol. in-8]; — *Le Roi de Bourges* [2 vol. in-8]; — *l'Abbaye de Saint-Germain* [2 vol. in-8].

M. Touchard-Lafosse a fait précéder d'une *introduction* « le Portefaix, roman de mœurs, » par M. Hippolyte METTAIS [1842, 2 vol. in-8].

Il a travaillé à « le Boudoir d'une coquette » [1844, in-8, fig.].

Il a donné dans « les Rues de Paris » : *Rue et faubourg Saint-Antoine*; *Marché des Innocents* [1844].

On doit aussi à M. Touchard-Lafosse : *Considérations morales, historiques et descriptives sur la contrainte par corps*, à la suite de « de la Contrainte par corps en matière civile et commerciale, » par MM. BOURBON-LEBLANC et LOUBENS [1829, in-8].

TOUCHARD-LAFOSSE neveu [Théodore]. [Voy. la *France littér.*, t. IX, p. 507.]

1. — Le Caporal Verner, par *Théodore Lustière*, et le Général Garnison, par *G. Touchard-Lafosse*. Paris, Lachapelle, 1839, 2 vol. in-8 [15 fr.].

LUSTIÈRE est le pseudonyme sous lequel M. Théodore Touchard-Lafosse a écrit presque tous ses ouvrages.

2. — Histoire pittoresque et militaire des Français, racontée par un caporal à son escouade. Paris, impr. de Schneider, 1840, 2 vol. in-18 [3 fr.].

3. — Avec M. *Boulé* : le Bourreau des crânes; vaud. en deux actes. Paris, Tresse, 1841, in-8 de 18 pag. [40 c.].

4. — Avec M. *Boulé* : les Trompettes de Chamboran; vaudeville en trois actes et quatre tableaux. Paris, Marchant, 1846, in-8 [50 c.].

On doit encore à M. Touchard-Lafosse neveu, en collaboration avec MM. FIRMIN et SELME-DAVENAY : le Ménage de Titi [1836, in-32]; — avec M. DUTERTRE : Monsieur Mézière [1841, in-8].

TOUCHET [le chevalier de]. — Réflexions sur les recherches pour retrouver la Lilloise. Caen, A. Hardel, 1836, in-8 de 16 pag.

M. Touchet est l'oncle maternel du capitaine Jules de Blosseville.

TOUCHIMBERT [Mme la comtesse de]. — Bribes. Paris, Delaunay, Montmaur, 1836, in-8.

En prose. Publié sous le pseudonyme A. BASTA.

TOUILLON [L.].

1. — Défense de Mazagran; poëme en un chant. Paris, impr. de Dupont, 1840, in-8 de 16 pag. [50 c.]

2. — Éloge funèbre de Napoléon, ou Songe d'un invalide; en vers. Paris, impr. de Blondeau, 1841, in-8 de 16 pag. [50 c.].

TOULGOET [A.]. — Masques et visages, ou les Socialistes et leurs adversaires en face de la Constitution. Paris, Gaume frères, 1848, in-18 [50 c.].

Pamphlet.

TOULLIER [Charles-Bonaventure-M.], jurisconsulte, professeur et doyen de la Faculté de droit de Rennes; né dans cette ville en 1751, mort le 19 septembre 1835. [Voy. la *France littér.*, t. IX, p. 510.]

1. — Le Droit civil français, suivant l'ordre du Code. Ouvrage dans lequel on a tâché de réunir la théorie à la pratique. V^e édition. Paris, Renouard, 1835, 15 vol. in-8 [134 fr.].

A cette édition est ajoutée une continuation par M. DUVERGIER (« Titres de la vente, de l'échange, du louage, du contrat de société, du dépôt et séquestre ») [1835-1843, 8 vol. in-8, plus 1 vol. de table, 86 fr.].

— Le Droit civil français, suivant l'ordre du Code. Ouvrage dans lequel on a tâché de réunir la théorie à la pratique. Paris, J. Renouard, 1840-1844, 15 vol. in-8 [134 fr.].

Le tome XV, se composant de la *Table générale alphabétique et analytique*, a été rédigé par M. Martin JOUAUST.

M. TROPLONG a aussi publié : « le Droit civil expliqué suivant l'ordre des articles du Code, depuis et y compris le titre de la Vente, du Contrat de société civile et commerciale, ou Commentaire du titre IX du livre III du

Code civil ; » ouvrage qui fait suite à celui de M. Toullier [Paris, Hingray, 1843, 2 vol. in-8].

— Le Droit civil français, suivant l'ordre du Code. Ouvrage dans lequel on a tâché de réunir la théorie à la pratique ; continué et complété par *J.-B. Duvergier*. VIe édition. Paris, J. Renouard et Cie, F. Cotillon, 1846 et ann. suiv., 13 vol. in-8 [130 fr.].

Cette sixième édition comprend : 1° le texte des 14 volumes de Toullier, accompagné de notes par M. Duvergier, indiquant les lois nouvelles modificatives du Code civil, les opinions des auteurs, les décisions de la jurisprudence et l'examen raisonné de ces documents ; — 2° la continuation publiée par M. Duvergier depuis l'article 1582 (titre de la Vente) jusqu'à la fin du Code civil ; — 3° une table générale des matières.

TOULMON [Bottée de]. Voy. BOTTÉE DE TOULMON [Auguste].

TOULMOUCHE [A.], docteur en médecine à Rennes, associé de l'Académie de Médecine de Paris. — Histoire archéologique de l'époque gallo-romaine de la ville de Rennes, contenant l'étude des voies qui partaient de cette cité et celle de leurs parcours ; précédée de recherches sur les monnaies et antiquités trouvées dans les fouilles de la Vilaine pendant les années 1841, 42, 43, 44, 45, 46. Rennes, impr. de Jausions, 1846, in-4 avec 3 cartes et 20 pl.

Citons encore : Mémoire géologique sur la Corse ; — Mémoire géologique sur l'Ille-et-Vilaine [dans le tome II des « Mémoires de la Société géologique de France »] ; — Histoire de l'épidémie du choléra qui a régné à Rennes [communiqué à l'Académie des Sciences en 1833].

Le tome II des « Mémoires de l'Académie de Médecine » contient un *mémoire* de M. Toulmouche.

TOULMONDE [le docteur]. — Quelques Considérations sur les ouvriers employés dans les manufactures de drap. Paris, impr. de Malteste, 1849, in-8 de 20 pag.

TOULOUZAN, professeur d'histoire à Marseille ; mort en juin 1840. [Voy. la *France littér.*, t. IX, p. 514.]

1. — Mémoire sur la région de la Trévousse, sur les peuples qui l'habitaient et sur le volcan éteint de Beaulieu.

2. — Recherches géodésiques sur l'ancien sol du bassin de Marseille.

M. Toulouzan a traduit avec M. P. GRIMBLOT « Géologie des gens du monde, » par de LÉONHARD [1840, 2 vol. in-8].

TOURDES [Jules], médecin, professeur à l'école de médecine de Strasbourg. [Voy. la *France littér.*, t. IX, p. 515.] — Du Noma, ou du Sphacèle de la bouche chez les enfants. Dissertation. Strasbourg, impr. de Silbermann, 1848, in-4.

TOURDES [Gabriel].

1. — Relation médicale des asphyxies occasionnées à Strasbourg par le gaz de l'éclairage. Strasbourg, Derivaux ; Paris, Baillière, 1841, in-8 de 88 pag. [2 fr.]

2. — Exercice illégal de la médecine et de la pharmacie à Strasbourg. Strasbourg, impr. de Silbermann, 1845, in-8 de 44 pag.

3. — Histoire de l'épidémie de méningite cérébro-spinale observée à Strasbourg en 1840 et 1841. Strasbourg, Derivaux ; Paris, Baillière, 1845, in-8 [3 fr.].

TOUR DU LAY [le prince de]. — Grands et petits Hommes, coups de plume. Paris, Krabbe, 1844, in-12 de 72 pag.

Poésies.

TOUREIL [L. de], membre de l'Institut historique. — Panorama des enfants. Anecdotes morales mises à la portée des enfants. Paris, Fischer, 1841, in-12 avec 6 grav. [5 fr.]

TOURETTES [Ferrier de]. Voy. FERRIER DE TOURETTES [Alex.].

TOURGUENEFF [N.].

1. — La Russie et les Russes. Paris, impr. de Guiraudet, 1847, 3 vol. in-8 [22 fr. 50 c.].

Tome Ier : *Mémoires d'un proscrit ;* — II : *Tableau politique et social de la Russie ;* — III : *De l'avenir de la Russie.*

2. — La Russie en présence de la crise européenne. Paris, impr. de Guiraudet, 1848, in-8 de 48 pag.

TOURLAVILLE. Voy. GROULT DE TOURLAVILLE [F.-L.].

TOURNACHON [Félix], dessinateur, photographe, romancier, particulièrement connu sous les pseudonymes *Nadar* et *Nadarchon*. — Robe de Déjanire. Paris, Recoules, 3 vol. in-8.

M. F. Tournachon a travaillé à « le Conseiller des enfants » et à divers autres recueils périodiques.

TOURNADRE DE NOAILLAT [Henri], avocat.

1. — Examen légal sur la question des recensements. Paris, Delamotte, 1841, in-8 de 56 pag. [1 fr.]

2. — Avec M. *Henri Boulard :* Mémoire à consulter pour les actionnaires du chemin de fer de Saint-Étienne à Lyon. Paris, impr. de Guiraudet, 1847, in-8 de 44 pag.

TOURNAL [Paul], pharmacien à Narbonne, correspondant du ministère de l'instruction publique pour les recherches historiques, membre des sociétés littéraires de Narbonne, de Toulouse, de la Société géologique de France, etc. — Description du musée de Narbonne. In-18 de 112 pag.

On doit encore à M. Tournal : Monuments celtiques de la Bretagne [in-8 de 24 pages]; — Monuments religieux de l'Angleterre [in-8 de 25 pages].

M. Tournal a donné des articles dans « le Temps, » « la France méridionale, » la « Revue du Midi, » le « Journal de Pharmacie, » le « Journal de Géologie, » le « Bulletin de la Société géologique, » où il a inséré particulièrement un *mémoire sur la Géologie des environs de Narbonne, des Considérations et des Recherches sur la contemporanéité de l'homme et de plusieurs animaux perdus.* Il est le fondateur du congrès méridional tenu en 1834 à Toulouse.

TOURNEFORT [Prosper de], évêque de Limoges ; né à Villes (Vaucluse) le 22 décembre 1761, mort le 17 mars 1844. [Voy. *Notice* par l'abbé P... (1844, in-8) ; — *Oraison funèbre*, prononcée par M. l'abbé DISSANDES DE BOGENET (1844, in-8); — Ode à la Vertu. Hommage par M. T. V. D. G. C. (1845, in-8).] — Opinion de M. l'évêque de Limoges sur l'éducation morale et religieuse donnée à la jeunesse dans la plupart des écoles de l'Université. Limoges, impr. de Barbou, 1844, in-8 de 20 pag.

TOURNEFORT [Jules de]. — Chant des ruines. Paris, Ledoyen, 1847, in-18.

TOURNEMINE [Pierre], auteur dramatique, directeur du théâtre du Luxembourg (1843). [Voy. la *France littér.*, t. IX, p. 519.]

1. — Serment d'ivrogne ; comédie-proverbe, mêlée de couplets, en un acte. Paris, Gallet, Tresse, 1839, in-8 de 10 pag. [15 c.]

2. — Une Femme sur les bras ; comédie-vaudeville en un acte. Paris, Henriot, Mifliez, Tresse, 1840, in-8 de 16 pag. [30 c.]

3. — L'Olympe en goguette ; vaudeville, revue critique, mythologique, comique et fantastique. Paris, impr. de Mme Dondey-Dupré, 1842, in-8 de 12 pag.

4. — Baigneurs et Baigneuses ; tableau folie-vaudeville en un acte. Paris, impr. de Mme Delacombe, 1842, in-8 de 12 pag.

5. — L'Enfant et les Voleurs ; tableau-vaudeville en un acte. Paris, impr. de Mme Dondey-Dupré, 1843, in-8 de 8 pag.

Sous le pseudonyme de *Baron*.

6. — Avec MM. *Augier* et *A. Bouché :* Paris aux îles Marquises, revue de 1843. Paris, impr. de Pollet, 1844, in-8 de 12 pag.

On doit encore à M. P. Tournemine, en collaboration avec M. GUÉNÉE : la France et l'industrie ; les Gueux de Paris ; — avec M. P. de GUERVILLE : Emma ou un Serment de jeune fille ; — avec M. LEBLANC DE FERRIÈRE : Lequel ? — avec M. Marc LEPRÉVOST : la Nièce du pédicure ; — avec M. MAIRE : le Garçon d'écurie ; — avec M. Adolphe POUJOL fils : la Pâtissière de Darmstadt ; — avec M. THACKERAY : l'Abbaye de Penmarc'h. Voy. ces noms.

M. Tournemine est aussi l'auteur de : le Cri de l'armée, chansonnette à propos de la naissance de S. A. R. le comte de Paris (24 août 1838 [1838, in-8].

TOURNEMINE [A. de]. — Instruction sur la topographie, pouvant servir à l'usage des écoles régimentaires du deuxième degré. 1839, in-12 [1 fr. 50 c.].

TOURNEMINE [Ch. VACHER DE BOURLANGES, baron de], docteur en droit, président honoraire du tribunal de Mauriac, correspondant de la Société des Antiq. de France, ancien historiographe de la province d'Auvergne, ancien député ; né à Pléaux le 4 novembre 1755. En 1786, il fut chargé par le garde des sceaux de Miromesnil de rechercher les anciens monuments écrits de l'Auvergne, dont les copies existent à la Bibliothèque du roi.

Nous connaissons de M. Vacher de Tournemine : Recherches historiques et politiques sur l'origine des assemblées d'états, et en particulier de ceux d'Auvergne [1789, in-8] ; — *Sur les Archives d'Aurillac et de Mauriac* [Mém. de la Soc. des Antiq. de France, t. IX, p. 207] ; — *Notice tirée des archives d'Aurillac* [IX, 246] ; — *Extrait d'une enquête faite au XIIIe siècle sur une contestation entre l'abbé et les conseils d'Aurillac* [IX, 216], etc.

TOURNEUR [Louis], né à la Rochelle en 1784. [Voy. la *France littér.*, t. IX, p. 520.] — Un Amour d'impératrice; mélodrame en quatre actes, suivi de *Codelka*, correspondance d'une contemporaine, etc. Bressuire, Baudry, 1842, in-8.

TOURNEUR [L.]. — Notice explicative de l'appareil vignicole préservant la vigne de la gelée, de la grêle, de la coulure, du bris de Saint-Jean (cassure), à un demi-centime par cep. Paris, Grégoire, 1846, in-8 de 16 pag. avec 1 pl.

TOURNEUR [l'abbé V.].

M. l'abbé V. Tourneur a traduit de l'italien, de GIOBERTI : « Considérations sur les doctrines religieuses de M. Victor Cousin » [1844, in-8], et avec M. P. DEFOURNY : « Restauration des sciences philosophiques » [1847, 3 vol. in-8].

TOURNEUX [Félix], ingénieur, ancien élève de l'École polytechnique.

1. — Chemins de fer. Du concours de l'État. Paris, Carilian-Gœury, 1840, in-8 de 32 pag. [50 c.].

2. — Encyclopédie des chemins de fer et des machines à vapeur, à l'usage des praticiens et des gens du monde. Paris, J. Renouard et Cie, 1844, in-12 avec des vignettes dans le texte et 12 planches [5 fr.].

M. Félix Tourneux a revu, corrigé et augmenté « le Mécanicien constructeur, » par LEBLANC [1845, in-4].

Il a revu, avec M. Prosper Tourneux, corrigé et augmenté d'un *Appendice sur les chemins de fer et sur les machines à vapeur*, « le Mécanicien anglais, » par J. NICHOLSON [1848, 2 vol. gr.-in-8].

Il a présenté, avec d'autres ingénieurs, un tracé direct du chemin de fer de Paris à Meaux [1841, in-8].

TOURNEUX [Prosper], ancien élève de l'École polytechnique, chef du bureau des chemins de fer au ministère des travaux publics.

M. P. Tourneux a traduit de l'allemand, avec une introduction et des notes : « Législation et administration des chemins de fer en Allemagne, » par M. de REDEN [1845, in-8].

Il a revu, avec M. Félix TOURNEUX : « le Mécanicien anglais, » par Nicholson [1842, 2 vol. gr. in-8].

Il a travaillé au « Dictionnaire des Arts et Manufactures. »

TOURNIER [Alexandre]. — Ode pour l'inauguration de la statue du général Championnet. Valence, Charvins, 1843, in-8 de 16 pag.

TOURNIER [J.-Th.-A.], professeur à l'École de médecine de Besançon, membre de l'Académie des sciences, arts et belles-lettres de cette ville. — Réflexions sur les principaux vices et les besoins les plus urgents de l'enseignement médical en France. Besançon, Déis, 1843, in-8 de 52 pag. [1 fr. 50 c.]

TOURNIER-CAILLAUD [J.]. — La Véritable Clef des participes; traité nouveau. Rochefort, imprim. de Mercier, 1841, in-8 de 16 pag.

TOURNILHON [Paul-Hector], officier de l'armée française, membre de la Société des sciences, arts et belles-lettres de Vaucluse; né à Bollène le 13 mars 1805. [Voy. la *France littér.*, t. IX, p. 520.]

1. — Mélanges. Dunkerque, impr. de Drouillard, 1840, in-8 de 48 pag.

Tiré à 50. Presque toutes les pièces sont en vers.

2. — Transatlantiques et quelques poésies. Dunkerque, impr. de Drouillard, 1841, in-8 de 104 pag.

Morceaux les uns en vers, les autres en prose.

TOURNOIS [François], ex-voiturier requis à l'armée d'Espagne.

1. — Dénonciation aux Chambres d'un vol de deux milliards, opéré de 1808 à 1815, au détriment des particuliers et de l'État. Paris, impr. de Lacrampe, 1838, in-4 de 40 pag.

2. — Mémoire explicatif et justificatif à l'appui de la pétition présentée aux Chambres, réitérée le 10 janvier 1846, déposée le 12 du même mois au secrétariat de la présidence de la Chambre des députés. Paris, impr. de Vrayet de Surcy, 1846, in-8 de 28 pag.

TOURNOIS.

1. — Histoire de Philippe d'Orléans et du parti d'Orléans, dans ses rapports avec la révolution française; rédigée sur les documents du temps, pour servir d'introduction à un ouvrage inédit, et précédée de quelques réflexions sur l'historiographie générale de cette époque. Paris, Bohaire, Rigaud, Charpentier, 1840-43, 2 vol. in-8 [18 fr. 50 c.].

2. — Histoire de Louis-Philippe-Joseph, duc d'Orléans, et du parti d'Orléans, dans ses rapports avec la révolution française. IIIe édition, réduite

TOURNOIS [Mme].—Avec Mlle *Tournois* : Certificats des cures magnétiques. Marseille, impr. de Feissat aîné, 1841, in-8 de 36 pag.

TOURON [le P. Ant.], de l'ordre de Saint-Dominique ; né à Graulhe en 1680, mort en 1775. [Voy. la *France littéraire*, t. IX, p. 522.] — La Providence, esquisse historique, religieuse et morale. Nouvelle édition, refaite pour le style, et enrichie d'anecdoctes par le vicomte *Walsh*. Paris, Dezobry et Magdeleine, 1840, in-8 [5 fr.], et in-12 [2 fr.].

TOURREAU [Charles de], capitaine de cavalerie.
1. — Réflexions sur l'ordre royal et militaire de Saint-Louis, accompagnées de quelques observations sur la Légion d'honneur. Carpentras, impr. de Devillario, 1843, in-8 de 16 pag.
2. — Rivières et Montagnes. 10 juillet 1843. Carpentras, impr. de Devillario, 1843, in-8 de 16 pag.

M. de Tourreau a travaillé au « Journal des Sciences militaires. »

TOURTE [François], peintre en porcelaine.
1. — Les Brises du matin, poésies. Paris, imprim. de Pollet, 1840, in-18 [1 fr. 25 c.].
2. — Remi, ou Croyance et martyre, nouvelle en vers. Batignolles, impr. d'Hennuyer, 1843, in-8 [5 fr.].

En dix chants.
M. Fr. Tourte a travaillé aux « Poésies sociales des ouvriers, » réunies et publiées par Olinde Rodrigues [1841, in-8].

TOURTE–CHERBULIEZ [Mme], née à Genève vers 1796. [Voy. un article biogr. par Mlle Ulliac Trémadeure dans *le Biogr. et le Nécrol.* (1836, p. 222), et la *France littér.*, t. IX, p. 523.]
1. — Antonio, une belle action et autres récits. Paris, 1838, 2 tomes en 1 vol. in-12, fig. [3 fr. 50 c.]
2. — Deux Excursions dans la vallée de Grindenwald, en 1793 et 1839. Genève, 1840, in-8 [1 fr. 50 c.].
3. — Journal d'Amélie, ou Dix-huit Mois de la vie d'une jeune fille. Scènes de famille. IIe édit., revue et corrigée par l'auteur. Paris, 1841, in-12 [3 fr. 50 c.].

Mme Tourte-Cherbuliez a traduit de l'anglais : « la Terre et l'Eau, » par Mme Marcet [Genève, 1840, in-12].
Elle a travaillé à « l'Album de la Suisse romande » [1842-46, 5 vol. in-4].

TOURTOIS. — Traité raisonné d'analyse grammaticale, contenant des exercices et des sujets d'analyse à la suite de chaque chapitre. Douai, Obez, 1849, in-8 [1 fr. 50 c.].

TOUSEZ [P.], dont le pseudonyme est *Paul Bocage*. — Avec M. *Octave Feuillet* [et M. *Alex. Dumas*] : Échec et mat ; comédie en cinq actes et en prose. Paris, Jérôme, 1846, grand in-8 de 63 pag. [1 fr.] ; et Michel Lévy, 1846, in-12 [1 fr.].

TOUSSAINT de Sens [Claude-Jacques], architecte ; né en 1786. [Voy. la *France littér.*, t. IX, p. 525.]
1. — Avec M. *Hibon* : Nouveau Vignole des élèves, des artistes et des constructeurs ; suite de 63 pl. grav., avec un texte explicatif ; augmenté de 12 pl. composées et dessinées par M. Leveil. Paris, Carilian-Gœury, 1843, in-4, avec 75 pl. [15 fr.]
2. — Nouveau Manuel complet du maçon-plâtrier, du carreleur, du couvreur et du paveur. Paris, Roret, 1841, avec 10 pl. [3 fr.]
3. — Nouveau Manuel complet de la coupe des pierres. Paris, Roret, 1845, in-18, avec un atlas in-4 de 13 pl.
4. — Nouveau Manuel complet d'architecture, ou Traité de l'art de bâtir, comprenant, etc. Paris, Roret, 1845, 2 vol. in-18, avec 5 pl. [7 fr.].

TOUSSAINT [G.-Alvar], architecte. — Avec MM. *B...* et *G...* (serruriers), et de *Gr.* (architecte) : Nouveau Manuel complet du serrurier, ou Traité simplifié de cet art. Paris, Roret, 1843, in-18 avec pl. [3 fr.]

M. G. Alvar Toussaint a revu : « Série des prix de peinture, vitrerie, tenture, dorure, » par Aug. Chevey [Paris, Carilian-Gœury et V. Dalmont, 1848, in-12].

TOUSSAINT [G.]. — Code des préséances et des honneurs civils, militaires, maritimes, ecclésiastiques et funèbres ; suivi de la description des costumes de cérémonies, des uniformes et des marques distinctives et honorifiques. Paris, Dumaine, 1845, in-8 [6 fr.].

Divisé en trois livres. Liv. Ier : *Des rangs et des préséances*; — liv. II : *Des honneurs civils, militaires, maritimes, ecclésiastiques et funèbres*; — liv. III : *Des costumes et des marques distinctives et honorifiques*.

TOUSSAINT fils [Victor], avocat au Havre.

1. — Société havraise d'études diverses. Résumé analytique des travaux des cinquième, sixième et septième années. Le Havre, impr. de Lemale, 1841, in-8 de 112 pag.

2. — Notice historique sur l'ancien hôtel de ville du Havre. Le Havre, impr. de Labottière, in-8 de 12 pag.

3. — Avec M. *Delange* : Jurisprudence du tribunal de commerce du Havre, recueil spécial de législature et de jurisprudence française et étrangère en matière de commerce. Le Havre, impr. de Labottière, 1843, in-8 ; prix annuel [15 fr.].

4. — Lois et règlements du port du Havre, relatifs à la police du port du Havre, etc.; recueillis et mis en ordre. Le Havre, impr. de Carpentier, 1846, in-18.

M. Toussaint a donné du « Manuel des justices de paix, » par LEVASSEUR, une nouvelle édition, refondue et corrigée d'après les lois nouvelles et la jurisprudence, avec une histoire des justices de paix et des tables [Paris, Delhomme, 1846, in-8].

Il a travaillé au « *Courrier du Havre*. »

TOUSSAINT [Michel]. — Caducité des religions prétendues révélées. Examen critique du culte juif et des sectes chrétiennes, où l'on prouve que la philosophie ou religion naturelle est la véritable base de la morale. Meulan, impr. de Hiard, 1844, in-18 de 132 pag.

TOUSSAINT [P.], ancien négociant. — Ce qu'il faut pour éviter de nouvelles révolutions. Conseils aux antisocialistes. Paris, impr. de Chaix, 1849, in-18 de 36 pag.

TOUSSAINT, ancien directeur du théâtre de Bordeaux. — Observations sur le projet de réforme théâtrale en province, proposé par M. C. Destrem pour le théâtre de Bordeaux. Bordeaux, impr. de Balarac, 1849, in-8 de 16 pag. [50 c.]

TOUSSAINT DE SAINT-LUC [le P.], carme réformé. Voy. LE BIGOT [Toussaint].

TOUSSENEL [Théodore], professeur d'histoire au collège Charlemagne. [Voy. la *France littér.*, t. IX, p. 527.] — Précis chronologique de l'histoire de France, in-4 [6 fr.].

Pour servir de texte explicatif aux planches gravées sur acier, par le procédé Collas, d'après la collection des médailles historiques des rois de France, et publiées chez l'éditeur P.-C. d'Olivier, à Paris.

M. Th. Toussenel a traduit de l'allemand : « Contes, » par HOFFMANN [1838, 2 vol. in-8] ; — « Traditions allemandes, » par GRIMM frères.

TOUSSENEL [A.].

1. — Les Juifs rois de l'époque ; histoire de la féodalité financière. Paris, impr. de Renouard, 1845, in-8 [5 fr.] ; — IIe édit. Paris, Gonet, 1845, 2 vol. in-8 [10 fr.].

2. — Travail et fainéantise, programme démocratique. Paris, impr. de Desoye, 1849, in-8 de 32 pag.

M. A. Toussenel a donné dans la « Bibliothèque des feuilletons : » *le Lion de l'Atlas*; *l'Art de trouver les nids* [t. VI].

Il a fourni à la « Démocratie pacifique » des articles intitulés : *Cours de zoologie passionnelle*, qui portent entre autres sur les points suivants : — *du Caractère de la tête et de son rôle dans l'homme*; — *Coup d'œil rétrospectif sur la création et les comètes*; — *la Gamme planétaire*; — *Des prochaines découvertes de l'Observatoire et de la mission providentielle de la puce*; — *de l'Ère paradisiaque et de la chute, et de quelques erreurs répandues à ce propos*; — *la Terre affectée d'une maladie de langueur à la suite de l'invasion du virus moraliqué*; — *Agonie et décès de la lune*, etc.

TRABER [H.]. — Grammaire mnémonique, faisant connaître en six mois le mécanisme et le génie de la langue française, ou Nouvelle Méthode à répétiteurs écrits, etc. IIe édition, augmentée par l'auteur de signes mnémoniques pour la formation des temps. Paris, impr. de Bonaventure, 1849, in-12 de 120 pag.

La première édition est de 1848 [Maire-Nyon, Delalain, in-12].

TRACY [Destutt de]. Voy. DESTUTT DE TRACY [A.-L.-C.].

TRAGIN [Eugène].

1. — Lia, pièce en quatre actes. Caen, impr. de Delos, 1847, in-8 de 40 pag.

2. — Les Maris artistes, pièce en un acte. Caen, impr. de Delos, 1848, in-8 de 24 pag.

TRAHON [Dupeuty]. Voy. DUPEUTY-TRAHON [Jean-Ferdinand].

TRAMAUX-MALHET [J.], typographe. — Vade-mecum, ou l'Indispensable aux typographes (maîtres et ouvriers), libraires, auteurs et journalistes, et en général à toutes les personnes qui impriment ou font imprimer. Louviers, impr. de Delahaye, 1843, in-18 [4 fr.].

TRAMBLET [Godefroy], membre de la loge des Trinosophes (Orient de Paris).—Réflexions philosophiques et morales sur les rapports de l'homme avec la Divinité, sur l'amitié, sur l'immortalité de l'âme. Profession de foi maçonnique. Paris, impr. de Pommeret, 1840, in-18 de 36 pag.

TRAMBLET. — Tableaux synoptiques pour la concordance du prix des mètres courants, carrés ou cubes, avec celui des pieds courants, carrés et cubes, de Paris et de Lyon. Lyon, impr. de Perrin, 1839, in-plano.

TRAMBLY. [Voyez la *France littér.*, t. IX, p. 531.] — La Promenade du poëte. Mâcon, impr. de Chassipolet, 1843, in-8 de 8 pag.

TRANCHANT [Camille]. — De l'Enseignement de la musique en général et du piano en particulier. Paris, Chabal, 1846, in-8 de 16 pag.

TRANSON (Abel), mathématicien, ancien élève de l'École polytechnique, professeur à cette même école. [Voy. la *France littér.*, t. IX, p. 532.]

On doit à M. Abel Transon : Cinq discours aux élèves de l'École polytechnique, extraits de l'exposition de la doctrine de Saint-Simon, 1830, 2ᵉ édit. in-8 [3 fr. 50 c.]. — Il a donné 23 discours dans les prédications saint-simoniennes [1842, 2 vol.] et divers opuscules aux missions en province [1831-32]. — Il a travaillé aux feuilles populaires paraissant toutes les semaines, et au « Globe ».
Comme mathématicien, M. Transon a fourni des mémoires et notes au « Journal des Mathématiques pures et appliquées » de M. LIOUVILLE, etc.

TRANSTAMARE [Henri de], l'un des noms pris par M. HÉBERT [Ethelbert-Louis-Hector-Albert]. Voy. ce nom.

TRAPADOUR [Marc]. — Histoire de saint Jean de Dieu. Paris, Waille, 1844, in-8 avec un portrait [3 fr. 50 c.].

TRAPANI [Domingo-Gian]. [Voy. la *France littér.*, t. IX, p. 533.] — Dictionnaire français-espagnol et espagnol-français, d'après les dictionnaires de l'Académie espagnole et de l'Académie française, de Boiste et autres. Paris, Baudry, 1843, 2 tomes en 1 vol. in-32 [4 fr. 50 c.].

TRAPASSI [le P. Bonaventure]. Voy. MÉTASTASE.

TRAPPE. — Dissertation sur les excroissances et les pustules vénériennes. An X, in-8 [1 fr. 50 c.].

TRAVANET [le marquis Scipion de], agriculteur.
1. — Physiologie de la terre, études géologiques et agricoles. Bourges, Bernard; Paris, Mᵐᵉ Bouchard-Huzard, 1844, in-8 [7 fr. 50 c.].
2. — Un Mystère sous l'Empire. Paris, Simon, 1845, 2 vol. in-8 [15 fr.].
3. — Préservatif d'agronomie empirique, ou Lettres agricoles adressées à un cultivateur débutant. Manuel complet de l'agriculteur pratique. Paris, Mᵐᵉ Bouchard-Huzard, 1845, in-8 [5 fr.].
4. — Rudiment agricole universel, par demandes et par réponses, ou l'Agriculture enseignée par ses principes, applicables à sa pratique en tous lieux. Paris, Mᵐᵉ Bouchard-Huzard, 1846, in-12 [2 fr.].
5. — Mémoires de M. Cincinnatus Fenouillet, agronome et agriculteur pratique, à la poursuite du progrès agricole, ou l'Agriculture en renom. Bourges, impr. de Mᵐᵉ veuve Ménage, 1847, in-12 [3 fr.].

M. de Travanet a dirigé la publication de « l'Avant-Garde agricole, guide de la pratique rationnelle de l'agriculture, » dont le premier cahier a paru en 1847 [Paris, impr. de Bureau, in-8].

TRAVERS [l'abbé Nicolas]; né à Nantes en 1686, mort en octobre 1750. [Voy. la *France littér.*, t. IX, p. 534.] — Histoire civile, politique et religieuse de la ville et du comté de Nantes, imprimée pour la première fois sur le manuscrit original, appartenant à la bibliothèque publique de la ville de Nantes, avec des notes et des éclaircissements, sous la direction de M. *Aug. Savagner*. Nantes, Forest; Paris, Pesron, 1837-44, 3 vol. in-8.

Ouvrage promis et complet en 42 livraisons.

TRAVERS [Julien-Gilles], anc. principal du collége de Falaise, anc. professeur de littérature latine à la Faculté des lettres de Caen, membre de la Société des Antiquaires de Normandie, secrét. de l'acad. de Caen; né à Valognes le 31 janvier 1802. [Voyez la *France littér.*, t. IX, p. 535.]

1. — Guilbert, ou le Héros de quatorze ans; poëme. Novembre 1823, in-8: — IIe édit. 1824.

2. — Les Algériennes, poésies nationales. Paris, Ladvocat, 1827, in-8.

3. — Algérienne, août 1829. Saint-Lô, Élie, in-8.

4. — Annuaire du département de la Manche. Saint-Lô, impr. d'Élie, 1829 et ann. suiv., in-12 et in-8.

A partir de 1838, cet annuaire a été divisé en deux parties : 1° *Rapports du préfet au conseil général et procès-verbaux de la session du conseil;* 2° *Documents divers, documents embrassant l'histoire et les antiquités du département, biographies, mélanges,* etc.

5. — Sonnets. Le Mont-Saint-Michel. Cherbourg, Boulanger, 1834, in-8.

Les sonnets, au nombre de 24, sont précédés d'une esquisse des légendes relatives au Mont-Saint-Michel, en prose.

6. — Polémique politique. Réponse à la « Première Lettre aux Normands » de M. le vicomte de TOCQUEVILLE, par un habitant du Bocage. Saint-Lô, Élie, 1832, in-8.

7. — Polémique politique. Réponse aux deux premières Lettres aux Normands de M. le vicomte de Tocqueville, par *un habitant du Bocage*. IIe édit. Saint-Lô, Élie, 1833, in-8.

8. — Instruction morale et religieuse. Les Distiques de Muret, imités en quatrains français, ou Conseils d'un père à son fils. Falaise, Brée aîné, 1834, in-8.

Le texte latin est en regard.

9. — De l'Histoire, de la chronologie et de la géographie. 1834, cahier in-8.

Autographié pour les écoles primaires de l'arrondissement de Falaise.

10. — De l'Instruction primaire. Falaise, Brée aîné, 1835, in-8.

11. — Excursion dans le nord du Passais normand. Falaise, Brée, 1838, in-8.

12. — Notice biographique sur Frédéric Galeron. Falaise, impr. de Levavasseur, 1840, in-8 de 24 pag. avec un portrait.

Frédéric Galeron, né à l'Aigle le 6 juillet 1794, est mort à Falaise le 18 juillet 1838.

13. — De l'Enseignement secondaire, mémoire qui a remporté, en 1840, une médaille d'or, prix qui avait été proposé par la Société académique de Falaise pour le meilleur travail sur le sujet suivant : « Indiquer les changements qu'il convient d'introduire dans l'enseignement secondaire, pour que cet enseignement puisse répondre aux besoins de la société, et satisfasse à ce qu'exige l'état actuel des sciences, des arts et de l'industrie. » Falaise, Levavasseur, 1841, in-8.

Extrait des « Mémoires de la Société académique, agricole, industrielle et d'instruction de l'arrondissement de Falaise » [année 1840].

14. — Rapport sur les travaux de l'Académie des sciences, arts et belles-lettres de Caen, depuis le 17 avril 1834 jusqu'au 26 nov. 1840 [1840]; — *idem*, depuis 1840 jusqu'au 3 avril 1843 [1845]; — *id*. séance du 11 décembre 1844 [1845].

Citons encore : Au peuple, sur le choléra-morbus, par un cousin du bonhomme Richard [décembre 1831, in-12]; — Pétition de Buonaparte et de sa sœur Marie-Anne-Elisa (Mme Bacciocchi). Notice et *fac-simile* [1842, in-8]; — le Magnétisme à Caen. Lettre à un ami [1845, in-8].

M. J. Travers a donné des éditions des : « OEuvres poétiques » de BOILEAU-DESPRÉAUX [1844, 1847, in-12].

Il a fait aussi un choix de poésies françaises depuis l'origine de notre langue jusqu'à Malherbe, et un choix de poésies chrétiennes pour la collection de M. F. Didot : « Chefs-d'œuvre de la littérature française » [gr. in-18 anglais].

Il a fourni des *poésies* aux « Mémoires de la Société académique de Cherbourg. »

Il est l'auteur d'une *traduction* d'ARNOBE (« contre les Gentils ») et de VÉGÈCE (« de la Médecine vétérinaire ») pour la 2e série de la « Bibliothèque latine-française » de Panckoucke.

Il a publié dans le « Bulletin de l'Académie de Caen » des notes extraites des papiers de l'abbé G. de Larue.

Il a dirigé la publication de : « l'Écho de la Manche, » journal hebdomadaire, du 15 février 1829 au 16 mai 1830 [Saint-Lô, Élie, 66 numéros, petit in-fol.]; — du : « Bulletin de l'instruction publique, des sociétés savantes et de l'Académie de Caen » [1840-43, Caen, Hardel, 6 vol. in-8. Ce recueil a été continué par la « Revue de Caen, » sous la direction de M. PUISEUX.]; — des « Annuaires et almanachs des départements de la Manche et du Calvados » [septembre 1843. Caen, Leroy, in-8 de 64 pages (extrait de « l'Annuaire normand » de 1844)].

Il a travaillé aussi à « l'Encyclopédie des gens du monde. »

TREADWEL [Daniel]. — Notice succincte sur un canon perfectionné et sur les procédés mécaniques employés à sa fabrication. Traduction de M. *Rieffel.* Paris, Corréard. 1848. in-8 de 32 pages [2 fr.].

TREBOUL. [J.-B.-N.-R.], architecte-manufacturier à Riom. [Voy. la *France littér.*, t. IX, p. 536.] — Considérations sur les vins d'Auvergne : moyens de les améliorer et de les conserver. Clermond-Ferrand, impr. de Thibaud-Landriot, 1841, in-8 de 32 pag. [50 c.]

TRÉBUCHET [Adolphe], chef du bureau des établissements insalubres à la préfecture de police; né à Nantes en 1801. [Voy. la *France littér.*, t. IX, p. 536.]

M. A. Trébuchet a fait suivre d'un *précis de la législation qui régit cette industrie* l'ouvrage intitulé : « du Sucre et de sa fabrication, » par A. BAUDRIMONT [Paris, J.-B. Baillère, 1841, in-8].

M. A. Trébuchet a travaillé aux « Annales d'hygiène publique et de médecine légale; » au « Dictionnaire de médecine usuelle, » où il a fourni les articles *Hygiène publique, Police médicale;* — à « Instruction pour le peuple, cent traités sur les connaissances les plus indispensables, » notamment les articles *Hygiène, Salubrité publique,* etc.

TRÉBUTIEN [Guillaume-Stanislas], conservateur-adjoint de la bibliothèque de la ville de Caen, membre de la Société des Antiquaires de Normandie; né à Fesney-le-Puceux, près de Caen, le 9 octobre 1800. [Voy. la *France littér.*, t. IX, p. 537.]

1. — Avec M. G. Mancel : Almanach des trois départements du Calvados, de l'Orne et de la Manche (1842, in-18). Voy. MANCEL.

Sous les initiales G.-S. T.

2. — Notes sur Claude Fauchet, évêque constitutionnel et député du Calvados à l'Assemblée législative et à la Convention nationale. Caen, impr. de Hardel, 1842, in-8 de 56 pag.

Tiré à 132 exemplaires.

3. — Chansons de Maurice et de Pierre de Craon, poëtes anglo-normands du XIIe siècle; publiées pour la première fois, d'après les manuscrits de la Bibliothèque du roi. Caen, Mancel, 1843, in-16 de 32 pag.

4. — Caen. Précis de son histoire, ses monuments, son commerce et ses environs, guide portatif et complet, nécessaire pour bien connaître cette ancienne capitale de la basse Norman-die. Caen, imprim. de Poisson, 1847, in-18.

M. Trébutien passe pour avoir été le véritable éditeur du mémoire intitulé : « Mithriaca ou les Mithriaques, » de Jos. de HAMMER, qui a paru, en 1833, sous le nom de M. John SPENCER-SMITH, et du traité de GERSON « de Laude scriptorum, » qui a été imprimé sous le même nom en 1841.

Il a publié pour la première fois, avec M. G. MANCEL, d'après les manuscrits de la Bibliothèque du roi : « Établissement de la fête de la Conception de Notre-Dame, dite la fête aux Normands, » par WACE [1842, in-8].

Il a signé des biographies dans « le Livre d'honneur » édité par M. Jarry de Mancy.

Il a été l'un des rédacteurs du « Journal des Savants de Normandie. »

TRÉDOS [René], membre de plusieurs académies. [Voy. la *France litt.*, t. IX, p. 539.]

1. — Mazagran, ou le Serment des braves, poëme dédié aux 123 et à l'armée française. Marennes, Raissac, 1840, in-8 de 20 pag. [1 fr.]

2. — Philosophie de la langue française, ou Nouvelle Doctrine littéraire; cours de rhétorique, servant d'introduction à l'étude de la philosophie. Cognac, imprim. de Mercier, 1841, in-8 [7 fr. 50 c.].

TRÉFET [le docteur]. — Traité pratique des maladies blennorrhagiques. Paris, imprim. de Guyot, 1846, in-12 [50 c.].

TREILLARD [Maurice], ex-membre du comité préfectoral du Rhône. — La République à Lyon sous le gouvernement provisoire. Paris, Gabriel Roux, 1849, in-8 de 44 pag. [30 c.]

TREILLE [J.-Fr.-Bern.-Maurice], docteur en médecine et ancien médecin militaire; né en 1783 dans le département du Gers. [Voy. la *France littér.*, t. IX, p. 539.] — Nouveaux Documents sur les prisons pénitentiaires et la déportation. Paris, Guillaumin, 1844, in-8 de 76 pag. [1 fr. 50 c.]

M. Treille a publié, en outre, divers mémoires, insérés pour la plupart dans les « Annales de médecine physiologique » : sur l'ictère fébrile; — sur le croup; — sur le cancer; — sur l'action sédative de l'asperge dans les névroses; — sur les maladies cancéreuses de la matrice, etc.

TRÉLAT [Ulysse], docteur en médecine, ancien chirurgien militaire, ancien interne de la maison d'aliénés de Charenton, médecin d'une section d'aliénés incurables à la Salpêtrière, professeur d'hygiène, fondateur et membre des sociétés politiques qui se sont formées pour combattre les tendances du gouvernement de la Restauration, lieutenant-colonel de la 12ᵉ légion, vice-président de l'Assemblée nationale, ministre des travaux publics après la révolution de février 1848; né à Montargis en 1795. [Voy. la *Biogr. des hommes du jour* de SAINT-EDME et SARRUT, t. I, 1ʳᵉ partie, et la *France littér.*, t. IX, p. 540.]

1. — Recherches historiques sur la folie. Paris, J.-B. Baillière, 1839, in-8 [3 fr.].

2. — Rapport à MM. les membres du conseil général des hôpitaux et hospices civils du département de la Seine. Paris, impr. de Blondeau, 1842, in-4 de 44 pag.

3. — Étude de l'homme. Observations critiques sur le livre du docteur H. LAUVERGNE, intitulé : *de l'Agonie et de la mort dans toutes les classes de la société, sous le rapport humanitaire, physiologique et religieux*. Lyon, imprim. de Boursy fils, 1843, in-8 de 16 pages.

Citons encore : Notice biographique sur Buonarroti [Épinal, Cabasse, 1838, in-8].

On doit à M. U. Trélat une *Notice sur François Leuret*, dans les « Annales médico-psychologiques du système nerveux. »

Il a travaillé au « National, » au « Journal du progrès des sciences médicales, » au « Patriote du Puy-de-Dôme, » au « Journal des Progrès, » etc.

TRÉLAT [Émile], architecte. — Avec M. *Ernest Mangeon* : Notice sur une église de campagne (Notre-Dame de Villeneuve-le-Comte). 1845, in-8 de 23 pag. Voy. MANGEON.

TRELIS. — Cours élémentaire de dessin linéaire-perspectif. IIᵉ édition. Nanci, Paullet; Paris, Carilian-Gœury, 1840, in-8 de 96 pag. avec des planch. [3 fr. 50 c.]

TRELLO. — Considérations nouvelles sur l'Algérie. Paris, Poirée, 1840, in-8 de 52 pag. [1 fr.]

TRELUT [N.].
1. — Un Mot sur l'amélioration des chevaux comtois. Vesoul, impr. de Suchaux, 1844, in-8 de 20 pag.
2. — Traité des races bovines comtoises et des causes qui s'opposent à leur amélioration. Vesoul, impr. de Suchaux, 1846, in-8 de 16 pag.

TRÉMADEURE [Mˡˡᵉ Sophie ULLIAC], traducteur romancière, écrivain moraliste; née à Lorient le 19 avril 1794. [Voy. la *France littér.*, t. IX, p. 541.]

1. — Adolphe, ou le Petit Laboureur. Ouvrage amusant et moral. Paris, Didier, 1834, in-18 avec 3 grav.

2. — Une Histoire. Paris, Pesron, 1835, in-12, avec 4 grav. [3 fr.]

3. — Le Petit Bossu, ou la Famille du sabotier, livre de lecture courante pour les enfants et pour les adultes. Paris, Eug. Pénaud et compagnie, 1845, in-12.

Citons aussi les éditions suivantes : Paris, impr. de Locquin, 1841, in-12; — Lehuby, 1842, in-12; — Chartres, Garnier, 1836, in-18, avec 1 grav.; — Angoulême, Cognasse, 1837, in-12; — Limoges, Ardant, 1846, in-12; — Nancy, Raybois et Grimblot, 1849, in-16, etc.

4. — Contes aux jeunes artistes. IVᵉ édition. Paris, Didier, 1838, in-12 avec 4 grav. [3 fr. 50 c.]

5. — Claude Bernard, ou le Gagne-petit. Ouvrage de morale populaire. Paris, Didier, 1840, in-12 avec 4 grav. [3 fr.]

Ouvrage couronné par l'Académie française.

6. — Émile, ou la Jeune Fille auteur. Paris, Didier, 1840, in-12 avec 4 grav. [3 fr. 50 c.]

7. — Histoire de Jean Marie, suivie du *Portefeuille*. Paris, Didier, 1840, in-18 avec 1 grav. [1 fr. 20 c.]

8. — Les Trois Pèlerins, ou la Foi. Paris, Langlois et Leclercq, 1841, gr. in-18 avec 1 grav.

Fait partie de : « les Grâces chrétiennes, » sous la direction de Mᵐᵉ Fanny Richomme.

9. — Étienne et Valentin, ou Mensonge et Probité; suivi de l'*Histoire de Jean Marie et du Portefeuille*. Paris, Didier, 1841, 1842, 1845, in-12 avec 4 grav. [3 fr.]

10. — Les Jeunes Naturalistes ou Entretiens sur l'histoire naturelle. Paris, Didier, 1841, 1845, 2 vol. in-12 avec 14 pl. [8 fr.].

11. — Les Contes de ma mère l'Oie, dédiés aux grands et aux petits enfants. Paris, Bréauté, 1842, in-8 avec 12 lith. [7 fr.]

12. — Laideur et Beauté. Morale

pratique. Paris, Desforges, 1842, in-8 avec 11 lith. [8 fr.]

Bibliothèque de la jeune fille.

13. — Quelques Leçons d'histoire naturelle. Paris, Desforges, 1842, in-8 avec 5 pl. [4 fr.].

Bibliothèque de la jeune fille.

14. — Eugénie, ou le Monde en miniature. Paris, Desforges, 1843, in-8 avec 12 lith. [8 fr.]

Bibliothèque de la jeune fille.

15. — Astronomie et météorologie. Paris, Desforges, 1843, in-8 avec 8 grav. [8 fr.]

Bibliothèque de la jeune fille.

16. — L'Institutrice. Simples histoires. Paris, Desforges, 1846, in-8 avec des lith. [8 fr.]

Bibliothèque de la jeune fille.

Mlle S. U. Trémadeure a traduit de l'anglais : Un Présent de noces, ou Instruction aux jeunes épouses sur les soins à donner aux enfants en bas âge [Paris, impr. de Guillois, 1843, in-32].
Elle a fourni des articles au « Journal des jeunes personnes » et a dirigé ce journal.
On lui doit aussi un article biographique sur Mme Tourte-Cherbuliez dans « le Biographe et le Nécrologe, » 1836, p. 222.

TREMBICKA [Mme Françoise]. [Voy. la *France littér.*, t. IX, p. 544.]

1. — Mémoire d'une Polonaise, pour servir à l'histoire de la Pologne, depuis 1764 jusqu'à 1830. Paris, Lachèze, Lucas, 1841, 2 vol. in-8 [15 fr.].

2. — Marguerite de Hijar, par Mme Trembicka, suivie de trois nouvelles, par Mme *Colmache*. Paris, Loss, 1842, 2 vol. in-8 [15 fr.].

3. — Les Matinées instructives et amusantes. Tours, Pornin, 1846, in-18 avec 1 grav.

4. — Les Soirées récréatives et morales. Tours, Pornin, 1846, in-18 avec 1 grav.

5. — Choix de conversations instructives et amusantes. Paris et Limoges, Ardant, 1848.

Mme Trembicka a traduit de l'anglais : Mission de la femme (traduit sur la 9e édition) [Paris, Lachèze, 1842, in-12] ; — la Petite Naturaliste [Tours, Pornin, 1844, in-18, avec une gravure].

TREMBLAI [S.-L.].

1. — Maladie et Guérison. Retour d'un enfant du siècle au catholicisme, Poésies, précédées d'une lettre de *Sainte-Beuve*. Moulins, Desrosiers; Paris, Chamerot, 1840, in-8, avec un frontispice [8 fr.].

2. — La Mansourah, ou la Rançon de saint Louis; opéra comique en trois actes, représenté pour la première fois au petit séminaire de Saint-Pons, en août 1840. Paroles de M. J.-L. Tremblai, musique de M. L. de Bonne. Saint-Pons, Semat, 1840, in-8 de 28 pag. [1 fr.]

TREMBLAIRE [Ch.-Ed.]. Voy. TEM-BLAIRE.

TREMBLAIS [A.], soldat au 48e de ligne. — Éléments de littérature, de grammaire française, d'arithmétique appliquée au commerce et à la banque, etc. Précis d'histoire de France, de géographie, et recueil de bons mots, etc. Le Mans, impr. de Monnoyer, 1835, in-12 [1 fr.].

Citons encore : Tableau des comptes faits de l'intérêt des capitaux à tous les taux, accompagné des méthodes analogues, tant pour l'année civile que pour l'année commerciale, etc., pour servir au décompte d'intérêts ou des arrérages d'une rente, d'une pension, d'un traitement et d'un revenu quelconque [1829, 1831, 1836, et VIIIe édit., 1837, in-8] ; — Comptes courants portant intérêt, calculés à l'avance suivant des méthodes nouvellement simplifiées d'après le système décimal, accompagnés de tableaux synoptiques présentant les nombres de jours entre deux époques quelconques pour l'année commerciale, qui se compose de 360 jours, et pour les années civiles de 365 et 366 jours [1833, in-8, avec 2 tableaux] ; — Comptabilité. Nouveau Traité du calcul de l'intérêt et de l'escompte des capitaux et du change à tous les taux, en dehors et en dedans, sur 360, 365 et 366 jours, jour par jour, mois par mois, ou année par année, contenant, etc. Première édition, faisant suite et complément aux précédents ouvrages du même auteur [1834, in-8] ; — Multiplicateurs décimaux, ou Méthode nouvelle pour calculer tous les changes par une seule et même opération [1837, in-8] ; — Nouveau Simplificateur des comptes courants, ou Tableaux synoptiques des comptes faits de l'intérêt des valeurs par nombres sur 360, 365 et 366 jours, accompagnés de tableaux, de réduction des monnaies, ainsi que des poids et mesures, etc. [1837, in-8].

TREMBLAY [Denis-Joseph], ancien professeur de mathématiques, bibliothécaire de la ville de Beauvais; né à Senlis en 1774. [Voy. la *France littér.*, t. IX, p. 544.] — Catalogue méthodique des livres de la bibliothèque de la ville de Beauvais (1811, avec 8 suppléments publiés depuis).

On doit encore à M. D.-J. Tremblay : Tableau synoptique du nouveau système métrique [1799, in-plano] ; — Tableau géographique, statistique et politique des départements de la France

[1804, in-plano]; — Notice statistique et historique sur la ville et les cantons de Beauvais [1815, in-8]; — le Système métrique expliqué et mis à la portée de tout le monde, en dix leçons [IIIe édit., 1839, in-18]; — le Calcul décimal rendu facile [V[e] édit., 1841, in-18].

M. D.-J. Tremblay a augmenté le Nouveau Manuel métrique du marchand de bois, ou Instruction et tarif pour la réduction en mesures métriques de toutes sortes de bois carrés, d'échantillon, bâtards et de débit, ainsi que du bois en grume et du bois rond; terminé par un tableau de comparaison des mesures métriques avec les principales mesures anciennement usitées pour le bois de charpente et de chauffage, par L. Tremblay [IXe édit., Beauvais, impr. de Desjardins, 1839, in-12].

TREMBLAY [François-Victor], vérificateur des poids et mesures à Beauvais; né à Senlis en 1780. [Voy. la *France littér.*, t. IX, page 544.]

1. — Dictionnaire topographique, statistique, historique, administratif, commercial et industriel, des villes, bourgs et communes du département de l'Oise. Beauvais, Tremblay, 1846, in-8.

2. — Améliorations proposées pour assurer, d'une manière efficace, le service de la vérification des poids et mesures, en supprimant les différentes taxes payées, chaque année, par les commerçants assujettis aux visites des vérificateurs. Beauvais, impr. de Desjardins, 1848, in-8 de 16 pag.

Avec notice historique sur l'établissement du système métrique en France.

3. — Notice historique sur M. Matern, fondateur d'une agence, à Beauvais, pour les remplacements militaires. Beauvais, impr. de Moisand, 1849, in-8 de 24 pag.

Extraite de la biographie d'un très grand nombre de personnages qui sont nés, ont résidé longtemps ou sont morts dans le Beauvoisis.

TREMBLAY [A.]. — Mémoire pour servir à l'histoire d'un polype d'eau douce à bras en forme de corne. Leyde, 1744, in-4 avec 13 pl. [12 fr.]

TREMBLAY [Delpierre du], Voy. DELPIERRE DU TREMBLAY [Léocade.]

TREMBLY, juge au tribunal de Mâcon, membre de la Société académique de cette ville, etc. — Les Passe-temps, ou Macédoine politique. Mâcon, impr. de Chassipolet, 1840, in-8.

M. Trembly est auteur de poésies légères et de deux poëmes imprimés: l'un *Œnologie*, en quatre chants; l'autre *le Cachemire*, poëme héroï-comique en trois chants.

TREMEL [Th.].

1. — La France en deuil (23-26 juin 1848). Paris, impr. de Cosson, 1848, in-8 de 4 pag.

En vers.

2. — Le Palais de la peinture. Paris, impr. de Juteau, 1849, in-8 de 4 pag.

En vers.

TREMERY [F.]. [Voy. la *France littér.*, t. IX, page 546.]

1. — Avec M. *C.-F. Reess-Lestienne*: Nouveau Manuel complet pour la correspondance commerciale (1840, in-18). Voy. REESS-LESTIENNE.

2. — Avec M. *J. Peuchet*: Nouveau Manuel complet du banquier, de l'agent de change et du courtier, contenant, etc. (1840, in-18). Voy. PEUCHET.

3. — Nouveau Manuel complet du teneur de livres, ou l'Art de tenir les livres enseigné en peu de leçons. Paris, Roret, 1840, 1849, in-18, avec un tableau [3 fr.].

4. — Avec M. *Collin*: Nouveau Manuel complet d'arithmétique démontrée. Nouvelle édition. Paris, Roret, 1845, in-18 [2 fr. 50 c.].

TREMTSUCK [C.-A.], ingénieur-mécanicien. [Voy. la *France littér.*, t. IX, page 547.]

1. — Instruction générale pour les chefs d'établissement, conducteurs ou chauffeurs d'appareils à vapeur. Bordeaux, Lafargue, 1842, in-8 de 100 pag. avec 4 pl. et 3 tableaux.

2. — Recueil de décrets, ordonnances, instructions, décisions règlementaires sur les machines à feu fixes ou locomotives, à haute et basse pression, et sur les bateaux à vapeur, etc. Bordeaux, Lafargue, 1842, in-8 avec pl. [7 fr. 50 c.]

TRENEL [Adolphe]. — De la Position des francs-maçons israélites en Prusse, et relation succincte de tout ce qui a été fait pour l'améliorer. Saint-Nicolas, P. Trenel, 5844 ère du monde, in-8 de 36 pag.

Lettre circulaire adressée à tous les francs-maçons israélites en Prusse, et à tous ceux qui ont demandé aux signataires de la présente des renseignements sur cette matière, traduit de l'allemand.

TRENQUELLÉON [Batz de]. Voy. BATZ DE TRENQUELLÉON [Mlle Marie-Charlotte-Ursule-Caroline de].

TRENQUELLÉON [Charles]. — Aubry, poëme en quatre chants. D. D. D. aux ouvriers. Bordeaux, impr. de Suwerinck, 1846, in-8 de 104 pag.

TRÉSEL aîné, ingénieur, constructeur de machines. — Organisation, association et cotisation universelle, basée sur le principe de la fraternité, dans l'intérêt de tous et des ouvriers en particulier. — Projet pour l'établissement des hôtels d'invalides civils, extinction complète de la mendicité, démontrée par des chiffres. Paris, Comon, 1848, in-8 de 32 pag. [50 c.]

Plus de mendicité. Hôtel des invalides civils. IIe édition, augmentée d'un projet de caisse hypothécaire pour l'agriculture. Paris, Comon, 1849, in-12 [50 c.].

TRESSAN [Louis-Élisabeth de LAVERGNE, marquis de BROUSSIN, comte de], lieutenant-général, membre de l'Académie des Sciences et de l'Académie française; né le 4 novembre 1705, mort le 31 octobre 1783. [Voy. la *France littér*., t. IX, p. 548.]

1. — Dom Ursino le Navarin, suivi de l'*Abenaki* et de *Sara Th*... par *Saint-Lambert*. Paris, Gavard, Marescq, 1849, in-4.

Les Romans illustrés anciens et modernes.

2. — Histoire du petit Jehan de Saintré et de la dame des Belles Cousines. Paris, Boulé, 1849, in-8 de 56 pag.

TRESSAN [Mlle Evelina de].

Mlle E. de Tressan a traduit du latin : « Vie de saint Ignace, fondateur de la Compagnie de Jésus, » par le P. RIBADENEIRA [1844, in-12].

TRESSARIEU. — Le Système métrique expliqué. Toulouse, Ansas, 1844, in-12 de 120 pag.

TRESVAUX [l'abbé]. [Voy. la *France littér*., t. IX, p. 550.]

1. — L'Église de Bretagne, depuis ses commencements jusqu'à nos jours, ou Histoire des siéges épiscopaux, séminaires et collégiales, abbayes et autres communautés régulières et séculières de cette province. Publiée d'après les matériaux de dom *Hyacinthe-Maurice de Beaubois*. Paris, Méquignon, 1839, in-8 [5 fr.].

2. — Histoire de la persécution révolutionnaire en Bretagne, à la fin du XVIIIe siècle. Paris, Ad. Leclère, 1845, 2 vol. in-8 [12 fr.].

TRETAIGNE [le baron Michel de].

M. M. de Tretaigne a traduit de l'italien, avec *introduction*, *appendice* et *notes* : « de l'Utilité de la douleur physique et morale, » par B. MOJON [1843, in-12].

TREUENTHAL [Gottlieb]. [Voy. la *France littér*., t. IX, p. 550.]

1. — Anthologie allemande, extraite des meilleurs auteurs; traduite par M. Treuenthal. Versailles, impr. de Montalant-Bougleux, 1841, in-12 de 104 pag.

2. — Supplément à l'Anthologie allemande, extraite des meilleurs auteurs. Versailles, impr. de Montalant-Bougleux, 1841, in-12 de 48 pag.

3. — Grammaire abrégée de la langue allemande. Paris, Kleincksieck, 1846, in-12.

M. Treuenthal a traduit de l'allemand de J.-G. HERDER : « Les Feuilles de palmier » [1836, 1842, in-12].

TREUILLE [Alph.]. — Traité pathologique et thérapeutique des maladies vénériennes, suivi d'un formulaire spécial. Paris, impr. de Cordier, 1846, in-8 [5 fr.].

TREVERN. Voy. LE PAPE DE TREVERN [Jean-François-Marie].

TRÉZEL [Félix]. Voy. BLOUET [Abel].

TRIAL [Louis], de Sumène (Gard). — Essai sur l'autorité de l'Église romaine. Strasbourg, Mme veuve Levrault, 1848, in-8 de 56 pag.

Thèse.

TRIANON [Henri], conservateur à la bibliothèque Sainte-Geneviève. [Voy. la *France littér*., t. IX, p. 551.] — Avec M. *Ed. Thierry* : Sous les rideaux, contes du soir. Paris, Belin, 1833, in-8 avec 1 grav. [7 fr. 50 c.]

M. H. Trianon a donné des éditions revues et corrigées de « l'Iliade » et de « l'Odyssée » d'HOMÈRE [1841, 1846, in-12], et des « OEuvres complètes » de XÉNOPHON [1842, 1846, 2 vol. in-12].

Il a fourni des articles au « Musée des familles, » au « Correspondant, » etc.

Il a traduit du grec « le Combat des rats et des grenouilles, » d'HOMÈRE [Paris, Curmer, 1841, in-12 avec une gravure].

TRIBOUT [Jules].

1. — Qu'est-ce que la république démocratique? Lettres à Jacques Bonhomme; par un ignorant. Paris, impr. de Desoye, 1849, in-16.

2. — Anarchie sociale, ou la Loi du

plus fort. Paris, impr. de Desoye, 1849, in-8 de 32 pag.

M. Jules Tribout a pris part à la rédaction du « Peuple constituant. »

TRICALET [Pierre-Joseph], prêtre, né à Dôle le 30 mars 1696, mort à Villejuif le 31 octobre 1761. [Voy. la *France littér.*, t. IX, p. 552.]

1. — Année spirituelle, contenant une conduite et des exercices pour chaque jour de l'année. Édition augmentée d'une Notice sur l'auteur. Lille, Lefort, 1829, 1839, 3 vol. in-12 [6 fr.].

2. — Abrégé de la pratique de la perfection chrétienne, tiré des œuvres du R. P. Alphonse Rodriguez. Lille, Lefort, 1836, 2 vol. in-12. — Autre édit. Lyon et Paris, Périsse, 1844, 2 vol. in-12 [2 fr.].

TRICOT [Désiré], de Valenciennes. — Poésies d'un fantasque. Rouen, Haulard ; Paris, Leriche, 1845, in-8.

Citons encore : Ébauches critiques et littéraires [1840, in-8]; — Mosaïque [poésies, 1840, in-8 avec une lith.]; — Satires de mœurs [1842, in-8]; — Éboulement du beffroi de Valenciennes [pièce de vers, 1843, in-8].

M. D. Tricot a traduit de l'allemand : « A la mémoire de Robert Blum (du parlement de Francfort, assassiné juridiquement à Vienne, par ordre de l'empereur d'Autriche, pour avoir défendu la cause du peuple), » hymne funèbre, par FREILIGRATH [pièce suivie de cinq couplets intitulés : *Palinodie*, par D. Tricot. — 1849, in-4].

TRICOT-DESMOUSSEAUX [J.]. — Nouvelles Leçons de littérature et de morale, ou Recueil en prose et en vers, etc. Saint-Denis, impr. de Prevost, 1843, in-8.

TRICOTEL [F.-C. de], pseudonyme de DESCOMBES [Jean-Ch.-Fr.-Maurice, plus connu sous le pseudonyme Charles MAURICE].

TRIDEAU DE LAVAL. — Au peuple. Appel de la patrie. Paris, impr. de Pollet, 1848, in-4 de 2 pag.

Quatre couplets ; 3 décembre 1847.

TRIDON [l'abbé], chanoine honoraire de Troyes, correspondant du ministère de l'instruction publique. — Notice archéologique et pittoresque sur Châtillon-sur-Seine. Troyes, Bouquot; Châtillon, Tagnot, 1847, in-8 avec 7 lithogr.

On doit, en outre, à M. l'abbé Tridon des notices sur les églises de la Madeleine, de Saint-Pierre et de Saint-Urbain, de Troyes [in-12 de 26 pages].

TRIEPLER. — Coup d'œil impartial sur *les Deux Gendres* (comédie de *Ch.-Guill. Étienne*). Paris, J.-G. Dentu, 1812, in-8.

TRIEST [l'abbé]. [Voy. la *France littér.*, t. IX, p. 554.] — Souvenirs de la première communion. Paris, impr. de Gratiot, 1839, in-18 de 72 pag.

TRIFET [A.].

1. — Exposé de l'hydrothérapie, méthode rationnelle de traitement par la sueur, l'eau froide, le régime et l'exercice. Paris, impr. de Hauquelin, 1844, in-8 de 40 pag.

2. — Histoire et physiologie du café. De son action sur l'homme à l'état de santé et à l'état de maladie. Paris, Moquet, 1846, in-8 de 40 pag. [1 fr.]

3. — Choléra. Symptômes de la maladie, premiers soins à donner aux malades. Traitement. Avesnes, impr. de Viroux, 1849, in-4 de 2 pag.

TRIGANT-BEAUMONT [J.]. — Recherches critiques sur le livre des Actes des apôtres. Thèse. Montauban, Lapie-Fontanel, 1849, in-8 de 68 pag.

Université de France. Académie de Toulouse. Faculté de théologie protestante de Montauban.

TRIGANT-GAUTIER [J.-P.]. [Voy. la *France littér.*, t. IX, p. 554.] — Régulateur pratique sur la construction, la réparation, l'entretien et la conservation des chemins vicinaux, contenant, etc. Versailles, impr. de Kléfer, 1838, in-8, et 1839, in-12.

TRILODRAD, anagramme. Voy. RODILARD.

TRIMALCION, pseudonyme. Voy. SAINT-FÉLIX [Jules de], autre pseudonyme de Félix d'AMOREUX.

TRIMMER [mistress]. — Easy Lessons for young children; being an easy introduction to reading. Paris, Truchy, 1840, in-18 de 144 pag.

TRINQUIER [Victor], docteur en médecine. [Voy. la *France littér.*, t. IX, page 556.] — Quelques mots sur la luxation spontanée du fémur, suivis d'un cas de guérison de cette maladie. Montpellier, impr. de Grollier, 1845, in-4 de 74 pag.

TRINQUIER [L.-Achille]. — Les Étudiants en carnaval [en vers]. Paris, Pourreau, 1846, in-18 de 36 pages.

TRIOL [Raimond]. — Souvenirs de la dédicace du temple de Graissessac. Montpellier, impr. de Boehm, 1843, in-8 de 52 pag.

TRIPIER, docteur en médecine, né à Évaux (Creuse). [Voy. la *France littér.*, t. IX, page 556.] — Essai sur les eaux minérales d'Évaux, leurs propriétés physiques, chimiques, thérapeutiques, et sur leur mode d'administration. Paris, Béchet jeune, 1838, in-8.

TRIPIER [Louis], avocat à la cour d'appel de Paris, etc.

1. — Les Constitutions françaises depuis 1789 et y compris les décrets du gouvernement provisoire de 1848; suivies de la Constitution des États-Unis d'Amérique. Paris, Cotillon, 1848, gr. in-18.

Renferme, outre les textes indiqués dans le titre : 1° les déclarations des droits de l'homme et du citoyen, des 3-14 septembre 1791, 24 juin 1793, 5 fructidor an III; 2° la conférence des articles entre eux; 3° sous chaque article des constitutions, les textes qui l'ont complété ou modifié; 4° une table générale des matières.

2. — Les Codes français collationnés sur les éditions officielles, contenant, etc., et les seuls où sont rapportés les textes du droit ancien et intermédiaire nécessaires à l'intelligence des articles. Paris, Cotillon, 1848, 2 vol in-32 [2 fr.].

Code civil; — Code de procédure civile.

TRIPIER - DEVEAUX [A.-M.]. — Traité théorique et pratique sur l'art de faire les vernis, suivi de deux mémoires, etc. Paris, Mathias (Augustin), 1845, in-12 [3 fr. 50 c.].

TRIPON [J.-B.], professeur de topographie et de dessin linéaire.

1. — Nouveau Cours théorique et pratique de dessin linéaire et de géométrie, contenant 8 traités. Limoges, impr. de Darde, 1840, in-8 avec 50 pl., renfermant environ 800 figures.

2. — Album historique des deux Charentes, dessins et illustrations par J.-B. Tripon. Angoulême, Cognasse, 1842, in-8 avec 8 lithogr.

3. — Traité élémentaire de topographie et de lavis des plans, illustré de nombreuses planches coloriées avec soin, et précédé de notions de géométrie. Paris, Langlois et Leclercq, 1846, in-4 avec 12 pl. et un frontispice, et des gravures sur bois intercalées dans le texte [8 fr.].

4. — Études de projections, d'ombres et de lavis, à l'usage de toutes les écoles, des architectes et des mécaniciens. Ouvrage divisé en quatre parties. Paris, Carilian-Gœury et V. Dalmont, 1848, in-8, avec un Atlas in-fol. de 20 pag. [25 fr.].

On doit aussi à M. J.-B. Tripon les dessins et illustrations de : « Album historique du Limousin, » par Louis AYMA [Limoges, impr. lith. de Tripon, 1842, in-8 de 128 pag. lith. et de 19 lith.]

TRISMÉGISTE [Johannes]. Voy. LO-RAMBERT.

TRISTAN [le comte Jean de]. [Voy. la *France littér.*, t. IX, p. 557.] — Avec M. *Bigot de Morogues :* Notice sur un crustacé renfermé dans quelques schistes, etc. (1808, in-8). Voy. BIGOT DE MOROGUES.

TRISTAN [Flore-Célestine-Thérèse-Henriette TRISTAN Moscoso, dame CHAZAL, connue dans les lettres sous le nom de *Flora*], née à Paris le 7 avril 1803, morte à Bordeaux le 13 novembre 1844. Mme Chazal avait été, en 1838, grièvement blessée d'un coup de pistolet par son mari, dans un accès de jalousie. M. Chazal fut condamné, pour ce fait, à vingt ans de travaux forcés et à l'exposition. Elle reprit alors son nom paternel. Au moment de sa mort, elle parcourait le midi de la France pour constituer, sous le nom d'*Union ouvrière*, une association entre les ouvriers de France, dans le but de créer, par leurs propres ressources, des écoles pour leurs enfants et des asiles pour leurs invalides et leurs vieillards. [Voy. Mémoire à consulter pour M. Chazal, contre Mme Chazal (1838, in-4); — Inauguration du monument élevé à Bordeaux, à la mémoire de Mme Flora Tristan, par les travailleurs (22 octobre 1848). Compte rendu par Paulin CAPERON, au nom de la commission (1848, in-8); — Flora Tristan (1848, petit in-fol.); et une Notice biographique, avec un portrait dans *l'Artiste* du 15 décembre 1844.

1. — Pérégrinations d'une paria

(1833-1834). Paris, Arthus Bertrand, 1838, 2 vol. in-8 [16 fr.].

L'éditeur Ladvocat annonçait, en 1838, une deuxième édition, en 4 vol. in-8. Les deux derniers n'ont pas été publiés. De nouveaux titres, au nom de M. Ladvocat, ont seulement été réimprimés pour les deux volumes publiés par A. Bertrand. Ils portent : *Mémoires et pérégrinations d'une paria.*

2. — Méphis ou le Prolétaire, roman philosophique et social. Paris, Ladvocat, 1838, 2 vol. in-8 [15 fr.].

3. — Promenades dans Londres. Paris, Delloye, 1840, in-8 de LI et 412 pag.

Les pages IX-LI contiennent un *Coup d'œil sur l'Angleterre*, signé A. Z., que Mme Tristan désigne ainsi : « Un de mes amis, qui, pendant trente ans, a eu des rapports avec le gouvernement anglais, a écrit quelques aperçus sur la politique intérieure et extérieure de l'Angleterre... Je place l'article de mon ami comme *introduction* en tête de mon livre. »

— Promenades dans Londres, ou l'Aristocratie et les prolétaires anglais. Édition populaire. Paris, Raymond Bocquet, 1842, in-12 de LVI et 250 pag. [2 fr.]

Le *Coup d'œil sur l'Angleterre* est remplacé, dans cette édition (XXV-LVI), par un écrit du même auteur, intitulé : *De la politique anglaise*, pour faire suite au Coup d'œil sur l'Angleterre.

4. — Union ouvrière. Paris, Prévot, Rouanet, 1843, in-18.

A la fin se trouve un résumé des idées contenues dans le livre et une chanson intitulée *l'Union*, par Ch. PONCY.

— IIe édition, contenant un chant : *la Marseillaise de l'atelier*, mise en musique par A. Thys. Montmartre, impr. de Worms, 1844, in-18. — Autre édit. Lyon, impr. de Rey jeune, 1844, in-18.

Il a aussi paru sous le nom de Mme Flora Tristan : *Mariquitta l'Espagnole* [2 vol. in-8]; — *Florita la Péruvienne* [2 vol. in-8].

Mme Flora Tristan a publié dans « l'Artiste: » *de l'Art et de l'artiste dans l'antiquité et à la renaissance* (IIe série, t. Ier, p. 117-21]; — *l'Art depuis la renaissance* [id. Ces deux articles ont été reproduits à la fin de *Méphis*]; — *Épisode de la vie de Ribeira*, dit *l'Espagnolet* [id., p. 192-196].

Mme Flora Tristan avait, à plusieurs reprises, annoncé comme devant prochainement paraître divers ouvrages qui n'ont pas vu le jour : *la Fille de Lima*, tableau de mœurs péruviennes [2 vol. in-8]; — *Paris et ses mystères* [2 vol. in-8]; — *le Passé et l'avenir*, dessin théogonique, avec un texte explicatif; — *de l'Émancipation de la femme.*

TRIVIER [C.-L.]. Voy. RENOULT [J.-B.].

TROBRIAND [le baron Régis de]. — Les gentilshommes de l'Ouest. Paris, Desessart, 1840, in-8 [7 fr. 50 c.].

TROCHE [N.-M.], chef du bureau de l'état civil du IVe arrondissement de Paris. [Voy. la *France littér.*, t. IX, p. 557.]

1. — Coup d'œil historique, topographique et religieux sur le royaume de Sardaigne. Paris, imprim. de Juteau, 1842, 1843, in-8 [3 fr.].

2. — Mémoire historique et critique sur la chapelle de la sainte-Vierge de l'église de Saint-Germain l'Auxerrois, à Paris, et sur l'ornementation architecturale, les peintures et vitraux dont on vient de la décorer. Paris, imprim. de Dupont, 1848, in-8 de 46 pag.

M. Troche a publié, en outre : *Mémoire sur l'hôtel de La Trémouille* [Mém. de la Soc. des Antiq. de France, nouv. série, t. VI, p. 207].

Il a fourni plusieurs articles à la « Revue archéologique, » publiée par A. Leleux, notamment sur la *Restauration de la Sainte-Chapelle*, p. 577-579 [VIIIe année, numéro du 15 décembre 1851].

TROCHU [J.-L.]. [Voy. la *France littér.*, t. IX, p. 558.] — Du Défrichement et de la plantation des landes et bruyères. Paris, Mme veuve Huzard, 1820, brochure in-8.

TROGOFF [le comte Louis de]. — Poésies religieuses. Paris, Périsse, Dentu, 1844, in-8 [2 fr.].

TROIN [Matthieu-Barthélemy], auteur dramatique, plus connu sous le prénom de BARTHÉLEMY. [Voy. ce nom.]

TROLÉ [Édouard], colonel du génie, attaché à l'expédition de la Plata. — Conclusion des affaires de la Plata. Paris, impr. de Blondeau, 1842, in-8 de 8 pag.

TROLLEY [Alfred], professeur de droit administratif à la Faculté de Caen. — Cours de droit administratif. *Première partie.* Hiérarchie administrative, ou de l'Organisation et de la compétence des diverses autorités administratives. Paris, Thorel, 1844-45, 3 vol. in-8 [21 fr.].

TROLLIET [L.-F.], docteur en médecine, professeur de clinique à l'Hôtel-Dieu de Lyon. [Voy. la *France littér.*, t. IX, p. 559.] — Statistique médicale de la province d'Alger, mêlée d'observations agricoles. Lyon, Savy jeune; Paris, J.-B. Baillière, 1844, in-8 de 164 pag.

TROLLOPE [mistress], écrivain anglais. [Voy. la *France littér.*, t. IX, p. 559.]
1. — One fault, a novel. Paris, Baudry, Galignani, Amyot, Truchy, Girard frères, 1840, in-8 [5 fr.].
2. — The widow Barnaby. Paris, Baudry, Galignani, Amyot, Truchy, Girard frères, 1840, in-8 [5 fr.].
3. — Widow married. Paris, Baudry, Galignani, Amyot, Truchy, Girard frères, 1840, in-8 [5 fr.].
4. — Life and adventures of Michael Armstrong, the factory boy. Paris, Baudry, Galignani, Amyot, Truchy, Girard frères, 1840, in-8 [5 fr.].
5. — Mœurs domestiques des Américains. Ouvrage traduit de l'anglais sur la IVe édition. [IIIe édition. Paris, Ch. Gosselin, 1841, in-12 [3 fr. 50 c.].
La traduction est de M. A. DEFAUCONPRET. Voyez des comptes rendus dans le « Journal des Débats » des 14 et 29 décembre 1832 ; 26 juin et 6 juillet 1833.
6. — Charles Chesterfield, or the Adventures of a youth of genius. Paris, Baudry, Galignani, Stassin et Xavier, Amyot, Truchy, 1841, in-8 [5 fr.].
7. — The blue bells of England. Paris, Baudry, Galignani, Stassin et Xavier, Amyot, Truchy, 1842, in-8 [5 fr.].
8. — The ward of Thorpe-combe. Paris, Baudry, Galignani, Stassin et Xavier, Amyot, Truchy, 1842, in-8 [5 fr.].
9. — The Barnabys in America, or the widow wedded. Paris, Galignani, 1843, in-8 [5 fr.].
10. — Young Love, a novel. Paris, Baudry, Galignani, Stassin et Xavier, Amyot, Th. Barrois, 1844, in-8 [5 fr.].
11. — Travels and Travellers, or series of sketches. Paris, Baudry, Galignani, 1846, in-8 [5 fr.].
On doit aussi à mistress Trollope : *le Mariage du major* [Revue des Deux-Mondes, 1832, t. VIII].

TROLOPP [sir Francis], pseudonyme. Voy. FÉVAL [Paul].

TRON. — Avec M. *Lambour* : Nouveau Champ-d'Asile (1841, in-8). Voy. LAMBOUR.

TRONCHAUD [Antoine]. — Ce que nous sommes. Nécessité de la réforme. Paris, Ledoyen, 1842, in-8 de 16 pag. [1 fr.]

TRONCHE [J.-F.-L.]. — Chants de France. Album poétique. Paris, impr. de Brière, 1848, in-4 de 80 pag.

TRONCHET [E.-A.]. — Des Biens de main-morte. Paris, impr. de Bénard, 1848, in-8 de 16 pag.

TRONCHIN [Alphonse], employé supérieur des douanes de la Guadeloupe, petit-fils du docteur Tronchin. — L'Art de se faire payer de ses débiteurs. Paris, Martinon, 1844, in-12 de 120 pag.

TRONE [Michel]. — Mémoire sur l'importance de l'emploi du sel pour les animaux. Lyon, impr. de Perrin, 1847, in-8 de 16 pag.

TRONSON [Louis], théologien, supérieur de Saint-Sulpice, né en 1662, mort le 26 février 1700. [Voy. la *France littér.*, t. IX, p. 562.]
1. — Examens particuliers sur divers sujets. Nouvelle édition, revue, etc., par MM. *de Saint-Sulpice.* Clermont-Ferrand, Thibaud-Landriot, 1842, in-12.
2. — Examens particuliers sur divers sujets propres aux ecclésiastiques et à toutes les personnes qui veulent s'avancer dans la perfection. Nouvelle édition. Lyon, Périsse, 1842, in-12 [1 fr. 80 c.].
3. — Traité de l'obéissance. Nouvelle édition. Lyon, Pélagaud, 1846, in-12.

TROPLONG, jurisconsulte, premier président à la cour d'appel de Nancy, conseiller à la cour de cassation, premier président de la cour d'appel de Paris (1849), membre de l'Académie des Sciences morales et politiques, né à Saint-Gaudens (Haute-Garonne). [Voy. la *France littér.*, t. IX, p. 564.]
1. — Le Droit civil expliqué. *De l'échange et du louage, commentaire des titres VII et VIII du livre III du Code civil.* Paris, Hingray, 1840, 3 vol. in-8 [27 fr.].
— Le Droit civil expliqué suivant l'ordre des articles du Code, depuis et y compris le titre de la Vente. *De la Vente, ou Commentaire du titre VI du livre III du Code civil.* Ouvrage qui fait

suite à celui de M. *Toullier*, mais dans lequel on a adopté la forme commode du commentaire. IVe édition, entièrement conforme aux trois premières. Paris, Ch. Hingray, 1845, 2 vol. in-8 [18 fr.].

— Le Droit civil expliqué, etc. *Des priviléges et hypothèques, ou Commentaire du titre XVIII du livre III du Code civil.* IVe édition. Paris, Hingray, 1845, 4 vol. in-8 [36 fr.].

— Le Droit civil expliqué, etc. *Du prêt, commentaire du titre X, liv. III, du Code civil.* Paris, Hingray, 1845, 2 vol. in-8.

— Le Droit civil expliqué, etc. *De la contrainte par corps en matière civile et de commerce, commentaire du titre XVI, liv. III, du Code civil.* Paris, Hingray, 1847, in-8.

2. — De l'Influence du christianisme sur le droit civil des Romains. Paris, Hingray, 1843, in-8 [9 fr.].

3. — Du Pouvoir de l'État sur l'enseignement, d'après l'ancien droit public français. Paris, Ch. Hingray, 1844, in-8 [6 fr.].

4. — De la Propriété, d'après le Code civil. Paris, Didot, Pagnerre, Paulin, 1848, in-8 [40 c.].

Petits traités publiés par l'Académie des Sciences morales et politiques.

Citons encore : Mémoire sur le prêt à intérêt [voir « le Moniteur » des 21, 22, 23 et 24 janvier 1845] ; — Discours prononcé à l'audience du 5 novembre 1849, pour l'institution de la cour [1849, in-8].

M. Troplong a travaillé à la « Revue de législation et de jurisprudence, » où il a publié notamment : *du Pouvoir de l'État sur l'enseignement, d'après l'ancien droit public français* [janvier et février 1844]; — *Droit civil : Insensé, Mariage, Conventions matrimoniales* [septembre 1844]; — *du Mariage chez les Romains et de la puissance maritale* [octobre 1844], etc.

Il a donné des articles à la « Gazette des Tribunaux. »

TROTTET [J.]. — De la Question sociale, ou des Conditions de la paix intérieure. Paris, impr. de Ducloux, 1849, n-8 de 88 pag.

TROTTI DE LA CHÉTARDIE [Joachim]. Voy. LA CHÉTARDIE.

TROU [l'abbé Denis], vicaire de la paroisse de Saint-Maclou de Pontoise.

1. — Recherches historiques, archéologiques et biographiques sur la ville de Pontoise. Pontoise, impr. de Dufey, 1841, in-8 avec 8 lith. [7 fr. 50 c.]

2. — La bienheureuse Marie de l'Incarnation, fondatrice des Carmélites en France. Paris, Ad. Leclère, 1842, in-12 avec 2 pl. [1 fr. 20 c.]

Citons encore : Notice descriptive de l'église de Saint-Maclou, de Pontoise [1836, in-8].

TROUDE [A.-E.], chef de bataillon.
— Dictionnaire françois et celto-breton. Brest, Lefournier, 1843, in-8 [8 fr.].

Cet ouvrage est précédé d'un supplément à la « Grammaire » de LE GONIDEC ; d'une notice sur la prononciation, d'une liste de noms de pays et de lieux, avec leur signification ; d'un tableau de celticismes et de mots communs au celto-breton et à d'autres langues ; d'un tableau de mots celto-bretons qui ont été francisés.

On doit encore à M. A.-E. Troude : Quelques Chapitres de l'*Imitation de Jésus-Christ*, traduits en celto-breton, d'après le texte latin [Cherbourg, impr. de Lecouflet, 1841, in-8] ; — Pedennou ha lézennou hervez ar gréden gristen [Brest, 1844, in-8].

TROUESSARD. — Avec M. *Émile Souvestre* : le Chirurgien major (1847, in-8). Voy. SOUVESTRE.

TROUILLET [Edme], ancien élève de l'École polytechnique, [Voy. la *France littér.*, t. IX, p. 565.]

1. — Avec M. *Roland* : Recueil des lois et décisions concernant l'enregistrement et les domaines. Angers, impr. de Launay-Gagnot, 1835, in-4.

2. — Réponse au Mémoire publié par M. Ernest Lesourd, ancien imprimeur à Angers, dans une instance en fraude, pendante devant la cour royale d'Angers. Angers, impr. de Launay-Gagnot, 1838, in-4 de 48 pag.

Contestation sur le nombre d'exemplaires tirés par l'imprimeur.

On doit encore à M. Edme Trouillet une édition classique, avec *notes historiques et grammaticales*, des « Oraisons funèbres » de BOSSUET [1842, in-18].

TROUILLET [Th.]. [Voy. la *France littér.*, t. IX, p. 565.]

1. — Supplément à toutes les grammaires françaises. Paris, Royer, 1840, in-18 de 108 pag.

2. — Abrégé d'histoire de France. Paris, Debécourt, 1841, 2 vol. in-18 [2 fr.].

M. Th. Trouillet est l'auteur de *notes, introductions* et *remarques* jointes aux éditions classiques d' « Esther » et d' « Andromaque, » tragédies de RACINE [1838, 1845, 1847, 1849, in-18] ; et au « Petit Carême » de MASSILLON [1841, in-18].

TROUILLET [l'abbé]. — Projet de construction d'une église dans le quartier de Viller, à Lunéville. Nancy, impr. de Vagner, 1849, in-4 de 4 pag.

A M. le ministre de la justice et des cultes, pétition avec un exposé.

TROUPEL. — Avec MM. *Nouguier* père et *F. Vidal* : de la Banque de France, des banques départementales, et particulièrement de la banque réclamée de la ville de Nîmes. Paris, impr. de Lange-Lévy, 1846, in-8 de 32 pag.

TROUSSEAU [Armand], professeur de matière médicale et de thérapeutique à la Faculté de médecine de Paris, médecin de l'hôpital Necker, membre de l'Assemblée nationale, membre de l'Académie de Médecine, né à Tours en 1801. [Voy. la *France littér.*, t. IX, p. 565.]

1. — Avec M. *U. Leblanc* : Recherches expérimentales sur les caractères physiques du sang (1832, in-8). Voy. LEBLANC.

2. — Avec M. *Bonnet* : Essai thérapeutique sur l'antimoine. Paris, 1833, in-8 [1 fr. 50 c.]

3. — Avec M. *H. Pidoux* : Traité de thérapeutique et de matière médicale. Paris, Béchet jeune, 1826-37, 3 vol. in-8 [20 fr.]. — IIe édit. Paris, Béchet jeune et Labé, 1845, 2 vol in-8 [19 fr.].

Un *Complément* ou table analytique de l'ouvrage, suivi d'un *Mémorial thérapeutique* et d'un *Art de formuler*, a été publié en 1842. [Paris, Béchet jeune et Labé, in-8 de 136 pag. 2 fr.].

4. — Deux nouveaux Cas de paracentèse du thorax pratiquée dans la période extrême de la pleurésie aiguë. Paris, impr. de Dupont, 1844, in-8 de 12 pag.

M. A. Trousseau a donné dans les « Mémoires de l'Académie de Médecine ; » du *Cathétérisme dans le traitement de la dysphagie* [t. XIII].

M. Trousseau a travaillé au « Journal universel et hebdomadaire de médecine et de chirurgie pratiques et des institutions médicales ; » au « Dictionnaire de médecine ; » à « l'Annuaire des sciences médicales ; » aux « Archives de médecine, » où il a donné entre autres un article sur la *fièvre typhoïde* ; au « Journal des connaissances médico-chirurgicales, » etc.

TROUSSEL [J.-F.-A.], docteur en médecine de la Faculté de Paris, né à Rouen en 1797. [Voy. la *France littér.*, t. IX, p. 566.] — Des Écoulements particuliers aux femmes, et plus spécialement de ceux qui sont causés par une maladie du col de la matrice. Paris, Béchet jeune et Labé, 1841, in-8 de 128 pag. [2 fr. 50 c.]

TROUSSEL-DUMANOIR, avocat à la cour d'appel de Rouen. — Décret sur les boissons, promulgué le 31 mars 1848, exécutoire à partir du 15 avril ; indication de toutes les modifications apportées à l'ancienne législation et aux anciens tarifs, avec commentaire et annotations. Rouen, Lebrument, 1848, in-8 de 32 pag. [1 fr.]

TROUVÉ [le baron Charles-Joseph], diplomate, préfet, directeur des beaux-arts au ministère de l'intérieur, né à Chalonne-sur-Loire en 1768. — Jacques Cœur, commerçant, maître des monnaies, argentier du roi Charles VII et négociateur. XVe siècle. Batignolles-Monceaux, impr. de Desrez, 1840, in-8 avec un portrait [5 fr.]

M. le baron Trouvé a rédigé, d'après le journal autographe de feu André Thouin, le *Voyage dans la Belgique, la Hollande et l'Italie* [Paris, Batignolles-Monceaux, impr. de Desrez, 1841, 2 vol. in-8].

Citons encore : A Messieurs les électeurs de France, et en particulier à ceux du département de Maine-et-Loire, où je suis né, etc., à ceux du département de l'Aude, dont j'ai été préfet, etc.

TROY [Dominique], de Luz-en-Baréges. [Voy. la *France littér.*, t. IX, p. 566.] — Quelques Réflexions sur les désordres organiques occasionnés, dans notre économie, par les peines de l'âme. Mâcon, impr. de Chassipolet, 1841, in-8.

TROYER [le capitaine Anthony].

1. — Radjatarangini, histoire des rois de Kaschmir, traduite et commentée par M. A. Troyer, et publiée aux frais de la Société asiatique. Paris, Mme Dondey-Dupré, 1840, 2 vol. in-8 [36 fr.].

Le texte est imprimé dans le premier volume.

2. — Avec M. *David Shea* : The Dabistan, or School of manners (1843, 3 vol. in-8). Voy. SHEA.

M. A. Troyer a donné des articles au « Journal asiatique. »

TROYES [Adolphe de]. — La Franche-Comté de Bourgogne sous les princes espagnols de la maison d'Autriche. Première série. Les Recès des états, publiés d'après les manuscrits de la Bibliothèque royale. Paris, Cretaine, 1847, 4 vol. in-8 [36 fr.]

TRUCHET [J.-M.], s'intitulant *vieux grognard*.

1. — En faveur de la souscription pour l'érection d'un monument à la mémoire de A. Nourrit, Élégie. Paris, Delaunay, 1839, in-8 de 8 pag.

2. — L'Adjudant sous-officier peint par les prisonniers de la salle de police. Paris, Pilout, 1841, in-8 de 24 pag. [30 c.]

En vers.

TRUFFAUT [H.].

1. — Observations sur le projet de loi concernant les brevets d'invention. Paris, impr. de Duverger, 1843, in-8 de 64 pag.

2. — Guide pratique des inventeurs et des brevetés, contenant le texte ou l'analyse des lois en vigueur sur les brevets d'invention en France, en Angleterre, etc., avec des observations sur chacune de ces législations. Paris, impr. de Malteste, 1844, in-8.

TRULLARD [Jacques]. — État du christianisme dans une ville de province. Dijon, Debaur, 1846, in-18 de 72 pag.

M. J. Trullard a traduit de l'allemand : « la Religion dans les limites de la raison, » par KANT [1841, in-8]; — « Histoire de la philosophie chrétienne, » par H. RITTER, précédée *d'un mot sur la relation de la croyance avec la science* [1843-44, 2 vol. in-8].

TRUMER [Mary]. — Abrégé d'histoire naturelle; traduit de l'anglais par M. *Gerson Hesse*. Toul, Carez, 1827, 1828, 2 vol. in-18 [3 fr.].

TRUY [P.], commissaire de police à Paris. — Nouveau Manuel de la police de France, contenant le résumé alphabétique des dispositions législatives applicables aux crimes, délits et contraventions, suivi d'une liste des établissements insalubres. Paris, Roret, 1839, in-18 [2 fr. 50 c.].

TRYGORY [J.-F.].

M. J.-F. Trigory a traduit de l'allemand : « Noé, poëme en douze chants, » par J.-J. BODMER [1817, in-8].

TRYPHIODORE. Voy. HÉSIODE et IBYCUS.

TSAPHARTI, pseudonyme. Voy. TERQUEM [Olry].

TSEU [Lao]. — Voy. LAO-TSEU.

TUAL, docteur en médecine, inspecteur du service des enfants trouvés dans le département d'Ille-et-Vilaine. — Service des enfants trouvés, situation au 17 novembre 1848. Une année d'expérience. Rapport adressé à M. le préfet d'Ille-et-Vilaine. Rennes, impr. de Marteville, 1849, in-8 de 116 pag.

TUET [l'abbé Ch.-Fr.], chanoine de Sens et professeur d'humanités, né à Ham en 1742. [Voy. la *France littér.*, t. IX, p. 574.] — Le Guide des humanistes, ou premiers principes du goût, développés par des remarques sur les plus beaux vers de Virgile et autres bons poëtes latins et français. Nouvelle édition, précédée des éléments de poésie latine. Paris, Aug. Delalain, 1835, in-12 [2 fr. 50 c.].

Citons aussi les éditions suivantes : Lyon et Paris, Périsse, 1843-1848, in-12; — Lyon, Pélagaud, 1845, in-12.

TUFFET [Salvador], auteur dramatique.

1. — Avec M. *A. Ferré* : Baron le comédien, anecdote-vaudeville en un acte. Paris, Marchand, 1837, in-8 de 16 pag. [20 c.]

2. — Avec M. *Abel* : Le Vieux Paillasse, vaudeville en un acte. Paris, Michaud, 1838, in-8 de 16 pag. [20 c.]

3. — Avec feu *Dessarsin* : Ozakoi le Conspirateur, vaudeville en deux actes. Paris, Gallet, 1841, in-8 de 10 pag. [30 c.]

4. — Avec M. *Commerson* : Une bonne Fille, comédie-vaudeville en un acte. Paris, Marchant, 1849, in-8 de 12 pag. [25 c.]

Toutes ces pièces ont paru sous le nom de *Salvador*.

TUFFIER [Théodore].

1. — Rêveries poétiques, poésies nouvelles. IIe édition. Paris, Charpentier, Ledoyen, 1845, in-8 [4 fr.].

La première édition est de 1842, in-8.

2. — Ode sur la mort de S. A. R. Mgr. le duc d'Orléans. Paris, Charpentier, Ledoyen, 1843, in-8 de 16 pag.

TULLY [Jules-Henri de], auteur dramatique, né à Paris le 1er mai 1798. [Voy. la *France littér.*, t. IX, p. 575.]

1. — Avec M. *de Léris* [Desrosiers] : Misère et Génie, drame en un acte (1840, in-8). Voy. DESROSIERS.

Sous le nom de *Henri*.

2. — Avec MM. *Dumanoir* et *de Léris :* la Mère et l'Enfant se portent bien (1841, in-8). Voy. DESROSIERS.

Sous le nom de *Henry*.
MM. H. Tully et Rigot, sous le pseudonyme de *Martin Pangloss*, seraient, dit-on, les auteurs de : *la Diligence de Brives-la-Gaillarde* [1837, in-12].

TUPINIER [le baron Jean-Marguerite], grand-officier de la Légion d'honneur, député de Rochefort, conseiller d'État, membre du conseil d'amirauté, directeur des ports et arsenaux, ministre de la marine, pair de France, né à Cuisery, en Bourgogne, le 18 décembre 1779, mort dans le mois de décembre 1850.

1. — Lettres (au nombre de trois) sur la rentrée des vaisseaux.

Sous le pseudonyme *Pontophile*. [Impr. dans les « Annales maritimes et coloniales, » 2ᵉ partie, 1819, t. X, p. 880, et 1820, t. XII, p. 40 et 119.] La 1ʳᵉ lettre est adressée à M. Gicquel des Touches, les deux autres à M. Bajot.
A la même époque M. Tupinier fit imprimer une lettre, signée NAVIMANE, à M. Bajot, sur le centre d'effort d'un vaisseau [t. XII du même recueil, p. 387].

2. — Observations sur les dimensions des vaisseaux et des frégates dans la marine française. Paris, Impr. royale, 1822, gr. in-8 de 100 pag.

3. — Rapport sur le matériel de la marine. Paris, Imprimerie royale, 1838, in-8 [10 fr.].

Situation de la marine française, améliorations introduites ou à introduire, devoirs et attributions des officiers, état des ports et des établissements maritimes.

4. — Considérations sur la marine et sur son budget. Paris, Impr. royale, 1841, in-8 [6 fr.].

TURBRI, armateur. — L'Art de la natation. Paris, impr. lith. de Fayet, 1840, et IIᵉ édit., 1842, in-32 [1 fr.].

TURBRY [F.-L.-H.] [Voy. la *France littér.*, t. IX, p. 576.] — Cours d'harmonie. Paris, impr. de Fain, 1841, in-8 oblong avec 33 pag. de musique.

TURCHETTI [O.]. — Lettere sugli instituti, sulla confraternitate e sui las citi di publica beneficenza della Toscana. Paris, impr. de Guiraudet, 1846, in-8.

Estratto della « Gazetta italiana di Parigi. »

TURCK [Léopold], docteur en médecine. [Voy. la *France littér.*, t. IX,

p. 576.] — Du Mode d'action des eaux minéro-thermales de Plombières. IVᵉ édit. Paris, Baillière, 1847, in-8 [4 fr.].

Citons encore : de la Suette miliaire et de la miliaire rhumatismale [1841, in-8] ; — Essai sur le cancer [1842, in-8] ; — Lettre sur la fièvre typhoïde et les fièvres rémittentes [1844, in-8] ; — Mémoire sur la nature de la folie et sur le traitement à lui opposer [1845, in-8].

TURCK [Sébastien-A.], frère du précédent, docteur en médecine, professeur de chimie. [Voy. la *France littér.*, t. IX, page 576.] — Le Médecin des douleurs, goutte, rhumatisme, tic douloureux, sciatique ; suivi de recherches sur la nature et le traitement des affections de poitrine. Nancy, Vincenot ; Paris, J.-B. Baillière, 1841, in-12 [2 fr. 50 c.].

TURENNE [le comte Joseph de]. — Résumé de la question des haras et des remontes ; suivi de quelques expériences et d'un nouveau système d'éducation des chevaux. Paris, Dumaine, 1844, in-8 de 120 pag. [2 fr.]

On doit aussi à M. J. de Turenne : de l'Administration des haras, de son système et de ses doctrines. Réponse à l'écrit anonyme distribué au congrès central d'agriculture en mai 1845 [1845, in-8] ; — A Messieurs les Pairs de France et les membres de la Chambre des députés [relatif aux haras et remontes. — 1845, in-8].

TURGARD [B.], ouvrier. — Aux socialistes. Le Nocher, la Source et le Vieillard. Fable. Paris, impr. de Soupe, 1848, in-8.

Citons encore : les Prolétariennes. Poésies politiques et sociales [1848, in-8] ; — les Populaires. Poésies politiques et sociales [1848, in-8] ; — Programme électoral des communistes révolutionnaires [1849, in-fol.].

TURGUE [B.]. — Traité sur la culture et la préparation du lin. Fontenay, impr. de Gaudin fils, 1846, in-16.

TURGOT [Anne-Robert-Jacques], baron de l'Aulne, intendant de la généralité de Limoges, ministre sous Louis XVI, né à Paris le 10 mai 1727, mort le 18 mars 1781. [Voy. une étude sur lui par M. H. BAUDRILLART dans la *Revue des Deux-Mondes* du 15 septembre 1846 et la *France littér.*, t. IX, p. 577.] — Œuvres. Nouvelle édit., classée par ordre de matières, avec les notes de Dupont de Nemours, augmentée de lettres inédites, des questions sur le commerce, et d'observations et de notes nouvelles, par MM. *Eugène Daire* et *Hippolyte Dussard*, et précédées d'une Notice sur la vie et les ouvrages de Turgot, par M. *Eugène Daire*. Paris, Guillaumin, 1844, 2 vol. in-8 avec un portrait [20 fr.].

Voy. un article de M. Louis REYBAUD dans « le Constitutionnel » du 24 août 1844.

TURLES [Camille], médecin. [Voy. la *France littér.*, t. IX, p. 579.] — La Vie idéale, ou Peinture des émotions à vingt ans. IIe édition, revue, corrigée et augmentée. Paris, Pougin, 1838, in-18 [3 fr.]. — En 1848, *Delahays* [35 c.].

M. Camille Turles a rédigé en chef « le Moniteur égyptien, » journal d'Alexandrie, dont le premier numéro a paru le 17 août 1833.

TURNBULL, médecin anglais. — Traitement de la cataracte et de quelques autres maladies des yeux sans opérations chirurgicales ; trad. par MM. *Lusardi* et *P. Bernard*. 1844, in-8, fig. [2 fr. 50 c.]

TURNER [Sharon], historien anglais. — The History of the Anglo-Saxons, from the earliest period to the Norman conquest. Paris, Baudry, Amyot, Truchy, Girard frères, 1839, 3 vol. in-8 [15 fr.].

TURNER [J.].

M. J. Turner a revu et corrigé des éditions des « Traits remarquables de l'histoire universelle, » par L.-M. STRETCH [1839, in-8].

TURNER-COOKE [Charles]. [Voy. la *France littér.*, t. IX, p. 581.] — Observations sur l'efficacité de la graine de moutarde blanche dans les affections du foie, des organes internes du système nerveux, etc. Trad. de la Ve édit. anglaise. Paris, Didier, 1842, in-8 de 88 pag. [1 fr. 50 c.]

TURNUS.

Les œuvres de Turnus ont été imprimées dans la « Collection des auteurs latins », publiée sous la direction de M. Nisard. (Paris, Dubochet et Cie, 1839, gr. in-8 à 2 col.)

TUROT [J.]. — M. Dupetit-Thouars dans la Polynésie. Saint-Cloud, impr. de Belin-Mandar, 1844, in-8 de 56 pag. avec un portrait.

TURPIN [Pierre-Jean-François], botaniste, membre de l'Académie des Sciences, né à Vire le 11 mars 1775. [Voy. la *France littér.*, t. IX, p. 583.] — Iconographie végétale, ou Organisation des végétaux, illustrée au moyen de figures analytiques, par P.-J.-F. Turpin, avec un texte explicatif raisonné ; et une Notice biographique sur M. Turpin, par M. *A. Richard*. Paris, impr. de Panckoucke, 1841, in-8.

Publié et complet en quinze livraisons.

TURPIN. — Société française de statistique universelle. Tableau synoptique des divisions de la statistique adoptées par la Société, pour servir à l'intelligence de la table analytique et raisonnée des sept premiers volumes du journal de ses travaux, d'après les données de M. *César Moreau*, les discours de M. de *Monveran*, et dressé par M. Turpin. Paris, impr. de Proux, 1838, in-plano.

TURQUAIS [l'abbé], vicaire d'Yzernay. — Panégyrique de saint Charles Borromée, prononcé à l'hospice civil et militaire de Saint-Charles, à Cholet, le 7 novembre 1814. Cholet, impr. de Lainé, 1842-1847, in-8 de 22 pag.

TURQUAND [Léon]. Voy. THÉRÈSE [sainte].

TURQUET [S.-P.-E.] — Système métrique, l'art de l'apprendre sans maître. Paris, impr. de Locquin, 1839, in-12.

TURQUET. — Le Nécessaire du chasseur, ou Méthode sûre, infaillible, de détruire les loups, les renards et les fouines, avec la description des nouveaux pièges, etc. Paris, Martellon, Pilot, 1840, in-8 de 32 pag. avec 1 pl. [60 c.]

TURQUETY [Édouard], poëte, né à Rennes vers 1801. [Voy. la *France littér.*, t. IX, p. 585.]

1. — Hymnes sacrées. Paris, Debécourt, 1838, in-8 [7 fr. 50 c.].

2. — Primavera. Nouvelle édition, augmentée. Paris, Chamerot, Debécourt, 1840, in-8 [7 fr. 50 c.].

Poésies.

3. — Un Cantique. Salve, regina misericordiæ. Rennes, impr. de Vatar, 1842, in-8 de 32 pag.

Traduction en 12 vers, suivie de notes.

4. — Fleurs à Marie. Paris, Sagnier et Bray, 1845, in-12 [2 fr. 50 c.].

Poésies. Chaque pièce de vers est suivie d'une méditation en prose.

5. — Poésies d'Édouard Turquety. Amour et foi. Poésie catholique, hymnes sacrées. Nouvelle édition. Paris, Sagnier et Bray, 1845, in-12 [4 fr.].

M. Ed. Turquety est l'auteur de la préface qui précède « Clairières, poésies, » par M. Yves TENNAEC [Alex. CHEVREMONT] [1848, gr. in-18].

Il a fourni des articles au « Musée des familles. »

TURREL [A. Marius]. [Voy. la *France littér.*, t. IX, p. 586.]

1. — La Parole à Napoléon!... poëme en deux chants. Paris, impr. de Gros, 1840, in-8 de 32 pag.

En vers.

2. — Stances sur la mort de J. Ottavi (d'Ajaccio), cousin de Napoléon. Paris, impr. de Lacrampe, 1842, in-8 de 4 pag.

TYRAT [J.], ancien élève des écoles du gouvernement. — Nouveau Manuel complet et méthodique des aspirants au baccalauréat ès sciences, rédigé spécialement pour l'usage des jeunes gens qui se destinent à l'étude de la médecine, d'après le dernier programme du 3 février 1837. Paris, 1846, gr. in-18, avec figures [6 fr.].

TYRTÉE, poëte lyrique grec, qui vivait au VIIe siècle avant J.-C. [Voy. la *France littér.*, t. IX, p. 588.]

Les *Chants* de Tyrtée, avec pagination séparée, sont joints aux « Odes » de PINDARE, trad. en vers français par MAZURE. (Poitiers, impr. de Saurin, 1838, in-12.)

Ils font aussi partie des « Petits Poëmes grecs» [1839, gr. in-8]. Voy. INYCUS.

TYRTÉE, pseudonyme de TASTET, auteur dramatique. Voy. ce dernier nom.

TYTLER [Ann.-Fraser]. — Mary and Florence, or grave and gay. Eighth edition. Paris, Truchy, 1846, in-18 avec 4 lith. [3 fr. 50 c.]

U

UBAGHS [l'abbé Gérard-Casimir], professeur de philosophie à Liége, né à Fauquemont. [Voy. la *France littér.*, t. IX, p. 590.]

1. — Précis de logique élémentaire. IIe édition, mise dans un nouvel ordre et considérablement augmentée, in-8 [2 fr. 75 c.].

2. — Précis d'anthropologie psychologique, IIe édit. in-8 [3 fr.].

3. — Theodiceæ seu theologiæ naturalis elementa, cura Gerardi-Casimiri Ubaghs [6 fr.].

4. — Logicæ seu philosophiæ rationalis elementa, cura Ubaghs; editio tertia, omnino recognita et multum aucta, in-8 [6 fr.].

5. — Ontologiæ seu metaphysicæ generalis elementa; editio altera, multum aucta et omnino recognita, in-8 [2 fr. 75 c.].

UBAUDI [Pierre], sculpteur, membre de la société des Droits de l'homme, etc. — Idées émises par le citoyen Ubaudi, candidat à la représentation nationale, dans le but de l'organisation sociale, etc. Paris, impr. de Wittersheim, 1848, in-8 de 8 pag.

UBAUD. — Nouvelles Tables barométriques. Tarbes, impr. d'Abadie, 1846, in-4 de 48 pag.

UCCELLINI [P.]. — Nuovo Dizionario portatile della lingua italiana. Paris, Langlumé et Peltier, 1842, in-32 [3 fr.].

UHLAND [L.], poëte allemand. [Voy. la *Galerie des contemporains illustres par un homme de rien*, t. IX.] — Poésies allemandes de *J.-P. Hebel, Th. Kœrner, L. Uhland, H. Heine*, traduites par *Max. Buchon*. Salins, Cornu, 1846, in-18 de 72 pag.

UHRICH, ingénieur en chef du département des Hautes-Alpes. — Projet d'un canal d'irrigation destiné à dériver les eaux du Drac, pour les conduire dans le bassin de Gap. Gap, impr. d'Allier, 1847, in-8 de 32 pag.

ULBACK [Louis], poëte, romancier, publiciste, né à Troyes. — Gloriana. Paris, Coquebert, 1844, in-8 [5 fr.].

Gloriana en Allemagne est la reine de la poésie. Voy. Tieck, Voyage dans le bleu.

M. L. Ulbach a été rédacteur en chef du « Propagateur de l'Aube; » il a travaillé au « Musée des familles, » à la « Revue de Paris, » etc.

ULDARIC DE SAINT-GALL, professeur de philosophie. Pseudonyme. Voy. SCHELER [Auguste].

ULIN DE LA PONNERAYE [d'].

1. — Éloge du duc d'Enghien (Louis-Antoine-Henri de Bourbon-Condé). Paris, impr. de Gaultier-Laguionie, 1827, in-8 de 44 pag.

Tiré à 150 exemplaires.

2. — Discours contre la peine capitale. Paris, Selligue, Delaunay, 1828, in-8 de 24 pag.

En prose.

ULLIAC TRÉMADEURE [Mlle Sophie]. Voy. TRÉMADEURE.

ULMANN [S.], rabbin à Lauterbourg, grand rabbin de Nancy.

1. — Recueil d'instructions morales et religieuses à l'usage des jeunes Israélites français. Strasbourg, impr. de Schuler, 1843, in-12 de 120 pag.

2. — Extrait du Recueil d'instructions morales et religieuses à l'usage des jeunes Israélites français. Saint-Nicolas, impr. de Trenel, 1849, in-12.

UNGER [L.-A.], professeur d'allemand au collége Stanislas, à Paris.

1. — Essai sur les chemins de fer considérés comme lignes d'opérations militaires, suivi d'un projet de système militaire de chemins de fer pour l'Allemagne; traduit de l'allemand par L.-A. Unger. Paris, Corréard, 1845, in-8 avec 1 carte [8 fr.].

2. — Guide pour l'instruction tactique des officiers d'infanterie et de cavalerie; traduit de l'allemand par Unger. Paris, Corréard, 1846, 2 parties in-8 [10 fr.].

3. — Histoire critique des exploits et vicissitudes de la cavalerie pendant les guerres de la Révolution et de l'Empire, jusqu'à l'armistice du 4 juin 1813. Paris, Corréard, 1848-49, 2 vol. in-8 [12 fr.].

M. L.-A. Unger a traduit de l'allemand : « de la Petite Guerre dans l'esprit de la stratégie moderne, » par DECKER [1845, in-12] ; — « Géographie militaire de l'Europe, » par RUDTORFFER [1847, 2 parties in-8].

UNIENVILLE [le baron d']. — Statistique de l'île Maurice et ses dépendances, suivie d'une Notice historique sur cette colonie et d'un Essai sur l'île de Madagascar. Paris, Gustave Barba, 3 vol. in-8 avec 74 tableaux [22 fr. 50 c.].

UPCHER [miss Francis]. — Entretiens d'une mère avec ses enfants sur les dix commandements de Dieu ; traduit de l'anglais sur la IIe édition. Toulouse, impr. de Chauvin ; Paris, Delay, 1845, in-18 de 174 pag.

URBAIN [César-Nestor-Néoptolème], ancien élève de l'École polytechnique et de l'École des mines, né à Namur en 1802. [Voy. la *France littér.*, t. IX, p. 591.]

1. — Conditions de la vie humaine. Paris, Baelen, 1840, in-8.

2. — Requête du sieur Nestor Urbain, associé responsable et seul gérant de la société en commandite dite Banque philanthropique. Paris, impr. de Ducessois, 1841, in-4 de 44 pag.

3. — Mémorial des camps. Recueil à l'usage de MM. les officiers de l'armée de terre. 1828, in-8 avec 13 planches [10 fr. 50 c.].

On trouve dans cet ouvrage l'art de tracer un camp, les connaissances relatives aux avant-postes, patrouilles, embuscades, marches, à la guerre de tirailleurs, à la guerre de montagnes, aux partisans, à la défense des petits postes, aux attaques de convois, etc.

URBAIN [Ismayl.]

1. — Avec M. *Gustave d'Eichthal :* Lettres sur la race noire et blanche. Paris, Paulin, 1839, in-8 de 68 pag.

2. — Algérie. Du gouvernement des tribus. Chrétiens et musulmans, Français et Algériens. Paris, Just Rouvier, 1848, in-8 de 44 pag. [1 fr. 50 c.]

Extrait de la « Revue de l'Orient et de l'Algérie » [oct. et nov. 1847].

URBAIN.

1. — Gorgone, 1re satire. Bordeaux, impr. de Lazard-Lévy, 1846, in-8 de 24 pag.

2. — Les Elections de 1846, 2e satire. Bordeaux, impr. de Lazard-Lévy, 1846, in-8 de 20 pag.

URBAIN [P.-J.-Auguste]. Voy. CAUNTER [le révérend H.].

URBAN [Fortia d']. Voy. FORTIA D'URBAN.

URBANUS, pseudonyme. — Lettres sur le Théâtre-Français en 1839 et 1840. Paris, Tresse, 1841, in-8 de 20 pag. [60 c.]

URBINO [F.-G.], de Mantoue. — Justification d'un républicain de Milan. Paris, impr. de Lange-Lévy, 1848, in-8 de 8 pag.

Extrait de la « Démocratie pacifique. »

URCLÉ [d']. [Voy. la *France littér.*, t. IX, p. 592.]

1. — Aux Cultivateurs qui se rendront aux concours de charrues ouverts dans le canton de Breteuil le 25 septembre 1836. Paris, impr. de Thomas, 1836, in-8 de 12 pag.

2. — Projet de loi relatif à la réparation et à l'entretien des chemins vicinaux, lequel offre d'autres moyens d'exécution que ceux qui ont été pro-

posés jusqu'ici par M. le ministre de l'intérieur et la commission nommée à cet effet dans la Chambre des députés. Paris, impr. de Goetschy, 1836, in-8 de 36 pag.

URCLÉ [Levacher d']. Voy. LEVACHER D'URCLÉ.

URCULLU [José de]. [Voy. la *France littér.*, t. IX, p. 592.]

1. — Lecciones de moral, virtud y urbanidad. Paris, Lecointe, 1844, in-18.

2. — Catecismo de aritmetica comercial. Paris, Mezin, 1848, in-18 de 144 pag.

URIARTE [Joaquim de]. — De la Situation administrative en Espagne. Paris, impr. de Lacrampe, 1844, in-8 de 32 pag.

URQUHART [David], ancien secrétaire d'ambassade à Constantinople. [Voy. la *France littér.*, t. IX. p. 594.]

1. — L'Angleterre, la France, la Russie et la Turquie; traduit de l'anglais. Paris, Dufart, 1835, in-8 [5 fr.].

2. — Le Sultan et le Pacha d'Égypte; traduit de l'anglais. Paris, Dufart, 1839, in-8 de 132 pag. [2 fr. 50 c.]

3. — La Crise. La France devant les quatre puissances. Paris, le 20 septembre 1840. Paris, Dufart, 1840, in-8 de 124 pag. [3 fr.]

— The Crisis. France in face of the four powers. Seconde édition. Translated from the french. Paris, Dufart, 1840, in-8 de 124 pag.

— The Crisis. France in face of the four powers. Translated from the french. Paris, 20 september 1840. Paris, Dufart, 1840, in-8 de 64 pag.

URTIS, avocat, ancien secrétaire de Manuel. [Voy. la *France littér.*, t. IX, p. 595.] — Pétition à la Chambre des pairs sur les dispositions du projet de loi pénale relatives aux circonstances atténuantes. Paris, impr. d'Everat, 1831, in-8 de 36 pag.

Citons encore : Opinion sur la création d'un directeur de la police à Alger, [1842, in-8];—Opinion émise par M. Urtis, propriétaire à Alger, devant la commission de colonisation de l'Algérie, à la séance du 12 mars 1842 [1842, in-8].

URVILLE [d']. Voy. DUMONT D'URVILLE.

USINCI. — Le Portefeuille des amants, ou le Carquois épistolaire de l'amour. Lille, Blocquel-Castiaux ; Paris, Delarue, 1842, in-18 de 126 pag.

UTTNER [Mme Marie]. — Recueil de poésies. Strasbourg, impr. de Silberman, 1848, in-16 [3 fr.].

Vingt prières en français, et six en langue allemande.

UZIER [A.], curé d'Einville. [Voy. la *Bibliothèque littéraire* de D. CALMET, colonnes 1044-45.] — Triomphe du corbeau. Réimprimé chez P. Trenel, à Saint-Nicolas-du-Port. Conforme à l'édition originale. Nancy, Cayon-Liébault, 1839, pet. in-8.

L'édition originale est de Nancy, 1619.

V

VACÉON.—Poids et mesures. Compte fait, ou appréciation des divers poids de marchandises en kilogrammes, avec la comparaison en regard en pièces de monnaie. Toulon, impr. de Baume, 1840, in-8 de 32 pag.

VACHER [l'abbé]. — Notice historique et descriptive de l'église de la paroisse de Saint-Leu-Saint-Gilles. Paris, Hivert, 1843, in-8 de 64 pag. avec 1 lith. [1 fr. 25 c.]

VACHER. Voy. TOURNEMINE.

VACHER DE BALEINIE. — Avec M. *Lévi Alvarès* : Nouveaux Éléments méthodiques d'arithmétique (1844, in-12); nouveaux Éléments méthodiques des sciences exactes et naturelles (1844, in-12). Voy. LÉVI ALVARÈS.

VACHEROT [Ét.], ancien directeur de l'École normale.
1. — Théorie des premiers principes selon Aristote. Paris, 1836, in-8.
2. — De Rationis auctoritate, tum in re, tum secundum Anselmum considerata. Paris, 1836, in-8.
3. — Cours d'histoire de la philosophie au XVIIIe siècle, professé à la Faculté des lettres, en 1819 et 1820, par M. *V. Cousin*. 1re partie : *École sensualiste*. Paris, Ladrange, 1839, in-8 [6 fr.]; — 2e partie : *École écossaise*. Paris, Ladrange, 1840, in-8.

L'*École écossaise* a paru avec la collaboration de M. DANTON. Voy. COUSIN.

4. — Cours d'histoire de la philosophie morale au XIXe siècle, professé à la Faculté des lettres, en 1819 et 1820, par M. *V. Cousin*. Introduction publiée par M. *E. Vacherot*. Paris, Ladrange, 1841, in-8 [3 fr.].
5. — Histoire critique de l'école d'Alexandrie. Paris, 1846, 2 vol. in-8 [15 fr.].

Ouvrage couronné par l'Institut, Acad. des Sciences morales et politiques.
M. Vacherot a travaillé au « Dictionnaire des sciences philosophiques pour la philosophie alexandrine et platonicienne. »

VACQUERIE [Auguste], poëte et auteur dramatique.
1. — L'Enfer de l'esprit. Paris, Ébrard, 1840, in-8 avec une vign. [7 fr. 50 c.]
Poésies.
2. — Demi-teintes. Paris, Garnier, 1845, in-12 [2 fr. 50 c.]
Poésies.

M. Aug. Vacquerie a traduit, avec M. Paul MEURICE : « Antigone, » tragédie de SOPHOCLE [1844, in-18]; — « Paroles, » comédie tirée de SHAKSPEARE [1844, in-12].
Il a inséré des articles dans « le Globe. »

VACQUIER [E. LABARTHE]. Voy. LABARTHE-VACQUIER.

VADÉ [Jean-Joseph], poëte et auteur dramatique comique, né à Ham en janvier 1720, mort le 4 juillet 1757. [Voy. la *France littér.*, t. X, p. 6.]
— Œuvres choisies de Vadé et de ses imitateurs. Montbéliard, Deckherr, 1842, 1844, in-18 de 96 pag.
— Œuvres choisies et poissardes, contenant : *Étrennes aux ribotteurs*, le *Déjeuner de la Râpée*, etc. Paris, Lebailly, 1849, in-18 de 108 pag.

Les *Visites du jour de l'an*, comédie en un acte et en vers, a été publiée dans la « Revue rétrospective » [cahier du 30 novembre 1837].

VAEZ [Jean-Nicolas-Gustave van Nieuwenhuysen], auteur dramatique, né à Bruxelles le 6 décembre 1812. [Voy. la *France littér.*, t. X, p. 8.]

1. — Le Coffre-Fort, comédie-vaudeville en un acte. Paris, Ch. Tresse, Delloye, Bezou, 1839, in-8 de 18 pag.

2. — Mon Parrain de Pontoise, comédie-vaudeville en un acte. Paris, Beck, Tresse, 1842, in-8 de 16 pag.

3. — Nouvelles d'Espagne, comédie en un acte, et en prose. Paris, impr. de Boulé, 1847, in-8 de 12 pag.

4. — Les Bourgeois des métiers, ou le Martyr de la patrie, drame en cinq actes et dix tableaux. Paris, Beck, Tresse, 1849, in-8 de 40 pag.

On doit encore à M. G. Vaez, en collaboration avec MM. Laurencin [Fromage-Chapelle] et Desvergers [Chapeau] : les Brodequins de Lise ;— avec M. A. Royer : Lucie de Lammermoor ; la Favorite ; le Bourgeois grand-seigneur ; le Voyage à Pontoise ; don Pasquale ; Mademoiselle Rose ; la Comtesse d'Altenberg ; Othello ; Robert-Bruce ; Jérusalem ; — avec M. Scribe : Ne touchez pas à la reine ; etc. Voy. ces noms.

VAFFLARD [L.], directeur de la Compagnie générale des Sépultures. — Observations sur le service des inhumations et pompes funèbres dans la ville de Paris. Paris, impr. de Maistrasse, 1847, in-8 de 32 pag.

VAGHI [F.-D.-A.]. — Avec M. le chevalier *Lemetheyer* : Surcot de sauvetage et de natation (1846, in-8). Voy. Lemethryer.

VAHL [J.].

M. J. Vahl a pris part à la rédaction des « Voyages de la Commission scientifique du Nord, en Scandinavie, en Laponie, au Spitzberg et aux Féroë, pendant les années 1838, 1839 et 1840, sur la corvette *la Recherche*, commandée par M. Fabvre [1845 et ann. suiv., format gr. in-8, fig.].

VAHLAND [Ch.]. — Le Captif du mont Saint-Michel. II⁰ édition. Paris, impr. de Chassaignon, 1848, in-8 de 4 pag.

En vers.

VAIL [Eugène-A.], citoyen des États-Unis. [Voy. la *France littér.*, t. X, p. 9.]

1. — Notice sur les Indiens de l'Amérique du Nord. Paris, Arthus-Bertrand, 1839, in-8 avec 4 portraits et une carte [5 fr.].

2. — De la Littérature et des hommes de lettres des États-Unis d'Amérique. Paris, Ch. Gosselin, 1841, in-8 [7 fr. 50 c.].

VAIL [Alfred], adjoint au surintendant des télégraphes électro-magnétiques des États-Unis. — Le Télégraphe électro-magnétique américain, avec le rapport du congrès et la description de tous les télégraphes connus où sont mis en usage l'électricité et le galvanisme ; traduit de l'anglais par *Hipp. Vattemare*. Paris, Mathias, 1847, in-8 [6 fr.].

VAILLANT [J.-P.], général du génie. [Voy. la *France littér.*, t. X, p. 9.]. — Description et usage d'un instrument propre à défiler les tranchées. 1839, in-fol. lithogr. [5 fr.]

VAILLANT [J.-A.], fondateur du collège intime de Bucharest, ex-professeur de langue française à l'école nationale de Saint-Sava. — La Romanie, ou Histoire, langue, littérature, orographie, statistique des peuples de la Langue-d'Or, Ardaliens, Valaques et Moldaves, résumés sous le nom de Romans. Paris, Arthus-Bertrand, 1845, 3 vol. in-8 avec 1 carte [21 fr.].

Voy. un compte-rendu dans « le Moniteur » du 25 février 1847.

VAILLANT. — Manuel portatif des employés du service actif des douanes Metz, Verronnais, 1842, in-12. — Autre édition. Metz, impr. de Dembour, 1844, in-18.

VAILLANT [l'abbé]. — Fables à l'usage des enfants, et Morceaux choisis de poésie, où sont racontés les grands événements de l'histoire sainte, recueillis, annotés et adaptés aux classes de commençants. Lyon et Paris, Périsse, 1847, in-18.

On a publié sous la direction de M. l'abbé Vaillant : « Fables » de Fénelon, composées pour l'éducation du duc de Bourgogne. Édition nouvelle, accompagnée de notes grammaticales, historiques et géographiques [Lyon et Paris, Périsse, 1848, in-18].

VAISSE [Léon], professeur à l'institution des Sourds-Muets. [Voy. la *France littér.*, t. X, p. 10.]

1. — Armorial national de France, recueil complet des armes des villes et provinces du territoire français, réuni pour la première fois ; dessiné et gravé par H. Traversier ; avec des Notices descriptives et historiques. Paris,

Challamel, 1841-47, 4 séries in-4 avec planches.

2. — Essai d'une grammaire symbolique à l'usage des sourds-muets, ou Démonstration des principes de l'analyse grammaticale au moyen d'un système de caractères indiquant les valeurs relatives des mots dans le discours. Paris, impr. lith. de Desportes, 1839, in-4 de 28 pag.

3. — Des Conditions dans lesquelles s'entreprend et des moyens par lesquels s'accomplit l'instruction des sourds-muets de naissance. Discours prononcé le 11 août 1847, et publié avec des notes destinées à éclaircir les principaux points de la théorie de cet enseignement spécial. Paris, Hachette, 1848, in-8 de 36 pag.

On doit encore à M. L. Vaïsse : *Essai d'un manuel étymologique à l'usage des sourds-muets* [n° 3 des « Annales de l'éducation des sourds-muets et des aveugles »].

VAISSE [J.]. — Avec M. *Pelissot* : La Charité, poëme. Marseille, impr. d'Olive, 1841, in-8 avec 1 pl. [2 fr.]

VAISSE [Jean-Louis], *chef d'atelier*. — Mémoire présenté à l'Assemblée nationale constituante. Paris, impr. de Proux, 1849, in-8 de 16 pag.

Citons encore : Un mot à M. Félix Pyat, représentant du peuple, à propos de la question du droit au travail [1848, in-8]; — Au saint père le pape Pie IX [1849, in-8]; — Lettre au peuple sur l'extinction du paupérisme [1849, in-fol.].

VAISSE [A.]. — Cours théorique et pratique sur le système métrique, en dix leçons. Rochechouart, Barrel, 1847, in-18 [50 c.].

VAISSETE [dom], bénédictin de la congrégation de Saint-Maur, né à Gaillac en 1685, mort en 1756. — Avec *dom de Vic* : Histoire générale du Languedoc, avec des notes et les pièces justificatives composées sur les auteurs et les titres originaux, et enrichie de divers monuments; par dom Cl. de Vic et dom Vaïssete. Commentée et continuée jusqu'en 1830, et augmentée d'un grand nombre de chartes et de documents inédits sur les départements de la Haute-Garonne, etc., etc., par M. le chevalier *du Mège*. Toulouse, Paya et Croix-Daragnot, 1838 et ann. suiv., 10 vol. gr. in-8 à 2 col.

VAITTONNET [C.-A.], sergent au 54° régiment. — Mort de S. A. R. Mgr le duc d'Orléans, ode. Metz, impr. de Verronnais, 1842, in-8 de 4 pag.

VAIVRE [Théodore de], conservateur du marché à la volaille et au gibier de la ville de Paris.

1. — Préceptes d'hygiène, en vers français, d'après Hippocrate, Plutarque, etc. Paris, impr. de Cosse, 1845, in-12 de 24 pag.

2. — Alphabet synoptique des illustres contemporains. Paris, impr. de Stahl, 1846, in-plano.

VALADE-GABEL, membre de l'Académie de Bordeaux, directeur de l'institution des Sourds-Muets de cette ville, ancien professeur à l'école de Paris, etc. [Voy. la *France littér.*, t. X, p. 11.] — Deuxième Mémoire sur cette question : *Quel rôle l'articulation et la lecture sur les lèvres doivent-elles jouer dans l'enseignement des sourds-muets?* Bordeaux, impr. de Sazay, 1839, in-8 de 48 pag. [1 fr.]

On doit aussi à M. Valade-Gabel : Sur le langage naturel dont les sourds-muets font usage [brochure in-8]; — Notice sur la vie et les travaux de Jean Saint-Sernin, premier instituteur en chef de l'institut royal des sourds-muets de Bordeaux. Discours [1844, in-8. — Saint-Sernin, né vers 1740 à Saint-Jean-de-Marsac, est mort le 9 mai 1818].

M. Valade-Gabel a fourni un assez grand nombre d'articles aux « Actes de l'Académie de Bordeaux » [1839-45].

VALADIER [J.]. — Le Porteur d'eau contemporain, ou le Négociant universel. Paris, Garnier frères, 1840, in-18 de 90 pag. avec 1 lith.

VALAMONT [J.-J.], pseudonyme. Voy. PORCHAT-BRESSENEL.

VALAT, professeur de mathématiques au collége de Bordeaux, secrétaire général de l'Académie de cette ville. [Voy. la *France littér.*, t. X, p. 13.] — Avec M. *Pouget* : Plan d'organisation hygiénique et médicale pour les colléges royaux, etc. (1839, in-8). Voy. POUGET.

M. Valat a fait insérer plusieurs articles dans les « Actes de l'Acad. des sciences, belles-lettres et arts de Bordeaux, » de 1839 à 1846, notamment : *Mémoire sur les équations binomes et les radicaux algébriques* [année 1843].

VALATOUR, professeur au collége Bourbon. [Voy. la *France littér.*, t. X, p. 13.]

M. Valatour a publié : « Choix méthodique

des histoires variées » d'ÉLIEN [1840, 1843, in-12] ; — « Extraits historiques, littéraires et philosophiques » de LUCIEN [1844, in-12].

Il a traduit les « Élegies » de TIBULLE [Paris, Panckoucke, 1836, in-8].

VALAYRE [G. de]. — Légendes et chroniques suisses, précédées d'une introduction par M. Leroux de Lincy. Paris, Colomb de Batines, Belin-Leprieur, 1842, in-12 [3 fr. 50 c.].

G. de Valayre serait, d'après M. Quérard, le pseudonyme de Ch. de BONSTETTEIN.

VALAZÉ [le baron Éléonore-Bernard-Anne-Christophe-Zoa DUFRICHE DE], général de division du génie, député, ministre plénipotentiaire à la Haye; né aux Genettes, près Essey (Orne), le 12 février 1780, mort à Nice le 27 mars 1838. [Voy. une Notice par M. Léon de LA SICOTIÈRE (1838, in-8), des Notices dans *le Moniteur* du 23 avril 1838, dans l'*Annuaire* publié par l'Association normande (1839, V^e année, p. 426), et la *France littér.*, t. X, p. 14.] — Des Places fortes et du système actuel de guerre. Paris, Leneveu et Riant, 1845, in-8 de 20 pag.

M. Valazé a publié en outre : Sur le tir à ricochet [in-18] ;— de l'Effet de l'artillerie dans la défense des places [in-8]; et diverses autres brochures relatives au génie militaire.

Il a donné une nouvelle édition du « Traité de Vauban sur la défense des places fortes, » dont il a fait disparaître les contradictions et des interprétations maladroites. Un des fondateurs du « Spectateur militaire, » il a publié dans ce recueil : Observations sur les siéges de Saragosse et de Burgos, appliquées à la défense des places [t. Ier] ; — des Places fortes et du système de guerre actuel [t. VII] ; — de l'Opinion de Vauban sur l'utilité des places fortes [t. VIII] ; etc. Il a aussi travaillé à « l'Encyclopédie moderne. »

VALBEZÈNE [de].

M. de Valbezène a publié, sous le pseudonyme : *le Major Fridolin*, divers articles qui ont paru dans les journaux et recueils périodiques, entre autres, dans « les Débats, » *le Chien d'Alcibiade*, roman dont une édition contrefaite est datée de Bruxelles, 1814 [in-18].

VALBLETTE. Voy. ROSELLY DE LORGUES.

VALBONNAYS [J.-P. MORET DE BOURCHENU, Mis de], premier président de la chambre des comptes de Dauphiné, correspondant de l'Académie des Inscriptions, né à Grenoble en 1651, mort en 1730. [Voy. la *France litt.*, à l'art. BOURCHENU.]

— Correspondance littéraire publiée d'après les mss. de la Biblioth. royale, avec une Notice historique sur Valbonnays, par *J. Ollivier*. Valence, 1839, gr. in-8 [5 fr.].

Tiré à 56 exemplaires seulement.

Des extraits de cette correspondance entre Valbonnays et le président Bouhier avaient paru dans les « Mélanges biographiques et bibliographiques relatifs à l'histoire littéraire du Dauphiné, » de MM. COLOMB DE BATINES et OLLIVIER [1837, in-8, t. Ier, p. 293 et suiv.]. On y trouve des détails curieux sur quelques points d'érudition romaine et sur l'histoire du Dauphiné.

VALCHÈRE [Mme Caroline].

1. — Marguerite Aubert. Paris, impr. de Bouchard-Huzard, 1839, 2 vol. in-8 [15 fr.].

2. — Fleurs des champs. Paris, Barba, 1840, in-8.

Poésies.

3. — A mademoiselle Mars. Paris, impr. de Mme veuve Dondey-Dupré, 1841, in-8 de 4 pag.

En vers.

4. — Reine et régente. Paris, Dolin, 1843, in-8 [7 fr. 50 c.].

VALCONSEIL [Alphonse de]. — Revue analytique et critique des romans contemporains. Paris, Gaume frères, 1845, in-8 [6 fr.].

VALCOURT [L.-P. de]. [Voy. la *France littér.*, t. X, p. 15.] — Mémoires sur l'agriculture, les instruments aratoires et d'économie rurale. *Comptabilité agricole*. Paris, Bouchard-Huzard, 1841, in-8 avec un atlas in-4 de 37 pl. et 28 pag. lith. [12 fr.]

M. L.-P. de Valcourt a joint une *Description d'appareils de vinification* à « l'Art de faire le vin, » par CHAPTAL [IIIe édit., 1839, in-8, avec 2 pl.].

VALDEMOROS Y ALVAREZ [don Pablo de], professeur d'espagnol à l'école municipale de François Ier, à l'école spéciale du commerce de Paris, et à l'école des Arts industriels.

1. — Cours gradué de langue espagnole. Lecture, versions, littérature et dictionnaire raisonné du texte dans l'ordre des matières. Paris, Truchy, 1846, in-12.

Collection des cours professés à l'école municipale de François Ier.

2. — Dictionnaire général espagnol-français et français-espagnol, nouvellement rédigé, d'après les dernières éditions des dictionnaires de l'Académie espagnole et de l'Académie fran-

çaise, les meilleurs lexicographes et les ouvrages spéciaux de l'une et de l'autre langue. Paris, Baudry, 1846, 2 tomes en 1 vol. gr. in-8 à 3 col.

Cet ouvrage contient, outre les mots usuels et littéraires, anciens et nouveaux, les principaux termes des sciences, des arts, de l'industrie, du commerce, etc.; les diverses acceptions des mots, rangées dans leur ordre rationnel, et séparées par des chiffres; — un court exemple des acceptions usuelles ou littéraires, et des formes grammaticales difficiles à saisir; — le genre des substantifs; — la première personne des temps irréguliers des verbes, par ordre alphabétique; — les prépositions qui régissent les verbes; — les idiotismes et les locutions nobles, familières ou proverbiales les plus usitées; — un vocabulaire de noms géographiques et de noms de baptême, etc., etc.

VALDENAIRE, docteur en droit. [Voy. la *France litt.*, t. X, p. 15.] — Caisse d'économie des débiteurs hypothécaires. Société anonyme. Mémoire adressé à M. le ministre de l'agriculture et du commerce. Paris, impr. de Mme Lacombe, 1848, in-8 de 20 pag.

VALDEZ [D. Juan MELENDEZ], né à Ribera en 1754, mort à Montpellier en 1817. [Voy. la *France littér.*, t. X, p. 15.] — Poesias, reimpresas de la edicion de Madrid de 1830, por don *Vicente Salva*. Paris, impr. de Smith, 1832, 4 vol. in-18.

VALDRUCHE [A.]
1. — Rapport au conseil général des hospices sur le service des enfants trouvés dans le département de la Seine, suivi de documents officiels. Paris, Mme Huzard, 1838, in-8.
2. — Au conseil général des hospices. Essais et études sur quelques parties de l'administration des hospices. Paris, impr. de Lottin de Saint-Germain, 1841, in-8 de 104 pag.

VALENCIENNES [Achille], professeur de zoologie au muséum d'histoire naturelle, membre de l'Académie des Sciences, membre de l'académie royale des sciences de Berlin, de la société zoologique de Londres, de la société impériale des naturalistes de Moscou, etc., né à Paris le 9 août 1794. [Voy. la *France littér.*, t. X, p. 16.] — Avec M. G. *Cuvier* : Histoire naturelle des poissons. Paris, P. Bertrand, 1836-49, 11 vol. gr. in-8, et 11 atlas.

L'éditeur a publié en même temps une édition in-4.

Citons encore : Description de l'animal de la panopée australe et recherches sur les autres espèces vivantes, fossiles, de ce genre [in-4 avec 6 planches, 5 fr.]; — Nouvelles Recherches sur le Nautile flambé [in-4, avec 4 planches, 7 fr.]; — Nouvelles Recherches sur l'organe électrique du Malaptérure électrique [in-4 avec 1 planche, 4 fr.]; — Histoire naturelle du hareng, comprenant la description zoologique et anatomique de cet important poisson, et une histoire détaillée de sa pêche ancienne et moderne [in-8 avec pl.]. — M. Valenciennes est l'un des auteurs de l'*Histoire naturelle* pour le « Voyage autour du monde sur la frégate *la Vénus*, » par M. DUPETIT-THOUARS [1840 et ann. suiv., in-8].

Il a fourni au « Dictionnaire d'histoire naturelle » de M. d'ORBIGNY les articles *Mollusques, Poissons, Reptiles.*

VALENTIN [F.]. [Voy. la *France littér.*, t. X. p. 19.]
1. — Abrégé de l'histoire des croisades (1095-1291). Tours, Mame, 1841, 1842, 1843, in-12, fig.

La première édition est de 1836.

2. — Histoire d'Angleterre, abrégée de Hume et Smollett, depuis la domination romaine jusqu'à la réforme électorale de 1832. Paris, Didier, 1837, 1838, 1841, 1842, in-12, avec 4 grav. [2 fr.]
3. — Voyages et aventures de La Pérouse. Tours, Mame, 1840, 1841, 1843, in-12 avec 4 grav. [1 fr. 25 c.]
4. — Les peintres célèbres. Tours, Mame, 1841, 1842, 1844, 1845, in-12 avec 4 grav. et un frontispice.
5. — Les ducs de Bourgogne, histoire des XIVe et XVe siècles. Tours, Mame, 1841, 1843, in-8, fig. [3 fr.]
6. — Les Artisans célèbres. Tours, Mame, 1843, in-12 avec 4 grav. [1 fr. 25 c.]
7. — Histoire de Venise. Tours, Mame, 1843, et IVe édit. 1845, in-12 avec 4 grav.

M. F. Valentin a donné, dans la collection intitulée : « les Petits Livres de M. le curé, » *Vie de sainte Geneviève* [1844, in-12]; — *Histoire de saint François de Sales* [1845, in-16].

VALENTIN, docteur en médecine. [Voy. la *France littér.*, t. X, p. 19.]

M. Valentin est l'un des auteurs des *Additions* au « Traité de physiologie, considérée comme science d'observation, » par C.-F. BURDACH [1837-41, 9 vol. in-8, fig.].

Il a revu plusieurs éditions de « l'Onanisme, » par TISSOT.

VALENTIN [G.], docteur en médecine.
1. — De Functionibus nervorum cerebralium et nervi sympathici libri IV. Bernæ, 1839, in-4 [9 fr.].

2. — Traité de Névrologie. Paris, J.-B. Baillière, 1843, in-8, fig. [8 fr.]
Fait partie de « l'Encyclopédie anatomique ».

VALENTIN DE CULLION [Ch.-Fr.], avocat, colon à Saint-Domingue, né à Chalamont (Ain) en 1734, mort à Dijon le 20 mars 1821. — Examen de l'esclavage en général, et particulièrement de l'esclavage des nègres dans les colonies françaises de Saint-Domingue. Paris, Maradan, Desenne, 1802, 2 vol. in-8 [7 fr. 20 c.].

VALENTINOIS [Honoré-Gabriel GRIMALDI MATIGNON, duc de], prince de Monaco, pair de France, né en 1778, mort en 1841. [Voy. la *France littér.*, t. X, p. 20.] — Du Paupérisme en France et des moyens de le détruire. Paris, Terzuolo, 1839, in-8.

VALÈRE MAXIME. Voy. VALERIUS MAXIMUS.

VALÉRIO [Oscar], ingénieur.
1. — Avec M. *C.-E. Jullien* : Nouveau manuel du chaudronnier (1846, in-18). Voy. JULLIEN.
2. — Documents officiels sur le matériel des chemins de fer, publiés avec l'autorisation des compagnies par une société d'ingénieurs des chemins de fer, sous la direction de MM. O. Valério et *E. de Brouville*, ingénieurs. Paris, Mathias, 1847, in-4.

VALÉRIUS. — Principes raisonnés de l'agriculture, ou l'Agriculture démontrée par les principes de la chimie économique, traduit en français par *Fontalard*. An II, in-8 [2 fr.].

VALÉRIUS.
M. Valérius a traduit de l'allemand : « Éléments de chimie, » par MITSCHERLICH [Bruxelles, 1835-37, 3 vol. in-8, fig.]; — « Cours de mécanique pratique à l'usage des directeurs et contre-maîtres de fabrique, » par M. BERNOULLI [Paris, Roret, 1849, in-18 avec 1 pl.].

VALÉRIUS [Philippe], auteur supposé. Voy. PHILIPPE [Achille].

VALERIUS FLACCUS [Caius], poëte latin, mort vers 111 de J.-C. [Voy. la *France littér.*, t. X, p. 20.] — Valerius Flaccus (avec *Lucrèce* et *Virgile*). Paris, J.-J. Dubochet, 1843, in-8.
Collection des auteurs latins publiés sous la direction de M. Nisard.

VALERIUS MAXIMUS, écrivain latin, né vers l'an 44 av. J.-C., mort en 23 de l'ère chrétienne. [Voy. la *France littér.*, t. X, p. 21.] — OEuvres complètes de Valère Maxime, publiées et traduites, avec celles de *Cornelius Nepos*, *Quinte-Curce*, *Justin* et *Julius Obsequens*, dans la collection de M. Nisard. Paris, J.-J. Dubochet, 1841, gr. in-8 [15 fr.].
La traduction de Valère Maxime et de Julius Obsequens est de M. T. BAUDEMENT.

VALERY [Antoine-Claude PASQUIN, plus connu sous le nom de], conservateur-administrateur des bibliothèques de la couronne sous Charles X, et, après 1830, bibliothécaire des palais de Versailles et de Trianon, mort au commencement de 1847. [Voy. la *France littér.*, t. X, p. 21.]
1. — Historical, literary and artistical travels in Italy, a complete and methodical guide for travellers and artists; translated, with the special approbation of the author, from the second corrected and improved edition, by *C.-E. Clifton*. Paris, Baudry, Amyot, Truchy, Girard frères, 1839, gr. in-12 à 2 col. [7 fr. 50 c.]
2. — L'Italie confortable, manuel du touriste, appendice aux voyages historiques, littéraires et artistiques en Italie. Paris, Jules Renouard, 1841, in-12 [4 fr.].
Publié en anglais sous ce titre : Italy and his comforts, manual of tourists [Paris, J. Renouard, 1841, in-12 avec 1 carte].
3. — Curiosités et anecdotes italiennes. Paris, Amyot, 1842, in-8 [7 fr. 50 c.].
Cet ouvrage est composé d'extraits d'anciens auteurs italiens dont Ginguené avait peu ou n'avait point parlé ; de Recherches curieuses sur les fêtes ou les jeux populaires de l'Italie au moyen âge, sur le luxe des femmes, sur quelques artistes, sur le Tasse et son séjour en France, etc.
4. — La Science de la vie, ou Principes de conduite religieuse, morale et politique, extraits et traduits d'auteurs italiens. Paris, Amyot, 1843, in-8 [5 fr.].
M. Valery a publié et accompagné de *notices*, d'éclaircissements et d'une *table analytique*, la « Correspondance inédite de MABILLON et de MONTFAUCON avec l'Italie » [1846, 3 vol. in-8].

VALERY [Léon]. — Les Évangéliques, poésies. Albi, impr. de Papailhaux, 1848, in-8 de 64 pag. [1 fr.]
8 pièces.

VALÈS [J.]. — Dissertation sur quelques sujets de la morale chrétienne et de l'harmonie du système du monde. Paris, Constant Letellier, 1835, in-8 de 108 pag.

VALETTE [A.-J.-H.], professeur de philosophie à la Faculté des lettres de Paris. [Voy. la *France littér.*, t. X, p. 22.] — Laromiguière et l'éclectisme. Aux amis de Laromiguière. Paris, Labitte, 1842, in-8 de 32 pag.

VALETTE [J.-B.-H.].
— De l'Épopée. 1819, in-4.
Thèse pour le doctorat ès lettres.
— De Libertate. 1819, in-4.
Thèse pour le doctorat ès lettres.

VALETTE, professeur de code civil à la Faculté de droit de Paris. — De l'Effet ordinaire de l'inscription en matière de privilèges sur les immeubles, avec un appendice contenant l'exposé et l'examen de plusieurs opinions et projets présentés dans ces derniers temps sur la même matière. IIe édition. Paris, Joubert, 1843, in-8 [3 fr.].

M. Valette a revu la traduction allemande (par Th. FAIVRE D'AUDELANGE) du « Traité de la possession en droit romain, » par de SAVIGNY [1841, in-8].
Il a considérablement augmenté la IIIe édition du : « Traité sur l'état des personnes et sur le titre préliminaire du code civil, » par M. J.-B.-V. PROUDHON [1842-43, 2 vol. in-8].
Il a travaillé à la « Revue de droit français et étranger » (continuation de la « Revue étrangère et française, » 1834-43, 10 vol. in-8) [Paris, Joubert, 1844, in-8].

VALETTE [l'abbé de], premier aumônier du collége royal Henri IV, chanoine honoraire de Digne.
1. — Manuel de piété. Paris, Dezobry, E. Magdeleine, 1844, in-18 [2 fr. 50 c.].
Partie latin, partie français, partie français-latin.
2. — Office de la quinzaine de Pâques, en latin et en français, avec une explication des prières et des cérémonies. Paris, Périsse, 1844, in-18 [1 fr. 25 c.].

M. l'abbé de Valette a traduit de l'anglais : « Conférences sur les cérémonies de la semaine sainte à Rome, » par WISEMAN [1841, in-12].
Il a publié dans la collection des « Petits livres de M. le curé » : *Marco Visconti, nouvelle italienne du XIVe siècle* [1845, in-16].

VALETTE [J.-B.]. — De l'état du soldat en France, sous les drapeaux, en campagne et sur les champs de bataille. Aux chambres législatives. Paris, impr. de Lacour, 1848, in-4.

VALETTE, inspecteur gratuit des écoles primaires. — Abrégé de grammaire française. VIe édition. Metz, Warion, 1847, in-12 [4 fr.].

Citons encore : Exercices français adaptés à l'abrégé de grammaire [IIIe édition, in-12]; — le Premier Livre de lecture courante, ou Premier Livre du père Vincent. [IIe édition, in-18); — le Second Livre de lecture courante, ou Second Livre du père Vincent [in-12]; — Abrégé d'histoire de France [IIe édition, in-12]; — Abrégé de Géographie, avec 8 cartes [IIe édition, in-12]; — Premiers Éléments d'arithmétique [IIe édition, in-12]; — Tableaux d'arithmétique; — Notre Père, petit livre de lecture [in-18].

VALGORGE [Ovide de].
1. — Souvenirs de l'Ardèche. Paris, Paulin, 1846, 2 vol. in-8 avec 1 portrait.
2. — La Grande-Chartreuse, fantaisie de touriste. Paris, Paulin, 1848, in-8 avec 1 lith. [3 fr.]

VALICOURT [E. de].
1. — Nouveaux renseignements pratiques sur le procédé de photographie sur papier de M. Blanquart-Évrard. Paris, Roret, 1847, in-8 de 24 pag.
2. — Nouveau Manuel complet du tourneur, ou Traité théorique et pratique de l'art du tour, contenant, etc., ouvrage entièrement refondu et rédigé sur un nouveau plan. Paris, Roret, 1849, 3 vol. in-18 avec 30 pl.

M. E. de Valicourt a fait suivre d'un *Traité de daguerréotypie* le « Nouveau Manuel complet de galvanoplastie, » par SMÉE [1843, 1849, in-8]. — Il a traduit de l'italien : « Nouveau Manuel complet de dorure et d'argenture par la méthode électro-chimique et par simple immersion, » par P. SELMI [1845, in-18].

VALIN aîné. — Tarif de réduction des bois de charpente en stères ou mètres cubes. Bolbec, Valin, 1840, in-12 oblong [1 fr.].

VALIN [A.]. — La Question des sucres, envisagée sous le rapport de la production des richesses en France; suivie du compte de revient du sucre indigène, justifié par les faits, et de considérations sur les pertes que font éprouver à l'industrie, à la marine marchande, au commerce d'exportation (intérêts auxquels on veut sacrifier la betterave), le transit par Anvers des marchandises de l'étranger à la destination de la France, etc. Paris, Bouchard-Huzard, 1840, in-4 [3 fr.].

VALIN-GAYET. — Tablettes historiques. Rome depuis sa fondation jusqu'à la destruction de l'empire d'Occident. Paris, Truchy, 1837, in-12 [5 fr.].

VALKENAER. Voy. WALCKENAER.

VALLADIER [Romain].

On doit à M. Valladier divers opuscules lyriques : Louis-Napoléon Bonaparte au tombeau du grand homme [1848, in-8] ; — Chants : *le Roi républicain ; — les Voleurs ; — les Gros Voleurs* [1849, in-18] ; — Chants politiques [2 livraisons contenant 6 chansons, 1849, in-fol.] ; — l'Ami du foyer, Recueil lyrique [1849, in-12].

VALLARD. Voy. JOSSE.

VALLAT [E.]. — Lhomond anglais. Nouvelle grammaire, ou Cours pratique et simplifié de la langue anglaise. IIe édition. Paris, Eug. Belin, 1848, in-18.

VALLÉE [Hippolyte]. Voy. la *France littér.*, t. X, p. 25.]

1. — Madame de Brévanne, ou la Haine dans l'amour, histoire d'une famille. Paris, Lachapelle, 1840, 2 vol. in-8 [15 fr.].
2. — Pauvre Jeannette ! actualité. 2 vol. in-8 [15 fr.].
3. — Le Prince et son Valet de Chambre. 5 vol. [15 fr.]

On doit en outre à M. Vallée : Abécédaire miniature en action [Paris, Aubert, 1840, in-16, 2 fr. 75 c.].

Citons encore, sous le pseudonyme de Hippolyte FLEURY : Épître à un légitimiste [1834, in-8] ; — Épître à M. Guizot, sur ses derniers ouvrages [1840, in-8] ; — Talma et Rachel, suivi de conseils à un jeune ouvrier poète [1840, in-8] ; — à M. Guizot, auteur de la « Vie de Washington [1842, in-8].

VALLÉE [L.-L.], inspecteur divisionnaire des ponts et chaussées, né vers 1780. [Voy. la *France littér.*, t. X, p. 26.]

1. — Exposé général des études faites pour le tracé des chemins de fer de Paris en Belgique et en Angleterre et d'Angleterre en Belgique, desservant, au nord de la France, Boulogne, Calais, Dunkerque, Lille et Valenciennes. Paris, Imprimerie royale, 1837, in-4 avec planches.
2. — Théorie de l'œil. Paris, Bachelier, Baillière, Mathias, 1843-1846, 5 livraisons in-8 avec des planches.

Cet ouvrage contient le texte des rapports auxquels il a donné lieu de la part de MM. POUILLET et BABINET à l'Acad. des Sciences.

3. — Du Rhône et du lac de Genève, ou Des grands travaux à exécuter pour la navigation du Leman à la mer. Paris, Mathias, 1843, in-8 avec 1 pl. [5 fr.]

Citons encore : avec MM. KERMAINGANT et DE FONTAINE : Études faites sur les tracés de chemins de fer [4 vol. in-4 avec pl.] ; — Note sur l'emploi du lac de Genève comme réservoir d'alimentation du Rhône ; — Note sur le jaugeage des eaux qui alimentent le lac de Genève par le fond et par la surface.

VALLEIX [F.-L.-J.], médecin du bureau central des hôpitaux civils de Paris. [Voy. la *France littér.*, t. X, p. 26.]

1. — Traité des névralgies ou affections douloureuses des nerfs. Paris, J.-B. Baillière, 1841, in-8 [8 fr.].
2. — Guide du médecin praticien, ou Résumé général de pathologie interne et de thérapeutique appliquées. Paris, J.-B. Baillière, 1841-48, 10 vol. in-8 [85 fr.].

On doit à M. Valleix une *Analyse* étendue du « Traité de la prostitution dans la ville de Paris, » de PARENT-DUCHATELET ; un *Mémoire* couronné sur l'œdème de la glotte, etc. M. Valleix a donné dans les « Mémoires de la Société médicale d'observation » : *Sur le Pouls des enfants* [tome II].

VALLEJO [don Jose Mariano]. [Voy. la *France littér.*, t. X, p. 27.] — Compendio de matematicas puras y mixtas. Nueva edicion. Paris, Rosa et Bouret, 1849, 2 vol. in-12.

VALLERET [Jean-Baptiste], curé de Saint-Véran. — Vie de saint Véran, évêque de Cavaillon, et patron de la paroisse de Saint-Véran, en Queyras, diocèse de Gap, suivie des Exercices d'une neuvaine et d'un office en son honneur. Gap, Allier, 1849, in-16.

VALLEROUX [H.]. Voy. HUBERT VALLEROUX [E.].

VALLÈS, ingénieur des ponts et chaussées.

1. — Traité sur la théorie élémentaire des logarithmes. Paris, Bachelier, 1840, in-8.

Dans cet ouvrage, l'auteur, par le seul secours de l'équation au 1er degré, a résolu plus complètement qu'on ne le fait à l'aide des exceptionnelles les questions qui se rattachent aux propriétés des logarithmes et de leurs divers systèmes.

L'académie de Bruxelles, dans sa séance des 6 et 7 mai 1840, a décerné une médaille d'or à M. Vallès.

2. — Études philosophiques sur la science du calcul. Paris, J.-B. Baillière, 1841, in-8 [5 fr.].

VALLET DE VIRIVILLE [Auguste], archiviste paléographe, professeur adjoint à l'École des chartes, membre de la société des antiquaires de France, des académies de la Morinie, de Reims, de Caen, etc., ancien archiviste de l'Aube, né à Paris le 23 avril 1815. [Voy. la *France littér.*, t. X, p. 28.]

1. — Les Archives historiques du département de l'Aube et de l'ancien diocèse de Troyes, capitale de la Champagne, depuis le VIIe siècle jusqu'à 1790. Troyes, Bouquot; Paris, Dumoulin, Techener, Crozet, 1841, in-8 avec *fac-simile* [9 fr.].

Cet ouvrage a obtenu une médaille d'or de l'Académie des Inscriptions, au concours des antiquités nationales.

2. — Essai sur les archives historiques du chapitre de l'église cathédrale de Notre-Dame à Saint-Omer. Saint-Omer, impr. de Chauvin, 1844, in-8 de 88 pag.

Contient le catalogue et un rapport au ministre de l'instruction publique.

3. — Histoire de l'instruction publique en Europe, et principalement en France, depuis le christianisme jusqu'à nos jours. Universités, collèges, écoles des deux sexes, académies, bibliothèques publiques, etc. Paris, impr. de Lacrampe, 1849-1852, 1 vol. gr. in-4, orné de miniatures, de planches gravées à part, de gravures intercalées dans le texte, etc. [30 fr.].

L'ouvrage a paru en 50 livraisons à 50 cent. M. Vallet a publié dans la « Biblioth. de l'École des chartes » : *les Marques de la magistrature de Langres* [t. I, p. 313]; — *Notice d'un mystère du XVe siècle représenté à Troyes* [t. III, p. 448]; — *Lettres inédites de Mme de Grignan* [t. IV, p. 310]; — *Épisode de la vie de Jeanne Darc* [t. IV, p. 486]; — *Notice d'un mystère du XVe siècle tiré de la Biblioth. d'Arras* [t. V, p. 37]; — *Notices et extraits de chartes et de mss. du « British museum »* [t. VIII, p. 110]; et un grand nombre de bulletins bibliographiques.

Il a fait précéder d'une notice historique et rédigé le « Catalogue des archives de la maison de Grignan, contenant bulles, diplomes, etc. » [1844, in-8.]

Il a traduit en français : « Consilium Ægyptiacum, Mémoire sur la conquête de l'Egypte, » par LEIBNITZ [1842, gr. in-8].

M. Vallet de Viriville a fourni des articles d'histoire, de philosophie, d'art et de littérature, aux journaux ou recueils suivants : « Encyclopédie nouvelle »; « Paris pittoresque »; « Encyclopédie du XIXe siècle »; « le Moyen Age et la Renaissance »; « Magasin pittoresque »; « Illustration »; « l'Artiste »; « le Cabinet de lecture »; le « Journal de l'Institut historique »; « l'Écho du monde savant »; « Bulletin des comités historiques »; « Athenæum français »; « Mémoires des sociétés des antiquaires de la Morinie, de Normandie, etc. »; « Mémoires présentés à l'Académie des Inscriptions par divers savants »; « Notices et extraits des mss. de la Biblioth. du roi »; « Comptes-rendus des travaux de l'Acad. des Sciences morales et politiques »; « Revue du XIXe siècle »; « Revue indépendante »; « Revue de Paris »; « le Siècle »; « la Presse »; « le Courrier français »; « le Moniteur », etc.

VALLETON [Henri].

M. H. Valleton a publié avec M. Armand LÉVY : Démocratie sociale [1849, in-12]; — les Émeutiers! les Lundis [1849, in-fol.].

VALLETTA [Ignazio].

1. — A sua maesta brittanna la regina Vittoria. Canzone. Paris, impr. de Belin, 1839, in-8 de 8 pag.

2. — Amleto, tragedia di *Shakspeare*, recata in italiano. Paris, Th. Barrois, 1839, in-8 [3 fr.].

VALLIER [J.-P.]. — Recherches sur les causes de la décadence des théâtres et de l'art dramatique en France. Paris, Appert, Breteau et Pichery, 1841, in-8 [3 fr. 50 c.].

VALLIER [Jules], colon français en Algérie. — Colonisation de l'Algérie. — Instructions hygiéniques. — Calendrier du cultivateur algérien. Paris, Curmer, 1848, in-32.

« L'Annuaire de l'Algérie pour 1842, » par M. GOMOT, contenait aussi un *Calendrier du cultivateur algérien*, par M. Vallier.

VALLIER [E.] — Précis élémentaire de cosmographie. Paris, Guiraudet et Jouaust, 1849, in-8 [3 fr. 50 c.].

VALLIN [A.-F.].

1. — Traité abrégé des pieds-bots, ou Considérations théoriques et pratiques sur ces difformités, la classification qui leur convient, etc. Nantes, impr. de Mellinet, 1841, in-8, avec 4 pl.

2. — Le succès de toute opération chirurgicale dépend autant des soins qui la précèdent et de ceux qui la suivent que de l'opération elle-même. Application de ce principe à la guéri-

son de la cataracte. Paris, Germer Baillière, 1843, in-8 [2 fr. 50 c.].

VALLOMBREUSE [de]. — Beautés de Mme de Sévigné, ou Choix de ses lettres les plus remarquables, sous le rapport de la pensée et du style; recueillies par M. de Vallombreuse. Paris, Maumus, 1840, in-12 de 240 pag. [1 fr.]

VALLOS [A.]. [Voy. la *France littér.*, t. X, p. 30.]
1. — Ecole de la piété filiale, ou la Religion, la Nature et l'Exemple enseignant à l'homme ses devoirs envers les auteurs de ses jours; ouvrage propre à nourrir les plus beaux sentiments dans tous les âges, et spécialement dans la jeunesse. IIe édition, revue et augmentée. Lyon, Guyot, 1841, in-12, avec 4 grav. [1 fr. 80 c.]
2. — La lecture enseignée en cinquante leçons de dix à vingt minutes chacune. IVe édition. Lyon et Paris, Périsse, 1843, in-12 de 96 pag.
3. — Premières lectures de l'enfance, ou Connaissances les plus utiles présentées à l'esprit et au cœur du jeune âge. Lyon, Guyot, 1844, in-18 [80 c.].
4. — Grammaire française du premier âge. Lyon, Guyot, 1844, in-12 de 120 pag.
5. — Exercices gradués de grammaire française sur les dix parties du discours, etc. Lyon et Paris, Périsse, 1845, in-12.
6. — Corrigé des Exercices de grammaire française, sur les dix parties du discours. Lyon, Périsse, 1845, in-12.
7. — Trésor poétique de l'enfance, ou Choix de distiques, de quatrains, de fables et autres pièces de vers à la portée du premier âge; ouvrage destiné à fournir aux enfants, et spécialement à ceux qui fréquentent les écoles, des exercices de mémoire, in-18 [1 fr. 25 c.].

VALLOU DE VILLENEUVE, auteur dramatique. Voy. VILLENEUVE.

VALLOUISE. — L'esprit de la Montagne, ou les Grands hommes de la Révolution. Paris, Tamisey et Champion, 1839-40, in-8.

Chaque cahier a sa pagination. Le 1er contient *Robespierre*; le 2e *Danton*; le 3e *Marat*; le 4e *Saint-Just*; le 5e *Camille Desmoulins*; le 6e *Billaud-Varennes*; le 7e *Conclusion de l'ouvrage*.

VALMORE [Desbordes-]. Voy. DESBORDES-VALMORE [Madame Marceline].

VALMY [E. KELLERMANN, duc de], député de la Haute-Garonne.
1. — Coup d'œil sur les rapports de la France avec l'Europe. Paris, impr. de Proux, 1844, in-8 de 56 pag.
2. — Liberté religieuse. Étude sur la législation de la Russie et de la France, en matière de religion. Paris, Lecoffre, Dentu, 1847, in-8 [2 fr. 50 c.].
3. — Lettre à l'Assemblée législative. Paris, impr. de Proux, in-4 de 12 pag.
4. — Un chapitre d'histoire. Paris, Dentu, 1849, in-8 de 16 pag.

Chapitre de l'histoire législative de la maison de Savoie en ce qui concerne la justice rendue sans délai et sans frais à ceux qui ne peuvent attendre ni payer.
Citons encore : Chambre des députés. Opinion de M. de Valmy sur la question d'Orient (séance du 1er juillet 1839) [1839, in-8]; — Question d'Orient. 17 août 1840 [1840, in-8]; — Chambre des députés. Discours de M. de Valmy, prononcé dans la discussion du projet de loi sur les crédits extraordinaires de 1840 (séance du 12 avril 1841) [1841, in-8]; — Question d'Alger. Histoire des négociations [1841, in-8 : discours qui devait être prononcé à la Chambre des députés, mais ne l'a pas été; il est imprimé dans « la Quotidienne » du 15 mai]; — Note sur le droit de visite [1842, in-8]; — Liberté de l'enseignement : discours prononcé dans la séance du 21 mai 1842 [1842, in-8]; — A Messieurs les électeurs du deuxième collège de la Haute-Garonne [1844, in-8]; — Liberté de l'Église [IIIe édit., 1846, in-8]; — Établissements religieux de la France dans les Etats du saint-siège [1846, in-8]; — Pie IX en 1848 [1848, in-8]; — Discussion sur les affaires de Rome à l'Assemblée législative. Rapport de M. THIERS, Discours de MM. de FALLOUX, de MONTALEMBERT et de LA ROSIÈRE, avec un *appendice* de M. de Valmy [1849, in-12. — Publié par le comité électoral de la liberté religieuse].

VALOIS [Marguerite de]. Voy. MARGUERITE DE VALOIS.

VALON [le Vte Alexis de], mort noyé dans un lac près du château de Saint-Priest, le 23 août 1851. [Voy. une notice de M. P. MÉRIMÉE dans la *Revue des Deux-Mondes* du 1er septembre 1851.] — Une année dans le Levant. Paris, J. Labitte, 1846, 2 vol. in-8 [12 fr.].

T. I : *la Sicile sous Ferdinand II et la Grèce sous Othon Ier*; — t. II : *la Turquie sous Abdul-Medjid*.
M. Alexis de Valon a donné dans la « Revue des Deux-Mondes » des articles dont il avait recueilli les éléments dans un voyage en Espagne et en Orient, sur l'île de Tine, Athènes,

Malte, Smyrne, Constantinople, le Danube, les courses de taureaux, etc. [1843-1847]; il a fourni au même recueil un travail sur les prisons en France sous le gouvernement républicain [1er juin 1848]. On lui doit aussi des Nouvelles, un Mémoire sur le système des quarantaines, une Étude historique sur le marquis de Favras, un article sur l'Exposition de l'industrie en 1851. Il a publié dans le « Musée des familles » : *François de Civille* [t. XII, p. 211].

VALORI. — La Peinture, poëme en trois chants. 1809, in-8 [3 fr.].

VALORI [Roland]. — Lettres électorales. Le capital et le travail. L'instruction publique. Paris, impr. de Cosse, 1849, in-8 de 8 pag.

VALORI [le comte Charles de].
1. — Coup-d'œil sur la situation de la France dans l'équilibre européen. Paris, Pillet aîné, Dentu, Hivert, 1845, in-8 de 48 pag. [1 fr.].
2. — De la réforme administrative. Nantes, Gailmard, Mazeau, 1848, in-8 de 32 pag.

Tiré de l' « Opinion publique » d'octobre 1848.

3. — La Fusion et les partis. Paris, Giraud, Jeanne, 1849, in-18 de 54 pag.

VALORY [le marquis de]. [Voy. la *France littér.*, t. X, p. 33]. — Ode sur la convalescence de S. A. R. Mgr. le duc de Bordeaux. Montmartre, impr. de Worms, 1842, in-8 de 8 pag.

VALORY, auteur dramatique, pseudonyme. Voy. MOURIER.

VALPÊTRE.

M. Valpêtre a revu et corrigé de nouvelles éditions de : « Eléments de la grammaire française, » par LHOMOND [1839, 1840, 1845, in-12].

VALROGER [l'abbé H. de], prêtre de l'Oratoire. — Études critiques sur le rationalisme contemporain. Paris, Lecoffre, 1847, in-8 [7 fr.].

L'abbé de Valroger a donné une traduction abrégée et annotée de : « Essai sur la crédibilité de l'histoire évangélique, en réponse au docteur Strauss, » par M. A. THOLUCK [1847, in-8].

Il a travaillé au « Correspondant. »

VALSERRES [P. Jacques de]. — Manuel de droit rural et d'économie agricole. Paris, Thorel, Dusacq, Bouchard-Huzard, 1846, in-8 [7 fr.].

Publié sous les auspices de M. Macarel, conseiller d'État.
Citons encore : Mémoire sur la nécessité de créer une chaire spéciale de droit rural à l'Institut royal agronomique de Grignon, adressé à M. le ministre de l'agriculture et du commerce [1847, in-8]; — Dialogues populaires sur le droit rural [1848, in-16].

VALTAT, vétérinaire à Paris. — Mémoire sur le vomissement du cheval. Paris, impr. de Bailly, 1847, in-8 de 18 pag.

VALTIER [Alexandre-Joseph]. — Essais raisonnés sur les feux de premier rang. Paris, impr. de Mme Delacombe, 1843, in-8 de 16 pag.

VALTON. — Cours d'artifice de guerre. Besançon, impr. lith. de Chalandre, 1839, in-4.

VALTON [E.], professeur au collége Charlemagne.
1. — Choix de sujets de composition, donnés aux examens de la licence ès lettres et aux concours d'agrégation des classes supérieures, précédés de conseils aux candidats. Paris, Delalain, 1847, in-8 de 104 pag. [2 fr.]
2. — Écrivains de l'histoire. *Auguste. Julius Capitolinus.* Traduction nouvelle, par M. Valton. Paris, Panckoucke, 1844, in-8 [7 fr.]

M. Valton a revu, avec sommaires et notes en français, des éditions classiques de : « Apologie de Socrate, » par PLATON; — « Olynthiennes, » par DÉMOSTHÈNE; — « JUSTINI historiarum ex Trogo Pompeio libri XLIV. »

VAN AELBROECK [J.-L.]. — L'Agriculture pratique de la Flandre. Paris, Mme Huzard, 1830, in-8 avec 16 pl.

VAN ALPHEN, métreur vérificateur. — Manuel du poids des fers méplats, carrés et ronds, calculé mathématiquement suivant le système métrique décimal, ouvrage composé d'après la pesanteur spécifique du fer, suivi du poids des fers demi-ronds, fers à vitraux et de la tôle. Paris, Carilian-Gœury, Mathias, 1841, in-12 avec 1 pl. [4 fr. 50 c.]

VANAULD [Alfred], né à Saint-Servan (Ille-et-Vilaine) le 10 mars 1813, mort à Montmartre le 5 janvier 1846. [Voy. un article de M. BEUCHOT dans le *feuilleton* du *Journal de la Librairie*, 31 janvier 1846, et la *France littér.*, t. X, p. 34.]

1. — Vision du Tasse, scène en vers, mêlée d'auditions mélodiques. Paris, Mifliez, Tresse, 1840, et Paris, impr.

de Mme Dondey-Dupré, 1843, in-8 de 4 pag.

2. — Les Veillées des salons, album des familles, nouvelles, contes historiques et moraux. Paris, Fourmage, 1843, in-4 avec 13 pl. lith. [12 fr.]; — en couleur [24 fr.].

3. — Panorama des peuples : lectures illustrées, nouvelles et contes historiques, etc. Paris, Fourmage, Debure, 1843, gr. in-8 avec 17 lith. [10 fr.]; — fig. demi-col. [16 fr.]; — fig. col. [20 fr.]

4. — Récits de veillée, musée historique et moral, nouvelles, contes, histoires, légendes. Paris, Bédelet, 1845, gr. in-8 jésus, illustré de 16 lith. à deux teintes, par Lasalle, André, etc.

5. — Avec M. *C.-E.-H. Richomme* : Géographie en estampes (1844, 1852, gr. in-8). Voy. RICHOMME.

M. Vanauld a pris le nom VAN HOLD.

6. — Le Génie des arts. Éducation morale et religieuse. Études et nouvelles sur les plus célèbres peintres, sculpteurs, poètes et orateurs. Paris, Amédée Bédelet, 1846, in-8 avec 1 frontispice et 16 lith. [9 fr.]

7. — Le Génie de l'industrie. Études et nouvelles sur les plus célèbres inventeurs et industriels, sur leurs découvertes et la profession qu'ils ont illustrée. Paris, Bédelet, 1846, in-8 avec 12 dessins [9 fr.].

L'ouvrage a été continué par M. Anatole CHAILLY. — Voy. un article de M. RAVENEL dans le feuilleton 5 du « Journal de la librairie, » année 1846.

M. A. Vanauld a donné dans les « Actrices célèbres contemporaines » : *Mlle Déjazet* [1842 et ann. suiv., gr. in-8].

Il a travaillé à la « Revue critique. »

VAN BENEDEN. Voy. BENEDEN (Pierre-Joseph Van].

VAN BEVEREN. Voy. BEVEREN [J.-J. Van].

VAN BIERVLIET. Voy. BIERVLIET [Van].

VANDALLE [Edouard]. — Cantate nationale pour l'inauguration du chemin de fer de Dunkerque et la commémoration de la statue de Jean Bart. Dunkerque, impr. lith. de Brasseur, 1848, in-4 [25 c.]

6 couplets.

VANDECASTELLE.

1. — Misère des Flandres. Lettre à M. Deschamps, ministre des affaires étrangères, à l'occasion du traité conclu avec la France, apportant des modifications à la convention du 16 juillet. Lille, impr. de Danel, 1846, in-8 de 16 pag.

2. — Un mot sur la supériorité du système d'attelage flamand et de l'utilité de son application aux besoins de l'industrie et de l'agriculture. Paris, impr. de Mme Bouchard-Huzard, 1848, 1849, in-8 de 16 pag.

VANDEEN [le docteur I.]. — Traités et découvertes sur la physiologie de la moelle épinière. Leyde, 1841, in-8 avec 1 planche [6 fr. 50 c.].

VAN DEN BERGH [L.-P.-C.]. — Correspondance de *Marguerite* d'Autriche, gouvernante des Pays-Bas, avec ses amis, sur les affaires des Pays-Bas, de 1506 à 1528. Tirée des archives de Lille, par L.-P.-C. Van den Bergh. Leyde, 1845-47, 2 vol. in-8 [16 fr. 50 c.].

VAN DEN BOSSCHE [F.-J.]. [Voy. la *France littér.*, t. X, p. 36.] — Guide du commerçant et du voyageur, almanach du commerce du département du Nord. VIIIe année. Lille, impr. de Danel, 1845, in-18 [5 fr.].

VAN DEN BROECK [Victor], docteur en médecine, professeur de chimie et de métallurgie à l'école des mines de Hainaut.

1. — Réflexion sur l'hygiène des mineurs et des ouvriers d'usines métallurgiques. Mons, 1840, in-8, fig. [6 fr. 50 c.]

2. — Des Dangers qui peuvent résulter de l'emploi des armes à percussion dans les régiments d'infanterie de ligne. Paris, Corréard, Dumaine, 1844, in-8 [3 fr.].

Cette brochure est divisée en 4 parties : 1º Mémoire adressé, le 2 février 1841, à M. le ministre de la guerre en Belgique; 2º Suite au mémoire qui précède ; notice envoyée, le 3 avril 1841, à la commission chargée de l'examiner ; — 3º Réponses aux objections faites au sujet de mon mémoire ; — 4º Réfutation de la notice de M. Chandelon, insérée dans la IIe livraison de la « Revue militaire belge ».

VAN DEN GHEYN. — La Carrière militaire en Belgique. Bruxelles, Decq, 1843, in-8 de 110 pag.

VAN DEN HOEF. — Mémoires de *Jean de Witt;* traduits de l'original (hollandais), par M. de *** (Mme *de Zoutelandt*). La Haye, Van Bulderen, 1709, in-12.

JEAN DE WITT, grand pensionnaire de Hollande, a servi de pseudonyme à M. Van den Hoeff.

VAN DEN WIELE [Alexis]. — Ode sur le retour des cendres de Napoléon. Douai, impr. de Ceret-Charpentier, 1841, in-8 de 8 pag.

VAN DEN ZANDE (Lambert-Ferdinand-Joseph), employé dans l'administration des douanes.

1. — Fanfreluches poétiques. Paris, F. Didot, 1845, in-12 carré de XVI, 342 et 3 pag., plus un supplément et des cartons.

Contes, fables, chansons, épîtres, etc. — Sous le pseudon. *un Métagraboliseur.*

2. — Fables. Paris, typogr. de F. Didot, 1849, in-12 carré de VIII et 328 pag.

Dédié à M. le baron de Stassart. — Renferme 150 fables, dont 14 avaient paru dans les *Fanfreluches.*

M. Van den Zande avait publié en 1820, à Bruxelles (Demeer, in-32), le conte des Deux Cousins.

VAN DE PUTTE [l'abbé]. — Chronique de l'abbaye du monastère d'Audenbourg, de l'ordre de Saint-Benoît, publiée d'après un manuscrit du XVe siècle. Gand, 1843, in-4 avec fig. [7 fr.]

VAN DE PUTTE [A.-J.]. — Guide du commerçant et du voyageur, almanach du commerce du département du Nord. X^e année. Lille, impr. de Bracke, 1847, in-8 [6 fr.].

VAN DER BURCH [Emile-Louis], romancier, auteur dramatique, né à Paris le 30 septembre 1794. [Voy. la *Galerie de la Presse*, IIe série, et la *France littér.*, t. X. p. 37.]

1. — Avec MM. *Loève Weimars* et *Aug. Romieu* : Scènes contemporaines laissées par feu Mme la vicomtesse de *Chamilly*. Paris, Urbain Canel, Barbejat, 1827-30, 2 vol. in-8.

2. — Le Petit Neveu de Berquin. IIe édition. Paris, Magen, 1836, 2 vol. in-12 avec 24 vignettes [6 fr.].

Pièces dramatiques.

3. — L'Elève de Saumur, vaudeville en un acte. Paris, Ch. Tresse, Bezou, 1839, in-8 de 16 pag.

4. — Avec M. *Bayard :* Les Bombés, folie-vaudeville en un acte. Paris, Henriot, Tresse, 1841, in-8 de 16 pag. [30 c.].

5. — Les Enfants de Paris. L'Armoire de fer (histoire d'avant-hier). Paris, Coquebert, 1841. 2 vol. in-8 [15 fr.].

6. — Les Enfants de Paris. Zizi, Zozo et Zaza (histoire de trois étages). Paris, Coquebert, 1841, 2 vol. in-8 [15 fr.].

7. — Les Enfants de Paris. Le Panier à salade (histoire de soixante-sept maisons). Paris, Coquebert, 1842, 2 vol. in-8 [15 fr.].

8. — Les Enfants de Paris. La Maison maudite (histoire de cent ans). Paris, Coquebert, 1843, 2 vol. in-8 [15 fr.].

9. — Les Enfants de Paris. Le Gamin de Paris à Alger, impressions, réflexions, admirations et suffocations de voyage de Joseph Meunier, dit le Gamin de Paris; recueillies et mises en ordre d'après le manuscrit autographe de l'auteur. Paris, Coquebert, 1843, 2 vol. in-8 [15 fr.].

10. — Avec M. *Laurencin* [*Chapelle*]: La Mère Taupin, ou les Trois boutiques, vaudeville en trois actes. Paris, Marchant, 1845, in-8 de 32 pag. [50 c.].

11. — Une nuit au Louvre, drame en trois actes. Paris, Tresse, 1846, in-8 [60 c.].

12. — Avec M. *Deforges :* Les Tartelettes à la reine, comédie-vaudeville en un acte. Paris, 1846, in-8 de 16 pag.

13. — Avec M. *Dupeuty :* Les Trois Portiers, comédie-vaudeville en deux actes. Paris, impr. de Claye, 1847, in-8 de 20 pag.

14. — Avec M. *Marie Aycard :* Le Premier malade, comédie en un acte, en prose, mêlée de couplets. Paris, impr. de Claye, 1847, in-8 de 12 pag. [50 c.]

15. — Avec M. *Laurencin :* La Veuve Pinchon, comédie-vaudeville en un acte. Paris, impr. de Claye, 1848, in-8 de 16 pag.

16. — Avec M. *Bayard :* Un Oiseau de passage, comédie-vaudeville en un acte. Paris, Michel Lévy frères, 1849, in-18 angl. [60 c.]

Nous connaissons aussi : *le Brevet d'inven-*

tion [2 vol. in-8]; — *l'Homme de paille* [2 vol. in-8]; — *le Général Polichinelle* [2 vol. in-8]; — *Enclume et marteau* [2 vol. in-8].

On doit encore à M. Vanderburch, en collaboration avec M. BAYARD : Fragoletta ; — avec M. BEAUPLAN [ROUSSEAU] : la Dame du second ; — avec M. AYCARD : Mlle des Garcins ; — avec M. BIEVILLE : un Saute-ruisseau ; — avec M. DUVEYRIER : les Paveurs ; — avec MM. DEFORGE et LANGLÉ : les Fables de la Fontaine ; — avec M. DUPEUTY : Balochard ; — avec M. DUMERSAN : les Noceurs, ou Travail et goguette ; — avec M. CHAPELLE : le Mariage du gamin de Paris; Peau d'âne ; — avec M. CARMOUCHE : la Grisette romantique ; — avec M. LANGLÉ : les Chansons de Béranger ; — avec MM. LAURENÇOT et PETIT : Attendre et courir ; — avec M. LEUVEN : Sylvandire; Marie Michon ; le Braconnier ; — avec MM. LOCKROY et Anicet BOURGEOIS : Charlot ; — avec M. SCRIBE : Japhet à la Recherche d'un père. Voy. ces noms.

VANDERBUCK [Mme]. — Richesse et Pauvreté. IIe édition. Paris, Lehuby, 1842, in-12 avec 2 grav. et 1 frontispice [2 fr.].

Le titre gravé porte : Wanderburch ; la couverture imprimée : Wanderburck.

VANDEREST.
1. — Alphabet encyclopédique du XIXe siècle, ou Résumé élémentaire des connaissances humaines, contenant, etc. Paris, Hachette, 1840, et IIe édit. 1843, in-12 [3 fr. 75 c.].
2. — Histoire de Jean Bart, chef d'escadre sous Louis XIV, précédée d'une histoire abrégée de la marine française, suivie d'un dictionnaire de marine et d'une biographie des marins célèbres français et étrangers. Paris, Furne, 1840, in-8 [3 fr. 75 c.] — IIe édition. Paris, Roret, 1844, in-18 [1 fr. 50 c.].

M. Vanderest a donné une édition classique de : les six premiers livres des « Fables complètes » de LA FONTAINE [1841, in-18].

VANDER HOEVEN. — Recherches sur l'histoire naturelle et l'anatomie des Limules. Leyde, 1838, in-fol. avec 7 pl. [18 fr.].

VANDER MAELEN [Philippe-Marie-Guillaume], géographe, membre de l'Académie de Belgique, né à Bruxelles le 23 décembre 1795. [Voy. la *France littér.*, t. X, p. 41.]
1. — Avec M. *Meisser* : Dictionnaire géographique de la Flandre orientale et occidentale et de la province de Hainaut. Bruxelles, 1833-34, 3 tom. en 2 vol. in-8.

Les mêmes auteurs ont publié dans le même format, à Bruxelles, de 1832 à 1838, des dictionnaires géographiques spéciaux des provinces de Flandre occidentale, d'Anvers, de Hainaut, de Luxembourg, de Limbourg, de Liège et de Namur.

2. — Dictionnaire des hommes de lettres, des savants et des artistes de la Belgique. Bruxelles, 1837, in-8.
3. — Avec M. le docteur *Meisser* : Épistémonomie (1840, in-8). Voy. MEISSER.

On doit encore à M. Vander Maelen : Carte des départements de Jalisco, Zacatecas, etc. — Carte de la navigation de la Belgique et des pays limitrophes ; — Carte générale des chemins de fer exécutés, concédés et projetés en Belgique [1846] ; — et beaucoup d'autres cartes et atlas.

VANDERMEERSCH [D.-M.] — Mémoire justificatif du magistrat d'Audenarde sur les troubles de 1566, avec pièces à l'appui ; suivi de recherches historiques sur l'origine maternelle de Marguerite de Parme, née à Audenarde en 1522. Gand, 1842, in-8 [4 fr.].

VANDERTAËLEN [Mme F.] Voy. MANNE [A.-E. de].

VAN-DER-VELDE [C.-F.], romancier allemand. [Voy. la *France littér.*, t. X, p. 43]. — Épisodes des guerres de religion en Allemagne. — Les Anabaptistes. Les Hussites. Paris, impr. de P. Renouard, 1843, in-12 [3 fr. 50 c.].

La traduction est de M. LOEVE WEIMARS.

VAN DER VUYLEN [Léon], pseudonyme. Voy. POLAIN [Louis].

VAN DE WEYER [Jean-Sylvain], professeur de philosophie à Bruxelles, membre du gouvernement provisoire de Belgique en 1830, ministre des affaires étrangères, puis de l'intérieur (1831-1846), ambassadeur à Londres, membre de l'Académie de Belgique, né à Louvain en 1802. [Voy. la *France littér.*, t. X, p. 44.]
1. — Sommaire des leçons publiques de M. Jacotot. Louvain, 1822, in-12.
2. — Avec M. *Van Meenen* : Essai sur l'*Enseignement universel* de M. Jacotot. Louvain, 1823, in-8.
3. — Quelques idées sur l'usage obligé de la langue dite nationale au royaume des Pays-Bas. Bruxelles, 1829, in-12 [50 c.].
4. — Opuscules de morale. Bruxelles, 1830, in-18.
5. — La Belgique et la Hollande.

Lettre à lord Aberdeen ; suivie de la traduction de son discours à la Chambre des pairs et de notes sur ce discours. Londres, 1832, in-8.

Sous le pseudonyme Victor DE LA MARRE.

6. — La Hollande et la Conférence, ou Examen raisonné des actes de la conférence de Londres et de la conduite du cabinet de la Haye. Londres, Bellowes ; Bruxelles, 1833, in-8.

Sous le pseudonyme F. GOUBEAU DE ROSPOEL. — Cet ouvrage a été traduit en anglais.

7. — Simon Stévin et M. Dumortier. Lettre à MM. de l'Académie des sciences, arts et belles-lettres de Bruxelles. Nieuport (Londres), 1845, in-8.

Sous le pseudonyme : J. DU FAN. — Réimprimé plusieurs fois en Belgique.

8. — Opuscules historiques, philosophiques et littéraires, 1828 à 1850. Londres, 1850, 2 vol. in-8.

On doit encore à M. Sylvain Van de Weyer une dissertation de Naturali officiorum essentia (en latin et en français, 1823) ; — un Supplément aux œuvres de Bernardin de [Saint-Pierre [1823] ; — une Satire à propos de la méthode Jacotot [1825] ; — un Coup d'œil sur la philosophie d'Hemsterhuis [1825] ; — des Opuscules et Traités de morale [1825, 1826, 1830] ; — des Discours comme professeur, comme avocat et comme ministre ; — des Morceaux d'économie politique et de politique, trad. de l'italien et de l'anglais [1830, 1834] ; — des Rapports, des projets de loi ; — une Esquisse historique sur le roi Guillaume [1833] ; — des Pamphlets politiques ayant trait à la révolution belge et publiés sous le nom de JEAN LE BRABANÇON [1831], etc., etc.

VANEL [Eugène]. [Voy. la *France littér.*, t. X, p. 45.]

1. — Deux secrets, drame en un acte, mêlé de couplets. Paris, Guyot et Lasserre, 1840, in-8 [15 c.].

2. — Histoire populaire de tous les théâtres de Paris, depuis leur origine jusqu'à nos jours. Paris, Gallet, 1841, in-32 [25 c.].

Citons encore : la Chambre des députés, satire en vers, à l'occasion de la translation des cendres de Napoléon [1840, in-12 et in-8] ; — la Colonne de juillet, chant patriotique, sur l'air du *Chant du départ* [1840, in-8] ; — l'Ombre de Napoléon, ou l'Arrivée de ses cendres, chant national, sur l'air de la *Marseillaise* [en vers. — 1840, in-8] ; — le Roi d'Yvetot, légende burlesque en un acte, mêlée de couplets [1841, in-8 ; interdit par la censure].

On doit encore à M. Eug. Vanel, en collaboration avec M. E. BRISSON : Pendu ou fusillé ; — avec M. Eustache (ANGEL) : les Belles Femmes de Paris. Voy. ces noms.

VAN ENGELGOM, de Bruxelles, pseudonyme. Voy. LECOMTE [Jules].

VAN GAVER [Jules].

1. — Fleurs de l'âme, poésies. Paris, F. Didot, 1840, in-18.

2. — Avec M. *Jouannin* : Turquie (1840, in-8). Voy. JOUANNIN.

3. — C'était écrit, ou le Lion batave. Paris, F. Didot, 1843, 2 vol. in-8 [15 fr.].

On doit aussi à M. Jules Van Gaver : Mes deux Berceaux, poésie [1843, in-12] ; — le Christ [pièce de vers. — 1843, in-8].

VAN GEEL [P.-C.], peintre.

M. P.-C. Van Geel a traduit de l'anglais : « Notions pratiques sur l'art de la peinture, » par John BURNET [1836, in-4, avec 26 pl.].

VAN GROOT. Voy. GROTIUS [Hugues Van Groot].

VAN HALEN. Voy. HALEN [D. Juan Van].

VAN HALL. — Pline le jeune. Esquisse historique du siècle de Trajan, traduit du hollandais par M. *Walles*. Paris, Renouard, 1825, in-8 [4.fr.].

VAN HASSELT. Voy. HASSELT [André Van].

VAN HENNEP. — Avec MM. *de Julian* et *Lesbroussart* : Galerie historique des contemporains (1830, 3 vol. in-8). Voy. JULIAN.

VAN HOLD [Alfred]. Voy. VANAULD.

VAN HOUTTE. Voy. HOUTTE [Louis Van].

VANHOVE [Bellefroid]. Voy. BELLEFROID-VANHOVE.

VANHUFFEL [C.].

1. — Manuel des maîtres de poste et des entrepreneurs de voitures publiques (dans leurs rapports avec les premiers), contenant, etc. Paris, Delaunay, Delamotte, 1839, in-8 [2 fr. 50 c.].

2. — Documents inédits concernant l'histoire de France, et particulièrement l'Alsace et son gouvernement, sous le règne de Louis XIV, tirés des manuscrits de la Bibliothèque du roi, des archives du royaume et autres dépôts ; avec des éclaircissements, des notices biographiques et une table analytique des matières. Paris, Hingray, 1840, in-8 [4 fr. 50 c.].

3. — Guide des expéditeurs, destinataires et voyageurs, dans leurs rapports avec les entrepreneurs de voitures

publiques, commissionnaires de roulage, maîtres de bateaux, etc. Paris, impr. de Baudouin, 1841, in-12 [2 fr.].

4. — Traité du contrat de louage et de dépôt appliqué aux voituriers, entrepreneurs de messageries, de roulages publics, maîtres de bateaux, etc. ; suivi de l'analyse raisonnée des règlements particuliers concernant les voitures publiques et celles du roulage, les bateaux à vapeur et autres, et les chemins de fer. Paris, impr. de Baudouin, 1841, in-8 [7 fr. 50 c.].

VAN HULST. Voy. HULST [Félix-Alexandre Van].

VANIER [Victor-Augustin], l'un des fondateurs de la Société grammaticale, né à Surènes le 21 février 1769. [Voy. la *France littér.*, t. X, p. 46.]

1. — Grammaire française, traduite du français en anglais. V^e édition, par *W.-D. Sevestre*. Lille, Leleux, 1840, in-18.

2. — Tableau synoptique des quatre conjugaisons en *er*, *ir*, *oir*, *re*. IIe édition. Paris, Levrault, 1838, in-plano [3 fr.].

M. V.-A. Vanier a fait précéder des *Participes réduits à une seule règle* le « Nouveau Dictionnaire de la langue française, » par Ch. MARTIN [1838, 1839, 1841, 1847, in-32].

M. Vanier a donné divers articles aux recueils périodiques destinés à l'instruction. On trouve de cet écrivain des travaux philologiques dans « l'Echo des écoles primaires, » 1838 à 1843.

VANIER [le docteur Paul-Prosper], né au Havre en 1807. — Causes morales de la circoncision des Israélites, institution préventive de l'onanisme des enfants et des principales causes d'épuisement. Réhabilitation et réforme. Paris, Chaix, 1847, in-8.

On doit encore à M. Vanier des *Études sur l'hygiène de la grossesse*; — des *Études préliminaires sur les maladies des enfants*; etc.

M. Vanier a été le rédacteur en chef de « la Clinique des hôpitaux des enfants, et Revue rétrospective médico-chirurgicale et hygiénique » [avril 1841 à mars 1844, 3 vol. in-8].

VANINI [Lucilio], philosophe, né à Taurozano (terre d'Otrante) en 1585, condamné à mort comme athée et brûlé à Toulouse en 1619. [Voy. *Sa vie, ses écrits et sa mort*. par V. COUSIN, dans la *Revue des Deux-Mondes* du 1er décembre 1843]. — OEuvres philosophiques, traduites pour la première fois par M. *X. Rousselot*. Paris, Ch. Gosselin, 1842, in-12 [3 fr. 50 c.].

VAN LENNEP. Voy. LENNEP [Van].

VAN MEENEN [P.-F.], professeur à l'université de Bruxelles, président de chambre à la cour de cassation, membre de l'Acad. de Belgique, né à Espierres (Flandre occid.) le 5 mai 1777.

On doit à M. Van Meenen : *Procès de M. de Potter* [1829]; — *de l'Influence du libre arbitre de l'homme sur les faits sociaux* [Mém. de l'Acad., t. XXI]; — des articles dans les « Bulletins de l'Académie; » dans « le Républicain du Nord; » dans « l'Observateur belge; » dans le « Courrier des Pays-Bas; » etc.

VAN MONS. Voy. MONS [J.-B. Van].

VANNIER [l'abbé François-Charles-Jacques], né en 1791. — Nouvelle manière d'entendre la sainte Messe et faire dévotement le chemin de la croix. Fougères, impr. de Josse, 1838, in-8 de 108 pag. [40 c.]

Lors de l'assassinat Fieschi, M. Vannier fut inculpé et traduit devant la cour des Pairs.

VANNIER [A.-T.], avocat.

M. Vannier a dirigé la « Revue bretonne de droit et de jurisprudence » et le « Journal de la cour royale de Rennes. »

VANNIER [Hippolyte]. — La tenue des livres telle qu'on la pratique réellement dans le commerce et dans la banque, ou Cours complet de comptabilité commerciale, etc. Paris, Langlois et Leclercq, 1844-45, 2 parties in-8 [6 fr.].

1re partie : *Méthode*. — 2e partie : *Exercices pratiques*.

Citons encore : *Mécanisme de l'écriture expédiée, ou Moyens abréviatifs d'apprendre à écrire et de corriger les écritures défectueuses* [1839, 1840, in-8 oblong avec 24 pag. en taille-douce]; — *Notions d'arithmétique commerciale, ou Moyen d'apprendre en neuf leçons et sans maître à calculer aussi vite que la pensée* [1843, 1845, in-8]; — *Traité pratique des comptes courants portant intérêts* [1844, in-8].

VANNONI [J.], de Rimini.

M. J. Vannoni a traduit en français et publié avec le texte italien en regard : « Françoise de Rimini, » tragédie de Silvio PELLICO [1846, in-8].

VANNOZ [Mme de], née de SIVRY. [Voy. la *France littér.* t. X, p. 48]. — Poésies. Paris, F. Didot, 1845, in-8 5 fr.].

VANOY DE FONTEILLE.

1. — Réflexions sur l'émeute de

Lons-le-Saulnier. Besançon, Outhenin-Chalandre, 1841, in-8 de 36 pag.

Publié sous le nom : *un Jurassien ami du peuple*. Septembre 1840.

2. — Suite des réflexions d'un Jurassien sur l'émeute de Lons-le-Saulnier. Melun, impr. de Michelin, 1843, in-8 de 24 pag.

VAN PRINSTERER. Voy. GROEN VAN PRINSTERER.

VAN RELLEZ. Voy. RELLEZ.

VAN SCHEELTEN Voy. SCHEELTEN.

VAN TENAC, professeur de mathématiques aux écoles de marine, attaché au ministère de la marine. [Voy. la *France littér.*, t. X, p. 48.]
1. — Avec M. *Thieullen:* Le prompt comparateur des poids et mesures. Paris, impr. de Béthune, 1840, in-4 de 4 pag. — IIIe édit. Paris, A. Royer, 1845, in-plano.

2. — Album des jeux de hasard et de combinaisons en usage dans les salons et dans les cercles, règles, lois, conventions, et maximes, recueillies et codifiées d'après les meilleures autorités de l'ancienne et de la nouvelle école, avec un abrégé et des applications de la théorie des probabilités. Paris, Royer-Havard, 1846, in-18 anglais [3 fr. 50 c.].

On vend séparément les traités du Whist, du Boston, de l'Impériale, du Reversis, de l'Ecarté, de la Bouillotte, du Piquet, du Cribbage, nouveau jeu anglais; des Dames, des Echecs, du Trictrac, du Domino, du Billard, etc.

3. — Le petit Barême des caisses d'épargne, ou méthode simple et facile pour calculer les intérêts depuis 1 jusqu'à 40 ans. In-32 [10 c.].

4. — L'arithmétique enseignée, ou leçons d'arithmétique théorique et pratique ; ouvrage destiné particulièrement aux élèves des institutions, à ceux des écoles préparatoires, et en général à toutes les personnes qui veulent acquérir en peu de temps, et sans maître, les connaissances du calcul indispensables pour les usages du commerce et pour les besoins ordinaires de la vie. Paris, A. Royer.

5. — Une année d'administration de la Haute-Marne. Lettre d'un sous-préfet de la République à M. Ferdinand Barrot, ministre de l'intérieur. Paris, impr. d'Henry, 1849, in-18 de 36 pag.

M. Van Tenac a dirigé la publication de : « Histoire générale de la Marine » [1847, 1848, format in-8, fig.].

VANUCCI [le docteur Ange], médecin à Bastia. [Voy. la *France littér.*, t. X, p. 48.] — Tableau topographique et médical de l'île de Corse, présenté à l'Académie royale de médecine de Paris. Bastia, impr. de Fabiani, 1839, in-8 de 134 pag.

VANWORMHOUDT. — Cours d'arithmétique et de géométrie simplifiées. Paris, Hachette, in-18.

1re partie.

VAREILLES [le baron de].—Mémoires de Lucile; nouv. édit., publiée par le chevalier de N. Londres et Paris, Guillaume neveu, 1775, in-12.

La première édition est de 1756. Elle est ainsi signée : V. S. [le baron de].

VARELA [Florencio], citoyen de Buénos-Ayres. — Affaires de Buénos-Ayres. Considérations sur le traité du 29 octobre 1840. Traduit de l'espagnol par le capitaine *Ch. Sergent*. Publié par M. *A.-G. Bellemare*, délégué de la population française de Montevideo. Paris, impr. de Guiraudet, 1841, in-8 de 76 pag.

VAREMBEY [J.] [Voy. la *France littér.*, t. X, p. 49.]
1. — Ruche française et éducation des abeilles, nouveau procédé qui réunit tous les avantages de ceux publiés jusqu'à ce jour, avec figures. IIe édition, augmentée par l'auteur de plusieurs paragraphes, figures et autres additions importantes, et d'un Appendice sur la législation concernant les abeilles. Dijon, Douillier, 1843, in-8 [3 fr.]. — Paris, Cherbuliez.

2. — Lettres sur l'euphorimétrie, ou l'art de mesurer la fertilité de la terre, indiquant le choix des meilleurs assolements, avec leurs produits et leur action sur le sol. Dijon, Douillier; Paris, Mme Huzard, 1843, in-8 [4 fr.]

VAREMBEY [Achille]. — Précis de l'histoire d'Angleterre depuis les premiers temps de la monarchie jusqu'à nos jours. Paris, Chamerot, 1845, in-8 [3 fr. 50 c.].

VARICLÉRY [le vicomte de], pseudonyme. Voy. LAMOTHE-LANGON.

VARIN [Charles, et non pas Victor, comme l'a dit par erreur M. Quérard], d'abord clerc de notaire, puis auteur dramatique, né à Nancy au mois de janvier 1798. [Voy. la *Galerie de la presse*, 1re série, et la *France littér.*, t. X, p. 55.]

1. — Avec M. D. [*Desvergers*], *Ad. Jadin* et *E. Laurey* : Quoniam, comédie-vaudeville en deux actes, tirée des « Mémoires du cardinal Dubois » [de M. *Paul Lacroix*]. Paris, Riga, 1831, in-8 [2 fr.].

2. — Avec M. *D'Avrecourt* : Les ressources de Jonathas, comédie-vaudeville en un acte. Paris, Marchant, 1842, in-8 [40 c.].

3. — Avec M. *Bayard* : Paris, Orléans et Rouen, comédie-vaudeville en trois actes. Paris, Marchant, 1843, in-8 de 28 pag. [50 c.].

4. — Avec M. *E. Arago* : Une invasion de grisettes, vaudeville en deux actes. Paris, Ch. Tresse, 1844, in-8 de 26 pag.

5. — Avec M. *Carmouche* : Les sept merveilles du monde, revue en cinq tableaux, à spectacle, mêlée de couplets. Paris, impr. d'Henry, 1845, in-8 de 20 pag.

6. — Avec M. *Louis Dugard* : Un mari fidèle, comédie-vaudeville en un acte. Paris, Michel Lévy, 1847, in-18 anglais [50 c.]

7. — Avec M. *Dumersan* : Amour et Biberon, comédie-vaudeville en un acte. Paris, Beck, Tresse, 1847, in-8 de 16 pag. [50 c.].

8. — Avec M. *Bourget* : Croquignole, comédie-vaudeville en un acte. Paris, Beck, Tresse, 1847, in-8 de 16 pag.

9. — Avec M. *Varner* : L'académicien de Pontoise, comédie-vaudeville en deux actes. Paris, Beck, Tresse, 1848, in-8 de 24 pag. [60 c.]

10. — Avec M. *Biéville* : Le camp de Saint-Maur, vaudeville en un acte. Paris, Michel Lévy, 1848, in-18 anglais [60 c.].

11. — Avec M. *Arthur de Beauplan* : La montagne qui accouche, vaudeville en un acte. Paris, Beck, Tresse, 1849, in-8 de 16 pag. [50 c.]

12. — Avec M. *A. Choquart* : En carnaval, pochade en un acte. Paris, Beck, Tresse, 1849, in-8 de 16 pages [50 c.].

On doit encore à M. Varin, en collaboration de M. CHAPEAU [DESVERGERS] : le Vieux général; — avec MM. CHAPEAU et DUVERT : Sir Jack; — avec MM. DUBOIS et XAVIER : une Nuit terrible; — avec MM. DUVERT et P. DE KOCK : les Soupers du carnaval; — avec MM. CLAIRVILLE et JAIME : le Carlin de la marquise; — avec M. DUPEUTY : Ravel en Voyage; — avec M. CHAPELLE : l'Aveugle et son bâton; — avec M. P. DE KOCK : la Jolie fille du faubourg; les Jeux innocents; Zizine; les Fumeurs; un Mari perdu; — avec M. L. COUAILHAC : Brutus, ou le Dernier soldat du Guet; — avec MM. F. GARNIER et Paul de Kock : le Caporal et la payse; — avec MM. LEFRANC et J. ARAGO : un Grand Criminel; — avec MM. BRUNSWICK [LHÉRIE] et de LEUVEN : un Voyage sentimental; — avec M. B. LOPEZ : les Frères Dondaine; — avec M. LUBIZE : les Trois Péchés du diable; — avec M. T. PARTOUT [BOYER] : la Rue de la Lune; l'Habeas corpus; Habit, veste et culotte; — avec M. JAIME [ROUSSEAU] : le Loup-Garou; — avec M. SAINTINE : Henriette et Charlot; le Cuisinier politique; le Duel aux mauviettes. Voy. ces noms.

VARIN [Pierre-Joseph], professeur d'histoire dans la maison des pages de Charles X, censeur des études au collége royal de Reims (1833), conservateur adjoint de la bibliothèque de cette ville, professeur d'histoire et doyen de la faculté des lettres de Rennes, conservateur adjoint de la bibliothèque de l'Arsenal (1844), né à Brabant-le-Roi (Meuse) le 17 septembre 1802, mort à Paris le 12 juin 1849. Voy. au sujet de M. Varin une notice de M. Ch. LAIGLE (in-8 de 8 pag.).

1. — De l'influence des questions de races sous les derniers Karlovingiens. Paris, 1838, in-8.

Thèse pour le doctorat ès lettres.

2. — De quodam Gerberti opusculo et de Gallicanarum doctrinarum originibus. Paris, 1838, in-8.

Thèse pour le doctorat ès lettres, réimprimée en français dans la « Revue française. »

3. — Archives législatives et administratives de la ville de Reims. Paris, impr. de Crapelet, 1839 et ann. suiv. 7 vol. in-4.

Collection de documents inédits relatifs à l'histoire de France. L'ouvrage a été terminé après la mort de l'auteur; il se compose de prolégomènes historiques et bibliographiques, de documents classés sous les titres de : *Histoire politique; — Statuts*, de notes nombreuses et de tables.

4. — La vérité sur les Arnauld, complétée à l'aide de leur correspon-

dance inédite. Paris, Poussielgue-Rusand, 1847, 2 vol. in-8 [12 fr.].

M. P.-J. Varin a travaillé à la « Revue nouvelle, » au « Correspondant, » etc. — Il a dirigé la publication du « Dictionnaire historique et géographique de la Bretagne, » par OGÉE (1840-42, 2 vol. gr. in-8].

VARIN fils [Émile], de Chaumont. — Ode à la mémoire de David, lue à la réunion annuelle des élèves de ce grand peintre, 15 févr. 1843. Paris, impr. de Bruneau, 1843, 1846, in-8 de 4 pag.

VARNER [Antoine François], auteur dramatique, né à Paris le 23 avril 1790. [Voy. la *France littér.*, t. X, p. 58.]

1. — Avec M. *Bayard* : Le Mari d'une Muse, comédie-vaudeville en un acte. Paris, Marchant, 1841, in-8 de 16 pag. [30 c.]

2. — Les Pénitents blancs, comédie en deux actes, mêlée de chants. Paris, Ch. Tresse, Delloye, 1841, in-8 de 20 p.

France dramatique au XIXᵉ siècle.

3. — La Chasse aux vautours, comédie en un acte, mêlée de couplets. Paris, Beck, 1842, in-8 [40 c.]

Répertoire dramatique des auteurs contemporains.

4. — Recette contre l'embonpoint, pièce en deux actes, mêlée de couplets. Paris, Tresse, 1843, in-8 [50 c.].

5. — L'autre Part du diable, ou le Talisman du mari, comédie en un acte, mêlée de chants. Paris, Beck, 1843, in-8 de 16 pag.

6. — Avec M. *Bayard :* La Belle et la Bête, comédie-vaudeville en deux actes. Paris, Tresse, 1845, in-8 de 30 pag.

7. — Le Nouveau Juif errant, comédie en trois actes, mêlée de chants. Paris, impr. de Mᵐᵉ Dondey-Dupré, 1846, in-8 de 36 pag.

8. — Avec M. *Bayard* : Le Petit-Fils, comédie-vaudeville en un acte. Paris, Michel Lévy, 1846, in-8 de 16 pag. [50 c.], et 1848, in-8 anglais [60 c.].

9. — Avec M. *Bayard :* Père et Portier, vaudeville en deux actes. Poissy, impr. d'Olivier, 1847, in-18 anglais.

10. — Avec M. *Bayard* : La grosse Caisse, ou les Élections dans un trou, pochade électorale en deux actes, mêlée de couplets. Paris, Michel Lévy, 1849, in-18 anglais [60 c.].

11. — Avec M. *Bayard* : La Conspiration de Mallet, ou une Nuit de l'Empire, drame historique en cinq actes, mêlé de chants. Paris, Michel Lévy, 1849, in-18 anglais [60 c.].

12. — Babet, ou le Diplomate en famille, vaudeville en un acte. Paris, Beck, Tresse, 1849, in-8 [50 c.].

Nous connaissons encore de M. Varner, en collaboration avec M. DUVERT : la Sœur de Jocrisse ; — avec MM. DUVERT et LAUSANNE : un Monstre de femme ; un Cheveu pour deux têtes ; — avec M. DESLANDES : les Canuts ; le Noctambule ; — avec M. J. REGNAULT : le Chevalier de Saint-Remy ; — avec M. SCRIBE : O Amitié..., ou les Trois époques ; — avec M. VARIN : l'Académicien de Pontoise. Voy. ces noms.

MM. Varner et Bayard ont fait représenter une pièce intitulé *les Martyrs*, qui n'a point été imprimée.

Citons aussi : Dernières paroles prononcées sur le tombeau de M. J.-G. Ymbert, par l'un de ses amis [Paris, impr. de Dupont, 1846, in-8].

VARNEY [J.], ancien élève de l'École normale.

1. — Du poëme épique. 1817, in-4.

Thèse pour le doctorat ès lettres.

2. — De tempore. 1817, in-4.

Thèse pour le doctorat ès lettres.

VARNIER. Voy. FRIES [J.-G.].

VARNIER [Jules].

1. — L'Oasis. Paris, Curmer, 1842, in-12 [2 fr. 25 c.].

Sous le pseudonyme de *George d'Alcy*.

2. — Compte-rendu des travaux de la Société libre des beaux-arts pendant l'année académique 1842-1843. Paris, impr. de Ducessois, 1843, in-8 de 16 pag.

VARRENTRAPP [George]. — De l'emprisonnement individuel sous le rapport sanitaire et des attaques dirigées contre lui par MM. Charles Lucas et Léon Faucher, à l'occasion du projet de loi sur la réforme des prisons présenté par le gouvernement. Paris, Guillaumin, 1844, in-8 de 80 pag. [1 fr. 25 c.]

VARREUX [Mˡˡᵉ Clémentine de]. — Un fléau du ciel, nouvelle. Versailles, impr. de Kléfer, 1848, in-18 de 36 pag.

VARRON [Marcus-Terentius Varro], érudit, grammairien, homme d'État, né à Rome 26 ans avant J.-C. [Voy. la *France littér.*, t. X, p. 61.]

— Les agronomes latins : *Caton, Varron (de re rustica), Columelle, Palladius*, avec la traduction en français, publiés sous la direction de M. *Nisard*. Paris, Dubochet, 1844, gr. in-8 [13 fr. 50 c.].

Le texte latin est au bas de la traduction. Les traducteurs sont : de Caton, M. ANTOINE; de Varron, M. WOLFF; de Columelle, M. SABOUREUX DE LA BONNETERIE.

1. — L'Économie rurale de Varron. Traduction nouvelle, par M.*IX. Rousselot*. Paris, Panckoucke, 1844, in-8 [7 fr.].

Seconde série de la « Bibliothèque latine-française. »

2. — *Macrobe* (œuvres complètes); — *Varron* (de la langue latine). — *Pomponius Mela* (œuvres complètes), avec la traduction en français, publiées sous la direction de M. Nisard. Paris, Dubochet, 1844, in-8 [15 fr.].

VARRY [Guérin]. Voy. GUÉRIN-VARRY [R.-T.].

VARTABED [Elisée], écrivain arménien du V⁰ siècle. — Soulèvement national de l'Arménie chrétienne, au V⁰ siècle, contre la loi de Zoroastre, sous le commandement du prince Vartan le Mamigonien. Ouvrage écrit par Élisée Vartabed, contemporain, sur la demande de David le Mamigonien, son collègue. Traduit en français par M. l'abbé *Grégoire Kabaragy-Garabed*. Paris, impr. de Renouard, 1844, in-8 avec une carte [7 fr. 50 c.].

L'abbé Kabaragy-Garabed a publié aussi en français : Abrégé de la vie politique et guerrière du prince Vartan le Momigonien, héros d'Arménie au cinquième siècle ; écrit par LAZARE PARBE, son secrétaire, pour compléter l'*Histoire du soulèvement de l'armée chrétienne*, par Elisée Vartabed [Paris, impr. de P. Renouard, 1843, in-8].

VASARI [Giorgio], peintre, architecte et historien, né à Arezzo en 1512, mort en 1574. [Voy. la *France littér.*, t. X, p. 61.] — Vies des peintres, sculpteurs et architectes, traduites par *Léopold Léclanché* et commentées par *Jeanron* et *Léopold Léclanché*. Paris, Just Tessier, 1838-42, 10 vol. in-8.

Le tome III porte aux signatures : II bis. — Le tome IV porte : III. — Le tome V porte : IV. — Les tomes I, IV, V, VI et VII sont traduits par M. LÉCLANCHÉ, et commentés par M. JEANRON. — Les tomes III, VIII, IX, X sont traduits et commentés par M. LÉCLANCHÉ.

VASCHY [Jean-Baptiste], prêtre du diocèse de Belley. — Vie cénobitique du Père Paul-Marie. Lyon, Mothon aîné, 1844, in-18.

Louis-Eugène Lehouelleur-Deslongchamps, né à Cherbourg le 28 juillet 1808, est mort à la Trappe le 23 février 1841.

VASCONCELLOS DE DRUMMOND, ministre de l'empereur du Brésil près les cours de Rome et de Naples.

M. de Vasconcellos a lu à l'Institut historique un mémoire *sur l'Histoire de la découverte et de l'exploitation des mines du Brésil*, qui a paru dans le « Journal de l'Institut historique » [1838, p. 97].

VASSAL [Pierre-Gérard], docteur en médecine, né le 14 octobre 1769. [Voy. la *France littér.*, t. X, p. 61.] — Essai historique sur l'institution du rit écossais, et de la puissance légale qui doit le régir en France. Paris, Bellemain, 1827, in-8.

VASSAL, avocat.

1. — Pétition à tous les pouvoirs de l'État pour le droit des pères et mères, vivant naturellement et civilement, contre la successibilité des collatéraux. Aix, impr. de Martin, 1841, in-4 de 40 pag.

2. — Lettre au roi et aux chambres législatives sur quelques articles du Code civil. Marseille, impr. de Senès, 1843, in-4 de 36 pag.

VASSAL [Amédée de], baron de MONTVIEL. — Résumé chronologique, historique et biographique de l'histoire universelle, du déluge à ce jour. Tours, impr. de Lecesne, 1845, in-8.

VASSAROTTI [Louis]. — A Sa Majesté l'empereur Nicolas, autocrate de toutes les Russies. Paris, impr. de Maulde, 1841, in-8 de 32 pag.

En vers.

VASSAS [Charles]. — Notice sur l'état industriel du Gard, servant de rapport au Jury départemental pour l'exposition de 1844. Nîmes, impr. de Ballivet, 1846, in-8 de 84 pag.

VASSE [A.], ancien employé des douanes. [Voy. la *France littér.*, t. IX, p. 63.]

1. — Exposé présenté aux membres du Gouvernement provisoire, à l'Hôtel-de-Ville, au nom des employés des ad-

ministrations publiques. Charleville, impr. de Garet, 1848, in-4 de 2 pag.

2. — Vingt années de la vie d'un employé, ou mesures administratives. Charleville, impr. de Huart, 1848, in-8 de 48 pag.

VASSE aîné, d'Hamelincourt. — Thèses de physique et de chimie, présentées à la Faculté des sciences de Paris. Paris, impr. de Bachelier, 1845, in-4 de 40 pag.

VASSE, de Crète [Emmanuel], ancien employé du ministère de la marine et des colonies. — Étude d'administration pratique, ou organisation du travail des bureaux. Paris, impr. de Plon, 1848, in-8 de 92 pag.

VASSE DE SAINT-OUEN [Armand-Thomas-Georges-Charles], inspecteur de l'Université, membre de plusieurs sociétés savantes, né à Rouen en 1775. [Voy. la *France litt.*, t. X, p. 63.]

1. — Théorèmes de géométrie, réduits à leur plus simple expression. Paris, Hachette, 1845, in-fol. de 8 p. [1 fr.]

2. — Système d'abréviation dans l'enseignement de la langue latine. IIIe édit. Paris, Hachette, Mme veuve Maire-Nyon, 1847, in-8 de 80 pag. avec 5 tableaux [1 fr. 50 c.].

3. — Méditations d'un sexagénaire. Testament d'un père de famille. Legs à ses enfants. Paris, impr. de Chaix, 1848, in-8 de 16 pag.

Publié par M. Georges Vasse, petit-fils de l'auteur. — Le testateur est mort en 1815, conseiller et doyen de la cour de cassation.

VASSELOT [MARQUET-]. Voy. MARQUET-VASSELOT [L.-A.-A.].

VASSEROT, architecte.

M. Vasserot est l'auteur du *Traité élémentaire de bornage* qui termine le « Nouveau Manuel d'arpentage, » par M. LACROIX [1845, in-18].

Il a aussi publié avec M. *Bellanger* un Plan détaillé de la ville de Paris, qui a paru par livraisons.

VASSEROT [Charles].

M. Ch. Vasserot a donné des éditions de : Nouveau Manuel complet des experts. Traité des matières civiles, commerciales et administratives donnant lieu à des expertises, par M. Ch*** [1845, in-8]; — et de : « Manuel formulaire de tous les actes sous signatures privées, en matière civile, commerciale, » etc., de M. BIRET, etc. [1847, in-18].

VASSEUR [Louis]. — Plans d'appareils inventés par Louis Vasseur pour améliorer l'éducation des vers à soie et faciliter l'entretien des cocons pour filature ; précédés de quelques observations sur la magnanerie Darcet. Valence, impr. de Marc-Aurel, 1840, in-8 de 32 pag. avec 4 pl.

VASSY [Beaumont]. Voy. BEAUMONT-VASSY [le vicomte Édouard de].

VATAR [J.-M.]
1. — Nouvelle explication des 1er et 2e versets de la Genèse. Rennes, impr. de Vatar, 1843, in-8 de 28 pag.

2. — Nouvelle explication des 1er, 2e et 9e versets de la Genèse. Rennes, impr. de Vatar, 1843, in-12 de 30 pag.

VATAR-JOUANNET [François]. Voy. JOUANNET.

VATEL [Ch.]. — Explication des ouvrages de peinture, sculpture, architecture, gravures, miniatures, dessins et pastels des artistes versaillais, exposés dans la salle du Jeu de paume, précédée d'une notice sur ce monument historique. Versailles, impr. de Beau jeune, 1848, in-18 de 36 pag.

VATIMESNIL [H. de], membre de l'Assemblée législative après la révolution de 1848. [Voy. la *France littér.*, t. X, p. 66.] — Lettre de M. de Vatimesnil au R. P. de Ravignan, suivie d'un Mémoire sur l'état légal en France des associations religieuses non autorisées. Paris, Poussielgue-Rusand, 1844, in-8 de 64 pag. [1 fr.]

Une deuxième édition a été publiée dans la même année.

Citons encore : Mémoire pour M. Jacques-Louis-Félicité de Colombel, propriétaire à Caumont (Eure), au nom et comme tuteur de ses enfants mineurs, contre M. le directeur général de l'enregistrement et des domaines, sur la question du droit de transcription en matière d'adjudication entre héritiers [1833, in-4] ; — Notice sur M. de Broë, conseiller à la cour de cassation [1840, in-8. — Jacques-Nicolas de Broë, né en 1790, est mort en 1840]. — Avec M. A. MARIOT : — Courtes observations sur le projet de loi de l'impôt du sel [1848, in-8].

M. de Vatimesnil a fourni des notices au « Recueil général annoté des lois, décrets, ordonnances, etc. » [1834 et ann. suiv., in-8].

Il est l'un des signataires, à titre de vice-président, des *Circulaires* publiées par le comité électoral de la liberté religieuse [1849, in-4].

VATIN, président du tribunal civil de Senlis. — Senlis et Chantilly anciens et modernes. Carte des environs. Senlis, impr. de Duriez, 1847, in-8 avec une carte [4 fr. 50 c.].

VATOUT [Jean], secrétaire et bibliothécaire particulier du roi Louis-Philippe, membre de la Chambre des députés, né à Villefranche (Rhône) le 26 mai 1792, mort à Claremont (Angleterre) au mois de novembre 1848. [Voy. la *Biogr. des contemporains* de RABBE et BOISJOLIN, la *Biogr. des hommes du jour* de SARRUT et SAINT-EDME, et la *France littér.*, t: X, p. 66.]

1. — Souvenirs historiques des résidences royales de France. Paris, F. Didot, 1837-46, 7 vol. in-8.

I. *Palais de Versailles* [1837]; — II. *Palais-Royal* [1837]; — III. *Château d'Eu* [1839]; — IV. *Palais de Fontainebleau* [1840]; — V. *Palais de Saint-Cloud* [1843]; — VI. *Château d'Amboise* [1845]; — VII. *Château de Compiègne* [1846].

M. SAINT-ESTEBEN serait, d'après M. Quérard [Supercheries littér., t. IV, p. 581], l'auteur des 4 premiers volumes des Souvenirs historiques ; les 3 derniers auraient été rédigés par MM. de BEAUPLAN [Arth. ROUSSEAU], Vict. HERBIN et autres.

2. — Le château d'Eu illustré, depuis son origine jusqu'au voyage de sa majesté Victoria, reine d'Angleterre ; par Joseph Skelton ; avec un texte rédigé par M. Vatout. Paris, Goupil et Vibert, F. Didot, 1844, in-fol. fig.

Publication inachevée.

Un procès s'étant élevé entre M. Skelton et M. Vatout au sujet d'un texte que ce dernier devait rédiger pour l'explication des gravures, l'affaire fut jugée le 22 juin 1847 en faveur de M. Vatout.

On attribue à M. Vatout la chanson : *l'Auberge de l'Ecu de France*, qui a été publiée dans : « la Chanson au XIXe siècle, » almanach chantant pour 1847. [Paris, Durand, in-18.] — Il passe aussi pour avoir composé la chanson intitulée : *le Maire d'Eu*. Cependant quelques personnes prétendent que ces pièces sont du roi LOUIS-PHILIPPE lui-même.

VATTEMARE [Hippolite]. Voy. VAIL [Alfred].

VATTIER [le baron], contre-amiral honoraire. [Voy. la *France littér.*, t. X, p. 69.]

1. — Notice sur la marine. Boulogne-sur-Mer, impr. de Biblé-Morel, 1839, in-4 de 24 pag.

2. — Quelques observations sur la marine. Boulogne-sur-Mer, impr. de Leroy-Mabille, 1842, in-8 de 16 pag.

VATTONI, professeur d'italien.

M. Vattoni a traduit en vers français avec le texte en regard : « Francesca da Rimini, » tragédie de Silvio PELLICO ; précédée de la traduction en vers français de l'épisode de Francesca (Dante, 5e chant), et d'une Notice historique sur Francesca et Paolo [Grenoble, impr. de Prud'homme, 1848, in-8].

VAUBAN [Sébastien Leprêtre de], né à Dijon en 1633, mort à Paris en 1707. [Voy. la *France littér.*, t. X, p. 69.]

1. — Communauté de principes entre la tactique et la fortification, démontrée à l'aide du dessin des travaux de l'attaque. Versailles, Angé ; Paris, Anselin, 1835, in-8 de 32 pag.

2. — Mémoires inédits du maréchal Vauban, sur Landau et Luxembourg, publiés par M. *Augoyat*. Paris, Corréard, 1841, in-8 [7 fr. 50 c.].

3. — Oisivetés de M. de Vauban. Paris, J. Corréard, 1843-46, 4 vol. in-8 [30 fr.].

4. — Projet d'une dîme royale (dans la Collection des économistes financiers — 1843, in-8, — publ. par M. *Eugène Daire*, XVIIIe siècle, t. I).

Il y a eu précédemment trois éditions du Projet de dîme royale, deux en 1707, une en 1708.

VAUBERTRAND [F.]. — L'Humanité et la Terreur, récit en vers. Paris, Jacques Ledoyen, 1843, in-8 de 56 pag.

En vers libres.

VAUBLANC [le comte Vincent-Marie VIENNOT DE], député, ministre d'État, né à Montargis le 2 mars 1756, mort à Paris le 2 août 1845. [Voy. la *France littér.*, t. X, p. 71.]

1. — Discours sur l'état de Saint-Domingue et sur la conduite des agents du Directoire, prononcé dans la séance du 10 prairial an V. Paris, an V, in-8 de 48 pag.

2. — Des Administrations provinciales et municipales. Paris, Delaunay, 1828, in-8 de 88 pag.

3. — Contes et Mélanges de littérature. Paris, impr. de P. Baudouin, 1840, in-8.

En prose.

4. — De la Navigation des colonies. Paris, impr. de Fournier, 1843, in-8 de 16 pag.

VAUBLANC [le vicomte de]. — La France au temps des croisades, ou Recherches sur les mœurs et coutumes des Français aux XIIe et XIIIe siècles.

Paris, Techener, 1844-48, 4 vol. in-8 avec figures [32 fr.].

Tome 1er, *État politique et religieux*; — t. II, *État militaire*; — t. III, *Sciences, littérature et arts*; — t. IV, *Industrie et vie privée*.
M. le vicomte de Vaublanc a donné dans « le Plutarque français » : *Eginhard*, *Suger*, *J. de Molay*, *Christine de Pisan*.

VAUBOUIN [Ch.]. — Ombres d'hier. Cherbourg, Simon, 1849, in-8 de 24 pag.

Six pièces en vers.

VAUCHELLE [André-Jean], ancien intendant militaire et ancien maire de Versailles, né à Versailles le 28 janvier 1779. [Voy. la *France littér.*, t. X, p. 72.] — Cours d'administration militaire. IIe édit. Paris, Dumaine, 1847, 3 vol. in-8 [24 fr.].

La première édition est intitulée : *Cours élémentaire d'administration militaire* (1829, 2 vol. in-8).

VAUCHER [de].

M. de Vaucher a donné dans les « Archives des hommes du jour » des notices biographiques (le colonel l'Espinasse, M. Laforêt, M. Rolland, représentants du peuple) qui ont été tirées à part (1848 et 1849, in-8).

VAUCHER [Jean-Pierre-Étienne], ministre du saint Évangile, professeur à l'Académie de Genève, né à Genève en 1761. [Voy. la *France littér.*, t. X, p. 72.] — Histoire physiologique des plantes d'Europe, ou Exposition des phénomènes qu'elles présentent dans les diverses périodes de leur développement. Valence, Marc-Aurel, 1841, 4 vol. in-8 [30 fr.].

M. J.-P.-E. Vaucher a travaillé à « l'Encyclopédie des gens du monde ».

VAUCHER [Ferdinand]. — Les Grisettes vengées, précédé d'une préface par *Auguste Luchet*. Paris, Souverain, 1838, in-8 [7 fr. 50 c.].

Publié sous le nom Ferdinand Maconnais.

VAUCOIS, maître de pension. — Arithmétique mise par demandes et par réponses. Verdun, impr. de Lallemant, 1844, in-8 de 92 pag.

VAUCOURT, géomètre. — Tables donnant le cube des bois selon leurs divers emplois dans le commerce, dans l'industrie, dans l'architecture civile, militaire et navale, indiquant, etc., suivies d'autres tables, etc. Strasbourg, Huder; Paris, Bachelier, Mathias, Bouchard-Huzard, Treuttel et Würtz, 1847, in-8.

VAUDONCOURT. Voy. GUILLAUME [Frédéric], dit GUILLAUME DE VAUDONCOURT.

VAUDORÉ [J.-F.], avocat. [Voy. la *France littér.*, t. X, p. 73.] — Le Droit civil des juges de paix et des tribunaux d'arrondissement mis en rapport avec l'agriculture, les arts et métiers, l'administration, les établissements publics. Paris, Joubert, Derache, 1843-46, 3 vol. in-8 [22 fr.].

VAUDORÉ [Armand-Désiré de LA FONTENELLE DE]. Voy. LA FONTENELLE DE VAUDORÉ.

VAUDORÉ [Macé de]. Voy. MACÉ DE VAUDORÉ.

VAUDORÉ [G.-Symphor.]. Voy. JACOBY [André].

VAUDOYER [Léon], architecte. — Instruction sur les moyens de prévenir ou de faire cesser les effets de l'humidité dans les bâtiments. Paris, Carilian-Gœury, 1845, in-4 de 48 pag. avec 1 pl.

M. L. Vaudoyer a travaillé à « Patria, la France ancienne et moderne » (1846, in-8) et à la collection intitulée : « Instruction pour le peuple, Cent Traités sur les connaissances les plus indispensables. »

VAUDRAY. — Nouveau Mémoire sur l'agriculture, sur les distinctions qu'on peut accorder aux riches laboureurs, avec des moyens d'augmenter l'aisance et la population dans les campagnes. Paris, Desventes de Ladoué, 1767, petit in-8 de 70 pag.

Pièce qui a obtenu un accessit au prix de l'Académie de Caen en 1766.

VAUGE [le P. Gilles], oratorien, professeur de théologie, né dans le Morbihan, mort le 28 octobre 1739. [Voy. la *France littér.*, t. X, p. 74.] — Traité d'espérance chrétienne contre l'esprit de pusillanimité et de défiance, et contre la crainte excessive. Nancy, Vagner, 1846, in-12.

VAUGELAS. — Considérations sur la réforme électorale. Grenoble, impr. de Barnel, 1844, in-8 de 52 pag.

VAUGEOIS [J.-F.-Gabriel]. [Voy. la *France littér.*, t. X, p. 75.] — Histoire des antiquités de la ville de l'Aigle et de ses environs, comprenant des recherches historiques sur les invasions des Romains, des Francs et des Normands dans les Gaules, sur l'origine de Verneuil, etc. Ouvrage posthume de J.-F.-G. Vaugeois. Édité et publié par sa famille. L'Aigle, Bredif, 1841, in-8 avec une grav.

L'Avertissement est signé : *Hippolyte Vaugeois.*

VAULABELLE [Achille TENAILLE de], publiciste, historien, ministre de l'instruction publique sous le régime républicain de 1848; né à Châtel-Censoir (Yonne) au mois d'octobre 1799. [Voy. la *France littér.*, t. X, p. 76.]

1. — Campagne et bataille de Waterloo, d'après de nouveaux renseignements et des documents complètement inédits. Paris, Perrotin, 1845, in-18 avec 1 carte et 4 grav. [1 fr.]

2. — Histoire des deux Restaurations, jusqu'à la chute de Charles X, en 1830; précédée d'un Précis historique sur les Bourbons et le parti royaliste depuis la mort de Louis XVI. Paris, Perrotin, 1844 et ann. suiv., 6 vol. in-8. [Chaque vol., av. cartes et plans, 5 fr.]

Citons encore : République française. Ministère de l'instruction publique et des cultes. Liste des livres classiques autorisés pour l'usage des lycées et des colléges pendant l'année scolaire 1848-49 [1848, in-8].

M. Ach. de Vaulabelle a donné des articles au « Musée des familles. »

VAULABELLE [Mathieu TENAILLE de], plus connu en littérature sous le nom d'*Éléonore de Vaulabelle*, auteur dramatique; né à Châtel-Censoir en 1802. [Voy. la *France littér.*, t. X, p. 76.]

1. — Avec M. *Ancelot* : Le Mari de ma fille, comédie-vaudeville en un acte. Paris, Marchant, 1840, in-8 de 16 pag. [30 c.]

Sous le nom : Jules CORDIER.

2. — Avec M. *Bayard* : Le Mari à l'essai, comédie-vaudeville en un acte. Paris, Beck, Tresse, 1842, in-8 [40 c.].

Sous le nom : Jules CORDIER.

3. — Avec M. *Alexis Decomberousse* : La Polka en province, folie-vaudeville en un acte. Lagny, impr. de Giroux, 1844, in-8 de 16 pag.

Sous le nom : Jules CORDIER.

4. — Avec M. *Clairville* [*Nicolaie*] : La Propriété c'est le vol, folie socialiste en 3 actes et 7 tableaux. Paris, Tresse, 1848, in-8 de 24 pag.

Sous le nom : Jules CORDIER.
Sous le nom de Ernest DESPREZ, M. Él. de Vaulabelle a travaillé à : « le Sachet, Nouvelles. »

VAULT [le lieutenant général comte de]. Voy. DEVAULT.

VAULTIER [Marie-Claude-Frédéric-Étienne], professeur à la Faculté des lettres de Caen et doyen de cette Faculté, membre de l'Académie de Caen; né à Barbey (Calvados) le 22 février 1772, mort à Caen le 21 janvier 1843. [Voy. une Notice sur M. Vaultier, dans le Rapport de M. TRAVERS sur la séance publique de l'Académie de Caen du 3 avril 1843 (1845, in-8), et la *France littér.*, t. X, p. 77.] — Histoire de la ville de Caen, depuis son origine jusqu'à nos jours, contenant la description de ses monuments, etc. Caen, Mancel, 1843, in-8 [7 fr.], et in-12 [4 fr.].

Ouvrage posthume.

Citons encore : De la traduction [thèse. — 1812, in-4]; — Causarum causa Deus [thèse. — 1812, in-4]; — de la Poésie lyrique en France aux XIVe et XVe siècles [1840, in-8],—Analyse rhythmique du vers alexandrin [1840, in-8];—Notice sur la vie et les travaux littéraires de M. l'abbé Delarue, membre de l'Institut, etc. [1842, in-8].

M. Vaultier a publié : « Histoire de la prairie de Caen, » par M. l'abbé DE LA RUE [Caen, Casimir Falaise, in-fol.].

Il a fourni plusieurs articles aux « Mémoires de l'Acad. des sciences, arts et belles-lettres de la ville de Caen » [1825 à 1840].

VAULX [Alexandre-Charles de], premier avocat général à la cour d'appel de Colmar.

1. — Avec M. *Foelix* : Code forestier annoté, contenant les arrêts des cours, les opinions des auteurs, etc. Paris, impr. de P. Renouard, 1827, 2 vol. in-8 [12 fr.].

2. — Du Devoir. Discours pour la rentrée de la cour royale de Colmar, le 7 novembre 1833. Colmar, impr. de Mme veuve Hoffmann, 1834, in-8 de 24 pag.

3. — De la Monarchie représentative basée sur la souveraineté rationnelle. Paris, Th. Barrois père, 1836, in-8 de 80 pag.

VAUMALE [Fages de]. Voy. FAGES DE VAUMALE [J. de].

VAUNOIS [Adolphe]. — Avec M. *Léon Pillet* : La Vendetta (1839, in-8); — la Mazurka (1844, in-8). Voy. PILLET.

VAUREIX [F. de]. — De l'Éducation religieuse, morale, intellectuelle et physique, d'après l'étude de soi-même. Lettres à M. V. Jacotot sur l'institution Guillard (de Lyon). Paris, madame veuve Louis Janet, 1842, in-8 de 56 pag.

VAUTHIER [Jules-Antoine], peintre et graveur; mort en 1832. [Voy. la *France littér.*, t. X, p. 83.]

M. J.-A. Vauthier a publié avec M. LACOUR: « Monuments de sculpture antique et moderne » [1839, in-fol.]. Voy. LACOUR.

VAUTIER [Maurice], avocat à la cour d'appel de Paris.
1. — L'Eglise dans l'Etat. Dédié à M. Eugène Sue; et précédé d'une lettre de l'auteur du *Juif errant*. Paris, Ed. Garnot, 1845, in-18 de 87 pag.

Sous le pseudonyme Edme VAY.

2. — Les Jésuites en justice : arrêts des parlements, édits, déclarations, lois, décrets et arrêts des cours royales contre la Société de Jésus. Paris, le comptoir des imprimeurs-unis, 1845, in-8 de 56 pag.

Sous le même pseudonyme.

VAUTRÉ [le général baron de]. [Voy. la *France littér.*, t. X, p. 83.] — Le Génie du whist méconnu jusqu'à présent, quoique joué avec une espèce de fureur par toute l'Europe, avec ses explications et des maximes certaines pour gagner. IVe édition. Paris, Ledoyen, 1847, in-18.

VAUTRO [P.-C.-L.]. Voy. OUVRARD fils.

VAUVE DES ROYS [Michel]. — Méthode philosophique d'analyse descriptive, appliquée aux langues et arrangée pour être apprise sans maître. Paris, impr. de François, 1845, in-8 de 80 pag. avec un tableau.

VAUVELLE. — Barème décimal, ou Comptes faits à l'usage du commerce de la volaille et du gibier; dressés pour l'exécution de la loi du 4 juillet 1837. Paris, impr. de Chassaignon, 1840, in-8 de 64 pag.

VAUVENARGUES [Isoard]. Voy. ISOARD VAUVENARGUES [le comte d'].

VAUVILLIERS [Mlle]. [Voy. la *France littér.*, t. X, p. 86.] — Histoire de Blanche de Castille, reine des Français, deux fois régente. Paris, Paulin, 1841, 2 vol. in-8 [12 fr.].

VAUVILLIERS [L.-H.-C.], colonel du génie en retraite.
1. — Essais sur de nouvelles considérations militaires. Paris, Gaultier-Laguionie, 1843, in-8 [6 fr.].
2. — Recherches historiques sur le rôle et l'influence de la fortification. Paris, Dumaine, 1846, in-8 [6 fr.].

VAUX-ROUXEL [Augustin-Théodore LAUZANNE DE]. Voy. LAUZANNE.

VAUXONNE [de]. — Essai sur l'état de souffrance des intéressés à la culture de la vigne, et les moyens d'y mettre un terme. Lyon, impr. de Rusand, 1830, in-8 [1 fr.].

VAVASSEUR [A.]. — Réforme du régime hypothécaire. Paris, Joubert, 1849, in-8 de 104 pag.

VAVASSEUR [Pierre-Henri-Louis-Dominique], docteur en médecine, né à Paris en 1797. [Voy. la *France littér.*, t. X, p. 87.] — Manuel complet des aspirants au doctorat en médecine, etc., par des agrégés et des docteurs en médecine, publié sous la direction de M. P. Vavasseur. Paris, 1834 et 1841, 3 vol. in-18, avec figures intercalées dans le texte [12 fr.].

Tome I. Botanique, zoologie, minéralogie, physique et chimie médicales et pharmacologie (IIe édition, 1837); — T. II. Pathologie générale, pathologie spéciale, pathologie interne et pathologie externe (IIe édition, 1841); — T. III. Clinique médicale et chirurgicale, accouchements (1834).

M. Vavasseur est l'auteur d'un *Mémoire sur l'influence du système nerveux sur la digestion stomacale;* il a rédigé les premières années de « Agenda du médecin et du pharmacien », publié de 1827 à 1846, in-18, à 1 fr. 75 c.

VAY, pseudonyme. Voy. VAUTIER [Maurice].

VAZ, junior [J.]. — Mémoire à l'opinion publique, à la cour de cassation et au gouvernement. Bordeaux, impr. de Faye, 1848, in-8.

VEAUCÉ [de]. — De l'élevage du cheval. Des courses et de l'amélioration des races chevalines en France. Paris, Mme veuve Huzard, Dentu, 1849, in-8 de 132 pag. avec 1 pl.

VÉCHAMBRE [l'abbé], curé de Pujols. — Sujets de religion et de morale. Bordeaux, impr. de Dupuy, 1849, in-8.

VÉCHE [J.-B.], avocat. — Traité de la lettre de change, du billet à ordre, etc. Paris, Poirée, 1846, in-8.

VÉDIE [A.], docteur en médecine. — Notice biographique sur M. Flaubert, chirurgien en chef de l'Hôtel-Dieu de Rouen. Rouen, impr. de Brière, 1847, in-8 de 32 pag.

Achille-Cléophas Flaubert, né à Mézières (Aube), le 15 novembre 1784, est mort à Rouen le 15 janvier 1846.

VÉDRINE [l'abbé], curé de Luberzac. — Simple coup d'œil sur les douleurs et les espérances de l'Église aux prises avec les tyrans des consciences; et des vices du dix-neuvième siècle. Lyon, impr. de Boursy; Paris, Mellier, 1843, in-8.

VÉE, maire du Ve arrondissement de Paris, pharmacien, membre de la Société de pharmacie.

1. — Résumé des rapports et comptes moraux des bureaux de bienfaisance de Paris, et observations sur l'administration des secours à domicile. Paris, Crapelet, 1836, in-8 avec 8 tableaux.

Le faux-titre porte : Rapport fait à la Société des établissements charitables, par M. Vée.

2. — Du paupérisme et des secours publics dans la ville de Paris. Paris, Guillaumin, 1845, in-8 de 48 pag.

Extrait du « Journal des économistes ».
Une autre édition, in-16, a été publiée par le même éditeur en 1849.
M. Vée a travaillé au « Dictionnaire de médecine usuelle, » publié par Didier, et au « Journal des connaissances médicales pratiques et de pharmacologie ».

VEGA [Faso de la]. Voy. FASO DE LA VEGA.

VEGA CARPIO [Lope de] Voy. LOPE DE VEGA CARPIO.

VÉGÈCE [Flavius Vegetius Renatus], écrivain latin de la fin du IVe siècle. [Voy. la *France littér.*, t. X, p. 90.] — *Ammien Marcellin, Jornandès, Frontin* (les Stratagèmes), *Végèce*, etc., avec la traduction française. Paris, J.-J. Dubochet et Lechevalier, 1849, gr. in-8 [15 fr.].

VEILLARD [Louis], avocat, professeur, né à Genève le 30 novembre 1777.

[Voy. la *France littér.*, t. X, p. 90.] — Grammaire latine, IIIe édit. Genève, 1840, 2 vol. in-12 [7 fr.].

VEIMARS [Loève] Voy. LOÈVE-VEIMARS.

VEISSIER-DESCOMBES [Alphonse], professeur de l'université. [Voy. la *France littér.*, aux articles WEISSIER (Alphonse), VEISSIER-DESCOMBES et VEISSIER-HÉDENCOUR, t. X, p. 91. Les trois personnages indiqués par M. Quérard n'en font en réalité qu'un seul.]

1. — Nouvelle grammaire anglaise, réduite à ses règles les plus simples, etc. Paris, Mme veuve Maire-Nyon, 1843, in-12.

2. — Mes éphémérides, chansons. Paris, impr. de Moquet, 1843, in-18.

3. — Prosodie latine. In-12 [1 fr. 25 c.].

4. — Odes d'*Anacréon*, traduites en vers français, accompagnées du texte grec, revu soigneusement sur les meilleures éditions. Nouvelle édition. Paris, Benjamin Duprat, 1839, in-8 [10 fr.].

5. — Nouvelle méthode pour les thèmes grecs, rédigée d'après la grammaire latine de Lhomond. In-12 [3 fr.].

VELASCO [don Juan de], natif de Quito. — Histoire du royaume de Quito. Paris, Arthus-Bertrand, 1840, 2 vol. in-8.

Cette histoire fait partie de la collection intitulée : « Voyages, relations et mémoires originaux pour servir à l'histoire de la découverte de l'Amérique, publiés pour la première fois en français par M. TERNAUX-COMPANS ».

VELAY [E.], professeur, ancien répétiteur pour les classes d'histoire et de géographie dans les institutions Lyevens et Sabatier.

1. — Nouvelle géographie physique, politique, historique, commerciale et industrielle de la France et de ses colonies. Paris, Belin-Mandar, 1842, gr. in-18 [1 fr. 50 c.].

2. — Abrégé de la nouvelle géographie physique, politique, historique, industrielle et commerciale de la France et de ses colonies, etc. Paris, Belin-Mandar, 1843, in-18 [1 fr. 25 c.].

3. — Avec M. *J.-A. Sabatier*: Dictionnaire classique étymologique des mots les plus usuels de la langue fran-

caise dérivés du grec, etc. (1837, in-18). Voy. SABATIER.

VELLEIUS PATERCULUS. Voy. PATERCULUS.

VELPEAU [Alfred-Armand-Louis-Marie], membre de l'Académie de Médecine et de l'Institut, chirurgien de l'hôpital de la Charité, professeur de clinique chirurgicale à la faculté de Médecine de Paris, né à Brèche (Indre-et-Loire) le 11 mai 1795. [Voy. la *France littér.*, t. X, p. 92.]

1. — Manuel pratique des maladies des yeux, d'après les leçons de M. Velpeau, recueillies et publiées sous ses yeux par le docteur G. *Jeanselme*. Paris, J.-B. Baillière, 1839, in-18 [6 fr.].

Cet ouvrage est divisé en quatre parties : 1° Maladies des paupières; 2° du globe de l'œil; 3° des voies lacrymales ; 4° ophthalmies considérées sous le point de vue de leur spécificité. Il contient en outre, sous forme d'appendice, des remarques sur la manière d'appliquer les moyens propres à guérir les ophthalmies et les formules thérapeutiques employées par M. Velpeau dans le traitement des maladies des yeux.

2. — Nouveaux éléments de médecine opératoire, accompagnés d'un atlas de 22 planches in-4, gravées, représentant les principaux procédés opératoires et un grand nombre d'instruments de chirurgie. IIe édition, entièrement refondue, et augmentée d'un traité de petite chirurgie, avec 191 planches intercalées dans le texte. Paris, J.-B. Baillière, 1839, 4 vol. in-8 et atlas in-4 [40 fr.]; — avec les planches de l'atlas coloriées [60 fr.].

3. — Leçons orales de clinique chirurgicale, faites à l'hôpital de la Charité, par M. le professeur Velpeau, recueillies et publiées par MM. les docteurs *Jeanselme* et *P. Pavillon*. Paris, Germer Baillière, 1840-41, 3 vol. in-8 [21 fr.].

Les principaux sujets traités dans cet ouvrage sont : Tome I. — Généralités de la chirurgie clinique. — Ophthalmies. — Hydrocèle. — Luxations de l'articulation scapulo-humérale. — Cataracte. — Varices et varicocèle. — Introduction de l'air dans les veines. — Traitement de la gonorrhée. — Xérophthalmie. — Anus contre nature. — Tome II. — Manière d'utiliser son temps dans les hôpitaux. — Tumeurs blanches. — Corps étrangers dans les articulations. — Maladies du sein chez la femme. — Des ankyloses. — De la contusion. — Inversion incomplète de la matrice. — Hématocèle. — Fistules vésico-vaginales. — Traitement des fractures, surtout par l'appareil inamovible. — Tome III. — Infection purulente. — Crépitation douloureuse des tendons. — Angines. — Procidence de l'anus. — Cancer des lèvres. — Adénite lymphatique. — Abcès de la fosse iliaque. — Nouvelle théorie de la rétraction des doigts. — Érysipèle et ses variétés. — Tumeur scrotale contenant un fœtus. — Fissure à l'anus. — Accidents, suite du cathétérisme. — Fistule à l'anus. — Abcès fétides. — Résumé de la clinique chirurgicale pendant 1839-1840, etc.

4. — Du strabisme. Paris, Baillière, 1842, in-8 [3 fr.].

Supplément aux *Nouveaux éléments de médecine opératoire*.

5. — Recherches anatomiques, physiologiques et pathologiques sur les cavités closes naturelles ou accidentelles de l'économie animale. Paris, J.-B. Baillière, 1843, in-8 [3 fr. 50 c.].

6. — Les injections médicamenteuses dans les cavités closes. Paris, J.-B. Baillière, 1846, in-8 [3 fr. 50 c.].

Citons encore : — de l'Emploi des mercuriaux dans le traitement de la péritonite [in-8]; — de la Phlébite et de l'érysipèle phlegmoneux [in-8]; — des Luxations de l'épaule [1836, in-8]; — de l'Introduction de l'air dans les veines [1838, in-8]; — Remarques sur la nature de l'érysipèle [1841, in-8]; — Notice analytique des travaux de M. A. Velpeau. Novembre 1842 [1842, in-4]; — de la Rupture ou de l'écrasement sous-cutané des tumeurs en général, des tumeurs sanguines en particulier [1843, in-8]; — Opinion exprimée à l'Académie royale de Médecine sur la question des tumeurs fibreuses du sein [1844, in-8].

On doit aussi à M. Velpeau, avec MM. CIVIALE, DELMAS, SOUBERBIELLE et BERCHOUX : Rapport et discussion à l'Académie royale de Médecine, sur la taille et la lithotritie [1835, in-8]; — avec MM. BLANDIN et EMERY : Rapport fait à l'Académie royale de Médecine sur le « Mémoire sur le traitement du pied-bot par la section du tendon d'Achille, » par BOUVIER [1837, in-8].

M. Velpeau a fourni des articles au « Recueil des Mémoires de l'Académie de Médecine. »

Il a travaillé à « l'Encyclopédie des sciences médicales; » au « Journal universel et hebdomadaire de médecine et de chirurgie pratiques et des institutions médicales; » au « Dictionnaire de médecine usuelle; » aux « Annales de la chirurgie française et étrangère; » et à la « Revue chirurgicale, » dont la première livraison a paru en 1840.

VELU, ouvrier charpentier. — Le salaire des ouvriers charpentiers devant le conseil des prud'hommes. Belleville, impr. de Galban, 1847, in-12 de 24 pag.

VÉMARS [Barbier]. Voy. BARBIER-VÉMARS [J.-N.].

VENANZIO [Carrani]. — Grammaire

italienne. IIe édition. Toulon, Aurel, 1846, in-8.

VENANT [Pascal], architecte. — Éclectisme des ordres d'architecture. Clermont-Ferrand, Thibaud-Landriot, 1849, in-8 avec 2 pl.

VÉNARD [l'abbé]. [Voy. la *France littér.*, t. X, p. 93.] — Les lamentations du prophète *Jérémie*, traduites en vers français. Dreux, impr. d'Alquier, 1841, in-8 de 32 pag. [1 fr.]

VENCE [Joseph-Adolphe-Marius]. — Comptabilité. Traité pour les douanes de terre. Belfort, impr. de Clerc, 1844, in-4.

VENDEL HEYL [Louis-Antoine], helléniste, professeur au collége Saint-Louis, né à Paris en 1791. [Voy. *la France littér.*, t. X, p. 94.]

1. — Cours de thèmes grecs, précédé d'une grammaire grecque, 1re partie. Ve édition (3e tirage). Paris, Le Normand, 1840, in-8 [3 fr.].

2. — Narrationes excerptæ ex latinis scriptoribus. Narrations choisies des meilleurs auteurs latins, précédées de sommaires et accompagnées d'analyses. Paris, J. Delalain, 1841, 1844, 1845, 1846, 1847, 1849, in-12 [3 fr.].

M. Vendel Heyl a prononcé un discours sur la tombe de Claude-Louis Boblet, son beau-frère, le mercredi 21 mai 1817 [in-12 de 6 pag.]. On lui doit des *sommaires*, *notes* et *analyses* pour les éditions classiques de : CORNELIUS NÉPOS, DÉMOSTHÈNE, ESCHINE, ESCHYLE, EURIPIDE, HOMÈRE, LUCIEN, PLATON, PLUTARQUE, SOPHOCLE, THUCYDIDE et XÉNOPHON.

VENDOME [H. de]. — Meroon ou le Barde des Gaules. Limoges, Barbou, 1843, in-12 avec 4 grav.

VENDRYÈS [B.]. — De l'indemnité de Saint-Domingue considérée sous le rapport du droit des gens, du droit public des Français et de la dignité nationale. Paris, impr. de Vinchon, 1839, in-8 de 68 pag.

VÈNE [A.], chef de bataillon du génie. [Voy. la *France littér.*, t. X, p. 95.] — Précis théorique et pratique sur les forces industrielles, et notamment sur les machines à vapeur, précédé d'un projet de circulaire ministérielle prescrivant la formation de commissions aptes à diriger les recherches expérimentales. 1838, in-4 [5 fr.]. — *Paris, Carilian-Gœury.*

VENEDEY [J.]. de Cologne (Prusse-Rhénane). [Voy. la *France littér.*, t. X, p. 95.]

1. — La France, l'Allemagne et les provinces rhénanes. Paris, Auguste Legallois, Rigaud, 1840, in-8 de 56 pag.

La couverture imprimée porte de plus ces mots : *De leur position respective en cas d'une guerre prochaine.*

2. — La France, l'Allemagne et la sainte-alliance des peuples. Paris, Dauvin et Fontaine, in-8 de 72 pag. [2 fr. 50 c.]

3. — Dictionnaire français-allemand et allemand-français. Édition diamant. Paris, Baudry, 1843, 1846, in-32 [3 fr.].

VENERONI [Jean VIGNERON, connu sous le nom de], grammairien, né à Verdun en 1642, mort à Paris le 7 juin 1708. [Voy. la *France littér.*, t. X, p. 96]. — Le nouveau maître italien, ou grammaire italienne, revue par *Zotti*, suivie d'un *Nouveau cours de thèmes*, par le même. Paris, Baudry, 1844, in-12 [5 fr.].

VENET [J.]. — L'opposition dynastique et l'attentat de Fontainebleau. Paris, Comon, 1846, in-18 de 36 pag. [50 c.]

VENET. — Notre-Dame des Bois. Paris, impr. de Schiller, 1849, in-12 de 12 pag.

Sur l'inauguration d'une chapelle bâtie dans l'allée de Madrid au bois de Boulogne.

VENETTE [Nicolas], docteur en médecine, né à La Rochelle en 1633, mort dans cette ville en 1698. [Voyez la *France littér.*, t. X, p. 97.] — Tableau de l'amour conjugal. Nouvelle édition, revue et réduite a sa plus simple expression, par *J. L......*; suivie d'une instruction sur les maladies vénériennes. Paris, impr. de Baudouin, 1839, 2 vol. in-18 avec 8 grav. [4 fr.]; et 1840, 4 vol. in-18 avec 16 grav.

Citons encore les éditions suivantes : Paris, impr. de Locquin, 1839, 4 vol. in-18;— Paris, Masson et Yonet, 1840, 4 vol. in-18 avec 16 grav.; — Meulan, impr. de Hiard, 1842, 4 vol. in-18 [4 fr.].

VENNES [de]. — Lallier, ou Paris délivré, tragédie en cinq actes et en vers. Paris, impr. de F. Didot, 1842, in-8 de 88 pag.

VENTURA [Duarte]. — Arte de aprender a ler a letra manuscripta. Paris, Aillaud, 1837, in-18 de 108 pag.

VENTURA [le R. P. don Joachim], prédicateur, général des Théatins, général des clercs réguliers.

1. — Lettre à MM. les rédacteurs de *l'Avenir*. Paris, impr. de Dentu, 1831, in-8 de 8 pag.

2. — De Methodo philosophandi. In-8 [6 fr.].

3. — L'Épiphanie, traduit de l'italien. Paris, Gaume frères, 1841, in-18 [1 fr.].

4. — Les beautés de la foi, ou le Bonheur de croire en Jésus-Christ et d'appartenir à la véritable Église, traduit de l'italien par M. l'abbé *Christophe*. Paris, Olivier Fulgence, Debécourt, 1841, 2 vol. in-18 angl. [4 fr. 50 c.]

5. — La mère de Dieu, mère des hommes, ou Explication du mystère de la très-sainte Vierge au pied de la croix, traduit de l'italien par *T. A. M.* Lyon, Pélagaud ; Paris, Poussielgue-Rusand, 1845, in-12 [3 fr.].

6. — L'École des miracles, ou Homélies sur les œuvres de la puissance et de la grâce de Jésus-Christ, etc., prêchées à la basilique du Vatican, durant le carême de 1843. Ouvrage traduit de l'italien par M. de *Ponlleroy*, et suivi de l'éloge funèbre de Pie VII. Rennes, Vatar, 1847, in-12.

7. — Le modèle du prêtre. Éloge funèbre de *Joseph Graziosi*, chanoine de l'archibalistique de Latran, prononcé, etc. Traduit par M. *F. Clavé*. Paris, Sagnier et Bray, 1848, in-12 de 72 pag.

Se vend au profit du trésor pontifical.

8. — La religion et la liberté. Oraison funèbre de Daniel O'Connell, prononcée à Rome les 28 et 30 juin 1847 ; traduite de l'italien, sous la direction de l'auteur, par l'abbé *Anatole Leray*. IIe édit. Paris, Lecoffre, 1848, in-12.

L'oraison funèbre de Daniel O'Connell, publiée d'abord par le journal « l'Univers », a paru chez Lecoffre, en 1847, in-12. — Elle a été réimprimée avec celle du chanoine Graziosi, à la suite de « Vie et portrait de Pie IX », par Félix CLAVÉ [Paris, Chapelle, 1848, in-8].

9. — Conférences sur la Passion de Notre-Seigneur Jésus-Christ, pendant le carême de 1847. Traduites de l'italien, sous les yeux et avec l'approbation de l'auteur, par l'abbé *C. Ecoiffier*. Lyon, Pélagaud ; Paris, Poussielgue, 1848, 2 vol. in-12 [6 fr.]

10. — La religion et la démocratie. Discours funèbre pour les morts de Vienne, prononcé à Rome le 27 novembre 1848, précédé d'un aperçu sur la situation romaine et le règne temporel de Pie IX ; traduit de l'italien par l'abbé *Anatole Leray*. Paris, Vaton, 1849, in-12 [1 fr.].

VENTURE [Mardochée]. [Voy. la *France littér.*, t. IX, p. 99.]

1. — Prières du jour de kippour, à l'usage des Israélites, traduites de l'hébreu. Nouvelle édition. Bordeaux, Lavigne, Lévy, 1841, in-18.

2. — Prières des jours de roschhaschana, à l'usage des Israélites, traduites de l'hébreu. Nouvelle édition. Bordeaux, Lévy, 1841, in-18.

— Prières des jours de roschhaschana, à l'usage des Israélites du rit portugais, traduites de l'hébreu, avec des notes élémentaires destinées à en faciliter l'intelligence. Nouvelle édition. Paris, impr. de Wittersheim, 1845, 2 vol. in-12 — Nouv. édit. sous ce titre : *Prières journalières à l'usage des Israélites du rit portugais*, etc. Paris, impr. de Wittersheim, 1846, in-18.

4. — Prières de la fête de souccot, à l'usage des Israélites, traduites de l'hébreu. Nouvelle édition, revue. Bordeaux, Lazard-Lévy, 1844, petit in-8.

5. — Haggada, ou Cérémonial des deux premières soirées de Pâques, à l'usage des Israélites, traduit de l'hébreu. Nouvelle édition, revue. Bordeaux, Lazard-Lévy, 1844, pet. in-8 de 64 pag.

6. — Prières des fêtes de Pessahh et de Schebounghot, à l'usage des Israélites, trad. de l'hébreu. Nouvelle édition, revue. Bordeaux, Lazard-Lévy, 1844. petit in-8.

Broché à la suite de *Haggada*.

VENTURE DE PARADIS. — Grammaire et Dictionnaire abrégé de la langue berbère, revue par *Amédée Jaubert*. Paris, Impr. royale, 1844, in-4.

T. VII, Ire partie, du « Recueil de voyages et de mémoires publiés par la Société de Géographie ».

VENTURI [Pompeo]. Voy. DANTE.

VÉNY [P.]. — Géographie élémentaire. Brest, impr. d'Anner, 1841, in-18.

VERACHTER [Fréd.].
1. — Généalogie de P.-P. Rubens et de sa famille. Anvers, 1840, in-4 avec fac-simile [3 fr.].
2. — Documents pour servir à l'histoire monétaire des Pays-Bas. Anvers, 1841-1842, in-8, avec planches [12 fr.].
3. — Le Tombeau de Rubens. Anvers, 1843, in-8 [2 fr. 50 c.].

VÉRARDI, pseudonyme. Voy. BOITARD.

VÉRAT [Xavier], auteur dramatique qu'on a souvent confondu avec M. J.-P. VEYRAT.
1. — Avec MM. *Angel* et *de Villeneuve* : Le Mari de la Fauvette, vaudeville en un acte. Paris, Mifliez, Tresse, 1840, in-8 [30 c.].
2. — Avec MM. *Angel* et *de Villeneuve* : Les Marins d'eau douce, vaudeville en un acte. Paris, impr. d'Appert, 1840, in-8 de 10 pag.
3. — Avec M. *Alzay* : Le Boulevard du Crime, vaudeville populaire en deux actes. Paris, Tresse, 1841, in-8 [40 c.].
4. — Avec M. *Saint-Yves* [*Déaddé*] : Les Gitanos, ou le Prince et le Chevrier, comédie historique en un acte, mêlée de chant, imitée du bibliophile *Jacob* [*Paul Lacroix*]. Paris, Pesron, 1836, in-8 [50 c.].
5. — Avec M. *Saint-Yves* : Les Regrets, vaudeville en un acte. Paris, Marchant, 1837, in-12.
6. — Avec M. *Saint-Yves* : Casque en cuir et Pantalon garance, folie-vaudeville en un acte. Paris, 1836, in-32 [15 c.].
7. — Avec M. *Saint-Yves* : La Fille du Danube, ou Ne m'oubliez pas, drame vaudeville en deux actes et à spectacle, imité du ballet de l'Opéra. Paris, 1836, in-32 [15 c.].

On doit aussi à M. Xavier Vérat, en collaboration avec M. DÉADDÉ : le Piége à loup ; — avec M. MASSELIN : l'Art et le Métier ; — avec M. Ch. MÉNÉTRIER : le Cœur d'une mère ; — avec MM. Ch. MÉNÉTRIER et SAINT-YVES [DÉADDÉ] : le Maugrabin, etc. Voy. ces noms. Presque toutes les pièces de M. Vérat ont paru sous le nom de *Xavier*.

VERBRIE [Amédée de].
1. — La Poste aux chats. Conte moral et fantastique. Paris, Mme Lepaulte, 1848, in-8 de 8 pag. avec 1 pl.

En vers.

2. — Le Cri suprême, ou le bleu, le blanc, et le rouge. Suivi : 1° de la déclaration des droits de l'homme, 2° de la Constitution du 24 juin 1793 ; 3° de la Constitution du 5 fructidor, an III (22 août 1795). IIe édit. Paris, Lepaulte, 1848, in-8 de 64 pag. [75 c.]

VERCEZ [Cl.]. — Traité théorique et pratique des poids et mesures, conforme à la nouvelle législation, contenant, etc. Arbois, Javel, 1840, in-12.

VERCHÈRE [F.-Valentin], ancien magistrat. — La Vérité sur la profession d'avocat. Paris, Delamotte, 1840, in-8 de 64 pag.

VERCLIVES [A.-Ernouf de]. — Notice sur M. Bignon, pair de France. Paris, Hivert, 1842, in-8 de 24 pag.

Louis-Pierre-Édouard Bignon, né à la Meilleraye (Seine-Inférieure) le 3 janvier 1771, est mort le 6 janvier 1841. — M. de Verclives était le gendre de M. Bignon.

VERCRUYSSE [Goethals]. Voy. GOETHALS-VERCRUYSSE [J.].

VERDÉ DE LISLE [N.-M.], docteur en médecine de la Faculté de Paris. [Voy. la *France littér.*, t. X, p. 100.] — Traité théorique et pratique du choléra-morbus, ou Recherches sur la nature, le siège, les symptômes et le traitement de cette maladie, ainsi que sur les règles hygiéniques à observer pour se préserver de l'épidémie. Paris, impr. de Lange-Lévy, 1848, in-8 de 60 pag. [1 fr. 50 c.]

VERDEAU [Ader]. Voy. ADER VERDEAU.

VERDET [E.]. — Thèses de physique et de chimie. Recherches sur les phénomènes d'induction produits par les décharges électriques. Paris, impr. de Bachelier, 1848, in-4 de 44 pag.

VERDIER [P.-L.], chirurgien herniaire de la marine royale, des hôpitaux militaires, etc., etc., né à la Ferté-Bernard le 16 août 1780. [Voy. la *France littér.*, t. X, p. 103.]

1. — Mémoire sur un anévrisme de l'artère crurale traité par la compres-

sion de l'iliaque externe. Paris, 1828, in-8, fig. [1 fr. 50 c.]

2. — Essai sur la statistique des hernies, déplacements et maladies de la matrice, affections considérées sous leurs rapports anatomique, médical et chirurgical. Paris, Béchet jeune, 1839, in-8 de 20 pag.

3. — Traité pratique des hernies, déplacements et maladies de la matrice, affections considérées sous leurs rapports anatomique, médical et chirurgical; suivi : 1° de l'exposé des causes, de la nature et du traitement de ces maladies; 2° de la cure des hernies par les douches obliques d'eau froide; 3° d'un essai sur la statisque des hernies, et des déplacements de la matrice; 4° De l'examen critique des bandages herniaires anciens et modernes; 5° de cent cinquante-deux observations détaillées de faits rares et curieux sur ces maladies. Paris, Labé, 1840, in-8 [8 fr.].

VERDIER [l'abbé J.-B.-A.]. [Voy. la *France littér.*, t. X, p. 104.]

M. l'abbé Verdier a traduit de l'italien : « Petits sermons de saint Alphonse-Marie de Liguori, pouvant servir de lecture spirituelle pour les dimanches de l'année [Clermont-Ferrand, Thibaud-Landriot, 1840, 2 vol. in-12].

VERDIER. — Le Procès de Carnaval, ou les Masques en insurrection, comédie-folie en un acte. Bordeaux, Mons, 1840, in-16.

En vers.

VERDIER [Jean-Émile]. — Observations et Réflexions sur les phlegmasies de la prostate. Le Vigan, impr. d'Argelliès, 1839, in-8.

VERDIER [Antoine]. Voy. TIGNOL.

VERDIER-LATOUR [Dom], bénédictin de la congrégation de Saint-Maur.

1. — Recherches historiques sur les états généraux, etc. 1788, in-8.

2. — Avec *Bergier* : Des états provinciaux d'Auvergne. 1788, in-8.

On possède du même érudit : *Histoire des guerres des Anglais en Auvergne; — Dissertation historique sur la distribution des sièges de justice de l'Auvergne* (manuscrits de la bibliothèque de Clermont).

VERDIÈRE [Charles-Hippolyte], agrégé d'histoire, né à Paris le 17 avril 1817. — Essai sur Æneas Sylvius Piccolomini. Paris, impr. de Crapelet, 1843, in-8 [3 fr.].

VERDINE [l'abbé]. — Le bon sens du père Richard, ou Causeries familières sur divers sujets de morale et de religion. Lyon, Mothon ; Paris, Lecoffre, 1848, in-12.

VERDOLLIN, professeur. — Discours prononcé au collége de Compiègne le 13 août 1846. Paris, impr. de Poussielgue, 1846, in-8 de 16 pag.

En prose.

M. Verdollin a été gérant du « Mercure ségusien », à Saint-Etienne.

VERDOT [J.-M.], ancien élève de l'École normale, né le 19 mai 1807. [Voy. la *France littér.*, t. X, p. 105.]

1. — Tableau général de l'École normale, indiquant les noms, âge et qualités des élèves, depuis la création jusqu'à ce jour, par ordre alphabétique, etc. Paris, impr. de Maulde, 1845, in-plano [1 fr.].

2. — Avec MM. *Liévyns* et *Béjat* : Fastes de la Légion d'honneur. Biographie de tous les décorés, accompagnée de l'histoire législative et règlements de l'ordre (1842-47, 5 vol. in-8). Voy. LIÉVYNS.

VERDUN [l'abbé J.-G.], curé de Lenoncourt (Meurthe). [Voy. la *France littér.*, t. X, p. 106.] — Liberté d'enseignement. Réponse à la lettre adressée par M. l'abbé Thions, curé de Chanes, à Mgr l'évêque d'Autun. Nancy, Thomas, 1845, in-8 de 112 pag. [1 fr. 50 c.]

La couverture porte : *L'Université s'en va*.

VERGANI [Angelo]. [Voy. la *France littér.*, t. X, p. 107.]

1. — Grammaire italienne simplifiée et réduite à 20 leçons. Nouv. éditions, corrigées et augmentées par M. *Piranesi*. Paris, Hingray, Baudry, 1841, 1843, 1844, 1845, 1849, in-12 [1 fr. 50 c.].

— Grammaire italienne en 20 leçons, avec des thèmes, des dialogues et un recueil de traits d'histoire, en italien; augmentée de quatre nouvelles leçons, par le professeur *Moretti*. Paris, Passard, 1841, 1844, 1848.

— Grammaire italienne simplifiée et réduite à 20 leçons, avec des thèmes et des dialogues. Nouvelle édition, corrigée, etc., par *Giuseppe Zirardini*. Paris, Baudry, 1846, 1849, in-12.

— Vergani's italian grammar, augmented and greatly improved by A. Ronna. Paris, Ch. Hingray, 1842, in-12 [4 fr.].

2. — Grammaire anglaise simplifiée et réduite à 21 leçons, par Vergani; revue avec soin, etc., par *P. Sadler.* Nouvelle édition. Paris, Baudry, Stassin et Xavier, 1843, in-12 [1 fr. 50 c.].

3. — Cours gradué de langue italienne, en trois parties, contenant, etc. Édition entièrement refondue par *Giuseppe Zirardini.* Paris, Baudry, 1846, in-12 [6 fr.].

4. — Nuova scelta di favole, novelle, lettere e poesie italiane, con un trattato sulle regole della poesia scritto da A. Vergani. — Nuova edizione, corretta ed aumentata da *Giuseppe Zirardini.* Paris, Baudry, 1846, in-12.

5. — Racconti istorici messi in lingua italiana, da Vergani. Decima edizione, accresciuta di raconti moderni dei più celebri storici italiani, da *Piranesi.* Paris, Hingray, 1841, in-12 [3 fr.].

— Racconti istorici ad uso degli studiosi della lingua italiana. Duodecima edizione, per opera di *G. Zirardini.* Paris, Baudry, 1849, in-12.

VERGARA (le Père).

Le P. Vergara a trad. en espagnol : « Obras escogidas » del venerable Tomas de Kempis [edicion sumamente corregida y mejorada con una lamana mui fina grabada in acero. Paris, impr. de Vrayet de Surcy, 1847, in-12].

VERGÉ [Ch.], docteur en droit, avocat à la cour d'appel de Paris. [Voy. la *France littér.*, t. X, p. 108.]

1. — Avec M. *Loiseau:* Compte rendu des séances et travaux de l'Académie des Sciences morales et politiques (1842 et ann. suiv., in-8). — Loi sur la chasse (1844, in-32). — Loi sur les patentes (1844, in-18). — Loi sur les brevets d'invention (1844, in-18). — Dictionnaire des huissiers (1844, in-8). Voy. Loiseau.

2. — De la nécessité de conserver et d'augmenter les troupes d'infanterie indigène en Algérie; des réductions à apporter aux dépenses qu'elles ont occasionnées jusqu'à présent, et des moyens à employer pour consolider leur institution. Toul, Hiss, 1845, in-8 de 44 pag.

3. — Rapport adressé à M. le ministre de l'instruction publique, grand-maître de l'université, sur l'organisation de l'enseignement du droit et des sciences politiques et administratives dans quelques parties de l'Allemagne, et particulièrement en Prusse et en Wurtemberg. Paris, impr. de Dupont, 1840, in-4.

M. Ch. Vergé a augmenté d'un *Traité de la responsabilité des notaires* la IIe édition du « Formulaire raisonné, ou Manuel théorique et pratique du notariat, » par M. Édouard Clerc [1845, 2 vol. in-8].

Il a travaillé à « un Million de faits; » à « Patria; » etc.

Il a donné dans la collection intitulée : « Instruction pour le peuple, cent traités sur les connaissances les plus indispensables » : *Droit civil; les personnes, les choses, la propriété* [1848, in-8]; — *Lois rurales, industrielles et commerciales* [1848, in-8]; etc.

VERGÉ [G.-A.]. — Notice sur les eaux d'Ussat. Foix, impr. de Pomiès, 1842, in-8 de 48 pag. avec un tableau et une pl.

VERGER [Pierre-Victor], né en 1792 à Pont-Lévêque (Calvados). [Voy. la *France littér.*, t. X, p. 108.] — Abrégé de l'histoire sainte, conservée dans toute sa simplicité. Paris, Alex. Johanneau, 1840, 2 vol. in-12 [1 fr. 50 c.].

La première édition est de 1828.

M. V. Verger a publié : Satire Ménippée de la vertu du Catholicon d'Espagne et de la tenue des Estats de Paris; augmentée de notes tirées des éditions de Du Puy et de Le Duchat, et d'un commentaire historique, littéraire et philologique, par Ch. Nodier [Paris, Delangle, 1824, 2 vol. in-8].

Il a traduit « les Prodiges, » de Julius Obsequens [1843, in-8], et « le Mémorial de Lucius Ampelius »[1843, in-8].

VERGER [F.-J.], membre de la société académique de Nantes, correspondant de la société des antiquaires de France. [Voy. la *France littér.*, t. X, p. 110.]

1. — Archives curieuses de la ville de Nantes et des départements de l'Ouest; pièces authentiques, inédites, ou devenues très-rares, sur l'histoire de la ville et du comté de Nantes et ses environs, auxquelles on a joint un résumé des faits modernes contemporains; recueillies et publiées par F.-J. Verger. Tome IV. Nantes, Forest; Paris, Pesron, 1841, in-4 avec 3 pl. [6 fr.]

2. — Avec M. *Lesant père :* Géographie élémentaire de la Loire-Inférieure. Nantes, Sebire, 1847, in-18 avec une carte.

3. — Fouilles faites à Jublains. Laval, 1840, in-8.

M. Verger a donné, dans les « Mémoires de la société des antiq. de France » (nouv. série, t. IV, p. 111) : *Fouilles faites à Jublins en 1835 et 1836.*

VERGER [Myèvre]. Voy. MYÈVRE-VERGER.

VERGNAUD [A.-D.]. [Voy. la *France littér.*, t. X, p. 110.]

1. — Nouveau Manuel complet de chimie inorganique et organique dans l'état actuel de la science; suivi d'un Dictionnaire de chimie, contenant tous les mots des nomenclatures anciennes et nouvelles. Toul, impr. de Mme veuve Bastien; Paris, Roret, 1837, 1845, in-18 avec 1 pl. [3 fr. 50 c.]

2. — Nouveau Manuel complet d'art militaire, à l'usage des militaires de toutes les armes. Paris, Roret, 1840, in-18 avec 4 pl. [3 fr.]

3. — Nouveau Manuel complet de perspective, du dessinateur et du peintre. Nouvelle édition. Paris, Roret, 1841, in-18 avec 7 pl. et 1 grav. [3 fr.]

4. — Nouveau Manuel complet d'équitation, à l'usage des deux sexes. Nouvelle édition. Paris, Roret, 1841, in-18 avec 3 pl. [3 fr.]

5. — Nouveau Manuel complet du brasseur, ou l'Art de faire toutes sortes de bières, contenant, etc. Nouvelle édition, très-augmentée, etc. Paris, Roret, 1838, in-18 [2 fr. 50 c.]

Les premières éditions portent : « Manuel théorique et pratique du brasseur, ou l'Art de faire toutes sortes de bières, » contenant, etc., par Fr. ACCUM, traduit de l'anglais par M. RIFFAULT; revu soigneusement sur le texte anglais et augmenté de notes, par A.-D. VERGNAUD.

6. — Avec MM. *Julia de Fontenelle, Riffault et Thillaye* : Nouveau Manuel complet du teinturier. Nouvelle édit. Paris, Roret, 1847, in-18 [3 fr.].

Les premières éditions, désignant M. A.-D. Vergnaud comme seul auteur de ce manuel, étaient intitulées : *Manuel complet du teinturier, ou l'Art de teindre la laine, le coton, la soie, le fil, etc.; suivi du Manuel du dégraisseur.*

7. — Avec M. *Janvier* : Nouveau Manuel de mécanique appliquée à l'industrie (1838, 2 vol. in-18). Voy. JANVIER.

M. Vergnaud a traduit de l'anglais : « Nouveau Manuel complet d'astronomie, » par sir John F.-W. HERSCHEL [1837, in-18]; — « Nouveau Manuel complet de chimie amusante, » par MM. Fr. ACCUM, S. PARKES et J. GRIFFIN [1842, in-18]; — « Nouveau Manuel complet d'astronomie amusante, » par le R. LEWIS-TOMLINSON [1843, in-18].

Il a publié de nouvelles éditions entièrement refondues du « Manuel du peintre en bâtiment, du fabricant de couleurs, etc., » par J. RIFFAULT ; — du « Manuel complet de l'essayeur, » par VAUQUELIN ; — du « Manuel complet du fondeur en tous genres, » par J.-B. LAUNAY ; — et du « Nouveau Manuel de magie naturelle et amusante, » par BREWSTER.

VERGNAUD-ROMAGNÉSI [C.-F.]. [Voy. la *France littér.*, t. X, p. 111.]

1. — Album du département du Loiret. Supplément. Orléans, Beaufort-Guyot, 1829, petit in-fol. avec 12 pl. [12 fr.]

2. — Orléans et ses environs, guide historique, statistique et commercial dans le département du Loiret, contenant, etc. Orléans, Gatineau, 1839, in-16 avec 18 lith., cartes et plans [4 fr. 50 c.].

3. — Archéologie du département du Loiret et de quelques localités voisines, avec des lithographies et des plans. In-8 [15 fr.].

On vend séparément les Mémoires suivants : — Eglise de Sainte-Croix d'Orléans [1 fr.]; — Instruments antiques [1 fr.]; — Médailles romaines [1 fr.]; — Porte Saint-Jean, d'Orléans [1 fr.]; — Sculptures antiques [1 fr. 50 c.]; — Fort des Tourelles, à Orléans [2 fr. 50 c.]; — *idem*, Réponse à M. Jollois [1 fr.]; — Eglise Saint-Pierre, en Pont [1 fr. 50 c.]; — Mosaïque et antiquités romaines [2 fr.]; — Bannière d'Orléans [1 fr. 50 c.]; — Porte Saint-Laurent, à Orléans [1 fr. 50 c.]; — Butte (tumulus) de Mézières [1 fr.]; — Abbaye de Saint-Mesmin-de-Micé [2 fr. 50 c.]; — Monastère de Fleury-Saint-Benoît [1 fr. 50 c.].

Citons encore : Mémoire sur le parti avantageux que l'on peut tirer des bulbes de safran [in-8]; — Addition au mémoire de M. Vergnaud : Remarques sur la mosaïque de Mienne, près de Châteaudun, insérées aux « Annales de la société des sciences d'Orléans, » t. XIII [1835, in-8]; — Mémoire sur la butte (tumulus) de Mézières [Orléans, 1839, in-8]; — Rapport sur le département du Loiret fait à la société pour la conservation des monuments historiques, réunie à Tours le 25 juin 1838 [1839, in-8]; — Notice historique et biographique sur M. C.-J.-B. Huet de Froberville [1839, in-8. — Claude-Jean-Baptiste Huet de Froberville, né à Romorantin le 3 oct. 1752, est mort le 21 déc. 1838]; — Notice nécrologique sur M. Isaac Vandebergue de Villiers [1839, in-8. — Né à Orléans vers 1770, mort le 17 mars 1835]; — Notes historiques ou archéologiques sur l'ancien monastère de Fleury-Saint-Benoît [Orléans, 1841, in-8, avec un plan lithographié des bâtiments et des dépendances de l'abbaye de Fleury]; — Mémoire sur l'ancienne abbaye de Saint-Mesmin de Micé, près d'Orléans [1842, in-8 avec 6 pl.]; — Mémoire sur une sépulture gallo-romaine trouvée à Métresy [1845, in-8]; — Gladisophe, ou Commentaires de M. Vergnaud-Romagnési sur quelques inscriptions de Saint-Benoît-sur-Loire, etc., par M. Du Faur, Cte de Pibrac [Orléans et Paris, Dumoulin, 1816, in-8. Voy. un compte-rendu de cette brochure dans la «Biblioth. de l'École des chartes, » t. VII, p. 79; Gladisophe est un personnage tout nouveau, dont M. Vergnaud-Romagnesi a cru retrouver le nom et l'histoire dans des inscriptions de Saint-Benoît ; ces inscriptions sont deux versets de l'Apocalypse : *Gladii de ore dûi (Domini) exite. Johannes tremite. — Quæ videris et audieris scribe in libro.* Le commentateur y a lu : *Giadisopho victrice Deoredui Normani exitus et per sanctum Benedictum in honore Christi omnis Normannorum exercitus tremit.* — Pro sancti Benedicti et sanctæ Mariæ meritis Giadisopho Deoreduus victus et dierectus]; — Notice historique sur la fête de Jeanne-d'Arc à Orléans [in-4]; — Mémoire sur Germigny des Prés (Loiret)[in-8]. M. Vergnaud-Romagnesi a donné un grand nombre d'articles d'archéologie dans les « Annales de la soc. roy. des sciences, belles-lettres et arts d'Orléans ; » — et dans les « Mémoires de la Société des Antiquaires de France ; » notamment : *Mémoire sur divers objets antiques trouvés à Orléans* (2e série, t. VIII, p. 240]; — *Bas-reliefs en bois trouvés à Sully-sur-Loire* [id., t. VIII, p. 387].

VERGNE. Voy. Rivarol.

VERGNIAIS.
1. — A tous les cœurs grands et généreux. Lyon, impr. de Nigon, 1848, in-8 de 32 pag.
Projet d'une nouvelle administration qui anéantira pour toujours ces deux plaies sociales : Ruine et misère.

2. — Projet de gouvernement digne d'un grand peuple. France. Lyon, impr. de Nigon, 1849, in-8 de 40 pag.

VERGUIN [E.]. — Éléments de chimie générale. Lyon, Savy, 1845, in-12 [3 fr. 50 c.].

VERHÆGHE. — Mémoire sur le strabisme. Bruges, 1841, in-8 [2 fr. 50 c.].

VERHUELL, de Paris. — Lettre d'un laïque à un pasteur. Montauban, impr. de Forestié, 1848, in-8 de 20 pag.

VERHULST [Pierre-François], professeur de mathématiques, né à Bruxelles. [Voy. la *France litt.*, t. X, p. 114.]
1. — Traité élémentaire des fonctions elliptiques ; ouvrage destiné à faire suite aux traités élémentaires de calcul intégral. Bruxelles, 1841, in-8 [8 fr.]
2. — Recherches mathématiques sur la population. Bruxelles, in-4.
3. — Deuxième mémoire sur la loi d'accroissement de la population. Bruxelles, Hayez, 1847, in-4 de 32 p.

VÉRIEN [A.-S.-L.], professeur au collège Henri IV. — Cours complet et gradué de versions latines, adaptées à la méthode de M. Burnouf. 1re et 2e parties, composées de versions extraites des anciens classiques et des auteurs modernes, à l'usage des classes de grammaire (sixième, cinquième, quatrième). Paris, J. Delalain, 1842, in-8.
Cours complet, *texte seul, à l'usage des élèves* [2 fr.]; — avec les *Corrigés, à l'usage des maîtres* [5 fr.].
M. Vérien a donné des éditions nouvelles, d'après les meilleurs textes, avec sommaires et notes en français, de « Phædri fabularum libri quinque, » et de « Selectæ fabulæ Metamorphoseon Ovidii Nasonis.

VÉRITIER [J.]. — Apologie de l'homme de lettres voué à l'instruction de la jeunesse. Montélimart, impr. de Bourron, 1839, in-8 de 28 pag.

VERJUX [Ch.]. [Voy. la *France littér.*, t. X, p. 114.] — Mémoire sur une réforme électorale, d'après la loi du 21 mars 1831. Boulogne, impr. de Birlé, 1840, in-8 de 16 pag.

VERLAC. — Dictionnaire synoptique de tous les verbes de la langue française, tant réguliers qu'irréguliers, entièrement conjugués ; précédé d'une théorie des verbes et d'un traité complet des participes, mis à la portée de toutes les intelligences, par M. *Lilais de Gaux.* Paris, Didier, 1842-45, in-4.
La première livraison, publiée en 1842, a pour titre : *Nouvelle Méthode de conjugaisons, ou Dictionnaire synoptique de tous les verbes de la langue française tant réguliers qu'irréguliers, avec leur signification propre, figurée et pronominale, conjugués dans tous leurs modes, temps et personnes,* etc. [Paris, Pilout, Martinon, Dutertre, in-4.]

VERMASSE [C.], dit Mitraille. — M. Pipelet, journal paraissant tous les mois. Paris, impr. de Frey, 1848, in-fol.
Citons encore : la Sorcière républicaine [1848, in-fol.]; — Sauve qui veut! [1849, in-4]; — la Mère Duchêne au pilori [1849, in-4]; — Jésus-Christ devant les aristos, journée du 16 avril, an 4028 du monde [1849, in-fol.]; — le Tocsin électoral [1849, in-fol.].

VERMEIL [Fr.-Mic.], avocat, né en 1732, mort en 1810. [Voy. la *France littér.*, t. X, p. 116.] — Explication par ordre de matières des lois nouvelles sur le mariage et le divorce. Paris, Rondonneau, an VII, in-12.

VERMEIL [Antoine], pasteur de l'église réformée. [Voy. la *France* *littér.*, t. X, p. 116.] — Sermons. Lausanne, in-8 [4 fr. 50 c.].

On doit encore à M. A. Vermeil: les Devoirs réciproques du pasteur et du troupeau [1840, in-8]; — l'Instruction primaire. Discours sur ces paroles : *Instruis le jeune enfant dès l'entrée de sa voie* [1843, in-8]; — les Leçons de Dieu en 1846-47. Sermon de collecte prononcé dans le temple de l'Oratoire le 5 décembre 1847 [1847, in-8].

VERMOND [Paul], pseudonyme. Voy. GUINOT (Eug.).

Il faut ajouter à l'article Guinot les pièces suivantes, publiées sous le même pseudonyme: avec M. BAYARD : l'Enfant de l'amour; — avec M. DUVEYRIER : un Tuteur de vingt ans; — avec M. CARMOUCHE : le Marquis de Lauzun; Paris à cheval; — avec M. J. GABRIEL : J'attends un omnibus; la Belle Cauchoise; — avec MM. LAFARGUE et SIRAUDIN : la Cour de Biberach ; — avec M. LEUVEN : le Lion et le Rat; — avec M. LUBIZE : la Tasse cassée. [Voy. ces noms.]

VERMOND [Pierre], pseudonyme. Voy. ROUSSELOT [Ch.-M.], nom dont il faut corriger ainsi l'orthographe : ROUSSELET [Ch.-M.].

VERMOT [l'abbé], missionnaire apostolique, chanoine honoraire de Bordeaux, etc.

1. — Examens de conscience développés et expliqués par un très-grand nombre de faits historiques, d'anecdotes et de maximes, à l'usage des prêtres et des fidèles, pour le temps des missions, des retraites et des confessions générales. Lyon et Paris, Périsse, 1840, in-12 [3 fr.].

2. — Questions pratiques et de direction sur le sacrement de Pénitence, développées et expliquées par un très-grand nombre de faits historiques et d'anecdotes, à l'usage des prêtres et des fidèles, pour tous les temps des missions et des retraites (faisant suite aux Examens développés du même auteur). Lyon et Paris, Périsse, 1842, in-12 [3 fr. 25 c.].

3. — Conférences sur le dogme de la présence réelle et sur la fréquente communion. Lyon et Paris, Périsse, 1843, in-12 [3 fr.].

VERNADÉ [A.-Balth.]. [Voy. la *France littér.*, t. X, p. 117.]

1. — De l'inversion dans les langues. Paris, 1819, in-4.

Thèse pour le doctorat ès lettres.

2. — De Amore sui aut propria utilitate moralitatis principio. Paris, 1819, in-4.

Thèse pour le doctorat ès lettres.

VERNAY, chef d'atelier. — La vérité au sujet du malaise de la fabrique des étoffes de soie à Lyon; moyens d'y remédier; mémoire pour servir à l'enquête. La Guillotière, impr. de Bajat, 1849, in-8 de 16 pag. [15 c.]

VERNEILH-PUIRASEAU [le baron Joseph de], ancien préfet, ancien député. [Voy. la *France littér.*, t. X, p. 117.] — Histoire de France, ou l'Aquitaine depuis les Gaulois jusqu'à la fin du règne de Louis XVI. Paris, 1843, 3 vol. in-8 [4 fr. 50 c.].

VERNES-PRESCOTT.

M. Vernes Prescott a traduit de l'anglais, et fait précéder d'une *Vie de l'auteur:* « Avis aux jeunes gens et aux jeunes femmes de toutes les classes de la société, » par W. COBBETT [1842, in-12].

VERNET [Horace], peintre d'histoire, ancien directeur de l'école française à Rome, colonel de la garde nationale de Paris, membre de l'Académie des beaux-arts. [Voy. la *France littér.*, t. X, p. 120.]

1. — Du droit des peintres et des sculpteurs sur leurs ouvrages. Paris, impr. de Proux, 1841, in-8 de 32 pag.

2. — Des rapports qui existent entre le costume des Hébreux et celui des Arabes modernes. [Lu à la séance de l'Académie des beaux-arts et publié dans *l'Illustration* du 12 février 1848, avec des dessins.]

On a publié: Fac-simile des tableaux exposés au salon de 1839 sous les n°° 2050, 2051 et 2052, par M. Horace Vernet, et représentant le siége de Constantine [1840, in-8 de 16 pag. avec 3 fac-simile].

M. Horace Vernet a donné des dessins à « l'Histoire de Napoléon, » par M. LAURENT [1838, 1819, gr. in-8].

VERNET [A.].

M. Vernet a rédigé « l'Abeille britannique, ou Traduction des meilleurs articles choisis dans les revues et autres écrits périodiques de la Grande-Bretagne sur les sciences morales et politiques, les voyages, l'histoire, » etc. [Paris, impr. de Moquet, juillet 1843 à janv. 1844 ; 7 cah. formant 2 vol. in-8].

VERNET [Claude], docteur en médecine à Cournon (Puy-de-Dôme). — Avec Mlle *Coralie Vernet* : Leçons théoriques et pratiques sur la cause, le siége, la nature, le mécanisme et le traitement

35.

du bégaiement. Clermont-Ferrand, Veysset, 1841, in-8 de 64 pag.

VERNET [Alphonse].
1. — La Comtesse de Leicester, drame en quatre actes. Paris, impr. de Dondey-Dupré, 1841, in-8 de 28 pag.
2. — La Femme d'un transporté, Louise. Paris, impr. de Bureau, 1849, gr. in-16.

On doit aussi à M. Alph. Vernet : *l'Écho du peuple*, journal politique et social [1848, in-fol.].

VERNET. — Recueil de fables. Paris, impr. de Thunot, 1849, in-8 de 32 pag.

16 fables.

VERNEUIL [Édouard de], président de la société géologique de France. — Avec M. *Visé d'Archiac* : Memoir on the fossils of the older deposits in the Rhenish provinces. Paris, impr. de Bourgogne, 1842, in-4 de 40 pag.

M. Édouard de Verneuil est l'un des auteurs de : « Géologie de la Russie d'Europe et des montagnes de l'Oural [1845, 2 vol. in-4].
Il a fait suivre d'*Observations sur quelques Brachiopodes de l'Île de Gothland, et sur des leptoena à crochet perforé*, le « Mémoire sur les brachiopodes du système silurien supérieur, » par N.-Th. DAVIDSON [1848, in-8 de 48 pag. avec 2 pl. — Extrait du « Bulletin de la société géologique de France, » 2e série, t. V].

VERNEUIL [V.]. — Deux années au désert. Paris, Souverain, 1845, in-8 avec 3 pl. [7 fr. 50 c.]

Citons encore : A tous les citoyens français [1848, in-8. — Extrait de la « Réforme agricole, » oct. 1848] ; — M. Guizot. Dédié aux électeurs [1846, in-8] ; — l'*Ethnographe*, revue des erreurs sociales et politiques [1846, in-8].

VERNEUIL [Eug. de]. — Effusions poétiques et religieuses. Versailles, Kléfer, Moreau, 1846, in-18 [2 fr.].

VERNEUIL [Ferdinand], architecte. — Sur la propriété. Réductions importantes à apporter dans certaines dépenses qui la grèvent. Améliorations de l'hygiène publique et de l'agriculture. Paris, impr. de Marc-Aurel, 1849, in-8 de 40 pag.

VERNEUIL [Chalumeau de]. Voyez CHALUMEAU DE VERNEUIL [F.-T.-A.].

VERNEUIL [Fournier]. Voy. FOURNIER-VERNEUIL.

VERNHES aîné, de Béziers. V. la *France littér.*, t. X, p. 122.]

1. — Instructions sur les poids et mesures. Béziers, Millet, 1841, in-12 [30 c.].
2. — Vérité, tolérance. Observations à M. Adolphe Garnier, professeur à la faculté des lettres, sur sa réponse au mémoire de l'archevêque de Paris. Paris, impr. de François, 1844, in-8 de 16 pag. [30 c.]

VERNHES, avocat à Rabastens. [Voy. la *France littér.*, t. X, p. 122.]
— Compendium du droit romain, ou aphorismes et décisions tirés du Digeste et du code, avec leur traduction. Toulouse, Mme veuve Corne ; Paris, Joubert, 1841, in-8 [2 fr. 75 c.].

A deux colonnes, dont une contient le texte latin.
On doit aussi à M. Vernhes : A mes coreligionnaires politiques, les apôtres du progrès et de la réforme, aux amis de l'ordre, au peuple, de l'humanité, des libertés de mon pays, aux électeurs du département du Tarn [1848, in-4].
M. Vernhes est en outre l'auteur d'un *Éloge de Clémence Isaure* et d'un *Mémoire historique et philosophique sur l'agriculture*.

VERNHES [E.-H.]. — Monographie sur le dioptre ou spéculum. De quelques organopathies qui réclament son application, avec 50 gravures intercalées dans le texte, suivi d'un nouveau scarificateur du canal de l'urèthre et d'une sonde à dilatation continue. Paris, Labé, 1848, in-8, avec 2 pl. [4 fr.]

VERNIER [H. Véron], professeur de mathématiques spéciales au collège Henri IV, au collège Louis le Grand, etc. [Voy. la *France littér.*, t. X, p. 123.]
1. — Géométrie élémentaire, IXe édit. Paris, Hachette, 1847, in-12, avec 12 pl.
2. — Arithmétique à l'usage des classes d'humanités dans les collèges royaux et communaux. 7e édit., conforme au programme officiel du 22 septembre 1847. Paris, Hachette, 1848, in-12 [1 fr. 75 c.].
3. — Petite Arithmétique raisonnée. Paris, Hachette, 1843, 1844, 1845, 1846, in-18 [50 c.].

On trouve un mémoire de M. Vernier dans les « Annales des sciences mathématiques » de GERGONNE.

VERNIER [Eugène], avocat. — De la décentralisation administrative. Besançon, impr. de Jacquin, 1849, in-18.

VERNINAC DE SAINT-MAUR [de], contre-amiral, ministre de la marine en 1848, gouverneur de l'île Bourbon. M. de Verninac de Saint-Maur, alors capitaine de corvette, fut chargé du commandement de l'expédition entreprise pour transporter de Thèbes à Paris l'un des obélisques de Sésostris. Le 11 août 1835, le gigantesque monolithe fut déposé sur le quai, d'où il se releva de nouveau pour orner la place de la Concorde. [Voy. la *France littér.*, t. X, p. 124.]

1. — Note sur l'application de la vapeur à la navigation. Marseille, impr. de Barile, 1842, in-8, de 32 pag.

2. — Quelques observations du capitaine de vaisseau, ex-gouverneur de Bourbon (île de la Réunion), adressées à ses anciens camarades des différents corps de la marine. Paris, impr. de Maulde, 1849, in-8 de 16 pag.

La couverture porte : *Quelques observations d'un capitaine de vaisseau indûment congédié en 1848.*

VERNISY [Émile], pseudonyme. Voy. Pouyer [Émile-Félix].

VERNOIS [Maxime], docteur en médecine, médecin du bureau central, des salles d'asile et des salles communales du 2ᵉ arrondissement, né à Lagny en 1809. [Voy. la *France littér.*, t. X, p. 124.] — Études physiologiques et cliniques pour servir à l'histoire des bruits des artères. Paris, 1837, in-4 avec 4 pl. [3 fr. 50 c.]

Citons encore : Affaire Ricord (1834, in-8) — de l'Etat fébrile chronique (1838, in-4. — Thèse de concours); — Mémoire sur les dimensions du cœur chez l'enfant nouveau-né, suivi de Recherches comparatives sur les mesures de cet organe à l'état adulte [1840, in-8]; — du Diagnostic anatomique des maladies du foie, et de sa valeur au point de vue thérapeutique. [Thèse de concours, 1844, 1846, in-8.]

On doit à M. M. Vernois un article biographique sur Jobert de Lamballe, dans le «Musée des familles » [t. X. p. 21]. — M. Vernois a rédigé le feuilleton scientifique de « la Réforme »; il a travaillé à la « Revue des spécialités » du Dʳ Vincent Duval.

VERNON [Henri]. — La forêt de Saint-Germain, poëme (en un chant). Paris, F. Didot, Janet et Cotelle, 1813, in-12 de 45 pag. [1 fr. 25 c.]; et sur vélin [2 fr.].

Sous l'initiale V***** (Henri).

Ce poëme a été aussi attribué à M. Henri Vilmain.

VERNOT [Auguste]. — Pensées sur l'instruction primaire en France. Langres, Doillet, Dejussieu ; Paris, Hachette, 1843, in-8 [1 fr. 50 c.].

VERNOY DE SAINT-GEORGES [Jules-Henry], plus connu en littérature sous le nom *H. de Saint-Georges*. Voy. ce dernier nom.

VERNY, pasteur protestant. — Discours prononcé aux obsèques de M. Bapst-Menière, (15 septembre 1842). Paris, impr. de Schneider, 1842, in-8 de 16 pag.

Est suivi de paroles par M. le pasteur Vorst, et d'une allocution par le F∴ Tarkin.

M. Verny a travaillé au «Semeur.»

VÉRON [Ch.]. — L'Abbé de l'épée et l'abbé Sicard. Hommage poétique à l'occasion du monument inauguré à Versailles en l'honneur de l'abbé de l'Épée. Paris, impr. de Ducessois, 1844, in-8 de 24 pag.

VERONI [P.-Z.-E.].

M. Veroni a revu « le Nouveau Veneroni, ou Grammaire italienne », contenant, etc., par Romualdo Zotti [Xᵉ édit. 1844, in-12], et Thèmes sur la langue italienne, par *le même* [Xᵉ édit., 1844, in-12].

VERPILLAT [N.]. — Nouvelle méthode pour le débridement de la hernie crurale. Paris, 1834, in-8, fig. [2 fr. 50 c.]

VERRI [le comte Alexandre], né à Milan en 1741, mort le 23 septembre 1816. [Voy. la *France littér.*, t. X, p. 126.]

1. — Le notti romane al sepolcro degli Scipioni. Lyon et Paris, Périsse, 1844, 2 vol. in-18.

2. — Osservazion sulla tortura, e singolarmente sugli effetti che produsse all' occasione delle unzioni malefiche, alle quali si attribui la pestilenza che devastò Milano l'anno 1630. Paris, Baudry, Stassin et Xavier, 1843, in-12 [2 fr.].

Le même éditeur a réuni cet ouvrage, comme appendice, à la « Storia della colonna infame », di Alessandro Manzoni (1843, in-18).

VERRONNAIS, imprimeur-libraire à Metz. [Voy. la *France littér.*, t. IX, p. 127.]

Nous citerons : Pétition adressée à la chambre des députés par Verronnais, imprimeur-libraire pour le service militaire, à Metz, le 10 février 1829. [A l'occasion de la circulaire du ministre de la guerre, du 31 octobre 1828, qui fait connaître que les livres de compagnie et d'escadron seront fournis exclusivement aux corps par la maison Anselin, de Paris. — 1829, in-8]; — Jeu des militaires français, représentant leurs costumes, depuis le règne de Louis XIV [63 fig. in-plano sur une feuille gr. raisin]; — Almanach des militaires français, pour l'année 1850, ou Passe-temps de garnison, publié par Verronnais [1849, in-18]; — Souvenirs des victoires et conquêtes des armées françaises [in-18].

M. Verronnais a travaillé au « Messager boiteux de la Moselle. »

Il a publié en outre : Statistique historique, industrielle et commerciale du département de la Moselle, contenant les villes, bourgs, villages, annexes, hameaux, moulins, fermes, usines, rivières et ruisseaux, publiée sous les auspices de M. Germeau, préfet de la Moselle, avec nouvelle carte réduite de celle du Dépôt de la guerre (1844, in-8]; — Annuaire historique, statistique, administratif, militaire, judiciaire et commercial du département de la Moselle (qui compte plus d'un demi-siècle d'existence) [1849, in-12].

VERRY [Gabriel]. — Une émeute de chevaux, conte. Paris, impr. de Guiraudet, 1846, in-8 de 16 pag.

VERSIGNY [J.-Victor], représentant du peuple après la révolution de 1848. — De l'influence du criminel sur le civil. Dijon, impr. de Simonnot-Carion, 1843, in-8, de 96 pag.

VERSILLÉ [Barré]. Voy. BARRÉ-VERSILLÉ.

VERSON [Édouard]. — La Méditerranée, poëme, suivi de notes explicatives. Bordeaux, impr. de Faye, 1844, in-8 de 32 pag.

Extrait d'un poëme héroïque intitulé : les Paladins de Charlemagne.

VERT [P.-S.]. — La vérité sur les jésuites, l'Église et les libres penseurs, ou réponse d'un catholique à MM. Michelet et Quinet. Paris, Sagnier et Bray, 1843, in-18 [2 fr.].

VERTEL [Bernard], cultivateur. — Projet de décret relatif aux terres communales en friche, présenté à l'Assemblée nationale. Besançon, impr. de Sainte-Agathe, 1849, in-8 de 24 pag.

VERTEUIL DE FEUILLAS [le baron de]. — Un an de prison, ou Souvenirs de Sainte-Pélagie. Paris, Dentu, 1840, in-8 [6 fr.].

M. de Verteuil a été gérant du journal « la France. »

VERTOT D'AUBŒUF [l'abbé René AUBERT DE], membre de l'Académie des Inscriptions, historiographe et commandeur de l'orde de Malte, né le 25 décembre 1655, mort le 15 juin 1735. [Voy. la *France. littér.*, t. X, p. 128.]

1. — Œuvres choisies. Histoire des révolutions romaines. — Révolutions de Suède et de Portugal. — Dissertations historiques. Paris, Didier, 1844, 2 vol. in-8 [15 fr.]; et 2 vol. in-12 [7 fr.].

Les histoires de Rome, de la Suède et du Portugal sont suivies de divers opuscules historiques et précédées d'une notice sur Vertot.

2. — Histoire des chevaliers hospitaliers de Saint-Jean de Jérusalem, appelés depuis chevalier de Rhodes, et ensuite chevaliers de Malte. Nouvelle édition. Lyon, Pélagaud, 1839, 5 vol. in-12.

3. — Histoire des révolutions de la république romaine. Nouvelle édition. Paris, Didier, 1844, 2 vol. in-12 [3 fr].

4. — Histoire des révolutions de Suède. Paris, Lequien fils, 1834, in-8 [5 fr. 50 c.].

5. — Histoire des révolutions de Suède, suivies de l'Histoire des révolutions de Portugal. Nouvelle édition. Paris, Didier, 1844, in-12 [1 fr. 50 c.].

6. — Histoire des révolutions de Portugal. Édition classique, avec introduction et notes par *N.-A. Dubois*. Paris, Delalain, 1849, in-18.

Souvent réimprimé.

VERUSMOR [Alexis, GEHIN DE], ou plut exactement Alexis GEHIN, publiciste, membre de plusieurs sociétés savantes, né à Ventron (Vosges) le 19 janvier 1806. — Histoire de Cherbourg de *Voisin la Hougue*, continuée jusqu'en 1815, par M. Verusmor. Cherbourg, Boulanger, 1835, in-8.

M. Verusmor a dirigé, à partir du 17 avril 1835, avec M. LE MAGNEN, le « Journal de Cherbourg et du département de la Manche, » fondé par BERRUYER en 1833.

Il a rédigé l' « Annuaire de l'arrondissement de Cherbourg »; — il est l'auteur d'un travail sur la mythologie scandinave, de plusieurs dissertations historiques et littéraires, d'un éloge de Gilbert, et d'articles : dans la « Revue anglo-française de Poitiers »; dans la « France maritime », etc.

VERVIER [E.-P. de]. — Harmonies du cœur, ou Deux épreuves de l'amour. Paris, Sirou et Desquers, 1848, in-8 [5 fr.].

En vers.

VERVELLE fils [Aug.]. — Au peuple et aux anarchistes; par un ouvrier des barricades. Paris, impr. de Bénard, 1848, in-8 de 16 pag.

VERVORST [l'abbé]. [Voy. la *France littér.*, t. X, p. 132, à l'article VERVOST.] — Epitome historiæ sacræ, en trois langues. IIe édition. Paris, Ducroq, 1838, in-18 [1 fr. 50 c.].

Partie française, destinée à être apprise par cœur comme histoire sainte, avec remarques grammaticales [1 fr.]; — Partie latine, contenant le texte de Lhomond, un Dictionnaire, plus de cent cinquante thèmes d'imitation, etc. [1 fr. 50 c.]; — Partie grecque, texte calqué sur le précédent, avec Dictionnaire, Thèmes d'imitation, etc. [3 fr.]

Citons encore : Epitomé français, ou Abrégé de l'Histoire sainte. Traduction exacte de l'Épitome latin. IIe édition [1843, in-18]; — Appendix de Moysis vita et gestis [1843, in-18]; — De viris français, ou Vie des hommes illustres de la ville de Rome [1843, in-18]; — De viris illustribus regni Israeliti [1844, in-18]; — Historiæ sacræ primordia. Premier auteur élémentaire, accompagné d'un cours de thèmes d'imitation [1844, in-18]; — Appendix de heroibus Hebræorum [1844, in-32].

M. l'abbé Vervorst est l'auteur du *Questionnaire latin*, qui est joint au « De viris illustribus urbis Romæ, » par LHOMOND [1844, in-18].

VERZÉ [Briand de]. Voy. BRIAND DE VERZÉ.

VÉSIGNÉ [J.-B.], docteur en médecine. — Documents sur le choléra-morbus asiatique considéré comme maladie contagieuse ou communicable, recueillis dans l'arrondissement d'Abbeville en 1832 et 1833. Abbeville, impr. de Jeunet, 1848, in-8 de 108 pag.

Extrait des « Mémoires de la Soc. royale d'émulation d'Abbeville » [juin, 1847].

M. J.-B. Vésigné a traduit du latin, avec M. RICARD : «Des rétrécissements de l'urèthre», thèse, par LISFRANC [1824, in-8].

VESMAEL.
1. — Monographie des Odynères de la Belgique. Bruxelles, 1833, in-8, fig.
2. — Monographie des Braconides de la Belgique. Bruxelles, 1835-37, 3 parties in-4 [22 fr.].

VESPIER. — Essai justificatif de l'homœopathie par les faits. Mémoire. Nimes, impr. de Guibert, 1843, in-8 de 88 pag.

VESSERON [Ferdinand]. — Un rêve de grand homme, ou les Cendres de Napoléon à Paris. Paris, impr. de Saintin, 1840, in-8 de 16 pag.
En vers.

VESSIOT. — Exposition raisonnée du système métrique décimal et de ses rapports avec l'ancien système et le système usuel, ou traité complet des poids et mesures. Langres, Dejussieu, 1840, in-8.

VESTREPAIN [Louis]. — L'anjo de Caritat. Toulouse, impr. de Lagarrigue, 1845, in-4 de 12 pag.
En vers.

Citons encore : Las abanturos d'un campagnard a Toulouso (IIIe édition, 1846, in-8); — Libertat, egalitat, fraternitat; pouemo [1849, in-8]; — les Noutaris et les banquiés, ou les Banqueroutiés fraoudoulouses; odo satiriquo, coumpousado en 1846 [1849, in-8]; — las Abanturos d'un Toulousen à la campagno, satiro [IIe édit. 1849, in-8].

VÉTILLART [M.-F.], médecin des épidémies, né au Mans le 13 octobre 1763, mort dans cette même ville le 31 mai 1835. [Voy. le *Bulletin de la Société d'agriculture du Mans*, 1837, 1er trimestre, p. 202, et la *France littér.*, t. X, p. 133.]

1. — Extrait d'un mémoire sur la culture du lin de Riga dans le département de la Sarthe. Le Mans, 1818, in-8 de 8 pag.

2. — Notice sur la vie de M. Mathieu de Montmorency. Le Mans, 1826, in-8 de 24 pag.

3. — Mémoire sur la culture du lin et le genre d'industrie propre aux habitants des campagnes. 1829, in-8 [1 fr. 25 c.].

On doit aussi à M. Vétillart quelques articles d'utilité publique dans les « Bulletins de la Société d'agriculture du Mans ».

VÉTU [l'abbé J.-B.], ancien vicaire général de Dijon, chanoine honoraire de Paris et de Dijon. [Voy. la *France littér.*, t. X, p. 133.]

1. — Guide pastoral, ou Abrégé des règles et principes propres à diriger dans l'administration d'une paroisse; ouvrage rédigé selon la doctrine du cardinal de La Luzerne et conformément à son Rituel. Lyon, Pélagaud, 1840, in-8 [3 fr.].

2. — Les vrais principes sur la prédication, ou manière d'annoncer avec fruit la parole de Dieu. Dijon, Popelain, 1840, 3 vol. in-8 [9 fr.].

3. — Règle de vie pour un prêtre. In-18 [1 fr.].

4. — Exposition claire et précise des principes sur le prêt à intérêt. Édition

augmentée de notions simples et exactes, pour servir de préservatif contre les faux principes des partisans du prêt de commerce. In-12 [80 c.].

VEUILLOT [Louis], publiciste, né dans le département du Loiret en 1813. [Voy. la *France littér.*, t. X, p. 133.]

1. — Pierre Saintive. Paris, Olivier Fulgence, 1840, in-12 [4 fr. 50 c.]. — IIe édition. Tours, Mame, 1845, in-8 avec 4 grav. [3 fr. 50 c.].

2. — Les pèlerinages de Suisse. IVe édition. Paris, Olivier Fulgence, 1841, 2 vol. in-12 [4 fr.]; — autre édit. Tours, Mame, 1846, in-8, avec 2 grav. [3 fr. 50 c.]

3. — Mémoires de sœur *Saint-Louis*, contenant divers souvenirs de son éducation et de sa vie dans le monde. Paris, Olivier Fulgence, 1842, in-12 [5 fr.].

— Agnès de Lauvens, ou Mémoires de sœur Saint-Louis, contenant divers souvenirs de son éducation et de sa vie dans le monde. IIe édition, Tours, Mame, 1845, 2 vol. in-12 avec 8 grav.

4. — De l'action des laïques dans la question religieuse. Paris, impr. de Bailly, 1843, in-8 de 28 pag.

Réponse au journal « la Presse ».

5. — Liberté de l'enseignement. Lettre à M. Villemain, ministre de l'instruction publique. Paris, impr. de Bailly, 1843, in-8; — IIe édit. 1844, in-32.

6. — Liberté d'enseignement. Procès de M. l'abbé Combalot, précédé d'une Introduction par M. Louis Veuillot, et suivi de documents historiques. Paris, impr. de Sirou, 1844, in-8 [1 fr.].

7. — Les Nattes. Paris, Waille, 1844, in-12 [3 fr. 50 c.].

En prose.

8. — L'Honnête femme. Paris, Waille, 1844, 2 vol. in-18 [6 fr.].

Publié aussi dans « le Correspondant ».

9. — Opinions, pensées et dits notables de *Jean Piprel*, sur les événements du jour. Paris, Dauvin et Fontaine, 1841, in-18 de 72 pages.

Cet écrit a donné lieu à la publication du suivant : « Réplique à Jean Piprel, à propos de ses opinions », etc., par M. Léon GOHIER. [Paris, Sirou, 1845, in-18 de 36 pages.]

10. — Le saint Rosaire médité, suivi de quelques poésies en l'honneur de la très-pure vierge Marie, mère de Dieu. Paris, Olivier Fulgence, 1845, in-16 [1 fr. 50 c.].

11. — Rome et Lorette. IIIe édition. Tours, Mame, 1845, in-8, avec 1 grav. [3 fr. 50 c.].

La IIe édition forme 2 vol. in-18 jésus [5 fr.]. C'est le récit d'une excursion de l'auteur en Italie!, et ; au fond, un dithyrambe à la plus grande gloire de la papauté et des doctrines ultramontaines.

12. — Les Français en Algérie. Souvenirs d'un voyage fait en 1841. Tours, Mame, 1846, in-8 avec une grav. et un frontispice [3 fr. 50 c.].

13. — Les libres Penseurs. Paris, Lecoffre, 1848, in-18.

14. — L'Esclave de Vindex. Paris, Lecoffre, 1849, in-18.

Dialogue entre l'esclave de Vindex et Spartacus, statues du jardin des Tuileries.

15. — Petite Philosophie. Paris, Lecoffre, 1849, gr. in-32.

Cinq nouvelles sur la charité chrétienne, avec préface et épilogue.

16. — Le lendemain de la victoire. Vision. Paris, Lecoffre, 1849 (1850), in-12.

M. Louis Veuillot a travaillé à « Branches d'olivier, recueil de poésies chrétiennes »; au « Correspondant »; au « Dictionnaire de la conversation et de la lecture », etc. Il est le rédacteur en chef du journal « l'Univers », où il défend avec un talent incontestable, mais avec une violence peu évangélique, les prétentions les plus excessives de l'ultramontanisme et du despotisme religieux.

VEUILLOT [Eugène], frère du précédent.

1. — Les guerres de la Vendée et de la Bretagne (1790-1832). Paris, Sagnier et Bray, 1847, in-8 [5 fr.].

2. — Les conclusions du socialisme. Paris, Garnier frères, 1849, in-18 de 36 pag.

M. Eugène Veuillot est un des rédacteurs de « l'Univers. »

VEVEY [L.-S. de], peintre en bâtiment.

1. — Les Productions d'un enfant de la nature, nouvelles chansons et poésies diverses. Paris, impr. de Baudouin, 1844, in-32 avec un portrait [1 fr.].

2. — Nouvelles chansons patriotiques, historiques, bachiques, érotiques, romantiques et gaudriotiques. Paris, Gauthier, 1840 et 1841, in-18 avec 1 gravure.

VEYLAND [A.-N.]. — Les plaies sanglantes du Christ reproduites dans trois vierges chrétiennes, ou Notices historiques sur trois stigmatisées vivant dans le Tyrol. Traduites de relations anglaises, italiennes et allemandes, auxquelles le traducteur a joint une esquisse sur la stigmatisée de la Provence. Metz, Pallez et Rousseau, 1844, in-18 avec 1 lith.

VEYNE, docteur en médecine.
1. — Syphilis. Exposition de la doctrine de M. Ricord. Paris, impr. de Panckoucke, 1846, in-8 de 40 pag.
2. — Épisodes de la révolution du 24 février 1848. Prise des Tuileries, invasion de la Chambre des députés, installation du Gouvernement provisoire, etc. Notice historique, avec pièces justificatives. Paris, impr. de Schneider, 1848, in-8 de 32 pag.

VEYRAT [Xavier], auteur dramatique. Voy. VÉRAT.

VEYRAT [Jean-Pierre]. [Voy. la *France littér.*, t. X, p. 133.] — La coupe de l'exil. Grenoble, impr. de Prud'homme, 1841, in-8; — autre éd., Grenoble, Allier, 1845, in-8.
Poésies.
On doit encore à M. J.-P. Veyrat : *un Enfant d'adoption*.

VEYSIÈRES [l'abbé Jean-Jacques Firmin de], né à Beaulieu (Corrèze) le 23 février 1804. Directeur de la *Société des bons livres*, secrétaire de M. Tharin, chargé par M. de Montbel des affaires canoniques au ministère des Cultes en 1829, M. de Veysières s'occupait, lors des événements de 1830, de la publication d'une Bibliothèque catholique. Il a été précepteur provisoire de M. le duc de Bordeaux et aumônier de la duchesse de Berry dans la Vendée, directeur, en 1834, de l'Académie Saint-Hyacinthe, fondée à l'Assomption par M. de Quélen, etc. — Pendant un long séjour qu'il a fait en Italie, le pape Grégoire XVI lui a confié la charge de camérier secret. M. de Veysières a prêché plusieurs fois avec succès à Paris, entre autres en 1834. — On lui attribue les *Essais poétiques d'un jeune solitaire*, qui furent imprimés à Paris en 1822. Il a donné des articles à la *Gazette du Périgord*, et aujourd'hui il est *propriétaire-directeur de l'Ami de la Religion*. [Voy. la *Biographie du clergé contemporain*, t. IX.]

VEYSSIÈRE [J.-B.]. — De la morve considérée sous le rapport de sa transmission à l'espèce humaine. Paris, Gaultier-Laguionie, 1840, in-8 de 40 pag.

VIAL. — Analyse de la lumière, déduite des lois de la mécanique, où toutes les expériences de Newton sont rapportées et expliquées. 1826, in-8 [9 fr.].

VIAL, plus connu sous les pseudonymes *A.-D. Orient* ou *A. d'Orient*.
1. — La Peste de Paris, avril 1832. Paris, impr. de Leclère, 1832, in-8 de 32 pag. [50 c.].
Opuscule anonyme en vers alexandrins.
2. — Accomplissement des prophéties, faisant suite au *Livre des Destinées* de l'âme. Paris, Comon, 1847-48, 3 vol. in-12.
Le tome Ier contient : l'Histoire abrégée de l'Église *jusqu'à la fin des temps;* l'explication *complète* de l'Apocalypse, et une réfutation du livre : « de l'Origine des cultes », de DUPUIS; le tome II : les Prédictions sur l'avenir de l'Église et l'explication *véritable* du magnétisme animal; le tome III : la Philosophie du magnétisme, ou les Rapports de l'âme humaine avec les esprits invisibles.
3. — Les Révélations de saint *Jean*, histoire prophétique de l'Église depuis Jésus-Christ jusqu'à la consommation des siècles, mise en discours mesuré par A. D. Orient. Paris, Jeanthon, 1839, in-8 [6 fr. 50 c.].
Les lignes sont mesurées et d'inégale longueur, mais non rimées.
On a broché à la suite *la Peste de Paris. Avril* 1832.
4. — Des Destinées de l'âme, ou de l'Ame, ou de la Résurrection, de la prescience et de la métempsycose, avec un Précis des prophéties qui regardent l'Église, pour reconnaître le temps présent et les signes de l'approche des derniers jours. Paris, Comon, 1846, in-12 [4 fr.].

VIAL [Théodore]. — Jean Law. Le Système du papier-monnaie de 1716, préconisé de nos jours. Batignolles, impr. d'Hennuyer, 1849, in-8 de 16 pages.

M. Th. Vial a traduit de l'allemand et augmenté d'une introduction, de notes historiques et critiques, et de pièces justificatives : « Histoire du pape Innocent III et de son siècle », par HURTER [1839, 2 vol. in-8]; — « Histoire de saint Bernard et de son siècle », par Aug. NEANDER [1842, in-12, et in-8].

VIALE [François]. — Un jeune Corse auprès de Henri de France. Bastia, impr. de Fabiani, 1849, in-8 de 24 pag.

VIALET-MARTIGNAT [de]. — La Ruche conservatrice, ou Réforme et perfectionnement de la culture des abeilles en Bresse. Bourg, impr. de Milliet-Bottier, 1849, in-12.

VIALLA DE SOMMIÈBES [le colonel L.-C.]. [Voy. la *France littér.*, t. X, p. 136.] — Révélations. L'Angleterre dévoilée, ou Documents historiques pour servir à donner à la France l'éveil sur l'avenir de nos possessions en Afrique. Paris, impr. de Malteste, 1846, in-8 avec un portrait [5 fr.].

VIALON [Prosper]. — Marie. Paris, impr. de Boulé, 1847, in-8 [1 fr.].

Les Mille et un romans, nouv. et feuilletons.

VIANAY [J.-M.-B.], curé d'Ars.
1. — Un Pasteur parlant à son peuple, ou le Chrétien méditant sur la connaissance et les vertus de Jésus-Christ. Lyon, Guyot, 1846, in-12 avec un portrait.
2. — Guide des âmes pieuses aux sanctuaires de Marie, ou Manuel de piété, etc. V^e édit. Lyon, Guyot, 1846, in-18.
3. — Manuel de dévotion à l'usage des pieux visiteurs de l'église d'Ars, extrait du *Guide des âmes pieuses*. Lyon, Guyot, 1846, in-18.

VIANCIN [Charles-François], secrétaire en chef de la mairie de Lons-le-Saulnier, membre de la Société d'émulation du Jura, etc. [Voy. la *France littér.*, t. X, p. 136.] — Félicie. In-8 de 4 pag.

Élégie relative à Félicie Viancin, cousine de l'auteur, morte à Mouthier le 4 juin 1841.
On doit à M. Ch. Viancin *Dominique Paillot*, à la suite de : « la Franche-Comté, ode, » par G. PAUTHIER [1842, in-4].
M. Viancin a fourni plusieurs articles aux « Mémoires de l'Académie des sciences, arts et belles-lettres de Besançon. »

VIANNAY [J.-M.-B.]. [Voy. VIANAY.]

VIARD [C.], chef de bureau à l'administration des postes. — Annuaire des postes pour 1848, ou Manuel du service de la poste aux lettres, à l'usage du commerce et des voyageurs. Publié avec l'autorisation de l'administration. Paris, impr. de Vinchon, 1848, in-8, avec une carte [2 fr.].

Cet Annuaire paraît régulièrement chaque année.

VIARD [H.], chef de bataillon du génie. [Voy. la *France littér.*, t. X, p. 137.] — Exposition abrégée des quatre preuves principales du christianisme au moyen d'une méthode nouvelle. Paris, Delay, 1844, in-4 de 36 pag. avec une carte [2 fr.].

Citons encore : Recherches sur les moyens de préserver la France des guerres civiles, n° 1 [brochure anonyme. — 1839, in-8]; — *Idem*, n° 2 : *Fragments sur le christianisme* [1840, in-8]; — *Idem*, n° 3 : *Nécessité d'une institution spécialement chargée d'enseigner au peuple français l'histoire du christianisme* [1840, in-8]; — Mémoire sur l'avantage que la France trouverait à former trois régiments de tirailleurs d'élite [1840, in-8]; — Essai sur les moyens de concilier les différends entre les nations et entre les familles, et de prévenir ainsi les maux de la guerre étrangère, de la guerre civile et de l'anarchie [1843, in-8].

VIARD [Édmond], avocat. — Jeanne d'Arc et Alexandre Soumet. Bar-le-Duc, impr. de Laguerre, 1846, in-8 de 16 pag.

M. Ed. Viard a été rédacteur en chef du « Journal de la Meuse ».

VIARD [Jules]. — Pierrot marié et Polichinelle célibataire, épopée pantomime en trois parties et dix-neuf tableaux. Paris, Galley, Labite, 1847, in-12 [15 c.].

VIARD [A.]. [Voy. la *France littér.*, t. X, p. 137.] — Avec MM. *Fouret* et *Delan* : Le Cuisinier royal. XXIe édition, augmentée de deux cents articles nouveaux, par *Bernardi*, contenant, etc. Paris, G. Barba, 1846, in-8 [9 fr.].

VIARDOT [Louis], critique, traducteur, voyageur, ancien directeur du Théâtre-Italien à Paris; né à Dijon en 1800. M. Viardot, qui a exploré l'Italie, l'Angleterre, l'Allemagne, l'Espagne, la Russie, etc., et qui a publié de curieuses études sur les institutions et sur la littérature espagnoles, s'est créé une véritable spécialité en signalant, décrivant et appréciant avec goût les objets d'art qui se trouvent dans les différents pays de l'Europe. [Voy. la *France littér.*, t. X, p. 137.]

1. — Des Origines traditionnelles de la peinture moderne en Italie. Paris, Paulin, Perrotin, 1840, in-8 de 64 pag.

2. — Les Musées d'Italie, guide et memento de l'artiste et du voyageur; précédé d'une Dissertation sur les origines traditionnelles de la peinture moderne. Paris, Paulin, 1842, in-12 [3 fr. 50 c.].

3. — Les Musées d'Espagne, d'Angleterre et de Belgique, guide et memento de l'artiste et du voyageur; faisant suite aux *Musées d'Italie*. Paris, Paulin, 1843, in-12 [3 fr. 50 c.].

4. — Les Musées d'Allemagne et de Russie, guide et memento de l'artiste et du voyageur, faisant suite aux *Musées d'Italie, d'Espagne, d'Angleterre et de Belgique*. Paris, Paulin, 1844, in-12 [3 fr. 50 c.].

5. — Souvenirs de chasse. IIe édition, augmentée de cinq nouveaux chapitres. Paris, Paulin et Lechevalier, 1849, in-12.

Citons encore : De la crise anglaise. Éclaircissements sur la question de la réforme des tarifs [1842, in-32]; — Quelques chasses en Russie [1844, in-8]; — Deux chasses en Prusse [1846, in-8]; — Chasses à Dresde, Hambourg et Berlin [1848, in-12]; — Comment une ouverture de chasse dans la Brie s'acheva dans le comté de Norfolk [1848, in-12]; — Retour de Madrid à Paris en 1834. — Souvenirs du choléra [1849, in-12]; — Une chasse au badinage près de Mexico [1849, in-12].

M. Louis Viardot est l'auteur d'une traduction de Lazarille de Tormes qui a été placée en tête de l'« Histoire de Gil-Blas, » par LESAGE [1838, 1845, gr. in-8]. Il a traduit en outre « Histoire du soulèvement, de la guerre et de la révolution d'Espagne, » par le comte de TORENO [1838, 1839, in-8]; — « Nouvelles russes, » par Nicolas GOGOL; — La Monja Alferez, par Catalina de ERAUSO, etc.

Il a donné dans la « Revue des Deux-Mondes»: *Essai sur l'histoire du théâtre espagnol* [1833, t. II]; — *De l'Espagne à propos du nouveau ministère* [1836, t. VII]; — *la Navarre et les provinces basques* [1836, t. VIII]; — dans la « Bibliothèque des feuilletons » : *Un affût aux cerfs dans les monts Krapacks* [t. VIII].

Il a travaillé au « Musée des familles »; à Babel »; à « la Revue indépendante »; à « Scènes de la vie privée et publique des animaux ».

VIAU [R.]. — Chemin de fer du Havre à Rouen. Album itinéraire. Illustrations par les premiers artistes de Paris. Préface par *B. Gaffney*. Ingouville, impr. de Roquencourt, 1847, in-18 avec 8 lith. et un plan.

VIAUD [J.-T.].

1. — Avec M. *E.-J. Fleury :* Histoire de la ville et du port de Rochefort. (S. d., 2 vol. in-8.) Voy. FLEURY.

2. — Avec M. *E.-J. Fleury :* Histoire de la ville et du port de Cherbourg. Rochefort, Mme H. Fleury, 1845, 2 vol. in-8 avec 2 cartes et 3 portraits.

Publié en 60 livraisons et 4 livr. suppl.

VIBERT [F.-C.]. — Traité pratique de la réduction des monnaies, changes étrangers, poids, mesures, et des usages des principales villes de commerce des quatre parties du monde; prêts, assurances, etc. Paris, Bureau, 1844, in-8 [3 fr. 50 c.].

VIC [dom Claude de], bénédictin de la congrégation de Saint-Maur, né à Sorrèze en 1670, mort en 1734. — Histoire générale de Languedoc (1838 et ann. suiv., 10 vol. in-8). Voy. VAISSETTE.

VICAT [Louis-Jos.], ingénieur en chef des ponts-et-chaussées, correspondant de l'Académie des Sciences, né à Nevers le 31 mars 1786, mort en 1845. [Voy. un article dans *le Constitutionnel* du 12 août 1845 et la *France littér.*, t. X, p. 139.]

1. — Recherches sur les propriétés diverses que peuvent acquérir les pierres à ciments et à chaux hydrauliques par l'effet d'une incomplète cuisson. Paris, Carilian-Gœury et Dalmont, 1840, in-4 de 40 pag. [2 fr.]

Forme le supplément au *Résumé des connaissances positives* [1828, in-4].

2. — Nouvelles études sur les pouzzolanes artificielles comparées à la pouzzolane d'Italie dans leur emploi en eau douce et en eau de mer. Paris, Carilian-Gœury et Dalmont, 1846, in-4 avec 12 pl. [8 fr.]

Indiquons aussi : Recherches statistiques sur les substances calcaires propres à fournir des chaux hydrauliques et des ciments dans les bassins du Rhône et de la Garonne [in-8]; — Tableaux statistiques des substances calcaires propres à fournir des chaux hydrauliques ou des ciments naturels [in-8].

VICENCE [Arm.-A.-Louis, marquis de CAULAINCOURT, duc de], aide de camp de Napoléon, diplomate, ministre des relations extérieures dans les Cent-Jours, né en 1773, mort en 1827.

Mme d'EILLEAUX [Charlotte de SOR] a publié

en 1837 : « Souvenirs du duc de Vicence » [Paris, Levavasseur, 1837, 2 vol. in-8].

La famille du duc de Vicence a déclaré dans les journaux qu'elle était absolument étrangère à cette publication.

VICQ-D'AZYR [Félix], médecin, membre de l'Académie de médecine et de l'Académie française, né à Valognes le 23 avril 1748, mort le 20 juin 1794. [Voy. la *France littér.*, t. X, p. 141.]

1. — Discours sur l'anatomie comparée. In-12 [2 fr.].

2. — Avec M. *H. Cloquet* : Système anatomique de l'Encyclopédie méthodique. Paris, 1791-1832, 4 vol. in-4 et atlas [110 fr.].

On trouve l'*Éloge de Franklin*, par Vicq-d'Azyr, dans la « Revue rétrospective », t. II, p. 375-404, 2ᵉ série.

VICTINGHOFF, baronne de KRUDNER [Juliette]. Voy. KRUDNER.

VICTOR. Voy. BOIS et DESNOYERS.

VICTOR [Ferdinand]. Voy. LACADORAIS.

VICTORIEN, pseudonyme. Voy. SCALIETTE.

VIDA [Marc-Jérôme], poëte latin, évêque d'Albe, né à Crémone, mort en 1566. [Voy. la *France littér.*, t. X, p. 142.]

1. — Le ver à soie, poëme en deux chants, traduit en vers français, avec le texte latin en regard, par *Matthieu Bonafous*. Seconde édition. Paris, Mᵐᵉ Huzard, Challamel, 1843, in-12 avec une vignette [3 fr.].

La première édition est de 1840.

2. — Poétique, traduite en vers français, texte en regard, par *P. Bernay* ; avec une Introduction, une Notice sur l'auteur, quelques mots sur le traducteur et des notes, par *H. Bernay*. Nevers, impr. de Renaudin-Lefèvre ; Paris, Challamel, 1845, in-8 avec 2 portraits [6 fr.].

Les *Quelques mots* ne donnent ni la date de la naissance, ni la date de la mort du traducteur.

VIDAILLAN [A. de]. [Voy. la *France littér.*, t. X, p. 142.] — De la juridiction directe du conseil d'État, de ses attributions et de sa composition, selon le projet de loi du 1ᵉʳ février 1840 et les amendements de la commission de la chambre des députés. Paris, Dufey, 1841, in-8.

VIDAILLET [J.-B.], docteur en médecine exerçant à Gourdon. [Voy. la *France littér.*, t. X, p. 143.] — Satire sur le XIXᵉ siècle. Paris, impr. de Mᵐᵉ Jeunehomme-Cremière, 1821, in-8 de 24 pag.

Sous l'apoconyme VIDA***.

VIDAL, avocat à Montauban. — Essai historique sur la Franc-Maçonnerie, depuis son origine jusqu'à nos jours. Bordeaux, Lawalle neveu, 1830, in-12 de 312 pag.

Signé V. F. le F...

VIDAL [Etienne-T.-T.]. [Voy. la *France littér.*, t. X, p. 144.] — Langue universelle et analytique, par l'auteur de la *Sténographie verticale*. Paris, Sirou, 1845, in-18 [10 fr.].

M. Th.-Casimir FRÉGIER a publié : « De la langue universelle et analytique d'E.-T.-T. Vidal » [Aix, impr. de Martin, 1846, in-8].

VIDAL [François], pasteur de l'église réformée à Bergerac. [Voy. la *France littér.*, t. X, p. 145.]

1. — Des caisses d'épargne. Paris, impr. de Renouard, 1844, in-8 de 80 p. [1 fr.]

I. Les caisses d'épargne transformées en institutions de crédit. — II. Création d'ateliers de travail au moyen d'avances fournies par les caisses d'épargne.

Suivant l'auteur, le Trésor doit continuer à recevoir en dépôt toutes les économies, mais il doit donner à ces capitaux un emploi productif, et cependant sûr.

2. — De la répartition des richesses, ou de la Justice distributive en économie sociale. Ouvrage contenant l'examen critique des théories exposées, soit par les économistes, soit par les socialistes. Paris, Capelle, 1846, in-8 [7 fr. 50 c.].

3. — La loi de Dieu, méditée en dix-sept discours. Paris, Cherbuliez, 1847, in-8 [3 fr. 50 c.].

4. — Vivre en travaillant. Projets, vues et moyens de réformes sociales. Paris, Capelle, 1848, gr. in-18 [3 fr. 50 c.].

5. — Les Questions du jour (liberté, égalité, fraternité) et le règne de Dieu. Sermons. Paris, Cherbuliez, 1849, in-8 de 112 pag.

Citons encore : de l'Instruction considérée dans ses rapports avec la religion [1845, in-8] ; — le Culte de famille, ou la paix ou l'épée ; — Amour de Dieu pour le monde ; — le Préjugé du siècle [1839, in-8] ; — Gratuité et conditionalité du salut [1843, in-8]; — le Salut par Christ [1843, in-8]; — l'Alliance, ou la part de Dieu et la part de l'homme dans l'œuvre du salut [1844, in-8]; — avec MM. NOUGUIER père et TROUPEL : De la Banque de France, des banques départementales, et particulièrement de la banque réclamée de Nîmes [1849, in-8].

M. Vidal a été, dit-on, l'un des rédacteurs de « le Travail affranchi » [le 1er numéro a paru en janvier 1849].

VIDAL DE CASSIS [A.-Th.-A.], chirurgien de l'hôpital du Midi, membre fondateur de la société de chirurgie, né à Cassis en 1803, mort à Paris le 17 avril 1856. [Voy. la *France littér.*, t. X, p. 145.]

1. — Traité de pathologie externe et de médecine opératoire. Paris, J.-B. Baillière, 1838-41, 5 vol. in-8 [34 fr.] — IIe édition, augmentée et entièrement refondue. Paris, J.-B. Baillière, 1845, 5 vol. in-8 [40 fr.].

2. — Des indications et des contre-indications en médecine opératoire. Thèse. Paris, impr. de Renouard, 1841, in-4 de 56 pag. [2 fr.]

Concours pour une chaire de médecine opératoire.

3. — Du cancer du rectum et des opérations qu'il peut réclamer, parallèle des méthodes de Littré et de Callisem pour l'anus artificiel. Paris, Baillière, 1842, in-8 [2 fr. 50 c.].

On doit en outre à M. le docteur Auguste Vidal : Nouveau procédé pour extraire les calculs de la vessie (taille quadrilatérale) [thèse pour le doctorat, 28 août 1828, in-4]; — Quæ sunt viabilitatis conditiones [Concours de l'agrégation en médecine, 5 août 1829, in-4]; — De morbis maxillaris inferioris a quibus requiri potest amputatio hujusce partis, et de hac ablatione sive per accidentia, sive per artem peracta [Concours de l'agrégation en chirurgie, 1er mars 1830, in-4]; — du Diagnostic différentiel des diverses espèces d'angines [Concours de l'agrégation en médecine, 15 juin 1832, in-4]; — Essai sur un traitement méthodique de quelques maladies de la matrice, injections intra-vaginales et intra-utérines [1840, in-8]; — des Indications et des contre-indications en médecine opératoire [Concours pour une chaire de médecine opératoire, mars 1841, in-4 de 54 pages]; — de la Cure radicale du varicocèle par l'enroulement des veines du cordon spermatique, et une note sur le débridement du testicule dans le cas d'orchite parenchymateuse [1844, in-8]; — des Hernies ombilicales et épigastriques [Concours pour une chaire de clinique chirurgicale, 1848, in-8 de 134 pag.]; — des Opérations en plusieurs temps [Mémoire lu à l'Académie royale de médecine le 25 janvier 1848. Extrait de « l'Union médicale », — 1848, in-8]; — des Inoculations syphilitiques. [Lettres publiées par « l'Union médicale ». — 1849, in-8].

M. Vidal de Cassis a rédigé plusieurs chapitres des tomes I, II, III, IV de la « Bibliothèque du médecin praticien », publiée par FABRE, et tout le tome X, traitant des *Maladies des yeux et des oreilles* [1849, in-8].

Il a travaillé à « la Clinique », à la « Gazette médicale de Paris », à la « Presse médicale », à la « Gazette des hôpitaux », aux « Annales de la chirurgie française et étrangère » (1841 à 1845), à « l'Union médicale », au « Bulletin de thérapeutique », etc.

VIDAL [l'abbé], né à Langon, dans l'Auvergne, en 1802, mort dans cette ville en 1847. [Voy. une note et des discours prononcés à ses funérailles, dans *la Guyenne* des 17-19 août 1847. [Bordeaux, impr. de Dupuy, in-8.] — Jérusalem et la Terre-Sainte. Bordeaux, Balarac, 1846, in-8.

VIDAL [H.]. — Loi sur les brevets d'invention, promulguée le 8 juillet 1844, suivie d'un Précis historique et d'un Commentaire analytique. Paris, Moquet, 1844, in-18 de 72 pag. [50 c.]

On doit aussi à M. H. Vidal : Nouvelle Loi sur les caisses d'épargne, promulguée le 22 juin 1845. Guide du déposant à ces caisses, etc. [1845, in-32]; — Crise de la Banque de France [1847, in-12]; — Simple réplique au Livre de M. Louis Blanc : De l'Organisation du travail [1848, in-12].

VIDAL [BROSSARD], de Toulon, inventeur d'un instrument nommé *Alcoomètre*.

1. — Observations sur les instruments de l'administration et du commerce pour reconnaître la richesse alcoolique des liquides spiritueux. Paris, impr. d'Henry, 1842, in-4 de 32 pag.

2. — Notice sur l'ébullioscope alcoométrique ou alcoomètre Vidal, instrument pour reconnaître la falsification des vins et de tous les liquides spiritueux. Paris, Desbordes, 1846, in-8 de 28 pag. avec 1 pl.

VIDAL aîné [L.-L.], chirurgien des hospices de Montbrison. — Sur l'emploi du galvanisme dans une hernie incarcérée, observation recueillie par MM. *C.-B. Martel* et *L.-L. Vidal* aîné. Montbrison, impr. de Mme veuve Bernard, 1827, in-8 de 16 pag.

VIDAL [Saturnin], docteur en droit. — De l'Obligation naturelle selon le droit romain et le Code civil français. Brochure in-8 [1 fr. 50 c.].

Cet ouvrage a obtenu en 1840 le prix de la faculté de droit de Paris.

VIDAL [P.-J.-J.]. — Galerie dramatique des jeunes personnes, recueil de scènes du pensionnat, avec une introduction, par le comte *Roger de Saint-Poncy*. Paris, Maumus, Garnier, 1841, in-12.

VIDAL [Antonin]. — Mazagran, poëme. Paris, Schwartz et Gagnot, 1841, in-8 de 24 pag.

VIDAL [Génie], peintre. — Manuel du pauvre d'esprit, ou Droit commun appliqué au gouvernement des peuples selon l'interprétation naturelle des évangiles, par un homme de la veille, pillé, dévasté, six mois de prison, pour n'être pas l'ami des rois. Paris, impr. de Soupe, 1848, in-18 de 72 pag.

VIDAL [don Ignacio].
Don Ignacio Vidal a traduit en espagnol et annoté sous le titre : *Manual de la medecina practica* [Paris, Rosa, 1846, 2 vol. in-12]¹ « Enrichidion medicum », par C.-W. HUFELAND.

VIDAL [Léon-Jérôme], ancien chef de bureau au ministère de l'intérieur, né à Marseille en 1797. [Voy. la *France littér.*, t. IX, p. 144.]
1. — Avec MM. *Barthélemy* et *Méry* : Biographie des Quarante de l'Académie française (1825, in-8). Voy. BARTHÉLEMY.
2. — Avec MM. *Brunswick* et *Lhérie* : Les Croix et le Charivari, à-propos en un acte mêlé de couplets. Paris, Riga, Barba, 1831, in-8 de 28 pages [1 fr. 50 c.].
3. — Avec MM. *Dumersan* et *Brunswick* : Gothon du Passage Delorme, imitation en cinq endroits et en vers burlesques de Marion Delorme [avec des notes grammaticales]. Paris, Barba, 1831, in-8 de 48 pag. [1 fr. 50 c.].
4. — Avec MM. *Barthélemy* et *Lhérie* : Le Mort sous le scellé ; L'épée, le bâton et le chausson. Voy. BARTHÉLEMY.
Ces pièces ont paru sous le pseudonyme de CÉRAN.
5. — Essai sur les bibliothèques administratives. Paris, Levavasseur, 1843, in-8 de 108 pag.
6. — François Perrin. Épreuves et réhabilitation d'un condamné libéré. Paris, impr. de Dupont, 1847, in-18.
7. — Du patronage des condamnés libérés et de son organisation par la loi sur le régime des prisons. Paris, Dupont, 1848, in-8 de 72 pag.
Extrait de la « Revue administrative » [décembre 1847].

8. — Les monts-de-piété, leur situation actuelle comme établissements de bienfaisance, leur avenir comme institution d'assistance et de crédit populaire. Paris, Dupont, 1849, in-8 de 92 pag.
Extrait de la « Revue administrative ».
M. Léon Vidal et M. Alphonse SIGNOL ont rédigé : « Mémorial relatif à la captivité de Napoléon à Sainte-Hélène, » par le général sir HUNSON LOWE [1830, in-8].
M. Léon Vidal a pris part à la rédaction du « Pays ».
Il a fourni des articles à la « Revue administrative ».

VIDAL [Edmond].
1. — Madagascar. Situation actuelle. Bordeaux, impr. de Balarac, 1845, in-8 de 64 pag. [1 fr.]
2. — Bourbon et l'esclavage. Mai 1847. Bordeaux, Lawalle ; Paris, Hachette, 1847, in-8 de 64 pag.
On doit à M. Edmond Vidal : Au peuple. Exposé d'une nouvelle organisation du travail, contenant une réfutation du communisme, et suivi du Chant du travail (Marseillaise pacifique) et d'une ode à la gloire [1848, in-8] ; — l'Ère nouvelle [1848, in-4 ; — 16 couplets sur l'air de la Carmagnole] ; — le Chant du travail. Marseillaise pacifique [1848, in-4. — 6 couplets].

VIDALIN [Auguste]. [Voy. la *France littt.*, t. X, p. 145.]
1. — Le Souverain, ou de l'Esprit des institutions. IIe édition. Paris, Bouchard-Huzard, Delloye, Paulin et Hetzel, Feret, 1841, 2 vol. in-8 [7 fr.].
2. — Édouard III et la régence, ou Essai sur les mœurs du XIVe siècle. Colmar, Reiffinger ; Paris, Féret, 1843, in-8 avec 2 portraits [6 fr.].

VIDALOQUE [L.]. — Avec M. *Léon Vidaloque fils* : Jaugeage-pratique, ou compte-fait de la capacité de toutes sortes de futailles, selon le système métrique. Auch, impr. de Brun, 1840, in-8 de 40 pag.

VIDET [Cl.]. — Leçons d'arithmétique élémentaire à l'usage des commençants, suivies d'un appendice à l'usage des aspirants aux brevets de capacité, etc. Foix, Pomiès ; Paris, Hachette, 1849, in-12.

VIDOCQ, ancien chef de la police de sûreté, né à Arras le 23 juillet 1775.

[Voy. la *France littér.*, t. X, p. 146.]

1. — Les Vrais Mystères de Paris. Paris, Cadot, 1844, 6 vol. in-8.

Voyez la « Gazette des tribunaux » du 6 juin 1844 et le « Droit » du même jour. — D'après M. Quérard, cet ouvrage serait de M. Alfred Lucas.

2. — Quelques mots sur une question à l'ordre du jour. Réflexions sur les moyens propres à diminuer les crimes et les récidives. Paris, impr. de Malteste, 1844, in-8 avec un portrait [5 fr.].

3. — Les Chauffeurs du Nord, souvenirs de l'an IV à l'an VI. Fontainebleau, impr. de Parent; Paris, Comptoir des imprimeurs-unis, 1845-46, 5 vol. in-8 [37 fr. 50 c.].

M. Quérard attribue la composition de cet ouvrage à M. Auguste Vitu.

Citons encore : Bureau de renseignements dans l'intérêt du commerce [1832, in-8. — Dans cette pièce, signée Vidocq, il est dit que chaque renseignement sera donné moyennant 5 fr.; que les renseignements seront fournis pendant une année moyennant un abonnement annuel de 20 fr.]. — L'Intermédiaire. Renseignements universels [1837, in-8].

VIEILLARD [Pierre-Ange], conservateur de la bibliothèque de l'Arsenal, puis de celle du Luxembourg, né à Rouen le 17 juin 1778. [Voy. la *France littér.*, t. X, p. 147.]

— Chant séculaire de la société des Enfants d'Apollon, pour la séance solennelle du jeudi 20 mai 1841. Paris, impr. de Terzuolo, 1841, in-8 de 8 pag.

M. P.-A. Vieillard a fourni des articles aux « Mémoires de l'Acad. des sciences, arts et belles-lettres de la ville de Caen »; au « Moniteur universel »; à « l'Encyclopédie des gens du monde »; etc.

VIEILLE [J.]. — Thèse de mécanique et d'astronomie. Toulouse, impr. de Paya, 1841, in-8 de 80 pag. avec une planche.

VIEL. — Théorie pratique sur l'administration et la comptabilité des corps de troupes de toutes armes, par demandes et par réponses. Paris, Léautey, 1844-45, tome Ier, in-8.

On doit à M. Viel la description de la *Seine-Inférieure* [1834, in-8], qui fait partie de « la France, description géographique, statistique et topographique, » publiée par M. Loriol.

VIELBANC [A.-H. de]. — Rapport sur l'Hôtel-Dieu de Thouars et l'hospice Saint-Michel, fait à la commission hospitalière. Poitiers, impr. de Despierris, 1841, in-4 de 32 pag.

VIEL-CASTEL [le comte Horace de], conservateur du musée du Louvre. [Voy. la *France littér.*, t. X, p. 152.]

1. — Les rois de France. Notices tirées des galeries historiques de Versailles. Paris, Gavard, 1843, gr. in-8 avec des portraits et des vignettes dans le texte [16 fr.].

2. — Archambaud de Comborn. Paris, Amyot, 1845, in-8 [7 fr. 50 c.].

1re série de : « Familles historiques de France ».

Citons encre : *Bertrand de Kergoet* [2 vol. in-8]; — *Albert de Saint-Pouange* [2 vol. in-8].

M. H. de Viel-Castel a fourni des articles à la « Revue des Deux-Mondes ». Il a travaillé à « l'Encyclopédie des gens du monde », à « les Sensitives : album des salons » [1845, in-4], etc.

VIELLE [E.]. — Méthode pour apprendre seul la marche des échecs et la règle de ce jeu. Paris, Féret, 1844, in-8 de 24 pag.

VIELLERGLÉ, pseudonyme. Voy. Le Poitevin de Saint-Alme.

VIENNE [Romain].

1. — Le Berceau. Paris, Ebrard, 1840, in-8 de 112 pag. [2 fr.]

Poésies.

2. — Le système des bornes. Politique de la peur; satire. Paris, impr. de Lacour, 1844, in-8 de 24 pag. [50 c.]

VIENNE [H.], ancien archiviste de la ville de Toulon.

1. — Éloge historique de Louis XIV. Guéret, 1814.

2. — Aperçu historique sur le choléra de Toulon. Toulon, 1835.

3. — Notices sur les anciennes chartreuses de Notre-Dame de Laverne et de Mont-Rieux (Var) sur Six-Fours et la Seyne, communes de l'arrondissement de Toulon. (Bulletins de la Société académique de Toulon, 7e et 9e années.)

4. — Esquisses historiques. Promenades dans Toulon ancien et moderne. Toulon, Laurent, 1841, in-12.

Publié sous les initiales H. V.

5. — Essai historique sur la ville de Nuits, extrait de ses archives ; suivi de notes et pièces justificatives. Dijon, Delamarche, 1845, in-8 avec 4 pl. et 2 tabl. [6 fr.]

M. Vienne est auteur d'une notice sur les

sept communes de la Côte-d'Or dépendantes du canton de Gevrey.

VIENNE [Émile de]. — Feuilles détachées. Lyon, impr. de Perrin; Paris, Garnier frères, 1847, in-8 de 64 pag. [2 fr.]

Poésies.

VIENNET [Jean-Pons-Guillaume], poëte, romancier, auteur dramatique. M. Viennet est né à Béziers le 18 novembre 1777. Entré en 1796 dans l'artillerie de marine, il servit avec honneur pendant plusieurs années dans cette arme et dans l'infanterie, et fut promu en 1827 au grade de chef de bataillon d'état-major. Dès 1803 il s'était fait connaître par quelques essais littéraires, et en 1810 son *Épître à M. Raynouard* lui valut le prix de poésie. Depuis lors, il n'a cessé de produire des écrits de tout genre, opéras, tragédies, comédies, poëmes, épîtres, odes, fables, romans, dont quelques-uns ont été accueillis avec faveur par le public. M. Viennet a été membre de la Chambre des députés sous la Restauration et après la révolution de Juillet, puis pair de France. En 1831, il est devenu membre de l'Académie française, dont il égaye les séances publiques par la lecture de ses fables et de ses épîtres. [Voy. la *Biographie des contemporains*, la *Biogr. des hommes du jour* de SARRUT et SAINT-EDME, t. Ier, 1re partie, et la *France littér*., t. X, p. 153.]

1. — Fables. Paris, Paulin, 1842, in-18 [3 fr. 50 c.].

2. — Épîtres et satires, suivies d'un précis historique sur la satire chez tous les peuples. Paris, Charles Gosselin, 1845, in-12 [3 fr. 50 c.].

Le recueil de ces épîtres et satires commence par l'épître à V. Denon, avec la date de 1803, et finit par l'épître à M. Alex. Duval, avec la date de 1843.

3. — La Course à l'héritage, comédie en cinq actes, en vers. Paris, Tresse, 1847, in-8 de 38 pag.

4. — Michel Brémond, drame en cinq actes, en vers. Paris, Tresse, 1846, in-8 de 36 pag. [1 fr.]; — IIe édit., 1846, in-8 de 88 pag.

Ce drame a été traduit en allemand par M. BOERNSTEIN, et représenté avec succès en 1846 à Berlin, à Hambourg, etc.

5. — La Tour de Monthléry. Paris, G. Havard, 1849, in-4.

La Tour de Monthléry a été imprimée aussi dans les « Primes illustrées de l'Ordre ».

Indiquons encore : Lettre d'*un vrai royaliste* à M. de CHATEAUBRIAND, sur sa brochure intitulée : « De la monarchie selon la charte » [1816, in-8]; — Profession de foi d'*un Français impartial* sur les grands événements, avec cette épigraphe : « Vitam impendere vero » [sans lieu d'impr., ni date, in-8 de 40 pag.]; — Discours de M. Viennet [discours prononcé sur la tombe de M. Étienne. 1845, in-4]; — Prix de vertu fondé par M. de Montyon. Discours prononcé, dans la séance publique du 10 septembre 1846, sur les prix de vertu [1847, in-18]; — Réponse au discours de M. Empis, successeur, à l'Académie française, de V.-J. Etienne, dit de Jouy, le 23 décembre 1847.

On doit à M. Viennet des articles dans les suppléments du « Constitutionnel » des 14 et 21 février 1841, sur les retraites des généraux Jourdan et Moreau, en l'an IV (1796).

Il a donné dans le « Livre des Cent et un » : *la Vie d'un député* [t. VI, p. 185]; — dans « le Plutarque français » : *Philippe-Auguste* [t. Ier].

On lui doit une *Épître à Alexandre Duval sur l'ingratitude* [Ann. de la Soc. philot., 1844, in-18].

M. Viennet a travaillé au « Supplément au Dictionnaire de la conversation et de la lecture »; à « Babel »; au « Livre des petits enfants »; à « l'Étoile de la jeunesse »; à la « Revue contemporaine »; etc.

Dans une contrefaçon faite en Belgique des œuvres de cet académicien, on a inséré un poëme sur les missionnaires qui n'est pas de lui.

VIENNOT [Mme Simon]. — Marie-Antoinette devant le XIXe siècle. Paris, 1838, 2 vol. in-8 [15 fr.].

On a publié dans la même année une seconde édition, dont les faux-titre, titre du tome Ier et épître dédicatoire, paraissent avoir été seuls réimprimés [Besançon, impr. de Deis; Paris, Augé, in-8 de 8 pag.].

Voy. un compte-rendu de cet ouvrage dans « le Moniteur » du 15 avril 1840.

Mme Simon Viennot a dirigé la publication du « Journal des mères et des jeunes filles », recueil religieux et littéraire, dont le premier numéro a paru en mai 1844 [Paris, Amyot, in-8].

Elle a fourni des articles au « Siècle » et au « Journal des demoiselles ».

VIENNOT [Jean], géomètre.

1. — Le Sans-Pareil, nouveau tarif-barême, ou Traité complet du cubage de bois, etc. Châlon-sur-Saône, impr. de Montalan, 1840, petit in-12.

2. — Le Régulateur des marchands, ou Conversion des aunes en mètres et des livres en kilos. Châlon-S.-S., impr. de Montalan, 1840, in-plano.

3. — Le Calculateur sans études, ou Tables universelles de multiplications à produits mobiles. Châlon-S.-S., impr. de Montalan, 1842, in-4, avec 1 grav.

Il faut joindre à ces tables un *Tableau mo-*

bile d'intérêts calcu..., in-4 de 2 pag.; et un autre intitulé : *Deuxième genre de tableau*, in-4 de 2 pag.

VIENNOT, ouvrier. — Distraction, mélange de poésies, romances, chansonnettes. La Croix-Rousse, impr. de Lépagnez, 1842, in-12.

VIENNOT DE VAUBLANC [Vincent-Marie]. Voy. VAUBLANC.

VIEUX [Honoré].—Napoléon à Lyon. Recherches historiques sur ses passages et séjours en cette cité. La Croix-Rousse, impr. de Lépagnez, 1848, in-8 de 92 pag. [1 fr.]

VIEUZAC [Barère de]. Voy. BARÈRE DE VIEUZAC [Bertrand].

VIGAROUS [Hippolyte]. — La Création. Nîmes, impr. de Ballivet, 1843, in-8 de 32 pag.

VIGÉE, femme LEBRUN [Marie-Louise-Élisabeth]. Voy. LEBRUN.

VIGER [Henri]. Voy. SHADEN.

VIGIER, tonnelier.
1. — Némésis aux électeurs. Perpignan, impr. de Chapé, 1849, in-plano. En vers.
2. — Némésis girondine et chansons politiques. Bordeaux, Metreau, 1849, in-8 de 116 pag.

VIGIER DE LA PILE [François]. — Histoire de l'Angoumois, annotée par l'abbé *Michon*. Paris, Borrani, 1846, in-4 [10 fr.]

VIGNAL [F.], docteur en médecine, ancien aide d'histoire naturelle à la Faculté. [Voy. la *France littér.*, t. X, p. 160.] — Exposé des remarques faites sur la hauteur de l'atmosphère, le magnétisme terrestre et le mouvement annuel de notre globe, plus les détails d'un graphomètre à racine carrée de nombre. Lyon, impr. de Barret, 1844, in-8 de 40 pag. avec 4 pl.

VIGNÉ [le docteur Jean-Baptiste], chirurgien auxiliaire de la marine, médecin en chef de l'hospice général de Rouen, membre de l'Académie des sciences, belles-lettres et arts de Rouen, né dans cette ville le 2 juin 1771, mort le 7 octobre 1482. [On trouve le catalogue complet des œuvres de M. Vigné, ainsi qu'une notice sur sa vie, dans le *Précis*

analytique des travaux de l'*Acad. de Rouen*, année 1844, p. 31 à 50. Voy. aussi la *France littéraire*, t. X, p. 160.] — Traité de la mort apparente. Des principales maladies qui peuvent donner lieu aux inhumations précipitées. Des signes de la mort. Paris, Béchet jeune et Labé, 1841, in-8 [6 fr.].

M. Vigné a donné des articles dans les « Mémoires de la société des sciences, arts et belles-lettres de Caen ».
Il a lu l'Académie de Rouen des notices et mémoires de médecine, entre autres, sur l'*aliénation mentale*. Il a aussi publié quelques poésies.

VIGNÉ. — Peinture sur verre. Considérations critiques sur cet art, etc. Paris, Just Tessier, Susse, 1840, in-8 [2 fr.]

VIGNE-MONTET, de Nîmes. — A M..., représentant du peuple. Nîmes, impr. de Baldy, 1848, in-8 de 4 pag.

La couverture porte : *Projet pour améliorer le sort de l'industrie*, présenté à l'Assemblée nationale.

VIGNEAU [S.-M.].
1. — Traité d'arithmétique théori-pratique. Paris, Hachette, 1844, in-12.
2. — Eléments de grammaire française simplifiée. Paris, Hachette, 1847, in-12.

VIGNER. — Vertus morales des deux éléphants mâle et femelle nouvellement arrivés à la ménagerie nationale du Jardin des Plantes, précédées d'un Traité sur le genre de ces animaux, tiré de Buffon. Paris, Gueffier jeune, an VI (1798), in-8 de 20 pag. fig. — IIe édit. suivie de la liste des animaux vivants du Jardin des Plantes. Paris, Quillau, an VIII (1800), in-8 de 12 pag. — IIIe édit. in-8 de 16 pag.

Sous l'initiale V***.

VIGNERON [Alfred], avocat. [Voy. la *France littér.*, t. X, p. 161.]
1. — Compte-rendu à M. le ministre de la justice sur la procédure en interdiction intentée contre moi par le prêtre Vigneron, mon oncle paternel, et actuellement pendante au tribunal civil d'Angoulême. Ma justification solennelle contre les deux griefs allégués contre moi, de démence et de prodigalité. Angoulême, impr. de Lefraise, 1839, 2 parties in-4.
2. — Essai sur l'art d'éclairer et de fixer l'histoire des époques primitives

de la société. Angoulême, impr. de Lefraise, 1840, in-8 avec un tableau [2 fr.].

3. — Esquisse d'une critique sur l'*Esquisse d'une philosophie, par M. Lamennais*. Bordeaux, impr. de Faye; Paris, Hivert, 1841, in-8 de 80 pag.

VIGNERON [le docteur]. [Voy. la *France littér.*, t. X, p. 161.]]— Labour et semis simultanés, en lignes, de toutes les graines, ou semoir des économes. 11e édit. Toul, Mme veuve Bastien, 1846, in-8 de 24 pag.

VIGNERON [Jean], connu sous le nom de VENERONI. Voy. ce nom.

VIGNERTE [Benjamin], avocat. M. Vignerte a été un des défenseurs des accusés d'avril, au nombre desquels il se trouvait.

1. — Avec M. *A. C.*, ancien avoué: Manuel juridique et pratique de l'irrigateur. Paris, Joubert, 1846, in-12, avec plans lithogr. [2 fr. 50 c.].

2. — Mouvement politique, religieux, littéraire, industriel et social de l'Allemagne, par *Conradin de Brandenstein*, avec la collaboration littéraire de M. Vignerte. Paris, Degetau, 1846, in-8.

3. — Manuel du républicain de 1848. Bordeaux, Ferret, 1848, in-18 de 36 pag.

VIGNEY. — Pathologie et thérapeutique. Notice sur la maladie épizootique aphtheuse qui a régné dans le Bessin (Calvados) sur les vaches, les bœufs, les moutons et les porcs, pendant les années 1840, 1841 et 1842. Bayeux, impr. de Lemétayer, 1845, in-8 de 48 pag.

VIGNIER [le P. Jacques], jésuite, mort à Dijon en 1669. — Les chroniques de l'évêché de Langres, du P. Jacques Vignier, traduites du latin, continuées jusqu'en 1792 et annotées par *Émile Jolibois*. Chaumont, Mme veuve Miot, 1843, in-8, avec la carte de l'ancien évêché de Langres [4 fr.].

VIGNOLO [Amédée]. Voy. LACROIX [Emmanuel de].

VIGNON [E.-J.-M.]. [Voy la *France littér.*, t. X, p. 163.] — La découverte de la vapeur, ode. Paris, Mansut, 1845, in-8 de 16 pag.

VIGNON [J.-B.]. — Formation des temps pour les verbes français et les verbes latins. Traité des participes. Saint-Quentin, Doloy, 1845, in-8 de 32 pag.

VIGNY [le comte Alfred-Victor de], poëte, romancier, auteur dramatique, un des coryphées les plus brillants de l'école romantique, attaché à la maison du roi sous la Restauration, membre de l'Académie française (1846); né à Loches (Indre-et-Loire) le 27 mars 1799. [Voy. sur M. A. de Vigny: la *Revue indépendante* du 10 février 1846, la *Galerie de la Presse*, 2e série; la *Galerie des Contemporains illustres*, par un homme de rien, t. II; les *Portraits littéraires* de M. Gustave PLANCHE; des articles de M. SAINTE-BEUVE dans la *Revue des Deux-Mondes*, 1er août 1832, 15 octobre 1835, et la *France littér.*, t. X, p. 163.]

1. — Poésies complètes. Nouvelle édition. Paris, Charpentier, 1842, in-12 [3 fr. 50 c.].

2. — Servitude et grandeur militaires. IVe édition. Paris, Charpentier, 1842, in-12 [3 fr. 50 c.].

Voy. une notice sur cet ouvrage dans les « Portraits littéraires » de M. SAINTE-BEUVE, t. III, p. 419 (édit. de 1841).

3. — Théâtre complet. Nouv. édit. Paris, Charpentier, 1842, 1848, in-12.

Ce volume contient: *le More de Venise, — le Marchand de Venise, — la Maréchale d'Ancre, — Quitte pour la peur, — Chatterton*.

4. — Les Consultations du docteur noir. (Première consultation.) *Stello*. Ve édition. Paris, Charpentier, 1842, in-18 [3 fr. 50 c.].

5. — Poëmes antiques et modernes. Nouv. édit. Paris, Charpentier, 1846, in-12.

6. — Cinq-Mars, ou une Conjuration sous Louis XIII. IXe édit. augmentée, etc. Paris, Charpentier, 1846, in-12.

M. Alfred de Vigny a donné, dans le « Livre des Cent et un »: *Paris comme Napoléon le voulait;* — dans le « Musée des familles »: *Chambord en 1639*. Il a fourni divers articles à la « Revue des Deux-Mondes. »

Le discours de réception de M. Alfred de Vigny à l'Académie française (29 janvier 1846), où il remplaçait M. Etienne, a été imprimé dans les journaux du temps, entre autres dans « le Constitutionnel ». La réception de M. de Vigny a l'Académie a donné lieu à un article de M. SAINTE-

Beuve dans la « Revue des Deux-Mondes » du 1er février 1846.

VIGOUREUX [Mme Clarisse]. [Voy. la *France littér.*, t. X, p. 165.] — Paroles de providence et mélanges. IIe édition. Paris, impr. de Lange-Lévy, 1847, in-18 [1 fr. 25 c.].

La première édition est de 1834.

VIGUIÉ [Jacques-Frédéric], négociant. — Lettre à M. le maréchal Bugeaud d'Isly. Paris, impr. de Chaix, 1848, in-fol.

Distribution à 50,000 ex. dans l'intérêt de la candidature du maréchal comme représentant du peuple. A la suite de la lettre est un écrit de M. Bugeaud : « Les socialistes et le travail en commun ».
M. Viguié a publié : Testament du duc d'Orléans, copié le 13 mai 1848, d'après une copie faite sur l'original trouvé aux Tuileries dans le sac du château, le 24 février [Paris, Ledoyen, 1849, in-8 de 12 pag. — Le testament, signé Ferdinand-Philippe d'Orléans, est daté de Toulon (Var), le 9 avril 1840].

VIGUIÉ [Aristide], de Nègrepelisse (Tarn-et-Garonne). — Authenticité de l'évangile de saint Jean. Thèse critique. Montauban, impr. de Forestié fils, 1848, in-8 de 40 pag.

VIGUIER [J.], pasteur de l'église réformée. [Voy. la *France littér.*, t. X, p. 165.] — Réponse à un curé. Clermont-Ferrand, impr. de Perol, 1840, in-8 de 56 pag.

VIGUIER [A.-E.], élève de l'École normale, professeur de rhétorique, auteur dramatique, né à Paris en 1793. [Voy. la *France littér.*, t. X, p. 165.]
1. — Du principe et de l'esprit des lois du goût appliqués à la littérature. 1814, in-4.

Thèse pour le doctorat ès lettres.

2. — De præcipuis errorum causis. 1814, in-4.

Thèse pour le doctorat ès lettres.

3. — Roger. Paris, Souverain, 1842, in-8 [7 fr. 50 c.].
4. — Love. Paris, Challamel, Masgana, 1843, in-18 [2 fr.].
5. — Le Dernier des touristes. *Humour*. Paris, Souverain, 1844, in-8 [7 fr. 50 c.].
6. — Régine. Paris, impr. de Chassaignon, 1845, in-12 [2 fr. 50 c.].
7. — Épopée. In-18 [2 fr. 50 c.].

Ces cinq ouvrages ont été publiés sous le pseudonyme : Adrien DELAVILLE.

Sous le même pseudonyme, M. Viguier a donné, dans le « Livre des Cent et un » : *Les semaines du Théâtre Français chez le ministre de l'intérieur.*

VIGUIER. — Anecdotes littéraires sur P. Corneille. Rouen, 1846, in-8.

VIGUIER [Hippolyte]. — De l'Établissement du gouvernement républicain en France. Paris, impr. de F. Didot, 1848, in-8 de 28 pag.

VILAIN SAINT-HILAIRE [Amable]. Voy. SAINT-HILAIRE.

VILCHES [le R. P. don Geronimo de]. — Consideraciones para antes y despues de la sagrada comunion. Paris, Lecointe, 1847, in-18 de 132 pag.

VILCOQ, avocat, ancien notaire. [Voy. la *France littéraire*, t. X, p. 167.]
— Avec M. *Vilcoq fils* : Essais sur le placement en mutualité viagère. Première partie. Paris, impr. de Fournier, 1845, in-18 de 108 pag.

VILCOQ fils, avocat à la cour d'appel de Paris. [Voy. l'article ci-dessus.]

VILEROY. — Le Voyant de 1848. Écho des temps passés, présents et futurs. Paris, impr. de Juteau, 1848, in-4 de 4 pag.

Au 1er octobre de l'ère républicaine.

VILETTE. — Avec M. *Devivier* : Choléra morbus observé à Compiègne (1832, in-8). Voy. DEVIVIER.

VILHEM. — Voy. WILHEM.

VILHORGUE [Ch.], avocat.
1. — Alphabet mnémonique, ou Méthode de lecture par demandes et par réponses, présentant, dans un ordre progressif, les moyens propres à apprendre à lire aux enfants dans un espace de temps très-court, en exerçant leur jugement, en meublant leur esprit de la définition exacte d'une grande quantité de mots, et en les familiarisant de bonne heure avec l'orthographe des homonymes. In-8 [3 fr. 25 c.].
2. — Grains de sable, chansons, romances, contes, fables, élégies, etc. Paris, Chamerot, 1847, in-18.

VILLACASTIN [le P. Tomas de], de la compagnie de Jésus. — Manual de ejercicios espirituales para tener oracion mental. Paris, impr. de Pillet aîné,

1841; à Paris, Rosa, Bouret, 1849, in-18.

VILLAFANE. Voy. LAMÉ-FLEURY.

VILLAIN DE SAINT-HILAIRE. — Voy. SAINT-HILAIRE [VILAIN].

VILLAINE [Éd.]. — Note sur les huissiers, divulgant les abus qu'ils commettent journellement. Versailles, Kléfer; Paris, Garnier, 1841, in-8 de 48 pag. [75 c.]

VILLANI [A.]. — Almanach commercial de Sedan, contenant, etc. Sedan, Laroche-Jacob, 1845, in-16 [75 c.].

VILLA-PATERNA [le comte de]. Voy. MIRAFLORÈS.

VILLAR [Faure]. Voy. FAURE-VILLAR.

VILLARCEAUX [Rolland de]. — Thersite, comédie en deux actes et en vers. Paris, Tresse, 1848, in-16 [1 fr. 50 c.].

M. R. de Villarceaux a fourni des articles à la « Revue nouvelle. »

VILLARD [A.], de Grenoble. — Le Printemps et les Amours, poëme. Lyon, Ponnet, 1844, in-8 et in-12.

VILLARD [Eugène]. — Idéalisme et réalité. Paris, impr. de Locquin, 1840, in-8 [7 fr. 50 c.].

Roman.

VILLARD [Bruno], de l'Isère. — Le Peuple français à Louis-Bonaparte, proclamé président de la république. Paris, Lévy, 1849, in-fol. [05 c.]

VILLARDEBO.

1. — Essai sur le moyen que la chirurgie oppose aux hémorrhagies artérielles traumatiques primitives. Paris, 1830, in-4 [2 fr. 50 c.].

2. — De l'Opération de l'anévrisme selon la méthode de Brasdor. Paris, 1831, in-4 [3 fr. 50 c.].

VILLARET [Hippolyte de]. — Guérison prompte et radicale des fleurs blanches par la nouvelle méthode de l'injection Villaret. Toulouse, impr. de Lagarrigue, 1845, in-8 de 32 pag.

VILLARET [J.-J.], pasteur protestant à Bordeaux. — La nécessité et le devoir pour tout chrétien de croire de cœur à la vérité évangélique, et d'être toujours prêt à confesser publiquement sa foi. Sermon. Bordeaux, impr. de Cruzel, 1849, in-8 de 20 pag.

Citons encore trois lettres sur la nécessité d'une profession de foi évangélique pour l'église réformée de France, procédant à sa réorganisation [1848; — Extrait des « Archives du christianisme »].

VILLARGUES [Rolland de]. Voy. ROLLAND DE VILLARGUES.

VILLARS [U.]. [Voy. la *France littér.*, t. X, p. 171.]

1. — Guide de la méthode Villars. La lecture et l'orthographe par l'écriture. Paris, Bouquillard, 1842, in-8 oblong.

2. — Arithmétique commerciale complète, méthode *Villars* et *Chastagner*. Paris, impr. lith. de Bouquillard, 1843, quarante tableaux, petit in-4.

VILLAUME. — Recherches historiques, biographiques et médicales sur Ambroise Paré. Épernay, 1837, in-8 [1 fr. 50 c.].

VILLEBLANCHE [de]. — Le Philosophe de village, ou Jean Gorin et son curé. Paris, Belin-Mandar, 1840, in-18 [1 fr. 25 c.].

VILLECLAIR [le chevalier Grillon de]. Voy. GRILLON DE VILLECLAIR.

VILLECOURT [Clément de], évêque de la Rochelle. [Voy. la *France littér.*, t. X, p. 171.]

1. — Juste Balance, ou Fidèle appréciation du vrai sens des Écritures, dans les matières de controverse, traduit du latin par Mgr Villecourt; suivi de la Lettre écrite par ce prélat à M. Hurter, à l'occasion de sa conversion, et de la réponse de ce docteur. La Rochelle, Boutet, 1846, in-12.

2. — Réponse aux observations de M. Delmas sur le Mandement de l'évêque de la Rochelle et sur l'ouvrage intitulé : *la Juste Balance*, avec un coup d'œil sur l'écrit intitulé : *Réponse des évangélistes et des colporteurs*. La Rochelle, Boutet, 1846, in-8 de 128 pag.

3. — Nouveau récit de l'apparition de la sainte Vierge sur les montagnes des Alpes, avec des lettres, documents et témoignages authentiques. IIe édit. Lyon, Mothon; Paris, Lecoffre, 1848, in-18.

VILLEFORE. V. THÉRÈSE [Sainte].

VILLEGARDELLE [François], publiciste de l'école de Fourier, né à Miramont, le 2 octobre 1810. [Voy. la *France littér.*, t. X, p. 173.]

1. — Accord des intérêts dans l'association, et besoins des communes, avec Notice sur Charles Fourier. Paris, Petit-Didier, 1844, et Capelle, 1848, in-32 [75 c.].

C'est une critique de Fourier, par un fouriériste en désaccord sur certains points avec le maître. M. Villegardelle recherche dans les philosophes, ou plutôt dans les utopistes qui ont précédé Fourier, les traces du système de ce penseur.

2. — Histoire des idées sociales avant la révolution française, ou les Socialistes modernes, devancés et dépassés par les anciens penseurs et philosophes, avec textes à l'appui. Paris, Guarin, 1845, in-32 [1 fr. 25 c.]

M. Villegardelle a publié une réimpression complète du « Code de la nature », par MORELLY, augmentée de fragments importants de la *Basiliade*, avec l'analyse raisonnée du *Système social* de Morelly [Paris, Masgana, 1841, in-18].

Il a traduit du latin : « La Cité du soleil, ou Idée d'une république philosophique », par F.-Th. CAMPANELLA, etc. [1841, in-32]. Voy. CAMPANELLA.

VILLEGOUGE [J.-B.-V. de]. — Le Cantique des Cantiques de *Salomon*, traduit en vers français par *J.-B.-V. de Villegouge*. Périgueux, impr. de Dupont, 1840, in-8 de 48 pag.

VILLEMAIN [Abel-François]. Né à Paris le 10 juin 1791. M. Villemain a été successivement professeur de belles-lettres au lycée Charlemagne, professeur suppléant, puis professeur d'éloquence à la Faculté des lettres de Paris, maître des requêtes au conseil d'État, directeur de l'imprimerie et de la librairie, membre de l'Académie française, député de l'Eure, vice-président du conseil royal de l'instruction publique, pair de France, secrétaire perpétuel de l'Acad. française, ministre de l'instruction publique (1839-1840), membre de l'Académie des inscriptions, etc. Producteur fécond, écrivain élégant et châtié, orateur aimé du public. M. Villemain, par la finesse de son esprit, par la variété de ses connaissances, par l'heureuse ordonnance de son style, s'est placé au nombre des représentants les plus élevés de la littérature contemporaine. [Voy. : *Notice sur la vie et les ouvrages de M. Villemain*, dans les *Écrivains modernes* de Ed. SALVADOR ; *Études sur la vie et les ouvrages de M. Villemain*, dans les *Portraits* de M. SAINTE-BEUVE, t. III, p. 528 (éd. de 1841) ; des articles de M. SAINTE-BEUVE dans la *Revue des Deux-Mondes* (1er janv. 1836), et dans les *Causeries du lundi* (1851), p. 101 ; des notices dans la *Galerie de la Presse*, 2e série ; dans la *Biographie des hommes du jour*, par SARRUT et SAINT-EDME, t. I, 2e partie ; *M. Villemain, ses opinions religieuses et ses variations*, par M. NICOLAS, et une réponse à cet écrit, par M. F.-Z. COLLOMBET (1844, in-8) ; la *Galerie des contemporains*, par un homme de rien, t. IV ; *Un mot sur le directeur de l'imprimerie et de la librairie* (M. Villemain), ou *Abus de la censure théâtrale*, par J.-L. LAYA (1819) ; et la *France littér.*, t. X, p. 174.]

1. — Œuvres. Nouvelle édition, revue et augmentée. Paris, Didier, 1840-49, 10 vol. in-8 [60 fr.] ; et 10 vol. in-18 anglais [35 fr.].

Cette édition comprend : *Discours et mélanges littéraires* [1 vol.] ; — *Études de littérature ancienne et étrangère* [1 vol.] ; — *Tableau de l'éloquence chrétienne au IVe siècle* [1 vol.] ; — *Cours de littérature française* [6 vol.].

2. — Rapport au roi sur la situation de l'instruction primaire, suivi du rapport sur les recettes et dépenses allouées pour ce service en 1840. Paris, impr. royale, 1841, in-4.

3. — Tableau de l'état actuel de l'instruction primaire en France. Rapport présenté au roi le 1er novembre 1841. Paris, Renouard, 1842, in-18 [75 c.].

4. — Discours prononcés par M. Villemain (1er janvier 1831, 2 décembre 1843). Paris, impr. de Dupont, 1844, in-8 de 52 pag.

5. — Exposé des motifs et projet de loi sur l'instruction secondaire, présenté à la chambre des Pairs, le 2 février 1844, par M. Villemain ; précédé du rapport au roi, en date du 3 mars 1843, sur l'état de cette instruction en France, et de divers discours relatifs au même sujet. Paris, Dupont, 1844, in-8 [2 fr.].

6. — Cours de littérature française, comprenant : le *Tableau de la littérature au dix-huitième siècle* et le *Tableau de la littérature du moyen âge*, en France, en Italie, en Espagne et en Angleterre. Paris, Didier, 1840-46, 6 vol. in-8 [36 fr.], et 6 vol. in-18 anglais [21 fr.].

Chaque partie se vend séparément : *Tableau de la littérature au XVIIIe siècle* [4 vol.]; — *Tableau de la littérature du moyen âge*, en France, en Italie, en Espagne et en Angleterre [2 vol.].
Une analyse du *Tableau de la littér. au XVIIIe siècle*, par M. S. de SACY, a paru dans la « Revue des Deux-Mondes » du 1er septembre 1838.

7. — Discours et mélanges littéraires. Nouvelle édition, revue, etc. Paris, Didier, 1846, in-8 [6 fr.], et in-18 anglais [3 fr. 50 c.].

8. — Etudes de littérature ancienne et étrangère. Nouvelle édition, revue, etc. Paris, Didier, 1846, in-8 [6 fr.]; et in-18 anglais [3 fr. 50 c.].

9. — Etudes d'histoire moderne. Paris, Didier, 1846, in-8 [7 fr.]; et in-18 anglais [3 fr. 50 c.].

10. — Tableau de l'éloquence chrétienne au quatrième siècle. Nouvelle édition, revue et augmentée. Paris, Didier, 1849, in-8 [7 fr.]; et in-18 anglais [3 fr. 50 c.].

On doit à M. Villemain des *Éloges* de Montaigne et de Montesquieu; des *Notices* sur Florus, Synésius, lord Byron, Fénelon, Pascal; des *Essais* sur Shakspeare, Bossuet, Thomas, etc., qui ont été joints à diverses éditions de ces écrivains.
Il est l'auteur des *Rapports* mis en tête ou à la suite de : « Nouvelles considérations sur les enfants trouvés, » par J.-F. TERME et MONFALCON [1838, in-8]; — « Lettres choisies » de Mme de SÉVIGNÉ [1842, 1843, in-12]; — « Etudes sur les réformateurs, » par R.-L. REYBAUD [1847, 2 vol. in-18].
Il a rendu compte dans la « Revue de Paris » des « Études de mœurs et de critique sur les poëtes latins de la décadence », par M. NISARD [1838, 2 vol. in-8].
M. Villemain a prononcé à la chambre des Pairs l'Éloge de Daunou et plusieurs discours politiques; à l'Académie française, un discours à l'occasion des funérailles de Jouffroy [1842]; un discours sur la tombe d'Etienne, le 17 mars 1846. Il a lu aussi à l'Académie plusieurs rapports, comme secrétaire, entre autres sur le concours du prix Gobert.
Il a publié, dans la « Revue des Deux-Mondes » : *Une scène historique du XIe siècle à Rome; Enlèvement du pape Grégoire VII* [1833, t. IV]; — *Voltaire et la littérature anglaise de la reine Anne* [1837, t. X]; dans le « Livre des Cent-et-un » : *les Obsèques de M. Cuvier* [t. V, p. 371], etc.
Il a fait précéder d'un *Discours sur la langue française* le « Dictionnaire de l'Académie française » publié chez F. Didot.
Il figure au nombre des collaborateurs du « Journal d'éducation et d'instruction pour les personnes des deux sexes »; à l' « Histoire et description des principales villes de l'Europe »; à « Paris, illustrations »; à la « Revue contemporaine »; à l' « Encyclopédie des gens du monde »; à la « Galerie française, etc. » Il a donné de nombreux articles au « Journal des savants. »
Il a traduit une scène de la seconde partie du « Carmen de constructione cœnobii Gandersheimensis » [Tableau de la littérature au moyen âge, t. II. p. 291].
Le *Lascaris* de M. Villemain a été traduit en grec et imprimé à Constantinople par M. PARMÉNIDE.
Il prépare, dit-on, une Histoire de Grégoire VII.

VILLEMAIN [le docteur]. Voy. LE-FOULON.

VILLEMAREST [Charles-Maxime, ou plutôt : Maxime CATHERINET de], secrétaire de Camille Borghèse, né à Paris le 22 avril 1785, mort à Belleville au mois d'août 1852. [Voy. la *France littér.*, t. X, p. 180.] — Napoléon, 1769-1821. Paris, Barba, Garnot, 1848, in-8 de 16 pag. [25 c.]

M. de Villemarest a été un des rédacteurs des « Affiches parisiennes et départementales » [1818-1824]. Il a travaillé à la « Gazette de France » sous le pseudonyme P. d'ARRICAN, à « la France », au « Moniteur », au « Courrier », etc.
Il a revu, en y ajoutant quelques chapitres, « l'Empire, ou Dix ans sous Napoléon », par M. de LAMOTHE-LANGON [1836, 4 vol. in-8].

VILLEMEUREUX [Antoine-Joseph-Camille], né à Courbevoie le 6 mai 1803. [Voy. la *France littér.*, t. X, p. 182.]

1. — Cours théorique et pratique sur les déclinaisons et les conjugaisons de la langue grecque et sur un grand nombre de règles de la syntaxe. Paris, Maire-Nyon, 1843, in-12 [3 fr. 75 c.].

2. — Cours de versions grecques, traduit en français par un professeur de l'Université. Nouv. édit. Paris, Mme veuve Maire-Nyon, 1848, in-12 [2 fr. 50 c.].

3. — Cours de thèmes à l'usage des classes élémentaires et des classes de grammaire. IIIe édit. Paris, Mme veuve Maire-Nyon, 1846, 1848, in-12.

1re partie : *Exercices sur les déclinaisons* [1 vol.]; — 2e partie : *Exercices raisonnés sur la syntaxe* [1 vol.]; — 3e partie : *Exercices sur la méthode* (ou syntaxe élégante) [1 vol.].
M. C. Villemeureux a développé, complété et annoté la « Grammaire latine » de LHOMOND [la dernière édition est de 1849, in-12].

VILLEMIN [le docteur Eugène-H.]. [Voy. la *France littér.*, t. X, p. 182.]

1. — Herbier poétique, avec des notes, par M. *Auguste de Saint-Hilaire*. Paris, Laisné, 1842, in-12 [3 fr. 50 c.].

Poésies.

2. — Le Cicérone du Jardin des Plantes. Paris, Chezaud et Braulard, 1844, in-64.

3. — Sophocle à l'Odéon. Paris, Masgana, 1844, in-8 de 16 pag.

Pièce de vers à l'occasion d'une traduction de l'*Antigone* de Sophocle, jouée à l'Odéon.

4. — Alphabet du jeune âge, avec maximes. Paris, Chezaud et Braulart, 1844, in-plano (pour être coupé en 42).

5. — Le Chevrier des Cévennes, drame en trois actes et en vers. Ismaël, prologue en deux tableaux. Paris, impr. de Lacour, 1849, in-18 de 72 pag.

M. le docteur E. Villemin a donné dans « les Français peints par eux-mêmes » *le Botaniste* [t. IV, p. 305].

VILLEMIN [A.].

M. A. Villemin a publié les « Leçons de M. SÉDILLOT sous le titre de : « Résumé général de la clinique chirurgicale de la Faculté de médecine de Strasbourg pendant le semestre d'hiver 1841-1842 [1842, in-8].

VILLEMONTEZ [Bidon de]. Voy. BIDON DE VILLEMONTEZ.

VILLEMOTTE [Gonzalve de].

— Du Défrichement des forêts et du boisement des terres incultes. Nanci, Mme veuve Raybois, 1845, in-8 de 16 pag.

— Du Défrichement des forêts et du reboisement des terres incultes. Nanci, Mme veuve Raybois et Grimblot, 1848, in-8 de 16 pag.

VILLEMUR [le comte A.-R. de], ancien officier de cavalerie.

— Le comte A.-R. de Villemur, al famoso y ilustrisimo padre capuchini Antonio de Casares, et à ses compères R. S., etc. Paris, Dentu, Pilout, 1842, in-8 de 32 pag.

VILLENAVE [Mathieu-Guillaume-Thérèse), publiciste, professeur d'histoire à l'Institut historique, membre de la Société des antiquaires de France et de la Société philotechnique, né à Saint-Félix de Caraman (Haute-Garonne) le 13 avril 1762, mort le 16 mars 1846. [Voy. la *France littér.*, t. X, p. 183.] — Vision de la vie future. Paris, impr. de Malteste, 1844, in-18 de 4 pag.

En vers.

Publié aussi dans l' « Annuaire de la Société philotechnique » [année 1844, in-18].

VILLENAVE [Théodore], fils de Math.-Guill.-Thérèse, né à Nantes le 26 juillet 1798. [Voy. la *France littér.*, t. X, p. 188.]

1. — Relation des funérailles de Napoléon, exhumation, translation, pièces officielles, etc.; suivies des cendres de Napoléon, poëme. 3e édition. Paris, Rigaud, Masgana, 1840, in-8 de 96 pag.

Une autre édition est intitulée : *les Cendres de Napoléon* [Paris, impr. de Fain, 1840, in-8 de 12 pag.].

2. — Avec M. *L.-G. Michaud:* Histoire du saint-simonisme (1847), in-8. Voy. MICHAUD.

Citons encore : Épître à Mme la princesse Constance de Salm, qui me refuse son médaillon [1841, in-8. — Imprimé dans « le Constitutionnel » du 4 juillet 1841] ; — Procès criminel à propos d'une carte du Canada, contre Alexandre, comte de Sterling, pair d'Écosse, etc. [1841, in-8] ; — Une distribution de prix, 26 août 1845 [1846, in-4. — Pensionnat de Mme Couderc, à Villiers-le-Bel].

On doit aussi à M. Villenave fils : *Notice sur l'enfance et la jeunesse du héros, suivie des cendres de Napoléon*, précédant « Napoléon », poëme historique en dix chants, par Joseph BONAPARTE [1840, in-8]. Voy. LORQUET ; — *les Deux Vieillards* (athée et croyant) [Annuaire de la Soc. philotechnique, année 1844, in-18] ; — *Notice nécrologique sur Legonidec*, dans le t. IX du « Journal de l'Institut historique » ; — *A M. J.-B.-M. Gence, traducteur de l'Imitation de Jésus-Christ* [en vers. Publié par M. Quérard dans ses « Supercheries littéraires », t. IV, p. 501].

M. Quérard attribue à M. Théod. Villenave la rédaction des ouvrages suivants, publiés sous le nom de : Eugène de VILLENEUVE, capitaine de cavalerie : « Journal d'un voyage fait en Grèce pendant les années 1825 et 1826 » [Bruxelles, 1827, in-8] ; — « Souvenir de la Grèce, à mon ami Tollaire-Desgouttés ». [Paris, 1832, in-8] ; — « à M. Benazet, lieut.-colonel de la 2e légion de la banlieue » [Paris, 1833, in-8]. Nous indiquons cette attribution sans en prendre aucunement la responsabilité.

VILLENEUVE [le comte Louis de], ancien capitaine de vaisseau, maire de Castres, né en 1768. [Voy. la *France littér.*, t. X, p. 194.]

1. — Nécessité de s'occuper de la prospérité de l'agriculture, d'augmenter

ses produits, obstacles qui s'y opposent, moyens de les surmonter. Castres, impr. de Vidal, 1840, in-8 de 140 pag.

2. — Manuel d'agriculture pratique, à l'usage des départements du Sud-Ouest. Toulouse, Senac, 1843, 2 vol. in-8 avec 1 pl.

VILLENEUVE [le comte Henri de], ingénieur des mines. [Voy. la *France littér.*, t. X, p. 194.]

M. H. de Villeneuve a fait suivre d'une *Note sur la ventilation des magnaneries* les « Conseils aux magnaniers de la nouvelle école séricicole » par M. E. ROBERT [1839, in-8].

VILLENEUVE [Théodore-Ferdinand VALLOU de], auteur dramatique, né à Boissy-Saint-Léger le 5 juin 1801. [Voy. la *France littér.*, t. X, p. 196.]

— Avec MM. *Edouard* et *Siraudin:* Lorettes et Aristos, ou une Soirée au Ranelagh. Tableau-vaudeville en un acte. Paris, Tresse, 1849, in-8.

On doit aussi à M. Vallou de Villeneuve, en collaboration avec M. DENNERY : Pulcinella; — avec MM. EUSTACHE et VEYRAT : les Marins d'eau douce; — avec M. Edouard LAFARGUE : l'Almanach des 25,000 adresses; — avec M. LANGLÉ : Un bas-bleu; — avec M. H. LEROUX : Au croissant d'argent; — avec M. Gabr. de LURIEU : Tout pour les filles, rien pour les garçons; les Batignollaises ; — avec MM. MASSON et Frédéric THOMAS : Jean-Baptiste, ou Un cœur d'or; — avec M. P.-J. ROUSSEAU : Jacket's Club; la Morale en action.

M. F. de Villeneuve a donné dans la « Revue des feuilletons » : *Beata* [t. V, 1845].

VILLENEUVE, officier supérieur du génie. [Voy. la *France littér.*, t. X, p. 199.]

1. — Mémoire sur l'emploi des petites armes dans la défense des places. Paris, impr. de Fain, 1827, in-8.

2. — Fortifications de Paris. Examen d'un article publié par le général Valazé, ayant pour titre : *Du système à suivre pour mettre cette capitale en état de défense.* Paris, Anselin, 1833, in-8 de 44 pag. [3 fr.]

VILLENEUVE [A. de]. [Voy. la *France littér.*, t. X, p. 200.]

1. — Cours élémentaire de littérature, où sont expliquées et confirmées par des exemples les règles qu'il faut observer dans l'art d'écrire; accompagné d'un tableau synoptique permettant d'en saisir d'un coup d'œil le plan et l'ensemble. Paris, Dufart, 1840, in-18 [2 fr.].

2. — Cosmographie élémentaire, contenant des notions claires et précises sur les astres et les lois qui régissent l'univers, ainsi que sur la constitution et les productions de notre globe. In-12 [2 fr.].

M. A. de Villeneuve a traduit du suédois « Guerre et paix, scènes en Norwége », par Mlle Frédérique BREMER [IIe édit. revue, etc. Paris, Sagnier et Bray, 1849, in-12].

VILLENEUVE [L.-M. de]. Voy. DE-VILLENEUVE.

VILLENEUVE [E. DELABIGNE]. Voy. DELABIGNE-VILLENEUVE [Émile].

VILLENEUVE [Ducrest de]. Voyez DUCREST DE VILLENEUVE [E.].

VILLENEUVE [Huon de]. Voy. HUON DE VILLENEUVE.

VILLENEUVE [Martineau de]. Voy. MARTINEAU.

VILLENEUVE [Peltereau]. Voyez PELTEREAU-VILLENEUVE.

VILLENEUVE [Jean Perny de]. Voy. PERNY DE VILLENEUVE.

VILLENEUVE [A.-C.-L.], membre de l'Académie de médecine, mort au mois d'août 1853.

M. le docteur Villeneuve a lu à l'Académie de médecine de nombreux rapports, entre autres, avec MM. BRESCHET et CRUVEILHIER, sur l' « Etiologie du pied-bot », par F. MARTIN [1839]. Il est l'auteur d'un travail sur le seigle ergoté, publié en 1827 [1 vol. in-8], et de Réflexions sur un mémoire de M. Capuron relatif au même sujet, insérées dans les « Transactions médicales »; de diverses notices dans le « Dictionnaire des sciences médicales », dans les « Mém. de l'Acad. de médecine », etc.

VILLENEUVE [P.-E.]. — Du danger des inhumations précipitées et des moyens de les prévenir, en concourant aux progrès de la science. Dijon, impr. de Douillier; Paris, Baillière, 1841, in-8 de 32 pag.

VILLENEUVE-LAROCHE-ARNAUD [L. Gilbert]. Voy. BOCOUS.

VILLENEUVE [Alfred]. — Les Mystères du cloître. Paris, Cadot, 1846, 2 vol. in-8 [15 fr.].

VILLENEUVE [Charles].
— Epîtres au peuple. Paris, impr. de Poussielgue, 1848, in-8 de 8 pag.

1re épître : *l'Ordre et le travail.* En vers.

VILLENEUVE-BARGEMONT [le vicomte Alban de], préfet, conseiller d'État, député, membre de l'Académie des sciences morales et politiques, né, le 8 août 1784, au château de Saint-Alban (Var), mort le 10 juin 1850. [Voy. la *France littér.*, t. X, p. 193.]

1. — Histoire de l'économie politique, ou Etudes historiques, philosophiques et religieuses sur l'économie politique des peuples anciens et modernes. Paris, Guillaumin, 1841, 2 vol. in-8 [16 fr.].

2. — Le Livre des affligés, ou Douleurs et consolations. IVe édit. Paris, Delloye, 1843, 2 vol. in-18 [7 fr.].

Les trois premières éditions ont paru en 1841.

3. — Notice sur l'état actuel de l'économie politique en Espagne, et sur les travaux de don Ramon de la Sagra, ancien député aux cortès, etc. Paris, Guillaumin, 1844, in-8 de 40 pag.

M. A. de Villeneuve-Bargemont a revu la traduction, par M. H^{ri} de MESSEY, de : « Mes Prisons, suivi *des Devoirs des hommes* », par Silvio PELLICO [1844, gr. in-8 et in-12].
M. Alban de Villeneuve-Bargemont a donné dans le « Plutarque français » : *Michel de l'Hospital* ; *Sully*. — Il a travaillé au « Journal des économistes », à « l'Université catholique », etc.

VILLENEUVE-BARGEMONT [Louis-François de], marquis de TRANS, membre de l'Académie des inscriptions et belles-lettres, né au château de Saint-Alban (Var) le 8 août 1784; mort le 16 septembre 1850. [Voy. la *France littér.*, t. X, p. 192.] — Notice sur les tombeaux de Charles le Téméraire et de Marie de Bourgogne. Nanci, impr. de Raybois, 1840, in-8 de 32 p.

Publié en 1839 dans les « Mémoires de la Société royale de Nancy. »
M. de Villeneuve-Trans a donné dans le « Plutarque français » : *Le sire de Joinville*; *Réné d'Anjou* (t. II).

VILLEPIN [Galouzeau de]. Voyez GALOUZEAU DE VILLEPIN.

VILLERMAY. Voy. LOUYER-VILLERMAY [A.-L.].

VILLERMÉ [L.-R.], docteur en médecine, membre de l'Académie de médecine et de l'Académie des sciences morales et politiques, secrétaire de la Société médicale d'émulation, né à Paris le 20 mai 1782. [Voy. la *France littér.*, t. X, p. 202.]

1. — Tableau de l'état physique et moral des ouvriers employés dans les manufactures de coton, de laine et de soie. Ouvrage entrepris par ordre et sous les auspices de l'Académie des sciences morales et politiques. Paris, J. Renouard, 1840, 2 vol. in-8 [15 fr.].

L'Acad. des sciences morales avait confié à M. Villermé, ainsi qu'à M. Benoiston de Chateauneuf, la mission de faire des recherches sur la situation des classes ouvrières dans les départements. M. Villermé s'est chargé d'explorer les départements du Nord et de l'Est, où sont particulièrement concentrées les trois grandes branches de la soie, de la laine et du coton.

2. — Du droit au travail et du droit à l'assistance. Paris, Guillaumin, 1849, in-8 de 20 pag.

Extrait du « Journal des économistes. »

3. — Des Associations ouvrières. Paris, F. Didot, Paulin, Pagnerre, 1849, in-18 [40 c.].

Petits traités publiés par l'Académie des sciences morales et politiques.

4. — Coup d'œil historique sur le papier-monnaie. Batignolles, impr. d'Hennuyer, 1849, in-8 de 16 pag.

Extrait du « Journal des économistes ».
M. Villermé a fait à l'Académie des sciences morales et politiques un rapport fort détaillé sur les « Recherches des causes de la richesse et de la misère des peuples civilisés », par BIGOT DE MOROGUES: [Rapport imprimé dans les publications de la Ve classe de l'Institut et dans la « Revue mensuelle d'économie politique », juin 1834, et tiré à part (Paris, Renouard, in-8 de 30 pag.).]
Il a fourni divers articles au « Journal des économistes. »

VILLEROI [B.]. — De l'état précaire de la Grèce et des améliorations à exécuter présentement en rapport avec la situation financière et les besoins les plus urgents de ce pays. Paris, impr. d'Appert, 1844, in-8 de 16 pag.

A S. M. le roi Othon Ier.

VILLEROI [Mme Laure]. — Protographie, ou Nouveaux exercices français pour servir aux premières études de l'orthographe raisonnée, d'après les grammaires les plus estimées. Paris, Mme veuve Maire-Nyon, 1844, in-12 [1 fr. 25 c.].

Le *Corrigé des exercices* [Paris, Mme Maire-Nyon, 1844, in-12] coûte 1 fr. 50 c.

VILLEROY [Félix], cultivateur. [Voy. la *France littér.*, t. X, p. 203.] — Manuel de l'éleveur de bêtes à cornes.

Paris, impr. de Duverger, 1844, in-18 [3 fr. 50 c.].

M. Félix Villeroy a traduit, avec M. Charles VILLEROY, le « Manuel de l'Agriculteur commerçant », par J.-N. SCHWERZ [III° édit., 1849, in-12, formant le tome Ier de la « Bibliothèque du Cultivateur ».]

Il a fourni quelques articles à « l'Agronome, journal mensuel d'agriculture, d'horticulture », etc. [1833-36, 4 vol. gr. in-8].

VILLEROY [Charles]. Voy. l'article ci-dessus.

VILLEROY [Alfred]. — Histoire de mil huit cent quarante, annuaire historique et politique, par Alfred Villeroy; suivi d'un *Aperçu sur le mouvement littéraire durant cette année*, par *O. N.* Paris, Paulin, 1841-42, 2 vol. in-12 [3 fr. 50 c.].

VILLE-THIERRY [Girard de]. Voy. GIRARD DE VILLE-THIERRY [Jean].

VILLET-COLLIGNON, imprimeur à Verdun.

1. — Appel à tous les imprimeurs de France sur la nécessité de demander aux Chambres l'exécution des lois sur l'imprimerie et de nouvelles lois réglementaires. Paris, Ledoyen, 1847, in-8 de 60 pag.

2. — Aux imprimeurs de France. Verdun, impr. de Villet - Collignon, 1848, in-8 de 8 pag.

Verdun, 5 septembre 1848.

M. Villet-Collignon a publié une nouvelle édition corrigée, et rédigée sur un nouveau plan, des « Éléments de la grammaire française », par LHOMOND [1847, in-12].

VILLETTE [l'abbé de]. — Antoine, ou le Retour au village. IIe édit. Paris, Sagnier et Bray, 1845, in-12 [1 fr. 30 c.].

VILLEVERT [Armand de], pseudonyme. Voy. DURANTIN [Anne-Adrien-Armand].

VILLIERS [Ch.]. — Essai sur l'esprit et l'influence de la réformation de Luther. Paris, Treuttel et Würtz, 1820, in-12.

Ouvrage couronné en 1803 par l'Institut.

VILLIERS [Franç. de], capitaine d'infanterie, chevalier de Saint-Ferdinand d'Espagne, correspondant de la Société linnéenne de Paris et de la Soc. entomologique de France, directeur du Muséum d'histoire naturelle de Chartres, né à Montpellier en 1790.

— Avec M. *Guénée* : Tableaux synoptiques des lépidoptères d'Europe (1834-35, in-4). Voy. GUÉNÉE.

On doit aussi à M. Franç. de Villiers : *Notice nécrologique sur Godart* [Mém. de la Soc. linnéenne, t. IV, où il a publié aussi d'autres Notices] ; — *Observations sur divers lépidoptères* [Recueils de la Soc. entomologique de France, t. Ier].

VILLIERS [Léon de], auteur dramatique, pseudonyme de DELALAIN. Voy. ce dernier nom.

VILLIERS [Pierre], ancien capitaine de dragons, né le 10 mars 1760, mort aux Ternes, au mois de juillet 1849. [Voy. la *France littér.*, t. X, p. 210.]

1. — Épître à la mort. Neuilly, impr. de Poilleux, 1842, in-8 de 4 pag.

— 13 juillet 1842. Épître à la mort. Paris, Carle et Jager, 1842, in-8 de 8 pag. [50 c.]

Réimpression de l'opuscule ci-dessus.

2. — Le Religieux de l'abbaye de la Trappe, soliloque. Neuilly, impr. de Poilleux, 1842, in-8 de 4 pag.

En vers.

VILLIERS [l'abbé de].

1. — La Morale des Anges, ou la Religion parlant à l'esprit et au cœur. Paris, Lehuby, 1843, in-18 avec 10 grav. [4 fr.]

2. — Le Modèle de la piété au milieu du monde, ou Vie de Marie-Charlotte D***, morte en 1838 en odeur de sainteté. Paris, Lehuby, 1843, in-8 avec 4 lith. [4 fr.]

3. — Histoire de Napoléon. Paris, Lehuby, 1846, 1849, in-12 avec 3 grav. et un frontispice [2 fr.].

4. — Histoire de la conquête de l'Angleterre par les Normands, d'après M. Thierry. Paris, Lehuby, 1849, in-8 [4 fr.].

VILLIERS [BROCHANT DE]. Voyez BROCHANT DE VILLIERS.

VILLIERS [Duchemin de]. Voy. DUCHEMIN DE VILLIERS.

VILLIERS [Vaysse de]. Voy. VAYSSE DE VILLIERS.

VILLIERS-MORIAMÉ [F.-J.]. [Voy. la *France littér.*, t. X, p. 213.] — Leçons de morale. Paris, Hachette, 1845, in-12 de 124 pag.

VILLIERS DU TERRAGE [le vicomte

de], né à Versailles le 24 janvier 1774. [Voy. la *France littér.*, t. X, p. 213.]
— Résumé chronologique de l'histoire universelle. Paris, impr. de Béthune, 1845, in-18 [1 fr. 25 c.].

Indiquons encore : Rapport sur deux pétitions relatives à la transmission des offices, à la limitation de leur nombre, à la révision du Code de procédure, à la demande d'un tarif unique pour les actes des officiers ministériels, etc. [1839, in-8]; — Sur le projet et le contre-projet relatifs à l'endiguement des fleuves et des rivières [1842, in-8].

VILLIERS DU TERRAGE [René-Edouard de], inspecteur général des ponts et chaussées, membre de la Société des antiquaires de France, né à Versailles le 27 août 1780, mort à Paris le 21 avril 1855. [Voy. la *France littér.*, t. X, p. 212.]

1. — Description du canal de Saint-Denis et du canal Saint-Martin. Paris, 1827, 2 vol. in-fol., dont 1 de pl.

2. — Avec M. *Jollois* : Appendice aux Recherches sur les bas-reliefs astronomiques des Égyptiens. Paris, impr. de Dupont, 1834, in-8 de 48 pages avec une pl. et un fac-simile.

Les « Recherches sur les bas-reliefs astronomiques » se trouvent aux pages 427-494 du premier volume des Antiquités [Mémoire] de la Description de l'Egypte.

Citons encore : Notice sur un chemin de fer de Paris à Versailles, projeté en 1825 [1835, in-8] ; — Notice sur un système de pavage en bois, et sur une machine à ébouer [1841, in-8 avec pl.].

M. de Villiers a travaillé aux « Annales des ponts et chaussées. »

VILLIOU [Alexis], géomètre. — Comparatif pour le rapport des prix de l'éminée à l'are. Carpentras, Oddou, 1848, in-18 de 180 pag.

VILLON [François CORBUEIL, dit], poëte. Il naquit à Paris en 1431; on n'est pas fixé sur le lieu et la date de sa mort. [Voy. la *France littér.*, t. X, p. 214.]
— Contre les médisants de la France (ballade inédite de maistre François Villon). Paris, impr. de Ducessois, 1840, in-8 de 2 pag.

Publié d'abord dans la « France littéraire. » Cette ballade se joint à l'édition des OEuvres complètes de maistre Villon donnée par M. Prompsault.

VILLONNIERS [Em.]. — Le Droit au travail comme l'entendent les Montagnards. Paris, impr. de Bonaventure, 1849, in-12 de 24 pag.

Par un *républicain rouge*.

VILLOT [F.], garde des archives et chef des travaux de la statistique du département de la Seine. [Voy. la *France littér.*, t. X, p. 214.]

M. Villot avait été chargé de la publication des *Recherches statistiques sur la ville de Paris et le département de la Seine*. Cinq volumes de ce travail ont paru : le 1er en 1821, (1 vol. in-8 de 128 pag., avec 40 tableaux lithographiés. Paris, impr. de Baillard. — Il a été réimprimé en 1834, pour être conforme aux autres); le IIe en 1823, le IIIe en 1826, le IVe en 1829 et le Ve en 1844. Les documents donnés dans ce dernier embrassent la période de 1827 à 1836 inclusivement. Le long intervalle qui a séparé la publication du 4e et du 5e volume s'explique, dit-on, par les occupations étrangères que la révolution de juillet, l'invasion du choléra, etc., ont dû occasionner aux employés de la préfecture, et par la mort de M. Villot.

VILLOT [Frédéric], conservateur de la peinture au musée du Louvre, membre de la Société des antiquaires de France. — Notice des tableaux exposés dans les galeries du musée national du Louvre. Paris, impr. de Vinchon, 1849, in-12 [1 fr.].

1re partie : *École d'Italie*.

Notices de 554 tableaux avec table chronologique des artistes italiens et espagnols dont les tableaux sont décrits dans la 1re partie de l'ouvrage, divisé en trois parties : la Ire, Écoles italienne et espagnole ; la 2e, Écoles allemande, flamande et hollandaise ; la 3e, École française.

VILMAIN [Henri]. [Voy. la *France littér.*, t. X, p. 215.]

1. — La Famille de Halden, trad. de l'allemand d'*Aug. Lafontaine*. Paris, Maradan, 1803. — IIe édition, revue et corrigée. Paris, Maradan, an XIII (1805), 4 vol. in-12 [7 fr. 50 c.].

Sous l'initiale V.

2. — Ordre et désordre, ou les deux amis. Paris, Gabriel Dufour, 1811, 2 vol. in-12 [3 fr. 60 c.].

Sous l'apoconyme V.....n [Henri].

VIMERCATI [Vittorio], professeur de langue italienne. [Voy. la *France littér.*, t. X, p. 216.]

1. — Cours de langue italienne, d'après la méthode Robertson. Paris, Th. Barrois, Truchy, 1845, in-8 [3 fr. 50 c.].

2. — Cours de langue italienne, d'après la méthode Robertson. Paris, Th. Barrois, Derache, Baudry, 1848, in-8 [4 fr.].

IIe partie, contenant un choix gradué de

morceaux en prose de différents genres, extraits des meilleurs auteurs, etc.

VIMONT [Joseph], docteur en médecine de la Faculté de Paris, né à Caen le 27 mars 1795. [Voy. la *France littér.*, t. X, p. 216.] — Avec M. *Amédée Latour:* Discours prononcé sur la tombe du docteur Frapart, à l'occasion de ses obsèques. Paris, impr. de Delanchy, 1842, in-8 de 16 pag.

M. Bazile, qui a fait imprimer cette brochure, a promis de recueillir les écrits de Frapart.

VINALS [D. Esteban], prêtre espagnol.

M. Vinals a traduit en espagnol : « El libro de los salmos, traducido del hebreo al frances por el S^r abate DENICOURT [1840, in-12]; — « La Imitacion de Jesu Cristo » [1844, in-12 et in-18].

VINÇARD [Pierre]. [Voy. la *France littér.*, t. X, p. 217.] — Histoire du travail et des travailleurs. Paris, impr. d'Appert, 1845 et ann. suiv., 3 vol. in-8 [12 fr.].

On doit à M. P. Vinçard une préface aux « Fables » de LACHAMBEAUDIE [1846, 1849, in-18]; — et *la Galerie des ouvriers poëtes*, à la suite de « Histoire complète du compagnonnage, de la franc-maçonnerie, et des principales sociétés secrètes », par AYCUESPARSE [1848, in-8].

VINCELLET [l'abbé]. — Louise, ou la première communion. Tours, Mame, 1847, in-12.

VINCENDON-DUMOULIN, ingénieur hydrographe de la marine. — Avec M. *C. Desgraz* : Iles marquises ou Nouka-Hiva (1843, in-8); — Ile Taïti (1844, 2 vol. in-8). Voy. DESGRAZ.

M. Vincendon-Dumoulin, qui avait fait la campagne scientifique de *l'Astrolabe* et de *la Zélée* au pôle Sud et dans l'Océanie, est devenu le collaborateur et le continuateur de la relation de cette expédition après la mort de l'infortuné Dumont d'Urville.

On doit à M. Vincendon-Dumoulin *Quelques observations sur les voyages des capitaines Dumont d'Urville et James Ross au pôle Sud*, dans : « Annuaire des voyages et de la géographie » [1844, in-18].

M. Vincendon-Dumoulin a travaillé au « Dictionnaire des arts et manufactures. »

VINCENOT [L.-L.]. — Leçons de géométrie industrielle. Metz, impr. de Lamort, 1844, in-8 [6 fr.].

VINCENS [Émile], conseiller d'État. [Voy. la *France littér.*, t. X, p. 217.]
1. — De l'organisation sociale, et en particulier de l'organisation industrielle. Paris, Bourgogne et Martinet, 1836.
2. — Histoire de la république de Gênes. Paris, F. Didot, 1842, 3 vol. in-8 [21 fr.].

M. Vincens, pendant un très-long séjour à Gênes, a été à même d'étudier l'histoire de Gênes dans les monuments, dans les chroniques, dans les écrits de tout genre, et la bibliographie de l'histoire génoise. Il a eu communication des recherches faites dans l'archive secrète de Gênes pour l'Institut de France. Il a consulté aux archives du royaume et dans les collections manuscrites de la Bibliothèque du roi. la série des actes relatifs à la seigneurie de nos rois, et beaucoup de pièces curieuses. Enfin, la correspondance des chargés de France à Gênes lui a servi de guide pour les événements modernes jusqu'à la cession de la Corse. M. Mignet a rendu compte de l'Histoire de Gênes dans le « Journal des savants. »

M. E. Vincens a travaillé au « Journal des économistes. »

VINCENS [dom Benoît]. — Conférences monastiques. Lyon, Périsse, 1842, 3 vol. in-12.

VINCENS [François], de Montauban.
1. — Wiclef. Thèse historique. Montauban, impr. de Forestié neveu, 1848, in-8 de 24 pag.
2. — Épître au peuple français sur la république. Toulouse, impr. de Chauvin, 1849, in-8 de 20 pag.

VINCENT [Jacques-Louis-Samuel], pasteur de l'église réformée de Nîmes, né le 8 septembre 1787. [Voy. la *France litt.*, t. X, p. 221.]
1. — Catéchisme à l'usage de l'église réformée de Nîmes. V^e édition. Nîmes, Mme veuve Gaude, 1841, in-12 de 72 pag.
2. — La vérité, l'excellence et l'utilité des saintes Écritures. In-8 [3 fr.].
3. — Preuves et autorité de la révélation chrétienne, trad. de Thomas Chalmers. Toulouse, Tartanac, 1848, in-18.

VINCENT [J.-L.]. [Voy. la *France littér.*, t. X, p. 223.]
1. — Abrégé de l'histoire d'Italie, d'après celle de Leo et Botta, continuée jusqu'à nos jours. Paris, Parent-Desbarres, 1840, 2 vol. in-12 [3 fr.].
2. — Abrégé de l'histoire de Savoie, de Piémont et de Sardaigne. Paris, Parent-Desbarres, 1842, in-12 [2 fr.].

M. J.-L. Vincent a traduit en vers français : « Théâtre » de SOPHOCLE : *Ajax furieux* [1840, in-8]. Il a revu plusieurs éditions classiques de VIRGILE : « Bucolica, Georgica et Eneis. »

VINCENT [Alexandre-Joseph-Hydulphe], professeur de mathématiques au collége Saint-Louis, membre de l'Académie des inscriptions et belles-lettres, membre de la Société des antiquaires de France, conservateur de la bibliothèque des sociétés savantes au ministère de l'instruction publique, né à Hesdin le 20 novembre 1797. [Voy. la *France littér.*, t. X, p. 224.] — M. Vincent s'est livré sur la musique des Grecs à des études qui l'ont conduit à la construction d'un instrument particulier, au moyen duquel il a cherché à donner une idée de l'harmonie chez les anciens.

1. — Cours de Géométrie élémentaire, revu conjointement par l'auteur et par M. Bourdon. V° édition. Paris, Bachelier, 1844, in-8, avec 22 pl. [7 fr.]

2. — Abrégé du cours de Géométrie de A.-J.-H. Vincent, rédigé conjointement par l'auteur et par M. *Bourdon*. Paris, Bachelier, 1844, in-8 avec 12 pl. [4 fr. 50 c.]

Citons encore : *Notices sur divers manuscrits grecs relatifs à la musique, avec une traduction française et des commentaires* [Notices et extraits des manuscrits publiés par l'Institut, 1848, t. XVI, 2ᵉ série. — Voy. sur ce mémoire, couronné par l'Acad. des inscriptions, un article de M. HAVET dans le « Journal de l'Instruction publique »].

On doit en outre à M. Vincent : Note sur la résolution des équations numériques [Lille, 1834, in-8. — Journal des mathématiques pures et appliquées]; — Histoire des mathématiques, origine de nos chiffres [1838, in-8]; — Acoustique, théorie de la gamme [1838, in-8]; — Sur le nombre de Platon [1839, in-8]; — Note sur l'origine de nos chiffres et sur l'abacus des pythagoriciens [in-4]; — Anonymi scriptio de musica; illustravit Fredericus Bellermann, compte-rendu [in-8]; — Note sur la numération des Romains [in-8]; — Sur un rituel païen que possède la Biblioth. du roi [in-8]; — Considérations sur la position géographique du *Vicus Helena* [in-8]; — Dissertation sur le rhythme chez les anciens [1845, in-8]; — Lettre à M. Letronne sur un *abacus* athénien [Revue archéolog., 3ᵉ année]; — Sur une méthode proposée par M. Ampère pour extraire les racines des fractions [1846, in-4]; — De la musique dans la tragédie grecque, à l'occasion de la tragédie d'Antigone [Journ. de l'inst. publ.]; — sur le mot Ψίλος [Revue de philologie, 1846]; — Lettre à M. Rossignol sur le vers dochmiaque [1846, in-8]; — de la Notation musicale de l'école d'Alexandrie [Revue archéol., 3ᵉ année]; — Musique des Grecs [1845, in-8]; — Analyse du traité de métrique et de rhythmique de saint Augustin, intitulé : « De musica ». Nouvelles considérations sur la poésie lyrique [1849, in-8. — Journal de l'instruction publique]; — Essai d'explication de quelques pierres gnostiques [1849, in-8 avec 1 pl. — Mémoires de la Soc. des antiquaires de France [20ᵉ vol.].

M. Vincent a revu et mis en rapport, avec les principales découvertes faites depuis, les « Recherches » de LETRONNE sur les fragments d'Héron d'Alexandrie.

Il a fourni des mémoires de mathématiques et de physique aux « Mém. de la Soc. royale des sciences de Lille. »

VINCENT [F.-J.]. [Voy. la *France littér.*, t. X, p. 223.] — Tableau pour trouver à l'instant même la conversion des aunes et des fractions d'aune en mètres et en centimètres. Paris, impr. de Wittersheim, 1839, in-4 de 2 pag.

VINCENT [F.-V.]. — Recherches sur l'origine des Boies, et sur l'établissement d'une colonie de ces peuples dans la Gaule; précédées d'observations sur les récits de Tite-Live et des autres historiens des émigrations gauloises. Paris, impr. de F. Didot, 1843, in-8 de 96 pag.

VINCENT [Aristide], ingénieur civil.

1. — Essai sur la subsistance publique et sur les moyens d'éviter les disettes réelles ou factices, par l'établissement des réserves publiques et des banques agricoles. Brest, Anner, 1845, in-8 de 40 pag. avec 1 pl.

2. — Guide du commandant de navires à vapeur, ou Résumé des principales connaissances théoriques nécessaires pour bien diriger ces sortes de navires et en tirer tout le parti possible. Paris, Carilian jeune, 1845, in-12 avec 1 pl. [4 fr.]

3. — Essai sur les prairies naturelles. Brest, 1845, in-18 de 84 pag. avec 1 pl.

VINCENT [Charles]. — Critique, ou réfutation complète du petit volume intitulé à tort : *Mœurs des habitants de Charleville*. Charleville, Paté, 1846, in-16.

L'opuscule dont il s'agit a pour titre : *Coup d'œil sur les mœurs*, etc.

VINCENT [Charles]. — Album révolutionnaire. Chants démocratiques. Paris, impr. de Proux, 1846-49, in-8 de 88 pag. avec 2 vign. [1 fr. 25 c.]

La couverture porte : Précédés d'une « Lettre sur la révolution », par Auguste LUCHET.

VINCENT [l'abbé]. — Histoire de Simon-Pierre, prince des apôtres, d'après l'Évangile, les Actes des Apôtres et la tradition. Tours, Mame, 1847, in-12 avec 1 frontispice et 1 grav.

VINCENT, curé de Geneuille.—Pieux entretiens de l'âme avec Notre-Seigneur avant et après la communion, ou Méditations sur l'Eucharistie, traduites du R. P. *Luic. Pinelli*, de la compagnie de Jésus. Besançon, Tubergue, 1849, in-18.

VINCENT [F.], ouvrier. — Plan d'association pour l'amélioration des corporations industrielles. Toulouse, impr. de Delsol, 1849, in-8 de 32 pag.

VINCENT [B.], avocat. — Etudes sur la loi musulmane (rit de Malek), législation criminelle. Paris, Joubert, 1842, in-8 de 128 pag. [2 fr.]

M. Vincent a continué jusqu'à ce jour : « Corps des lois commerciales », avec notes et renvois, par P. I. ROUEN [1839, 2 vol. in-8].

VINCHON [Cartier]. Voy. CARTIER-VINCHON.

VINDÉ. Voy. MOREL-VINDÉ [le vicomte Gilbert de].

VINET [Alexandre-Rodolphe], critique, moraliste, ministre du saint Évangile, professeur de littérature française à l'université de Bâle (1817), professeur de théologie pratique à l'académie de Lausanne (1837), né à Ouchy, près Lausanne, le 17 mars 1797, mort au Chatelard, au mois de mai 1847. [Voy. un art. de M. SAINTE-BEUVE dans la *Revue des Deux-Mondes* du 15 septembre 1837 et dans les *Portraits littér.*, t. V, p. 141 (édit. de 1841); un article inséré dans le *Magasin pittoresque* de mars 1848, et la *France littér.*, t. X, p. 225.]

1. — Littérature de l'adolescence. IIe édition. Strasbourg, impr. de Schuler, 1841, in-8.

Morceaux choisis, les uns en prose, les autres en vers. — C'est une des trois parties de l'ouvrage publ. en 1829, sous le titre de Chrestomatie française. L'auteur, dans son avant-propos, affirme : que l'idiome d'une civilisation la reproduit tout entière, et qu'apprendre une langue c'est « étudier les choses dans les mots, l'esprit dans les signes, l'homme dans la parole ».

2. — Discours sur quelques sujets religieux. IVe édition. Paris, Delay, 1844, in-8 [5 fr.].

3. — Nouveaux discours sur quelques sujets religieux. Paris, Delay, 1841, 1842, 1848, in-8 [6 fr.].

4. — Essai sur la manifestation des convictions religieuses et sur la séparation de l'Église et de l'État envisagée comme conséquence nécessaire et comme garantie du principe. Paris, Paulin, Delay, 1842, in-8 [6 fr. 50 c.].

M. J.-H. GRANDPIERRE a publié en 1844 un opuscule intitulé : « Réflexions suggérées par la lecture de l'ouvrage de M. A. Vinet sur la séparation de l'Eglise et de l'Etat » [in-8].

5. — Études évangéliques. Paris, Delay, 1847, in-8 [6 fr.].

6. — Études sur Blaise Pascal. Paris, impr. de Ducloux, 1848, in-8 [4 fr.].

7. — Méditations évangéliques. Paris, imprim. de Ducloux, 1849, in-8 [4 fr.].

8. — Études sur la littérature française au XIXe siècle. Paris, impr. de Marc Ducloux, 1849, in-8 [7 fr. 50 c.].

On doit encore à M. Vinet : Simon-Pietro. Discorsi due del sign. A. Vinet [1844, in-8]; — les Trois Réveils, discours [in-8]; — Chants chrétiens; — l'Intolérance et la tolérance de l'Evangile. Essai sur deux déclarations du Sauveur [IIe édit., in-8]; — Lettre et mémoire sur la séparation du canton de Bâle en deux États; — la Colère et la Prière, discours [1837]; — Traduction d'un discours de M. de WETTE : « l'Epreuve des esprits »; — Sur le respect dû aux opinions; — Notice sur M. P.-A. Stapfer, précédant : « Mélanges philosophiques, littéraires, historiques, religieux » [1844, 2 vol. in-8]; — Compte-rendu du « Jocelyn » de M. de LAMARTINE [dans « le Semeur » du 23 mars 1836].

M. Vinet a donné des articles au « Semeur », au « Magasin pittoresque », etc. Il est l'auteur de chansons, qui sont devenues populaires, contre les Bernois, « l'Ours de Berne, etc.

On a publié : Discours prononcés à l'installation de M. Vinet comme professeur de théologie pratique dans l'académie de Lausanne, le 1er novembre 1837 [in-8].

VINET [Théophile]. [Voy. la *France littér.*, t. X, p. 226.] — Le bourreau de Paris, roman de mœurs (1418). Paris, Boulanger, 1845, 2 vol. in-8.

Citons encore : Paris et ses mœurs, histoires et chroniques, drames et romans, publiés au XIXe siècle [1840, in-18] ; — Au roi. Le 13 juillet 1842!!! [en vers. — 1842, in-8]; — Petites Nouvelles populaires. Rigolo 1er, ou le Chat amoureux, nouvelle nouvelle [1843, in-12]; — Petit livre d'étrennes pour 1844. L'Etoile du bon Dieu, petit album rose, contes et nouvelles [1843, in-32 avec 8 vign.]; — le Mémorial de Paris [1845, in-4]; — l'Etoile d'Orléans, petit poëme en trois chants [1845, in-32]; — Au roi, le 16 avril 1846 [en vers. — 1846, in-8]; — la Sainte Marie, strophes poétiques [1846, in-8]; — avec M. Alphonse ZOMBACH : A Luisa de Bourbon, duchesse de Montpensier. Un beau jour, cantate [1846, in-8] ; — les Nationales. Chansons patriotiques et populaires : *L'arbre de la liberté* [1848, in-4. — 6 couplets].

VINET [J.], ancien chef de bataillon, né à Fontenay-le-Comte le 18 juin 1791. — Sentences morales, ou le Confucius français. Ouvrage imité des Indiens et des Chinois, pour l'éducation de la jeunesse. Paris, Pinard, 1843, in-12 avec 1 portrait.

— Autre édition sous ce titre : Le Confucius français. Ouvrage imité des Indiens et des Chinois, pour l'éducation de la jeunesse. Paris, Marc-Aurel, 1845, in-12 [5 fr.].

Le volume est terminé par des poésies.
M. J. Vinet a recueilli et mis en ordre les « Mémoires » du général BELLIARD [1842, 3 vol. in-8].

VINET [E.]. Voy. MAURY [Louis-Ferdinand-Alfred].

VINGTRIE [Bayard de la]. Voyez BAYARD DE LA VINGTRIE.

VINGTRINIER [le docteur Arthur-Barthélemy], membre de la Société de la morale chrétienne, de la Société Hippocratique, de l'Académie et de la Société d'émulation de Rouen, directeur d'un des asiles d'aliénés et médecin en chef des prisons de Rouen, né dans cette ville le 13 juillet 1796. [Voy. la *France littér.*, t. X, p. 227.]

1. — Des prisons et des prisonniers. Versailles, Kléfer ; Paris, Garnier, Ebrard, Martellon, 1840, in-8 avec 1 plan [5 fr.].

2. — Opinion sur la question de la prédominance des causes morales ou physiques dans la production de la folie. Rouen, 1844, in-8 [1 fr. 25 c.].

Citons encore un *Mémoire sur les maladies épidémiques* observées en 1838 dans l'arrondissement de Rouen, inséré dans le Recueil de l'Acad. de Rouen [1840]; — Coup d'œil philosophique sur la direction des travaux de la Société d'émulation de Rouen [1843, in-8]; — de l'Emploi médical de l'huile de foie de morue et de raie [1843, in-8]; — Éloge académique du docteur Navet [1845, in-8]; — Société libre d'émulation de Rouen. Situation des sociétés de secours mutuels de Rouen en 1843 et 1848 [1848, in-8, avec un tableau).

M. Vingtrinier est en outre l'auteur d'une thèse soutenue en 1818 sur *l'opération de la pupille artificielle*, d'un Mémoire sur le *service de santé de la maison de détention de Rouen*, 1819 ; — d'un Mémoire adressé en 1839 à l'Acad. des sciences morales et politiques sur la *situation des jeunes détenus dans les prisons*; d'un Mém. couronné par l'Association normande sur les *règles à introduire dans les pénitenciers d'enfants*, etc.

VINGTRINIER [Aimé].
1. — Les Voyageuses, poésies. Lyon, Chambet aîné, 1849, in-32.
2. — Les Bugésiennes, poésies. Lyon, Chambet aîné, 1849, in-32.

VINNIUS [Arnold VINNEN, en latin], jurisconsulte hollandais, né en 1588, mort en 1657. [Voy. la *France littér.*, t. X, p. 227.] — Institutes de Justinien. Traité des actions, traduit de Vinnius par *L.-J. Horace Degouy* et *J.-B. Tixier de Lachapelle*. Paris, Th. Barrois père, 1829, in-8 [6 fr.].

VINSON [Auguste], de l'île Bourbon. — La mort de Marie-Antoinette (16 ocbtore 1793), poëme. Paris, Picard fils aîné, 1842, in-12 [1 fr.].

VIOLEAU [Hippolyte], de Brest. [Voy. une notice par M. PITRE-CHEVALIER, dans le *Musée des familles* (mai 1849).]

1. — Mes Loisirs, poésies. Paris, Furne, 1841, in-12 [2 fr.] ; — IIIe édit. avec une préface par M. *Louis Veuillot*. Brest, Lefournier, 1845, in-12.

Couronné aux Jeux floraux en 1842.
La IIe édition, augmentée de pièces nouvelles et d'une notice biographique, a été publiée sous le titre : *Loisirs poétiques* [Paris, Waille, 1844, in-12].

2. — La maison du Cap, nouvelle bretonne. Paris, Sagnier et Bray, 1847, in-12 [2 fr.].

On doit à M. Violeau : le Livre des mères chrétiennes [honoré du prix Montyon par l'Académie française]; — une pièce de vers intitulée : *l'Adieu de la nourrice*, dans le « Musée des familles » [mai 1849]. — M. Violeau a travaillé au « Correspondant. »

VIOLET. — Le martyre de saint Étienne (en vers). Paris, J.-G. Dentu, 1812, in-8.

Sous l'initiale M***.

VIOLET D'ÉPAGNY. Voy. VIOLLET D'ÉPAGNY.

VIOLETTE [Henri], ancien élève de l'École polytechnique, né à Paris le 27 mai 1809. [Voy. la *France littér.*, t. X, p. 228.] —Nouvelles manipulations chimiques simplifiées, ou Laboratoire économique de l'étudiant. IIe édition. Paris, A. Mathias, 1847, in-8 avec 4 tableaux [7 fr.].

VIOLLE, avocat à Aurillac, conseiller de préfecture, né à Mauriac.

M. Violle a publié un drame lyrique, des pièces de vers, des discours et des articles politiques et littéraires, qui ont paru dans « l'Écho du Cantal. »

VIOLLE [H.]. — Justice de la féodalité, ou un drame au moyen âge. Moulins, Place, 1842, in-12.

VIOLLET [Alphonse], né à Azay-le-Rideau le 1er novembre 1798. [Voy. la *France littér.*, t. X, p. 229.]

1. — Histoire des Bourbons d'Espagne. Paris, Lacour, Moreau, 1843, in-8 [6 fr.].

2. — Contes aux enfants du peuple, ou Traité pratique d'éducation, en une seule série de petits drames, etc. IIIe édition. Vaugirard, Lacour; Paris, Denis, 1842, in-18 [1 fr. 25 c.].

3. — Les poëtes du peuple au dix-neuvième siècle. Poissy, impr. d'Olivier Fulgence, 1846, in-12.

En vers et en prose.

Citons encore : Dernier mot de M. de Lamennais [1834, in-8. — Anonyme]; — Réplique de M. de Lamennais [1834, in-8. — Anonyme]; — Soulèvement de la Pologne, coup d'œil sur la situation [1846, in-8]; — Récit fidèle et complet des journées de juin 1848 [1848, in-8].

On attribue à M. A. Viollet *Deux mots d'un incroyant* aux « Paroles d'un croyant. » — Il a rédigé en chef, vers 1835, « le Grand Livre, journal de bibliographie générale et de critique littéraire. »

VIOLLET [J.-B.], ingénieur civil. [Voy. la *France littér.*, t. X, p. 230.] — Essai pratique sur l'établissement et le contentieux des usines hydrauliques. Paris, Carilian-Gœury et V. Dalmont, Mathias, Bachelier, Thorel, Bouchard-Huzard, 1840, in-8 avec pl. [6 fr. 50 c.]

Sommaire : Causes du succès ou de la ruine des entreprises industrielles; principes généraux du droit des usines hydrauliques et des cours d'eau; demandes d'autorisation; oppositions; règlement d'eau; achats des chutes d'eau; précautions à prendre; mesure de la puissance; influence des positions; droits de priorité; modifications des orifices; transactions; ventes ou locations d'eau ou de force motrice; ouvrages hydrauliques; roues à aubes planes, à augets, à aubes courbes, à réaction; turbines; marchés avec les constructeurs; notes; lois et règlements usuels.

Citons encore : Observations sur le projet de loi relatif aux brevets d'invention [1844, in-8]; — Remarques sur le rapport fait à la chambre des Députés, par M. Ph. Dupin, au nom de la commission chargée de l'examen du projet de loi sur les brevets d'invention [1844, in-8]; — Observations sur le projet de loi relatif aux brevets d'invention. Procès à craindre. Utilité d'en diminuer le nombre et la durée [1844, in-8].

M. J.-B. Viollet a publié le « Journal des Usines, à l'usage des propriétaires et des constructeurs d'établissements industriels », dont le 1er numéro a paru en juillet 1841 [Paris, impr. de Bouchard-Huzard, in-8].

Il a travaillé au « Dictionnaire de l'industrie manufacturière, commerciale et agricole. »

VIOLLET D'ÉPAGNY [J.-B. Bonaventure], auteur dramatique, né à Gray en 1789. [Voy. la *France litt.*, t. X, p. 230.]

1. — Claire Champrosé, drame en un acte, en vers. Paris, Breteau et Pichery, 1841, in-8 de 44 pag. [75 c.]

2. — Avec M. *Francis Girault* : Les Abus de Paris ancien et moderne. (1842, in-8). Voy. GIRAULT.

On doit aussi à M. Viollet d'Épagny : Complainte historique sur le procès du Glandier [1840, in-12. Sous le pseudonyme *Jacquot, ouvrier forgeron et poëte naturel limousin*]; — l'Ombre de M. Lafarge, avec le plaidoyer en faveur de cet époux infortuné, en 16 couplets [1840, in-16. — Sous le même pseudonyme]; — A-Propos sur l'anniversaire de la naissance de Molière [1842, in-8. — Trois scènes en vers].

M. Viollet d'Épagny a publié sous le voile de l'anonyme *le Tournesol et les Fleurs*, fable [« Fables » de STASSART. Édit. de 1847, p. 312].

VIOLLET-LEDUC, poëte, critique, bibliophile. [Voy. la *France littér.*, t. X, p. 231.]

1. — Au Roi. Paris, impr. de Lacrampe, 1840, in-4 de 8 pag.

En vers.

2. — Bibliothèque poétique, ou Catalogue des livres composant la Bibliothèque poétique de M. Viollet-Leduc, avec des notes bibliographiques, biographiques et littéraires sur chacun des ouvrages catalogués, pour servir à l'histoire de la poésie en France. Paris, 1843, in-8.

M. Viollet-Leduc a travaillé au « Dictionnaire de la conversation et de la lecture. » — Son *Épître à M. Sainte-Beuve* est de 1837 et non de 1839, comme cela est dit dans la « France littéraire. »

VION [Michel]. — Coup d'œil sur la perfectibilité humaine. Abbeville, impr. de Paillart, 1840, in-8 de 80 pag.

Fait partie des « Mémoires de la Société d'émulation d'Abbeville. »

VION [Charles]. — Méthode de coupe d'habillement. Paris, impr. d'Henry, 1847, in-8, avec un cahier in-4 de 12 pl. [10 fr.]

VIOSSAT [Victor]. — L'organisation du travail. Lyon, impr. de Chanoine, 1848, in-8 de 44 pag.

VIQUESNEL [Auguste]. — Statistique administrative de la Société géologique de France, depuis l'époque de sa fondation, en 1830, jusqu'au 31 décembre 1843. Résumé par l'auteur du texte du manuscrit présenté dans la séance du 6 mai 1844, et déposé dans les archives de la Société. Paris, impr. de Bourgogne, 1844, in-8 de 56 pag.

VIRAC, notaire à Sauternes. — Priviléges de la ville de Langon. Bordeaux, impr. de Faye, 1846, in-8 de 24 pag.

VIRBÈS DE MONTVAILLIER [Ch.].
1. — L'Avenir, poëme en quatre chants sur la mutualité. Paris, Krabbe, 1845, in-8 de 116 pag. [2 fr. 50 c.]
2. — L'Hiver, poëme. Compiègne, impr. de Vol, 1846, in-8 de 8 pag. [50 c.]

VIREL [Henri de].
1. — Des rapports entre le parti légitimiste et la république. Paris, impr. de Claye, 1848, in-8 de 48 pag.
2. — Essais. Mélanges politiques et littéraires. Vannes, Lamarzelle; Paris, Lagny, 1849, in-8.

VIREY [J.-J.], docteur en médecine, pharmacien en chef du Val-de-Grâce, député de la Haute-Marne, membre de l'Académie de médecine, né à Hortès (Haute-Marne) en 1775, mort au mois de mars 1846. [Voy. la *France littér.*, t. X; p. 232.]
1. — Nychtentère sur les fonctions animales, thèse. 1814, in-4.
2. — De la physiologie dans ses rapports avec la philosophie. Paris, J.-B. Baillière, 1843, in-8 [7 fr.].

M. Virey a pris une part considérable à la rédaction du « Dictionnaire des sciences médicales », dont il n'a pas fait moins de 6 à 8 volumes. Il a travaillé au « Nouveau Dictionnaire d'histoire naturelle appliquée à l'agriculture et aux arts »; — à la « Feuille du cultivateur »; — au « Journal complémentaire du Dictionnaire des sciences médicales »; — à « l'Encyclopédie des sciences médicales »; — au « Journal de physique »; — à la « Revue médicale »; — au « Journal de pharmacie et de chimie »; — au « Journal universel des sciences médicales »; — au « Dictionnaire de la conversation et de la lecture », etc.

M. Virey a rédigé : Géographie astronomique du Bassigny; Physiologie des corps organisés; Mémoires d'histoire naturelle appliquée à l'agriculture, qui n'ont pas été publiés.

VIRGILE [Publius *Virgilius Maro*], poëte latin, né vers l'an 70 avant J.-C. au village d'Andes, près de Mantoue, mort à Brindes l'an 19 de l'ère chrétienne. [Voy. la *France littér.*, t. X, p. 235.]
1. — P. Virgilii Maronis opera interpretatione et notis illustravit *Carolus Ruæus*, jussu christianissimi regis, ad usum serenissimi Delphini. Editio novissima. Paris, Aillaud, 1844, 3 vol. in-12 [9 fr.].
2. — L'Énéide, traduction nouvelle, par M. *de Pongerville*, suivie des Bucoliques et des Géorgiques, traductions nouvelles, par M. *Ferdinand Collet*. Paris, Lefèvre, 1843, in-12 [4 fr.].

Traduction en prose. Le texte est au bas des pages.

3. — *Lucrèce, Virgile, Valérius-Flaccus*. OEuvres complètes, avec la traduction en français, publiées sous la direction de M. Nisard. Paris, Dubochet, 1843, gr. in-8 [15 fr.].

La traduction de *Virgile* est de M. Auguste NISARD.

— OEuvres complètes, avec la traduction en français. Paris, Dubochet, Lechevalier, 1845, in-12 [3 fr.].

Le faux-titre porte : « Chefs-d'œuvre de la collection des auteurs latins, avec la traduction en français, publiée sous la direction de M. Nisard. » Le texte latin est au bas de la traduction.

4. — OEuvres, traduites en vers, avec le texte en regard, par *Louis Duchemin*. IIIe édition. Paris, Hachette; Lyon et Paris, Périsse, 1844, 3 vol. in-8 [15 fr.].

Bucoliques, Géorgiques, Énéide.

5. — Les Bucoliques de Virgile. Traduction nouvelle en vers français, avec tous les passages des auteurs grecs et latins imités par Virgile, et des auteurs grecs, latins et français qui ont imité Virgile. Édition revue et corrigée, suivie d'un choix de poésies, par *J.-F.-S. Maizony de Lauréal*. Paris, Comon, 1846, in-8 [7 fr.].

Quant aux nombreuses éditions classiques des *Bucoliques*, des *Géorgiques* et de l'*Énéide*, avec des additions, sommaires, examens littéraires et notes en français, nous citerons seulement les noms des annotateurs : MM. Aug. DESPORTES, AMAR, Timothée FABRE, Fl. LÉCLUSE, FRANÇOIS, FRÉMONT, Th. KERLOCH, J.-F. MICHAUD, MOLLEVAUT, V. PARISOT, D. PINART, SOMMER, J.-L. VINCENT et de WAILLY; et ceux des éditeurs MM. Hachette, Delalain, Dezobry, E. Magdeleine, Poilleux, Labbé, Périsse, Maire-Nyon, Boulet, etc.

VIRICEL [J.-M.], ancien chirurgien-major de l'Hôtel-Dieu de Lyon, membre de l'Académie de cette ville.
1. — L'art de préparer les malades aux grandes opérations, 1792, in-12.
2. — Traitement interne et rationnel de la cataracte. 1833, brochure in-8.

VIRLA, ingénieur en chef des ponts et chaussées. — De l'effet utile des machines locomotives et de ses variations. 1839, brochure in-8 [1 fr. 50 c.].

M. Virla a travaillé aux « Annales des ponts et chaussées. »

VIRLET [Théodore], ingénieur des mines. [Voy. la *France littér.*, t. X, p. 249.]

1. — Description géologique de Santorin (Morée). In-4 [1 fr.].

2. — Mémoire sur les filons en général, et le rôle qu'ils paraissent avoir joué dans les phénomènes du métamorphisme ; note sur les roches d'imbibition, etc. Paris, impr. de Bourgogne, 1845, in-8 de 40 pag.

M. Th. Virlet a donné des articles à la « France départementale. »

VIROLLE. — Guide des syndics, ou Traité sur les faillites et banqueroutes. Paris, 1839, in-8 [6 fr.].

VIROUX [C.]. — Annuaire politique, statistique, administratif, judiciaire et commercial de l'arrondissement d'Avesnes, précédé d'un coup d'œil sur le gouvernement de la France. Avesnes, Viroux, 1841, in-18.

VIRTON [A.]. — Le combat des trente. Scène héroïque sur une action qui eut lieu, le 26 mars 1350, dans les landes de la Croix-Haeslan (aujourd'hui Hellan), près le chemin de Josselin à Ploërmel (Bretagne). Angoulême, impr. de Lefraise, 1849, in-8 de 12 pag.

VIRY [Charles-Louis-Vincent], tisserand à Gérardmer. — Le guide des tisserands. Rambervillers, impr. de Mejeat, 1846, in-12 de 72 pag.

VISCONTI [Ennius Quirinus], antiquaire et homme d'État, conservateur du musée des antiques au Louvre, membre de l'Institut, né à Rome le 1er novembre 1751, mort à Paris le 7 février 1818. [Voy. la *France littér.*, t. X, p. 250.] — Mémoire sur un vase grec enrichi de peintures et d'inscriptions. Milan, Société des typographes italiens, 1837, in-8.

Publié par J. Labus et dédié par lui à MMlles Angeline et Joséphine Raoul-Rochette.

VISÉ D'ARCHIAC. — Avec M. *Ed. de Verneuil* : Memoir on the fossils of the older deposits in the Rhenish provinces. Paris, impr. de Bourgogne, 1842, in-4 de 40 pag.

VISIEN [Alphonse de]. — Premier essai de poésie. Paris, Amyot, 1844, in-8 [2 fr. 50 c.].

VISINET, industriel, publiciste, préfet de l'Orne en 1848.

1. — Aide-toi, le ciel t'aidera. Manuel de l'électeur dans l'exercice de ses fonctions. Paris, impr. de P. Renouard, 1827, in-8 de 20 pag.

2. — Aperçus économiques à propos de l'exposition des produits de l'industrie en 1844 ; et des doctrines d'organisation du travail de M. Louis Blanc, en 1847. Rouen, impr. de Brière ; Paris, Guillaumin, 1849, in-8 de 128 pag.

Citons encore : *Discours sur la tombe de Jacques Laffitte*, avec ceux de MM. ARAGO, etc., dans la brochure intitulée : « Jacques Laffitte, mort le 26 mai 1844 » [1844, in-12].

M. Visinet a été rédacteur du « Journal de Rouen. »

VISINET [E.]. — Des gencives et des dents, de leurs maladies, des différents moyens thérapeutiques et hygiéniques propres à les en préserver ou à les en guérir. Rouen, impr. de Lefèvre, 1842, in-12 [3 fr.].

VITAGLIANO [l'abbé]. — Manuel des associés aux Cœurs de Jésus et de Marie. Marseille, Olive, 1842, in-8.

VITAL, [Orderic]. Voy. ORDERIC VITAL.

VITAL [Étienne]. [Voy. la *France littér.*, t. X, p. 252.]

1. — Tenue des livres en partie double, pour le commerce, la banque, la bourse, les fabriques, etc. IIIe édition. Paris, impr. de Baudouin, 1840, in-8.

2. — Méthode d'écriture en peu de leçons. Paris, impr. de Chassaignon, 1845, in-12.

VITAL [Dominique]. — Histoire de l'empereur Napoléon, suivie de la translation de ses cendres à Paris. Paris, Cajani, in-8 avec 2 portraits [6 fr.].

VITAL-BERTHIN. — Des notaires au moyen âge. Vienne, impr. de Timon, 1845, in-8 de 16 pag.

VITALIS [I.-H.-J.-M. OLIVIER]. Voy. OLIVIER VITALIS.

VITET [Louis ou Ludovic], né à Paris le 18 octobre 1802, inspecteur des monuments historiques, député, membre libre de l'Académie des inscriptions, membre de l'Académie française. [Voy. la *France littér.*, t. X, p. 254.]

1. — La Ligue, scènes historique. Paris, Ch. Gosselin, 1844, 2 vol. in-12, avec un plan [7 fr.].

Le tome Ier contient *les Barricades*; le tome II *les États de Blois* et la *Mort de Henri III*.

2. — Histoire de Dieppe. IIe édition. Paris, Ch. Gosselin, 1844, in-12, avec 2 pl. [3 fr. 50 c.]

3. — Monographie de l'église Notre-Dame de Noyon. Plans, coupes, élévations et détails, par Daniel Ramée. Paris, impr. royale, 1845, in-4, avec un atlas in-fol. de pl. [50 fr.]

4. — Fragments et mélanges. Paris, Comon, 1846, 2 vol. in-12.

Tome Ier : *Beaux-arts, critique littéraire et artistique*; — tome II : *Archéologie du moyen âge*.

5. — La mort de Henri III, août 1589. Scènes historiques, faisant suite aux Barricades et aux États de Blois. IIe édition. Paris, H. Fournier jeune, 1849, in-8 de 16 pag.

L'avant-propos est daté du 12 mai 1829.

6. — Les États d'Orléans, scènes historiques. Paris, Michel Lévy, 1849, in-8 angl. [2 fr.]

7. — Eustache Lesueur, sa vie et ses œuvres. Paris, Challamel, 1843, in-4.

Ouvrage publié en 20 livraisons.
Citons encore : Aide-toi, le ciel t'aidera, aux citoyens et aux électeurs (1827, in-8) ; — Rapport à M. le ministre de l'intérieur sur les monuments, les bibliothèques, les archives et les musées des départements de l'Oise, de l'Aisne, de la Marne, du Nord et du Pas-de-Calais (1831, in-8] ; — Discours prononcé dans la séance publique tenue par l'Académie française du 26 mars 1846 (1846, in-8. — La réponse est de M. MOLÉ. — Voy. un article sur la réception de M. Vitet à l'Acad., par M. SAINTE-BEUVE, dans la « Revue des Deux-Mondes » du 1er avril 1846 ; « le Moniteur » du 27 mars 1846, « le Constitutionnel » de la même date, etc.] ; — Monographie de la cathédrale de Chartres [atlas, 2 livr.]; — Histoire financière du gouvernement de Juillet (1848, in-12. — Cet écrit a paru pour la première fois dans la « Revue des Deux-Mondes » [15 septembre 1848].

M. L. Vitet a fait précéder d'une *Notice historique* sur « Il Beato Angelico da Fiesole » les : « Fresques du couvent de Sainte-Marie à Florence », dessinées par M. H. de Laborde (Paris, Curmer). — Il a fourni des articles nombreux de littérature et de beaux-arts à la « Revue des Deux-Mondes », à la « Revue contemporaine » ; il a aussi travaillé au « Journal des savants. »

VITON DE SAINT-ALLAIS [Nicolas]. Voy. SAINT-ALLAIS.

VITREY [P.-C.].

1. — Arithmétique décimale. Neufchateau, impr. de Mongeot, 1843, in-12 de 120 pag.

2. — Thèmes français doublement utilisés par l'application simultanée des principes d'orthographe usuelle et de toutes les règles de la grammaire. Ouvrage basé sur la synthèse, etc. Paris, Renouard, Hachette, Lecoffre, 1848, in-12.

VITRUVE [Marcus Vitruvius Pollio], architecte latin qui vivait au Ier siècle avant J.-C. [Voy. la *France littér.*, t. X, p. 256.]

1. — L'architecture de Vitruve. Traduction nouvelle par *Ch.-L. Maufras*. Paris, Panckoucke, 1847-48, 2 vol. in-8.

2. — Vitruve, (publié avec *Celse, Frontin* et *Censorin*). Paris, Dubochet, 1846, gr. in-8.

La traduction de Vitruve est celle de PERRAULT, revue par M. BAUDEMENT.

VITRY [Aubert de]. Voy. AUBERT DE VITRY.

VITRY [Urbain], architecte, professeur de mécanique industrielle et de géométrie à l'école de Toulouse. [Voy. la *France littér.*, t. X, p. 256.]

1. — Le Vignole de poche, ou Mémorial des artistes, des propriétaires et des ouvriers; suivi d'un Dictionnaire complet d'architecture civile. V^e édition stéréotype, augmentée de 20 planches dessinées, cotées et gravées sur acier par Hibon. Paris, Audot, 1843, in-16 [4 fr.].

La première édition est de 1823.

2. — Dictionnaire portatif d'architecture civile et des arts qui en dépendent. IIIe édition. Paris, Audot, 1840, in-16 [2 fr.].

La première édition est de 1827, in-12.

3. — Achèvement de la place du Capitole. Toulouse, impr. de Bonnal, 1849, in-8 de 8 pag.

Extrait du « Journal de Toulouse. »

4. — Compte-rendu des expositions

e l'industrie du département de la dHaute-Garonne. 2 vol. in-8.

VITU [Auguste], ancien sous-préfet, membre de la société des gens de lettres, né à Meudon le 7 octobre 1823. — Les Chauffeurs du Nord, souvenirs de l'an IV à l'an VI. Paris, Comon, 1845-46, 5 vol. in-8.

Cet ouvrage a paru sous le nom E.-F. VIDOCQ ; il passe pour avoir été rédigé par M. A. Vitu. Citons encore : Avec M. Paul FARNÈSE [Laurence de BLANZY] : Physiologie de la polka, d'après Cellarius. Illustrations polkaïques [1844, in-24] ; — avec M. Jules FREY : Physiologie du bal Mabille [1844, in-32]; — Paris l'été. Le Jardin Mabille [1847, in-32]; — les Bals d'hiver. Paris masqué [1848, in-18]. — On doit aussi à M. Vitu quelques pièces de théâtre qui n'ont point été imprimées : Avec M. FAULQUEMONT [Paul LAMARLE] : Barbeau fils aîné; Perlerinette ou les francs jobards; les Sauvages pour rire.
M. Aug. Vitu a donné dans l'« Écho agricole »: l'Églantine [1847].
Il a travaillé à « l'Almanach astrologique, » à « L'année littéraire, revue mensuelle des lettres et arts » ; au «Musée des familles » ; etc.
On lui attribue des articles publiés dans divers journaux sous le pseudonyme de Joseph d'ESTIENNE, et sous celui de SAADI.

VIVENOT [Lamy]. Voy. LAMY VIVENOT.

VIVENS [le vicomte de].
1. — Nouvelles recherches sur les encombrements toujours croissants de la Garonne inférieure et de la Gironde, particulièrement relatives à la portion de leur lit qui longe les côtes du Médoc. Bordeaux, impr. de Faye, 1841, in-8 de 140 pag., avec 2 cartes.
2. — Réflexions d'un vieil ami de son pays sur la nouvelle constitution promise à la France. Paris, impr. de Renouard, 1848, in-8 de 8 pag.

VIVÈS [Joseph-Benjamin]. [Voy. la France littér., t. X, p. 257.] — Translation des cendres de l'empereur Napoléon, scène héroïque. Bordeaux, impr. de Ramadié, 1841, in-8 de 32 pag., avec un frontispice.

VIVET [Ed.], peintre décorateur et entrepreneur. — Méditations sur la révolution de Février et sur la constitution démocratique qu'elle doit donner au pays. Paris, impr. de Poussielgue, 1848, in-fol. de 2 pag.

VIVIE [l'abbé E. de], archiprêtre. — De l'enseignement primaire tel qu'il doit être. Un curé à ses paroissiens. Agen, Chairon, 1849, in-8 de 32 pag.

VIVIEN [Louis], connu aussi sous le nom de *Vivien de Saint-Martin*, géographe, historien, membre de la Société de géographie, de la Société asiatique, de la Société d'ethnologie, etc. [Voy. la *France litt.*, t. X, p. 257.]

1. — Histoire générale de la révolution, du consulat, de l'empire, de la restauration, de la monarchie de 1830 jusqu'à 1841. IIe édition. Paris, Pourrat, 1843, 4 vol. in-8 [36 fr.].

La première édition, publiée en 144 livraisons formant 2 vol. in-8, a pour titre : *Histoire générale de la révolution française, de l'empire, de la restauration, de la monarchie de 1830, jusques et compris 1841* [Paris, Pourrat frères, 1841-42].

2. — Histoire des découvertes géographiques des nations européennes dans les diverses parties du monde, présentant, d'après les sources originales pour chaque nation, le précis des voyages exécutés par terre et par mer, et offrant le tableau complet de nos connaissances actuelles sur les pays et les peuples de l'Asie, de l'Afrique, de l'Amérique et de l'Océanie, avec un grand nombre de cartes et une bibliographie complète des voyages. Paris, Arth. Bertrand, 1845 et années suiv. in-8.

On annonce que l'ouvrage sera divisé en séries : I. *Asie antérieure* [9 vol.]; — II. *Asie méridionale, centrale et septentrionale* [10 vol.]; — III. *Afrique* [10 vol.]; — IV. *Amérique et Océanie* [14 vol.]. Il y aura en outre un atlas de 60 cartes.

3. — Recherches sur les populations primitives et les plus anciennes traditions du Caucase, lues à la Société d'ethnologie de Paris, dans les séances du 27 août et du 24 septembre 1846. Paris, Arth. Bertrand, 1847, in-8.

4. — Mémoire historique sur la géographie ancienne du Caucase, depuis l'époque des Argonautes jusqu'aux guerres de Mithridate, dans les premiers siècles avant notre ère. Paris, Arth. Bertrand, 1847, in-8 de 104 pag.

Lu à l'Académie des inscriptions et belles-lettres, dans les séances de février 1847.

5. — Recherches sur l'histoire de l'anthropologie (première partie). Paris, impr. de Mme Dondey-Dupré, 1845, in-8 de 36 pag.

6. — Les Huns blancs, ou Ephtha-

lites des historiens byzantins. Paris, impr. de Thunot, 1849, in-8 de 125 pag.

Lu à l'Acad. des inscriptions et belles-lettres, dans les séances de juillet 1849.

M. L. Vivien a traduit de l'anglais : « Journal d'une résidence en Circassie pendant les années 1837, 1838 et 1839 », par J.-S. BELL [1841, 2 vol. in-8]. — Il a rédigé les « Nouvelles Annales des voyages et des sciences géographiques »; — il a dirigé le journal « l'Athénæum français. »

VIVIEN [A.-F.-A.], né à Paris le 3 juillet 1799, avocat, procureur général près la cour royale d'Amiens en 1830, préfet de police, conseiller d'État, député, garde des sceaux et ministre de la justice à l'avénement du ministère du 1er mars 1840, vice-président du conseil d'État (1844), membre de l'Académie des sciences morales et politiques, mort le 8 ou le 9 juin 1854. [Voy. la *France littér.*, t. X, p. 258.] — Études administratives. Paris, Guillaumin, 1846, in-8 [7 fr. 50 c.].

Préface. — I. *Le Pouvoir administratif.* Rapports de l'administration avec le pouvoir législatif. Rapports de l'administration avec le pouvoir politique. Rapports de l'administration avec le pouvoir judiciaire. Principes constitutifs de l'administration. Garanties attachées à l'exercice des pouvoirs de l'administration. Conclusion. — II. *Les fonctionnaires publics.* Dénombrement et organisation des fonctionnaires publics. Conditions d'aptitude. Noviciat. Moyens d'admission. Promotion aux emplois supérieurs. Règles d'avancement. Devoirs des fonctionnaires envers l'État. Devoirs des fonctionnaires envers le public. — Entre eux. — Dans la vie privée. Discipline. Droits des fonctionnaires. Stabilité de l'emploi. Protection. Droits des fonctionnaires. Salaires. Retraites et pensions. — III. *Le conseil d'État.* Le conseil d'État sous le régime constitutionnel. — Composition du conseil d'État. Fonctions et formes de procéder du conseil d'État. § 1. Matières administratives. § 2. Matières contentieuses. — IV. *Le préfet de police.* Organisation générale. Pouvoir du préfet. Ordonnances de police. Droit d'arrestation. Police politique. Police de sûreté. Police administrative. Attributions diverses. — V. *Les théâtres.* Les théâtres en Angleterre. Législation française. Priviléges. Censure. Droits d'auteur. Comédiens. État de souffrance des théâtres. Causes de cette souffrance. Mesures administratives à prendre à l'égard des théâtres.

Voy. sur cet ouvrage « le Moniteur » du 6 avril 1846.

Citons encore : Rapport au conseil d'État dans l'appel comme d'abus dirigé par M. le garde des sceaux contre le mandement fulminé par M. le cardinal de Bonald, archevêque de Lyon, contre le livre de M. DUPIN intitulé : « Manuel du droit public ecclésiastique français » [1846, in-4. — Ce *Rapport* est imprimé dans « le Moniteur » du 28 mars]; — le Préfet de police (1845, in-8. — Extrait de la « Revue des Deux-Mondes » du 1er décembre 1842]; — De la défense des indigents dans les procès civils et criminels. Rapport à l'Académie des sciences morales [1848, in-8. — Extrait du « Journal des économistes », 15 décembre 1847].

M. A. Vivien a travaillé au « Dictionnaire de la conversation et de la lecture »; à la « Revue de législation et de jurisprudence »; au « Journal des économistes », etc. Il a donné dans la « Revue des Deux-Mondes » des études administratives et des lettres politiques sur les discussions des Chambres, la question de cabinet, en 1843, etc.

VIVIEN [H.]. — Physiologies méridionales. L'Académie des jeux floraux. Toulouse, Dussin, 1842, in-32.

VIZÉNTINI [A.], artiste et auteur dramatique, directeur du second Théâtre Français. [Voy. la *France littér.*, t. X, p. 258.] — Théâtre royal de l'Odéon, second Théâtre Français. Paris, impr. de Fain, 1847, in-4 de 2 pag.

Note à MM. les Députés.

VIZENTINI [Jules]. — Avec M. *Jouhaud :* Robert Macaire et Bertrand, ou les suites d'un cauchemar, folie en un acte (1849, in-8). Voy. JOUHAUD.

VOEGELI. — Méthode pour la révision des orgues d'église. Paris, Séguin, 1846, in-8 de 56 pag.

VOEMEL [Jean-Théodore].

Le docteur Voemel a publié, revu et augmenté d'index les textes grec et latin des « Œuvres » de DÉMOSTHÈNES [Paris, F. Didot, 1843, in-8. — Seconde partie. Paris, F. Didot, 1846, in-8].

VOGEL [J.]. — Anatomie pathologique. Paris, J.-B. Baillière, 1843, in-8 [7 fr. 50 c.].

Fait partie de « l'Encyclopédie anatomique. »

VOGEL. Voy. GRETSCH.

VOGHT [P.-F. de]. — Avec MM. *Janssens* et *E. Duval :* Répertoire de musique d'église (1847, gr. in-fol.). Voy. JANSSENS.

VOÏART [J.-P.]. [Voy. la *France littér.*, t. X, p. 260.] — Le petit dessinateur, ou les vrais éléments du dessin enseignés en seize leçons. IIe édition. Paris, Lavigne, Langlois et Leclercq, 1842, in-12, avec 1 pl. [3 fr.]

VOÏART [Anne-Elisabeth-Elise PETIT-PAIN, dame], née à Nancy en 1786. [Voy. la *France littér.*, t. X, p. 261.]

1. — Jacques Callot, 1606 à 1637. Paris, Dumont, 1841, 2 vol. in-8, avec un portr. [15 fr.]

2. — Or ! devinez. 2 vol. in-8.

Citons encore : la Visite aux prisonniers [1844, in-16]; — la Petite Chapelle, suivie de Éliane, souvenirs de Normandie [1845, in-18, avec 1 grav.]; — Médor, le bon chien; suivi de Petit Pierre et Pierrette [1845, 1849, in-32]; — la Petite Fille vouée au blanc; suivie du *Cheval de bois* [1845, 1849, in-32]; — le Petit Livre vert, ou Comment on apprend à bien lire [1845, 1849, in-32]; — le Jour de l'an [1845, 1849, in-32]; — le Nid de pinson, suivi d'*Anna l'obstinée* [1849, in-32]; — le Bethléem [1846, 1849, in-32].

Mme Élise Voïart a traduit de l'allemand : « Agnès et Bertha, ou les Femmes d'autrefois », par Aug. LAFONTAINE; — « les Petits Livres couleur de rose », par J. GLATZ; — « le Robinson suisse », par WYSS; — et de l'anglais : « Nouveaux Contes populaires, » par miss EDGEWORTH.

Elle a donné dans le « Livre des Cent et un » : *l'Église des Petits-Pères à Paris* [t. VI, p. 157]; — dans « les Femmes de Shakspeare » : *la Douzième nuit*.

Mme Élise Voïart a travaillé au « Dictionnaire de la conversation et de la lecture »; au « Journal des Demoiselles »; au « Journal des Jeunes Personnes » et aux « Femmes de Walter Scott. »

VOIDEL. — De la réforme sociale par la réforme de l'impôt. Paris, impr. de Bonaventure, 1848, in-plano.

VOILLEMIER [Léon], docteur en médecine, agrégé à la Faculté, né à Chaumont (Haute-Marne).

M. Voillemier est auteur d'un Mémoire sur la fièvre puerpérale, qui a été publié dans le « Journal des connaissances médico-chirurgicales » et couronné par la Faculté [1839]; — Il a publié en outre des mémoires : sur les luxations du poignet [Archives générales, 1839]; — sur les fractures de l'extrémité inférieure du radius [*ib.*, 1841]; — sur l'étranglement dans quelques hernies [*ib.*, 1844]. — Il est l'auteur d'un travail sur les anévrismes variqueux du pli du bras [Bulletin de thérapeutique, 1843]; — de mémoires sur les grossesses extra-utérines, sur les accouchements; d'une thèse sur la claudication, etc.

VOILLOT, docteur en médecine. — Première lettre à M. *** sur l'importance d'un logement salubre. Dijon, impr. de Douillier, 1842, in-8 de 16 pages.

Il y a une *seconde lettre* (32 pag.) et une *troisième lettre* (32 pag.).

On doit encore à M. le docteur Voillot : *Observation pour servir à l'histoire de l'empoisonnement par l'opium* [Mém. de l'Acad. des sciences, arts et belles-lettres de Dijon, ann. 1843-44, partie des sciences, p. 141-46].

VOIREL DE SAINT-MARCEL. — Un jour de fête et de mort, poëme. Paris, Terry, 1842, in-8 de 8 pag. [25 c.].

VOISIN [Félix], médecin en chef des aliénés de l'hospice de Bicêtre, membre de plusieurs société savantes. [Voy. la *France littér.*, t. X, p. 265.] — De l'idiotie chez les enfants, et des autres particularités d'intelligence ou de caractères qui nécessitent pour eux une instruction et une éducation spéciales; de leur responsabilité morale. Paris, J.-B. Baillière, 1843, in-8 de 128 pag. [2 fr. 50 c.]

Citons encore : du Traitement intelligent de la folie, et application de quelques-uns de ses principes à la réforme des criminels [1847, in-8]; — Mémoire en faveur de l'abolition de la peine de mort, adressé aux représentants du peuple [1848, in-8]; — Mémoire en faveur de l'abolition de la peine de mort [1848, in-8. — Extrait de la revue mensuelle « le Franc-Maçon »].

M. F. Voisin a publié divers mémoires dans le « Recueil de la Société phrénologique. »

VOISIN [Auguste], bibliographe, professeur de poésie à l'athénée de Gand, bibliothécaire de l'université de cette ville, correspondant de l'Académie royale de Belgique, né à Tournay vers 1800, mort à Gand au mois de février 1843. [Voy. le *Dictionnaire des hommes de lettres de Belgique*, p. 226, et la *France littér.*, t. X, p. 266.]

1. — Examen critique des historiens de Jacques Van Artevelde, ou un grand homme réhabilité; avec pièces justificatives. Gand, 1841, in-8 [2 fr. 50 c.].

2. — Avec M. *Serrure :* Notice sur le cabinet monétaire de S. A. le prince de Ligne. Gand, 1847, in-12.

C'est par erreur que, dans l'article consacré à M. Voisin dans la « France littér. », on a indiqué comme deux ouvrages différents : *Documents pour servir à l'hist. des bibliothèques de Belgique* et *Hist. des bibliothèques de Belgique*. C'est un seul et même ouvrage; le premier titre seul est exact.

VOISIN [J.-C.], docteur en médecine. [Voy. la *France littér.*, t. X, p. 269.] — Hygiène du soldat, en Espagne, en Portugal et en Afrique (Nord), applicable au soldat dans les parties méridionales de la France, suivie d'un Essai sur la colique dite de Madrid, considérée comme névralgie splanchnique. Paris, Gaultier-Laguionie, 1841, in-8 [3 fr.].

VOISIN [l'abbé A.]. [Voy. la *France littér.*, t. X, p. 269.] — Vie de saint Julien et des autres confesseurs pontifes, ses successeurs. Traduction des manuscrits de l'église du Mans, inédits ou publiés par les bollandistes, D. Mabillon, Baluze, etc. Le Mans, Lanier; Paris, Techener, Derache, 1844, in-8 [6 fr.].

Le faux-titre porte : « Polyptiques de l'église du Mans : confesseurs, pontifes, I. »

VOISIN. — De l'union intime et nécessaire qui existe entre la religion et la politique, et du catholicisme comme religion de l'État. Paris, Pillet aîné, 1842, in-8 de 124 pag. [3 fr.]

VOISIN, ancien colonel de cavalerie. — Équitation militaire. Du faux effet des rênes de bride et d'un moyen d'y remédier. Paris, impr. de Lange-Lévy, 1845, in-8 de 16 pag.

VOISIN [E.-R.]. — Instruction à l'usage des sous-officiers de la garde nationale appelés à rendre militairement les honneurs funèbres. Paris, Simonet-Delaguette, 1842, in-32.

VOISIN [L.-T.], layetier-emballeur. — Voilà la vérité. Abolition du paupérisme. Paris, impr. de Bonaventure, 1849, in-fol.

Citons encore : le Droit au travail et à l'existence, expliqué par un ouvrier qui a vécu dans toutes les classes de la société, n'a été qu'à l'école du travail, et est arrivé à l'âge de 42 ans [1849, in-fol.] ; — l'Opulence et la misère soulagée par le vote universel; Plus de révolutions et bien-être général [1849, in-fol.] ; — le Positif, réforme des abus. Réflexions d'un ouvrier, après sa journée, appelant l'attention des hommes de bien sur les vices que la société possède, et pour tâcher de les détruire [1849, in-fol.] ; — Plus de révolutions ! [1849, in-fol.] ; — Degré des âges. Comptoir national. Rentes viagères alimentées par 20 millions de personnes dans la force de l'âge, de 20 à 60 ans] ; — Sujet historique d'amélioration pour la société, proposé à la suite de la révolution de février 1848 [1849, in-4] ; — les Trois États, pour que chacun puisse faire son état, et empêcher que quatre-vingt mille familles ne soient dans la peine tous les ans [1849, in-plano].

VOIT [P.-Edmond]. — Theologia moralis ad commodiorem usum in alma universitate Herbipolensi. Editio duodecima. Cura Mis Gauthier. Paris, Martin, 1842-43, 2 vol. in-12 [10 fr.].

VOITELIN [Louis], ouvrier imprimeur. [Voy. la France littér., t. X, p. 269.] — Le convoi de Napoléon, stances dédiées aux patriotes. Paris, Prévot, Rouanet, 1840, in-8 de 12 pag.

En vers.

On doit encore à M. L. Voitelin : L'an dix-huit cent quarante, chant prolétaire [1840, in-8. — Extrait du « Journal du peuple »] ; — Louis-Napoléon [1848, in-4. — Six couplets] ; — Le neveu de l'oncle [1848, in-fol. — Six couplets] ; — A Raspail [1849, in-4. — Six couplets, avec les moyens préservatifs contre le choléra et les moyens curatifs].

M. Voitelain est aussi l'auteur de deux chansons qui font partie des « Chants plébéiens » [1840, in-18].

VOITRIN. — Dithyrambe sur la translation des restes mortels de l'empereur Napoléon. Paris, Féret, 1840, in-16, avec 1 lith.

VOITURET. — Manuel pratique à l'usage des concierges, également nécessaire aux propriétaires et locataires. Auxonne, impr. de Saulnié, 1846, in-18 [1 fr.].

VOIVREUIL [Laurent de]. — Histoire du Grand Condé. Tours, Pornin, 1847, in-12, avec portrait.

VOIZO [Charles], tambour de la XIe légion de la garde nationale de Paris, puis de celle de Boulogne (Seine). — Aux braves de Mazagran, couplets héroïques. Paris, impr. de Chassaignon, 1840, in-8 de 4 pag.

Citons encore : les Cendres de Napoléon, couplets dédiés aux vieux soldats [1840, in-8] ; — une Bonne Leçon, ou Avis aux garçons, chanson nouvelle [1840, in-8] ; — Riche et pauvre, chanson nouvelle [1840, in-8] ; — la Fraternité [1848, in-4. — Cinq couplets].

VOLAT [Jules]. — Veillées d'hiver. Agen, impr. de Noubel, 1841, in-8.

Six nouvelles, en prose.

VOLLIER [A.], agent général de la brasserie de France. — Réponse au rapport de M. Mauguin sur les boissons. Paris, impr. de Bénard, 1849, in-8 de 4 pag.

A MM. les membres de l'Assemblée nationale.

VOLNEY [le comte Constantin-François CHASSEBŒUF de], orientaliste, philosophe, voyageur, membre de l'Institut, né à Craon (Mayenne) le 3 février 1757, mort le 25 avril 1820. [Voy. la France littér., t. X, p. 270.]

1. — Œuvres choisies, précédées d'une notice sur la vie de l'auteur. Nouvelle édition. Les Ruines. — La Loi naturelle. — L'histoire de Samuel. Paris, Renault, 1846, in-8, avec 1 portrait et 1 pl. [5 fr.].

2. — La Loi naturelle, ou Principes physiques de la morale, déduite de l'organisation de l'homme et de l'univers (et histoire de Samuel). Paris, impr. de Cosson, 1846, in-8.

VOLNEY - L'HOTELIER, officier de santé. — L'essentialité de la vie, ou Connaissance de Dieu et de l'homme. Poitiers, Létang, 1848, t. I, 1re partie, in-8.

VOLPELIÈRE [J.-Casimir], docteur en médecine, exerçant à Nîmes, né au Pradénas, commume de Mialet (Gard), en 1801.

M. J.-C. Volpelière est l'auteur des opuscules suivants : Quelques réflexions générales sur la médecine [1823]; — des Fonctions de la peau et de ses connexions avec les surfaces internes [mémoire qui a obtenu en 1826 une mention honorable de la Société royale de médecine de Bordeaux]; — Mémoire sur le froid considéré comme thérapeutique [1828]; — l'Étrangère, esquisse morale [1832]; — Fragment d'un ouvrage qui devait avoir pour titre : *Souvenirs d'un vieux médecin*]; — avec M. SERRE, d'Alais : Des rapports sympathiques de l'œil avec l'appareil gastro-intestinal, dans l'étude du choléra-morbus [1835].

On annonce de lui : Inductions physiologiques propres à éclairer plusieurs points de philosophie morale; — Essai d'hygiène organique, ou de l'action des agents modificateurs de la vie étudiée dans chaque organe ou appareil d'organe d'après les lois de la physiologie et de la pathologie.

VOLTAIRE. Nous n'avons point à écrire ici une biographie de Voltaire. Ce que nous tenterions à cet égard serait trop ou trop peu. Il suffit de dire que François-Marie AROUET DE VOLTAIRE est né à Paris le 21 novembre 1694, qu'il est mort à Paris le 30 mai 1778, et que, par décret de la Convention des 8 et 30 mai 1791, son corps a été transporté au Panthéon le 11 juillet de la même année. Le lieu et la date de sa naissance ont été très-discutés; lui-même, dans ses lettres, s'est attribué diverses époques de naissance; mais son acte de baptême tranche la question. Cet acte, rédigé le 22 novembre 1694, dans la paroisse de Saint-André-des-Arts, porte que François-Marie Arouet, fils de Me Arouet, conseiller du roi, ancien notaire au Châtelet de Paris, était né la veille.

Voltaire a été fort attaqué. Le nom de *Voltairien* est devenu la qualification donnée injurieusement à ceux qui prétendent faire usage de leur raison en ce qui touche la religion. Poëtes, philosophes, historiens, politiques, érudits ont voulu donner chacun un coup de dent au génie le plus complet, le plus fécond que la France ait produit. On a cherché à déprécier sa science, ses sentiments, son talent d'historien et de poëte. Mais Voltaire est resté debout, son fin et malicieux sourire sur les lèvres. Tandis que dans son pays la passion injurie sa mémoire, les étrangers l'admirent et le glorifient. Voici sur son compte le curieux jugement d'un grand écrivain, de Gœthe : « Génie, imagination, profondeur, étendue, raison, goût, philosophie, élévation, originalité, naturel, esprit et bel esprit, et bon esprit, variété, justesse, finesse, chaleur, charme, grâce, force, instruction, vivacité, correction, clarté, élégance, éloquence, gaieté, moquerie, pathétique et vérité : voilà Voltaire. C'est le plus grand homme en littérature de tous les temps, c'est la création la plus étonnante de l'Auteur de la nature. » [Voy. sur Voltaire une notice par M. BERVILLE : dans la *Galerie française* (1823, in-4); des détails dans une notice sur Destutt de Tracy, publiée en 1847, in-8 (par Mme Victor DE TRACY); — des pièces relatives à Voltaire, à la translation de ses cendres au Panthéon, dans la *Revue rétrospective* [t. II, 1re série, et t. IV, p. 317]; — un article de M. COUSIN dans *le Constitutionnel* du 16 février 1846; — une vie de Voltaire par lord BROUGHAM (Paris, Amyot, 1845); — le jugement de cet écrivain sur Voltaire a été reproduit dans la *Revue Britannique* (1845, mai, p. 221); et la *France littér.*, t. X, p. 276].

1. — Théâtre choisi, avec une Notice biographique et littéraire et des notes par M. *Géruzez*. Paris, Hachette, 1849, in-12 [3 fr. 50 c.].

Œdipe, Brutus, Zaïre, la Mort de César, Alzire, le Fanatisme, Mérope.

— Théâtre français. Chefs-d'œuvre dramatiques de Voltaire. Limoges, Ardant, 1840, 5 vol. in-18 [3 fr. 50 c.].

— Théâtre. Paris, F. Didot, 1842, in-12, avec un portrait [3 fr.].

Ce volume contient onze tragédies.

— Alzire, ou les Américains, tragédie en cinq actes. Paris, Hachette, 1845, in-18; — autre édition, annotée par M. *Longueville*. 1845, in-18; — autre édition, annotée par M. *Géruzez*. Paris, Hachette, 1849, in-8 [60 c.].

— Mahomet, ou le Fanatisme, tragédie en cinq actes, représentée pour la première fois, à Paris, par les comédiens ordinaires du roi, le jeudi 9 août 1742. Paris, Marchant, 1839, in-8 de 20 pag. [40 c.]
— La Mort de César, tragédie en trois actes, publiée en 1735, et représentée pour la première fois le 29 auguste 1743. Paris, Marchant, 1839, in-8 de 16 pag. [40 c.]
— Mérope, tragédie en cinq actes, représentée pour la première fois, par les comédiens ordinaires du roi, le mercredi 28 février 1723. Paris, Marchant, 1840, in-8 de 20 pag. [40 c.]; — autre édition. Paris, Hachette, 1840, in-18; et annotée par M. *Géruzez*, 1849, in-18; — autre édition. Paris, Dézobry, 1845, in-18.
— Zaïre, tragédie en cinq actes, représentée pour la première fois, par les comédiens ordinaires du roi, le mercredi 13 août 1732. Paris, Marchant, 1840, in-8 de 20 pag.

M. N. GNEDITSCH a traduit en vers russes *Tancrède*, tragédie de Voltaire, qui a été représentée pour la première fois en 1810 sur le théâtre de Saint-Pétersbourg.

2. — La Henriade, poëme en dix chants ; suivi de l'*Essai sur les guerres civiles*, etc. Paris, F. Didot, Ch. Gosselin, 1841, in-12, avec portrait [3 fr.].

Ce volume contient aussi les *Sept discours sur l'homme, la Loi naturelle, le Désastre de Lisbonne, le Temple du Goût, le Temple de l'Amitié*.

— La Henriade, poëme. Paris, impr. de Moquet, 1841, in-18; — autre édition. Paris, Offray, 1846, in-18.

3. — La Pucelle, poëme en vingt et un chants, avec les notes; édition stéréotype, d'après le procédé de Firmin Didot. Paris, Fortin-Masson, 1842, in-18.

Ce volume est un nouveau tirage de l'un des volumes qui ont paru de l'édition stéréotype des OEuvres de Voltaire.

4. — Siècle de Louis XIV. Paris, Charpentier, 1840, 1842, in-12 [3 fr. 50 c.].

Édition incomplète, réduite à 39 chapitres, et ne contenant ni la *Liste des enfants de Louis XIV*, ni les *Souverains contemporains*, ni le *Catalogue des principaux écrivains*, ni les *Artistes célèbres*.

— Autre édition, suivie de la *Liste raisonnée des enfants de Louis XIV*. Paris, Charpentier, 1846, in-12 [3 fr. 50 c.].

— Autre édition. Paris, F. Didot, 1843, in-12, avec un portrait [3 fr.].

Édition contenant la *Liste des enfants de Louis XIV*, les *Souverains étrangers*, le *Catalogue des principaux écrivains*, et les *Artistes célèbres*.

— Autre édition, classique, avec notice et notes littéraires par *N.-A. Dubois*. Paris, Delalain, 1844, in-18 [1 fr. 75 c.].

— Autre édition, revue par M. l'abbé *Duchesne de Ciszeville*. Paris, Lehuby, 1846, in-8 [6 fr.].

On a supprimé plusieurs passages et ajouté des notes empruntées à MM. de Bonald, de Maistre, Villemain et Saint-Victor.

— Nouvelle édition, augmentée de notes nombreuses, et précédée d'une notice sur la vie et les écrits de Voltaire, par l'abbé *Drioux*. Paris, Lecoffre, 1847, in-12 [3 fr.].

5. — Histoire de Charles XII et Histoire de Russie sous Pierre le Grand. Paris, F. Didot, Ch. Gosselin, 1841, in-12, avec un portrait [3 fr.].

Page 48, on lit *Dix semaines*. Je crois qu'il faut *Six semaines*. — Page 134, on lit : Précisément dans le même temps la réponse favorable du sérasquier de Bender arrivait aussi, et le roi eut la douleur de voir 500 hommes de sa suite saisis par ses ennemis, dont il entendait les bravades insultantes. Je crois qu'il aurait fallu : Précisément dans le même temps la réponse favorable du sérasquier de Bender arrivait aussi; *mais les Moscovites se présentaient*, et le roi eut la douleur, etc.

[*Note de M.* BEUCHOT.]

— Autre édition. Paris, Delalain, 1849, in-8 [1 fr. 50 c.].

Citons encore les éditions suivantes : Paris, Mme Lardieu, 1830, in-12; — Pougin, 1839, in-18; — Dufour, 1840, in-12; — impr. de Loquin, 1842, in-12; 1843, in-18; — Fortin-Masson et Cie, 1842, 1845, in-18; — Tours, Pornin, 1846, in-12.

On a publié en 1845, sous le titre de : « OEuvres patriotiques de Voltaire : « Catherine la Grande et le Grand Frédéric; » suivies des « Trois héroïnes de France » (Paris, impr. de Lacour, in-18), des fragments des lettres de Voltaire à Frédéric sur la bataille de Rosbach et sur les Welches, et à Catherine sur le partage de la Pologne, etc.

6. — Vie de Molière, suivie de la description du monument élevé à sa gloire et des détails de l'inauguration. Paris, Derache, 1844, in-12 de 42 pag.

La vie de Molière est de 1739.

7. — Contes, satires, épîtres, poésies diverses, odes, stances, poésies mêlées, traductions et imitations. Paris, F. Didot, Ch. Gosselin, 1841, in-12, avec un portrait [3 fr.].

— Le Monde comme il va. Paris, Marescq, 1849, in-4.

Les Romans illustrés anciens et modernes.

— Le Taureau blanc, et Jeannot et Colin. Paris, G. Havard et Marescq, 1849, in-4.

Les Romans illustrés anciens et modernes.

Le même volume contient : « les Amours de Pierre le Long », par SAUVIGNY; et « Claudine », par FLORIAN.

— Candide. Paris, Sandré, 1846, in-32.

— Candido, o Optimismo. Paris, imprim. de Pommeret, 1846, 2 vol. in-18.

— Candide. — Micromégas. Paris, G. Havard, 1848, in-4 de 24 pag.

Romans illustrés.
On a publié en 1842 : L'Arbre de science, roman posthume de Voltaire, imprimé sur un manuscrit de Mme Duchatelet (Paris, Delavigne, in-32, 1 fr.].
Dans la *Correspondance* de Voltaire (année 1739), il est question des *Voyages de Gungan*, ouvrage qui ne nous est pas parvenu; mais je n'ai nulle part trouvé indication que l'*Arbre de science* (qu'on dit avoir été imprimé en 1740 sous le titre de *Marquise de Sombrannes*) fût de Voltaire. S'il a été imprimé en 1740, il ne serait pas *posthume*. [*Note de* M. BEUCHOT.]
Cette pièce a paru d'abord dans la « Revue de Paris »; son authenticité a été vivement attaquée dans « le National » par OLD-NICK [M. FORGUES].

8. — Lettres inédites. Paris, impr. de Moquet, 1840, in-8 de 16 pag.

Tiré à 40 exemplaires.

— Lettre de Voltaire (1745) relative à son *Histoire de Pierre Ier*, adressée au comte d'Alion, ministre de France en Russie, sous le règne de l'impératrice Élisabeth Ire; publiée pour la première et unique fois dans un journal russe de Moscou, en 1807, et omise dans toutes les éditions des Œuvres complètes de Voltaire ; suivie de notes bibliographiques. Paris, impr. de Lange-Lévy, 1839, in-8 de 12 pag.

Tiré à 150 exemplaires numérotés.
Il a paru aussi des lettres de Voltaire; à Mme du Deffand au sujet du jeune de Rebecque, devenu depuis célèbre sous le nom de Benjamin Constant [Saint-Germain', impr. de Beau; Genève, Cherbuliez, 1838, in-8 de 28 p.].
Ces lettres, au nombre de quatre, sont apocryphes.
L'éditeur a fait tout son possible pour faire croire à leur authenticité. Après avoir fait semblant d'avoir eu lui-même quelques doutes, parce que leur date (1774) ne pouvait s'accorder avec la « Biographie universelle », où il dit avoir lu que B. Constant était né en 1766 (la « Biographie universelle », t. LXI, p. 305, dit 1767, sans donner l'indication du jour), puisque B. Constant n'aurait eu que sept ou huit ans quand il demanda des lettres de recommandation pour se présenter chez Mme du Deffand, l'éditeur dit que s'étant adressé à la famille de B. Constant, deux des membres de cette famille «ont bien voulu nous assurer que c'est la « Biographie » qui se trompe, et que M. B. Constant était né en 1759.» Pour dissiper tout soupçon, l'éditeur annonce que ceux qui désireraient vérifier trouveront les originaux chez M. Chevillard père, notaire, rue du Bac, n° 15.
L'envoi qu'on m'a fait d'un exemplaire est daté de Morges, en Suisse, 1er août 1837.
J'étais tenté d'aller à Morges faire mes remerciments à l'éditeur anonyme; mais, avant de faire ce voyage, je suis allé à l'adresse où l'on disait qu'étaient les originaux. Or, nonseulement il n'y a point à Paris de notaire du nom de Chevillard, mais encore la maison rue du Bac, n° 15, a son entrée sur la rue de Verneuil, et il n'y demeure pas de notaire.
Enfin, je me suis procuré l'extrait de baptême de notre grand publiciste, et j'y ai vu que Benjamin-Henri Constant, né le 25 octobre 1767, avait été baptisé le 11 novembre, le lendemain de la mort de sa mère.
Je laisse le lecteur tirer les conclusions.
[*Note de* M. BEUCHOT.]
Les Lettres à Mme du Deffand au sujet du jeune de Rebecque sont, dit-on, de M. Nicolas CHATELAIN, de Rolle, au pays de Vaud. — Le même M. N. Chatelain a publié dans un opuscule de lui, intitulé : « La Muselière [Genève, impr. de Pelletier; Paris, Cherbuliez, 1839, in-8] : *Voltaire à M. le comte de Caylus*.
Des lettres de Voltaire au comte de Maurepas ont été publiées dans la « Revue rétrospective » [t. II, 1re série].

VOLTOIRE. Anciens proverbes basques et gascons, recueillis par Voltoire, et remis au jour par *J. B.* Paris, Techener, 1845, in-8 de 16 pag.

Tiré à 60 exemplaires.

VOLUZAN, officier supérieur en retraite. — Projet d'un établissement pour 400 ménages associés. Paris, impr. de Lange-Lévy, 1845, in-8 de 16 pag.

VORAGINE [Jacques de Vorage, connu sous le nom Jacobus de], dominicain, né à Varaggio (côte de Gênes) vers 1230, mort en 1298. — La Légende dorée, traduite du latin et précédée d'une Notice historique et bibliographique, par M. *G. B.* Paris, Ch. Gosselin, 1843, in-12 [3 fr. 50 c.].

VORBEL. — L'Acte mortuaire, drame en trois actes, précédé d'un prologue. Paris, Beck, 1842, in-8 de 28 pag. [50 c.]

VORS [Nelson], pasteur à Versailles. — Le Pasteur au milieu de son troupeau, sermon. Versailles, impr. de Montalant-Bougleux, 1839, in-8 de 32 pag.

<small>Des *Paroles* de M. le pasteur Vors ont été mises à la suite de « Discours prononcé aux obsèques de M. B. Menière » par M. le pasteur Verny [1842, in-8].</small>

VORSSELMANN DE HEER [P.-O.-C.]. — Théorie de la télégraphie électrique, avec la description d'un nouveau télégraphe fondé sur les actions physiologiques de l'électricité. Deventer, De Lange, 1839, in-8 de 30 pag. avec 1 pl.

VOSGIEN [Voy. la *France littér.*, t. X, p. 386, au nom Ladvocat.]

<small>Sous ce nom, réel ou supposé, ont été publiés les *dictionnaires géographiques* dont la liste va suivre. M. Quérard, dans sa « France littér. », t. X, p. 458, donne le nom de l'abbé Vosgien, chanoine de Vaucouleurs, comme pseudonyme de l'abbé J.-B. Ladvocat. Barbier, dans la IIe édition de ses Anonymes [t. IV], présente Vosgien comme le pseudonyme de Ladvocat.</small>

— Dictionnaire géographique universel, totalement refondu et mis au niveau de la science moderne, purgé de plus de 500 doubles emplois, etc., et augmenté d'environ 10,000 articles, etc. par *V. Parizot*. Paris, Baudouin frères, 1829, in-8 [6 fr.].
— Nouvelle édition. Paris, Dusillon, 1842, in-8, avec 10 cartes.
— Nouveau dictionnaire universel et portatif de géographie moderne, entièrement refondu, contenant, etc., rédigé d'après *d'Anville*. Paris, Thiériot, 1830, in-18, avec 1 carte [5 fr.].
— Dictionnaire géographique universel des cinq parties du monde, revu avec soin et rectifié, etc., par M. *F. Lallement*. Paris, Penaud, 1836, 1841, 1844, 1845, 1847, in-8, avec cartes.
— Nouveau dictionnaire géographique universel, rédigé sur un plan nouveau, par M. *de Roujoux*. XIe édition. Paris, Belin-Mandar, 1844, in-8, avec 12 planches et 2 cartes ; — autre édition. Limoges; Barbou, 1846, in-8, avec cartes et planches.

VOSGIEN [L.].
1. — Histoire de France. Tablettes chronologiques des principaux faits de l'histoire de France. Paris, impr. d'Appert, 1840, in-plano.
2. — Texte explicatif, par L. Vosgien, de son Abécédaire de la géométrie et du dessin linéaire. Paris, impr. d'Appert, 1840, in-4 de 2 pag.

VOSGIEN [Nicolas]. — Avec MM. *Prestre* et *Deslandes :* Les deux Mères, vaudeville en deux actes. Paris, Nobis, 1837, in-8 de 32 pag. [40 c.]

<small>M. N. Vosgien a signé cette pièce *Didier*.</small>

VOULOT [J.-C.). [Voy. la *France littér.*, t. IX, p. 459.]
1. — Précis d'arithmétique. Ve édition. Strasbourg, Derivaux ; Paris, Dezobry, E. Magdeleine, 1848, in-12 [1 fr. 25 c.].
2. — Essai du calcul mental. IIe édition. Strasbourg, Derivaux; Paris, Dezobry, Magdeleine, 1843, in-12 de 24 pag.

VOYER D'ARGENSON [Charles-Marc-René]; fils du député de ce nom, membre de la Société archéologique de Touraine et de la Société des antiquaires de l'Ouest, ancien membre du conseil général de la Vienne, né à Boulogne, près Paris, le 20 avril 1796.

<small>On doit à M. Voyer d'Argenson la publication des : « Mémoires » du marquis d'Argenson, ministre sous le règne de Louis XV [1826, collection de Baudouin] ; — des : « Discours et opinions » de M. Voyer d'Argenson, préfet et député, avec notice et portrait [1845, 2 vol. in-8].
M. Voyer d'Argenson est l'auteur d'une carte ethnographique de l'Europe, publ. chez Andriveau-Goujon (1848, et avec explication et légende, 1854) ; de rapports au congrès scientifique de Tours ; de mémoires dans les Rec. des sociétés des antiquaires de l'Ouest et archéologique, de Tours, d'articles dans le « Journal d'Indre-et-Loire », « l'Echo du Peuple », etc.</small>

VRIÈS [A. de]. — Arguments des Allemands en faveur de leur prétention à l'invention de l'imprimerie, traduit du hollandais par *J.-J.-F. Noordziek*. La Haye, 1843, gr. in-8 [8 fr.]

VUARIN [l'abbé], curé de Genève, mort dans cette ville en septembre 1843. [Voy. la *France littér.*, t. X, p. 461.] — Plan d'un examen de conscience motivé, précédé de quelques considérations sur le sacrement de pénitence. IIe édition. Lyon, Pélagaud, 1841, in-18 [1 fr. 20 c.].

VUATINÉ. — Guide descriptif et statistique dans l'arrondissement de Saint-Omer, principalement dans les villes de

Saint-Omer et d'Aire; contenant une notice historique sur chaque commune de l'arrondissement, par *J. Derheims*. Saint-Omer, Vuatiné, 1846, in-12, avec 2 grav. [3 fr.]

VUIGNER [E.], ingénieur des canaux de Paris. — Note relative à un nouveau système de pont breveté sous la dénomination de Pont portatif, volant et à coulisses. Paris, 1841, in-4, avec 2 pl. in-fol. [2 fr. 50 c.]

Citons encore : Canal de Soissons; son historique; urgence de son exécution [1844, gr. in-8]; — Notice sur le chemin de fer d'essai établi à Saint-Ouen pour expérimenter la soupape longitudinale Hédiard dans le système de propulsion atmosphérique [1846, in-4, avec 5 pl.].

M. Vuigner a fourni des articles aux « Annales des ponts et chaussées. »

VUILLAUME, ancien payeur général.
1. — Manuel maçonnique, ou Tuileur des divers rites de maçonnerie pratiqués en France, etc. Paris, Hubert, 1820; Sétier, Brun, 1830, in-8, avec 32 pl.
2. — L'Orateur franc-maçon, ou Choix de discours prononcés à l'occasion des solennités de la maçonnerie, relatifs au dogme, à l'histoire de l'ordre et à la morale enseignée dans ses ateliers. Paris, Caillot, 1823, in-8.

Sous le nom : *Un Vétéran de la Maçonnerie.*

3. — Discours prononcé au sein du Mont-Thabor, le 10 janvier 1825. Épernay, impr. de Warin-Thierry, 1823, in-8 de 16 pag.

Sous le nom Le F. *Théologue*, orateur.

VUILLEFROY, maître des requêtes au conseil d'État, puis conseiller d'État.
1. — Traité de l'administration du culte catholique, principes et règles d'administration, extraits des lois, des décrets et ordonnances royales, etc., etc. Paris, Joubert, 1842, in-8 [7 fr. 50 c.].
2. — Avec M. *Léon Monnier* : Principes d'administration extraits des avis du conseil d'État et du comité du ministère de l'intérieur. Paris, Joubert, 1837, in-8 [7 fr. 50 c.].

VUILLEMIN [N.]. — Biographie vosgienne. Nancy, Mlle Gonet, 1848, in-8.

VUILLEMOT. — Première lettre sur l'organisation de la justice, adressée au citoyen Martin de Strasbourg. Paris, impr. de Guillois. 1848, in-8 de 8 pag.; — IIe lettre, 1848, in-8 de 12 pag.

L'auteur demande que l'élection soit appliquée au choix des magistrats.

VUILLET, médecin et pharmacien à Montpellier. — Mémoire sur le traitement intime et rationnel de la cataracte. Montpellier, 1833.

VUITTONNET [C.-A.]. — L'Icarienne. Paris, Mme veuve Delavigne, 1848, in-8 de 2 pag.

Sept couplets.

VULFRANC-GERDY [J.]. V. GERDY jeune [J. Vulfranc].

VULLIEMIN [Louis], ministre du saint Évangile en Suisse. [Voy. la *France littér.*, t. X, p. 462.]

M. L. Vulliemin a continué jusqu'à nos jours, avec M. Ch. MONNARD : « Histoire de la confédération suisse, » par J. de MULLER, GLOUTZ-BLOZHEIM et J.-J. HOTTINGER [1837-48, 7 vol. in-8].

Il a travaillé à l'« Album de la Suisse romande » [1842 et ann. suiv., 5 vol. gr. in-4].

VULLIER, ministre protestant, directeur de l'école normale de la Société évangélique de France.
1. — Esquisses d'une histoire universelle envisagée au point de vue chrétien. Nouvelle édition. Paris, Delay, 1844, 2 vol. in-18 [2 fr. 50 c.].

Tome Ier : *Histoire ancienne;* — Tome II : *Histoire romaine.*

2. — Esquisse d'une histoire universelle envisagée au point de vue chrétien, rédigée pour servir de guide dans l'enseignement des écoles secondaires et des maisons d'éducation. — *Histoire du moyen âge*, première et deuxième parties. Paris, Delay, 1846-1849, 2 vol. in-18.

VULPILLAT. — Chant populaire. Lons-le-Saulnier, impr. de Courbet, 1849, in-8 de 2 pag.

VUY (A.). — Le professeur Thibaut et l'école historique en Allemagne. 1839, in-8.

VYNEKINS (Ch.). Histoire des Gueux-des-Bois. Bruges, 1841, in-4 [5 fr.].

W

WACE [Robert], trouvère anglo-normand, né à Jersey, mort vers 1184. — L'Etablissement de la fête de la Conception Notre-Dame, dite fête aux Normands; publié pour la première fois, d'après les manuscrits de la Bibliothèque du roi, par MM. *G. Mancel* et *G.-S. Trébutien.* Caen, Mancel; Paris, Derache, 1842, in-8 [7 fr.].

On a tiré 25 exemplaires sur grand papier, dont le prix est de 25 francs.

WACKEN [Edouard].
1. — L'abbé de Rancé, drame en trois actes et en vers. 1841.

Non représenté. — Sous le nom Ludovic***.

2. — André Chénier, drame en trois actes, en vers. Représenté pour la première fois au théâtre royal de la Monnaie, à Bruxelles. Paris, Arthus-Bertrand, 1844, in-8 de 72 pag.

M. Wacken est, avec MM. JOURET et GAUCHEZ, auteur des *Facéties académiques*, publiées dans la « Revue de Belgique », 2ᵉ et 5ᵉ années, sous le pseudonyme RETCHEZKEN.

WADDINGTON-KASTUS [C.], professeur de philosophie au collège Henri IV.
1. — De la psychologie d'Aristote. Paris, Joubert, 1848, in-8 [4 fr.].
2. — De Petri Rami vita, scriptis, philosophia. Paris, Joubert, 1848, in-8.

WAGNER. Voy. NIEMEYER.

WAGNER [Franç.-Guill.], professeur à l'université littéraire de Wradislaw.

M. Wagner a donné une édition des « Fragments » d'*Euripide* et des autres tragiques perdus, avec des tables; du Christus patiens, et des restes dramatiques d'Ézéchiel et des poëtes chrétiens, corrigés d'après les manuscrits et enrichis de notes critiques par Fr. DUBNER [1847, gr. in-8].

WAGNIEN [Ferdinand], avocat. — De la réorganisation de la boulangerie dans les départements, et de l'état actuel de la boulangerie de Nevers. Nevers, impr. de Regnaudin-Lefebvre, 1847, in-8 de 52 pag.

M. F. Wagnien a annoté les « Poésies » de maître Adam BILLAUT, menuisier de Nevers, précédées d'une notice biographique et littéraire, par M. *Ferdinand Denis* [1842, in-8].

WAGUET, maire de Gravelines. — Notice historique sur le port de Gravelines. Saint-Omer, impr. de Lemaire, 1846, in-8 de 20 pag.

WAHL [André].
1. — Cours pratique interlinéaire de langue allemande. Paris, Truchy, 1842, in-12 [3 fr. 50 c.].
2. — L'allemand tel qu'on le parle, ou Recueil de conversations allemandes et françaises, avec la prononciation allemande figurée par des sons français ; à l'usage des Français en Allemagne. Paris, Truchy, 1844, vol. oblong [2 fr. 50 c.].
3. — Petit cours gradué de thêmes allemands. Paris, Truchy, 1844, in-18 [1 fr. 50 c.].

WAHL [J.]. — Avec M. *Brunetti*: Nuovi dialoghi, famigliari progressivi in inglese ed in italiano. Paris, Maison, 1844, in-32.

WAHU [A.], docteur en médecine, chirurgien militaire.

1. — Avec M. H. *Quenot* : Aphorismes d'*Hippocrate*. Senlis, impr. de Duriez, 1843, in-18.

La traduction française est en regard du texte latin.

2. — Mémorial thérapeutique et pharmaceutique des officiers de santé de l'armée de terre. Paris, G. Baillière, 1846, in-18 [3 fr. 50 c.].

3. — Cours d'hygiène et de prophylaxie à l'usage des maisons d'éducation et des gens du monde. Paris, G. Baillière, 1847, in-18 [1 fr. 50 c.].

4. — Annuaire de médecine et de chirurgie pratiques pour 1849, résumé des travaux pratiques les plus importants publiés en France et à l'étranger pendant l'année 1848. IVe année. Paris, G. Baillière, 1849, in-18.

La première année est 1846.
M. A. Wahu a rédigé avec M. le docteur H. QUENOT le « Répertoire du progrès médical », dont le premier numéro a paru en février 1842, in-8.

WAIBEL [Aloïs-Adalbert], plus connu sous le pseudonyme de NELK [l'abbé Théophile]. Voy. NELK.

WAILLE [Victor-Amédée], libraire-éditeur, vice-président de la Société pour l'instruction élémentaire, mort au mois de novembre 1855. [Voy. la *France littér.*, t. X, p. 467.]

1. — Lettre de *Satan* aux francs-maçons, suivie d'une réponse à Satan. Paris, Poteý, 1825, in-8 de 40 pag. — IIe édition. Paris, le même, 1825, in-8 de 36 pag.

Cet écrit politique fut déféré aux tribunaux et l'auteur fut condamné à un mois de prison, par jugement du 22 février 1826.

2. — Au R. P. Lacordaire. Paris, impr. de Vrayet de Surcy, 1848, in-8 de 4 pag.

M. V.-A. Waille a travaillé à « l'Album, journal destiné à l'enseignement du dessin et de la peinture » [Paris, Ed. Legrand, 1840-44, 4 vol. in-4]. Il a été rédacteur-gérant de « l'Avenir. »

WAILLY [Noël-François de], membre de l'Institut, né à Amiens le 31 juillet 1724, mort à Paris le 7 avril 1801. [Voy. la *France littér.*, t. X, p. 467.]
— Traité de versification française. Nouvelle édition, suivie de matières de vers. Paris, J. Delalain, 1846, in-12 [75 c.].

WAILLY [Barthélemy-Alfred de], né à Paris le 10 décembre 1800. — Prix d'honneur de rhétorique au concours général des colléges de Paris en 1817 et lauréat de l'Académie française pour le prix de poésie en 1827, M. de Wailly a été successivement professeur agrégé de troisième au collége royal Henri IV en 1820, professeur de rhétorique au même collége en 1828, puis proviseur de cet établissement et conseiller de l'Université. [Voy. la *France littéraire*, t. X, p. 469.]

1. — Nouveau dictionnaire français-latin, où se trouvent : 1° la définition des mots français, leur sens propre et figuré, et leurs acceptions diverses, rendues en latin par de nombreux exemples ; 2° un vocabulaire de noms propres d'hommes, de peuples, de contrées, de villes, etc., anciens et modernes ; 3° l'explication du calendrier, des chiffres, des monnaies, des poids et des mesures en usage chez les Grecs et les Romains, avec des tables où l'on a calculé le rapport de ces valeurs avec l'ancien et le nouveau système métrique français ; 4° la traduction de chaque mot français en langue grecque, anglaise et allemande. Paris, Guyot et Scribe, 1838, gr. in-8.

2. — Nouveau dictionnaire latin-français, comprenant tous les mots des différents âges de la langue latine, leurs sens propres et figurés, leurs étymologies et acceptions, justifiées par de nombreux exemples, les synonymes de chaque mot, d'après Gardin, et suivi d'un dictionnaire complet des noms propres d'hommes, de peuples, de contrées, de villes, etc., tant anciens que modernes. Paris, Guyot et Scribe, gr. in-8.

— *Le même ouvrage*, entièrement refondu, augmenté de plus d'un tiers, composé sur un plan méthodique et raisonné, comprenant tous les mots des différents âges de la langue latine, avec l'indication précise de leurs divers sens propres et figurés, classés dans un ordre logique, et justifiés par de nombreux exemples ; contenant en outre : 1° des articles de syntaxe, où les différentes constructions des mots sont discutées et établies d'après l'autorité des meilleurs grammairiens ; 2° la synonymie, d'après Gardin-Dumesnil, revue et complétée ; 3° un appendice, où se trouvent expliqués tous les noms propres de la fable, de la géographie et de l'histoire. Paris, Dezobry, E. Magdeleine et C¹ᵉ; Paris et Lyon, Périsse frères, 1844, gr. in-8.

3. — Nouveau dictionnaire de versification et de poésie latines, *Gradus ad Parnassum*, précédé d'un traité de versification latine, suivi des règles de la poésie grecque et de quelques notions sur la versification française; etc. IIᵉ édition, revue et corrigée. Paris, Dezobry, E. Magdeleine; Lyon et Paris, Périsse frères, 1844, in-8.

M. Alfr. de Wailly a revu et corrigé, avec MM. BOSQUILLON et LAUGIER : « Nouveau Vocabulaire français », augmenté d'un grand nombre de mots et d'acceptions de mots généralement reçus, d'environ neuf mille termes de sciences et arts, de la prononciation des mots, de l'étymologie des mots dérivés du grec et du latin, de la conjugaison des verbes irréguliers, d'un vocabulaire géographique, par F. de WAILLY et E. de WAILLY, 21ᵉ édition.

Le *Vocabulaire français* de MM. de Wailly a été l'objet de plusieurs contrefaçons plus ou moins déguisées, dont une, entre autres, a pour titre : « Nouveau Vocabulaire français » *d'après* Wailly (le mot *d'après* en caractères presque imperceptibles).

On doit en outre à M. Alfr. de Wailly : HORATII FLACCI « Opera », d'après les meilleurs textes, précédés d'une vie d'Horace et d'un traité nouveau sur les mètres employés par ce poète, avec des arguments analytiques et historiques, et des notes en français [1843, in-12]; — VIRGILII MARONIS « Opera », nouvelle édition d'après les meilleurs textes, avec des sommaires, des analyses littéraires et des notes en français [1845, 1848, in-12]; — CICERONIS in L. Catilinam orationes quatuor. Nouvelle édition d'après le texte d'Orelli, avec sommaires et notes en français [1842 et 1847, in-12]; — « Hymnes » de CALLIMAQUE, traduites en vers français, avec le texte grec en regard, des notes, etc. [1842, in-8 et in-12]; — CICERONIS « Oratio pro Murena », traduite en français, texte en regard. Collection complète des œuvres de Cicéron, avec la traduction française, publiée sous la direction de J.-Vict. Leclerc.

M. Alfred de Wailly a donné dans le « Kepsake américain » : *l'Aveu*. Il a travaillé aux « Annales de la littérature et des arts ».

WAILLY [Gabriel-Gustave de], né à Paris le 13 juin 1804. [Voy. la *France littér.*, t. X, p. 469.]

1. — L'Attente, drame en un acte et en vers. Paris, Barba, 1838, in-8 de 56 p.

Sous le pseudonyme Mᵐᵉ Marie SÉNAN.

2. — Avec M. *Jules de Wailly* : Elzéar Chalamel, ou une Assurance sur la vie, comédie-vaudeville en trois actes. Paris, Michel Lévy, 1849, in-18 anglais [60 c.].

WAILLY [Augustin-Jules de]. [Voy. la *France littér.*, t. X, p. 470.]

1. — Avec M. *Arnould* : La Maschera, opéra-comique en deux actes. Paris, Marchant, 1841, in-8 de 16 pag.

2. — Avec M. *Arnould* : Un Amant malheureux, comédie-vaudeville en deux actes. Paris, Marchant, 1844, in-8 de 20 pag. [50 c.]

3. — Avec M. *Bayard* : Le Mari à la campagne, comédie en trois actes. Paris, Marchant, 1844, in-8 [50 c.].

Indiquons encore, en collaboration avec M. LOCKROY [P.-J. SIMON] : Deux Compagnons du tour de France; — avec M. SAMSON : Un Péché de jeunesse; — avec M. Gustave de WAILLY : Elzéar Chalamel. Voy. ces noms.

WAILLY [Armand-François-Léon de], né à Paris le 28 juillet 1804. [Voy. la *France littér.*, t. X, p. 470.] — Stella et Vanessa. Paris, impr. de Proux, 1846, in-4 de 60 pag.

Supplément au « Courrier français. »

M. L. de Wailly a traduit de l'anglais de miss BURNEY : « Évelina » [1843, in-12]; — de FIELDING : « Tom Jones » [1841, 2 vol. in-12]; — de miss INCHBALD : « Simple Histoire ! » [1842, in-12]; — de STERNE : « Vie et opinions de Tristram Shandy » [1848, in-12]; — « Voyage sentimental en France et en Italie » [1841, 1847, 1848, in-12]; — de Walter SCOTT : « Œuvres » [1848, 1849, 25 vol. in-12]; — de J. LINGARD : « Histoire d'Angleterre » [1843-44, 6 vol. in-12].

Il a aussi traduit de l'écossais de Robert BURNS : « Poésies complètes » [1843, in-12].

Il a donné dans : « Instruction pour le peuple », Cent traités sur les connaissances les plus indispensables : *Erreurs et préjugés populaires* [1847, in-8 de 16 pag.]; — dans les « Femmes de Shakspeare » : *la Vie et la mort de Richard III*.

WAILLY [Joseph-Noël, dit Natalis de], ancien chef de section aux Archives nationales, conservateur aux manuscrits de la Bibliothèque impér., directeur de l'Ecole des chartes, membre de l'Institut (Académie des inscriptions et belles-lettres), etc., né à Mézières le 10 mai 1805. [Voy. la *France littér.*, t. X, p. 470.]

M. Natalis de Wailly a concouru avec MM. B. GUÉRARD, TAILLANDIER, DEHÈQUE et BOISSONNADE, à la publication du « Cours d'études historiques » de P.-F.-C. DAUNOU [Paris, 1842 et années suiv., 16 vol. in-8].

Il est l'auteur de *Réfutation des doctrines saint-simoniennes* (Mémoire qui a été couronné en 1831 par la « Société de la morale chrétienne ») [non imprimé].

Il a prononcé sur la tombe de A.-J. Letronne un discours qui a été imprimé avec celui de M. E. Burnouf [Paris, Didot, 1849, in-4].

Il a donné dans les « Mémoires de l'Acad. des inscriptions » des dissertations *sur un papyrus latin venant d'Égypte* [t. XV, p. 399]; — *Examen critique de la vie de saint Louis,* par Geoffroy de Beaulieu [ibid.]; — *Examen de quelques questions relatives à l'origine des chroniques de Saint-Denis* [t. XVII]; — *Mémoire sur un opuscule intitulé : Simmaria brevis*, etc. [t. XVIII[; — *Mémoire sur Geoffroy de Paris* [ibid.]; — *Mémoire sur les tablettes de cire conservées au trésor des chartes* [ibid.]; avec un supplément [t. XIX]; — dans la « Biblioth. de l'École des chartes » : *Notice sur une collection de sceaux des rois et reines de France* [t. IV, p. 476]; — *Examen critique de* « la Vie de saint Louis », par Geoffroy de Beaulieu [t. V, p. 205]; — *Notice sur une chronique anonyme du XIII° siècle* [t. VI, p. 389]; — *Notice sur Guill. Guiart* [t. VIII, p. 1], etc.; — dans la *Revue archéologique* : *Notice sur M. Letronne* [juin 1849]; — dans « l'Auxiliaire catholique » : *Recherche sur la véritable date de quelques bulles de Clément V*; — dans le « Journal des Savants » : *Notice sur M. Daunou* [1840]; — *Articles sur le Libellus aurarius* [septembre 1841]; *Sur le polyptique d'Irminon* [février, juillet et septembre 1845]; *Sur le polyptique de saint Remi*; — dans le « Bulletin de la société de l'histoire de France » [1849]; *Discours d'ouverture*.

WAINS-DESFONTAINES [Pierre-Jacques-Théodore], régent-professeur au collége de Villeneuve-d'Agen, puis professeur de rhétorique au collége de Tulle, membre de plusieurs académies et sociétés savantes, né à Falaise le 4 décembre 1804, mort en 1844. [Voy. la *France littér.*, t. X, p. 478.] — Mes Éphémères. Moulins, Desroziers, 1840; in-18.

C'est un recueil des pièces de l'auteur couronnées et mentionnées par diverses académies. Citons encore : *Élisa Mercœur*, poème qui a obtenu une médaille d'or au concours de la Société d'émulation [Mém. de la Soc. d'ém., XVI° rec., 1836-37].

M. Wains-Desfontaines, lauréat de l'Académie de Rouen pour les éloges de Corneille et de Boieldieu, a remporté, de 1834 à 1842, vingt-quatre médailles dans les concours des académies de province. Il a donné un grand nombre d'articles à divers journaux de province. Il a fondé « l'Abeille de l'Orne » et « le Progrès » en 1840 à Villeneuve.

WAIRY [Louis-Constant], plus connu sous le nom de Constant. Voy. ce dernier nom.

WAITZ. Voy. Scoutetten.

WALCKENAER [le baron Charles-Athanase], ancien préfet, ancien conservateur adjoint à la Bibliothèque royale, membre et secrétaire perpétuel de l'Académie des inscriptions et belles-lettres, né à Paris le 25 décembre 1771, mort à la fin d'avril 1852. [Voy. la *France littér.*, t. X, p. 471.]

1. — Rapports sur les recherches géographiques, historiques, archéologiques, à entreprendre dans l'Afrique septentrionale. Paris, impr. roy., 1838, in-4 de 83 pag.

2. — Mémoires touchant la vie et les écrits de Marie de Rabutin-Chantal, dame de Bourbilly, marquise de Sévigné, durant la Régence et la Fronde. Paris, Didot, 1842-1848, 4 vol. in-12.

M. Walckenaer, dans cet ouvrage, a réuni toutes les notions éparses qui pouvaient éclairer la correspondance de M°° de Sévigné, si pleine d'allusions plus ou moins obscures, et que contenaient les travaux analytiques publiés depuis les deux éditions de MM. Monmerqué (1819) et Gault de Saint-Germain (1822). La première partie des *Mémoires* contient des renseignements relatifs à la famille de M°° de Sévigné, et s'étend depuis sa naissance jusqu'en 1654; la deuxième s'étend jusqu'en 1669; la troisième embrasse l'espace compris entre les années 1669 et 1672 et met en scène M°° de Grignan; la quatrième se rapporte particulièrement à la guerre de Louis XIV contre la Hollande et s'étend jusqu'à la mort de M°° de Sévigné, en 1694.

Voyez un compte-rendu de M. Sainte-Beuve dans « le Constitutionnel » du 22 octobre 1849.

3. — Histoire naturelle des insectes aptères. Tome III. Paris, Roret, 1844, in-8, avec atlas.

Nouvelles suites à Buffon.

Citons encore : Notice historique sur la vie et les ouvrages de M. le major Rennell [1842, in-4]; — Notice sur la vie et les ouvrages de Miot [Moniteur des 27 et 28 août 1844]; — Notice sur T.-B. Éméric David, sa vie et ses ouvrages [Moniteur du 3 août 1845]; — Éloge de Mionnet, prononcé à l'Académie des inscriptions le 21 août 1846; — Institut national de France. Notice historique sur la vie et les ouvrages de M. Mongez, lue à la séance publique de l'Académie des inscriptions et belles-lettres du 17 août 1849 [1849, in-4]; — Institut national de France. Rapport du secrétaire perpétuel de l'Académie des inscriptions et belles-lettres sur les travaux des commissions de cette Académie pendant le premier semestre de l'année 1849 [1849, in-4. — Lu le 6 juillet 1849]; — Éloge de Letronne [1850, in-8].

On doit à M. Walckenaer des éditions des « Œuvres complètes » de La Fontaine, avec une nouvelle notice sur sa vie et des notes; — des « Fables » de La Fontaine, collationnées et accompagnées de notes; — une *Dissertation sur les contes des fées*, précédant : « Mémoires, contes et autres œuvres » de Ch. Perrault; — une *Étude sur La Bruyère et sur son livre*, précédant : « Les Caractères » de Théophraste, traduits du grec, avec les « Caractères ou les Mœurs de ce siècle », par La Bruyère, etc.

M. Walckenaer a donné dans « le Plutarque français » : *La Fontaine*.

Il a travaillé aux « Nouvelles Annales des voyages et des sciences géographiques »; au « Dictionnaire de la conversation et de la lecture »; à « l'Encyclopédie des gens du monde »; à « l'Italie pittoresque »; à « le Plutarque français »; etc.

WALDECK-ROUSSEAU, avocat à

Rennes, membre de l'Assemblée nationale en 1848. [Voy. la *France littér.*, t. X, p. 474.]

— Avec MM. *Giraudias* et *Lahaye* : Code civil annoté des opinions de tous les auteurs qui ont écrit sur le droit, etc. (1844, in-4). Voy. GIRAUDIAS.

On doit aussi à M. Waldeck-Rousseau : Discours prononcé sur la fixation du traitement des magistrats [1848, in-8. — Assemblée nationale : séance du 31 octobre 1848. — Extrait du « Moniteur » du 1er nov. 1848]; — Comité du travail. Présidence du citoyen Corbon. Extrait de la séance du 12 juin. Rapport présenté par le citoyen Waldeck-Rousseau [1848, in-8. — Étude du mémoire de M. l'abbé Raymond].

WALDHEIM [Gotthelf FISCHER de], conseiller d'Etat et président de la société impériale des naturalistes de Moscou.

On doit à cet écrivain : Notice sur la forme de l'os intermaxillaire [in-8, dédié à Cuvier]; — Fragments d'hist. naturelle [in-4]; — Description du musée d'hist. naturelle à Paris [2 vol. in-8, dédié au premier consul]; — Anatomie des Makis [in-4, dédié à l'empereur Alexandre. — Traduction de 2 vol. de l'Anatomie comparée de Cuvier]; — Beschreibung einiger typographischen seltenheiten, etc (Curiosités typographiq.). [Nuremberg, 1801-1804, 6 livraisons avec planches]; — Essai sur les monuments typographiques de Jean Gutemberg [Mayence, messidor an X (juin 1802), in-4 avec pl.]; — Notice du premier monument typographique en caractères mobiles avec date connu jusqu'à ce jour [Mayence, 1804, in-4 de 8 pag., avec fac-simile du calendrier de 1457]; — Notice des monuments typographiques qui se trouvent dans la bibliothèque de M. le comte Alex. Razomowski [Moscou, 1810, in-8] ; — Einige Worte an die Mainzer, bei der Feierlichkeit des dem Erfinder Buchdruckerkunst, Johan Gutemberg, in mainz, zu errichtenden Denkmals [Moscou, 1836, in-4].

M. Waldheim a donné des articles dans le « Magasin encyclop. » de MILLIN, spécialement dans le t. III.

WALDMANN, droguiste. — Avec M. *Conrad* : Traité sur le safran du Gâtinais. Paris, impr. de Wittersheim, 1846, in-8 de 28 pag.

WALDOR [Mélanie VILLENAVE, dame], née à Nantes à la fin de 1796. [Voy. la *France littér.*, t. X, p. 474.]

1. — La Coupe de corail. Paris, de Potter, 1842, 2 vol. in-8 [15 fr.].

2. — André le Vendéen. Paris, de Potter, 1843, 2 vol. in-8 [15 fr.].

3. — Le Château de Ramsberg. Paris, de Potter, 1844, 2 vol. in-8 [15 fr.].

4. — L'Abbaye des Fontenelles. Paris, Desessart, 1839, 2 vol. in-8.

Les faux-titre et titre ont été réimprimés en 1842 et portent IIe édition.

M. Quérard avance que cet ouvrage est le même que le roman intitulé : « le Revenant de Bérézule », de Maria Lavinia SMITH [1802, 4 vol. in-12].

5. — Charles Mandel. Paris, de Potter, 1846, 2 vol. in-8 [15 fr.].

6. — L'écuyer d'Aubernon. Paris, Marescq, 1849, in-4.

Publié aussi pour les primes illustrées de « l'Ordre ».

7. — Les Moulins en deuil, roman en 4 vol. Nantes, impr. de Mme veuve Camille Mellinet, 1849, in-4.

Feuilletons du journal « le Breton. »

Mme Mélanie Waldor est l'auteur d'une *Notice sur Élisa Mercœur*, qui a paru dans le « Journal des Débats » du 13 janvier 1835 ; — et d'une *Notice sur Louis-Charles de Mesnard*, publiée dans les « Souvenirs intimes » de M. le comte de MESNARD [1844, 3 vol. in-8].

Elle a travaillé au texte de la « Galerie d'Orléans »; au « Journal des Demoiselles », etc.

Elle passe pour être auteur, sous le nom *Un Bas-Bleu*, d'articles : *Chronique de Paris*, imprimés dans le journal « la Patrie » depuis les premiers mois de 1845.

WALEFF [J.-F.]. — Trente-cinq Tableaux de Grammaire française, applicables à tous les modes d'enseignement. Troyes, Anner-André, 1841, in-fol. [3 fr. 50 c.]

WALEWSKI [le comte Alexandre]. [Voy. la *France littér.*, t. X, p. 475.] — L'École du monde, ou la Coquette sans le savoir, comédie en cinq actes et en prose. Paris, Henriot, Tresse, 1840, in-8 de 34 pag. [50 c.]

M. Walewski a, dit M. Quérard, travaillé avec M. Alex. DUMAS à « Mademoiselle de Belle-Isle », drame en cinq actes et en prose [Paris, Dumont, 1839, in-8].

WALKENAER. Voy. WALCKENAER.

WALKER. Voy. GALISSET.

WALKER [Charles-V.]. — Manipulations électrotypiques, ou Traité de galvanoplastie, contenant la description des procédés les plus faciles pour dorer, argenter, graver sur cuivre, etc., au moyen du galvanisme. Traduit de l'anglais sur la Xe édition et augmenté de notes, etc., par le docteur *J. Fau*. Paris, Méquignon-Marvis, 1842, in-18 [1 fr. 50 c.]. — IIIe édit. considérablement augm. Paris, Méquignon-Marvis, 1849, in-18 [2 fr.].

WALL [le vicomte de]. — Recueil de pièces trouvées dans le portefeuille d'*un jeune homme de vingt-trois ans* (le vicomte de Wall), avec un avertissement par *de Virieu*, le tout publié par l'abbé *Pluquet*. Paris, Didot aîné, 1788, in-8.

WALLES. Voy. VAN HALL.

WALLET [Emmanuel-Herman-Joseph], dessinateur, directeur de l'Académie de dessin de Douai, né à Saint-Omer le 21 juin 1771. [Voy. la *France littér.*, t. X, p. 477.]

1. — Description d'une crypte et d'un pavé mosaïque de l'ancienne église de Saint-Bertin, à Saint-Omer, découverts lors des fouilles faites en 1831. Douai, impr. d'Adam-Aubers, 1844, in-4, avec un atlas in-fol. de 8 pl. [15 fr.] — *Paris, Didron.*

2. — Description du pavé de l'ancienne cathédrale de Saint-Omer, consistant en dalles gravées et incrustées de mastic de couleurs variées, suivie de la Description de deux autres pavés de carreaux de terre cuite vernissés, découverts, l'un aux archives de l'ancienne cathédrale, en 1838 ; l'autre lors des fouilles faites à l'église Saint-Bertin, en 1843. Saint-Omer, Tumerel, Legier, Obez, 1847, in-4, avec un atlas in-fol. de 8 pl. [15 fr.].

WALLET [Amable-Éléonore], d'Abbeville.

1. — Réflexions politiques d'un enfant. Paris, Charpentier, 1842, in-12 de 24 pag.

2. — Le général Lamoricière. Versailles, impr. de Beaujeune, 1848, in-8 de 2 pag.

Chanson en cinq couplets.

WALLON [Henri-Alexandre], licencié en droit, maître de conférences à l'École normale, membre de l'Acad. des inscriptions et belles-lettres, né à Valenciennes le 23 décembre 1812.

1. — Géographie politique des temps modernes. IIIe édit. Paris, Chamerot, 1845, in-12 [2 fr. 50 c.].

La première édition est de 1839. — Fait partie des « Cahiers de géographie historique », par MM. BURETTE, DURUY et WALLON.

2. — De l'Esclavage dans les colonies, pour servir d'introduction à l'*Histoire de l'esclavage dans l'antiquité*. Paris, Dezobry, E. Magdeleine et Cie, 1847, in-8 [3 fr.].

3. — Histoire de l'Esclavage dans l'antiquité. Paris, Dezobry, E. Magdeleine, 1847-48, 3 vol. in-8 [24 fr.].

Cet ouvrage, réuni à celui de M. YANOSKI, « l'Esclavage au moyen âge », a été couronné par l'Acad. des Inscriptions.

WALLON [V.], maire de Marolles (Oise). — Prêt hypothécaire à raison de 5 0/0 de la valeur immobilière de la France. Projet de décret présenté à l'Assemblée nationale. Paris, impr. de Mme Dondey-Dupré, 1848, in-8 de 8 pag.

WALLON [J.].

1. — De l'Enseignement et de son organisation définitive en France. Paris, Comon, 1848, in-8 [15 fr.].

Un compte-rendu de cet ouvrage a paru dans « l'Illustration » du 15 janvier 1848.

2. — Revue critique des journaux publiés à Paris depuis la révolution de Février jusqu'à la fin de décembre. Paris, impr. de Pillet fils aîné, 1849, in-8.

Extrait du « Bulletin de censure », examen critique et mensuel de toutes les productions de la librairie française ; revue indispensable comme avertissement aux familles contre les erreurs de l'époque.

3. — Les Partageux, dialogues à la portée de tous. Paris, impr. de Pillet aîné, 1849, in-32.

Extrait du « Bulletin de censure. » — Conseils contre le socialisme.

M. Wallon a été rédacteur en chef de : « Revue de l'ordre social », indispensable comme avertissement aux familles contre les erreurs de l'époque [1842 et ann. suiv., in-8]. Il a aussi été rédacteur en chef de : « le Bonhomme Richard », dont le n° 1 a paru en 1848, in-4. — Il est l'auteur d'études de philosophie et de travaux sur la logique du philosophe allemand Hegel.

WALRAS [Aug.]. [Voy. la *France littér.*, t. X, p. 478.] — Théorie de la richesse nationale, ou Résumé des principes fondamentaux de l'économie politique. Paris, Guillaumin, 1849, in-12 [1 fr. 50 c.].

WALRAS.

On doit à M. Walras un *Commentaire* sur « le Cid », tragi-comédie de Pierre CORNEILLE [1843, in-8] ; et un *Commentaire nouveau* sur « Polyeucte », martyr, tragédie chrétienne, par *le même* [1847, in-8].

WALS [le capitaine]. — Journal de l'expédition anglaise en Égypte dans l'année 1800, traduit de l'anglais. Paris,

1823, in-8 avec cartes, plans et fig. [6 fr.]

WALSH [le vicomte Joseph-Alexis], publiciste, ancien inspecteur de la librairie dans les départements de l'Ouest, directeur des postes à Nantes, né à Sézant (Anjou) le 27 avril 1782. [Voy. la *France littér.*, t. X, p. 478.]

1. — Tableau poétique des fêtes chrétiennes. IIIe édit., revue, corrigée et augmentée de six chapitres. Paris, Hivert, 1843, in-8, avec un frontispice et une lithogr. [4 fr. 50 c.]

2. — Vie de Mme de Sévigné. Paris, Debécourt, 1842, in-12 [3 fr. 50 c.].

3. — Souvenirs et impressions de voyage. IIe édit. Tours, Mame, 1845, in-8 avec 4 grav. [3 fr. 50 c.]

4. — Lettres vendéennes, ou Correspondance de trois amis en 1823. VIe édition. Paris, Hivert, 1843, 2 vol. in-12 [4 fr.].

5. — Relation du voyage de Henri de France en Ecosse et en Angleterre. Paris, Hivert, Vaton, 1844, in-8 [5 fr.].

6. — Souvenirs de cinquante ans. Paris, impr. de Proux, 1845, in-8 [5 fr.].

7. — Les Veillées de voyage. Tours, Pornin, 1845, in-8, avec 4 grav.

8. — Versailles et le Palais-Royal. Correspondance inédite, publiée par le vicomte Walsh. Paris, impr. de Proux, 1847, in-4 obl.

Feuilleton de « l'Union monarchique », commencé le 11 mai 1847.

9. — Les Paysans catholiques. Le Mans, Lanier, 1848, in-8.

On doit à M. Walsh une nouvelle édition, refaite pour le style et enrichie d'anecdotes, de la « Providence », esquisse historique, religieuse et morale », par le R. P. A. TOURON [1840, in-8].

Il a donné dans le « Paris-Londres, Keepsake français » : *le Bon Ange* [1838]; — dans la « Bibliothèque des feuilletons » : *Mort de madame de Sévigné* [1846, t. Ier]; etc.

Il a travaillé à « Étrennes de la jeunesse »; à « Album vénitien »; à « Mélanges de morale et de littérature à l'usage de la jeunesse »; etc.

WALSH [le comte Théobald], né à Liége en 1792. [Voy. la *France littér.*, t. X, page 480.] — Le comte de la Ferronnays et Marie-Alphonse Ratisbonne. IIe édition, revue et augmentée, suivie de la *Relation de G. Gœrres*, trad. de l'allemand. Paris, Poussielgue, 1843, in-12 [2 fr.].

M. Th. Walsh a donné dans le « Keepsake américain » : *George Ier, roi d'Angleterre*.

Il a travaillé à « les Français peints par eux-mêmes. »

WALTER [Ferdinand], professeur à l'université de Bonn.

1. — Manuel du droit ecclésiastique de toutes les confessions chrétiennes. Traduit de l'allemand, avec la coopération de l'auteur, par *A. de Roquemont*. Paris, Poussielgue-Rusand, 1841, in-8 [8 fr.].

2. — Histoire de la procédure civile chez les Romains. Traduit par *E. Laboulaye*. Paris, Durand, Joubert, Brockhaus et Avenarius, 1841, in-8 [4 fr.].

WALTHER [Ch.-Fr.]. — Histoire de la réformation et de l'école littéraire à Schélestadt, accompagnée de quelques notices historiques sur cette ville. Strasbourg, impr. de Schuler, 1843, in-4.

Thèse.

WALTHER [W.]. Voy. SCOUTETTEN.

WAMMY [Grellet]. Voy. GRELLET-WAMMY.

WANDERBURCH ou **WANDERBUCH** ou **WANDERBURK**. Voy. VANDERBURCH.

WAN-DEURSEN [Mlle R.]. [Voy. la *France littér.*, t. X. p. 483.] — C'était moi! drame-vaudeville en deux actes. Paris, Ch. Tresse, 1842, in-8 de 18 pag.

WANOSTROCHT [N.]. [Voy. la *France littér.*, t. X, p. 484.] — Recueil choisi de traits historiques et contes moraux, avec la signification des mots en anglais au bas de chaque page. Nouvelle édition, revue, etc., par *A.-L. de Sainte-Marthe*. Calais, Leleux, 1844, in-12.

WARCONSIN [F.]. — Grammaire pratique, ou cours gradué de langue anglaise, sur un plan nouveau. Paris, impr. de Wittersheim, 1843, in-8 de 136 pag., plus 4 pag. lith.

WARD [Anne]. Voy. RADCLIFFE [Anne WARD, dame].

WARD [James].

1. — France as she is, and France as she might be, in her commercial, political and material relations. Paris, impr. de Mme Dondey-Dupré, 1843, in-8 de 32 pag.

2. — Machinery, is it a good or an evil? addressed to the working classes. Paris, impr. de Wittersheim, 1843, in-8 de 48 pag. [2 fr.]

WARDEN [David-Bailie], secrétaire de la légation américaine à Paris durant la présidence de Jefferson, consul général et chargé d'affaires des États-Unis à Paris pendant plusieurs années, membre correspondant de l'Institut (1826), membre de la Société des antiquaires de France, et de plusieurs autres sociétés savantes et littéraires, né en 1777 à Baily-Castle, dans le comté de Down (Irlande), mort le 9 octobre 1845. [Voy. une notice par M. DEPPING dans l'*Annuaire de la Société des antiquaires de France* pour 1848, et la *France littér.*, t. X, p. 485.]

1. — Notice biographique sur le président Jackson, président des États-Unis. 1829.

2. — Bibliotheca Americana, being a choice collection of books relating to north and south America and the West-Indies. Paris, 1831, in-8.

Citons encore : Rapport sur un ouvrage relatif à la Floride occidentale (in-8).
M. Warden a donné dans l'édition de « l'Art de vérifier les dates » de M. FORTIA D'URBAN sept volumes relatifs à l'histoire des deux Amériques. Cinq volumes qui devaient compléter ce travail sont restés inédits entre les mains de l'auteur. — Il a inséré des dissertations sur les antiquités des États-Unis dans les « Mémoires de la Société de géographie », dans le grand ouvrage sur les « Antiquités mexicaines », dans la « Revue encyclopédique », etc. On a publié en 1840 [Paris, Chimot] un catalogue des principaux livres de la biblioth. de feu M. Warden. Cette bibliothèque a été réunie en partie à celle du collège Havard, à Boston, en partie à la biblioth. publique de l'État de New-York.

WARÉE [B.], libraire à Paris. [Voy. la *France littér.*, t. X, p. 485.] — Conséquences de la souscription ouverte en librairie, autorisée par le gouvernement sous le patronage du citoyen préfet de la Seine; 1,500,000 francs de primes. IIe édition. Paris, impr. de Gerdès, 1848, in-8 de 16 pag.

Aux représentants du peuple. — La première édition a été publiée dans la même année.

WARENGHIEN [Jules de], substitut du procureur du roi à Valenciennes, membre de la Société d'agriculture, sciences et arts de cette ville. — Notice sur la vie et les Mémoires inédits de Monnier de Richardin, recteur et professeur de droit civil et canonique de l'université de Douai. Douai, impr. de Prignet, 1843, in-8 de 88 pag. [2 fr. 25 c.]

M. J. de Warenghien a donné, dans le t. 1er des « Mémoires de la Soc. d'agriculture, sciences et arts de Valenciennes », deux pièces de vers : *Une Nuit d'effroi ; les Deux Artistes.*

WARGNIER [F.], dessinateur. — Manifeste électoral d'un ouvrier. La vérité à tous, l'égalité devant la loi pour tous. Metz, impr. de Lamort, 1849, in-8 de 8 pag.

WARIN [Regnault]. Voy. REGNAULT WARIN [J.-B.-J.-I.-P.].

WARIN, auteur dramatique. Voy. VARIN [V.].

WARIN-THIERRY [Voy. la *France littér.*, t. X, p. 486.]

1. — Appel aux propriétaires de bonne volonté ; eux seuls peuvent sauver l'État de la crise financière qui l'accable, si le plan proposé est approuvé par le gouvernement. Un propriétaire sur vingt suffit. Paris, impr. de Fain, 1848, in-8 de 8 pag.

2. — Géographie physique, administrative, judiciaire, ecclésiastique, monumentale, historique, scientifique, industrielle, commerciale, etc., des départements et diocèses du royaume de France. Paris, impr. de Fain, 1847 et ann. suiv., in-18.

WARKENTHALER [Jos.]. — Méthode de plain-chant. Strasbourg, impr. de Leroux, 1843, in-8 de 80 pag.

WARKULEWICZ [le baron Alexandre de]. [Voy. la *France littér.*, t. X, p. 487.] — Triumvirat aboli, ou les Polonais à Dantzick, narrodrame en trois actes. IIe édition. Troyes, Anner-André, 1842, in-18 de 72 pag.

WARNERY [Aimé], délégué de la ville de Bône en Algérie. — Grammaire théorique et pratique de la langue française. Paris, Cherbuliez, 1843, in-8 [5 fr. 50 c.].

Citons encore : Résumé de la situation morale et matérielle de l'Algérie (1847, in-8] ; — Appel à l'opinion publique [1848, in-fol.).
M. Warnery a signé des affiches qui ont été placardées à Paris après février 1848.
Il a été rédacteur en chef du journal « l'Afrique. »

WARNIER. — Avec M. *Carette :* Description et division de l'Algérie.

Paris, Hachette, 1847, in-8 de 48 pag., avec une carte [3 fr.]; — autre édition. Paris, Hachette, 1847, in-18, avec une carte de l'Algérie [2 fr. 50 c.]

WARNKŒNIG [Léopold-Auguste], jurisconsulte, historien, professeur de droit à l'université de Fribourg en Brisgaw, conseiller intime du grand-duc de Bade, correspondant de l'Institut de France, né à Bruchsal le 1er août 1794. [Voy. la *France littér.*, t. X, p. 488.]
— De la science du droit en Allemagne depuis 1815 ; précédé d'une notice sur la vie et les ouvrages de l'auteur, par E. Laboulaye. Paris, Joubert, 1841, in-8 [1 fr. 50 c.].

Extrait de la « Revue étrangère et française de législation. »
M. L.-A. Warnkœnig a recueilli, mis en ordre et fait précéder d'une préface : « Travaux sur l'histoire du droit français », par KLIMRATH [1843, 2 vol. in-8].

WARREN [le comte Ed. de], ancien officier au service de l'Angleterre dans l'Inde.—L'Inde anglaise en 1843-1844. IIe édition, considérablement augmentée. Paris, Comon, 1845, 3 vol. in-8 [18 fr. 50 c.].

La première édition a été publiée en 1844 et forme 2 vol. in-8.

WARRENTRAPP. — De l'emprisonnement individuel sous le rapport sanitaire, et des attaques dirigées contre l'auteur par MM. Charles Lucas et Léon Faucher, à l'occasion du projet de loi sur la réforme des prisons, présenté par le gouvernement. Paris, 1844, in-8 [1 fr. 50 c.].

WARTEL, ancien élève de l'École normale.

M. Wartel a donné une traduction de l'« Achilléide de Stace », qui fait partie de la collection publiée sous la direction de M. Nisard [1842]. Voy. STACE.

WARVILLE [Ch. de], pseudonyme. Voy. POISSON [H.-T.].

WARVILLE [Brissot de]. Voy. BRISSOT DE WARVILLE [E.].

WATBLED [le docteur Antoine].
1. — Français, ouvrez les yeux et lisez ceci ; il s'agit de votre bonheur. Projet de constitution présenté à l'Assemblée nationale le 19 juin 1848, par sa commission de constitution, modifié par Watbled, 1848.
2. — Aux citoyens rédacteurs en chef des journaux de toute espèce de Paris et de la province. Paris, impr. de Mme veuve Bouchard-Huzard, 1848, in-8 de 8 pag.

12 novembre 1848. L'auteur adresse sa brochure aux journalistes et les prie de l'insérer gratuitement dans leurs feuilles. Il s'était déjà porté précédemment comme candidat aux élections du département de la Seine. Dans l'écrit du 12 novembre, il propose sa candidature à la présidence de la république, *pour réaliser plus facilement ses améliorations... et contribuer plus aisément au bonheur, autant que possible, du peuple français, s'il daigne le nommer président de ladite république.* Les titres de M. Watbled sont : *Qu'il s'occupe depuis très-longtemps d'une manière générale : 1° de la conservation ; 2° de l'éducation physique, morale et intellectuelle ; 3° de la prospérité ; 4° du perfectionnement ; et 5° du bonheur des Français.* Il termine sa brochure en ces termes : *Ainsi donc, Français, votre bonheur, autant que possible, dépend actuellement de vous. Si vous nommez de suite le docteur A. Watbled président de votre république, il estime que vous serez immédiatement heureux ; il ose même vous en donner l'assurance, si l'on suit ses conseils en tout et partout.*

WATERSON. — Excursions en Amérique, trad. de l'anglais de Ch. Waterson. Rouen, Nicétas Périaux ; Paris, Lance, in-8 [6 fr.].

WATON [F.-M.-L.]. — De la fièvre typhoïde. Paris, J.-B. Baillière, 1843, in-8 [6 fr.].

WATRIN [Jules]. — Les Geais, comédie en deux actes, en vers. Paris, Michel Lévy frères, 1848, in-18 anglais [60 c.].

WATRIPON [Antonio], né à Beauvais (Oise), le 16 février 1822.
1. — Histoire des écoles et des étudiants. Paris, Joubert, 1849, in-8.
2. — Les étudiants de Paris. Paris, Bry aîné, 1851, in-8.

M. A. Watripon a été rédacteur en chef de « la Lanterne du quartier latin » [1847-48] ; — de l'« Aimable Faubourien » [mai-juin 1848] ; — du « Bon-Homme picard » [1851], et du « Moustiquaire » [1854].
Il a été l'un des rédacteurs de la « Revue de l'Oise », du « Progrès de l'Oise », du « Démocrate de l'Oise », du « Populaire », du « Triboulet », de la « Révolution démocratique et sociale », du « Figaro », etc. Il a publié des articles dans « la Réforme » [sous le pseudonyme de Joseph DEVIMES], dans le « Dictionnaire universel » de Maurice LA CHATRE, dans la « Biographie universelle » édition Didot, etc.

WATTEAUX [L.].

M. Watteaux a rédigé « l'Écho du Val-de-Grâce », journal des médecins militaires, paraissant toutes les semaines [1848, petit in-fol.].

WATTEN. — Chemins de fer du nord de la France. Ligne française anglo-belge. Note à joindre au Mémoire publié en février 1842. Paris, impr. de Vinchon, 1842, in-4 de 20 pag., avec 2 cartes.

WATTEVILLE [Adolphe DU GRABE, baron de], inspecteur général de première classe des établissements de bienfaisance, membre des académies de Bordeaux et de Lyon, et de l'institut national de Washington, né à Paris le 25 avril 1799.

1. — Code de l'administration charitable, ou Manuel des administrateurs, agents et employés des établissements de bienfaisance. IIe édition, revue, corr. et consid. augm. Paris, Cotillon, 1847, in-8 [7 fr. 50 c.].

La première édition est de 1840, in-8.

2. — Législation charitable, ou Recueil des lois, arrêtés, décrets, ordonnances royales, etc., qui régissent les établissements de bienfaisance (1798 à 1846); mise en ordre et annotée, avec une préface. Paris, impr. de Dupont, 1843, in-8 [20 fr.]. — IIe édition. Paris, Cotillon, 1846, gr. in-8 à 2 col. [15 fr.].

3. — Statistique des établissements et services de bienfaisance. Rapport à M. le ministre de l'intérieur sur l'organisation administrative, morale et financière du service des enfants trouvés et abandonnés, en France. Paris, Guillaumin, Devarenne, Cotillon, 1849, in-4 [6 fr. 50 c.].

Citons encore : Du Sort des enfants trouvés en France [1844, in-8]; — du Sort des enfants trouvés et de la colonie agricole du Mesnil-Saint-Firmin, avec un appendice contenant des documents sur les institutions étrangères et des notes statistiques [1846, in-8]; — Situation administrative et financière des monts de piété en France [1845, et IIe édition, 1848, in-8]; — Essai statistique sur les établissements de bienfaisance du royaume [1846, gr. in-8]; — du Travail dans les prisons [1849, in-12]; — du Patrimoine des pauvres [1849, in-12].
M. A. de Watteville a travaillé à l'« Annuaire de l'économie politique »; aux « Annales de l'éducation des sourds-muets et des aveugles »; au « Journal des économistes »; etc.

WATTS [le docteur Isaac]. [Voy. la *France littér*, t. X, page 492.]

1. — Méditations pieuses; traduites de l'anglais. Nouvelle édition, précédée d'une notice sur l'auteur. Paris, Delay, 1844, in-32.

2. — Catéchisme du docteur Watts. IVe édit. Nîmes, Garve, 1845, in-12 de 24 pag.

WAUTERS [P.-E.], docteur en médecine, membre de l'Académie de Belgique, mort à Gand en 1840. [Voy. le *discours* prononcé à ses funérailles par M. le docteur GUISLAIN (1840, in-8) et la *France littér.*, t. X, page 492.] — Traité du choix des exutoires, trad. par *Curtet*. Bruxelles, 1803, 2 vol. in-8 [9 fr.]. — *Paris, J.-B. Baillière.*

WAUTERS [Alphonse], archiviste de la ville de Bruxelles. [Voy. la *France littér.*, t. X, p. 493.]

1. — Les délices de la Belgique, ou description historique, pittoresque et monumentale de ce royaume. Bruxelles, Froment, 1846, in-8, avec une carte et 100 planches [36 fr.].

2. — Avec M. *Alex. Henne* : Histoire politique, civile et monumentale de la ville de Bruxelles. Bruxelles, 1843, in-8.

La commission royale d'histoire de Belgique a décerné à cet ouvrage le prix offert par M. le prince de Ligne.

WAUTHIER D'HALLUVIN [Édouard].

1. — Histoire de France, depuis les temps les plus reculés jusqu'à nos jours; nouvelle édition, précédée d'un résumé de l'histoire générale avant le Christ, d'après une méthode approuvée par l'Université. Paris, impr. de Belin-le-Prieur, 1841, in-18 [3 fr.]

2. — Les deux yeux de l'histoire, ou Guide chronologique et géographique. Paris, Bréauté, 1841, in-8 de 80 pag. [1 fr. 50 c.].

— Les deux yeux de l'histoire, ou Guide chronologique et géographique de l'histoire universelle. Nantes, impr. de Busseuil; Paris, Périsse, 1845, 3 vol. in-12.

Jusques et compris le Ve siècle.

3. — Atlas complet de géographie astronomique, physique et politique, ancienne et moderne. Nantes, impr. de Vincent Forest; Paris et Lyon, Périsse frères, 1845, in-12.

4. — Quelques notions sur un nouveau mode d'enseignement. Nantes, impr. de Busseuil; Paris, Périsse, 1845, in-12 de 78 pag.

5. — Phases de l'histoire universelle, depuis la création jusqu'à nos jours. Lyon et Paris, Périsse frères, 1848, in-12 [4 fr. 50 c.].

Résumé de l'ouvrage en trois volumes intitulé: *les deux Yeux de l'histoire*.

6. — Grands empires du monde, et

phases principales de l'histoire universelle. IVe édition. Evreux, impr. de Tavernier, 1847, in-12 de 36 pag.

M. Wautier d'Halluvin a dirigé, avec MM. Lucien de Puydt et Martin, la publication de : « la Pédagogie, ou Science d'élever et d'instruire la jeunesse. Revue hebdomadaire paraissant tous les dimanches » [le 1er numéro a paru en janvier 1843, in-8].

WAYANT [l'abbé], du clergé de N.-D. de Metz.

M. l'abbé Wayant a donné une traduction française de : « Histoire de la robe de J.-C. conservée dans la cathédrale de Trèves », par J. Marx, suivie de la relation des guérisons, etc. [1844, in-12]. Voy. Marx.

Il a également traduit de l'allemand : « Relation authentique des guérisons miraculeuses opérées pendant la dernière exposition de la sainte robe, à Trèves, en 1844 » [1845, in-12].

WEATHON [Henri], Voy. Wheaton.

WEBB [Barker]. Voy. Barker-Webb.

WEBBER.

M. Webber a traduit de l'allemand : « Description des vingt-deux cantons de la Suisse », par Sommerlatt [1841, in-8].

WEBER [le docteur], chirurgien allemand. [Voy. la *France littér.*, t. X, p. 494.]

1. — Exposition systématique des effets pathogénétiques purs des remèdes ; traduit de l'allemand par le docteur *Peschier*. Genève, 1833-43, liv. I à VII, in-8 [27 fr. 50 c.]. — Paris, J.-B. *Baillière*.

2. — Traité de la mécanique des organes de la locomotion chez l'homme ; traduit de l'allemand par *A.-J.-L. Jourdan*. Paris, 1843, in-8, avec atlas de 17 planches in-4 [12 fr.].

Fait partie de l'« Encyclopédie anatomique. »

3. — Mémoire sur les propriétés antiseptiques du charbon végétal pur, sur son action spécifique dans la première période des fièvres continues et intermittentes, etc. Paris, J.-B. Baillière, 1846, in-8 de 32 pag.

4. — Du travail des femmes dans les manufactures. Mémoire. Mulhouse, impr. de Baret, 1849, in-8 de 12 pag.

Extrait des « Bulletins de la Société industrielle de Mulhouse » [1848].

WEBER [Jacques]. — Louis-Philippe et la France. Paris, impr. de Pollet, 1847, in-8 de 32 pag.

La préface, signée : L'auteur Jacques Weber, est datée de Paris 25 décembre 1846.

WEDDEL [H.-A.], docteur en médecine.

1. — Avec M. *Ch. Cosson* : Introduction à une Flore analytique et descriptive des environs de Paris (1844, gr. in-8). Voy. Cosson.

2. — Histoire naturelle des quinquinas, ou monographie du genre Chincona, suivie d'une description du genre Cascarilla et de quelques autres plantes de la même tribu. Paris, V. Masson, 1849, in-fol., avec 36 pl. et une gravure *représentant l'exploitation du quinquina dans les forêts du Carabaya, au Pérou* [60 fr.].

WEGE.

M. Wege a traduit de l'allemand : « Mélanges philosophiques, esthétiques et littéraires, » par Schiller [1840, in-8].

WEGMANN. Voy. Orbigny [Charles d'].

WEIGEL [R.]. — Supplément au Peintre-graveur de *A. Bartsch.* Leipzig et Paris, Jules Renouard et Cie, 1843 et ann. suiv., in-12.

Le Peintre-graveur de Bartsch a été publié à Vienne (en Autriche) de 1803 à 1821, et forme 21 volumes in-8, avec 80 planches, plus deux cahiers de copies faites d'après les estampes très-rares de différents maîtres.

WEILENMANN, professeur de gymnastique à Paris. — Méthode gymnastique professée dans les écoles communales primaires de la ville de Paris. Paris, impr. de Pollet, 1847, in-8 de 16 pag.

WEIL [Henri].

1. — Question de grammaire générale. De l'ordre des mots dans les langues anciennes comparées aux langues modernes. Paris, impr. de Crapelet, 1844, in-8 de 140 pag.

Thèse.

2. — De tragœdiarum Græcarum cum rebus publicis conjunctione. Paris, Joubert, 1845, in-8 de 84 pag.

WEILL [Alexandre].

1. — La guerre des paysans. Paris, Amyot, 1847, in-18 [3 fr. 50 c.].

Cet ouvrage, dit M. Quérard (Apocryphes, IV, 647), est traduit de l'allemand de Zimmermann. Il a paru d'abord dans « la Phalange. »

2. — Un paysan champenois à Timon, à l'occasion de son petit pamphlet sur le projet de constitution, par *Jean le*

Champenois [*Alex. Weill*]. Paris, Michel Lévy frères, 1848, in-32.

3. — Génie de la monarchie. Paris, Dentu, 1849 (1850), in-8 [5 fr.], et in-18 [2 fr.].

Citons encore : Feu contre feu ! réponse à un ultramontain [1845, in-8] ; — Feu et flamme [1845, in-32] ; — le Nouveau Cordelier, 1789, 1830, 1848 [1848, in-4] ; — Neuf semaines de gouvernement provisoire [1848, in-8] ; — Ce que j'aurais dit à l'Assemblée nationale [1848, in-16] ; — Questions brûlantes. République et monarchie [1848, 1849, 6 éditions in-18 ou in-16] ; — au Président. Étrennes politiques [1849, in-18] ; — de l'Hérédité du pouvoir [1849, 4 éditions in-18 et 3 éditions in-16] ; — Debout la province [1849, in-18] ; — l'Ordre avant, pendant et après les élections [1849, in-16. — Extr. de « la Mode »].

M. Alex. Weill a travaillé à « la Démocratie pacifique », où il a donné, entre autres : *la Guerre des paysans* et des fragments de traduction du « Cosmos » de M. de HUMBOLDT.

WEIMARS [Loève]. Voy. LOÈVE-VEIMARS [A.].

WEINGARTEN. Voy. KRUSE.

WEISS [l'abbé Th.], curé à Urbeis (Bas-Rhin). — Lacordaire. Étude catholique et littéraire. Strasbourg, Derivaux, 1846, in-8 de 16 pag.

WEISS [Charles], conservateur de la bibliothèque de Besançon, membre de l'Académie de cette ville, correspondant de l'Académie des inscriptions et belles-lettres, né à Besançon le 15 janvier 1779. [Voy. la *France littér.*, t. X, p. 497.]

1. — Des causes de la décadence de l'industrie et du commerce en Espagne, depuis le règne de Philippe II jusqu'à l'avènement de la dynastie des Bourbons. Paris, 1839, in-8.

Thèse pour le doctorat ès lettres.

2. — Hugonis de sancto Victore methodus mystica. Paris, 1839, in-8.

Thèse pour le doctorat ès lettres.

3. — Biographie universelle, ou Dictionnaire historique, depuis le commencement du monde jusqu'à nos jours, par une société de gens de lettres, sous la direction de M. Ch. Weiss. Paris, Furne, 6 vol. gr. in-8, avec 60 portraits [60 fr.].

M. Ch. Weiss a dirigé la publication des : Papiers d'État du cardinal de Granvelle, d'après les manuscrits de la bibliothèque de Besançon [1839 et ann. suiv., 6 vol. in-8].

On doit à M. Ch. Weiss divers travaux dans les « Mémoires de l'Acad. de Besançon » ; l'article BOHAN [François-Philippe LOUBAT, baron de] dans la « Littérature française contemporaine »; il a été nommé parmi les collaborateurs du « Moniteur de la librairie. » Il a beaucoup travaillé à la « Biographie universelle » de MICHAUD, etc.

WEISS [Charles], professeur d'histoire au collége Bourbon.—L'Espagne depuis le règne de Philippe II jusqu'à l'avénement des Bourbons. Paris, Hachette, 1844, 2 vol. in-8 [12 fr.].

Voy. un compte rendu de cet ouvrage par M. MIGNET, dans le « Journal des savants » [décembre 1846, p. 705].

On a publié sous la direction de M. Ch. Weiss : « Atlas élémentaire de géographie moderne, approprié à toutes les méthodes. » Dessiné par M. Charle, géographe [1846, 8 cartes écrites et 8 cartes muettes].

WEISSIER [Alphonse]. Voy. VEISSIER-DESCOMBES.

WENDEL [Georges]. — Voyages et aventures véritables de quatre enfants d'Orient, aujourd'hui pensionnaires dans un collége de Paris, recueillis et racontés par Georges Wendel. Paris, Challamel, 1845, in-4, avec 8 lith. [6 fr.]

WENDEL-HIPPLER [le docteur].

1. — Wie ich communist bin (comment je suis communiste.) Und mein communistiches glaubens bekentniss von *Cabet*. Paris, rue J.-J. Rousseau, nº 18, 1847, in-32 de 64 pag.

2. — Reife nath Ikarien, von *Cabet*. Paris, impr. de Fain, 1847, in-16 [4 fr.].

Voyage en Icarie.

WENZEL [Prévost]. Voy. PRÉVOST-WENZEL.

WERDET père. [Voy. la *France littér.*, t. X, p. 501.]

On doit à ce calligraphe : Innovation. Leçons d'écriture simplifiée [1841, in 8 oblong avec 6 pl.] ; — Écriture nationale française réduite à sa plus simple expression par les éléments primitifs [1842, in-4 obl.] ; — Cahier complet d'écriture, contenant un 72 modèles, la bâtarde, la coulée, la ronde, etc. [1845, in-8 obl.] ; — Nouveau Cahier d'écriture, composé de 120 modèles, etc. [1847, in-8 obl.] ; — Méthode rationnelle pour l'enseignement de l'écriture, contenant les préceptes et les modèles des cinq genres (cursive, bâtarde, coulée, ronde et gothique) [gr. in-8] ; — Exercices analytiques et modèles d'écriture cursive [1 cahier in-fol.] ; — Cahier de 32 modèles d'écriture cursive [in-8 oblong].

WERNER [J.-C.], peintre du Muséum d'histoire naturelle à Paris. [Voy. la *France littér.*, t. X, p. 502.]

M. Werner est auteur des planches lithographiques qui accompagnent l'ouvrage de M. Du-CROTAY DE BLAINVILLE : « Ostéologie, ou Description iconographique comparée du squelette », etc. [1839 et ann. suiv., in-4].

WERNER.—Le vingt-quatre février, drame en un acte; traduit littéralement en vers par *Paul Lacroix*. Paris, Michel Lévy, 1849, in-18 angl. [60 c.]

WERNER [Hans]. Voy. HANS WERNER, pseud. de BLAZE [Henri].

WERTHEIM [Guillaume].

1. — Avec M. *E. Chevandier* : Mémoire sur les propriétés mécaniques du bois. Paris, Bachelier, 1848, in-8 de 144 pag., avec 2 pl.

2. — Mémoires de physique mécanique. Paris, Bachelier, 1848, in-8, avec 5 pl. [10 fr.]

Réunion des différents Mémoires de l'auteur. Chaque pièce a sa pagination particulière.

WESEL [Jacques Van]. — Nouvelle fortification. 1706, in-8.

WEST [Gustave], pseudonyme. Voy. ROCHOUX [Armand].

WESTERLOO [MÉRODE]. Voy. MÉRODE-WESTERLOO [le feld-maréchal, comte de].

WESTERMANN [Antoine]. Voy. PHILOSTRATE.

WETZELL [Madame]. [Voy. la *France littér.*, t. X, p. 504.] — Contes à mes petits élèves. Paris, Langlumé et Peltier, 1846, in-12 avec 6 grav.

Citons encore : Récréations des petites filles [1841, in-12]; — Récréations des petits garçons [1841, in-12]; — la Petite Fille et sa grand'mère [1842, in-12]; — Petit Abécédaire en figures [1844, in-32]; — la Baguette merveilleuse, historiette en neuf tableaux [1844, in-8, avec 9 grav.]; — la Journée d'une petite fille [1844, in-12, avec 8 grav.]; — la Journée d'un petit garçon [1844, in-12, avec 8 grav.]; — l'Ile de Robinson Crusoé [1845, in-12]; — Don Quichotte en estampes, mis à la portée des enfants [1846, in-12]; — les Matinées de la poupée, ou Récréations d'une petite fille [1846, in-12, avec 12 vign.]; — Nouvelles Historiettes, ou Suite des causeries d'enfants [1846, in-18, avec 1 grav. et 1 frontispice]; — les Soirées de la poupée, ou suite des *Récréations d'une petite fille* [1847, in-12, avec 9 grav.]; — les Petits Enfants. Premières lectures [1849, in-18, avec 1 grav.].

WEY [Francis-Alphonse], archiviste paléographe, président de la Société des gens de lettres, inspecteur des archives, né à Besançon le 12 août 1812. [Voy. la *France littér.*, t. X, p. 505.]

1. — Scilla et Cariddi. Paris, Arthus-Bertrand, 1843, 2 vol. in-8 [15 fr.].

2. — Romans et nouvelles. I. *La balle de plomb*. II. *Le diamant noir*. Paris, Dolin, 1843, 2 vol. in-8 [15 fr.].

3. — Vie de Charles Nodier. Paris, 1844, gr. in-8, pap. de Hollande.

Tiré à 25 exemplaires.— La notice de M. Wey a paru d'abord dans la « Revue de Paris. » Elle a été mise en tête de la « Description raisonnée d'une jolie collection de livres », par Ch. NODIER [1844, in-8].

4. — Remarques sur la langue française au XIXe siècle, sur le style et la composition littéraire. Paris, F. Didot, 1844, 2 vol. in-8 [15 fr.].

5. — Histoire des révolutions du langage en France. Paris, F. Didot, 1848, in-8 [7 fr. 50 c.].

6. — Dictionnaire démocratique. Manuel du citoyen. Paris, Paulin, 1848, in-12.

De nombreux et importants fragments de ce livre ont été publiés dans le tome XI du journal « l'Illustration. »

— Manuel des droits et des devoirs. Dictionnaire démocratique. Paris, Paulin et Lechevalier, 1848, in-18.

M. Wey a donné dans « les Français peints par eux-mêmes » : *l'Ami des artistes* (Paris, t. Ier, p. 243]; — *le Franc-Comtois* [Province, t. II, p. 33]; — *le Flamand* [id., t. II, p. 292]; — *le Bressan* [id., t. II, p. 315]; — *le Picard* [id., t. II, p. 337].

Il a publié dans la « Bibliothèque de l'École des chartes » : *Études sur la langue française, à propos de l'ouvrage de Gustave Fallot* [t. I, p. 460]. Il a travaillé « l'Illustration », à « une Arabesque », etc.

On doit encore à M. Francis Wey : *Thomas a Niello*, nouvelle, dans « le Siècle. »

WEYBICKI [Joseph], polonais réfugié en France. — Avec M. *F.-X. Dmochowski* : Mémoires pour servir à l'histoire des révolutions de Pologne (1er mém. Négociations politiques du roi de Prusse et de Catherine de Russie avec le gouvernement de Pologne, depuis l'année 1788 jusqu'au temps de la révolution actuelle). Paris, librairie républicaine, an III (1795), in-8 de 88 pag.

Sous le pseudonyme : *Un citoyen polonais*. Ce mémoire, dit M. L. Chodsko, a été trad. en français par M. Casimir de LA ROCHE, polonais mort en 1836.

WEYLAND [A.-N.]. [Voy. la *France littér.*, t. X, p. 505.]

1. — Pétition d'un chrétien d'Occident en faveur de la chrétienté souf-

frante en Orient, adressée à la chambre des députés et à tous les souverains de l'Europe. Metz, Pallez et Rousseau, 1841, in-8 de 48 pag.

2. — Notice pratique sur les avantages du plâtre grossièrement moulu, trad. de l'allemand par M. A.-N. Weyland. Metz, impr. de Dieu, 1844, in-12 de 36 pag.

WEYLAND [Aug.-Théoph.], docteur en médecine. [Voy. la *France littér.*, t. X, p. 505.]

Outre un *Traité sur le choléra asiatique*, publié en 1831, M. Weyland est auteur d'une *Notice sur les dépôts mortuaires en Allemagne*, insérée dans le « Traité des signes de la mort » de JULIA FONTENELLE, et d'une *Galerie des médecins célèbres de toutes les époques* (en allemand). Il a traduit du français en allemand : « Leçons orales », de DUPUYTREN ; — « des Secours à donner aux noyés et asphyxiés », par M. MARC ; — « de l'Onanisme », de M. DESLANDES ; — « de l'Hygiène des femmes nerveuses », par M. AUBERT.

WEYLANDT [N.], d'Hettanges. — Hygiène oculaire. De l'utilité et du danger de l'usage des lunettes, et des circonstances dans lesquelles il faut s'en servir. Avignon, impr. de Fischer aîné, 1847, in-8 de 32 pag.

WHARNCLIFFF [lord]. Voy. MONTAGU [lady Mary WORTLEY].

WHATELY [le docteur], archevêque anglican de Dublin. [Voy. la *France littér.*, t. X, p. 505.]

1. — Le Royaume de Christ. Essai sur la constitution des églises chrétiennes, leur gouvernement et leurs ministres, précédé d'une Introduction sur la personne de Jésus-Christ et traduit de l'anglais, sur la IIIe édition, par *L. Burnier*. Paris, Delay, 1843, in-8 [2 fr. 50 c.].

2. — Introduction à l'Histoire du culte, traduit de l'anglais par *A. Reville*. Dieppe, impr. de Delevoye ; Paris, Cherbuliez, Marc-Aurel, Delay, 1849, in-8.

3. — Leçons faciles sur l'évidence du christianisme ; traduction revue et approuvée par l'auteur. in-12 [1 fr. 25 c.]

WHEATCROFT [F.]. [Voy. la *France littér.*, t. X, p. 506.] — Méthode de la langue anglaise. IVe édition. Caen, impr. de Poisson, 1845, in-12.

WHEATON [Henri], diplomate américain, successivement ministre des États-Unis en Danemark et en Prusse, membre de l'Académie des sciences de Berlin et de la Société asiatique de Londres, de la Société historique de New-York, correspondant de l'Institut de France (sciences morales et politiques).

1. — La littérature scandinave, traduit par *E.-B. Frère*, avec des notes. 1835, in-8.

2. — Histoire des progrès du droit des gens en Europe et en Amérique, depuis la paix de Westphalie jusqu'à nos jours. Leipzig et Paris, Brockhaus et Avenarius, 1841, in-8 [8 fr.] ; — IIe édit., 1846, 2 vol. in-8 [15 fr.].

Voy. un compte rendu de cet ouvrage dans la « Revue de législation française et étrangère » [n° de janvier 1842].

3. — Histoire des peuples du Nord, ou des Danois et des Normands, depuis les temps les plus reculés jusqu'à la conquête de l'Angleterre par Guillaume de Normandie, et du royaume des Deux-Siciles par les fils de Tancrède de Hauteville ; édition revue et augmentée par l'auteur, etc., traduit de l'anglais par *Paul Guillot*. Paris, Marc-Aurel, Hachette, 1844, in-8, avec 2 cartes [11 fr.]

4. — Éléments du droit international. Leipzig, 1848, 2 vol. in-8 [15 fr.].

M. H. Wheaton a fourni des articles au « Journal des économistes », entre autres : *Percement de l'isthme de Panama* [n° de décembre 1843].

WIART [Henri], membre de la Société d'émulation de Cambrai. [Voy. la *France littér.*, t. X, p. 507.] — Cures magnétiques, foulures, entorses, contusions, fièvre, paralysies, efforts, étourdissements, transpiration arrêtée, surdité, brûlures, névralgies, rhumatisme, suivi du magnétisme à l'usage des familles. Cambrai, Lévêque, 1844, in-8 de 72 pag. — IIe édit. Cambrai, impr. de Carpentier, 1844, in-8 de 94 pag. [2 fr.]

M. H. Wiart a donné dans les « Mémoires de la Soc. d'émulation de Cambrai » : *Rapport sur le concours de poésie* [XVIe rec., 1836-37] ; — *la Poésie* [id.] ; — *Rapport sur le concours de poésie* [XVIIe rec., 1838-39] ; — *la Poésie* [id.].

WIBERT.

1. — Fragments sur l'Italie, accompagnés de morceaux choisis des meil-

leurs poëtes italiens, traduits ou imités en vers français. Nantes, Mellinet; Paris, Pesron, 1841, in-8.

On trouve dans ce recueil une traduction en vers du 5e chant de l'*Enfer* du Dante.

2. — Contes en vers. Nantes, impr. de Mellinet; Paris, Raymond Bocquet, 1843, in-8.

WICART [C.]. — Oraison funèbre de Mgr le baron Louis Belmas, évêque de Cambrai, etc., prononcé dans l'église cathédrale de cette ville, le 9 septembre 1841. Cambrai, impr. de Lesne-Daloin, 1842, in-8 de 40 pag.

WICK-POTEL [L. de]. — Nouvelle sténographie. Potetégraphie plus rapide et supérieure à tous les systèmes usités jusqu'à ce jour. Lyon, impr. de Perrin, 1847, in-8 de 80 pag.

WIED-NEUWIED [le prince de]. Voyez MAXIMILIEN DE WIED-NEUWIED.

WIELAND [Christophe-Martin], poëte, auteur dramatique et romancier allemand, né à Holzheim (Bavière) en 1733, mort en 1837. [Voy. la *France littér.*, t. X, p. 509.]

1. — Oberon, poëme héroïque; traduction entièrement nouvelle, par *Augustin Jullien*. Paris, Masgana, 1843, in-12 [3 fr. 50 c.].

2. — Pensées sur la liberté de philosopher en matière de foi. Paris, Ladrange, 1844, in-8 [4 fr.].

WIERS [F.-B. de]. — Le Livre des croyances. Paris, Amyot, 1845, in-12 [3 fr.].

WIGMORE [lord], pseudonyme. Voy. MORTEMART-BOISSE.

WILBERT [A.], avocat, vice-président de la Société d'émulation de Cambrai, correspondant de la commission scientifique du département du Nord, né à Cambrai. [Voy. la *France littér.*, t. X, p. 512.]

1. — Rapport sur l'histoire, l'état de conservation et le caractère des anciens monuments de l'arrondissement de Cambrai. Cambrai, 1841, in-8.

Extrait du tome XVII des « Mémoires de la Société d'émulation de Cambrai. » Ce mémoire forme 373 pag.

Citons encore : Des Anciennes coutumes du nord de la France et de leur influence sur la première organisation communale de ces contrées [1846, in-8]; — Rapport fait à la Société d'émulation de Cambrai, au mois d'août 1845, sur son concours d'éloquence [1847, in-8]; — Notice sur l'origine, la constitution et les travaux de la Société d'émulation de Cambrai [1847, in-8]; — Notice historique sur le Mont-de-Piété de Cambrai [1849, in-8].

M. A. Wilbert a donné dans les « Mémoires de la Société d'émulation de Cambrai » : *Du Théâtre dans ses rapports avec l'éducation des femmes* [XIII⁰ rec., 1830-31]; — *Rapport sur les travaux littéraires de la Société* [XIV⁰ rec., 1832-33]; — *Du gouvernement des provinces et des municipalités romaines* [XV⁰ rec., 1834-35]; — *Rapport de la commission d'archéologie* [XVIII⁰ rec., 1840-41]; — *Rapport sur l'histoire, l'état et les caractères des monuments de l'arrondissement* [XVII⁰ rec., 1838-39]; — *Note additionnelle sur les monnaies obsidionales* [XIX⁰ rec., 1842-43]; — *Rapport sur une notice intitulée : Des monnaies obsidionales de Cambrai, par M. E. Failly* [XIX⁰ rec., 1844-45]; — *Rapport sur le concours d'éloquence* [XX⁰ rec., 1844-45]; — *Notice sur l'origine, la constitution et les travaux de la Soc. d'émulation de Cambrai* [id.].

WILHEM [Guillaume-Louis BOQUILLON, dit], inspecteur des écoles de chant de la ville de Paris, directeur de l'Orphéon, fondateur d'une méthode ingénieuse et simple pour l'enseignement musical, né le 18 septembre 1781, mort le 24 avril 1842. [Voy. une notice historique par Mme Eugénie NIBOYET, un discours sur la vie et les travaux de G.-L.-B. Wilhem, par M. *Jomard* (1842, in-8), et la *France littér.*, t. X, p. 513.]

1. — Méthode B. Wilhem. Nouveaux tableaux de lecture musicale et de chant élémentaire. *Tableaux du premier cours.* Paris, Perrotin, 1846, 50 tableaux in-fol. [6 fr. 50 c.]

— Nouveaux tableaux de lecture musicale et de chant élémentaire. *Tableaux du deuxième cours.* IV⁰ édition. Paris, Hachette, Perrotin, 1843, 45 tableaux in-fol. [6 fr.]

L'enseignement populaire et gratuit du chant a commencé à Paris, en septembre 1819, par le premier emploi de la méthode Wilhem. Cette méthode, au moyen de laquelle l'étude du chant est considérablement facilitée et abrégée, fut adoptée en mars 1820 et successivement introduite dans les 2 écoles de la Société pour l'instruction élémentaire et dans 9 écoles de la ville de Paris. Au mois de mars 1835, le conseil municipal vota l'enseignement du chant dans toutes les écoles communales de Paris, et les corps d'élèves envoyés par les douze arrondissements commencèrent à s'assembler sous le nom de réunions de *l'Orphéon*. L'Orphéon a pris plus tard un grand développement, et des institutions du même genre, placées sous une même direction, ont été formées dans les départements.

2. — Manuel musical à l'usage des colléges, des institutions, des écoles et des cours de chant, comprenant, etc. VIe édit. Paris, Hachette, 1846, in-8 [5 fr.].

Premier cours.

3. — Orphéon. Répertoire de musique vocale en chœur, sans accompagnement. Paris, Perrotin, Hachette, 1845-47, 7 vol. in-8 [35 fr.].

4. — Album B. Wilhem. Recueil des compositions de cet homme célèbre, telles que romances, grands airs, duos, scènes lyriques, avec accompagnement de piano ou de harpe. Paris, Perrotin, in-8 de 102 pl. gr. jésus [7 fr. 50 c.].

Cet Album contient 29 morceaux choisis, une notice, un fac-simile et le portrait de l'auteur. M. B. Wilhem est l'auteur de la musique rhythmée des « Psaumes » de DAVID, suivis des cantiques sacrés. [Nouvelle édition, publiée par le consistoire de l'Eglise réformée. Paris, impr. de Bautruche, 1847, in-32.]

WILHEM [J. BOQUILLON], fils du précédent.

On doit à M. B. Wilhem : Paix sur la terre aux hommes d'une bonne volonté [1836, in-plano]; — Il n'y aura plus de temps. Fin prochaine du monde actuel [1836, in-8, avec un tableau. — Le tableau est la réimpression de *Paix sur la terre aux hommes d'une bonne volonté*]; — Contre les journaux et le clergé de Paris [1836, in-8]; — Sur la défense de manger de la viande certains jours de la semaine [1836, in-8]; — Tableau de l'histoire universelle, relativement à la régénération du genre humain [1837, in-12]; — Organisation de l'homme individuel et social relativement à sa félicité complète [1838, in-12].

M. Wilhem a signé le prologue (daté du 5 juin 1848) de : « La Nation et le Clergé » [Paris Perrotin, 1848, in-8].

WILHORGNE [Ch.], avocat. [Voy. la *France littér.*, t. X, p. 514.]

1. — Alphabet mnémonique, ou Méthode de lecture par demandes et par réponses, extrait de la Méthode de lecture. Paris, Belin-Mandar, 1844, in-8; avec 23 tableaux in-plano.

2. — Dactylographie, ou Sténographie des doigts. Art de converser avec les sourds-muets, instruits au moyen de ce procédé, avec une vitesse qui rivalise presque avec la parole. Rouen, impr. lith. de Surville, 1846, in-plano; — autre édit. Paris, impr. de Fain, 1847, in-8 de 8 pag., avec un tableau.

WILKIN [J.-C.]. [Voy. la *France littér.*, t. X, p. 514.] — Abrégé de grammaire anglaise. IIe édition. Paris, Baudry, 1842, in-12 [1 fr. 50 c.].

WILKS [Mark]. — Précis de l'histoire de l'Église d'Écosse, suivi de détails sur la formation de l'Église libre et sa séparation de l'État, en 1843. Paris, Delay, 1844, in-8 [4 fr.].

WILL [le docteur H.].

1. — Avec M. le docteur *R. Fresenius* : Nouvelle méthode pour reconnaître et pour déterminer le titre véritable et la valeur commerciale des potasses, des soudes, des cendres, des acides, et particulièrement de l'acide acétique et des manganésies; traduit de l'allemand par le docteur *G.-W. Bichon*. Paris, Mathias, 1845, in-12 [2 fr. 50 c.].

2. — De l'analyse qualitative. Instruction pratique à l'usage des laboratoires de chimie; traduit de l'allemand par le docteur *G.-W. Bichon*. Paris, Mathias, 1847, in-12 [3 fr.].

WILLAUMEZ [Jean-Baptiste-Philibert], vice-amiral, pair de France, grand'croix de la Légion d'honneur, né à Belle-Ile en mer le 7 août 1761. [Voy. une notice dans *le Biographe et le nécrologe* de PASCALLET, 4e vol., t. I, et la *France littér.*, t. X, p. 515.] — Dictionnaire de marine. IVe édit., revue et augmentée des nouveaux termes de la marine à voile et à vapeur, par M. *Édouard Bouet*.

WILLEMIN [A.]. [Voy. la *France littér.*, t. X, p. 517.]

M. A. Willemin a recueilli le « Résumé général de la clinique chirurgicale de la Faculté de médecine de Strasbourg pendant le semestre d'hiver 1841-42 », par M. SÉDILLOT [1842, 1843, in-8].

WILLEMS [Jean-François], membre de l'Académie de Bruxelles, né à Bouchante, province d'Anvers, le 11 mars 1793, mort le 24 juin 1846. [Voy. la *France littér.*, t. X, p. 517.] — Monuments de la langue romane et de la langue tudesque du IXe siècle, contenus dans un manuscrit de l'abbaye de Saint-Amand, publiés avec une traduction et des remarques. Gand, 1845, gr. in-8 [4 fr.]

M. Willems a publié en outre les ouvrages suivants : *Histoire de la littérature flamande;*

— *Topographie et antiquités de la ville d'Anvers;* — *Chronique en vers de Jean Van Heelu sur la bataille de Wœringen,* avec des notes et une préface;—le *Belgisch Museum,* recueil périodique; — Un écrit sur l'étymologie des noms des villes et communes de la Flandre orientale, et plusieurs poésies et comédies flamandes, etc., etc.

WILLERMOZ [C.-Fortuné]. — Avec MM. *Seringe* et *Hénon :* Flore et Pomone lyonnaises (1848, in-8). Voyez SERINGE.

WILLIAMS [Helen-Maria], née à Londres en 1769. [Voy. la *France littér.,* t. X, p. 519.]

Mme H.-M. Williams a traduit en anglais : « Paul et Virginie, et la Chaunière indienne », par B. de SAINT-PIERRE, sous ce titre : *Paul and Virginia, with Indian Cottage* [Paris, Baudry, 1841, in-18].

WILLIS [N.-P.].

1. — L'Amérique pittoresque, 120 gravures d'après W.-H. Bartlett, avec un texte anglais, ou un texte traduit de l'anglais de N.-P. Willis. 2 vol. in-4 [90 fr.].

La traduction est de M. L. de VAUGLAS.

2. — Le Canada pittoresque, faisant suite aux Voyages en Amérique, en Suisse, en Écosse, etc., enrichi de gravures faites sur les dessins de M.-W. Bartlett, avec un texte littéraire par N.-P. Willis. 2 vol. in-4 [75 fr.].

WILLM [Joseph], inspecteur de l'académie de Strasbourg, correspondant de l'Académie des sciences morales et politiques (1847). [Voy. la *France littér.,* t. X, p. 520.]

1. — Lectures allemandes. IIe édition. Strasbourg, Mme veuve Levrault; Paris, P. Bertrand, 1842, in-12.

2. — Morceaux choisis de littérature allemande, avec des notes, etc. IIe édition. Strasbourg, Mme veuve Levrault; Paris, Bertrand, 1843, 2 vol. in-12 [6 fr.].

3. — Premières lectures françaises pour les écoles primaires; in-12 [1 fr.].

4. — Secondes lectures françaises, à l'usage des écoles primaires supérieures. IIIe édit. Strasbourg, veuve Levrault; Paris, P. Bertrand, 1846, in-12.

5. — Choix de poésies, faisant suite aux Secondes lectures françaises, à l'usage des classes supérieures des écoles primaires; in-12 [1 fr.].

6. — Dictionnaire classique français-allemand et allemand-français, à l'usage des colléges, etc. IIe édit. Strasbourg, Levrault; Paris, P. Bertrand, 1848, in-8.

7. — Histoire de la philosophie allemande, depuis Kant jusqu'à Hégel. Paris, Ladrange, 1846-49, 4 vol. in-8 [30 fr.].

Cet ouvrage a été couronné par l'Académie des sciences morales et politiques.

8. — Essai sur l'éducation du peuple, ou sur les moyens d'améliorer les écoles primaires populaires et le sort des instituteurs. In-8 [6 fr.].

— Essai sur l'éducation du peuple, ou sur les moyens d'améliorer les écoles primaires populaires et le sort des instituteurs. IIe édit. Strasbourg, Mme veuve Levrault ; Paris, Bertrand, 1847, in-12 [3 fr. 50 c.].

Cet ouvrage a reçu un des prix de l'Académie française.

Un discours prononcé par M. Willm, le 23 février 1843, pour rendre les derniers honneurs académiques à J.-L.-A. Herrenschneider, professeur, a été publié avec d'autres discours [Strasbourg, impr. de Heitz, 1843, in-8 de 36 pag.].

M. Willm a travaillé au « Dictionnaire des sciences philosophiques, pour la philosophie allemande. »

WILMSENS.

1. — Lecture de la première adolescence, ou Série méthodique de lectures variées. Ouvrage écrit et publié en allemand, par Wilmsens, traduit en français et augmenté en quelques parties, par M. *Teillac.* Paris, Mellier, 1844, in-12 [2 fr.]

2. — L'Ami des enfants, livre de lecture pour les écoles primaires, augmenté d'explications grammaticales, etc., de renvois à la grammaire allemande de MM. Lebas et Regnier. Paris, Hingray, 1845, in-18.

WILSON [H.], orientaliste anglais. [Voy. la *France littér.,* t. X, p. 521.]

1. — Histoire du Kachemir, traduite de l'original sanscrit par H. Wilson, extrait par M. *Klaproth.* Paris, Dondey-Dupré, 1825, in-8.

2. — Le Sama Véda, texte sanscrit, publié par Wilson. Paris, B. Duprat, 1843, gr. in-8 [18 fr.].

WILSON [Émile]. — Marie, ou la Fille de l'auberge; contenant sa vie, ses malheurs, etc. Paris, Lebailly, 1849, in-18 [40 c.].

M. E. Wilson a fourni des articles au « Correspondant », et notamment : *Un progrès modeste* [1848, i-n8.—Tiré à part] ; — *Études sur les œuvres de charité* [1849, in-8. — Tiré à part] ; — *De la liberté de l'enseignement*, etc.

WIMER [le docteur Georges-Bénédict]. — Exposition comparative de la doctrine des diverses églises chrétiennes, avec les documents complets de leurs écrits symboliques rapportés dans le texte original, trad. du docteur Wimer par le pasteur *P. Aguhon*. Nîmes, Ballivet, 1844, in-8 [6 fr.].

WINARICKY.—Jean Guttemberg, né en 1412, à Kuttenberg, en Bohême, inventeur de l'imprimerie à Mayence, en 1450; traduit de l'allemand par le chevalier *de Carro*. Bruxelles, 1847, in-12.

WINFORT [Victor-W.]. — Sur la question des finances et sur les moyens de prévenir une crise industrielle. Paris, impr. de Claye, 1848, in-8 de 16 pag.

Lettre à M. le ministre des finances. Paris, 11 mars 1848.

WINSLOW [Miron], missionnaire américain, à Ceylan.— Vie de madame Winslow, rédigée par Miron Winslow, son époux ; traduit de l'anglais. Toulouse, Tartanac; Paris, Delay, 1846, in-12 [2 fr.].

WINT [Paul de], membre correspondant de l'académie de Reims. [Voy. la *France littér.*, t. X, p. 524.]
1. — Lettre à M. Louis Paris sur l'origine de la ville de Reims. Paris, impr. de Wittersheim, 1846, in-8 de 32 pag.
2. — Essais historiques et archéographiques sur la peinture flamande. Paris, Didron, 1847, in-8 de 80 pag.

WINTER [E.].
1. — Tableau des déclinaisons de tous les substantifs de la langue allemande. Paris, impr. de Renouard, 1842, in-plano.
2. — Tableau du genre de tous les substantifs de la langue allemande. Paris, Derache, Truchy, 1842, in-plano.

WISEMAN [le cardinal Nicolas], docteur en théologie, ancien professeur à l'université de Rome, archevêque de Westminster. [Voy. la *France littér.*, t. X, p. 525.]
1. — Conférences sur les cérémonies de la semaine sainte à Rome; traduites de l'anglais par l'abbé *de Valette*. Paris, Debécourt, 1841, in-12 [1 fr. 50 c.].
2. — Conférences sur le protestantisme. 2 vol. in-8 [14 fr.].— Le même, abrégé; in-12 [2 fr.].
3. — Discours sur les rapports entre les sciences et la religion révélée, prononcés à Rome par *Nicolas Wiseman*, pour faire suite à la *Raison du christianisme*, publiée par M. *de Genoude*. IIe édition. Paris, Sapia, 1841, 2 vol. in-8, avec 4 pl. et 1 carte [10 fr.].

La première édition est de 1837, 2 vol. in-8.
— La troisième édition, in-12, est de 1843. Une quatrième édition, revue et corrigée par l'auteur, a été publiée en 1845 [Paris, Royer, in-12, avec 1 carte et 4 pl., 3 fr. 50 c.].
Les ouvrages de M. Wiseman ont été reproduits dans la collection des « Démonstrations évangéliques », en 16 vol. in-4, publiée par M. l'abbé Migne. Les écrits de M. Wiseman remplissent une partie des tomes XV et XVI; il a lui-même envoyé à l'éditeur un exemplaire de toutes ses productions, revu et annoté de sa main.
Plusieurs opuscules de M. Wiseman se trouvent à la suite de : « Lettres sur l'Angleterre » par M. DE GENOUDE [1842, in-8].
M. Wiseman est auteur d'une Lettre à lord Schrewsbury sur l'état religieux de l'Angleterre, d'une Dissertation sur la présence réelle prouvée par l'Écriture, etc.

WISMES [le baron de]. — La Vendée. Nantes, Sebire; Paris, Pesron, 1848, petit in-fol., avec un album de 40 vues.

WISSEMANS [Henri], compositeur d'imprimerie, puis caissier de la maison Panckoucke. — Almanach des 25,000 adresses des principaux habitants de Paris. Paris, Panckoucke, 1815-45, 32 vol. in-12.

On a attribué à tort la rédaction de cet almanach à M. DULAC et à M. DUPLESSY.

WITCOMB [C.].
1. — Avec M. *H. Witcomb* : Nouveaux cours de thèmes anglais, ou Exercices sur les différentes règles de la grammaire anglaise. Paris, Baudry, Stassin et Xavier, 1843, in-12 [2 fr. 25 c.].
2. — Avec M. *H. Witcomb* : Le Nouveau Siret, méthode pratique pour apprendre facilement l'anglais, ou

Grammaire anglaise de Siret, corrigée, améliorée et augmentée. Paris, Baudry, Stassin et Xavier, 1845, in-12.

MM. C. et H. Witcomb sont les réviseurs pour la partie anglaise du « Nouveau Guide de conversations modernes en six langues, français, anglais, allemand, italien, espagnol et portugais », dont l'éditeur Baudry a publié de nombreuses éditions.

WITCOMB [H.]. — Avec M. *C. Witcomb* : Nouveau cours de thèmes anglais (1843, in-12) ; — le Nouveau Siret (1845, in-12). Voy. l'article ci-dessus.

M. H. Witcomb a traduit de l'anglais : «Traité du jeu des échecs », par W. Lewis, et arrangé selon le système lexicographique de M. Kieseritzky [Paris, impr. de Wittersheim, 1846, in-8].

WITGENS [Willem]. — Code de commerce du royaume de Hollande, traduit par M. Willem Witgens. Rennes, Blin ; Paris, Joubert, 1839, in-8.

Septième livraison de la « Collection des lois civiles et criminelles des États modernes », publiée sous la direction de M. V. Foucher.

WITT [Jean]. — Les sociétés secrètes de France et d'Italie, ou Fragments de ma vie et de mon temps. Paris, Levavasseur, Urb. Canel, 1830, in-8.

La pagination recommence au milieu du vol. au chapitre VII ; les signatures de ce chapitre et de ce qui le suit portent tome II.

Suivant M. Quérard, Apocr. IV, p. 653, Jean Witt est le pseudonyme de A. Buloz.

WITTICH [C.-A.]. Voy. Sellon [le baron P.-E. Maurice de].

WITZLEBEN DE TROMLITZ [Ch.-Aug.-Fréd.], écrivain allemand, colonel au service de Russie, plus connu sous le nom de Tromlitz. — Le Prêche et la Messe, roman chronique des guerres de religion pendant le XVIe siècle, par *A. Tromlitz* et *P. l'Héritier*. Paris, Roret, 1834, 2 vol. in-8.

M. Éd. Jacquemin a publié, d'après : l'Allemagne romantique de Tromlitz : la Suisse (Paris, Audot, 1838, in-8). Des nouvelles du même auteur ont été insérées dans les « Matinées de Brienz », trad. de l'allemand [1832, 4 vol. in-12].

WOCQUIER [Léon], membre de la Société littéraire de l'Université de Louvain.

1. — Chroniques historiques et traditions populaires du Luxembourg. Bruxelles, Périchon, 1842, 2 vol. in-8.

Ces chroniques sont divisées en deux séries :

1re *série* : I. Indutiomar (54-52 av. J.-C.). II. Civilis et Classicus (70 après J.-C.). III. Simettere, légende du IIe siècle. IV. Une vengeance, épisode du règne de Charlemagne (783). V. Le siège de Laroche. VI. Le château de Rosister, légende ardennaise. VII. Mathilde, première comtesse de Chiny (945). VIII. Une guerre religieuse au XIe siècle.

2e *série* : I. L'abbaye d'Orval (1070-1792). II. Légendes et traditions. — Le vert boue. — Le grand-veneur des Ardennes. — La croix de pierre. III. Godefroy de Bouillon. IV. La chronique de messire Jehan sire du Châtelet et de Blanchart. V. Jeanne la Limerette, légende. VI. Henri VII de Luxembourg. VII. Marie de Salm (1417). VIII. Le dernier marquis du Pont-d'Oie (1760).

2. — Souvenirs de la vie universitaire : *Aimer sans savoir qui*. Liége, Oudart, 1847, in-8.

Poésies.

WOESTYN [Eugène]. [Voy. la *France littér.*, t. X, p. 529.]

1. — Feuillets d'histoire, dédiés au peuple. Orléans, impr. de Darnault-Maurant, 1841, in-18 [1 fr.].

2. — Passion de Notre-Seigneur Jésus-Christ, tirée des quatre évangélistes, et traduite en vers français, par Eugène Woestyn. Orléans, Durand, 1842, in-12 de 48 pag.

M. Eugène Woesteyn est l'auteur de la notice biographique mise en tête de « la Pomme d'Éve », par Eugène de Lonlay [1845, in-32].

WOGUE [Lazarre]. [Voy. la *France littér.*, t. X, p. 529.] — L'Avenir dans le judaïsme, sermon prononcé dans le temple israélite de Paris, le 26 septembre 1843, sous les auspices du consistoire de la Seine. Paris, impr. de Mme Dondey-Dupré, 1843, in-8 de 32 pag.

Citons encore : Le Rabbinat français au XIXe siècle, sermon [1843, in-8] ; — avec M. Créhange : La Marseillaise du travail [1848, in-8].

WOILLEZ [Mme]. [Voy. la *France littér.*, t. X, p. 529.]

1. — L'Orpheline de Moscou, ou la Jeune institutrice. IVe édition. Tours, Mame, 1845, in-12, avec 4 grav. [1 fr. 25 c.].

La première édition est de 1841, la deuxième de 1842, la troisième de 1843.

2. — Vies et Aventures des voyageurs. IIIe édition. Paris, Langlumé et Peltier, 1843, in-12, avec 4 grav. [2 fr.]

3. — Souvenirs d'une mère de famille, ou Contes et Nouvelles, etc.; IIIe édition. Paris, Langlumé et Peltier, 1843, in-12 [1 fr. 50 c.].

4. — Léontine et Marie, ou les Deux éducations. IIe édition. Tours, Mame, 1844, in-12, avec 4 grav. [1 fr. 25 c.]

La première édition est de 1843.

5. — Code chrétien, ou Sentences, maximes et Pensées tirées de la Bible, des Pères de l'Église, de l'Imitation de Jésus-Christ, de quelques auteurs ecclésiastiques et de nos principaux orateurs sacrés. Paris, Waille, 1843, in-32 [1 fr. 25 c.].

6. — Les Jeunes Ouvrières, ou l'Épreuve et la récompense. Tours, Mame, 1845, in-12, avec 4 grav. [1 fr. 25 c.]

7. — Le Frère et la Sœur, ou les leçons de l'adversité. Tours, Mame, in-12 [1 fr. 25 c.]

8. — Le Jeune Tambour, ou les Deux amis. Tours, Mame, 1847, in-12, avec 4 vign.

9. — Edma et Marguerite, ou les Ruines du château d'Azergues. Tours, Mame, 1848, in-12, avec 6 grav.

WOILLEZ [Emmanuel], membre de la Société des antiquaires de Picardie. [Voy. la *France littér.*, t. X, p. 530.]
— Études archéologiques sur les monuments religieux de la Picardie. Amiens, 1843, in-8 et atlas [7 fr. 50 c.].

Ce Mémoire, couronné en 1842, a paru dans les « Mémoires de la Soc. des antiq. de Picardie » (t. VI, p. 213]. — Le même recueil contient d'autres morceaux de M. WOILLEZ.

WOILLEZ [Eugène-J.], médecin de l'asile d'aliénés de Clermont (Oise). [Voy. la *France littér.*, t. X, p. 530.]

1. — Iconographie des plantes aroïdes figurées au moyen-âge en Picardie, et considérées comme origine de la fleur de lis de France. Amiens, impr. de Duval, 1848, in-8 de 48 pag.

☞ Extrait du tome IXe des « Mémoires de la Société des antiquaires de Picardie. »

2. — De l'Amélioration du sort de l'homme aliéné, considéré comme individualité sociale. Paris, Victor Masson, 1849, in-8.

WOINEZ [Charles]. [Voy. la *France littér.*, t. X, p. 530.] — Avec M. *Octave Feré* : Un Dîner à l'Ermitage, comédie-vaudeville en un acte (Théâtre des Arts de Rouen, 28 août 1843). Rouen, [Haulard, 1843, in-8 de 8 pag. [50 c.].

La scène se passe à l'Ermitage, à Versailles.

On doit encore à M. Ch. Woinez : Guttemberg [1841, in-12. — Poésies); — l'Incendie [1841, in-8.— En vers. Au profit des incendiés de Creuilly]; — Robert Blum [1849, in-8. — Traduction en vers du chant allemand du poète Freiligrath. — Robert Blum, né à Cologne le 10 novembre 1807, a été fusillé à Vienne le 9 novembre 1848].

WOLDEMAR D'ARBEL LOWENDAL [Mme la comtesse Adélaïde-Charlotte].

1. — Notre-Dame del Pilar. Paris, Jules Laisné, 1841, 2 vol. in-8 [15 fr.].

2. — A Sa Majesté Louis-Philippe Ier, roi des Français. Paris, impr. de Bénard, 1844, in-8 de 4 pag.

En vers.

WOLF [Bernard], artiste et auteur dramatique, successivement directeur de six théâtres, tant en France qu'à l'étranger.

1. — Momus à la nouvelle salle; prologue d'inauguration, en un acte et en prose, mêlé de chant et de danse. Bruxelles, L. Houblon, 1819, in-8.

2. — Avec M. *Duvert:* l'Homme de confiance, vaudeville en un acte et en prose. Paris, Duvernois, 1825, in-8.

3. — Avec M. *** : Noé, ou le Déluge universel; ballet en trois actes. Marseille, impr. de Feïssat aîné, 1830, in-8 de 12 pag.

4. — Avec MM. *Maillan* et *P. Tournemine* : le Curé Mérino, drame en cinq actes. Paris, impr. de Dondey-Dupré, 1834, in-8 [30 c.].

5. — La Veuve du marin, comédie-vaudeville en un acte. Paris, Bezou, 1838, in-8 [1 fr. 50 c.].

Toutes ces pièces ont paru sous le nom *Bernard*.

WOLF [Ferdinand], l'un des directeurs de la Bibliothèque impériale de Vienne, membre correspondant de la Société des antiquaires de France. [Voy. la *France littér.*, t. X, p. 531.]
— Philosophie et poésie de la pipe. Paris, impr. de Worms, 1841, in-18 de 72 pag.

WOLFF [Ferdinand].

M. Wolff a traduit « De Re rustica » de VARRON, dans la collection des agronomes latins, avec la traduction en français. [Collection Nisard. — Paris, Dubochet, 1844, in-8.]

Il serait, au dire de M. Quérard, le véritable

auteur de la traduction d'HOMÈRE qui a paru sous le nom de M. Eugène BARESTE.

WOLFF [O.-L.-B.].

1. — Histoire de Gilion de Trasignies et de dame Marie, sa femme, publiée d'après le manuscrit de la bibliothèque de l'université d'Iéna. Leipzig, 1839, in-8 [4 fr.].

2. — Avec M. *C. Schütz* : Nouveau musée français, choix de littérature tiré des meilleurs auteurs modernes. Bielefeld, Velhagen, 1848, in-4 [8 fr.].

WOLOWSKI [L.], docteur en droit, avocat à la Cour d'appel de Paris, professeur de législation industrielle au Conservatoire des arts et métiers, membre de l'Académie des sciences morales et politiques, représentant du peuple à l'Assemblée nationale après la révolution de 1848, né à Varsovie en 1810. [Voy. la *France littér.*, t. X, p. 533.]

1. — Études d'économie politique et de statistique. Le Paupérisme des Flandres, l'exposition agricole et industrielle de Bruxelles, le commerce des grains, l'union douanière. De la liberté commerciale. De la statistique. Paris, Guillaumin, 1848, in-8 [7 fr. 50 c.].

2. — De l'Organisation du crédit foncier. Paris, Guillaumin, Durand, Videcoq, 1849, in-8 [2 fr. 50 c.].

Extrait de la « Revue de législation et de jurisprudence » [novembre-décembre, 1848].

Citons encore : Cours de législation industrielle, professé au Conservatoire des arts et métiers. *Introduction* [in-8] ; — Organisation du travail [in-8] ; — Discours prononcé au dix-septième anniversaire de la révolution polonaise (20 novembre 1847) [1848, in-8].

M. Wolowski a fourni divers articles aux « Annuaires de l'économie politique », notamment : *Des fraudes commerciales* [1843] ; — *Les conseils de prud'hommes et les marques de fabrique* [1845] ; — *Consommation de Paris ; Mouvement de la population de Paris ; — Statistique des opérations du tribunal de commerce ; — Commerce extérieur de la France ; — Situation économique de l'Algérie ; — Les caisses d'épargne et le crédit foncier* [1846], etc.

Citons encore : « le Droit au travail au Luxembourg et à l'Assemblée nationale » [Paris, Michel-Lévy frères, 1849, 2 vol. in-18].

M. L. Wolowski a donné dans la collection intitulée : « Instruction pour le peuple, Cent traités » : *Statistique de la France, territoire, population, finances* [1847, in-8] ; — *Économie politique ; — Revenus publics ; — Forces productives ; — Agriculture ; — Mines ; — Industrie ; — Commerce* [1848, in-8] ; avec M. Alcide FONTEYRAUD : *Principes d'économie politique* 1849, in-8].

M. Wolowski a été le fondateur et l'un des directeurs de la « Revue de législation et de jurisprudence », paraissant tous les mois ; et il a donné dans ce recueil plusieurs articles, entre autres : *Statistique de la justice criminelle en 1842* [juin 1844], etc.

Il a annoté et fait précéder d'introductions particulières pour chaque matière : « le Code industriel », contenant la législation des patentes, des conseils de prud'hommes, des ateliers insalubres et incommodes, des brevets d'invention, des marques et dessins de fabrique, les lois relatives à la propriété artistique, etc. [in-18].

Il a travaillé au « Journal des économistes. »

WOLOWSKI [Alexandre]. — Cervantes, poëte dramatique ; la Commedia entretenida ; Mémoire lu à la séance de l'Institut historique, le 4 novembre 1849. Batignolles, impr. d'Hennuyer, 1849, in-8 de 16 pag.

WOOLONGHAN [E.]. — Relation du naufrage du trois-mâts américain *la Créole*, capitaine Cayol. Bordeaux, Cruzel, 1848, in-12 de 16 pag.

WOLPMANN [P.], membre des Dîners du Caveau. — Recueil de chansons. Paris, impr. de Guillois, 1846, in-16.

WOLTZ, inspecteur général des mines. — Notice sur les fontes blanches miroitantes, dites fontes blanches du Rhin. 1838, in-8 [1 fr.]. — *Paris, Carilian-Gœury.*

WOLZOGUES [Louis de]. [Voy. la *France littér.*, t. X, p. 533.]

M. Louis de Wolzogues a traduit en français et augmenté le « Dictionnaire de philologie sacrée », par HURÉ [1846 et ann. suiv., 4 vol. in-8].

WORMS [Justin]. — Histoire de la ville de Metz, depuis l'établissement de la république jusqu'à la révolution française. Metz, Alcan ; Nanci, Grimblot ; Paris, Derache, 1849, in-8.

Ouvrage couronné par l'Académie de Metz.

WORMS. [Voy. la *France littér.*, t. X, p. 534.]

1 — De la Constitution territoriale des pays musulmans. Paris, impr. de Cosson, 1842, in-8 de 56 pag.

2. — Recherches sur la constitution de la propriété territoriale dans les pays musulmans, et, subsidiairement, en Algérie. Paris, Franck, 1846, in-8.

WORMS [Siméon]. [Voy. la *France littér.*, t. X, p. 534.] — Question

TOME VI.

d'amortissement pour les fonds publics. Metz, impr. de Lamort, 1841, in-8 de 12 pag.

WORTLEY-MONTAGU [lady Mary]. Voy. MONTAGU.

WOUTERS [Félix-Joseph-François].

1. — Récit de la révolution de Paris jusqu'à l'ouverture de l'Assemblée nationale. Bruxelles, Wouters frères, 1848, in-32.

Sous le pseudonyme *Landremont*.
Une seconde édition, qui a paru la même année, in-4, sous le vrai nom de l'auteur, est augmentée d'une introduction à l'histoire parlementaire de l'Assemblée nationale et de notes.

2. — Histoire chronologique de la République et de l'Empire (1789-1815), suivie des Annales napoléoniennes, depuis 1815 jusqu'à ce jour; accompagnée du plan de l'ordre primitif de bataille de l'armée française à Waterloo, par le prince *Pierre-Napoléon Bonaparte*. Bruxelles, Wouters frères, 1847, gr. in-8 [20 fr.].

WRANGELL [de], amiral russe, correspondant de l'Académie des sciences de Paris. — Le nord de la Sibérie. Voyage parmi les peuplades de la Russie asiatique et dans la mer Glaciale, entrepris par ordre du gouvernement russe, et exécuté par MM. de Wrangell (aujourd'hui amiral), chef de l'expédition, Matiouchkine et Kozmine, officiers de la marine impériale russe. Traduit du russe par le prince *Emmanuel Galitzin*. Paris, Amyot, 1843, 2 vol. in-8, avec 1 carte et 2 plans.

WRONSKI [J. Hoëné]. [Voy. la *France littér.*, t. X, p. 536.] — Messianisme, ou Réforme absolue du savoir humain, nommément : Réforme des mathématiques, comme prototype de l'accomplissement final des sciences, et réforme de la philosophie, comme base de l'accomplissement final de la religion. Paris, Firmin Didot, 1847-48, 3 vol. in-8.

T. I: *Réforme des mathématiques;* — t. II : *Réforme de la philosophie;* — t. III : *Résolution générale des équations algébriques.*
Le faux-titre des tomes II et III porte : *Réforme absolue*, et par conséquent *finale.* On lit sur la couverture : Peut-être y joindrons-nous un tome IV. — Il serait intitulé : *Théorie rigoureuse des marées, comme nouvelle garantie scientifique de cette réforme du savoir humain.*
Citons encore : Urgente réforme des chemins de fer et de toute la locomotion terrestre, proposée au ministre des travaux publics de France [1844, in-8]; — Adresse aux nations slaves sur les destinées du monde [1847, in-4. — Cette adresse est placée en tête du tome Ier de l'ouvrage *Messianisme*]; — Adresse aux nations civilisées sur leur sinistre désordre révolutionnaire, comme suite de la réforme du savoir humain [1848, in-4]; — Epitre à Son Altesse le prince Czartoryski sur les destinées de la Pologne et généralement sur les destinées des nations slaves, comme suite de la réforme du savoir humain [1848, in-4].

WUILLOT [Phil.-Aug.], publiciste et poëte, docteur en philosophie, né à Paturages, en Hainaut. M. Wuillot signe ses écrits : *Le Poëte Borain*, c'est-à-dire originaire du Borinage, canton qui enferme la ville de Mons.

1. — Chansonnettes satiriques, par le poëte Borain [Phil.-Aug. Wuillot]. Bruxelles, Parys, 1847, petit in-18 de 72 pag. [75 c.]

2. — Le Livre du diable, recueil de satires et de pamphlets sur les hommes et les choses de la révolution belge. Bruxelles, 1848, in-8.

3. — Satires politiques. Bruxelles, impr. de Vanhuggenhoudt, 1849, in-8.

Citons encore : Epître familière à S. Van de Weyer [Bruxelles, 1845, gr. in-8]; — le Ministère du 31 juillet, ou le Cabinet noir [Bruxelles, 1845, in-8]; — le XVIe anniversaire de la révolution polonaise [Bruxelles, 1846, in-8]; — les Flandres, à M. Rogier [Bruxelles, 1848, in-8].
M. Wuillot a travaillé au « Méphistophélès » et à « l'Argus », de Bruxelles.

WYDROFF [V. de]. — Exposé d'un nouveau système de construction de chemins de fer. Paris, Fanost, 1843, in-4 de 24 pag. avec une carte.

WYN [Van]. — La Polyglotte, ou Recueil de neuf mille mots, les plus usités, dans huit langues et deux idiomes; vade-mecum de l'homme du monde, à l'usage journalier des besoins de la vie, du commerce, du voyageur, du jurisconsulte, du militaire, de la navigation, de l'hôtelier, en français, allemand, anglais, russe, polonais, espagnol, hollandais, italien, et idiomes russe-polonais, avec cinq vocabulaires ou répertoires français, hollandais, allemand, espagnol et anglais. 1841, in-4 oblong [18 fr.].

WYSSLOUCH [Jules]. — Notice biographique et historique sur Pierre-Marie-Sébastien Bigot, baron de Morogues, pair de France et membre de l'Institut. Paris, impr. de René, 1841, in-8 de 52 pag. avec un portrait.

_{P.-M.-S. de Morogues était né à Orléans en 1776; il y est mort le 15 juin 1840.}

WYSS [John-Rudolph], de Berne. [Voy. la *France littér.*, t. X, p. 542.] — Le Robinson suisse (der Schweizer Robinson), ou Naufrage d'une pauvre famille suisse dans une île déserte, avec la suite, donnée par l'auteur lui-même. Nouvelle traduction de l'allemand par *Jules Lapierre*. Paris, Audin, 1834, 4 vol. in-12.

— Le Robinson suisse, ou Récit d'un père de famille jeté par un naufrage dans une île déserte avec sa femme et ses enfants. Traduction nouvelle, contenant la suite donnée par l'auteur; revue et corrigée par *Pierre Blanchard*. Paris, Lehuby, 1841, 2 vol. in-18 [4 fr.]; autre édition, 1846, in-12, avec 20 vign. [6 fr.]

— Le Robinson suisse, histoire d'une famille suisse jetée par un naufrage dans une île déserte, avec la suite, donnée par l'auteur lui-même. Nouvelle traduction de l'allemand, par Mme *Élise Voïart*. VIIe édition. Paris, Didier, 1843, in-32 avec 4 grav. [3 fr. 50 c.]

— Le Robinson suisse, ou Histoire d'une famille suisse naufragée. Traduit de l'allemand, sur la dernière édition, par *Frédéric Muller*, et revu par une société d'ecclésiastiques. V^e édition. Tours, Mame, 1845, 2 vol. in-12, avec 8 vign. [2 fr. 50 c.]

_{On a publié sous le nom de J.-R. Wyss : « Soirées de l'ermitage; récits et nouvelles dans l'île déserte », traduit par Jules LAPIERRE [1835, in-12]; — et sous le nom de Wyss et de Schmidt : « A toi, mon enfant; récit sous le tilleul du presbytère », traduit par Jules LAPIERRE.}

X

XANFERLIGOTE, anagramme. Voy. NOGARET [F.-Félix].

XAVIER, nom sous lequel ont écrit MM. de MONTÉPIN, SAINTINE, VEYRAT.

XAVIER [l'abbé]. — De l'Ordre surnaturel et divin. Nancy, impr. de Wagner, 1846, in-8.

XAVIER [Paul]. — Méthode simplifiée, rendant facile l'usage du daguerréotype. Melun, impr. de Desrues, 1844, in-8 de 16 pag. [50 c.].

XÉNOPHON, général, historien et philosophe athénien; né vers 445, mort vers 354 avant J.-C. [Voy. la *France littér.*, t. X, p. 544.]

1. — OEuvres complètes. Traduction de *Dacier*, *Auger*, *Larcher*, *Lévesque*, *Dumas*, *Gail*, etc., revues et corrigées, sur la dernière édition grecque, par M. *Henri Trianon*. Paris, Lefèvre, Garnier frères, Charpentier, 1842, 1846, 2 vol. in-12 [7 fr.].

2. — Morceaux choisis de Xénophon, ou Extraits de ses histoires et traités moraux, avec des notes philologiques et critiques, par M. *Fl. Lécluse*. Texte grec et traduction française revue par l'éditeur. Paris, Aug. Delalain, 1835, in-12 [4 fr.].

— Extraits de Xénophon, ou Morceaux choisis de ses histoires et traités moraux. Texte grec, avec des notes philologiques et critiques, par *Fl. Lécluse*. IIIe édition, revue et corrigée. Paris, J. Delalain, 1843, in-12 [1 fr. 75 c.].

Quant aux éditions *ad usum scholarum*, publiées dans ces dernières années, nous indiquerons seulement les titres des ouvrages: *Apologie de Socrate*; *Expédition de Cyrus*; *Entretiens mémorables de Socrate*; *Éloge d'Agésilas*; *Discours*; les noms de MM. les annotateurs: L.-G. BELÈSE, DUBNER, FL. LÉCLUSE, GENOUILLE, HURET, E. LEFRANC, LEHRS, C. LEPRÉVOST, LISKENNE, Th. MARTIN, MASIMBERT, MOTTET, Val. PARISOT, PESSONNEAUX, J. PLANCHE, PILLON, QUICHERAT, RENIER, SINNER; et les noms des éditeurs: Belin Mandar, Dezobry, F. Didot, Delalain, Hachette, Lecoffre, Maire-Nyon, Périsse, Merson, etc.

XIVREY [Berger de]. Voy. BERGER DE XIVREY [Jules].

Y

YAKOVLEF, pseudonyme. Voy. TOLSTOY [Jacques].

YANOSKI [Jean], professeur d'histoire au collége Stanislas et au lycée Bourbon, suppléant de M. Michelet au collége de France, membre du comité des monuments écrits au ministère de l'instruction publique, né à Lons-le-Saulnier, d'un père polonais et d'une mère française, le 9 mars 1813, mort à Paris le 1er février 1851. M. Yanoski fut couronné par l'Académie des sciences morales et politiques (avec M. WALLON), pour un mémoire sur la transformation de l'esclavage antique en servage, et par l'Académie des inscriptions pour un mémoire sur les milices bourgeoises. Il avait commencé au collége de France, comme suppléant de M. Michelet, un cours sur l'histoire des classes populaires en France, que sa mauvaise santé ne lui a pas permis de continuer. (Voy. des *discours* prononcés sur sa tombe le 3 février par M. WALLON et par M. FILON, dans un article de M. A. JACQUES inséré dans *la Liberté de penser* de février 1851, p. 359 et suiv., et un article dans le *Journal général de l'instruction publique*, 1851, p. 141.

1. — L'Afrique chrétienne et la domination des Vandales en Afrique. Paris, F. Didot frères et Cie, 1844, in-8.

Fait partie de « l'Univers pittoresque. »

2. — Syrie ancienne. Paris, F. Didot, in-8.

Même collection.

3. — Italie ancienne. Paris, F. Didot, in-8.

Même collection.

Citons encore : Aux électeurs du département de la Seine [1848, in-4. — Circulaire électorale] ; — Lettre sur le rôle de Louis XIV [in-18. — Extrait du « National ».].

M. Yanoski a donné une édition des chroniques de Froissart [Paris, F. Didot, 1846, in-12].

Son travail sur les *Milices bourgeoises*, qui a été couronné par l'Institut, est resté inédit, ainsi que la partie du *Mémoire sur l'esclavage* qu'il avait rédigée.

M. Yanoski a fourni des articles au « National », à la « Revue indépendante », à « la Liberté de penser », etc.

YÉMÉNIZ, fabricant lyonnais, ami des lettres.

Diverses publications importantes ont été faites sous les auspices et aux frais de M. Yéméniz. Nous citerons : Io. Fvstailliervs, *de vrbe et antiqvitatibvs matisoomensibvs*, publié pour la première fois et traduit par A.-I. Bavx [Lyon, Lovis Perrin, imprimevr, M. DCCCXLVI, petit in-8. — Tiré à petit nombre et non mis en vente] ; — G. Pachymeris declamationes XIII, quarum XII ineditæ, Hieroclis et Philagrii grammaticorum, etc., longe maximam partem ineditam, curante Johanne Fr. Boissonade [Paris, Dumont, Leleu, 1848, in-8°] ;

YERARDLEY [J. et M.]. — Explication de quelques passages de l'Ecriture sainte, contenant le ministère évangélique à l'égard des femmes, la sainte cène et le baptême. Traduit de l'anglais par *Ad. R.* Valence, Marc-Aurel, 1848, in-8 de 32 pag.

YERMOLOFF [Michel], général russe. [Voy. la *France littér.*, t. X, p. 552].
— Encore quelques mots sur l'ouvrage de M. de Custine. Paris, Ferra, 1843, in-8 de 40 pag.

Sous l'initiale M***.

YMBERT [Jacques-Gilbert], auteur dramatique, employé supérieur au ministère de la guerre, mort au mois d'août 1846. [Voy. dernières paroles prononcées sur son tombeau, par M. Varner (1847, in-8), et la *France littér.*, t. X, p. 552.]

1. — L'art du ministre. Première partie : — *le Ministre qui s'en va*. Paris, impr. de Plassan, 1821, in-8 de 104 pag.

Sous le nom : *Une Ex-Excellence.*

2. — L'art de faire des dettes et de promener ses créanciers, dédié aux gens destitués, réformés, aux victimes des révolutions et des changements de ministères passés, présents et à venir. Première partie, *l'Art de faire des dettes*. Paris, Pélicier, 1822, in-8 de 84 pag.

3. — *L'Art de promener ses créanciers*, ou complément de *l'Art de faire des dettes*. Paris, Pélicier, 1824, in-8 de 116 pag.

L'Art de faire des dettes a eu en 1822 une seconde édition, augmentée d'une « Lettre à l'éditeur », in-8 de 90 pag. — Sous le pseudonyme *Un homme comme il faut.*

YMBERT.

M. Ymbert a fourni des notices au « Recueil général annoté des Lois », dont la première livraison, in-8, a été publiée en 1834.

YOUNG [Édouard], prédicateur et poète anglais, né à Upham, près de Winchester, en 1681 ; mort en 1727. [Voy. la *France littér.*, t. X, p. 554.]
— Les Nuits d'Young, suivies des Tombeaux d'Hervey. Traduction de *P. Letourneur*, revue et précédée d'un Essai sur le jobisme, par *P. Christian* [Pitois]. Paris, Lavigne, 1842, in-12 [3 fr. 50 c.].

YOUNG [J.].

M. Young est auteur de : *Economie rurale, Assolements*, qui fait partie de « Instruction pour le peuple, cent traités sur les connaissances les plus indispensables » [1848, in-8].

Il a travaillé à « Un million de faits, Aide-mémoire universel des sciences » [1842, in-12].

Il a donné aussi des articles à l' « Encyclopédie des gens du monde. »

YOUNG [Bingham]. Voy. Bingham-Young.

YRIARTE [don Thomas de], poète espagnol, né à Ténériffe en 1750, mort en 1791. [Voy. la *France littér.*, t. X, p. 556.]

1. — Fables littéraires. Traduites de l'espagnol, en vers, par *Charles Lemesle* ; précédées d'une Introduction par M. *Émile Deschamps*. Paris, Delloye, 1841, in-18 avec une vignette [1 fr. 75 c.].

2. — Fabulaz literarias. Paris, Bouret et Morel, 1849, in-32.

Quelques fables de Yriarte ont été réimprimées à la suite de « la Juventud ilustrada », traduction espagnole, par don J.-M. d'Alea, d'un ouvrage de Mme Dufresnoy [1827, in-18].

Il a traduit en espagnol « le Nouveau Robinson », par Campe [1843, in-12].

YRIARTE [don Juan de], né à Oro-

tova (Ténériffe) en 1701, mort en 1771. [Voy. la *France littér.*, t. X, p. 556.]
— Gramatica latina, escrita con nuevo metodo y nuevas observaciones en verso castellano, con su explicacion en prosa. Nueva edicion. Paris, Rosa, 1841, in-12 [5 fr.].

YRIZAR Y MOYA, dit *le Vieux de Vergaba*. — De l'eusquère et de ses erderes, ou De la langue basque et de ses dérivés. Paris, Poussielgue-Rusand, 1841-46, 4 vol. in-8 [24 fr.].

YSABEAU [A.]. [Voy. la *France littér.*, t. X, p. 557.]
1. — Perspective à l'usage des ouvriers. 1827, in-12 [3 fr. 50 c.].

Bibliothèque industrielle.

2. — Almanach du cultivateur et du vigneron, par les rédacteurs de la *Maison rustique*, sous la direction du docteur Bixio (Bixio et Ysabeau). Paris, Pagnerre, 1844-45, deux années, in-16, chacune de 160 pag., avec pl. et grav.
3. — Avec M. *Bixio* : Annuaire de l'horticulteur, almanach du jardinier. Paris, Pagnerre, 1844, 1845, 1846, trois années in-16.
4. — Avec M. *Bixio* : Maison rustique du XIXe siècle, contenant, etc. Terminé par des tables méthodique et alphabétique, avec 2,500 gravures représentant tous les instruments, machines, etc. Paris, Dusacq, 1847, 5 vol. in-8 [39 fr. 50 c.].

M. Ysabeau a rédigé « le Jardin et la ferme », journal d'horticulture, d'agriculture et d'économie domestique, dont le premier numéro, gr. in-8, fig., a paru en mars 1844.

YSOUF ZORAÏB, pseudonyme. Voy. MARLET.

YTURBIDE [don Augustin]. Voy. ITURBIDE.

YUMURI [le lieutenant général espagnol François NARVAEZ, comte de]. Voy. NARVAEZ.

YUNG. Voy. YOUNG.

YVART [Jean-Augustin-Victor], professeur d'économie rurale, membre de l'Académie des sciences, né à Boulogne-sur-Mer en 1764, mort à Saint-Port près Paris le 19 juin 1831. [Voy. une notice biographique dans le procès-verbal de la séance publique de la Société d'agriculture de Boulogne, 1833, p. 186, et la *France littér.*, t. X, p. 558.] — Assolements, jachères en succession de culture, par feu Victor Yvart. Ouvrage annoté par son petit-fils *Victor Rendu*. Paris, Roret, 1842, in-4, et 3 vol. in-18 [10 fr. 50 c.].

On doit à J.-A.-V. Yvart les articles *Assolements, Jachères en succession de culture*, dans le « Nouveau Cours complet d'agriculture » de DÉTERVILLE ; le dernier article occupe tout le 12e volume. Yvart s'était occupé d'un traité de la destruction des plantes les plus nuisibles aux récoltes, couronné en 1816 par la Soc. d'émulation de Liége. Ce traité est resté inédit.

YVERT [Eugène]. [Voy. la *France littér.*, t. X, p. 558.] — Mœurs politiques. *Le Peureux*, esquisse dramatique en trois parties. Amiens, impr. de E. Yvert, 1845, in-8 de 72 pag.

En vers.

Citons encore : A ma Gazette, imitation de la IXe satire de Boileau [1844, in-4] ; — Du Cange et Gresset aux Champs-Élysées. Dialogue [1849, in-8].

M. Yvert a été rédacteur en chef de la « Gazette de Picardie. »

YVINCOURT-LAUDIGEOIS [d']. — Biens communaux. Réponse aux questions officiellement soumises aux conseils généraux des départements dans leur session de 1843 : Quel est le meilleur emploi à faire des biens communaux ? Faut-il les laisser tels qu'ils sont aujourd'hui ? Les louera-t-on à court bail ou à long bail ? Faut-il les partager et les vendre ? Paris, Mme veuve Bouchard-Huzard, 1845, in-8 de 44 pag.

YZO, anagramme. Voy. OZY.

Z

ZABOA [Lino de]. Voy. SWEDENBORG.

ZACCONE [J.].
1. — De la civilisation des campagnes par l'armée. Besançon, impr. de Jacquin, 1847, in-8 de 32 pag.
2. — Résumé de fortification, à l'usage des officiers d'infanterie. Paris, Dumaine, 1849, in-8, avec un atlas in-4 de 12 pag. et 17 pl. in-fol. obl. [12 fr.]

ZACCONE [Pierre].
1. — Epoques historiques de la Bretagne (croquis et portraits bretons). Brest, Leblois; Paris, Desloges, 1845, gr. in-8 [4 fr. 50 c.].
2. — Histoire des sociétés secrètes, politiques et religieuses, suivie d'un Précis historique sur le compagnonnage. Paris, impr. d'Henry, 1847, in-8, avec vign.
3. — Avec M. *Paul Féval* : Le 24 Février, scène dramatique en vers. Paris, Michel Lévy, 1848, in-18 angl. [50 c.].
4. — Avec M. *Paul Féval* : Les ouvriers de Paris et les ouvriers de Londres. Paris, Permain, 1850, 2 vol. in-8 [15 fr.].

Citons encore : Tableaux de l'histoire littéraire universelle [1844, in-18] ; — Ethel van Dic [1846, in-4. — Réimpression d'un feuilleton).

ZACHARIÆ [C.-S.], professeur de droit à l'université de Heidelberg. [Voy. la *France littér.*, t. X, p. 560.] — Cours de droit civil français. Traduit de l'allemand de M. C.-S. Zachariæ; revu et augmenté, avec l'agrément de l'auteur, par M. *C. Aubry* et M. *C. Rau.* Strasbourg, Lagier ; Paris, Hingray, 1838-47, 5 vol. in-8.

MM. Mittermaier et Zachariæ ont publié à Heidelberg une revue intitulée : « Journal critique du droit des pays étrangers à l'Allemagne. »

ZACHERONI [Giuseppe], avocat.
1. — Gli ozi di un esule; Miscellanea. Distribuzione prima. Marseille, impr. de Mossy, 1843, in-8 de 104 pag. avec un portrait.
2. — Lo inferno della Commedia di *Dante Alighieri*, col comento di *Guniforto delli Bargigi*, tratto da due manoscritti inediti del secolo decimo quinto, e corredato di una introduzione e di note d'all' avvocato G. Zacheroni. Marseille, impr. de Mossy, 1838-39, in-8.
3. — Del primo canto della Divina Commedia di *Dante*, comenti dell' avv. G. Zacheroni. Marseille, impr. de Mossy, 1841, in-8 de 48 pag.

ZAGHELLI, pseudonyme. Voy. Jules MASSÉ.

ZAKREWSKI. — Adresse du peuple polonais au peuple français. Posen, 19 avril 1848. Paris, impr. de Martinet, 1848, petit in-fol. de 2 pag.

Affiche signée Zakrewski, délégué de Poznanie. Paris, 8 mai 1848. Publication du comité central franco-polonais.

ZALYK [Grégoire], de Thessalonique. [Voy. la *France littér.*, t. X, p. 561.]

M. Zalyk a publié un texte revu et corrigé

de l'*Évangile selon saint Luc* [1828, in-12] ; — et un texte grec des *Actes des Apôtres* [1832, 1843, in-12].

ZALUSKI. Voy. KURZWEIL [Edouard].

ZAMBEAUX [J.], d'Ambly. — Notice sur un appareil distillatoire et culinaire propre à convertir l'eau de mer en eau douce et à opérer simultanément la cuisson des aliments d'équipage de marine. Paris, impr. de Bénard, 1849, in-8 de 8 pag.

ZARATE [Antonio-Gil de]. — Manual de literatura, o Arte de hablar y escribir en prosa y verso. Nueva impresion. Paris, impr. de Pillet aîné, 1846, in-18.

ZARATIEGUI [le général D.-J.-A]. — Vida y hechos de Zumalacarreguy, duque de la Victoria y capitan general del ejercito de Carlos V. Paris, imp. de Lacour, 1845, in-8, avec un portrait et une carte.

Une traduction française, par M. Alexandre HOURNON, a paru dans la même année. [Paris, Dentu, in-8].

ZASTROW [A. de]. — Histoire de la fortification permanente, ou Manuel des meilleurs systèmes et manières de fortification. IIe édition. Traduit de l'allemand par *E. de la Barre*. Paris, Corréard, 1849, 2 vol. in-8, avec un atlas in-fol. de 2 pag. et 18 pl. [20 fr.]

ZAY. [Voy. la *France littér*., t. X, p. 564.] — Dictionnaire de poche français-allemand et allemand-français. XIe édition. Paris, Mme veuve Thiériot, 1849, in-18.

Quelques éditions ont pour titre : *Nouveau Dictionnaire de poche*, etc.

ZAYAS [Dona Maria de]. — Novelas ejemplares de Miguel de Cervantes Saavedra. Nueva edicion, aumentada, con cuatro novelas de dona Maria de Zayas. Paris, Baudry, 1848, in-8.

ZÉGUE [F.]. — Crimes du père Egalité et de Louis-Philippe Ier, dernier roi des Français. Paris, impr. de Gros, 1848, in-18 de 54 pag.

ZELLER [le comte de]. [Voy. la *France littér*., t. X, p. 565.] — La Noblesse ancienne et la noblesse d'à-présent, suivi d'un appendice sur la souveraineté. Paris, Delloye, 1841, in-8 [7 fr. 50 c.].

ZELLER [C.-H.], inspecteur de l'établissement de Beuggen.

1. — De l'exaucement de la prière ; traduit de l'allemand de C.-H. Zeller. Strasbourg, Mme veuve Levrault ; Paris, P. Bertrand, Delay, 1843, in-18 de 36 p.

2. — Des maladies et des différents buts que Dieu se propose en les envoyant ; traduit de l'allemand de C.-H. Zeller. Strasbourg, Mme veuve Levrault ; Paris, P. Bertrand, 1844, in-18 de 36 pag.

ZELLER.

M. Zeller a traduit de l'allemand le « Traité de l'accentuation grecque », par C.-F. MERLEKER [1843, in-8].

ZELONI [Alex.].

1. — Concordance des Écritures, des Pères et des conciles des cinq premiers siècles, avec la doctrine de l'Eglise catholique romaine, ou Réponse à l'ouvrage de M. Luscomb, évêque anglican. Paris, Dufour, Vaton, Sapia, 1842, in-12 [3 fr. 50 c.].

2. — Vie de la princesse Borghèse, née Guendaline Talbot, comtesse de Shrewsbury. Paris, Vaton, 1842, in-8, avec un portrait [6 fr. 50 c.]. — IIIe édition. Lille, Lefort ; Paris, Vaton, 1848, in-12.

La femme dont il est ici question est morte à 22 ans, le 27 octobre 1840.

ZELONI [le chevalier]. — Dante vita nuova, ou Vie de ses jeunes années écrite par lui-même, version française de Zeloni, précédée d'une notice historique sur la vie du Dante, extraite des auteurs du temps les plus accrédités, par Zeloni. Paris, Théophile Barrois, 1844, in-32, avec une gravure [3 fr. 50 c.].

ZENO [Apostolo]. Voy. MÉTASTASE.

ZENOWICZ [G.], adjudant-commandant, attaché à l'état-major général de Napoléon, porteur des ordres au maréchal comte de Grouchy. — Waterloo. Déposition sur les quatre journées de la campagne de 1815. Paris, Ledoyen, 1848, in-12 de 48 pag.

ZERBY fils [J.]. — Traité sur le choléra-morbus. Paris, impr. de Chassaignon, 1849, in-8 de 8 pag.

ZÉRO [Paul], pseudonyme. Voy. GARNIER [Paul-Aimé].

ZÉVORT [Charles-Marie], professeur,

ancien élève de l'École normale, né à Bourges le 23 avril 1816. — Anaxagore. Paris, Joubert; Rennes, Verdier, 1843, in-8 [3 fr.].

La couverture porte : « Dissertation sur la vie et la doctrine d'Anaxagore. »
M. Ch. Zévort a traduit en français, avec M. Alexis PIERRON, la « Métaphysique » d'ARISTOTE [1840-41], 2 vol. in-8. — Cette traduction a obtenu de l'Académie française un prix de 2,000 fr.].
Il a aussi donné une traduction nouvelle des « Vies et doctrines des philosophes de l'antiquité », par DIOGÈNE-LAERCE [1848, 2 vol. in-12].

ZEYS, juge à Belfort. — Des mutations de la propriété territoriale; du régime hypothécaire et des procédures d'ordre, ou Essai d'un plan de réforme sur ces diverses matières, etc. Paris, Delamotte, 1846, in-8 de 90 pag.

ZIENKOWICZ [Léon]. [Voy. la *France littér.*, t. X, p. 565.] — Les Costumes du peuple polonais, suivis d'une description exacte de ses mœurs, de ses usages et de ses habitudes. Ouvrage pittoresque, rédigé et publié par Léon Zienkowicz. Strasbourg, impr. de Silbermann, 1841, in-4.

Cet ouvrage a été traduit en allemand, dans la même année, sous ce titre : *Die trachten des polnischen volkes nebst einer genauen Beschreibung seiner sitten, gebræuche und gewohnheiten.*

ZIMMERMANN [Jean-Georges], médecin, né à Brugg (canton de Berne) en 1728, mort en 1795. [Voy. la *France littér.*, t. X, p. 566.]

— De la solitude, des causes qui en font naître le goût, de ses inconvénients, de ses avantages, et de son influence sur les passions, l'imagination, l'esprit et le cœur, traduit de l'allemand, par *A.-J.-L. Jourdan*. Nouvelle édition, augmentée d'une notice sur la vie de l'auteur, Paris, J.-B. Baillière, 1840, in-8 [7 fr.].

— Autre édition. Traduction nouvelle, par *X. Marmier*, avec une notice sur l'auteur. Paris, Fortin-Masson et Cie, Charpentier, 1845, in-12 [3 fr. 50 c.].

ZIMMERN, professeur de droit à Iéna. — Traité des actions, ou Théorie de la procédure privée chez les Romains, exposée historiquement depuis son origine jusqu'à Justinien. Ouvrage traduit de l'allemand, annoté et mis en rapport avec l'enseignement de Paris et de Poi-

tiers, par *L. Etienne*. Paris, Toussaint, 1843, in-8 [7 fr. 50 c.].

ZIRARDINI [Giuseppe]. — Il Profugo d'Italia, carme di Giuzeppe Zirardini. Paris, Stassin et Xavier, 1842, in-8 de 64 pag.

M. Zirardini a donné des éditions de : « Opere » di Vittorio ALFIERI [1847, gr. in-8]; — « Opere scelte » di MACHIAVELLI [1847, gr. in-8]; — « Opere » di PETRARCA [1847, gr. in-8]; — « Tesoro dei novellieri italiani, scelti dal decimoterzo al decimonono secolo » [1847, gr. in-8 en deux parties]; — « l'Adone », poema del cavalier Giambattista MARINO [1849, in-8].
Il a enrichi de *notices historiques* : L'Italia letteraria ed artistica, Galleria di cento ritratti dei poeti, prosatori, pittori, scultori, architetti e musici piu illustri [1846-48, gr. in-8].
M. G. Zirardini a rédigé, pour la partie italienne, le « Nouveau Guide de conversations modernes », dont l'éditeur Baudry a fait paraître plusieurs éditions dans ces dernières années. Voy. PARDAL.
On lui doit diverses éditions, revues, corrigées et augmentées, de : « Grammaire italienne », « Racconti storici », « Cours gradué de langue italienne », « Nuova Scelta di favole », par VERGANI.

ZOCQUET. — Légende de l'entrevue du docteur Juthsingi avec l'esprit du foyer, traduit du chinois par Zocquet. Paris, 1835, in-8.

Tiré à 45 exemplaires.

ZOEGA [Frédéric-Salvator], professeur de mathématiques et d'histoire naturelle au collège de Beauvais, né à Rome en 1798. [Voy. la *France littér.*, t. X, p. 568.] — Avec M. *Blachette* : Nouveau manuel complet du fabricant et du raffineur de sucre de cannes, de betteraves, etc. Nouvelle édition, considérablement augmentée, etc., par M. *Julia de Fontenelle*. Paris, Roret, 1841, in-18, avec 9 pl. [3 fr. 50 c.]

ZOGRAPHO. — Lettre à M. *Duvergier de Hauranne*, en réponse à son article inséré dans la *Revue des Deux-Mondes* du 15 octobre 1844. Paris, impr. de F. Didot, 1845, in-8 de 16 pag.

Daté d'Athènes, le 17 novembre 1844. M. DUVERGIER DE HAURANNE a répondu à cette lettre dans un article de la « Revue des Deux-Mondes » du 1er janvier 1845.

ZOLLIKOFER [Georges-Joachim], ministre protestant. [Voy. la *France littér.*, t. X, p. 568.]

1. — Manuel du culte domestique, exercices de piété et de prières, traduit

de l'allemand par le pasteur *Dumas*. Paris, 1833, in-8 [4 fr.].

2. — Avec M. *I.-J.-S. Cellerier et autres* : Le Trésor de la prière, recueil de prières pour tous les jours de la semaine et pour toutes les situations de la vie. Paris, Cherbuliez, 1831, 1846, in-12.

ZOLTOWSKI [Adam], citoyen du grand duché de Posen. — Historique des événements de Posen. Paris, impr. de Martinet, 1848, in-8 de 16 pag.

ZOPFL [Henrique]. Voy. TEJADA.

ZORAÏB. Voy. MARLET.

ZOTTI [Romualdo]. [Voy. la *France litt.*, t. X, p. 569.]

1. — Le Nouveau Véneroni, ou Grammaire italienne, contenant, etc. X^e édition, revue par *P.-Z.-E. Veroni*. Paris, Baudry, 1844, in-12 [3 fr.].

2. — Thèmes sur la langue italienne. X^e édition, revue, etc., par *P.-Z.-E. Veroni*. Paris, Baudry, Stassin et Xavier, 1844, in-12 [2 fr.].

ZSCHOKKE [Henri]. [Voy. la *France littér.*, t. X, p. 570.]

1. — Histoire de la nation suisse, trad. de l'allemand par *Ch. Monnard*, avec des changements faits par l'auteur depuis la publication de l'ouvrage original. IVe édit. Aarau, 1839 [4 fr. 50 c.].

2. — Contes suisses; traduct. par M. *Loève Veimars*, avec une esquisse biographique sur Zschokke, écrite par lui-même. IIe édit. Paris, Maison, 1843, in-12 [3 fr. 50 c.].

3. — Matinées de Brienz, par *Zschokke, Sartorius, Gœthe, Tromlitz*, etc., traduites de l'allemand par *W. Suckau*. Paris, Audin, 1832, 4 vol. in-12.

4. — L'Anneau de Luther, par *H. Zschokke, Blumenhagen, Kotzebue*, etc., trad. par M. *J. Lapierre*. Paris, Audin, 1833, 4 vol. in-12.

5. — Nouvelles allemandes, par *Zschokke, Chamisso, Hauff, Arnim, Auerbach*, etc., traduites par *Marmier*, Paris, 1847, in-12.

Citons encore de Zschokke : Soirées de Chamouny [4 vol. in-12]; — le Fugitif du Jura [2 vol. in-12]; — les Matinées suisses [8 vol. in-12].

La « Revue de la province et de Paris » a publié : *une Folie de carnaval*, nouvelle de H. Zschokke, trad. par M. L. — Le « Musée des familles » contient aussi des morceaux traduits de Zschokke.

ZUALLART [J.]. — Description de la ville d'Ath, contenant sa fondation et imposition de son nom, etc., etc. Valenciennes; Paris, Dumoulin, in-8 [5 fr.].

Réimpression à petit nombre, conforme au texte de 1610.

ZUMPT [Aug.-Wilh.]. — Itinéraire de *Rutilius* [Claudius Numatianus], ou son retour de Rome dans les Gaules, poëme en deux livres, texte donné à Berlin, d'après le manuscrit de Vienne, par A. W. Zumpt, et traduit en français, avec commentaire, par *F.-Z. Collombet*. Paris, J. Delalain, 1842, in-8.

ZUNTH [Clament]. Voy. CLAMENT-ZUNTH [P.].

ZUNIGA [Horjales de]. Voy. HORJALES DE ZUNIGA [don Andrés].

ZURITA [Alonzo de]. Voy. TERNAUX [H.].

FIN DU VIe ET DERNIER VOLUME.

Quelques mots en terminant.

J'ose recommander le livre que voici aux personnes qui auront l'occasion de s'en servir. On y trouvera, je le crains, bien des imperfections de détail; mais en peut-il être autrement dans une œuvre aussi délicate et d'aussi longue haleine? Le *Journal de la Librairie,* qui en forme la base pour ainsi dire officielle, est-il lui-même exempt de reproches? Le lecteur voudra bien considérer d'ensemble le résultat définitif de nos efforts et en apprécier l'utilité; il songera aux soins minutieux, à la patience qui ont été nécessaires pour mener à bonne fin ces six volumes de bibliographie, travail à la fois pénible et obscur, qui ne donne guère à ceux qui l'ont accompli que la satisfaction d'avoir rendu service au public littéraire.

Cet ouvrage a été fort attaqué. Des personnes intéressées à le déprécier ont prodigué à son égard les critiques injustes et passionnées. L'éditeur, M. Félix Daguin, a rétabli la vérité dans une note insérée à la page 101 du tome V, et cette polémique n'a pas besoin d'être reprise ici. Je tiens seulement à faire remarquer au lecteur la réserve avec laquelle les personnes des auteurs ont été traitées dans tout le courant du livre, même en ce qui concerne les anonymes et les pseudonymes. Je veux aussi préciser nettement ce que l'on peut y chercher et ce que l'on y trouvera.

La Littérature française contemporaine a été commencée en 1840, pour continuer et pour compléter *la France littéraire,* dont les premiers volumes s'arrêtaient en 1827. Il a fallu du temps, beaucoup de temps, pour la terminer. Les auteurs se sont efforcés d'abord de faire marcher les notices bibliographiques avec les événements littéraires; mais ils se sont bien vite aperçus qu'en continuant dans cette voie l'ouvrage, grossi de plus en plus par l'accumulation des publications nouvelles, serait menacé d'une prolongation indéfinie, et qu'il y aurait une fâcheuse disparate entre sa première et sa dernière partie. Ils ont donc décidé et annoncé que les notices ne seraient pas poussées au delà de 1849, et c'est à cette date en effet qu'ils se sont arrêtés. Si parfois, pour quelque écrivain mort de 1849 à 1857, ils ont continué au delà du terme ordinaire la liste bibliographique, on ne leur en fera pas un crime, je pense ; mais c'est là une exception, et le livre est régulièrement terminé à 1849.

Il ne sera peut-être pas sans intérêt de faire connaître au lecteur comment *la Littérature française contemporaine* a été composée. Commencée, ainsi que je viens de le dire, en 1840, par M. Quérard, l'auteur de *la France littéraire*, qui a rédigé le premier volume et les deux cent quatre-vingt-deux premières pages du second, elle a été continuée à partir de ce point par M. Ch. Louandre et par moi. Nous avons, sous certains rapports, été obligés de suivre la marche adoptée avant nous ; sous d'autres, nous nous sommes efforcés d'introduire des améliorations dans la manière de procéder. En 1848, M. Louandre a quitté la rédaction, et, à partir du tome IV, je suis resté seul chargé du travail. M. Alfred Maury a bien voulu s'adjoindre à moi pendant quelque temps, et il a pris part à la rédaction des IVe et V^e volumes, depuis la page 369 du IVe jusqu'à la page 496 du Ve. J'ai tenu à marquer ces points, afin que chacun des auteurs ait sa part d'honneur légitime, si honneur il y a, et qu'en même temps la responsabilité se trouve équitablement partagée.

F. BOURQUELOT.

Paris, le 15 mars 1857.

www.ingramcontent.com/pod-product-compliance
Lightning Source LLC
Chambersburg PA
CBHW060359230426
43663CB00008B/1320